1000 Places To See

DEUTSCHLAND
ÖSTERREICH · SCHWEIZ

Bef[illegible] You [illegible]ie®

1000 Places To See

DEUTSCHLAND
ÖSTERREICH · SCHWEIZ

Before You Die®

Herausgegeben von
Eszter Kalmár, Andrea Herfurth-Schindler und Andreas Schulz

Mit Textbeiträgen von
Theo Annas, Christine Berger, Judith Borchert, Tom Buschardt, Ulf Buschmann, Johanna Cantz, Miriam Diefenbach, Ortrun Egelkraut, Franz Marc Frey, Hannah Glaser, Gunnar Habitz, Andrea Herfurth-Schindler, Tina Hoffmann, Marlis Kappelhoff, Holger Klöckner, Susanne Kilimann, Jochen Könnecke, Rasso Knoller, Stefany Krath, Roland Mischke, Thorsten Moeck, Holger Möhlmann, Paul von Naredi-Rainer, Christian Nowak, Sabine Ophey, Rolf Purpar, Volker Rosendahl, Stefan Sachs, Detlef Schmalenberg, Andreas Seitz, Horst Schmidt-Brümmer, Christian Schnohr, Patricia Schultz, Ellen Schwarz, Rita Seifert, Katrin Tams, Anja Tiemann, Reiner Tiemann, Klaus Viedebantt, Heike Wagner, Katja Wegerich.

An unsere Leser!

Die Informationen in diesem Buch wurden mit größter Sorgfalt erarbeitet und geprüft. Kurzfristige Änderungen – zum Beispiel von Namen, Telefonnummern, Webadressen, Eintrittspreisen – lassen sich jedoch nicht ausschließen. Daher sollten Sie sich in jedem Fall, bevor Sie verreisen, gründlich informieren. Weder die Autoren noch der Verlag können für Angaben in diesem Buch, die nicht der aktuellen Lage vor Ort entsprechen, haftbar gemacht werden. Der Verlag freut sich über jeden Ihrer Hinweise, egal ob Lob, Tipp oder Verbesserungsvorschlag. Kontaktieren Sie uns gern unter www.vistapoint.de/kontakt.

Projektkoordination: Kathrin Fäller
Lektorat: Katrin Höller, Angela Heider-Willms für writehouse, Köln; Ellen Schwarz, Kristina Linke, JB Bild|Satz|Text, Berlin
Satz und Layout: Noch & Noch, Datteln und Sandra Penno-Vesper, Potsdam
Coveradaption: Grafik Design Britta Wilken, Neunkirchen-Seelscheid unter Verwendung einer Vorlage von Grafik Design Britta Wilken, Neunkirchen-Seelscheid und Sandra Penno-Vesper, Potsdam
Bildredaktion: Andrea Herfurth-Schindler, Eszter Kalmár, Bettina Hamann, Kathrin Fäller
Reproduktionen: Noch & Noch, Datteln
Kartographie: Huber Kartographie GmbH

www.vistapoint.de

ISBN 978-3-96141-717-9

INHALT

Österreich • 790

Schweiz • 974

Einleitung

Reisen ist die Sehnsucht nach dem Leben«, schrieb Kurt Tucholsky. Der Drang, neue Ziele zu entdecken, ist so alt wie die Menschheit selbst. Doch ob eine Reise zum Erlebnis wird, hat nichts mit der Anzahl der zurückgelegten Kilometer zu tun. Wer in die Ferne schweift, übersieht manchmal all das Sehenswürdige direkt vor der eigenen Haustür. Denn glamouröse oder geheimnisvolle Orte sind auch in der Nähe zu finden.

Das beweist dieses Buch, das Sie zu den 1000 schönsten und interessantesten Sehenswürdigkeiten in Deutschland, Österreich und der Schweiz mitnimmt und als ergiebige Inspirationsquelle für den nächsten Urlaub oder Kurztrip dienen soll. Natürlich sind sie alle dabei: berühmte alte und neue Wahrzeichen wie der Kölner Dom und die Hamburger Elbphilharmonie, historisch bedeutende Bauwerke und Orte wie die Porta Nigra in Trier oder die Gedenkstätte Berliner Mauer, spektakuläre Kunstwerke versammelt etwa im MuseumsQuartier in Wien, architektonische Meisterwerke wie das Stift Melk, Aufsehen erregende Events wie das Oktoberfest in München sowie Hotels und Restaurants der Extraklasse wie das Hotel Les Trois Rois in Basel.

Aber jenseits dieser allseits bekannten Reiseziele finden sich auch Kleinodien der Architektur und Kultur, historische Parks und faszinierende Gärten oder Naturlandschaften von ursprünglicher Schönheit. Ob ein Besuch des Sherlock Holmes Museums in der kleinen Kirche von Meiringen im Kanton Bern oder der Blick über das Ruhrgebiet vom Tiger & Turtle, der Duisburger Achterbahn, die gar keine ist, ob eine unterirdische Floßfahrt im Salzbergwerk von Hallein oder ein Spaziergang auf der Pfaueninsel bei Potsdam: Jede Tour vermittelt etwas von der Faszination des Reisens. Vom Spektakulären und Naheliegenden bis hin zum Kleinen und Verblüffenden, von spirituellen Orten der Einkehr wie dem Museum Insel Hombroich bis hin zu den Kommerztempeln am Potsdamer Platz in Berlin.

Ein Team erfahrener Reisejournalisten beschreibt populäre Ziele und erinnert gleichermaßen an Verstecktes und Vergessenes. So zeigt sich das scheinbar

Bekannte und Vertraute plötzlich von einer ganz neuen, faszinierenden Seite. Inspiriert wurde dieser Ultra-Reiseführer von dem Welterfolg »1000 Places To See Before You Die«, einem Klassiker der Reiseliteratur, der in 17 Sprachen übersetzt wurde. Auf allen Kontinenten hat die bekannte US-amerikanische Reisejournalistin Patricia Schultz dafür nach bemerkenswerten Orten gesucht. »Das Leben wird nicht gemessen an der Zahl unserer Atemzüge, sondern an den Orten und Momenten, die uns den Atem rauben«, diesen Leitsatz hat sie ihrem Meisterwerk vorangestellt.

Dasselbe Motto galt auch für die Auswahl der Ziele in Deutschland, Österreich und der Schweiz. Für diese Ausgabe dieses 1997 erstmals erschienenen Reiseführers aus der Reihe »1000 Places To See Before You Die« haben sich unsere Autoren erneut in ihre Lieblingsregionen begeben. Sie haben alle Angaben überprüft und aktualisiert und sich zu neuen Beiträgen inspirieren lassen. Zahlreiche spannende Reise- und Ausflugsziele haben auf diese Weise in den letzten Jahren ihren Weg ins Buch gefunden, darunter natürlich Sehenswürdigkeiten, die neu eröffnet oder an Bedeutung gewonnen haben. Sie haben neue Akzente gesetzt, indem sie ganze Regionen – wie den Osten Deutschlands – aufgewertet haben. Dafür mussten einige Empfehlungen der Erstausgabe weichen: Einige Restaurants oder Feste gibt es inzwischen nicht mehr, einige Orte wurden zu einem einzelnen Eintrag zusammengefasst und die Anzahl der Einträge in Großstädten verringert.

Das großzügige farbige Layout präsentiert jeweils ein Reiseziel pro Seite, begleitet von einem hochwertigen Farbfoto, das gelegentlich auch mal eine ganze Seite füllt. Vielreisende und Liebhaber von Listen werden sich über die Checkliste am Ende des Buches freuen. Wie gut kennen Sie Ihre Heimat? Was haben Sie schon gesehen? Haken Sie Ihre Reiseerlebnisse einfach ab.

Die Zusammenstellung der 1000 Places für Deutschland, Österreich und der Schweiz war ein langer Prozess, bei dem sich die Mitwirkenden nicht immer einig waren – eine echte Herausforderung, die aber auch Spaß gemacht hat. Und so spiegelt diese Liste natürlich die individuellen Vorlieben der Autoren und unserer Redaktion. Sie ist eine bunte Mischung an Empfehlungen und ist genauso lebendig wie das touristische Angebot der einzelnen Länder. Denn die Reiselust vor allem der Deutschen ist nach wie vor ungebrochen und der Urlaub im eigenen Land boomt seit Jahren.

»Wichtiger als eine Tasche voll Geld ist Geduld und Neugier«, so Patricia Schultz. Beflügelnde Anregungen, wohin die Reise führen könnte, finden Sie auf den folgenden über 1000 Seiten. Dieses Buch soll zum Träumen anregen, doch es liefert auch die nötigen Informationen, damit aus Träumen echte Reiseerlebnisse werden. Wenn es nach Mark Twain geht, Amerikas großem Erzähler und Globetrotter, sollte man lieber heute als morgen aufbrechen: »In zwanzig Jahren werden Sie mehr von den Dingen enttäuscht sein, die Sie nicht getan haben, als von denen, die Sie getan haben. Lichten Sie also den Anker und verlassen Sie den sicheren Hafen. Lassen Sie den Passatwind in die Segel schießen. Erkunden Sie. Träumen Sie. Entdecken Sie.«

Und das geht ganz einfach: Die vorgestellten Schätze sind für jedermann erreichbar. Lassen Sie sich also inspirieren von den 1000 Sehenswürdigkeiten Ihrer Heimat!

FRIEDRICHSTADT–
PALAST BERLIN
NEUE
GRAND SHOW
AB SEPTEMBER
Falling in Love
Curated by
JEAN PAUL GAULTIER
• Visual Design Director •
With the magic of SWAROVSKI
Grand Show. Grand Emotions.
TICKETS
www.PALAST.BERLIN

0 100 km
N
DÄNEMARK
SCHWEDEN
OSTSEE
NORDSEE
Kiel
Schleswig-Holstein
Mecklenburg-Vorpommern
Schwerin
Hamburg
Bremen
Niedersachsen
Hannover
Elbe
Havel
Berlin
Potsdam
Oder
Brandenburg
Magdeburg
Sachsen-Anhalt
Weser
NIEDER-LANDE
POLEN
Nordrhein-Westfalen
Düsseldorf
Saale
Sachsen
Dresden
Elbe
Erfurt
Thüringen
Hessen
Rhein
B.
Rheinland-Pfalz
Wiesbaden
Mainz
Main
LUX.
TSCHECHISCHE REPUBLIK
Moldau
Saarland
Saarbrücken
Neckar
Bayern
Baden-Württemberg
Stuttgart
FRANKREICH
Donau
München
ÖSTERREICH
Rhein
SCHWEIZ

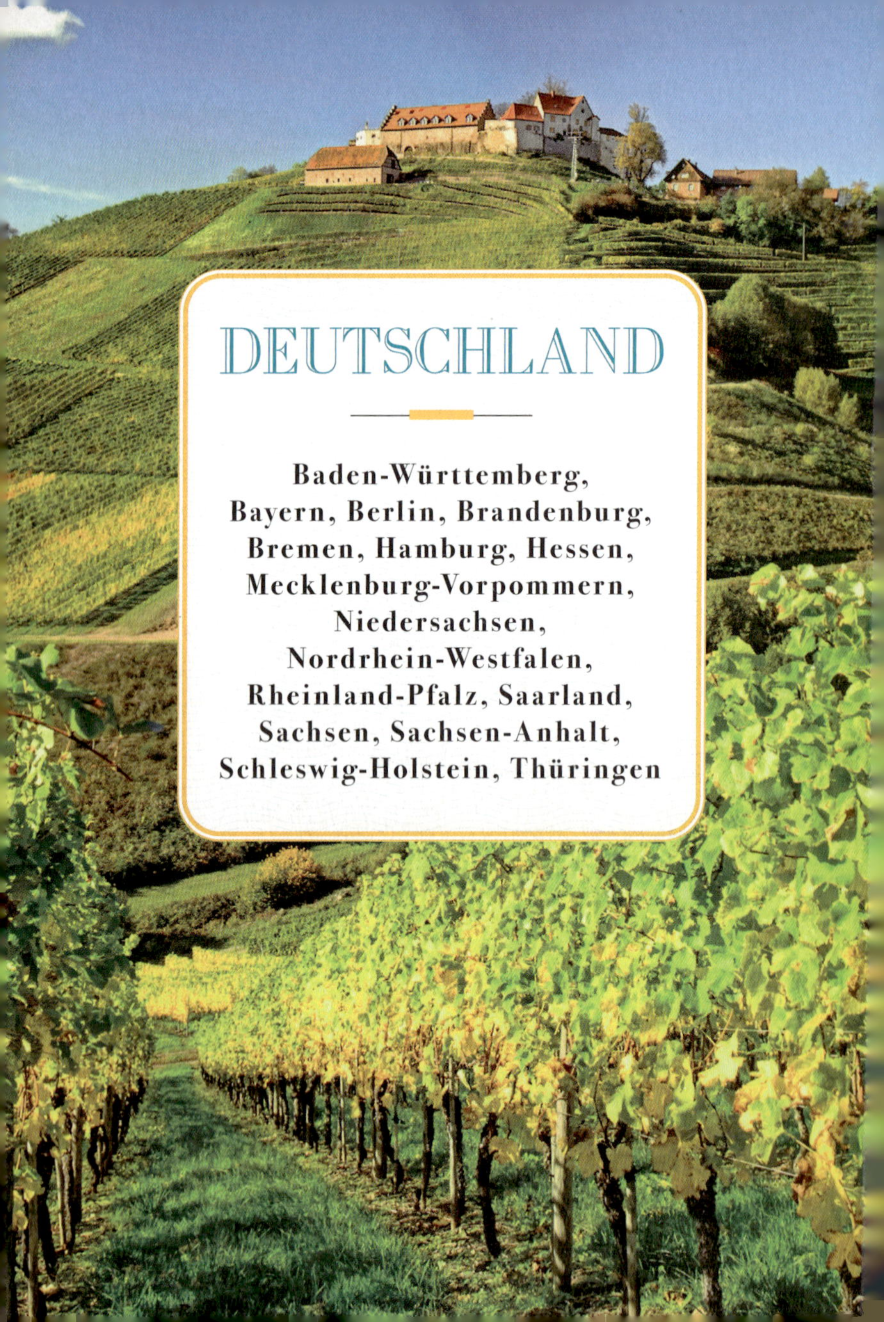

DEUTSCHLAND

Baden-Württemberg,
Bayern, Berlin, Brandenburg,
Bremen, Hamburg, Hessen,
Mecklenburg-Vorpommern,
Niedersachsen,
Nordrhein-Westfalen,
Rheinland-Pfalz, Saarland,
Sachsen, Sachsen-Anhalt,
Schleswig-Holstein, Thüringen

Wiesbaden
Hanau
Offenbach
Schwein-
furt
Rüdes-
heim
HESSEN
Aschaffen-
burg
Bingen
Mainz
Rüsselsheim
Lohr
Nierstein
Darmstadt
Nahe
Bad
Keuznach
Idar-
Oberstein
Rhein
Main
Würzburg
RHEINLAND-
Wertheim
Bensheim
Kitzingen
Worms
Tauber-
bischofsheim
PFALZ
BAYERN
Ludwigshafen
Tauber
Bad
Mergentheim
Mannheim
Heidelberg
Neustadt
a. d. W.
Schwetzingen
Neckar
Mosbach
Zweibrücken
Speyer
Bad
Wimpfen
Pirmasens
Sinsheim
Zweiflingen
Landau
Neckarsulm
Dahn
Bruchsal
Heilbronn
Crailsheim
Dinkels
bühl
Karlsruhe
Maulbronn
BADEN-
Schwäbisch
Hall
Lauter
Bietigheim-
Bissingen
Marbach
FRANKREICH
Ettlingen
Backnang
Enz
Haguenau
Pforzheim
Asperg
Ludwigsburg
Schwäbisch
Gmünd
Iffezheim
Murg
Waiblingen
STUTTGART
Aalen
Baden-Baden
Esslingen
Straßburg
(Strasbourg)
Rhein
Göppingen
Calw
Nagold
Böblingen
Holzmaden
Heiden-
heim
Kehl
Nürtingen
Durbach
Tübingen
Metzingen
Baiersbronn
Offenburg
Freuden-
stadt
Reutlingen
Neckar
Bad Peterstal-
Griesbach
Sonnenbühl
Lichtenstein
Blau-
beuren
Ulm
Neu-Ulm
Ill
Lahr
Hechingen
Kinzig
Rust
Schwäbische Alb
Emmen-
dingen
Balingen
Ehingen
Kaiserstuhl
Albstadt
Schwarzwald
Rottweil
Sigmaringen
Günz
Breisach
Villingen
Schwenningen
Donau
Biberach
Freiburg
Breisgau
Sankt Peter
WÜRTTEMBERG
Breg
Schau-
insland
Hinterzarten
Titisee
Memminge
Tuttlingen
Feldberg
Donau-
eschingen
Marien-
schlucht
Über-
lingen
Schussen
Weingarten
Wutach-
schlucht
Badenweiler
Hohen-
twiel
Radolfzell
Uhldingen-
Mühlhofen
Ravensburg
Schaff-
hausen
Mainau
Unteruhldingen
Weil am
Rhein
Kempte
Reichenau
Meersburg
Lörrach
Rhein
NSG
Wollmatinger Ried
Konstanz
Friedrichs-
hafen
Argen
Basel
Bodensee
Lindau
Sonthofen
SCHWEIZ
Winterthur
Bregenz
0
25 km
ZÜRICH
St. Gallen
Dornbirn

BADEN-WÜRTTEMBERG

Die Schicksalsburg

Festung Hohenasperg

Asperg, Baden-Württemberg

Als die Burg auf dem 90 Meter hohen Hohenasperg zum Gefängnis umfunktioniert wurde, fand das Joseph Süß Oppenheimer zum Spotten. Der Finanzberater des württembergischen Herzogs lästerte, das sei nun »Württembergs höchster Berg«. Man brauche nur fünf Minuten hinauf, aber Jahre, um wieder herunterzugelangen. Er selbst kam nicht mehr herunter, 1737 wurde er unter dubiosen Umständen des Hochverrats beschuldigt und hingerichtet. Ab 1777 verbüßte auch der antimonarchistische Dichter Christian Friedrich Daniel Schubart zehn Jahre Festungshaft als Staatsgefangener, weil er der Obrigkeit zu keck erschien. Friedrich Schiller wurde von Schubarts Tragödie zu seinem Drama »Die Räuber« angeregt – und wäre selbst fast in Hohenasperger Festungshaft geraten, hätte er sich nicht durch eine tollkühne Flucht in die Kurpfalz Mannheim entzogen.

Auch heute entkommt niemand, der durch die Gegend fährt, dem Anblick des Hohenasperg. Isoliert, mit steilen Abhängen und einem breiten Oberflächenplateau ist der Berg weithin sichtbar. Schon in keltischer Zeit, 500 v. Chr., war er Fürstensitz mit einer Fluchtburg. Archäologen haben im Umkreis viele Keltengräber gefunden, sie wurden damals so ausgerichtet, dass sie freie Sicht auf den Hohenasperg boten. Im Dreißigjährigen Krieg rannten kaiserliche Truppen gegen die massiv ausgebaute Festung an und belagerten sie für ein Jahr (1634/35), bis die württembergisch-protestantischen Verteidiger sie den Kaiserlichen übergaben.

Immer noch ist der Hohenasperg Gefängnis, heute dient es dem zivilen Strafvollzug als Zentralkrankenhaus für die Inhaftierten in Baden-Württemberg. Letzter prominenter Häftling war 1995 der wegen Steuerhinterziehung verurteilte Peter Graf, Vater der Tennisspielerin Steffi Graf. Bei einem Rundgang um die Festungsanlage bieten sich abwechslungsreiche Ausblicke ins württembergische Unterland. Danach erholt man sich in der »Schubart Stube«, Wand an Wand mit den Strafgefangenen.

Info: Der Hohenasperg liegt im Strohgäu 20 km von Stuttgart und 7 km von Ludwigsburg entfernt. **Info Hohenasperg:** Führungen buchbar über Stadtverwaltung Asperg, Tel. (071 41) 26 92 31, info@asperg.de. **Info Schubart Stube:** Schubartstr. 20, 71679 Asperg, Tel. (071 41) 26 60 75, www.schubart-stube.de, Öffnungszeiten Mi–Sa 17–23, So/Fei 12–21 Uhr, Winter nur Fr–So/Fei, Jan. geschl., Reservierung empfohlen, Preise auf Anfrage.

Ein beliebtes Ausflugsziel: die Festung Hohenasperg.

Lehrbuch der deutschen Geschichte

Bad Wimpfen

Bad Wimpfen, Baden-Württemberg

Die größte Kaiserpfalz nördlich der Alpen imponiert mit mächtigen Bauten und einer beeindruckenden Stadtgeschichte. Erste Siedlungsspuren lassen sich in Bad Wimpfen schon für die jüngere Steinzeit nachweisen. Der Ortsname selbst stammt wohl aus dem Keltischen (um 450 v. Chr.) und bedeutet so viel wie »Wall am Berg«.

Besonders sehenswert sind die Überreste aus dem Mittelalter: Um 1200 wurde hier eine Stauferpfalz errichtet, in der die Kaiser, etwa Heinrich VI. und Friedrich II., Hof hielten und Recht sprachen. Die Arkaden des staufischen Palas mit ihren unterschiedlich gestalteten Säulen zählen zu den schönsten Beispielen romanischer Baukunst in Deutschland. Hier befand sich der große Saal der Kaiserpfalz.

Weitere aus dieser Zeit erhaltene Bauwerke sind der 58 Meter hohe Blaue Turm – Wahrzeichen der Stadt –, die alte Pfalzkapelle, die heute als Kirchenhistorisches Museum der Stadt fungiert, und Reste der Burgmauer mit dem Schwibbogentor.

Auch das Steinhaus im Burgviertel, einer der größten romanischen Profanbauten Deutschlands mit spätgotischem Staffelgiebel und siebenteiligen Fenstern, geht auf die Stauferzeit zurück. Es beherbergt heute das Historische Museum, u. a. mit wertvollen Wandmalereien aus dem Mittelalter und der Spätgotik. Auch Funde aus der Römerzeit sind zu sehen, so zeugt eine große Anzahl von Götterstatuen von der Vergangenheit eines der größten römischen Kastelle im heutigen Baden-Württemberg.

Um 1300 wurde Bad Wimpfen freie Reichsstadt, wodurch Handwerk und Handel aufblühten. Davon zeugen noch heute viele herrliche Bürgerhäuser mit alemannisch-fränkischem Fachwerk. Das Wohnhaus Am Marktplatz 6 von 1266 gilt als das älteste erhaltene Fachwerkwohnhaus in Baden-Württemberg.

Bad Wimpfen am Neckar.

Dem Niedergang im Dreißigjährigen Krieg folgte erst 1817 wieder ein Aufschwung. Der Grund: die erste Soleförderung. Noch heute lebt die Stadt von den Kurgästen einerseits und ihrem reichen Bestand an Bau- und Kunstdenkmälern aus zwei Jahrtausenden andererseits. Höhepunkte im Kulturkalender sind die Stauferpfalz-Festspiele, die alle zwei Jahre vor der Kulisse der denkmalgeschützten Altstadt stattfinden, sowie der Talmarkt, der mit seiner über 1000-jährigen Tradition zu den ältesten Marktveranstaltungen Deutschlands zählt.

Info: Bad Wimpfen liegt ca. 15 km von Heilbronn. **Info Bad Wimpfen**: Tourist Information Bad Wimpfen, Hauptstr. 45, 74206 Bad Wimpfen, Tel. (070 63) 972 00, www.badwimpfen.de, Stadtführungen jeden So 14 Uhr, April–Okt. auch jeden Mi, Sa 14 Uhr, Nachtwächterführung jeden 1. Sa im Monat April–Okt. 21, Nov.–März 20 Uhr (Treffpunkt jeweils am Rathaus).

Die Sommerhauptstadt Europas

BADEN-BADEN

Baden-Baden, Baden-Württemberg

Baden-Baden kennt man seit Mitte des 19. Jahrhunderts als die Sommerhauptstadt Europas. Königin Viktoria, Napoleon III. und Kaiserin Sisi badeten in seinen heilenden Quellen. Der ehrwürdige Glanz alter Tage spiegelt sich in der üppigen Eleganz des gold- und stuckverzierten Casinos in der schattigen Lichtentaler Allee und in den pastellfarbenen Häusern, die zum Zweitwohnsitz europäischer Adelsfamilien und High-Society-Mitglieder geworden sind. Heute lebt Baden-Baden wieder von Freizeit und Vergnügen.

Doch der einst eher beschauliche Kurort hat sich verjüngt, ist aktiver, sportlicher und hipper geworden. Die vergnügungswillige Klientel geht ins Festspielhaus, flaniert durch das Museum Frieder Burda, das hochkarätige Gemälde zeigt, badet in den Becken der Caracalla-Thermen und unternimmt Ausflüge in die stadtnahe Natur.

Wanderführer wurden früher, als Baden-Baden noch als reines Rentnerparadies galt, nie nachgefragt. Jetzt gibt es sogar Mountainbike-Routen bis hinauf zum Alten Schloss auf dem Berg und am Battertfelsen finden alpine Kletterkurse statt.

Tulpenblüte vor dem Kurhaus in Baden-Baden.

Der Fußgängerbereich wurde mondän aufgepeppt: Auf Baden-Badens Fashion-Boulevard Sophienstraße sowie in der Lichtentaler Straße, in den Kurhaus Kolonnaden, im Bäderviertel und in der Altstadt locken zahlreiche Boutiquen internationaler (Luxus-)Labels.

Naschereien aus der Confiserie Rumpelmayer und eine süße Pause im Café König sind Pflichtprogramm für das Publikum im Einkaufsrausch. Köstliche Pralinen und Kleingebäck, etwa die legendären Baden-Badener Kurgartenkastanien, machen eine Pause in den Kurhaus Kolonaden zu einem sündigen Ereignis.

Der Südwestrundfunk (SWR), der hier neben Stuttgart und Mainz einen seiner drei Hauptstandorte unterhält, rollt das Städtchen mit diversen Events auf, in den Wellnesstempeln klatschen Besucher mit allen Anzeichen sinnlicher Lust einander Schlamm auf ihre nackten Körper und das Casino hat einen Beratungsdienst für Spielsüchtige im Angebot. Baden-Baden im Umbruch!

INFO: Baden-Baden liegt am nördlichen Rand des Schwarzwalds. **INFO BADEN-BADEN KUR & TOURISMUS GMBH:** Solmsstr. 1, 76530 Baden-Baden, Tel. (072 21) 27 52 00, www.baden-baden.de, https://visit.baden-baden.de. **INFO MUSEUM FRIEDER BURDA:** Lichtentaler Allee 8 B, 76530 Baden-Baden, Tel. (072 21) 39 89 80, www.museum-frieder-burda.de, Öffnungszeiten Di–So 10–18 Uhr, Eintritt € 14, ermäßigt € 11/5. **INFO KURHAUS KOLONNADEN:** Kaiserallee 3, 76530 Baden-Baden, www.kurhaus-kolonnaden.de.

Das größte Opernhaus Deutschlands

FESTSPIELHAUS

Baden-Baden, Baden-Württemberg

Mehr als ein großer Bahnhof für die Kunst. Als die berühmte Bäder- und Casino-Stadt beschloss, ein Festspielhaus einzurichten, kamen die Planer auf die geniale Idee, den ehemaligen Baden-Badener Stadtbahnhof mit einzubeziehen. Der denkmalgeschützte Bau, schon lange nicht mehr von der Bahn genutzt, wurde topsaniert und in den Neubau integriert. In der einstigen Bahnhofshalle befinden sich seit 1998 Kassen, Garderoben und Gastronomie, im früheren Wartesaal erster Klasse – mit holzvertäfelten Wänden und Kristalllüstern an der Decke – empfängt das Restaurant Aida seine Gäste. Tafeln in altehrwürdigem Ambiente, das ist mal etwas anderes.

Das mit 2500 Plätzen zweitgrößte Opernhaus Europas – nur noch übertroffen von der Opéra Bastille in Paris – ist das erste privat getragene Opernhaus des Kontinents. Jeder 21. Baden-Badener (53 350 Einwohner) fände Platz darin, gäbe es nicht immer so viele Fremde, die da schon die Plätze besetzt halten. Ein großer und gediegener Kreis von Förderern sorgt dafür, dass Bühnenstars wie die Geigerin Anne-Sophie Mutter, der chinesische Klavier-Artist Lang Lang, die Sangesdiva Anna Netrebko, berühmte Dirigenten, Orchester und Ballett-Compagnien regelmäßig in diesem prächtigen Musentempel auftreten können.

Der Spielplan ist stets gut besetzt, die Künstler sind begeistert von der außerordentlich guten Akustik im Saal und die Stadt profitiert vom Zuspruch des Publikums, das Hotelzimmer bucht und Lokale, Thermen, Golfplätze und nicht zuletzt auch das Casino besucht. Selbst der Flughafen musste erweitert werden, so groß ist der Andrang.

Der Plan mit dem Festspielhaus ist also aufgegangen, die Kultur hat eine opulente Heimstätte gefunden. Und über diese

Im Festspielhaus in Baden-Baden werden erstklassige Kunst- und Kultur-Highlights geboten.

»Umwegrentabilität« ist Baden-Baden noch vermögender geworden und beweist, dass es sich lohnt, in Kultur zu investieren.

INFO: Baden-Baden liegt am nördlichen Rand des Schwarzwalds. **INFO FESTSPIELHAUS UND FESTSPIELE BADEN-BADEN GGMBH**: Beim Alten Bahnhof 2, 76530 Baden-Baden, Tel. (072 21) 301 31 01 (Ticket-Service), www.festspielhaus.de, Führung Mo–Fr 11 und Sa/So/Fei 14 Uhr (Dauer: 75 Min.), Ticket € 8, Schüler und Kurkartenbesitzer € 6, Reservierung empfohlen.

Der Schwarzwald diente im Mittelalter als Schauplatz zahlreicher Märchen und Sagen.

Vierbeiner in rasendem Galopp

Die Galopprennbahn Baden-Baden • Iffezheim

Baden-Baden, Baden-Württemberg

Late-Night-Talker Harald Schmidt war schon da und wagte keinen einzigen zynischen Satz. Entertainer Frank Elstner ist Stammgast und ohnehin immer freundlich-verbindlich. Selbst Verona Pooth verzichtete auf den großen Auftritt. Nicht Stars und Sternchen stehen auf einer der berühmtesten Pferderennbahnen der Welt im Mittelpunkt, sondern die Vierbeiner in ihrem rasenden Galopp. Natürlich geht es auch ums Sehen und Gesehenwerden, doch vor allem lockt der Pferderennsport die besten Sportler an.

Bereits im Jahr 1858 gegründet entwickelte sich das »badische Ascot« schnell zur führenden Rennbahn Deutschlands. Viele gesellschaftliche und sportliche Highlights werden im Rahmen der drei jährlichen Meetings präsentiert.

Den Saisonauftakt bildet jedes Jahr das »Frühjahrsmeeting« Ende Mai/Anfang Juni mit drei Renntagen. Das Flaggschiff der Saison ist die »Große Woche« Ende August/Anfang September. An sechs Renntagen werden in einem solchen Ausmaß Preisgelder verteilt und Wetten abgeschlossen, dass das Event in dieser Hinsicht zur Weltspitze gehört. Den herbstlichen Abschluss bildet das »Sales & Racing Festival«im Oktober.

An den Renntagen wird immer ein vielfältiges Rahmenprogramm geboten, das sich auch und gerade an Familien richtet. Dabei steht jeder Tag unter einem besonderen Motto und das Angebot reicht vom Laufstegtraining bis zum Ponyreiten.

Nicht zuletzt wird natürlich gewettet. Auf dem weitläufigen Gelände stehen überall Monitore, die das Auf und Ab des Wettenverlaufs zeigen. Je niedriger der Kurs, desto mehr haben auf das Pferd gesetzt. Ein Wettschein ist schon für einen Euro zu haben.

Startboxen beim Pferderennen in Iffezheim.

Die Pferde tänzeln ins Rund, die kleinen Jockeys sitzen auf, der Gong ertönt. Mit dem voranpreschenden Feld wogt die Begeisterung. Später ertönt die Fanfare, das Rennen ist gelaufen, die Trophäe wird vergeben. Wer sie erhält, ist egal, der Spaß war es wert, mitgewettet zu haben.

Info: Iffezheim liegt 12 km von Baden-Baden entfernt. **Info Die Galopprennbahn Baden-Baden • Iffezheim**: Rennbahnstr. 16, 76473 Iffezheim, Tel. (072 29) 18 70, www.baden-racing.com. **Reisezeit:** Zu den drei Meetings Ende Mai/Anfang Juni, Ende Aug./Anfang Sept. und Okt.

Im Himmelreich der Gourmandise

Restaurant Bareiss

Baiersbronn, Baden-Württemberg

Gleich drei Michelin-Sterne leuchten über dem Restaurant Bareiss. So weit, dass Baiersbronn zur Wallfahrtsstätte für Feinschmecker aus ganz Deutschland und den angrenzenden Ländern geworden ist. Gebratene Gänseleber mit glasierten Zimtäpfeln und Trüffelsoße, das ist es, was vielen in den Sinn kommt, fällt der Name des Hochschwarzwaldortes. Das »Bareiss« wird von Gourmetkritikern zu den zehn besten Restaurants Deutschlands gezählt, dazu ist es noch eines der schönsten, geschmackvoll eingerichtet, aber nicht dekorativ überladen.

Im Restaurant »Bareiss« kocht Claus-Peter Lumpp.

Hausherr Hermann Bareiss hat ein Gespür für die richtigen Proportionen – und für die richtigen Menschen an seiner Seite. Mit dem Sommelier Teoman Mezda und dem Küchenchef Claus-Peter Lumpp sowie dem Restaurantleiter und Oberkellner des Jahres 2015 (Gault-Millau) Thomas Brandt fand er eine kongeniale Verbindung. Lumpp, der sagt, die gute schwäbische Küche seiner Mutter habe ihn zu seiner Profession gebracht, ist bei Top-Köchen wie Eckart Witzigmann und Alain Ducasse in die Lehre gegangen. Dem Bareiss ist er bereits seit seiner dortigen Ausbildung zum Koch verbunden. Seit 1992 leitet er das Gourmetlokal, 2007 zeichnete ihn der Guide Michelin estmals mit drei Sternen aus.

Experten bescheinigen ihm nicht nur eine nahezu traumwandlerische handwerkliche Makellosigkeit bei der Zubereitung von Speisen. Sie loben auch übereinstimmend, dass er schlanke Eleganz zur Opulenz mit aromatischer Fülle bringen kann, dass sein Stil zudem optisch absolut herausragend ist und perfekt zur Klasse der Tischkultur in diesem Restaurant passt.

Die Bedingungen sind optimal: Das Fleisch stammt von Hinterwälder Rindern, die naturnah gehalten werden. Die Wildgerichte werden mit dem Angebot aus dem Schwarzwald abgedeckt. Sämtliche Küchenkräuter stammen aus der Region und schmecken intensiv, weil sie sich in der rauen Natur des nördlichen Schwarzwaldes – »Oben uff'm Wald«, sagen die Bewohner von Baiersbronn – ans Tageslicht kämpfen mussten. Auch die Früchte des Waldes im Jahreszeitenrhythmus kommen zum Einsatz: die Heidel-, Preisel- und Brombeeren, die Walderdbeeren und Himbeeren, das vitaminreiche Scharbockskraut, die Blätter und Blüten von Wiesenschaumkraut, Löwenzahnwurzeln, Huflattich, Knoblauchrauke sowie Bärlauch. Im Himmelreich der Gourmandise wird die Tafel üppig angerichtet.

Info: Baiersbronn liegt etwa 60 km von Offenburg entfernt. **Info Restaurant Bareiss:** Hermine-Bareiss-Weg, 72270 Baiersbronn-Mitteltal, Tel. (074 42) 470, www.bareiss.com, Öffnungszeiten Mi–So 12–14 und 19–21.30 Uhr. Reservierung empfohlen, Preise auf Anfrage.

Ruhe und Erholung im Herzen des Schwarzwalds

Schwarzwaldstube im Hotel Traube Tonbach

Baiersbronn, Baden-Württemberg

Das Hotel »Traube Tonbach« ist eine der beliebtesten Ferienanlagen im Schwarzwald: groß, gut ausgestattet und in einem idyllischen grünen Tal dieser sagenumwobenen südwestlichen Region Deutschlands gelegen.

Berühmt ist vor allem das Hotelrestaurant »Schwarzwaldstube« mit seinen drei Michelin-Sternen: Kein anderes deutsches Restaurant wurde so oft wie dieses mit der höchsten Auszeichnung geadelt. Auch als im Sommer 2017 Harald Wohlfahrts langjähriger Souschef Torsten Michel die Nachfolge der Kochlegende antrat, waren sich die Kritiker von Guide Michelin, Gault-Millau und anderen Gourmet-Instanzen einig: Das herausragende Niveau ist ungebrochen, Michel führt die von französischem Einfluss geprägte Küche fort. Seine bisweilen puristischen Interpretationen, etwa die Wolfsbarschschnitte mit Zitronenwürze, gedämpfter Brunnenkresse und leichter Innereiensauce, setzen dabei aber spannende eigene Akzente, die ebenso wie das vegetarische Menü eine zeitgemäße Entwicklung der Kochtradition versprechen.

Wer die Kunst der Gourmetküche selbst beherrschen lernen möchte, kann an einem Kochkurs teilnehmen: »Zeit zum Kochen und Genießen« heißt ein Übernachtungsarrangement, das neben dem eintägigen Kochkurs auch die Nutzung des luxuriösen Spas mit Meerwasserbecken, verschiedenen Saunen und Eis-Iglu beinhaltet. Spaziergänge durch den alten Wald machen den Aufenthalt perfekt. Trotz seiner dichten und hohen Fichten ist dieser Winkel Deutschlands überall von sonnigem Charme erfüllt.

Das Hotel, das seit über 220 Jahren im Besitz der Familie Finkbeiner ist, war 1789 eines der ersten Häuser im Tonbachtal und versorgte als Schänke durstige Holzfäller, Köhler, Harzbrenner und Fuhrleute. Der ehemalige Gastraum der Traube ist die heutige Bauernstube.

Es liegt in der Nähe einiger Wander- und Radwege, pittoresker Straßen und einer unvergesslichen historischen Bahnstrecke, auf der während der Sommersaison manchmal eine Dampflokomotive schnauft und Gäste von Karlsruhe in den Schwarzwald bringt. Nehmen Sie die klassische Schwarzwaldhochstraße von Baden-Baden im Nordwesten nach Freudenstadt im Südosten und genießen Sie 66 Kilometer Naturschönheit!

Torsten Michel übernimmt 2017 die Küchenleitung und verteidigt erfolgreich die drei Michelin-Sterne.

Info: Baiersbronn liegt etwa 60 km von Offenburg entfernt. **Info Hotel Traube Tonbach:** Tonbachstr. 237, 72270 Baiersbronn, Tel. (074 42) 49 20, www.traube-tonbach.de. »Schwarzwaldstube« Öffnungszeiten Mi–So 19–21, Do–So auch 12–13.30 Uhr, Betriebsferien im Jan. und Aug., Reservierung empfohlen, Preise auf Anfrage.

Das Gelächter der Nixe

Der Blautopf

Blaubeuren, Baden-Württemberg

Das tiefe Blau, das dem Besucher der Karstquelle in Blaubeuren entgegenleuchtet, hat etwas Märchenhaftes. Es ist die Farbe der Romantik, aber auch der Melancholie. Der Dichter Eduard Mörike verwebt diese Zutaten zu der zauberhaften »Historie von der schönen Lau«: Eine Nixe sorgt vom Quellgrund aus für Überschwemmungen. Erst als die Menschen es schaffen, sie fünfmal zum Lachen zu bringen und so vom Fluch der Schwermut und Unfruchtbarkeit zu erlösen, hat der Spuk ein Ende.

Tatsächlich kann der Blautopf, mit 21 Metern eine der tiefsten und größten Quellen Deutschlands, pro Sekunde bis zu 32 000 Liter Wasser ausschütten. Zu einem so gewaltigen Schwall kam es 1988: Die Schneeschmelze ging so rasant vonstatten, dass das Höhlensystem, dessen Abfluss der Blautopf bildet, das Wasser heftig nach draußen drückte.

Keine Angst vor zu Schabernack aufgelegten Nixen hatte 1985 Höhlenforscher Jochen Hasenmayer, der bei einem spektakulären Tauchgang eine riesige luftgefüllte Halle hinter den Wasserhöhlen entdeckte – sie heißt heute Mörikedom.

Doch schon in früheren Zeiten war der Blautopf nicht nur Heimat von Sagenwesen. Die historische Hammerschmiede, in der Bauern und Handwerker ihre Werkzeuge herstellen ließen, nutzte das Quellwasser, wie heute ein Schauschmieden zeigt. Die Mönche des 1085 gegründeten ehemaligen Benediktinerklosters leiteten über einen von ihnen gegrabenen Kanal das Wasser direkt in ihr Badhaus.

Angetrieben durch das Quellwasser des Blautopfs: das historische Hammerwerk in Blaubeuren.

Die Klosteranlage weist einen der bedeutendsten spätgotischen Hochaltäre und wertvolles Chorgestühl auf, beides aus Ulmer Werkstätten. Bei den Altarplastiken soll der berühmte Schnitzmeister Michel Erhart Hand angelegt haben. Heute ist hier das Evangelische Seminar, ein altsprachliches Gymnasium mit Internat, zu Hause, das Kloster steht aber auch Besuchern offen. Das einzige erhaltene deutsche Mönchsbad wurde zum Heimatmuseum, ein Fachwerkkleinod mit schiefer Fassade. Noch mehr Fachwerk gibt es in der Altstadt von Blaubeuren, das schönste Haus ist der »Hohe Wil« (»Steiles Dach«).

Info: Blaubeuren liegt etwa 20 km von Ulm entfernt. **Info Tourist Information Blaubeuren**: Kirchplatz 10, 89143 Blaubeuren, Tel. (073 44) 96 69 90, www.blaubeuren.de. **Info Badhaus der Mönche**: Heimatmuseum, Klosterhof 11, 89143 Blaubeuren, Tel. (073 44) 96 69 90, Öffnungszeiten Ende März bis Ende Okt. Di–Fr 10–16, Sa/So 10–17 Uhr, Eintritt € 2, Kinder € 1. **Info Kloster Blaubeuren**: Klosterhof 2, 89143 Blaubeuren, Tel. (073 44) 96 26 25, www.seminar-blaubeuren.de, Öffnungszeiten März–Okt. tägl. 10–17, Nov.–Feb. Mo–Fr 14–16, Sa/So/Fei 11–16 Uhr, Eintritt € 2,50, ermäßigt € 2.

Eine wildromantische Erfahrung

Marienschlucht am Überlinger See

Bodman-Ludwigshafen, Baden-Württemberg

Lieblich erscheint der Bodensee. Aber das ist er nicht an seinem Steilufer am südlichen Überlinger See, der sich wie ein verirrter Arm des Gewässers in die Landschaft schiebt. Dort liegt die Marienschlucht, deren unterer Eingang aus hohen Treppenstufen besteht, sodass der Betrachter zunächst denkt, das sei nur etwas für Zeitgenossen mit alpinen Ambitionen. Doch es lohnt sich für alle, die steile Passage zu nehmen, sie macht die Schlucht in ihrer gesamten Länge erlebbar. Ein verschlungener Pfad führt zwischen 30 Meter hohen, steilen Felswänden entlang. Unter den Treppen rauscht der Bach auf seinem Weg in den See. Oberhalb der Marienschlucht liegt die wildromantische Burgruine Kargegg, die dem Besitzer der Schlucht, Wilderich Graf von und zu Bodman, gehört. Sie besteht nur noch aus einigen Mauerresten, von Pflanzen überwuchert.

Marienschlucht am Überlinger See.

Es war der Bach, der die Schlucht geschaffen hat. Über Jahrtausende hinweg hat er sich tief in den Grund eingegraben. Es ist immer feucht in der Passage, riesige Blattpflanzen wuchern, Farne mit langen Stielen. Totes Geäst verwest zwischen nassem Gestein, hüfthoch wachsen Disteln, die kleinen Schönheiten dazwischen heißen Felsennelken, Mondviolen oder Türkenbund. Scheint die Sonne nicht, hat die Marienschlucht etwas Unheimliches. Dennoch ist sie im Sommer eines der beliebtesten Wanderziele am Bodensee; begehbar ist sie seit 1897. Am Ende der Schlucht, wo der Bach in den See schießt, gibt es einen Badestrand mit einem kleinen Steg und einem Kiosk.

Man erreicht die Marienschlucht von Bodman über Langenrain (6 km) oder von Wallhausen (4 km), die markierten Wanderwege führen direkt am Seeufer entlang. Radfahrer stellen ihr Fahrzeug in Wallhausen, bei Langenrain oder Bodman ab und absolvieren den Weg durch die Schlucht zu Fuß. Auch per Schiff ist die Anreise möglich oder mit dem Kanu, das man an der Kanustation am Strandbad Wallhausen mieten kann.

Nach einem massiven Erdrutsch im Jahr 2015 sind die Schlucht sowie einige Wanderwege, die zu ihr führen, für Besucher gesperrt. Leider ist noch nicht entschieden, wann der beliebte Wanderpfad wieder geöffnet werden kann.

Info Marienschlucht: Die Marienschlucht liegt 15 km nördlich von Konstanz am Bodensee. www.marienschlucht.de.

Ein eigener Mentalitätsraum

Schauinsland und Kaiserstuhl

Breisgau, Baden-Württemberg

Sufer isch's und glatt ...«, sagte der Dichter Johann Peter Hebel über die Gegend mit den beiden markanten Erhebungen südlich von Freiburg. Sauber und gepflegt, wo man auch hinschaut. Vom Schauinsland (1284 m) – der Name ist Programm – lässt sich das gut überblicken. Der drittgrößte Berg des Schwarzwalds liegt zwar zehn Kilometer von der badischen Hauptstadt entfernt, gilt aber trotzdem als Hausberg. Man kann ihn erwandern oder sich von der Talstation Horben aus mit einer Großkabinenbahn auf die Gipfelregion befördern lassen.

Oben angekommen eröffnet sich eine herrliche Rundumsicht auf den nahegelegenen Feldberg und den Hochschwarzwald, die Gipfel der Alpen sowie in die Rheinebene mit Freiburg bis zum Kaiserstuhl und den benachbarten Vogesen. Im Winter tummeln sich hier oben auch viele Skifahrer, ist doch der Schauinsland eines der beliebtesten Skigebiete Badens. Schweizer und Franzosen sind in der Region Oberrhein nähere und wesensverwandtere Nachbarn der Badener als Mittel- und Norddeutsche. Das zeigt sich in der kulinarischen Kultur, der Lebenseinstellung und der ähnlichen Bebauung der Dörfer und Städte.

Kirschblüte und Weinanbau am Kaiserstuhl.

Früher war der Schauinsland wegen seiner Bodenschätze (Silber, Blei und Zink) bekannt und hieß Erzkasten. In der Nähe der Bergstation zeugt ein ehemaliges Silberbergwerk davon. Es kann besichtigt werden.

Aus der eher flachen Rheinebene nordwestlich von Freiburg erhebt sich unvermittelt ein kleines Gebirge vulkanischen Ursprungs. Warum es den Namen Kaiserstuhl (557 m) erhielt, ist nicht geklärt. Wahrscheinlich empfanden die Anwohner das Mini-Gebirge als so imposant, dass es nur kaiserlich sein konnte. Das Besondere daran ist das nahezu mediterrane Mikroklima – die Region gehört zu den konstant wärmsten Deutschlands. Da lag es natürlich nahe, dort Wein anzubauen. Die berühmten Sorten vom Kaiserstuhl heißen nach ihren Anbauorten Achkarren, Bickensohl, Ihringen und Oberrotweil. Sie sind überaus aromatisch und vollmundig und gelten als Raritäten, weshalb sie auch nicht ganz billig sind. Die Landschaft um den Kaiserstuhl weist zudem einen Reichtum an Pflanzen und Tieren auf, der einen Besuch lohnt. Schon um 1850 kamen erste »Luftschnapper«, wie Sommerfrischler genannt wurden.

Info: Der Gipfel des Schauinsland liegt 10 km, der Kaiserstuhl ca. 25 km von Freiburg entfernt. **Info Breisgau**: Tourist Information Freiburg, Rathausplatz 2–4, 79098 Freiburg i. Br., Tel. (07 61) 38 81-880, https://visit.freiburg.de. **Reisezeit**: Im Herbst zur Weinlese.

Der Mann vom Fünfzigmarkschein

SCHLOSS BRUCHSAL

Bruchsal, Baden-Württemberg

Spargelfreunde zieht es vor allem im Frühjahr nach Bruchsal. Dann nämlich richtet die 40 000-Einwohner-Stadt einen der wichtigsten Spargelmärkte Deutschlands aus. Schloss Bruchsal, eine opulente Barockanlage, ist dagegen

Residenz der Fürstbischöfe von Speyer: Schloss Bruchsal.

eine Ganzjahresattraktion, die Architekturfans und Kunsthistoriker über das geniale Schaffen von Baumeister Balthasar Neumann staunen lässt. Neumann, dessen Konterfei bis zur Einführung des Euro den Fünfzigmarkschein schmückte, war Anfang des 18. Jahrhunderts einer der Größten seiner Zunft. 1728 wurde ihm die Leitung eines Bauprojekts übertragen, das ins Stocken geraten war. Der Bauherr, Fürstbischof Damian Hugo Philipp von Schönborn, hatte seinen Sitz von Speyer nach Bruchsal verlegt und dort ein Schloss bauen lassen. Dieses schien ihm schon bald zu klein. Für seinen großen Mitarbeiterstab sollte nun nachträglich ein Zwischengeschoss eingezogen werden. Neumann fand eine ästhetisch vollendete Lösung für das Treppenhaus, an dem sich schon mehrere Vorgänger die Zähne ausgebissen hatten: Er modifizierte den leicht ovalen Grundriss und die Treppenläufe und setzte dem Gebäudeteil eine Kuppel auf, was zusätzliche Höhe bescherte. Das Resultat gilt als eine der bedeutendsten Raumschöpfungen des deutschen Barock.

Neumanns Treppenhaus überstand den Zweiten Weltkrieg weitgehend unbeschadet. Weite Teile der Residenz wurden dagegen bei Luftangriffen schwer getroffen und brannten aus. Zur Freude vieler wurde das Zerstörte rekonstruiert, sodass Besucher heute durch die Prunkräume wandeln und rund ums Schloss barocke Gartenlust erleben können. Auch zwei Museen haben in der einstigen Residenz der Fürstbischöfe Platz gefunden: das Städtische Museum und das Deutsche Musikautomatenmuseum, eine illustre Sammlung selbstspielender Instrumente.

INFO: Bruchsal liegt etwa 20 km nördlich von Karlsruhe. **INFO SCHLOSS BRUCHSAL:** Schlossraum 4, 76646 Bruchsal, Tel. (072 51) 74 26 61, www.schloss-bruchsal.de, Öffnungszeiten Di–So 10–17 Uhr, Eintritt € 8, ermäßigt € 4.

Die Geburtsstadt des Siddhartha-Autors

Hermann-Hesse-Museum

Calw, Baden-Württemberg

Die schönste Stadt von allen aber, die ich kenne,« schrieb Hermann Hesse, »ist Calw an der Nagold, ein kleines, altes, schwäbisches Schwarzwaldstädtchen.« Der Nobelpreisträger ist der große Sohn des Städtchens Calw im Nordschwarzwald. Hier steht das Geburtshaus des Schriftstellers. Vom historischen Haus Schütz am oberen Marktplatz sieht man auf das kleine Fachwerkhaus, in dem Hermann Hesse am 2. Juli 1877 geboren wurde. Im Haus Schütz befindet sich auch das Hermann-Hesse-Museum, das die Stadt Calw 1990 gründete. Daraus ist die europaweit umfassendste Dauerausstellung über Hesses Leben, Werk und Wirken entstanden.

Gezeigt werden Erstausgaben und seltene weitere Auflagen, Manuskripte, Zeichnungen und Aquarelle des Dichters, der auch ein passionierter Maler war, sowie Fotos, die sein Leben dokumentieren – vor allem das in Calw. Insgesamt neun Ausstellungsräume sind unterschiedlichen Aspekten aus Hesses Leben gewidmet. Das Konzept für das Museum lieferte Volker Michels, Hesse-Herausgeber beim Suhrkamp-Verlag. Hermann Hesse stand dem Verlagsgründer Peter Suhrkamp sehr nahe und hatte ihm die Verlagsgründung nach dem Zweiten Weltkrieg ermöglicht.

Für Hesse- und Literaturfans gibt es im Museum jede Menge interessanter Ausstellungsstücke und Dokumente zu sehen. Der erste Raum zeigt die Herkunft Hesses auf, im zweiten sind Publikationen und Übersetzungen seiner Werke sowie einige der von Hesse verfassten 35 000 Briefe zu sehen. Danach folgen Räume zu Hesses Kindheit und Jugend. Die Gründung seiner Familie am Bodensee und seine Reise nach Indien und Sri Lanka, die schwierige Zeit Hesses während des Ersten Weltkriegs in Bern, sein Wirken während der Zeit des Nationalsozialismus, der Einsatz des Bundespräsidenten Theodor Heuss für ihn, sein Leben im Tessin von 1919 bis zu seinem Tod 1962 bilden weitere Schwerpunkte.

Seit 2012 befindet sich im ersten Stock eine Ausstellungsfläche für Kabinett- und Galerieausstellungen. Im Stipendiatenzimmer können Besucher in den Werken der bislang knapp 50 Hessestipendiaten lesen.

Wer auf den Geschmack gekommen ist: Der Museumsshop im Kassenraum bietet eine große Auswahl an Werken Hermann Hesses sowie Sekundärliteratur zum Kauf. Hier kann man auch Audioguides zur biografischen Ausstellung in deutscher, englischer und japanischer Sprache ausleihen. Ein sehr nützlicher Flyer (kostenlos) lädt ein, sich auch die Stadt Calw näher anzuschauen und auf den Spuren Hermann Hesses zu wandeln.

Hermann-Hesse-Denkmal in Calw.

Info: Calw liegt ca. 50 km westlich von Stuttgart. **Info Hermann-Hesse-Museum:** Marktplatz 30, 75365 Calw, Tel. (070 51) 75 22, www.calw.de, Öffnungszeiten April–Okt. Di–So 11–17, Nov.–März Mi–So 11–16 Uhr, Eintritt € 5, Kinder € 3.

Von der Sonne verwöhnt ...

Schloss Staufenberg

Durbach, Baden-Württemberg

Sanfte, hellgrüne Hügel, grün-samtige Reben auf sonnenverwöhnten Hängen ziehen sich bis zum Horizont. Mittendrin liegt das goldene Weindorf Durbach. Seit dem 14. Jahrhundert wird hier Wein angebaut. Auf Schloss Staufenberg hoch über Durbach lassen sich edle Tropfen in ritterlichem Ambiente stilvoll genießen.

Schon Otto von Hohenstaufen wählte im 11. Jahrhundert mit Bedacht diesen Ort, um das Schloss zu gründen. Die geschützte Lage des Tales, das sonnenverwöhnte Klima und der nährstoffreiche Boden machten den Schlossberg zu einem fruchtbaren Weinanbaugebiet. Von der mittelalterlichen Burg ist nicht mehr viel erhalten. Nur der Torturm, der Schlosskeller und der Gefängnisturm stammen noch aus jener Zeit. Der Rest der Anlage wurde im 17. Jahrhundert im barocken Stil neu errichtet. Um das Schloss rankt sich bis heute die Sage der schönen Melusine. Die verwunschene Waldfrau bat einen der ersten Schlossbewohner um ihre Erlösung. Sebald versprach ihr zu helfen, flüchtete jedoch, als sie sich ihm in Gestalt eines furcheinflößenden Ungeheuers zeigte. Die Rache der schönen Melusine ereilte ihn während seines Hochzeitsfests, auf dem er tot zu Boden sank.

Seit dem Jahr 1693 ist das Schloss im Besitz der Markgrafen von Baden. Markgraf Carl-Friedrich pflanzte im 18. Jahrhundert zum ersten Mal 3500 sortenreine Riesling-Reben auf dem Klingelberg, einem Teil des Schlossbergs. Die Qualität des Rieslings aus Baden – des sogenannten Klingelbergers – ist bis heute weltberühmt. Auch wenn das Schloss auf einem Berg hoch über Durbach liegt, der Weg hinauf lohnt sich: Ein traumhafter Blick über den Schwarzwald bis nach Straßburg empfängt den Wanderer. Das Viertele, das hier neben einer zünftigen Brotzeit oder frischen Speisen aus der badischen Küche genossen werden kann, schmeckt dann noch mal so gut.

Umgeben von Rebhängen: Schloss Staufenberg in Durbach.

Beliebt sind auch das Herbstfest und die Weinproben auf dem Schloss. Ein besonderes Highlight bildet die lebendige Zeit der Weinlese im Herbst: Weinwandertage, Weinproben und Weinfeste finden dann überall in den schmucken Weindörfern entlang der Badischen Weinstraße statt.

Info: Schloss Staufenberg liegt ca. 10 km nordwestlich von Offenburg. **Info Weingut Markgraf von Baden:** 77770 Durbach, Tel. (07 81) 93 22 79 55, www.schloss-staufenberg.de, Öffnungszeiten Sa/So 11–17, im Sommer auch Fr 11–16 und Fei 11–17 Uhr. **Info Weinstube Schloss Staufenberg:** Durbach, Tel. (07 81) 92 46 58 38, www.schloss-staufenberg.de, Öffnungszeiten April–Okt. tägl. 11–21, Nov.–März Do–So 11–18 Uhr. **Reisezeit:** Herbst.

Unbekannte Neckar-Schöne

Esslinger Altstadt

Esslingen, Baden-Württemberg

Der Figurenfries am Postmichelbrunnen in der Esslinger Ritterstraße ist mit einer schaurigen Geschichte verbunden. Ein Postillon wurde einst als Mörder geköpft, aber er war unschuldig. Als Geist aus dem Jenseits irrte der Ärmste Nacht für Nacht sein Horn blasend durch Esslingen, bis der wahre Mörder gefasst wurde. Erst als Gerechtigkeit hergestellt war, kehrte Ruhe ein und die Bürger konnten wieder schlafen. Ruhe ist in Schwaben die erste Bürgerpflicht.

Die einstige Freie Reichsstadt Esslingen liegt im Schatten der Landeshauptstadt Stuttgart. Aber die Stadt mit ihren 92000 Einwohnern hat eine stolze Geschichte und einen wunderbaren Altstadtkern. Es gibt Tore und Türme, prächtiges Fachwerk und gewaltige Kirchen, historische Kanäle, Wasserräder und Brückenhäuser – ein ungewöhnlich geschlossenes, weitgehend intaktes mittelalterliches Stadtbild mit über 800 Baudenkmalen. Der Weinbau hat eine mehr als tausendjährige Tradition. Gleich hinter dem Marktplatz ziehen sich die Rebhänge der »Esslinger Neckarhalde« entlang. Beste Südlage, sonnengesättigt.

Das mittelalterliche Stadtensemble von Esslingen.

Das historische Zentrum rund um den Marktplatz prägen drei Kirchen: St. Dionys mit zwei auffallend unterschiedlichen Türmen aus dem 13. Jahrhundert, die bescheidene Dominikanerkirche St. Paul, Deutschlands älteste Bettelordenkirche (1286), und etwas erhöht die Frauenkirche, ein Hauptwerk süddeutscher Gotik. Drei Stadttore, eines dekorativer als das andere, sind erhalten. Über der Stadt hockt die Burg, die Aussicht von dort reicht über die verschachtelte Dachlandschaft und den Neckar hinweg in die freie Landschaft. Das Alte Rathaus vom Beginn des 15. Jahrhunderts ist ein Meisterwerk der Zimmermannskunst. Hinten Fachwerk, vorn eine geschwungene Renaissancefassade. Am Giebel glänzt eine astronomische Uhr, deren Figuren sich fünfmal täglich zum Glockenspiel bewegen. Die Gebäude dahinter wurden als älteste Häuserzeile Deutschlands identifiziert, sie stammen aus der Zeit um 1330.

Hinter den Fassaden geht es bunt und lebendig zu. Ein kleine, aber feine Kulturszene mit Galerien, Theater und Konzertprogramm und historische Kellergewölbe, in die sich Künstler einquartiert haben, ziehen auch Publikum von außerhalb an. Hübsch renoviert laden Geschäfte zum Schaufensterbummel ein, hernach kann man in einem der Altstadthäuschen gemütlich Kaffee trinken.

Info: Esslingen liegt ca. 12 km von Stuttgart entfernt. **Info Esslingen**: Esslinger Stadtinformation, Marktplatz 16, 73728 Esslingen, Tel. (07 11) 39 69 39 69, www.esslingen-marketing.de und www.esslingen.de.

Wo Häuser Geschichten erzählen

ALTSTADT UND MÜNSTERPLATZ

Freiburg im Breisgau, Baden-Württemberg

Mit dem Bestellen sollte man sich beeilen. In der warmen Jahreszeit sitzt es sich gut in einem der Freiluftcafés auf dem Münsterplatz. Freiburg gehört zu den Orten mit den meisten Sonnenstunden. Doch wenn man noch nicht bestellt hat und das Sturmgeläut der wummernden 7000 Kilo schweren Christusglocke und des penetrant bimmelnden 80-Kilo-Magnifikatglöckleins einsetzt, wird es schwierig. Eine Viertelstunde lang können Bestellungen nur noch gebrüllt werden. An eine Unterhaltung am Tisch ist nicht zu denken. Dennoch haben viele der stillen Leute verklärte Gesichter. Für alle, die von dem Münsters-Geläut nicht genug bekommen können: Es gibt die Glocken auch als Handy-Klingelton oder als MP3-File.

Vor allem ältere Leute, denen die eigene Vergangenheit wieder wichtig wird, können viel erzählen. Aber auch alte Städte erzählen von der Welt von gestern. Freiburg (223 000 Einwohner), das kulturelle Zentrum des Breisgaus, wurde Ende des 11. Jahrhunderts gegründet und gilt als eine der lebenswertesten Städte Deutschlands. Es ist eine prall gefüllte Schatzkammer mittelalterlicher Stadtarchitektur, zudem wunderbar gerahmt von einer Landschaft, die schon etwas von der Heiterkeit des Südens hat. In der Altstadt bekommt der Besucher noch ganze Häuserreihen zu sehen, die aus dem 14. und 15. Jahrhundert stammen. Sie haben skurrile Namen, die Anschauungsunterricht geben in früherer Orientierungskunst. Damals gab es keine Straßennamen. Im Bereich zwischen Martinstor und Schwabentor tragen Häuser Namen wie »Zum grauen Wolf«, »Zum Dachs«, »Zum grünen Schabeisen« oder »Zum roten Radwecken«. Andere heißen »Zum roten Stiefel«, »Zur blauen Säge«, »Zum Löffelkorb«, »Zum Blaufuß«, »Zur Häxen«, »Zur Nachthaube« oder »Zu den drei güldin Schwänen«. Das älteste Gasthaus Freiburgs, das Haus »Zum roten Bären«, wird seit 1120 ununterbrochen genutzt. Hier wird u. a. die Freiburger Festtagssuppe serviert mit Flädle, Maultäschle und Klößchen. Alle Hausbezeichnungen weisen auf Berufe und Tätigkeiten der einstigen Bewohner hin.

Blick vom Freiburger Münsterturm auf den Münsterplatz.

Vor allem Fischer, Gerber und Handwerker brauchten Wasser, deshalb wurde es aus der Dreisam in »Bächle« in die Altstadt abgeleitet. Als typische Freiburger Eigenart prägen heute die insgesamt neun Kilometer langen schmalen Wasserrinnen die Innenstadt und ihre »Gässle«. Wer als Zugereister ins Wasser trete, ob versehentlich oder bewusst, kehre wieder, heißt es.

INFO: Freiburg liegt südwestlich des Schwarzwalds. **INFO FREIBURG:** Tourist Information Freiburg, Rathausplatz 2–4, 79098 Freiburg i. Br., Tel. (07 61) 38 81-880, www.freiburg.de, https://visit.freiburg.de.

Der schönste Turm der Christenheit

Freiburger Münster

Freiburg im Breisgau, Baden-Württemberg

Wer sich an einem der Markttage, die seit 1800 auf dem Münsterplatz abgehalten werden, an Obst-, Gemüse- und Blumenständen, Touristen und Händlern vorbeiwindet und durchs mächtige Portal aus rotem Sandstein das Freiburger Münster betritt, gerät in die Stille. Der Trubel draußen, die entzückten Ausrufe der Zugereisten, die über die den Platz säumenden alten Gebäude – das rote Kaufhaus mit Laubengang und Staffelgiebeln von 1532, das Wenzingerhaus mit dem Museum für Stadtgeschichte, das Kornhaus, und alle diese Bauten flankiert von Erkern mit spitzen Helmen – staunen, sind auf einmal weit weg. Das alte Gotteshaus, dessen Vorgängerbau aus dem Jahr 1200 stammte und das nach mehr als 150 Jahren Bauzeit seit 1513 in heutiger Form existiert, ist ein wahrer Kunsthort. Mit Glasgemälden in den Chorkapellen, dem berühmten Hochaltarbild (1516) von Hans Baldung Grien, seinem bedeutendsten Werk, und einem Altarbild (1521) von Hans Holbein dem Jüngeren in der Universitätskapelle. Kunst und Ruhe bringen die Besucher zur Besinnung.

Das Tympanon am Westportal des Freiburger Münsters mit Szenen aus dem Leben Christi.

Der Schweizer Historiker Jacob Burckhardt bewunderte den 116 Meter hohen Turm (1330) der Kathedrale und feierte ihn als den »schönsten der Christenheit«. Man kann ihn besteigen, den vielfach durchbrochenen Turmhelm betrachten und hat von dort oben eine wunderbare Aussicht über die Dächer der Stadt bis zu den gestaffelten Weinbergen (650 ha Rebfläche) und Höhenzügen ringsumher. Danach aber geht es wieder hinunter in den 126 Meter langen Kirchenraum, zu dessen Sehenswürdigkeiten die großen bemalten Glasfenster, gestiftet von den Freiburger Zünften, die Orgel und ein Fastentuch aus dem 16. Jahrhundert, mit dem in der Fastenzeit der Chor verhängt wird, gehören. Im dreigeteilten Tympanon am Westportal sind dicht gedrängt Szenen aus dem Leben Christi dargestellt: Unten rechts beginnt der Zyklus mit der Geburt Christi. Zahlreiche kleinfigurige Skulpturen an den Bögen stellen wichtige Personen des Alten Testaments dar, u. a. Adam, Abel (mit Opferlamm), Noah (mit Arche), Melchisedek (mit Kelch und Brot), Abraham (Opferschwert und Widder), seinen Sohn Isaak (Holzbündel), Jakob (mit Himmelsleiter), seinen Sohn Juda und Mose (mit Gesetzestafeln).

Info Freiburger Münster: Münsterplatz, 79098 Freiburg i. Br., www.freiburgermuenster.info, Öffnungszeiten Mo–Sa 10–17, So/Fei 13–19 Uhr, keine Besichtigung während der Gottesdienste. Führungen (1 Std.) tägl. 14 Uhr, Eintritt Turm € 4, ermäßigt € 2/3, bis 12 J. € 1, Chor und Kapellenkranz € 2, ermäßigt € 1,50, bis 14 J. frei, Führung € 5, Kinder € 3.

Die Zigarre des alten Grafen

ZEPPELINMUSEUM

Friedrichshafen, Baden-Württemberg

Das Zeppelinmuseum in Friedrichshafen ist die weltgrößte Ausstellung zur Geschichte der Luftschifffahrt. Das Museum erzählt deren Entwicklung von den Anfängen bis heute. Ein Hauptaugenmerk richtet die Ausstellung auf die Hochzeiten der Zeppeline in den 1930er Jahren. Entsprechend bildet der originalgroße Nachbau eines halben Passagierdecks des Luftschiffs LZ 129 Hindenburg – des Zeppelins, der bei der Landung in Lakehurst in Flammen aufging – das Herzstück der Ausstellung. Beeindruckend ist die Größe, besonders wenn man bedenkt, dass nur ein Bruchteil des Megaluftschiffs nachgebaut werden konnte.

Da sich das Haus auch dem Thema »Kunst des Bodenseeraums« annimmt, finden parallel Ausstellungen statt, in denen das Museum Einblicke in seine Kunstsammlung gewährt, u.a. besitzt es zahlreiche Werke von Otto Dix. Er und etliche andere Künstler zogen sich während des Dritten Reichs an den Bodensee in die innere Emigration zurück. Auch der Nachlass des Fotografen Andreas Feininger (1906–99), Sohn des Malers Lyonel Feininger, ist hier archiviert. 565 von Feininger autorisierte Fotoabzüge, viele handsigniert, sowie mehrere seiner Kameras sind wertvolle Zeitdokumente.

Das Gebäude im Bauhausstil, in dem seit 1996 das Museum untergebracht ist, war 1933 fertiggestellt worden und diente zunächst als Hafenbahnhof. Den Besuch im Museum rundet ein Rundgang durch die Zeppelinwerft ab, den 110 Meter langen und 34 Meter hohen Hangar des neuen Zeppelins NT. Mit dem modernen Luftschiff kann man sogar einen Rundflug über Friedrichshafen oder den Bodensee unternehmen. Beeindruckende 75 Meter ist der NT lang und damit noch vier Meter länger als die Boeing 747, der Jumbojet. Ein Riese

Luftschiffpropeller im Zeppelinmuseum Friedrichshafen.

also – und doch ein Zwerg verglichen mit der Hindenburg. Die war über 240 Meter lang und machte damit der Bezeichnung Luftschiff alle Ehre. Selbst die legendäre Titanic war mit 269 Metern nur unwesentlich länger.

Bis 2014 wurde das Museum thematisch erweitert. Mit modernsten Mitteln wird so heute die Faszination der Luftfahrttechnik inszeniert.

INFO: Friedrichshafen liegt am Bodensee, 28 km von Konstanz entfernt. **INFO ZEPPELINMUSEUM:** Seestr. 22, 88045 Friedrichshafen, Tel. (075 41) 380 10, www.zeppelin-museum.de, Öffnungszeiten Mai–Okt. tägl. 9–17, Nov.–April Di–So 10–17 Uhr, Eintritt € 11, Kinder € 6. **INFO WERFTBESICHTIGUNG:** Messestr. 132, 88046 Friedrichshafen, www.zeppelinflug.de, Öffnungszeiten März–Nov. Di und Fr 16 Uhr (Anmeldung erforderlich unter Tel. 075 41-590 03 43), € 9,50, Schüler € 5,50. Rundflug z. B. 30 Min. € 255, Kinder € 204, 60 Min. € 470, Kinder € 376.

Kuscheltiere mit Geschichte

Steiff Museum

Giengen an der Brenz, Baden-Württemberg

Margarete Steiff war eine ungewöhnliche Frau: Unternehmerin zu einer Zeit, als es fast nur Unternehmer gab, und unabhängig, als ein körperliches Handicap noch eine echte Behinderung bedeutete. 1847 im schwäbischen Giengen geboren erkrankte sie an Kinderlähmung und war zeitlebens auf den Rollstuhl angewiesen. Gegen den Willen der Familie besuchte sie eine Nähschule und eröffnete im Elternhaus eine Schneiderei.

Zum Spielzeug kam Margarete eher durch Zufall: Einige selbstgemachte Nadelkissen in Form kleiner Elefanten wurden ihr auf dem Markt von den Kindern aus der Hand gerissen. Daraufhin entwarf sie weitere Filz- und Plüschtiere für Kinder und 1880 folgte die Gründung der Margarete Steiff GmbH, die noch heute besteht.

Zum Verkaufsschlager des Unternehmens avancierte der berühmte Gelenkteddybär 55 PB aus Mohairplüsch, den Margaretes Neffe Richard Steiff 1902 entwickelte und der die Firma weltweit bekannt und erfolgreich machte. In den USA avancierte er zum Lieblingsspielzeug und bekam den Namen Teddy, nach dem US-amerikanischen Präsidenten Teddy Roosevelt. Um seine hochwertigen Produkte unverwechselbar zu machen und die vielen Nachahmer abzuschütteln, entwickelte Neffe Franz Steiff 1904 das Markenzeichen »Steiff – Knopf im Ohr«.

Ein Museum für den berühmten Teddybären: das Steiff Museum in Giengen an der Brenz.

Im Steiff Museum in Giengen, das im Jahr 2005 zum 125. Firmenjubiläum auf dem Werksgelände eröffnet wurde, ist der erste Teddybär des Hauses natürlich auch zu sehen, aber nur als eines von zahlreichen Plüschtieren, die das Unternehmen im Laufe der Zeit produziert hat.

Ausgehend von Margaretes Nähstube, in der alles begann, zeigt die Dauerausstellung besondere und seltene Produkte des Hauses, außerdem können die Besucher bei der Herstellung der noch immer handgearbeiteten Spielzeugtiere zusehen.

Doch das Museum in dem eigenwilligen Rundbau versteht sich auch als Erlebnisraum: Für Kinder gibt es den Steiff Streichelzoo sowie eine Animationsreise durchs Unternehmen. Ein Hit ist die 15 Meter lange Schlangenrutsche, die sich durch das Museum schlängelt und das erste begehbare Steiff-Tier der Welt ist. Erwachsene können sich im Museum auch trauen lassen – umgeben von viel Plüsch und jeder Menge Fantasie!

Info: Giengen an der Brenz liegt ca. 80 km östlich von Stuttgart. **Info Steiff Museum:** Margarete-Steiff-Platz 1, 89537 Giengen an der Brenz, Tel. (073 22) 13 15 00, www.steiff.com, Öffnungszeiten tägl. 10–18 Uhr, Eintritt Erwachsene € 10, ermäßigt € 6.

Ritterburg ohne Mittelalter

Burg Hohenzollern

Hechingen, Baden-Württemberg

Bei Nebel ist sie besonders schön: Dann ragt sie mit ihren Zinnen und Türmen stolz aus einem Meer von dichten Schleiern hervor, die sich knapp unter dem Gipfel des 350 Meter hohen, kegelförmigen Berg Hohenzollern sammeln. Burg Hohenzollern im Westen der Schwäbischen Alb präsentiert sich als Archetyp eines mittelalterlichen Rittersitzes. Doch dieser Eindruck täuscht: Ihre heutige Form erhielt die Burg erst im 19. Jahrhundert. Der von den preußischen Königen beauftragte Berliner Architekt Friedrich August Stüler erschuf mit Zugbrücke und dem Zinnenkranz des preußischen Adlers, mit Burghofromantik, Blauem Salon, Grafensaal und einer Schatzkammer, in der die preußische Krone in Plüsch lagert, ein historisierendes Monumentalbild, das gleichzeitig Dokumentation eines politischen Machtanspruchs ist.

Stammburg des deutschen Kaiserhauses: Burg Hohenzollern bei Hechingen.

Die »Zoller«, wie sie zunächst hießen, sind bereits 1062 urkundlich erwähnt. Ihr Aufstieg begann 1190, als sich die schwäbische Linie herausbildete, die nun unter Hohenzollern firmierte. Nach einer kurzen kulturellen Blüte zu Beginn des 19. Jahrhunderts mussten die Hechinger jedoch in Folge der Revolution von 1848 abdanken. Die inzwischen unter Friedrich Wilhelm I. und Friedrich dem Großen mächtig gewordene preußische Verwandtschaft übernahm das Fürstentum und sogleich begann König Friedrich Wilhlem IV. den Umbau des Familienstammsitzes in den neugotischen Traum einer trutzigen Ritterburg. Feierlich eingeweiht wurde sie 1867 von Wilhelm I., der fünf Jahre darauf zum ersten Deutschen Kaiser gekrönt wurde. Die Geschichte Preußens ging mit dem Abdanken Wilhelms II. und der Weimarer Republik zu Ende, fand jedoch in den ersten Jahren des Nationalsozialismus, als Adolf Hitler sich auch mit Unterstützung des Kronprinzen als Erbe des alten Preußens inszenierte, ein unrühmliches Nachspiel.

Wer heute von der Burg auf die Stadt Hechingen herabblickt, begibt sich jedoch zurück in die Glanzzeit der Hohenzollern. Mehr als 300 000 Besucher pro Jahr besichtigen das berühmte Bauwerk.

Info: Hechingen liegt 35 km von Reutlingen entfernt an der B 27. **Info Burg Hohenzollern**: Besucherinformationszentrum, 72379 Burg Hohenzollern, Tel. (074 71) 24 28, www.burg-hohenzollern.com, Öffnungszeiten tägl. Mitte März–Okt. 10–17.30, Nov.–Mitte März 10–16.30 Uhr, Eintritt nur Burganlage € 7, Kinder € 5, mit Schlossräumen € 12, Kinder € 6. Zwischen dem Parkplatz unterhalb der Burg und der Burg verkehren Pendelbusse. Die Burgführung dauert 50 Min. **Info Hechingen**: Bürger- und Tourismusbüro der Stadt Hechingen, Kirchplatz 12, 72379 Hechingen, Tel. (074 71) 940-211, www.hechingen.de.

Alte Häuser und junge Studenten

Heidelberger Altstadt

Heidelberg, Baden-Württemberg

Mit ihren schmalen Gassen, historischen Häusern, zahlreichen Plätzen und der Lage am Ausgang des Neckartals ist die Heidelberger Altstadt eine der romantischsten Deutschlands. Ab Mitte des 13. Jahrhunderts begann mit der Herrschaft der Wittelsbacher über die Pfalz die erste große Blütezeit für die Residenzstadt Heidelberg. Die Gründung der Universität 1386 führte außerdem dazu, dass bedeutende Gelehrte und Professoren in die Stadt am Neckar kamen. Diese beiden Aspekte – historische Residenz- und altehrwürdige Universitätsstadt – prägen bis heute das Bild der direkt am Neckar gelegenen Heidelberger Altstadt. Obwohl auf mittelalterlichem Grundriss gelegen, ist das Stadtbild heute barock, denn die ursprüngliche Altstadt mit ihren Fachwerkhäusern wurde im Pfälzischen Erbfolgekrieg (1688–97) zerstört und Anfang des 18. Jahrhunderts wiederaufgebaut.

Neben den »echten« Heidelbergern und den Hunderttausenden von Touristen, die jedes Jahr durch die Straßen und Gassen strömen, trifft man während der Semesterzeit vor allem zahlreiche Studenten, die zwischen den historischen Institutsgebäuden hin- und hereilen, die über einen Großteil der Altstadt verteilt liegen.

Zu den besonderen Sehenswürdigkeiten der Altstadt zählt neben der Alten Universität und der Universitätsbibliothek, dem Rathaus und der Heiliggeistkirche vor allem die im Jahr 1788 erbaute Alte Brücke, welche die Altstadt auf der Südseite des Neckars mit dem nördlichen Flussufer verbindet. Ihr Markenzeichen sind das auf der Altstadtseite gelegene Brückentor mit seinen wunderschönen Doppeltürmen sowie die verschiedenen Statuen auf den Brückenpfeilern.

Wer sich nach dem Schlendern durch die zahlreichen verwinkelten Straßen und Gassen ausruhen möchte, ist in einem der vielen Cafés rund um den Brunnen auf dem Marktplatz im Herzen der Altstadt genau richtig: Hier lässt sich bei einer kleinen Pause das rege Kommen und Gehen von Einheimischen, Studenten und Touristen beobachten.

Um einen guten Überblick über die Architektur und Struktur der Altstadt zu bekommen bietet sich im Übrigen ein Spaziergang zum Heidelberger Schloss oder dem auf der anderen Flussseite gelegenen Philosophenweg an. Beide Orte eröffnen dem Besucher eine großartige Aussicht auf den historischen Kern Heidelbergs.

Info: Heidelberg liegt etwa 19 km südöstlich von Mannheim. **Info Heidelberg:** Tourist Information am Hauptbahnhof, Willy-Brandt-Platz 1, 69115 Heidelberg, Tel. (062 21) 58-444 44, www.heidelberg.de. Tourist Information Rathaus, Marktplatz 10, 69117 Heidelberg. Tourist Information am Neckarmünzplatz, Obere Neckarstr. 31, 69117 Heidelberg.

Giebelhäuser in der Altstadt von Heidelberg.

Die schönste Ruine Deutschlands

Heidelberger Schloss

Heidelberg, Baden-Württemberg

Die berühmteste Ruine der Welt lädt ein zu romantischen Spaziergängen, historischen Anekdoten und einer unvergesslichen Aussicht. Schon Mark Twain bemerkte: »Um gut zu wirken, muss eine Ruine den richtigen Standort haben. Diese hier hätte nicht günstiger gelegen sein können.« Das von Efeu umrankte, imposante Wahrzeichen der Stadt am Neckar erhebt sich majestätisch auf der Nordseite des Königstuhls 80 Meter über den Gassen und pittoresken Häusern der Heidelberger Altstadt.

Rund 500 Jahre war das Heidelberger Schloss Residenz der Kurfürsten von der Pfalz, bis es 1689 und 1693 im Pfälzer Erbfolgekrieg durch die Franzosen zerstört und in den Folgejahren nur zu einem geringen Teil wiederaufgebaut wurde – was seiner Schönheit jedoch keinen Abbruch tut. Bei einem Gang durch die zahlreichen Gebäude und den weitläufigen Park ist die Romantik des Heidelberger Schlosses zu spüren, die auch viele Maler, Dichter und Denker wie Goethe, Brentano und Hölderlin inspirierte.

Während einer Führung erfährt man viel Interessantes über die Geschichte der im Lauf von 300 Jahren errichteten Bauten. Darunter ragt der Ottheinrichsbau heraus, der in der zweiten Hälfte des 16. Jahrhunderts entstand und als eines der ersten und bedeutendsten Renaissancebauwerke auf deutschem Boden gilt.

Zahlreiche Legenden ranken sich um das Schloss. So befindet sich im Keller das berühmte Große Fass aus dem Jahre 1751: Mehr als 221 000 Liter Wein finden darin Platz und es trägt eine ganze Tanzplattform. Über das Fass wacht der Legende nach der Geist des Hofnarren Perkeo, der heute als Statue zu sehen ist. Er, der nie etwas anderes trank als Wein, fiel tot um, nachdem er einen Kelch Wasser geleert hatte.

Deutschlands berühmteste Schlossruine: das Heidelberger Schloss hinter der Alten Neckar Brücke.

Die seit 1926 jährlich stattfindenden Schlossfestspiele laden in den Sommermonaten im Schlosshof zu Aufführungen verschiedenster Art ein. Wer einfach nur diesen wunderbaren Ort genießen möchte, kann sich auf einer der großen Wiesenflächen zu einem gemütlichen Picknick niederlassen oder von den unterhalb der Gartenterrasse gelegenen, meist menschenleeren Torbögen aus den einmaligen Blick auf die Schlossruine, den Neckar und die Heidelberger Altstadt genießen.

Info Schloss Heidelberg: Schlosshof 1, 69117 Heidelberg, Tel. (062 21) 53 84 72, www.schloss-heidelberg.de, Öffnungszeiten tägl. 8–18 Uhr, die Innenräume sind nur im Rahmen einer Führung zu besichtigen, Eintritt € 8, ermäßigt € 4. Der Eintritt beinhaltet die Hin- und Rückfahrt mit der Bergbahn und gilt auch für die Besichtigung des Großen Fasses und den Besuch des Apotheken-Museums, Öffnungszeiten tägl. April–Okt. 10–18, Nov.–März 10–17.30 Uhr.

Das etwas andere Hotel

Parkhotel Adler

Hinterzarten, Baden-Württemberg

Ein Haus mit Ecken und Kanten, mit Erkern, Ecktreppen und verschlungenen Fluren, mit Zimmern voller Antiquitäten und verträumten Wintergärten. Das Fünf-Sterne-Parkhotel Adler ist kein üblicher Hotelbau. Das Haus, das zur Gruppe der » Small Luxury Hotels of the World« gehört, stand schon 1446 an diesem Platz in Hinterzarten im südlichen Schwarzwald. Ein alter Hof, der sich seit bald 600 Jahren ununterbrochen in Familienbesitz befindet. Zu den Schwarzwaldhöfen gehörten nach altbewährter Weise Wohnung, Stallungen und Heuboden in einem Gebäude. Daraus entstand ein luxuriöses Hotel mit bäuerlicher Patina. 2019/20 investierte die Familie vier Millionen Euro in Umbau- und Modernisierungsmaßnahmen.

Hinterzarten breitet sich auf der weiten Hochfläche oberhalb des Höllentals aus, eine urige Schwarzwaldlandschaft. Seit Mitte des 19. Jahrhunderts ist das einstige Dorf Kur- und Wintersportort. Die Adler-Skisprungschanze ist weltberühmt, ein Sprungbrett für die Besten, für Olympioniken und Weltmeister vom Schlage eines Sven Hannawald. Skiflieger können das ganze Jahr über trainieren, im Sommer auf Grasmatten. Aber auch ein Golfplatz ist vorhanden, das Hotel bietet seinen Gästen Caddys an, mit denen sie die zwei Kilometer bis zum Abschlag fahren können. Ansonsten sind Wandern und andere Bewegungsaktivitäten angesagt. Die Gegend mit ihren Wiesen, Wäldern und sanft ansteigenden Hügeln ist ideal, um in Tritt zu kommen.

Luxus in Hinterzarten: das Parkhotel Adler.

Hotelgäste haben aber auch ausreichend Angebote unmittelbar vor der Zimmertür. Rund 40 000 Quadratmeter groß ist der Privatpark, der für sie geöffnet ist. Dort gibt es einen kleinen See, ein Wildgehege und einen Hubschrauberlandeplatz für Leute, die eine exklusive Anreise bevorzugen.

Hochzeiten sind gern gesehen, Standesamt und Kirchen für die Trauung fußläufig zu erreichen und es gibt viel Platz zum Feiern. Neben den Räumen im Hotel steht auch der alte Pferdestall zur Verfügung, dort wird gern ein Spanferkel überm Grill geräuchert. Im Wellness- und Beauty-Bereich kann man und vor allem Frau sich von einer breiten Palette von Anwendungen verwöhnen lassen, auch Kultur-Events stehen auf der Agenda. In den »Adler Stuben« kommen regionale Spezialitäten auf die Tische, das französische Feinschmeckerrestaurant serviert große Küche.

Info: Hinterzarten liegt etwa 25 km südöstlich von Freiburg. **Info Parkhotel Adler**: Adlerplatz 3, 79856 Hinterzarten, Tel. (076 52) 12 70, www.parkhoteladler.de, Preise auf Anfrage.

Mittelalter mit Aussicht

HOHENTWIEL

Baden-Württemberg

Schon von Weitem sichtbar ist der freistehende Vulkankegel, der sich am Rande von Singen erhebt. Hohentwiel heißt der fast 700 Meter hohe Hausberg der Stadt – und er zählt zu den sonnenreichsten Orten Deutschlands. Aber nicht nur das: Auf seiner Kuppe thront eine der größten Festungsruinen des Landes. Wer das neun Hektar große Areal durchschreitet, kann den Atem der Geschichte spüren und kommt zudem in den Genuss einer spektakulären Aussicht. Auf dem Hohentwiel liegt einem der Bodensee zu Füßen und der Blick schweift über die sanften Hügel des Hegaus bis zu den Schweizer Alpen am Horizont.

Die ersten, die sich 914 auf dem Hohentwiel eine Burg zur Verteidigung errichteten, waren die Herzöge von Schwaben. Herzog Burkhard III. (954–973) baute die Anlage auf dem Berg Twiel zur Residenz und zu einem glanzvollen Herrschaftszentrum aus. Im Laufe der folgenden Jahrhunderte wechselten die Besitzer.

Im Jahr 1521 ging die wehrhafte Anlage in den Besitz eines Württemberger Herzogs über. Dieser hatte sich das Nutzungsrecht nicht erkämpft, sondern redlich erworben. Während des Dreißigjährigen Kriegs wurde die Festung mehrmals belagert – immer jedoch ohne Erfolg. Das Ende kam erst mit Napoleons zerstörerischem Treiben: Im Jahr 1800, als eine Division des französischen Heeres vor den Toren stand, gaben die Herren von Hohentwiel ihre Festung kampflos auf, obwohl sie eigentlich als uneinnehmbar galt. Anschließend wurde das jahrhundertealte Bauwerk von Napoleons Männern gesprengt.

Heute zieht die Ruine mit ihren Verteidigungsmauern, Turmstümpfen und verwaisten Gebäudeteilen Burgen- und Mittelalterfans in ihren Bann. Besonders groß ist der Ansturm im Juli, wenn auf dem Berg ein Festival mit Konzerten, Theater- und Kleinkunstdarbietungen gefeiert wird.

Festungsruine im Hegau: Hohentwiel.

Der steil aufragende Fels des Hohentwiel ist aus einem vor neun Millionen Jahren existierenden Vulkan entstanden. Seine über 100 Hektar große, unter Naturschutz stehende Fläche beherbergt zahlreiche seltene Tier- und Pflanzenarten. Deshalb müssen Autos unten auf dem Parkplatz bleiben. Der Aufstieg zum Gipfel dauert etwa eine halbe Stunde.

INFO: Singen liegt 30 km von Konstanz entfernt. **INFO HOHENTWIEL:** Auf dem Hohentwiel 2 A, 78224 Singen, Tel. (077 31) 691 78, www.festungsruine-hohentwiel.de, Öffnungszeiten tägl. April–Mitte Sept. 9–19.30, Mitte Sept.–Okt. 10–18, Nov.–März 10–16 Uhr, Eintritt € 4,50, ermäßigt € 2,30, Führungen April–Okt. So/Fei 11 und 14 Uhr.

Ein Fenster ins Erdmittelalter

Urweltmuseum Hauff

Holzmaden, Baden-Württemberg

Im Urweltmuseum Hauff in Holzmaden gibt es einen fast vier Meter langen Ichthyosaurier mit grässlichem Gebiss und furchterregend gezacktem Schwanz, der alle Besucher rührt. Es handelt sich um das Skelett eines Muttertiers, das gerade noch eines seiner sechs Jungen zur Welt bringen konnte, bevor es – mitsamt dem Jungtier und den restlichen fünf Embryonen im Leib – auf den Schlammgrund des Jurameers sank, dort eingebettet wurde und schließlich versteinerte.

Deutschlands größtes privates Naturkundemuseum zeigt auf 1000 Quadratmetern Ausstellungsfläche Versteinerungen aus der Fossilfundstätte Holzmaden. Betreiber des Hauses ist die renommierte Paläontologen- und Präparatoren-Familie Hauff, die die Geheimnisse ihres Handwerks bereits in der dritten Generation weitergibt. Bereits vor der Wende zum 20. Jahrhundert präparierte Bernhard Hauff die ersten Fossilfunde für seine private Sammlung. Sie bildeten den Grundstein für das 1936/37 entstandene erste Museum Hauff.

Ihre kunstvoll präparierten Exponate aus der Jurazeit vor 180 Millionen Jahren bestücken Museen weltweit, aber nirgendwo sind so viele auf engem Raum versammelt. Einzigartige Zeugen der Urwelt, die im Schiefergestein am Fuß der Schwäbischen Alb erhalten blieben. Der kleine Ort hat durch seine Fülle an Fossilien Weltruhm erlangt.

Fossil eines Temnodontosaurus im Urweltmuseum Hauff in Holzmaden.

Das Fenster in die Vergangenheit öffnet sich auch über Dioramen, Schautafeln, Videofilme und Animationen. Der Besucher gelangt in einem virtuellen Tauchgang ins Jurameer, das einst das heutige Süddeutschland bedeckte. Der Lebensraum der mächtigen Tiere war eine große Meeresbucht. Zu sehen ist der Fußknochen eines Landsauriers, der bei einem Unwetter 200 Kilometer von der Küste aufs offene Meer hinausgetrieben wurde und darin versank. In der Außenanlage des Museums flößen acht lebensgroße Dinosaurier zwischen urzeitlichen Mammut- und Ginkgobäumen dem Betrachter Respekt ein. Was man in Steven Spielbergs »Jurassic Park« auf der Leinwand sieht, kann man hier im Original bestaunen.

Eine versunkene Welt ist zum Greifen nahe – im wahrsten Sinn des Wortes, denn der Besucher kann im Schieferbruch auf dem Freigelände selbst auf Fossiliensuche gehen. Wem das Graben, Schürfen und Kratzen zu anstrengend ist, der kauft sich im Museumsladen ein Fossil – ein exklusives Geschenk aus der Urwelt.

Info: Holzmaden liegt ca. 40 km südöstlich von Stuttgart. **Info Urweltmuseum Hauff:** Aichelberger Str. 90, 73271 Holzmaden, Tel. (070 23) 28 73, www.urweltmuseum.de, Öffnungszeiten Di–So 9–17 Uhr, Eintritt € 7, Schüler und Studenten € 4.

Stadtplanung auf dem Reißbrett

Fächerstadt Karlsruhe und das Schloss

Karlsruhe, Baden-Württemberg

Um die Entstehung des Schlosses und des fächerförmigen Grundrisses der Stadt Karlsruhe ranken sich viele Legenden. Angeblich war Stadtgründer Karl Wilhelm von Baden-Durlach die Idee zum Bau des barocken Schlosses und der 32 Alleen, die sich von dort aus fächerförmig ins Land erstrecken, im Schlaf gekommen.

Das Karlsruher Schloss.

Der Sage nach war Karl Wilhelm unter einem Baum im Hardtwald eingeschlafen, weil ihn die Suche nach dem Fächer seiner Frau Magdalene Wilhelmine erschöpft hatte. An seinem schattigen Plätzchen soll er dann von einem prunkvollen Schloss geträumt haben.

Fakt ist: Der Grundstein für das Schloss wurde am 17. Juni 1715 gelegt, dies war gleichzeitig die Geburtsstunde der Stadt Karlsruhe. Dahinter verbarg sich der Wunsch des Markgrafen von Baden-Durlach, seine 1689 im Krieg größtenteils zerstörte Residenz Durlach aufzugeben und eine weltoffene, großzügig angelegte Stadt zu gründen. Zu einer Zeit, in der es noch keine Landschaftsschutzgebiete gab, ließ der Markgraf das Schloss mitten in den malerischen Hardtwald bauen.

Geprägt wurde die Entstehung des Schlosses von mehreren Bauherren und ständiger baulicher Veränderung. Hier die wichtigsten: Baumeister Jakob Friedrich von Batzendorf ließ das Schloss aus Holz bauen, doch schon 1746 folgten die erste Sanierung und die Verwendung von Stein als Baumaterial. Im Jahr 1785 wurde der Schlossturm verkleinert und erhielt ein Kuppeldach. Knapp 200 Jahre diente das Schloss als Wohn- und Regierungssitz der Markgrafen, Kurfürsten und Großherzöge von Baden. Als Friedrich II. im Jahr 1918 abdankte, verlor das Schloss jedoch endgültig seine Funktion als Familienresidenz.

Die Fächerarchitektur prägt Karlsruhe bis heute. Der Schlossturm ist von einer kreisförmig angelegten Straße umgeben. Von dort führen 32 Straßen ins Umland – entsprechend den 32 Strichen der Kompassrose. Das Schloss selbst galt als Verkörperung der Sonne, die gleichförmigen Straßen wirkten wie die dazugehörigen Strahlen. Große Teile des Schlosses wurden im Zweiten Weltkrieg zerbombt. Das Äußere wurde originalgetreu rekonstruiert, im Inneren befindet sich schon seit 1919 das Badische Landesmuseum.

Info Karlsruhe: Tourist Information, Bahnhofplatz 6, 76137 Karlsruhe, Tel. (07 21) 602 99 75 80, www.karlsruhe.de, www.karlsruhe-erleben.de. **Info Badisches Landesmuseum Karlsruhe:** Schlossbezirk 10, Karlsruhe, Tel. (07 21) 926 65 14, www.landesmuseum.de, Öffnungszeiten Di–Do 10–17, Fr–So/Fei 10–18 Uhr, große Sonderausstellungen Di–So/Fei 10–18 Uhr, Eintritt € 5, bis 18 J. frei, Sonderausstellungen mehr.

Ganz große Geschichte

KONSTANZ

Konstanz, Baden-Württemberg

Konstanz versteht sich aufgrund seiner Größe und seiner Geschichte als heimliche Hauptstadt der Bodenseeregion. Vieles erinnert an die Zeiten, in denen hier große Politik gemacht wurde und sich das Augenmerk des gesamten Abendlandes auf die Stadt am Bodensee richtete. Man schrieb das Jahr 1414, als auf Initiative des römisch-deutschen Königs Sigismund das Konstanzer Konzil einberufen wurde, ein vier Jahre währendes Gipfeltreffen, zu dem die Mächtigen der gesamten christlichen Welt anreisten. Ziel ihrer Zusammenkunft war es, die Spaltung der katholischen Kirche zu überwinden und wieder einen gemeinsamen Papst an die Spitze zu bringen. Noch heute treffen sich die Konstanzer im oder am 1388 errichteten Konzilgebäude, einem Handelshaus am alten Hafen, das Restaurant, Kongresszentrum und Konzerthaus beherbergt. Hinter den Mauern des Ende des 14. Jahrhunderts fertiggestellten Gebäudes schlossen sich die Kardinäle des Konzils damals ein und wählten den Papst.

Den Zweiten Weltkrieg hat die Konstanzer Altstadt unbeschadet überstanden und so wartet sie bis heute mit mittelalterlichen Türmen, Giebeln und Arkaden auf. Über 400 Einzelhandelsgeschäfte sowie gemütliche Cafes, urige Weinstuben und zahlreiche Restaurants säumen die malerischen Gässchen. Der schönste Teil der Altstadt erstreckt sich zwischen Marktstätte und Münster. Am Münsterplatz stand bereits im frühen Mittelalter ein Römerkastell und seit dem 8. Jahrhundert bildet das Münster Unserer Lieben Frau sein Zentrum. Die ursprünglich dreischiffige romanische Basilika diente während des Konzils als Versammlungshaus. Es lohnt sich, den Münsterplatz zu überqueren und einzutauchen in das Gassengeflecht der Niederburg. Im 7. Jahrhundert lebten Fischer und Handwerker in den kleinen Häusern, die heute unter anderem gemütliche Lokale beherbergen.

Die »Imperia« an der Hafeneinfahrt gilt als Wahrzeichen von Konstanz.

Auch der Hafen mit atemberaubender See- und Alpenkulisse lädt ganzjährig zum Relaxen und Genießen ein. An der Hafeneinfahrt grüßt, imposant wie ein Leuchtturm, die neun Meter hohe Figur »Imperia«, geschaffen vom Bildhauer Peter Lenk. Die Frauenskulptur mit den zur Schau gestellten Reizen erinnert an die Zeit des Konzils, als mit den Mächtigen auch die käuflichen Gespielinnen in die Stadt am Bodensee kamen. Die Skulptur dreht sich in vier Minuten um 360 Grad.

Ob auf dem Wanderweg »SeeGang«, per Fahrrad, Schiff oder Bahn: Städtehopping am Bodensee ermöglicht ein intensives Erleben der Kultur- und Naturlandschaft.

INFO: Konstanz liegt am Bodensee, etwa 105 km südwestlich von Freiburg. **INFO KONSTANZ:** Marketing und Tourismus Konstanz GmbH, Bahnhofplatz 43 (im Bahnhof), 78462 Konstanz, Tel. (075 31) 13 30 30, www.konstanz-info.com.

Das schwäbische Märchenschloss

Schloss Lichtenstein

Lichtenstein, Baden-Württemberg

Der Poet war schuld. Wilhelm Hauff war ein typischer schwäbischer Romantiker und ließ sich von der Ruine der Burg Lichtenstein in wildromantischer Lage auf einem Bergfelsen zu einem Roman inspirieren, der für Furore sorgte. Er schilderte das fiktive Burgleben so authentisch, dass Graf Wilhelm von Württemberg 1837 den Bau einer neuen Burg auf dem Vorgängerbau in Auftrag gab. 1842 wurde Schloss Lichtenstein im neugotischen Stil mit viel Pomp eingeweiht.

Der Ursprungsbau stammte aus dem Jahr 1394, damals herrschten die Ritter von Lichtenstein auf dem steil aus dem Tal aufragenden Felsen in schwer zugänglicher Lage. Als 1687 der letzte Ritter das Zeitliche segnete und das Geschlecht erlosch, fiel das Grundstück an die Württemberger.

Der Kunsthistoriker Georg Dehio war ein nüchterner Mann. Doch beim Anblick von Schloss Lichtenstein packte ihn ein Rausch. »Charakteristisch die malerische silhouettenhafte Wirkung des wie aus dem Fels gewachsenen, weithin sichtbaren Baus mit seinen Staffelgiebeln, Erkerchen und dem schlanken, zinnenbekrönten Turm. Ein Märchenschloss der Romantik vor urwüchsiger Landschaft inszeniert«, schrieb er voller Begeisterung. Diesem Eindruck konnte sich auch die ARD nicht erwehren, welche die Anlage 2009 als das von Rosen eingewachsene Dornröschen-Schloss verfilmte – Inbegriff des romantischen Märchenschlosses.

Zum Gelände gehören neben dem Gerobau die Kapelle, ein weitläufiger Schlossgarten und der romantische Schlosshof. Der dreigeschossige Nordflügel mit Kapelle, Treppengängen und Glockentürmen ist sehr hübsch anzusehen, der zweigeschossige Südflügel mit Staffelgiebel und Türmchen beinahe schon kitschig-schön. Dazu der Vorhof mit der beeindruckenden Zugbrücke, Turmbastionen und Häusern. Auch das Burgtor schmücken Zinnen und Türmchen.

Schloss Lichtenstein in Baden-Württemberg.

In der Trinkstube fanden ausschweifende Gelage statt. Es folgen Waffen- und Altarhalle mit Skulpturen und Glasmalereien. Im Rittersaal sind ein Florentiner Tisch und Holzintarsien (1549) zu bewundern, im Ahnensaal 16 lebensgroße Gemälde württembergischer Herrscher. Wunderschön ist der Rundumblick in die Landschaft der Reutlinger Alb.

Info: Das Schloss liegt 15 km südlich von Reutlingen. **Info Schloss Lichtenstein:** 72805 Lichtenstein, Tel. (071 29) 41 02, www.schloss-lichtenstein.de, Öffnungszeiten tägl. April–Okt. 9–17.30, Nov./Dez., März 10–16 Uhr, Jan./Feb. geschl., Eintritt Schlosshof € 2, Kinder € 1, Führung durch das Schloss € 8, Kinder € 3,50.

Ein Schlösschen für die Mätresse

Jagd- und Lustschloss Favorite

Ludwigsburg, Baden-Württemberg

Ein lauschiges Plätzchen als Rückzugsort mit der Liebsten. Natürlich standesgemäß und möglichst nah! Für seine Mätresse Wilhelmine von Graevenitz ließ Herzog Eberhard Ludwig von Württemberg das barocke Jagd- und Lustschloss Favorite errichten – nur fünf Gehminuten und in Sichtweite vom groß angelegten Residenzschloss entfernt.

Das Jagd- und Lustschloss sieht so aus, wie man sich ein solches Kleinod vorstellt: Inmitten des weitläufigen Parks mit dem Favoritewäldchen steht erhaben auf einer kleinen Anhöhe ein prächtiger barocker Bau mit einem zweitürmigen Mittelpavillon.

Zwei imposante, ausladende Freitreppen führen nach oben ins Hauptgeschoss mit dem Festsaal und weiteren kleineren Zimmern. Von der Dachterrasse des von Hofbaumeister Donato Giuseppe Frisoni entworfenen Schlosses bietet sich ein wundervoller Blick auf die gesamte Anlage.

Unter Friedrich I. (1754–1816), dem von 1806 bis 1816 ersten König von Württemberg, erhielt das Schloss, das er als Sommerresidenz nutzte, seine bis heute erhaltene elegante klassizistische Ausstattung.

In einem weitläufigen Landschaftspark: Jagd- und Lustschloss Favorite in Ludwigsburg.

Im Jahr 1983 wurde Schloss Favorite grundlegend restauriert und ist seitdem für die Öffentlichkeit zugänglich. Sehenswert sind vor allem die kunstvollen Wandmalereien im Inneren des Schlosses und die kostbar möblierten Prunksäle mit ihren reichen Stuckverzierungen.

Von 1987 bis 2014 diente das Schlösschen als Aufzeichnungsort für die beliebte SWR-Talkshow »Nachtcafé«, was zu seiner Bekanntheit einiges beigetragen haben dürfte. Inzwischen sendet man aus dem Alten E-Werk in Baden-Baden.

Imposant ist auch der 72 Hektar große Wildpark. Der Favoritepark ist das älteste Naturschutzgebiet Baden-Württembergs, König Wilhelm I. züchtete hier Kaschmir- und Angoraziegen. Heute tifft man beim Spazierengehen auf Füchse, Marder, Hasen, Fasane, Damwild und viele Vogelarten. Die ältesten Fichten sind über 200 Jahre alt. Ursprünglich waren im Park sechs Alleen geplant, die sternförmig auf Schloss Favorite zuführen sollten, zwei davon sind heute noch erhalten: die vom bzw. zum Residenzschloss und die zweieinhalb Kilometer lange Allee zum Seeschloss Monrepos, einem Jagdpavillon im Stil des Rokoko – dem dritten Schloss im Ludwigsburger Schlossensemble.

Info: Ludwigsburg liegt etwa 17 km von Stuttgart entfernt. **Info Schloss Favorite**: Favoritepark 1, 71634 Ludwigsburg, Tel. (071 41) 18 64 00, www.schloss-favorite-ludwigsburg.de, Öffnungszeiten Mitte März–Mitte Nov. tägl. 10–17 Uhr, Eintritt € 4, ermäßigt € 2.

Das schwäbische Versailles

Residenzschloss Ludwigsburg

Ludwigsburg, Baden-Württemberg

Ein wahrhaft königlicher Ort und ein wahrhaft königliches kulturelles Ereignis haben sich gefunden. Dirigenten, Orchester und Solisten von namhaftem Ruf trumpfen hier jährlich mit neuen musikalischen Glanzleistungen auf. Eines der größten noch erhaltenen Barockschlösser in Deutschland feiert sich und die Musik jeden Sommer mit den Ludwigsburger Schlossfestspielen.

Inmitten der Gartenanlage »Blühendes Barock«, einer beeindruckenden Parklandschaft mit prächtiger Gartenkunst, erstreckt sich das Ludwigsburger Residenzschloss mit seinen 452 Zimmern in 18 Gebäuden aus den Jahren 1704 bis 1733. Erbaut vom damaligen Herzog Eberhard Ludwig diente es als Residenz der württembergischen Herzöge und Könige.

Heute laden im Schloss verschiedene Sehenswürdigkeiten zu einem Besuch ein. Wer Fan der Haute Couture vergangener und moderner Zeiten ist, der darf das Modemuseum (im Festinbau) nicht verpassen. Hier sind verschiedene Exponate der höfischen Kleidung aus der zweiten Hälfte des 18. Jahrhunderts und Stücke namhafter Designer wie Paco Rabanne oder Yohji Yamamoto ausgestellt. Für Liebhaber edlen Porzellans hält das Keramikmuseum (Neues Corps de Logis) eine Porzellan-, Fayence- und Keramiksammlung mit Stücken bekannter Manufakturen wie Meissen oder Nymphenburg bereit.

Ebenfalls im Neuen Corps de Logis befindet sich das Carl-Eugen-Appartement mit den eigentlichen Wohnräumen des Herzogs aus dem 18. Jahrhundert, der sich acht Räume des Schlosses neu einrichten ließ (im Jahr 2004 restauriert). In der Barockgalerie schließlich finden sich über 120 ausgewählte Werke deutscher und italienischer Malerei des 17. und 18. Jahrhunderts aus der Sammlung der Staatsgalerie Stuttgart. Krönender Höhepunkt einer Schlossvisite ist ein Besuch der Ludwigsburger Schlossfestspiele. Seit 75 Jahren zieht das traditionsreiche Festival mit klassischen Konzerten, Opern- und Ballettaufführungen, aber auch modernen Klängen wie Jazz oder Weltmusik jeden Sommer Tausende Besucher an. Das Festival ist so beliebt, dass mittlerweile auch die beiden benachbarten Schlösser Monrepos und Favorite als Veranstaltungsorte mit einbezogen werden.

Das Ludwigsburger Residenzschloss.

Info Schloss Ludwigsburg: Schlossstr. 30, 71634 Ludwigsburg, Tel. Schlossverwaltung (071 41) 18 64 00, www.schloss-ludwigsburg.de, Öffnungszeiten Schloss tägl. 10–17 Uhr, nur mit Führung, Museen tägl. 10–17 Uhr, Mitte Nov.–Mitte März Mo geschl., Eintritt € 8, ermäßigt € 4, Führung zusätzlich € 4, ermäßigt € 2, Museen zusätzlich € 3, ermäßigt € 1,50, Kartenbestellung für die Schlossfestspiele Tel. (071 41) 93 96 36, www.schlossfestspiele.de.

Weinprobe vor dem Event-Schloss

Seeschloss Monrepos

Ludwigsburg, Baden-Württemberg

Der Feudaladel hat in Deutschland nichts mehr zu melden, aber die Hofkammer des Hauses Württemberg waltet nach wie vor unverdrossen ihres Amtes. Zum Nutzen der Bürger. Das Ludwigsburger Seeschloss Monrepos (»meine Erholung«) und der umgebende Landschaftsgarten verfielen in den 1970er Jahren. Da griffen die Blaublütigen ein. Sie verlegten das Hofkammeralamt Stuttgart und eine Weinkellerei in ein neu am Schloss errichtetes Gebäude, ließen den Bau eines Golfplatzes zu und setzten generalstabsmäßig die originalgetreue Rekonstruktion des Englischen Gartens sowie das Neuanlegen der Alleen um den See nach alten Plänen durch.

Seitdem ist der Park um das Schloss ein beliebtes Naherholungsgebiet, während das Schloss selbst nicht betreten werden kann. Es wird nur zu Events vermietet. Gut besucht sind die Weinproben.

Das kleine Seeschloss ist durch Alleen mit dem Residenzschloss Ludwigsburg und dem Lustschloss Favorite verbunden. Die Herzöge ritten an dem natürlichen See vorbei, wenn sie auf Jagd gingen, schon 1714 stand dort ein »Seehäuslein«. Herzog Karl Eugen ließ ab 1755 das Gelände gartenkünstlerisch umgestalten. Der See wurde rechteckig gefasst und erhielt eine begehbare Uferpartie.

Das Seeschlösschen Monrepos in Ludwigsburg.

Die Bauarbeiten für ein barockes Lustschloss setzten ein, wurden aber nach wenigen Jahren gestoppt, weil der Herzog die Arbeiter für andere Projekte benötigte. Erst Kurfürst Friedrich I., ab 1806 König von Württemberg, griff das Projekt wieder auf. Das erweiterte Schloss sollte nun klassizistisch aussehen, das Umfeld im englischen Landschaftsstil geprägt werden. Ein Tierpark musste her und der See erhielt aufgeschüttete Inseln mit Kapellen darauf. Friedrich feierte große Feste, brachte den Zaren von Russland mit dem Habsburgerkaiser im Schloss zusammen und ließ Opern aufführen, bei denen württembergische Soldaten als Komparsen Schlachten nachstellten. Nach Friedrichs Tod 1816 erhielt Königin Charlotte Mathilde das Schloss mit ihrer Witwenversorgung, seit 1870 wurde es verpachtet und fiel in einen Dornröschenschlaf, aus dem es noch nicht wieder ganz erwacht ist.

Info: Das Seeschloss Monrepos liegt etwa 5 km nördlich der Ludwigsburger Innenstadt. **Info Weingut Herzog von Württemberg**: Vinothek Schloss Monrepos, Monrepos 9, 71634 Ludwigsburg, Tel. (071 41) 221 06-0, www.weingut-wuerttemberg.de. Weinverkauf, auch Brände, Essig, Käse Mo–Fr 10–12 und 13–18, Sa 10–16 Uhr. Gelegentlich Weinproben.

Blumeninsel im Bodensee

INSEL MAINAU

Mainau, Baden-Württemberg

Das Mittelmeer fängt am Bodensee an. Palmen, Agaven, Bougainvilleen und Zypressen säumen Straßen, Plätze und Gärten. Dazwischen ein wahres Blütenmeer an saisonaler Blumenpracht. Ein Paradies und ein Ort der Liebe, der durch wahrhaft königliche Hände geformt wurde.

Als Graf Lennart Bernadotte, Enkel König Gustavs V. von Schweden, seinem Herzen folgte und 1932 eine Bürgerliche heiratete, verlor er damit alle Titel und Ansprüche. Zusammen mit seiner großen Liebe zog er auf die Mainau, die sich seit 1928 in schwedischem Besitz befand. Sein Hobby: Blumen. Konsequent gestaltete er die botanischen Anlagen, die schon im 19. Jahrhundert von Großherzog Friedrich I. entworfen wurden, um und ergänzte sie. Mehr als 500 verschiedene Baumarten gibt es heute im Arboretum, dem Baumpark auf der Mainau, darunter Zedern, Pinien und Küstenrotholz, eine amerikanische Baumart, die hier erstmals außerhalb Amerikas ein neues Zuhause fand. Besonders eindrucksvoll ist die italienische Blumentreppe, die nach dem Vorbild italienischer Renaissancegärten gestaltet wurde. Die fantasievolle Wasserkaskade wird umrahmt von leuchtenden Fuchsien und sattgrün schimmernden Koniferen. Im Schmetterlingshaus mit anschließendem Duftgarten durchlaufen Besucher den Lebensraum dieser filigranen Tiere, die frei herumflattern.

Das Deutschordenschloss an der südlichen Spitze der Mainau ist noch heute Sitz der Familie Bernadotte. Direkt daneben befindet sich die Schlosskirche St. Marien, die mit ihren barocken Fresken, Skulpturen und Stuckverzierungen einen Besuch wert ist. Zu Füßen des Schlosses am Ufer des Bodensees liegt der imposante mittelalterliche Comturey-Turm. In seinem Kellergewölbe ist nicht nur das 25 000 Liter fassende Zehntfass aus der Zeit des Deutschritterordens zu bestaunen, im Restaurant Comturey lässt es sich im mediterranen Ambiente auch hervorragend regional speisen.

Blütenpracht auf der Bodensee-Insel Mainau.

Die Insel Mainau ist heute übrigens ein privatwirtschaftlich geführtes Unternehmen in Form einer GmbH mit 150 Angestellten. In der Blütezeit von April bis September werden sogar 300 Mitarbeiter beschäftigt.

INFO: Mainau ist eine Insel im Bodensee. **INFO INSEL MAINAU:** Info-Center Insel Mainau GmbH, 78465 Mainau, Tel. (075 31) 30 30, www.mainau.de, Öffnungszeiten der Insel ganzjährig von Sonnenauf- bis Sonnenuntergang, Eintritt Mitte März–Ende Okt. € 21,50, Schüler € 12,50, Ende Okt.–Mitte März € 10,50 Schüler € 6,50, bis 12 J. frei. Seminare: Mainau bietet verschiedene Seminare für Naturfreunde und Hobbygärtner. **REISEZEIT:** April–Sept.

Geburtsstadt der Mobilität

Mannheim

Mannheim, Baden-Württemberg

Die drittgrößte Stadt Baden-Württembergs kann sich als Geburtsstadt zahlreicher Errungenschaften rühmen. Angefangen mit dem Veloziped, dem ersten Zweirad, von Carl Drais im Jahr 1817 über das Patent des Motorwagens von Carl Benz bis hin zum ersten Flugzeug mit Raketenantrieb von Julius Hatry – in Mannheim wurden wahrlich weltbewegende Erfindungen gemacht. Einen Eindruck erhält man im Technoseum, das eine spannende Zeitreise durch die süddeutsche Industrialisierung präsentiert. Auch Genuss wird in Mannheim großgeschrieben, denn nicht zuletzt wurde hier 1969 das berühmte Spaghetti-Eis erfunden.

Die Geschichte der sogenannten Quadratestadt beginnt jedoch deutlich früher, im Jahr 766 mit ihrer ersten urkundlichen Erwähnung. Die schachbrettartig angelegten Straßenzüge in der heutigen Innenstadt entstanden im 17. Jahrhundert. Wer hier, in den Mannheimer Quadraten, residiert, gibt als Adresse keinen Straßennamen, sondern die mit Buchstaben und Zahlen durchnummerierten Häuserblocks an. Mit dem Aufstieg zur Residenzstadt der Kurpfalz im 18. Jahrhundert entstand das Barockschloss, das noch heute das Gesicht der Metropole maßgeblich prägt und das zweitgrößte seiner Art in ganz Europa ist.

Bereits 1779 wurde das Nationaltheater gegründet, das Schillers »Räuber« uraufführte. Nur wenige Jahre zuvor entwickelte sich mit der sogenannten Mannheimer Schule ein Kompositionsstil, der sogar Wolfgang Amadeus Mozart zu einem mehrmonatigen Aufenthalt inspirierte. Auch die Anfänge des deutschen Drum'n' Bass sind hier zu verorten, internationale Festivals wie die Time Warp, das Maifeld Derby oder das Jetztmusik Festival locken jährlich ein buntes Publikum an.

Der Wasserturm vom Ende des 19. Jahrhunderts gilt als Wahrzeichen Mannheims. Vor ihm breitet sich der Friedrichsplatz, eine der größten geschlossenen Jugendstilanlagen Europas, aus. Dazu gehört neben den faszinierenden Wasserspielen die Kunsthalle mit einer bedeutenden Sammlung, die seit 2018 in einem spektakulären Neubau beheimatet ist.

Info Mannheim: Tourist Information Mannheim, Willy-Brandt-Platz 5, 68161 Mannheim, Tel. (06 21) 293 87 00, www.visit-mannheim.de.

Festivalstimmung im Hafen49 in Mannheims Szeneviertel Jungbusch.

Kultur, Unterhaltung und Natur

LUISENPARK

Mannheim, Baden-Württemberg

Mit seiner Seebühne, dem Pflanzenhaus, zahlreichen Themengärten und der Klangoase ist der Luisenpark weit mehr als nur ein innerstädtischer Park – er ist Gartendenkmal und Freizeitpark in einem. Das gesamte Areal gliedert sich in zwei Teile, wobei der Untere Luisenpark frei zugänglich ist und als gartenbaulich besonders beeindruckend gilt, da er im Stil eines englischen Landschaftsparks Ende des 19. Jahrhunderts angelegt wurde. Der Obere Luisenpark hält ein besonders vielfältiges Angebot für Besucher bereit.

Naturfreunde erwartet entlang des ca. zehn Kilometer langen Wegenetzes je nach Jahreszeit ein Blütenmeer von bis zu 300 000 Blumen, angeordnet in Themengärten. Kulturell Interessierte kommen vor allem bei den zahlreichen Veranstaltungen auf der Seebühne auf ihre Kosten oder bestaunen das größte Chinesische Teehaus auf europäischem Boden, das inmitten eines kunstvoll nach Vorbild südchinesischer Privatparks gestalteten Gartens liegt. Skulpturen finden Kunstliebhaber entlang des Heinrich-Vetter-Weges.

Unterhaltung für die ganze Familie bieten Spiel- und Minigolfplätze, eine Minicaranlage und Trampoline. Auf dem Kutzerweiher fahren sogenannte Gondolettas, kleine Boote an einem Unterwasserseil, gemächlich über das Gewässer. Für strahlende Kinderaugen sorgen zudem zahlreiche Tiere: Auf der Vogelinsel im Kutzerweiher leben Flamingos, Marabus und Kormorane in einem Freigehege und auf dem Bauernhof tummeln sich vor allem Schafe, Ziegen, Schweine und Pferde. Nahe der Weinstube kann man Nasenbären besuchen. Maskottchen der Freizeitanlage ist der Weißstorch – einige Paare brüten inzwischen im Luisenpark.

Besonders im Winter entführt das Pflanzenschauhaus mit seiner üppigen Flora auf einer

Ein kleines Stück China im Luisenpark Mannheim.

Fläche von 2700 Quadratmetern in die exotische Welt der Tropen und Subtropen. Dazu gehören auch 50 Reptilien und 350 Fischarten in den Terrarien und Aquarien und ein Tropenhaus mit freilebenden Schmetterlingen.

Die Unterwasserwelt präsentiert im Süßwasserbereich in zwei großen Landschaftsbecken mit Uferzonen Tiere in ihrem natürlichen Lebensraum. Das symbiotische Zusammenleben von Anemonen- oder Putzerlippfischen mit ihren »Kunden« kann in den Seewasserbecken beobachtet werden, Besucherlieblinge sind die Seepferdchen.

INFO LUISENPARK: Luisenpark Mannheim, Theodor-Heuss-Anlage 2, 68165 Mannheim, Tel. (0621) 41 00 50, www.luisenpark.de. Der Untere Luisenpark ist frei zugänglich, der Obere Luisenpark ist ab 9 Uhr geöffnet, Eintritt € 8, ermäßigt € 4, im Winter die Hälfte. Pflanzenschauhaus und Unterwasserwelt tägl. März–Okt. 10–20, Nov.–Feb. 10.30–18.30 Uhr geöffnet.

Nachlässe deutscher Dichter

Deutsches Literaturarchiv Marbach

Marbach am Neckar, Baden-Württemberg

Geht es um Literatur, werden die sonst so sparsamen Schwaben gern etwas übermütig. »Der Schelling und der Hegel / Der Schiller und der Hauff / Das ist bei uns die Regel / Das fällt uns gar nicht auf«, reimten sie schon prahlend im 19. Jahrhundert. Das Land ist stolz auf seine Dichter und Denker, mit dem Deutschen Literaturarchiv in Marbach hat es ihnen ein stattliches Denkmal gesetzt. Der berühmteste Sohn der Stadt ist kein Geringerer als Friedrich Schiller.

Es war ein gewisser Kilian von Steiner, Jahrgang 1833, ein Rechtsanwalt und Stratege mit schöngeistigen Ambitionen, Besitzer einer großen Bibliothek und Sammler von Büchern, Manuskripten, Briefen und Bildern, der 1894 bei König Wilhelm I. vorsprach. Schillers hundertster Todestag stand bevor, ein Museum musste her. Der König stellte das Projekt unter seine Protektion. Dass es dann auch noch zum Deutschen Literaturarchiv wurde, ist der Freude zu verdanken, mit der Kulturschaffende in ganz Deutschland die schwäbische Initiative aufnahmen. Ganze Stiftungen wurden den Marbachern geschenkt, Manuskripte und Briefe, Autografen und Devotionalien, Briefsammlungen und Nachlässe von Goethe, Schiller, Kleist, Mörike, Uhland und anderen. Im Mai 1903 konnte der württembergische König das schlossähnliche Schiller-Nationalmuseum eröffnen. Kilian von Steiner starb bald darauf, er hatte noch die Vollendung seines Werkes erlebt.

Das Deutsche Literaturarchiv in Friedrich Schillers Geburtsort Marbach.

Marbach ist neben Weimar Mittelpunkt der deutschen literarischen Welt. Internationale Wissenschaftler, aber auch Literaturfreunde können die immensen Bestände zum Studium nutzen. Sonderausstellungen locken viele Menschen an. 2006 entstand für zwölf Millionen Euro ein Bau direkt neben dem Schiller-Nationalmuseum, das Literaturmuseum der Moderne. Werkstattgespräche mit Schriftstellern finden dort statt, literaturwissenschaftliche Erkenntnisse – epochale Strömungen, Gattungsfragen, ästhetische Stile – werden visualisiert. Das Schiller-Nationalmuseum wurde zum Schillerjahr 2009 (Schillers 250. Geburtstag) umfassend saniert.

Info: Marbach liegt 25 km von Stuttgart entfernt. **Info Deutsches Literaturarchiv/Literaturmuseum der Moderne**: Schillerhöhe 8–10, 71672 Marbach am Neckar, Tel. (0 71 44) 84 80, www.dla-marbach.de, Öffnungszeiten Schiller-Nationalmuseum und Literaturmuseum der Moderne Di–So 10–18 Uhr, Eintritt € 9, ermäßigt € 7.

Ein frühmittelalterliches Gesamtkunstwerk

KLOSTERSTADT MAULBRONN

Maulbronn, Baden-Württemberg

Am Anfang, so die Legende, war ein Maulesel der Mönche. Er war beladen mit einem Geldsack und blieb stehen, um an einer Quelle seinen Durst zu stillen. Er soff und soff, das Wasser troff aus seinem Maul. Genau an dieser Stelle wurde im 12. Jahrhundert das Zisterzienserkloster Maulbronn gegründet. Die frommen Männer sahen im Durstlöschen des Tieres ein himmlisches Zeichen, hier war ein guter Siedlungsplatz.

Soweit die Legende. Tatsächlich kommt »Maulbronn« von »Mulenbrunnen«, die Zisterzienser waren Meister der Wasserwirtschaft mit Kanälen, künstlichen Teichen, Gräben und Mühlen. Es entstand nicht nur ein Kloster in der Abgeschiedenheit des Salzachtals, sondern eine ganze Klosterstadt.

Das vielleicht schönste aller deutschen Klöster steht seit 1993 unter dem Schutz der UNESCO – als besterhaltene Klosteranlage nördlich der Alpen.

Maulbronn entwickelte sich schnell zum gesellschaftlichen und politischen Zentrum. Die Region besaß eine starke Wirtschaft, weil die Zisterzienser etwas verstanden vom Weinbau und der Fischwirtschaft. Die Fischgewässer und Weinberge machen noch heute den Reiz der Umgebung des Klosters aus, die Weinlage Maulbronner Eilfingerberg wurde vor rund 850 Jahren von den Mönchen angelegt. Später kam noch die Natursteinindustrie hinzu. Der Maulbronner Schilfsandstein ist berühmt.

Hermann Hesse hat hier die Schule besucht, vor ihm waren Friedrich Hölderlin, Johannes Kepler und andere Schüler am Evangelischen Seminar. In der Reformationszeit war das Kloster säkularisiert worden (1551), fortan wurde der lutherische Pfarrernachwuchs hier ausgebildet. Das ist bis heute so. Die riesige Anlage ist zu einem urbanen Ensemble geworden.

Ein frühmittelalterliches Gesamtkunstwerk: Kloster Maulbronn.

Maulbronns Bürgermeister regiert in einem Rathaus, das ein Klostergebäude war. Flankiert wird das ehemalige Klosterareal von alten Fachwerkhäusern, die alle einmal klösterliche Funktionsgebäude waren.

An der Klosterkirche mit ihrem Kreuzgang (1300) wurde fast ein Jahrhundert gebaut, ihre Architektur zeigt sich im Übergang von der Romanik zur Gotik. Die Maßwerkfenster des Kreuzgangs sind Steinmetzkunst in Vollendung. Der große Klosterhof mit seinen rahmenden Gebäuden ist ein mittelalterliches Gesamtkunstwerk.

INFO: Maulbronn liegt 40 km östlich von Karlsruhe. **INFO KLOSTER MAULBRONN:** 75433 Maulbronn, Tel. (070 43) 92 66 10, www.kloster-maulbronn.de, Öffnungszeiten März–Okt. tägl. 9–17.30, Nov.–Feb. Di–So 9.30–17 Uhr, Eintritt € 8, ermäßigt € 4.

Kleine Stadt ganz groß

Das Neue Schloss und der Bodenseewein

Meersburg am Bodensee, Baden-Württemberg

Das Neue Schloss von Meersburg thront an einem steilen Rebhang hoch über dem Bodensee und prägt wirkungsvoll die barocke Silhouette der 5700-Einwohner-Stadt. Der Bau diente nach seiner vorläufigen Fertigstellung durch Baumeister Christoph Gessinger 1712 als Residenz und Repräsentationsobjekt der Konstanzer Fürstbischöfe. Später gestaltete der Barockarchitekt Balthasar Neumann das Schloss mit, von ihm stammt u. a. das Treppenhaus. Die Innenausstattung ist das Werk des Kurmainzer Hofmalers Giuseppe Appiani und des Stuckateurs Carlo Pozzi. Die Räumlichkeiten mit den Möbeln, Gemälden und einigen Prunkstücken wie einem Elfenbeinpokal aus dem 18. Jahrhundert können besichtigt werden. Außerdem finden Ausstellungen, Kongresse sowie die berühmten Internationalen Schlosskonzerte statt. Highlight ist aber die Seeterrasse mit der herrlichen Aussicht auf See, Stadt und Alpenpanorama.

Das Neue Meersburger Schloss.

Oberhalb des Schlosses befinden sich die Weinberge. Der Weinbau in Meersburg ist nur dank der Wärmespeicherung des Bodensees möglich. Hier liegt beispielsweise das Weingut von Thomas Geiger. Oberhalb des Hafens ragt das imposante Gebäude des Staatsweingutes Meersburg hervor. Die typischen Rebsorten der Region sind Müller-Thurgau und Spätburgunder, beide zeichnen sich durch sehr fruchtige Aromen aus. Von Mai bis September veranstaltet der örtliche Winzerverein öffentliche Weinproben. Höhepunkte des Weinjahres sind das Winzerfest im Juli sowie das Weinfest im September. Wer eher theoretisch orientiert ist, kann sich im örtlichen Weinbaumuseum informieren. Von hier aus sollte man unbedingt noch das Wahrzeichen der Stadt besuchen, die Meersburg. Sie ist die älteste vollständig erhaltene und bewohnte Burg Deutschlands. Nicht weit befindet sich im Fürstenhäusle ein Museum über die Dichterin Annette von Droste-Hülshoff, die hier sowie in der Meersburg die letzten Jahre ihres Lebens zubrachte.

Info: Meersburg liegt zwischen Friedrichshafen und Überlingen am nördlichen Bodenseeufer, in der Nähe ist der Bodensee-Airport Friedrichshafen. **Info Neues Schloss Meersburg:** Schlossplatz 12, 88709 Meersburg am Bodensee, Tel. (075 32) 807 94 10, www.neues-schloss-meersburg.de, Öffnungszeiten: April–Okt. tägl. 9.30–18, Nov.–März Sa/So/Fei 12–17 Uhr, Eintritt € 5, ermäßigt € 2,50. **Info Staatsweingut:** Seminarstr. 6, 88709 Meersburg, Tel. (075 32) 44 670, www.staatsweingut-meersburg.de, Termine für Weinproben, Weinseminare und Führungen durch die Weinberge auf Anfrage. **Reisezeit:** Zum Weinfest im September.

Wein statt Wasser

UNTERSTADT VON MEERSBURG

Meersburg am Bodensee, Baden-Württemberg

Kleine Stadt – ganz groß! Meersburg ist ein Hingucker, es profitiert von seiner besonderen Lage in der Bodenseelandschaft. Das gefiel schon den Konstanzer Fürstbischöfen, die prachtvolle Schlossanlagen errichten ließen und der Stadt ihre barocke Silhouette gaben. An der Gestaltung war der berühmte Architekt Balthasar Neumann beteiligt. Beim Ausbau kam es aber zu einer Teilung der Stadt. Die ursprüngliche Siedlung Meersburg erhielt 1299 das Stadtrecht, durch die gleichzeitige Aufschüttung im Bodensee entstand ein neuer Stadtteil, die Unterstadt. Die beiden Teile prägen das Stadtbild auf unvergleichlich reizvolle Weise.

Die Oberstadt ist an einen steilen Rebhang gebaut, angeblich stammt die alte Burg von den Merowingern, die wuchtige mittelalterliche Anlage ist weithin zu sehen. Auch das Neue Schloss und der Altstadtkern befinden sich in der Oberstadt, dem herrschaftlichen Teil von Meersburg, die Stadttouristiker sprechen von der »Meersburger Museenlandschaft«. Um ihn herum ordnen sich in der Unterstadt verwinkelte Gässchen, gesäumt von schnuckligen Häusern aus zurückliegenden Epochen, romantische Ecken und schöne Terrassen.

Man betritt die Unterstadt durch das Unterstadttor, ein noch erhaltenes Tor der alten Stadtmauer, und ist in einer anderen Realität angekommen. Hier geht es mit einem Mal verspielter zu, es gibt eine Hafenmole und die »Magische Säule« des Bildhauers Peter Lenk. Die kontrovers aufgenommene Skulptur des Künstlers setzt bekannten Persönlichkeiten der Stadtgeschichte, etwa der Dichterin Annette von Droste-Hülshoff oder dem »Wunderarzt« Franz Anton Mesmer, Begründer der Hypnose-Therapie, ein satirisches Denkmal. Auf der Seepromenade spaziert man unter alten Bäumen, bewundert das Grethaus, das seit 1984 die Jugendkunstschule beherbergt, und schaut den Booten auf dem Wasser beim Schaukeln zu. Im Sommer wird die Unterstadtstraße zur Festmeile. Höhepunkt ist das Winzerfest an einem Wochenende im Juli. Dann erfüllt sich der Traum aller Weinfreunde, wenn aus dem Weinbrunnen statt Wasser Wein fließt.

Wer den Weg zurück in die Oberstadt nimmt, kann im Vineum das ganze Jahr über in die Geschichte, Gegenwart und Zukunft der Weinregion Bodensee eintauchen.

INFO MEERSBURG: Meersburg Tourismus, Kirchstr. 4, 88709 Meersburg am Bodensee, Tel. (075 32) 44 04 00, www.meersburg.de. **INFO BURG:** Schlossplatz 10, Meersburg, Tel. (075 32) 80 00-0, www.burg-meersburg.de, März–Okt. tägl. 9–18.30, Nov.–Feb. tägl. 10–18 Uhr, Eintritt € 12,80, ermäßigt € 10/8. **INFO VINEUM:** Vorburggasse 11, 88709 Meersburg, Tel. (075 32) 44 02 60, www.vineum-bodensee.de, April–Sept. Di–So 11–18 Uhr, Eintritt € 5,50/3.

Der historische Marktplatz in Meersburg.

Mode-Mekka made in Germany

Outletcity Metzingen

Metzingen, Baden-Württemberg

Im Süden Deutschlands, genauer gesagt etwa zehn Kilometer nordöstlich von Reutlingen und ungefähr 30 Kilometer südlich von Stuttgart, liegt ein ganz besonderer Ort – zumindest für Mode-Freaks. Im kleinen Städtchen Metzingen werden die Träume der Fashion Victims Wirklichkeit.

Designermode zu Schnäppchenpreisen: Outletcity Metzingen.

Mode, so weit das Auge reicht – und das auch noch zu günstigen Preisen: In dem nur 22 000 Einwohner zählenden Metzingen findet der modische Schnäppchenjäger in den Outlets und Fabrikverkäufen auf rund 40 000 Quadratmetern alles, was das Herz begehrt. Mehr als 130 Bekleidungs- und Designer-Outlets locken hier mit hohen Rabatten auf Markenartikel.

Der bekannteste Outlet-Store ist sicherlich Hugo Boss, dessen Firmensitz ebenfalls in Metzingen liegt. Als sich die Hugo Boss AG im Jahr 2000 dazu entschloss, ihren Fabrikverkauf auch weiterhin in Metzingen zu betreiben, folgten immer mehr Top-Marken diesem Beispiel und Metzingen wurde zunehmend internationaler. Heute liest sich das Angebot wie das Who is Who der Modewelt und reicht von Adidas über Nike, Prada, Armani, Burberry, Dolce & Gabbana, Calvin Klein, Michael Kors, MCM bis hin zu Tommy Hilfiger, Valentino, Gucci, Polo Ralph Lauren und Max Mara. Neben den schier unzähligen Bekleidungsgeschäften finden die Besucher aber auch Spielwaren, Geschirr, Schmuck, Uhren, Schuhe, exklusive Ledermode sowie Accessoires.

Kein Wunder, dass Metzingen als Hauptstadt des deutschen Fabrikverkaufs gilt und auch international bekannt ist. Nicht zuletzt die verkehrsgünstige Lage an den Autobahnen 8 und 81 mit guter Flughafen-Anbindung macht Metzingen so attraktiv für Shopping-Süchtige aus nah und fern. Die Anfahrt über den Innenstadtring ist gut ausgeschildert. Zudem lässt sich die Outletcity mit ihren sieben Arealen aufgrund der geringen Entfernung auch hervorragend zu Fuß durch die Innenstadt erreichen. Vorausgesetzt, man zieht die neuen High Heels nicht gleich an!

Info: Metzingen liegt 30 km südlich von Stuttgart. **Info Outletcity Metzingen:** Übersicht unter www.outletcity.com, allgemeine Öffnungszeiten Mo–Fr 10–20, Sa 9–20 Uhr. **Info Metzingen:** Tourist Information, Lindenplatz 4, 72555 Metzingen, Tel. (071 23) 92 53 26, www.metzingen.de.

Schmückendes aus aller Welt

Schmuckmuseum Pforzheim

Pforzheim, Baden-Württemberg

Manche Orte glänzen erst auf den zweiten Blick. Pforzheim, von den Römern gegründet, im Laufe seiner Geschichte mehrfach zerstört und nach 1945 fast vollständig im Stil der Nachkriegsmoderne wiederaufgebaut, kann zwar nicht mit einer romantischen Altstadt oder historischer Architektur strahlen. Doch das unscheinbare Äußere trügt, brachen doch bereits im 18. Jahrhundert goldene Zeiten an: Als Deutschlands Zentrum der Uhren- und Schmuckproduktion erlangte die badische Stadt Weltruhm. Bis heute ist man hier, in der Schmuckstadt Pforzheim, äußerst innovativ, wenn es um Gold und Edelsteine geht.

Die deutsche Wohlfahrtsmarke zum Schmuckmuseum Pforzheim erschien 1988.

Diesem exklusiven Erbe trägt das Schmuckmuseum Rechnung. Eingebettet in einen kleinen Park liegt es mitten in der Stadt, im Reuchlinhaus. Die vier Kuben schuf der 1993 verstorbene Architekt Manfred Lehmbruck. Darin werden Kostbarkeiten von der Antike bis zum Historismus in einer Art Schatzkammer gezeigt. Hängevitrinen in abgedunkelten Nischen setzen etwa einen goldenen etruskischen Armreif aus dem 7. Jahrhundert v. Chr. oder ein 5000 Jahre altes goldenes Ohrgehänge aus Troja mittels raffinierter Beleuchtung in Szene. Eine schwere Goldkette mit Bildnismedaillon aus Byzanz oder fein gearbeitete und religiös geprägte Goldschmiedekunst aus dem Mittelalter gehören zu den Höhepunkten der Schau. Reich verziert und von überbordender Detailfreude sind die Schmuckstücke der Renaissance, die sich der Adel fertigen ließ. Die Ringsammlung mit 1200 Exemplaren aus allen Epochen, allen Teilen der Erde und in jedem Stil ist einmalig.

Der 2006 eröffnete Erweiterungsbau zeigt Exponate vom Jugendstil bis zur Gegenwart. Spätestens in der Sammlung von ethnografischem Schmuck aus Nordafrika, dem Vorderen Orient, Asien und Ozeanien wird deutlich, dass Schmuck weit mehr sein kann als nur schöner Schein: Wohnt vielen der gezeigten Exponate doch, zumindest innerhalb der Kulturen, aus denen sie stammen, eine magische Kraft inne. Aber auch sozialer Status und Prestige wurden und werden über Schmuck kommuniziert – dazu gehören seit dem 18. Jahrhundert auch Uhren. Schmuck- und Taschenuhren stehen im Mittelpunkt einer eigenen Sammlung. Hier können u. a. fein ziselierte Uhrengehäuse der Rokokozeit mit Darstellungen biblischer und mythologischer, aber auch erotischer Motive bewundert werden, auch eine Traueruhr gehört zu den wertvollen Ausstellungsstücken.

Wo auch immer Menschen leben, schaffen sie Schmückendes. Eine so kompakte Schau dieses künstlerischen Schaffens ist in Deutschland nur in diesem Museum zu sehen – hier zeigt sich die Schmuckstadt Pforzheim von ihrer wahrhaft glänzenden und funkelnden Seite.

Info: Pforzheim liegt zwischen Karlsruhe und Stuttgart. **Info Schmuckmuseum:** Jahnstr. 42, 75173 Pforzheim, Tel. (072 31) 39 21 26, www.schmuckmuseum.de, Öffnungszeiten Di–So 10–17 Uhr, Eintritt € 4,50, ermäßigt € 2,50.

Die oberschwäbische Spielestadt

Mittelalterliches Ravensburg

Ravensburg, Baden-Württemberg

Bunt, rund und lustig. Oberflächlich betrachtet könnte man sagen: eine Lego-Stadt. Das geht aber auf keinen Fall, denn Lego kommt aus Dänemark und Spielwaren aus Ravensburg sind qualitätsmäßig so hoch angesiedelt, dass man einen Vergleich mit Steckspielzeug aus Plastik in der oberschwäbischen Spielestadt gar nicht gern hört. Und doch bleibt manches drollig. Der mit 51 Metern höchste Turm der Stadt heißt Mehlsack, er ist das Wahrzeichen Ravensburgs. Woher der Name stammt, können die Touristiker auch nicht richtig erläutern, nur beteuern, dass er vom weißen Anstrich und der runden Form herrühren müsse. Er fällt auf in der intakten mittelalterlichen Kulisse, die diesen von den Welfen im 11. Jahrhundert gegründeten Marktort prägt. Lange war sie freie Reichsstadt, das hat Wohlstand gebracht und zu einer Reihe von historisch wertvollen Gebäuden geführt, von denen viele noch vorhanden sind.

Von der Stadtmauer ist noch etwas zu sehen, sechs Wachtürme, mehrere kleine Turmbastionen und zwei Stadttortürme sind da. Dazu drei Kirchen, darunter die Liebfrauenkirche, deren farbtolle Chorfenster schon wieder an L... erinnern, nein, sie stammt aus dem 14. Jahrhundert. Im selben Jahrhundert entstand das spätgotische Rathaus mit Renaissance-Erkern und zwei gotischen Ratssälen. Auch Waaghaus, Lederhaus und Kornhaus machen etwas her, damals arbeiteten die Handwerker mitten in der Stadt, sie waren wichtig. Nur wenig wertvoller sind die Patrizierhäuser, die aber das Flair der alten Stadt verkörpern. In ihnen residierten die Herren der Großen Ravensburger Handelsgesellschaft, die zwischen 1380 und 1530 das ökonomische Rückgrat der Stadt bildete. Herausragend war die Familie Humpis. Nach ihr ist ein Quartier benannt, ein Konglomerat aus sieben Häusern und einem Museum.

Stadt der Türme und Tore: Ravensburg.

Die Veitsburg oberhalb der Ravensburger Altstadt ist in ihren Grundmauern alt, der obere Teil wurde im Dreißigjährigen Krieg zerstört, das jetzige Schlösschen entstand erst danach. Natürlich gibt es einen Freizeitpark des Ravensburger Verlags, das Spieleland mit 40 Attraktionen.

Info: Ravensburg liegt 90 km von Ulm entfernt. **Info Ravensburg**: Tourist Information, Marienplatz 35 (Lederhaus), 88212 Ravensburg, Tel. (07 51) 828 00, www.ravensburg.de. **Info Ravensburger Spieleland**: Liebenau, Am Hangenwald 1, 88074 Meckenbeuren, Tel. (075 42) 400-0, www.spieleland.de, Öffnungszeiten 10–16/17/18 Uhr, Nov.–März geschl., Nebensaison Mo/Di geschl., einzelne Ruhetage zwischendurch vgl. Website, Eintritt € 35,50, ermäßigt € 33,50.

»Schwimmendes« Kleinod im Bodensee

Klosterinsel Reichenau

Reichenau, Baden-Württemberg

Die Fruchtbarkeit der Insel ist legendär, doch waren es nicht die hier aufs Prächtigste gedeihenden Salate und Gurken, die im Jahr 2000 die Aufnahme der Klosterinsel Reichenau in die Liste des UNESCO-Weltkulturerbes bewirkten; von universaler Bedeutung ist vielmehr das einzigartige Ensemble romanischer Kirchen- und Klosterbauten nebst den berühmten Prachthandschriften der Reichenauer Malerschule.

Als der heilige Pirmin die Reichenau 724 erstmals betrat und das Kloster gründete, war die Bodenseeinsel ein unwirtlicher Urwald, voller Schlangen, Kröten und Insekten. Dort, wo er seinen Fuß das erste Mal auf die Insel setzte, soll sich aber eine Quelle gebildet haben, und innerhalb von drei Tagen floh das Ungeziefer und die Blütezeit der Reichenau begann.

Um 900 entstand die dreischiffige Basilika St. Georg auf einem kleinen Hügel nahe der Ostspitze der Insel in Reichenau-Oberzell. Dort wurden Reliquien des heiligen Georg aufbewahrt. Einzigartig sind die gut erhaltenen romanischen Fresken an den Längsseiten des Langhauses sowie an der Nord- und der Südwand mit Szenen aus dem Leben Christi. St. Peter und Paul, die romanische Säulenbasilika mit schöner Ostturmfassade in Reichenau-Niederzell, wurde Mitte des 18. Jahrhunderts im Stil des Rokoko umgestaltet. Eindrucksvoll ist das Apsisgemälde aus dem späten 11. Jahrhundert.

Zwischen beiden steht erhaben die Kirche des Klosters St. Maria und Markus in Reichenau-Mittelzell. Neben St. Gallen und Fulda zählte das Benediktinerkloster Reichenau zu den bedeutendsten Klöstern aus karolingischer Zeit. Bereits bei seiner Gründung genoss es die Unterstützung der fränkischen Hausmeier, später der karolingischen und ottonischen Könige. So bedeutende Werke wie der St. Galler Klosterplan (frühes 9. Jahrhundert) oder das Evangeliar Kaiser Ottos III. (um 1000) sind aus der Reichenauer Schreib- und Malerschule hervorgegangen. Sie waren prägend für den Kunstgeschmack ihrer Zeit.

Eine der drei romanischen Kirchen auf der Bodenseeinsel Reichenau: die Basilika St. Georg in Oberzell.

Vier Museumsbauten bilden heute mit den drei Kirchen ein modernes Informationsnetzwerk über die Reichenau. Die Geschichte der Insel, das traditionelle Brauchtum und selbstverständlich die Reichenauer Malerschule – über alles kann der Besucher sich ein Bild machen.

Immer mehr wird die Landwirtschaft als Haupteinnahmequelle vom Tourismus abgelöst. Und ein Besuch auf der Reichenau bietet sich zu jeder Jahreszeit an. Nach der Kultur kann bei erholsamen Spaziergängen die Natur genossen werden.

Info: Reichenau ist eine Insel im Bodensee. **Info Reichenau:** Tourist Information, Pirminstr. 145, 78479 Reichenau, Tel. (075 34) 92 07-0, www.reichenau-tourismus.de.

Trubel in der ältesten Stadt Baden-Württembergs

Rottweiler Narrensprung

Rottweil, Baden-Württemberg

Das Schwarze Tor im Stadtzentrum ist geschlossen. Punkt acht Uhr gibt es einen Knall, das Tor aus Buckelquadern geht auf und eine wild gewordene Horde kostümierter Narren springt die steile Hauptstraße hinunter, flankiert von Reitern und trompetend und trommelnd begleitet von der örtlichen Blaskapelle. Die Narren haben bewegungslose Gesichter aus Holz, brummende Gröllaute torkeln aus ihnen. Manche führen schwere Glockengurte mit sich, andere schwingen Peitschen, kitzeln frivol mit Federbüscheln an langen Stöcken alles, was weiblich ist unter den Tausenden Zuschauern, die den Festzug säumen, und einige simulieren hüpfend das Reiten auf komischen Hahnenfiguren.

Jeden Faschingsmontag ist das so, seit Jahrhunderten. Die schwäbisch-alemannische Fasnet ist ein äußerst ausgelassenes Fest, da wird dem Winter der Garaus gemacht. Sie verkörpert Lebensfreude, Sinnlichkeit, Lust am Lachen.

Schwäbisch-alemannische Fastnacht in Rottweil.

Sie wird auch »Schmotzige« genannt, weil sie erotisch aufgeladen ist. Nach dem Umzug zeigen einige der Narren kleine Schautafeln, auf denen Männer z. B. eine Frau bei intimen Waschhandlungen belauern. In Rottweil wirkt das noch anrüchig, obwohl auch hier auf Reklameplakaten viel mehr zu sehen ist als auf diesen Zeichnungen.

Die Holzmasken übrigens sind außerordentlich kostbar, sie werden über Generationen weitervererbt. Die Kostüme sind ebenfalls wertvoll, alle handgenäht und dazu sehr bunt. Die Figuren vom grimmigen »Biss« bis zum übermütigen »Federahannes«, der mit seinem Stock den Damen ungestraft zwischen die Beine gehen darf, sind laut Fasnet-Ordnung genau festgelegt und dürfen nicht im Geringsten abgewandelt werden. Dies ist ein traditionelles Fest.

Der Rottweiler Narrensprung ist auch deshalb so berühmt, weil die Kulisse stimmt. Die Stadt im oberen Neckartal imponiert mit mächtigen Türmen, kaum weniger mächtigen Sakralbauten wie dem Heilig-Kreuz-Münster – mit einem Kruzifix von Veit Stoß – und einem für eine 25 000-Einwohner-Stadt gewaltigen Rathaus mit spätgotischer Schauseite. Der Umzug geht mitten durch die gute Stube von Rottweil, er ist der Höhepunkt des Jahres, Touristen werden in Bussen herangefahren.

Info: Rottweil liegt 100 km von Stuttgart entfernt am oberen Neckar. **Info Rottweil:** Tourist Information, Hauptstr. 21, 78628 Rottweil, Tel. (07 41) 49 42 80, www.rottweil.de. **Reisezeit:** Zur Rottweiler Fasnet.

Grusel & Glücksgefühle

Europa-Park Rust

Rust bei Freiburg, Baden-Württemberg

An keinem anderen Tag im Jahr sind die Besucherschlangen vor der Kasse des Europa-Parks so lang wie an Halloween. Wenn drinnen die Grusel-Katakomben warten mit den Verliesen der Vergessenen, wenn 80 Monster in der Happy-Halloween-Parade ihren Spaß mit den Besuchern treiben und die lautlosen Schreckensgestalten der Horror Nights unterwegs sind, will jeder dabeisein. Nirgendwo werden die Tage rund um Allerheiligen schöner gefeiert als in Deutschlands beliebtestem Freizeitpark, der von Ende September bis zu den ersten Tagen im November mit 120000 echten Kürbissen und ebenso vielen Strohballen und Maiskolben geschmückt ist. Dekorateure verwandeln selbst die parkeigenen Themenhotels in Gruselstätten. Gespenster schweben an der Decke, Hexen hocken im Kronleuchter, die Nachttischlampe ist ein Totenkopf, und wer im Bad die Klospülung drückt, braucht gute Nerven. Visagisten weben den Parkbesuchern kunstvolle Spinnennester und kleine Skelette ins Haar oder zaubern ihnen Fledermäuse auf die Wange. Aber der Europa-Park bietet nicht nur an Halloween, sondern zu jeder Jahreszeit Unterhaltung.

Top-Attraktion im Sommer ist der Silver Star, Europas größte und höchste Stahlachterbahn mit einem unglaublichen Spitzentempo von 130 Stundenkilometern und 35 Sekunden gefühlter Schwerelosigkeit. Auf vielen Bühnen läuft ein abwechslungsreiches Programm, eine temporeiche High Diving Show im portugiesischen Themenbereich und eine Show zu wechselnden Themen im Shakespeare Globe Theater.

Im Winter lockt der Park dagegen mit Romantik, mit gewaltigen Holzfeuern im Freien, mit einer spektakulären Eisrevue und einem märchenhaften Weihnachtsmarkt, wo es Butterbrezeln groß wie Wagenräder zu kaufen gibt. Und kaum ist es richtig finster, zieht auch schon die winterliche Lichterparade vorbei. Ebenfalls im Winter bietet die Dinner-Show Tanz, Artistik und Akrobatik im Varieté-Theater.

Europa-Park Rust: im Turbo-Tempo unterwegs mit der Holzachterbahn »Wodan«.

Info: Der Europa-Park liegt etwa 37 km nördlich von Freiburg. **Info Europa-Park:** Europa-Park-Str. 2, 77977 Rust bei Freiburg, Tel. (078 22) 77 66 88, Tickets Tel. (078 22) 77 66 97, www.europapark.de, Öffnungszeiten Anfang April–Anfang Nov. tägl. 9–18 Uhr, in der Hochsaison länger, Ende Nov.–Anfang Jan. tägl. 11–19 Uhr, Eintritt Sommer € 52, ermäßigt € 44,50 (4–11 J. und ab 60 J.), im Winter jeweils € 5 weniger. **Reisezeit:** Zum Halloweenfestival Ende Okt./Anfang Nov.

Ein Ort christlicher Spiritualität

Kloster St. Peter auf dem Schwarzwald

St. Peter, Baden-Württemberg

Sanft schwingt das Land dahin. Mal buckelt es ein wenig, mal fällt es in eine lange Ebene ab, um etwas weiter sich wieder emporzuschwingen. Das Glottertal erweist dem Urlauber den Gefallen, sich klischeegerecht als liebliche Schwarzwaldlandschaft zu präsentieren. Unten die properen Schwarzwaldhöfe, etwas erhöht blühende Obstbaumwiesen, darüber sonnige Rebenhänge und über allem dunkle Tannenwälder. So wie es viele aus der Fernsehserie »Schwarzwaldklinik« kennen, die im Glottertal ihren Hauptschauplatz hatte.

Zwei offene Berge bestimmen das Bild von St. Peter, dem Ort und der gleichnamigen Klosteranlage im Rheintalgraben zwischen Freiburg, Basel und dem Elsass: der Lindenberg im Westen (814 m) und der Horn im Osten (808 m). Dazwischen ökologisch wertvolles Gelände, seit Jahrhunderten landwirtschaftlich genutzt. Die Lage des Klosters zwischen den idyllischen Höhen des Schwarzwaldes ist einzigartig. Die Mönche, die bereits im Jahr 1093 hier ihr Hauskloster erbauten, wussten, wo es schön ist, und dass das der Seele gut tut. Ursprünglich war die Anlage nur für die Grablege der Zähringer, des Fürstengeschlechts mit dem Residenzort Freiburg, gedacht. Doch dann übernahmen die Benediktiner das Kloster, 1526 wurde es unter habsburgischen Schutz gestellt. Die barocken Gebäude, die heute zu sehen sind, stammen aus dem 17. und 18. Jahrhundert.

Kirche des Benediktinerklosters St. Peter auf dem Schwarzwald.

Die Klosterkirche (1702) mit ihren mächtigen Zwiebeltürmen ist ein typischer Bau des deutschen Südens, errichtet vom Vorarlberger Baumeister Peter Thumb. Den Innenraum schmücken Skulpturen und Fresken. Thumb entwarf auch die Rokoko-Bibliothek, deren Regale schwer tragen an der Last alter Folianten. 1806 wurde das Kloster säkularisiert, später war hier bis 2006 ein Priesterseminar untergebracht. Seither befindet sich das »Geistliche Zentrum« in den Gebäuden. In Vorträgen, Kursen und Seminaren wird den Besuchern Theologie und spirituelle Kultur unter christlichem Vorzeichen nahegebracht.

Info: St. Peter liegt 20 km von Freiburg i. Br. entfernt. **Info St. Peter:** Tourist Information St. Peter, Klosterhof 11, 79271 St. Peter, Tel. (076 52) 12 06 83 71, www.st-peter-schwarzwald.de, www.st-peter.eu/tourist-info.html. **Info Kloster St. Peter auf dem Schwarzwald:** Geistliches Zentrum: Klosterhof 2, St. Peter, Tel. (076 60) 91 01 12, www.geistliches-zentrum.org. Besichtigung der Klosteranlage So und an Fei (außer Karfreitag) 11.30, Di 11 und Do 15 Uhr, Eintritt € 6, ermäßigt € 2.

Wo die Kunst in die Welt kam

SCHWÄBISCHE ALB

Baden-Württemberg

Die Schwäbische Alb ist eine der burgen- und schlösserreichsten Gegenden Deutschlands: Die Hohenzollernburg, Schloss Liechtenstein und andere Adelssitze thronen auf den felsigen Anhöhen dieses Mittelgebirges. Erholungsuchenden empfiehlt sich der Landstrich als Biosphärengebiet mit ausgezeichneten Wander- und Radwegen. Ältester und zugleich einer der beliebtesten Fernwanderwege der Schwäbischen Alb ist der Albsteig, er führt auf über 350 Kilometern von Donauwörth nach Tuttlingen. Dabei geht es immer an der Felskante des Albtraufs entlang, der das raue Hochplateau von dem lieblichen Albvorland trennt.

Eine Wanderung durch das Lonetal bietet Einblicke in die frühe Menschheitsgeschichte: Der Neandertalweg erschließt drei der insgesamt mehr als 2000 Höhlen der Schwäbischen Alb. In grauer Vorzeit suchten Neandertaler und Vertreter der Spezies Homo sapiens hier Schutz.

Entgegen manch landläufiger Vorstellung vom Leben der Steinzeitmenschen waren diese alles andere als unzivilisierte Wilde: Bei Ausgrabungen in den frühen 2000er Jahren entdeckten Forscher Flöten aus Elfenbein und Knochen: die ältesten erhaltenen Musikinstrumente der Welt! Zudem förderten sie eine Vielzahl von Figuren ans Tageslicht – etwa Löwen, Mammuts und Pferde, aus Mammutstoßzähnen geschnitzt. Mit einem Alter von rund 40 000 Jahren zählen sie zu den ältesten Kunstwerken, die je gefunden wurden. Die Venus vom Hohle Fels etwa, eine Frauenfigur aus Mammutelfenbein – ohne Kopf, dafür mit üppigen Brüsten – wurde auf 35 000 bis 40 000 Jahre datiert, sie ist damit eine der weltweit ältesten Darstellungen eines menschlichen Körpers. Nach jetzigem Forschungsstand deutet also alles darauf hin, dass die Menschheit vor Tausenden Jahren genau hier, auf der Schwäbischen Alb, die Kunst erfand.

Die Vogelherdhöhle im Lonetal ist Teil des UNESCO-Welterbes »Höhlen und Eiszeitkunst der Schwäbischen Alb«.

Bestaunen kann man die prähistorischen Kunstwerke, die seit 2017 ebenso wie die Höhlen, in denen sie gefunden wurden, zum UNESCO-Weltkulturerbe zählen, im Urgeschichtlichen Museum in Blaubeuren sowie im Ulmer Museum. Auch einige der Höhlen können besichtigt werden, besonders spannend ist der Archäopark Vogelherd rund um die gleichnamige Höhle im Lonetal: Es ist der einzige Ort, an dem die steinzeitlichen Schätze direkt an ihrem Fundort ausgestellt werden.

INFO: Die Schwäbische Alb erstreckt sich südöstlich von Stuttgart etwa von Rottweil im Süden bis Bopfingen im Norden. **INFO SCHWÄBISCHE ALB:** Schwäbische Alb Tourismusverband, Bismarckstr. 21, 72574 Bad Urach, Tel. (071 25) 93 93 00, www.schwaebischealb.de. **INFO UNESCO-WELTKULTURERBE HÖHLEN UND EISZEITKUNST DER SCHWÄBISCHEN ALB:** Tel. (07 31) 185 11 33, www.weltkultursprung.de.

Landschaftsmarke mit Natürlichkeit

Schwarzwald

Baden-Württemberg

Die Schwarzwälder haben Fantasie. Sie machen Kohle und lassen die Sonne arbeiten, wie in Freiburg, Deutschlands führender Solarstadt. Sie haben eine Riege von Sterne-Köchen in Feinschmeckerparadiesen und lassen sich nicht auf Schwarzwälder Kirschtorte reduzieren. Sie bringen die B's einer florierenden Wirtschaft zusammen: Bollenhut, Brezel, Bits, Bytes und Biotechnik, was ihnen zu einem der höchsten Bruttosozialprodukte verholfen hat. Sie werden rührselig, wenn im südlichen Schwarzwald Nebel der Sonne entgegensteigen wie eine Prozession verhüllter Pilger ihrem Heiligtum, und andächtig, wenn sie vor einem Teller handgemachter Spätzle sitzen, weil sie wissen, wie viel Arbeit das gemacht hat. Sie sind heimatverbunden, die Schwarzwälder, und haben ihre Gegend trotzdem zur »Landschaftsmarke« gemacht.

Der Schwarzwald, geografisch entlang des Rheintals ausgebreitet, das sind vielgestaltige dunkle Wälder, endlose Höhenzüge, die abwechseln mit tief eingekerbten Schluchten und sanften Talmulden, in denen tiefblaue Gletscherseen ruhen. Hier entspringen Neckar und Donau, der Bodensee liegt vor der Haustür, die Nachbarn sind französische Elsässer, Schweizer und Württemberger. Das Mittelgebirgsklima ist gesund, die Luft nachweislich von wohltuender Qualität. Nicht zuletzt das Wasser der Schwarzwälder Mineralquellen wirkt sowohl bei innerer wie äußerer Anwendung belebend, zahlreiche Thermal- und Heilbäder tragen dem Rechnung.

Mühlen wie im Simonswäldertal oder wie die Hexenlochmühle in Furtwangen symbolisieren Schwarzwaldromantik pur.

Das Land ist sichtlich von Menschenhand geprägt, aber die Natur setzt ihre Akzente. Wie nur noch wenige Regionen Europas hat sich diese ihre Natürlichkeit bewahren können. Damit das so bleibt, stehen weite Teile des Schwarzwaldes heute als National- und Naturparks unter besonderem Schutz.

Info: Der Schwarzwald liegt im Südwesten von Baden-Württemberg. **Info Schwarzwald:** Schwarzwald Tourismus GmbH, Heinrich-von-Stephan-Str. 8 B, 79100 Freiburg, Tel. (07 61) 89 64 60, www.schwarzwald-tourismus.info. **Info Naturpark Südschwarzwald:** Dr.-Pilet-Spur 4, 79868 Feldberg, Tel. (076 76) 93 36 10, www.naturpark-suedschwarzwald.de. **Info Naturpark Schwarzwald Mitte/Nord:** Hauptstr. 94, im Haus des Gastes, 77830 Bühlertal, Tel. (072 23) 957 71 50, www.naturparkschwarzwald.de. **Info Nationalpark Schwarzwald:** Schwarzwaldhochstr. 2 (Am Ruhestein), 77889 Seebach, Tel. (074 49) 92 99 80 , www.schwarzwald-nationalpark.de, Mo–Do 9–12 und 14–15.30, Fr 9–12 Uhr. **Info Kurorte und Thermalbäder:** Heilbäderverband Baden-Württemberg, Esslinger Str. 8, 70182 Stuttgart, Tel. (07 11) 89 24 80 00, www.heilbaeder-bw.de.

Lehr-Gänge durch Erdgeschichte und Naturkunde

Feldberg, Titisee, Wutachschlucht und Schwarzwaldbahn

Schwarzwald, Baden-Württemberg

Feen könnten sich hier verstecken, Nymphen baden, von Ungeheuern belauert. Die Wutachschlucht hat etwas Verwunschenes, ihre Faszination ist eine Szenerie, die kein Bühnenbildner besser hätte erfinden können. Über kleine Brücken und Leitern, an im Wasser wurzelnden Bäumen, Wasserfällen und Tümpeln vorbei geht es durchs Gelände. Vorsicht, es ist rutschig und manchmal bricht Gestein herunter. Der die Gruppe durch die Wildnis navigierende Ranger weiß Bescheid. Mit ihm wird die Tour durch diese Urlandschaft im südlichen Baden zum Lehr-Gang durch Erdgeschichte und Naturkunde. Ein sinnliches Erlebnis in einer stillen Welt, in der nur das rauschende Wasser lärmt und unterschiedlich getönte Steine blinken. Von der Schattenmühle im Westen bis zur Wutachmühle am Ostausgang der Schlucht misst der Weg 12,5 Kilometer. Aber es sind mehrfach etliche Höhenmeter zu überwinden, steinige Strecken und Matschpartien.

Blick auf den Titisee und den Feldberg (Hintergrund links).

Der zwei Kilometer lange Titisee wird vom Seebach gespeist und von Sagen umkränzt. Eine erzählt, dass eine Hexe mit ihrer Nachtmütze ein Loch im Seegrund verstopft hält. Von der Mütze fault jedes Jahr ein Faden ab, und wenn der letzte aufgeweicht ist, wird der See ausbrechen und das Land überfluten. Vorher sollte man noch mit einem der Holzruderboote auf den See hinausgleiten, in dessen Mitte auch den Hartgesottenen unweigerlich ein Gefühl für die Schönheit der Schöpfung ereilt. Südwestlich stemmt sich der Feldberg auf 1493 Meter empor, seine Gipfelzone ist Naturschutzgebiet. Im Winter warten Abfahrten unterschiedlicher Schwierigkeitsgrade, mehr als 30 Liftanlagen und viele Langlaufloipen auf Benutzer.

Wer etwas Zeit mitbringt, sollte sich eine Fahrt mit der Schwarzwaldbahn nicht entgehen lassen. Ihr Streckennetz reicht von Offenburg bis Singen am Hohentwiel. Gebaut wurde die einzige durchgehend zweigleisige Strecke einer Gebirgsbahn in Deutschland zwischen 1863 und 1873 nach Plänen des Eisenbahningenieurs Robert Gerwig. Die Bahn quert in Kehren und Schleifen das Mittelgebirge in ganzer Länge und passiert dabei auf einer Strecke von insgesamt 150 Kilometern 39 Tunnel und mehrere Viadukte. Der 40 Kilometer lange Abschnitt zwischen Hausach und Sankt Georgen ist landschaftlich besonders reizvoll. Vom »Dreibahnenblick« bei Triberg hat man gute Sicht auf einen längeren Streckenabschnitt.

Info: Die Wanderung durch die Wutachschlucht dauert 5–6 Std., www.wutachschlucht.de. **Info Schwarzwaldbahn:** Fahrpläne unter www.ortenaulinie.de und www.bahn.de.

Tour mit Fernblick

Schwarzwaldhochstrasse

Schwarzwald, Baden-Württemberg

Bei guter Sicht ist sogar der Turm des Straßburger Münsters zu sehen! Die 60 Kilometer lange Schwarzwaldhochstraße führt von Baden-Baden nach Freudenstadt durch genau jenes Gebiet, das dem Mittelgebirge an der Südwestecke Deutschlands seinen Namen gab: »Schwarzer Wald«. Wohl keiner hat das besser beschrieben als US-Schriftsteller Mark Twain: »Die Wälder sind so dicht und so still, so tannig und so duftend ... Ein sattes, domhaftes Dämmerlicht fällt in die säulenbestandenen Gänge, sodass die verirrten Sonnensprenkel, die hier auf einen Stamm und dort auf einen Ast treffen, kräftig hervortreten und das Moos regelrecht zu brennen scheint, wo sie den Boden tüpfeln ... Theaterbeleuchtung des Märchenlandes.«

Schon die Römer waren schaudernd fasziniert von dieser Landschaft mit ihren Wäldern und Schluchten. Von den Haltebuchten der Hochstraße sind sie am besten einzusehen. Der Blick erfasst Hügelrücken und Felsen, die in tiefster Einsamkeit liegen, aber auch uraltes Kulturland, auf dessen Wiesen mit Wacholder und Ginster Vieh weidet und Bauern arbeiten. Anregend sind die Farben, wenn dichter Nebel die Ebenen und Täler verhüllt, während auf den Höhen alles blüht. Die Ruhe ist besänftigend, die Luft klar und rein, die Naturschönheiten wechseln in rascher Folge ab. Auf etwa 30 Kilometern geht der Blick auf der rechten Seite hinunter, wird zum Fernblick über das Rheintal mit dem Elsass und den Vogesen, auf der linken Seite reicht er nach oben und rastert die Berge des Nordschwarzwaldes mit ihren weiten Nadelwäldern ab.

Aussichtsturm auf der Hornisgrinde an der Schwarzwaldhochstraße.

Die größten Höhen der Schwarzwaldhochstraße liegen zwischen Hundseck und Kniebis auf rund 1000 Metern. Seit 1999 führt die Tour mit nur wenigen Serpentinen teilweise durch freiliegendes Gelände. Orkan »Lothar« tobte damals mit Tempo 200 über den Schwarzwald, der Furor dauerte zwar nur einige Minuten, fetzte aber Tausende Bäume aus ihrem Wurzelreich. Die Schwarzwälder haben das Beste daraus gemacht: den Lotharpfad beim Schliffkopf. Was man benennen kann, das hat man bezwungen. Auf dem Lehr- und Erlebnispfad, der unter und über umgestürzten Bäumen hindurchführt, kann man dem Wald dabei zusehen, wie er sich auf natürliche Weise regeneriert.

Info Schwarzwaldhochstrasse: Nationalparkregion Schwarzwald e.V., Rosenplatz 3, 72270 Baiersbronn, Tel. (07442) 84 140, www.schwarzwaldhochstrasse.de.

Kurfürstliche Sommerresidenz

SCHLOSS SCHWETZINGEN

Schwetzingen, Baden-Württemberg

Es ist das Goldene Zeitalter von Schwetzingen. Der Mannheimer Hof des Kurfürsten Carl Theodor hält hier Sommerresidenz. Ihm ist es zu verdanken, dass das barocke Schloss Schwetzingen in königlichem Glanz erstrahlt.

Die ehemalige mittelalterliche Wasserburg wirkt heute hell, freundlich und vornehm, die verspielte Leichtigkeit des Rokoko lässt sich bei einem Rundgang durch die prachtvoll gestalteten Räumlichkeiten des Schlossmuseums förmlich fühlen. Umfangreiche Renovierungen gaben dem Schloss zwischen 1976 und 1991 sein zauberhaftes und glanzvolles Aussehen zurück. Ihre heutige Form erhielt die Residenz schon unter Carl Theodor im 18. Jahrhundert. Er entwickelte eine rege Bautätigkeit und ließ u. a. das Rokokotheater errichten, in dem der junge Mozart mit seiner Musik 1763 Begeisterungsstürme auslöste.

Ein Kunstwerk von einzigartiger Schönheit sind auch die weitläufigen Gartenanlagen des Schlosses. Hier wird französische Pracht in den angelegten Symmetrien des Barockgartens mit geplant natürlicher Schönheit im englischen Landschaftsgarten in perfekter Weise zusammengeführt. Auch hier hatte Kurfürst Carl Theodor seine Hände im Spiel: Nach dem Vorbild von Versailles erweiterte er die Anlage nicht nur, sondern bereicherte sie mit Wasserspielen, Brunnen, Skulpturen und verschiedenen Bauwerken mit stilistischen Merkmalen des Barock, der Aufklärung und der griechischen Mythologie. Besonders sehenswert ist die herrliche Moschee, die als ein Zeichen der aufkommenden Orientalisierung in der Kunst zu werten ist, und das Badhaus Carl Theodors mit seinem grottenartigen Interieur und den kostbar ausgestatteten Innenräumen.

Jedes Jahr im Mai ist die Schlossanlage traumhafte Kulisse für die »Schwetzinger Festspiele«. An die 50 Opern- und Konzertveranstaltungen locken dann Liebhaber klassischer Musik an diesen magischen Ort.

Die Moschee im Schlossgarten von Schwetzingen ist Ausdruck der Türkenmode des 18. Jahrhunderts.

INFO: Schwetzingen liegt ca. 10 km südwestlich von Heidelberg. **INFO SCHLOSS SCHWETZINGEN:** 68723 Schwetzingen, Tel. (06221) 65888-0, www.schloss-schwetzingen.de, Sommer (April–Okt.) Führungen im Schloss Mo–Fr 11–16, Sa/So 10.30–17 Uhr, jeweils zur vollen Stunde, Eintritt € 10, ermäßigt € 5, Garten 9–20 Uhr geöffnet, Eintritt € 6, ermäßigt € 3, Winter (Nov–März) Führungen Fr 14, Sa/So/Fei 11, 13.30 und 15 Uhr, Eintritt € 8, ermäßigt € 4,Garten tägl. 9–17 Uhr, Eintritt € 4, ermäßigt € 2. Gartenführungen im Sommer Sa/So/Fei um 15 Uhr, € 10 Euro, ermäßigt € 5. **REISEZEIT:** Im Mai zu den »Schwetzinger Festspielen«.

Fürsten auf dem Felsen

Schloss Sigmaringen

Sigmaringen, Baden-Württemberg

Sie gehören bis heute zu den Promis der High Society. Boulevardpresse und Klatschspalten sind voll mit gewöhnlichen und ungewöhnlichen Geschichten aus ihrem Leben. Aus dem Fürstengeschlecht der Hohenzollern stammen bedeutende Herrscher wie Friedrich der Große oder der letzte deutsche Kaiser Wilhelm II.

Beeindruckend ist bis heute auch der offizielle Stammsitz dieses einzigartigen Adelsgeschlechts. Erhaben thront Schloss Sigmaringen auf einem Felsen über der Donau. Ursprünglich als gewaltige Burganlage erbaut präsentiert sich das imposante Anwesen heute als fürstliches Residenzschloss mit vielen Türmen und Türmchen, Erkern und Terrassen.

Die ältesten erhaltenen Reste, wie das Burgtor, der Palast und der Bergfried, stammen aus der Stauferzeit um 1200. Dabei wurde die Burg schon im Jahr 1077 erstmalig urkundlich erwähnt, aus dieser Zeit sind jedoch keine Bauten mehr vorhanden. Bis ins 20. Jahrhundert hinein fanden immer wieder bauliche Veränderungen statt, die dem Schloss sein heutiges – schon allein durch seine Dimension – mächtiges, doch zugleich filigranes Aussehen gaben.

Hoch über der Donau: Schloss Sigmaringen.

Während einer Schlossbesichtigung erlebt man die Wohnkultur höfischer Zeiten: prunkvolle Säle und gepflegte Salons mit wertvollen Möbeln, flandrischen Wandteppichen, kostbaren Gemälden und prächtigen Lüstern.

Der Galeriebau, im 19. Jahrhundert errichtet, beherbergt die Kunstschätze des Fürsten Karl Anton, eines begeisterten Sammlers. Neben bedeutenden Werken schwäbischer Künstler sind hier auch vor- und frühgeschichtliche Ausgrabungsstücke der Region zu sehen, denn auch die Archäologie zählte zu seinen Leidenschaften.

Besonders erwähnenswert ist die Waffenhalle mit ihren etwa 3000 Exponaten, eine der größten privaten Waffensammlungen Europas. Neben mittelalterlichen Rüstungen werden hier Kampfgerätschaften aus Europa und Asien gezeigt. Zum Schloss gehört auch das Marstallmuseum. Die höfischen Wagen, Kutschen, Schlitten und Sänften sind wirkliche Schmuckstücke.

Info: Sigmaringen liegt etwa 130 km östlich von Freiburg i. Br. **Info Schloss Sigmaringen:** Unternehmensgruppe Fürst von Hohenzollern, Schloss Sigmaringen, Karl-Anton-Platz 8, 72488 Sigmaringen, Tel. (0 75 71) 729-230, www.schloss-sigmaringen.de, Öffnungszeiten April–Okt. tägl. 9–18, Nov./Dez., März tägl. 10–17 Uhr, Schlossbesichtigung nur mit Führung möglich. Eintritt € 9,50, ermäßigt € 8,50, Kinder € 5, bis 3 J. frei. Es werden auch Themen-Führungen und eine Schlossführung für Kinder und Jugendliche angeboten.

Ab in die Unterwelt

NEBELHÖHLE

Sonnenbühl, Baden-Württemberg

Dämonen und Geister trieben hier ihr Unwesen – davon waren zumindest die Bewohner der Schwäbischen Alb überzeugt. Eine Felsspalte, aus der besonders im Winter immer Nebel aufstieg, konnte nur die Verbindung zur Unterwelt sein. Dabei verbarg sich hinter dem Nebelloch – wie die Felsspalte früher genannt wurde – der Eingang zu einem ganzen Höhlensystem: der Nebelhöhle. Entdeckt wurde sie von einem mutigen Jäger, der mit ansehen musste, wie seine Beute, ein Reh, durch den Spalt fiel und ihm so zu entkommen drohte. Flugs stieg er hinterher und stand in einer riesigen Höhle. Der durch das Loch aufsteigende Nebel ist übrigens nicht dämonischen Ursprungs, sondern hat eine ganz irdische Erklärung: In der Höhle herrschen das ganze Jahr über Temperaturen von knapp unter zehn Grad. Wenn es außen kälter ist als in der Höhle, bildet sich Nebel, der nach oben steigt.

Eine Tropfsteinhöhle mit beeindruckenden Stalagmiten: die Nebelhöhle Sonnenbühl-Genkingen.

Heute kann die Nebelhöhle, eine der größten und schönsten Tropfsteinhöhlen auf der Schwäbischen Alb, durch einen neuen Eingang aus dem letzten Jahrhundert betreten werden. Aber auch hier sollten Besucher gute Kondition mitbringen, denn über mehr als 140 Stufen geht es in die Tiefe. Dann empfangen unzählige Stalagmiten und Stalaktiten in sechs Hallen den Besucher und bieten einen faszinierenden Einblick in die Erdgeschichte.

Auch wenn die Nebelhöhle schon seit fast 500 Jahren bekannt ist, erschlossen wurde sie erst 1803, als der spätere König von Württemberg, Friedrich I., sie besichtigen wollte. Für diesen hohen Besuch musste selbstverständlich ein komfortablerer Eingang als der mühsame und beschwerliche Einstieg durch das Nebelloch geschaffen werden. Friedrich gelangte seinerzeit in den alten Teil der Höhle und konnte sich einen über viereinhalb Meter hohen Tropfstein in seiner ganzen Pracht anschauen. 1961 wurde der Stein abgesägt, die daraus hergestellten Scheiben dienen bis heute als Wandverkleidung des Treppenhauses im Stuttgarter Neuen Schloss. Aber auch die verbliebenen Reste in der Nähe des Großen Sees sind noch absolut sehenswert und zeigen eindrucksvoll, wie ein Tropfstein von innen aussieht.

Der Höhepunkt des Nebelhöhlenjahres ist das Volksfest zu Pfingsten. Es soll an den ersten Besuch von Friedrich I. erinnern und ist mit seinen zahlreichen Vergnügungen wie Fahrgeschäften und süßen Schleckereien immer noch ein Magnet für Besucher von nah und fern.

INFO: Die Nebelhöhle liegt ca. 25 km südöstlich von Tübingen. **INFO SONNENBÜHL:** Tourist Information Sonnenbühl, Rathaus Undingen, Hauptstr. 2, 72820 Sonnenbühl, Tel. (0 71 28) 925 18, www.sonnenbuehl.de. **INFO NEBELHÖHLE:** Sonnenbühl-Genkingen, Tel. (0 71 28) 605, http://hoehlen.sonnenbuehl.de, Öffnungszeiten April–Okt. tägl. 9–17.30, März und Nov. Sa/So 9–17 Uhr, Dez.–Feb. Winterpause. Eintritt € 4,50, ermäßigt € 2,50. **REISEZEIT:** März–Nov.

Fleißig und wohlhabend

Stuttgart

Stuttgart, Baden-Württemberg

Wenn Umfragen zur Bürgerzufriedenheit recht haben, dann sind die Stuttgarter mit ihrer Stadt außerordentlich zufrieden. Dafür gibt es Gründe: heilsame Mineralbäder, gute Einkaufsmöglichkeiten, alles nahe beieinander, Staatsgalerie, Bachakademie, hervorragendes Freizeitangebot, viele Gartenwirtschaften, hohes Niveau der Gastronomie, geringe Kriminalität, starke Wirtschaft, gesunder Mittelstand sowie Wälder, Wiesen, Obstgärten und Weinberge ringsumher.

Als Trumpf gilt auch, dass die Einheimischen, die gern mal a Viertele schlotzen, aus einem großen schwäbischen wie internationalen Angebot an guten Weinen wählen können. Nirgendwo lernt man als Zugereister eine Stadt besser kennen als an ihren Wirtshaustischen. Daran mangelt es in Stuttgart nicht. Auf den Teller kommen Maultaschen, Schwäbischer Rostbraten oder das hiesige Nationalgericht: Linseneintopf mit handgeschabten Spätzle und Saitenwürstle. Kulinarisch ist man traditionell. Auch das als heilkräftig geltende, prickelnde Mineralwasser, das aus Quellen im Stadtgebiet sprudelt, wird sehr geschätzt.

Ein Ort zum Flanieren und Parlieren: der Schlossplatz mit der Jubiläumssäule.

Eine gute Gelegenheit, Stuttgart und Stuttgarter kennenzulernen, ist der Besuch eines Fests. Das Cannstatter Volksfest im September ist Deutschlands drittgrößtes Fest, es wird seit knapp 200 Jahren gefeiert. Der Weihnachtsmarkt gehört zu den schönsten in Europa.

Die schwäbische Metropole bildet das unbestrittene urbane Zentrum des deutschen Südwestens. In der Welt von Forschung, Entwicklung und Lehre hat der Name dieser Stadt einen vorzüglichen Klang, und das hat nicht nur mit Daimler und Porsche zu tun. Stuttgart gilt auf vielen Gebieten als europäisches Innovationszentrum. Fleißig waren die Stuttgarter immer schon. Zahlreiche technisch-naturwissenschaftliche Forschungszentren haben hier ihren Sitz, aber auch die erste Waldorfschule wurde nach dem Ersten Weltkrieg in Stuttgart gegründet. Die Behäbigkeit, die den Schwaben gern nachgesagt wird, ist einer internationalen Orientierung gewichen.

Es gibt Zugezogene – der Stuttgarter nennt sie Neigschmeckte –, die behaupten, die 440 Stäffele, die vom Tal auf die Höhen hinaufführen, seien das beste Sinnbild für die schwäbische Mentalität: Erst wenn man im Schweiße seines Angesichts hinaufgestiegen ist, darf man den Blick genießen – auf eine arbeitsame und wohlhabende Stadt.

Info Stuttgart: Tourist Information i-Punkt, Königstr. 1A (gegenüber vom Hauptbahnhof), 70173 Stuttgart, Tel. (07 11) 222 80, www.stuttgart-tourist.de, www.stuttgart.de, www.stgt.com (Stadtinfo sowie Hotel- und Gastroguide).

Ein gigantisches Zeltlager

CANNSTATTER WASEN

Stuttgart, Baden-Württemberg

Einmal im Jahr wird das Veranstaltungsgelände am Ufer des Neckars zu einem der spektakulärsten Zeltplätze der Welt. Mit lauschigem Camping hat das nicht viel zu tun, denn die größten der neun Festzelte fassen rund 5000 Besucher. Wegen der vielen Fahrgeschäfte und Buden gilt der Cannstatter Wasen als größtes Schaustellerfest der Welt.

Die Veranstalter haben das Vergnügen, aus rund 1000 Bewerbungen die schönsten Schaustellerbetriebe auswählen zu dürfen. Zu den Attraktionen gehört neben einer rasanten Achterbahn das größte transportable Riesenrad der Welt. Der Durchmesser beträgt 60 Meter, eine Umdrehung dauert mehrere Minuten. Der schönste Blick aus den Fenstern der Gondeln bietet sich bei einsetzender Dämmerung. Dann wirkt das Festgelände mit seinen Tausenden von bunten LED-Lämpchen und seinen beleuchteten Buden wie ein kleiner Ableger von Las Vegas.

Kettenkarussell auf dem Cannstatter Wasen.

Als die Fahrattraktionen noch nicht so hoch hinaus konnten, war die Fruchtsäule mit ihren 26 Metern das höchste Gebilde auf dem Cannstatter Wasen. Mittelpunkt des Festplatzes ist das monarchistische Überbleibsel auch heute noch. Nach einer von Missernten und Hungersnot geprägten Zeit hatten die württembergische Königin Katharina und ihr Gemahl König Wilhelm I. den Menschen die mit Früchten dekorierte Holzsäule im Jahr 1818 geschenkt. Der Wasen begann also als eine Art Erntedankfest. Noch heute wird die Fruchtsäule jedes Jahr prächtig geschmückt – vielleicht ist auch deshalb noch keiner der Besucher auf dem Festplatz verhungert oder verdurstet.

Früher wurde nur einen Tag lang gefeiert, irgendwann waren es dann zwei, später drei Tage. Erst 1972 wurde der Cannstatter Wasen auf 16 Tage ausgedehnt, inzwischen geht's 17 Tage lang rund. Stuttgarts Oberbürgermeister gebührt die Ehre, vor laufenden Fernsehkameras das erste Bierfass anzuschlagen. Das Volksfest beginnt traditionell Ende September. Am ersten Sonntag ziehen Trachtengruppen, Musikkapellen und fein geschmückte Pferdewagen beim Umzug durch die Stadt zum Festgelände.

Jedes Jahr besuchen rund vier Millionen Menschen den Cannstatter Wasen. Tausende Hektoliter Bier gehen über die Theken der Festzelte. Nach dem Münchner Oktoberfest gilt das Volksfest in Stuttgart als weltweit zweitgrößtes dieser Art. Zum Abschluss des Wasens lassen es die Veranstalter richtig knallen: Ein Musik-Feuerwerk beendet das gigantische Zeltlager.

INFO: In Stuttgart-Bad Cannstatt gelegen. **INFO CANNSTATTER WASEN:** Veranstaltungsgelände Cannstatter Wasen, 70372 Stuttgart, www.wasen.de. **REISEZEIT:** Ende Sept./Anfang Okt.

Reise durch die Stern-Zeit

Mercedes-Benz Museum

Stuttgart, Baden-Württemberg

Ein Mann sitzt vor einem extrem leistungsstarken Computer und spielt. Er malt Entwürfe auf den Bildschirm, verdreht sie, kippt sie um, macht sie lustvoll platt und zieht die Reste wieder hoch. Er überlagert Formen, pixelt Gegenstände zusammen und schafft so in der Computeranimation eine neue Realität mit ganz eigener Identität: das Mercedes-Benz Museum. 2006 eröffnet, Baukosten 150 Millionen Euro, der Computer-Stararchitekt war der Niederländer Ben van Berkel. Sein Museum blinkt mit perforierten Alupaneelen und gläsernen Bändern wie ein aus dem Weltall gestrandeter Raumkörper. Ein elegant eingedellter Silberling in Ellipsenform, knapp 50 Meter hoch und 11 000 Tonnen schwer in der Gabelung zweier Autobahnen. Die Fensterbänder sind aufgerissen wie ein Haifischgebiss, windschnittig, kraftstrotzend. Ein auffälliger Bau.

Auch innen. Wer unter dem offenen Kern des Gebäudes steht, schaut nach oben in eine dreifache Betonspirale, in ein wuchtiges Felsengebirge von beinahe alpinen Ausmaßen. Zum Gipfel nimmt man den Fahrstuhl. Von dort bewegen sich die Besucher in einer abwärts verlaufenden Zeitspirale durch die Ausstellung. Sie beginnt mit den Anfängen der Automobilgeschichte und endet in futuristischen Hightech-Stationen mit akustischen Führern und grellen Info-Vitrinen.

Prototypen im Stuttgarter Mercedes-Benz Museum.

Auf neun Ebenen mit zahlreichen Rampen, Seitenarmen und Nebenräumen werden legendäre Objekte gezeigt. Der Silberpfeil des argentinischen Formel-1-Piloten Fangio, der dreimal die Trophäe für den schwäbischen Autobauer holte. Der blaue Mercedes Simplex von 1902 im Vergleich mit dem heutigen Maybach – beide Unikate, handgefertigt. Das drollige Papamobil steht da, der bizarr getunte 190er von Beatle Ringo Starr, der schneidige SL von Lady Di. 1500 Exponate sind ausgestellt, in »Mythosräumen« stehen Fahrzeugikonen exemplarisch für verschiedene Epochen der Automobilgeschichte. Bild- und Filmmaterial sowie weitere Exponate stellen den historischen Kontext her.

Ein zweiter Rundgang führt in thematisch ausgerichteten Räumen vorbei an den Fahrzeugen, die Mercedes-Benz im Laufe der Markengeschichte entwickelte. Vom Feuerwehrauto mit Drehleiter über den Schwerlastwagen LP 333 von 1958, bekannt unter seinem Spitznamen »Tausendfüßler«, bis zu Bussen des Öffentlichen Nahverkehrs sind die verschiedensten Typen vertreten. Anschaulich wird vorgeführt, welchen Einfluss die Marke auf das individuelle und gesellschaftliche Leben hat.

Info: In Stuttgart-Untertürkheim gelegen. **Info Mercedes-Benz Museum:** Mercedesstr. 100, 70372 Stuttgart-Untertürkheim, Tel. (07 11) 173 00 00, www.mercedes-benz.com/de, Öffnungszeiten Di–So 9–18 Uhr, Eintritt € 10, Schüler ab 15 J. € 5.

Mercedes-Benz Museum:
Vom ersten patentierten Auto der Welt bis zum Wasserstofffahrzeug aus diesem Millennium.

Ein Hirsch schmückt das Kuppeldach des Kunstmuseums Stuttgart.

Klassiker der modernen Museumsarchitektur

NEUE STAATSGALERIE STUTTGART

Stuttgart, Baden-Württemberg

Knallbunte Geländer außen und ein grasgrüner Noppenfußboden innen sorgten für Aufregung, als 1984 die Neue Staatsgalerie in Stuttgart eingeweiht wurde. Der Bau, eine Erweiterung der Alten Staatsgalerie, wurde nicht nur gelobt, sondern auch heftig angefeindet. Kritiker warfen ihm einen bedenklichen Hang zum Monumentalen vor, brutal und menschenfeindlich. Von einer solchen Bauweise hatte man sich im Deutschland der Nachkriegszeit bewusst distanziert. Den Schwaben schien das Gebäude einfach zu modern mit seinen farbig gefassten Stahlkonstruktionen, dem Sichtbeton und seinem geschwungenen Baukörper.

Heute, nach mehr als dreißig Jahren, gehört das Werk des englischen Star-Architekten James Stirling zu den Klassikern moderner Museumsarchitektur. Am Ende der Konrad-Adenauer-Straße – von Lokalpatrioten gerne Stuttgarter Kulturmeile genannt – geht die postmoderne Neue mit der spätklassizistischen Alten Staatsgalerie eine aussagefähige Verbindung ein. Architekturinteressierte erfreuen sich an dem skulpturalen Bau, mit dem Stirling historische Bauformen von der Antike bis zur Klassischen Moderne zitiert sowie mit Elementen der herkömmlichen Museumsarchitektur ironisch spielt.

Die Neue Staatsgalerie zeigt Werke des 20. Jahrhunderts: Von Pablo Picasso über Joseph Beuys bis Anselm Kiefer sind praktisch alle vertreten, die in der zeitgenössischen westlichen Kunst Rang und Namen haben. Die Konzentration auf herausragende Werke weltbekannter Künstler sowie auf bedeutende Werkgruppen der unterschiedlichen Stilrichtungen (Fauves, Brücke, Blauer Reiter, Kubismus) begründet das internationale Ansehen des Hauses. Unter anderem finden sich Arbeiten ersten Ranges von Henri Matisse, Max Beckmann, Paul Klee und Alberto Giacometti. Ein besonderer Höhepunkt ist sicherlich Oskar Schlemmers »Triadisches Ballett«. Die Figurengruppe des Stuttgarter Malers, Bildhauers und Bühnenbildners konserviert die ausgefallenen Kostüme des 1916 aufgeführten experimentellen Tanzstücks.

Der Museumsbau der Neuen Staatsgalerie Stuttgart zählt zu den bedeutendsten Beispielen postmoderner Architektur in Deutschland.

Die Plastik »Die Liegende« von Henry Moore wurde 1985 vor dem Haupteingang installiert. Stimmungsvoll präsentiert sich der Skulptureninnenhof. Hoch gerühmt werden die jährlich stattfindenden Sonderausstellungen mit internationalen Leihgaben, die namhaften Künstlern, Stilrichtungen oder Themen gewidmet sind.

INFO: In Stuttgart-Mitte gelegen. **INFO NEUE STAATSGALERIE STUTTGART:** Konrad-Adenauer-Str. 30–32, 70173 Stuttgart, Tel. (07 11) 470 40–0, www.staatsgalerie.de, Öffnungszeiten Di–So 10–17, Do bis 20 Uhr, Eintritt € 7, ermäßigt € 5, Sonderausstellungen mehr, Mi frei, bis 20 J. tägl. frei.

Ein properes Ambiente für Stadtflaneure

Neues Schloss und Schlossplatz

Stuttgart, Baden-Württemberg

Richard von Weizsäcker, der ehemalige deutsche Bundespräsident, kam in diesem Schloss 1920 zur Welt. Aber niemand weiß mehr, in welchem Raum er seinen ersten Schrei ausstieß. Die Auswahl ist erheblich: 365 Räume hat das Neue Schloss, so viele wie das Jahr Tage zählt. Weizsäckers Großvater war der letzte Ministerpräsident des Königreichs Württemberg. Die monarchische Familie hatte vor rund 250 Jahren beschlossen, sie brauche eine innerstädtische Prunkresidenz mit imposanter Kulisse, stadtseitigem Flügel und Portikus. Das gab ein Gezeter im damals noch kleinen Stuttgart! Die geizigen Steuerzahler waren empört über ihre Obrigkeit, die ein zweites Versailles wollte. Heute ist man froh über den repräsentativen Bau mitten im Stadtzentrum, ein properes Ambiente für Stadtflaneure. Populär sind die Freiluftcafés in der warmen Jahreszeit, in denen Sitzende und Plaudernde wahrhaft fürstlich gerahmt sind.

Entworfen wurde der Monumentalbau vom Italiener Leopold Retti 1746, vollendet hat ihn Nikolaus von Thouret 1807. Stilelemente des Spätbarock, Rokoko, Klassizismus und Empire bilden eine harmonische Einheit.

Der Schlossplatz, vom Königsbau aus gesehen.

Die drei Schlossflügel sind auf den Ehrenhof zugeschnitten, dieser wiederum ist auf den Schlosspark ausgerichtet. Eine Reihe von Statuen schmückt die Balustradenbrüstung des Mittelbaus. Herausragend präsentiert sich der Doppelsäulenportikus mit seinem überschwänglich ornamentierten Dreiecksgiebel.

Als besonders gelungener Bau gilt der zum Eckensee hin gewandte Gartenflügel, den die Landesregierung für Repräsentationszwecke nutzt. Vom Eingang bis zum Ehrenhof blicken Löwe und Hirsch, Württembergs Wappentiere, auf den Schlossplatz. Die Stuttgarter sind längst versöhnt mit ihrem Schloss: Im Zweiten Weltkrieg schwer beschädigt sollte es danach abgerissen werden. Bürgerinitiativen verhinderten das. Nun dient es Verwaltungszwecken.

Der Schlossplatz ist eine Sehenswürdigkeit für sich. Im Zentrum der barocken Gartenanlage steht die Jubiläumssäule aus dem Jahr 1841, gekrönt von der Göttin Concordia. Eingefasst ist der Platz von historischen Bauten. Neben dem Neuen Schloss befinden sich hier der spätklassizistische Königsbau mit Geschäften und Cafés, das 1910 bis 1913 erbaute Kunstgebäude Stuttgart, Sitz des Württembergischen Kunstvereins, und das im Stil der Renaissance gehaltene Alte Schloss mit dem Landesmuseum Württemberg. Den modernen Akzent setzt der Glaskubus des Kunstmuseums.

Info: In Stuttgart-Mitte gelegen. **Info Neues Schloss:** Stuttgart, Schlossplatz 4, Tel. (072 51) 74 27 70, www.neues-schloss-stuttgart.de, nur im Rahmen von Sonderführungen zugänglich.

Mit Vollgas in die Vergangenheit

PORSCHE MUSEUM

Stuttgart, Baden-Württemberg

Natürlich kommt es nicht von ungefähr, dass sich die Porsche AG bei der Wahl ihrer Telefonnummer für die 911 entschieden hat. In der Firmengeschichte verkörpert die 911 mehr als eine bloße Zahl. Es ist die Reminiszenz an ein Erfolgsmodell: den berühmten Porsche 911. Die Turbo-Version verfügt über 540 PS und beschleunigt in 3,0 Sekunden auf Tempo 100.

Als im Jahr 1963 der erste Porsche 911 gebaut wurde, sahen diese Werte noch ein wenig anders aus. Damals brachte es der Motor auf vergleichsweise lächerliche 130 PS. Doch es war der Beginn einer Erfolgsgeschichte, die bis heute anhält. Immer wieder wurde der Porsche 911 modernisiert und mit den neuesten technischen Errungenschaften ausgestattet. Der erste Porsche dieses Modells steht heute im firmeneigenen Museum neben einer Reihe anderer historischer Boliden, die eines verdeutlichen: Porsche hat noch nie Luxusautos gebaut, sondern Rennwagen mit Straßenzulassung.

Zu den rollenden Exponaten gehören Serienwagen genauso wie Prototypen. Darüber hinaus werden Filme über die Fahrzeugentwicklung gezeigt. Einen festen Platz in der Ausstellung hat der legendäre Roadster 356 von 1948, der auf der Basis von Volkswagen-Teilen gebaut wurde. Es war der Porsche Nummer eins, der zum ersten Mal den Namen des Firmengründers Ferdinand Porsche trug. Zu sehen sind ebenfalls der Porsche 718 Formel 2 (1960) und der 1200 PS starke Porsche 917/30 Spyder (1973).

Bevor Ferdinand Porsche seine eigene Firma gründete, brachte er seine Erfahrungen im Automobilbau u. a. bei Daimler ein. Ab April 1923 arbeitete er dort als Leiter des Konstruktionsbüros und Vorstandsmitglied der Daimler-Motoren-Gesellschaft. Zu seinen Verdiensten zählte die Entwicklung zweier legendärer Kompressor-Sportwagen. Im Jahr 1931 machte sich Porsche dann selbstständig; der Sitz seiner Firma befand sich in der Stadtmitte, ab 1938 in Zuffenhausen. Der Einstieg in den Rennsport gelang Porsche 1951 mit dem Bau des 356 SL Alu-Coupés. Sein Ziel war es, die Straßenwagen durch die im Rennsport gesammelten Erfahrungen zu verbessern und so zuverlässig wie möglich zu bauen.

Imposant: Den Vorplatz des Porsche Museums ziert eine Skulptur, bestehend aus drei Stelen.

Das firmeneigene Museum wurde 1976 für die Öffentlichkeit zugänglich gemacht, der Neubau 2009 eingeweiht. Die Exponate wechseln zum Teil wöchentlich. Einige der Oldtimer verfügen sogar noch über eine Straßenzulassung.

INFO: In Stuttgart-Zuffenhausen gelegen. **INFO PORSCHE MUSEUM:** Porscheplatz 1, 70435 Stuttgart, Tel. (07 11) 91 12 09 11, www.porsche.com/museum/de, Öffnungszeiten Di–So 9–18 Uhr, Eintritt € 8, ermäßigt € 4, Abendticket ab 17 Uhr jeweils die Hälfte.

Die Lust am Genuss

Restaurant Wielandshöhe

Stuttgart, Baden-Württemberg

Vincent Klink hat seine Grundsätze. »Maultasche muss Maultasche bleiben. Da gehört kein Lachs oder sonstiger Zeitgeist rein«, sagt der Spitzenkoch. Von kulinarischem Schnickschnack hält Klink nicht viel. Seine Gerichte sollen möglichst natürlich aussehen und genauso schmecken. Dafür ist er wiederholt mit dem begehrten Michelin-Stern ausgezeichnet worden.

Das Restaurant »Wielandshöhe« gehört seit Jahren zu den ersten Adressen Stuttgarts, wenn es um hervorragende schwäbische Küche geht. Für viele Köche wäre es eine Ehre, wenn der eigene Betrieb als Gourmettempel bezeichnet wird. Doch Vincent Klink verabscheut diesen Ehrentitel. Zu sehr klingt ihm das nach steriler und unpersönlicher Koch-Werkstatt, wo angesagte Lifestyle-Gerichte kreiert werden. Klink dagegen liebt es rustikaler. »Es macht Spaß, für Lustmenschen zu kochen. In unserem Restaurant geht es manchmal zu wie im Hofbräuhaus«, sagt er. Als Hauptmotiv für seine Berufswahl nennt er gerne dies: den Genuss.

»Restaurant Wielandshöhe – Vincent Klink« in Stuttgart-Degerloch.

Häufig beschreiben Restaurant-Kritiker die in der »Wielandshöhe« angebotenen Speisen als »klassische schwäbische Küche mit mediterranem Einfluss«. Inzwischen beschäftigt Vincent Klink elf Köche und ebenso viel Servicepersonal. Im Schnitt werden jeden Tag 74 Gäste in seinem Restaurant bewirtet. Auf der Speisekarte finden sich je nach Jahreszeit Safranrisotto mit Jakobsmuscheln oder auch Zitrus-marinierte Dorade mit grünem Spargel und Sauce Vinaigrette. Vincent Klink liebt solche Gerichte und schwört auf Naturprodukte. Sein bodenständiges Credo lautet: »Die Natur ist so gut, dass ihre Erzeugnisse nur selten durch den Koch verbessert werden können.«

Bekannt ist Vincent Klink aus den Fernsehsendungen »Kochkunst« und dem »ARD-Buffet«. Bereits im Alter von 25 Jahren machte Klink sich selbstständig und gründete gemeinsam mit seiner Frau Elisabeth ein eigenes Restaurant. Die »Wielandshöhe« gibt es seit 1991. Inzwischen gehört zum Restaurant ein eigener kleiner Verlag, denn zu den Leidenschaften des Chefs zählt neben dem Kochen auch das Schreiben. Nicht umsonst ist der Name seines Restaurants eine Hommage an den schwäbischen Dichter Christoph Martin Wieland (1733–1813).

Info: In Stuttgart-Degerloch gelegen. **Info Restaurant Wielandshöhe – Vincent Klink:** Alte Weinsteige 71, 70597 Stuttgart, Tel. (07 11) 640 88 48, www.wielandshoehe.de, Küchenzeiten Di–So 12–13.30 und 18–20.30 Uhr, Reservierung empfohlen (nur per Telefon), Preise auf Anfrage.

Wegweisend für die architektonische Moderne

Weissenhofsiedlung und Weissenhofmuseum

Stuttgart, Baden-Württemberg

Dies ist eine Pilgerstätte. Architekturstudenten und Anhänger des künstlerischen Bauens kommen aus aller Welt wegen dieser Siedlung in die Schwabenmetropole. Sie ist Tag und Nacht zu besichtigen und einmalig, weil hier auf engem Raum einige der berühmtesten Architekten bauten, Meister ihres Fachs. Mies van der Rohe, Le Corbusier, Hans Scharoun, Walter Gropius, J. J. P. Oud, Peter Behrens und die Brüder Taut waren beteiligt. Als der Werkbund anlässlich einer Ausstellung im Jahr 1921 die 21 Musterhäuser mit ihren lichten, hygienischen Modellwohnungen präsentierte, war die Überraschung groß.

Konservative Zeitgenossen konnten mit dem avantgardistischen Wohnensemble nichts anfangen, sie beschimpften es wegen seiner weißen Fassaden, kubischen Formen und Flachdächer als »Schwäbisch Marokko«. Unter den Nazis stand zeitweise ein kompletter Abriss zur Debatte, waren doch die meisten Architekten Juden. Heute gilt die Weißenhofsiedlung als wegweisend für die Architektur der europäischen und außereuropäischen Moderne; die UNESCO hat 2016 zwei Häuser der Weißenhofsiedlung in die Liste des Weltkulturerbes aufgenommen.

In anderen Ländern Europas, in Israel und Amerika wurde das Konzept später aufgegriffen. Diese Pioniersiedlung beeinflusste die Entwicklung der Architektur des 20. Jahrhunderts nachhaltig und erscheint bis heute mit ihren Ansprüchen an Ästhetik, Technik und Hygiene als mustergültig.

Elf Häuser blieben erhalten, einige sind durch Gartengrün überwuchert und im Weißenhofmuseum als Holzmodelle besser zu studieren als im Original: das Terrassenhaus von Behrens, das Einfamilienhaus von Scharoun, das Doppelhaus von Le Corbusier mit flexibel nutzbarem Wohnraum, das Mehrfamilienhaus von van der Rohe mit dem ehemaligen Milchladen. Diese Architektur ist zeitlos.

Weißenhofsiedlung am Killesberg in Stuttgart.

Info: In Stuttgart-Killesberg gelegen. Die wichtigsten Häuser stehen in der Rathenaustraße. **Info Weissenhofmuseum im Haus Le Corbusier:** Rathenaustr. 1–3, 70191 Stuttgart, Tel. (07 11) 257 91 87, www.weissenhof.de, Öffnungszeiten Di–Fr 11–18, Sa/So/Fei 10–18 Uhr, Eintritt € 5, ermäßigt € 2, offene Führungen ohne Anmeldung Di–Sa 15, So/Fei auch 11 Uhr, kleine Führung (45 Min.) € 5, ermäßigt € 4, große Führung mit Rundgang durch die Siedlung (90 Min.) € 7,50, ermäßigt € 5, zu anderen Terminen sind Führungen telefonisch zu buchen.

Wo die Magnolien blühen

WILHELMA

Stuttgart, Baden-Württemberg

Loki Schmidt (1919–2010), Ehefrau von Ex-Bundeskanzler Helmut Schmidt (1918–2015), besichtigte 70 botanische Gärten in Deutschland. In ihrem Standardwerk von 1997 steht die Wilhelma unter den Top Ten ganz oben, Loki Schmidt nannte sie »ein einmaliges Gesamtkunstwerk, zusammengesetzt aus Tieren, Pflanzen und dem maurischen Stil nachempfundenen Bauten«. Die Wilhelma ist keiner der großen, aber einer der schönsten zoologisch-botanischen Gärten Europas, mit etwa 10 000 Tieren von der Seidenspinne bis zum Elefanten. Als einziger deutscher Zoo kombiniert er Fauna und Flora. Der historische Teil der Anlage ist der am stärksten besuchte, weil er mit Pavillons und Lauben, Gewächshäusern, Seerosenteich – hier blüht noch die berühmte Victoria regia, die schönste aller Seerosen – und vollendeten Gartenanlagen romantisch wirkt. Der malerischste Ort der Stadt. Könnten Liebespaare, wie sie wollten, würden sie diesen Platz allein für sich beanspruchen.

1829 waren an dieser Stelle Mineralquellen geortet worden. König Wilhelm I. von Württemberg verfügte, dass ein Badhaus entstehen sollte, Architekt Ludwig von Zanth, ein Vertreter des Historismus, ließ es im maurischen Stil errichten. 1918 ging das Grundstück in Staatsbesitz über und wurde für die Öffentlichkeit zugänglich, zuvor hatte sich dort nur die Oberklasse vergnügt.

Am eindrucksvollsten ist der Maurische Garten mit seinem nach schweren Kriegsschäden wiederhergestellten Wandelgang, die höher gelegene, auf einer schmückenden Treppe sich erstreckende Front des Gewächshauses, eine gusseiserne Konstruktion, mit Farnen und tropischen Nutzpflanzen. Dort liegt auch der beliebte große Magnolienhain, der noch alte Sorten besitzt, die anderswo nicht mehr existieren. »Ein märchenhafter Anblick«, befand Loki Schmidt. Das Wasserbecken im Maurischen Garten ist auf 30 Grad erwärmt, so blühen verschiedene tropische Seerosenarten, dazwischen schwimmen Wasserhyazinthen mit blauen Blüten und dicken Blattstielen.

INFO: In Stuttgart-Bad Cannstatt gelegen.
INFO WILHELMA: Wilhelma 13, 70376 Stuttgart-Bad Cannstatt, Tel. (07 11) 54 02-0, www.wilhelma.de, Öffnungszeiten tägl. ab 8.15 Uhr, wechselnde Schließzeiten (vgl. Website), Eintritt € 20, ermäßigt € 8 (6–17 J.), ab 16 Uhr und Nov.–Feb. ganztägig € 15, ermäßigt € 5,50.

Seerosenteich des zoologisch-botanischen Gartens Wilhelma.

Im Kahn zu Hölderlin

TÜBINGEN

Tübingen, Baden-Württemberg

Die meisten Fotos von Tübingen entstehen am Fluss. Der Neckar fließt an einer alten Häuserreihe, der Neckarfront, vorbei, der ein kleines, gelbes Türmchen mit Trauerweide vorgelagert ist. Hier im Hölderlinturm, in Tübingens Wahrzeichen, hielt sich der kranke Schriftsteller 36 Jahre lang auf. Das Museum im Turm erinnert an sein Leben und Wirken.

Stocherkahnfahrt entlang der Tübinger Neckarfront.

Die romantische Kulisse der Neckarfront kann man am besten während einer Stocherkahnfahrt bewundern. Einmal um die Neckarinsel und zurück heißt es, wenn einer der Kähne, von langen Stangen angeschoben, Fahrgäste über den Fluss schippert. Seit 1956 findet jedes Jahr zu Fronleichnam das beliebte Tübinger Stocherkahnrennen statt, bei dem studentische Teams gegeneinander antreten. Gemütlich geht es dagegen bei einer Touristenfahrt zu: Man lehnt sich zurück, unterhält sich oder genießt die Ruhe.

Anschließend ins pulsierende Leben zurückzukehren ist kein Problem. Wer vom Neckar zur Altstadt aufsteigt, erkennt alte Fachwerkhäuser und Kopfsteinpflaster, belebt durch auffällig junge Einwohner. Kein Wunder, die Studenten der Tübinger Universität, die bereits 1477 gegründet wurde und damit zu den ältesten Europas zählt, stellen immerhin fast ein Drittel der rund 90 000 Einwohner. Dementsprechend ist Tübingen die Stadt mit der im Durchschnitt jüngsten Population im Land – und glänzt dabei mit einer der am besten erhaltenen Altstädte. Quirlig geht es zu in den verwinkelten Gassen und Straßen, aber auch gemütlich, etwa in den vielen Cafés.

Die Mitte der Altstadt bildet der Marktplatz mit dem alten Renaissancerathaus, etwas erhöht liegt das sehenswerte Schloss Hohentübingen. Alles angenehm unprätentiös, schwäbisch aufgeräumt und irgendwie einer anderen Welt zugehörig. Wohlfühlen fällt inmitten der schnuckligen Altstadthäuser leicht, die rund zweieinhalb Millionen Besucher jedes Jahr bezeugen das.

Die magnetische Wirkung der Stadt hat auch noch eine andere Ursache: die zum Teil spektakulären Ausstellungen der Tübinger Kunsthalle, die unter der mehr als 30-jährigen Leitung (1971–2005) von Götz Adriani Rekordbesucherzahlen hervorbrachte. Ausstellungen mit Werken von u. a. Cézanne, Degas, Picasso und Kandinsky bleiben unvergessen.

INFO: Tübingen liegt ca. 20 km südlich von Stuttgart. **INFO TÜBINGEN:** Bürger- und Verkehrsverein, An der Neckarbrücke 1, 72072 Tübingen, Tel. (070 71) 913 60, www.tuebingen-info.de. **INFO KUNSTHALLE TÜBINGEN:** Philosophenweg 76, 72076 Tübingen, Tel. (070 71) 969 10, www.kunsthalle-tuebingen.de, Öffnungszeiten Di–So 11–18 , Do bis 19 Uhr, Eintritt € 7, ermäßigt € 5. **REISEZEIT:** An Fronleichnam zum Stocherkahnrennen.

Die »Liebliche Mutter« und das Federvieh

Wallfahrtskirche St. Maria von Birnau

Uhldingen-Mühlhofen, Baden-Württemberg

Alles schön bunt hier, Rokoko in verschwenderischer Fülle, fast erdrückend. Wie haben das nur die Ziegen und das Federvieh ertragen, die 111 Jahre in der Wallfahrtskirche St. Maria eingesperrt waren, zusammen mit dem Gnadenbild der »Lieblichen Mutter von Birnau«? 1803 kam es zur Aufhebung des Klosters Salem, zu dem diese Kirche gehörte. Die Beichtstühle wurden meistbietend verkauft, die Orgel und Bilder verscherbelt. Danach wurde sie als Lagerhalle benutzt, bis Prinz Max von Baden sich 1919 erbarmte und das Gotteshaus den Zisterziensern vom Kloster Mehrau bei Bregenz schenkte. Heute gilt es als die schönste Barockkirche am Bodensee, rosa schimmernd am sonnigen Südhang des Nordufers des Überlinger Sees. Eine halbe Million Besucher kommen pro Jahr, um vor dem Gnadenbild Andacht zu halten, aber auch, um die zehn Uhren zu sehen, von denen die Monduhr die faszinierendste ist, und den »Honigschlecker«, einen kleinen, stark übergewichtigen Barockengel am Altar. Hochzeiter geben sich dort gern das Ja-Wort.

Am Nordufer des Bodensees: die Wallfahrtskirche Birnau.

Die Kirche stand einst vier Kilometer weiter bei Nussdorf, und das über 600 Jahre. 1746 hatte der Abt des Klosters Krach mit der Stadt Überlingen. Um den Konflikt zu entschärfen, machte er kurzen Prozess und beauftragte den Architekten Peter von Thumb mit einem Neubau. Der konnte bereits 1750 eingeweiht werden. Die überprallen Ausschmückungen stammen vom Bodensee-Stuckateur und Altarbauer Josef Anton Feuchtmayer. Der Grundriss der Kirche gleicht einem T, die Turmhaube ist grün-kupfern und glänzt in der Sonne. Ein Ambiente, das viele ins Herz schließen und wiederkommen. Sie sind dem wackeren Gottesmann, der sich für den Neubau entschied, dankbar.

Info: Die Wallfahrtskirche Birnau liegt 8 km von Überlingen entfernt am Bodensee. **Info Klosterkirche Birnau:** Birnau-Maurach 5, 88690 Uhldingen-Mühlhofen, Tel. (075 56) 920 30, www.birnau.de, Öffnungszeiten tägl. 7.30–19, im Winter bis 17 Uhr. Im Sommer gibt es die Konzertreihe »Geistliche Musik Birnau«, www.birnauer-kantorei.de. **Info Uhldingen-Mühlhofen:** Tourist Information, Ehbachstr. 1, 88690 Uhldingen-Mühlhofen, Tel. (075 56) 921 60, www.uhldingen-muehlhofen.de.

Der höchste Kirchturm der Welt

Ulmer Münster

Ulm, Baden-Württemberg

Der schweizerisch-französische Baumeister Le Corbusier war nahe daran, niederzuknien. Er hatte so viel gebaut, Mut zur Monumentalität gezeigt. Doch vor dem Anblick des Ulmer Münsters erstarrte er. Unglaublich, wie passgenau gottesfürchtige Menschen die Steine dieses Gotteshauses übereinander gestapelt hatten, und in welche Höhe! 161 Meter misst der Kirchturm, höher als jeder andere in der Welt. Auch die beiden Chortürme gehören mit je 86 Metern zu den höchsten. Was wollten die Erbauer damit ausdrücken? Wollten sie sich zu Gott emporbauen? Ihm ganz nahe sein?

Mit Gottvertrauen ist dieses Gotteshaus errichtet worden, in einer Zeit, in der es noch keine sicheren Bautechniken gab. 1377 begannen die Ulmer mit dem Bau ihres Münsters. Anderthalb Jahrhunderte, bis 1529, brauchten sie für das Werk und noch einmal – zwischen 1844 und 1890 – wurde Hand angelegt. Mehrere Generationen bauten an der größten gotischen Kirche in Deutschland nach dem Kölner Dom. Ungeheuerlich, was sie an Zeit, Kraft, Geld, Sorgfalt, Hoffnung investierten. Rund 10 000 Bewohner der alten Reichsstadt am linken Ufer der Donau schufen ein über alle Zeiten hinweg stadtbildbeherrschendes Monument.

Was auch immer seither in Ulm gebaut worden ist, alles steht im Schatten dieses kollektiven Meisterwerks, geschaffen in einem Zeitraum von mehr als fünf Jahrhunderten. Tausende von Miterbauern starben, gaben aber die Verpflichtung zur Vollendung an ihre Nachfahren weiter.

Die ursprünglich katholische Kirche wurde ab 1530 – nach einer Art Volksabstimmung – evangelisch. Heute gilt sie als größte protestantische Kirche auf der Erde. Sie ist 123,50 Meter lang, knapp 49 Meter breit, das Mittelschiff ist 41,60 Meter hoch. 190 000 Kubikmeter umbauter Raum, bei entsprechender Bestuhlung finden bis zu 4500 Menschen Platz. Im Mittelalter drängten sich hier zum Gottesdienst 20 000 Menschen, Stehen war üblich. Sie betrachteten die biblischen Szenen in der Fassadendekoration der Portale und im bunten Glas der Chorfenster. Sie hörten die 13 Glocken, davon drei, die mit Hämmern zum Läuten gebracht wurden. Sie sprachen ihre Gebete, meditierten in der Stille des Chorraums.

Der höchste Kirchturm der Welt: der Turm des Ulmer Münsters.

Info Ulm: Tourist Information, Münsterplatz 50, 89073 Ulm, Tel. (07 31) 161 28 30, www.tourismus.ulm.de. **Info Ulmer Münster:** Münsterplatz 1, 89073 Ulm, Tel. (07 31) 379 94 50, www.ulmer-muenster.de, Öffnungszeiten tägl. April–Sept. 9–19 (Turm Mo–Fr 9–18, Sa/So 10–18), Okt.–März 10–17 (Turm bis 16) Uhr, Eintritt Turm € 5, ermäßigt € 3,50, bis 6 J. frei.

Bronzezeit am Bodensee

PFAHLBAUMUSEUM UNTERUHLDINGEN

Unteruhldingen, Baden-Württemberg

Die Pfahlbauten von Unteruhldingen werden gern als »die Pyramiden Deutschlands« bezeichnet: Immerhin gehören die Holzbauten am Bodensee ebenso wie die Bauwerke am Nil zum Welterbe der UNESCO, und auch sie verweisen auf eine Epoche der Menschheitsgeschichte, die Jahrtausende zurückliegt.

Bereits vor 6000 Jahren siedelten sich Menschen in Mitteleuropa am Rande großer Seen an und bauten sich in der Uferregion Häuser, die sie zum Schutz vor Hochwasser auf Stelzen setzten. Der Standort hatte entscheidende Vorteile – zum einen ließ sich der Fischfang bequemer bewerkstelligen, zum anderen erleichterte er Handel und Kommunikation. Kamen Menschen aus entfernten Gegenden mit ihren Booten vorbei, so brachten sie oft Wissen und Waren mit, nützliche Werkzeuge z. B., die man gegen die eigenen Erzeugnisse tauschen konnte. Der Vergleich mit den Pyramiden hinkt allerdings: Während die Grabanlagen aus dem alten Ägypten bis heute überdauern, hielten die Pfahlbauten kaum 15 Jahre. Stürme und Nässe setzten ihnen zu; jede Generation musste sich wieder neue Behausungen aus Holz, Rinde, Zweigen und Schilf erschaffen.

Bald nachdem die wassernahen Dörfer aufgegeben wurden, weil ihren Bewohnern vor rund 2900 Jahren das Leben anderswo bequemer und sicherer erschien, versanken die Häuser im schlammigen Grund. In Unteruhldingen haben Heimatforscher in den 1920er Jahren mit Ausgrabungsarbeiten begonnen und die ersten Pfahlbauten rekonstruiert. Inzwischen stehen 23 Kopien von stein- und bronzezeitlichen Stelzenhütten am Ufer des Bodensees und geben Besuchern faszinierende Einblicke in die Gesellschaft und den Alltag dieser Menschheitsepoche. Vor wenigen Jahren wurde das archäologische Freilichtmuseum um eine Multimediaausstellung mit 360-Grad-Kinosaal erweitert. Sie nimmt Besucher mit in die Tiefe, in der die Experten auf die Jagd nach Steinzeitfunden gehen. An bestimmten Tagen gibt es spezielle Programme für Familien.

Pfahlbauten in Unteruhldingen am Überlinger See.

Im Umfeld des Museums wurde der Zeitweg von rund zwei Kilometern Länge eingerichtet. An über 20 Stationen können die Besucher 10 000 Jahre Landschafts- und Kulturgeschichte studieren. Die Besichtigung erfolgt ohne Führung und ist vor oder nach dem Museumsbesuch sehr empfehlenswert.

INFO: Uhldingen-Mühlhofen liegt am Bodensee, 3 km westlich von Meersburg. **INFO PFAHLBAUTEN:** Strandpromenade 6, 88690 Uhldingen-Mühlhofen, Tel. (075 56) 92 89 00, www.pfahlbauten.de, Öffnungszeiten April–Sept. tägl. 9–18.30, Mitte März–31. März und Okt.–1. Nov.-Woche tägl. 9–17, 1. März–Mitte März und 2. Nov.-Woche–30. Nov. Sa/So 9–17 Uhr, 2. Nov.-Woche–Mitte März öffentliche Führung Di–Do 14 Uhr (aktuelle Zeiten online prüfen), Eintritt € 10, Kinder € 6.

Außen kantig, innen stilvoll

VITRA DESIGN MUSEUM

Weil am Rhein, Baden-Württemberg

Besucher verharren regelmäßig vor dem Museum und mustern fasziniert und ungläubig die Fassade. Was ist das? Das Gebäude wirkt so wackelig wie ein Kartenhaus, ganze Zimmer scheinen bedrohlich in der Luft zu hängen. Dekonstruktivismus nennt sich dieser extravagante Baustil.

Das Vitra Design Museum ist 1989 nach einem Entwurf des amerikanischen Architekten Frank O. Gehry entstanden. Bei der Wahl des Baumaterials beschränkte er sich auf weißen Putz und Titanzink. Natürlich ist das Museum mehr als nur ein Gebäude, es ist eine Skulptur. Die Bilder des Hauses gingen bei seiner Eröffnung um die Welt. Seine Architektur soll in Einklang stehen mit den Obstbäumen, die auf der Wiese rings um das Museum wachsen. Ein Einfall, der von blühender Fantasie zeugt.

Das spektakuläre Gebäude bietet den passenden Rahmen für eines der weltweit führenden Designmuseen. Wechselnde Ausstellungen und Veranstaltungen vermitteln einen spannenden Einblick in Geschichte und Gegenwart von Design, der Schwerpunkt liegt dabei vor allem auf Möbeln und Leuchten, auch kleinere Gebrauchsgegenstände wie Besteck sowie elektronische Geräte gehören zur Sammlung. Auch Architektur und Raum- sowie Landschaftsgestaltung nehmen die Präsentationen in den Blick. Auf dem Museumsgelände steht der Vitra Rutschturm, ein von Carsten Höller entworfenes Erlebniskunstwerk. Hier kann man schauen – von der Aussichtterrasse – und rutschen – auf der mit Ampel regulierten Röhrenrutschbahn. Seit 2016 bietet das Vitra-Schaudepot von Herzog & de Meuron auf dem Vitra-Campus unter anderem Platz für die Dauerausstellung.

Vitra Design Museum von Frank O. Gehry in Weil am Rhein.

Gegründet wurde das Museum von Rolf Fehlbaum und seiner Firma Vitra, die ihren Hauptsitz in der Schweiz und in 14 Ländern Niederlassungen hat. Sie produziert Möbel nach den Entwürfen solch namhafter Designer und Architekten wie Jean Prouvé, George Nelson sowie Charles und Ray Eames. Das Museum in Weil am Rhein ist eine von Vitra unabhängige Institution, die ihren Etat durch Ausstellungen sichert. Die Museumsleitung hat es sich zum Ziel gesetzt, maßgeblich zur Erforschung und Popularisierung von Design beizutragen. Die Wanderausstellungen des Hauses sind inzwischen weltweit in Museen zu sehen.

INFO: Weil am Rhein liegt etwa 70 km südwestlich von Freiburg i. Br. **INFO VITRA DESIGN MUSEUM:** Charles-Eames-Str. 1, 79576 Weil am Rhein, Tel. (076 21) 702 32 00, www.design-museum.de, Öffnungszeiten tägl. 10–18 Uhr, Architekturführung tägl. 11 und 13.30 Uhr (€ 14, ermäßigt € 10), Eintritt € 11, ermäßigt € 9, mit Schaudepot € 17, ermäßigt € 15, unter 12 J. frei.

Barockkirche von enormen Ausmaßen

Basilika St. Martin

Weingarten, Baden-Württemberg

Rom war das Vorbild, der Petersdom der Maßstab. Die Erbauer der Basilika St. Martin auf dem Martinsberg in Weingarten, weit über dem Tal des Flusses Schussen, der in den Bodensee mündet, wollten hoch hinauf. Sie errichteten ein Gotteshaus von 106 Metern Länge bei einer Kuppelhöhe von 66 Metern. Ob es tatsächlich der größte Kirchenbau im Stil des Barock nördlich der Alpen ist, ist nicht abschließend geklärt, doch fest steht, dass die Basilika etwa halb so groß ist wie der Petersdom. Papst Pius XII. erhob die Kirche 1956 zur Basilica minor.

Die eindrucksvolle Prozession des Weingartener »Blutritts« (1865).

Die Baugeschichte verlief unter ständigen Querelen und mit zahlreichen Problemen. 1715 brach man die alte Kirche auf dem Martinsberg ab, in ihren Ursprüngen ging diese dreischiffige Säulenbasilika auf das Jahr 1124 zurück, wurde aber in den darauffolgenden Jahrhunderten mehrfach verändert und erweitert. Die Pläne für den Neubau stammen vom Füssener Baumeister Johann Jakob Herkommer und dem Vorarlberger Franz Beer von Bleichten. Bereits im Jahr 1717 konnten die Gewölbe eingezogen werden, nun sollte die Innenausstattung beginnen. Aber plötzlich fehlte es an Finanzmitteln, die vorderösterreichische Landvogtei führte einen Prozess gegen das Kloster, das an sein Territorium angrenzte, und die Künstler konkurrierten heftig miteinander.

Trotzdem konnte die Abteikirche, die zwei große dreiflügelige Trakte um weite Innenhöfe einfassen, 1724 geweiht werden. Sie entspricht dem Typ des Vorarlberger Wandpfeilerschemas, mit durchbrochenen Pfeilern, segelartigen Emporen und hohen Durchgängen in beiden Geschossen. Die barocke Deckenmalerei von Cosmas Damian Asam stellt kirchen- und kunstgeschichtlich einen Fortschritt dar: Statt eng begrenzter Bildfelder wurde das gesamte Gewölbe zur illusionistischen Raumerweiterung genutzt. Die zentrale Kuppel zeigt eine Himmelsvision mit Hunderten von Heiligen, die im Lobkreis um die Dreieinigkeit ziehen. Zwischen den Feldern mit den vier Evangelisten thront in der Blickachse als Allegorie der Mutter Kirche eine weibliche Papstfigur, umgeben von den Symbolfiguren Glaube, Liebe und Hoffnung.

Traditionell findet am Freitag nach Christi Himmelfahrt in Weingarten der »Blutritt« statt. Bei einer Reiterprozession wird die in der Abteikirche beheimatete Heilig-Blut-Reliquie durch die Stadt und das Umland getragen. Zahlreiche Musikkapellen begleiten das Geschehen.

Info: Weingarten liegt 25 km von Friedrichshafen und 80 km von Ulm entfernt. **Info St. Martin:** Kirchplatz, 88250 Weingarten, Tel. (07 51) 56 12 70 (Pfarramt), www.st-martin-weingarten.de, Öffnungszeiten tägl. 8–19, Nov.–März nur bis 17 Uhr.

Reservat für gefiederte Durchreisende

Natur- und Vogelschutz im Wollmatinger Ried

Wollmatinger Ried, Baden-Württemberg

Wie klingt es eigentlich, wenn der Drosselrohrsänger während der Balz ein Weibchen anflötet? Im Wollmatinger Ried, der letzten großen ökologischen Reserve des Bodenseegebiets, kann man ihn noch hören, wenn man Glück hat. Sehen wird man auf jeden Fall die seltenen Federtiere Kolbenente, Bekassine, Zwergdommel, Prachttaucher und Meeresente. Und vielleicht auch den Steinadler, der aus den Alpen ins Ried geflogen kommt, um hier in Ruhe zu brüten. Doch manchmal kreist der gewaltige Vogel mit seinen breiten Schwingen auch ruhig über dem Ried.

Der Bodensee gehört zu den artenreichsten Gebieten Europas. Geschützt vom Nordrand der Alpen und begünstigt vom milden Seeklima leben in dieser Natur weit mehr als 350 Vogelarten. Hier wachsen mediterrane Pflanzen, darunter mehrere Orchideenarten und der Enzian. Etwa 100 000 Zugvögel halten auf ihrer Reise vom Norden in den Süden und umgekehrt Rast im Wollmatinger Ried, einer 767 Hektar großen Flachwasserzone mit riesigen Schilfwäldern, nährstoffreichen Feuchtwiesen und einem für Menschen unzugänglichen Sumpfgelände.

So hat der Bodenseeraum vor Tausenden von Jahren ausgesehen, bevor die Kultivierung an seinen Ufern einsetzte. Das Ried, nahe der Zufahrtsstraße zur Reichenau, das westlich an das Konstanzer Industriegebiet anschließt, kann nur im Rahmen einer Führung betreten werden. Der Oktober ist die beste Zeit zur Vogelbeobachtung, man sollte Fernglas, Gummistiefel und Mückenschutz nicht vergessen. Sonst muss man bei den vielen Kleinvögeln, die im Schilfgürtel ihre Heimat haben, wirklich viel Glück haben, um sie zu sehen. Wer will, der kann ehrenamtlich bei den vielen Aufgaben helfen, etwa beim Riedpflegeeinsatz oder den Bestandserhebungen.

Info: Das Wollmatinger Ried liegt ca. 5 km von Konstanz entfernt. **Info NABU Bodenseezentrum:** Am Wollmatinger Ried 20, 78479 Reichenau, Tel. (075 31) 921 66 40, www.nabu-bodenseezentrum.de, Öffnungszeiten Mo–Fr 9–12 und 14–17, April–Sept. auch Sa/So/Fei 13–15.30 Uhr, Große Riedführung (3 Std.) 1. und 3. So im Monat 8.30, April–Sept. auch Sa, Mi 16 Uhr, Teilnahme € 8, Kinder € 5. **Reisezeit:** April–Sept.

Morgenstimmung im Wollmatinger Ried.

Golfen, Speisen, Wellness

Wald- & Schlosshotel Friedrichsruhe

Zweiflingen, Baden-Württemberg

Es kann keiner behaupten, dass es den absolutistischen Fürsten schlecht ging. Ein Schloss inmitten eines großes Parks, herrschaftliche Räumlichkeiten und ein Heer von Bediensteten musste es schon sein. Schön, dass heute im »Wald- und Schlosshotel Friedrichsruhe« jeder wie ein Fürst leben kann – zumindest zeitweise.

Wald- & Schlosshotel Friedrichsruhe in Zweiflingen.

Zu Beginn des 18. Jahrhunderts ließ Graf Friedrich II., Fürst zu Hohenlohe, ein Schloss für sich und seine Jagdgesellschaften errichten. Seit 1953 kann jeder das fürstliche Wohn- und Lebensvergnügen erleben, denn das Schloss wurde in ein Fünf-Sterne-Hotel umgewandelt, in dem sich nicht nur stilvoll residieren, sondern auch speisen lässt.

Das ländliche Ambiente ist klein und exquisit. Insgesamt 66 Zimmer und Suiten stehen den Gästen zur Verfügung, kein Raum gleicht dem anderen. Jeder ist individuell mit Antiquitäten und kostbaren Bildern ausgestattet und genügt dabei hohen Ansprüchen an Komfort und Eleganz. Nicht nur im Haupthaus kann man nächtigen, auch die Nebengebäude wie Spa-, Tor- oder Gartenhaus sind mit edlen Suiten ausgestattet. Die Gemeinschaftsräume, wie das Kaminzimmer und der Frühstücksraum, sind überwiegend im englischen Landhausstil gehalten.

Die Küche steht in ihrer Klasse dem Hotel in nichts nach, sie überzeugt ebenfalls durch Exklusivität und Geschmack. Neben dem Gourmetrestaurant gibt es noch die Jägerstube, wo regionale Spezialitäten auf der Karte stehen.

Nur 100 Meter vom Schloss entfernt können die so genussvoll geschlemmten Kalorien auf dem 18-Loch-Golfplatz des Golfclubs Heilbronn-Hohenlohe abtrainiert werden. Nicht nur Könner, sondern auch Anfänger sind herzlich willkommen, denn neben Schnupperkursen bietet der Golfclub auch Kurse zur Erlangung der Platzreife an. Fitnessangebote mit persönlichem Coach, Tennisstunden und das einladende Beauty-Programm der Schönheitsfarm runden das Angebot ab. Wer nur einfach die Ruhe genießen und die Seele baumeln lassen möchte, der kann dies bei einem ausgedehnten Spaziergang durch den Schlosspark tun und fühlt sich dann fast wie Gott in Frankreich.

Info: Zweiflingen liegt ca. 75 km nordöstlich von Stuttgart. **Info Wald- & Schlosshotel Friedrichsruhe:** Kärcherstr. 11, 74639 Zweiflingen-Friedrichsruhe, Tel. (079 41) 608 70, www.schlosshotel-friedrichsruhe.de, Preise auf Anfrage.

THÜRINGEN
SACHSEN
TSCHECHISCHE
REPUBLIK
Fulda
Suhl
Plauen
Chomutov (Komotau)
Eger
Mariánské Lázně (Marienbad)
Pilsen
Bad Neustadt
Coburg
Hof
Kulmbach
Wirsberg
Schweinfurt
Bad Staffelstein
Aschaffenburg
Spessart
Bocksbeutelstr.
Main
Fichtelgebirge
Marktredwitz
Bamberg
Bayreuth
Würzburg
Pommersfelden
Kitzingen
Weiden
Aisch
Erlangen
Hirschau
Wernberg-Köblitz
Taubertal
Bad Mergentheim
Fürth
NÜRNBERG
Schwandorf
Ansbach
Roth
Main-Donau-Kanal
Furth i. W.
Regen
Heilbronn
Schwäbisch Hall
Dinkelsbühl
Altmühltal
Altmühl
Brombachsee
Regensburg
Donaustauf
Zwiesel
Nationalpark Bayerischer Wald
Ludwigsburg
STUTTGART
Aalen
Nördlingen
Solnhofen
Kelheim
Deggendorf
BAYERN
Ingolstadt
Donau
Ilz
Passau
Nürtingen
Romantische Str.
Lech
Dingolfing
Hallertau
Landshut
Günzburg
Ulm
Neu-Ulm
Freising
Inn
BADEN-
WÜRTTEMBERG
Augsburg
Erding
Dachau
Oberschleißheim
Braunau
Fürstenfeldbruck
Burghausen
Landsberg
MÜNCHEN
Wasserburg
Salzach
Bad Wörishofen
Memmingen
Fünf-Seen-Land
Andechs
Isar
Wessobrunn
Bernried
Benediktbeuern
Rosenheim
Chiemsee
Kaufbeuren
Hohenpeißenberg
Weilheim
Tegernsee
Ravensburg
Bodensee
Bad Tölz
Schliersee
Salzburg
Steingaden
Murnau
Kochel
Kochelsee
Wendelstein 1838
Rupertiwinkel
Bad Ischl
Füssen
Ettal
Walchensee
Nationalpark Berchtesgaden
Lindau
Breitachklamm
Kitzbühel
St. Gallen
Dornbirn
Innsbruck
SCHWEIZ
ÖSTERREICH
Ausschnittsvergrößerung siehe unten
0
50 km

Steingaden
Bad Bayersoien
Benediktbeuern
Lengenwang
Murnau
Staffelsee
Großweil
Saulgrub
Kochel
Rückholz
Roßhaupten
Bad Kohlgrub
Schlehdorf
Seeg
Forggensee
Kochelsee
OBER-
Trauchgau
95
Ohlstadt
Buching
Halblech
Hopferau
Hopfen
Unterammergau
Oberammergau
Eschenlohe
Jachenau
Walchensee
Sylvensteinsee
Füssen
Linderhof
Pfronten
Schwangau
Ettal
Vorderriß
Neuschwanstein
Hohenschwangau
Oberau
Fall
Walchensee
Schloss Neuschwanstein
Schloss Hohenschwangau
BAYERN
Deutsche Alpenstr.
Farchant
Wallgau
Tannheim
Grän
Reutte
Krün
Nesselwängle
Garmisch-Partenkirchen
Hinterriß
Plansee
Grainau
ÖSTERREICH
Eibsee
Mittenwald

BAYERN

Wandern auf den Spuren von Kelten und Römern

Altmühltal

Altmühltal, Bayern

Im Altmühltal steht die Zeit still. Wasser windet sich um bizarre Felsformationen und sonnige Almhänge. Mächtige Naturkräfte waren hier am Werk, um aus den Lagunen des Jurameeres über die Jahrtausende hinweg eine einzigartige Fossilienlandschaft entstehen zu lassen. Heute ist das Altmühltal Deutschlands drittgrößter Naturpark. Malerisch erstreckt es sich von Mittelfranken bis Niederbayern und ist ein idealer Urlaubsort. Wanderern bieten sich schier unendliche Möglichkeiten, auf kürzeren Wegen oder auf Tagestouren die Schönheit der Region zu entdecken. Per Rad geht es beispielsweise auf dem beliebten Altmühlradweg am Fluss entlang quer durch den Naturpark von Gunzenhausen bis nach Kelheim. Zwischen Dietfurt und Kelheim – dort fließt die Altmühl in die Donau – lässt sich das Tal auf einem Panoramaschiff bestens erkunden. Mit dem Auto führt die deutsche Ferienstraße Alpen–Ostsee zwischen Treuchtlingen und Eichstätt an den Kehren der Altmühl entlang.

In diesem Teil ist der natürliche Lauf des Flusses noch erhalten, während der Charakter des Unterlaufs durch den Bau des umstrittenen Rhein-Main-Donau-Kanals stark verändert wurde. Beeindruckende Naturschauspiele wie der Donaudurchbruch bei Weltenburg oder die Felsgruppierung der Zwölf Apostel bei Esslingen lassen die Herzen höher schlagen. Im Altmühltal kann man hervorragend auf den Spuren von Steinzeitmenschen, Kelten, Römern und Germanen wandeln. Der Limes, ehemaliger Grenzwall des Römischen Reiches und seit 2005 Welterbe der UNESCO, führt mitten durch den Naturpark Altmühltal, spektakuläre Ausgrabungen sind beispielsweise im Römermuseum in Weißenburg zu bestaunen. Aus den Kalkfelsen bei Solnhofen stammen viele Fossilienfunde, die im Juramuseum in Eichstätt oder im Gunzenhausener Fossilien- und Steindruckmuseum gezeigt werden.

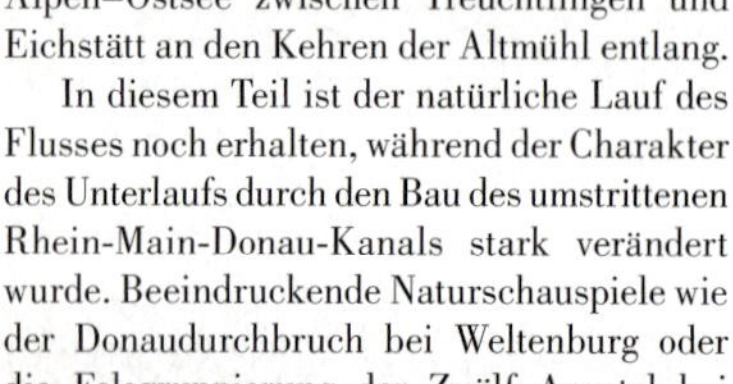

Felsformation der Zwölf Apostel im Tal der Altmühl.

Mehr als 50 Lehrpfade führen durch das Altmühltal – aufgeteilt nach unterschiedlichen Themen von der Geologie bis zur keltischen und römischen Geschichte. Es gibt auch eine Reihe von prächtigen Schlössern, hochherrschaftlichen Burgen und herrlichen Kirchen wie Schloss Hirschberg oder die Wehrkirche von Greding, die sehenswert sind. Neben Rad- und Wanderwegen bilden Kletterfelsen, Hochseilgärten und Tropfsteinhöhlen familientaugliche Ausflugsziele.

Info: Der Hauptort des Altmühltals, Eichstätt, liegt ca. 80 km südlich von Nürnberg. **Info Naturpark Altmühltal:** Informationszentrum Naturpark Altmühltal, Kardinal-Preysing-Platz 14 (Notre Dame 1), 85072 Eichstätt, Tel. (084 21) 987 60, www.naturpark-altmuehltal.de, Öffnungszeiten Mitte April–Okt. Mo–Fr 9–17/18, Sa/So/Fei 10–17/18 Uhr, sonst Mo–Do 9–12 und 14–16, Fr 9–12 Uhr.

Der älteste Wallfahrtsort Bayerns

Die Gnadenkapelle

Altötting, Bayern

Der Dreißigjährige Krieg war ein furchtbares Gemetzel. Eine wildgewordene Soldateska, Söldner ohne moralische oder religiöse Verwurzelung, nur dem Töten ergeben, näherte sich in martialisch aufgerüsteten Horden dem Herzen des katholischen Bayern, Altötting. Bayerns großer Kurfürst Maximilian I. ahnte, was auf die Bevölkerung zukam, auf Frauen, Männer und Kinder, rechtschaffene kleine Leute, arbeitsam, gottesfürchtig. Er nahm ein Messer und ritzte sich die Haut auf. Nicht mit Tinte, sondern mit seinem eigenen Blut schrieb Maximilian I. einen Weihebrief und stellte damit sein Volk unter den Schutz der Muttergottes von Altötting, einem Gnadenbild, zu dem man schon seit dem Ende des 15. Jahrhunderts wallfahrt. Zwischen Christi Himmelfahrt und Pfingsten gibt es die stärksten Pilgerströme.

Mehr als eine Million Menschen kommen jedes Jahr nach Altötting, Zehntausende davon gehen zu Fuß in die Stadt ganz im Osten Oberbayerns, auf einer Anhöhe südlich des Inns gelegen. Auch Kurfürst Maximilian I. kam mehrfach zu Fuß in die Stadt, demütig den Blick gesenkt. Pilgerziel der Menschen ist die Gnadenkapelle, weil sie Krankheiten oder Sorgen plagen. Vor »Unserer Lieben Frau von Altötting« gehen sie auf die Knie. Mehr als 2000 Votivtafeln im Umgang zeugen vom Dank für erwiesene Hilfe, die Spender sind über die ganze Welt verstreut. Zur Lichterprozession vereinen sich die Generationen mit Kerzen in den Händen. Verehrt wird auch Bruder Konrad von Parzham, ein bayerischer Heiliger.

Die Gnadenkapelle, ein achtseitiges Baptisterium, steht auf dem Kapellplatz, einem der schönsten deutschen Stadtplätze. Schon im 8. Jahrhundert gab es den Bau, 1494 wurde ein Langhaus angefügt. Der Gnadenaltar mit seinem Silberschmuck stammt aus dem Jahr 1670. Die aus Lindenholz geschnitzte Figur der Madonna (um 1300) ist rußgeschwärzt vom Kerzenlicht. Ihre mystische Faszination erfasst auch Nichtkatholiken.

Info: Altötting liegt 100 km von München entfernt. **Info Altötting:** Wallfahrts- und Verkehrsbüro, Kapellplatz 2 A, 84503 Altötting, Tel. (086 71) 50 62 54, www.altoetting.de. **Reisezeit:** Zwischen Christi Himmelfahrt und Pfingsten.

Gnadenbild der Schwarzen Madonna in Altötting.

Der Name ist Programm

BENEDIKTINERABTEI AMORBACH

Amorbach, Bayern

Mitten im bayerischen Odenwald liegt das romantische Städtchen Amorbach. Dort zieht das ehemalige Benediktinerkloster viele Liebespaare an, die sich – nomen est omen – in der Abteikirche trauen lassen. Dabei ist Amorbach gar keine Anspielung auf den Gott der Liebe, sondern bezieht sich auf den Abt Amor, der die Abtei 734 gründete und dem Ort damit seinen Namen verlieh. Kernstück der Klosteranlage ist die barocke Abteikirche, die Mitte des 18. Jahrhunderts an der Stelle der romanischen Gründungskirche unter der Bauleitung des Mainzer Hofarchitekten Maximilian von Welsch errichtet wurde. 1803 verließen die Mönche das Kloster und die Abtei ging in den Besitz der Fürsten von Leiningen über. Nach umfangreichen Restaurierungsarbeiten wurde die Kirche im Juli 2015 wieder ihrer Bestimmung übergeben.

Die Kirche der Benediktinerabtei in der Barockstadt Amorbach.

Die Abteikirche zählt zu den schönsten Sakralbauten des Rokoko. Lebhafte Formen und Farben, reiche Stuckverzierungen, prachtvolle Fresken – die Gestaltung des Innenraums ist ein wahres Kunstwerk. Die im späten 18. Jahrhundert gebaute Amorbacher Barockorgel, genannt Stummorgel nach dem bekannten Orgelbauer Johan Michael Stumm (1683–1747), ist weit über die Stadtgrenzen Amorbachs bekannt und lockt regelmäßig viele Musikbegeisterte zu den Amorbacher Abteikonzerten, die mehrmals im Jahr veranstaltet werden. Auch nach den sonntäglichen Führungen erklingt die Orgel.

Im anliegenden Klosterbau ist die umfangreiche Hofbibliothek des Fürstenhauses mit über 35 000 Bänden zu besichtigen. Der klassizistische Grüne Saal ist der große Festsaal der Anlage und wird auch heute noch für Feierlichkeiten genutzt. Das Refektorium, der ehemalige Speisesaal der Mönche, wird gern für standesamtliche Trauungen gebucht. Übernachten kann man im Schafhof Amorbach: Das liebevoll restaurierte Klostergut ist heute ein Vier-Sterne-Landhotel mit hervorragender Küche.

INFO: Amorbach liegt im bayerischen Odenwald, rund 80 km südöstlich vom Frankfurter Flughafen. **INFO AMORBACH:** Tourist Information, Schlossplatz 1, 63916 Amorbach, Tel. (093 73) 20 05 74, www.amorbach.de. **INFO ABTEIKIRCHE:** Ev.-Luth. Pfarramt Amorbach, Schlossplatz 1, Amorbach, www.fuerst-leiningen.de, Öffnungszeiten Mo–Fr 10–16.30, April–Okt. auch Sa/So/Fei 11–16, an Konzerttagen nur bis 12.30 Uhr, Führungen April–Okt. tägl. 11 und 15, mit Orgelvorspiel So 16 Uhr, Eintritt € 3, mit Führung € 7, mit Führung und Orgelvorspiel € 15.

Bier und Frömmigkeit

KLOSTER ANDECHS

Andechs, Bayern

Auf halber Strecke zwischen Starnberger See und Ammersee liegt das Kloster Andechs, ältester Wallfahrtsort Bayerns und oberbayerisches Bierparadies. Es ist weit über die Region hinaus bekannt, weil das Bier in der eigenen Klosterbrauerei gebraut wird. Es ist allerdings gewöhnungsbedürftig, an heißen Sommerwochenenden Tausende Trinkfreudige heranströmen zu sehen, die in einer Mischung aus rustikaler Frömmigkeit und munterer Bierseligkeit unterm Kruzifix eine Maß nach der anderen herunterspülen und sich den Schaum vom Mund wischen.

Der Ammersee, drittgrößter See Bayerns, wird von bewaldeten Moränenhöhen umgeben und verdankt seine Existenz, wie die meisten oberbayerischen Seen, eiszeitlichen Gletschern. Sein Ostufer wurde von Geröllverschiebungen auf 180 Meter aufgetürmt und gilt als »heiliger Berg«. Darauf steht das Kloster Andechs, das im Jahr von etwa 30 000 Pilgern aufgesucht wird, vor allem rund um Christi Himmelfahrt. Schon im 10. Jahrhundert stand eine Burg auf dem Berg, zwei Jahrhunderte später herrschten dort die machtbewussten Reichsgrafen von Andechs-Meranien. 1455 gründete Herzog Albrecht III. das Kloster, weil der Reliquienschatz der Andechs-Meranier wiederentdeckt worden war. Die Benediktiner schmückten die ursprünglich gotische Hallenkirche (erbaut 1416–1423) Mitte des 18. Jahrhunderts im Stil des Rokoko aus. In der Heiligen Kapelle wird der Klosterschatz gehütet, dazu gehören eine Drei-Hostien-Monstranz (1435) und das Brautkleid der heiligen Elisabeth aus dem Fürstenhaus Andechs-Meranien. Der Komponist Carl Orff (1895–1982), der in der Nähe lebte, wurde in der Kirche beigesetzt.

Die Fastenzeit wird im katholischen Bayern eingehalten, bedeutet aber keinen vollständigen Verzicht: »Fastenbier« ist erlaubt, und weil es sehr nahrhaft ist, werden viele Hektoliter davon in hungrige Mägen gespült. Die Mönchsbrauer produzieren in ihrer technisch hochmodernen Brauerei das dunkle Doppelbock mit sieben Prozent Alkohol. Den muss man vertragen können, wenn man sich am Klosterbier laben will.

INFO: Andechs liegt 40 km von München entfernt. **INFO KLOSTER ANDECHS:** Bergstr. 2, 82346 Andechs, Tel. (081 52) 3760, www.andechs.de, Führungen nach Voranmeldung **REISEZEIT:** Mai–Okt.

Auf einem Hügel an der Ostseite des Ammersees: Kloster Andechs.

Wo Rokoko lebendig wird

Rokokofestspiele

Ansbach, Bayern

Wer einmal in das höfische Treiben des 18. Jahrhunderts eintauchen und historische Tänze wie Allemande und Gavotte erleben will, in Kostümen und gepuderten Perücken aufgeführt, der ist bei den Rokokofestspielen in Ansbach richtig. Diese blicken bereits auf eine lange Tradition zurück; ihr Ursprung liegt in dem 1894 uraufgeführten Theaterstück »Der Wilde Markgraf« des Heimatdichters Konrad Friedrich. Zunächst standen in den folgenden Jahren historische Festumzüge und weitere Theaterstücke auf dem Programm.

Ein sommerliches Maskenfest: die Rokokofestspiele in Ansbach.

Der 1949 gegründete Heimatverein Ansbach e. V. entwickelte diese nach und nach zu den Festspielen weiter und fertigt die Kostüme bis heute nach Vorbildern von Fürstenportraits an.

Der sogenannte Wilde Markgraf war Carl Wilhelm Friedrich von Brandenburg-Ansbach aus dem Haus der Hohenzollern, geboren 1712 in Ansbach. Seine Mutter, Markgräfin Christiane Charlotte, übernahm nach dem Tod des Vaters 1723 die Führung. Als sie 1729 starb, wurde Carl Wilhelm Friedrich mit 17 Jahren regierender Markgraf.

Die Ehe mit Friderike Louise, der Schwester des Preußenkönigs Friedrich des Großen, ging schief und er heiratete inkognito seine Geliebte Elisabeth Wünsch. Wegen seines Jähzorns und seinem Hang zur Unmäßigkeit bekam Carl den Spitznamen »Wilder Markgraf«. Seine einstige Residenz wird jährlich Anfang Juli zur imposanten Kulisse des Historienspektakels. Vor allem der Hofgarten und die Orangerie, beide nach französischem Vorbild gestaltet, dienen den zahlreichen Aufführungen und Feiern als Veranstaltungsort.

Maskenfeste nach venezianischem Vorbild mit Zauberern, Gauklern und Barockfeuerwerk lassen die Herzen ebenso höherschlagen wie Stadtführungen auf den Spuren der Hohenzollern und der Markgräfin Christiane Charlotte oder geführte Rundgänge durch die Gartenanlage. Fürstliche Galadiners, Kutschfahrten und barocke Musik sind weitere Highlights der Festspiele.

Traditionell gehört auch ein Gottesdienst in der ehemaligen Hofkirche St. Gumbertus zum Veranstaltungsprogramm. Diesem wohnt natürlich auch der Hofstaat in feierlichen Staatsgewändern bei.

Info: Ansbach liegt etwa 40 km südwestlich von Nürnberg. **Info Rokokofestspiele:** Amt für Kultur und Tourismus, Johann-Sebastian-Bach-Platz 1, 91522 Ansbach, Tel. (09 81) 512 43, www.ansbach.de.

Statue zu Ehren Jakob Fuggers in Augsburg.

Wein-Main-Pompejanum – nur wenige Minuten von Schloss Johannisburg entfernt erlebt man Aschaffenburgs mediterrane Seiten!

Meisterwerk der Spätrenaissance

Schloss Johannisburg

Aschaffenburg, Bayern

Von seinem mittelalterlichen Vorgängerbau steht heute noch der gotische Bergfried, der als fünfter Turm in den gewaltigen Neubau von Schloss Johannisburg integriert wurde. Die vier großen Flügel, entstanden in den Jahren 1605 bis 1614, wurden von Kurfürst Johann Schweikard von Kronberg in Auftrag gegeben und bezaubern nicht zuletzt durch ihre Lage direkt am Mainufer im Zentrum Aschaffenburgs. Baumeister war der Straßburger Architekt Georg Ridinger. Ende des 18. Jahrhunderts wurde das Innere des Schlosses nach Plänen des Architekten Emanuel Joseph von Herigoyen klassizistisch umgestaltet. Die Regierungsgeschäfte der Mainzer Erzbischöfe und Kurfürsten spielten sich bis 1803 in dem aus Rotsandstein erbauten Schloss ab.

Innerhalb der geschichtsträchtigen Mauern befindet sich die Staatsgalerie Aschaffenburg, die mit einer der bedeutendsten Cranach-Sammlungen aufwarten kann. Auch die Schlosskapelle, die man durch ein aufwendig gestaltetes Portal betritt, ist sehenswert. Ihr Altar gilt als Hauptwerk des Spätrenaissance-Bildhauers Hans Juncker. Seine zahlreichen Reliefs und Alabasterskulpturen werden durch eine Licht-Ton-Installation gekonnt in Szene gesetzt.

Schmuckstücke aus dem Mainzer Domschatz gibt es in der Paramentenkammer, und das Städtische Schlossmuseum präsentiert Kunst und Kultur zur Stadtgeschichte.

Architekturfreunde werden nicht nur von der imposanten Schlossanlage begeistert sein, sondern auch von der weltweit größten Ausstellung von Architekturmodellen aus Kork, die zwischen 1792 und 1854 entstanden. Die 45 Modelle stellen überwiegend Bauwerke des alten Rom dar. Nach einer Besichtigung der fürstlichen Wohnräume mit originalen Wohnmöbeln des Erzbischofs sollte man noch einen Spaziergang durch den malerischen Schlossgarten einplanen.

Info: Aschaffenburg liegt ganz im Nordwesten Bayerns in der Region Unterfranken. **Info Schloss Johannisburg:** Schlossplatz 4, 63739 Aschaffenburg, Tel. (06 021) 38 65 70, www.schloesser.bayern.de, Öffnungszeiten April–Sept. Di–So 9–18, Okt.–März Di–So 10–16 Uhr, wegen aktueller Baumaßnahmen reduzierter Eintritt: Schloss € 3,50, ermäßigt € 2,50, bis 18 J. frei.

Eine gewaltige Vierflügelanlage am Ufer des Mains: Schloss Johannisburg in Aschaffenburg.

Brückenreicher als Venedig

ALTSTADT VON AUGSBURG

Augsburg, Bayern

Mit drei Flüssen – Lech, Wertach und Singold – ist Augsburg ohnehin wasserreich. Aber mehr Brücken als Venedig vorzuweisen, das will schon etwas heißen. 500 Mal kann man als Besucher einen der Augsburger Kanäle und Flüsse überqueren, ohne eine Brücke zweimal zu benutzen.

Augsburger Rathausplatz mit Rathaus und Perlachturm mit St. Peter.

Die drittgrößte Stadt Bayerns (289000 Einwohner) zieht mit ihrer Altstadt Besucher aus der ganzen Welt in ihren Bann. Im Mittelalter und in der Renaissance, der Augsburger Blütezeit, entstanden hier viele Bauten, die das Bild der zweitältesten Stadt Deutschlands bis heute prägen. Dank den Kaufmannsfamilien Fugger und Welser war Augsburg sehr wohlhabend. Das Wahrzeichen der Stadt und bildhaftes Zeugnis ihres Reichtums im 16. und 17. Jahrhundert ist das von Elias Holl bis 1624 erbaute Rathaus mit seinen sechs Stockwerken – eine damals einmalige Höhe. Das Rathaus ist der bedeutendste Renaissancebau nördlich der Alpen, seine beiden Zwiebeltürme sind weithin sichtbar.

Aber auch andere Türme sind charakteristisch für das heutige Stadtbild. Vor allem der Dom »Unsere Liebe Frau« mit seinen beiden romanischen Türmen und der Perlachturm, neben dem Rathaus auch ein Wahrzeichen der Stadt, sorgen dafür, dass Augsburg sich durch eine markante Silhouette auszeichnet.

Einer ihrer berühmtesten Bürger, Jakob Fugger der Reiche, besaß nicht nur große Reichtümer, er hatte auch ein großes Herz. So stiftete er im Jahre 1521 die weltweit erste Sozialsiedlung für bedürftige katholische Augsburger Bürger, Fuggerei genannt. Drei Gebete täglich für den Stifter und ein rheinischer Gulden waren – und sind – der bescheidene Mietzins für ein ganzes Jahr. Die Fuggerei ist auch heute noch bewohnt und wie früher leben hier katholische Augsburger, die unverschuldet in Not geraten sind. Sie bezahlen weniger als einen Euro pro Jahr an Miete. Das dortige Fuggereimuseum beherbergt eine Originalwohnung aus dem 17. Jahrhundert. Die Tore, die zur Fuggerei führen, werden auch heute noch pünktlich um 22 Uhr von Nachtwächtern geschlossen.

Dank des Reichtums der Stadt war Augsburg vor allem in der Renaissance eine kulturelle Hochburg, in der bekannte Künstler wie Hans Holbein der Ältere wirkten. Museen und Theater machen Augsburg nach wie vor zu einer kulturell lebendigen Stadt, geprägt auch durch das studentische Leben rund um die Universität. Als einzige Stadt in Deutschland hat Augsburg einen eigenen Feiertag: das Augsburger Friedensfest (8. Aug.).

INFO AUGSBURG: Regio Augsburg Tourismus GmbH, Schießgrabenstr. 14, 86150 Augsburg, Tel. (08 21) 50 20 70, www.augsburg-tourismus.de. **INFO FUGGEREIMUSEUM:** Fuggerei 56, Eingang neben der Fuggerei-Stube, 86152 Augsburg, www.fugger.de, Öffnungszeiten tägl. April–Sept. 8–20, Okt.–März 9–18 Uhr, Eintritt Fuggerei (Museum inbegriffen) € 6,50, ermäßigt € 3.

Stars an Fäden

AUGSBURGER PUPPENKISTE

Augsburg, Bayern

Natürlich können Tiere sprechen! Das weiß doch, spätestens seit Urmel, Wutz und Co. als Sprachschüler von Professor Habakuk Tibatong die Schulbank gedrückt haben, jedes Kind. Urmel aus dem Eis, Jim Knopf, Bill Bo, Kater Mikesch und das Sams sind nur einige der bekannten Figuren aus dem Programm der Augsburger Puppenkiste. Das Marionettentheater in der Augsburger Altstadt ist seit 1948 eine feste Einrichtung im deutschen Kulturleben und hat seit 1953 Millionen kleiner Fernsehzuschauer begeistert. Dabei liegt die Liebe im Detail: Alle Marionetten der Puppenkiste werden handgeschnitzt. Zunächst stellte sie Puppenkisten-Gründer Walter Oehmichen persönlich her, später übergab er die Puppenproduktion an seine Tochter Hannelore.

Die Idee zur Puppenkiste kam Oehmichen als Soldat 1940 in Frankreich, wo er mit dem Puppenspiel begann. Das Marionettentheater wurde seine Leidenschaft und entwickelte sich nach dem Krieg zu einem professionellen Betrieb. Zusammen mit seiner Frau Rose und den beiden Töchtern Hannelore und Ulla konstruierte Oehmichen eine Bühne, die in einem Türrahmen aufgebaut werden konnte. Später übernahmen Schauspieler den Part der Sprecher und Marionettenspieler. Bis heute sind die Puppenkisten berühmt, die dem Theater seinen Namen gaben: einfache Holzkisten, die den Schriftzug des Theaters tragen. In die Kisten sollten alle Puppen passen, um sie schnell einsetzen zu können.

Die Augsburger Puppenkiste hat lustige Kinderstücke, Märchen, aber auch Kabarettabende und ernste Erwachsenenstoffe im Programm. Das Ensemble beschäftigt fast 20 Marionettenspieler. 1998 ging das Theater zu seinem 50. Jubiläum erstmals auf Tournee. In das ehemalige Heilig-Geist-Spital kommen Besucher von überall her. Das Theatermuseum »Die Kiste« vermittelt dem Besucher die ganze Welt der Stars an Fäden.

INFO AUGSBURGER PUPPENKISTE: Spitalgasse 15, 86150 Augsburg, Tel. (08 21) 450 34 50, www.augsburger-puppenkiste.de, Eintritt ab € 9,50 nachmittags und € 19 abends, Museum Di–So 10–19 Uhr, Eintritt € 5, Kinder (4–12 J.) € 3,30.

Der Kasperl aus der »Augsburger Puppenkiste«.

Stadt des Salzes

BAD REICHENHALL

Bad Reichenhall, Bayern

Mittelpunkt des Berchtesgadener Landes, vor den Toren der Mozartstadt Salzburg – Bad Reichenhall ist eine Kleinstadt, die vor allem durch den Dreiklang von Kultur, Natur und Vitalität zur erlebenswerten Destination wird. Welches 18 000-Seelen-Städtchen darf sich schon mit einem Profiorchester mit rund 40 Musikern schmücken? Welche Stadt sorgt für Vitalität – ohne anzustrengen? Wo sonst kann man direkt in der Fußgängerzone die Wanderschuhe schnüren und den nächsten Berg erklimmen?

Wanderer auf dem Predigtstuhl mit Blick auf Bad Reichenhall.

Schon auf den ersten Blick unterscheidet sich die Alpenstadt von anderen Orten im Berchtesgadener Land: Herrschaftliche Parkanlagen, ein stilvolles Villenviertel, königliche Gebäude im Stile des Neobarock und Jugendstil und eine der ersten Fußgängerzonen Bayerns sorgen für ein gepflegtes Erscheinungsbild, das die Stadt lebenswert macht – das spürt man und sieht man. Bad Reichenhall steht für Vitalität und sorgenfreien Urlaubsgenuss. Das Naturheilmittel Alpensole direkt aus den örtlichen Quellen entspannt Haut, Muskulatur, Rücken und Gelenke. Die Sole befreit die Atemwege und sorgt für ein positives, vitales Körpergefühl. Wasser spielt in der Stadt eine herausragende Rolle. Thumsee, Listsee, Saalach, Stadtbach und das Spa & Familien Resort RupertusTherme prägen das Ortsbild, darüber hinaus sprudeln in Bad Reichenhall und seinen Ortsteilen rund 70 Brunnen! Wer mag, flaniert durch den Königlichen Kurgarten und genießt die Meeresbrise, die vom Alpensole-Gradierhaus herüberweht und die Luft mit feinsten Salzkristallen anreichert oder ein Konzert der Bad Reichenhaller Philharmoniker.

Hoch hinaus geht es mit der ältesten Großkabinenseilbahn der Welt auf den Hausberg Predigtstuhl. In nur acht Minuten fährt die Bahn aus dem Jahr 1928 die Besucher auf 1600 Meter Höhe. Tief hinunter geht es in der Alten Saline: Sie ist die wohl schönste Saline der Welt, von König Ludwig I. 1832 erbaut. Die großen Waserräder befördern auch heute noch Sole aus der Quelle nach oben. Eine Führung durch das mystische, unterirdische Stollensystem führt zum Ursprung des Bad Reichenhaller Salzwohlstandes. Auch die Wanderwege zeugen von der bewegten Salzhistorie der Alpenstadt: Wie vor über 400 Jahren die Alpensole über weite Strecken transportiert wurde, kann man entlang des Soleleitungsweges, der ersten Pipeline der Welt, bewundern. Neu: das Reichenhall-Museum im historischen, denkmalgeschützten Getreidekasten. Die Besucher genießen einen interaktiven Rundgang durch die Epochen und die spannende Geschichte der Stadt.

INFO: Bad Reichenhall liegt ca. 20 km von Salzburg entfernt. **INFO BAD REICHENHALL:** www.bad-reichenhall.de.

Barockes vom berühmten Architekten Balthasar Neumann

WALLFAHRTSKIRCHE VIERZEHNHEILIGEN

Bad Staffelstein, Bayern

Vierzehnheiligen in Oberfranken ist eine der bekanntesten Wallfahrtskirchen aus dem 18. Jahrhundert. Auch heute noch kommen viele Menschen hierher, um den Schutz der 14 Nothelfer zu erbitten. Der Konvent des Franziskanerklosters Vierzehnheiligen besteht zur Zeit aus sieben Patres und Brüdern. Auslöser des Baus war eine Vision im Jahr 1445: Dem jungen Schäfer Hermann Leicht erschien an dieser Stelle ein weinendes Kind. Weitere Erscheinungen und eine Wunderheilung veranlassten die nahe gelegene Zisterzienserabtei Langheim, eine Wallfahrtskapelle zu errichten.

Im 18. Jahrhundert war die alte Kirche der Wallfahrermenge nicht mehr gewachsen und wurde durch einen repräsentativen Neubau aus gelbem Sandstein ersetzt. Letztlich war es der berühmte Architekt Balthasar Neumann, der den 1772 fertiggestellten Barockbau mit den zwei Türmen geplant hat. Im Rokokostil präsentiert sich die Innenausstattung mit Fresken und Bildern von Giuseppe Appiani sowie Stuckarbeiten von Johann Michael Feichtmayr. Dabei sticht besonders der Gnadenaltar mit den Figuren der Nothelfer heraus, der frei im Raum über dem Ort der Erscheinungen des Schäfers steht.

Der untere Teil des Altars besteht aus eingerollten Voluten, Rocaillen und Bügeln aus vielfarbigem Stuckmarmor und trägt einen kuppelförmigen Baldachin. Umgeben ist er von einem geschnitzten Kommunionsgitter in Herzform. Auf der Seite zum Hochaltar sind in einer kleinen Kammer die vier Erscheinungen auf Leinwand dargestellt.

Von Vierzehnheiligen aus kann man das benachbarte Kloster Banz besuchen oder nach Bad Staffelstein fahren. In dem hübschen Städtchen lohnt das Museum, in dem eine Abteilung dem berühmtesten Sohn der Stadt gewidmet ist: Rechenmeister Adam Riese.

INFO: Vierzehnheiligen liegt am oberen Main zwischen Bad Staffelstein und Lichtenfels. **INFO FRANZISKANERKLOSTER VIERZEHNHEILIGEN:** Vierzehnheiligen 2, 96231 Bad Staffelstein, Tel. (095 71) 950 80, www.vierzehnheiligen.de, Öffnungszeiten tägl. Mai–Sept. 6.30–20, Okt.–April 7.30–17 Uhr.

Architektonischer Höhepunkt im Obermaingebiet: die Wallfahrtskirche Vierzehnheiligen in Bad Staffelstein.

Altbayerisches Brauchtum zu Pferde

Tölzer Leonhardifahrt

Bad Tölz, Bayern

Die Prozession zu Ehren des heiligen Leonhard von Limoges, des Schutzpatrons der Pferde und Landwirtschaftstiere, ist ein fester Bestandteil des altbayerischen Brauchtums. Der wohl bekannteste dieser feierlichen Umzüge findet jährlich um den 6. November in Bad Tölz statt. Der Brauch ist in der Stadt bereits seit dem 17. Jahrhundert belegt. Der religiös motivierte Umritt mit Umfahrt hat aber eigentlich eine noch viel längere Tradition. Ihr Ursprung ist in vorchristlichen Zeiten zu finden, wo Pferde, vor allem Schimmel, als höheren Mächten geweiht und als besonders gesegnet galten. Seit 1856 können Besucher dem Festumzug beiwohnen. Auf dasselbe Jahr geht auch das Tölzer Regelwerk zur Leonhardifahrt zurück, das von Pfarrer Josef Pfaffenberger verfasst wurde. Mit diesen Regeln wollte er dafür sorgen, dass die zuvor immer wieder wegen ihrer anschließenden Gelage in Verruf gekommenen Umritte, die bis dahin rund ums Jahr stattgefunden hatten, in geordnete Bahnen gelenkt wurden. Seither wird nur noch einmal im Jahr zur Wallfahrt mit Pferden aufgerufen und immer nach dem selben Ablauf:

Bereits früh morgens finden sich bis zu 80 feierlich geschmückte Vierergespanne sowie mehrere Hundert Pferde mit zahlreichen Reitern in historischer Tracht im Kurviertel ein. Wenn sich der Zug schließlich auf der historischen Marktstraße in Bewegung setzt, wird er vom Läuten der Kirchenglocken begleitet.

Eine Prozession zu Pferde: die Tölzer Leonhardifahrt.

Auf den mit Blumen und Daxen (Tannenzweigen) verzierten Truhenwagen sitzen oder stehen je acht bis zwölf Teilnehmerinnen, deren Festtagstrachten sich je nach Alter und Familienstand unterscheiden. Die Gespanne stammen teilweise noch aus dem 18. Jahrhundert und das Verbot von Gummireifen macht die Tölzer Leonhardifahrt besonders authentisch. Oben auf dem Kalvarienberg angekommen findet in der Leonhardikapelle ein feierlicher Festgottesdienst statt. Eine eiserne Votivkette, das Attribut des Viehpatrons, umgibt die kleine Kapelle, die 1718 zu Ehren der schmerzensreichen Gottesmutter errichtet wurde. Zum Abschluss umrunden die Wagen die Kapelle zweimal; Wallfahrer und Pferde erhalten hierbei ihren Segen. Gegen Mittag tritt die Prozession ihren Rückweg an. Endpunkt ist die Mühlfeldkirche, wo erneut ein Segen gesprochen wird.

Den traditionellen Ausklang der Brauchtumsveranstaltung bildet der Wettkampf im Goaßlschnalzen, dem kunstvollen und lauten Knallen mit der Fuhrmannspeitsche.

Info: Der Kurort Bad Tölz an der Isar liegt etwa 50 km südlich von München in Oberbayern. **Info Bad Tölz:** www.bad-toelz.de. **Info Tölzer Leonhardifahrt:** immer um den 6. Nov., www.toelzer-leonhardi.de.

Geburtsort der Kneipp-Kur

Bad Wörishofen

Bad Wörishofen, Bayern

Bad Wörishofen ist untrennbar mit dem Namen seines einstigen Pfarrers verbunden: Sebastian Kneipp. Er veränderte das Leben in dem Ort im 19. Jahrhundert grundlegend, denn er begann von dort seine Überzeugungen von der heilenden Kraft des Wassers, der weltberühmten Kneipp-Kur, zu verbreiten. Bis heute steht die Gemeinde mit ihren 22 Kneipp-Anlagen ganz im Zeichen ihres einstigen Geistlichen, dem in der Stadt auch ein eigenes Museum gewidmet ist. Seit Dezember 2015 gilt seine Gesundheitslehre als immaterielles Kulturerbe der UNESCO.

Die Ausstellung zu Leben und Werk Kneipps befindet sich in den historischen Gemäuern des Dominikanerinnenklosters, das im frühen 18. Jahrhundert gegründet wurde. Die Klosterkirche beeindruckt besonders durch ihre reiche Barockausstattung.

Ruhe und Erholung Suchende werden in Bad Wörishofen nicht nur die Armbade- und Wassertretbecken zu schätzen wissen, sondern auch Spaziergänge durch den Kurpark, der neben einem Duft- und Aromagarten und den Heilkräutergärten auch mit einem Barfußpfad aufwarten kann.

Die Gradieranlage des Parks wirkt sich mit ihrem Natursole-Freiluftinhalatorium heilsam auf die Atemwege aus und die Fitness kann auf dem Osteo-Walk verbessert werden. Für Wanderfreunde ist der zehn Kilometer lange Kneipp-Waldweg die perfekte Option, um Wissenswertes über den Hydrotherapeuten und seine fünf Elemente zu erfahren. Der Trimm-Dich-Pfad und die moderne Therme mit ihren zahlreichen Gesundheits-, Kneipp- und Solebecken sind weitere Anziehungspunkte für Aktivurlauber.

Bad Wörishofen: Eine der bekanntesten Kneippanwendungen sind die Armbäder.

Die sogenannte Gesundheitsstadt bleibt ihren Traditionen bis heute treu. Dies spiegelt sich auch in zahlreichen Brauchtumsfesten wie dem Maibaumaufstellen oder dem traditionellen Schmücken der Brunnen zu Ostern wider. Zudem laden das historische Kurtheater oder die Konzerte des Kurorchesters zu kulturellen Veranstaltungen ein.

Info: Bad Wörishofen liegt ca. 80 km westlich von München. **Info Bad Wörishofen:** Kur- und Tourismusbetrieb Bad Wörishofen, Luitpold-Leusser-Platz 2, 86825 Bad Wörishofen, Tel. (082 47) 99 33 10, www.bad-woerishofen.de.

Fränkisches Rom an der Regnitz

Bamberger Altstadt

Bamberg, Bayern

Die Magie von Bamberg, wie Rom auf sieben Hügeln erbaut und zu Recht als eine der schönsten europäischen Kleinstädte bekannt, ist untrennbar mit seiner Geschichte als Hauptstadt des Heiligen Römischen Reichs Deutscher Nation und mit Kaiser Heinrich II., dem berühmtesten Sohn Bambergs, verbunden. Mit ihrem wahren Schatz an Architektur aller Epochen ist die Stadt alles andere als eine leblose Kulisse. Historische Stätten, altertümliche Geschäfte und neun Brauereien machen den Besuch in Bamberg zu einem einmaligen Vergnügen.

Man nennt Bamberg auch ein Biertrinkerparadies. Hier werden mehr als 30 Sorten Bier gebraut, selbst München kann da nicht mithalten. Eine lokale Spezialität ist das Bamberger Rauchbier, das erstmals 1536 gebraut wurde und seinen charakteristischen Geschmack der Verwendung von geräuchertem Malz verdankt.

Das wunderschöne, malerische Alte Rathaus ist sicher eines der meist fotografierten in Europa: Das Brückenrathaus mit schöner Fassadenmalerei wurde auf einer künstlichen Insel inmitten der Regnitz erbaut und symbolisiert die Herrschaftsgrenze aus früherer Zeit zwischen dem bischöflichen Bamberg und der bürgerlichen Innenstadt.

Dom und Altstadt von Bamberg zählen zum UNESCO-Weltkulturerbe.

Der imposante Bamberger Dom mit seinen vier Türmen ist das beherrschende Bauwerk des UNESCO-Weltkulturerbes Bamberger Altstadt. Er wurde von Heinrich II. ab 1004 erbaut und war 1012 Schauplatz seiner Krönung. Der Dom bezeugt den Wohlstand der Stadt als sakrales Zentrum und ist berühmt für seine kunstvolle bildhauerische Ausschmückung im Inneren, wie z. B. den Bamberger Reiter, der sich auf einer Konsole am Nordpfeiler des Georgenchors befindet. Der weitläufige, schräge Domplatz bildet ein lehrbuchhaftes Beispiel für die Entwicklung der städtischen Architektur von der Romanik zur Gotik und von der Renaissance zum Barock.

Es gibt einige luxuriöse Hotels in der Stadt; atmosphärisch besticht das elegante Hotel Sankt Nepomuk, eine ehemalige Mühle aus dem Jahr 1410. Es verfügt über gemütliche Zimmer mit Blick auf den Fluss und das Alte Rathaus und hat ein bekanntes Restaurant mit Schwerpunkt auf der fränkischen Küche.

Info: Bamberg liegt ca. 60 km nördlich von Nürnberg und ca. 240 km nordwestlich von München. **Info Bamberg:** Tourismus & Kongress Service, Geyerswörthstr. 5, 96047 Bamberg, Tel. (09 51) 297 62 00, www.bamberg.info. **Info Hotel Sankt Nepomuk:** Obere Mühlbrücke 9, Bamberg, Tel. (09 51) 984 20, www.hotel-nepomuk.de.

Brände sorgten für die Neubauten

Bamberger Dom

Bamberg, Bayern

Ein Unbekannter sorgt seit Jahrhunderten für Spekulationen. Seit seiner Ankunft im Bamberger Dom wird darüber gerätselt, wer er ist. Er scheint von hoher Geburt zu sein. Darauf lassen zumindest seine Kleidung und das edle Ross, auf dem er sitzt, schließen. Wer ist der Fremdling?

Bambergs berühmtes Wahrzeichen: der Bamberger Reiter im Kaiserdom.

Die Heimat des großen Unbekannten, der Bamberger Dom, liegt inmitten der Domburg, einem frühmittelalterlichen Verwaltungszentrum und dem ehemaligen Sitz der Grafen von Babenberg. Bau- und kunstgeschichtlich ist der gewaltige Dom mit seinen vier charakteristischen Türmen ein großartiges Zeugnis der späten Romanik und der frühen Gotik. Die heute erhaltenen Bauten auf dem Domberg, innerhalb der Domburg, stammen nicht mehr aus der Bauzeit des ersten Doms. Einzig in der Alten Hofhaltung gibt es noch Reste der kaiserlichen Pfalz aus dem 11. Jahrhundert. Sehenswert ist der barocke Neubau des Kapitelhauses aus dem Jahre 1733 von Balthasar Neumann, einem der berühmtesten Barockarchitekten.

Dreimal wurde der Bamberger Dom neu errichtet: Im Jahre 1012 wurde von Kaiser Heinrich II. der erste sogenannte Heinrichdom begonnen; nur 70 Jahre später brannte er bis auf die Grundmauern nieder. Auch der Nachfolgebau wurde schon 1185 ein Opfer der Flammen. Obwohl er teilweise wieder instand gesetzt wurde, begann Bischof Ekbert von Andechs-Meran mit dem Bau eines neuen Doms, der 1237 geweiht wurde. Hier haben auch Heinrich II., der Erbauer des ersten Doms und einzige deutsche Kaiser, der heilig gesprochen wurde, und seine Frau Kunigunde ihre letzte Ruhestätte gefunden. Ihr Grabmal wurde 1513 von Tilman Riemenschneider geschaffen.

Übrigens konnte Bamberg, seit 1993 auf der Liste der UNESCO-Weltkulturerbestätten, schon lange vor der Wahl von Joseph Ratzinger zum Papst verkünden: Wir sind Papst. Denn im Bamberger Dom ist Papst Clemens II., der vormalige Bischof von Bamberg, bestattet. Nach seinem Tod im Jahr 1047 wurde der Leichnam in sein altes Bistum überführt. Es ist das einzige Papstgrab nördlich der Alpen.

Und der Unbekannte? Das Geheimnis seiner Existenz ist immer noch nicht gelüftet. Hoch zu Ross steht er auf einer Konsole am Nordpfeiler des Georgenchors. Bis heute sind sich die Experten nicht einig, wen der Bamberger Reiter darstellt. Konstantin der Große, Konrad III. oder gar einer der Heiligen Drei Könige soll es sein. Wahrscheinlich ist aber der erste christliche ungarische König, Stephan, das reale Ebenbild dieser Figur. Er wurde – der Legende nach – im Bamberger Dom getauft. Auch der Schöpfer der ältesten erhaltenen lebensechten Reiterstatue ist nicht bekannt: Er schuf sein Werk »zur höheren Ehre Gottes« und nicht zur Mehrung seines persönlichen Ruhms.

Info Bamberger Dom: Domplatz 3, 96049 Bamberg, Tel. (09 51) 502 25 12, www.bamberger-dom.de, Öffnungszeiten Mo–Fr 9/9.30–17/18, Sa 9–16.30, So 13–17/18 Uhr, keine Besichtigung während der Gottesdienste.

Wo die Musik strömt

BAYREUTHER FESTSPIELE

Bayreuth, Bayern

Am Anfang war ein Traum. Der Komponist Richard Wagner wünschte sich 1850 einen Ort, an dem er – abseits der Metropolen und ohne Zwänge eines Repertoirebetriebs – ausschließlich seine Werke zur Aufführung bringen konnte. Als er Bayerns König Ludwig II. davon erzählte, schaltete der den Bayreuther Patronatsverein ein – am 13. August 1876 wurden auf »dem Hügel« die ersten Festspiele inszeniert.

Mit 1800 Plätzen ist das Festspielhaus eine der größten Opernbühnen der Welt. Zur Uraufführung des kompletten *Ring des Nibelungen* erschienen illustre Gäste, wie Kaiser Wilhelm I. von Preußen, der Philosoph Friedrich Nietzsche, der Baumeister Gottfried Semper, der Dichter Lew Tolstoi und zahlreiche Künstler. Alle empfanden den Bau als schmucklos, zeigten sich aber begeistert von dem Orchestergraben, der so installiert worden war, dass die gigantische Musik wie aus dem Nichts und zugleich von überallher in den Saal zu strömen schien.

Pilgerziel der Wagner-Fans: das Festspielhaus in Bayreuth.

1874 zog Wagner nach Bayreuth, es wurde zum Epizentrum seiner Musik. Fortan mussten alle seine schöpferischen Hervorbringungen bayreuthwürdig sein. Leben und Werk des Komponisten und die Geschichte der Festspiele gehören untrennbar zusammen. Von all dem erzählt die Dauerausstellung im um einen Neubau erweiterten Haus Wahnfried, wo der Künstler wohnte. Im Garten hinter dem Haus liegen die Gräber Wagners und seiner Gattin Cosima. Bis heute ist es schwer, an Karten für eine der Vorstellungen in den fünf Wochen im Sommer heranzukommen. Für Opernliebhaber sind die Bayreuther Festspiele eine Institution ersten Ranges. Zu den prominenten Gästen gehören etwa Bundeskanzlerin Angela Merkel, Gloria Prinzessin von Thurn und Taxis oder der Münchner Tatort-Star Udo Wachtveitl.

INFO: Bayreuth liegt ca. 88 km nördlich von Nürnberg. **INFO BAYREUTHER FESTSPIELE GMBH:** Festspielhügel 1–2, 95445 Bayreuth, Tel. (09 21) 787 87 80, www.bayreuther-fest spiele.de, Karten können online bestellt werden oder schriftlich beim Kartenbüro der Bayreuther Festspiele, Postfach 10 02 62, 95402 Bayreuth. **INFO RICHARD-WAGNER-MUSEUM:** Richard-Wagner-Str. 48, Bayreuth, Tel. (09 21) 757 28 16, www.wagnermuseum.de, Öffnungszeiten Museum Sept.–Juni Di–So 10–17, Juli/Aug. tägl. 10–18 Uhr, Eintritt € 8/6, bis 17 J. frei. **REISEZEIT:** Juli/Aug.

Wo die Carmina Burana zu Hause waren

Kloster Benediktbeuern

Benediktbeuern, Bayern

Dies ist eine der Hochburgen des katholischen Christentums. Der heilige Bonifatius war hier, er weihte 750 die erste Kirche auf bayerischem Boden. Vom bereits 739 gegründeten Benediktinerkloster ging eine Alphabetisierungswelle aus, in der Schreib- und Unterrichtsschule wurden Codices verfasst. Berühmte Theologen und Philosophen haben hier gewirkt, aber auch Naturwissenschaftler und Künstler. 1273 fand an diesem Ort die erste Fronleichnamsprozession in Bayern statt. Und weil 1803 bei der Säkularisierung des Klosters in der Bibliothek die Carmina Burana entdeckt wurden, eine Sammlung von Vagantenliedern aus dem 13. Jahrhundert, konnte später der Komponist Carl Orff ins Spiel kommen: Er vertonte 1936 die Liedsammlung und verschaffte ihr damit Weltruhm.

Benediktbeuern, nicht nur eines der ältesten, sondern auch schönsten deutschen Klöster, baut sich auf vor der imposanten Kulisse der Benediktenwand (1081 m) im Alpenvorland. Man sitzt mit einer Maß Bier und einer Brezen unter Apfelbäumen und hört aufgeregten Ausflüglern mit Gamsbart am Hut zu. Zweitürmig ist die Kirche, die Wandpfeilerhalle mit Emporen und doppelgeschossigem Chor, erschaffen vom Weilheimer Baumeister Kaspar Feichtmayr im Stil des italienischen Hochbarock (1686). Viel Stuck, Fresken, Rokokoschmuck und dekorative Plastiken.

Das Kloster überstand mehrere verheerende Brände und wurde danach umso schöner ausgeschmückt. Nach der Säkularisierung 1803 lebte der Optiker und Physiker Joseph von Fraunhofer in Benediktbeuern, arbeitete als Werkmeister einer Glashütte, entdeckte »seine« Linien, die bedeutsam für die Entwicklung der Spektralanalyse waren, und stellte das schlierenfreie Flintglas her. Das renommierte Fraunhofer-Institut trägt seinen Namen. 1930 wurde die Anlage von den Salesianern Don Boscos erworben, die hier eine Theologische Studienanstalt einrichteten; daraus ging die Philosophisch-Theologische Hochschule Benediktbeuern hervor. Rund 600 Studierende lernen hier. In den ehemaligen Klosterräumen ist neben anderen Einrichtungen religiöser Bildung, Wissenschaft und Erziehung auch eine Jugendherberge untergebracht, spezialisiert auf Klassenfahrten, Jugendfreizeiten und Exkursionen in die bayerische Bergwelt.

Klosterkirche Benediktbeuern.

Info: Benediktbeuern liegt ca. 60 km von München entfernt. **Info Kloster Benediktbeuern:** Don-Bosco-Str. 1, 83671 Benediktbeuern, Tel. (088 57) 880, www.kloster-benediktbeuern.de, Teile sind tagsüber frei zu besichtigen, andere sind nur im Rahmen einer Führung zugänglich.

Erlebnis Natur

Haus der Berge Nationalpark Berchtesgaden

Berchtesgaden, Bayern

Im UNESCO-Biosphärenreservat Berchtesgaden in den Alpen sticht der markante und nicht unumstrittene Bau des Hauses der Berge bereits von Weitem ins Auge. Auf einem holzverkleideten Flachbau ragt ein stählerner Würfel mit Glasfront in die Höhe, der sich symbolisch schützend über den Berg im Inneren der Ausstellung stülpt, ein Entwurf aus der Feder des Ateliers Brückner in Stuttgart.

Das 2013 eröffnete Zentrum ist der perfekte Einstieg für die Besucher, bevor sie in die Natur von Deutschlands einzigem Alpennationalpark starten. Den Kern des Informationszentrums bildet die Dauerausstellung »Vertikale Wildnis«, die auf einer ansteigenden virtuellen Wanderung durch die alpinen Lebensräume Wasser, Wald, Alm und Fels führt und vom Grund des Königssees bis hinauf zu den Gipfeln des Nationalparks reicht.

Licht- und Toninszenierungen spiegeln dabei den Verlauf der Jahreszeiten und ein Audioguide für Kinder ergänzt die Route mit Kriminalgeschichten, Bergabenteuern und spannenden Anekdoten über die heimischen Tiere und deren Anpassungsstrategien an das Leben in den Bergen.

Ausstellung im Haus der Berge im Nationalpark Berchtesgaden.

Außerdem gibt das Haus der Berge auf zwei Ebenen einen Überblick über den Nationalpark, die Wanderrouten, die Beziehung zwischen Mensch und Natur und vieles mehr. Bibliothek, Kino sowie Sonder- und Wechselausstellungen stehen allen zur Verfügung, die sich noch eingehender mit der Region auseinandersetzen wollen.

Das Bildungszentrum mit Wasserlabor, Wiesenküche und Waldwerkstatt lädt Gruppen ein, mit den Elementen der Region zu experimentieren. Hier wird geforscht, gebastelt und gekocht, was vor allem Schulklassen gerne annehmen. Auch das großzügige Naturerlebnisgelände ist nur für angemeldete Gruppen und Schulklassen zugänglich; der Panoramaweg steht hingegen allen Besuchern offen. Von hier bieten sich herrliche Ausblicke auf das Berchtesgadener Tal, das mächtige Watzmannmassiv und nicht zuletzt auf das Haus der Berge selbst. Wer Hunger bekommt, besucht dort die Alpenküche im ersten Stock mit sonniger Südterrasse und herrlichem Ausblick auf die Berge.

Info: Berchtesgaden liegt ca. 25 km südlich von Salzburg und 90 km östlich von Rosenheim. **Info Haus der Berge:** Informations- und Bildungszentrum, Hanielstr. 7, 83471 Berchtesgaden, Tel. (086 52) 979 06 00, www.haus-der-berge.bayern.de, www.nationalpark-berchtesgaden.bayern.de, Öffnungszeiten tägl. 9–17 Uhr, Eintritt Dauerausstellung € 4, ermäßigt € 2, Kinder bis 5 J. frei, Familien € 10.

Ehemaliger Berghof und Teehaus Adolf Hitlers

OBERSALZBERG UND KEHLSTEINHAUS

Berchtesgaden, Bayern

Auch das gehört zur deutschen Geschichte: Auf dem Obersalzberg plante Adolf Hitler den Angriff auf Polen und zog sich zur Entspannung zurück. Heute sind der Obersalzberg und das Kehlsteinhaus touristische Attraktionen des Berchtesgadener Landes – ein Ort, mit dem man sich auseinandersetzen sollte.

Der Obersalzberg war der »Berg des Führers«. Auf über 1800 Metern Höhe ließ sich Hitler seinen »Berghof« erbauen, auf den er sich zurückzog und Privatmann spielte. Dem »Führer« folgten seine engsten Vertrauten Martin Bormann, Hermann Göring und Albert Speer, um in seiner Nähe Häuser zu errichten. Später strömten Scharen von treuen Hitlerverehrern hinauf, in der Hoffnung, einen Blick auf den »Führer« zu erhaschen. Bis diesem schließlich die Anhänger zu viel wurden und er den Berg für jeglichen Publikumsverkehr sperren ließ. Selbst die alteingesessenen Einwohner wurden zwangsenteignet und bis 1945 blieb der Berg »Führersperrgebiet«. Im Oktober 1999 wurde eine ständige Ausstellung eröffnet – im sehenswerten »Dokumentationshaus Obersalzberg« wird die Geschichte des Orts kritisch aufgearbeitet. Im Jahr 2005 sorgte der umstrittene Bau des Fünf-Sterne-Hotels Intercontinental für Aufsehen, denn er entfachte erneut die Diskussion um die Frage, ob ein geschichtlich so vorbelasteter Ort wirklich der geeignete Platz für einen Wellnesstempel der Luxusklasse sei.

Das Kehlsteinhaus ist eine Berghütte über dem Obersalzberg auf dem Gipfel des Kehlsteins in 1834 Metern Höhe. Es war ein Geschenk der NSDAP zu Hitlers 50. Geburtstag, errichtet auf Anweisung Martin Bormanns. Hitler selbst besuchte das »Teehaus« so gut wie nie. Die Amerikaner schufen mit der Bezeichnung »Eagle's Nest« (Adlerhorst) für das Kehlsteinhaus einen Mythos, der Besucher aus aller Welt anlockt.

Zur Jause ins Kehlsteinhaus hoch über Berchtesgaden.

Aller Geschichte zum Trotz: Das Bergpanorama ist atemberaubend schön! Sehenswert ist auch der kleine alpine Garten mit seltenen Pflanzen aus der Bergwelt in der Nähe des Hauses. Zum Kehlsteinhaus gelangt man am besten mit dem öffentlichen Bus von Berchtesgaden aus, denn die Zufahrt zum Kehlstein ist für private Fahrzeuge gesperrt.

INFO: Obersalzberg ist ein Ortsteil von Berchtesgaden. **INFO OBERSALZBERG:** Dokumentation Obersalzberg, Salzbergstr. 41, 83471 Berchtesgaden, Tel. (086 52) 94 79 60, www.obersalzberg.de, Öffnungszeiten April–Okt. tägl. 9–17, Nov.–März Di–So 10–15 Uhr, Eintritt € 3, Kinder frei. **INFO KEHLSTEINHAUS:** Berchtesgaden, Tel. (086 52) 29 69, www.kehlsteinhaus.de.

Faszination »weißes Gold«

Salzbergwerk Berchtesgaden

Berchtesgaden, Bayern

Mitten im Berchtesgadener Land liegt die Welt des »weißen Goldes« –des Salzes. Im Salzbergwerk erfahren große und kleine Besucher alles über das wertvolle Salz der Alpen, über seine Entstehung und die Gewinnung der Sole. Fachkundige Gästeführer begleiten die Besucher auf dem geheimnisvollen Weg durch die Unterwelt. Diese Art der Besichtigung verspricht Spannung für die ganze Familie: In traditionelle Bergmannstracht gekleidet geht es über rasante Rutschen und durch dunkle Stollen auf einer Grubenbahn rund 700 Meter weit ins Innere des Berges – ein besonders aufregendes Vergnügen, vor allem für Kinder.

Die Tour führt durch ein beeindruckendes Gewölbe des stillgelegten Kaiser-Franz-Sinkwerks und vorbei an einer bunten Salzgrotte, die dem bayerischen Märchenkönig Ludwig II. gewidmet ist. 130 Meter unter der Erdoberfläche erreicht die Reise ins Berginnere ihren tiefsten Punkt. Hier steigt man um auf ein Floß und gleitet lautlos über einen stillen Salzsee, in dem sich glitzernde Salzkristalle spiegeln, untermalt von stimmungsvollen Licht- und Klangspielen. Der Salzgehalt des unterirdischen Sees ist übrigens beinahe so hoch wie der des Toten Meers!

Rutschenspaß im Salzbergwerk Berchtesgaden.

Im Salzmuseum veranschaulichen alte Grubenlampen, Werkzeuge, Geräte und Schaukästen die Bergwerksarbeit einst und heute. Wer Freude an Geschichte und Natur hat, ist hier genau richtig.

Insgesamt sollte man sich für die Besichtigung Zeit nehmen, denn allein die Führung dauert eine Stunde. Mit Kartenkauf, Einkleiden, Empfang und Rückgabe der Bergmannskleidung vergeht locker noch einmal eine weitere Stunde. Wichtig zu wissen: Unter Tage ist es nicht wärmer als zwölf Grad – vor allem für Kinder sollte man daher an warme Kleidung und festes Schuhwerk denken.

Das Gasthaus Reichenbach im ehemaligen Maschinenhaus mit Panoramaterrasse über der Königsseer Ache bietet den passenden Rahmen, um den Ausflug ausklingen zu lassen.

Info Salzbergwerk Berchtesgaden: Bergwerkstr. 83, 83471 Berchtesgaden, Tel. (086 52) 600 20, www.salzbergwerk.de, Öffnungszeiten tägl. April–Okt. 9–17, Nov.–März 11–15 Uhr, Eintritt € 17, Kinder (4–16 J.) € 9,50.

Größte Eishöhle Deutschlands

Schellenberger Eishöhle

Berchtesgaden, Bayern

Jahrtausendealtes, gefrorenes Schmelz- und Regenwasser hat hier eine faszinierende Welt aus Wasser, Eis und Felsen geformt. Prächtige Eishallen und Grotten in den Tiefen des Unterbergs laden ein zu einem unvergesslichen Abstieg. Zehn Kilometer von Berchtesgaden entfernt liegt die kleine Marktgemeinde Schellenberg zu Füßen des geheimnisvollen Unterbergs.

Hier lockt die nicht minder sagenumwobene Schellenberger Eishöhle, die sich auf 1570 Metern unterhalb des Bergmassivs Salzburger Hochthron befindet: Nach gut dreistündigem Aufstieg geht es, vorbei an vier zu blankem Eis erstarrten Wasserfällen, hinein in den einzigartigen Eispalast. Einfacher ist jedoch die Fahrt mit der Untersberg-Seilbahn von St. Leonhard im Salzburger Land, anschließend führt ein kleiner Abstieg von etwa 200 Höhenmetern hinab bis zur Höhle.

Die Schellenberger Eishöhle bei Marktschellenberg in den Berchtesgadener Alpen.

Die Eishöhle ist die einzige für Touristen erschlossene Eishöhle Deutschlands. Mit einer Eisdeckenfläche von etwa 60 000 Quadratmetern ist sie außerdem die größte in Deutschland.

Ihr Eingang befindet sich hoch über dem Boden, sodass im Winter kalte Luft einströmt und nicht mehr entweichen kann. Dadurch ist die Temperatur in der Höhle während der Schneeschmelze unter dem Gefrierpunkt und das eindringende Sickerwasser gefriert – das Eis schmilzt nur zu einem Teil ab. Durch den Wechsel von Schmelzen und Gefrieren ändern sich die Eisformen von Jahr zu Jahr grundlegend, bestimmte Eisteile weisen sogar richtige Jahresringe auf – ein imposantes Naturereignis, das dem Besucher immer wieder neue Impressionen bietet.

Absolut notwendig, sowohl für den Anmarsch als auch für die Höhle, ist eine entsprechende Ausrüstung, sind gutes Schuhwerk und warme Kleidung!

Info: Marktschellenberg liegt 10 km nördlich von Berchtesgaden. **Info Schellenberger Eishöhle:** 83487 Marktschellenberg, www.eishoehle.net, Öffnungszeiten ca. Juni–Okt. tägl. 10–16 Uhr, Eintritt nur mit stündlicher 45-min. Führung, € 8, Kinder (6–16 J.) € 4. **Info Untersbergbahn:** Talstation Dr.-Friedrich-Ödlweg 2, A-5083 Gartenau-Sankt Leonhard, Tel. +43 (6246) 724770, www.untersbergbahn.at, tägl. März, Mitte April–Okt. 8.30–17/17.30, Mitte Dez.–Feb. 9–16 Uhr, Berg- und Talfahrt € 25, Kinder (6–14 J.) € 12, **Reisezeit:** Juni–Okt.

Königlicher Urlaub

BERCHTESGADENER LAND

Berchtesgadener Land, Bayern

Schon Ludwig Ganghofer meinte: »Wen Gott liebt, den lässt er fallen ins Berchtesgadener Land.« Das schöne Fleckchen Erde im südöstlichsten Winkel Deutschlands verbindet Naturerlebnisse, historische Plätze und bayerisches Brauchtum aufs Beste. Hier suchten schon die bayerischen Könige sommerliche Entspannung. Naturschönheiten wie im Norden die Hügel des Rupertiwinkels, im Süden die hohen Gipfel des Voralpenlandes, der Watzmann oder der Nationalpark Berchtesgaden – Bergsteiger und Naturfreunde kommen hier voll auf ihre Kosten. Am mythischen Untersberg führt ein Rundweg auf die Spuren Kaiser Karls des Großen, der – einer bayerischen Legende nach – im Inneren des Bergs schlummert.

Um den Königssee, Wahrzeichen der Region, führt ein mit malerischen Ausblicken auf den tiefblauen See, den Watzmann und die Halbinsel Hirschau mit der Wallfahrtskirche St. Bartholomä gespickter Rundweg.

Hunderte Kilometer idyllischer Wanderwege warten darauf, entdeckt zu werden. Der historische Burgenpfad führt entlang der alten Wehranlagen – Zeugnisse längst vergangener Auseinandersetzungen um das »weiße Gold«, das Salz, das der Region einst Reichtum brachte. Bis heute kennt man das Bad Reichenhaller Salz auf der ganzen Welt – ein spannender Besuch in der Alten Saline oder sogar unter Tage in der Erlebniswelt des Salzbergwerks Berchtesgaden darf also keinesfalls fehlen! Auch Radfahrer kommen nicht zu kurz, denn der gesamte Landkreis ist mit einem gut ausgeschilderten Radwegenetz erschlossen.

Berchtesgaden vor dem Massiv des Watzmann.

Für Wasserratten gibt es im Rupertiwinkel den Abtsdorfer See – er ist der wärmste Moorbadesee Deutschlands. Kristallklar lockt das Wasser des Thumsees in den Bergen von Bad Reichenhall. Entspannung versprechen die Watzmanntherme in Berchtesgaden und die Rupertustherme in Bad Reichenhall.

Auch kulturell interessierten Besuchern wird im Berchtesgadener Land einiges geboten. Vereine halten bayerisches Brauchtum bis zum heutigen Tag lebendig und zeigen neben Trachten und Tänzen auch traditionsreiche Handwerkskunst. Zahlreiche Museen, die historische Altstadt der Salzachstadt Laufen oder das ehemalige Kloster am malerischen Höglwörther See sind markante Anziehungspunkte der Region. Nicht zuletzt ist auch Berchtesgaden selbst einen ausgiebigen Besuch wert, denn das königliche Schloss in Berchtesgaden mit seinem mittelalterlichen Kreuzgang aus dem 13. Jahrhundert, die Stiftskirche und andere Sehenswürdigkeiten zeugen von über 900 Jahren wechselvoller Stadtgeschichte.

INFO: Das Berchtesgadener Land bildet die Südostecke Bayerns. **INFO BERCHTESGADENER LAND:** Tourist Information Berchtesgaden, Maximilianstr. 9, 83471 Berchtesgaden, Tel. (086 52) 656 50 50, www.berchtesgaden.de.

Kunst am See

Buchheim Museum der Phantasie

Bernried, Bayern

Bernried gilt als die Schönheitskönigin am Starnberger See. Neben idyllischen Bauernhäusern, Alleen, Obstgärten und einem kleinen Kloster ist dort auch die Kunst zu Hause: im »Museum der Phantasie«, in dem u. a. die wahrhaft sehenswerte Expressionistensammlung des Schriftstellers, Verlegers und Künstlers Lothar-Günther Buchheim (1918–2007) – Autor des Bestsellers »Das Boot« – gezeigt wird. Der gebürtige Chemnitzer besaß am Starnberger See schon seit seinen Studienjahren in München ein Domizil, hier starb er auch. Betreiber des Museums ist die Buchheim Stiftung.

Schon der erste Blick auf das Museumsareal ist malerisch: Vom Parkplatz aus fällt er auf Skulpturen und Pagoden, die sich im Höhenrieder Park am Ufer des Starnberger Sees verteilen. Der Kern der legendären Buchheim-Sammlung mit Gemälden, Aquarellen, Zeichnungen und Druckgrafiken befindet sich in den nördlich gelegenen Hallen. In den beiden mehrstöckigen Türmen des Museums sind die volks- und völkerkundlichen Sammlungen und eine Ausstellung mit eigenen Werken Buchheims zu besichtigen.

Werke der Nach-Expressionisten Otto Dix und Max Beckmann, die zu den Klassikern der Moderne zählen, stehen im Zentrum der Dauerausstellung. Auch die künstlerische Entwicklung der »Brücke«-Maler Kirchner, Heckel, Pechstein und Schmidt-Rottluff ist mit Grafiken und Aquarellen dokumentiert. Außerdem kann sich der Besucher bei einem Rundgang genauso von bayerischer Volkskunst wie auch von Kunsthandwerk aus Afrika inspirieren lassen.

Das Besondere an dem Ausstellungskonzept liegt darin, dass hier Kunst präsentiert wird, die sonst nur in verschiedenen Museen zu sehen wäre. Das macht den Besuch abwechslungsreich, denn es entsteht ein spannender Dialog zwischen der Kunst der Expressionisten und ihren Inspirationsquellen aus Afrika und der Südsee. Konzerte, Lesungen, Theater, Filmvorführungen, Vorträge sorgen für lebendigen Kulturgenuss.

Kunstwerk für Fußball-Fans am Museum der Phantasie in Bernried.

In der Museumswerkstatt kann man selbst zum Künstler werden. Für bleibende Erinnerungen sorgt der Museumsshop mit Plakaten, Büchern und Souvenirs.

Info: Bernried liegt am Westufer des Starnberger Sees. **Info Buchheim Museum der Phantasie:** Am Hirschgarten 1, 82347 Bernried, Tel. (081 58) 99 70 20, www.buchheimmuseum.de, Öffnungszeiten Di–So 10–18, Nov.–März bis 17 Uhr, Eintritt € 9,50, ermäßigt € 5. Besonders schön ist die Anfahrt zum Museum mit dem Museumsschiff »Phantasie« quer über den Starnberger See (Juni–Sept.; Reservierung erforderlich unter Tel. 081 51-80 61). **Reisezeit:** Mai–Okt.

Tiefer Schluck aus flacher Flasche

Bocksbeutelstrasse

Bayern

Weine aus Franken sind in jedem Regal auf einen Blick zu erkennen: Der Bocksbeutel, eine kleine, flache, beutelartige Flasche, hat sich durchgesetzt. Für Reisefreudige stehen die fünf Routen der Bocksbeutelstraße besonders hoch im Kurs. Das Rezept ist einfach: Man nehme faszinierende Landschaften und architektonische Schätze, vermenge sie mit köstlichem Wein und kulinarischen Leckereien – und schon erhält man die Bocksbeutelstraße.

Von Würzburg aus gibt es in jeder Himmelsrichtung viel zu entdecken und zu probieren. Zur Eingewöhnung empfiehlt sich die Nordroute: Sie ist nur 55 Kilometer lang und führt in die älteste fränkische Weinstadt Hammelburg im schönen Saaletal. Unterwegs lohnt sich ein Stopp in Veitshöchheim, um den ehemaligen Sommersitz und den Rokoko-Lustgarten der Würzburger Fürstbischöfe zu besuchen.

Etwas mehr Zeit sollte man für die Westroute einplanen. Über knapp 160 Kilometer führt sie nach Aschaffenburg. Zahlreiche kleine Weinorte an der Strecke laden zu einer Einkehr ein. Kulinarische Spezialitäten wie Schäufele (Schweineschulter), fränkische Bratwürste oder Karpfen gehören ebenso zur Bocksbeutelstraße wie ein edler Tropfen, egal ob Müller-Thurgau, Silvaner oder Riesling. Harte Winter, trockene Sommer und genügend Frost geben den fränkischen Reben ihren einzigartigen Geschmack.

Seit über 1200 Jahren wird in Franken Wein angebaut. Degustiert wird oftmals direkt beim Häcker, wie die fränkischen Winzer genannt werden. Auch auf dieser Route kommt natürlich die Kultur nicht zu kurz. Die Altstadt von Miltenberg, der Perle am Main, 1237 erstmals erwähnt, ist mit ihren Fachwerkhäusern und Sandsteinbauten sehenswert.

Äußerst beliebt ist der MainRadweg von Aschaffenburg bis Volkach. Die vielen Windungen des Flusses eröffnen beim Radeln wunderbare Blicke auf eine Landschaft voller Weinberge, die steil das Maintal einbetten. Wer nur eine Teilstrecke fahren will, kann den parallel fahrenden Rad-Wander-Frankenland-Expresszug für die Rückkehr nutzen. Und wer an den zahlreichen Weinfesten im Spätsommer und Herbst rund um die Zeit der Weinlese teilnimmt, der erlebt das ursprüngliche Reise- und Weinland Franken in seiner schönsten Form.

Info: In der Region Franken gelegen. **Info Bocksbeutelstrasse:** www.bocksbeutelstrasse.de, www.fraenkisches-weinland.de, www.mainradweg.com.

Typisch für Frankenwein ist der Bocksbeutel, eine flache, bauchige Flasche.

Schloss Frankenberg in Weigenheim an der Mittelfränkischen Bocksbeutelstraße.

Mit 1024 Metern Höhe ist der Ochsenkopf der zweithöchste Berg des Fichtelgebirges.

Deutschlands größte Burg

Burg Burghausen

Burghausen, Bayern

Im Tal der Salzach, südöstlich von Altötting, liegt eine alte Stadt. Bereits 1025 wird Burghausen in einer Chronik erwähnt. Lange bestimmte der Salzhandel die Geschicke des Ortes. Über den Fluss kamen die Schiffe mit dem weißen Gold aus dem Salzburger Land. In Burghausen wurde Salz weiterverkauft zum Würzen und Konservieren von Lebensmitteln, das machte die Stadt reich. So entstand auf dem Bergrücken über der Salzach eine der beeindruckendsten Burg- und Wehranlagen Deutschlands, die mit einer Länge von mehr als einem Kilometer (1043 m) auch gleichzeitig die längste hierzulande ist. Von 1255 bis 1503 war sie die Residenz der Herzöge von Bayern, der Wittelsbacher. München, der spätere Residenzort, war damals noch ohne Bedeutung.

Wahrzeichen von Burghausen an der Salzach: die längste Burg Europas.

Über das steile Geistwirtsgassl geht es hinauf zur Burg. Begonnen im 13. Jahrhundert, wurde bis ins 16. Jahrhundert nahezu ununterbrochen an der Anlage gewerkelt. Sie besteht aus einer Hauptburg, einer äußeren Burg und fünf Vorhöfen. Ein acht Meter tiefer und 27 Meter breiter Graben trennt den inneren Schlosshof vom ersten Vorhof. Kaum noch irgendwo ist der mittelalterliche Feudalismus, die totale Klassengesellschaft mit einer kleinen Kaste der Reichen und der Masse des Volks, so deutlich versinnbildlicht. Die Fürsten im Palais residierten zwischen wertvollen Gemälden, erlesenen Möbeln und Teppichen. Heute ist die Hauptburg eine Filiale der Bayerischen Staatsgemäldesammlungen, gezeigt werden Werke aus dem süddeutschen Raum und Österreich; besonders beachtenswert sind die gotischen Tafelbilder.

Die Burgkapelle St. Elisabeth besitzt das schönste Netzgewölbe Bayerns. Im Kemenatenbau mit Blick auf den Wöhrsee lebten die Herzoginnen, die von ihren Gemahlen abgeschoben worden waren, mit ihrem Hofstaat. Die fünf Vorhöfe waren für verschiedene Funktionen vorgesehen, von der Waffenkammer über den Kerker bis zur Geschichtsschreiberstube. Die Bauten und Befestigungswerke wurden über einem auf drei Seiten steil abfallenden Bergrücken platziert. Darunter liegt das Landschaftsschutzgebiet Wöhrsee, ein ideales Gelände für Spaziergänge und Erholung.

Info: Burghausen liegt 115 km östlich von München. **Info Burghausen:** Burghauser Touristik GmbH, Stadtplatz 99, 84489 Burghausen, Tel. (086 77) 88 71 40, www.visit-burghausen.com.

Ragtime und Swingpiano

Jazzwoche Burghausen

Burghausen, Bayern

Die Namen der Großen sind für immer auf in Stein gefasste Metallplatten in Burghausen verewigt. Ella Fitzgerald sang hier, Count Basie griff zur Trompete und Albert Mangelsdorff, bis zu seinem Tod der bedeutendste deutsche Jazzer, gab das Blechinstrument über Stunden nicht mehr aus der Hand. Zu den prominenten internationalen Gästen gehörten auch Dizzie Gillespie, Teddy Wilson und Sam Woodward. Sie haben den Ort an der Salzach zum Swingen gebracht, der Groove sorgte für eine ausgelassene Stimmung. Burghausen im tiefsten Bayern ist so etwas wie das Heiligtum der deutschen Jazzszene, wer hier auftritt, hat Zugang in die Hall of Fame.

Joe Viera, ein bekannter Professor für zeitgenössische Musik, und sein Mitstreiter Helmut Viertel gründeten die Interessengemeinschaft Jazz Burghausen: Einen Verein, bei dem es nur um die Musik geht, die unter den Nationalsozialisten noch als »Negermusik« diffamiert wurde und die erst richtig nach dem Zweiten Weltkrieg in Deutschland ankam. Seit 1970 findet jedes Frühjahr in Burghausen die Internationale Jazzwoche statt.

Auftritt von Jamie Cullum bei der Internationalen Jazzwoche in Burghausen (2014).

Die beiden Kristallisationspunkte des musikalischen Geschehens sind der Stadtsaal und der Jazzkeller, beide direkt an der Salzach gelegen. Daneben stehen aber auch Freiluftkonzerte in der gesamten Altstadt auf dem Programm. Sogar auf Plätten, den einstigen Salzkähnen, hat man schon muntere Formationen mit Saxophon, Klarinette, Gitarre, Posaune, Bass, Percussion und Schlagzeug gesehen.

Das Jahr über bietet die IG Jazz Burghausen Jazzkurse an, sie werden im attraktiven Mautnerschloss in der Altstadt abgehalten. Auch Sonderkurse für bestimmte Instrumente, für Rhythmik, Harmonik, Improvisation und Arrangement sowie stimmlichen Feinschliff können belegt werden. Hunderte von deutschen Nachwuchsmusikern haben hier ihre Ausbildung absolviert, sogar mit Stipendien und Geld für die Anschaffung von Instrumenten, unterstützt vom Verein zur Förderung zeitgenössischer Musik. Sie spielen regelmäßig auf zur Internationalen Jazzwoche, zum Jazz-Herbst und in Jazz-Nights im Sommer. Ein Eldorado für Jazz-Liebhaber.

Info Jazz Burghausen: Kanzelmüllerstr. 94, 84489 Burghausen, Tel. (086 77) 916 46 30, Tickethotline Tel. (086 77) 91 64 63 33, www.b-jazz.com. **Reisezeit:** Zur Internationalen Jazzwoche im März.

Auf dem Wasser wird der Marsch geblasen

Plättenfahrt mit dem Floss auf der Salzach

Burghausen, Bayern

Rustikal geht es zu bei der Schiffsfahrt flussabwärts durch das romantische Salzachtal. Der fahrbare Untersatz auf der Salzach ist kein schicker Ausflugsdampfer, sondern ein Plättenboot. Plätten nannte man die geräumigen mittelalterlichen Kähne mit flachem Boden, die das weiße Gold nach Bayern transportierten, das Salz. Sie kamen aus dem heute österreichischen Hallein und von Bad Reichenhall her und wurden von den Händlern dringend erwartet. Salz war über Jahrhunderte ein großes Geschäft, man brauchte es nicht nur zum Würzen, sondern mehr noch zum Konservieren der Lebensmittel. Heute haben wir dafür den Kühlschrank.

Die historischen Plättenkähne existieren nicht mehr, die Wassertour wird mit Nachbauten gemacht, die sich aber in den Maßen und der Ausstattung genau an die originalen Vorbilder halten. Nur der Motor ist ein Tribut an die Neuzeit. Es ist entspannend auf der Plätte, ein sanftes Treiben vorbei an Auen, Orten, Wäldern, Mühlen und Kirchen, die sich an die Ufer schmiegen. Wasservögel sind zu sehen, Angler, die ihre Ruten in den Fluss halten und mit verhängtem Blick die Plätte taxieren, Wanderer und Liebespaare.

Die Schönheit der weithin unberührten Natur wirkt unmittelbar, man erlebt die Ursprünglichkeit dieser einzigartigen Flusslandschaft. Bei der Einfahrt in Burghausen eröffnet sich der spektakuläre Blick auf die weltlängste Burg und die Altstadt. Dazu erzählt der historisch gewandete Salzachschiffer G'schicht'n von der guten alten Zeit, als seinesgleichen noch mit Ruder und Stecken die kostbare Fracht sicher zum Abnehmer beförderte. In Bayern werden Plättenfahrten gern zu Geburtstagen und Hochzeiten oder anderen besonderen Anlässen verschenkt. Jubilar oder Braut und Bräutigam wird die Heimat vorgeführt.

Eine Plättenfahrt auf der Salzach zeigt Burghausen aus einer schönen Perspektive.

Besonders festlich sind musikalische Plättenfahrten, etwa als Jazz-Frühschoppen oder mit bayerischer »Danzlmusik«. Da wird einem auf dem Wasser kräftig der Marsch geblasen. Die Wasservögel allerdings machen sich dann auf und davon.

Info Plättenfahrt: Anmeldung bei der Burghauser Touristik erforderlich, der Plättenbus bringt Besucher nach Tittmoning und holt sie von Burghausen wieder ab, die Plättenfahrt dauert 1,5 Std., Ticket € 17, Musikfahrten und Plätten-G'schicht'n € 20, Kinder € 10. **Reisezeit:** Mai–Sept.

Das Bayerische Meer

Chiemsee

Bayern

Nachdem Ludwig II., auch bekannt als Bayerns Märchenkönig, Frankreich bereist und Versailles gesehen hatte, stand für ihn fest: Ein zweites Versailles muss her. Gebaut werden sollte es auf der Insel Herrenwörth im Chiemsee, die der König 1873 erwarb, heute meist Herreninsel oder Herrenchiemsee genannt. Der Rohbau der Dreiflügelanlage war 1881 fertiggestellt – dann stockte das Projekt wegen fehlender Finanzen. Übrig blieb von der Utopie ein Torso mit der grandiosen Spiegelgalerie, die sich 98 Meter über die gesamte Gartenfront zieht und länger ist als die von Versailles. Wir wissen nicht, wie oft der König sich in dieser Pracht träumerisch inszenierte, was ihm durch den Kopf ging, als er durch sein »Versailles« lief, das so ausgestattet ist wie das französische Vorbild. Der zur Einsamkeit neigende Ludwig II. starb 1886, bald nach dem Scheitern seines ehrgeizigen Bauprojekts. Besucher können den unvollendeten Größenwahn im Rahmen einer Führung kennenlernen. Im Südflügel ist das traurige Leben des depressiven Monarchen ausführlich dokumentiert.

Auf Herrenchiemsee steht auch das Alte Schloss, zuvor war es ein Kloster (765). Im Bibliotheks- und Kaisersaal zeigen die Bayerischen Staatsgemäldesammlungen Bilder von Malern, die den See besucht haben. Beliebt sind Restaurant und Biergarten des Schlosshotels.

Schloss Herrenchiemsee: Blick vom Gartenparterre auf die Hauptfassade.

Der Chiemsee, mit 82 Quadratkilometern größter bayerischer See, lockt zur Sommerfrische mit Dampferausflügen, zum Baden und Segeln, zu Wassersport und Kneippkuren. Romanische Kirchen, barocke Dörfer, eine alte Bauernlandschaft und Museen mit Trachtenstuben und Hinterglasbildern prägen die Gegend. Obwohl das Gewässer ein Touristenmagnet ist, erscheint die Landschaft noch urwüchsig, sie zieht sich bis hinein ins Deltagebiet der Tiroler Ache, die in den Chiemsee mündet. Ein 60 Kilometer langer Rundweg ermöglicht Erkundungen zu Fuß oder per Rad.

Auf der Fraueninsel fühlt sich der Besucher wie in einer anderen Welt. Das Marienmünster ist von einem Bauerngarten umgeben, Benediktinerinnen wandeln in stiller Versenkung. Herzog Tassilo stiftete das Kloster um 770, die Kirche wurde 782 geweiht. Ludwig der Deutsche baute es zur königlichen Pfalz aus. Seine Tochter Irmengard war 866 die erste namentlich bekannte Äbtissin, die sterblichen Überreste der Seliggesprochenen ruhen hinter dem Hochaltar in einer Kapelle.

Info: Der Chiemsee liegt ca. 80 km östlich von München. **Info Chiemsee:** Chiemsee-Alpenland Tourismus, Felden 10, 83233 Bernau, Tel. (080 51) 96 55 50, www.chiemsee-alpenland.de, Führungen im Schloss Herrenchiemsee tägl. April–Ende Okt. 9–18, Ende Okt.–März 10–16.45 Uhr, Gesamtkarte Insel (ohne Schifffahrt) € 11, bis 17 J. frei. **Reisezeit:** April–Mitte Okt.

Burgfräulein trifft Sambatänzerin

Veste Coburg

Coburg, Bayern

Gemeinhin sind die Franken nicht unbedingt für ihre Affinität zu exotischen Tänzen, heißen Rhythmen und treibenden Trommelschlägen bekannt. Einmal im Jahr jedoch verwandelt sich das oberfränkische Coburg in ein kleines Rio de Janeiro: Seit 1992 findet hier jeweils am zweiten Juliwochenende das größte Samba-Festival außerhalb Brasiliens statt.

Das privat organisierte Spektakel zieht mittlerweile mehr als 3000 in- und ausländische Sambistas sowie rund 200 000 Besucher an und verwandelt sämtliche Plätze, Bars, Restaurants, Straßen und Gassen der Stadt ein Wochenende lang in einen exotischen Hexenkessel. Den großen Abschluss des Festivals bilden zwei Samba-Züge durch die Straßen der historischen Coburger Altstadt.

Wer nach dem südamerikanischen Trubel noch mittelalterliches Flair sucht, der sollte die hoch über der Stadt gelegene Veste Coburg besichtigen. Die auch »Fränkische Krone« genannte Burganlage ist eine der besterhaltenen und größten in Deutschland. Aus fast 500 Metern Höhe bietet sich dem Besucher ein fantastischer Blick vom Thüringer Wald bis zum Fränkischen Jura, zur Rhön, zum Frankenwald und zum Fichtelgebirge.

Innerhalb der gewaltigen mittelalterlichen Gemäuer der Veste befinden sich einige kunst- und kulturgeschichtliche Sammlungen, die zu den bedeutendsten Deutschlands zählen. So können neben zahlreichen Jagd- und Schützenwaffen und den ältesten erhaltenen Kutschen der Welt auch Kunstwerke von Lucas Cranach d. Ä., Lucas Cranach d. J., Hans Holbein und Albrecht Dürer sowie Plastiken von Tilman Riemenschneider bewundert werden. Ewas Besonderes ist die Coburger Pietà, die 1360 bis 1370 in Franken oder Thüringen entstand. Sie wurde 1911 auf dem Dachboden der Pfarrkirche in Scheuerfeld entdeckt und ist eine der wenigen erhaltenen Kunstreliquien aus dieser Zeit.

Auch die »Fränkische Krone« genannt: Veste Coburg.

Ein Highlight sind außerdem die beiden Lutherzimmer, in denen der Reformator 1530 ein halbes Jahr lebte und an seiner Bibelübersetzung arbeitete.

Info: Coburg liegt 110 km nördlich von Nürnberg. **Info Samba-Festival:** Sambaco GmbH, Rodacher Str. 44, 96450 Coburg, Tel. (095 61) 70 53 70, www.samba-festival.de. **Info Veste Coburg:** Coburg, Öffnungszeiten April–Okt. tägl. 9.30–17, Nov.–März Di–So 13–16 Uhr. **Info Kunstsammlungen der Veste Coburg:** Tel. (095 61) 879 79, www.kunstsammlungen-coburg.de, Eintritt € 8, ermäßigt € 2, Führungen nach vorheriger Anmeldung. **Reisezeit:** Im Juli.

Eine Fahrt durch eine Bilderbuchlandschaft

Deutsche Alpenstrasse

Bayern

Die Deutsche Alpenstraße ist eine der ältesten und schönsten Strecken Europas. Sie windet sich ausgehend von Lindau am Bodensee entlang der Bayerischen Alpen, der wunderschönen natürlichen Grenze zwischen Deutschland und Österreich. Die Strecke von über 480 Kilometern östlich des Bodensees gewährt den Reisenden Einblick in eine der schönsten Regionen Deutschlands. Sie führt vorbei an altertümlichen Schlössern, malerischen Gasthöfen und Bergdörfern aus Häusern, die mit aufwendiger Malerei verziert sind, der sogenannten Lüftlmalerei.

Eine bayerische Ikone an der Deutschen Alpenstraße: die Wallfahrtskirche St. Bartholomä am Königssee bei Berchtesgaden.

Als Zwischenstopp bietet sich Garmisch-Partenkirchen an, das 1936 die Olympischen Winterspiele ausrichtete und Deutschlands höchsten Berg, die Zugspitze, beheimatet. Es ist ein leichter Aufstieg zum 2962 Meter hohen Gipfel des Berges, der atemberaubende Aussichten bietet.

Für die Deutsche Alpenstraße gibt es keinen besseren Abschluss als den Königssee bei Berchtesgaden. Da der See fast komplett vom Watzmanngebirge umgeben ist, lässt er sich am besten (und zugleich am schönsten) per Boot bewundern. Die Ruhe des tiefen Sees wird von den elektrischen, leisen Booten kaum gestört, wenn sie Besucher an der Kirche Sankt Bartholomä absetzen.

Sankt Bartholomä wurde erstmals im 11. Jahrhundert erbaut und etwa 600 Jahre später neu errichtet. Mit dem Königssee als Hauptattraktion ist dieser wunderschöne Fleck Deutschlands, der sich bis nach Österreich erstreckt, das Herzstück des Nationalparks Berchtesgaden. Auf dem 193 Kilometer langen Netz von Wanderwegen finden sich zahlreiche Berghütten mit Restaurants und in der gesamten Region bieten Gasthäuser und Pensionen Zimmer an.

Info: Die Alpenstraße ist 450 km lang, führt vom Bodensee bis nach Schönau am Königssee. **Info Deutsche Alpenstrasse:** Bayerische Fernwege e.V./Deutsche Alpenstraße, c/o Alpin Consult, Siedlerstr. 10, 83714 Miesbach, Tel. (080 25) 924 49 52, www.deutsche-alpenstrasse.de. **Reisezeit:** Zum Wandern im Frühsommer und September.

Schönste Hallenkirche Deutschlands

MÜNSTER ST. GEORG

Dinkelsbühl, Bayern

Die laut Kunsthistoriker Georg Dehio »schönste Hallenkirche Süddeutschlands« erblickt man schon von Weitem. Wer die dreischiffige Kirche von St. Georg betritt, ist beeindruckt. Zum einen von der imponierenden Größe: Das Kirchenschiff misst rund 77 Meter in der Länge, 23 Meter in der Breite und 21 Meter in der Höhe. 22 freistehende und 27 Wandpfeiler geben dieser einzigartigen Halle die nötige Standfestigkeit. Hinzu kommt die helle und warme Ausstrahlung, die nicht nur durch die 26 spätgotischen, prachtvollen Kirchenfenster erzeugt wird, sondern auch durch den verwendeten Sandstein, der das Innere in einen freundlichen Farbton taucht. Vor dem Münster hat man dem bekannten Dinkelsbühler Theologen Christoph von Schmid ein Denkmal gesetzt: Er schrieb u. a. den Text des Weihnachtsliedes »Ihr Kinderlein kommet«.

Das Dinkelsbühler Münster beeindruckt mit prächtiger Ausstattung.

Das Münster St. Georg erhielt am 17. Oktober 1488 die Weihe durch Bischof Ulrich von Augsburg. Es war der allseits sichtbare und architektonisch krönende Abschluss in der Blütezeit der Reichsstadt Dinkelsbühl. Die Pracht des Äußeren findet auch im Inneren ihr ebenbürtiges Pendant. Der neugotische Hochaltar beispielsweise aus dem Jahre 1892 mit der figurenreichen Schreintafel, die schmuckvoll verzierte Sandsteinkanzel oder der gotische Taufstein auf seinem Löwensockel faszinieren allein durch die Kunstfertigkeit der Arbeit. Herausragend ist auch das spätgotische Sakramentshaus, das mit filigranster Steinmetzarbeit überzogen und üppig mit Engeln, kleinen Hunden und Löwen geschmückt ist. Ebenfalls sehenswert ist das einzigartige Vesperbild unter dem von Säulen getragenen Sterngewölbe. Die Bezeichnung »Vesperbild« ist zurückzuführen auf die Annahme, dass Maria ihren toten Sohn am Karfreitag zur Vesperzeit auf den Schoß genommen habe.

Wer über eine gute Kondition verfügt, der sollte auf jeden Fall die über 200 Stufen zur Aussichtsplattform des romanischen Turms, der das Westportal des Münsters bildet, in Angriff nehmen. Der Turm wurde zwischen 1220 und 1230 – also lange vor dem eigentlichen Kirchenbau – als Teil einer Vorgängerkirche errichtet und gewährt in luftiger Höhe einen freien Ausblick auf die schöne Altstadt von Dinkelsbühl.

INFO: Dinkelsbühl liegt ca. 100 km südwestlich von Nürnberg. **INFO MÜNSTER ST. GEORG:** Marktplatz, 91550 Dinkelsbühl, www.st-georg-dinkelsbuehl.de und www.tourismus-dinkelsbuehl.de, Öffnungszeiten Sommerzeit 9–19, Winterzeit 9–17, Turmbesteigung Mai–Okt. Fr–So 14–17 Uhr, nur bei schönem Wetter. Kirchenführungen nur auf Anfrage während der Öffnungszeiten. **REISEZEIT:** Mai–Okt.

Ehre, wem Ehre gebührt

WALHALLA

Donaustauf, Bayern

Ein wenig hatte der deutsche Ruhm schon gelitten, nach der Niederlage gegen die Franzosen 1807. Daher wollte König Ludwig I. von Bayern alle »rühmlich ausgezeichneten Teutschen« an einem Ort versammeln. Zumindest die wohlverdiente Erinnerung an sie. Bis zur Umsetzung seiner Idee sollten aber noch 23 Jahre vergehen. Erst 1830 wurde der Grundstein zur Walhalla gelegt. Der Name kommt aus der germanischen Mythologie; Walhall ist der Ort, an dem die gefallenen Krieger wohnen. Errichtet wurde die Walhalla weithin sichtbar auf einem Donauberg nahe Regensburg. Auch die Architektur sollte dem Ruhm und der Ehre der Großen »teutscher Zunge« würdig sein, Vorbild des Ruhmestempels war die Akropolis hoch über den Dächern von Athen. Die Ausführung oblag Leo von Klenze, einem der bedeutendsten Architekten des Klassizismus, dem Haus- und Hofarchitekten Ludwigs.

Ruhmestempel deutscher Geistesgrößen: die Walhalla bei Donaustauf.

Wie bei ihrem mythologischen Vorbild muss auch der Besucher der Walhalla erst einige Mühen hinter sich bringen, bis er den großen Deutschen gegenübersteht. Um nach den fast 270 Stufen von der Donau hoch wieder zu Atem zu kommen, lohnt sich das Verweilen am Eingang. Der Blick in das Tal ist wunderschön und zeigt, dass Ludwig sich einen ganz besonderen Platz für seine Ruhmeshalle ausgesucht hat.

Schon beim Eintritt umwehen Geschichte, Ruhm und Pracht den Besucher. Sowohl auf dem Boden als auch an den Wandflächen finden sich Ornamente aus mehrfarbigem Marmor. Die herrschaftliche Architektur verleiht dem Raum ein besonderes Flair. Sechs Siegesgöttinnen tragen das Dach.

Die 127 Büsten und 64 Tafeln von Persönlichkeiten aus der Kultur- und Zeitgeschichte sind selbstverständlich auch aus edlem Gestein. Peter Henlein, der Erfinder der Taschenuhr, ist hier ebenso zu finden wie Konrad Adenauer, Johann Wolfgang von Goethe oder Sophie Scholl von der Widerstandsgruppe »Weiße Rose« aus dem Dritten Reich.

Jeder Bürger hat das Recht, Neuaufnahmen vorzuschlagen, und zwar frühestens 20 Jahre nach dem Tod der in Betracht kommenden Person. Beantragt werden Neuaufnahmen beim Bayerischen Staatsministerium für Wissenschaft, Forschung und Kunst in München. Die Kosten für die Anfertigung und Aufstellung der Büste müssen allerdings vom Antragsteller übernommen werden.

INFO: Die Walhalla liegt ca. 10 km östlich von Regensburg. Fahrgastschiff ab Regensburg, Steinerne Brücke, Infohotline Tel. (0941) 52104. **INFO WALHALLA:** Bayerische Schlösserverwaltung, Walhallastr. 48, 93093 Donaustauf, Tel. (094 03) 96 16 80, www.schloesser.bayern.de, Öffnungszeiten tägl. April–Okt. 9–18, Nov.–März 10–12 und 13–16 Uhr, Eintritt € 4,50, ermäßigt € 4, Kinder und Jugendliche in Begleitung Erwachsener frei. **REISEZEIT:** April–Sept.

Der Berg ruft

ERLANGER BERGKIRCHWEIH

Erlangen, Bayern

Erlangen ist eine ruhige Stadt mitten in Bayern mit einer bedeutenden Universität und bekannt vor allem als ein Sitz der Siemens-Gruppe. Ein Mal im Jahr jedoch wird das muntere, aber doch eher beschauliche Leben in Erlangen auf den Kopf gestellt. Dann, wenn der Berg ruft! Die Bergkirchweih, von Einheimischen schlicht »Berg« (fränkisch, sprich »Berch«) genannt, findet bereits seit dem Jahr 1755 in der Pfingstzeit statt und lockt Jahr für Jahr rund eine Million Besucher aus ganz Deutschland ins mittelfränkische Erlangen.

Ungeachtet der Münchner »Wiesn« oder des Hamburger »Dom« ist die Bergkirchweih nicht nur eines der ältesten Volksfeste Deutschlands, sondern – zumindest für die Einheimischen – auch das schönste, und gilt in der Region mittlerweile als die fünfte Jahreszeit. Freunde des Volksfestes und geselligen Biertrinkens in launiger Atmosphäre kommen bei der jährlichen Bergkirchweih voll auf ihre Kosten – hier wird gesungen, getrunken, gegessen, getanzt und gelacht!

Jeweils am Donnerstag vor Pfingsten beginnt das von den Erlangern stets mit großer Vorfreude erwartete Spektakel um 17 Uhr mit dem Anstich durch den Oberbürgermeister und endet zwölf Tage darauf abends mit dem Fassbegräbnis in dem Bierkeller, in dem dann im folgenden Jahr der Anstich stattfindet.

Besonders die Erlanger Studenten strömen seit je in Scharen zum »Berg«. So gab es bis 1998 an der Erlanger Universität während der Bergkirchweih sogar einwöchige Ferien (»Bergferien«). Neben zahlreichen Bierkellern mit Ausschank und Bierbänken unter alten Kastanien, Linden und Eichen gibt es natürlich die für ein anständiges Volksfest obligatorischen Schieß- und Losbuden, Karussells und Fahrgeschäfte und natürlich das Riesenrad.

Auf rund einem Kilometer Länge zieht sich das Festgelände am Hang des Erlanger Burgbergs entlang und wird so mit rund 11 000 fest installierten Sitzplätzen im Schatten der alten Bäume ein Mal im Jahr zum größten Biergarten Europas.

INFO: Erlangen liegt ca. 20 km nördlich von Nürnberg. **INFO ERLANGER BERGKIRCHWEIH:** www.der-berg-ruft.de, 12 Tage um Pfingsten, tägl. 10–23, So/Fei schon ab 9.30 Uhr. **REISEZEIT:** Während der Pfingstfeiertage.

Hochbetrieb auf der Erlanger Bergkirchweih.

Opulenter Witwensitz

Markgräfliches Schloss Erlangen

Erlangen, Bayern

Das fränkische Erlangen präsentiert sich in seinem historischen Kern zunächst als charmante, durchaus lebendige und gepflegte, nostalgisch anmutende Provinzstadt mit einer Reihe etwas verblichener barocker Prachtbauten. Wer jedoch meint, hier liefen die Uhren langsamer als anderswo, der irrt gewaltig, denn die zweitgrößte Universitätsstadt Bayerns nimmt mit ihren naturwissenschaftlich-technischen Forschungsstätten in der Zusammenarbeit mit weltweit agierenden Unternehmen eine weit über Deutschland hinausgehende Spitzenposition ein.

Die wichtigste Sehenswürdigkeit der Stadt ist das Markgräfliche Schloss. Den äußerlich eher schlicht wirkenden lang gestreckten, dreigeschossigen barocken Repräsentationsbau schenkte Markgraf Christian Ernst 1703 seiner dritten Ehefrau Elisabeth Sophie als Witwensitz. Nachdem viel später, am 14. Januar 1814, ein verheerender Großbrand weite Teile der Anlage vollständig vernichtet hatte, entschied man sich für einen etwas nüchternen Wiederaufbau. Eingezogen ist die Verwaltung der Universität. Der Schlossgarten an der Rückseite der Residenz wurde ursprünglich im französischen Stil angelegt, dann aber gegen Ende des 18. Jahrhunderts zu einem englischen Landschaftsgarten umgestaltet. Hier findet jeden Sommer eines der größten Gartenfeste Europas statt. Auch in das im Süden des Schlossgartens gelegene Kollegienhaus ist die Universität eingezogen.

Als Ausdruck ihres Danks für die Aufnahme in Erlangen ließen die Hugenotten ihrem Landesfürsten den barocken Hugenottenbrunnen hinter dem Schloss errichten. Vergleichbar einer Pyramide aus Stein mit der Reiterstatue des Markgrafen als Abschluss sieht man 45 Figuren. Dargestellt sind neben antiken Gottheiten die französischen Flüchtlinge.

Info Erlangen: Tourist Information Erlangen, Goethestr. 21 A, 91054 Erlangen, Tel. (091 31) 895 10, www.erlangen.de.

Westfassade des Markgräflichen Schlosses am Schlossplatz in Erlangen.

Unter dem Himmel der Benediktiner

Benediktinerabtei Ettal

Ettal, Bayern

Sanfte Berggipfel umgeben die hohen Mauern des Klosters Ettal. Die Kirche der Benediktinerabtei gehört zu den schönsten Werken des bayerischen Rokoko. Nach dem Kunstgenuss schmecken das Ettaler Bier und die Klosterliköre.

Die Benediktinermönche, die 900 Meter hoch in den Alpen nahe Garmisch-Partenkirchen und Oberammergau nach den Gesetzen ihres Ordens leben – »ora et labora«, bete und arbeite –, haben das Kloster zu einem florierenden Wirtschaftsunternehmen gemacht.

Weithin bekannt sind Likördestillerie und Brauerei. Seit 600 Jahren komponieren die Patres feine Liköre nach überlieferten Rezepten – der »Original Ettaler Kloster Liqueur« hat Abnehmer in der ganzen Welt. »Benediktiner Trunk« und »Kloster Dunkel« – seit dem 16. Jahrhundert von den Ettaler Benediktinern gebraut – sind begehrte Biersorten. Weitere Gewerbebetriebe mit insgesamt 160 Mitarbeitern sind ein Hotel, ein Kunstbuchverlag, eine Schaukäserei und ein Souvenirladen. Die Haupttätigkeit der Mönche ist jedoch die Ausbildung der Schüler des klostereigenen Internats.

Kaiser Ludwig der Bayer wollte mit der Stiftung des Klosters eine Trumpfkarte im Streit mit dem Avignoner Papst Johannes XXII. ausspielen, indem er seine Frömmigkeit unter Beweis stellte. 1370 wurde der zwölfeckige Kirchenbau geweiht. Ein aus Pisa mitgebrachtes Marienbild, die sogenannte »Ettaler Madonna«, wurde bald zum Ziel von Wallfahrten.

Um dem Andrang von Menschen gerecht werden zu können, wurde die Kirche im 18. Jahrhundert umgebaut – im Geschmack des Hochbarock. Der Münchner Hofarchitekt Enrico Zucalli und der Wessobrunner Künstler Joseph Schmuzer arbeiteten bis 1762 nacheinander an der Komposition in Weiß und Gold.

»Horror vacui«? Das Benediktinerkloster Ettal im Graswangtal.

Das Kuppelfresko mit über 400 Einzelfiguren ist ein Werk von Johann Jakob Zeiler, der die Betrachter in den Erlösung verheißenden Himmel entführen will.

Info: Ettal liegt etwa 85 km südwestlich von München. **Info Benediktinerabtei Ettal:** Kaiser-Ludwig-Platz 1, 82488 Ettal, Tel. (088 22) 740, www.kloster-ettal.de, Öffnungszeiten tägl. 8–18, im Sommer bis 19.45 Uhr.

Von der Jagdhütte zum Schloss

Schloss Linderhof

Ettal, Bayern

»Ein ewig Rätsel will ich bleiben mir und anderen«, so schrieb König Ludwig einst seiner Erzieherin, und dieses Rätselhafte fasziniert die Menschen noch heute. Der Dichter Paul Verlaine nannte Ludwig II. den »einzigen wahren König dieses Jahrhunderts«. Der menschenscheue Träumer, das Gegenbild eines Bürgerkönigs, ist in Bayern noch heute als »der Kini« präsent und wird als Idol verehrt. Seine Schlösser, die nie ein Fremder betreten sollte, wurden seit seinem Tode von mehr als 50 Millionen Menschen besucht.

Sie sind steinerne Zeugen der idealen Gegenwelt, die Ludwig II. sich in seiner Abwendung von der Gegenwart errichtete. Nachdem er 1864 zum König gekrönt wurde, hatte er auch für Schloss Linderhof große Träume. Neben der exotischen Welt des Orients und der ritterlich-romantischen Epoche des Mittelalters war es der glanzvolle Hof der Bourbonen, der Ludwig II. in seinen Bann gezogen hatte. In der Ortschaft Linderhof wünschte sich der König den Nachbau der Schloss- und Gartenanlage von Versailles, der prachtvollen Residenz des Sonnenkönigs Ludwig XIV. Das Landhaus Linderhof war ein zum Militärfohlenhof Schwaiganger gehörendes landwirtschaftliches Anwesen nahe Ettal. Doch die von Carl von Effner 1868 in einem ersten Plan entworfene, stark verkleinerte Version der Versailler Gartenanlage konnte in dem engen Tal nicht realisiert werden (ihre Länge betrug immerhin noch etwa 1,2 km).

Märchenschloss des »Kini« – Schloss Linderhof bei Ettal.

Noch in der Planungsphase ließ Ludwig II. das Försterhaus, nun als Königshäuschen bezeichnet, zum angenehmeren Aufenthalt während der Bauabwicklung renovieren und erweitern. Er kannte das Gebäude, da er es als Kronprinz bei Jagdausflügen mit seinem Vater genutzt hatte. Vor dem zunächst noch in Holz ausgeführten Arbeits- und Speisezimmer entstanden ab 1872 auch die ersten beiden Gartenpartien, das heutige Ost- und Westparterre.

Erst als Ludwig 1873 die Insel Herrenwörth im Chiemsee erworben und das Versailles-Projekt dorthin verlagert hatte, entwickelte sich aus diesem Provisorium die Schloss- und Gartenanlage, wie sie heute noch Bestand hat. Linderhof ist der einzige größere Schlossbau, den Ludwig II. vollendet erlebte.

Info: Ettal liegt etwa 85 km südwestlich von München. **Info Schloss Linderhof:** Schloss- und Gartenverwaltung, Linderhof 12, 82488 Ettal, Tel. (088 22) 92 03 49, www.schlosslinderhof.de, Öffnungszeiten tägl. April–Mitte Okt. 9–18, Mitte Okt.–März 10–16.30 Uhr, Eintritt € 8,50, ermäßigt € 7,50, im Winter € 7,50, ermäßigt € 6,50 (Parkbauten geschl.).

Naturbühne und Felsenlabyrinth

LUISENBURG

Fichtelgebirge, Bayern

Das größte Felsenlabyrinth Europas wurde 1820 bereits von Goethe beschrieben, der sich zum Zwecke naturwissenschaftlicher Studien in der Region befand. Heute ist es nicht nur ein beliebtes Ausflugsziel, sondern auch Austragungsort der jährlichen Luisenburg-Festspiele in Deutschlands ältestem Freilichttheater.

Riesige Felsbrocken prägen das Bild dieses 300 Millionen Jahre alten Felsenmeeres aus Granitblöcken, das inmitten des Fichtelgebirges von Schluchten und Höhlen umgeben ist. Die einzigartige Landschaftskulisse können Besucher auf einem Rundweg erkunden, der durch schmale Felsenschluchten zu Rastplätzen mit atemberaubenden Aussichten führt. Der höchste Punkt befindet sich auf dem Bundesstein, auf dem auch das Labyrinth-Kreuz steht. Der Weg führt weiter durch das einmalige Felsengewirr und lässt einen sicher wieder hinausfinden.

Der Goethefelsen und die Klingergrotte sind nur zwei der bizarren Felsformationen, die über Millionen von Jahren durch Erosion und Verwitterung entstanden sind. Nicht umsonst wurde diese natürliche Attraktion mit dem Gütesiegel »Bayerns schönste Geotope« geehrt und in die Liste der 77 von Deutschland ausgezeichneten »Nationalen Geotope« aufgenommen.

Bekannt ist das Naturdenkmal jedoch nicht zuletzt wegen der Festspiele, die dort alljährlich auf einer von Felsen eingerahmten Naturbühne veranstaltet werden. Sie haben eine lange Tradition, denn bereits im späten 17. Jahrhundert wurden die Felsen von Schülern für Aufführungen genutzt. Dank der guten Akustik des Ortes wurde er bald auch beliebt für Sängerfeste und bereits 1804 schuf man das heutige Festspielgelände. 1914 gab es erstmals Darbietungen mit professionellen Schauspielern. Benannt ist die Anlage übrigens nach der preußischen Königin Luise, die 1805 mit ihrem Mann zu Besuch im Fichtelgebirge war und begeistert das Felsenlabyrinth erkundete.

Felsenmeer im Fichtelgebirge: das Luisenburg-Felsenlabyrinth.

INFO: Nahe der Stadt Wunsiedel im Zentrum des Fichtelgebirges gelegen. **INFO LUISENBURG:** Tourist Information, Jean-Paul-Str. 5, 95632 Wunsiedel, Tel. (092 32) 60 21 62, www.wunsiedel.de, Öffnungszeiten tägl. Ende März–Mitte Nov. 8.30–18, Juni–August bis 19 Uhr, Eintritt € 4,50, ermäßigt € 2. **INFO FESTSPIELE:** www.luisenburg-aktuell.de.

Wahrzeichen und kulturelles Zentrum

Kloster Waldsassen

Fichtelgebirge, Bayern

Waldsassen selbst bezeichnet das Kloster als historische Keimzelle der Stadt. Die Ursprünge des Ensembles aus Abtei, Klosterkirche und Stiftsbibliothek liegen im 12. Jahrhundert: Gegründet 1133 vom Markgrafen Diepold III. von Vohburg, erhielt das Zisterzienserkloster 1147 die Reichsunmittelbarkeit und begann eine rege wirtschaftliche Tätigkeit. Zahlreiche Kriege sowie die Säkularisation Bayerns sorgten für eine wechselvolle Geschichte, in der das Kloster mehrfach aufgelöst wurde.

Heute zieht die Anlage viele Tausend Besucher jährlich an, vor allem mit der weltberühmten Bibliothek. Ihr Saal gilt als kunsthistorisch besonders wertvoll. Er entstand in den Jahren 1689 bis 1726 und repräsentiert den Übergangsstil zwischen Hochbarock und Rokoko.

Die Stiftsbasilika – Wahrzeichen von Waldsassen.

Unter den zahlreichen künstlerischen Kleinoden der Bibliothek stechen die lebensgroßen Holzfiguren des Bildhauers Karl Stilp hervor, welche die Empore des Bibliothekssaals stützen und die Facetten des Hochmuts versinnbildlichen.

Geschnitzte Büsten antiker Persönlichkeiten wie Sokrates oder Plato sowie filigrane Stuckarbeiten sind weitere Schmuckstücke. Die Deckenfresken stehen mit den Darstellungen des Bernhard von Clairvaux ganz im Zeichen einer zisterziensischen Spiritualität. Geschaffen hat die Kunstwerke der Maler Karl Hofreiter aus Bayreuth.

Im östlichen Innenhof des Areals steht die neue Klosterkirche Mariä Himmelfahrt, deren Bau 1923 begonnen und die 2007 bis 2009 generalsaniert wurde, sodass inzwischen ein Einzug durch den Kreuzgang möglich ist. Ein besonderes Erlebnis ist der Gesang des Zisterzienserchorals, bei dem Gäste herzlich willkommen sind.

Info: Waldsassen ist die nördlichste Stadt in der bayerischen Region Oberpfalz. **Info Kloster Waldsassen:** Basilikaplatz 2, 95652 Waldsassen, Tel. (09 632) 920 00, https://abtei-waldsassen.de, Öffnungszeiten Klosterkirche tägl. 13–17.30 Uhr, Öffnungszeiten Bibliothek Palmsonntag–Okt. Di–Fr, So 11–16, Sa 10–16, Nov.–Palmsonntag Mi–So 13–16 Uhr, Eintritt € 3,50, bis 16 J. € 1,50.

Tausendjähriges Bier

Bayerische Staatsbrauerei Weihenstephan

Freising, Bayern

Wer waren die ersten Bierbrauer in Deutschland? Natürlich die Mönche! Und zwar die Benediktiner von Weihenstephan, die im Jahr 1040 die älteste Brauerei der Welt gründeten. Ihrem Abt Arnold war es gelungen, der Stadt Freising das Brau- und Schankrecht abzuluchsen. Wenngleich vermutet wird, dass die Mönche auch zuvor schon heimlich Bier angesetzt hatten, durfte von nun an offiziell gebraut werden.

Hoch über der Stadt Freising auf dem Nährberg thront das alte Kloster auch heute noch. Von hier bietet sich ein atemberaubender Blick auf die oberbayerische Hochebene und die entfernt liegenden Alpen. Die Bayerische Staatsbrauerei Weihenstephan, vor beinahe 1000 Jahren Klosterbrauerei der Benediktinermönche, dann Königlich Bayerische Staatsbrauerei, ist heute als Regiebetrieb des Freistaats Bayern ein modernes, nach privatwirtschaftlichen Maßstäben geführtes Unternehmen. Eine einzigartige Verbindung von Tradition und moderner Wissenschaft begründet die Identität der beliebten Biere.

An der Fachhochschule Freising, die am Fuße des Weihenstephaner Bergs liegt, gibt es den Studiengang »Brauwesen«. Organisatorisch gehört er zur Technischen Universität (TU) München. Die Fachhochschule hat eine eigene Versuchsbrauerei. Hier wird fast ausschließlich zu Lehrzwecken gebraut, ungefähr zwölf Hektoliter pro Woche. Die Absolventen der Bieruniversität können natürlich Braumeister werden.

Es versteht sich von selbst, dass in Weihenstephan auch heute noch das Reinheitsgebot von 1516 Grundlage allen Handelns ist. Hopfen, Gerste, Wasser und Hefe – mehr kommt nicht in die Flasche oder ins Fass. Helles, Dunkles und Weißbier, zwölf verschiedene Biersorten werden in Weihenstephan hergestellt. Ein Drittel der Produktion geht ins Ausland. Von Australien über Brasilien, von Malaysia bis in die USA – nahezu weltweit sind die Biere zu bekommen.

Abendstimmung an der Bayerisches Staatsbrauerei in Freising.

Die Brauerei bietet einstündige Führungen an, der Rundgang beginnt mit einem Besuch des Museums »Zum Ursprung des Bieres«. Anschließend geht's u. a. ins Sudhaus und in den Lagerkeller.

Info: Freising liegt 33 km nordöstlich von München in Oberbayern. **Info Bayerische Staatsbrauerei Weihenstephan:** Alte Akademie 2, 85354 Freising, Tel. (081 61) 53 60, www.weihenstephaner.de, Führungen nach Anmeldung Mo–Mi 10, Di auch 13.30 Uhr, Eintritt € 8, mit Verkostung € 11.

»Die Badewannen Münchens«

Starnberger-, Ammer-, Pilsen-, Wörth- und Wesslingersee

Fünf-Seen-Land, Bayern

Fünf Seen haben der Region ihren Namen gegeben: Starnberger See, Ammersee, Pilsensee, Wörthsee und Wesslingersee. Eingebettet in eine Postkartenlandschaft aus sanften Hügeln, verspielten Schlösschen und urigen Bauerndörfern laden sie zum Baden, Segeln, Surfen und Angeln ein. Die majestätische Kulisse der Bayerischen Alpen wusste schon der Märchenkönig Ludwig II. zu schätzen. Und auch seine Großcousine, die österreichische Kaiserin Elisabeth, Kosename »Sisi«, kam immer wieder in ihre Heimat zurück.

Ausflugslokal am Starnberger See.

In dem kleinen Villenort Berg am Ufer steht ein schlichtes Holzkreuz, das sich im Wasser des Starnberger Sees spiegelt. Hier ertranken unter bis heute ungeklärten Umständen am 13. Juni 1886 König Ludwig II. und sein Psychiater Dr. von Gudden – einen Tag nachdem der König auf Neuschwanstein für unmündig erklärt und abgesetzt worden war. Der Starnberger See schlängelt sich lang und schmal durch die aus eiszeitlichen Moränen gebildete bergige Landschaft – nur 20 Minuten von München entfernt. Er ist nach dem Chiemsee der zweitgrößte See Bayerns. Bei einer Rundfahrt mit den Dampfern der Bayerischen Seenschifffahrtsflotte können Besucher langsam an Villen und Uferlandschaften vorbeigleiten. Die gut 50 Kilometer lange Uferstraße rund um den See ist zum großen Teil für Autos gesperrt, dafür haben Radler freie Fahrt.

Nicht so elegant wie am Starnberger See, sondern eher gemütlich ist die Atmosphäre am Ammersee. Seebäder und Liegewiesen laden zum Baden ein. Die am südlichen Ufer gelegene unbewohnte Schwedeninsel gehört zum Naturschutzgebiet Vogelfreistätte Ammersee-Südufer. Im Herbst halten sich hier bis zu 15 000 Zugvögel auf.

Auch die drei kleineren Seen – der beschauliche Wörthsee, der romantische Pilsensee und der idyllische Wesslingersee – sind beliebte Ausflugsziele und Naherholungsgebiete. Besucher können das Fünf-Seen-Land auf 220 Kilometern Wander- und 300 Kilometern Radweg erkunden. Gaststätten und Biergärten laden zu einer Brotzeit und einer Maß Bier ein – oft mit Blick auf die malerischen Alpengipfel.

Info: Das Fünf-Seen-Land liegt südwestlich von München, bis Starnberg sind es von München etwa 30 km. **Info Fünf-Seen-Land:** Tourist Information, Hauptstr. 1, 82319 Starnberg, Tel. (081 51) 906 00, www.starnbergammersee.de. **Info Schifffahrt Starnberger See:** Nepomukweg 4, Starnberg, Tel. (081 51) 80 61, www.seenschifffahrt.de, Saisonbeginn im April. **Info Schifffahrt Ammersee:** Landsberger Str. 81, 82266 Inning, Tel. (081 43) 940 21, www.seenschifffahrt.de, Saisonbeginn im April. **Reisezeit:** Frühsommer bis Herbst.

Fachwerk und Sandstein

FÜRTHER ALTSTADT

Fürth, Bayern

Groß fällt die Fürther Altstadt wirklich nicht aus. Dafür ist sie eine Schatztruhe der Architekturgeschichte. Schöne alte Fachwerkhäuser glänzen neben barocken Sandsteinhäusern, ganze Straßenzüge mit Gründerzeit- und Jugendstilhäusern prägen das Bild der Innenstadt. Was die Anzahl der Denkmäler angeht, hat Fürth im Vergleich zu anderen Städten die Nase ganz weit vorn: 2000 Schmuckstücke kann die Stadt aufweisen.

Ein Spaziergang durch Fürth gleicht einer Zeitreise durch die Geschichte. Die Kirche St. Michael, das älteste erhaltene Bauwerk der Stadt, stammt aus dem 15. Jahrhundert. Das über 70 Meter lange Sandsteinschloss Burgfarrnbach gehört zu den wenigen klassizistischen Schlossanlagen Bayerns. Und mit seiner geschmückten Fassade im Neobarockstil ist das Stadttheater eines der schönsten Gebäude in Fürths Zentrum. Vor gut 100 Jahren wurde es von der Bevölkerung selbst finanziert. Das im italienischen Stil erbaute Rathaus erinnert stark an sein Vorbild, den Turm des Palazzo Vecchio in Florenz. Am Grünen Markt stehen mittelalterliche Fachwerkhäuser. Die Gustavstraße bietet noch dazu ein uriges Kneipen-Flair.

Insbesondere zwei Prachtstraßen zeugen von der Belle Époque der reichen Gründerzeit: Hornschuch-Promenade und Königswarterstraße. In diesen eleganten Straßen mit 31 restaurierten Sandsteinhäusern wohnten Ende des 19. Jahrhunderts wohlhabende Bürger. Die prächtigen Hauseingänge, schmiedeeisernen Balkongitter, Türmchen, Erker und Ornamente wie Engelköpfe, Frauengesichter und wilde Männer können von den Grünanlagen in der Mitte der Straßen aus betrachtet werden.

Eine Besonderheit in der 1000-jährigen Geschichte Fürths war die Jahrhunderte währende Dreierherrschaft über die Stadt: Die Dompropstei Bamberg, die Marktgrafschaft Ansbach und die Reichsstadt Nürnberg stritten sich um die Macht in Fürth. Noch heute symbolisiert das dreiblättrige Kleeblatt im Wappen diese Kuriosität. Das hatte auch gute Seiten. Was der eine nicht gewährte, war vom anderen zu holen. So entstanden in Fürth Verhältnisse, die freiheitlicher waren als in anderen Städten. Dies war auch ein Grund dafür, dass sich zahlreiche jüdische Bürger hier niederließen. Jeder fünfte Einwohner war in Fürth zu Beginn des 19. Jahrhunderts Jude. Im Museum in der Nürnberger Straße werden Zeugnisse jüdischer Vergangenheit gezeigt.

INFO: Fürth liegt ca. 10 km nordwestlich von Nürnberg. **INFO FÜRTH:** Tourist Information, Bahnhofsplatz 2, 90762 Fürth, Tel. (09 11) 239 58 70, www.tourismus-fuerth.de. **INFO JÜDISCHES MUSEUM FRANKEN:** Königstr. 89, Fürth, Tel. (09 11) 950 98 80, www.juedisches-museum.org, Öffnungszeiten Di–So 10–17 Uhr, Eintritt € 6, ermäßigt € 3, bis 13 J. frei.

Die Fürther Altstadt, vom Rathausturm aus gesehen.

Mittelalterliches Gassengewirr

ALTSTADT UND HOHES SCHLOSS IN FÜSSEN

Füssen, Bayern

Die Aussicht könnte nicht besser sein. Vom Uhrturm des Hohen Schlosses blickt man auf die Häusergiebel der Altstadt Füssens. Die »romantische Seele Bayerns«, wie sich Füssen selbst nennt, zeigt sich von ihrer schönsten Seite: mittelalterliches Gassengewirr, Überreste alter Stadtmauern und reich geschmückte barocke Kirchenbauten am Ufer des Lechs. Bis zum Forggensee reicht von hier aus die Sicht.

Das Hohe Schloss, auf einem Hügel gebaut, thront von allen Seiten gut sichtbar über der Stadt. Ende des 13. Jahrhunderts hatte Ludwig der Strenge von Bayern mit dem Bau der Burg begonnen. Im 15. Jahrhundert wurde sie grundlegend umgestaltet zu einer der bedeutendsten spätgotischen Schlossanlagen Deutschlands mit einem romantischen Innenhof und spätmittelalterlicher Fassadenmalerei. Vierzehnmal war Kaiser Maximilian zu Besuch. Der prunkvolle Rittersaal mit geschnitzter, in Blau, Rot und Silber gefasster Kassettendecke von Jörg Lederer diente früher als Festsaal. Heute werden hier Gemälde und Skulpturen der Staatsgalerie und der Städtischen Galerie Füssen präsentiert.

Direkt unterhalb der Burg erhebt sich die prachtvolle Barockanlage des einstigen Benediktinerklosters St. Mang. Seine Geschichte reicht bis ins 8. Jahrhundert zurück, als der heilige Magnus als Missionar hier eine Mönchszelle gründete. Neben der barocken Basilika ist vor allem das Museum der Stadt Füssen einen Abstecher wert. Der Besucher wird in die Welt des bayerischen Barock mit seiner überschäumenden Lust an Üppigkeit entführt.

Majestätisch thront das Hohe Schloss über Füssens Altstadt.

Der verträumte Charme der autofreien Altstadt lädt nicht nur zu Entdeckungsreisen in die Vergangenheit ein, sondern auch zu einem Einkaufsbummel. Die alten Handelsplätze am Kornhaus und am Brotmarkt mit zahlreichen Straßencafés sind immer noch geschäftige Treffpunkte. Und in Füssen liegen Kultur und Natur nah beieinander. Es sind kurze Wege in die Ruhe des Faulenbacher Tals, zum Forggensee und zu den weltberühmten Schlössern Neuschwanstein und Hohenschwangau.

Direkt vor den Toren der Stadt ist man im Walderlebniszentrum Ziegelwies der Natur ganz nah, z. B. beim Spaziergang auf dem Baumkronenweg in 21 Metern Höhe.

INFO: Füssen liegt 100 km südlich von Augsburg bzw. 40 km südöstlich von Kempten. **INFO FÜSSEN:** Füssen Tourismus und Marketing, Kaiser-Maximilian-Platz 1, 87629 Füssen, Tel. (083 62) 938 50, www.fuessen.de. **INFO HOHES SCHLOSS:** Magnusplatz 10, Füssen, Öffnungszeiten April–Okt. Di–So 11–17, Nov.–März Fr–So 13–16 Uhr, Eintritt € 6, ermäßigt € 4. **INFO ST. MANG:** Lechhalde 3, Füssen, Tel. (083 62) 938 50.

Zieh, Sven, zieeeehhhhh!

Grosse Olympiaschanze und Vierschanzentournee

Garmisch-Partenkirchen, Bayern

Es war die Jahreswende 2001/2002, als Sven Hannawald Skisprung-Geschichte schrieb: Als erstem Springer der Welt gelang es ihm, bei allen Wettbewerben der Vierschanzentournee als Sieger auf dem Treppchen zu stehen. Zwar gibt es für diese Sportart keine Hall of Fame, aber unter den Fans fällt der Name Sven Hannawald mit Bewunderung in der Stimme – und mit Gedanken an die Glanzzeiten deutscher Skispringer, die man damals noch »Adler« nannte.

Die Große Olympiaschanze (rechts) in Garmisch-Partenkirchen.

Garmisch-Partenkirchen ist seit jeher der Inbegriff für Wintersport der Weltklasse. Am 7. Juni 1933 bekamen die Gemeinden Garmisch und Partenkirchen den Zuschlag, Gastgeber für die Olympischen Winterspiele 1936 sein zu dürfen. Aufgrund des bevorstehenden Großereignisses beschloss man, sich zu Garmisch-Partenkirchen zusammenzuschließen. Bis zum Beginn der Spiele gab es noch viel zu tun: In Rekordzeit wurden das Olympische Skistadion mit der Großen Olympiaschanze und das Olympia-Kunsteiszentrum für den bevorstehenden Wettbewerb quasi aus dem Boden gestampft, bestehende Anlagen wurden erweitert und viele neu gebaut. Die Standortwahl für die Große Olympiaschanze fiel auf den Gudiberg, der schon seit 1923 beliebter Ort für Skispringen der Extraklasse war.

1949 entwickelten die Mitglieder der Skiclubs Partenkirchen und Innsbruck die Idee der Vierschanzentournee. Die drei Stationen Partenkirchen mit dem schon damals stattfindenden Neujahrs-Skispringen, Innsbruck und Bischofshofen standen von Anfang an als Tourneeteilnehmer fest, aus Paritätsgründen machte man sich auf die Suche nach einem zweiten deutschen Partner, die Wahl fiel auf Oberstdorf.

Das erste Tournee-Jahr wurde schließlich 1953 eingeläutet. Um dieses sportliche Großereignis sowohl für Sportathleten als auch für Zuschauer gleichermaßen spannend zu gestalten, wurden die Schanzen im Laufe der Zeit regelmäßig den modernsten Anforderungen angepasst und umgebaut. So starten die Skispringer seit der Wintersaison 2007/08 beim traditionellen Neujahrsspringen in Garmisch-Partenkirchen von einer neuen Schanze mit einem Anlauf von 120 Metern, die alte Olympiaschanze wurde 2007 abgerissen. Der aktuelle Schanzenrekord liegt bei 143,5 Metern, aufgestellt von Simon Amman im Jahr 2010.

Info: Garmisch-Partenkirchen liegt ca. 90 km südwestlich von München. **Info Garmisch-Partenkirchen:** Tourist Information, Richard-Strauss-Platz 2, 82467 Garmisch-Partenkirchen, Tel. (088 21) 18 07 00, www.gapa.de. Tournee-Tickets unter www.vierschanzentournee.com. **Reisezeit:** Zum Neujahrsspringen (1. Jan.) oder im Herbst.

Die Spitze Deutschlands

Zugspitze

Garmisch-Partenkirchen, Bayern

Knapp verpasst. Die deutschen Berge haben es nicht wie ihre Schweizer und Österreicher Artgenossen auf 3000 Meter Höhe geschafft. Auch wenn die Zugspitze mit 2962 Metern die magische Grenze fast erreicht. Die fehlenden 38 Meter macht der höchste Berg Deutschlands allerdings allein durch seine fantastische Aussicht wett.

Glücklicherweise kann dank moderner Technik heute jeder den Gipfel erreichen, von Garmisch-Partenkirchen oder auch von Ehrwald in Österreich führen Seil- und (auf deutscher Seite) Zahnradbahnen auf den Gipfel. Wer die sportliche Variante bevorzugt, hat die Qual der Wahl: Aufstiege aller Schwierigkeitsgrade sind im Angebot. Da über 2200 Höhenmeter zu überwinden sind, sollten mindestens sieben bis zehn Stunden für die Besteigung eingeplant werden. Entsprechende Kondition vorausgesetzt.

Auf dem Westgipfel der Zugspitze.

Wie auch immer der Gipfel erreicht wird, es warten Ausblicke, die ihresgleichen suchen. Wenn das Wetter mitspielt, sind bis 250 Kilometer Fernsicht möglich.

Von der Münchner Stadtsilhouette über den Großglockner bis hin nach Innsbruck und zu den Dolomiten kann das Auge schweifen – bayerisches Voralpenland mit dem Staffelsee inklusive.

Im Winter heißt das höchstgelegene Skigebiet Deutschlands Skifahrer und Snowboarder willkommen, auf den traumhaften Hängen hoch über dem fernen Tal zu wedeln. Oder auch einfach nur innezuhalten, mit einem tiefen Atemzug die glasklare, klirrend kalte Luft zu atmen und dabei das einzigartige Panorama der schneebedeckten Bergwelt aufzunehmen.

Wie man sich auch fortbewegt, in jedem Fall laden auf dem Weg Hütten und Bergrestaurants zur Einkehr ein. Auf der Spitze werden Besucher mit einer Ausstellung belohnt, die sich rund um die Geschichte der Zahnradbahn dreht und Themen wie Planung, Bauarbeiten, Technik, Betrieb, Wagen und Umbau behandelt. Der Eintritt ist übrigens kostenlos.

Info Bayerische Zugspitzbahn: Zugspitzbahnhof Garmisch: Olympiastr. 27, 82467 Garmisch-Partenkirchen, Talstation Seilbahn Zugspitze: Am Eibsee 6, 82491 Grainau, Tel. (088 21) 79 70, www.zugspitze.de, Zugspitze Ticket: € 59,50, Kinder € 11 (Familientarif). **Info Tiroler Zugspitzbahn:** Obermoos 1, A-6632 Ehrwald, Tel. (00 43 56 73) 230 92 53, www.zugspitze.at, Berg- und Talfahrt € 46,50, Jugendliche (16–18 J.) € 37, Kinder (6–15 J.) € 28.

Tiefe Schluchten, reißende Bäche

Höllentalklamm und Partnachklamm

Grainau und Garmisch-Partenkirchen, Bayern

Klamm ist der deutsche Begriff für Felsenschlucht, durch die ein Gebirgsbach fließt. Riesige Felswände, tosende Gewässer, Gischtspritzer in der Luft – wer Naturgewalten erleben möchte, der sollte sich auf den Weg durch die Höllentalklamm und die Partnachklamm machen.

Dem Verlauf des Wildbachs Partnach folgend: die Partnachklamm.

Die Höllentalklamm erreicht man vom Grainauer Ortsteil Hammersbach oder vom Obergrainauer Dorfplatz aus. Von hier führt ein gut einstündiger Fußweg zur Höllental-Eingangshütte auf 1047 Metern und von da aus über einen kostenpflichtigen Weg weiter durch die Klamm. Auf Stegen, Felstreppen und durch schmale, relativ niedrige Tunnel läuft man durch die beeindruckende Klamm, während sich direkt vor den eigenen Augen die spektakulären Naturgewalten entfesseln. Der Hammersbach – vor der Klamm eher zahm – verwandelt sich in der etwa zwei bis fünf Meter engen und über 100 Meter hohen Felsschlucht zu einem reißenden Wildbach. Wer mag, geht dann weiter zur Höllentalangerhütte und wird von dieser Hochebene aus mit einem gigantischen Blick auf die Zugspitze belohnt.

Freunde tosender Wassermassen und schäumender Strudel sollten die Partnachklamm in Garmisch-Partenkirchen nicht verpassen, die schon 1912 zum Naturdenkmal erklärt wurde. Wer sich 25 Minuten Fußmarsch ersparen möchte, der kann vom Olympia-Skistadion aus sogar ganz gemütlich mit der Pferdekutsche vorfahren. Vor Ort gibt es gleich mehrere Möglichkeiten, das einzigartige Naturschauspiel zu bewundern. Von der eisernen Brücke in 68 Metern Höhe hat man einen fantastischen Blick in die spektakuläre Schlucht. Die Brücke, die schon 1914 erbaut wurde, verbindet die beiden Wandergebiete Hausberg und Eckbauer. Mutige Entdecker führt der Weg auf unmittelbar über den Wassermassen in den Fels gehauenen engen Stegen durch die 800 Meter lange Partnachklamm.

Wer sich auf den Weg in das Abenteuer einer Klammdurchquerung macht, der sollte in jedem Fall festes Schuhwerk und Regenkleidung dabeihaben. Für Familien ist es empfehlenswert, kleinere Kinder mit einem Klettergeschirr zu sichern.

Info: Grainau liegt ca. 95 km, Garmisch-Partenkirchen ca. 90 km südwestlich von München. **Info Höllentalklamm:** Tourist Information Grainau, Zugspitzdorf, Parkweg 8, 82491 Grainau, Tel. (088 21) 98 18 50, www.grainau.de. Die Klamm (www.hoellentalklamm-info.de) ist nur in den Sommermonaten begehbar. Die Klammeingangshütte und die Höllentalangerhütte sind ganzjährig geöffnet. Eintritt € 5, Kinder (7–17 J.) € 2. **Info Partnachklamm:** Garmisch-Partenkirchen Tourist Information, Richard-Strauss-Platz 2, 82467 Garmisch-Partenkirchen, Tel. (088 21) 18 07 00, www.gapa.de; www.partnachklamm-info.de, Eintritt € 5, Kinder (6–16 J.) € 2. **Reisezeit:** Im Sommer.

Wasserschlacht im Land der Piraten

Legoland Deutschland

Günzburg, Bayern

Einmal ein richtiger Pirat sein. In die Rolle eines Ritters, einer Prinzessin oder eines Piloten schlüpfen. Im Legoland Deutschland werden solche Kinderträume wahr. Jungen und Mädchen können wie ihre großen Helden den Führerschein machen, ein Ritterturnier bestreiten, im Jetski über das Wasser gleiten, eigenständig ein Kanu steuern oder einen Roboter programmieren. In dem Park, der so groß ist wie 25 Fußballfelder, gibt es verschiedene Themenbereiche zu entdecken. Die Miniaturlandschaften, Achterbahnen und Experimentierzentren wurden aus über 50 Millionen Legosteinen gebaut.

Herzstück des Parks ist das »Miniland«. Hier sind im Maßstab 1:20 mit viel Liebe zum Detail berühmte Städte und Landschaften Europas nachgebaut: Szenen aus Berlin, Venedig, Frankfurt sowie die Allianz Arena in München mit über 30 000 Figuren und vielen Lichteffekten. Um die Modelle so realistisch wie möglich erscheinen zu lassen, bewegen sich die Menschen, Autos, Schiffe, Züge und Flugzeuge auf Knopfdruck zur passenden Geräuschkulisse.

»Drachenjagd« im »Land der Ritter«: Legoland Deutschland in Günzburg.

Für jüngere Parkbesucher gibt es eine Wasserbahn, bei der die Kinder selbst paddeln, vorbei an wilden Tieren und Dinosauriern. Direkt daneben sorgt ein Wasserspielplatz für Abkühlung.

Neuestes Highlight ist die 2017 zum 15-jährigen Jubiläum des Parks eingeweihte »Ninjago World«. Mittelpunkt des Themenbereichs, der durch eine asiatische Klosteranlage führt, ist die 4-D-Fahrattraktion »The Ride«. Bei der Fahrt durch einen Tempel greifen die Teilnehmer mit der bloßen Bewegung ihrer Hände aktiv ins Geschehen ein, indem sie animierte Lichtblitze, Feuerbälle, Eisfontänen und Luftstöße auf ihre virtuellen Trainingsgegner schleudern und so Punkte sammeln.

Legoland Deutschland wurde 2002 eröffnet und ist neben dem dänischen Original in Billund und den Parks in Windsor, Malaysia, Dubai, Kalifornien, Florida und Japan der achte Park dieser Art. Rund 1,3 Millionen Besucher kommen jedes Jahr ins bayerische Günzburg, um sich unterhalten zu lassen. Angesprochen werden sollen vor allem Familien mit Kindern im Alter von drei bis 13 Jahren.

Info: Günzburg liegt ca. 55 km westlich von Augsburg. **Info Legoland Deutschland:** Legoland Allee 1, 89312 Günzburg, Tel. (018 06) 70 07 57 01, www.legoland.de, Öffnungszeiten Anfang April–Anfang Nov. tägl. 10–18/19 Uhr, in den Ferien länger. Tageskarte online ab € 49,50, Kinder (3–11 J.) € 43,50. **Reisezeit:** April–Okt.

Wiege des Biers

DIE HALLERTAU

Hallertau, Bayern

Eigentlich sollte jeder Liebhaber des goldenen Gerstensaftes einmal hier gewesen sein, denn dessen Rohstoff kommt aus Bayern. Zwischen Freising und Abensberg liegt das Zentrum des Hopfenanbaus in Deutschland. Bis zu sieben Meter aufragende Hopfenstangen prägen die Landschaft zwischen Ingolstadt und München entlang der B 301 von Freising nach Abensberg, genannt die Deutsche Hopfenstraße. Die Hopfenranken sind ein Wahrzeichen der Hallertau, in der das »grüne Gold« Bayerns wächst. Den Geschmack dieser Region hat wohl jeder Biertrinker schon auf der Zunge gehabt, denn viele der über 5000 deutschen Biersorten werden mit Hopfen aus der Hallertau gebraut.

Viel zu schade wäre es allerdings, diese Landschaft nur auf der Autobahn vorbeifliegen zu lassen. Sehenswürdigkeiten locken Touristen das ganze Jahr hindurch in die Holledau, wie das Hopfenland auch genannt wird. Es empfiehlt sich, diese Region mit ihren grün schimmernden Hopfenfeldern per Rad oder zu Fuß zu entdecken. Liebhaber des kunstvollen Kirchenbarocks können sich an den Asamkirchen in Rohr und Weltenburg erfreuen. Wer ein bisschen mittelalterliches Stadtflair schnuppern möchte, ist in Landshut, am südöstlichen Rand der Hallertau, genau richtig. Hier wartet der 131 Meter hohe Turm der gotischen St.-Martins-Kirche auf interessierte Besucher. Der höchste Backsteinturm der Welt liegt inmitten der Altstadt, die heute noch ihren mittelalterlichen Charakter bewahrt hat.

Die Geschichte des Hopfenanbaus in dieser Region wird gleich an mehreren Stellen lebendig, beispielsweise im Deutschen Hopfenmuseum in Wolnzach oder im Hallertauer Hopfen- und Heimatmuseum in Geisenfeld.

Die Hopfenwochen sind jedes Jahr ein Höhepunkt in der Hallertau. Rund um die Erntezeit gibt es von Anfang August bis weit in den September in zahlreichen Orten Volksfeste und viele andere Veranstaltungen zum Thema Hopfen. Was in dieser Zeit unbedingt probiert werden sollte, ist das deftige Hopfenzupfermahl: Nudelsuppe, Schweinebraten und gemischter Kartoffelsalat.

Hopfenlandschaft in der Hallertau.

INFO: zentral in Bayern gelegen. **INFO HALLERTAU:** Hopfenland Hallertau Tourismus e.V., Münchener Vormarkt 1, 85276 Pfaffenhofen a. d. Ilm, Tel. (084 41) 400 92 84, www.hopfenland-hallertau.de. **INFO DEUTSCHES HOPFENMUSEUM:** Elsenheimerstr. 2, 85283 Wolnzach, Tel. (084 42)75 74, www. hopfenmuseum.de, Öffnungszeiten Di–So 10–17 Uhr, Eintritt € 5, ermäßigt € 2,50. **REISEZEIT:** Anfang Aug.–Sept.

Sandski fahren im Sommer

Erlebniswelt Monte Kaolino

Hirschau, Bayern

Schon von Weitem sichtbar ist der etwa 150 Meter hohe Monte Kaolino bei Hirschau in der Oberpfalz. Rund 30 Millionen Tonnen Quarzsand lagern hier in Form einer riesigen Halde, und jeden Tag werden es mehr, denn die Förderung von Kaolin ist immer noch nicht zum Erliegen gekommen. Seit 1833 wird der begehrte Rohstoff, der ursprünglich für die Herstellung von hochwertigem Porzellan gewonnen wurde, bei Hirschau abgebaut. Heute verwendet man ihn vor allem für die Papier- und Keramikindustrie, zur Glasfaserherstellung und als Füll- und Pigmentstoff. Der Quarzsand ist ein Abfallprodukt bei der Kaolingewinnung, der zwar für die Glasherstellung und im Bauwesen genutzt, jedoch weniger nachgefragt als produziert wird.

Die Geschichte der Erlebniswelt Monte Kaolino begann mehr oder weniger durch einen Zufall: Martin Götz, ein begeisterter Skifahrer aus Hirschau, wollte 1957 aus Neugierde wissen, ob man auf der Halde aus weichem Kaolinsand auch Skifahren kann. Es dauert nicht lange, bis am Südhang des weißen Bergs eine offizielle Sommerskipiste eingerichtet wurde. Nach und nach entstanden weitere Freizeiteinrichtungen: ein Freibad, ein Campingplatz, eine Liftanlage und Gaststätten.

Monte Kaolino: Am Fuße der Sandskipiste kann man im Freibad plantschen.

Im Jahr 2007 wurde die Anlage komplett erneuert und erweitert. Seitdem können Besucher hier nicht nur Ski fahren und im Dünenbad mit seiner 50 Meter langen Wasserrutsche genüsslich baden, sondern auch mit dem Alpin-Coaster auf einer etwa 800 Meter langen Strecke den Berg hinuntersausen. Weiterhin bieten ein Waldhochseilgarten in unmittelbarer Nähe des Berges sowie ein Erlebnis- und Abenteuerspielplatz Spaß für die ganze Familie. Und nicht zuletzt wurde 2015 am Fuße des Monte Kaolino ein Adventure-Golf-Park eingerichtet. Inlineskaten ist rund um den Berg auf einer rund 3,5 Kilometer langen Strecke möglich und es werden geführte Segway-Touren angeboten.

Info: Hirschau liegt ca. 90 km westlich von Nürnberg entfernt. **Info Monte Kaolino:** Freizeitpark Monte Kaolino GmbH, Wolfgang-Drossbach-Straße, 92242 Hirschau, Tel. (096 22) 815 02, www.montekaolino.eu, www.montecoaster.de, Öffnungszeiten Lift von Beginn der bayerischen Osterferien bis Ende der Herbstferien Mo–Fr 14–18, in den Schulferien 10–18, Okt./Nov. 14–17 Uhr, Sa/So/Fei 10–19, Okt./Nov. 14–17 Uhr, Berg- und Talfahrt € 3,50, Kinder (3–14 J.) € 3.

Schönster Rundblick Bayerns

Wallfahrtskirche Mariä Himmelfahrt

Hohenpeißenberg, Bayern

Der Bauersohn Christoph Lenker dürfte in Hohenpeißenberg einen ähnlichen Bekanntheitsgrad besitzen wie der Bundespräsident. Jedes Schulkind in der oberbayerischen Gemeinde im Pfaffenwinkel lernt, was dem Jungen 1580 widerfahren ist: Beim Viehhüten zündete er sich ein Feuer an und im Nu stand der Boden auf breiter Fläche in Flammen.

Christoph Lenker war auf Pechkohle gestoßen – ein Zufallsfund, der das Leben der Dorfbewohner bis heute prägt. Generationen von Adligen, Geschäftsleuten und Bauern in Hohenpeißenberg lebten vom Kohleabbau. Ab 1837 wurde der Bergbau systematisch betrieben. Der letzte Stollen war bis 1971 in Betrieb. Heute erinnert ein Museum in Peißenberg an die alten Zeiten.

Längst ist der Hohe Peißenberg ein Anziehungspunkt für Touristen und Wanderer. Nach Süden hin genießt der Besucher einen weiten Ausblick auf Karwendelgebirge, die Ammergauer Alpen und die Allgäuer Alpen. Von der Nordseite aus sieht man den Ammersee und einen Teil des Starnberger Sees. Die Gemeinde preist das Panorama als den »schönsten Rundblick Bayerns« an.

Aber nicht nur Ausflügler zieht es auf die 988 Meter hohe Erhebung im Pfaffenwinkel. Mehrmals im Jahr ist das Observatorium auf dem Hohen Peißenberg Treffpunkt für Meteorologen aus aller Welt. Die 1781 errichtete Bergwetterstation ist die älteste der Erde. Die regelmäßige Zusammenkunft hat der Anhöhe auch die Bezeichnung *mons doctus* eingebracht – Berg der Gelehrten.

Wahrzeichen des staatlich anerkannten Erholungsortes Hohenpeißenberg ist die Wallfahrtskirche Mariä Himmelfahrt, errichtet zu Beginn des 17. Jahrhunderts im Stil der ausgehenden Renaissance mit prächtigen barocken Altären.

Im Vorland des Ammergebirges: die Wallfahrtskirche Mariä Himmelfahrt auf dem Hohen Peißenberg.

Aus der Erbauungszeit finden sich heute noch die fein geschnitzten Emporenbrüstungen und die vornehme Kanzel von 1619 – eine Seltenheit bayerischer Kirchenkunst. Etwa hundert Jahre später als das Gotteshaus wurde die 1517 eingeweihte Gnadenkapelle Unserer Lieben Frau durch die heimischen Wessobrunner Künstler barockisiert.

Info: Hohenpeißenberg liegt rund 70 km südwestlich von München. **Info Hohenpeissenberg:** Verkehrsamt, Blumenstr. 2, 82383 Hohenpeißenberg, Tel. (088 05) 92 10 44, www.hohenpeissenberg.de.

Das größte Deckenfresko der Welt

Asamkirche Maria de Victoria

Ingolstadt, Bayern

Wüsste man nicht genau, wo sie steht, könnte man sie im Vorbeischlendern glatt übersehen – die Asamkirche Maria de Victoria in Ingolstadt. Eingepfercht zwischen Wohnhäusern, ohne hohen Turm und im Schatten des Münsters fällt das Gotteshaus auf den ersten Blick gar nicht auf. Dabei ist die Kirche ein Kleinod barocker Pracht und die Ausstattung ein Hauptwerk des bayerischen Rokoko.

1577 hatten die Jesuiten im Zuge der Gegenreformation die Akademische Marianische Kongregation der Universität gegründet. Zwischen 1732 und 1736 errichtete der Ingolstädter Stadtmaurermeister Michael Anton Prunthaller Maria de Victoria als Betsaal für die Bruderschaft.

Die äußeren Stuckarbeiten stammen vom Ingolstädter Bildhauer Wolfgang Zächenberger, die prachtvollen Verzierungen im Inneren schufen die Gebrüder Asam. Seinen Ruhm verdankt der Kirchenraum dem Deckenfresko von Cosmas Damian Asam, erschaffen im Jahr 1734. Mit einer Länge von 40 und einer Breite von 16 Metern gilt es als das größte Flachdeckenfresko der Welt. Dargestellt ist in einer Haupt- und verschiedenen Einzelperspektiven die Menschwerdung Gottes.

Kleinod des bayerischen Rokoko: die Innenausstattung der Asamkirche Maria de Victoria in Ingolstadt.

Asam soll das Fresko auf dem Höhepunkt seines Wirkens in nur sechs Wochen geschaffen haben. Der Besucher sollte sich Zeit nehmen, die Details zu entdecken, z. B. während einer Orgelmatinee, die jeden Sonntag zwischen April und Oktober jeweils um zwölf Uhr stattfindet.

Eine weitere Kostbarkeit lagert in der Schatzkammer der Kirche: die Lepanto-Monstranz, auch Türkenmonstranz genannt. Das Kunstwerk ist eine der bedeutendsten Goldschmiedearbeiten, die die deutsche Kirchengeschichte kennt. Geschaffen hat sie der Augsburger Goldschmied Johannes Zeckl. 1708 wurde die Monstranz aus Gold, Silber und Edelsteinen für die bürgerliche Kongregation beschafft – eine funkelnde Darstellung des Sieges über die osmanische Flotte in der Schlacht von Lepanto im Jahr 1571.

Info: Ingolstadt liegt zwischen München und Nürnberg. **Info Asamkirche Maria de Victoria:** Tourist Information am Rathausplatz, Moritzstr. 19, 85049 Ingolstadt, Tel. (08 41) 305 30 30, www.ingolstadt-tourismus.de, Öffnungszeiten Kirche Nov.–Feb. Di–So 13–16, März–Okt. Di–So 9–12 und 12.30–17 Uhr, Mai–Sept. auch Mo geöffnet.

Automobilgeschichte hautnah erleben

AUDI-FORUM

Ingolstadt, Bayern

In Ingolstadt dreht sich mehr oder weniger alles ums Auto. Rund 45 000 Menschen arbeiten bei der Audi AG, die seit 1985 ihren Hauptsitz in der Stadt an der Donau hat. Zahlreiche Zulieferer haben sich hier angesiedelt und seit der Eröffnung des Audi-Forums zieht es jährlich auch noch über 400000 Besucher zu dem Unternehmen mit den vier Ringen. In der Erlebniswelt von Audi, einem modernen Gebäudeensemble mit stilvoller Glasarchitektur, können Besucher auf einer Fläche von etwa 77000 Quadratmetern in die Welt der Autoproduktion eintauchen.

Hauptattraktion ist das museum mobile, das auf drei Ausstellungsebenen über die mehr als 100-jährige Historie der Traditionsmarke informiert. Rund 50 Autos sowie 30 Motorräder und Fahrräder von Audi, aber auch von DKW, Horch, Wanderer und NSU sind zu sehen. Dabei wird die Technikgeschichte geschickt eingebettet in wirtschaftliche und soziale Zusammenhänge der jeweiligen Zeitabschnitte. Etwas ganz Besonderes ist ein Paternoster, der mit wechselnden Fahrzeugen bestückt permanent die drei Stockwerke der Ausstellung hinauf- und hinabfährt. Verschiedene thematische Führungen informieren über die Geschichte der Mobilität, Motorsport oder Automobildesign. Regelmäßig widmen sich Sonderausstellungen speziellen Aspekten der Autoproduktion.

Ein weiterer Höhepunkt sind die Führungen durch das Audi-Werk, bei der Besucher den rasanten technologischen Fortschritt der Automobilindustrie hautnah erleben. Sogenannte Überblicksführungen verfolgen den gesamten Produktionsablauf, während Schwerpunktführungen sich je einem bestimmten Aspekt der Produktion widmen, etwa der Lackiererei, Endmontage oder Logistik.

Oldtimer faszinieren auch jüngere Besucher des Audi-Forums.

Darüber hinaus ist das Audi-Forum regelmäßig Veranstaltungsort für hochkarätige Jazzkonzerte und bietet im hausinternen Kino ein abwechslungsreiches Programm mit ausgewählter Filmkunst und anspruchsvollen Kurz- und Dokumentarfilmen. Zu lehrreicher Unterhaltung in Form von Aktionsmodulen, Fahrsimulatoren und multimedialen Wissensspielen lädt der Erlebnisweg »Audi young and fun« vor allem Kinder und Jugendliche ein. Und nicht zuletzt können Besucher sowohl im Museumsladen als auch im Audi-Shop Erinnerungsstücke erwerben, außerdem sorgen mehrere Restaurants für das kulinarische Wohl.

INFO AUDI-FORUM: Auto-Union-Str. 1, 85045 Ingolstadt, Infoline Tel. (08 00) 283 44 44, www.audi.com/foren/de, museum mobile Mo–Fr 9–18, Sa/So/Fei 10–16 Uhr, Eintritt € 2, ermäßigt € 1, Kinder bis 6 J. frei, mit Führung € 4, ermäßigt € 2, Führungen durch das Audi-Werk nur nach Voranmeldung.

Geometrie als Kunstform

Museum für Konkrete Kunst

Ingolstadt, Bayern

Mit seiner Spezialisierung auf ausschließlich Konkrete Kunst ist das Museum in Ingolstadt in der deutschen Museumslandschaft einzigartig. Die in den ersten Jahrzehnten des 20. Jahrhunderts als Absage an die bisherigen künstlerischen Stilrichtungen entstandene Kunstform zeichnet sich vor allem durch ihre geometrischen Formen aus, die explizit keine Realität abbilden, sondern vielmehr eine eigene erschaffen wollen. Da keine Gegenstände abgebildet werden, können Farben und Formen ganz unmittelbar auf die Betrachter wirken.

In dem Ingolstädter Ausstellungshaus sind alle bedeutenden Künstler dieser Richtung mit Werken vertreten, unter ihnen Max Bill, Richard Paul Lohse, Josef Albers, François Morellet, Klaus Staudt und Jo Niemeyer. Den Grundstock der Exponate bildet die ehemalige Privatsammlung von Eugen Gomringer, der sich selbst der Konkreten Poesie verschrieben hatte. Auch die verschiedenen Richtungen, die aus der Konkreten Kunst im engeren Sinne hervorgegangen sind, etwa Op Art, Conceptual Art, Kinetische oder Computerkunst sind hier vertreten. Die wechselnden Ausstellungen werden regelmäßig durch internationale Leihgaben ergänzt. Zudem werden im Museumsgarten imposante Großskulpturen von Künstlern wie Marcello Morandini präsentiert.

Das Museums für Konkrete Kunst (MKK) in einer ehemaligen Kaserne.

Interessierte Besucher können Vorträgen lauschen oder an Führungen durch die Ausstellung teilnehmen; Kinder können im Kinderatelier selbst Kunstwerke basteln. Beliebt ist auch die Reihe »Kunst und Kuchen«: Hier wird im Anschluss an eine Führung im Café angeregt über Kunst diskutiert.

Das Museum befindet sich seit seiner Eröffnung 1992 in den Räumen einer ehemaligen Kaserne aus dem 18. Jahrhundert. Für deren Neugestaltung erhielten die Münchner Architekten Claus und Forster eine Auszeichnung durch den Bund Deutscher Architekten.

Da sich der Bestand der Sammlung seitdem bereits verzehnfacht hat, ist ein Umzug in ein neues Gebäude geplant: In einer ehemaligen Gießerei mit einem angegliederten Neubau soll die Sammlung dann unter dem Namen Museum für Konkrete Kunst und Design dem bisherigen Fokus Rechnung tragen, der immer wieder in Sonderausstellungen und in seinem Programm das enge Verhältnis von Design und Konkreter Kunst aufgreift. Nach Entwürfen des Wiener Architekturbüros querkraft ist ein Kulturzentrum im Entstehen, das auch Platz für Café, Shop und Veranstaltungsräume bietet. Die Eröffnung ist für 2022 vorgesehen.

Info Museum für Konkrete Kunst: Tränktorstr. 6–8, 85049 Ingolstadt, Tel. (08 41) 305 18 75, www.mkk-ingolstadt.de, Öffnungszeiten Di–So 10–17 Uhr, Eintritt € 5, ermäßigt € 3.

Die Stadt der Optimisten

Altstadt von Kaufbeuren

Kaufbeuren, Bayern

Ludwig Ganghofer, der wohl populärste bayerische Heimatschriftsteller, sagte einst über seine Geburtsstadt: „Ich wurde zu Kaufbeuren geboren. Kein Wunder also, dass ich ein Optimist wurde.« Er kam 1855 in Kaufbeuren zur Welt, 1920 starb er am Tegernsee. Mit weltweit mehr als 30 Millionen verkauften Werken und 45 deutschen Verfilmungen ist Ganghofer einer der meist gelesenen und verfilmten deutschen Autoren aller Zeiten – Gründe genug also für die 42000-Einwohner-Stadt im Allgäu, an ihren berühmtesten Sohn zu erinnern.

Im Stadtmuseum wurde die Einrichtung seines Arbeitszimmers wiederaufgestellt, in einem anderen Raum dokumentieren u. a. Fotografien, handschriftliche Manuskripte und 40 Geräte aus Ganghofers privatem elektrophysikalischem Labor Leben und Schaffen des Autors. Auf den Speisekarten verschiedener Wirtshäuser in der Stadt werden immer wieder spezielle Ganghofer-Menüs angeboten. Zu Lebzeiten schätzten seine Freunde aus Kunst und Literatur die Gastfreundschaft des Künstlers.

Überliefert ist etwa ein Zitat des Dichters Hugo von Hofmannsthal, der begeistert war von den Tafelfreuden in Ganghofers Jagdhaus Hubertus bei Leutasch: »Die Kost ist ausgezeichnet. Um halb drei früh haben wir Thee gehabt, um sechs Uhr früh Eierspeise und Marsala, um ein Uhr Saiblinge, garnierten Lungenbraten, ein sehr gutes Citronen-Soufflé und Münchner Bier.«

Die ehemalige Freie Reichsstadt Kaufbeuren ist durch ihr mittelalterliches Stadtbild geprägt. Die krummen Gassen, die teilweise begehbare historische Stadtmauer, die gemütlichen Plätze und prachtvollen Bürgerhaus-Fassaden lassen erahnen, wie hier vor 600 Jahren Markt gehalten, eingekauft, flaniert und in den Cafés und Wirtshäusern gefeiert wurde. Eine Tradition, die die Einwohner bis heute mit ihren Gästen fortführen. Besucher können die Geschichte der Stadt bei verschiedenen Themenführungen kennenlernen.

Altstadtkulisse Kaufbeuren.

Info: Kaufbeuren liegt ca. 90 km südwestlich von München. **Info Kaufbeuren:** Tourist Information, Kaiser-Max-Str. 3 A, 87600 Kaufbeuren, Tel. (083 41) 43 71 90, www.kaufbeuren-tourismus.de.

Bier und Barock

Benediktinerabtei Weltenburg

Kelheim an der Donau, Bayern

Natürlich lässt sich das Kloster Weltenburg mit dem Auto erreichen. Oder mit dem Fahrrad. Viel schöner ist jedoch die Anreise von Kelheim aus mit dem Schiff über die Donau. Die kirchlichen Gemäuer stehen auf einer Landzunge und stemmen sich seit Jahrhunderten den Fluten des Flusses entgegen.

Donaustrand beim Kloster Weltenburg.

Die Benediktinerabtei Weltenburg gilt als älteste Klosteranlage Bayerns. Vom Giebeldach der Kirche beobachtet der heilige Benedikt die Umgebung. Das Portal ist von Säulen flankiert, überragt werden die Anbauten von der 20 Meter hohen Kuppel, ansonsten ist das äußere Erscheinungsbild der Kirche eher schlicht. Wer das Portal durchschreitet, findet sich abrupt in die üppige Hochzeit des Barock zurückversetzt. Vor allem das farbenprächtige Deckenfresko fällt sofort ins Auge. Dargestellt wird die Verklärung der Kirche, der Heilige Geist ist im Zentrum der von acht Säulen getragenen Kuppel abgebildet.

Die Kirche ist klar in drei Teile gegliedert: die Vorhalle, den Hauptraum und das Presbyterium. Die Vorhalle wird durch ionische Pilaster strukturiert und hat einen ellipsenförmigen Grundriss. Neben den vielen Fresken und dem Altarbild ist vor allem die Brandenstein-Orgel aus dem Jahr 1729 ein Schmuckstück der Kirche. Das Instrument verfügt über zwei Schauseiten, eine ist dem Kirchenraum zugewandt, die andere dem Psallierchor der Mönche.

Als Ausflugsziel ist das Kloster nicht nur wegen der Architektur und des barocken Innenlebens beliebt. Auf dem Gelände befindet sich die Klosterbrauerei Weltenburg samt Biergarten. Das hier gebraute »Weltenburger Kloster Barock Dunkel« wurde 2004 mit dem »World Beer Award« als bestes Dunkelbier der Welt ausgezeichnet. An den Wochenenden finden Führungen durch die Brauerei statt.

Bereits im 7. Jahrhundert sollen Mönche am Ufer der Donau das Kloster gegründet haben. Im 8. Jahrhundert übernahm Weltenburg die Regeln des heiligen Benedikt. Nicht nur zahlreiche Kriege haben zu einer wechselvollen Geschichte des Klosters beigetragen. Im 16. Jahrhundert wurde das Kloster geplündert, der damalige Abt Michael II. Häusler musste wertvolle Bestände der Bibliothek verkaufen. Anfang des 18. Jahrhunderts wurde die Kirche nach schweren Zerstörungen neu aufgebaut. In jüngerer Zeit haben vor allem Hochwasser die historischen Bauten bedroht, sodass 2006 ein Hochwasserschutz für das Kloster eingerichtet wurde.

Info: Kloster Weltenburg liegt unmittelbar vor dem Donaudurchbruch, einer Flusslandschaft zwischen der Benediktinerabbtei und der Stadt Kelheim. **Info Benediktinerabtei Weltenburg:** Asamstr. 32, 93309 Kelheim an der Donau, Tel. (094 41) 20 40, www.kloster-weltenburg.de, Führungen nach tel. Anmeldung. **Info Klosterbrauerei Weltenburg:** Verwaltung, Heitzerstr. 2, 93049 Regensburg, Tel. (09 41) 200 10, www.weltenburger.de, Öffnungszeiten Besucherzentrum April–Okt. tägl. 10–18 Uhr, sonst kürzer, Eintritt € 2,50, ermäßigt € 1,50.

Römisches Flair im Allgäu

Fürstäbtliche Residenz

Kempten, Bayern

Wer nach Kempten im Allgäu reist, besucht eine der ältesten Städte Deutschlands. Mit 674 Metern über dem Meeresspiegel gehört der Ort am Nordrand der Alpen auch zu den höchstgelegenen deutschen Städten mit mehr als 50 000 Einwohnern. Kempten blickt auf eine über 2000-jährige Geschichte zurück. Zwar fehlen bislang die archäologischen Nachweise, doch vermutlich war die heutige Hochschulstadt, die inzwischen 66 000 Einwohner zählt, schon in vorrömischer Zeit als größere Siedlung angelegt. Sicher ist die Existenz eines keltischen Siedlungsgebiets mit dem Namen Cambodunum im 15. Jahrhundert v. Chr. Etwa hundert Jahre später fungierte das Städtchen wahrscheinlich als Sitz des Statthalters der Provinz Rätien.

Nicht minder lohnenswert ist ein Besuch der Fürstäbtlichen Residenz, einem ehemaligen Benediktinerkloster. Nach der Zerstörung im Dreißigjährigen Krieg durch die Schweden ließ Fürstabt Roman Giel von Gielsberg das Gebäude in seiner jetzigen Form 1651 bis 1666 errichten. Die hohen Räume und die breiten Flure beherbergen heute das Amtsgericht, das Landgericht und die Staatsanwaltschaft Kempten. Einige der kunstvoll stuckverzierten Prunkräume im Stil des schwäbisch-bayerischen Rokoko werden von der Bayerischen Schlösserverwaltung genutzt und sind im Rahmen von Führungen zugänglich.

Wer einen lauen Sommerabend auf der Terrasse eines Lokals in der historischen Altstadt mit ihren teils jahrhundertealten Wohnhäusern verbringt, ahnt, warum die Stadtverwaltung den Rathausplatz mit einer italienischen Piazza vergleicht: Auf jedem zweiten Tisch steht ein Latte Macchiato, stehen Teller mit Pizza, die entspannten Cafébesucher tragen Sonnenbrillen – eine Spur römischen Flairs scheint sich eben auch in Kempten über all die Jahrhunderte erhalten zu haben.

Info: Kempten liegt im Süden Deutschlands am nördlichen Rand der Alpen im Allgäu. **Info Kempten:** Tourist Information Kempten, Rathausplatz 24, 87435 Kempten, Tel. (08 31) 960 95 50 , www.kempten-tourismus.de. **Info Fürstäbtliche Residenz:** Residenzplatz 4–6, Kempten, Tel. (08 31) 256 12 51, www.schloesser.bayern.de, Öffnungszeiten April–Sept. Di–So 9–16, Okt. Di–So 10–16, Nov., Jan.–März Sa/So 10–16, Dez. tägl. 12.15–16 Uhr, Besichtigung nur im Rahmen einer Führung (alle 45 Min.) möglich, Eintritt € 3,50, ermäßigt € 2,50.

Stuckverzierter schwäbisch-bayerischer Rokoko: Audienzzimmer der Fürstäbtlichen Residenz in Kempten.

Seeungeheuer und Elektrizität

Walchenseekraftwerk und Kesselbergstrasse

Kochel am See, Bayern

Ein riesiger Fisch, ein Waller, so erzählten sich früher die Leute, hause auf dem Grund des Walchensees, etwa 70 Kilometer südwestlich von München. Und mit dem Ungetüm, einer Art bayerischem »Nessie«, sei nicht zu spaßen. Würden die Bewohner des Oberlandes vom Glauben abfallen, würde der Fisch für verheerende Überschwemmungen sorgen. Die Angst, sich den Zorn des Seeungeheuers zuzuziehen, war so groß, dass von 1450 bis 1805 täglich in einer Gruftkapelle eine Messe gelesen wurde, um Schlimmes zu verhindern.

Oskar Miller, Ingenieur und Pionier des Fortschritts, hatte es anfangs schwer, seine Vision gegen den Aberglauben durchzusetzen. Bereits Ende des 19. Jahrhunderts hatte er die Idee, dem verschlafenen Land der Petroleumlampen und Pferde-Trambahnen die Elektrizität zu schenken. Und er wusste auch schon genau, wie: Er wollte den Höhenunterschied von 200 Metern zwischen Walchen- und Kochelsee zur Gewinnung elektrischer Energie nutzen. Inspiriert durch Besuche verschiedener Industrieanlagen in Europa und Nordamerika organisierte Miller 1882 eine Ausstellung im Münchner Glaspalast, die zur Initialzündung für die Elektrizitätsversorgung in Bayern wurde.

Blick vom Herzogstand auf Kochel- und Walchensee, dazwischen das Walchensee-Kraftwerk.

Der Bau des Walchenseekraftwerkes war in der Zeit nach dem Ersten Weltkrieg eine Meisterleistung. Bis zu 2000 Arbeiter und Ingenieure arbeiteten gleichzeitig an dem Riesenprojekt. Schwere Bauteile wie Turbinen oder Generatoren mussten unter unvorstellbaren Anstrengungen herangeschafft werden. Am 24. Januar 1924 war es dann so weit: Zum ersten Mal schoss das Wasser des Walchensees über sechs Rohre ins Kraftwerk. Auch heute noch ist das Bauwerk mit einer Jahreserzeugung von rund 300 Millionen Kilowattstunden eines der größten Wasserkraftwerke der Welt, ein Viertel der Energie geht ins Stromnetz der Deutschen Bahn.

Für Motorrad-Freaks lohnt sich noch ein Abstecher zur Kesselbergstraße zwischen dem Kochel- und dem Walchensee. Auf der kurvenreichen Strecke wurden bereits vor hundert Jahren Auto- und Motorradrennen durchgeführt. Trotz Überholverbots und Höchstgeschwindigkeit von 60 Kilometern muss man auch heute noch mit wagemutigen PS-Rittern selbst in den engsten Serpentinen des historischen Rennkurses rechnen.

Info: Kochel am See liegt ca. 70 km südwestlich von München. **Info Walchenseekraftwerk:** Infozentrum, Altjoch 21, 82431 Kochel am See, Tel. (088 51) 772 25, www.walchensee.net, Öffnungszeiten tägl. Mai–Okt. 9–17, Nov.–April 10–16 Uhr.

In Bayern locken viele schöne Seen, im Bild der Eibsee mit der Zugspitze im Hintergrund.

Kochel- und Walchensee im oberbayerischen Zwei-Seen-Land.

Zwischen Knabenkraut und Wiesenpieper

KOCHELSEE

Kochelsee, Bayern

Es war im Januar 1704, als Tiroler Truppen, angetan vom Reichtum der Abtei in Benediktbeuern, zum Angriff bliesen. Verzweifelt versuchten die Mönche, sie aufzuhalten, indem sie die einzige Brücke an der Loisach zerstörten. Vergebens: Die Tiroler nahmen den Weg über den zugefrorenen See. In ihrer Not riefen die Mönche ihre Schutzpatronin, die heilige Anastasia, an. Mit Erfolg – ein starker Föhn brachte das Eis des Sees zum Schmelzen, die Tiroler mussten sich zurückziehen und das Kloster war gerettet.

Heute hätten es die Tiroler Plünderer einfacher gehabt, denn der Kochelsee ist gut über die A 95 von München nach Garmisch zu erreichen. Zahlreiche Wanderwege erschließen die Schönheiten des Sees und der steilen Berge, die zum oberbayerischen Alpenrand gehören. Dabei muss nicht unbedingt gekraxelt werden, der Wanderweg von Altjoch nach Schlehdorf beispielsweise ist für jedermann zu schaffen. Naturliebhaber sollten unbedingt das Naturschutzgebiet Loisach-Kochelsee-Moore im Norden des Sees besuchen. Pflanzen wie das Knabenkraut und Vogelarten wie Kiebitze und Wiesenpieper warten hier auf die Besucher. Dieses Gebiet ist auch für Fahrradtouren bestens geeignet, eine beliebte Strecke durch die einzigartige Schönheit der Natur führt auf 35 Kilometern auch am Kochelsee vorbei von Eschenlohe bis zum Kloster.

Kein See ohne Schiff: Selbstverständlich gibt es auch am Kochelsee die Möglichkeit, die Schönheit des Sees und des ihn umgebenden Bergpanoramas ganz entspannt an Deck des Motorschiffs zu genießen, das von Mai bis Mitte Oktober regelmäßig zwischen Kochel am See und Schlehdorf verkehrt.

Das Bonbon für die Kunstliebhaber am See ist das Franz Marc Museum in Kochel am See. Der Maler, Mitglied und Mitbegründer der legendären Künstlergruppe »Blauer Reiter«, lebte in dieser Bilderbuchlandschaft im Voralpenland. Heute gibt es in einem Park über dem See ein renommiertes Museum, das die Werke des berühmten Expressionisten im Dialog mit denen der anderen Brücke-Künstler sowie Vertretern der deutschen Nachkriegkunst zeigt.

Franz Marc Museum Kochel am See.

INFO KOCHEL AM SEE: Tourist Information, Bahnhofstr. 23, 82431 Kochel am See, Tel. (088 51) 338, www.kochel.de. **INFO SCHIFFFAHRT:** Motorschifffahrt Kochelsee, Anlegestelle: Seeweg 2, 82431 Kochel am See, dort sind auch Parkplätze vorhanden, Tel. (088 51) 416, www.motorschifffahrt-kochelsee.de. **INFO FRANZ MARC MUSEUM:** Franz-Marc-Park 8–10, Kochel am See, Tel. (088 51) 92 48 80, www.franz-marc-museum.de, Öffnungszeiten Di–So 10–18, Nov.–März nur bis 17 Uhr, Eintritt € 8,50, ermäßigt € 3,50, bis 6 J. frei.

Die heimliche Bierbrauerhauptstadt Bayerns

Kulmbacher Altstadt und die Plassenburg

Kulmbach, Bayern

Kulmbach gilt den Franken als heimliche Bierbrauerhauptstadt Bayerns. Die Münchner würden das so nicht durchgehen lassen, aber München ist weit. Das Starkbierfest zu Beginn der Fastenzeit und die Bierfeste im Sommer sind hier legendär. Die Stadt, grün eingebettet am Rand von Frankenwald und Fichtelgebirge, fiel 1340 an die Hohenzollern und war für fast drei Jahrhunderte Sitz der Markgrafen von Brandenburg-Kulmbach. Aus dieser Zeit stammt die mächtige Plassenburg über der Stadt, die im 16. Jahrhundert im Stil der Renaissance umgebaut wurde und seither den Schönen Hof hat, einen stimmungsvollen Ort, gerahmt von übereinanderliegenden Arkadengängen. In den Schlossräumen marschieren immer noch viele der über 300 000 Zinnfiguren zur Schlacht gegen einen imaginären Feind.

Kulmbacher Altstadt.

Das Deutsche Zinnfigurenmuseum hält in ungeraden Jahren Zinnfigurenbörsen ab. Zudem gibt es in der Plassenburg noch das Landschaftsmuseum Obermain, das kunst- und kulturgeschichtliche Exponate aus der Region zeigt, und das Armeemuseum Friedrich der Große mit einer Sammlung altpreußischer Militaria. In den Wohnräumen der Burg vermittelt das Museum Hohenzollern in Franken einen guten Eindruck vom fürstlichen Leben zur Zeit des Barock.

Aus dem Mittelalter ist im gemütlichen Kulmbach noch viel Trutzwerk erhalten, so ein Teil der Stadtbefestigung mit dem Wehrturm Bürgerloch, einer mächtigen Toranlage, dem Weißen Turm und dem Roten Turm. Dazu ein ganzes Gassennetz mit Fachwerkhäusern, in denen sich Wirtsstuben eingenistet haben. Mittelpunkt ist der von Geschäften und Cafés umgebene Marktplatz mit dem Luitpoldbrunnen, um den herum zweimal wöchentlich ein Bauernmarkt stattfindet.

Info: Kulmbach liegt ca. 20 km von Bayreuth entfernt. **Info Kulmbach:** Tourist Information, Buchbindergasse 5, 95326 Kulmbach, Tel. (092 21) 958 80, www.kulmbach.de. **Info Plassenburg:** Festungsberg 26, 95326 Kulmbach, Tel. (092 21) 80 45 71, www.plassenburg.de, Öffnungszeiten Museen tägl. April–Okt. 9–18, Nov.–März 10–16 Uhr, Burgkarte für vier Museen € 7.

Ab ins Mittelalter

Altstadt von Landsberg am Lech

Landsberg am Lech, Bayern

Mitten durch Landsberg verlief früher die Salzstraße, eine der größten Handelsstraßen Europas. Den Zöllen und Gebühren, die so in ihre Kassen flossen, verdankt die kleine Stadt bis heute ihren Glanz. Am besten betritt man die malerische Altstadt von östlicher Seite her, denn hier befindet sich das Wahrzeichen der Stadt, das gotische Bayertor der historischen Stadtbefestigung.

Der 35 Meter hohe Torturm gilt als einer der schönsten Süddeutschlands, hier hat man zudem eine herrliche Aussicht über die Altstadt und das Lechtal bis zu den Alpen. Hinter der sehr gut erhaltenen und fast geschlossenen spätgotischen Befestigungsanlage, die nach einem großen Ausbau der Stadt im 15. Jahrhundert errichtet wurde, verbirgt sich ein mittelalterlich anmutendes Ensemble aus Resten der älteren Stadtbefestigungen, verwinkelten Gassen, wunderbaren alten Häusern und Bauwerken sowie zahlreichen kleinen Plätzen, die mit Cafés und Bistros zum Verweilen einladen.

Ein Teil der ersten Stadtmauer aus dem 13. Jahrhundert ist der hübsche Schmalzturm mit spätgotischen Lilienfriesen und seinen bunten Dachziegeln auf dem Hauptplatz. An diesem Platz liegt auch das von Dominikus Zimmermann errichtete historische Rathaus, das mit seiner filigranen Giebelfront zu den prächtigsten Bauten der Stadt zählt. Wer sich für barocke Kirchen interessiert, sollte außerdem die von außen eher unscheinbare Johanniskirche mit ihren prunkvollen Altären und Fresken besichtigen.

Besonders gut lässt sich Landsberg auch bei einer der mittelalterlichen Stadtführungen kennenlernen, bei der kostümierte Guides die Gäste durch Stätten, Sitten und Gebräuche der alten Zeit führen und dabei Geschichten erzählen.

Das Lechwehr mit der Altstadt von Landsberg am Lech.

Info: Landsberg liegt rund 70 km südwestlich von München. **Info Landsberg am Lech:** Tourist Information, Hauptplatz 152, 86899 Landsberg am Lech, Tel. (081 91) 12 82 46, www.landsberg.de. Stadtführungen (ohne Anmeldung): Mai–Okt. Mi, Sa/So 14.30 Uhr, Treffpunkt Historisches Rathaus, Teilnahme € 5, Kinder € 2. Historische Themenführung nur nach Anmeldung.

Fest für eine ganze Stadt

Landshuter Hochzeit

Landshut, Bayern

Es ist eines der größten historischen Feste Europas: Alle vier Jahre feiert Landshut die Fürstenhochzeit des Wittelsbacher Herzogs Georg der Reiche von Bayern-Landshut mit der polnischen Königstochter Hedwig im Jahr 1475. Sie war politisch von enormer Bedeutung, vereinte sie damals doch das christliche Abendland und hatte sogar Kaiser Friedrich III. zu Gast. In der Verbindung der beiden Geschlechter sah man ein starkes Bündnis gegen die Macht der Osmanen, die 1453 Konstantinopel erobert hatten, weshalb der Markgraf Albrecht Achilles bei der Begrüßung der Braut gesagt haben soll, dass diese Ehe »ein Nutz sollte sein für Christenheit und Reich«. Eben aus diesen Gründen sollte die Hochzeitsfeier das üppigste Fest des ausgehenden Mittelalters werden.

Der Bericht des Seligenthaler Klosterschreibers Hans Seybolt von 1482 und die Aufzeichnungen des Schreibers von Markgraf und Kurfürst Albrecht Achilles sind die historischen Grundlagen für den Ablauf der heutigen Landshuter Hochzeit. Die fand das erste Mal im Jahr 1902 statt, als Landshuter Bürger, inspiriert von einem Gemälde im Prunksaal des Landshuter Rathauses, den Verein Die Förderer e. V. gründeten, der bis heute die Geschicke der Landshuter Hochzeit leitet. Fand das Fest früher jedes Jahr statt, so wird es heute nur noch alle vier Jahre aufgeführt. Rund 2300 Bürger aus Landshut und Umgebung schlüpfen drei Wochen lang in historische Rollen und lassen das prunkvollste Kapitel der Stadtgeschichte wieder aufleben.

Ein Jongleur auf der Landshuter Hochzeit.

Monatelang bereitet sich die Stadt darauf vor: Authentische Kostüme werden genäht oder erneuert, mittelalterliche Tänze geübt, Musik-, Artistik- und Theateraufführungen geprobt. Wenn es dann soweit ist, zeigen die auserwählten Beteiligten, die sich vorher alle für ihre Rollen bewerben müssen, als Fürsten, Ritter, Edeldamen, Gaukler, Bettler und Pagen das Lagerleben oder führen den nächtlichen Mummenschanz auf. Reiter- und Ritterspiele werden ebenso detailgetreu dargestellt wie Tanzspiele, die den Ablauf der damals mehrere Tage andauernden Hochzeit wiedergeben sollen.

Höhepunkt der Festtage ist der Sonntag, an dem die Hochzeitsgesellschaft mit über 2000 Beteiligten durch die Altstadt von Landshut zieht und den Zuschauern begeistert zuruft. War damals die gotische St. Martinskirche das Ziel der Hochzeitsgesellschaft, wo der Erzbischof von Salzburg die Trauung zelebrierte, so endet der Festzug heute im Stadtpark auf dem Turnierplatz. Die Aufführung der »Landshuter Hochzeit 1475« ist mittlerweile immaterielles Kulturerbe Deutschlands und bemüht sich auch um die Anerkennung als Weltkulturerbe.

Info Landshuter Hochzeit: Die Förderer e. V., Spiegelgasse 208, 84028 Landshut, Tel. (08 71) 229 18, www.landshuter-hochzeit.de. Die Landshuter Hochzeit findet alle vier Jahre statt, das nächste Mal im Sommer 2021.

Erster Renaissancebau nördlich der Alpen

Stadtresidenz Landshut

Landshut, Bayern

Was geschieht, wenn sich ein Herzog verliebt? Er umwirbt die Angebetete. Im Fall von Herzog Ludwig X. war die Sache komplizierter. Er verliebte sich in einen Baustil, den er postwendend nach Deutschland importieren ließ. Mitten in der Altstadt des schönen Landshut liegt sie und lockt bis heute mit ihrem prachtvollen Aussehen: die Stadtresidenz.

Nachdem Herzog Ludwig X. im Jahr 1536 zunächst von ansässigen Baumeistern den ersten Teil des Stadtpalastes, genannt »Deutscher Bau«, hatte errichten lassen, entdeckte er ein Jahr darauf während einer Italienreise den Stil des italienischen Renaissance-Palazzo für sich. Von einem italienischen Baumeister ließ er daraufhin seine Residenz an der Rückseite durch den Italienischen Bau mit einem Arkadenhof erweitern. 1543 erfolgte die Fertigstellung des Palastes. Durch Galerien wurde der Italienische mit dem Deutschen Bau verbunden.

Im Innern der Stadtresidenz finden sich prunkvolle Säle mit den für die Renaissance typischen gewölbten und kassettierten Decken, Fresken mit biblischen und antikmythologischen Motiven sowie opulenten Stuckverzierungen. Sowohl die italienisch geprägte Architektur wie auch die Gestaltung der Innenräume waren zu dieser Zeit nördlich der Alpen eine spektakuläre Neuheit.

Ende des 18. Jahrhunderts wurde die Fassade des Deutschen Baus zur Landshuter Altstadt hin im Stil des Klassizismus umgestaltet. Aus dieser Zeit stammen auch die Wohnräume der Pfalzgrafen. In den klassizistischen Birkenfeldzimmern wurden bei Renovierungsarbeiten seltene französische Wandtapeten von 1803 freigelegt, die heutige Besucher bewundern können.

Die Stadtresidenz beherbergt ein archäologisches Museum mit Funden aus der Region, von der Steinzeit bis zu den Römern. Ein weiteres Museum widmet sich der reichen Keramiktradition.

Italienische Renaissance nördlich der Alpen: die Stadtresidenz in Landshut.

Info: Landshut liegt etwa 80 km nordöstlich von München. **Info Stadtresidenz:** Altstadt 79, 84028 Landshut, Tel. (08 71) 251 42, www.schloesser.bayern.de, Öffnungszeiten Di–So April–Sept. 9–18, Okt.–März 10–16 Uhr, Eintritt € 3,50, ermäßigt € 2,50. Informationen auch bei der Burgverwaltung Landshut, Burg Trausnitz 168, Landshut, Tel. (08 71) 92 41 10, www.burg-trausnitz.de.

Die »mit Linden bestandene Insel«

Lindau – Inselstadt im Bodensee

Lindau am Bodensee, Bayern

»Der Bodensee ist ein faszinierendes Gewässer, weil er ständig sein Gesicht verändert«, sagt Deutschlands wichtigste Meinungsforscherin Renate Köcher, Leiterin des Instituts für Demoskopie in Allensbach am Bodensee.

Das kann man von Lindau aus besonders gut verfolgen: Die 1079 gegründete Stadt liegt auf einer vorgelagerten Insel im See und ist nur über eine Brücke oder per Schiff zu erreichen. Dabei wird in der Hafeneinfahrt ein mächtiger bayerischer Löwe, sechs Meter hoch und aus acht Tonnen Marmor gehauen, passiert. Den ließ König Maximilian II. 1805 zum Zeichen seiner Herrschaft auf einen Sockel setzen. Auf der anderen Seite begrüßt der einzige Leuchtturm Bayerns die einfahrenden Schiffe.

Die mit Linden bestandene Insel – daher der Stadtname – nahe am Dreiländereck Deutschland, Österreich und Schweiz verdankt ihren Ursprung einem um 800 gegründeten Chorfrauenstift. Und den Fischern, die auf der Insel einen Markt abhielten, um den herum sich eine Kaufmannssiedlung entwickelte.

Das alte Rathaus in Lindau mit einer großen überdachten Freitreppe.

Der 33 Meter hohe Leuchtturm an der Mole zeigt, dass Lindau einst im Bodenseehandel gut im Geschäft war. Es war ab 1220 Freie Reichsstadt und nur dem Kaiser oder dem König verantwortlich. Der erste Bau des Münsters Unserer Lieben Frau erfolgte bereits um 817, die heutige Kirche entstand nach dem Stadtbrand 1728. In der um 1000 gegründeten Peterskirche, nach dem Ersten Weltkrieg zur etwas martialischen Kriegergedenkstätte umgestaltet, gibt es die einzigen von Hans Holbein d. Ä. erhaltenen Fresken.

Die Altstadt prägen ganze Straßenzüge mit Häusern von der Gotik bis zum Barock, die Maximilianstraße ist von prunkvollen Patrizierhäusern mit Laubengängen gesäumt. Das Alte Rathaus (1436) trägt schmucke Giebel, bei der Umgestaltung im Renaissancestil wurden Ereignisse der Stadtgeschichte kunstvoll auf die Wände gepinselt.

Von der hübschen Terrasse des über 150 Jahre alten Traditionshotels »Bayerischer Hof« hat man einen atemraubenden Blick auf den Bodensee, bei klarem Wetter zeichnen sich sogar die Berge der Schweizer Alpen ab.

Info: Lindau am Bodensee liegt ca. 180 km südwestlich von München. **Info Lindau:** Tourist Information Lindau, Alfred-Nobel-Platz 1, 88131 Lindau am Bodensee, Tel. (083 82) 26 00 30, www.lindau.de. **Info Hotel Bayerischer Hof:** Bahnhofplatz 2, 88131 Lindau, Tel. (083 82) 91 50, www.bayerischerhof-lindau.de, Preise auf Anfrage.

Inbegriff des Spessart

Schloss Mespelbrunn

Mespelbrunn, Bayern

Ein Schloss mitten im Wasser – wunderschön, selten, und dennoch so etwas wie der Inbegriff des Spessart. Hier vergnügte sich im Jahr 1958 Liselotte Pulver während der Dreharbeiten zum Film »Das Wirtshaus im Spessart«.

Die Trutzburg liegt in einem verschwiegenen Seitental der Elsava, zwischen Frankfurt am Main und Würzburg. Das Gebäude wurde von seinen Besitzern, den Rittern Echter, im 16. Jahrhundert von einer Wasserburg zu einem behaglichen Renaissanceschloss ausgebaut.

Die Eigentümer liebten die Stille der Wälder mehr als die Pracht der fürstlichen Höfe. Das mag vielleicht auch an dem Bann von Kaiser Barbarossa gelegen haben, der die Brüder Echter zu diesem abgeschiedenen Leben zwang. Ein Spross der Echters, Julius Echter von Mespelbrunn, wurde Fürstbischof in Würzburg und Namenspatron des beliebten Biers. Nach Ausbleiben eines männlichen Nachkommen gingen Gut, Wappen und Name an die Grafen von Ingelheim über. Das Wasserschloss ist noch heute Sitz der gräflichen Familie des 2006 verstorbenen unterfränkischen Bezirkstagspräsidenten Albrecht Graf von Ingelheim.

Aufgrund seiner versteckten Lage überstand das Gebäude alle Kriege unbeschadet und ist in seiner ursprünglichen Form erhalten geblieben. Die Besitzer engagieren sich seit Anfang der 1950er Jahre dafür, das Schloss als Denkmal zu erhalten und gleichzeitig einer breiten Öffentlichkeit zugänglich zu machen. Während der Südflügel von der gräflichen Familie bewohnt wird, steht der Nordflügel Besuchern von April bis November zur Besichtigung offen.

Hier sind der alte Rittersaal und die Schlosskapelle zu bewundern. Eine Sammlung furchterregender alter Schwerter, Armbrüste und Rüstungen ist im Obergeschoss zu sehen, wo die gräfliche Familie bei besonderen Anlässen noch gelegentlich im Festsaal tafelt. Selbst die Büchse und das Pulverhorn des Fürstbischofs Julius Echter liegen hier noch in der Vitrine. Chinesische Vasen zieren die Obergemächer und die Besucher dürfen einen Blick ins historische Schlafzimmer werfen.

Wasserschloss Mespelbrunn bei Aschaffenburg.

Info: Schloss Mespelbrunn liegt in einem Spessarttal zwischen Frankfurt am Main und Würzburg. **Info Schloss Mespelbrunn:** Schlossverwaltung, 63875 Mespelbrunn, Tel. (060 92) 269, www.schloss-mespelbrunn.de, Öffnungszeiten von Karfreitag bis Allerheiligen tägl. 9–17 Uhr, Eintritt € 5, ermäßigt € 2,50.

Perle des Mains

Historische Altstadt von Miltenberg

Miltenberg, Bayern

Mit seiner malerischen Lage am Mainknie zwischen Spessart und Odenwald erfüllt das historische Miltenberg alle Erwartungen, die sein Beiname weckt: Perle des Mains. Bekannt für seinen Buntsandstein und günstig an der alten Handelsstraße zwischen Nürnberg und Frankfurt gelegen, war es bereits im Mittelalter sehr begehrt. 1237 erstmals schriftlich erwähnt gehörte Miltenberg bis 1803 zum Kurfürstentum Mainz, wurde dann 1806 dem Großherzogtum Baden einverleibt und schließlich 1816 Teil Bayerns.

Dreh- und Angelpunkt ist sicherlich der alte Marktplatz, auch Schnatterloch genannt. Umrahmt von schönen Fachwerkhäusern steht in der Mitte des Platzes der aus rotem Sandstein erschaffene Marktbrunnen aus dem Jahr 1583. Auf der linken Seite des Platzes befindet sich die Alte Amtskellerei, ein im Stil der Spätgotik erbautes Fachwerkhaus. Der Prachtbau aus dem Jahr 1541 beheimatet heute das Museum der Stadt Miltenberg mit seiner reichen Sammlung zur Kulturgeschichte der Stadt.

Vom Marktplatz aus gelangt man durch den Renaissancetorbogen hinauf zur Mildenburg, einer Anlage aus dem Jahr 1200, die der Mainzer Erzbischof als östliche Grenzsicherung errichten ließ. Von hier aus genießt man eine tolle Aussicht auf die Stadt und das Maintal. Ebenfalls sehenswert: das Alte Rathaus, ein Sandsteingebäude aus dem Jahr 1379. Damals diente es als Kauf- und Lagerhaus, in dem die Ware gemäß Stapelrecht drei Tage zum Verkauf angeboten werden musste.

Der historische Marktplatz in Miltenberg.

Für kulinarische Genüsse sorgt das Gasthaus Zum Riesen, eines der ältesten Deutschlands. Der heutige Bau stammt aus dem Jahr 1590 und diente vielen Adligen und Königen als Trinkstube und Unterkunft. Von den Größen des 20. Jahrhunderts sind hier u. a. Heinz Rühmann, Hans Albers und Elvis Presley abgestiegen. Bei einem Besuch sollte man unbedingt das nur hier ausgeschenkte »Riesen Spezial« probieren.

Info: Miltenberg liegt 75 km südöstlich von Frankfurt am Main. **Info Miltenberg:** Tourist Information, Rathaus, Engelplatz 69, 63897 Miltenberg, Tel. (093 71) 40 41 19, www.miltenberg.info. **Info Museum der Stadt Miltenberg:** Hauptstr. 169–175, Miltenberg, Tel. (093 71) 66 85 04, www.museum-miltenberg.de, Öffnungszeiten Mitte März–Okt. Di–So 10–17.30, Nov.–Mitte Jan. Mi–So 11–16 Uhr, Mitte Jan.–Mitte März geschl., Eintritt € 4, ermäßigt € 3. **Info Gasthaus Zum Riesen:** Hauptstr. 99, Miltenberg, Tel. (093 71) 98 99 48, www.riesen-miltenberg.de, Reservierung empfohlen, Preise auf Anfrage.

Mit der Gondel zum Himmel

KARWENDELBAHN

Mittenwald, Bayern

Bevor die Karwendelbahn 1967 ihren Betrieb aufnahm, sprachen die Einwohner des oberbayerischen Mittenwald vom »Dammkar-Wurm«. So nannten sie die tägliche Karawane aus Hunderten Wintersportlern, die sich zu Fuß zum über 2000 Meter hohen Dammkar quälten, einem beliebten Skigebiet in den Alpen, unmittelbar an der österreichischen Grenze.

Der Ruf nach einer komfortablen Beförderungsanlage wurde immer lauter. Schließlich stellten Arbeiter 1957 den Rohbau einer Seilbahn fertig. Zu mehr reichte allerdings zunächst das Geld nicht. Erst neun Jahre später, am 7. Juni 1967, nahm die Karwendelbahn ihren Betrieb auf. Bis zu 350 Menschen gelangen pro Stunde in zwei Gondeln auf die Bergstation. Die Fahrt dauert knapp zehn Minuten.

Die Bergstation in 2244 Metern Höhe ist zu jeder Jahreszeit Ausgangspunkt für verschiedene Gebirgstouren mit unterschiedlichem Schwierigkeitsgrad. Wintersportler freuen sich auf sieben Kilometer unpräparierte Abfahrten. Deutschlands längste Skiroute führt durch spektakuläre Felskulissen und ist für Könner ein großes Vergnügen. Wer eher gemütlich wandern möchte, wählt z. B. den etwa einstündigen Rundgang um die Karwendelgrube, ein Naturschutzgebiet für Alpenschneehühner.

Der atemberaubende Anblick des Karwendelgebirges lässt sich jedoch auch bei einem Glas Weißbier genießen, und zwar in der Berggaststätte neben der Seilbahnstation. Hier wird das Panorama ganz bequem aus Liegestühlen bestaunt. Gleich neben der Bergstation erläutert eine Ausstellung in Deutschlands höchstem Natur-Informationszentrum alles Wissenswerte über das alpine Ökosystem und den Lebensraum Karwendel.

Die Gondelbahn verkehrt abhängig von Jahreszeit und Witterung. Informationen zum aktuellen Betrieb sollten vorab unbedingt telefonisch erfragt werden. Auf der Website der Karwendelbahn finden sich auch Tipps für Wanderungen und geführte Bergtouren.

Oberhalb von Mittenwald: die Bergstation der Karwendelbahn in 2244 Metern Höhe.

INFO: Mittenwald liegt im oberbayerischen Landkreis Garmisch-Partenkirchen und im oberen Isartal, knapp 100 km südlich von München zwischen dem Karwendel- und dem Wettersteingebirge, fast unmittelbar an der österreichischen Grenze. **INFO KARWENDELBAHN:** Alpenkorpsstr. 1, 82481 Mittenwald, Tel. (088 23) 937 67 60, Wetter- und Sportinfo Tel. (088 23) 53 96, www.karwendelbahn.de, Öffnungszeiten tägl. im Sommer 8.30/9–16.30/18, im Winter 9/10–16.15 Uhr, Berg- und Talfahrt € 29,50, Kinder und Jugendliche (6–17 J.) € 19,50.

Weltstadt mit Herz

MÜNCHEN

München, Bayern

München ist nicht nur der Ort des Oktoberfests, sondern eine hochmoderne Messe- und Hightech-Stadt, zudem eine Fußballmetropole, eine aufregende Film- und Modestadt sowie die zweitgrößte Verlagsstadt Deutschlands nach Berlin. Dennoch kommt einem die Weltstadt mit Herz bisweilen wie ein großes Dorf vor. Die räumliche Enge in einer der am dichtesten bebauten Städte Deutschlands hat für Besucher Vorteile: Alles ist nah beieinander und übersichtlich.

Diese Stadt hat viele Gesichter: schick, lieb und gemütlich für die einen – ausgelassen, wild und allzeit neu für die anderen. Und dann wieder romantisch, ruhig, geschichtsträchtig und zeitentrückt. Ein Widerspruch? Ja mei, München ist nun mal eine Stadt voller Widersprüche.

Die Metropole an der Isar wird immer wieder mithilfe vieler Attribute beschrieben, an die sich stets große Erwartungen knüpfen. Lange wurde München als Isar-Athen oder nördlichste Stadt Italiens bezeichnet. Grund dafür war die tiefe Sehnsucht der Wittelsbacher nach klassisch-südlichem Lebensgefühl, dem sie während ihrer 700-jährigen Herrschaft freien Lauf ließen. Sie machten die Stadt zu einem Panoptikum bedeutender Architektur, die als außergewöhnliche Kulisse für alle gegenwärtigen Eindrücke dient.

Heute werden meist andere Akzente gesetzt: bei einer Bratwurst am Standl auf dem Viktualienmarkt, bei einer Maß Bier im Englischen Garten, wenn der Kleinhesseloher See im Abendlicht funkelt und die Vögel, die in den Schwabinger Türmen leben, noch einmal eine letzte Runde fliegen und den Himmel beinahe schwarz färben. Oder beim Spaziergang durch den Englischen Garten, wo sich im Schatten hoher Baumgruppen die Klänge afrikanischer Trommler mit den Tänzen brasilianischer Samba-Musiker und den Reimen deutscher Rapper vermischen. Ein jeder wird in München auf seine Kosten kommen, also: Grüß Gott und Servus in München!

INFO MÜNCHEN: München Tourismus, Tel. (089) 23 39 65 00, www.muenchen.de, https://visit-muenchen-bayern.de.

München-Panorama vor den schneebedeckten Alpen.

Das UFO von Fröttmaning

Allianz Arena

München, Bayern

Von Weitem sieht sie aus wie ein UFO oder ein riesiges Schlauchboot, Spötter nennen sie weniger nett auch Kaiser-Klo: Die Allianz Arena von Fröttmaning ist Münchens Fußballtempel. Nach drei Jahren Bauzeit wurde sie im Mai 2005 eingeweiht. Die Feuilletons der Zeitungen verneigten sich schon vor dem ersten Kick vor der architektonischen Meisterleistung der Stadionplaner. Und selbst die Pendler, die sich an der Baustelle vorbei durch den Berufsverkehr quälten, waren hingerissen von der luziden, schwebenden Anmutung der Arena.

Durchschnittlich zehn Mal krachte es zeitweise pro Tag auf der Autobahn 9. Immer wieder kam es zu Auffahrunfällen, weil die Autofahrer sich am neuen Stadion nicht sattsehen konnten.

2760 Membrankissen, gefertigt aus nur 0,2 Millimeter dicker Kunststofffolie, können die 64000 Quadratmeter der Dachkonstruktion abwechselnd in den Farben der Heimmannschaften blau (1860 München), rot (FC Bayern München) und weiß (Deutsche Nationalmannschaft) beleuchten. »Früher waren Fußballstadien ein klassischer Ort für Arbeiter: offene Häuser, in denen es gerade mal einen Wurst- oder Bierstand gab«, erklären die Schweizer Architekten des 340 Millionen Euro teuren Superbaus, Jacques Herzog und Pierre de Meuron, »Heute hingegen sind Stadien wie kleine Städte. Sie sind eng mit anderen Kulturbauten verwandt. Deshalb haben wir unser Stadion immer mit einem Opernhaus verglichen.«

Etwa 120000 Kubikmeter Beton und 22000 Tonnen Stahl wurden in der Allianz Arena verbaut, 75000 Zuschauer (inklusive Logen und Business-Seats) passen in die Fußballkathedrale. Allein das Fundament wiegt 180 Tonnen. Als reines Fußballstadion geplant mussten keine Konzessionen an alternative Nutzungen wie Leichtathletik, Popkonzerte, Ausstellungen oder andere Großveranstaltungen gemacht werden.

Rautenförmige Luftkissen strukturieren die Fassade der Allianz Arena.

»Wir haben das schönste Stadion der Welt«, sagt Karl-Heinz Rummenigge, der Vorstandsvorsitzende des FC Bayern München, nicht ohne Stolz. »Die Allianz Arena ist ein Quantensprung«, ergänzt Franz Beckenbauer. Den Worten des »Kaisers«, wie der Ehrenpräsident des Vereins und ehemalige Fußballstar genannt wird, darf naturgemäß nichts mehr hinzugefügt werden. Außer dies: Das Stadion kann im Rahmen einer Führung besichtigt werden.

Info: In München-Fröttmaning gelegen. **Info Allianz Arena:** Werner-Heisenberg-Allee 25, 80939 München, Tel. (089) 69 93 12 22, www.allianz-arena.de, Öffnungszeiten tägl. (außer an Spieltagen) Shop 9/10–17/18, Bistro 10–18 Uhr, im Winter nur Sa/So.

Ein architektonischer Meilenstein und seine Meisterwerke

ALTE PINAKOTHEK

München, Bayern

Seinen Status als heimliche Hauptstadt verdankt München hauptsächlich seinen Museen erster Güte. Mit unzähligen Räumen, in denen Alte Meister und Meisterwerke der frühen nordeuropäischen Renaissance vom 14. bis 18. Jahrhundert ausgestellt werden, konkurriert Münchens renovierte Alte Pinakothek bei hochrangigen Ausstellungen heute mit dem Pariser Louvre. Sie ist Teil des Münchner Kunstareals, auf dem sich neben der Münchner Universität auch das Museum Brandhorst, die Neue Pinakothek und die Pinakothek der Moderne befinden.

Rund 700 Gemälde europäischer Malerei aus dem 14. bis 18. Jahrhundert sind in den 19 Sälen und 47 Kabinetten der Alten Pinakothek ausgestellt – vor allem natürlich die berühmten niederländischen, italienischen und altdeutschen Meister. Hier hängen zahlreiche herausragende Werke; wer durch das Museum hastet, um Leonardo da Vincis »Maria mit dem Kind« oder Tizians »Dornenkrönung« zu sehen, dem entgehen womöglich die Werke von Memling, Brueghel, Hals und Dürer. Inbesondere Dürers letztes Werk, »Die vier Apostel«, ist eine große Attraktion des Museums.

Peter Paul Rubens' »Rubens und Isabella Brant in der Geißblattlaube« (um 1609) in der Alten Pinakothek München.

Die Alte Pinakothek beherbergt auch eine der weltweit größten Sammlungen der Werke des flämischen Malers Peter Paul Rubens aus dem 17. Jahrhundert: Von seinen 62 Werken sind »Das Große Jüngste Gericht« und »Rubens Selbstporträt mit Isabella Brant in der Geißblattlaube« besonders bemerkenswert. Sein bedeutendster Schüler Anthonis van Dyck ist hier ebenfalls gut vertreten.

Das imposante Backsteingebäude im Stil der venezianischen Renaissance ist an sich ein architektonisches Meisterwerk, das Anfang des 19. Jahrhunderts von Leo von Klenze für die persönliche Kunstsammlung König Ludwigs I. erbaut wurde. Im Krieg stark zerstört, wurden die fehlenden Fassadenteile durch unverputztes Mauerwerk ersetzt, sodass »Verwundungen« sichtbar bleiben.

INFO: In München-Maxvorstadt gelegen. **INFO ALTE PINAKOTHEK:** Barer Str. 27, 80333 München, Tel. (089) 23 80 52 16, www.pinakothek.de, Öffnungszeiten Mi–So 10–18, Di 10–20 Uhr, Eintritt € 7, ermäßigt € 5, So € 1, unter 18 J. frei.

Das schönste Rokoko-Ensemble Münchens

ASAMKIRCHE ST. JOHANN NEPOMUK

München, Bayern

Die von den genialen Brüdern Cosmas Damian und Egid Quirin Asam gestiftete und erbaute Kirche St. Johann, dem heiligen Johann Nepomuk geweiht, ist den meisten Münchnern nur als Asamkirche bekannt. Das Gotteshaus wurde von 1733 bis 1746 direkt neben dem Wohnhaus Egid Asams in der Sendlinger Straße errichtet. Es war zunächst als Privatkirche der Brüder gedacht und wurde der Bevölkerung erst nach Protesten öffentlich zugänglich gemacht. Hier konnten die beiden Bildhauer ihr künstlerisches Konzept voll ausleben, denn es gab ja keinen Auftraggeber, der ihnen hineingeredet hätte. Herausgekommen ist ein Hauptwerk der bayerischen Sakralarchitektur des 18. Jahrhunderts. Architektur, Malerei und Ausstattung der Kirche wurden genau aufeinander abgestimmt und bilden so das schönste Rokoko-Ensemble Münchens.

Süddeutsches Rokoko: Vanitas-Symbole in der Asamkirche (München).

Auf nur neun mal 28 Metern wurde ein Meisterwerk spätbarocker Architektur geschaffen. Fügt sich die Kirchenfassade außen noch bescheiden in die Häuserzeile ein, so quillt der Kirchenraum innen förmlich über vor Figuren und Schnitzereien, die italienischen Kirchen nachempfunden sind. Am Hochaltar befinden sich sogar vier gedrehte Säulen, die an die Bernini-Säulen erinnern sollen, die den Baldachin über dem Petrusgrab im Petersdom in Rom tragen. Anders als sonst üblich liegt der Hochaltar im Westen der Kirche – es heißt, so habe der Erbauer Egid Asam direkt von einem Fenster seines Wohnhauses auf den Altar blicken können.

Ein großes Deckenfresko zeigt Szenen aus dem Leben des heiligen Nepomuk. Die subtile Steuerung des Lichteinfalls ist äußerst beeindruckend: Figuren werden effektvoll von hinten beleuchtet, und die Kirche wird von unten nach oben hin immer heller – symbolhaft für die Leiden der Welt im unteren Bereich und die Ewigkeit in der hellen oberen Zone. Sieben Beichtstühle mit allegorischen Darstellungen vervollständigen das Ensemble.

An der Außenfassade tragen zwei äußere Pilaster das reich gegliederte obere Giebelwerk und bilden konkav nach innen gedreht den Rahmen für die gesamte Fassade. Innerhalb wölbt sich in einer Gegenbewegung nach außen die eigentliche doppelgeschossige Portalzone.

Die Asamkirche wurde während des Zweiten Weltkriegs völlig zerstört, jedoch wieder liebevoll und detailgetreu restauriert. Ein Besuch des Gotteshauses empfiehlt sich vor allem morgens, wenn das Hauptlicht durch das große Ostfenster hereinfällt.

INFO: In der Münchner Altstadt gelegen. **INFO ASAMKIRCHE:** Sendlinger Str. 32, 80331 München, Öffnungszeiten tägl. 9–17.30 Uhr (keine Besichtigung während der Gottesdienste).

Blick hinter die Kulissen

BAVARIA FILMSTADT

München, Bayern

Auf den Spuren von Stars und Sternchen: Hier wurden Filmklassiker wie »Das Boot« oder »Die unendliche Geschichte« produziert. Wer originale Drehorte erleben will oder sich für spannende und verblüffende Details aufsehenerregender Filmklassiker interessiert, der muss in den Süden von München fahren. Die Bavaria Filmstadt ist eines der größten und erfolgreichsten Film- und Fernsehstudios in Europa. Rund 400 Stunden Programm jährlich werden produziert, darunter viele Tatort-Folgen, die Telenovela »Sturm der Liebe« und die Inga-Lindström-Sendereihe sowie auch die Serien »Tierärztin Dr. Mertens« und »Rosenheim Cops«.

Nirgendwo sonst kann man die elektrisierende Stimmung eines erfolgreichen Medienunternehmens so hautnah erleben wie bei der circa 90-minütigen Führung auf dem Gelände der Bavaria-Film. Die Besucher erfahren viel über die Entstehung von Filmen, sehen originale Drehorte und bewegen sich durch echte Filmkulissen. Dabei gehören die Fabelwesen aus der »Unendlichen Geschichte« ebenso zum Programm wie Dekorationen und Requisiten aus Filmklassikern und neuen Produktionen wie »Das Boot« und »Die wilden Kerle: Hinter dem Horizont«. Neu sind das Klassenzimmer der 10 B aus »Fack ju Göthe« und die Requisiten der Neuverfilmung von »Jim Knopf und Lukas der Lokomotivführer«.

Die interaktive Filmerlebniswelt rund um den Regisseur, Schauspieler und Comedian Michael Bully Herbig: Bullyversum in der Bavaria Filmstadt.

In einem eigenen Stadtviertel mit Wohn- und Geschäftshäusern wird die tägliche Dosis Liebe, Gefühl, Thrill und Fun für diverse Serien erschaffen. Über eine Großbildprojektion kann man beobachten, wie in den Studios gedreht wird. Computeranimierte, plastische Bilder, zum Greifen nah, werden im 4-D-Erlebnis-Kino der Filmstadt auf bewegten Sitzen zum multimedialen Rausch vom Feinsten.

Selbst einmal Star in einem kleinen Film sein und sich nach den Anweisungen des Regisseurs in Szene setzen – auch das bietet die Filmstadt. Im Bullyversum können die Besucher in vier verschiedenen Filmsets aus Bully Herbigs Erfolgsproduktion »(T) Raumschiff Surprise – Periode 1« ihr Talent vor laufender Kamera unter Beweis stellen. Original-Filmsets, gezielte Kameraeinstellungen und eine ausgefeilte Schnitttechnik lassen aus den gedrehten Szenen ein eigenes, kleines Weltraumabenteuer entstehen.

INFO: In München-Geiselgasteig gelegen. **INFO BAVARIA FILMSTADT:** Bavariafilmplatz 7, 82031 München-Geiselgasteig, Tel. (089) 64 99 20 00, www.filmstadt.de, Öffnungszeiten tägl. Anfang März–Anfang Nov. 9–18, sonst 10–17 Uhr, letzter Einlass Filmstadt komplett 14.30 bzw. 13 Uhr, Eintritt mit Führung € 27,50, Kinder (6–17 J.) € 22, nur Führung € 14/12.

Kulisse aus dem Film »Jim Knopf und Lukas der Lokomotivführer« in der Bavaria Filmstadt.

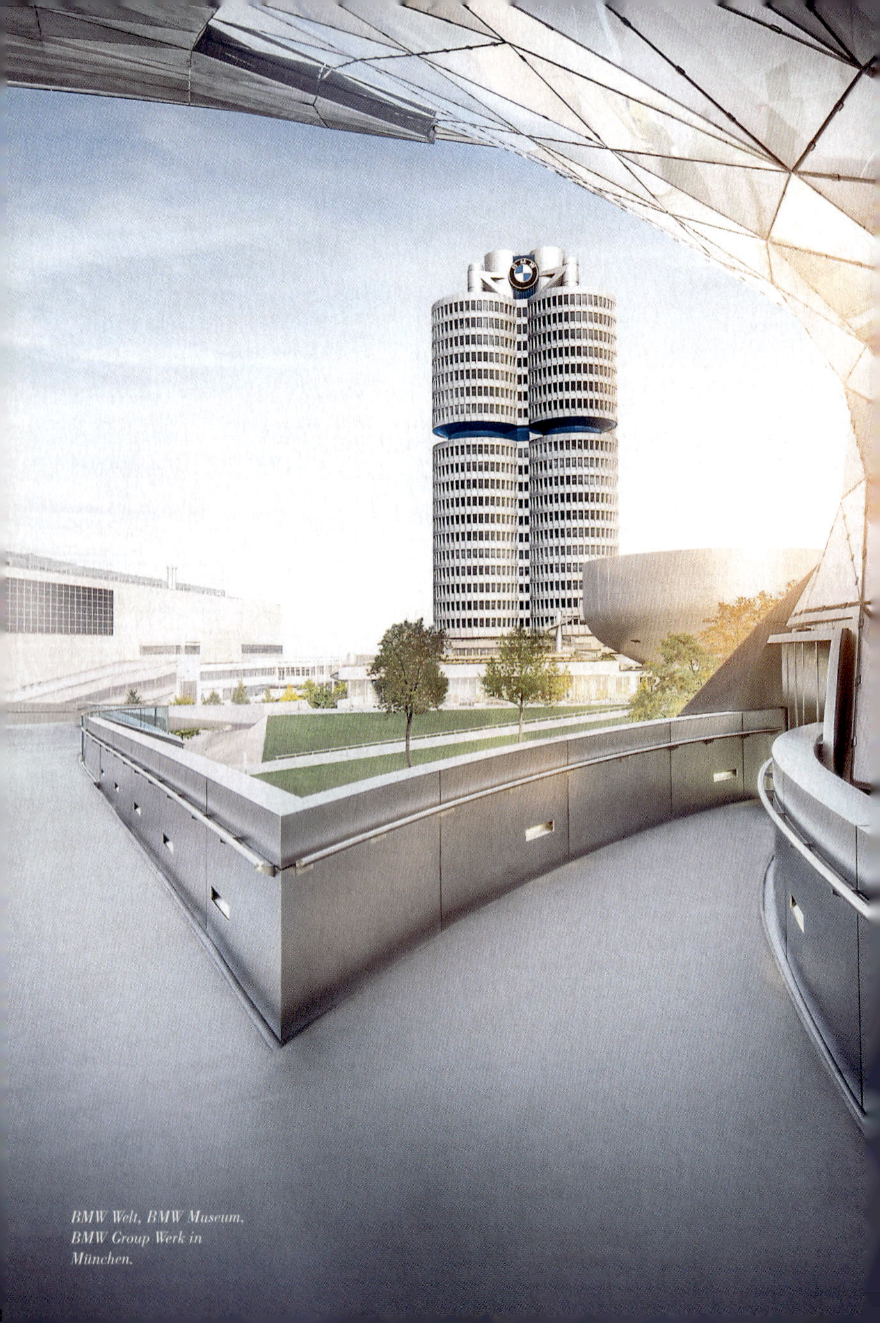

BMW Welt, BMW Museum, BMW Group Werk in München.

Technische Pionierleistungen

BMW Welt und BMW Museum

München, Bayern

Das auch als Museumsschüssel oder Weißwurstkessel bekannte silbern-futuristische Gebäude ist zu einem Wahrzeichen Münchens geworden. Es handelt sich um das BMW Museum, eines der ältesten Automobilmuseen Deutschlands, das seinen Spitznamen der charakteristischen Architektur seines Rundbaus verdankt. Das BMW Museum zeigt mehr als 125 Originalexponate aus über 100 Jahren Markengeschichte anhand von 25 Themenschwerpunkten in einzelnen Ausstellungsbereichen. Flugmotoren, Motorräder und Automobile decken dabei die Themen Designs, Technik und Motorsport ab. Direkt neben dem BMW Museum befindet sich die BMW Welt.

Zusammen bilden die BMW Welt, das BMW Museum und die BMW Group Classic, die ebenfalls unweit der BMW Welt und des BMW Museums liegt, ein weltweit einzigartiges Ensemble und vereinen Zukunft, Gegenwart und Vergangenheit der BMW Group am Münchner Unternehmensstandort.

Das 1973 eröffnete Museum wurde in den Jahren 2004–08 aufwendig umgebaut. Der Flachbau, in dem sich die Dauerausstellung befindet, ist nun mit der sogenannten Museumsschüssel, dem markanten Bau in Form einer Silberschale, verbunden. Die Dauerausstellung, die sich über rund 4000 Quadratmeter erstreckt, umfasst sieben Ausstellungshäuser zu den Themen Gestaltung, Firmengeschichte, Motorrad, Technik, Motorsport, Marke sowie Baureihe. Zudem sind ausgewählte BMW Roadster sowie immer mindestens eins der von internationalen Künstlern gestalteten BMW Art Cars zu sehen. Hinzu kommen Wechselausstellungen in der Museumsschüssel.

Die gegenüberliegende BMW Welt zählt mit über drei Millionen Gästen pro Jahr zu den meistbesuchten Sehenswürdigkeiten Bayerns.

Die markanten »Vierzylinder« der BMW-Konzernzentrale ragen über hundert Meter in den bayerischen Himmel.

Seit ihrer Eröffnung im Oktober 2007 gilt sie mit ihrer preisgekrönten Architektur weltweit als Maßstab für erlebnisorientierte Markenwelten und vereint Automobilabholung, Besuchererlebnis und Gastronomie unter einem Dach.

Info: In München-Milbertshofen gelegen. **Info BMW Welt:** Am Olympiapark 1, 80809 München, Tel. (089) 125 01 60 01, www.bmw-welt.com/de, Öffnungszeiten Di–So 8–20 Uhr, Eintritt frei. **Info BMW Museum:** Am Olympiapark 2, 80809 München, Tel. (089) 125 01 60 01, www.bmw-welt.com/de, Öffnungszeiten Di–So 10–18, letzter Einlass 17.30 Uhr, Eintritt € 10, ermäßigt € 7.

Eine bezaubernde Jahreszeit

CHRISTKINDLMARKT

München, Bayern

Der Münchner Christkindlmarkt, einer der größten, ältesten und schönsten Märkte Deutschlands, ist nur vergleichbar mit dem malerischen Nürnberger Weihnachtsmarkt. Auf dem Christkindlmarkt auf dem Münchner Marienplatz findet man handgemachten Schmuck und Krippenfiguren, Kerzen, Holzspielzeug und traditionelle Weihnachtsartikel wie z. B. die Weihnachtspyramiden. Hunderte von girlandenbeleuchteten Hütten stehen verteilt auf dem Marienplatz, dem zentralen Platz der Münchner Altstadt, in ihrer Mitte ein gigantischer Weihnachtsbaum.

Behängt mit Lichterketten, die eine bayerische Ortschaft gespendet hat, steht er stolz vor dem Rathaus. Das neogotische Rathausgebäude besitzt ein Glockenspiel mit 43 Glocken, dessen regelmäßige Konzerte, von tanzenden Figuren begleitet, die weihnachtliche Stimmung noch unterstreichen. Auch bei großer Kälte wird hier jedem warm ums Herz.

INFO: In der Münchner Altstadt gelegen. **INFO MÜNCHNER CHRISTKINDLMARKT:** Marienplatz, 80331 München, www.muenchen.de. **REISEZEIT:** Ende Nov. bis 24. Dez.

Der Christkindlmarkt vor der Kulisse des neugotischen Rathauses auf dem Marienplatz in München.

Rokoko in Vollendung

Cuvilliés-Theater (Altes Residenztheater)

München, Bayern

Das im 18. Jahrhundert erbaute Cuvilliés-Theater wird oft als Perle des höfischen Rokoko bezeichnet. Der Prachtbau am Münchner Hofgarten ist Teil der Residenz und gilt als schönstes Rokokotheater Europas, geschaffen von den besten damals tätigen Künstlern: Cuvilliés, Straub, Zimmermann. Das Bauwerk, das auch Altes Residenztheater genannt wird, wurde vom Architekten Cuvilliés, damals Hofbaumeister, in den Jahren 1751 bis 1753 als Schauspielhaus errichtet. Den Auftrag hatte Kurfürst Max III. Joseph erteilt, nachdem die Neuveste mitsamt Theater im Jahr 1750 abgebrannt war. Da der Hof sich selbst zum eigentlichen Spektakel machte, musste der Zuschauerraum die Essenz des Baus sein. Er konnte abgehoben und mit der Bühne zum Ballsaal verwandelt werden.

Überbordender figuraler, floraler und ornamentaler Dekor: das Cuvilliés-Theater in der Münchner Residenz.

Die Logen reihen sich in vier Bändern hufeisenförmig übereinander, münden in der Mitte in die zweigeschossige, prunkvoll bekrönte Kurfürstenloge und an den Seiten in die säulenflankierten Proszeniumslogen als Bühnentor. Nach strenger Hierarchie war die Parkettloge einst dem Stadtadel, der erste Rang der Hocharistokratie, der zweite dem niederen Adel und der dritte den Hofbeamten vorbehalten.

Verschwenderische Ornamentik in Weiß-Rot-Gold überspielt die Architektur, besonders reich verwendet in den Zonen des ersten Rangs und der großen Logen. Die Fülle geschnitzter Atlanten, Köpfe, Kartuschen, Putten und Embleme unterliegt einem durchdachten Bildprogramm, das die Themen Natur (Jahreszeiten, Landwirtschaft, Gartenbau), Kunst (Musik, Schauspiel) und Mythologie (antike Gottheiten) variiert. Das Theater erlebte viele prunkvolle Inszenierungen von Barockopern, u. a. 1781 die Uraufführung von Mozarts »Idomeneo«.

Eine alliierte Bombe legte das Gebäude 1944 in Schutt und Asche. Da die kostbare Innendekoration vorher ausgelagert worden war, ging der Wiederaufbau nach dem Krieg schnell vonstatten. Der Prachtraum wurde an anderer Stelle, im Apothekenstock der Residenz am Brunnenhof, eindrucksvoll wiederhergestellt. So ist dieses Gesamtkunstwerk von europäischem Rang heute wieder erlebbar. Nach einer grundlegenden Restaurierung und Modernisierung der Bühnentechnik wurde das Theater 2008 mit Mozarts »Idomeneo« wiedereröffnet.

Info: In der Münchner Altstadt gelegen. **Info Cuvilliés-Theater:** Residenzstr. 1, 80333 München, Tel. (089) 29 06 71, www.residenz-muenchen.de, Öffnungszeiten Besichtigung April–Ende Juli, Anfang Sept.–Mitte Okt. Mo–Sa 14–18, So/Fei 9–18 Uhr, Ende Juli–Anfang Sept. tägl. 9–18, Mitte Okt.–März Mo–Sa 14–17, So/Fei 10–17 Uhr, letzter Einlass eine Stunde vor Schließung, Eintritt € 3,50, ermäßigt € 2,50.

Welttechnologie in knapper Form

Deutsches Museum

München, Bayern

Das größte, älteste und vollständigste Museum seiner Art weltweit umfasst jeden denkbaren Aspekt naturwissenschaftlicher und technischer Entwicklung. Vorführungen und interaktive Medien präsentieren Bereiche

Auf einer Insel in der Isar: das Deutsche Museum München.

wie Musik, Luft- und Raumfahrt, Fotografie, Physik, Textil und vieles mehr. Für Kinder und Erwachsene gleichermaßen faszinierend ist die Fülle an Ausstellungsstücken zum Mitmachen.

Hier einen ganzen Tag in Gesellschaft historischer Originale zu verbringen ist ein Leichtes: z.B. Deutschlands erstes U-Boot (erbaut 1906), die erste elektrische Lokomotive (Siemens, 1879), der Labortisch, auf dem die erste Atomspaltung stattfand, und Dutzende Automobile, u.a. der erste Benz von 1886. Unter den weiteren unbezahlbaren Artefakten findet man einen echt erscheinenden Nachbau der spanischen Altamira-Höhlen: eine Botschaft aus der Steinzeit, zu finden in der Abteilung für Kommunikation zwischen modernen Medien von Funk bis zur IT.

Die Luft- und Raumfahrt scheint, geht man von den Besucherzahlen aus, eine der beliebtesten Abteilungen zu sein. Hier sind verschiedene Pionierflugzeuge ausgestellt, vom StandardTyp-A der Gebrüder Wright, 1909 in den USA gefertigt, bis hin zu Militärflugzeugen der 1930er und 1940er Jahre. Der Abschnitt zur Raumfahrt reicht von frühen Versuchen auf diesem Feld, etwa Hitlers V-2, Codename A4, bis zu den aktuellsten Spacelab-Ausstellungen.

Info: Auf der Museumsinsel im Zentrum von München gelegen. **Info Deutsches Museum:** Museumsinsel 1, 80538 München, Tel. (089) 217 93 33, www.deutsches-museum.de, Öffnungszeiten tägl. 9–17 Uhr, Eintritt € 14, ermäßigt € 4,50, einige Bereiche werden bis 2025 modernisiert.

Lustgarten und Spielwiese

Englischer Garten

München, Bayern

Den Militärgarten öffnete man 1789 für das Münchner Volk, weil man hoffte, damit das Übergreifen der Französischen Revolution auf Bayern zu verhindern. Es entstand der erste Volkspark in Europa, der inzwischen mit einer Fläche von 3,7 Quadratkilometern die größte zusammenhängende Grünanlage in einer deutschen Großstadt ist. Der Name Englischer Garten weist auf ein aus England stammendes Konzept der Landschaftsarchitektur des 19. Jahrhunderts hin, das den Park als begehbares, der Natur nachempfundenes Gemälde versteht. Dem fühlte sich auch der an der Anlage des Parks wesentlich beteiligte Gartenarchitekt Ludwig von Sckell verpflichtet.

Der Spaziergang war in früheren Zeiten als öffentlicher Müßiggang verpönt. Heute ist der Park nicht nur bei den Münchnern sehr beliebt. Vor allem am Wochenende herrscht hier reges Treiben. Ruhiger ist es an Werktagen oder in der Hirschau, dem Bereich nördlich des Isarrings – der Name »Englischer Garten« bezieht sich eigentlich nur auf den südlichen Teil –, zu dessen Erkundung es sich lohnt, ein Fahrrad zu leihen.

Der Rundgang beginnt am Japanischen Teehaus am südlichen Ende des Parks hinter dem Haus der Kunst. Der Pavillon wurde der Stadt zu den Olympischen Spielen 1972 von Münchens japanischer Partnerstadt Sapporo geschenkt. Seither findet im Sommer an jedem zweiten Wochenende zur vollen Stunde eine Teezeremonie statt.

Vorbei am Japanischen Wasserfall und den Eisbach entlang geht man auf den Monopteros zu, einen kleinen griechischen Tempel. Von hier aus hat man den wohl bekanntesten Blick über die Türme der Stadt. Einige Minuten später ist der Chinesische Turm erreicht. Die Pagode wurde 1789 nach dem Vorbild eines Turmtempels in Kew Gardens, dem berühmten botanischen Garten von London, errichtet. Ein Besuch im Biergarten am Chinesischen Turm oder am Kleinhesseloher See rundet jeden Streifzug durch den Park am besten ab.

Info: Im Münchner Nordosten an der Isar gelegen. **Info Englischer Garten Verwaltung:** Englischer Garten 2, 80538 München, Tel. (089) 38 66 63 90, www.schloesser-bayern.de, ganzjährig geöffnet, Eintritt frei.

Biergarten am Chinesischen Turm mitten im Englischen Garten (München).

»Oans, zwoa, gsuffa«

Hofbräuhaus

München, Bayern

In München steht, ja was denn sonst, ein Hofbräuhaus! Und das seit mehr als 400 Jahren. Ursprünglich eine königliche Brauerei, heute eines der berühmtesten Bierhäuser der Welt und ein Muss für jeden Besucher der bayerischen Landeshauptstadt. Sein Entstehen verdankt der Bierpalast dem bayerischen Herzog Wilhelm V. Weil seinem Hofstaat die Produkte der örtlichen Brauer nicht schmeckten, gönnte sich der Fürst den Luxus »ainpockisch Bier« zu importieren: Bier aus Einbeck in Norddeutschland, dem auch das Bockbier seinen Namen verdankt. Der fürstliche Bierkonsum verursachte erhebliche Frachtkosten. Der Transport war so teuer, dass Wilhelms Kammermeister den Gedanken hatte, dass es den Herzog vielleicht billiger käme, selbst anständiges Bier brauen zu lassen. Gesagt, getan. Das Hofbräuhaus war geboren. Das war 1589.

Das weltbekannte Hofbräuhaus zählt zu den beliebtesten Touristenattraktionen Münchens.

Das Haus war lange Zeit ein exklusives Etablissement, einzig die Mitglieder des Hofstaates kamen in den Genuss des Eigenbräus. Aber ab 1828 wurde auch für das gemeine Volk gezapft – eine goldrichtige Entscheidung. Das Hofbräuhaus entwickelte sich in kürzester Zeit zum beliebtesten Wirtshaus Münchens. Von 1897 an diente das Gebäude nur noch als Schenke.

Heute werden hier jährlich sagenhafte 20 Kilometer Weißwürste verzehrt, die morgens ab vier Uhr in Eigenproduktion vorbereitet werden. An gewöhnlichen Tagen werden 50 Hektoliter Bier gezapft, an Spitzentagen sind es mehr als 10 000 Maß. Es gibt keinen Ruhetag, täglich ist ab 9 Uhr geöffnet. Insgesamt passen 3000 Menschen in das Gebäude. Im Herzstück des Hauses, der Schwemme im Parterre, wo vor hundert Jahren noch Brauanlagen standen, können bis zu 1000 Gäste bewirtet werden. Für treue Stammkunden gibt es dort Regale, in denen sie ihre Bierkrüge aufbewahren. Der Innenhof mit dem Löwenbrunnen dient im Sommer als Biergarten.

Das Hofbräuhaus, ein Stammtisch der ganzen Welt, hatte schon zahlreiche prominente Besucher: u. a. Wolfgang Amadeus Mozart, die österreichische Kaiserin Sisi, Wladimir Iljitsch Lenin, die Tänzerin Josephine Baker und zahlreiche Vertreter des Vatikans – letztere in der Regel inkognito.

Info: In der Münchner Altstadt gelegen. **Info Hofbräuhaus:** Platzl 9, 80331 München, Tel. (089) 29 01 36-100, www.hofbraeuhaus.de, Öffnungszeiten tägl. 9–24 Uhr. Reservierung nur in bestimmten Bereichen möglich.

Das Hofbräuhaus München: exzellentes Bier, hausgemachte bayerische Speisen, einzigartige Geschichte und zahlreiche Stammgäste. Gelebte Wirtshauskultur im Herzen Münchens mit täglicher Livemusik.

In der Sendlinger Straße lässt es sich gut bummeln.

Eine Welt für sich

HOTEL BAYERISCHER HOF

München, Bayern

Ihre liebsten Gäste empfängt die Chefin persönlich. Im hellen Hosenanzug steht Innegrit Volkhardt in der Lobby; so groß und schlank ist sie, dass sie herausragt aus dem Gewusel. Ein halbes Dutzend Fotografen streunen durch die Halle, auf der Jagd nach frischem Futter für die Klatschspalten der Boulevardpresse.

Innegrit Volkhardt versorgt sie gern. In diesen Tagen mehr noch als im Rest des Jahres. Top-Sportler, Top-Schönheiten, Top-Manager, Top-Politiker. Alle laufen der Hotelchefin in die Arme, berichten Zeitungen.

Es ist die Zeit der Fußballweltmeisterschaft in Deutschland, als ihr Haus, der »Bayerische Hof« am Münchner Promenadenplatz, wieder einmal zur inoffiziellen Anlaufstelle für Promis wird. Und darüber hinaus sogar offizielles Hauptquartier der FIFA, was kein Problem ist. Denn mit anspruchsvollen Reisenden kennt man sich bestens aus im weltweit renommierten Fünf-Sterne-Hotel der Sonderklasse: Prinzen (unlängst war einer aus Brunei da), Könige (Ludwig I. höchstselbst kehrte zweimal pro Monat ein) Kaiserinnen (Sisi aus Österreich mietete alljährlich ganze Etagen für ihren 60-köpfigen Hofstaat) und Hollywoodgrößen. Selbst Gäste wie Michael Jackson hat das Haus überstanden – und noch heute kommen Fans, um die Gardinen seines Zimmers anzufassen.

Seit mehr als 100 Jahren ist der »Bayerische Hof« ein Familienunternehmen. 70 Millionen Euro hat die Chefin ins Wettrüsten der Luxushotels investiert, gegen den plüschigen Oma-Charme. Eine gelungene Attacke.

Beeindruckend ist der Luxus in den 350 Zimmern und Suiten, in einer ungewöhnlichen Vielfalt gestaltet, von kolonial bis zeitlos modern. Anspruchsvolle Multimediatechnik ist ebenso selbstverständlich wie ein perfekter 24-Stunden-Roomservice. Das Hotel beherbergt sechs Bars sowie drei der renommiertesten Restaurants der Stadt. Der Wellnessbereich mit mehreren Saunen, Physiotherapeuten, Beauty-Center, Friseur und Sonnenterrassen dehnt sich über drei Etagen aus. Das Fitnesscenter mit Blick auf die Frauenkirche wurde vom ehemaligen Mister Universe Ralf Möller konzipiert. Und das Dachgartenschwimmbad mit verstellbarem Glashimmel setzt dem Meisterwerk die Krone auf.

Atrium im Hotel Bayerischer Hof München.

INFO: In unmittelbarer Nähe des Hbf. München gelegen. **INFO HOTEL BAYERISCHER HOF:** Promenadeplatz 2–6, 80333 München, Tel. (089) 212 00, www.bayerischerhof.de, Preise auf Anfrage.

Badetempel an der Isar

Müller'sches Volksbad

München, Bayern

Als Juwel des Jugendstils wird es von den Architekten bezeichnet, Baden und Saunieren werden zum Stilerlebnis: Das Müller'sche Volksbad an der Isar, in unmittelbarer Nähe des Deutschen Museums, gehört zu den schönsten Hallenbädern Europas. Das 1901 eröffnete Gebäude, finanziert vom Münchner Ingenieur Karl Müller, war nach Bauende das modernste und mit 1,8 Millionen Goldmark auch teuerste Bad der Welt. Der Prachtbau wurde von seinem Erbauer der Stadt München mit der Auflage geschenkt, »hauptsächlich für das unbemittelte Volk« zur Verfügung zu stehen. Bei der Wahl des Standorts berücksichtigte der Stadtrat deshalb auch den Wunsch der Bevölkerung nach einer unmittelbaren Nähe zum Arbeiterviertel.

Architekt Carl Hocheder gestaltete das Haus nicht als einheitlich geschlossenen Block, sondern wies jedem Raumkomplex im Inneren einen eigenen charakteristisch gestalteten Baukörper zu. Durch seine architektonische Konzeption und die sorgfältige Innenraumgestaltung wurde das Volksbad zum Vorbild des deutschen Bäderbaus. Hat die Fassade sich noch ganz dem Historismus verschrieben, so ist die Innenausstattung vom Jugendstil geprägt.

Jugendstiljuwel und Wellnesspalast an der Isar: das Müller'sche Volksbad.

In liebevoller und aufwendiger Kleinarbeit wurde das Bad bis heute in nahezu allen Details originalgetreu erhalten. Das Becken der kleinen Schwimmhalle, anno dazumal den Damen vorbehalten, ist mit 30 Grad wohltemperiert. Heute entspannen sich hier vor allem die Genussschwimmer. Sportlichere 27 Grad finden die Schwimmfans im 31-Meter-Becken der ehemaligen Herren-Schwimmhalle vor, die von einem beeindruckenden Tonnengewölbe umspannt wird. Die besondere Attraktion ist das römisch-irische Schwitzbad. Anders als in der finnischen und türkischen Sauna des Hauses wird der Körper langsam in verschieden temperierten Warmlufträumen (45, 60, 80 Grad Celsius) erhitzt.

Aus einer Zeit, als das eigene Badezimmer noch seltener Luxus war, stammen die Wannen- und Brausebäder. Diese Tradition, ein Stück gelebte Stadtgeschichte, ist bis heute erhalten geblieben. Ein Wannenbad ist im Original zu besichtigen.

Info: In München-Haidhausen gelegen. **Info Müller'sches Volksbad:** Rosenheimer Str. 1, 81667 München, Tel. (018 01) 23 61 50 50, www.swm.de/privatkunden/m-baeder/schwimmen/hallenbaeder/volksbad.html, Öffnungszeiten Schwimmhalle tägl. 7.30–23 Uhr, Sauna tägl. 9–23 Uhr, Eintritt Schwimmbad € 4,80, ermäßigt € 3,40, Sauna € 18,80 (4 Std.) Tageskarte Sauna € 28,40.

Bier als Nationalgetränk

MÜNCHNER BIERGÄRTEN

München, Bayern

So lange es die Sonne von Frühjahr bis Herbst zulässt, dauert Münchens Biergartenzeit. Ob Jung oder Alt, Reich oder Arm, im Biergarten treffen sich die Münchner, um gemeinsam die weltberühmte Gemütlichkeit bei einer frischen Maß zu erleben. Und die Gäste der Stadt sind herzlich eingeladen sich dazuzusetzen!

Die ersten bayerischen Biergärten gab es schon im 16. Jahrhundert. Brauen war damals lediglich zwischen September und April erlaubt. Im Sommer wurde die Produktion wegen zu hoher Brandgefahr verboten. Um das Bier zu lagern, wurden spezielle Keller gebaut, meist in der Nähe der Brauereien (z. B. der Hofbräukeller am Wiener Platz). Da jedoch der hohe Grundwasserspiegel in München tiefe Keller ausschloss, musste dafür gesorgt werden, dass die Gewölbe möglichst kühl angelegt waren. Deshalb wurden in unmittelbarer Nähe meist Schatten spendende Bäume wie die großblättrige und robuste Kastanie gepflanzt.

Vom Frühjahr bis in den Herbst währt Münchens Biergartenzeit.

Die Brauer stellten Tische und Bänke vor die Tür und boten das frische Bier zum Verzehr an. Eine Tradition, eingeführt von König Ludwig I., hat bis heute Bestand: Das Mitbringen von Brotzeiten ist ausdrücklich erlaubt. Eine Sitte, die erfahrene Biergartenbesucher uneingeschränkt nutzen, auch wenn vor Ort leckeres Essen serviert wird. Besonders beliebt sind Brezen (Brezeln), Radi (Rettich), Kartoffelsalat und Obazda (ein speziell zubereiteter Käse).

Am Chinesischen Turm, im Herzen des Englischen Gartens, liegt Münchens zweitgrößter Biergarten mit 7000 Plätzen. Er wird größtenteils von Touristen, Studenten und Lebenskünstlern aus aller Welt bevölkert. Die Gäste treffen auf ein paar verstreute Münchner Originale. Dazu gibt's an den Wochenenden nachmittags zünftige Blasmusik.

Der Biergarten »Zum Aumeister« (2500 Plätze) am Nordrand des Englischen Gartens, weit ab vom Trubel der Gartenmitte und des Seehauses, ist eher ein ruhiger Ausflugsort. Familien oder Leute, die es etwas besinnlicher mögen, sind hier bestens aufgehoben.

Aber auch der »Augustiner Keller«, obwohl mitten in der Stadt gelegen, fast direkt neben den Gleisen des Hauptbahnhofs, ist eine Oase der Ruhe. Junge Leute mischen sich mit alten Bierdimpfeln, dazu kommt die halbe Belegschaft des Bayerischen Rundfunks. Wird's im ältesten Biergarten Münchens zu heiß, bietet der ehemalige Eiskeller Abkühlung. Das urige Biergewölbe, acht Meter unter der Erde, bietet reichlich Platz zum Feiern.

INFO CHINESISCHER TURM: Englischer Garten 3, 80538 München, Tel. (089) 38 38 73 19, www.chinaturm.de, Öffnungszeiten tägl. ab 10 Uhr. Preise auf Anfrage. **INFO ZUM AUMEISTER:** Sondermeierstr. 1, 80939 München (Freimann), Tel. (089) 18 93 14 20, www.aumeister.de, Öffnungszeiten Di–Sa 11–23, So 11–18/20 Uhr. Preise auf Anfrage. **INFO AUGUSTINER KELLER:** Arnulfstr. 52, 80335 München (Haidhausen), Tel. (089) 59 43 93, www.augustinerkeller.de, Öffnungszeiten tägl. 11–24 Uhr, Preise auf Anfrage.

Warhol meets Bavaria

Museum Brandhorst

München, Bayern

Joseph Beuys, Andy Warhol und Damien Hirst sind nur einige der Namen, die selbst ausgemachten Kunstmuffeln ein Begriff sind. Über 700 Werke dieser und anderer Vertreter der modernen und zeitgenössischen Kunst umfasst die Sammlung, die im 2009 eröffneten Museum Brandhorst präsentiert wird.

Ursprünglich in Privatbesitz des Sammlerehepaares Anette und Udo Brandhorst, befinden sich die Exponate heute in einem modernen Museumsbau, der auf dem Kunstareal der Münchner Maxvorstadt erbaut wurde und von den Bayerischen Staatsgemäldesammlungen betrieben wird. Das vom Berliner Architekturbüro Sauerbruch Hutton konzipierte Gebäude ist dabei mit seinen bis zu neun Meter hohen weißen Wänden und den hellen Holztreppen bereits ein Architekturkunstwerk für sich.

Standen zunächst europäische Nachkriegsmoderne und klassische Avantgarde – vertreten u. a. durch Pablo Picasso – im Sammelinteresse des Paares, so verlagerte sich der Schwerpunkt dann auf zeitgenössische westdeutsche Künstler wie Gerhard Richter, Sigmar Polke, Georg Baselitz oder Joseph Beuys und schließlich auf Kunst aus den Vereinigten Staaten. Über 170 Werke von Cy Twombly, einem der amerikanischen Vertreter des Abstrakten Expressionismus, sind so zusammengekommen und weltweit einmalig. Seinen Fotografien, Gemälden und Skulpturen ist in der Ausstellung eine gesamte Etage gewidmet.

Auch die weit über 100 Werke Andy Warhols suchen in ihrer Zusammenstellung in Europa ihresgleichen, denn sie umfassen sämtliche Schaffensperioden des Pop-Art-Protagonisten, von seinen frühen Zeichnungen aus den 1950er Jahren bis hin zu seinen Werkgruppen zur Glamourkultur der 1980er Jahre. Weitere Vertreter des Amerika-Fokus der Exponate sind Dan Flavin, John Chamberlain und Richard Tuttle.

Von der Lounge im Obergeschoss des Museums können Kunstliebhaber einen Blick auf die benachbarten Pinakotheken werfen.

Info: In München-Maxvorstadt gelegen. **Info Museum Brandhorst:** Kunstareal München, Türkenstr. 19, 80333 München, Tel. (089) 238 05 22 86, www.museum-brandhorst.de, Öffnungszeiten Di–So 10–18, Do bis 20 Uhr, Eintritt € 7, ermäßigt € 5, So € 1.

Cy Twomblys lyrischem »Rosen«-Zyklus (2007–08) widmet das Museum Brandhorst einen eigenen Raum.

Herausragende Malerei und Skulptur

Neue Pinakothek

München, Bayern

Die Neue Pinakothek im Kunstareal München bietet einen spektakulären Überblick der europäischen Kunst vom Klassizismus bis zum Jugendstil. Die 1853 gegründete Sammlung, die auf die Privatbestände König Ludwigs I. zurückgeht, zeigt herausragende Werke europäischer Malerei und Skulptur vom späten 18. bis zum Beginn des 20. Jahrhunderts. Schon damals sollte das Haus durch seine Lage gegenüber der Alten Pinakothek einen Dialog zwischen alter und neuerer Kunst ermöglichen. Die englische Malerei von Constable bis Turner ist hier ebenso vertreten wie deutscher und französischer Impressionismus oder Exponate des Symbolismus und der Biedermeier-Epoche.

Werke von Caspar David Friedrich zeigen Höhepunkte frühromantischer Empfindsamkeit. Gesellschaftsmaler wie Wilhelm von Kaulbach repräsentieren das neu erwachte Interesse an deutscher Geschichte. Der Saal mit Werken von Hans von Marées ist weltweit einzigartig. Zu den Meisterwerken französischer Kunst gehören die »Sonnenblumen« Vincent van Goghs (1888) und das »Stillleben mit Kommode« (um 1883/87) von Paul Cézanne.

Die Neue Pinakothek präsentiert aus ihrem Bestand von über 3000 Gemälden und 300 Skulpturen ständig eine Auswahl von mehr als 400 Werken.

Die Galerie war weltweit das erste Museum für moderne Kunst. Im Zweiten Weltkrieg wurde das Haus bei Luftangriffen völlig zerstört. Erst 1976 bis 1981 wurde es nach Plänen des Architekten Alexander Freiherr von Branca wiederaufgebaut. Während der sandsteinverkleidete Bau mit Erkern, Fluchttreppen und Rundbogenfenstern umstritten ist, finden die vorzüglichen Oberlichtsäle allgemeine Anerkennung. Anlässlich der Neueröffnung wurden einige Bilder aus dem 18. Jahrhundert von der Alten in die Neue Pinakothek überführt, um die Entwicklung der Malerei im 19. Jahrhundert besser zeigen zu können. Sie bilden heute den Beginn des Rundgangs, der mit dem Übergang zum 20. Jahrhundert und Werken von Künstlern wie Ferdinand Hodler, Lovis Corinth, Egon Schiele, Gustav Klimt und Pierre Bonnard endet.

Carl Spitzwegs millionenfach reproduzierter »Armer Poet« (1839) in der Neuen Pinakothek.

Im Westflügel des Museums befindet sich das Doerner Institut, das die gesamten Bestände der Bayerischen Staatsgemäldesammlungen betreut.

Info: In München-Schwabing gelegen. **Info Neue Pinakothek:** Barer Str. 29, 80799 München, wegen Sanierung voraussichtlich bis 2025 geschlossen, einige Werke werden ab Sommer 2019 in der Alten Pinakothek (Ostflügel) und in der Sammlung Schack gezeigt.

Rückkehr nach Jahrzehnten

NEUE SYNAGOGE

München, Bayern

Aus einem Hinterhof ist das Gebäude wieder an den Ort zurückgekehrt, an dem es vor 1933 schon einmal war: Münchens damaliger Oberbürgermeister Christian Ude hatte die Idee, das neue jüdische Gemeindezentrum mit Museum und Synagoge am St.-Jakobs-Platz wieder aufbauen zu lassen, mitten im Herzen der Stadt. Für die Einweihung des Gotteshauses Ohel Jakob (hebräisch für Zelt Jakobs) wurde ganz bewusst der 9. November 2006 ausgewählt. Denn 68 Jahre zuvor, in der Reichspogromnacht von 1938, war die Synagoge völlig zerstört worden.

Die jüdische Gemeinde München wurde wie die Schwestergemeinden anderer deutscher Städte in der Zeit des Nationalsozialismus fast ausgelöscht. Gab es 1933 noch etwa 9000 Juden in der bayerischen Metropole, so waren es im Mai 1945 nur noch 84. Unterstützt durch die Zuwanderungen aus der ehemaligen Sowjetunion wohnen heute wieder etwa 10 000 Juden in der Stadt.

Die neue Hauptsynagoge am Münchner St.-Jakobs-Platz.

Die zweitgrößte jüdisch-orthodoxe Gemeinde in Deutschland erhielt mit dem Synagogenbau eine neue Heimat in der Münchner Altstadt. Der mit Travertin-Platten verkleidete Sockel des 28 Meter hohen Gebäudes, das 585 Sitzplätze hat, erinnert an die Klagemauer, den einzig erhaltenen Teil des Jerusalemer Tempels.

Darüber thronen, in einem quaderförmigen Oberlicht, ineinander verschachtelte Davidsterne aus Stahl. Die einfallenden Sonnenstrahlen werden mehrfach gebrochen und tauchen das Innere der Synagoge, die mit libanesischem Zedernholz und hellem Stein aus Jerusalem ausgestattet ist, in warmes Licht.

Die zwölf Meter hohe Glaskonstruktion steht für das Zelt, das die 40-jährige Wanderung der Juden durch die ägyptische Wüste symbolisiert. Auf der Innenseite der Eingangstüren an der Westseite sind die zehn Gebote eingelassen. Ein unterirdischer Gang der Erinnerung führt zum Gemeindehaus.

Auf einer Seite sind die Namen der rund 4300 ermordeten Münchner Juden aufgelistet, auf der anderen Seite wird an alle sechs Millionen Opfer des Holocaust erinnert. Führungen können mit der Synagogen-Gemeinde auf Anfrage individuell vereinbart werden.

INFO: Im Stadtteil München-Freiham gelegen. **INFO NEUE SYNAGOGE:** Israelitische Kultusgemeinde München und Oberbayern, St.-Jakobs-Platz 18, 80331 München, Tel. (089) 202 40 01 00, www.ikg-muenchen.de, Führungen auf Anfrage.

Prost! Münchens Riesenparty

Oktoberfest

München, Bayern

Es ist noch immer das größte Volksfest der Welt: das Oktoberfest in München, das traditionell auf der Theresienwiese stattfindet. Die Zahlen, die die »Wiesn« charakterisieren, dokumentieren ihr gigantisches Ausmaß. Aus der ganzen Welt strömen Jahr für Jahr zwischen sechs und sieben Millionen Besucher auf das rund 30 Hektar große Gelände im Herzen der Bayernmetropole. Und alle haben sie richtig Durst: Im Schnitt verschwinden knapp sieben Millionen Liter Bier in den Kehlen der Wiesn-Fans. Die Besucher vertilgen Hunderttausende Hähnchen und 50 000 Schweinshaxen, lassen auf dem Festplatz knapp 450 Millionen Euro springen.

Das Oktoberfest fand erstmals am 17. Oktober 1810 statt: Anlässlich ihrer Hochzeit am 12. Oktober 1810 veranstalteten Kronprinz Ludwig und Prinzessin Therese auf einer Wiese vor den Stadtmauern Münchens ein großes Pferderennen. Seitdem heißt das Gelände Theresienwiese, daher auch die mundartliche Bezeichnung »Wiesn« für die Großveranstaltung.

Neben zahlreichen Ess-, Spiel- und Trinkbuden bietet der Rummelplatz alles vom Riesenrad über Geisterbahn, Flohzirkus und Achterbahn mit fünf Loopings bis hin zum Freefall, einem Sturzflug aus 42 Metern Höhe.

Insgesamt gibt es auf dem Oktoberfest 16 Großzelte und in den Feiertempeln an der Wirtestraße sind traditionell die sechs großen Münchner Brauereien vertreten. Einige Hallen bieten in ihren Innen- und Außenbereichen Platz für über 10 000 Gäste. Besonders in den späteren Abendstunden wird zumeist ausgelassen gefeiert und zu Stimmungsmusik auf den Bänken getanzt. Dazu werden bayerische Schmankerl von Obatztem bis Hendl serviert.

Und wer sich eine Promi-Sichtung in den Kopf gesetzt hat, muss nicht allzu lange umherbummeln, sondern wird mit etwas Glück schon im »Hippodrom« gleich am Haupteingang fündig. Dort sind Fußballstars in Lederhosen zu besichtigen und Playmates in Lola-Paltinger-Dirndln an der Champagner-Bar. So ähnlich kann es auch im »Wein« und im berühmten »Käferzelt« am anderen Ende des Rummelplatzes laufen.

»O'zapft is!« Das weltgrößte Volksfest, das Oktoberfest, »d'Wiesn«, auf der Theresienwiese.

Für das Oktoberfest produzieren die Münchner Brauereien ein spezielles Bier (Wiesn-Märzen) mit mehr Stammwürze und damit auch höherem Alkoholgehalt (6–7 %).

Info Oktoberfest: Theresienwiese, 80339 München, www.oktoberfest.de. **Reisezeit:** 3. Sa im Sept.–1. So im Okt. (16 Tage).

Kunstwerke von Weltruhm

Pinakothek der Moderne

München, Bayern

Vier bedeutende Museen aus den Gebieten Kunst, Grafik, Architektur und Design unter einem Dach – die Pinakothek der Moderne im Stadtbezirk Maxvorstadt ist eines der weltweit größten Häuser für die Kunst des 20. und 21. Jahrhunderts. Das offene und großzügige Gebäude, von Architekturkritikern einhellig als gelungen eingeschätzt, lädt dazu ein, Zusammenhänge zu entdecken und neue Einblicke zu gewinnen. Auf 12000 Quadratmetern Ausstellungsfläche bietet das im September 2002 eingeweihte Haus eine Erweiterung des Münchner Kunstareals mit Alter Pinakothek (Kunst bis zum frühen 18. Jahrhundert) und Neuer Pinakothek (Kunst vom späten 18. bis zum frühen 20. Jahrhundert).

Gemälde des Expressionismus in der Pinakothek der Moderne: August Mackes »Mädchen im Grünen« (1914).

Von Matisse bis zur Fotokunst: In der Sammlung für Moderne Kunst sind alle Richtungen mit bedeutenden Protagonisten vertreten. Expressionismus, Fauvismus, Kubismus, Neue Sachlichkeit, Bauhaus, Surrealismus, Abstrakter Expressionismus, Pop-Art und Minimal Art.

Im Bereich der neuen Medien und Videokunst verfügt das Museum über bedeutsame Einzelkompositionen, u. a. von John Baldessari (»Man running/Men carrying box«), Tadeusz Kantor (»Die tote Klasse«) oder Hiroshi Sugimoto (»World Trade Center«).

Die Staatliche Graphische Sammlung umfasst circa 400 000 Blätter aller Epochen der Zeichenkunst und Druckgrafik vom 15. Jahrhundert bis zur Moderne. Schwerpunkte sind z. B. altdeutsche und niederländische Zeichnungen der Druckgrafik, darunter Werke von Albrecht Dürer und Rembrandt, italienische Zeichnungen von Michelangelo und Leonardo da Vinci sowie internationale Grafik der Moderne von Paul Cézanne, Henri Matisse, Paul Klee und David Hockney.

Die Neue Sammlung zählt zu den führenden Designmuseen der Welt und zeigt die Geschichte und Entwicklung des Designs und der Angewandten Kunst von der Zeit um 1900 bis zur unmittelbaren Gegenwart, vom Autodesign bis zu Möbeln (darunter die Thonet-Sammlung). Die Sammlung des Architekturmuseums der TU München präsentiert Wechselausstellungen namhafter Architekten.

Info: In München-Schwabing gelegen. **Info Pinakothek der Moderne:** Barer Str. 40, Kunstareal München, 80333 München, Tel. (089) 23 80 53 60, www.pinakothek.de/pinakothek-der-moderne, Öffnungszeiten Di–So 10–18, Do bis 20 Uhr, Eintritt € 10, ermäßigt € 7, So € 1, unter 18 J. frei.

Märchenkönig und rauschende Feste

SCHLOSS NYMPHENBURG

München, Bayern

Die Touristen kommen in Scharen, täglich, natürlich auch am Wochenende. Schloss Nymphenburg ist eine der Hauptattraktionen der Stadt. Doch keine Panik: In dem drei Quadratkilometer großen Schlosspark verlaufen sich die Massen. Die ausgedehnte Barockanlage im Westen Münchens wurde als Sommerresidenz der bayerischen Kurfürsten gebaut. In Führungen ist von rauschenden Festen und Empfängen die Rede, von Glück und Leid der Herrscher und ihrer Gemahlinnen, vom barocken Überschwang und von schillernder Repräsentationslust.

Herausragend ist beispielsweise der mehrgeschossige Festsaal mit einem großartigen Deckenfresko von Johann Baptist Zimmermann. Märchenkönig Ludwig II. erblickte 1845 im Schloss das Licht der Welt. Bemerkenswert sind das Geburtszimmer des sagenumwobenen Monarchen sowie die viel bewunderte Schönheitsgalerie seines Großvaters, Ludwigs I., die attraktive Damen aus dem Bürgertum und Adel zeigt. Das wohl bekannteste Portrait stellt Lola Montez dar, eine spanische Tänzerin. Ihre Affäre mit dem König führte u. a. zu seinem späteren Abdanken.

Für das Schloss mit den Gewächshäusern, den Gartenschlösschen Amalien- und Badenburg sowie die Magdalenenklause sollte man sich einen Nachmittag Zeit nehmen. Im linken Gebäudeflügel befinden sich die Sammlung Bäuml mit erlesenen Stücken der 1761 gegründeten Porzellanmanufaktur Nymphenburg und das Marstallmuseum mit den Prunkkutschen der bayerischen Kurfürsten und Könige. Im nördlichen Pavillon ist das Museum Mensch und Natur untergebracht. Nur wenige Gehminuten entfernt findet sich mit dem Botanischen Garten eines der schönsten Biotope Deutschlands.

INFO: Im Münchner Stadtteil Neuhausen-Nymphenburg gelegen. **INFO SCHLOSS NYMPHENBURG:** Tel. (089) 17 90 80, www.schloss-nymphenburg.de, Öffnungszeiten tägl. April–15. Okt. 9–18, 16. Okt.–März 10–16 Uhr (Amalienburg, Badenburg, Pagodenburg, Magdalenenklause im Winterhalbjahr geschl.), Eintritt Schloss € 6, ermäßigt € 5.

Die Nymphenburger Schlossschwäne.

Villa mit internationalem Ruf

Städtische Galerie im Lenbachhaus

München, Bayern

Vom Malerfürsten Franz von Lenbach (1836–1904) geplant, ist die im toskanischen Stil errichtete Villa insbesondere für die Sammlung »Der Blaue Reiter« mit Werken von Kandinsky, Klee, Münter, Marc und Macke international bekannt. Allein von Kandinsky hängen mehr als 90 Ölbilder an den Wänden.

Eine weitere Sammlung umfasst Gemälde der sozialkritisch orientierten Künstler wie George Grosz, Christian Schad und Otto Dix aus dem Berlin der 1920er Jahre, deren Stil als Neue Sachlichkeit charakterisiert wird. Bekannt ist das Haus auch für die Münchner Malerei, darunter Werke von Lovis Corinth, Carl Spitzweg und Franz von Lenbach selbst, der die pompös ausgestattete Villa auch bewohnte. Seine Witwe hatte das Haus 1924 an die Stadt München verkauft, was mit der Schenkung des Inventars verbunden war. 1929 konnte das Museum dann eröffnet werden, ergänzt durch Anbauten von Franz Grässel.

Durch viele Schenkungen (u. a. von Gabriele Münter anlässlich ihres 80. Geburtstages 1957) wuchs die Galerie und wurde zu einem wichtigen Ausstellungsort der Klassischen Moderne.

Wassily Kandinskys »Impression III (Concert)« (1911) in der Städtischen Galerie im Lenbachhaus (München).

Als sie schließlich aus allen Nähten platzte, entwarf Architekt Uwe Kiessler unterhalb des Königsplatzes, in unmittelbarer Nähe zur Villa, den Kunstbau München – eine aufregend schöne Kunsthalle, 110 Meter lang und 14 Meter breit. 1994 wurde sie mit einer Installation von Dan Flavin eröffnet. Seitdem wurden dort zahlreiche Ausstellungen von der Klassischen Moderne (Marc, Picasso, de Chirico) über zentrale Themen (Kampf der Geschlechter, Pygmalions Werkstatt, Schattenrisse, Geschichten des Augenblicks) bis hin zu aktuell diskutierten Künstlern (Richter, Geiger, Flavin, Wall, Trockel) gezeigt.

Seit 2002 verbindet der Museumsplatz als weitere Ausstellungsfläche das Lenbachhaus mit dem Kunstbau. Hier werden jährlich ein bis zwei Projekte zeitgenössischer Künstler realisiert. Die aktuell letzte Veränderung erfuhr das Lenbachhaus in einer vierjährigen Umbauphase bis Mai 2013. Das Haus wurde unter der Leitung des renommierten Architekturbüros foster + partners modernisiert. So hat auch der neue Sammlungsschwerpunkt zu Joseph Beuys nun seinen Platz gefunden.

Info: In der Maxvorstadt gelegen. **Info Städtische Galerie im Lenbachhaus:** Luisenstr. 33, 80333 München, Tel. (089) 23 33 20 29, www.lenbachhaus.de, Di 10–20, Mi–So 10–18 Uhr, Eintritt € 10, ermäßigt € 5, unter 18 J. frei.

»Ich kenne keine Furcht, es sei denn, ich bekäme Angst.«

VALENTIN-KARLSTADT-MUSÄUM

München, Bayern

Mein Magen tuat mir weh, die Füaß tuan mir weh, der Kopf tuat mir weh, mein Hals ist entzunden – und i selbst befind mich aa net wohl.« Karl Valentin, genialer Wortakrobat und Musical-Clown, war der fleischgewordene Humor. »Dieser Mensch ist ein durchaus komplizierter, blutiger Witz. Er ist von einer ganz trockenen, inneren Komik, bei der man rauchen und trinken kann und unaufhörlich von einem innerlichen Gelächter geschüttelt wird, das Durchaus nichts besonders Gutartiges hat«, urteilte Schriftsteller Bertolt Brecht. »Ein zaundürrer, langer Geselle, mit langen, spitzen Don-Quichotte-Beinen, mit winkeligen, spitzigen Knien, einem Löchlein in der Hose, mit blankem, abgeschabtem Anzug«, schrieb Kurt Tucholsky nach einem persönlichen Treffen im Theater. Valentin habe eifrig an einem Loch in der Hose gerieben. »Das wird Ihnen nichts nützen!« habe der Orchesterchef gesagt. »Mit Benzin wärs scho fort!«, lautete Valentins Antwort.

Briefmarke anlässlich des 125. Geburtstags des verqueren Komikers, Volkssängers und Schauspielers Karl Valentin.

Mit seiner Bühnenpartnerin Liesl Karlstadt, Schauspielerin, Sängerin und Komödiantin, bildete der König der Katastrophen ab 1911 das berühmteste deutsche Komikerduo des frühen 20. Jahrhunderts. Die unerbittliche Schärfe ihrer Witze durchbohrte sämtliche Kategorien der Wirklichkeit. In den über 25 Jahren ihrer gemeinsamen Auftritte kamen die beiden auf rund 400 Sketche. Neben ihren überwältigenden Bühnenerfolgen gehörten sie auch zu den Pionieren des Kinos. Zahlreiche Sketche wurden verfilmt, das Traumpaar spielte auch in den Produktionen vieler anderer Autoren mit.

Mit dem Valentin-Karlstadt-Musäum haben die Münchner dem Künstlerduo ein Denkmal gesetzt. Authentische Zeugnisse ihres Lebens mischen sich hier mit Nonsens-Exponaten wie dem wörtlich genommenen »Leisten-Bruch« oder dem präparierten Fabeltier namens »Wolpertinger«. Neben Devotionalien wie dem Telefon aus Valentins berühmter Szene als Buchbinder Wanninger finden sich die längst sprichwörtlichen Kalauer wie »Mögen hätt' ich schon wollen, aber dürfen habe ich mich nicht getraut«. So folgt man auf verschlungenen Pfaden den gewundenen Gedankengängen, die zu einem Markenzeichen von Valentin und Karlstadt wurden. Oder, wie der Meister selbst sagen würde: »Es ist schon alles gesagt, nur noch nicht von allen.«

INFO: In der Münchner Altstadt gelegen. **INFO VALENTIN-KARLSTADT-MUSÄUM:** Tal 50, 80331 München, Tel. (089) 22 32 66, www.valentin-musaeum.de, Öffnungszeiten Mo/Di und Do 11.01–17.29, Fr/Sa 11.01–17.59, So 10.01–17.59 Uhr. Jeden ersten Fr im Monat Programm und Abendöffnung bis 21.59 Uhr. Eintritt € 2,99, ermäßigt € 1,99. Besichtigung auch bei Regenschein, Tag und Nacht, nur von außen, und zwar kostenlos. **INFO TURMSTÜBERL:** Tel. (089) 29 37 62.

»Der Markt lehrt Dich's, nicht der Tempel.«

VIKTUALIENMARKT

München, Bayern

Es gibt nichts, was es nicht gibt. Chili aus Chile oder Knoblauch aus Argentinien, Yamswurzel aus Afrika oder Zitronengras aus Asien? Frisch importiert und erste Wahl? Auf dem Viktualienmarkt, bekannt für seine große Auswahl exotischer Lebensmittel, kommen selbst verwöhnte Feinschmecker auf ihre Kosten. Andererseits ist der mit 22 000 Quadratmetern Verkaufsfläche größte Freiluftmarkt Deutschlands auch ein gigantischer Bauernmarkt, der täglich frisches hiesiges Obst und Gemüse an die Städter liefert.

Fleisch und Wurstwaren, Fisch, Blumen, Eier, Getränke, Honig und Gewürze gibt es in allen denkbaren und undenkbaren Variationen. An über 100 Ständen und Läden sowie 72 Freiverkaufsflächen werden jährlich mehr als 30 Millionen Euro umgesetzt.

Süße Leckereien gibt's im Honighäusl mit circa 60 Sorten, das legendäre Krustenbrot bei der Bäckerliesl, die besten Weißwürste beim Wöhrmüller, den saftigsten Leberkäs beim Schlemmermeyer oder Friedl.

Maibaum auf dem Viktualienmarkt.

Ein Mikrokosmos bayerischer Lebenslust. Wer das Münchner Lebensgefühl ergründen will – Weltzugewandtheit gepaart mit etwas endzeitlichem Pessimismus –, ist hier am Ziel.

Die günstige Lage im Zentrum, nur etwa 150 Meter vom Marienplatz entfernt, und die vielen Touristen treiben die Standgebühren und Preise zwar nach oben, die Qualität der Produkte ist dafür jedoch in der Regel ausgezeichnet. Viele Stände sind inzwischen feste Läden, insbesondere die Metzger und Imbissbuden.

Erfunden hat den Viktualienmarkt Bayerns erster König, Maximilian I. Josef, der den traditionellen Obst- und Gemüsemarkt vom Schrannenplatz (heute Marienplatz) am 2. Mai 1807 auf den Platz zwischen Heiliggeistkirche und Frauenstraße verlegte. Wie der Bauch von München seinen heute weltberühmten Namen erhielt, ist einfach zu erklären: Viktualien war früher ein durchaus gängiges Wort für Lebensmittel.

Den besten Blick auf das Gelände hat man von der Terrasse des Petersbergls, eines Backsteinbaus von 1880, in dem sich einige der besten Metzgereien, Kunsthandwerker sowie das einzige Kammfachgeschäft Münchens befinden.

INFO: In der Münchner Altstadt gelegen. **INFO VIKTUALIENMARKT:** 80331 München, www.viktualienmarkt-muenchen.de. Der Markt ist Mo–Sa geöffnet. Die Geschäfte schließen spätestens um 20 Uhr.

»Erschreckend großartig«

Villa Stuck

München, Bayern

Sie ist die Grande Dame unter den deutschen Künstlermuseen. Die Villa Franz von Stucks wurde von seinen Zeitgenossen als eine moderne, wenn auch eigenwillige Sensation gefeiert. Auf der Pariser Weltausstellung 1900 zeichnete man die Möbel, die der Künstler eigens für sein Haus entworfen hatte, mit einer Goldmedaille aus. Das opulente palastartige Hauptgebäude und der Atelierbau wurden als außergewöhnliche Verschmelzung von Klassizismus und Jugendstil gefeiert, damals revolutionär wie die Speer schleudernde Amazone vor dem Eingang.

Salons und Kabinette prunken mit Goldmosaiken, Wandmalereien à la Pompeji, Kassettendecken, farbigen Wandvertäfelungen, Marmorrahmungen, Sternen-Plafonds, antikisierenden Reliefs und Friesen, Kopien berühmter Plastiken der Antike und der Renaissance und natürlich mit den Gemälden Stucks, darunter einer Fassung jener schwül-erotischen »Sünde« (1894), die eine ganze Generation verwirrt hat.

Nur wenige Baudenkmäler können mit einer ähnlichen Mischung aus Selbstinszenierung, Verführung, Verlangen, Lust, Schönheit und Geheimnis aufwarten – die Villa ist »erschreckend großartig«, meinte der Stuck-Schüler Paul Klee. Ihr übergreifendes Prinzip ist das Gesamtkunstwerk, in dem sich Leben, Architektur, Kunst, Musik, Theater und Narzissmus zu einem ästhetischen Amalgam verdichten. Leider wurde das Haus im Krieg schwer beschädigt und die Räume konnten nicht mitsamt dem Originalmobiliar erhalten werden. Doch wurden sie äußerst sorgfältig restauriert, u. a. wurden Stoffe nach Originalvorlagen nachgewebt.

Märchenhaft wie das Haus ist die Karriere seines Schöpfers, des Müllersohns aus Niederbayern. Schön wie ein Römer, hochtalentiert, früh von Erfolg verwöhnt und geadelt, avancierte Stuck (1863–1928) zum Malerfürsten Münchens. Die Sammlung mit seinen Bildern wird ergänzt durch Werke der angewandten und bildenden Kunst der Jahrhundertwende. Attraktiv restauriert und erweitert ist die Villa ein ideales Terrain für Wechselausstellungen großen Stils geworden, insbesondere für alle Spielarten der Art Nouveau oder der internationalen Moderne bis zu Shanghai Modern.

Franz von Stucks »Die drei Göttinnen Athena, Hera und Aphrodite« (um 1923, Privatsammlung) in der Villa Stuck (München).

Info: In München-Bogenhausen gelegen. **Info Museum Villa Stuck:** Prinzregentenstr. 60, 81675 München, Tel. (089) 455 55 10, www.villastuck.de, Öffnungszeiten Di–So 11–18 Uhr, Eintritt € 9, ermäßigt € 4,50, bis 18 J. frei, 1. Fr im Monat »Friday late« 18–22 Uhr bei freiem Eintritt.

Der Blaue Reiter

Murnau am Staffelsee

Murnau, Bayern

In der Ferne das Alpenpanorama mit Zugspitze, rund herum Staffelsee, Riegsee und Froschhauser See und dann noch das Naturschutzgebiet Murnauer Moos: Abwechslungsreicher kann man sich ein Urlaubsparadies in Mitteleuropa kaum erträumen. Es ist leicht zu verstehen, wieso sich Maler wie Wassily Kandinsky und Gabriele Münter, Alexej von Jawlensky und Franz Marc die oberbayerische Voralpenlandschaft bei Garmisch-Partenkirchen als Motiv für ihre Gemälde ausgesucht haben.

Das Murnauer Moos südlich von Murnau vor der Kulisse der hohen Berge des Estergebirges und des Wettersteins.

Außer Tänzern und Komponisten standen auch Paul Klee und August Macke in engem Kontakt mit der Künstlergemeinschaft »Der Blaue Reiter«, die sich Anfang des 20. Jahrhunderts in Murnau niederließ. Ihre Werke, teilweise zu besichtigen im Museum der Stadt, zeigen märchenhafte Zauberwelten, Farbfantasien, metaphysische Tiersymbolik und mathematisch-musikalische Abstraktionen.

In dem bayerischen Bilderbuch-Idyll mit Dirndl, Lederhosen und Plattlertanz zur Blasmusik entstand eine Malerei, die nicht mehr dem Vorbild der Natur im gewohnten Sinn folgte, sondern den subjektiven Eindruck erfasste und die vorangegangene impressionistische Ausdrucksweise völlig hinter sich ließ. Ungemischte, kontrastreich gesetzte Farben und flächige, auf die Grundform reduzierte Bildgestaltung zeichnen die Werke aus. Ihren Namen erhielt die Bewegung, die neben der »Brücke« als zweite bedeutende Gruppierung des deutschen Expressionismus gilt, durch »Die blauen Pferde« des Malers Franz Marc.

Wer in den Orten rund um den Staffelsee Urlaub machen will, muss aber nicht unbedingt mit der Staffelei reisen. Es reichen auch ein Fahrrad oder ein Paar Wanderschuhe, um die wunderschöne Landschaft zu erkunden. Es gibt schattige Biergärten und urige Gastwirtschaften. Auf dem Gebirgsfluss Loisach ist eine Schlauchbootfahrt zu empfehlen, auf dem See kann gesurft werden. Wer's gemütlich mag, leihe sich ein Boot oder buche eine Inselrundfahrt. Die Fußgängerzone von Murnau mit erstklassigen Restaurants und zahlreichen Galerien für zeitgenössische Kunst zählt zu den schönsten in Oberbayern. Hotels, Pensionen und Ferienwohnungen sind zertifiziert und bieten meist ein gepflegtes Ambiente. Fünf Campingplätze liegen direkt am See.

Info: Die Kleinstadt liegt ca. 70 km südlich von München. **Info Murnau:** Tourist Information Murnau, Untermarkt 13, 82418 Murnau am Staffelsee, Tel. (088 41) 47 62 40, www.murnau.de.

Es werde Licht

NATIONALPARK BAYERISCHER WALD

Bayern

Es riecht nach feuchtem Waldboden. Die Sonne ist längst aufgegangen, doch die Gruppe in Bergschuhen und Anorak, die durch den Wald trottet, sieht schwarz. Kaum ein Lichtstrahl dringt durchs Dickicht der Nadelbäume. Die Fichten müssen gelichtet werden. Hell klingt die Axt, wenn sie auf den Stamm trifft, und wenn er fällt, tut er es zunächst in Zeitlupe, dann mit mächtigem Krachen. Und es wird Licht.

Manche reisen zum Trekking nach Tibet und zu Abenteuern in Australiens Outback. Das könnten sie aber auch vor der Haustür finden – im Bayerischen Wald. Bankleute, Ärztinnen, Internet-Experten geben dort den Waldarbeiter, freiwillig, nur gegen Naturalien und offenkundig begeistert. Im frisch geschlagenen Gehölz atmen sie tief den Duft ein. In der Mittagspause schlürfen sie heiße Suppe vor dem Lagerfeuer, schwitzen, schniefen und zählen ihre Blasen. Auf dem Rückweg im Transporter zum kargen Quartier kreuzt Damwild ihren Weg, auch einen Wisent beobachten sie und hören Wolfsheulen. Sie gehen früh schlafen in Doppelstockbetten und wachen früh auf, weil der Schwarzspecht klopft. Nach einer Woche Arbeit im Wald sind sie erholt. In deutschen Nationalparks kann jeder Waldarbeiter sein. Im Bayerischen Wald gibt es mehr Bewerbungen als Plätze. Das Bergwaldprojekt lädt ein zum Wälderschützen, Bachläufepflegen und zur Wiederbelebung von Hochmooren. Das verschafft ein gutes Öko-Gewissen.

Auch sonst ist die Region entlang der bayerisch-böhmischen Grenze touristisch perfekt erschlossen. Rund 200 Kilometer lang ist das Wanderwegenetz, jahreszeitlich bestimmte Führungen machen mit den Naturreichtümern der Saison bekannt. Radtouren sind möglich und für Kinder wurden Erlebnisräume geschaffen: ein Waldspielgelände, eine Führung auf den Spuren von Meister Petz (der sich allerdings, zum Glück, nicht blicken lässt) und Plätze zum Würstchengrillen. Entlang der deutsch-tschechischen Grenze verläuft der Waldgeschichtliche Wanderweg am Resch- und Teufelsbach, über die einst Holz für Eisenbahnschienen auf dem Wasserweg bis nach Passau befördert wurde. Es gibt gemütliche Lokale mit regionaler Küche, meist deftig, die Glaskunststadt Zwiesel und den 1373 Meter hohen Lusen, von dem das größte zusammenhängende Waldschutzgebiet Mitteleuropas betrachtet werden kann.

INFO: Der Nationalpark Bayerischer Wald liegt etwa 190 km nordöstlich von München. **INFO NATIONALPARK:** Verwaltung Bayerischer Wald, Freyunger Str. 2, 94481 Grafenau, Tel. (085 52) 960 00, www.nationalpark-bayerischer-wald.de. **INFO BERGWALDPROEKT:** Tel. (09 31) 452 62 61, www.bergwaldprojekt.de.

Herbst an der Kleinen Ohe im Nationalpark Bayerischer Wald.

Hochgebirgspark voller Überraschungen

Nationalpark Berchtesgaden

Bayern

In alter Zeit, so wird erzählt, herrschte der grausame König Watzmann über das Berchtesgadener Land. Er, seine Frau und seine sieben Kinder fanden Gefallen daran, Tiere qualvoll zu hetzen und zu töten. Als ihre Grausamkeit bei einem Ausritt auch vor den Menschen nicht Halt machte, traf sie der Fluch eines sterbenden Mütterchens: »Möge Euch Gottes Strafe treffen und Euch in Fels verwandeln.« Gebieterisch, kalt und unnahbar, aber auch unglaublich schön, erheben sich die Gipfel des Watzmanns mit Frau und sieben Kindern über den Tälern des Berchtesgadener Nationalparks.

Wanderer am Gipfelkreuz des Watzmann im Nationalpark Berchtesgaden.

Auf einer Fläche von rund 210 Quadratkilometern liegt der einzige deutsche Nationalpark in den Alpen nahe der österreichischen Grenze. Ein Glanzpunkt ist sicherlich der Königssee, vielleicht der schönste Alpensee, circa acht Kilometer lang, bis zu 1,3 Kilometer breit und 190 Meter tief, mit smaragdgrünem, klarem Wasser. Eine Bootsfahrt zur malerischen mittelalterlichen Wallfahrtskirche St. Bartholomä mit ihren rot gedeckten Zwiebeltürmen und zum angrenzenden Jagdschloss und Sommerdomizil der bayerischen Könige, die sich auf der Halbinsel Hirschau befinden, ist auch deshalb interessant, weil sie sich gut mit einer Besichtigung der sogenannten Eiskapelle verbinden lässt, einer Eishöhle, die auch im Sommer nicht taut.

Im Hintergrund beeindruckt der 2713 Meter hohe Watzmann. Er beherbergt eine grandiose Flora und Fauna und bietet Wandermöglichkeiten auf höchstem Niveau und für alle Schwierigkeitsgrade.

Enzian und Edelweiß finden sich hier. Auch der mächtige Bergahorn, der so groß wie ein zehnstöckiges Haus und über 500 Jahre alt werden kann, ist hier daheim. Hinein geht es in das Reich von Steinadler, Gämse, Steinbock und Murmeltier, auch Rotwild ist zu sehen. Das Röhren der Hirsche ist im Herbst während der Abenddämmerung bis ins Klausbachtal zu vernehmen.

An den unterschiedlichen Orten bieten sich stets neue Überraschungen, jeder Blick auf Bergkuppen oder in Täler ist immer wieder grandios und lässt neuen Eindrücken Raum. Die besten Informationen und Tipps über geführte Wanderungen und Bergtouren gibt es bei der Nationalparkverwaltung und im Haus der Berge in Berchtesgaden.

Info: Der Nationalpark liegt ca. 150 km südöstlich von München. **Info Nationalpark Berchtesgaden:** Verwaltung, Doktorberg 6, 83471 Berchtesgaden, Tel. (086 52) 968 60, www.nationalpark-berchtesgaden.bayern.de. **Info Haus der Berge:** Hanielstr. 7, Berchtesgaden, Tel. (086 52) 979 06 00, www.haus-der-berge.bayern.de.

Der Deutsche Wald

Naturpark Spessart

Bayern

Es gibt nicht nur »Das Wirtshaus im Spessart«. Aber der Film mit Liselotte Pulver hat die Region zwischen Maintal und Kinzigtal erst richtig bekannt gemacht. Das größte zusammenhängende Mischlaubwaldgebiet Deutschlands umfasst 2440 Quadratkilometer. Schon das Nibelungenlied erzählt vom »Spechteshart«, dem Spechtswald.

Über Jahrhunderte ließen die Grundbesitzer, die Erzbischöfe von Mainz, nur Glasmacher, Holzfäller und Jagdaufseher samt Familien dort siedeln. Im Postkutschenalter bibberten Kaufleute aus Angst vor räuberischen Überfällen. Die Spessarträuber waren legendär, aber das Mittelgebirge war auch seit Jahrtausenden von arbeitsamen Menschen geprägt worden. In heute stillen Tälern stampften Poch- und Hammerwerke der Bergwerke und die Luft war erfüllt vom Pferdegetrappel unzähliger Fuhrwerke. Seit 1494 wurde nach Erzen, Kobalt und Silber gesucht und die Minerale wurden teilweise vor Ort verhüttet. Nur beim Kobalt gab es größere Vorkommen. Seit der Revierschließung 1925 ist das Grün dschungelartig über die früheren Arbeitsstätten gewuchert.

Zuvor hatte schon Wilhelm Hauff mit seinem Märchen »Das Wirtshaus im Spessart« den Mythos vom deutschen Wald geprägt. Mittlerweile ist er über rund 250 Wanderwege zwischen der nördlichen Grenzlinie Hanau, Gelnhausen und Schlüchtern (Hessen) und der südlichen Linie Aschaffenburg, Lohr und Miltenberg (zwei Drittel des Territoriums gehören zu Bayern) gut erschlossen. Neben kleineren Rundwegen ohne große Steigungen gibt es auch den 111 Kilometer langen Eselspfad von Schlüchtern nach Miltenberg, auf dem schon Könige und Kriegsheere unterwegs waren. Er verläuft durch dichte Eichen- und Buchenwälder mit den berühmten Spessartteichen, ohne je wirklich offene Täler zu durchqueren. Die Täler sind tief und gewunden in die wellige Hochfläche eingebettet, höchster Punkt ist der Geiersberg mit 585 Metern im südlichen Spessart. Einzig nennenswerter Ort ist Schloss Mespelbrunn südöstlich von Aschaffenburg. Dort wurden Szenen des Films »Das Wirtshaus im Spessart« gedreht, und das gleichnamige Theaterstück wird noch heute aufgeführt.

Info: Gemünden im Spessart liegt etwa 90 km südöstlich von Frankfurt am Main. **Info Naturpark Spessart:** Infozentrum, Frankfurter Str. 2, 97737 Gemünden, Tel. (093 51) 60 34 22, www.naturpark-spessart.de. **Reisezeit:** April–Okt.

Der Staatswald im Bayerischen Spessart.

Und ewig ruft der Türmer

Nördlinger Altstadt und St. Georg

Nördlingen im Ries, Bayern

Nördlingen gehört zu den wenigen Städten Europas, in denen es noch einen Türmer gibt. Dieser steigt am Abend hinauf auf den 90 Meter hohen Turm der gotischen St.-Georgs-Kirche und ruft die Worte »So G'sell so!« hinab.

Alle halbe Stunde ertönt seine Stimme – jeden Tag zwischen 22 Uhr und Mitternacht.

Mit diesem Brauch wird in der Kreisstadt an das Jahr 1440 erinnert. Damals wollte der von Oettingen die Stadt erobern und hatte einen Wächter durch Bestechung dazu gebracht, das Stadttor nicht abzuschließen. Doch eine aufgeweckte Webersfrau entdeckte ein Schwein, das sich an dem offenen Tor rieb und scheuchte es mit den Worten »So G'sell so« davon, bevor sie Alarm schlug. Das Tor wurde geschlossen, der Verräter entdeckt und die Stadt war gerettet, so will es die Legende.

Der Kirchturm ist heute das Wahrzeichen der Stadt und wird schlicht Daniel genannt. Dies geht zurück auf die biblische Figur Daniel.

Blick auf die begehbare Nördlinger Stadtmauer.

In der Altstadt finden sich eine Reihe Häuser, die im Mittelalter oder während der Renaissance entstanden sind. Am Marktplatz steht das im 13. Jahrhundert erbaute Rathaus, das älteste Steingebäude der Stadt. Gleich gegenüber liegt sich das einstige Leihhaus, in dem heute das Verkehrsamt untergebracht ist. Das obere Stockwerk fällt durch schick verputztes Fachwerk ins Auge. Sehenswert sind zudem die Gebäude an Hafenmarkt und Tändelmarkt.

Bereits um das Jahr 85 nach Christus soll sich auf dem heutigen Stadtgelände ein römisches Kastell befunden haben. Im Jahr 1215 erhielt Nördlingen von Kaiser Friedrich II. die Stadtrechte. Der Ring der Stadtmauer – so wie sie heute steht – wurde 1327 errichtet. Neben St. Georg lohnt ein Besuch der Kirche St. Salvator. Das Gotteshaus wurde gebaut, weil sich hier im Jahre 1381 ein Hostienwunder ereignet haben soll. Nachdem das Haus eines sterbenskranken Mannes eingestürzt war, blieb eine geweihte Hostie verschwunden. Als man die Trümmer des Hauses verbrannt hatte, soll die Hostie unversehrt inmitten der Asche gelegen haben.

Info: Nördlingen liegt an den Ausläufern der Schwäbischen und der Fränkischen Alb. **Info Nördlingen:** Tourist Information, Marktplatz 2, 86720 Nördlingen im Ries, Tel. (090 81) 841 16, www.noerdlingen.de, Öffnungszeiten Ostern–Okt. Mo–Do 9–18, Fr 9–16.30, Sa und Fei 10–14, Juli/Aug. auch So 10–14, Nov.–Karfreitag Mo–Do 9–17, Fr 9–15.30 Uhr.

»Des Reiches Schatzkästlein«

NÜRNBERG

Nürnberg, Bayern

Sagt man Nürnberg, meint man meistens den historischen Kern und lässt die ausufernde Großstadt drum herum außen vor. Auch wenn sich die mittelalterlich geprägte Altstadt noch immer mit einem vollständig erhaltenen Mauerring umgibt und ihr allein das touristische Interesse gilt, ist sie keineswegs eine zeitlose Idylle. Sie versteht sich als lebendiger, wenn auch relativ kleiner und durchaus gemütlich-urbaner Mittelpunkt der zweitgrößten Stadt Bayerns, in der das fränkische Lebensgefühl nicht zu kurz kommt und an der der Zeitgeist nicht kommentarlos vorbeigezogen ist. Das im Bombenhagel zu 90 Prozent untergegangene Schatzkästlein des Reichs präsentiert sich als ein spannendes Beispiel eines Wiederaufbaus mit Brüchen. Unterhalb der mächtigen Kaiserburg wurden nicht nur die bedeutendsten Sakral-, sondern auch punktuell großartige Profanbauten rekonstruiert. Sie alle haben in den vergangenen Jahrzehnten schon wieder Patina angesetzt und sind prägend für den sympathischen Gesamteindruck. Entstanden sind aber auch außergewöhnliche architektonische Neuschöpfungen, mit denen Nürnberg mitten in der Altstadt den längst fälligen, mutig-überzeugenden Schritt in Richtung Gegenwart gemacht hat.

Nürnberg war Schauplatz längst vergangener Reichstage, von Kaisern geleitetet, aber auch beklemmender Ereignisse jüngeren Datums, so des Reichsparteitags mit der Verkündung der Nürnberger Gesetze und der Nürnberger Kriegsverbrecherprozesse. Die Stadt hat sich bemerkenswert offensiv der Aufarbeitung der Zeit des Dritten Reichs gestellt und verleiht seit 1995 alle zwei Jahre den Nürnberger Menschenrechtspreis.

Heute hat sich Nürnberg zu einem international gefragten Messe- und Kongressplatz entwickelt. Die Stadt ist ein logistisches Zentrum der jüngsten Metropolregion Deutschlands, die sich zusammen mit Fürth und Erlangen als international bedeutender Standort für Forschung und Entwicklung etabliert.

Nürnberg-Panorama mit der Sebalduskirche.

Die schnellen Entschlüsse sind nicht unbedingt sein Ding: Dem Franken wird nachgesagt, dass er seine Entscheidungen mit Bedacht trifft, selten in Hektik gerät und kaum zu überschwänglichen Gefühlsausbrüchen neigt – stattdessen gilt er als zuverlässig und liebenswert.

INFO: Congress- und Tourismuszentrale Nürnberg, Königsstr. 93, 90402 Nürnberg, Tel. (09 11) 233 60, www.nuernberg.de, www.kubiss.de (Kultur- und Bildungsserver für den Großraum Nürnberg mit ausführlichem Veranstaltungskalender).

Holzschnitt und Radierung

Albrecht-Dürer-Haus

Nürnberg, Bayern

Er machte die Druckgrafik zu einem eigenständigen Ausdrucksmittel. Weltruhm erlangte der Kunsttheoretiker und Meister vieler Techniken, wie des Holzschnitts, des Kupferstichs und der Radierung, auch durch zahlreiche sakrale Gemälde: Albrecht Dürer zählt zu den bedeutendsten und vielseitigsten Persönlichkeiten der Kunstgeschichte und hat die deutsche Kunst entscheidend beeinflusst und weiterentwickelt.

Das Albrecht-Dürer-Haus befindet sich unterhalb der Burg am Tiergärtnertor. Dürer (1471–1528) erwarb das viergeschossige Fachwerkgebäude im Jahr 1509 und lebte hier mit seiner Frau Agnes, seiner Mutter und den Schülern bis zu seinem Tod. Das Museum zeigt Leben und Werk des Künstlers in allen Facetten. Zu sehen sind u. a. die historische Küche mit der noch originalen Herdstelle sowie zwei Wohnräume. Tatsächlich blieb das Dürerhaus im Krieg verschont und ist daher im nördlichen Europa das einzige erhaltene Künstlerhaus aus dem 16. Jahrhundert. Im Kinoraum taucht der Besucher mit der Multivisionsschau »Albertus Durer Noricus« in das Werk des Meisters ein. In einer Galeriezone finden wechselnde Ausstellungen statt.

Ein Sohn der Stadt Nürnberg: Albrecht Dürer auf einem Selbstporträt (1498), Madrid.

Glanzpunkt des Museums ist die Maler- und Druckwerkstatt im zweiten Stock. Hier werden die zeitgenössischen künstlerischen Techniken vorgeführt. Es wird erklärt, wie im 16. Jahrhundert Farben hergestellt wurden und aus welchen Ländern die dazu notwendigen Stoffe und Materialien herangeschafft wurden.

Übrigens, durch die Ausstellung führt die Hausherrin höchstpersönlich: »Agnes Dürer« berichtet über Kopfhörer in fünf Sprachen und erzählt speziell auch Kindern vom Alltagsleben, von Freud und Leid im Künstlerhaushalt. Und auf Anfrage kommt sie persönlich (in Gestalt einer Schauspielerin) zu einer Führung für Erwachsene oder Kinder. So wird der Museumsbesuch zu einem unvergesslichen Erlebnis.

Info: In der Nürnberger Altstadt gelegen. **Info Albrecht-Dürer-Haus:** Albrecht-Dürer-Str. 39, 90403 Nürnberg, Tel. (09 11) 231 25 68, www.museen.nuernberg.de, Öffnungszeiten Di–Fr 10–17, Do bis 20, Sa/So 10–18, Juli–Sept. und in der Zeit des Christkindlesmarkts auch Mo 10–17 Uhr, Eintritt € 6, ermäßigt € 1,50.

Engel, Lebkuchen und Glühwein

CHRISTKINDLESMARKT

Nürnberg, Bayern

Es ist Advent, der Glühwein duftet. In luftiger Höhe verkündet ein blond gelockter Rauschgoldengel mit Krone und Flügeln von der Empore der Frauenkirche den Beginn des weltberühmten Weihnachtsmarkts: »Ein jeder, der sich heute freut und morgen wieder plagt: Hört alle zu, was euch das Christkind sagt.« Etwa 180 Holzbuden mit rotweißen Stoffdächern stehen zur Adventszeit auf dem Hauptmarkt. Minderwertiger Ramsch ist verboten: Dafür gibt es Glockenspiele und Mobiles, Christbaumschmuck aus Glas und Holz, duftende Kerzen, Engel, Räuchermännchen, Krippen, Spielzeug und die Zwetschgenmännie – Figuren aus getrockneten Pflaumen, ein beliebtes Mitbringsel vom Christkindlesmarkt.

Dazwischen immer wieder Lebkuchen und Bratwürstchen. Das Marktamt wacht streng darüber, dass die Händler im »Städtlein in der Stadt« wirklich nur Waren aus Holz und Tuch anbieten. Tannengirlanden aus Plastik sind ebenso tabu wie eine Dauerberieselung mit Weihnachtsmusik aus dröhnenden Lautsprechern. Stattdessen singen auf einer Bühne Kinderchöre. Auch Fahrgeschäfte sucht man hier vergeblich. Kein Radau, kein Rummel und keine Hektik, obwohl es meist voll ist: Bis zum Heiligen Abend werden mehr als zwei Millionen Gäste erwartet.

Einer der ältesten und bekanntesten Weihnachtsmärkte der Welt: der Nürnberger Christkindlesmarkt.

Immerhin gehört der Christkindlesmarkt zu den ältesten Weihnachtsmärkten in Deutschland. Erstmals wurde die vorweihnachtliche Verkaufsmesse 1628 urkundlich erwähnt. Nach dem Zweiten Weltkrieg erstand der Markt in der völlig zerstörten Altstadt aufs Neue: Eine Schauspielerin übernahm damals die Rolle des Christkinds.

Seit 1969 wird das Christkind für jeweils zwei Jahre gewählt. Junge Frauen im Alter zwischen 16 und 19 Jahren können sich bewerben. Wichtige Voraussetzung: Sie müssen absolut schwindelfrei sein. Denn am Freitag vor dem ersten Advent haben sie im glitzernden Gewand ihren großen Auftritt hoch oben auf dem Balkon.

INFO: Findet in der Nürnberger Altstadt statt. **INFO CHRISTKINDLESMARKT:** Hauptmarkt von Nürnberg, Öffnungszeiten tägl. 10–21, Heiligabend 10–14 Uhr, www.christkindlesmarkt.de. **REISEZEIT:** Fr vor dem 1. Advent bis Heiligabend.

Im Herzen der Stadt

Frauenkirche und Schöner Brunnen

Nürnberg, Bayern

Nachdem Synagoge und Ghetto mitten in der Sebalder Altstadt 1349 auf Anordnung Karls IV. zum Abriss freigegeben worden waren – damit einher ging die Ermordung von über 500 Nürnberger Juden –, stiftete Karl 1355 die heute älteste gotische Hallenkirche Frankens; errichtet wurde sie von Meister Peter Parler, der zeitgleich in Prag für den Bau des Veitsdoms verantwortlich war. In dieser Kirche wollte Karl, der 1356 zum Kaiser gewählt wurde, die Reichskleinodien, Zeichen seiner Macht, aufbewahren lassen.

Die wuchtig wirkende Schaufront mit ihrem Dreiecksgiebel, gekrönt von einem Glockenturm mit Haube, öffnet sich nach Westen hin zum Hauptmarkt. Am Westgiebel ist eine Kunstuhr angebracht, vor der eine Figur des Kaisers thront. Jeden Mittag Schlag zwölf tritt eine Reihe weiterer Figuren aus der Uhr und verneigt sich vor dem Kaiser. Das sogenannte Männleinlaufen, so der Name sowohl für das tägliche Schauspiel wie für die Uhr selbst, zieht eine Menge Schaulustiger an.

Frauenkirche in Nürnberg mit dem »Männleinlaufen« über dem Hauptportal.

In der Mitte oberhalb des Doppelportals thront Maria, ihr zur Seite Heilige und Propheten. Von der mit Wappen geschmückten Brüstung ließ Karl IV. anlässlich der Taufe seines Thronfolgers Wenzel 1361 dem Volk die Reichskleinodien präsentieren.

Der dreiflüglige Tucher-Altar im Chor, gemalt um 1440, gehört zu den wertvollsten Stücken der Innenausstattung. Hinzu kommen zwei Meisterwerke des Bildhauers Adam Kraft: das Pergenstorffer Epitaph mit Maria als Schutzmantelmadonna (um 1498) und das Rebeck'sche Epitaph mit der Krönung Mariens (um 1500).

Vor der Frauenkirche in der nordwestlichen Ecke des Platzes steht der gotische Schöne Brunnen, um 1385 in Auftrag gegeben. Die 19 Meter hohe, achteckige gestufte Steinpyramide mit ihrem reichen Figurenschmuck ist eine der Hauptsehenswürdigkeiten der Stadt und Sinnbild ungebrochenen Bürgerstolzes. Ganz oben stehen Moses und sieben Propheten. Auf den Stufen darunter sieht man u. a. die Evangelisten, vier Kirchenväter und die sieben Kurfürsten. Sie alle symbolisieren die geistliche und staatliche Ordnung des Heiligen Römischen Reiches.

Info: In der Altstadt, am Hauptmarkt gelegen. **Info Frauenkirche & Schöner Brunnen:** www.frauenkirche-nuernberg.de, Öffnungszeiten Mo–Sa 10–17.30, So 13–17.30 Uhr, kostenlose Führungen.

Hochkarätiges Mittelalter

GERMANISCHES NATIONALMUSEUM

Nürnberg, Bayern

Das größte kulturhistorische Museum Deutschlands ist eines der bedeutendsten seiner Art weltweit. Es präsentiert in einer ungeheuren Vielfalt Kunst und Kultur des deutschsprachigen Raums. Der Rundgang schafft einen Bogen vom steinzeitlichen Faustkeil bis hin zu Objekten der Kunst der Gegenwart. Zu den Höhepunkten zählt zweifellos die Mittelaltersammlung, die in ihrer Art einmalig ist. Es werden Exponate der Gattungen Malerei, Skulptur, Glasmalerei, Kunsthandwerk, Architektur und Teppichherstellung präsentiert. Da ist etwa ein bronzener Kerzenhalter in Form eines Elefanten zu sehen, auf seinem Rücken trägt er einen zinnenbesetzten Schlachtturm mit einem Bogenschützen. Der Elefant selbst ist nur an seinem Rüssel als solcher zu erkennen, die viel zu kleinen Ohren erinnern eher an ein Reh – kein Wunder, waren die Dickhäuter doch im 12. Jahrhundert an seinem Entstehungsort Magdeburg unbekannte, exotische Fabelwesen.

Auch eine umfangreiche Sammlung historischer Musikinstrumente sowie der älteste Globus der Welt zählen zu den Ausstellungsstücken des Museums. Kinder interessieren sich vielleicht besonders für die Spielzeugabteilung, auch der Mode ist eine eigene Sammlung mit Kleidungsstücken aus dem 18. bis 20. Jahrhundert gewidmet. Weitere Abteilungen widmen sich Alltags- und Designgegenständen verschiedener Epochen. Man kann also Stunden, besser noch Tage für die Besichtigung der ständigen Sammlungen einplanen. Hinzu kommen immer wieder interessante, themenbezogene Sonderausstellungen.

Die Gründung des Museums ist der Initiative des fränkischen Adligen Freiherr von und zu Aufseß zu verdanken. Die ersten Exponate konnten ab 1857 in den Räumen des ehemaligen Kartäuserklosters präsentiert werden.

Ausstellungsraum in der Spätmittelalterabteilung des Germanischen Nationalmuseums in Nürnberg mit der Figurengruppe »Raphael und Tobias« von Veit Stoß (1516) im Vordergrund.

Durch ständige Um- und Erweiterungsbauten in der Folgezeit, aber auch bedingt durch die Zerstörungen während des Zweiten Weltkriegs und den nachfolgenden Wiederaufbau entstand ein äußerst verschachtelter, architektonisch faszinierender Gebäudekomplex. Gleich beim Eintreten in das Museum beeindruckt der 1993 geschaffene lichtdurchflutete Eingangsbereich.

INFO: In der Innenstadt von Nürnberg gelegen. **INFO GERMANISCHES NATIONALMUSEUM:** Kartäusergasse 1, 90402 Nürnberg, Tel. (09 11) 133 10, www.gnm.de, Öffnungszeiten Di–So 10–18, Mi bis 21 Uhr, Eintritt € 8, ermäßigt € 5.

Formenreichtum auf der Felsnase

KAISERBURG NÜRNBERG

Nürnberg, Bayern

Die Kaiserburg zu Nürnberg ist Wahrzeichen und Keimzelle der Stadt und eine der bedeutendsten Kaiserpfalzen des Mittelalters. Im äußeren Burghof steht das Brunnenhaus mit dem Tiefen Brunnen. Sein 47 Meter tiefer Schacht garantierte auch während einer wochenlangen Belagerung die Versorgung von Mensch und Tier mit Trinkwasser. Während der Führung wird ein mit brennenden Kerzen bestückter Leuchter an einer Kette hinabgelassen. Diese Demonstration beweist, dass tief unten im Brunnenschacht noch Sauerstoff vorhanden ist.

Eine der bedeutendsten Kaiserpfalzen des Mittelalters: Nürnbergs Kaiserburg.

Vom inneren Burghof aus gelangt man zum Palas mit seinen beiden übereinanderliegenden großen Haupträumen, dem Ritter- und dem Kaisersaal. Die heute nur spärlich möblierten Säle beeindrucken durch ihre schlichte Architektur. Im Rittersaal das kaiserliche Hofgericht. Im darüberliegenden Kaisersaal tafelten unter der in den alten Reichsfarben Schwarz und Gelb gehaltenen Holzdecke die Würdenträger des Reichs. In den drei kaiserlichen Wohn- und Repräsentationsräumen sind noch erhaltene Wandverkleidungen und Decken zu bestaunen. Besonders eindrucksvoll ist hier die sogenannte Adlerdecke im Wohnzimmer des Herrschers.

Kunsthistorischer Höhepunkt der Innenbesichtigung ist die Kaiserkapelle aus dem 12. Jahrhundert. Die romanische Doppelkapelle aus staufischer Zeit gilt als Spiegel der hierarchisch strukturierten mittelalterlichen Hofgesellschaft. Ober- und Unterkapelle sind durch eine Öffnung in der Decke miteinander verbunden. Im Untergeschoss versammelte sich der einfache Adel zum Gottesdienst. Die Oberkapelle war dem höherrangigen Hofstaat vorbehalten. Belegt ist, dass beide Gruppen an der liturgischen Handlung nur stehend teilnehmen durften. Allein der kaiserlichen Familie erlaubte die Etikette, von der Westempore aus dem Gottesdienst sitzend zu folgen. Einziger Schmuck der Oberkapelle ist das Kruzifix von Veit Stoß, dem berühmtesten Holzbildhauer der Spätgotik.

Verlockend ist der kurze Spaziergang durch den Burggarten mit der Großen Bastei an seiner Spitze. Das mächtige Bauwerk ist ein überzeugendes Beispiel der Festungsarchitektur im 16. Jahrhundert. Verantwortlich für die Pläne zeichnete ein Spezialist seiner Zeit, der italienische Festungsbaumeister Antonio Fazuni.

Der Fünfeckturm ist eines der ältesten Teilstücke der mittelalterlichen Burggrafenburg. Er sicherte nach Osten hin das weitgehend zerstörte Ensemble der ersten, salischen Festungsanlage. Das mächtige Bollwerk steht weithin sichtbar auf einer Felsnase, die an dieser Stelle 19 Meter tief zum Stadtgraben hin abfällt und somit ideale verteidigungsstrategische Bedingungen erfüllte.

INFO: In der Innenstadt von Nürnberg gelegen. **INFO KAISERBURG:** Auf der Burg 13, 90403 Nürnberg, Tel. (09 11) 244 65 90, www.kaiserburg-nuernberg.de, Öffnungszeiten tägl. April–Sept. 9–18, Okt.–März 10–16 Uhr, Eintritt für Burg und Museum (Tiefer Brunnen nur mit Führung) € 7, ermäßigt € 6.

Zwischen Kaisern und Engeln

Nürnberger Altstadt

Nürnberg, Bayern

Immer im Blick ist die Burg, die hoch über Nürnberg thront. Von hier aus wurde die Welt regiert. Regelmäßig quartierten sich Kaiser in der Reichsstadt ein, blieben aber nie lange auf dem Sandsteinfelsen. Es war ein Kommen und Gehen. In die Burg zogen von 1050 bis 1571 insgesamt 37 deutsche Herrscher mit Gefolge ein und wieder aus. Kaiser Karl IV. machte in Nürnberg 25 Mal eine Stippvisite.

Heute bietet die 385 Meter hohe Plattform einen Panoramablick über die mittelalterliche spitzgiebelige Dächerlandschaft der Altstadt, die von der Pegnitz in zwei Hälften geteilt wird. Herausragend sind die großen gotischen Kirchen St. Lorenz und St. Sebaldus, die den beiden Teilen der Altstadt ihre Namen gaben. Die um 1250 begonnene Lorenzkirche war die Pfarrkirche des südlich der Pegnitz gelegenen mittelalterlichen Siedlungskerns, während die noch ältere Sebalduskirche nördlich auf dem Weg zur Burg liegt.

Unterhalb der Burg in der Sebalder Altstadt gehören die Fachwerkhäuser entlang der Weißgerbergasse zum schönsten mittelalterlichen Ensemble im ehemaligen Handwerkerviertel. Die Schauseiten einiger Häuser schmücken sich mit aufwendig gestalteten Erkern, den Nürnberger Chörlein. Im nahen Straßenzug namens Füll findet man einen Schwan und die typischen Glöcklein. Das Herzstück der Stadt bilden Hauptmarkt und Frauenkirche. Jeden Tag stehen hier Obst- und Gemüsestände unter rotweißen Schirmen vor der gotischen Fassade der Frauenkirche mit dem Schönen Brunnen davor. Die Erfüllung eines heimlichen Wunschs ist angeblich garantiert, wenn man einen blanken Messingring am kunstvoll geschmiedeten Eisengitter des 19 Meter hohen gotischen Meisterwerks dreht. Neben dem Hauptmarkt steht das Rathaus mit den alten unterirdischen Lochgefängnissen. Gezeigt wird das gesamte grauenhafte Arsenal mittelalterlicher Folterinstrumente.

Hier wohnten und werkten die Weißgerber: die Weißgerbergasse in der Nürnberger Altstadt.

Auf der Lorenzer Seite ist der Platz vor dem Dom einer der lebendigsten der Stadt mit Gauklern, Musikern und vielen jungen Leuten. Von hier aus gelangt man in südlicher Richtung auf die Königsstraße. Die Einkaufsstraße zieht sich mit vielen Geschäften bis zum Hauptbahnhof. Dort gegenüber, im mittelalterlich gestalteten Handwerkerhof, findet man ein beliebtes Mitbringsel: Lebkuchen. Ruhm und Tradition des Nürnberger Lebkuchens verdankt die alte Reichsstadt ihrer günstigen Lage am Schnittpunkt der Handels- und Gewürzstraßen. Süßes und exotische Gewürze waren damals kostbar, aber in Nürnberg leicht zu bekommen. Noch heute sind Lebkuchen der Stolz einer jeden Bäckerei und außerdem ein in hübschen Dosen verpackter Exportschlager.

Info Nürnberg: Tourist Information in der Nürnberg Info, Königstr. 93 (gegenüber dem Hauptbahnhof.), 90402 Nürnberg, und Tourist Information am Hauptmarkt, Hauptmarkt 18, 90403 Nürnberg, Tel. (09 11) 233 60, www.tourismus.nuernberg.de, www.nuernberg.de.

Ein jahrhundertealtes Gelübde

Passionsspiele in Oberammergau

Oberammergau, Bayern

Die friedliche Gemeinde in den bayerischen Alpen erwacht alle zehn Jahre zum Leben, um einem 1633 abgelegten Gelübde Folge zu leisten. Zu jener Zeit suchte die Pest weite Teile Europas heim und hinterließ allerorts Tod, Hunger und Not. Um von der Pest verschont zu bleiben, versprachen die Bewohner, die Passion Christi in Zukunft regelmäßig neu zu inszenieren. Die Pest war vorüber und 1634 fand die Uraufführung des Spiels durch Bauern auf einem Feld statt. Seither wurde das Passionsspiel weiterentwickelt und verfeinert. Geblieben ist die unerschütterliche Ernsthaftigkeit, mit der die gesamte Gemeinde teilnimmt und ihr inniges Gelübde in Ehren hält.

Inmitten einer atemberaubenden Landschaft wird der Ort von festlicher Atmosphäre erfüllt und Alt und Jung versammeln sich in handgefertigten, farbenprächtigen Kostümen. Trotz internationaler Bekanntheit konnten diese Festspiele bislang einer Kommerzialisierung entgehen. Das historische Gelübde ist noch immer das Wichtigste im Leben der Oberammergauer. Die Oberammergauer Passionsspiele wurden im Dezember 2014 in das bundesweite Verzeichnis des immateriellen Kulturerbes aufgenommen.

Info: Oberammergau liegt etwa 80 km südwestlich von München. **Info Passionsspiele Oberammergau:** Die Passionsspiele finden in jedem auf 0 endenden Jahr statt (die nächsten Passionsspiele fallen ausnahmsweise ins Jahr 2022). Die Aufführung der 16 Akte aus den letzten fünf Tagen im Leben Jesu dauert etwa 6 Std., www.passionsspiele-oberammergau.de. **Reisezeit:** 2022 finden die Spiele von Mitte Mai bis Anfang Oktober statt.

Seit dem 17. Jahrhundert werden in Oberammergau die Passionsspiele aufgeführt.

Juwel im Dreierpack

Schloss Schleissheim

Oberschleißheim, Bayern

Gleich im Dreierpack kommen die Sehenswürdigkeiten im Schloss Schleißheim daher. Am Nordrand Münchens, eingebettet in einen sehenswerten Landschaftspark, ist eine Anlage zu besichtigen, die als Juwel barocker Schlossarchitektur gilt. Das Neue Schloss Schleißheim wurde im Auftrag des Kurfürsten Max Emanuel (der Blaue Kurfürst) 1701 bis 1704 nach Entwürfen von Enrico Zuccalli begonnen und ab 1719 unter Joseph Effner vollendet.

Da der Kurfürst ein architektonisches Zeichen für seinen Anspruch auf die Königs- beziehungsweise Kaiserkrone setzen wollte, wählte er das Pariser Königsschloss (Louvre) und die Wiener Kaiserresidenz (Schönbrunn) als Vorbilder.

Von dem ursprünglich geplanten monumentalen Vierflügelbau ist nur der Hauptflügel übrig geblieben. Die prunkvolle Innenausstattung schufen bedeutende Künstler wie Johann Baptist Zimmermann, Cosmas Damian Asam und Jacopo Amigoni. Aufgrund seiner herausragenden Akustik eignet sich der Große Saal besonders gut für klassische Konzertveranstaltungen.

Im Schlosspark des Neuen Schlosses liegt auf einer künstlichen Insel das Jagd- und Gartenschloss Lustheim, das Kurfürst Max Emanuel anlässlich seiner Hochzeit mit der Kaisertochter Maria Antonia 1685 erbauen ließ. Gegen Ende des 17. Jahrhunderts fanden hier prunkvolle Feste und Bankette statt. Der Besucher taucht ein in die Atmosphäre dieser Zeit.

Im Festsaal ist vor allem das Deckenfresko von Francesco Rosa hervorzuheben (für einige Jahrzehnte war es das größte der Welt), ebenso die Meißener Porzellansammlung mit schönen Geschirren, Tafelaufsätzen und Tierfiguren.

Italienisches Vorbild spürbar: das Neue Schloss Schleißheim in Oberschleißheim.

Das Alte Schloss zählt mit seinen mehr als 200 Räumen und der Wilhelmskapelle zu einem der Hauptwerke des bayerischen Frühbarock. Es wurde von Herzog Maximilian I. anstelle des väterlichen Herrenhauses errichtet und enthält sowohl Elemente der einheimischen wie der italienischen Baukunst. Hier befindet sich auch die Sammlung Weinhold »Zeugnisse der Volksfrömmigkeit«.

Info: Oberschleißheim liegt ca. 20 km nördlich von München. **Info Schloss Schleissheim:** Schloss- und Gartenverwaltung, Max-Emanuel-Platz 1, 85764 Oberschleißheim, Tel. (089) 31 58 72-0, www.schloesser-schleissheim.de, Öffnungszeiten Di–So April–Sept. 9–18, Okt.–März 10–16 Uhr, Gesamtkarte € 8, ermäßigt € 6.

Rauschendes Wildwasser und Winterwunderland

Breitachklamm

Oberstdorf, Bayern

Die tiefste Felsenschlucht Mitteleuropas beeindruckt im Sommer mit dem rauschenden Wildwasser der Breitach, das sich zwischen hoch aufragenden Felswänden seinen Weg sucht. Darüber verläuft ein gesicherter Weg, der zu mehr oder weniger langen Wanderungen durch die 2,2 Kilometer lange Schlucht einlädt. Eine Stunde etwa dauert der Fußweg vom Parkplatz bis zum oberen Ende der Klamm. An der Bergkasse ist ein Weg zum Gasthaus Walserschanze im Kleinwalsertal ausgeschildert, das derzeit nicht bewirtschaftet wird. Von dort aus fährt aber ein Bus wieder zurück nach Oberstdorf, oder, wer noch Kondition hat, läuft den Weg zurück durch die Klamm. Natürlich kann man die Wanderung auch in entgegengesetzter Richtung unternehmen und direkt an der Bergkasse in die Schlucht einsteigen. Dann lohnt sich im Tal eine Pause im Gasthaus Breitachklamm, das allerdings im Sommer sehr stark frequentiert ist.

Die Breitachklamm ist die tiefste Felsenschlucht Mitteleuropas.

Im Winter geht es an der Breitach etwas ruhiger zu. Dann faszinieren bizarre Formationen des gefrorenen Wassers die Besucher der Schlucht und lange Eiszapfen erstarrter Wasserfälle verzieren die Felsen. Ein Anblick wie aus einem Märchenfilm, das Tosen des Flusses ist verstummt, ein Winterwunderland sondergleichen! Dienstags und freitags finden im Winter am frühen Abend Fackelwanderungen statt, die das Eis der Breitach in ein besonderes Licht tauchen. Im Feuerschein funkeln Schneekristalle und Eisgebilde werfen geheimnisvolle Schatten.

Für alle, die wissen wollen, wie die Schlucht zustande kam, gibt es eine interaktive Ausstellung im Eingangsbereich der Klamm in Tiefenbach. Diese Bergschau gibt auch Auskunft über die komplexe Ökologie. Die Entstehung der Schlucht liegt etwa 10 000 Jahre zurück, als der Breitachgletscher anfing zu schmelzen und sich das Wasser langsam seinen Weg durch die Felsen bahnte.

Dank des Engagements des Tiefenbacher Pfarrers Johannes Schiebel wurde die Schlucht 1905 für Besucher zugänglich gemacht und war schon bald ein beliebtes Ausflugsziel, was der bettelarmen Bevölkerung von Tiefenbach, heute ein Teil von Oberstdorf, auf die Beine half. Jährlich zählt die Breitachklamm über 300 000 Besucher.

Info: Der Parkplatz zur Breitachklamm befindet sich rund 7 km westlich von Oberstdorf. **Info Breitachklamm:** Klammstr. 47, 87561 Oberstdorf/OT Tiefenbach, Tel. (083 22) 48 87, www.breitachklamm.com, Öffnungszeiten tägl. Sommer 9–18, Winter 9–17 Uhr, letzter Einlass 1 Std. vor Schließzeit, Herbst und Frühling jeweils einige Wochen geschl. Eintritt € 4,50, Kinder € 1,50. **Info Gasthaus Breitachklamm:** Klammstr. 45/46, Oberstdorf, Tel. (083 22) 46 43, www.gasthaus-breitachklamm.de, Mo/Di, Do 9/10–18, Fr–So 9/10–20 Uhr.

Eingebettet in eine Postkartenlandschaft

Nebelhorn und Schattenbergschanze

Oberstdorf, Bayern

Raus auf den Bakken, abdrücken und runter. Dann abheben und 125 Meter später haben die Skispringer wieder festen Schnee unter den Brettern. Und das alles unter den Augen von Millionen, denn jedes Mal, wenn die Vierschanzentournee startet, blickt die Welt auf die Schattenbergschanze.

90 Meter über den Wollmützen und Daunenjacken sportbegeisterter Zuschauer machen sich die Mutigsten in Oberstdorf fertig zum Sprung: die Skisprung-Asse aus der ganzen Welt, die die Herausforderung der Schattenbergschanze annehmen. Mit insgesamt fünf Schanzen und einer großen Tribüne wurde die imposante Schattenberganlage an den gleichnamigen Berg gebaut. Auch wenn die modernen Fernsehübertragungen keinen Winkel unbeobachtet lassen, wer sich selbst die Mühe macht und auf die Schanze steigt und dann einen Blick hinunter wirft, wird noch mehr Respekt vor diesen Athleten haben. Wem die 90-Meter-Schanze nicht reicht, der sollte noch einen Blick von der benachbarten Heini-Klopfer-Skiflugschanze werfen, eine der größten der Welt.

Wer noch höher hinaus und dabei außerdem frische Bergluft schnuppern möchte, der sollte sich an einem ganz besonderen Berg versuchen, nämlich am Nebelhorn: Die höchste Seilbahn des Allgäus fährt auf den 2214 Meter hohen Gipfel. Dort oben hat man die Chance, 400 Gipfel gleichzeitig zu sehen. Vor allem Sportler sind hier in ihrem Element. Wanderwege, Klettersteige und die Möglichkeit zum Gleitschirm- oder Drachenfliegen lassen aktive Herzen höher schlagen.

Die besondere Attraktion auf dem Nebelhorn ist der Flying Fox, eine 300 Meter lange Seilrutsche, die Kindern und Erwachsenen das ganze Jahr Vergnügen bietet. Auf der knapp drei Kilometer langen Naturrodelbahn lässt es sich auch schnell wie der Wind von der Seealpe ins Tal hinabsausen.

Im Winter lädt das höchste Skigebiet im Allgäu dazu ein, sich auf die längste Talabfahrt Deutschlands mit siebeneinhalb Kilometern Länge zu begeben. Ein fantastisches Erlebnis in einer atemberaubenden Landschaft. Das Nebelhorn ist auch Rollstuhlfahrern zugänglich, denn im Jahr 2005 wurde an der Station Höfatsblick ein neuer, behindertengerechter Panoramaweg angelegt.

Info Nebelhorn: Das Nebelhorn liegt ca. 140 km südlich von Ulm. **Tourist Information Oberstdorf:** Prinzregentenplatz 1, 87561 Oberstdorf, Tel. (083 22) 70 00, www.oberstdorf.de. **Info Schattenbergschanze:** Am Faltenbach 27, 87561 Oberstdorf, www.audiarena.de, Besichtigung der Schattenbergschanze (Audi Arena) tägl. 10–17/18 Uhr.

Spektakuläre Aussichten: der Hindelanger Klettersteig am Nebelhorn.

Ora et labora

Benediktinerabtei in Ottobeuren

Ottobeuren, Bayern

Leonard Bernstein ließ sich von der fantastischen Akustik im Innenraum inspirieren, Herbert von Karajan fand in der einmaligen Schönheit das geeignete Ambiente. Bis heute sind die Ottobeurer Konzerte in ganz Deutschland ein Begriff. Die Benediktinerabtei Ottobeuren mit ihrer beeindruckenden Basilika prägt seit Jahrhunderten das Bild der Stadt im Allgäu und wird als Schwäbischer Escorial bezeichnet. Die gewaltige Kirche mit ihrer Doppelturmfassade und den angrenzenden Klostergebäuden besticht durch Schönheit und imposante Eleganz. Seit über 1200 Jahren leben und arbeiten in den monumentalen Klostergebäuden Mönche nach den strengen Regeln des heiligen Benedikt. Ursprünglich um 764 gegründet und im Dreißigjährigen Krieg schwer beschädigt, wurde die Anlage im 18. Jahrhundert wiederaufgebaut und erstrahlt heute im barocken Glanz.

Benediktinerabtei Ottobeuren: Innenansicht der prachtvollen Barockbasilika.

Im Jahr 1766, rechtzeitig zur offiziellen 1000-Jahr-Feier der Abtei, wurde der Neubau der Kirche geweiht. Sie gilt als eines der Hauptwerke der spätbarocken Kirchenarchitektur. Groß, ausladend und hell, geschmückt mit Marmorsäulen, farbintensiven Wand- und Deckenmalereien soll sich hier die Macht der Schöpfung spiegeln.

Johann Michael Fischer errichtete die imposante Rokokokirche und Johann Michael Feuchtmayer war für die großartigen Stuckarbeiten im Inneren verantwortlich. Sehenswert ist ebenfalls das romanische Kruzifix aus dem Jahr 1220. Auch die Klostergebäude lohnen einen Besuch. Die Bibliothek geht auf die Gründungszeit des Klosters zurück, hier werden 15000 in Leder gebundene Folianten aufbewahrt. Besonders der Kaisersaal zeigt den damaligen Reichtum der Abtei und das Repräsentationsbedürfnis jener Zeit. Für die Ottobeurer Konzerte werden sowohl die Kirche als auch der Kaisersaal genutzt. Außerdem finden in der Basilika regelmäßig Orgelkonzerte statt, bei denen zwei der drei Instrumente des berühmten Orgelbauers Karl Joseph Riepp erklingen.

Info: Ottobeuren liegt ca. 70 km südlich von Ulm. **Info Benediktinerabtei Ottobeuren:** Sebastian-Kneipp-Str. 1, 87724 Ottobeuren, Tel. (083 32) 79 80, www.abtei-ottobeuren.de, Öffnungszeiten der Basilika tägl. Mai–Okt. 9–19, Nov.–April 9–17 Uhr, Führung nach Ostern–Okt. Sa 14.15 Uhr, Pforte des Klosters Mo–Sa 7.30–12 und 13.30–18, So/Fei 9–12 und 13.30–17 Uhr, Museum Palmsonntag–Allerheiligen tägl. 10–12 und 14–17 Uhr. Konzertkarten: Touristikamt, Marktplatz 14, 87724 Ottobeuren, Tel. (083 32) 92 19 50, www.ottobeuren.de. **Reisezeit:** April–Okt.

Das Venedig Bayerns

Altstadt von Passau

Passau, Bayern

Die Altstadt von Passau liegt auf einer schmalen, lang gezogenen Landzunge. An der sogenannten Ortsspitze am östlichen Ende fließen drei Flüsse zusammen. Das Grün der Donau verbindet sich dabei mit dem Blau des Inns und dem Schwarz der Ilz und lässt das Wasser in drei verschiedenen Farben schimmern.

Blick auf die Passauer Altstadt mit Stephansdom (links) und Jesuitenkirche St. Michael.

Das Stadtbild des historischen Kerns ist geprägt von seiner mehr als zweitausendjährigen Geschichte und der außergewöhnlichen Lage. Aufgrund des begrenzten Platzes auf der schmalen Landzunge mussten die Häuser und Gebäude in der Passauer Altstadt sehr dicht gebaut werden, sodass viele der zu beiden Flussufern teils steil abfallenden Gassen äußerst schmal sind. Es drängen sich pittoreske Kirchenfassaden an herrschaftliche Patrizierbauten und einfache Bürgerhäuser.

Auf einem kleinen Hügel in der Altstadt liegt der beeindruckende Dom St. Stephan, in dem die größte Domorgel der Welt mit 17974 Pfeifen einen ehrenvollen Platz gefunden hat und bis heute begeisterte Zuhörer zu Konzerten in den Dom lockt. Die prunkvolle Kathedrale ist der größte Barockdom nördlich der Alpen. Der reich mit Stuck und Fresken verzierte Kircheninnenraum zeugt beeindruckend von italienischer barocker Kunstfertigkeit.

Direkt am Domplatz, dem höchsten Punkt der Altstadt, befinden sich einige betagte und teils sehr sehenswerte Domherrenhöfe, allen voran das Lamberg-Palais. Den Zweitnamen Venedig Bayerns verdankt die Stadt italienischen Baumeistern, die mit ihrer Bauweise nicht nur dem Dom zu seinem prachtvollen Aussehen verhalfen, sondern auch vielen der weltlichen Häuser ein beinahe südländisch anmutendes Gesicht gaben. Der Kirchturm der Pfarrkirche ragt hoch über die Dächer der Passauer Altstadt hinaus und bildet gemeinsam mit den Zwiebeltürmen des Doms St. Stephan die malerische Silhouette Passaus. St. Paul ist die älteste Pfarrkirche und das heimliche Wahrzeichen der Stadt. Sehenswert ist auch der mitten im Zentrum der Altstadt gelegene Residenzplatz mit dem Wittelsbacherbrunnen und der Neuen Bischöflichen Residenz, in der ein wunderschönes Rokokotreppenhaus sowie ein Deckenfresko zu bewundern sind.

Besonders eindrucksvoll lässt sich die Passauer Altstadt bei einem Spaziergang an der Innpromenade genießen. Im Schutz der wuchtigen Festungsmauern des Schaiblingsturms kommt das mittelalterliche Flair von Passau bestens zur Geltung.

Info: Passau liegt im Südosten Bayerns an der Grenze zu Österreich. **Info Passau:** Tourist Information, Bahnhofstr. 28, 94032 Passau, Tel. (08 51) 95 59 80, www.passau.de. **Info Dom St. Stephan:** Domplatz, 94032 Passau, www.bistum-passau.de/dom-st-stephan, Öffnungszeiten tägl. Sommerzeit 6.30–19, Winterzeit 6.30–18 Uhr, Orgelkonzerte Mai–Okt. Mo–Sa 12–12.30, Do auch 19.30–20.30 Uhr, keine Besichtigung während der Konzerte.

Barock aus Leidenschaft

Schloss Weissenstein

Pommersfelden, Bayern

Lothar Franz von Schönborns Liebe galt der Kunst. Der Kurfürst und Erzbischof von Mainz und Fürstbischof von Bamberg war nach dem Kaiser der wichtigste Mann im Reich. Ob Malerei oder Architektur, an seinem Hof versammelte sich die Crème de la Crème der bildenden Künste. Die von 1711 bis 1718 erbaute private Sommerresidenz des Kurfürsten, Schloss Weissenstein, gilt deshalb bis heute bei vielen Kunst- und Musikkennern als Geheimtipp. In seinem Inneren entfaltet sich die ganze Pracht: unzählige Deckenfresken, filigrane Stuckornamente, feinste Einlegearbeiten – dieses Bauwerk lebt und atmet Barock. Durch eines der schönsten Treppenhäuser Europas gelangen Besucher in die verschiedenen Räumlichkeiten des Schlosses.

Die Repräsentationsräume wie Marmorsaal, Grottensaal oder Spiegelkabinett lassen erahnen, wie glanzvoll bei Hofe gelebt wurde. Führungen durch Speise-, Schlaf- und Empfangszimmer des Bauherrn geben einen grandiosen Einblick in die vergangene Barockzeit. Sehenswert ist auch die großartige Gemäldegalerie, die u. a. Werke von Dürer, van Dyck, Rubens, Brueghel, Tizian und Giordano zeigt. Die »Kunstsammlungen Graf von Schönborn« zählen zu den größten Privatsammlungen alter Meister im deutschsprachigen Raum, umfassen jedoch auch Möbel, Porzellan, Glas und vor allem Bücher.

Das Barockschloss Weissenstein bei Pommersfelden.

Besuche des bis heute privat genutzten Schlosses lassen sich hervorragend mit einem Spaziergang durch den Park verbinden. Der idyllisch gelegene Schlosspark mit frei laufendem Damwild und Wildvögeln wurde ursprünglich als Barockgarten angelegt und später im Stil englischer Landschaftsgärten umgestaltet.

Alljährlich finden hier von Juli bis August die berühmten Konzerte des »Collegium Musicum« statt. In dem einzigartigen Ambiente präsentieren junge Künstler ihre Interpretationen klassischer Musik vor einem begeisterten Publikum.

Info: Pommersfelden liegt ca. 50 km nordwestlich von Nürnberg. **Info Schloss Weissenstein:** Am Schloss 1, 96178 Pommersfelden, Tel. (095 48) 981 80, www.schloss-weissenstein.de, Öffnungszeiten April–Okt. tägl. 9.30–17, Nov.–März Mo–Fr 10–15 Uhr, Besichtigung nur mit Führung (zur vollen Std.), Eintritt € 8, ermäßigt € 6, bis 5 J. frei. **Info Collegium Musicum:** Tel. (095 48) 98 18 13, www.collegium-musicum.info. **Reisezeit:** Juli–Aug. zu den Konzerten des Collegium Musicum.

Treppenhaus Schloss Weissenstein, Deckenfresko von Giovanni Francesco Marchini und Rudolf Byss.

Herbstliche Ansicht von Ramsau bei Berchtesgaden.

»Durchgehend geöffnet«

Nationalparkgemeinde Ramsau

Ramsau, Bayern

Majestätische Berge und liebliche Täler: Die Nationalparkgemeinde Ramsau liegt am Rand des Nationalparks Berchtesgaden. Das ganze Jahr über leuchten die Bergkuppen von Watzmann, Hochkalter und Reiteralpe in unterschiedlichen Farben. Ursprüngliche Landschaft in ihrer ganzen Schönheit zeigen das liebliche Klausbachtal mit seinen herrlichen Almen und das wild-gewaltige Wimbachtal mit seiner beeindruckenden Klamm.

Die Landschaft um Ramsau bietet zu jeder Jahreszeit etwas. Im Frühjahr kontrastieren die schneebedeckten Gipfel mit dem satten Grün und den blühenden Wiesen, der Sommer lässt sich bei einer Brotzeit auf der Alm genießen. Und nach dem Farbenspiel des Herbstes bietet der Winter verschneite Glitzerwelten.

Wandern, Ausspannen und Erholen ist hier Programm. Eine besonders schöne Tour führt von Ramsau aus entlang der Ramsauer Ache, vorbei an den Gletscherquellen zur Marxenklamm und weiter durch die wahrlich märchenhafte Landschaft des Zauberwalds bis zum Hintersee, auf dem auch Boote fahren.

Die faszinierende Landschaft zog im 19. Jahrhundert viele Künstler an, darunter etwa Wilhelm Busch und Carl Spitzweg. Entlang des Malerrundwegs kann man auf ihren Spuren wandeln und auf Tafeln die von der grandiosen Natur inspirierten Gemälde direkt mit den Originalschauplätzen vergleichen. Zu den beliebten Motiven gehört z. B. die romantisch direkt an der Ramsauer Ache gelegene Pfarrkirche St. Sebastian, die immer wieder auf den Bildern der Landschaftsmaler verewigt wurde.

Wer noch tiefer eintauchen will in die Geschichte der Region, der sollte unbedingt den Almerlebnisweg Ramsau in Angriff nehmen. Auf einer Wegstrecke von elf Kilometern mit 650 Metern Höhenunterschied sind ab Startpunkt Schwarzbachwacht vier bis sechs Stunden einzuplanen. Alte Holzziehwege mit leichten Steigungen führen durch urige Fichtenwälder auf den höchsten Punkt der Wanderung, danach geht es abwärts entlang der Ufer des Taubensees zurück zum Start. Auf Schautafeln am Wegesrand findet sich allerlei Wissenswertes über die Bewirtschaftung der Almen und ihre Bedeutung für die Region.

Ein Weihnachtsmärchen: St. Sebastian in Ramsau, ein beliebtes der Motiv der Landschaftsmalerei.

Info: Ramsau liegt 8 km westlich von Berchtesgaden. **Info Ramsau:** Tourist Information, Im Tal 2, 83486 Ramsau, Tel. (086 57) 98 89 20, www.ramsau.de.

Welterbestadt an der Donau

Regensburg

Regensburg, Bayern

Die Welterbestadt Regensburg, ehemalige bayerische Hauptstadt und eine der schönsten mittelalterlichen Städte Deutschlands, ist ebenso wie ein Großteil der östlichen Region Bayerns bis heute ein echter Geheimtipp.

Die Gegend um Regensburg gehörte vor der Wiedervereinigung zum strukturell benachteiligten sogenannten Zonenrandgebiet.

Große Teile der städtischen Architektur stammen aus den glorreichen Zeiten der Stadt, dem 13. bis 16. Jahrhundert, und blieben bis heute unverändert. Kaiser Maximilian sagte 1517, Regensburg übertreffe mit seinen außergewöhnlichen und gewaltigen Gebäuden jede andere deutsche Stadt. Die Touristenbüros übertreiben kaum, wenn sie 1300 Gebäude als historisch interessant einstufen.

Weltkulturerbe der UNESCO: Regensburgs Altstadt.

Regensburg ist bekannt als »Stadt der Kirchen«. Der Dom Sankt Peter wird oft als Deutschlands krönendes Beispiel gotischer Architektur bezeichnet, und ist berühmt für seine Glasfenster aus dem 14. Jahrhundert sowie für seinen international erfolgreichen Knabenchor, die Domspatzen. Wer genau hinschaut, kann hier der Oma des Teufels begegnen: Die beiden im Kircheninneren links und rechts des Haupteingangs in den Stein geschlagenen Fabelwesen, zeigen, so will es der Volksglaube, den Leibhaftigen sowie seine Großmutter in Form eines Drachens mit Kapuze.

Als nördlichster erreichbarer Punkt an der Donau war Regensburg schon im 7. Jahrhundert eine wichtige Stadt. Den schönsten Blick auf die Donau hat man von der Steinernen Brücke, die im 12. Jahrhundert mit insgesamt 16 kunstvollen Bögen erbaut wurde.

In der nahe gelegenen Historischen Wurstküche, dem ältesten Restaurant der Stadt, kann man den Tag bei einer Portion der berühmten Regensburger Grillwürstchen und einem selbst gebrauten Bier ausklingen lassen.

Info: Regensburg liegt 122 km nordöstlich von München, 100 km südöstlich von Nürnberg. **Info Regensburg:** Tourist Information, Altes Rathaus, Rathausplatz 4, 93047 Regensburg, Tel. (09 41) 507 44 10, https://tourismus.regensburg.de. **Info Historische Wurstküche:** Thundorferstr. 3, Regensburg, Tel. (09 41) 46 62 10, www.wurstkuchl.de.

Flussromantik im Raddampfer

Donau-Schiffahrts-Museum Regensburg

Regensburg, Bayern

Vom Einbaum bis zum Motorgüterschiff, vom frühen Mittelalter bis zur Gegenwart: Im einzigen schwimmenden bayerischen Museum wird die Entwicklung der Donauschifffahrt eindrucksvoll dargestellt. Die bunte Vielfalt der verschiedenen Völker am Wasser, die harten gesellschaftlichen Gegensätze und der sich immer wieder anders gebärdende Fluss sind einige der interessantesten Kapitel europäischer Kulturgeschichte.

Vor der mittelalterlichen Silhouette der bayerischen Hafenstadt verdeutlicht das auf zwei Donau-Schleppern untergebrachte Schiffahrts-Museum den Alltag auf der zweitgrößten Wasserstraße Europas. Herzstück der Flotte ist der letzte bayerische Donau-Raddampfer »Ruthof/Érsekcsanád«. An dessen Seite liegt mit der »Freudenau« einer der größten erhaltenen Motorzugschlepper Deutschlands. Wie in alten Zeiten kann man bei Sonderveranstaltungen mit dem 1942 erbauten Schiff, das Kähne mit Kohle und Erz zog, die Donau entlangschippern.

Seit der Eröffnung des Museums im Mai 1983 ist die »Ruthof« auf Erfolgskurs: Etwa 10 000 Besucher steigen jedes Jahr über die steilen Treppen unter Deck. Die Donauwellen, die gegen den 1922 genieteten Schiffsrumpf aus der Regensburger Ruthof-Werft klatschen, bieten eine authentische Begleitmusik zu den präsentierten Alltagsgegenständen und Modellen.

Vergessen ist das idyllische Plätschern, wenn das Schnaufen der uralten Dampfmaschine vom Tonband abgespielt wird. Mitten im Getöse gab der Maschinist über einen Telegrafen und das Sprechrohr Informationen an den Kapitän. Nebenan schaufelten die Heizer Kohle in die Kessel. Die Karriere als Museumsschiff ist das dritte Leben des 70-Tonnen-Dampfers. 1944 lief er auf eine Mine und wurde zwölf Jahre später wieder gehoben. 1979 erwarb der Museumsverein den Schlepper und rettete ihn vor der Verschrottung.

Ausstellungsobjekt des schwimmenden Museums auf der Donau: der Raddampfer »Ruthof« des Donau-Schiffahrts-Museum Regensburg.

Auch das Windenhäuschen neben dem mächtigen südlichen Brückenfuß, der berühmten Steinernen Brücke, kann nach Voranmeldung besichtigt werden. Diese einzigartige Vorrichtung, die bis in die 1960er Jahre hinein mit dem Gleichstrom der örtlichen Straßenbahn betrieben wurde, erleichterte den Schiffen die Bergfahrt durch die Strudel der Brückenpfeiler.

Info: Am Marc-Aurel-Ufer in Regensburg gelegen. **Info Donau-Schiffahrts-Museum Regensburg e.V.:** Thundorfer Straße, 93059 Regensburg, Tel. (09 41) 507 5888, www.donau-schiffahrtsmuseum-regensburg.de, Öffnungszeiten April–Okt. Mi–So 10–17 Uhr, Eintritt € 3, ermäßigt € 2, bis 5 J. frei. **Reisezeit:** April–Okt.

Knabenchor mit Tradition

Regensburger Domspatzen

Regensburg, Bayern

Sie sind UNICEF-Botschafter und tragen den Titel »Kulturelle Botschafter von Europa«, sie geben weltweit Konzerte und blicken auf eine über 1000-jährige Geschichte zurück: Die Regensburger Domspatzen, einer der berühmtesten und ältesten Knabenchöre der Welt. Die im Jahr 975 von Bischof Wolfgang von Regensburg gegründete Domschule hat bis heute Bestand. Besonderer Wert wurde bei der Ausbildung schon damals auf den musischen Bereich gelegt und den Kindern wurde der liturgische Gesang in der Bischofskirche übertragen. Seit dem 13. Jahrhundert ist dies der Regensburger Dom St. Peter, ein Meisterwerk gotischer Architektur.

Der Name Domspatzen wurde erstmals 1910 im Rahmen der ersten Auslandsreise des Chores erwähnt; zuvor wurde lediglich die Bezeichnung Domchor verwendet. Domkapellmeister Joseph Schrems leitete für den Knabenchor bereits Mitte des 19. Jahrhundert eine Blütezeit ein, die unter der Leitung von Dr. Theobald Schrems in den 1930er Jahren dann zur überregionalen Berühmtheit führte. Auch weiterhin übernahmen die jungen Sänger den liturgischen Gesang im Dom, doch gaben sie auch zunehmend zusätzliche und auswärtige Konzerte. Von 1964 bis 1994 übernahm Georg Ratzinger, Bruder des späteren Papstes Benedikt XVI., das Amt des Domkapellmeisters. Er führte eine jährliche Konzertreise durch Deutschland ein und weitete auch die Auftritte im Ausland aus.

Unter dem heutigen Domkapellmeister Roland Büchner traten die Domspatzen 2009 in der Sixtinischen Kapelle des Vatikans auf, in Anwesenheit von Papst Benedikt XVI. und anlässlich des Geburtstags von Georg Ratzinger. Büchner begleitet seine Schützlinge natürlich zu internationalen Tourneen, wie 2014 in die USA.

Während des Schuljahres, wenn die Domspatzen nicht auf Tour sind, singt der Chor jeden Sonntag in der Messe um 10 Uhr im Dom St. Peter.

Info: Stiftung Regensburger Domspatzen, Reichsstr. 22, 93055 Regensburg, Tel. (09 41) 796 20, www.domspatzen.de. Konzert- und Tourneetermine auf der Website.

Die Regensburger Domspatzen im Regensburger Dom St. Peter.

Keine Angst vor dem bösen Wolf!

Rinchnacher Wolfauslassen

Rinchnach, Bayern

Am 10. November, dem Abend vor Martini, ist in Rinchnach mitten im Naturpark Bayerischer Wald an Schlaf nicht zu denken. Das Geläut und Gebimmel Hunderter Kuhglocken hallt durch die Straßen des beschaulichen Orts, der um ein Benediktinerkloster aus dem 11. Jahrhundert entstand. Schuld an dem Höllenlärm ist aber keineswegs das liebe Vieh: Es sind junge Männer, die sich die schweren Glocken um die Schultern und die Hüften gehangen haben. So ziehen sie von Haus zu Haus, wer seine Ruhe haben möchte, muss zahlen. Allerdings läutet meist im Anschluss schon der nächste Trupp und nicht selten liefern sich die Konkurrenten ein ohrenbetäubendes Duell.

Mehrere Tausend Besucher kommen jedes Jahr nach Rinchnach, um das alte Brauchtumsspektakel des Wolfaustreibens mitzuerleben.

Bis in die frühen Morgenstunden wird so ein ganzes Dorf um den Schlaf gebracht. Übel nimmt das hier den Jugendlichen aber niemand, ganz im Gegenteil: Hält doch der Lärm nicht nur die Einwohner wach, sondern auch die Wölfe fern. Die sind zwar heute keine Gefahr mehr für Menschen und Kühe, doch der Brauch des Wolfauslassens kann schließlich auf eine lange Tradition zurückblicken. Im Herbst überließen die Hirten die einsamen Weiden den Wölfen, daher die Bezeichnung »Wolfauslassen«, trieben die Kühe in die Ställe und anschließend ihren Lohn bei den Bauern im Dorf ein. Dabei halfen lautstarke Argumente, vorgetragen mit Glocken und knallenden »Goaßln«, also Peitschen.

Mit der Zeit entwickelte sich der bis heute vielerorts im Bayerischen Wald gepflegte Brauch zu einer Art Sport. In jedem Dorf schließen sich Jugendliche mit ihren Glocken zu einer Gruppe, genannt Wolf, zusammen. Jeder Wolf wird angeführt von einem Hirten, der das rhythmische Läuten mit einer Goaßl dirigiert. Rinchnach ist das Zentrum dieser Tradition, hier liefern sich die umliegenden Dörfer alljährlich einen Wettstreit, der allerdings keinen offiziellen Sieger kennt. Das verhinderte aber nicht ein wahres Wettrüsten der Wölfe: Immer größer und schwerer wurden die Glocken, wuchsen von einst ca. 20 auf 90 Zentimeter an. Bis zu 35 Kilogramm Gewicht schleppen die jungen Männer die ganze Nacht hindurch mit sich herum.

Bei so viel Einsatz ist zwischendurch eine zünftige Brotzeit und eine Maß Bier im örtlichen Wirtshaus geradezu Pflicht. Und so ist das Rinchnacher Wolfauslassen heute nicht zuletzt ein fröhliches Volksfest.

Info: Rinchnach liegt ca. 60 km nördlich von Passau. **Info Rinchnach:** Tourist Information, Gehmannsberger Str. 12, 94269, Rinchnach, Tel. (099 21) 58 78, www.rinchnach.de. **Reisezeit:** Das Rinchnacher Wolfauslassen findet jedes Jahr am 10. November statt.

Mittelalterliche Landschaften, stärkende Weine und ein zauberhaftes Gasthaus

Die Romantische Strasse von Würzburg nach Füssen

Bayern

Die 400 Kilometer lange Romantische Straße führt von Würzburg gen Süden nach Füssen an der österreichischen Grenze. Den Namen verdient sie vor allem aufgrund der vielen mittelalterlichen Städte, Dörfer und Schlösser entlang ihrer Strecke und weniger wegen der landschaftlichen Umgebung. Besucher, die sie in nur einem Tag abfahren, verpassen etwas: Die Städte an dieser Straße muss man in Ruhe genießen.

Das mittelalterliche Rothenburg ob der Tauber ist einer der Punkte entlang der Romantischen Straße.

Den Auftakt sollte ein Besuch der Stadt Würzburg mit ihrer prachtvollen barocken Residenz bilden. Reichtum und Genialität führten zu ihrer Entstehung, als 1720 der Architekt Balthasar Neumann von den mächtigen Fürstbischöfen mit dem Bau beauftragt wurde. Bei Eintritt in die Residenz erinnert ein monumentales Deckengemälde nicht gerade dezent daran, dass man sich in einem der kostspieligsten Bauten Europas befindet. Erholung bietet eine Kostprobe des örtlichen Weißweins in der gemütlichen Weinstube im Keller der Residenz, bevor es nach Rothenburg ob der Tauber weitergeht.

Die besterhaltene mittelalterliche Stadt Europas ist zwar eine Touristenfalle, doch das verwundert nicht – mit schiefen Fachwerkhäusern, Gassen aus Kopfsteinpflaster, einer über eineinhalb Kilometer langen, begehbaren Stadtmauer und einem Rathaus aus dem 13. Jahrhundert. Geschichte und Schönheit der Stadt spiegeln sich im »Hotel Eisenhut« wider. Die Eingangshalle, in der Überreste einer Kapelle aus dem 12. Jahrhundert zu sehen sind, beeindruckt. Das Gasthaus wird vom Urenkel der ursprünglichen Besitzer betrieben, die 1876 erstmals Zimmer vermieteten. Das heutige Hotel besteht aus vier Patrizierhäusern am Marktplatz. Der dreistöckige, mit Galerien versehene Speisesaal ist eine der besten Adressen in der Stadt, zumindest bis es draußen warm wird und alles auf die Hotelterrasse an der Tauber strömt. Dies ist die vorzüglichste Unterkunft an der Romantischen Straße.

Am nächsten Tag lautet das Ziel Dinkelsbühl, eine weniger touristische Variante von Rothenburg. Seien Sie rechtzeitig in Nördlingen, um den Ruf des Türmers vom Kirchturm zu hören, und besuchen Sie Deutschlands schönstes Beispiel der Rokokoarchitektur: die Wieskirche, die allein auf einer Bergwiese steht. Krönender Abschluss ist der Besuch der beiden Schlösser des »Märchenkönigs« Ludwig II. – Hohenschwangau und Neuschwanstein – am südlichen Ende der Romantischen Straße.

Info: Start in Würzburg, 116 km südöstlich von Frankfurt/Main. **Info Romantische Strasse:** www.romantischestrasse.de. **Info Hotel Eisenhut:** Herrngasse 3–5, 91541 Rothenburg ob der Tauber, Tel. (098 61) 70 50, www.eisenhut.com. Preise auf Anfrage.

Christkind, ganzjährig

KÄTHE WOHLFAHRT WEIHNACHTSDORF

Rothenburg ob der Tauber, Bayern

Ob Frühling, Sommer, Herbst oder Winter, im mittelalterlichen Zentrum der fränkischen Stadt herrscht das ganze Jahr über Weihnachten: im Weihnachtsdorf von Käthe Wohlfahrt, der Pilgerstätte für alle, die von Christbaumromantik nicht genug bekommen können. Wo würden die – von manchen als kitschig bezeichneten – Weihnachtsartikel von Käthe Wohlfahrt auch besser hinpassen als in die romantische Altstadt von Rothenburg ob der Tauber? Hier hat das 1964 gegründete Traditionsunternehmen seinen Hauptsitz. Auf mehreren Tausend Quadratmetern leuchtet unter unzähligen Christbaumlämpchen ein Supermarkt für traditionelle deutsche Weihnachtsartikel in allen Formen und Farben aus Glas, Holz, Zinn und Stroh. Kugeln, Sterne, Engel, Krippen, Weihnachtspyramiden, Räuchermännchen, Kerzenhalter und Nussknacker: So weit das Auge reicht, bietet sich ein faszinierendes Kaleidoskop deutscher Weihnachtsgemütlichkeit.

In den Räumen des Weihnachtsdorfs befindet sich auch das Deutsche Weihnachtsmuseum. Hier wird die Geschichte des Baumschmucks von den bescheidenen, eher spärlichen Anfängen bis in die Gegenwart mit ihren glitzernden und reich geschmückten Weihnachtsbäumen präsentiert. Allein die Sonderausstellung historischer Nussknacker umfasst mehr als 400 Exponate. Auch wenn draußen T-Shirt-Wetter herrscht, weckt das Weihnachtsdorf winterliche Stimmung und die Vorfreude auf das schönste Fest des Jahres mit allem, was dazugehört.

INFO: Rothenburg liegt ca. 60 km westlich von Nürnberg. **INFO KÄTHE WOHLFAHRT WEIHNACHTSDORF:** Herrngasse 1, 91541 Rothenburg ob der Tauber, Tel. (098 61) 40 90, www.wohlfahrt.com, Öffnungszeiten Mo–Sa 9–19, So/Fei 10–18 Uhr. **INFO DEUTSCHES WEIHNACHTSMUSEUM:** Tel. (098 61) 40 93 65, www.weihnachtsmuseum.de, Öffnungszeiten April–23. Dez. tägl. 10–17 Uhr, sonst kürzer, Eintritt € 4, ermäßigt € 2,50.

Weihnachtsstimmung ganzjährig: Das Deutsche Weihnachtsmuseum in Rothenburg ob der Tauber.

Wie gemalt

Mittelalterliche Altstadt und Stadtmauer

Rothenburg ob der Tauber, Bayern

Die kleine Webcam ist an einem der Giebelfenster der Ratstrinkstube angebracht und offenbart ein fast surreal malerisches Bild des Marktplatzes mit seinen imposanten Patrizierhäusern. Mittelalterliches Flair mit hübschen Fachwerk- und reich verzierten Renaissancefassaden, Kirchen, kleinen Plätzen und schmalen Gassen aus Kopfsteinpflaster erwartet den Besucher in der Altstadt Rothenburgs ob der Tauber. Romantik strahlt aus allen Ecken und Winkeln und entführt in eine andere Zeit. Die mittelfränkische Kleinstadt mutet beinahe wie ein Freiluftmuseum an.

Blick auf die historische Altstadt von Rothenburg ob der Tauber.

Eine der berühmtesten Sehenswürdigkeiten der Altstadt ist die St.-Jakobs-Kirche aus dem 14. Jahrhundert. Besonders der Heilig-Blut-Altar von Tilman Riemenschneider ist ein absoluter Höhepunkt der Schnitzkunst um 1500. Die Straßengabelung Plönlein ist nicht nur das Wahrzeichen Rothenburgs, sondern mit ihrem pittoresken Ensemble aus Türmen, Toren und alten Gemäuern die meist fotografierte Kulisse des Städtchens. Am nahe gelegenen Marktplatz mit dem historischen Rathaus lohnt es sich, die rund 200 Stufen des Glockenturms zu erklimmen, denn von hier oben bietet sich ein herrlicher Blick über die Altstadt. Unterhalb des Platzes befindet sich das Baumeisterhaus; seine Renaissancefassade und der Innenhof machen es zu einem der schönsten Patrizierhäuser Rothenburgs. Die gesamte Altstadt wird von der vollständig erhaltenen Stadtmauer mit ihren zahlreichen Türmen und Toren umgeben. Ein Rundgang über den mehr als zwei Kilometer langen Wehrgang, der die vielen mächtigen Wehrtürme und Basteien miteinander verbindet, bietet eine hervorragende Aussicht auf die Altstadt. Im Jahre 1172 begann der Bau der ersten Stadtmauer. Aus dieser Zeit stammen der Röderbogen, der Weiße Turm und der Markusturm. Im 14. Jahrhundert wurde der zweite Mauerring errichtet. Der imposante Röderturm ist bis heute ein beeindruckendes Wahrzeichen der damaligen Baukunst. In seinem Inneren ist eine Ausstellung mit Bildern und Dokumenten zur Zerstörung von vierzig Prozent des historischen Stadtkerns im Zweiten Weltkrieg untergebracht.

Einen Blick sollte man auch auf das Gebäude der Ratstrinkstube aus dem Jahr 1446 werfen, in dem sich die Tourist Information befindet. An der markanten Giebelfassade lassen sich gleich drei Uhren bestaunen: die große Stadtuhr von 1683, die Sonnenuhr von 1768 und die Kunstuhr von 1910.

Info: Rothenburg liegt ca. 70 km westlich von Nürnberg. **Info Rothenburg:** Tourismus Service, Marktplatz 2, 91541 Rothenburg ob der Tauber, Tel. (098 61) 40 48 00, www.rothenburg-tourismus.de.

Röderbogen und Markusturm in Rothenburg.

Idyllisch am Schliersee in den bayerischen Alpen.

Barockjuwel

Ehemalige Augustinerchorherrenkirche Rottenbuch

Rottenbuch, Bayern

Die dreischiffige, kreuzförmige Stiftskirche ist mit 72 Metern Länge einer der großen Sakralbauten des oberbayerischen Pfaffenwinkels und wird auch das »Barockjuwel Rottenbuch« genannt. Die aus dem 11. Jahrhundert stammende ehemals romanische Basilika wurde in der Gotik erweitert und in der Mitte des 18. Jahrhunderts im Rokokostil prächtig ausgeschmückt. Die Klosteranlage liegt am Steilufer der Ammer hoch über dem romantischen Flusstal.

Das ehemalige Stift der Augustinerchorherren wurde vermutlich bereits im frühen 10. Jahrhundert gegründet. Zu dieser Zeit soll Eticho, ein Angehöriger der mächtigen Welfenfamilie, ein Kloster im Ammertal errichtet haben, möglicherweise in Oberammergau, wo die erste Pfarrkirche der Region nachgewiesen wurde. Auf Grund der günstigeren Lage und des angenehmeren Klimas verlegte Etichos Sohn Heinrich das Mönchskloster schon wenig später nach Rottenbuch, einer mit Rotbuchen bewachsenen Anhöhe über der Ammer.

Herzog Welf I. von Bayern stattete die kleine Einsiedelei im 11. Jahrhundert mit Gütern aus. Das Kloster gewann rasch an Bedeutung. Von der bald nach der Gründung errichteten Kirche hat sich das basilikale Schema erhalten. Ungewöhnlich für den bayerischen Raum sind die Anlage eines kreuzenden Querhauses und die Freistellung des Turms. Die Fresken im Inneren gehören zu den besten Arbeiten Matthäus Günthers. Im linken Seitenaltar befindet sich die anmutige Madonna von Erasmus Grasser von 1483. Sie ist das Einzige, was vom spätgotischen Hochaltar erhalten ist.

Seit 1963 wirkt in einem Teil des ehemaligen Chorherrenstifts eine Gemeinschaft der Don-Bosco-Schwestern. Sie betreiben in Rottenbuch eine Fachakademie für Sozialpädagogik, eine Berufsfachschule für Kinderpflege, eine Schule für geistig behinderte Kinder mit heilpädagogischer Tagesstätte und Internat sowie einen Kindergarten, ein Bildungshaus und ein Altenheim für Angehörige ihrer Gemeinschaft.

Ein Barockjuwel im Pfaffenwinkel: die ehemalige Augustinerchorherrenkirche Rottenbuch.

Info: Rottenbuch liegt ca. 75 km südwestlich von München. **Info Augustinerchorherrenkirche Rottenbuch:** Klosterhof 40, 82401 Rottenbuch, Pfarramt Tel. (088 67) 10 08, Öffnungszeiten tägl. Mai–Okt. 8–19, Nov.–April 8–18 Uhr. Führungen nach Anmeldung beim Pfarramt. **Info Rottenbuch:** Tourist Information, Klosterhof 42, Rottenbuch, Tel. (088 67) 91 10 18, www.rottenbuch.de, Öffnungszeiten Mo und Do 13–16.30, Di/Mi und Fr 9–12.30 Uhr.

Sehenswertes im Voralpenland

Landschaft und Freizeit im Rupertiwinkel

Rupertiwinkel, Bayern

Ein sanft gewelltes Hügelland vor der Kulisse der mächtigen Berchtesgadener und Salzburger Berge, abgeschiedene kleine Dörfer, Moorwiesen, kristallklare Badeseen und behäbige Landstädtchen machen den Rupertiwinkel zu einer der schönsten Regionen Oberbayerns. Das Gebiet hat seinen Namen vom heiligen Rupertus, der um 700 nach Christi in diesem Gebiet als Missionar tätig war. Der Rupertiwinkel ist der Teil des ehemaligen Fürstbistums Salzburg, der 1816 zu Bayern kam. Die Landschaft ist geprägt von bäuerlicher Struktur und noch weitgehend unversehrt geblieben. Viele Rad- und Wanderwege laden ein, hier Urlaub zu machen. Auch zahlreiche Bauernhöfe bieten Unterkünfte an. Wer Lust hat, kann dort selbst die Heugabel schwingen.

Im Berchtesgadener Voralpenland gibt es viel zu entdecken: die wildromantische Weißbachschlucht, bekannt als die »erste Pipeline der Welt« in Weißbach an der Alpenstraße, das Schloss Staufeneck in Piding, das Kloster Höglwörth, der Dorfplatz in Anger mit seiner reizvollen Mariensäule und die gotische Hallenkirche mit ihrem sehenswerten Kreuzgang in Laufen. Außerdem ist das Schönramer Filz, die Heidelandschaft zwischen Schönram und Leobendorf, ebenso sehenswert wie der Lokschuppen in Freilassing und das Bergbaumuseum in Teisendorf/Achthal.

Almsommer im Rupertiwinkel.

All das ist nur ein kleiner Teil der heimischen Sehenswürdigkeiten, die schon für sich allein einen Besuch wert sind. Doch der Rupertiwinkel eignet sich auch optimal als Ausgangspunkt für viele beliebte umliegende Ausflugsziele. Ganz gleich, ob man die Metropole München oder die Residenzstadt Salzburg, den Chiemsee oder doch lieber den Königssee besuchen möchte. Durch die zentrale Lage sind zahlreiche Touren schnell und ohne großen Aufwand durchführbar.

Info Rupertiwinkel: Petersplatz 2, 83451 Piding, Tel. (086 51) 38 60, www.berchtesgaden.de/rupertiwinkel. **Info Anger:** Dorfplatz 4, 83454 Anger, Tel. (086 56) 98 89 22, www.anger.de. **Info Freilassing:** Hauptstr. 45, 83395 Freilassing, Tel. (086 54) 778 84 14, www.berchtesgaden.de/freilassing. **Info Stadt Laufen/Abtsdorfer See:** Rathausplatz 1, 83410 Laufen, Tel. (086 82) 89 87 49, https://stadtlaufen.de. **Info Saaldorf-Surheim:** Moosweg 2, 83416 Saaldorf-Surheim, Tel. (086 54) 63 07 22, www.saaldorf-surheim.de. **Info Schneizlreuth:** Berchtesgadener Str. 12, 83458 Schneizlreuth, Tel. (086 65) 74 89, www.schneizlreuth.de. **Info Teisendorf:** Poststr. 14, 83317 Teisendorf, Tel. (086 66) 295, www.teisendorf.de.

Urlaub in der »Seele Bayerns«

Schliersee und Wendelsteinbahn

Schliersee, Bayern

Abschalten oder Aktivurlaub, im glasklaren Wasser schwimmen oder steile Berge hochklettern, das atemberaubende Panorama beim Spaziergang genießen oder Power auf den Pisten: Schliersee ist ein international bekanntes Urlaubs- und Wintersportgebiet in den Bayerischen Alpen. Der Luftkurort hat etwa 6500 Einwohner und liegt auf knapp 800 Metern Höhe im Miesbacher Oberland, der »Seele Bayerns«.

Die Metropole München ist gerade einmal 50 Kilometer entfernt, weshalb sich der Schliersee schon früh als beliebtes Naherholungsgebiet profiliert hat. Fernab der Großstadt bieten sich hier sommers wie winters beste Möglichkeiten, um vom Alltag abzuschalten und die reizvolle Natur zu genießen.

Seit 1912 fährt die älteste Zahnradbahn der deutschen Alpen in 30 Minuten hinauf zum Wendelstein.

Der Natursee Spitzingsee und der gleichnamige Ort liegen in den Bergen über dem Schliersee. Durch ihre Abgeschiedenheit ist die Region (in 1100–1700 Metern Höhe) besonders bei Wanderern und Ausflüglern beliebt, die ein stilles Fleckchen Natur suchen. Das Dorf mit knapp 200 Einwohnern schmiegt sich an das Ostufer des Bergsees. Das restliche Ufer fällt in das Naturschutzgebiet und ist daher unbebaut. Die umliegenden Berge beeindrucken mit Ausblicken bis zur Zugspitze, dichtem Wald und bunten Almwiesen, auf denen nicht nur Kühe und Ziegen grasen, sondern auch schon mal ein Esel oder ein Lama zu sehen ist. Steinadler ziehen majestätisch ihre Kreise über der Landschaft. Urige, größtenteils bewirtschaftete Hütten ergänzen die traditionelle Atmosphäre.

Für Besucher werden etliche Möglichkeiten geboten, die Berggipfel in der Gegend zu erobern, sei es durch eine Fahrt mit einer der drei Bergbahnen oder über anspruchsvolle Wanderrouten. Seit der Eröffnung der Suttenbahn im Dezember 2005 dienen die Bergbahnen auch als Verbindung zwischen den beiden großen Urlaubsregionen Tegernseer Tal und der Gemeinde Schliersee, zu der der Ort Spitzingsee gehört.

Einen traumhaften Blick auf die oberbayerischen Kalkalpen bietet die etwa 50 Kilometer entfernte Wendelsteinbahn. Eingebettet zwischen Inn- und Leitzachtal prägt der 1838 Meter hohe Wendelstein die gesamte Umgebung. Auf Wintersportler warten anspruchsvolle Abfahrten. Erobert werden kann der Gipfel mit zwei Bergbahnen: der ursprünglichen Wendelsteinbahn in Brannenburg, einer elektrisch betriebenen, meterspurigen Zahnradbahn, sowie mit der Wendelstein-Seilbahn in Bayrischzell. Die Bahn überwindet einen Höhenunterschied von 1217,27 Metern.

Info: Schliersee liegt ca. 50 km südöstlich von München. **Info Wendelsteinbahn:** Sudelfeldstr. 106, 83098 Brannenburg, Tel. (080 34) 30 80, www.wendelsteinbahn.de. **Info Schliersee:** Gäste-Info, Perfallstr. 4, 83727 Schliersee, Tel. (080 26) 606 50, www.schliersee.de.

Die Kinderstube Ludwigs II.

Schloss Hohenschwangau

Schwangau, Bayern

Irgendwann im Jahr 1832 brach der 21-jährige Kronprinz Maximilian von Bayern zu einer Wanderung durch das Allgäu auf. Ein Ausflug, der Geschichte schreiben sollte. Denn vier Kilometer von Füssen entfernt, in der Gemeinde Schwangau, erblickte der junge Prinz eine alte Burgruine – landschaftlich reizvoll gelegen, aber vollkommen verwahrlost. Es war die 600 Jahre alte Burg Schwanstein, ehemals Sitz der Ritter von Schwangau.

Maximilian kaufte die Überreste und ließ die Festung im englischen Tudorstil bis 1837 neu aufbauen. Der königlichen Familie diente das Anwesen als Sommerresidenz. Es war zugleich die Kinderstube Ludwigs II. Seine Mutter Marie von Bayern lebte nach dem Tod ihres Sohnes noch fast drei Jahre im Schloss und verstarb dort 1889. Heutiger Eigentümer ist der Wittelsbacher Ausgleichsfonds.

Blick von Schloss Neuschwanstein auf die Lechtaler Alpen, rechts Schloss Hohenschwangau, die Sommerresidenz Maximilians II.

In unmittelbarer Nachbarschaft zu Schloss Neuschwanstein gelegen ist Hohenschwangau inzwischen zum Anziehungspunkt für Wanderer sowie kunstgeschichtlich interessierte Besucher aus aller Welt geworden. Mit der Bauleitung hatte Maximilian seinen Kunstlehrer, den Architektur- und Theatermaler Domenico Quaglio (1787–1837), betraut, der kurz vor der Vollendung starb. Die Gestaltung der Räume erfolgte nach Entwürfen von Moritz von Schwind.

In diesem Zustand hat sich das romantische Schloss bis heute erhalten. Die Inneneinrichtung aus der Biedermeierzeit ist noch unverändert, 90 Wandgemälde zieren die Zimmer.

Besonders eindrucksvoll wirkt das ehemalige Schlafzimmer von Königin Marie. Der Raum wurde ganz in orientalischer Tradition eingerichtet – in Erinnerung an eine Reise Maximilians, die ihn 1832 nach Griechenland und in die Türkei geführt hatte. Vom Schloss fällt der Blick auf die bewaldeten Allgäuer Bergzüge des Schwarzenbergs und des Kienbergs.

Info: Schwangau liegt im Allgäu, ca. 4 km von Füssen entfernt. **Info Schloss Hohenschwangau:** Hohenschwangau, 87645 Schwangau, Tel. (083 62) 93 08 30, www.hohenschwangau.de und www.schwangau.de, Öffnungszeiten tägl. April–Mitte Okt. 9–17, Mitte Okt.–März 10–16 Uhr. Eine Besichtigung der Anlage ist nur im Rahmen einer Führung möglich. Eintritt € 13, ermäßigt € 12 unter 18 J. in Begleitung frei.

Die letzte Fantasie des »Märchenkönigs«

Schloss Neuschwanstein und eine Kutschfahrt in Bayern

Schwangau, Bayern

Drehen Sie die Zeit zurück und begeben Sie sich in einer Pferdekutsche auf die Spuren des exzentrischen Königs Ludwig II. entlang der Königsstraße: Originalgetreue Kutschen aus dem 19. Jahrhundert bieten Platz für bis zu neun Passagiere, die am liebsten auf den lederbezogenen Sitzen hinter dem uniformierten Kutscher Platz nehmen. Die atemberaubende Schönheit der bayerischen Wiesen und Wälder, von Bergen und kristallklaren Seen wird durch den Klang der Kuhglocken und das Klappern der Pferdehufe untermalt. Die nahezu verkehrsfreien alten Kutschwege führen Sie in gemütlichem Tempo entlang vereinzelter Dörfer, historischer Gasthöfe und Dorfkirchen mit Zwiebeltürmen zu König Ludwigs extravagantem Schloss Neuschwanstein vor einer märchenhaften Bergkulisse.

Von den drei Schlössern, die König Ludwig bauen ließ, ist Neuschwanstein bei Weitem sein theatralischstes Werk. Dieser Türmchenbau war die Inspiration für Disneys Dornröschenschloss. Für den Entwurf beauftragte Ludwig anstelle eines Architekten den höfischen Bühnenbildner, einen Experten im Realisieren der königlichen Wünsche und Launen. Vom nahe gelegenen Schloss Hohenschwangau aus überblickte der König die Arbeit an Neuschwanstein.

Es sollte 17 Jahre dauern und horrende Kosten verschlingen, bis das Schloss fertiggestellt war. Nur 170 Tage lebte Ludwig in seinem Traumschloss, bevor er auf mysteriöse Weise starb, nachdem man ihn gezwungen hatte, aufgrund seiner geistigen Verwirrung abzudanken. Mehr zur Geschichte der Wittelsbacher erfährt der Besucher im Museum der Bayerischen Könige, das in einem ehemaligen Grandhotel in Hohenschwangau untergebracht ist.

Schloss Neuschwanstein thront in einzigartiger Lage auf einem Felsen über der Pöllatschlucht.

INFO: Schloss Neuschwanstein liegt in der Nähe des Forggensees im Allgäu und des Orts Schwangau. **INFO SCHLOSS NEUSCHWANSTEIN:** Ticketcenter Neuschwanstein-Hohenschwangau, Alpseestr. 12, 87645 Hohenschwangau, Tel. (083 62) 93 08 30, www.neuschwanstein.de, Öffnungszeiten tägl. April–Mitte Okt. 9–18, Kassenöffnung 7.30–17, Mitte Okt.–März 10–16, Kassenöffnung 8.30–15 Uhr, Besichtigung nur mit Führung, Reservierung empfohlen, Eintritt € 13, ermäßigt € 12, unter 18 J. in Begleitung frei. **INFO MUSEUM DER BAYERISCHEN KÖNIGE:** Alpseestr. 27, Hohenschwangau, Tel. (083 62) 88 72 50, Öffnungszeiten tägl. 9–17 Uhr, Eintritt € 11, ermäßigt € 10, bis 18 J. frei. **REISEZEIT:** Mai–Okt.

Barockes Kleinod

Wallfahrtskirche St. Coloman und der Colomansritt

Schwangau, Bayern

Im Hintergrund erheben sich die majestätischen Gipfel der Alpen, in unmittelbarer Nähe befinden sich die Schlösser Neuschwanstein und Hohenschwangau mit ihrer verschwenderischen Pracht. Und mittendrin, von alten Baumwipfeln umgeben, ragt der Zwiebelturm der Wallfahrtskirche St. Coloman aus den Weiten der Felder heraus. Der Legende nach machte der irische Pilger Coloman auf seiner Reise nach Jerusalem an dieser Stelle Rast. Bis ins Heilige Land kam er nicht, denn er wurde vor Wien als vermeintlicher Spion festgenommen, gefoltert und erhängt. Seine Unschuld war schnell erwiesen, weil sich an seinem Grab verschiedene Wunder ereigneten. So verfügte Markgraf Heinrich I. schon zwei Jahre später die Überführung der Gebeine ins österreichische Melk an der Donau, wo sie am 13. Oktober 1014 beigesetzt wurden.

Die Barockkirche St. Coloman bei Schwangau.

In der Folgezeit wurde der heilige Coloman als Schutzpatron bei Krankheiten von Mensch und Vieh verehrt. In seinem Gedenken wurde in Schwangau ein kleines Barockkirchlein errichtet. Wann genau die Verehrung begann, ist nicht bekannt; das erste Zeugnis dafür ist ein Ablassbrief von 1429. Nach dem Dreißigjährigen Krieg nahm die Zahl der Pilger derart zu, dass die Kirchenräume nicht mehr ausreichten – ein Neubau musste her. 1682 wurde der Kirchturm mit der charakteristischen Zwiebelhaube erbaut, drei Jahre später wurde die neue Kirche geweiht.

St. Coloman ist ein Musterbeispiel für bayerische frühbarocke Kirchenarchitektur. Johann Schmuzer, der Baumeister der Kirche, war auch für die Stuckornamente verantwortlich. Darüber hinaus errichtete er drei Stuckaltäre, die mit ihren filigranen Kunstarbeiten besonders sehenswert sind. Auch der heilige Coloman ist wieder an den Ort seiner Rast zurückgekehrt: In der Monstranz auf dem rechten Seitenaltar befindet sich eine Reliquie Colomans, die von der Abtei in Melk gestiftet wurde.

Der Colomansritt zu Ehren des Heiligen im Oktober ist bis heute ein wichtiges Ereignis geblieben; die ersten Umzüge fanden schon im 15. oder 16. Jahrhundert statt. An diesem Tag werden Versprechen eingelöst oder Schulden bezahlt. Mehr als 200 geschmückte Pferde und Reiter in Trachten ziehen morgens zur Wallfahrtskirche, angeführt von heimischen Musikkapellen. Der Pfarrer hält die Messe im Freien, bevor er selbst hoch zu Ross die Pferde segnet. Die Bitte um Gesundheit von Natur, Mensch und Tier steht im Vordergrund und bildet eine symbolisch-lebendige Verbindung zur Colomanskirche.

Info: Schwangau liegt im Allgäu, ca. 4 km von Füssen entfernt. **Info Schwangau:** Tourist Information, Münchener Str. 2, 87645 Schwangau, Tel. (083 62) 819 80, www.schwangau.de. **Info Wallfahrtskirche St. Coloman:** Öffnungszeiten Ende Mai–Mitte Okt. tägl. ca. 14.30–16.30 Uhr, Kirchenführungen jeweils Do 15 Uhr. Sonderführungen nach Vereinbarung mit dem Pfarramt Waltenhofen, Tel. (083 62) 82 07. **Reisezeit:** Zum Colomansritt am 2. So im Okt.

Versteinerte Flugsaurier

Solnhofener Plattenkalk

Solnhofen, Bayern

Ausgestorbene Urviecher, exotische Pflanzen, gut erhaltene Kleintiere wie Libellen, Krebse, Wespen, Seesterne, Würmer, Schnecken, Tintenfische, Muscheln, Fische oder Heuschrecken: Weltweit wird es wohl kaum eine Fossiliensammlung oder ein paläontologisches Museum ohne Fundstücke aus dem Solnhofener Plattenkalk geben.

Die kleine Ortschaft Solnhofen, mitten im Naturpark Altmühltal gelegen, ist Herkunftsort zahlreicher Fossilien aus der Jurazeit. Das 150 000 Jahre alte Plattenkalkvorkommen verteilt sich in der Region bis hin zu Städten wie Eichstätt, Zandt und Nusplingen.

Der berühmteste Fund ist der Urvogel Archaeopteryx. Als das Urvieh von Forschern im Jahr 1861 entdeckt wurde, stand fest, dass Vögel und Saurier eng verwandt sind. Eine weitere weltberühmte Entdeckung ist der Pfeilschwanzkrebs, auch Mesolimulus genannt. Er ist ein sogenanntes lebendes Fossil, das noch heute die Meere bevölkert. Für Schlagzeilen sorgten Anfang des 21. Jahrhunderts auch Funde der Kurzschwanzflugsaurier (Pterodactylus), die bewiesen, dass Flugsaurier sich auf vier Füßen vorwärts bewegten – sehr zur Verblüffung der Wissenschaft, die bis dato davon ausgegangen war, dass sich die ausgestorbenen Tiere beim Vorwärtstapsen wie Vögel auf dem Boden bewegt haben.

Mittlerweile sind mehr als 700 Tier- und Pflanzenarten des Plattenkalks wissenschaftlich erfasst worden. Zahlreiche weitere werden wohl folgen. Einen Besuch wert sind die verschiedenen Museen rund um Solnhofen. Im Jura Museum Eichstätt sowie im Rathaus von Solnhofen sind die berühmten Urvögel im Original ausgestellt. Natürlich lohnt sich auch ein Ausflug in die Sammlersteinbrüche der Gemeinden Solnhofen, Eichstätt und Mörnsheim. Gegen eine kleine Gebühr kann man dort selbst nach Fossilien graben und darf sie auch behalten. Wer Glück hat, kann durchaus kleinere Exponate wie eine freischwimmende Seelilie, einen Krebs oder einen Knochenfisch finden.

Info: Solnhofen liegt im Naturpark Altmühltal zwischen Ingolstadt und Nürnberg. **Info Jura-Museum Eichstätt:** Willibaldsburg, Burgstr. 19, 85072 Eichstätt, Tel. (084 21) 60 29 80, www.jura-museum.de, wird nach Trägerwechsel restauriert. **Info Bürgermeister-Müller-Museum:** Bahnhofstr. 8, 91807 Solnhofen, Tel. (091 45) 83 20 30, www.museum-solnhofen.de, Öffnungszeiten April–Okt. tägl. 9–17, Nov.–März So 13–16 Uhr oder nach Vereinbarung. **Info Museum Bergér:** Harthof 1, 85072 Eichstätt, Tel. (084 21) 90 55 90, www.museum-berger.de, Öffnungszeiten Mitte April–Juni und Sept. Mo–Fr 13.30–17, Sa/So 10–17, Juli/Aug. tägl. 10–17 Uhr oder nach Vereinbarung, Eintritt € 3, ermäßigt € 1. **Info Fossilien- und Steindruck-Museum:** Sonnenstr. 4, 91710 Gunzenhausen, Tel. (098 31) 88 26 55, www.fossilien-und-steindruck-museum.de, Öffnungszeiten von Gründonnerstag bis einschließlich 1. Advent tägl. 10–12 und 14–17 Uhr, Eintritt € 3,50, ermäßigt € 2.

Ammonit aus den Hobbysteinbrüchen Solnhofen/Eichstätt.

Tränen im Kleinod barocker Baukunst

Wieskirche

Steingaden, Bayern

Als sich Mönche, Nonnen und Pfaffen in diesem Herzstück Bayerns niederließen, wussten sie schon, wo die schönsten Plätze sind. In der Landschaft zwischen den Flüssen Lech, Ammer und Loisach, dem südlichen Ammersee und dem Südende des Starnberger Sees bis zu den Ammergauer Bergen liegen Kirchen und Klöster so eng beieinander wie sonst nirgendwo im Lande. Dies erklärt den Namen »Pfaffenwinkel«.

Bekannt geworden ist die Gegend denn auch durch die zahlreichen sakralen Sehenswürdigkeiten. Die berühmteste ist die Wallfahrtskirche »Zum gegeißelten Heiland auf der Wies«, die 1984 in die Liste der UNESCO-Welterbestätten aufgenommen wurde.

Wer zum ersten Mal zur Wies kommt, wird sich womöglich wundern, warum ausgerechnet in dieser einsamen Gegend ein so prächtiges Gotteshaus mitten auf der Wiese errichtet wurde. Natürlich fängt auch hier – wie bei fast allen Wallfahrtskirchen – die Geschichte mit einem angeblichen Wunder an. Eine Anfang des 18. Jahrhunderts für das Kloster Steingaden

UNESCO-Weltkulturerbe: die Wieskirche im Pfaffenwinkel.

geschaffene Statue des »gegeißelten Heilands« schien den Patres erschreckend realistisch geraten zu sein und nicht für die Karfreitagsprozession geeignet. Irgendwie landete die anrührende Figur bei den Wieshofbauern, die sie innig verehrten. Beim Abendgebet am 14. Juni 1738 sollen aus den Augen des Heilands Tränen geflossen sein. Die Nachricht verbreitete sich in Windeseile und die Wallfahrer strömten in Scharen zur kleinen Kapelle auf der Wiese, die noch heute am Parkplatz steht.

Da entschied sich der Abt des Klosters Steingaden zu einem prächtigen Neubau: Die Wies entstand. 1749 konnte die Figur feierlich in den fertiggestellten Chorraum übertragen werden; 1754 wurde die Wieskirche eingeweiht.

Dem genialen Barockbaumeister Dominikus Zimmermann war zusammen mit seinem Bruder, dem Maler Johann Baptist, ein unvergleichliches Meisterwerk gelungen, das häufig auch als »schönstes Rokokojuwel« oder »Kleinod barocker Baukunst« bezeichnet wird. Deckenfresko, Orgel und Altar fügen sich harmonisch in den Innenraum ein. Baumeister Zimmermann konnte sich von seiner Kirche gar nicht trennen: Er baute sich in Sichtweite ein Haus und lebte darin bis zu seinem Tod.

Info: Die Wieskirche liegt zwischen Steingaden und Bad Bayersoien, 100 km südwestlich von München. **Info Wieskirche:** Pfarramt Wieskirche, Wies 12, 86989 Steingaden, Tel. (088 62) 93 29 30, www.wieskirche.de. Die Kirche kann tägl. im Sommer 8–20 und im Winter 8–17 Uhr besichtigt werden. Führungen nach telefonischer Anmeldung.

Geschnitzte Meisterwerke

Auf den Spuren von Tilman Riemenschneider

Taubertal, Bayern

Beim letzten Mahl mit seinen Jüngern nimmt Jesus ein Stück Brot und sagt: »Wem ich den Bissen gebe, der wird mich verraten.« Die Jünger erstarren vor Schreck. Sie fragen: »Bin ich's?« In der Mitte steht der Verräter Judas mit dem Beutel Geld in der linken Hand. Ihm reicht Jesus das Brot. Judas verdeckt Johannes, der im Hintergrund auf dem Schoß Jesu ruht.

Tilman Riemenschneiders »Letztes Abendmahl« des Heilig-Blut-Altars (1501–02) in der St.-Jakobs-Kirche in Rothenburg ob der Tauber.

Tilman Riemenschneider (1460–1531), weltbekannter Bildschnitzer der deutschen Spätgotik, verwendete weiches Lindenholz für diese Szene. Der Heilig-Blut-Altar in der St.-Jakobs-Kirche von Rothenburg ob der Tauber gehört zu den berühmtesten Werken des Würzburger Bildhauers. Der Sage nach enthält er eine Reliquie erster Güte: einen Tropfen des Blutes Christi, was die Kirche zum Wallfahrtsort machte.

Die Figuren, die Riemenschneider vor 500 Jahren schnitzte, ziehen auch heute noch die Betrachter in ihren Bann. Seine Skulpturen weisen eine unverwechselbare handwerkliche Meisterschaft auf. Ihre Wirkung beruht vor allem auf der stark verinnerlichten Mimik und Gestik. Im Gegensatz zu seinen Zeitgenossen verzichtete der Meister darauf, seine Werke zu bemalen.

Mit seiner gut gehenden Werkstatt, in der bis zu 18 Gesellen arbeiteten, belieferte Riemenschneider das fränkische Gebiet mit einer Vielzahl von Figuren und Altären. Zu seinen Glanztaten zählen Adam und Eva am Portal der Würzburger Marienkapelle, das Grabmal für Kaiser Heinrich II. und seine Gemahlin Kunigunde im Bamberger Dom sowie die Altäre in Münnerstadt und Rothenburg. In einer kleinen ehemaligen Wallfahrtskapelle im Herrgottstal bei Creglingen steht ein typisches Beispiel für die Genialität des Schnitzkünstlers. Im über neun Meter hohen Altaraufsatz stellt Riemenschneider die Himmelfahrt Mariens dar, die von Engeln in den Himmel getragen wird, während die zwölf Apostel auf der Erde zurückbleiben.

Die Werke Riemenschneiders sind in Museen auf der ganzen Welt zu sehen. Auch das Mainfränkische Museum Würzburg zeigt einige Figuren. Zahlreiche seiner Altäre jedoch sind heute noch im oberen Taubertal zu bestaunen. Wer möchte, kann bei geführten Touren auf den Spuren des Meisters wandeln. Auskunft erteilt die Touristikgemeinschaft »Liebliches Taubertal«.

Info: Das Taubertal liegt 100 km südlich von Frankfurt am Main und 160 km westlich von Nürnberg. **Info Taubertal:** Touristikgemeinschaft »Liebliches Taubertal« e. V., Gartenstr. 1, 97941 Tauberbischofsheim, Tel. (093 41) 82 58 06, www.liebliches-taubertal.de. **Info Mainfränkisches Museum:** Festung Marienberg, 97082 Würzburg, Tel. (09 31) 20 59 40, www.mainfraenkisches-museum.de, Öffnungszeiten Di–So April–Okt. 10–17, Nov.–März 10–16 Uhr, Eintritt € 5, ermäßigt € 4. **Reisezeit:** April–Okt.

Sonnenreich und malerisch

TEGERNSEE

Tegernsee, Bayern

Nackt und im Freien – so malte Olaf Gulbransson am liebsten. Der norwegische Künstler (1873–1958) irritierte damit die Einwohner und Touristen rund um den Tegernsee. Trotz oder vielleicht gerade wegen seines skurrilen Gebarens und seiner scharfsichtigen Karikaturen liebte ihn die einheimische Bevölkerung und widmete ihm in der Stadt Tegernsee ein eigenes Museum.

Unzählige Künstler hat die sonnenreiche und malerische Landschaft der Tegernsee-Region inspiriert, auch den Schriftsteller Ludwig Thoma. Der hatte einst über sein liebstes Sommerferienziel notiert: »Tegernsee lebt noch in mir, mit dem erregenden Wasser, dem Boot, den Lido-Eindrücken am Badestrand, der Besteigung des Hirschbergs, der Nacht im Unterkunftshaus, dem südwindigen Morgen und dem Gipfel vor und bei Sonnenuntergang.«

Das ganze Jahr über lockt der von mächtigen Felsformationen umgebene See die Touristen in die Ferienregion am nördlichen Alpenrand. Das Gewässer zählt zu den saubersten Seen Bayerns, denn schon in den 1960er Jahren wurde hier vorausschauend die weltweit erste Ringkanalisation rund um den See erbaut. So blieb die Ökologie des Sees intakt.

Tegernseer Mieder-Dirndl.

Rund um den See gruppieren sich fünf Orte: Bad Wiessee, Gmund, Kreuth, Rottach-Egern und Tegernsee. Letzterer blickt zurück auf eine 1200 Jahre alte Geschichte. Der Tourismus setzte Anfang des 19. Jahrhunderts ein, als der bayerische König die 746 gegründete Benediktinerabtei in Tegernsee erwarb und zur Sommerresidenz umgestalten ließ. Adlige und Künstler aus ganz Europa zog es fortan in die Bayerischen Alpen.

Heute bieten die fünf Gemeinden unzählige Möglichkeiten der Erholung und Unterhaltung, wobei sie sich gegenseitig mit Kur-, Wellness- und Sportangeboten für Wanderer, Radfahrer und Golfer, Beachvolleyballer, Segler und Fallschirmspringer, im Winter für Skifahrer, Rodler und Schlittschuhläufer übertreffen. Die Gipfel der Umgebung erreicht man zu Fuß, auf dem Rad oder mit der Bergbahn. Mit dem Dampfer kann man den See befahren. Ein lokales Reiseunternehmen bietet Tagesfahrten zu Zielen in der Umgebung, etwa zur Zugspitze oder nach Berchtesgaden.

INFO: 50 km südlich von München, direkt am Alpenrand in Oberbayern, liegt der Tegernsee in einem breiten Tal. **INFO TEGERNSEE:** Tourist Information, Hauptstr. 2, 83684 Tegernsee, Tel. (080 22) 927 38 60, www.tegernsee.com. **INFO OLAF GULBRANSSON MUSEUM:** Im Kurgarten, 83684 Tegernsee, Tel. (080 22) 33 38, www.olaf-gulbransson-museum.de, Öffnungszeiten Di–So 10–17 Uhr, Eintritt € 7, bis 18 J. frei.

Nah am Wasser gebaut

Altstadtensemble von Wasserburg am Inn

Wasserburg am Inn, Bayern

Das Örtchen Wasserburg am Inn lässt sich am besten mit etwas Abstand betrachten. Vom gegenüberliegenden Steilufer bietet sich ein malerischer Blick auf die vom Inn fast vollständig umschlossene Altstadt. Eine Halbinsel mit faszinierenden Bauwerken, überragt von der Burg der Hallgrafen.

Mit einem kurzen Blick lassen sich die vielen Sehenswürdigkeiten natürlich nicht erfassen. Hierzu eignet sich am besten ein Spaziergang durch die Altstadt. Durch seine strategisch günstige Lage erhielt Wasserburg schon im Mittelalter beträchtliche Bedeutung. Im Jahre 1257 eroberte Herzog Ludwig VII. von Bayern die Stadt, seitdem ist sie im Besitz der Wittelsbacher. Wasserburg profitierte vor allem vom Salzhandel. An der Kreuzung einer der wichtigsten Landstraßen mit der Wasserstraße Inn gelegen, war Wasserburg ein bedeutender Umschlagplatz für Waren aus dem Balkan, Österreich und Italien. Es entstanden zahlreiche repräsentative Prachtbauten.

Am sogenannten Kernhaus gegenüber dem Rathaus ist eine der schönsten Rokokofassaden Süddeutschlands zu bewundern. Im Jahr 1738 hat der berühmte Stuckateur Johann Baptist Zimmermann durch eine einheitliche Stuckdekoration die mittelalterlichen Patrizierhäuser der Familie Kern zusammengefasst.

Das Rathaus an sich, erbaut von 1457 bis 1459 durch Jörg Tünzl, ist mit seinen markanten Doppelgiebeln sehenswert. Teile wurden im 19. Jahrhundert bei einem Brand zerstört, aber später neu errichtet. Die Frauenkirche ist 1324 erstmals urkundlich erwähnt, dürfte aber bereits in spätromanisch-frühgotischer Zeit entstanden sein. Von besonderer Bedeutung ist das Gnadenbild der Muttergottes.

Inmitten der großen Schleife des Inn liegt das mittelalterliche Stadtensemble von Wasserburg.

Einen Besuch wert sind außerdem die Pfarrkirche St. Jakob mit ihrer Renaissancekanzel, die Rote Brücke, das Brucktor sowie der Skulpturenweg um die Innschleife. In einem spätgotischen Handelshaus ist ein Museum zur Stadtgeschichte untergebracht. In den Wasserburger Bierkatakomben, ein tief in den Berg hinein gegrabenes Kellersystem aus Gewölben und Gängen, wurde einst Bier eingelagert.

Info: Wasserburg am Inn liegt ca. 65 km südöstlich von München. **Info Wasserburg am Inn:** Tourist Information, Marienplatz 2, 83512 Wasserburg am Inn, Tel. (080 71) 105 22, www.wasserburg.de. **Info Museum Wasserburg:** Herrengasse 15, Wasserburg, Tel. (080 71) 92 52 90, Öffnungszeiten Di–So Mai–Sept. 13–17, Okt.–Anfang Jan., Feb.–April 13–16 Uhr, Eintritt € 2,50, Kinder € 1.

Im Herzen des Pfaffenwinkels

Altstadt von Weilheim

Weilheim, Bayern

Oberbayern ist berühmt für seine Klöster, Kirchen und Seen. Den vielen klerikalen Bauten verdankt die Region den Namen Pfaffenwinkel. Im Zentrum dieser reizvollen Gegend liegt Weilheim, ein Ort mit tausendjähriger Geschichte. Bereits im Jahr 1010 findet sich in einer königlichen Urkunde ein Dorf namens »Wilhain«, es ist die erste Erwähnung des heutigen Weilheims. Aus touristischen Gesichtspunkten ist die Lage des Ortes im Alpenvorland perfekt: München ist rund 50 Kilometer, Garmisch-Partenkirchen 45 und die Ammersee-Region 20 Kilometer entfernt. Doch die eigentlichen Vorzüge von Weilheim verbergen sich im Zentrum dieser hübschen Kleinstadt.

Das Prunkstück ist der Marienplatz mit einer prächtigen Mariensäule unmittelbar vor dem Rathaus. Hier befindet sich heute das Stadtmuseum, wo in erster Linie Skulpturen, Handwerksstücke, Möbel, Gemälde und Exponate der Frühgeschichte der Region zu sehen sind. Daher sprechen die Menschen hier auch gerne vom »Museum des Pfaffenwinkels«. Auch zwei original eingerichtete Bauernschlafzimmer sind zu sehen.

Wochenmarkt auf dem Marienplatz in der Altstadt von Weilheim.

Die Altstadt ist zusammenhängend erhalten geblieben, im Krieg wurde nur der Bahnhof zerstört. Auch die Stadtmauer und der heute als Park zugängliche Stadtgraben sind noch erkennbar. Das Stadtbild von Weilheim wird auch durch viele Kirchen geprägt. Besonders sehenswert ist die 1624 bis 1628 von H. Krumpper erbaute Stadtkirche Mariae Himmelfahrt, die Deutschlands größte Barockmonstranz beherbergt. Im Inneren der Kirche befinden sich Stuckarbeiten der Wessobrunner Schule sowie herrliche Fresken, die der Inbegriff barocker Deckenmalerei im süddeutschen Raum sind.

Fresken aus dem 15. Jahrhundert sind auch in den Friedhofskirchen St. Salvator und St. Sebastian zu sehen. Ein akustisches Vergnügen bietet das Geläut der Spitalkirche Heilige Dreifaltigkeit, in deren Kirchturm sechs bronzene Glocken einer Innsbrucker Gießerei läuten. In den vergangenen Jahrhunderten wurde Weilheim mehrfach durch Brandkatastrophen in seiner Entwicklung zurückgeworfen. Heute hat der Ort rund 21 000 Einwohner.

Info: Weilheim liegt ca. 50 km südwestlich von München, 25 km südwestlich von Starnberg und ca. 45 km von Garmisch-Partenkirchen entfernt. **Info Weilheim:** Tourist Information, Admiral-Hippler-Str. 20, 82362 Weilheim, Tel. (08 81) 68 27 31, www.weilheim.de.

Himmelfahrt mit Leiter

Kloster Wessobrunn

Wessobrunn, Bayern

Wahrscheinlich wird sich nie abschließend klären lassen, wer das Kloster in Wessobrunn denn nun gegründet hat. Infrage kommen eine Adelsfamilie aus Rott und Tassilo III., ein bayerischer Herzog. Während einer Jagd soll dieser eine Nacht im Rotter Wald verbracht haben. Der Sage nach hatte er im Schlaf eine göttliche Eingebung.

Die Pfarrkirche St. Johann Baptist und der »Grauer Herzog« genannte Wehrturm aus der Entstehungszeit der Klosteranlage Wessobrunn.

Die Legende geht so: Im Jahre 753 schläft der Herzog unter einer Linde ein und träumt von vier Quellen, die sich kreuzen. Engel steigen an einer Leiter in den Himmel auf, wo Petrus ein Liedchen trällert. Am nächsten Tag lässt Tassilo nach den Quellen suchen und entdeckt sie auch. An dieser Stelle wird dann das Kloster gebaut. Heute befindet sich an der Klostermauer die mächtige Tassilolinde. Der Baum hat einen Umfang von 14 Metern und soll tausend Jahre alt sein. Biologen bezweifeln dies jedoch.

Das heutige Kloster hat mit dem ursprünglichen Bau nicht mehr viel gemein. Bei einem Feuer im 13. Jahrhundert sind große Teile der Klosteranlage zerstört worden. Von dem spätromanischen Gebäude ist nur noch ein Wehrturm erhalten, der sogenannte »Graue Herzog«. Außerdem sind im Wessobrunner Saal im Bayerischen Nationalmuseum beeindruckende Sandsteinskulpturen aus der Klosterkirche zu besichtigen. In der Pfarrkirche St. Johannes steht noch ein großes Holzkreuz aus dem Jahr 1250, das sich einst im Kloster befand.

Bis zu Beginn des 19. Jahrhunderts lebten Benediktinermönche in dem Kloster, ab 1810 wurde begonnen die Räume auszuschlachten, um damit die durch ein Feuer zerstörten Ortsteile von Weilheim wiederaufzubauen. Durch den Kauf der Klosteranlage verhinderte schließlich der Münchner Professor Johann Nepomuk Sepp im Jahr 1861 weitere Zerstörungen. Im Jahr 2014 wurde das Kloster von Martina Gebhardt erworben, seitdem wird hier Naturkosmetik hergestellt. Ein kleinerer Teil wird von der Pfarrei Wessobrunn genutzt.

Berühmt geworden ist das Kloster vor allem als Fundort des »Wessobrunner Gebets«, einer um das Jahr 814 entstandenen lateinischen Sammelhandschrift. Der Gebetstext findet sich heute in einem Gedenkstein gegenüber dem Gasthaus »Zur Post« in Wessobrunn. Das Kloster gilt zudem als Heimat der Wessobrunner Schule. Die etwa 600 bekannten Stuckateure, die hier ihr Handwerk erlernten, haben die Stuckkunst in Süddeutschland maßgeblich beeinflusst, als Höhepunkt ihrer Kunst gilt die Wieskirche. Der Fürstentrakt und das Treppenhaus des Klosters sind heute weltberühmt, prächtige Stuckarbeiten von Johann Schmuzer schmücken Wände und Decken.

Info: Wessobrunn liegt zwischen Landsberg und Weilheim, südwestlich von München. **Info Kloster Wessobrunn:** Klosterhof 4, 82405 Wessobrunn, Tel. (088 09) 921 10, www.klosterwessobrunn.de, Führungen von Martina Gebhardt Naturkosmetik GmbH und von der Pfarrei Wessobrunn vgl. Website.

Über den Dächern von Würzburg

Festung Marienberg und das Mainfränkische Museum

Würzburg, Bayern

Um eine Frage gleich zu beantworten: Uneinnehmbar ist die Festung Marienberg nicht – trotz ihrer günstigen Lage auf einem nach drei Seiten abfallenden Felsplateau und trotz des Kranzes gewaltiger Bastionen, von dem sie umgeben ist. Zu Zeiten Napoleons wurde sie gleich mehrfach erstürmt. Heute erobern vor allem Touristen das imposante Bauwerk. Marienberg ist das Wahrzeichen der Stadt Würzburg und zählt zu den bedeutendsten deutschen Festungsanlagen. Bereits um 1000 v. Chr. diente dieser Ort als befestigte Fliehburg und heidnischer Kultplatz. An ebenjener Stelle wurde später die Marienkirche gebaut, die ihre Ursprünge im 8. Jahrhundert hat und damit die älteste Kirche Würzburgs ist. Zu den ältesten Teilen der Burg zählt zudem das Brunnenhaus mit einem über hundert Meter tiefen Schacht.

Vom 13. bis zum 18. Jahrhundert diente die Burg als Residenz der Würzburger Fürstbischöfe. Das Erscheinungsbild der Festung wurde maßgeblich von Julius Echter geprägt, der nach 1573 die Anlage zu einem Renaissanceschloss umgestalten ließ. Nachdem die Burg im Dreißigjährigen Krieg von den Schweden erobert worden war, wurde sie mit den heute noch sichtbaren Bastionen verstärkt. Im Zweiten Weltkrieg wurde die Festung stark beschädigt. Der Wiederaufbau endete erst 1990.

Festung Marienberg bei Würzburg.

Im Jahr 1947 ist das Mainfränkische Museum, heute Museum für Franken, im barocken Zeughaus und im Echterhaus der Festung eingezogen. Hier sind heute die kunst- und kulturgeschichtlichen Sammlungen über das mittlere Maingebiet, das ehemalige Fürstentum Würzburg und Herzogtum Franken untergebracht. Ausgestellt sind auch Marienfiguren des bekannten Bildhauers Tilman Riemenschneider, der 1531 in Würzburg gestorben ist. Charakteristisch für die Werke des Künstlers sind die ausdrucksstarken Gesichter seiner Figuren und die detaillierten Gewänder mit reichem Faltenwurf. Zu sehen ist ebenfalls eine der ältesten erhaltenen Räderuhren. Zum Museum gehört auch das »Museum für Franken im Fürstenbau«.

Info: Würzburg liegt zwischen Frankfurt am Main und Nürnberg. **Info Festung Marienberg:** Nr. 240, 97082 Würzburg, Tel. (09 31) 355 17 50, www.schloesser.bayern.de, Burgführungen April–Okt. Di–So 10, 11, 13, 14, 15 und 16, Nov.–März Sa/So/Fei 11, 13, 14 und 15 Uhr, Ticket € 3,50, ermäßigt € 2,50. **Info Museum für Franken:** Festung Marienberg, Oberer Burgweg, Würzburg, Tel. (09 31) 20 59 40, https://museum-franken.de, Öffnungszeiten Di–So April–Okt. 10–17, Nov.–März 10–16 Uhr, Eintritt € 5, ermäßigt € 4, bis 17 J. frei.

Barocker Prachtbau

Fürstbischöfliche Residenz Würzburg

Würzburg, Bayern

Über Platzmangel werden sich die Würzburger Fürstbischöfe vermutlich nie beklagt haben. Ihre großzügige Residenz verfügte über 340 Räume und ein beeindruckendes überwölbtes Treppenhaus, an dessen Decke sich eines der größten zusammenhängenden Fresken befindet, die je gemalt wurden.

So ganz vertraut haben die Menschen dem Architekten Balthasar Neumann damals nicht. Als die prachtvolle Residenz im Jahr 1744 vollendet war, erwarteten nicht wenige sogenannte Experten den Einsturz des freitragenden Treppenhauses, sobald das Gerüst entfernt war. Inzwischen ist bekannt, dass Neumann ein wahres Wunderwerk gelungen ist, denn das Treppenhaus hat sogar den Zweiten Weltkrieg überstanden.

Auch bei der Ausstattung des Schlosses waren nur profilierte Künstler am Werk. Neben dem Stuckateur Antonio Bossi wurde der Venezianer Giovanni Battista Tiepolo beauftragt, der als bedeutendster Freskenmaler seiner Zeit galt. Das von ihm geschaffene Deckenfresko misst mehr als 600 Quadratmeter. Bereits 1981 wurde die Würzburger Residenz von der UNESCO zum Weltkulturerbe gekürt.

Ausschlaggebend für die Entscheidung der UNESCO war das Gesamtbild der Residenz. Der gewaltige Bau gilt als Meisterwerk des Barock. Architektur, Malerei, Stuckatur und Natur verbinden sich hier zu einer eindrucksvollen Einheit. Seit 1922 sind die großen Säle der Residenz Schauplatz des »Würzburger Mozartfests«. Der Weiße Saal, Gartensaal und Kaisersaal wurden im Krieg nicht zerstört. Ölgemälde, Spiegel, Holzvertäfelungen und Möbel konnten größtenteils in Sicherheit gebracht werden. Viele Paradezimmer wurden deshalb nach dem Krieg wiederhergestellt. Für den endgültigen Wiederaufbau des Gebäudes benötigte man nahezu 40 Jahre. Heute verfügt das Haus über 42 Schauräume, Teile der Residenz werden von der Universität und vom Martin-von-Wagner-Museum genutzt.

Sie lebten eher unbescheiden: die ehemalige Residenz der Würzburger Fürstbischöfe.

Info Fürstbischöfliche Residenz Würzburg: Residenzplatz 2, 97070 Würzburg, Tel. (09 31) 35 51 70, www.residenz-wuerzburg.de, Öffnungszeiten tägl. April–Okt. 9–18, Nov.–März 10–16.30 Uhr, letzter Einlass 30 Min. vor Schließung, Eintritt € 7,50, ermäßigt € 6,50. **Info Mozartfest:** www.mozartfest.de. **Reisezeit:** Im Mai/Juni/Juli zum Mozartfest (Termine vgl. Website).

Traditionen in Glas

Glasstrasse und Glasstadt Zwiesel

Zwiesel, Bayern

Liebhaber gläserner Kunst müssen nicht bis nach Venedig reisen, um sich die filigranen Kostbarkeiten anzuschauen. In Zwiesel und entlang der bayerischen Glasstraße lässt sich heute noch die Kunst des gläsernen Handwerks bewundern. An der Glasstraße, die auf 250 Kilometern vom Oberpfälzer Wald in Richtung Südosten durch den Bayerischen Wald bis zur Grenze nach Tschechien und Österreich reicht, liegen zahlreiche Glashütten, Galerien und Künstlerateliers, die in jahrhundertelanger Tradition dem Glas immer wieder neue Formen und Farben abgewinnen.

Vor dem Glasmuseum Frauenau hat die Glasarche nach langer Reise ihren Hafen gefunden.

In den Glashütten in Neustadt an der Waldnaab gewinnt man einen hervorragenden Einblick in das Handwerk. Vom Glasblasen über das Ziehen des Stiels bis zum Schleifen und Polieren ist der Besucher mit dabei, wenn Glas bearbeitet wird. In Regenhütte lohnt die Stippvisite in der Schauglashütte der legendären ehemaligen Steigerwaldschen Regenhütte, die Anfang des letzten Jahrhunderts zu den bedeutendsten Glasfabriken Europas gehörte. Ihre Luxusgläser der Gründerzeit und des Jugendstils wurden u. a. auf der Pariser Weltausstellung von 1900 ausgezeichnet. Die Glasstraße führt auch vorbei an Theresienthal, das durch die venezianischen Kelche und Vasen der königlichen privilegierten Glasfabrik über seine Stadtgrenzen hinaus zu Berühmtheit gelangte.

Als Glasstadt vielleicht am bekanntesten ist Zwiesel. Bis heute werden hier Kunst und Handwerk eindrucksvoll demonstriert. Es empfiehlt sich einen Blick auf die Jugendstilverglasung der Kirche St. Nikolaus zu werfen, bevor man in den Galerien und Ateliers des Ortes die herrlichen Kreationen aus Glas bewundert. Je einmal im Jahr ziehen die regionale Glasherstellerschau »Zwieseler Glastage« und der im Sommer stattfindende »Zwieseler Buntspecht«, eine Ausstellung mit Werken regionaler Künstler, viele Gäste an.

In Zwiesel gibt es auch die mit mehr als acht Metern höchste Kristallglaspyramide der Welt, aus über 93 000 Tritan®-Kristallgläsern errichtet. Wer die Kunst vergangener Zeit bestaunen und alte Glasbläserkunst erleben möchte, der sollte dem Glasmuseum in Frauenau einen Besuch abstatten.

Einen der besten Überblicke über alte und moderne Glaskunst bietet das Passauer Glasmuseum. Die Exponate zeigen, was die Region in den letzten 250 Jahren hervorgebracht hat. Hier erwartet den Besucher die wohl weltgrößte Sammlung böhmischer Glaskunst, berühmt vor allem für Schliff und Gravuren.

Info: Zwiesel liegt ca. 100 km östlich von Regensburg. **Info Zwiesel:** Tourist Information, Stadtplatz 27, 94227 Zwiesel, Tel. (099 22) 840 51 60, www.zwiesel.de. **Info Glasstrasse:** Tourismusverband Ostbayern e. V., Im Gewerbepark D 04, 93059 Regensburg, Tel. (09 41) 58 53 90, www.die-glasstrasse.de.

Eine Blumenwiese, ein See mit einem Kapellchen, dahinter schneebedeckte Berge – der Inbegriff Oberbayerns.

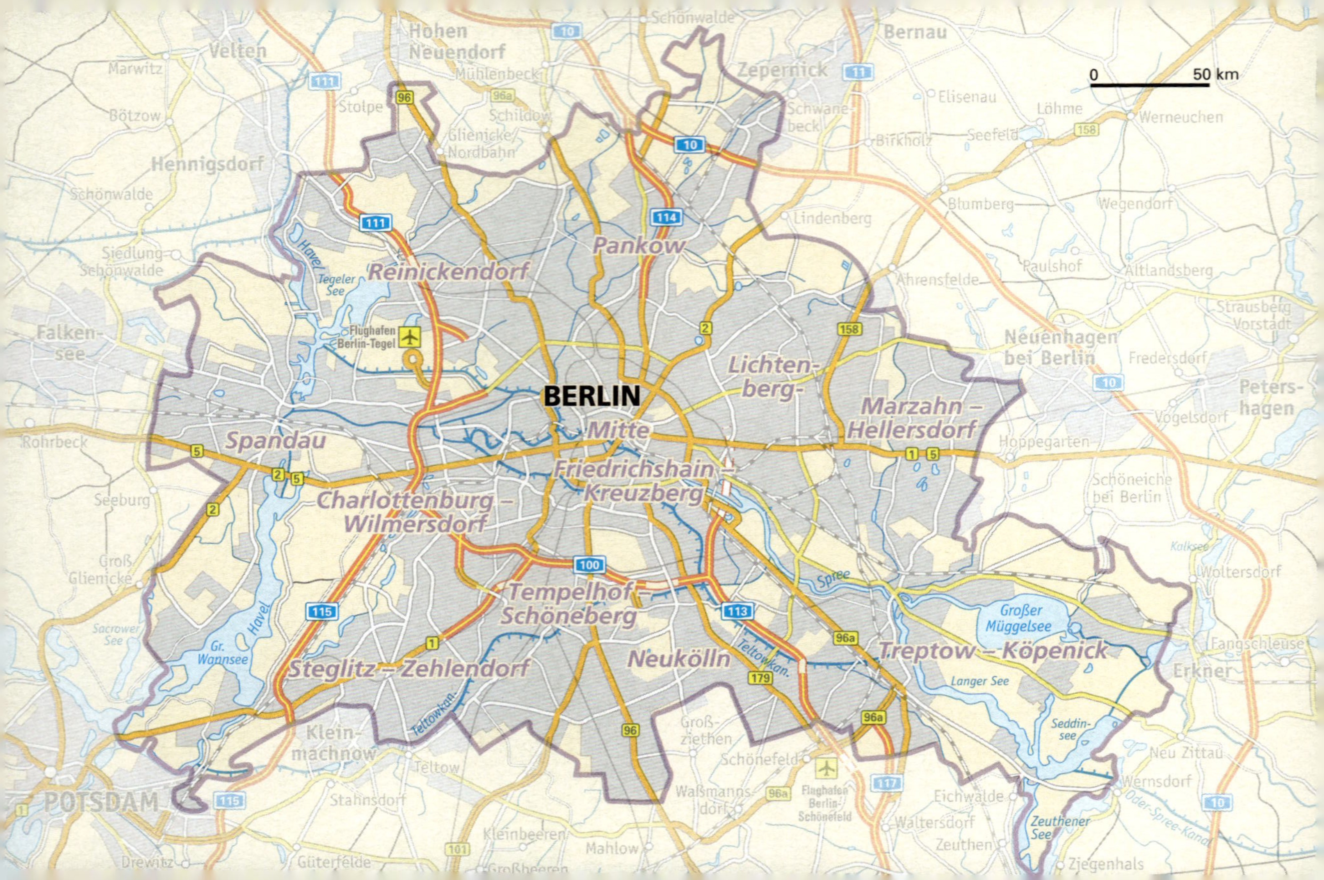
BERLIN
Mitte
Pankow
Reinickendorf
Spandau
Charlottenburg – Wilmersdorf
Friedrichshain – Kreuzberg
Lichtenberg
Marzahn – Hellersdorf
Tempelhof – Schöneberg
Neukölln
Steglitz – Zehlendorf
Treptow – Köpenick
Flughafen Berlin-Tegel
Flughafen Berlin-Schönefeld
Tegeler See
Havel
Gr. Wannsee
Sacrower See
Spree
Großer Müggelsee
Langer See
Seddinsee
Zeuthener See
Teltowkan.
Oder-Spree-Kanal
Kalksee
POTSDAM
Velten
Hohen Neuendorf
Hennigsdorf
Falkensee
Bernau
Zepernick
Schwanebeck
Neuenhagen bei Berlin
Petershagen
Erkner
Kleinmachnow
Teltow
Stahnsdorf
Schönefeld
Marwitz
Bötzow
Schönwalde
Siedlung Schönwalde
Stolpe
Mühlenbeck
Schildow
Glienicke/Nordbahn
Rohrbeck
Seeburg
Groß Glienicke
Elisenau
Löhme
Werneuchen
Seefeld
Birkholz
Blumberg
Wegendorf
Lindenberg
Paulshof
Altlandsberg
Ahrensfelde
Strausberg Vorstadt
Fredersdorf
Vogelsdorf
Hoppegarten
Schöneiche bei Berlin
Woltersdorf
Fangschleuse
Neu Zittau
Wernsdorf
Eichwalde
Waltersdorf
Zeuthen
Ziegenhals
Groß-Ziethen
Waßmannsdorf
Kleinbeeren
Mahlow
Großbeeren
Güterfelde
Drewitz
0
50 km

JÜDISCHES
MUSEUM
BERLIN
Jüdische Geschichte
und Gegenwart in
Deutschland
Täglich 10-19 Uhr
Lindenstr. 9-14, 10969 Berlin
Buchen Sie jetzt Ihr Zeitfenster-Ticket online
jmberlin.de

Bundeshauptstadt und Regierungssitz

Berlin

Berlin

Berlin liegt im Trend! Jahr für Jahr kommen mehr Besucher in die deutsche Hauptstadt, die längst eine der aufregendsten Metropolen Europas ist – und ein Magnet für alle, die auf einem Städtetrip das Außergewöhnliche suchen.

Ob das pulsierende Nachtleben oder die grenzenlose Einkaufswelt, ob rauschende Party oder romantisches Genießen, ob einzigartiges Kultur-Event oder herausragendes Sportereignis: Berlin bietet all dies und vieles mehr.

Das Erlebnis Berlin ist unerschöpflich. Ganz vornan steht der Bummel (oder die bequeme Rundfahrt) durch die sich ständig wandelnde Stadt mit ihrer lebhaften Gegenwart und einer bewegten Vergangenheit. Von den preußischen Königen über die Zeiten des Nationalsozialismus und der vierzigjährigen Teilung bis zum Neuen Berlin spiegelt sich die Geschichte der Stadt vor allem in ihrer Architektur. Die Zeugnisse reichen von Schinkels Klassizismus bis zu den architektonischen Visitenkarten Ieoh Ming Peis oder Daniel Libeskinds. Während die einstigen Unterschiede zwischen West und Ost kaum noch wahrnehmbar sind, haben es die Überreste der Mauer zu einer ganz eigenen Anziehungskraft gebracht.

Die Hauptstadt der Bundesrepublik Deutschland aus der Vogelperspektive: Blick auf den Berliner Dom links und den Fernsehturm am Alexanderplatz rechts.

Zur bedeutendsten Gedenkstätte Berlins wurde unmittelbar nach der Eröffnung 2005 das Denkmal für die ermordeten Juden Europas. Das Stelenfeld nach dem Entwurf von Peter Eisenman setzt auch städtebaulich einen nachdenkenswerten Akzent zwischen dem Brandenburger Tor und den futuristischen Bauten am Potsdamer Platz.

Von klassischen Sehenswürdigkeiten bis zum Kleinstadtcharme im Kiez, von der Weltkultur in Museen und auf den Bühnen bis zur kreativen Szene in Mode und Medien, von der kulinarischen Vielfalt bis zu verborgenen Naturschönheiten gibt es unendlich viel zu entdecken. Am besten, man wählt schon vorher aus, wohin die Reise – dieses Mal – gehen soll. Berlin-Touristen sind häufig Wiederholungstäter, das heißt, sie kommen gern noch einmal, um nachzuholen, wofür beim ersten Besuch die Zeit fehlte, oder um wieder Neues zu erleben in dieser wandlungsfähigen Stadt.

Info: Berlin Tourismus & Kongress GmbH, Am Karlsbad 11, 10785 Berlin, Tel. (030) 25 00 23 33, www.visitberlin.de, www.berlin.de. Hier erhält man Auskünfte aller Art, kann eine Unterkunft reservieren, Veranstaltungstickets oder die WelcomeCard und den 3-Tage-Museumspass kaufen. Auch Berlin-Souvenirs sind zu haben.

Demokratie am Spreebogen

Band des Bundes

Berlin

Das ehemalige Regierungsviertel im Tiergarten lag zu Mauerzeiten nicht nur politisch im Abseits, es präsentierte sich auch wenig ansprechend. Erst nach der Maueröffnung und dem Entschluss, Berlin zur Hauptstadt des wiedervereinigten Deutschland zu machen, zog wieder Leben ein. Schon im Vorfeld des Regierungsumzugs wurde das gesamte Areal um den Reichstag jahrelang zu einer Großbaustelle. Nicht nur zahlreiche Gebäude entstanden, auch Straßen wurden neu angelegt oder verlegt, der Tiergarten wurde untertunnelt, sodass sich selbst eingefleischte Berliner nicht mehr zurechtfanden.

Den Wettbewerb um die Neugestaltung gewannen die Berliner Architekten Charlotte Frank und Axel Schultes mit ihrem Entwurf Band des Bundes. Dieser sah symbolträchtig vor, einen rund einen Kilometer langen Gebäudekomplex quer durch den Spreebogen zu errichten und so Ost und West miteinander zu verbinden. Ungebaut blieb das Bürgerforum. Ein Bezugspunkt des Bandes ist das Zuhause des Bundestags, das modernisierte Reichstagsgebäude mit der gläsernen Kuppel. Wenige Schritte nördlich des Reichstags liegt innerhalb des Spreebogens das Paul-Löbe-Haus von Stephan Braunfels. Hier sind die Sitzungssäle der Bundestagsausschüsse untergebracht. Östlich, auf der anderen Seite der Spree, durch Fußgängerbrücken mit dem Paul-Löbe-Haus verbunden, liegt das Marie-Elisabeth-Lüders-Haus, ebenfalls von Stephan Braunfels, mit den Büros des Wissenschaftlichen Dienstes und der Parlamentsbibliothek.

Den westlichen Abschluss des Bandes bildet das markante Bundeskanzleramt, unter Berlinern als »Waschmaschine« bekannt, entworfen von Axel Schultes und Charlotte Frank. Im Inneren gibt es über 300 Büros, das wichtigste liegt im siebten Stock, und damit dem Chef oder der Chefin des Hauses nichts passiert, muss er oder sie durch acht Zentimeter dickes Panzerglas nach draußen schauen.

Wo Deutschland regiert wird: das Band des Bundes, links der Reichstag.

Direkt neben dem Bundeskanzleramt befindet sich die Schweizer Botschaft in einem Palais von 1870 mit modernem Erweiterungsbau. Die Schweizer haben als einzige auch zu Mauerzeiten an diesem Standort festgehalten und widersetzten sich deshalb standhaft, ihren angestammten Platz für Neubauten zu räumen.

Info Bundeskanzleramt: Willy-Brandt-Str. 1, 10557 Berlin, www.bundeskanzlerin.de. **Info Paul-Löbe-Haus:** Konrad-Adenauer-Str., 10557 Berlin. Kostenlose Führungen Sa/So/Fei 14 Uhr, Treffpunkt zentraler Besuchereingang des Reichstagsgebäudes. **Info Marie-Elisabeth-Lüders-Haus:** Schiffbauerdamm, 10117 Berlin. **Allgemeine Infos:** www.bundestag.de/besuche; Anmeldung zu den Führungen per Post (Deutscher Bundestag, Besucherdienst, Platz der Republik 1, 11011 Berlin), per Fax unter (030) 22 73 00 42 oder online unter http://visite.bundestag.de.

Die Kathedrale des Kaisers

Berliner Dom

Berlin

Seine Majestät hatte Großes im Sinn: Wenn der junge Wilhelm II., König von Preußen und Deutscher Kaiser, von seinem Berliner Stadtschloss zum Dom am Lustgarten hinüberschaute, fiel sein Blick auf eine eher schlichte Kirche, die Karl Friedrich Schinkel zu Beginn des 19. Jahrhunderts im schmucklos-strengen Stil des Klassizismus hatte errichten lassen. Und ein solch bescheidener Bau passte nicht zu einem nach Weltgeltung strebenden Kaiserreich in der Mitte Europas, fand der Monarch. Also ließ er den Schinkel-Dom kurzerhand abreißen. Auf kaiserliches Geheiß entstand zwischen 1894 und 1905 stattdessen ein deutlich imposanteres Gotteshaus an derselben Stelle, das im Hinblick auf Wirkung und Größe mit den wichtigsten Kathedralen Europas mithalten sollte.

Der Berliner Dom am Lustgarten.

Der Berliner Dom gilt bis heute als eines der Hauptwerke des wilhelminischen Historismus und präsentiert sich entsprechend prunkvoll, üppig und von beeindruckenden Ausmaßen. Mit einer Grundfläche von 73 mal 93 Metern und einer Höhe von 98 Metern ist er der größte Kirchenbau Berlins und einer der größten in Deutschland. In der Fassade und in der äußerst prächtigen Innenausstattung mischen sich Stilelemente der Neorenaissance und des Neobarock.

Besonders beeindruckend ist die 70 Meter hohe Kuppel, deren berühmte Mosaiken von dem Historienmaler Anton von Werner entworfen wurden. Doch auch viele Skulpturen, Reliefs, Gemälde und Buntglasfenster schmücken den Kirchenraum, der bis heute für Zeremonien und Staatsakte genutzt wird. In der Gruft unterhalb der Kirche liegen zahlreiche Mitglieder des Hauses Hohenzollern begraben, darunter etliche Kurfürsten und Könige in prunkvollen Sarkophagen. Zwar trug der Dom im Zweiten Weltkrieg zahlreiche Schäden davon, doch konnte die ursprüngliche Gestalt im Laufe der Jahre fast vollständig wiederhergestellt werden.

Das Berliner Stadtschloss, von dem aus Kaiser Wilhelm zuerst Schinkels alten und dann seinen eigenen neuen Dom betrachten konnte, wurde dagegen zu DDR-Zeiten abgerissen. Der neu entstandene Rekonstruktionsbau beherbergt das Humboldt Forum mit verschiedenen Museen und kulturelle Einrichtungen.

Info: In Berlin-Mitte gelegen. **Info Berliner Dom:** Am Lustgarten, 10178 Berlin, Tel. (030) 20 26 91 36, www.berlinerdom.de, Öffnungszeiten tägl. April–Sept. 9–20, Okt.–März 9–19 Uhr, Eintritt € 7, ermäßigt € 5, Kinder frei.

Altehrwürdig und modern

BERLINER PHILHARMONIKER

Berlin

Die Liste der Stars, die hier aufgetreten sind, ist unendlich lang. Unter Chefdirigenten wie Wilhelm Furtwängler oder Herbert von Karajan, prägenden Dirigentenpersönlichkeiten des 20. Jahrhunderts, erlangte die Berliner Philharmonie Weltgeltung. Zahlreiche Werke namhafter Komponisten wie Rachmaninow, Prokofjew, Strawinsky oder Ravel wurden durch das Orchester, in dem heute etwa 130 Musiker spielen, uraufgeführt. Die ersten Konzerte des am 1. Mai 1882 gegründeten Orchesters fanden unter dem Namen »Frühere Bilsesche Kapelle« in dem Charlottenburger Gartenlokal »Flora« statt. 1888 wurde die ehemalige Rollschuhbahn zur Philharmonie, das heißt zum bestuhlten Konzertsaal ohne Tische, umgebaut. Der erste Chefdirigent war Ludwig von Brenner, ihm folgte 1887 bis 1893 Hans von Bülow. Nach von Bülows Ausscheiden blieb das Orchester zwei Jahre ohne Chefdirigenten, bis Arthur Nikisch das Amt »auf Lebenszeit« übernahm und die Philharmoniker in 27 Jahren zu europaweitem Ruhm führte. Ihm folgten Wilhelm Furtwängler (1922–45 und 1952–54), Herbert von Karajan (1954–89), Claudio Abbado (1989–2002) und Sir Simon Rattle, der 2019 vom Russen Kirill Petrenko abgelöst wurde.

Nachdem das alte Stammhaus der Philharmoniker im Zweiten Weltkrieg zerstört worden war, gewann der Architekt Hans Scharoun 1956 mit seinem Entwurf den Wettbewerb für den Neubau eines Konzertsaals für das Berliner Philharmonische Orchester. Sein visionäres Konzept erregte aber auch viele Gemüter; der Bau (1960–63) musste gegen Widerstände durchgesetzt werden. Mittlerweile ist der Konzertsaal am Kemperplatz mit seiner einzigartigen Architektur und Akustik Vorbild für viele Konzertsäle. Die 2400 Sitzplätze sind um die Bühne herum angeordnet, keiner ist mehr als 30 Meter von ihr entfernt. Die Philharmonie kann auch außerhalb der Konzerte besucht werden – virtuell im Internet oder mit einer Führung vor Ort.

INFO: In Berlin-Tiergarten gelegen. **INFO BERLINER PHILHARMONIKER:** Berliner Philharmonie, Herbert-von-Karajan-Str. 1, 10785 Berlin, Tel. (030) 254 88-0, www.berliner-philharmoniker.de. **REISEZEIT:** Sept.–Juni, Berliner Festspiele im Sept.

Die Heimstätte der Berliner Philharmoniker, entworfen von Hans Scharoun.

Symbol der deutschen Teilung und Vereinigung

Brandenburger Tor und Unter den Linden

Berlin

Das Brandenburger Tor, das einzige noch erhaltene Stadttor des historischen Berlin, ist das unumstrittene Wahrzeichen der deutschen Hauptstadt. Bis zum Jahre 1989 ein Symbol für ihre Teilung, ist es heute ein bedeutendes Symbol der Wiedervereinigung nicht nur Berlins, sondern ganz Deutschlands. Auch wegen seiner zentralen Lage zwischen Potsdamer Platz, Reichstagsgebäude und dem Prachtboulevard Unter den Linden, dessen westlichen Abschluss es bildet, ist das Bauwerk eine der beliebtesten Sehenswürdigkeiten der Stadt.

Das nach Plänen von Carl Gotthard Langhans in den Jahren 1788 bis 1791 errichtete Tor mit seinen fünf Durchfahrten von je elf Metern Tiefe ist den Propyläen auf der Athener Akropolis nachempfunden. Beidseitig sind sechs kannelierte Säulen vorgestellt. 1794 kam die von der geflügelten Siegesgöttin Viktoria gelenkte Quadriga, ein Werk des Bildhauers Johann Gottfried Schadow, als Krönung hinzu. Im Zweiten Weltkrieg stark beschädigt wurde das Brandenburger Tor samt Quadriga in den 1950er Jahren wiederhergestellt, wobei übrigens Behörden und Betriebe aus beiden Teilen der Stadt zusammenarbeiteten.

Symbol der Teilung und Vereinigung des Landes: das Brandenburger Tor am Pariser Platz in Berlin-Mitte.

Nachdem es nach dem Bau der Berliner Mauer fast 30 Jahre lang unzugänglich mitten im Sperrgebiet gestanden hatte, wurde es am 22. Dezember 1989 wieder geöffnet – Bundeskanzler Kohl (West) und Ministerpräsident Modrow (Ost) wohnten zusammen mit Zehntausenden Bürgern diesem historischen Moment bei. Ein paar Jahre später war das Tor dann erneut gesperrt – doch dieses Mal nur aufgrund dringend erforderlicher Restaurierungsarbeiten. Pünktlich zum Tag der Deutschen Einheit am 3. Oktober 2002 wurde das frisch sanierte Brandenburger Tor dann feierlich enthüllt und man darf seither wieder hindurch – wenn auch nur zu Fuß.

In unmittelbarer Nähe dieses wichtigen Monuments beginnt die Straße Unter den Linden. Ursprünglich als Reitweg angelegt und im 17. Jahrhundert zur Allee erweitert, entwickelte sich diese rund anderthalb Kilometer lange Achse nach und nach zur Flaniermeile und schließlich zur eleganten Prachtstraße im Herzen Berlins. Repräsentative Bauten wie die Humboldt-Universität, die Staatsoper, die Neue Wache und das Deutsche Historische Museum säumen beide Seiten dieses breiten Boulevards, dessen östliches Ende der Schlossplatz bildet.

Info: In Berlin-Mitte gelegen.

»Sie wollten nur die Freiheit«

CHECKPOINT CHARLIE

Berlin

Jeder Berliner, der in Mauerzeiten in der Stadt gelebt hat, wird sich an den Checkpoint Charlie erinnern. Er war einer der bekanntesten Grenzübergänge und verband in der Friedrichstraße den amerikanischen mit dem sowjetischen Sektor und damit den Westberliner Bezirk Kreuzberg mit dem Ostberliner Bezirk Mitte.

Originalgetreuer Nachbau der Kontrollbaracke am Checkpoint Charlie in Berlin-Mitte.

Um den Checkpoint Charlie ranken sich zahlreiche Legenden und hochspannende Agentengeschichten, doch die dramatischsten Ereignisse geschahen am 27. Oktober 1961, einige Monate nach dem Mauerbau, unter den Augen zahlreicher Zuschauer: Zu beiden Seiten der Grenze gingen sowjetische und US-amerikanische Panzer gefechtsbereit in Stellung. Doch die bedrohliche Situation beruhigte sich wieder und fortan war der Checkpoint Charlie die einzige Grenzübergangsstelle für Alliierte, Ausländer, Mitarbeiter der Ständigen Vertretung der BRD in der DDR und DDR-Funktionäre. Für die Amerikaner war es wichtig, dass hier ein Checkpoint, also ein Kontrollpunkt, war, während er für die DDR eine Grenzübergangsstelle darstellte. Da der Westen aber nie die völkerrechtliche Legitimität der Berliner Sektorengrenze als Staatsgrenze anerkannt hat, durfte es für ihn auch keine Grenzübergangsstelle geben. Eine der dramatischsten Fluchten mit tödlichem Ausgang ereignete sich in unmittelbarer Nähe des Checkpoint Charlie. Am 17. August 1962 versuchte der 18-jährige Peter Fechter mit einem Arbeitskollegen die Mauer zu überklettern. Seinem Kollegen gelang die Flucht, während Peter Fechter, von mehreren Schüssen getroffen, im Todesstreifen um Hilfe rufend liegen blieb. Weder die DDR-Grenzsoldaten noch die amerikanischen Soldaten kümmerten sich um ihn, Fechter verblutete und starb nach einer Stunde unter den Augen einer großen Menschenmenge.

Noch vor der Wiedervereinigung wurde der Checkpoint am 22. Juni 1990 abgebaut. Zehn Jahre später entstand ein Nachbau des ersten Kontrollhäuschens. Im Mauermuseum – Museum Haus am Checkpoint Charlie wird die Geschichte der Teilung der Stadt dokumentiert sowie über gelungene und missglückte Fluchten aus der DDR berichtet.

Seit Sommer 2006 ist überdies an Friedrich-, Zimmer- und Schützenstraße eine Freiluftausstellung eingerichtet, die über den Checkpoint und seine Bedeutung, über Fluchten und Fluchtversuche sowie allgemein über die Berliner Mauer informiert.

INFO: In Berlin-Kreuzberg gelegen. **INFO CHECKPOINT CHARLIE:** Friedrichstr. 43–45, 10969 Berlin, Tel. (030) 253 72 50, www.mauer-museum.com, Öffnungszeiten tägl. 9–22 Uhr, Eintritt € 14,50, Studenten € 9,50, Schüler (7–18 J.) € 7,50.

Ganz im Sinne des Erfinders

Deutsches Technikmuseum

Berlin

Ist das ein Flugzeug da auf dem Dach? Tatsächlich: Ein »Rosinenbomber« thront auf dem gläsernen Erweiterungsbau des Deutschen Technikmuseums direkt am Landwehrkanal. Eines jener Propellerflugzeuge also, die während der Berlin-Blockade von 1948/49 eingesetzt wurden, um die eingeschlossene Bevölkerung im Westteil der Stadt via Luftbrücke zu versorgen. Das Flugzeug auf dem Dach ist ein exzellentes Symbol für das, worum es im Deutschen Technikmuseum geht, nämlich um den Erfindergeist des Menschen. Um seine erstaunliche Fähigkeit, Methoden, Mechanismen und Geräte zu entwickeln, die das Leben vereinfachen, es interessanter und komplexer machen – oder die als glücklose Prototypen in den Sackgassen der Hirngespinste und Entwürfe enden.

Das Deutsche Technikmuseum befindet sich auf dem Gelände eines ehemaligen Güterbahnhofs und besteht aus mehreren zusammenhängenden Gebäuden. Zurzeit umfasst das Museum 14 Abteilungen, die die unterschiedlichsten Aspekte und Bereiche technischer Entwicklungen abdecken: Da geht es um Luft- und Raumfahrt mit so außergewöhnlichen Exponaten wie einem Originalflugzeug von 1914, um die Geschichte der Hochseefischerei oder um Produktionstechnologien in der Schmuckherstellung. In der Abteilung Straßenverkehr werden historische Automobile gezeigt, die nie in Serie gegangen sind, aber auch die typischen Berliner »Schnauzenbusse«, die in den 1920er und 1930er Jahren zum Stadtbild gehörten. Der Bereich Schienenverkehr kann mit dem Salonwagen des letzten Kaisers aufwarten, doch auch dunkle Punkte werden nicht ausgespart: Eine Dokumentation erinnert an die unrühmliche Rolle, die die Reichsbahn beim Transport von Juden in die Vernichtungslager gespielt hat.

Historische Flugobjekte aus dem Zweiten Weltkrieg im Deutschen Technikmuseum.

Egal ob Drucktechnik oder Chemische Industrie, Film- oder Fotoproduktion, die Herstellung von Textilien oder das Brauen von Bier in einer historischen Brauerei – hier im Haus mit dem Flugzeug auf dem Dach kommt jeder auf seine Kosten, der sich für die Kulturgeschichte der Technik in ihren unterschiedlichsten Facetten interessiert. Und wer weiß? Vielleicht steckt ja auch in Ihnen ein künftiger Erfinder!

Info: In Berlin-Kreuzberg gelegen. **Info Deutsches Technikmuseum:** Trebbiner Str. 9, 10963 Berlin, Tel. (030) 90 25 40, www.dtmb.de, Öffnungszeiten Di–Fr 9–17.30, Sa/So 10–18 Uhr, Eintritt € 8, ermäßigt € 4, bis 5 Jahre frei, bis 18 Jahre ab 15 Uhr frei.

Eine Mauer für die Kunst

East Side Gallery

Berlin

Sie ist die größte Open-Air-Galerie der Welt – die East Side Gallery auf der ehemaligen Hinterlandmauer zwischen Berliner Ostbahnhof und Oberbaumbrücke. Als sich am Abend des 9. November 1989 in Berlin die Schlagbäume öffneten, bedeutete dies den Anfang vom Ende der deutschen Teilung – und damit auch das Ende der Berliner Mauer. In den folgenden Monaten wurde sie nach und nach abgetragen, allerdings nicht komplett: In der Bernauer Straße im Bezirk Mitte blieb im Rahmen der Gedenkstätte Berliner Mauer ein Teilstück als Mahnmal erhalten. Was die heutige East Side Gallery betrifft, so ergriffen Anfang 1990 die Künstlerverbände von BRD und DDR die Initiative: Mit dem Segen des DDR-Ministerrats bemalten 118 Künstler aus 21 Ländern das Mauerstück am Spreeufer über mehrere Monate mit über 100 Einzelbildern.

Auf einer Länge von über 1300 Metern schufen sie auf diese Weise das erste gesamtdeutsche Kunstprojekt nach dem Ende des Kalten Kriegs. Anders als in der Bernauer Straße geht es hier nicht ums Mahnen und Gedenken, sondern um das Anbrechen einer neuen friedlichen Zeit, einer bunten und vielfältigen Zukunft, kurz: um das symbolische Überwinden von Mauern aller Art mit den Mitteln der Kunst. Im September 1990 waren sämtliche Bilder fertig und die East Side Gallery entwickelte sich zu einem beliebten Ausflugsziel sowohl für Berlin-Besucher als auch für die Bewohner der Hauptstadt. Denn wo sonst bekommt man so viele Werke zeitgenössischer Künstler unter freiem Himmel zu sehen? Und so durchweg positive dazu: Auf diesem Stück ehemaliger Grenzbefestigung geht es fast ausschließlich um Frieden und Freiheit, um Einheit und Freude. Hier wird das Brandenburger Tor von weißen Tauben in die Lüfte getragen, hier durchbricht ein Trabbi die Berliner Mauer, hier öffnet sich der Grenzwall und gibt den Blick frei auf Sonne und Mond zugleich. Eines der bekanntesten Werke ist sicherlich der berühmte »Bruderkuss« von Dmitri Wrubel – das Bild zeigt Leonid Breschnew und Erich Honecker in küssender Umarmung. Die East Side Gallery ist ein universeller Ausdruck der Hoffnung und der Lebenslust. Sie ist aber auch ein Denkmal für die Zeit des Umbruchs um 1990, als so vieles möglich schien.

Die größte Open-Air-Galerie der Welt: die East Side Gallery.

Info: In Berlin-Friedrichshain gelegen. **Info East Side Gallery:** Mühlenstr. 3–100, 10243 Berlin, Tel. (030) 251 71 59, www.eastsidegallery-berlin.com.

Der Größte im ganzen Land

Fernsehturm

Berlin

Mit Superlativen soll man vorsichtig sein, doch dieser hier ist amtlich: Mit einer Gesamthöhe von 368 Metern ist der im Oktober 1969 nach vierjähriger Bauzeit eröffnete »Fernmeldeturm 32« am Alexanderplatz das höchste Gebäude Deutschlands. Und nicht nur das: Der schlanke Betonturm mit der markanten Kugel ist eines der wichtigsten Wahrzeichen Berlins und gehört zu den zehn meistbesuchten Sehenswürdigkeiten der Republik. Dass eine technische Konstruktion, die vor allem dazu diente, den flächendeckenden Empfang des DDR-Fernsehens zu gewährleisten, sich zu einem solchen Publikumsmagneten entwickeln würde, hätten die verantwortlichen Bauherren und Ingenieure wohl kaum für möglich gehalten. Auch wenn der Fernsehturm mit seiner eleganten Silhouette von Anfang an nicht nur ein Prestigeobjekt der DDR-Führung, sondern auch ein Liebling der Bevölkerung war. Nur 40 Sekunden braucht der Aufzug bis zur Aussichtsplattform in 203 Metern Höhe und schon schweift der Blick bis zu 60 Kilometer weit über das gesamte Stadtgebiet bis ins Berliner Umland – eine bessere Aussicht hat man nirgendwo sonst in der Hauptstadt.

Jeder kennt ihn: der Fernsehturm am Alex.

Vier Meter über der Plattform befindet sich das Restaurant, das sich – je nach technischer Einstellung – in 30 Minuten oder in einer Stunde einmal um die eigene Achse dreht. Plattform und Restaurant befinden sich in der Turmkugel, deren Fassade aus über 1000 kleinen Pyramidenelementen aus silbrig-grauem Stahl gebildet wird. Der technisch-futuristische Eindruck ist gewollt: Die 1960er Jahre waren das Zeitalter der Weltraumfaszination und der Wettlauf zum Mond war in vollem Gange. Kein Wunder also, dass der Kugelaufsatz des Berliner Fernsehturms an den sowjetischen Sputnik erinnert, jenen kugelrunden, silbrig glänzenden Satelliten, der 1957 als erster künstlicher Himmelskörper 92 Tage lang um die Erde kreiste. Insgesamt umfasst die Kugel im Berliner Fernsehturm sieben Etagen, von denen zwei für Besucher zugänglich sind. Von hier oben lässt sich die Welt aus der Vogelperspektive betrachten – und Deutschlands größte Stadt liegt einem winzig klein zu Füßen.

Info: In Berlin-Mitte gelegen. **Info Berliner Fernsehturm:** Panoramastr. 1 A, 10178 Berlin, Tel. (030) 247 57 58 75, www.tv-turm.de, Öffnungszeiten tägl. März–Okt. 9–24, Nov.–Feb. 10–24 Uhr, Eintritt Erwachsene ab € 16,50, Kinder € 9,50, bis 3 J. frei.

Balis Blumen und ein chinesisches Teehaus

Gärten der Welt in Berlin-Marzahn

Berlin

Eine traumhafte Gartenwelt liegt jenseits der Marzahner Hochhauslandschaft im Berliner Osten: der größte chinesische Garten Europas mit Teehaus lädt zur Entspannung ein, im japanischen Garten kann man die Symbolhaftigkeit der Wegeführung studieren und im balinesischen Garten eine üppige Blumenpracht bewundern. 1987 fand auf den bis dahin landwirtschaftlich genutzten Flächen im nordöstlichen Bezirk Marzahn-Hellersdorf die »Berliner Gartenschau« statt, 1991 begann die Umgestaltung zum »Erholungspark Marzahn«. Spiel- und Liegewiesen wurden angelegt, neue Spielplätze geschaffen und die Sondergärten erneuert.

Nach und nach entstanden insgesamt zehn einzigartige Themengärten aus aller Welt. Sie eröffnen ein exotisches Reich: ein chinesischer, japanischer, koreanischer, balinesischer, orientalischer, christlicher, jüdischer sowie ein italienischer Renaissance- und ein englischer Landschaftsgarten, ein Irrgarten und ein Staudengarten sind Augenweide und lehrreich zugleich. Die sorgsam gepflegten Grünanlagen lassen die botanischen und architektonischen Eigenarten traditioneller Gartenkunst der verschiedenen Länder und Kulturen für den Besucher sicht- und fühlbar werden. Der christliche Garten ist als Klostergarten gestaltet.

2017 waren die Gärten der Welt Teil der Internationalen Gartenausstellung (IGA); ein neues Besucherzentrum sowie neue Spielplätze und Freizeitflächen sorgen seitdem für noch mehr Abwechslung. Highlight ist Berlins erste Kabinenseilbahn, die vom U-Bahnhof Kienberg zu den Gärten der Welt führt.

Neben dem Teehaus im chinesischen Garten mit 30 verschiedenen Teesorten laden mehrere Restaurants, zwei Imbisse und das Café am Japanischen Garten zur Rast ein. Führungen sowohl zu den Gärten im Allgemeinen als auch zu bestimmten Themen werden regelmäßig angeboten.

In Marzahn-Hellersdorf: der Orientalische Garten im Park »Gärten der Welt«.

Info: In Berlin-Marzahn gelegen. **Info Gärten der Welt:** Haupteingang: Blumberger Damm 44, 12685 Berlin, weiterer Eingang: Eisenacher Str. 99, Tel. (030) 700 90 67 20, www.gaerten-der-welt.de, tägl. April–Sept. 9–20, März, Okt. 9–18, Nov.–Feb. 9–16 Uhr, Eintritt € 7/3 (Nov.–März € 4/2), inkl. Seilbahn € 9,90/5,50 (Nov.–März € 6,90/4,50), bis 5 J. frei.

Echte Grenzanlage und Zeitzeugenberichte

Gedenkstätte Berliner Mauer

Berlin

Die Mauer war mehr als nur eine fast vier Meter hohe Betonumfassung: Wie eine Schneise trennte der durchschnittlich 70 Meter breite Mauerstreifen mit Kontrolltürmen, Grenzsignalzaun, Stahlspitzenmatte und Hundelaufanlagen Ost- und West-Berlin bis 1990. An der Gedenkstätte Berliner Mauer zwischen Nordbahnhof und Mauerpark kann man heute noch nachvollziehen, wie die Grenzanlagen aussahen.

In vier Teilbereichen werden die Grenzsperranlagen sichtbar gemacht und wird das Leben mit der Mauer dokumentiert. Es gibt Themenstationen mit Informationstafeln, Fotos, Hörbeispielen und Videos, sogenannten archäologischen Fenstern und Nachzeichnungen abgerissener Gebäude, die der Mauer weichen mussten. Ein Aussichtsturm verschafft einen hervorragenden Überblick über das Gelände.

Auch der Verlauf der drei Tunnel, die hier unter dem Grenzstreifen mehreren Dutzend Menschen zur Flucht verhalfen, ist gekennzeichnet. Einer der Tunnel war 145 Meter lang und lag in zwölf Metern Tiefe! Sein Eingang befand sich auf der Ostseite in der Strelitzer Straße 55, wo eine Gedenktafel neben der Haustür an die Flucht von 57 Menschen und einen erschossenen Polizisten erinnert, der zu Tode kam, als er mit seinen Kollegen weitere Flüchtlinge und Fluchthelfer dingfest machen wollte.

Die Versöhnungskapelle auf dem Mauerstreifen steht an der Stelle der alten Versöhnungskirche, die auf Geheiß der DDR-Behörden 1985 abgerissen wurde, weil sie im Grenzbereich stand. Altarbild und Glocken konnten gerettet werden und sind nun Teil der neuen Kapelle aus Stampflehm, dem Überreste der alten Kirche beigemischt wurden. Wer um die Kapelle herumgeht, kann im inneren Wandelgang noch Bombenfunde und Reste des alten Kirchenfundaments sehen.

Info: Zwischen den Stadtteilen Prenzlauer Berg und Wedding gelegen. **Info Gedenkstätte Berliner Mauer:** Besucherzentrum: Bernauer Str. 111, Dokumentationszentrum: Bernauer Str. 119, 13355 Berlin, Tel. (030) 213 08 51 66, www.berliner-mauer-gedenkstaette.de, Öffnungszeiten Besucher- und Dokumentationszentrum tägl. außer Mo 10–18, Außengelände tägl. 8–22 Uhr, Eintritt frei, verschiedene Führungen im Angebot.

Gedenkstätte Berliner Mauer an der Bernauer Straße.

Ein klassizistisches Ensemble

Gendarmenmarkt

Berlin

Seinen heutigen Namen verdankt der Gendarmenmarkt einem Kürassierregiment, *gens d'armes,* das im 18. Jahrhundert hier seine Wachen und Ställe hatte. Davor war er als Lindenmarkt, Friedrichstädter Markt und Neuer Markt bekannt. Die Bebauung mit dem Ensemble aus Deutschem (Südseite) und Französischem Dom (Nordseite) sowie dem von Karl Friedrich Schinkel entworfenen Schauspielhaus macht den Gendarmenmarkt zu einem der schönsten Plätze Berlins, wenn nicht Europas.

Weihnachtsmarkt auf dem Gendarmenmarkt.

Der Deutsche Dom wurde – wie der gesamte Gendarmenmarkt – im Zweiten Weltkrieg weitgehend zerstört, erst 1996 konnte er nach umfangreicher Sanierung wiedereröffnet werden. Eine Kirche ist das Gebäude aber längst nicht mehr: Im Innenraum ist seit 2002 die Ausstellung des Deutschen Bundestags »Wege, Irrwege, Umwege. Die Entwicklung der parlamentarischen Demokratie in Deutschland« zu sehen.

Wie der Deutsche wurde auch der Französische Dom Anfang des 18. Jahrhunderts errichtet, genauer gesagt: die Französische Friedrichstadtkirche, das Gebäude neben dem Kuppelturm; dieser selbst kam erst rund 80 Jahre später hinzu, zusammen mit dem des Deutschen Doms. Der Kircheninnenraum ist sehr schlicht – schließlich handelt es sich um eine reformierte Kirche! – und wird wegen der hervorragenden Akustik auch gern für Konzerte genutzt.

Wer zur Aussichtsplattform des Kuppelturms hinaufsteigt, genießt einen schönen Blick über die Stadt, und wer mehr über die Hugenotten erfahren möchte, für die die Französische Friedrichstadtkirche einst gebaut wurde, geht ins Hugenottenmuseum, das seit 1935 im Turm untergebracht ist.

Wegen seiner ionischen Säulenhalle und der Freitreppe gilt das nach Plänen von Schinkel 1818 bis 1821 erbaute Schauspielhaus zwischen den beiden Domen als Meisterwerk der klassizistischen Architektur. Erst 1979 wurde nach den Zerstörungen des Zweiten Weltkriegs mit der Rekonstruktion begonnen, dabei wurde das Äußere originalgetreu wiederhergestellt, das Innere aber deutlich verändert. Seit der Wiedereröffnung 1984 wird der Bau als Konzerthaus genutzt.

Info Gendarmenmarkt: In Berlin-Mitte gelegen. **Info Deutscher Dom:** Gendarmenmarkt 2, 10117 Berlin, Tel. (030) 22 73 04 31, Öffnungszeiten Di–So 10–18, Mai–Sept. bis 19 Uhr, Eintritt frei. **Info Französischer Dom:** Gendarmenmarkt 5, 10117 Berlin, Tel. (030) 229 17 60, www.franzoesischer-dom.de, Öffnungszeiten tägl. April–Okt. 10–19, Nov.–März 10.30–18.30 Uhr, Eintritt frei, Aussichtsplattform wegen Sanierungsarbeiten geschl. **Info Hugenottenmuseum:** Im Französischen Dom, wegen Sanierungsarbeiten geschl. **Info Konzerthaus:** Gendarmenmarkt, 10117 Berlin, Tel. (030) 203 09 23 33, www.konzerthaus.de, Besucherservice Mo–Sa 12–19, So/Fei 12–16 Uhr, Führungen Sa 13 Uhr, Eintritt € 3.

Munteres Gemüt

Hackesche Höfe

Berlin

Wer gedacht hat, Wohnen und Arbeiten, Kultur und Kommerz passen nicht zusammen, den belehren die Hackeschen Höfe in Berlin eines Besseren. Acht Höfe, etwa 9200 Quadratmeter Wohn- und Gewerbefläche, mit Jugendstilelementen geschmückte Fassaden, ein Kino, jede Menge Geschäfte und Restaurants, Bars und Kneipen, Theater und Architektenbüros und dazwischen extravagante Wohnungen und sogar einige Lofts machen die Hackeschen Höfe heute wieder zu dem, als was sie zu Beginn des letzten Jahrhunderts gedacht waren: eine bunte Mischung aus Wohnen, Arbeiten und Vergnügen.

Zwischen 1906 und 1907 vom Bauunternehmer Kurt Berndt und dem Architekten August Endell erbaut, waren die Hackeschen Höfe in ihrer Konzeption einmalig. In einer Zeit, in der die Stadt mit ihren zwei Millionen Einwohnern überquoll und Tuberkulose als Berliner Krankheit galt, schufen sie eine durch die Reformbewegung beeinflusste Wohn- und Gewerbeanlage, begrünten die Höfe und statteten die Wohnungen mit Zentralheizungen, Innentoiletten und Bädern aus – damals höchst ungewöhnlich!

Die Hackeschen Höfe an der Rosenthaler Straße in Berlin-Mitte.

1945 durch Bombeneinschläge zum Teil erheblich zerstört, in der Folgezeit enteignet und vernachlässigt, blühte das Leben in den Hackeschen Höfen erst wieder nach der Wende und vor allem nach den aufwendigen Sanierungsarbeiten in den 1990er Jahren auf. Rings um die Höfe und vor allem in der Oranienburger Straße ist ein beliebtes Ausgehviertel mit zahlreichen Restaurants aus aller Herren Länder, Kneipen, Diskotheken, einem Szenekino und kleinen Galerien entstanden.

Einen Besuch lohnt auch der Ampelmann Shop im fünften Hof – nur einer der mittlerweile zehn florierenden Ampelmann Shops in Berlin. Für alle, die es nicht wissen: Das ostdeutsche Ampelmännchen feierte 2011 seinen 50. Geburtstag. Heute ziert es im Zuge der Ostalgie-Welle zahlreiche T-Shirts, Tassen und allerlei mehr und ist inzwischen eine bekannte Berliner Marke.

Info: In Berlin-Mitte gelegen. **Info Hackesche Höfe:** Rosenthaler Str. 40–41 und Sophienstr. 6, 10178 Berlin, www.hackesche-hoefe.com. **Info Ampelmann Shop:** Hackesche Höfe, Hof 5, Rosenthaler Str. 40–41, 10178 Berlin, Tel. (030) 44 72 64 38, www.ampelmann.de, Öffnungszeiten Mo–Sa 9.30–20, So 13–18 Uhr.

Zukunft braucht Erinnerung

Holocaust-Mahnmal

Berlin

Ein riesiges Feld mit Betonquadern, Sarkophagen ähnlich, nur 500 Meter vom Deutschen Reichstag entfernt. Sie stehen aufrecht, im Regen sind dicke, abperlende Tropfen auf ihren Oberseiten zu sehen. Mancherorts ist nur ein matter Umriss auf dem Boden markiert, wie bei den Grabplatten im Boden zahlreicher mittelalterlicher Kirchen.

Denkmal für die ermordeten Juden Europas im Zentrum Berlins.

Eine Stele, senkrecht freistehend als Scheibe oder Pfeiler, konnte in den steinzeitlichen und antiken Kulturen ein Grabdenkmal, ein Zeichen des Kults oder nur ein Grenzstein sein. Schon weil das Holocaust-Mahnmal den ermordeten Juden Europas gewidmet ist, lassen die Stelen an diesem Ort an ein Gräberfeld denken, ihre graue Farbe an die Asche der verbrannten Opfer. Aber gleichzeitig sind die 2711 Betonquader abstrakte Zeichen, jeder einzelne wie das Feld als Ganzes ein minimalistisches Kunstwerk.

Im August 1988, als die Mauer noch stand und auf dem jetzigen Denkmalgelände Grenzsoldaten der DDR in ihren Wachtürmen saßen, forderte die Publizistin Lea Rosh erstmals ein Mahnmal für die ermordeten Juden im Land der Täter. Nichts blieb in den folgenden 17 Jahren unumstritten. Weder die Frage der Widmung des Denkmals noch sein Standort, weder seine ästhetische noch seine politische Legitimation, weder die Größe, die es haben, noch das Material, aus dem es erbaut werden sollte.

Wer auch nur vage in Erinnerung hat, welche Abneigung der Plan seinerzeit hervorrief, im Zentrum Berlins ein Holocaust-Mahnmal zu bauen, wer daran zurückdenkt, wie hitzig und verletzend die Debatten um die Gestaltung dieses Gedächtnisortes über anderthalb Jahrzehnte geführt wurden – der kann heute nur staunen. Seit der Einweihung des Stelenfeldes am 10. Mai 2005 ist die Kritik verstummt. Einige der prominentesten Gegner des Entwurfs des amerikanischen Architekten Peter Eisenman haben sogar öffentlich ihren Irrtum eingestanden.

Mittlerweile ist das Mahnmal ein Touristenmagnet geworden. Zu beinahe jeder Tageszeit ist es von Besuchern umlagert, die einzeln oder in Gruppen zwischen den Betonquadern herumschlendern.

Etwa dreieinhalb Millionen Menschen haben das Stelenfeld unweit des Brandenburger Tors allein im ersten Jahr besucht. Genaue Zahlen lassen sich nicht ermitteln, da das 19 000 Quadratmeter große Terrain von allen Seiten und rund um die Uhr zugänglich ist. Im unterirdischen »Ort der Information« unterrichtet eine Ausstellung über die Organisation des Holocaust und die Schicksale der Opfer. »Es bleibt mir eigentlich zu hoffen, dass man da reingeht und nicht mehr so rauskommt, wie man reingegangen ist«, sagte der israelische Botschafter Shimon Stein bei der Eröffnung.

Info: In Berlin-Mitte gelegen. **Info Holocaust-Mahnmal:** Ort der Information, Cora-Berliner-Str. 1, 10117 Berlin, Tel. (030) 26 39 43-0, www.stiftung-denkmal.de, Öffnungszeiten Ort der Information Di–So 10–20, Okt.–März bis 19 Uhr, Eintritt frei, Spenden sind erwünscht, Stelenfeld jederzeit frei zugänglich.

Auferstanden aus Ruinen

Hotel Adlon Kempinski Berlin

Berlin

Nüchtern betrachtet ist das »Adlon Kempinski« nur ein Grandhotel in bester Lage am Pariser Platz mit Blick auf das Brandenburger Tor. Doch kaum jemand kann sich der wechselhaften Geschichte und der Faszination dieses Hotels entziehen. Im Oktober 1907 öffnete das Haus seine Pforten und wurde sofort der Liebling der Intellektuellen, Reichen und Mächtigen, unter ihnen Marlene Dietrich, Charlie Chaplin, Albert Einstein und Zar Nikolaus II.

Lorenz Adlon war ein Visionär der Kaiserzeit, er drückte dem Hotel von der Eröffnung bis zum Ersten Weltkrieg seinen Stempel auf und begründete so den Ruf einer Luxusherberge für alle Zeit. Es waren die Kaiserjahre, denn Kaiser Wilhelm II. fühlte sich hier viel wohler als im nahen Stadtschloss. Und auch seinen Freunden und Gästen riet er: »Kinder, geht doch lieber ins Adlon. Bei mir im Schloss ist es kalt und es zieht und im Bad läuft das heiße Wasser nicht.« So ist es nicht verwunderlich, dass die Liste der Berühmtheiten, die im Adlon residierten, immer länger wurde.

Seit 1997 wieder am alten Standort Unter den Linden: Hotel Adlon Kempinski.

Selbst den Zweiten Weltkrieg hätte das Grandhotel, das in dieser Zeit als Hospital diente, beinahe noch unbeschadet überstanden. Doch wenige Tage vor Kriegsende brannte das Haus unter nie ganz geklärten Umständen zum Großteil ab. Während der DDR-Zeit fristete es als Hotel ohne jeden Charme und später als Lehrlingswohnheim ein trauriges Dasein. 1984 stimmte dann das Politbüro der SED für den endgültigen Abriss des Adlon. Vor der geplanten Neubebauung mit Mietshäusern kam aber die Wende. Da Hedda Adlon, die Schwiegertochter des Hotelgründers, in den 1950er Jahren der Kempinski AG das Vorkaufsrecht für das Grundstück und den Namen Adlon übertragen hatte, war es nur logisch, das geschichtsträchtige Hotel wieder auferstehen zu lassen.

Am 23. August 1997 war es dann so weit, der damalige Bundespräsident Roman Herzog eröffnete das neue Adlon. Auf den ersten Blick sieht es wie das Hotel aus der Kaiserzeit aus, im Innern ist es allerdings moderner und luftiger geworden. Nahtlos hat es an die Zeiten vor dem Ersten Weltkrieg angeknüpft – die Legende Adlon lebt weiter, und die VIPs kommen in Scharen.

Info: In Berlin-Mitte gelegen. **Info Hotel Adlon Kempinski Berlin:** Unter den Linden 77, 10117 Berlin, Tel. (030) 22 61-0, www.hotel-adlon.de. Preise auf Anfrage.

Architektur mit Symbolcharakter

Jüdisches Museum Berlin

Berlin

Im September 2001 wurde das Museum feierlich eröffnet, doch schon 1999 war der Besucherandrang groß. Wie kann das sein? Es war der Neubau von Daniel Libeskind, der Berliner und Besucher in Scharen nach Kreuzberg lockte. Der Zick-Zack-Bau aus Titanzink mit unterirdischen Achsen, schiefen Wänden und unklimatisierten Betonschächten war Daniel Libeskinds erstes realisiertes Projekt. Mit seinem Entwurf Between the Lines wollte der US-amerikanische Architekt nicht einfach ein Museumsgebäude gestalten, sondern deutsch-jüdische Geschichte erzählen. Das Gebäude lässt viele Interpretationen zu: Manche erinnert es an einen zerbrochenen Davidstern, andere an einen Blitz; bei vielen hinterlässt es ein Gefühl der Verunsicherung. Insbesondere auf Luftbildern erschließt sich die Architektur, die im Inneren eine intensive Wirkung entfaltet.

Die sich kreuzenden Achsen im Untergeschoss symbolisieren die drei wichtigen Entwicklungslinien jüdischen Lebens in Deutschland: die Achse der Kontinuität, die Achse des Exils und die Achse des Holocaust. Die sogenannten Voids, hohle Betonschluchten, die das Gebäude vertikal spalten, stehen für die Leere, die nach der Vertreibung und Vernichtung jüdischen Lebens zurückblieb. Beklemmung vermittelt der dunkle Holocaust-Turm.

Im August 2020 eröffnete das Jüdische Museum Berlin nach mehrjährigem Umbau die neue Dauerausstellung Jüdische Geschichte und Gegenwart in Deutschland. Nach wie vor durchläuft der Besucher einen Rundgang durch die Epochen jüdischen Lebens von den Anfängen bis zur Gegenwart, doch Schwerpunkte und Szenografie habe sich geändert. Immer wieder wird die chronologische Abfolge durch Einblicke in jüdische Themen jenseits geografischer und zeitlicher Grenzen aufgebrochen. Thematische Inseln laden Besucher ein, sich mit allen Sinnen in jüdische Kultur und Tradition zu vertiefen.

Blick in den Themenraum »Tora« der neuen Dauerausstellung.

Herzstück der Sammlung ist die interaktive Medieninstallation Familienalbum: Rund 500 Dokumente und Fotos, Alltagsgegenstände und Kunstwerke aus den Nachlässen von zehn Familien lassen die Lebenswege mehrerer Generationen nahbar werden.

Neben Original-Objekten ist eine Vielfalt an audiovisuellen Medien, Kunst-Installationen und Hands-on-Stationen zu sehen. Eingangsbereich, Museumsshop, Restaurant und Sonderausstellungsräume befinden sich im barocken Altbau, einem 1735 erbauten Palais, das unterirdisch mit dem Neubau verbunden ist und 2007 durch einen Glashof ergänzt wurde. Mit Anoha eröffnet 2021 die neue Kinderwelt des Museums.

Info: In Berlin-Kreuzberg gelegen. **Info Jüdisches Museum Berlin:** Lindenstr. 9–14, 10969 Berlin, Tel. (030) 25 99 33 00, www.jmberlin.de, Öffnungszeiten tägl. 10–19 Uhr, Eintritt € 8/3, unter 18 J. frei.

Mehr als ein Jahrhundert Luxus

KaDeWe – Kaufhaus des Westens

Berlin

Das Kaufhaus des Westens – kurz KaDeWe – ist eine Berliner Institution, deren Geschichte im März 1907 begann: Nachdem der Berliner Kaufmann Adolf Jandorf bereits sechs Warenhäuser für den einfachen Bedarf in Berlin betrieb, wollte er mit einem Neubau auch gehobene Konsumwünsche erfüllen. Der mit der Konzeption und Durchführung beauftragte Architekt Johann Emil Schaudt entwarf das fünfgeschossige Gebäude im neoklassizistischen Stil.

Im KaDeWe, mit rund 60000 Quadratmetern Verkaufsfläche eines der größten Kaufhäuser Europas, ist jeder willkommen. Einer hat allerdings lebenslänglich Hausverbot: der Bombenleger und Erpresser »Dagobert«, der Ende der 1980er Jahre auf spektakuläre Weise für Schrecken und beträchtlichen Schaden sorgte.

KaDeWe – Kaufhaus des Westens – am Wittenbergplatz.

»Geiz ist geil«, dieser Slogan hat für das Kaufhaus des Westens noch nie gegolten und wird es wohl auch in Zukunft nicht. Schnäppchenjäger können also getrost einen Bogen um das KaDeWe machen, denn hier wird seit jeher edel und fein geshoppt.

Schon seit der Eröffnung gilt nach amerikanischem Vorbild das Store-in-Store-Prinzip mit vielen Geschäften unter einem Dach. So findet man so gut wie alle Marken von Weltruf – und auch schon mal eine Handtasche zum Preis eines Sportwagens. Ein legendärer Besuchermagnet ist die Feinkostabteilung in der sechsten Etage. Auf 8000 Quadratmetern breitet sich die bekannteste Schlemmermeile Deutschlands aus, rund 500 Mitarbeiter, davon 150 Köche, sorgen für das leibliche Wohl der Besucher.

Ungefähr 50000 Besucher zählt das KaDeWe an normalen Tagen, den größten Ansturm erlebte es nach dem Fall der Mauer 1989, als Zigtausende DDR-Bürger den Konsumtempel stürmten – die meisten allerdings nur zum Schauen.

Seit Frühjahr 2016 wird das Haus für 180 Millionen Euro noch einmal komplett umgestaltet: Unter Führung des Stararchitekten Rem Koolhaas soll es in sechs Jahren Umbauzeit eine ganz andere, moderne Aufteilung inklusive neuer, futuristischer Rolltreppentürme erhalten. Auch eine spektakuläre Dachterrasse ist geplant. Die Erfolgsgeschichte des KaDeWe geht weiter!

Info: In Berlin-Schöneberg gelegen. **Info KaDeWe – Kaufhaus des Westens:** Tauentzienstr. 21–24, 10789 Berlin, Tel. (030) 21 21-0, www.kadewe.de, Öffnungszeiten Mo–Do 10–20, Fr 10–21, Sa 9.30–20 Uhr.

Mahnmal gegen Krieg und Zerstörung

Kaiser-Wilhelm-Gedächtniskirche und Ku'damm

Berlin

Die Kaiser-Wilhelm-Gedächtniskirche wurde zu Ehren von Kaiser Wilhelm I. errichtet, doch der Zweite Weltkrieg, der sie als Ruine zurückließ, ließ sie zu einem Mahnmal für Frieden und Versöhnung werden. Der neoromanische Kirchenbau entstand zwischen 1891 und 1895 nach Plänen von Franz Schwechten im ornamentalen Stil des Wilhelminismus.

Am 23. November 1943 wurden große Teile des Gotteshauses bei einem Bombenangriff zerstört und nur der Westturm blieb wie ein hohler Zahn stehen. In der Folgezeit wurde er zu einem Symbol für die Schrecken des Kriegs und zu einem der bekanntesten Wahrzeichen der Stadt. 1956 sollte die Ruine abgerissen und durch einen Neubau ersetzt werden, doch die Planer hatten nicht mit dem leidenschaftlichen Protest der Berliner gerechnet, die sich vehement für den Erhalt des symbolträchtigen Bauwerks einsetzten. Mit Erfolg: Drei Jahre später wurde ein Neubau begonnen, der die Turmruine miteinbezog. Der Entwurf des Architekten Egon Eiermann, der die neue Gedächtniskirche später zu seinen wichtigsten Bauwerken zählte, umfasst einen achteckigen Kirchenraum, einen sechseckigen Glockenturm und eine kleine rechteckige Kapelle. Mittendrin erhebt sich der durch die Bomben skelettierte Turm der alten Gedächtniskirche. Die drei neuen Gebäude bestehen aus wabenförmigen Betonelementen, in die rund 33 000 Glasbausteine eingelassen sind. Vor allem im Innern des Kirchenraums erzeugen sie ein intensives, geradezu meditatives blaues Licht. In der Ruine befindet sich eine Gedenkhalle zur Mahnung gegen Krieg und Zerstörung.

Das gesamte Ensemble befindet sich an einer der prominentesten Stellen der City West: Zu Füßen der Kirche liegt der Breitscheidplatz mit dem Weltkugelbrunnen und in unmittelbarer Nähe beginnt der Kurfürstendamm, von den Berlinern kurz »Ku'damm« genannt. Diese rund dreieinhalb Kilometer lange Flaniermeile ist die Lebensader des westlichen Stadtzentrums und bei Einheimischen und Besuchern gleichermaßen beliebt. Hier befinden sich Kinos und Theater, Geschäfte und Lokale, darunter auch das berühmte Café Kranzler.

Info: In Berlin-Charlottenburg gelegen.
Info Kaiser-Wilhelm-Gedächtniskirche: Breitscheidplatz, 10789 Berlin, Tel. (030) 218 50 23, www.gedaechtniskirche-berlin.de, Öffnungszeiten Kirche tägl. 9–19, Gedenkhalle Mo–Fr 10–18, Sa 10–17.30, So 12–17.30 Uhr, Eintritt frei.

Ein Mahnmal gegen den Krieg: die Ruine der Kaiser-Wilhelm-Gedächtniskirche.

3000 Quadratmeter Feinkost

Markthalle Neun

Berlin

Rund um das Schlesische Tor war Kreuzberg schon immer bunt, alternativ und spätestens seit den 1980er Jahren auch umweltbewusst. Passend zu dieser Mischung aus Avantgarde und Subkultur findet hier seit Oktober 2011 ein Experiment statt: Ziel ist die Aufwertung und Belebung des Stadtteils durch einen Tempel des politisch korrekten Genusses – denn angeboten werden fast nur Produkte aus der Region, aus fairem Handel, aus eigener Herstellung und vor allem von höchster Qualität.

Regional und abwechslungsreich: der Wochenmarkt in der Markthalle Neun.

Die Rede ist von der Markthalle Neun, einer von 14 Markthallen, die Ende des 19. Jahrhunderts in ganz Berlin erbaut wurden und von denen heute noch drei in Betrieb sind. Die Kreuzberger Halle ist eine von ihnen. Seit 1891 wurde hier praktisch ununterbrochen Handel getrieben, doch mit dem Aufkommen der Supermärkte wandelte sich die alte Halle immer mehr zur Verkaufsfläche für Discounter. Von einem Markttreiben im klassischen Sinn konnte nicht mehr die Rede sein. Dies änderte sich 2009 mit der Gründung einer Projektgruppe, der es genau darum ging – um die Renaissance der Markthalle als sozialer Ort und als Forum für kleine Einzelhandelsbetriebe, die Waren erster Güte anbieten.

Nach einer Generalsanierung der maroden Gebäude konnte das Experiment beginnen – und bis jetzt lässt es sich gut an: Ökologische Bäckereien, bunte Kürbisstände und edle Weinstuben prägen heute das Gesicht der Halle. Von historischen Kartoffelsorten über handgemachte Pasta bis hin zum Bier aus der eigenen Brauerei reicht das Angebot dieses Marktes, auf dem kreative und engagierte Standbetreiber auf genussliebende und zugleich kritische Verbraucher treffen. Denn immer geht es hier auch um eine Weltanschauung, um ein Bekenntnis zum Biologischen und Regionalen, zum Nachhaltigen und Organischen, zum Hausgemachten und Hochwertigen.

Trotzdem ist die Markthalle kein Epizentrum moralinsaurer Öko-Piefigkeit. Im Gegenteil: Dieser Ort ist witzig, originell und inspirierend; vor allem donnerstags, wenn ab 17 Uhr der Street Food Thursday stattfindet. Hier zu flanieren und einzukaufen, zu probieren, zu plaudern und sich zu informieren, heißt das heutige Berlin von einer seiner spannendsten Seiten zu erleben.

Info: In Berlin-Kreuzberg gelegen. **Info Markthalle Neun:** Eisenbahnstr. 42/43, 10997 Berlin, Tel. (030) 61 07 34 73, www.markthalleneun.de. Märkte Di–Fr 12–18, Sa 10–18 Uhr, außerdem Do 17–22 Uhr Street Food Thursday.

Fünf Museen von Weltruf

MUSEUMSINSEL

Berlin

Die Berliner Museumsinsel ist ein architektonisches Gesamtkunstwerk und beherbergt in ihren fünf Museen ein einzigartiges Kulturerbe. Die Insel wird seit Jahren mit Millionenaufwand saniert. Den Südteil, beim Lustgarten und dem Berliner Dom, nimmt das Alte Museum ein. Dahinter liegen die Alte Nationalgalerie und das Neue Museum. Auf der Seite zum Kupfergraben befindet sich das Pergamonmuseum und am nordwestlichen Ende der Insel das Bode-Museum. Im Juli 2019 eröffnete zwischen Neuem Museum und Kupfergraben die James-Simon-Galerie als Besucherzentrum.

Das Alte Museum entstand um 1830 nach Plänen von Karl Friedrich Schinkel im Stil eines griechischen Tempels. Die offene Säulenhalle und die Rotunde geben den prächtigen Rahmen für die Antikensammlung.

Die Alte Nationalgalerie wurde ab 1866 von Friedrich August Stüler als Tempelbau der Wissenschaften konzipiert. Heute zeigt das Museum Skulpturen und Malerei des 19. Jahrhunderts, darunter große Namen wie Monet, Rodin, Degas, Liebermann und viele andere.

Der Bau des Pergamonmuseums wurde erst 1930 fertiggestellt. Seine Hauptattraktionen sind der Pergamonaltar (Saal wegen Renovierung geschl., jenseits des Kupfergrabens sind Exponate und ein Panorama im »Pergamonmuseum. Das Panorama« zu sehen), die Prozessionsstraße und das Ischtartor von Babylon sowie das Markttor von Milet. Neben der Antikensammlung sind hier das Vorderasiatische Museum und das Museum für Islamische Kunst untergebracht.

Das Bode-Museum entstand um die Wende vom 19. zum 20. Jahrhundert als Repräsentationsbau, der wie ein Schiffsbug in die Spree ragt. Im Innern finden sich Skulpturensammlung, Museum für Byzantinische Kunst, Münzkabinett und Teile der Gemäldegalerie.

Das von Friedrich August Stüler entworfene Neue Museum, das im Zweiten Weltkrieg schwer beschädigt worden war, konnte – nach Plänen von David Chipperfield wunderbar restauriert – im Herbst 2009 wieder eröffnet werden. Das Ägyptische Museum und die Papyrussammlung, das Museum für Vor- und Frühgeschichte und Objekte der Antikensammlung haben hier ihre Heimat gefunden. Prominenteste Bewohnerin ist sicherlich Nofretete, deren berühmte Büste im nördlichen Kuppelsaal zu bewundern ist.

INFO: Die Museumsinsel (Altes Museum, Alte Nationalgalerie, Pergamonmuseum, Bode-Museum, Neues Museum) liegt in Berlin-Mitte. **INFO MUSEUMSINSEL:** Bodestr. 1–3, 10178 Berlin, Tel. (030) 20 90 55 77, www.smb.museum/home.html, Öffnungszeiten tägl. außer Mo 10–18, Do bis 20 Uhr, Pergamonmuseum und Neues Museum auch Mo 10–18 Uhr, Kombikarte € 18, ermäßigt € 9, bis 18 J. frei.

Bode-Museum an der Spitze der Berliner Museumsinsel.

Mit seinem prächtigen Gefieder auf der Pfaueninsel zu finden – der Pfau.

Märchenhafte Landschaft

PFAUENINSEL

Berlin

Wie ein Märchen steigt ein Bild aus meinen Kindertagen vor mir auf: ein Schloss, Palmen und Kängurus; Papageien kreischen; Pfauen sitzen auf hoher Stange oder schlagen ein Rad, Volieren, Springbrunnen, überschattete Wiesen, Schlängelpfade, die überall hinführten und nirgends; ein rätselvolles Eiland, eine Oase, ein Blumenteppich inmitten der Mark.« Wenn der deutsche Dichter Theodor Fontane an die Pfaueninsel dachte, ein Naturschutzgebiet zwischen Berlin und Potsdam, geriet er ins Schwärmen. Auch von einem aktuellen Literaten kann man etwas über das verwunschene und bildschöne Eiland im Süden der Havel, seit 1990 UNESCO-Weltkulturerbe, erfahren: Thomas Hettche hat es als Schauplatz seines im 19. Jahrhundert angesiedelten Romans »Pfaueninsel« gewählt.

Das Schloss Friedrich Wilhelms II. auf der Pfaueninsel.

Der Preußenkönig Friedrich Wilhelm II. ließ die Insel Anfang des 19. Jahrhunderts zu seinem Sommersitz ausbauen, der jedoch an bestimmten Tagen auch für die Öffentlichkeit zugänglich war. Jeder Quadratmeter wurde künstlich gestaltet. Während der berühmte Gartenkünstler Peter Joseph Lenné die Insel in eine märchenhafte Landschaft verwandelte, sorgten namhafte Architekten für fantasievolle Bauwerke. So ist das Weiße Schloss bereits 1797 als verfallenes römisches Landhaus geplant worden. Ebenso wurde die Meierei am anderen Ende der Insel als eingefallene gotische Klosterruine errichtet. Die preußischen Könige nutzten das zweigeschossige Wohnhaus mit Ställen, um Bauer zu spielen. Fernab von der höfischen Etikette gefielen sich die Majestäten darin, Butter zu rühren oder Kühe zu melken. Karl Friedrich Schinkel schuf 1824 bis 1826 das Kavaliershaus in der Inselmitte, in dem eine gotische Hausfassade aus Danzig integriert ist. Auf dem eineinhalb Kilometer langen und einen halben Kilometer breiten Eiland wurden 1797 nicht nur frei laufende Pfauen angesiedelt. Im Privatzoo gab es eine Bärengrube, Gehege für Kängurus und Lamas, Hirsche und Wasserbüffel.

Heute leben neben den etwa 100 Pfauen noch zahlreiche weitere exotische Vögel, teilweise in Volieren untergebracht, auf dem 67 Hektar großen Gelände. Auf einem alten Bauernhof im Nordosten gibt es zudem Pferde und Gänse.

Die Insel ist über eine Fähre vom Düppeler Forst aus erreichbar. Die Zufahrt zur Anlegestelle erfolgt über den Nikolskoer Weg. Bei Wanderungen können auch die historischen Gebäude besichtigt werden, allerdings ist das Schloss bis 2024 wegen Sanierung geschlossen.

INFO: In Berlin-Wannsee gelegen. **INFO PFAUENINSEL:** Pfaueninselchaussee, 14109 Berlin-Zehlendorf, Tel. (030) 969 42 00, www.spsg.de. Fähre: Mai–Aug. 8–21, April, Sept. 9–19, März, Okt. 9–18, Nov.–Feb. 10–16 Uhr. Schloss bis 2024 geschl. Besichtigung Meierei: April–Okt. Sa/So/Fei 10–17.30 Uhr, Eintritt € 3/2, Tickets vorab im Fährhaus kaufen.

Berlins Neue Mitte

Potsdamer Platz

Berlin

Kein Berliner Bauprojekt stand so im Rampenlicht wie der Potsdamer Platz. Der kühne Plan, aus dem Nichts ein Stadtzentrum zu erschaffen, war nach zehn Jahren Bauzeit vollendet: Jetzt hat Berlin eine Neue Mitte! In den 1990er Jahren mutierte das Areal zur größten Baustelle Europas. Von einem als Info-Box gekennzeichneten Aussichtscontainer konnten Einheimische und Touristen den Fortschritt der Arbeiten beobachten. Heute lassen die Neubauten die Stadt in der Stadt hell erstrahlen.

Nirgendwo sonst in der Welt können 2500 Tonnen Stahl und Glas schöner funkeln als über dem vom Stararchitekten Helmut Jahn geplanten Sony Center. Das fußballfeldgroße Dach scheint federleicht über den Köpfen der Besucher zu schweben. Das ovale, nach oben spitz zulaufende Zelt wurde stabilisiert wie ein Regenschirm.

Ein Ensemble aus Hochhäusern und futuristischen Neubauten: der Potsdamer Platz.

In dem halbrunden Glasturm (103 m) residiert die Deutsche Bahn AG. Im Souterrain ist ein Regionalbahnhof entstanden. Der frühere Potsdamer Platz nimmt nur einen kleinen Teil des gesamten Areals ein. Von dieser Stelle aus betritt man das anschließende Viertel wie durch ein Stadttor. Mit der Mischung aus Restaurants, Einkaufsmöglichkeiten, Theatern und Kinos sowie der gewagten neuen Architektur wurde das Gebiet zum Publikumsmagneten.

An der Potsdamer Straße hat sich das Filmmuseum eingerichtet, die Vergangenheit des Platzes wurde in einem gläsernen Sarg konserviert, aus Bruchstücken des 1908 erbauten Hotel Esplanade wurde das Café Josty zusammengefügt.

In dem mit roten Klinkern verkleideten Kollhoff-Tower befindet sich der schnellste Fahrstuhl Europas, der zu einer Panoramaplattform mit atemberaubendem Ausblick führt. Am nördlichen Rand des weitläufigen Platzes ist mit dem Ritz-Carlton ein Nobelhotel im Chicagoer Stil des Art déco entstanden.

Mittelpunkt des Quartiers ist der im Westen gelegene Marlene-Dietrich-Platz, an dem u. a. das Theater am Potsdamer Platz (ein Musicaltheater), das BlueMax Theater (Heimat der Blue Man Group) sowie die Spielbank Berlin Potsdamer Platz zu finden sind. Zur 60. Berlinale im Jahr 2010 wurde der Grundstein gelegt für den »Boulevard der Stars«; Persönlichkeiten der deutschsprachigen Film- und Fernsehbranche werden hier mit einem Stern geehrt.

Info Potsdamer Platz: 10785 Berlin, www.potsdamer-platz.net.

»Dem Deutschen Volke«

REICHSTAG

Berlin

Wer sich den Berliner Reichstag von innen und die Stadt von oben anschauen möchte, muss sich wegen erhöhter Sicherheitsmaßnahmen vorher anmelden. Vor allem die vom britischen Architekten Sir Norman Foster entworfene Glaskuppel, die das Gebäude krönt, zieht die Besucher an. Und natürlich der Blick über die Stadt: Man genießt einen großzügigen Rundumblick auf Regierungsviertel und Potsdamer Platz und bei guter Sicht noch viel weiter.

Der Sitz des Deutschen Bundestags ist aber nicht nur Besuchermagnet, er spiegelt die Turbulenzen der deutschen Geschichte wider. 1884 bis 1894 wird der Reichstag nach Plänen von Paul Wallot als repräsentatives Parlamentsgebäude errichtet. Nach anfänglichem Widerstand lässt Kaiser Wilhelm II. 1916 die Inschrift »Dem Deutschen Volke« über dem Giebel anbringen. Zwei Jahre später ruft der sozialdemokratische Abgeordnete Philipp Scheidemann von einem Fenster des Reichstags die Republik aus. Bei einem Brand in der Nacht zum 28. Februar 1933 werden Teile des Gebäudes zerstört. Die Umstände werden nie geklärt, doch den Nationalsozialisten dient der Reichstagsbrand als Vorwand zur Verfolgung politischer Gegner. Am Ende des Zweiten Weltkriegs hissen sowjetische Soldaten als Symbol der deutschen Niederlage ihre Fahne auf der Ruine. In den 1960er und 1970er Jahren wird der Reichstag ohne Kuppel wiederaufgebaut, fristet aber, in Westberlin direkt an der Mauer gelegen, ein Schattendasein.

Nach der Wiedervereinigung findet am 4. Oktober 1990 im Reichstag die erste Sitzung des gesamtdeutschen Parlaments statt. Vor dem großen Umbau kann das Künstlerpaar Christo und Jeanne-Claude 1995 eines seiner Lieblingsprojekte verwirklichen: die Verhüllung des Reichstags. Das gesamte Gebäude wird für einige Wochen in mehr als 100 000 Quadratmeter silbriger Polypropylenfolie verpackt. Danach beginnt die Totalsanierung zum modernen Parlamentsgebäude mit einer 23 Meter hohen Glaskuppel, am 19. April 1999 schließlich wird der neue Reichstag eingeweiht.

Das Parlaments- und Regierungsviertel mit der nächtlich illuminierten Reichstagskuppel.

INFO: In Berlin-Mitte gelegen. **INFO REICHSTAG:** Platz der Republik 1, 11011 Berlin, Tel. (030) 227-321 52 oder -359 08, www.bundestag.de. Führungen im Reichstagsgebäude und Besuch der Kuppel nur nach vorheriger Anmeldung – online, per Fax oder Brief: Deutscher Bundestag, Besucherdienst, Platz der Republik 1, 11011 Berlin, Fax (030) 22 73 64 36, http://visite.bundestag.de. Mit einem Vorlauf von nur zwei Stunden kann man sich bei der Außenstelle des Besucherdienstes (nahe Berlin-Pavillon) anmelden – freie Kapazitäten vorausgesetzt, zudem Führungen privater Anbieter im Reichstag. Öffnungszeiten tägl. 8–24, letzter Einlass 21.45 Uhr. **INFO DACHGARTEN-RESTAURANT:** Öffnungszeiten tägl. 9–17 und 19–24 Uhr, nur mit Reservierung: Tel. (030) 226 29 90, Ausweisdokument mit Lichtbild erforderlich.

Die Dachkonstruktion des Sony Center am Potsdamer Platz.

Schöne Kulisse in Berlins Mitte

ROTES RATHAUS UND NIKOLAIVIERTEL

Berlin

Auch wenn Berlin schon seit geraumer Zeit eine rote Regierung hat, verdankt der Sitz des Regierenden Bürgermeisters – das Rote Rathaus – seinen Namen nur den roten Backsteinen und nicht der politischen Couleur der Regierenden. Nach einem Entwurf von Hermann Friedrich Waesemann wurde der Bau in der zweiten Hälfte des 19. Jahrhunderts in Anlehnung an die norditalienische Hochrenaissance errichtet.

Für den stattlichen Turm diente die Kathedrale im französischen Laon als Vorbild. In Höhe der ersten Etage befindet sich ein Terrakottafries, der die Geschichte der Stadt erzählt. Blickfang vor dem Rathaus ist der Neptunbrunnen, der einst vor dem Stadtschloss gestanden hat.

Südwestlich des Roten Rathauses liegt mit dem Nikolaiviertel eine der Keimzellen der einstigen Doppelstadt Berlin-Cölln. Unzählige bekannte Künstler und Intellektuelle wie Goethe, Hauptmann, Schinkel, Strindberg, Ibsen und natürlich das Berliner Original Heinrich Zille zählten zu den regelmäßigen Besuchern oder haben sogar hier gewohnt.

1944 wurde das Nikolaiviertel weitgehend zerstört und blieb bis zur 750-Jahr-Feier Berlins im Jahr 1987 eine traurige Ruinenlandschaft. Die Standorte der Häuser und die Straßenführung wurden zwar weitgehend historisch korrekt rekonstruiert, doch viele Häuser wurden leider in Plattenbauweise errichtet und mehr schlecht als recht mit historischen Stilelementen verkleidet.

Dies tut der Beliebtheit des Viertels aber keinen Abbruch, denn heute schlendern wieder unzählige Berlin-Besucher durch die engen, kopfsteingepflasterten Gassen an der Spree, schauen sich die Zeichnungen von Heinrich Zille in dem nach ihm benannten Museum an, gehen in die Nikolaikirche, in der heute ein Teil des Stadtmuseums untergebracht ist, oder lassen sich ein typisches Berliner Eisbein mit Sauerkraut in einem der zahlreichen Restaurants schmecken.

INFO: In Berlin-Mitte gelegen. **INFO ROTES RATHAUS:** Rathausstr. 15, 10178 Berlin, Tel. (030) 90 26 20 32, www.berlin.de, Öffnungszeiten Mo–Fr 9–18 Uhr, Eintritt frei. **INFO NIKOLAIKIRCHE:** Nikolaikirchplatz, 10178 Berlin, Tel. (030) 24 00 21 62, www.stadtmuseum.de, Öffnungszeiten tägl. 10–18 Uhr, Eintritt € 5, ermäßigt € 3, unter 18 J. frei. **INFO ZILLE-MUSEUM:** Propststr. 11, 10178 Berlin, Tel. (030) 24 63 25 00, www.zillemuseum-berlin.de, Öffnungszeiten tägl. 11–18 Uhr, Eintritt € 7, ermäßigt € 5, unter 6 J. frei.

Neptunbrunnen vor dem Roten Rathaus.

Moderne Kunst im Bunker

Sammlung Boros

Berlin

Beeindruckende Werke – besondere Atmosphäre: In einem umgebauten Bunker, der zu DDR-Zeiten als Bananenlager diente, zeigt der Werbeunternehmer Christian Boros seit 2008 im Wechsel Teile seiner Sammlung aus Skulpturen, Malerei, Fotografie, Video- und Rauminstallationen internationaler Künstler von 1990 bis zur Gegenwart. Hier sind u.a. regelmäßig Arbeiten des dänisch-isländischen Künstlers Olafur Eliasson und von Ai Weiwei aus China zu sehen. Faszinierend ist etwa ein kreisender Ventilator, der von der Decke hängt und im riesigen Raum einsam seine Runden dreht – ein Frühwerk von Eliasson, der mit dem Sammler gut befreundet ist und in Berlin eine Professur an der Universität der Künste innehat. 40 Werke des Künstlers besitzt Boros. Nicht alle lassen sich in dem Hochbunker, auf dessen Dach er mit seiner Familie ein Penthouse bewohnt, zeigen. Zu klein und schmal ist der Eingang, weshalb hier vor allem kleinere oder in Einzelteile zerlegbare Werke zum Zug kommen.

Ein alter Baum aus dem Süden Chinas: die Ai Weiwei-Installation »Tree« (2009/2010) in der Sammlung Boros im ehemaligen Berliner Hochbunker an der Ecke Reinhardtstraße/Albrechtstraße.

Die Atmosphäre hinter den dicken Mauern ohne Tageslicht ist bisweilen etwas bedrückend und gibt den Objekten im Kunstlicht einen ganz eigenen Ausdruck. Im Rahmen von Führungen mit bis zu zwölf Personen kann man sich den Werken nähern, ohne Gefahr zu laufen, sich in den 80 Räumen auf fünf Etagen und mit 3000 Quadratmetern Fläche zu verirren. Zahlreiche der aktuellen Werke arbeiten mit Klängen, sodass man im gesamten Bunker unterschiedliche, sich häufig überlagernde Geräusche wahrnimmt.

Seit 2016 präsentiert die Sammlung ihre dritte Ausstellung mit neu erworbenen, bisher nicht gezeigten Werken.

Info: In Berlin-Mitte gelegen. **Info Sammlung Boros:** Reinhardstr. 20/Ecke Albrechtstraße, 10117 Berlin, Tel. (030) 27 59 40 65, www.sammlung-boros.de, Öffnungszeiten Do–So 10–18 Uhr nur nach Voranmeldung, Eintritt € 15, ermäßigt € 9.

Das schönste Schloss der Stadt

Schloss Charlottenburg

Berlin

Sophie Charlotte von Braunschweig-Hannover, die Gemahlin des brandenburgischen Kurfürsten Friedrich III., feierte hier rauschende Feste und machte das Schloss zum kulturellen Mittelpunkt des Landes. Nach ihrem Tod 1705 erhielt das Schloss sogar ihren Namen: Fortan hieß die Lietzenburg Schloss Charlottenburg – und tut es bis heute.

1695 bis 1699 als Sommerresidenz geplant und von noch recht bescheidenen Ausmaßen, wurde dieser Bau – nach dem Vorbild von Versailles – im Lauf der folgenden 100 Jahre immer wieder erweitert, bis schließlich die Front eine Länge von rund einem halben Kilometer erreicht hatte.

Bei Luftangriffen im Zweiten Weltkrieg wurde das Schloss schwer beschädigt; so ist es wenig verwunderlich, dass kaum eine der Deckenkonstruktionen noch im Original erhalten ist und auch viele der antiken Möbel und wertvollen Gemälde für immer verloren sind. Und auch Andreas Schlüters imposantes bronzenes Reiterdenkmal des Großen Kurfürsten Friedrich Wilhelm, das heute vor dem Schloss steht, hat eine bewegte Vergangenheit hinter sich: Um es vor weiteren Bombenangriffen während des Kriegs zu schützen, sollte es evakuiert werden, versank allerdings bei den Rettungsarbeiten im Tegeler Hafen – der Lastkahn war überladen. Erst sechs Jahre später konnte es geborgen werden.

Aufgrund der An- und Umbaumaßnahmen im Lauf der letzten 300 Jahre gliedert sich das Schloss heute in eine Reihe von unterschiedlichen Abschnitten. Der im Gelb der Hohenzollern gehaltene Mitteltrakt ist der älteste Teil des Schlosses, die Orangerie und die Seitentrakte kamen nach der Krönung des Kurfürsten zum König hinzu, der östliche Neue Flügel wurde 1740 bis 1746 unter Friedrich II. errichtet.

Blick auf Schloss Charlottenburg vom Spandauer Damm aus über den Ehrenhof zur barocken Dreiflügelanlage.

Eine wahre Oase der Ruhe inmitten der Stadt ist der weitläufige Schlosspark, der ab 1697 von Siméon Godeau als erster deutscher Garten im französischen Stil angelegt wurde – sehr streng und sehr geometrisch, mit Wasserbecken und Rasenbahnen wie in Versailles. Im Lauf der Zeit änderte sich die Mode und der Park wurde im englischen Stil umgebaut und aufgelockert.

Info: In Berlin-Charlottenburg gelegen. **Info Schloss Charlottenburg:** Spandauer Damm 10–22, 14059 Berlin, Tel. (03 31) 96 94-200, www.spsg.de, Öffnungszeiten Schloss Di–So April–Okt. 10–17.30, Nov.–März 10–16.30 Uhr, Garten tägl. 8 Uhr bis Einbruch der Dunkelheit, Eintritt Altes Schloss € 12, ermäßigt € 8, Neuer Flügel € 10, ermäßigt € 7, Garten Eintritt frei.

Bella Italia in Germania!

Schloss Glienicke und Park

Berlin

Für die Schönheit des Schlosses hatte der US-amerikanische Pilot Captain Powers keine Augen, er war froh, als er als erster Spion 1962 auf der Glienicker Brücke gegen einen Agenten der UdSSR ausgetauscht wurde.

Dabei hätte er nur leicht nach links schauen müssen, um das im italienischen Stil errichtete Jagdschloss Glienicke zu entdecken.

Prinz Carl von Preußen wollte mit diesem Schloss keine Frau gewinnen und keine Grenze sichern. Er war von einer Italienreise derart begeistert und fasziniert, dass er ein Stück seines Lieblingslandes auch zu Hause um sich haben wollte. Kurzerhand ließ er Schloss Glienicke von Karl Friedrich Schinkel so umbauen, dass es auch nach Rom oder Mailand gepasst hätte.

Wer den Park, gestaltet von dem Gartenarchitekten Peter Joseph Lenné, bis zum Schloss durchschritten hat, der wird empfangen von der Löwenfontäne, einem einer Anlage aus der Villa Medici in Rom nachempfundenen Brunnen. Dahinter öffnet sich das Schloss in seiner ganzen klassizistischen Schönheit. Schinkel und Lenné haben es geschafft, Park und Schloss zu einer Einheit zu komponieren, und dabei den Wünschen ihres Auftraggebers nach Flair und Ambiente Italiens entsprochen. Die Fassade gestaltete Schinkel so um, dass er die verspielten barocken Elemente durch die klare und gradlinige Formensprache des Klassizismus ersetzte. Er machte aus dem ehemaligen Landhaus ein Schloss.

Schloss Glienicke – der steingewordene preußische Traum von Arkadien.

Heute wird das Schloss als Museum genutzt. Ein Teil davon befasst sich mit dem Leben des Prinzenpaars Carl von Preußen und seiner Frau Marie. Ihre Räume, die von Karl Friedrich Schinkel nicht nur entworfen, sondern auch eingerichtet wurden, vermitteln einen Eindruck vom Leben des Hochadels im 19. Jahrhundert. Der zweite Teil des Schlossmuseums ist den unbekannten Hofgärtnern gewidmet. Die fantastische Parkanlage ist zwar der Planung des Genies Lenné zu verdanken, aber ohne das Können und das Engagement der zahlreichen Hofgärtner hätten diese Pläne nie realisiert werden können. Wer danach noch genial speisen möchte, der sollte dem Restaurant in der Remise einen Besuch abstatten – ein wahrhaft krönender Abschluss für den Besuch eines königlichen Schlosses.

Info: In Berlin-Wannsee, an der Grenze zu Potsdam gelegen. **Info Schloss Glienicke:** Königsstr. 36, 14109 Berlin, Tel. 03 31-96 94-200, www.spsg.de, Öffnungszeiten April–Okt. tägl. außer Mo 10–17.30, sonst nur Sa/So 10–16 Uhr, Jan./Feb. ganz geschl., Eintritt € 6, ermäßigt € 5. **Info Schloss Glienicke Restaurant Remise:** Tel. (030) 805-40 00, www.schloss-glienicke.de, Öffnungszeiten tägl. außer Mo 12–21 Uhr.

Flugplatz für Drachen und Skater

TEMPELHOFER FELD

Berlin

Viel Platz und frische Luft mitten in der Großstadt bietet das riesige Gelände des ehemaligen Tempelhofer Flughafens, das 2010 in eine öffentliche Grünfläche umgewidmet wurde. Eigentlich sollte das Gelände bebaut werden, doch ein 2011 initiiertes Volksbegehren gegen die Bebauung war 2014 erfolgreich. Seitdem gibt es den Tempelhofer Park, in den man durch zehn Eingänge hineingelangt.

Er ist keine Parkanlage im üblichen Sinne geworden, sondern einfach nur viel Freiraum zum Kicken, Spazierengehen, auf der Wiese sitzen, Drachen steigen lassen, Skaten, ins Weite schauen und Träumen.

Etliche Windsurfer und Segler auf Rollen nutzen die einstigen Start- und Landebahnen, denn es bläst eigentlich immer ein frischer Wind. Die endlosen Wiesen bieten vielen Pflanzen und Tieren Lebensraum. Die Feldlerche, ein Bodenbrüter, baute hier schon während des Flugbetriebs ihre Nester und lässt sich heute auch von vorbeiflitzenden Kite-Surfern nicht davon abhalten.

Auf der Neuköllner Seite im Osten blühen Blumen und gedeihen Kürbisse auf kleinen Hochbeeten von Urban-Gardening-Initiativen. Künstler haben Skulpturen gebaut, auf Kreuzberger Seite wartet eine kunstvoll gestaltete Minigolfanlage auf Schlägertypen und meistens sausen auch geschäftstüchtige Gastronomen mit mobilen Kaffeebars über das riesige Gelände und freuen sich über die internationale Kundschaft, die hier einen freien Tag verbringt.

Grillen ist auf drei gekennzeichneten Flächen erlaubt: Man muss nur dem Grillkohleduft nachgehen, schon ist man an der richtigen Stelle. Auf insgesamt 27 Tafeln an 20 Standorten bekommen Geschichtsinteressierte Einblicke in die vielschichtige Historie des Tempelhofer Feldes.

Das riesige Flugfeld des ehemaligen Zentralflughafens Tempelhof bietet Platz für jede Menge Freizeitaktivitäten.

Immer wieder wird die Grünfläche mitten in der Stadt auch für Kulturevents genutzt, 2015 etwa für einen Ableger des Lollapalooza-Festivals aus den USA. Ein Teil des Platzes wird für Flüchtlingsunterkünfte gebraucht. Die 900 Container dienen als Reserve, wenn viele Geflüchtete nach Berlin kommen.

Es sind vor allem zwei Dinge, die das Tempelhofer Feld prägen: Ruhe und der Himmel über Berlin, so weit das Auge reicht.

INFO: In Berlin-Tempelhof gelegen. **INFO TEMPELHOFER FELD:** Eingänge: Tempelhofer Damm, Columbiadamm, Oderstraße, https://gruen-berlin.de/tempelhofer-feld, www.tempelhofer-park.de, Öffnungszeiten Dez./Jan. 7.30–17, Nov., Feb. 7–18, Okt. 7–19, März 6–19, April, Sept. 6–20.30, Mai, Aug. 6–21.30, Juni/Juli 6–22.30 Uhr, Eintritt frei.

Der Berg der Spione

Teufelsberg

Berlin

Eigentlich ist er einer jener Trümmerberge, wie es sie in fast jeder deutschen Stadt gibt, die nicht vom Bombenhagel des Zweiten Weltkriegs verschont wurde. Doch kaum ein Ort in Berlin kann auf eine solch wechselhafte, zum Teil abstrus-komische Geschichte zurückblicken wie dieser mit Bäumen bewachsene Hügel zwischen Olympiastadion und Messegelände, der 121 Meter hoch ist und damit als zweithöchste Erhebung Berlins gilt. Schon der Anfang trug groteske Züge: Hier im Grunewald, ganz in der Nähe des Teufelssees, begannen 1937 die Bauarbeiten zur »Wehrtechnischen Fakultät«, einem Projekt im Rahmen der von Hitler geplanten »Welthauptstadt Germania«. Nach Kriegsende wurde der Rohbau jedoch gesprengt. Auf dem Gelände entstand zwischen 1950 und 1972 ein Schuttberg von 26 Millionen Kubikmetern, was einem Drittel aller in Berlin zerbombten Häuser entspricht. Danach wurde die Anhöhe bepflanzt und zu einem Naherholungsgebiet ausgebaut. Doch noch vor den Erholungsuchenden hatten die alliierten Geheimdienste den Berg für sich entdeckt: Aufgrund seiner günstigen Lage eignete er sich nämlich hervorragend zum Abhören des Luftraums über der Stadt – vor allem im Hinblick auf die drei Flugkorridore, die West-Berlin mit der Bundesrepublik verbanden. Insbesondere die National Security Agency (NSA), doch auch verschiedene andere US-amerikanische und britische Überwachungsdienste nutzten den Berg für ihre Zwecke, und es entstand jene futuristisch anmutende Abhörstation mit den markanten Antennenkuppeln, die noch heute zum Berliner Stadtbild gehören.

Die ehemalige Abhörstation der US-Armee auf dem Teufelsberg.

Ganz in der Nähe der Radarstation wurde übrigens Wein angebaut – das »Wilmersdorfer Teufelströpfchen«. Nach dem Ende des Kalten Kriegs war die Abhöranlage dann obsolet und wurde 1991 aufgegeben. Doch während die militärischen Gebäude (und der Weinberg) verfielen, blieb die Geschichte des Teufelsbergs spannend – und ist es bis heute: Eine Friedensuniversität sollte hier errichtet werden, ein Hotel, eine Wohnanlage, eine Denkfabrik. Nichts davon wurde Wirklichkeit.

Der Teufelsberg gehört bis auf Weiteres den Spaziergängern, Graffitikünstlern und Hobbysportlern. Und den historisch Interessierten: Führungen über das Gelände der ehemaligen Abhörstation sind möglich.

Info: In Berlin-Grunewald gelegen. **Info Radarstation auf dem Teufelsberg:** Teufelsseechaussee 10, 14193 Berlin, www.teufelsberg-berlin.de.

Raumwunder und Grünflächen

Wohnsiedlungen der Moderne

Berlin

Licht, Luft und Sonne sollten diese sechs Stadtquartiere, die zwischen 1913 und 1934 entstanden, den Berlinern in den eigenen vier Wänden bescheren. Wie gut das geglückt ist, kann man bis heute sehen. Als Wohnsiedlungen der Moderne von der UNESCO 2008 zum Weltkulturerbe ernannt sorgen die Gebäudeensembles bis heute für eine hohe Lebensqualität. Moderne, bezahlbare Wohnungen mit Küchen, Bädern und Balkonen, in Häusern ohne Hinterhof und Seitenflügel – das war vor rund hundert Jahren eine Sensation und ist es heute wieder. So ist die Hufeisensiedlung in Neukölln ein beliebter Wohnort. Sie heißt so, weil sich das zentrale Gebäude wie ein Hufeisen um einen Teich mit Grünanlage biegt. Nach Plänen der Architekten Bruno Taut und Martin Wagner errichtet gruppieren sich hier auch Eigenheime mit Garten. In einer denkmalgerecht sanierten Wohnung kann man das ursprüngliche Farbkonzept Bruno Tauts kennenlernen. Wem die Architektur der 1930er Jahre und das üppige Grün der Kirschbäume in der Siedlung gefallen, der kann in dem detailgetreu eingerichteten Ferienhaus Tautes Heim Urlaub machen.

Wegweisender Siedlungsbau der Klassischen Moderne: Die Großsiedlung Siemensstadt (erbaut 1929–34) nach dem Entwurf des Architekten Hans Scharoun zählt seit 2008 zum UNESCO-Weltkulturerbe.

Weitere Siedlungen der Moderne sind die Quartiere Schillerpark (Wedding) von Bruno Taut, Siemensstadt (u. a. von Hans Scharoun und Walter Gropius), die Weiße Stadt in Berlin-Reinickendorf (Martin Wagner, Bruno Ahrens etc.), die Köpenicker Tuschkastensiedlung sowie die Wohnstadt Carl Legien (beide Bruno Taut) in Prenzlauer Berg. Allen Siedlungen ist die äußerst helle und grüne Gestaltung eigen. Kein Wunder, dass sich Architekten weltweit noch heute an dieser Architektur der Moderne orientieren.

Ganz- oder halbtägige Architekturführungen mit Wohnungsbesichtigungen und Bustransfer bringen Besuchern alle sechs Großsiedlungen näher; zudem gibt es verschiedene Themenführungen (jeweils 2,5 Std.).

Info: www.welterbesiedlungen-berlin.de, Führungen: Tel. (030) 420 26 96 20, https://ticket-b.de. **Info Hufeisensiedlung:** Fritz-Reuter-Allee 44, 12359 Berlin, U7 Parchimer Allee, Führungen: Tel. (030) 420 26 96 12, www.hufeisensiedlung-berlin.de, Fr, So 14–18, Nov.–März Fr, So 13–17 Uhr. **Info Tautes Heim:** Parchimer Allee 81 B, 12359 Berlin, U7 Parchimer Allee, Tel. (030) 60 10 71 93, www.tautes-heim.de.

MECKLENBURG-
VORPOMMERN
Pommersche Bucht
Stettiner Haff
(Zalew Szczeciński)
Wismar
Schweriner See
Warnow
Kummerower See
Tollense
Peene
Schwerin
Waren
Neubrandenburg
Tollensesee
Pasewalk
Stettin
Oder
Parchim
Elde
Müritz
Neustrelitz
Prenzlau
Ludwigslust
Greifenhagen (Gryfino)
Fürstenberg
Templin
Rheinsberg/ Müritz
Schwedt
Wittenberge
Angermünde
Neuruppin
Werbellinsee
Chorin
Dosse
Ruppiner See
Oder-Havel-Kanal
Niederfinow
POLEN
BRANDEN-
BURG
Eberswalde-Finow
Elbe
Rhinkanal
Oranienburg
Bernau
Küstrin (Kostrzyn)
Hennigsdorf
Stendal
Rathenow
Strausberg
BERLIN
Gardelegen
Dahlwitz
Havel
SACHSEN-
ANHALT
Brandenburg
Potsdam
Fürstenwalde
Oder
Ohre
Elbe-Havel-K.
Teltow
Frankfurt (Oder)
Kloster Lehnin
Caputh
Oder-Spree-Kanal
Haldensleben
Burg
Königs Wusterhausen
Plane
Beelitz
Ludwigsfelde
Eisenhüttenstadt
Magdeburg
Spree
Schwielochsee
Schönebeck
Luckenwalde
Tropical Islands
Nuthe
Spreewald
Dahme
Guben
Bode
Lübbenau
Staßfurt
Dessau
Cottbus
Aschersleben
Bernburg
Finsterwalde
Bitterfeld
Elbe
Wipper
Saale
Lichterfeld F60
Mulde
Spremberg
Torgau
Schwarze Elster
Senftenberg
Eisleben
Halle
Weißwasser
Eilenburg
Weiße Elster
LEIPZIG
Wurzen
Merseburg
Unstrut
Riesa
Gr. Röder
Weißenfels
SACHSEN
Bautzen
Pleiße
Meißen
Radebeul
Naumburg
Borna
DRESDEN
Ilm
Mulde
0
25 km
Weimar
Gera

Hausboote auf der Dahme bei Märkisch Buchholz.

BRANDENBURG

Eine Klinik im Dornröschenschlaf

Beelitz-Heilstätten und Baumkronenpfad »Baum & Zeit«

Beelitz, Brandenburg

Eigentlich ist das märkische Beelitz für seinen Spargel berühmt, liegt es doch inmitten des größten Spargelanbaugebiets in Brandenburg. Doch das Städtchen nahe Potsdam hat noch mehr zu bieten: Im Ortsteil Heilstätten befindet sich ein einzigartiges denkmalgeschütztes Ensemble aus 60 Gebäuden, die der Siedlung ihren Namen gaben, denn sie gehörten ursprünglich zu einem Sanatorium. Zwischen 1898 und 1930 ließ die Landesversicherungsanstalt Berlin den Komplex als Lungenheilanstalt für die Arbeiter der Hauptstadt errichten, später kamen weitere Klinikbereiche hinzu. Nach dem Zweiten Weltkrieg übernahm die Rote Armee das Gelände als größtes Militärkrankenhaus außerhalb der Sowjetunion; einer der letzten Patienten hieß Erich Honecker.

Seit 1994 stehen die durch Verfall stark in Mitleidenschaft gezogenen Jugendstilgebäude leer, doch das heißt nicht, dass hier nichts mehr passiert. Im Gegenteil: Ein Bereich des über 200 Hektar großen Areals wird gerade touristisch erschlossen, woanders entstehen Büros und Wohnungen. Spannend für Besucher sind vor allem die Erlebnisführungen durch einige der historischen Klinikgebäude: Ihre wie aus der Zeit gefallene und geradezu verwunschene Atmosphäre hat schon namhafte Regisseure wie etwa Roman Polanski zu Dreharbeiten inspiriert, auch finden hier immer wieder künstlerische Events statt.

Morbider Charme in einem leerstehenden Gebäude auf dem Gelände der ehemaligen Lungenheilstätten in Beelitz.

Seit einiger Zeit ist das Gelände auch von oben zu besichtigen: Im September 2015 eröffnete der zurzeit 750 Meter lange Baumkronenpfad »Baum & Zeit«. In 23 Metern Höhe können Spaziergänger durch die Wipfel der Parkbäume wandeln und dabei das gesamte ehemalige Klinikareal überblicken. Der Pfad ist barrierefrei.

Info: Beelitz-Heilstätten liegt ca. 40 km südwestlich von Berlin. **Info Beelitz-Heilstätten:** Straße nach Fichtenwalde 13, 14547 Beelitz-Heilstätten, Tel. (03 32 04) 391 55, www.beelitz.de. **Info Baumkronenpfad »Baum & Zeit« und Führungen:** Straße nach Fichtenwalde 13, 14547 Beelitz-Heilstätten, Tel. (03 32 04) 63 47 23, www.baumundzeit.de, öffentliche Führungen finden an allen Öffnungstagen des Baumkronenpfades (vgl. Website) mehrfach statt.

Zwischen Backsteingotik und Blumenmeer

Brandenburg an der Havel

Brandenburg an der Havel, Brandenburg

Nach dieser Stadt ist ein ganzes Bundesland benannt. Denn hier liegen seine Ursprünge: Wo sich die Havel in mehrere Flussarme verzweigt und Inseln bildet, stand die slawische Brandenburg, die der fränkische König Heinrich im Jahr 928 eroberte. Hier entstand die Mark Brandenburg, aus der der preußische Staat und später das Land Brandenburg hervorgingen.

Die der Landschaft ihren Namen gebende Stadt, oft als »Wiege der Mark« bezeichnet, hat heute etwas mehr als 70 000 Einwohner und besticht neben ihrer Lage inmitten von Flüssen und Seen vor allem durch ihre weitgehend erhaltene Stadtbefestigung und durch wichtige Bauwerke der norddeutschen Backsteinarchitektur.

Hierzu zählen der Dom, die Kirchen St. Katharinen und St. Johannis, das Altstädtische Rathaus mit seiner mächtigen Giebelfassade sowie das Paulikloster, in dem sich heute das Archäologische Landesmuseum befindet. In der Dauerausstellung bekommen interessierte Besucherinnen und Besucher einen spannenden Einblick in die mehr als 100 000-jährige Geschichte jener uralten Kulturlandschaft, deren Zentrum heute die Stadt Brandenburg ist. Zu den Highlights des Hauses gehört das sogenannte Friesacker Tragetuch – eine der ältesten Textilien der Welt. Sehenswert sind auch die sächsischen Münzen aus dem 11. und 12. Jahrhundert, die in der Region gefunden wurden.

Die Dominsel in Brandenburg an der Havel mit der Domkirche St. Peter und Paul.

Doch Brandenburg hat noch mehr zu bieten: Für die Bundesgartenschau 2015 wurden an mehreren Stellen im Stadtzentrum großflächige Parkanlagen geschaffen oder neu gestaltet. So entstand auf dem Marienberg ein zwölf Hektar großes Areal aus Rosen- und Staudengärten und ein ehemaliges Werftgelände hinter der Dominsel wurde in ein Ensemble aus 33 unterschiedlichen Themengärten verwandelt.

Und mit noch einer weiteren Attraktion kann Brandenburg aufwarten: Pünktlich zur Buga schuf die Berliner Künstlerin Clara Walter bisher 22 bronzene »Waldmöpse« (30 sollen es einmal sein), die als sitzende, stehende, schnüffelnde und pinkelnde Kleinskulpturen an vielen Stellen der Stadt ihren Platz gefunden haben. Die Möpse mit Geweih sind Erfindungen von Brandenburgs Ehrenbürger Vicco von Bülow alias Loriot, dem seine Geburtsstadt auf diese Weise ein Denkmal setzen wollte.

Info: Brandenburg an der Havel liegt ca. 70 km westlich von Berlin. **Info Brandenburg an der Havel:** Tourist Information, Neustädtischer Markt 3, 14776 Brandenburg an der Havel, Tel. (033 81) 79 63 60, https://erlebnis-brandenburg.de.

Sommerfrische für Kurfürsten und Koryphäen

Caputh

Caputh, Brandenburg

Komm nach Caputh, pfeif auf die Welt« – mit diesen Worten lud Albert Einstein seinen Sohn Eduard in sein Sommerhaus ein. Und in der Tat gibt es wohl wenige Orte in der Umgebung von Berlin, an denen sich die Welt auf so angenehme Weise vergessen lässt wie in diesem 4500-Einwohner-Dorf vor den Toren Potsdams. Wegen seiner idyllischen Lage inmitten eines Waldgebiets und an gleich drei Seen war Caputh von jeher eine Zuflucht für Menschen, die dem Trubel der nahen Hauptstadt zeitweilig entfliehen wollten – ab dem 17. Jahrhundert für den brandenburgischen Adel, ab dem 19. Jahrhundert auch für bürgerliche Sommerfrischler.

Heute zeugen vor allem zwei Bauwerke von der historischen Bedeutung des Ortes: das kurfürstliche Schloss und das Einsteinhaus. Das in einem Park unmittelbar am Templiner See gelegene Lustschloss Caputh entstand ab 1662. Die Innenausstattung des eleganten dreiflügeligen Landhauses in Weiß und Ocker ist zum größten Teil noch original: Deckenfresken und Stuckarbeiten, Gemälde und Mobiliar zeugen von barocker Wohnkultur.

Ein besonderes Kleinod ist der mit 7500 holländischen Fliesen ausgestattete Speisesaal im Souterrain. Der gewölbte, im Sommer angenehm kühle Saal des 1999 generalsanierten Schlosses kann ebenso besichtigt werden wie der prächtige Festsaal, die Privaträume der preußischen Herrscherfamilie, zwei weitere Zimmer sowie ein Teil der kurfürstlichen Porzellansammlung. Rund um das malerisch am Ufer der Havel gelegene Schlösschen – übrigens eines der ältesten in der Schlösser- und Seenlandschaft rund um Potsdam – erstreckt sich ein prächtiger Park.

Das Einsteinhaus liegt am nördlichen Ende des Dorfes direkt am Waldrand. In seiner bewussten Schlichtheit entsprach das 1929 erbaute dunkelrote Holzhaus den damaligen Vorstellungen von Funktionalität und Moderne. Bis 1932 verbrachte Einstein hier den Sommer und lud gern andere Geistesgrößen zu sich ein. Heute wird das Haus als Gedenk- und Begegnungsstätte genutzt.

Das Sommerhaus von Albert Einstein in Caputh.

Info: Caputh liegt ca. 10 km südwestlich von Potsdam und 35 km von Berlin. **Info Schloss Caputh:** Straße der Einheit 2, 14548 Caputh, Tel. (03 32 09) 703 45, www.spsg.de, Öffnungszeiten Mai–Okt. Di–So 10–17.30, Nov.–März Sa/So 10–16, April Sa/So 10–17.30 Uhr, Eintritt € 6, ermäßigt € 5. **Info Einsteinhaus:** Am Waldrand 15–17, 14548 Caputh, Tel. (03 31) 27 17 80, www.einsteinsommerhaus.de, Öffnungszeiten April–Okt. Sa/So/Fei 10–18 Uhr, Eintritt € 5, ermäßigt € 2,50.

Backsteinromantik und steinerne Gnome

Zisterzienserkloster Chorin

Chorin, Brandenburg

Es gehört zu den schönsten Baudenkmälern der deutschen Backsteingotik: Das Kloster Chorin liegt inmitten des von der UNESCO ausgezeichneten Waldgebiets Schorfheide am Amtssee etwa zehn Kilometer nordöstlich von Eberswalde und ist ein Beleg für die Kunstfertigkeit der Mönche, gotisch ornamental zu bauen und trotzdem nicht gegen die spartanischen Grundsätze der Ordensarchitektur zu verstoßen. Der Choriner Stil wurde richtungweisend für die Baukunst Norddeutschlands.

Das Kloster war einer der Lieblingsorte des 2015 verstorbenen Altbundeskanzlers Helmut Schmidt und wird jährlich von rund 100 000 Touristen besucht. Der Orden der französischen Zisterzienser erbaute es von 1270 bis 1300. Das Kloster weist noch romanische und auch einige orientalische Bauelemente auf, wurde aber vorwiegend im Stil der Backsteingotik vollendet. Wandschmuck wurde nur ganz spärlich verwendet. Lediglich an den Säulenbögen findet man kleine Ornamente: christliche Symbole für Gut und Böse, Tiere und Fabelwesen. Im Mittelalter war das Kloster ein bedeutendes Zentrum der Baukunst und der Landwirtschaft. Es beherbergte etwa 60 bis 80 Priestermönche und 400 Arbeitsmönche (Konversen).

Zisterzienserkloster Chorin nördlich von Eberswalde.

Nach der Reformation ließen wechselnde Besitzer – Markgrafen und Kurfürsten – das Gelände häufig umbauen. Es verfiel zum Teil, sodass die Verzierungen abbröckelten. 1958 beauftragte man daher den Bildhauer Waldemar Grzimek mit neuen Ornamenten, die heute in einer Ausstellung zu sehen sind. Übrigens erlaubte sich der Künstler einen Scherz und modellierte Walter Ulbricht als teuflischen Gnom, umringt von seinen DDR-Ministern. Drei Monate hielt es der ehemalige Staatsratsvorsitzende an einer Klostersäule aus, dann wurde er entdeckt und verschwand.

Bei den öffentlichen Führungen erfahren die Besucher viel über die Geschichte des Klosters und das Leben der Mönche im Mittelalter. Während des traditionellen »Choriner Musiksommers« gibt es Konzerte mit Musik vom 17. bis 19. Jahrhundert. Die in der Nähe liegende »Alte Klosterschänke Chorin« bietet regionale Küche in einer restaurierten Fachwerkscheune.

Info: Chorin liegt ca. 75 km nördlich von Berlin. **Info Zisterzienserkloster Chorin:** Amt Chorin 11, 16230 Chorin, Tel. (03 33 66) 703 77, www.kloster-chorin.org, Öffnungszeiten tägl. Sommerzeit 9–18, Winterzeit 10–16 Uhr, Eintritt € 6, ermäßigt € 3,50.

Zentrum der Sorben

Cottbus und Niederlausitz

Cottbus, Brandenburg

Die wohl erste Assoziation mit der Niederlausitz sind Kähne, die gemütlich durch die malerischen Kanäle des Spreewalds gestakt werden. Aber auch idyllische kleine Städte wie Lübbenau, Vetschau oder Luckau prägen das Bild dieser Region ebenso wie üppige Kiefernwälder und zahlreiche Seen, die vor allem bei Radfahrern beliebt sind. Vielen ist die Niederlausitz auch ein Begriff als Alterssitz des Fürsten Pückler, der sich im Branitzer Park mit der Seepyramide eine weltweit einzigartige Ruhestätte schuf. Nicht zuletzt jedoch ist es das westslawische Volk der Sorben in ihren traditionellen Gewändern, das diesen Teil Brandenburgs bekannt gemacht hat. Als ihr kulturelles und politisches Zentrum gilt Cottbus, dessen Siedlungsgeschichte 2000 Jahre zurückverfolgt werden kann.

Über Traditionen und Bräuche dieser hier bereits seit weit über 1000 Jahren beheimateten Minderheit informiert das Wendische Museum. Das älteste Gotteshaus der Stadt trägt den Beinamen »Wendische Kirche« und war einst für die wendische Landbevölkerung zuständig. Auch wegen der Grabplatte des Stadtgründers mit dem Wappentier ist die Klosterkirche ein bedeutendes Stück Regionalgeschichte.

Auf eine interessante Geschichte kann auch die Schlosskirche zurückblicken. Sie entstand in den ersten Jahren des 18. Jahrhunderts als französisch-reformierte Kirche, nachdem der preußische König Friedrich I. den seit 1701 in Cottbus ansässigen Hugenotten das Grundstück für den Bau des Gotteshauses geschenkt hatte. Am 9. November 2015 wurde die nicht mehr genutzte Kirche der jüdischen Gemeinde zur Nutzung als Synagoge übergeben.

Doch Kulturliebhabern hat die Stadt noch sehr viel mehr zu bieten. Dabei widmen sich viele Ausstellungen vor allem lokalen Themen wie z. B. das Stadtmuseum, das Flugplatzmuseum oder das Technische Denkmal Spreewehrmühle. Bei einem Streifzug durch die Stadt gibt es zudem zahlreiche sehenswerte Gebäude zu entdecken. Das Staatstheater wurde im Jugendstil erbaut, während der Spremberger Turm ein Teil der gotischen Wehranlage ist, die noch heute den mittelalterlichen Grundriss des Ortes erkennen lässt. Den Altmarkt mit seinem Brunnen säumen vor allem Bürgerhäuser im Barockstil, und am Schlosskirchplatz können architekturbegeisterte Flaneure Gebäude im Bauhausstil bewundern.

Cottbus, Zentrum der Sorben in der Niederlausitz.

Info: Cottbus liegt ca. 130 km südlich von Berlin und 134 km nördlich von Dresden. **Info Cottbus:** CottbusService, Berliner Platz 6/ Stadthalle, 03046 Cottbus, Tel. (03 55) 754 20, www.cottbus-tourismus.de. **Info Wendisches Museum:** Mühlenstr. 12, Cottbus, www.wendisches-museum.de, seit 2016 wegen Umbau geschl., Sonderausstellung im Stadtmuseum.

Traditionsreiche Pferderennbahn vor den Toren Berlins

Galopprennbahn Hoppegarten

Dahlwitz, Brandenburg

Am 17. Mai 1868 läutete zum ersten Mal offiziell die Startglocke ein Rennen auf der Galopprennbahn Hoppegarten ein. König Wilhelm I. und Otto von Bismarck waren persönlich anwesend. In der Folgezeit entwickelte sich Hoppegarten mit über 40 Rennställen und mehr als 800 Trainingspferden zu einer der bedeutendsten Pferderennbahnen Europas. Aus dem Jahr 1835 datiert das erste Wettbuch, 1872 wurde der regelmäßige Betrieb der Wettmaschine verzeichnet.

Seither haben viele Pferdefreunde aller Gesellschaftsschichten gewettet, gewonnen oder verloren. Auch wenn schon 1888 die alten Holztribünen neueren massiven Konstruktionen weichen mussten, so sind doch wichtige Bauten aus damaliger Zeit erhalten geblieben. Das denkmalgeschützte Waagehaus, der Jockeyclub, die Kaisertribüne, der Führring und die Bollersdorfer Trainierbahn zeugen vom Glanz alter Zeit.

Finanziert wurde die Rennbahn lange vom exklusiven Union-Club, einem 1867 nach englischem Vorbild gegründeten Club zur Förderung des Pferdesports, der auch gesellschaftlich eine große Rolle spielte. Ihm gehörten neben Otto von Bismarck zahlreiche weitere Aristokraten an, darunter Minister, Diplomaten und Offiziere.

Pferderennen auf der Galopprennbahn Hoppegarten.

Für Kenner des Galoppsports ist Hoppegarten immer ein Geheimtipp gewesen. An diese Wiege des deutschen Galopprennsports zog es nach der Wende Jahr für Jahr wieder mehr begeisterte Rennsportfreunde und -profis. Seit 1992 wird auch der »Große Preis von Berlin«, der erstmalig 1888 stattfand, wieder in Hoppegarten ausgetragen.

Mittlerweile gibt es immer mehr Familien, die in dieser grünen Lunge nahe Berlin Abwechslung suchen und finden. Während die Erwachsenen den spannenden Pferderennen zuschauen, können die Kinder sich beim Ponyreiten oder auf einer Hüpfburg vergnügen.

Der Name Hoppegarten leitet sich übrigens von Hopfen ab, da sich die Rennstrecke auf einem Anbaugebiet aus der Zeit des Preußenkönigs Friedrich Wilhelm I. befindet. Das bekannte deutsche Kinderlied »Hoppe, hoppe, Reiter« stammt definitiv nicht von der beliebten Pferderennbahn.

Info: Hoppegarten grenzt im Osten an Berlin. **Info Galopprennbahn Hoppegarten:** Goetheallee 1, 15366 Dahlwitz-Hoppegarten, Tel. (033 42) 389 30, www.hoppegarten.com. Rennpläne und Eintritt auf der Website. **Info Hotel Hoppegarten Berlin:** Köpenicker Str. 1, 15366 Dahlwitz-Hoppegarten, Tel. (033 42) 36 70, www.hotelhoppegartenberlin.com, Preise auf Anfrage.

Aktiv im Blauen Paradies

Havelseen

Brandenburg

Die Kette der ineinander übergehenden Seen in Brandenburg ist Teil des größten zusammenhängenden Wassersportreviers Europas, das als »Blaues Paradies« bezeichnet wird. Und ein wahrlich paradiesischer Urlaub erwartet Wassersportler an den Potsdamer und Brandenburger Havelseen. Auf einer Länge von 180 Kilometern und auf mehr als 40 Seen tummeln sich in der warmen Jahreszeit Wasserfahrzeuge aller Art: Tretboote, Kanus, Segelboote, Motorboote, Hausboote, Flöße, Yachten, Wassertaxis und Ausflugsschiffe... Auch Stand-Up-Paddler haben die Region in den letzten Jahren für sich entdeckt.

Und man muss nicht einmal Bootseigentümer sein, um sich für einen Tag als Kapitän fühlen zu dürfen: In und um Potsdam lässt sich so ziemlich alles mieten, was wassertauglich ist. Auch die Gastronomie hat sich auf die Wassersportler eingestellt: Viele Restaurants und Cafés verfügen über eine eigene Anlegestelle.

Radfahrer schätzen die Routen, die sie durch die intakte Natur entlang der schilfgesäumten Gewässer und hin zu den kulturellen Schätzen Brandenburgs führen. Dabei ist der Radweg F1 besonders reizvoll, er führt auf 34 Kilometern Länge rund um den Templiner See und den Schwielowsee. Unterwegs bieten diverse Badestellen und Strandbäder die Möglichkeit, sich im Wasser der Havel zu erfrischen.

Ein guter Startpunkt ist der Potsdamer Hauptbahnhof, von wo eine Landstraße entlang des Templiner Sees am Ausflugslokal Forsthaus Templin – mit Braumanufaktur – und dem Waldbad Templin vorbei durch ein Waldstück führt. Danach folgen Caputh mit Schloss und Sommerhaus von Albert Einstein und gleich darauf das ehemalige Malerdorf Ferch, wo die Landschaft noch lieblicher wird: »Der Schwielowsee ist breit, behaglich, sonnig und hat die Gutmütigkeit aller breit angelegten Naturen«, schrieb Fontane über das Gewässer. Und das gilt auch heute: Fischrestaurants, Cafés, kleine Hotels und wunderschöne Seegrundstücke säumen das Ufer auch entlang des weiteren Streckenverlaufs nach Petzow und Geltow und zurück nach Potsdam.

Haveltouristen auf dem Jungfernsee.

Info: Die Brandenburger Havelseen sind Teil des sogenannten Blauen Paradieses, des größten Wassersportreviers Europas. **Info Havelseen:** Tel. (033 81) 79 63 60 oder (03 32 37) 85 90 30, www.potsdamer-brandenburger-havelseen.de, www.havelland-tourismus.de. **Info Schwielowsee & Havelradweg:** Tourismusbüro, Straße der Einheit 3, 14548 Schwielowsee/OT Caputh, Tel. (03 32 09) 708 99, www.schwielowsee-tourismus.de.

Brandenburgs ältestes Kloster

KLOSTER LEHNIN

Kloster Lehnin, Brandenburg

Eine weiße Hirschkuh soll Markgraf Otto I. im Traum bedroht haben – er deutete dies als Zeichen der Bedrohung durch heidnische Slawen und ließ ein Kloster bauen, um das Christentum am östlichen Rand des Reiches zu stärken. Das 1180 gegründete Kloster Lehnin südwestlich von Potsdam war das erste in der Mark Brandenburg.

Seine Mönche waren Zisterzienser, die das Gelände urbar machten, Landwirtschaft betrieben und Lehnin in eine blühende Abtei verwandelten. Davon zeugen bis heute die noch erhaltenen Gebäude des 1542 aufgelösten Klosters, darunter die Klosterkirche, das Königshaus und das Abtshaus – lauter Perlen mittelalterlicher Backsteinarchitektur und Zeugnisse zisterziensischen Ordenslebens. Andere Gebäude verfielen nach der Säkularisierung, wurden aber ab Mitte des 19. Jahrhunderts in vorbildlicher Weise wiederaufgebaut, sodass ein stimmiger Gesamteindruck dieses ältesten Klosters in Brandenburg entsteht.

Die ehemalige Zisterzienserabtei Lehnin.

Die Anlage ist heute Teil einer Stiftung mit medizinisch-karitativem Schwerpunkt, doch die Erinnerung an die Geschichte wird gepflegt: Im barocken Amtshaus neben dem Kloster widmet sich ein Museum dem Zisterzienserorden und der ehemaligen Abtei Lehnin. Anhand zahlreicher Exponate zeichnet die Dauerausstellung die Baugeschichte der Anlage nach, führt aber auch in die geistlichen Grundlagen des Ordens ein, deren Mönche einem strengen Rhythmus aus Gebets- und Arbeitsstunden folgen.

Das Kloster sieht sich als Zentrum lebendiger Spiritualität. In der Klosterkirche finden Gottesdienste und das alljährliche Festival »Musica Mediaevalis« statt, bei dem Konzerte mittelalterlicher Musik im Kirchenraum oder im Kreuzgang zur Aufführung kommen. Wer selbst kreativ werden möchte, ist herzlich eingeladen an den Holzbildhauerworkshops teilzunehmen, die die Künstlerin Roswitha Schaab regelmäßig im Gästehaus am Klostersee abhält. Für Pilger, Fahrradtouristen, Wanderer und Tagesausflügler werden Übernachtungsmöglichkeiten geboten.

INFO: Kloster Lehnin liegt ca. 50 km südwestlich von Berlin. **INFO KLOSTER LEHNIN:** Klosterkirchplatz 1–19, 14797 Kloster Lehnin, Tel. (033 82) 730 70, www.klosterlehnin.de, Öffnungszeiten Klosterkirche April–Okt. Mo–Fr 10–16, Sa 10–17, So 13–17, Nov.–März Mo–Sa 10.30–15.30, So 13–16 Uhr, Öffnungszeiten Zisterziensermuseum Mo–Sa 10–17, So 13–17 Uhr, Eintritt € 3, ermäßigt € 2.

Tropenträume im märkischen Sand

Tropical Islands

Krausnick, Brandenburg

Für das Phänomen Tropical Islands reichen Begriffe wie »Spaßbad« oder »Wellnessoase« nicht aus. Auch das Wort »Freizeitpark« trifft es nicht. Tatsächlich handelt es sich um eine tropische Urlaubswelt mitten in Europa,

Tropical Islands – ein vielbesuchter tropischer Freizeitpark südlich von Berlin.

um den Nachbau des Paradieses – und um ein Erlebnisversprechen der Superlative: die größte freitragende Halle der Welt. Pools so groß wie drei Olympiabecken, 600 Mitarbeiter, dazu konstante 26 Grad Celsius und 70 Prozent Luftfeuchtigkeit – willkommen in den Tropen vor den Toren Berlins: in einem Regenwald mit 50 000 exotischen Pflanzen, am feinsandigen Südseestrand unter wolkenlosem »Himmel«, in der Bali-Lagune mit ihren erfrischenden Wasserfällen, im Tropendorf mit seinen originalgetreuen Häusern im fernöstlichen Stil, im Fesselballon unterm Hallendach, im Kinderclub, unter der Erlebnisdusche, im 10 000 Quadratmeter großen Saunabereich, in Lodges und Lounges, und auf 35 000 Quadratkilometern Außenbereich mit beheizten Schwimmbecken und Deutschlands längstem Strömungskanal.

Man kann hier schwimmen und schwitzen, essen und entspannen, kuren und kaufen, Minigolf spielen oder sich massieren lassen, stundenlang dösen oder in einem Zelt übernachten.

Im Jahr 2003 erwarb der malaysische Konzern Tanjong die ursprünglich für den Bau von Luftschiffen errichtete Halle, die 360 Meter lang, 107 Meter hoch und 210 Meter breit ist. Nach einem Jahr Umbau eröffnete dann im Dezember 2004 die heutige Erlebnislandschaft. Seitdem muss, wer tropisches Feeling einmal hautnah erleben will, nicht mehr zwingend auf die Malediven reisen – ein Trip in die märkische Heide tut's auch.

Info: Krausnick in Brandenburg liegt ca. 60 km südlich von Berlin. **Info Tropical Islands:** Tropical-Islands-Allee 1, 15910 Krausnick, Tel. (03 54 77) 60 50 50, www.tropical-islands.de, Öffnungszeiten tägl. 6–24 Uhr (für Übernachtungsgäste rund um die Uhr), Eintritt ab € 44, ermäßigt ab € 35, bis 5 J. frei.

Liegender Eiffelturm in der Lausitz

BESUCHERBERGWERK F60

Lichterfeld-Schacksdorf, Brandenburg

Wie ein Doppeldecker aus der Frühzeit der Fliegerei sieht sie aus. Wie ein riesiger Mähdrescher. Oder tatsächlich ein bisschen wie der Pariser Eiffelturm – nur eben nicht stehend, sondern liegend. Bei der Abraumförderbrücke F60 im brandenburgischen Lichterfeld handelte es sich ursprünglich um ein Arbeitsgerät, genauer: um eine der größten beweglichen Arbeitsmaschinen der Welt. 500 Meter lang, 200 Meter breit und 80 Meter hoch ist die Stahlkonstruktion, deren Bagger Anfang der 1990er Jahre 27 Millionen Kubikmeter Abraum bewegten. Doch dann ging die Ära des Lausitzer Braunkohletagebaus zu Ende, und die Brücke wurde nach gerade einmal einem guten Jahr Betriebszeit wieder stillgelegt, sollte gar gesprengt werden. Man besann sich jedoch eines Besseren: Die Förderbrücke wurde saniert, das durch den Tagebau entstandene Loch zu ihren Füßen mit Wasser geflutet und das ganze Areal zu einer touristischen Attraktion ausgebaut.

Heute ist die Brücke für Besucher zugänglich: Bis in luftige 74 Meter Höhe führt ein Gang über den Koloss aus Stahl, bei dem sich Einblicke in die Ingenieurskunst der Erbauer mit Ausblicken in die Lausitzer Landschaft abwechseln. Auch Nachtlichtführungen nach Einbruch der Dunkelheit sind möglich. Dabei verwandelt sich die Förderbrücke in eine faszinierende Licht- und Klanginstallation, entworfen von dem Berliner Künstler Hans Peter Kuhn. Ein weiteres einzigartiges Erlebnis ist ein rustikales Abendbrot in 60 Metern Höhe, das im Rahmen einer Privatführung serviert wird.

Lichtinstallation an der Förderbrücke F60.

Darüber hinaus sind das Besucherbergwerk und der künstlich angelegte Bergheider See auch immer wieder Ort verschiedener Veranstaltungen: Rockkonzerte finden vor der bizarren Kulisse aus Stahlträgern statt, die Band Kraftklub nutzte sie als Drehort für ein Musikvideo. Am Seeufer trifft sich im Sommer die kreative Szene zu Kunst- und Musikfestivals. Seminare und Tagungen werden hier abgehalten, und auch für Ausstellungen bietet die Brücke ein einzigartiges Ambiente.

Das Wahrzeichen des Lausitzer Tagebaus ist eine von über 1000 Sehenswürdigkeiten auf der Europäischen Route der Industriekultur. Wer im südlichen Brandenburg unterwegs ist, sollte einen Besuch auf keinen Fall versäumen.

INFO: Lichterfeld-Schacksdorf liegt ca. 130 km südöstlich von Berlin. **INFO BESUCHERBERGWERK F60:** Bergheider Str. 4, 03238 Lichterfeld-Schacksdorf, Tel. (035 31) 608 00, www.f60.de, Öffnungszeiten Mitte März–Okt. tägl. 10–18, Mai–Sept. Sa bis 20, Nov.–Mitte März Mi–So 11–16 Uhr, Eintritt € 12,50, ermäßigt € 7, bis 5 J. frei.

Deutschlands ältester Schiffsfahrstuhl

Schiffshebewerk Niederfinow

Niederfinow, Brandenburg

Der Oder-Havel-Kanal verbindet die Havel südlich von Oranienburg mit der Alten Oder direkt an der polnischen Grenze. In Niederfinow bei Eberswalde gilt es einen Höhenunterschied von 36 Metern zu überwinden, weshalb hier im März 1934 nach siebenjähriger Bauzeit ein Schiffshebewerk eröffnet wurde. Seitdem ist es durchgehend in Betrieb und ist somit das älteste noch arbeitende Schiffshebewerk Deutschlands.

Die 90 Meter lange, 60 Meter hohe und rund 14000 Tonnen schwere Stahlkonstruktion gilt als wichtiges Industriedenkmal des 20. Jahrhunderts und wurde 2007 als »Historisches Wahrzeichen der Ingenieurbaukunst in Deutschland« ausgezeichnet. 4300 Tonnen wiegt allein der wassergefüllte »Trog«, in den die Schiffe einfahren. Er wird von 256 Stahlseilen gehalten und überwindet die 36 Meter Hubhöhe in fünf Minuten. Der gesamte Schleusungsvorgang dauert knapp 20 Minuten. Ein Drittel der hier geschleusten Schiffe transportieren Güter, bei den restlichen zwei Dritteln handelt es sich um Sport- und Freizeitschiffe.

Der Transport von tonnenschweren Schiffen in einer Art riesigem Fahrstuhl, aber auch das Hebewerk selbst mit seinen von fünf Millionen Nieten zusammengehaltenen Stahlstreben begeistern viele Menschen, jährlich finden sich bis zu 250000 Besucher ein. Eine eigens eröffnete Tourist Information direkt vor Ort informiert über alle Besonderheiten der Konstruktion und auch über Gruppenführungen, die auf Anfrage stattfinden.

Da das Hebewerk für große moderne Wasserfahrzeuge nicht geeignet ist und mit rund 11000 geschleusten Schiffen jährlich seine Belastungsgrenze erreicht hat, wird seit 1997 an einem neuen Schiffshebewerk gebaut, um das alte mittelfristig zu ersetzen. Bis etwa 2025 bleibt die historische Anlage aber noch in Betrieb – zur großen Freude ihrer vielen Fans!

Das älteste noch arbeitende Schiffshebewerk Deutschlands: Schiffshebewerk Niederfinow.

Info: Niederfinow liegt ca. 65 km nordöstlich von Berlin. **Info Schiffshebewerk:** Hebewerkstr. 52, 16248 Niederfinow, Tel. (03 33 62) 713 77, www.schiffshebewerk-niederfinow.info, Öffnungszeiten tägl. März, Nov./Dez. 10–16, April–Okt. 9.30–17.30 Uhr, Eintritt € 3, ermäßigt € 2, bis 6 J. frei.

Stadt der Könige

POTSDAM

Potsdam, Brandenburg

Er schaffte die Folter ab, verkündete die Religionsfreiheit, reformierte das Landrecht, führte die Kartoffel ein und machte Potsdam mit seinen Schlössern und Gärten zu einer einzigartigen Metropole der schönen Künste.

Preußens glanzvollem König Friedrich II., mit dem Beinamen »der Große«, liebevoll der »Alte Fritz« genannt, verdankt Potsdam sein Gesicht. Zahlreiche Schlösser und Gärten sind auf sein Geheiß entstanden, darunter sein Meisterstück: Schloss Sanssouci. Die prachtvolle Sommerresidenz, im Rokokostil erbaut, wird auch heute noch als das »Versailles des Nordens« bezeichnet.

Aber auch andere Bauherren aus dem Geschlecht der Hohenzollern waren in Potsdam aktiv, sie holten die besten Architekten, Landschaftsplaner und Kunsthandwerker ihrer Zeit nach Potsdam. Deren kunstvolle Hände formten die Schlösser, Parks und Gärten der preußischen Herrscher. An besonders reizvollen Aussichtspunkten der Stadt ließen sie Gebäude errichten. So entstanden u. a. das Belvedere auf dem Pfingstberg und das Belvedere auf dem Klausberg.

Im Sommer herrscht reger Bootsverkehr am Anleger vor dem Stadtschloss in Potsdam.

Genauso sehenswert wie die Schlösser von Potsdam sind ihre Gärten. Der Bonner Landschaftskünstler und Gartenarchitekt Peter Joseph Lenné vollbrachte im 19. Jahrhundert das gestalterische Kunststück, die Anlagen von Sanssouci mitten in Potsdam bis zur Pfaueninsel in Berlin zu einer einheitlichen Gartenlandschaft zu verbinden. Besucher können hier nach Herzenslust auf Alleen, in Rosengärten oder durch den von Mittelmeerpflanzen geprägten Sizilianischen Garten spazieren, sich an der Blütenpracht barock gestalteter Anlagen erfreuen, durch kleine Wälder streifen und an kunstvollen Wasserarkaden oder an »natürlich« gestalteten Teich- und Wasserläufen entlanglaufen.

Seit 1990 gehören die Schlösser, Gärten und Parks der Potsdamer Kulturlandschaft mit etwa 150 historischen Gebäuden und 500 Hektar Parkanlagen zum UNESCO-Welterbe.

Aber auch das Zentrum mit Nikolaikirche, Brandenburger Straße und Nauener Tor – um nur einen Bruchteil zu nennen – ist sehenswert und beschert der Stadt neben Touristenströmen auch eine überdurchschnittlich hohe Lebensqualität: Potsdam wächst so schnell wie nie.

INFO: Potsdam liegt an der südwestlichen Grenze von Berlin. **INFO POTSDAM:** Tourist Informationen im Hauptbahnhof und Am Alten Markt, Potsdam, Tel. (0331) 27 55 88 99, www.potsdamtourismus.de. **INFO STIFTUNG PREUSSISCHE SCHLÖSSER UND GÄRTEN BERLIN-BRANDENBURG:** Besucherzentrum an der Historischen Mühle, An der Orangerie 1, 14469 Potsdam, Tel. (03 31) 969 42 00, www.spsg.de.

Die deutsche Traumfabrik

Filmpark und Studio Babelsberg

Potsdam, Brandenburg

Unglaublich, aber wahr: Das älteste Filmstudio der Welt steht nicht in Hollywood, sondern vor den Toren Berlins: Bereits 1912 wurde in Potsdam-Babelsberg der erste Film gedreht und seitdem ist das Gelände ohne Unterbrechung in Benutzung. Seine erste Blütezeit erlebte das Studio in den 1920er Jahren, als UFA-Regisseure wie Friedrich Wilhelm Murnau oder Fritz Lang hier Klassiker wie »Nosferatu« und »Metropolis« drehten und mit Greta Garbo oder Marlene Dietrich spätere Weltstars vor der Kamera standen.

Auch heute werden im größten Filmstudio Europas wieder international erfolgreiche Produktionen realisiert, so z. B. »Inglourious Basterds«, »Grand Budapest Hotel« oder »Der Vorleser« mit Kate Winslet.

Direkt neben dem Studio liegt der Filmpark Babelsberg, der mit einer Vielzahl an Attraktionen aufwartet: Hier kann man in der Vulkanarena eine Stuntshow erleben, Filmtiere vor der Kamera beobachten, in 4-D- und Laser-Welten eintauchen oder durch mittelalterliche Kulissen bummeln.

Hautnah lässt sich miterleben, wie eine Fernsehsendung entsteht und wie Masken- oder Bühnenbildner arbeiten. Die Westernshow »Tierisch verdreht« ist eine muntere Persiflage auf den Wilden Westen. In der Dauerausstellung zum Thema Sandmännchen lässt man sich selbst per Kamera in die Kulisse des Fernsehklassikers zoomen. Ein Highlight ist die Führung zum Außenset von »Jim Knopf« oder zu einer Kulisse aus »Der Baader-Meinhof-Komplex«.

Studio und Filmpark sind Teil der Medienstadt Babelsberg, zu der auch die benachbarte Filmuniversität »Konrad Wolf« und das Deutsche Rundfunkarchiv gehören. Hier arbeiten Tausende Menschen an Film-, Fernseh- und Radioproduktionen.

Spannende Stuntshow im Filmpark Babelsberg.

Etwas weiter nördlich am Ufer des Griebnitzsees liegt die Villenkolonie Neubabelsberg. Sie entstand Ende des 19. Jahrhunderts, als es Großindustrielle, Bankiers und Künstler aus dem brodelnden Berlin an das idyllische Ufer zog. Mit dem Aufschwung der UFA-Studios folgten auch namhafte Regisseure und Schauspieler.

Info: Potsdam-Babelsberg ist der größte Stadtteil Potsdams. **Info Studio Babelsberg:** August-Bebel-Str. 26–53, 14482 Potsdam, Tel. (03 31) 721 21 32, www.studiobabelsberg.de, Studiotour (für Erwachsene in Gruppen von 2 bis 15 Pers.) auf Anfrage, Kosten pro Person € 25. **Info Filmpark Babelsberg:** Großbeerenstr. 200, Potsdam, Tel. (03 31) 721 27 50, www.filmpark-babelsberg.de, Öffnungszeiten April–Okt. meist tägl. 9/10–17/18 Uhr (einzelne Schließtage, vgl. Website), Eintritt € 22, Kinder € 15, bis 3 J. frei.

Agententhriller im Kalten Krieg

Glienicker Brücke

Potsdam, Brandenburg

Ein Tag, der Weltgeschichte schrieb: 11. Juni 1985. Weiträumig ist das Gebiet auf der Ostseite der Glienicker Brücke von der Staatssicherheit abgeschirmt. Seit Stunden wartet ein streng bewachter Bus mit einer hochbrisanten Fracht: 25 in der DDR aufgeflogene CIA-Agenten, in Ostberlin zu langjährigen Haftstrafen verurteilt. Sie alle hoffen, dass sich ihr Schicksal an diesem Tag wenden wird. Auf der Westseite patrouillieren Dutzende höchst unauffällige Männer mit Sonnenbrillen und Revolver unterm Jackett. Dann fährt eine Wagenkolonne mit US-amerikanischen Kennzeichen langsam auf die Brücke, die über die Havel hinweg Ost und West, Berlin und Potsdam verbindet. Die Ware im Bus, die bald die Seite wechseln soll, wird inspiziert.

Szenen wie aus einem James-Bond-Thriller. An diesem Junitag vollzieht sich der größte Agentenaustausch während des Kalten Kriegs. 25 West- gegen vier Ostagenten. Ein Bus voller Spione. Noch auf der Fahrt vom DDR-Gefängnis zur Glienicker Brücke gibt es erschütternde Szenen. Ehepartner sehen sich das erste Mal seit Jahren wieder, Brüder bezichtigen sich gegenseitig des Verrats, ein Mann erfährt nach sechs Jahren Haft, dass seine Frau mit einem anderen lebt.

Schauplatz der spektakulärsten Agenten-Deals des Kalten Kriegs: die Glienicker Brücke.

Der Agentenaustausch sorgte für Schlagzeilen: »High Noon auf der Glienicker Brücke«, »Agententhriller«, »Das Superding«. Die Brücke, die zum Schauplatz der spektakulärsten Agenten-Deals des Kalten Kriegs wurde, war häufig Thema in Büchern und Filmen, etwa in »Bridge of Spies« (2015) von Steven Spielberg. Zwischen 1962 und 1985 wurden hier insgesamt 38 Personen ausgetauscht.

Die historische Stahlkonstruktion von 1907 im äußersten Südwesten von Berlin – nicht die erste Brücke an dieser Stelle, es gab drei Vorgängerbauten – liegt mitten im preußischen Arkadien, einer fantastischen Landschaft, die von der UNESCO 1990 zum Welterbe erklärt wurde. »Der Blick von der Brücke wetteifert mit den schönsten Punkten der Welt«, soll Alexander von Humboldt gesagt haben. An sonnigen Tagen hat man eine Rundumsicht auf Jungfernsee, Schlosspark Klein-Glienicke, Glienicker See, Park und Schloss Babelsberg und den Tiefen See.

Info: Die Glienicker Brücke liegt im Stadtteil Berliner Vorstadt, in der Nähe von Schloss Glienicke. **Info Glienicker Brücke:** www.glienicker-bruecke.de. **Info Villa Schöningen:** Berliner Str. 86, 14467 Potsdam, Tel. (03 31) 200 17 41 www.villa-schoeningen.de, Öffnungszeiten Mi–So 12–18, Do bis 20 Uhr, Eintritt € 5, ermäßigt € 3, Dauerausstellung zur Geschichte der Villa und der Glienicker Brücke.

Backsteinbauten und geschwungene Giebel

HOLLÄNDISCHES VIERTEL

Potsdam, Brandenburg

Eigentlich sollten mit den Luxuswohnungen erfahrene niederländische Handwerker und Künstler in die Stadt gelockt werden. Der Alte Fritz beauftragte den Architekten Johann Bouman mit diesem strategischen Projekt. Doch als das erhoffte Resultat ausblieb, zogen französische und preußische Handelsvertreter und Soldaten in die zweistöckigen Giebelhäuser im Zentrum von Potsdam.

Das von 1732 bis 1742 erbaute Holländische Viertel ist das größte geschlossene holländische Bauensemble außerhalb der Niederlande und gehört heute neben den Schlössern von Sanssouci zu den bedeutendsten Sehenswürdigkeiten der einstigen Hohenzollern-Residenz. 134 Häuser aus rotem Backstein stehen in vier Karrees, alle haben einen mützenartigen Giebel, die Fensterrahmen sind allesamt weiß und die Portale mit kunstvollen Ornamenten versehen: Wer das Stadtviertel besucht, fühlt sich ins vorletzte Jahrhundert zurückversetzt, wähnt sich gar in Amsterdam und kann hier vortrefflich flanieren.

Zu DDR-Zeiten verfielen die Bauten, sogar ein Abriss des Viertels drohte. Nach der Wende wurde es aufwendig und sorgsam restauriert. Das Ergebnis, eine gefällige Mischung aus Wohnungen, Läden, Werkstätten, Ausstellungen, Galerien, Bars, Restaurants und Cafés, hat das Viertel zum Touristenmagneten gemacht. Insbesondere das Käsekuchencafé »Guam«, das »Poffertjes en Pannekoeken« und das »La Maison du Chocolat« ziehen süße Schleckermäuler an. Über die Geschichte des Viertels und seines Baumeisters informiert ein kleines Museum, das Jan Bouman Haus in der Mittelstraße.

Den südlichen Abschluss des gemütlichen Quartiers bildet der Bassinplatz. Wo früher ein Sumpf war, kaufen die Potsdamer heute auf dem Markt Frisches aus der Region ein.

Dachgiebel im Holländischen Viertel.

Hier lohnt auch ein Besuch der von August Stüler entworfenen Kirche St. Peter und Paul. Zum Töpfermarkt im September und zum holländischen Weihnachtsmarkt mit original niederländischem Sinterklaas herrscht reichlich Trubel in dem idyllischen Viertel.

INFO: Das Holländische Viertel liegt im Zentrum von Potsdam. **INFO HOLLÄNDISCHES VIERTEL:** www.hollaendisches-viertel-potsdam.de. **INFO JAN BOUMAN HAUS:** Mittelstr. 8, 14467 Potsdam, Tel. (03 31) 280 37 73, www.jan-bouman-haus.de, Mo–Fr 13–18, Sa/So/Fei 11–18 Uhr, Eintritt € 3 ermäßigt € 2, bis 12 J. frei. **INFO CAFÉ GUAM:** Mittelstr. 38, Potsdam, www.cafe-guam.de, tägl. ab 11 Uhr. **INFO LA MAISON DU CHOCOLAT:** Benkertstr. 20, Potsdam, www.schokoladenhaus-potsdam.de, tägl. ab 10 Uhr. **INFO POFFERTJES EN PANNEKOEKEN:** Mittelstr. 32, Potsdam, www.poffertjes-en-pannekoeken.de, tägl. ab 12 Uhr.

Aus Liebe zur Musik

Kolonie Alexandrowka

Potsdam, Brandenburg

Was machen 13 kleine Holzhäuser mitten in Potsdam? Auf den ersten Blick wirken die Bauten mit dem Flair russischer Datschen wie ein Überbleibsel deutsch-russischer Freundschaft aus DDR-Zeiten. Doch Potsdam verdankt die Russische Kolonie Alexandrowka Friedrich Wilhelm III. und seiner Liebe zur Musik. Er liebte russische Volksweisen. 1812 wurden dem Ersten Garde-Infanterieregiment russische Musikanten zugeteilt, die dem preußischen Heer bis nach Paris folgten. Knapp 20 Jahre später waren die russischen Musiker fester Bestandteil des Infanterieregiments. Um ihnen die Heimat ein wenig näher zu bringen, beauftragte Friedrich Wilhelm III. Peter Joseph Lenné, eine Siedlung im Stil russischer Soldatendörfer zu errichten – die Geburtsstunde der Russischen Kolonie Alexandrowka in Potsdams Norden. Ihren Namen verdankt sie dem freundschaftlichen Verhältnis zwischen Zar Alexander und dem preußischen Kaiser.

Ein typisches Haus in der Alexandrowka mit aufwendigen Holzschnitzereien.

Den Grundriss der Anlage bildet ein Andreaskreuz. Entlang der Achsen und um die Grundstücksgrenzen gruppieren sich 13 ein- bis zweigeschossige Blockhäuser. Alle Häuser waren komplett eingerichtet, außerdem gehörten jeweils ein Garten und eine Kuh dazu. Nur verheiratete Sänger durften einziehen und die Häuser nur in direkter männlicher Linie vererbt werden. War das nicht möglich, fielen die Häuser an den König zurück. Bis heute sind die Häuser von Privatleuten bewohnt, zwei sogar noch von Nachfahren der ersten russischen Siedler. Im Haus Nummer 2 befindet sich ein Museum. Neben Informationen zur Geschichte der Kolonie wird auch über das Leben hier berichtet. So finden sich im Lenné'schen Obstgarten an die 300 Obstsorten, die zeigen, dass die damaligen Bewohner ihre Gärten nicht nur zur Erholung genutzt haben. In Haus Nummer 1 kann man sich nach dem Museumsbesuch im Russischen Restaurant samt Tesstube stärken.

Heute ist das Ensemble UNESCO-Welterbe. Und natürlich wäre es ohne eine Kirche unvollständig, daher wurde 1826 auf dem Kapellenberg die Alexander-Newski-Kirche errichtet. Das Gotteshaus ist dem Nationalheiligen Russlands gewidmet. Hier werden bis heute russisch-orthodoxe Gottesdienste abgehalten.

Info: Die Kolonie befindet sich etwa 700 m nördlich der Potsdamer Innenstadt. **Info Kolonie Alexandrowka:** Russische Kolonie, 14469 Potsdam, Tel. (03 31) 817 02 03, www.alexandrowka.de, Öffnungszeiten Museum April–Okt. tägl. außer Mi 10–18 Uhr, März nur Fr–So, Eintritt € 3,50, ermäßigt € 3, unter 14 J. frei.

Große Kunst in neuem Glanz

Museum Barberini

Potsdam, Brandenburg

Barberini? Das klingt nach Florenz, Rom oder Venedig – wie kommt dieser italienische Name nach Potsdam? Ganz einfach: Der im späten 18. Jahrhundert auf Befehl Friedrichs des Großen an dieser Stelle errichtete Bau war dem barocken Palazzo Barberini in Rom nachempfunden und wurde von den Potsdamern »Palais Barberini« genannt. Leider trug das Gebäude bei einem Luftangriff im April 1945 schwere Zerstörungen davon, und seine letzten Reste wurden 1948 gesprengt. Was heute den prominenten Platz zwischen Stadtschloss und Altem Rathaus mitten im Herzen der brandenburgischen Hauptstadt einnimmt, ist eine Rekonstruktion. Das zwischen 2013 und 2016 aus privaten Mitteln des Unternehmers und Mäzens Hasso Plattner errichtete Museum Barberini greift die Fassaden des ursprünglichen Palastes originalgetreu auf, ist aber im Innern modern gestaltet.

Blick auf das Museum Barberini von der Freundschaftsinsel aus.

Seit Januar 2017 ist dieses neue Potsdamer Museum der Öffentlichkeit nun zugänglich. Grundstock der Sammlung bilden Kunstwerke aus dem Besitz Hasso Plattners, ein Schwerpunkt liegt hierbei auf Kunst aus der DDR und dem wiedervereinigten Deutschland. Berühmte Namen wie Bernhard Heisig und Gerhard Richter sind da an erster Stelle zu nennen. Einen weiteren Sammlungsschwerpunkt bilden Werke der Klassischen Moderne von Künstlern wie Claude Monet, Edvard Munch und Auguste Renoir. Pro Jahr finden zudem drei Wechselausstellungen statt, die einen inhaltlichen Bezug zu den Beständen des Hauses aufweisen. Bei der erfolgreichen Eröffnungsschau etwa ging es um Maler der Moderne von Liebermann bis Kandinsky, bei der dritten um Künstler in der DDR. Das Museum Barberini – eine gelungene Mischung aus Alt und Neu in Potsdams wiederentdeckter Historischer Mitte!

Info: Potsdam liegt ca. 30 km südwestlich von Berlin. **Info Museum Barberini:** Alter Markt/Humboldtstr. 5/6, 14467 Potsdam, Tel. (03 31) 236 01 44 99, www.museum-barberini.com, Öffnungszeiten tägl. außer Di 10–19, 1. Do im Monat bis 21 Uhr, Eintritt € 14, ermäßigt € 10, Kinder und Jugendliche unter 18 J. frei.

Schöne Aussichten

Schloss und Park Babelsberg

Potsdam, Brandenburg

Nicht jeder aus dem Hause der Hohenzollern hatte sich der Liebe zu Residenzen im italienischen Renaissancestil verschrieben. Kaiser Wilhelm I. fand den englischen Baustil viel schöner. Daher ließ er seinen Sommersitz unter tatkräftiger planerischer Mithilfe seiner Gattin Augusta im Stile der Tudor-Gotik erbauen.

Die Pläne waren fertig, aber das Geld reichte nicht, um sie umzusetzen. Daher wurde zunächst nur ein Teil von Schloss Babelsberg gebaut. Erst nachdem klar war, dass Prinz Friedrich Wilhelm der nächste Kaiser werden würde, stand ihm ein höherer Bauetat zur Verfügung, denn jetzt musste das Schloss ja eines Thronfolgers würdig sein. Die Bauausführung lag offiziell in den Händen von Karl Friedrich Schinkel, doch der Architekt musste sich immer wieder mit Wilhelms Gemahlin Augusta auseinandersetzen. Sie war Expertin auf dem Gebiet der Architektur der englischen Gotik und trat für ihre Ansichten darüber, wie der Bau auszusehen hatte, vehement ein.

Geschadet hat das Geplänkel zwischen Architekt und Kaiserin dem Bau nicht – im Gegenteil. Schloss Babelsberg mit seinen imposanten Türmen und Zinnen erinnert an eine Burg, in der auch Richard Löwenherz hätte Hof halten können.

Schöne Aus- und Ansichten: Schloss Babelsberg inmitten der Seenlandschaft um das Glienicker Horn.

Schloss Babelsberg liegt malerisch in einer 124 Hektar großen Landschaft, dem Park Babelsberg, der aus einem üppig bewaldeten Bergpark und einem flachen Wiesenpark besteht. Ursprünglich von Peter Joseph Lenné entworfen, wurde er im 19. Jahrhundert von Fürst von Pückler-Muskau umgestaltet und erweitert. Das dankt ihm die Bevölkerung Potsdams noch heute: Es gibt Spazierwege, ein Strandbad, Liegewiesen und weitere Sehenswürdigkeiten wie das Kleine Schloss mit Café und den Flatowturm.

Der ebenfalls von Wilhelm I. in Auftrag gegebene Turm setzte die kaiserliche Familientradition fort, an schönen Plätzen im Stadtgebiet Aussichtstürme besonderer Bauart zu errichten. Man muss dem Kaiser recht geben: Der Standort ist wirklich hervorragend gewählt und belohnt seine Besucher mit einem einzigartigen Blick auf Potsdam, die Havel und die Parklandschaft.

Schloss Babelsberg wird seit dem Frühjahr 2013 aufwendig saniert. Erstmals öffnete das Schloss wieder für Besucher mit einer Pückler-Ausstellung für ein paar Monate ab April 2017.

Info: Schloss und Park liegen im Stadtteil Potsdam-Babelsberg. **Info Schloss & Park Babelsberg:** Park Babelsberg 10, 14482 Potsdam, Tel. (03 31) 969 42 00, www.spsg.de, Schloss zurzeit wegen Sanierungsarbeiten geschl., Park tägl. ab 8 Uhr bis zum Einbruch der Dunkelheit. **Info Kleines Schloss:** https://kleinesschlossbabelsberg.eatbu.com/?lang=de.

Ein Idyll schreibt Weltgeschichte

Schloss Cecilienhof und Neuer Garten

Potsdam, Brandenburg

Sie sollte Kaiserin werden, doch die Zeiten waren gegen sie: Cecilie zu Mecklenburg-Schwerin war die Schwiegertochter des letzten deutschen Kaisers und ihr Mann konnte die Nachfolge seines Vaters nicht mehr antreten. Doch an die Kronprinzessin erinnert bis heute ein Bauwerk im Norden von Potsdam, das als idyllisches Refugium geplant war, jedoch für einen kurzen Moment mitten ins Zentrum der Weltgeschichte geriet: Schloss Cecilienhof.

Das zwischen 1914 und 1917 für das Kronprinzenpaar errichtete Ensemble ist im englischen Landhausstil gehalten – spitze Giebel, viele Schornsteine und Erker sowie kunstvolles Fachwerk bestimmen das Bild.

Im Sommer 1945 fand hier im Schloss die Potsdamer Konferenz statt, auf der die Staats- und Regierungschefs der Siegermächte – Churchill, Truman und Stalin – über die Zukunft Europas berieten.

Die neu konzipierte Dauerausstellung zeigt die original eingerichteten Konferenzräume und liefert viele Hintergrundinformationen zum historischen Kontext. Im Obergeschoss sind die Privaträume der Kronprinzenfamilie zu besichtigen, darunter Cecilies Kabinett im Stil einer Schiffskabine. Einen Großteil des Gebäudes nimmt ein Hotel ein.

Umgeben ist das Schloss von einem über hundert Hektar großen wunderschönen Park, dem Neuen Garten. Ab 1787 ließ Preußens König Friedrich Wilhelm II. ihn im Stil eines englischen Landschaftsgartens anlegen. Außer am Schloss führen die verschlungenen Wege am Ufer des Heiligen Sees und an zahlreichen weiteren historischen Bauten vorbei, etwa an der Gotischen Bibliothek, der Pyramide, der Orangerie und der Muschelgrotte. Unübersehbar ist das Marmorpalais, in dem Cecilies späterer Mann seine Kindheit verbrachte.

Das Domizil für Kronprinz Wilhelm und seine Gemahlin Kronprinzessin Cecilie: Schloss Cecilienhof im Neuen Garten.

Für Erholung sorgen das Brauhaus in der Meierei – mit eigener Schiffsanlegestelle – und im Sommer die Badestellen im Norden des Heiligen Sees, an dem abschnittsweise auch FKK Tradition hat.

Info: Der Neue Garten liegt im Norden Potsdams an Jungfernsee und Heiligem See. **Info Schloss Cecilienhof:** Am Neuen Garten, 14469 Potsdam, Tel. (03 31) 969 42 00, www.spsg.de, Öffnungszeiten Schloss Di–So April–Okt. 10–17.30, Nov.–März 10–16.30 Uhr (Privaträume des Kronprinzenpaars nur mit Führung), Eintritt €8, ermäßigt € 6, Kombiticket Cecilienhof/Marmorpalais € 10, ermäßigt € 7, Privaträume des Kronprinzenpaars €6, ermäßigt € 5. **Info Neuer Garten:** www.spsg.de, tägl. 8 Uhr bis Einbruch der Dunkelheit, Eintritt frei.

»Quand je serai là, je serai sans souci«

Schloss und Park Sanssouci

Potsdam, Brandenburg

Vor den Toren der florierenden Hauptstadt Berlin ließ der aufklärerische preußische Herrscher König Friedrich II. – »Friedrich der Große« – einen Königspalast erbauen, der als schönstes Beispiel europäischer Rokokoarchitektur bezeichnet wird. Inmitten einer wunderschönen Seenlandschaft fühlte er sich ohne Sorge – *sans souci* – und konnte seinen kulturellen Interessen nachgehen. Sanssouci sollte, gemäß den makellosen Entwürfen des Königs, mit der Extravaganz von Versailles konkurrieren können. Das lange, einstöckige Gebäude, gekrönt von einer Kuppel und flankiert von zwei runden Pavillons, ist von gestuften Terrassen und sorgfältig angelegten Gärten umgeben. Zum Schloss gehören zwei Nebengebäude – die Bildergalerie, in der sich rund 140 von Friedrich erworbene barocke Gemälde befinden, und die als Gästeschloss erbauten Neuen Kammern.

Im Verlauf der Regierungszeit Friedrichs des Großen gewann auch der Park allmählich Gestalt. Schloss, Terrassen und Gartenparterre bilden den Mittelpunkt der 290 Hektar großen Anlage. Die natürliche Umgebung ausnutzend wurde der Park nach Osten und Westen erweitert. Dabei entwickelte sich eine etwa zwei Kilometer lange Allee, an der sich Bauten, Zier- und Nutzgärten sowie waldartige Bereiche aneinanderreihen. An der Westseite des Schlossparks liegt etwa das Neue Palais, eines der letzten großen Bauwerke preußischen Barocks. Auch die im Stil italienischer Renaissancevillen errichtete Orangerie ist einen Besuch wert.

Schloss Sanssouci, die Sommerresidenz Friedrichs II. von Preußen: »Quand je serai là, je serai sans souci« (Wenn ich da sein werde, werde ich ohne Sorge sein).

Südwestlich von Sanssouci liegt das kleine klassizistische Schloss Charlottenhof. Das schlichte Bauwerk bietet in seinem Inneren einen Einblick in das Schaffen des berühmten Architekten Karl Friedrich Schinkel, der das Interieur komplett selbst gestaltete.

Das Belvedere auf dem Klausberg war das letzte von Friedrich dem Großen im Park Sanssouci geplante Bauwerk. Belvedere steht für »schöne Aussicht«, und in der Tat ist der Blick auf die hügelige, seenreiche Landschaft, die Stadt und natürlich Sanssouci atemberaubend.

Bemerkenswert ist, dass sich der König auf der obersten Weinbergterrasse in einer Gruft beisetzen lassen wollte. Auch im Tode wollte er Sanssouci nahe sein. Sein Wunsch ist, wenn auch erst im Jahr 1991, in Erfüllung gegangen.

Info: An die nördliche Innenstadt angrenzend. **Info Park Sanssouci:** Maulbeerallee, 14469 Potsdam, Tel. (03 31) 96 94-200, www.spsg.de, Öffnungszeiten Park tägl. 8 Uhr bis Einbruch der Dunkelheit, Öffnungszeiten Schlösser vgl. Website, Eintritt € 19, ermäßigt € 14 (Tagesticket Sanssouci+: Besuch aller Potsdamer SPSG-Schlösser inkl., feste Einlasszeit für Schloss Sanssouci).

Tucholskys Bilderbuch

Rheinsberg

Rheinsberg, Brandenburg

Rheinsberg – ein Bilderbuch für Verliebte« nannte der Schriftsteller Kurt Tucholsky seine kleine Liebesgeschichte, die vor bald hundert Jahren erschien und seither Liebende wie Literaturliebhaber in die kleine märkische Stadt im Norden Brandenburgs lockt. Ein berühmter literarischer Reiseführer der Mark Brandenburg ist aber auch Theodor Fontane, der in Rheinsberg und Umgebung das Lustwandeln entdeckte. Im Schloss Rheinsberg schließlich verbrachte der spätere Friedrich II. als Kronprinz nach seinen eigenen Worten die vier glücklichsten Jahre seines Lebens, sein Bruder Heinrich prägte den preußischen Musenhof.

Das kleine idyllische Rheinsberg in der reizvollen Wald- und Seenlandschaft unweit von Berlin ist also ein historisches und literarisches Schwergewicht und hält diese Tradition mit Inszenierungen im Schlosstheater aufrecht. Zudem gibt es viele Musikereignisse, so jedes Jahr das internationale Festival junger Opernsänger, Kammeroper Schloss Rheinsberg, das im Heckentheater des Schlosshofs über die Bühne geht.

Im renovierten Schloss findet sich Deutschlands einziges Kurt-Tucholsky-Literaturmuseum. Briefe, Autographen, Dokumente, Fotos und Bücher zeigen einen Erzähler, Dichter, Satiriker und pazifistischen Publizisten, der schon damals europäisch dachte, und einen Verzweifelten, der hellsichtig und kompromisslos vor den Nationalsozialisten warnte; 1935 nahm Tucholsky sich im schwedischen Exil das Leben.

Mit ein bisschen Glück kann man übrigens auch im heutigen Rheinsberg auf Künstler treffen. Den Holzbildhauer Tony Torrilhon aus Paris beispielsweise, der – auch wegen Tucholsky – vor Jahren aus Berlin nach Rheinsberg zog und gern Besucher empfängt, die sich von den witzigen Skulpturen im Fenster in sein Atelier locken lassen. Ihnen zeigt er, wenn sie mögen, die unterschiedlichen Holzarten, vom dunklen alten Pflaumenbaumholz bis zur hellen jungen Birke, und was man daraus machen kann: Kunst zum Anfassen.

Schloss Rheinsberg am Ostufer des Grienericksees.

Info: Rheinsberg liegt ca. 95 km nördlich von Berlin. **Info Rheinsberg:** Tourist Information, Remise am Schloss, Mühlenstr. 15 A, 16831 Rheinsberg, Tel. (03 39 31) 349 40, www.rheinsberg.de. **Info Kurt-Tucholsky-Literaturmuseum:** Schloss Rheinsberg, Tel. (03 39 31) 390 07, www.tucholsky-museum.de, Öffnungszeiten Di–So April–Okt. 10–17.30, Nov.–März 10–16 Uhr. Eintritt € 4, ermäßigt € 3. **Info L'Atelier:** Schlossstr. 7, 16831 Rheinsberg, www.tony-torrilhon.de.

Eine Spreefahrt, die ist lustig

Spreewälder Bootsfahrt mit Gurken

Spreewald, Brandenburg

Wer an den Spreewald in Brandenburg denkt, denkt zuerst an die – zugegebenermaßen leckeren – Gurken. Spätestens nach dem Kinohit »Good bye, Lenin« haben sie ihren Siegeszug durch ganz Europa angetreten. Ihre Heimat, der Spreewald, überzeugt aber nicht nur kulinarisch. Wasser, Wasser, Wasser – so weit das Auge reicht. Die malerische Landschaft im Südosten Brandenburgs besteht aus schier endlosen natürlichen Verzweigungen der Spree, die durch künstliche Kanäle noch deutlich erweitert wurde. Über 970 Kilometer Wasserläufe machen den Spreewald zu einem beliebten Reiseziel. Diese einzigartige Flusslandschaft zählt zu den bedeutendsten Naturschutzgebieten Europas. Hier existieren rund 18 000 Tier- und Pflanzenarten – kein Wunder, dass die UNESCO den Spreewald 1991 als Biosphärenreservat anerkannte.

Das Wasserwegenetz wird nicht nur von Touristen für romantische Bootsfahrten genutzt. Ob eine kombinierte Rad- und Kahntour, eine Schleusenkahnfahrt in Lübben, eine Schnuppertour zum Lagunendorf Lehde oder eine kulinarische Kahn- und Kremserfahrt mit gutmütigen Kaltblutpferden: Die Möglichkeiten sind fast ebenso vielfältig wie die Flusswege. Kein Wunder, dass es im Spreewald nur eine Handvoll Taxiunternehmen, dafür aber 34 Kahnanbieter und 16 Bootsverleihe gibt. Und auch für die täglichen Wege zur Arbeit oder den Transport größerer Gegenstände nimmt der Spreewälder traditionell den Kahn zu Hilfe.

Kahnfahrt durch den Spreewald.

Mit dem Rad lässt sich der Spreewald am besten auf dem Gurken-Radweg erkunden, der auf imposanten 250 Kilometern Länge durch die Gegend führt. Praktische Startpunkte sind Lübbenau, Lübben oder Cottbus.

Apropos Gurken: Die berühmten Spreewälder Gurken sollte man sich auf keinen Fall entgehen lassen. Die namensgeschützte Spezialität aus Brandenburg wird besonders verarbeitet: Nahm früher der Gärungsprozess mehrere Wochen in Anspruch, kommen die Gurken heute bereits nach nur eintägiger Verarbeitung in den Handel. Geschmacksveredelnde natürliche Zugaben wie Basilikum, Zitronenmelisse, Wein-, Kirsch- oder Nussblätter geben dem Spreewälder Unikat seinen besonders sauren, würzigen Geschmack. Guten Appetit.

Info: 60–100 km südöstlich von Berlin und 80–100 km nördlich von Dresden. **Info Spreewald:** Tourismusverband Spreewald e. V., Lindenstr. 1, 03226 Vetschau/Spreewald, Tel. (03 54 33) 722 99, www.spreewald.de. **Info Gurkenmuseum Lehde:** Hotelanlage Starick, An der Dolzke 4–6, 03222 Lehde, Tel. (035 42) 899 90, www.gurken-museum.de, Öffnungszeiten April–Okt. tägl. 10–17 Uhr.

Von der Westernstadt ins Solebad

El Dorado & NaturTherme

Templin, Brandenburg

Eigentlich ist Templin für seine hübsche Altstadt mit dem Historischen Rathaus und der barocken Magdalenenkirche bekannt. Doch zwei wichtige Attraktionen des Städtchens in der Uckermark liegen außerhalb des Zentrums.

Das 2006 eröffnete El Dorado am Südufer des Röddelinsees ist ein sieben Hektar großer Themenpark, in dem sich alles um den Wilden Westen dreht: Stilecht kann die nachgebaute Westernstadt mit Saloon, Ranch und Sheriff's Office, mit Soldatenfort und Tipidorf aufwarten. Große und kleine Besucher können sich u. a. im Axtwerfen, Goldwaschen, Ponyreiten und Bogenschießen ausprobieren, zum Showprogramm gehören Cowboy-Stunts und Indianertänze. Wer im Themenpark übernachten möchte, hat hierfür das Fort, die Ranch und ein Hotel zur Auswahl, bezahlt wird mit dem El-Dorado-Dollar.

Geht es in der Westernstadt um spannende Erlebnisse, so ist in der NaturTherme vor allem Entspannung angesagt: Das über 9000 Quadratmeter große Areal ist eine Kombination aus Freizeit- und Thermalbad mit angeschlossener Saunalandschaft.

Das Thermalwasser ist zwischen 32 und 36 Grad warm und lädt zum wohligen und zugleich gesunden Relaxen ein. Diverse Whirlpools, Massagestrahler, Luftsprudler und Wasserfälle ergänzen das Wohlfühlangebot dieser einzigartigen Badelandschaft, in der sich gut und gern ein ganzer Tag verbringen lässt. Im Saunabereich hat man die Qual der Wahl zwischen einer finnischen Sauna, einer Blockhaussauna, einer halb unterirdischen Erdsauna mit Kamin und vielen weiteren Möglichkeiten. In einigen Saunen werden regelmäßig Aufgüsse durchgeführt. Anschließend können die Gäste im Saunagarten frische Luft schnappen.

Wer ein paar wirklich wohltuende Stunden verbringen möchte, ist hier richtig – vielleicht ja auch nach einem aufregenden Tag in der Westernstadt.

Wie im Wilden Westen: Planwagen im El Dorado Templin.

Info: Templin liegt ca. 70 km nördlich von Berlin. **Info El Dorado:** Am Röddelinsee 1, 17268 Templin, Tel. (039 87) 208 40, www.eldorado-templin.de, Öffnungszeiten Mitte April–Okt. Sa/Sa/Fei sowie Ferien in Berlin und Brandenburg 10–18 Uhr, Eintritt € 16,50, ermäßigt € 14,50, Kinder bis 1,20 m frei. **Info NaturTherme:** Dargersdorfer Str. 121, 17268 Templin, Tel. (039 87) 20 12 00, www.naturthermetemplin.de, Öffnungszeiten tägl. 9–21 Uhr, Tageskarte € 19, Kinder (4–14 J.) € 13,50, mit Sauna € 23, Kinder € 17,50.

Langen
BREMER-
HAVEN
Weser
Drangstedt
Lintig
Langenmoor
Kührstedt
Spaden
Marschkamp
Großenhain
Sillens
Tettens
27
Schiffdorf
Blexen
Köhlen
Schweewarden
Sellstedt
Ebersdorf
Nordenham
Geestenseth
Geeste
Wehdel
Abbe-
hausen
Bexhövede
Hipstedt
Ueterlande
Lohe
Lox-
stedt
Malse
Nesse
Basdahl
Esenshamm
Stotel
Osterndorf
Holte
Beverstedt
Rodenkirchen
Witt-
stedt
Bokel
Kunstedt
Bramstedt
Oldendorf
Sandstedt
Axstedt
Hagen
i. Bremischen
Brake
(Unterweser)
Wulsbüttel
Albstedt
Wallhöfen
Nordsode
Uthlede
Hambergen
Heißenbüttel
Teufelsmoor
Sandfeld
Osterstade
Meyenburg
Freißenbüttel
Hüttenbusch
Elsfleth
Neuenkirchen
Buschhausen
Osterholz-
Scharmbeck
Worpswede
Schwanewede
Blumen-
thal
Huntorf
Ihlpohl
Vege-
sack
Vieland
Berne
Ritterhude
Frankenburg
270
Lemwerder
Lilienthal
Grasberg
Stedingen
Burglesum
Neuenkoop
Mittelsmoor
27
BREMEN
Borgfeld
Hudermoor
Altenesch
Fischerhude
Seehausen
Hude
(Oldenburg)
Horn-Lehe
Ober-
neuland
Sagehorn
Strom
Mitte
Stenum
Oster-
holz
Grüppen-
bühren
Ober-
vieland
28
Elmeloh
Stickgras
1
Ganderkesee
1
Stuhr
Varrel
Weser
Uphusen
0
10 km
Immer
1
Adelheide

Wer kennt sie nicht?
Die Bremer Stadtmusikanten.

BREMEN

»Dorf an der Weser mit Straßenbahn!«

Bremen

Bremen

Dorf an der Weser mit Straßenbahn – für die Bremerinnen und Bremer ist diese Bezeichnung Ausdruck für die Qualitäten der Metropole im Nordwesten: kurze Wege, verbunden mit allen Annehmlichkeiten einer Halbmillionenstadt. Besucher und Einheimische, im hiesigen Dialekt von buten (draußen) und binnen (drinnen), preisen das durch zahlreiche Handelsbeziehungen geprägte weltoffene Klima, das nicht zuletzt durch die Bremer Hansekoggen versinnbildlicht wird, deren Vorbilder schon vor über 600 Jahren in die Welt fuhren. Die Ladung in ihren Bäuchen, wie etwa edle Gewürze und Stoffe, machte die hiesigen Kaufleute reich.

Verträumte Häuser – das Schnoorviertel von Bremen.

Im Zentrum der Stadt steht der überlebensgroße Roland, der mit Schwert und Schild auf dem Marktplatz über die Freiheit der Stadt wacht und das Symbol der Bremer Eigenständigkeit ist. Um das Standbild herum gruppieren sich jene Bauten, in denen die Geschicke der Stadt beziehungsweise des kleinsten Bundeslandes gelenkt werden: Rathaus, Dom, Haus der Bürgerschaft und der Schütting, das Haus der Handelskammer.

Die Geschichte der Bremer Stadtmusikanten kennt jeder – im Märchen schaffen sie es nicht bis Bremen, heute sind sie, zur Freude großer und kleiner Besucher, in Bronze neben dem Rathaus zu besichtigen. Alle Altersklassen begeistert das interaktive Naturwissenschaftsmuseum Universum® Bremen. Schließlich befinden wir uns in einer Stadt der Wissenschaft, hier wird u.a. an der Trägerrakete Ariane geforscht und gebaut.

Viel von der Atmosphäre früherer Zeiten bewahren das historische Gängeviertel Schnoor und das kuschelig-schräge Ostertorviertel mit bunten Geschäften und typischen Altbremer Häusern.

Freunde der maritimen Lebensart sind an der neuen Weseruferpromenade Schlachte am besten aufgehoben, wo zahlreiche Schiffe vor Anker liegen wie etwa die Hansekogge. Wer es eher beschaulich mag, sollte Bremens reizvolle Umgebung mit ihren zahlreichen Naturschutzgebieten entdecken oder das Künstlerdorf Worpswede besuchen.

Zum Kulturfahrplan gehören der Besuch der Kunsthalle, des Bremer Theaters und der Bremer Shakespeare Company. Letztere besticht durch ihre derbe und immer ein wenig improvisierte Spielweise der Stücke des Meisters. Und nun: Willkommen im Dorf an der Weser mit Straßenbahn!

Info Bremen: Bremer Touristik-Zentrale, Findorffstr. 105, 28215 Bremen, Tel. (04 21) 308 00 10, www.bremen-tourismus.de. Tourist Informationen am Hauptbahnhof und in der Böttcherstr. 4.

Visionen eines Kaffeebarons

Böttcherstrasse

Bremen

Kopf hoch, heißt es hier, zu Jugendstilfassaden, Reliefschmuck, Glockenspiel und Plastiken: Die kleine, gerade einmal 110 Meter lange Gasse mit eigenwilliger und expressionistischer Backsteinarchitektur bietet Kunst und Kunstgeschichte pur. Ein Kaufmann war es, der die Böttcherstraße errichten ließ. Inspiriert wurde Ludwig Roselius, der Erfinder des koffeinfreien Kaffees, von dem Gedanken, Eigenwerbung und Kunstförderung zu vereinen. In den Jahren 1922 bis 1931 ließ er bis auf ein Renaissancegebäude alle Häuser in der Handwerkerstraße abreißen und von verschiedenen Architekten Neubauten errichten. Es gab nur eine Vorgabe: Als Baumaterial sollte der typische rote Backstein verwendet werden. Das Projekt umfasste außer Reklame für Kaffee auch Kunstausstellungen, Museen, Bibliotheken und Clubräume. Bei der Realisierung half der exzentrische Worpsweder Bildhauer Bernhard Hoetger.

Nach Zerstörungen im Zweiten Weltkrieg wurde die Böttcherstraße rekonstruiert und 1954 wiedereröffnet. Seitdem hat sie sich zu einem kulturellen Zentrum in der Bremer Innenstadt entwickelt: Museen, Kunsthandwerk in verwinkelten Höfen, ein Hotel und verschiedene Einzelhandelsgeschäfte bilden eine eigene kleine Welt. Heute gibt es zudem ein Teekontor. Ob das dem Kaffeefabrikanten gefallen hätte?

»Der Lichtbringer« gewährt Einlass zur Böttcherstraße in Bremen.

Den Eingang in das Gässchen markiert ein mit Blattgold überzogenes Relief von Bernhard Hoetger, das die ganze Straße überspannt. Der »Lichtbringer« zeigt den Kampf des Erzengels Michael mit einem Drachen.

Zwei Museen können in der Böttcherstraße besichtigt werden. Gemeinsam ist ihnen, dass beide von dem ehrgeizigen Ludwig Roselius gegründet wurden: das Paula Modersohn-Becker Museum, in dem auch Werke von Bernhard Hoetger zu sehen sind, und das Museum im Roselius-Haus mit Gemälden alter Meister wie Lucas Cranach, die in einem Ambiente gehobener bürgerlicher Wohnkultur, umgeben von erlesenen Einrichtungsgegenständen, präsentiert werden.

In den Museen der Böttcherstraße finden regelmäßig Veranstaltungen statt. Dazu zählen neben öffentlichen Führungen auch Konzerte oder etwa ein Kunstfrühstück.

Info: Die Böttcherstraße führt vom Marktplatz Bremen aus zur Weser. **Info Kunstsammlungen Böttcherstrasse:** Paula Modersohn-Becker Museum, Ludwig Roselius Museum, Sammlung Bernhard Hoetger, Böttcherstr. 6–10, 28195 Bremen, Tel. (04 21) 338 82 22, www.museen-boettcherstrasse.de, Öffnungszeiten Di–So 11–18 Uhr, Eintritt € 10, ermäßigt € 6, bis 17 J. frei.

Die schönen Dinge des Lebens

KUNSTHALLE BREMEN

Bremen

Fünf Freunde nahmen vor mehr als 150 Jahren die Sache kurz entschlossen selbst in die Hand. Um »den Sinn für das Schöne zu verbreiten«, bauten sie ein Museum. So verdankt die Kunsthalle in den Wallanlagen ihre Entstehung hanseatischem Bürgersinn. Wer nach den schönen Dingen des Lebens sucht, wird hier fündig.

Von Dürer bis Paik, alte Meister, französischer und deutscher Impressionismus, Klassische Moderne und Medienkunst: Auf mehr als 2000 Quadratmetern, die sich über mehrere Etagen erstrecken, wird eine umfangreiche Gemälde- und Skulpturensammlung präsentiert.

Und noch immer bleibt der mittlerweile 6000 Mitglieder starke Kunstverein seinem ursprünglichen Ziel aus dem Jahr 1849 treu. Der private Träger und Eigentümer der traditionsreichen Einrichtung schafft es immer wieder Mäzene zu finden. So konnte ein großer Teil des Geldes für die Renovierung des Gebäudes in den Jahren 1996 bis 1998 mithilfe von Spenden und Stiftungen aufgebracht werden. Keine geringe Rolle spielte bürgerliches Engagement auch bei der jüngsten Modernisierung und baulichen Erweiterung der Kunsthalle: Auf beiden Seiten des Altbaus wurden bis 2011 kompakte Kuben, entworfen vom Berliner Architekturbüro Hufnagel Pütz Rafaelian, angebaut.

Zu entdecken sind Kunstwerke aus fünf Jahrhunderten, darunter deutsche Expressionisten wie die Künstler der »Brücke«, August Macke und Franz Marc. Besonders sehenswert ist eine Gemäldesammlung der Künstlerkolonie Worpswede, u.a. mit Werken von Paula Modersohn-Becker.

Nach wie vor aber bildet die französische und deutsche Malerei des 19. und 20. Jahrhunderts mit Werken von Delacroix, Monet, Cézanne und Liebermann einen Schwerpunkt. Vertreten sind auch größere Sammlungen von Werken Max Beckmanns und Lovis Corinths.

In der Kunsthalle Bremen: Vincent van Goghs »Mohnfeld« (1889/90).

Das Kupferstichkabinett bildet mit über 200 000 Blättern einen Schwerpunkt im Bestand der Kunsthalle. Eine Augenweide für Kenner ist die fast vollständige Sammlung des druckgrafischen Werks von Albrecht Dürer. Zu einem Erlebnis machen den Besuch aber auch die Plastiken aus dem 19. und 20. Jahrhundert im Skulpturensaal, darunter Werke von Auguste Rodin.

Die Kunsthalle bietet zahlreiche Workshops und Veranstaltungen, darunter auch so ungewöhnliche wie »Kunst und Baby«.

INFO: Im Ostertorviertel gelegen. **INFO KUNSTHALLE BREMEN:** Am Wall 207, 28195 Bremen, Tel. (04 21) 32 90 80, www.kunsthalle-bremen.de, Öffnungszeiten Di 10–21, Mi–So 10–17 Uhr, Eintritt € 10, ermäßigt € 5, bis 18 J. frei, bei Sonderausstellungen mehr.

Eine Welt aus Duft und Farben

Rhododendron-Park und botanika

Bremen

Durch einen Laubengang lässt man den Alltag hinter sich und betritt eine Welt aus leisem Blätterrauschen und Insektensummen, aus Duft und Farben: weiß, gelb und vor allem rosarot erblüht Bremens Rhododendron-Park im Frühsommer zu voller Pracht. Im ältesten Teil des insgesamt 46 Hektar großen Parks wandelt es sich selbst an heißen Tagen angenehm unter alten Buchen und Eichen, die auch den Rhododendren und Azaleen willkommenen Schatten spenden – mit 600 Arten und über 3000 Züchtungen wird hier eine der größten Rhododendron- und Azaleensammlungen der Welt gezeigt.

Der wohltuende Spaziergang verbindet sich im Botanischen Garten mit einem Lehrpfad in Pflanzenkunde, vorbei an Heil- und Nutzpflanzen wie Salbei oder Thymian, auch Exotisches wie der Kaffeestrauch Coffea arabica ist zu finden. Im Sortengarten läuft man auf geschwungenen Wegen das Rhododendronalphabet von »Alice« bis »Yellow Petticoats« ab.

Unter dem schützenden Dach der botanika sind jene Pflanzen untergebracht, denen norddeutsche Temperaturen nicht behagen. Sogar der in seiner philippinischen Heimat bereits ausgestorbene Rhododendron taxifolium, eine zierliche, weißblühende Wildart, kann hier noch bewundert werden. Das »grüne Science Center« ist aber weit mehr als nur ein Gewächshaus: Die präsentierten Pflanzenwelten ahmen asiatische Landschaften nach, vom üppigen tropischen Regenwald Borneos bis zur kultivierten Idylle eines japanischen Zengartens. Hier können Besucher zu jeder Jahreszeit Kraft tanken.

Rosarot erblüht Bremens Rhododendron-Park.

Ausgewählte Tiere haben hier ebenso ein Zuhause gefunden wie Europas einziger Friedensbuddha, ein Geschenk des Dalai Lamas als Symbol der Völkerverständigung.

Im Entdeckerzentrum lernen Besucher, mit welchen Tricks Pflanzen sich ihren Anteil an Wasser, Licht und Nährstoffen sichern. Auch die unterschiedlichen Fortpflanzungsstrategien von Pflanzen werden hier erklärt.

Restaurant, Spielplatz und Liegewiese bieten zahlreiche Möglichkeiten zur Entspannung und Stärkung.

Info: Im Stadtteil Horn-Lehe, etwa 6 km östlich des Zentrums gelegen. **Info Rhododendron-Park:** Deliusweg 40, 28359 Bremen, Tel. (04 21) 42 70 66 15, www.rhododendronparkbremen.de, Öffnungszeiten tägl. 7 Uhr bis Sonnenuntergang, Eintritt frei. **Info botanika:** Im Rhododendron-Park gelegen, www.botanika-bremen.de, Öffnungszeiten Mo–Fr 9–18, Sa/So/Fei 10–18 Uhr, Eintritt € 10,50, Kinder € 5, bis 3 J. frei. **Reisezeit:** Ende April–Juni.

Liebe zur Freiheit

Roland, Rathaus und die Bremer Stadtmusikanten

Bremen

An ihm kommt keiner vorbei. Groß und wuchtig steht er da mit einem sanften Mona-Lisa-Lächeln auf den Lippen: der steinerne Roland. Die kolossale Figur misst exakt 5,55 Meter, vom Dach des Baldachins bis zum Boden sind es sogar zehn Meter. Das Ritterstandbild mit Schwert ist Mittelpunkt des Marktplatzes, unverwechselbares Wahrzeichen der Freien Hansestadt Bremen und Weltkulturerbe. Noch heute ist die Statue für die Bremer ein Symbol der Freiheit: Bremen, die weltoffene Stadt, die ihre Eigenständigkeit um jeden Preis bewahren möchte. Errichtet wurde die Statue vom Stadtrat im Jahr 1404, um sich gegen erzbischöfliche Machtansprüche abzugrenzen.

Herz und Hirn der Stadt – Bremer Roland und Rathaus.

Vom Roland aus fällt der Blick auf das Rathaus mit seinem gotischen Kern und der Spätrenaissancefassade. Seit 2004 gehört es zum Welterbe der UNESCO. Trotzig und selbstbewusst bauten die Bremer das 41 Meter lange und fast 16 Meter breite Gebäude von 1405 bis 1410 gleich neben das Palatium der Erzbischöfe und in direkter Nachbarschaft zum Dom – um zu demonstrieren, wer hier das Sagen hatte.

Entsprechend reich wurde die Fassade geschmückt: mit insgesamt 16 großen Standbildern an den Pfeilern zwischen den Fenstern. Zur Marktseite hin sind die Bildnisse von Kaiser Karl dem Großen und die der sieben Kurfürsten zu sehen, an den Seitenmauern finden sich Propheten und Philosophen. Beim Rathausumbau in den Jahren 1595 bis 1618 zeigte sich dann die ganze Pracht des bürgerlichen Wohlstands. Ein der Fassade vorgesetzter Erker war die stärkste bauliche Veränderung. Die vielen Verzierungen der Giebel gelten als Denkmal der Renaissance. Und der Laubengang präsentiert sich seitdem als Rundbogenarkade mit toskanischen Säulen.

Auch wenn sie eigentlich nie in Bremen angekommen sind, haben sie einen festen Platz in dieser Stadt. Denn vier Figuren kennt im Zusammenhang mit der Hansestadt garantiert jedes Kind: Esel, Hund, Katze und Hahn machen sich, verstoßen von ihren Besitzern, auf den Weg nach Bremen, um dort Stadtmusikanten zu werden. »Etwas Besseres als den Tod findest du überall«, lautet ihr Motto.

An das Märchen der Brüder Grimm erinnert eine Bronzeplastik – klein, aber fein und etwas versteckt an der Westseite des Rathauses. Der Berliner Bildhauer Gerhard Marcks schuf im Jahr 1951 das etwa zwei Meter hohe Denkmal. Die Vorderbeine des Esels glänzen bereits. Denn wie es heißt, geht ein Wunsch in Erfüllung, wenn man sie umfasst.

Info: Alle drei Sehenswürdigkeiten befinden sich am Marktplatz. **Info Rathaus Bremen:** Am Markt 21, 28195 Bremen, www.rathaus-bremen.de. Rathausführungen können telefonisch gebucht werden bei der Bremer Touristik-Zentrale, Tel. (04 21) 308 00 10.

Windjammer-Romantik auf dem »Weißen Schwan«

Schulschiff Deutschland

Bremen

Man hört die Planken knirschen und stellt sich die wilden Weltmeere vor. Seefahrerromantik auf dem »Schulschiff Deutschland« mit einer Segelfläche halb so groß wie ein Fußballfeld. Der 86 Meter lange Dreimaster liegt in Vegesack, einem 20 Kilometer weserabwärts gelegenen Stadtteil Bremens.

Der »Weiße Schwan der Unterweser«, wie das Schiff genannt wird, ist das einzige erhaltene Vollschiff Deutschlands. Das Originalinventar und die Seekarten sorgen dafür, dass sich der Besucher in die Welt der Seefahrer entführt fühlt. Vor mehr als 80 Jahren, am 14. Juni 1927, lief der Großsegler in Bremerhaven vom Stapel. Entworfen hatte ihn der damals führende Segelschiffskonstrukteur Georg W. Claußen als Ausbildungsschiff für die Handelsmarine. In seiner Laufbahn von 1927 bis 1945 hat der Großsegler zwölf Reisen in den Südatlantik und die Karibik sowie 17 Reisen in die Nord- und Ostsee unternommen. Viele Jungs wurden hier zu echten Seemännern ausgebildet.

Der »Weiße Schwan der Unterweser«: »Schulschiff Deutschland«.

Da der Segler zuletzt als Lazarettschiff eingesetzt wurde, musste er nach dem Zweiten Weltkrieg nicht als Reparationsleistung an die Siegermächte abgegeben werden. Ab 1948 diente das Schiff drei Jahre lang als Jugendherberge, bevor es bis 2001 wieder als stationäres Schulschiff genutzt wurde.

Heute hat das »Schulschiff Deutschland« musealen Charakter, bietet aber auch eine hervorragende Kulisse für Trauungen, Taufen und Empfänge. Wer will, kann sogar in den 30 kleinen Mannschaftskabinen oder der Kapitänskajüte übernachten. Die Einnahmen verwendet der Deutsche Schulschiff-Verein für den Erhalt von Bremens einzigem schwimmendem Denkmal.

Info: In Bremen-Vegesack gelegen. **Info Schulschiff Deutschland:** Deutscher Schulschiff-Verein, Schulschiff Deutschland, Zum Alten Speicher 15, 28759 Bremen-Vegesack, Tel. (04 21) 658 73 73, www.schulschiff-deutschland.de, Öffnungszeiten tägl. 10–18, Nov.–Feb. bis 17 Uhr (1. Sa im Monat erst ab 14 Uhr) oder nach Vereinbarung, Eintritt € 3, ermäßigt € 2 (ohne Führung).

Die Welt zu Gast in Bremen

ÜBERSEE-MUSEUM

Bremen

Eine Weltreise kostet fast immer viel Zeit und Geld – doch es geht auch anders! Wer das Übersee-Museum in der Freien Hansestadt Bremen besucht, kann ferne Kontinente entdecken und dabei in Deutschland bleiben. Das 1896 gegründete, in einem repräsentativen Bau direkt neben dem Hauptbahnhof gelegene Museum präsentiert sich heute als ein spannender Erlebnisort von überregionaler Bedeutung. Eine Besonderheit ist dabei das Konzept des Hauses: Die Bremer Sammlung versteht sich nämlich nicht als reines Völkerkundemuseum, sondern als eine Zusammenschau ethnologischer, merkantiler und naturkundlicher Phänomene der außereuropäischen Welt.

Und dazu gehört Etliches: Im Sammlungsbereich Asien wird die historische Seidenstraße ebenso vorgestellt wie das moderne Shanghai, die Abteilung Ozeanien ist als thematisch geordnete Inselwelt gestaltet, und unter dem Stichwort Afrika geht es mitten hinein in die abwechslungsreiche Natur, Kultur, Geschichte und Gegenwart dieses Kontinents. Preisgekrönt ist die Dauerausstellung »Erleben, was die Welt bewegt«, in der es um globale Inhalte wie Migration, Klimawandel, Menschenrechte oder Sex & Gender geht. Auf sieben Erlebnispfaden mit zahlreichen Mitmachstationen lassen sich hier komplexe Zusammenhänge erforschen und gewohnte Denkmuster hinterfragen.

Ein vielseitiges Veranstaltungsprogramm lässt Besucherinnen und Besucher noch tiefer in die fremden Kulturen eintauchen: Qigong-Kurse im japanischen Garten wechseln sich ab mit Trommel-Workshops und Ikebana, Museumsgespräche und Lesungen mit Vorträgen zur aktuellen Sonderausstellung. Und für die kleinen Gäste gibt es die Museumsrallye, den Entdecker-Rucksack sowie das Theater am Meeresgrund.

INFO: In der Innenstadt von Bremen, am Hauptbahnhof gelegen. **INFO ÜBERSEE-MUSEUM:** Bahnhofsplatz 13, 28195 Bremen, Tel. (04 21) 16 03 80, www.uebersee-museum.de, Öffnungszeiten Di–Fr 9–17, Sa/So 10–17 Uhr, Eintritt € 7,50, ermäßigt € 3, unter 6 J. frei.

Im Übersee-Museum: Metallskulptur »Looking for Grace« der nigerianischen Bildhauerin Sokari Douglas Camp in der Afrika-Ausstellung.

Erdbeben per Knopfdruck

UNIVERSUM® BREMEN

Bremen

Im Universum® Bremen mit seinen drei Bereichen Science Center, Außengelände und rostroter Würfel werden die Wunder der Wissenschaft für große und kleine Besucher erlebbar gemacht – bis die Wände wackeln.

»Aktive Beteiligung statt passiver Wahrnehmung« lautet das Motto des Universum® Bremen, das im Jahr 2000 eröffnet wurde. Das Science Center steckt in einem riesigen, silbern glänzenden Wal, der sich weithin sichtbar aus einem Teich erhebt.

Fragen zu den Themen Technik, Mensch und Natur werden hier in spielerischer Form beantwortet und mithilfe von Experimenten erklärt. Die Besucher, die allen Altersgruppen entstammen, können in eine 4000 Quadratmeter große Erlebnisfläche mit rund 250 Stationen zum Selbstentdecken eintauchen. Hier erfahren sie, welches Geheimnis hinter einem riesigen Datenglobus steckt und was Seepferdchen mit Tornados gemeinsam haben.

Kinder im Alter von drei bis acht Jahren kommen ebenfalls nicht zu kurz. Auf der Milchstraße können sie (nicht nur) Türme bauen und an einer Kugelbahn sowie einem kleinen Windkanal experimentieren. Ein anderer Bereich ist dem »Messen und Wiegen« gewidmet.

Für Fans von Forschung, Natur und Technik: Universum® Bremen.

Auch draußen wird gelernt. Auf dem 5000 Quadratmeter großen Gelände können Steilwände erklettert werden und auch der Kriechtunnel ist beliebt. Auf dem 27 Meter hohen Turm der Lüfte haben die Besucher die Möglichkeit, mit Wind zu experimentieren, und sie genießen einen wunderbaren Ausblick.

In dem rostroten, würfelförmigen Gebäude daneben finden ständig wechselnde Sonderausstellungen statt. Nur auf eins müssen die Fans von Wissenschaft und Forschung aufpassen: dass ihnen angesichts der Vielzahl beeindruckender Experimente nicht die Zeit davonläuft. Etwa wenn sie Blitze mit einem Luftzug festhalten, beim Kickern gegen einen Roboter antreten, sich gegenseitig am Lügendetektor mal die wirklich wichtigen Fragen stellen, mit analogen Objekten am Komponiertisch digitale Musik erzeugen oder oder oder. Auf dem Erdbebensofa hingegen sitzt man wohl eher nicht über Stunden hinweg. Hier können sich Besucher einen Eindruck davon verschaffen, wie sich Erdbeben verschiedener Stärke anfühlen.

INFO: Im Stadtteil Horn-Lehe im Nordosten von Bremen gelegen. **INFO UNIVERSUM® BREMEN:** Universum® Managementgesellschaft mbH, Wiener Str. 1 A, 28359 Bremen, Tel. (04 21) 334 60, www.universum-bremen.de, Öffnungszeiten Mo–Fr 9–18, Sa/So/Fei 10–18 Uhr, Eintritt € 16, Kinder ab 6 J. € 11.

Zeitreise auf den Spuren der Auswanderer

Deutsches Auswandererhaus

Bremerhaven, Bremen

Weiße Taschentücher flattern zum Abschied am Schiffskai durch die Luft, dann geht es mit Hunderten anderen an Bord – am Ende der langen Reise banges Warten und Hoffen auf Ellis Island, »Insel der Tränen« und letzte Hürde vor dem amerikanischen Traum.

Den Weg, den in 140 Jahren sieben Millionen deutsche Auswanderer von Bremerhaven aus nach Übersee nahmen, können Besucher in dem 2005 eröffneten Museum hautnah nachempfinden. »Man kann Emotionen nicht ausstellen, nur auslösen«: Das Credo von Migrationsforscherin und Museumsdirektorin Simone Eick erfüllt die interaktive und preisgekrönte Ausstellung im Deutschen Auswandererhaus meisterhaft. Vom simulierten Schwanken des Schiffs über die Bordkabinen unterschiedlicher Klassen bis zu New Yorks grandiosem Hauptbahnhof Grand Central Terminal, der Drehscheibe für zahlreiche Einwanderer: Alles wurde originalgetreu nachgebaut. Sogar historische Kostüme können fürs Erinnerungsfoto übergezogen werden.

Dass diese spannende Zeitreise nicht zum bloßen Erlebnispark gerät, dafür sorgen die minutiös aufgearbeiteten und an Hand originaler Dokumente anschaulich vermittelten Geschichten historischer Auswanderer: Woher sie kamen, was sie bewegte, ihre Heimat für immer hinter sich zu lassen, welchen Weg ihr Leben in der Ferne nahm.

Das Museumsgebäude wurde an Stelle des historischen Auswandererhauses errichtet, in dem ab 1848 Ausreisewillige die letzten Tage vor dem Ablegen ihres Schiffs verbrachten. Wer es heute betritt, erhält mit der Eintrittskarte auch eine neue Identität. Auf den Spuren eines bestimmten Auswanderers erlebt jeder Besucher die Ausstellung ganz individuell. Genauer gesagt, sind es sogar zwei – denn das Museum endet nicht mit der Ankunft in der Neuen Welt. Jetzt wird der Blickwinkel umgekehrt: Nicht mehr die, die gehen, sondern die, die kommen, stehen im Mittelpunkt. Vor allem den sogenannten Gastarbeitern der 1960er und 1970er Jahre widmet sich der zweite Teil der Ausstellung, der die Einwanderung nach Deutschland zum Thema macht.

Das Deutsche Auswandererhaus in Bremerhaven.

Beim Schlendern durch eine rekonstruierte Einkaufspassage, wie sie typisch war für die damalige BRD, folgt man zwischen nostalgischem Friseursalon, Kiosk und Reisebüro nun dem Weg »seines« Einwanderers und vieler anderer, die in Deutschland ein neues Leben begannen.

Info: Bremerhaven liegt ca. 53 km nördlich von Bremen. **Info Deutsches Auswandererhaus:** Columbusstr. 65, 27568 Bremerhaven, Tel. (04 71) 90 22 00, www.dah-bremerhaven.de, Öffnungszeiten tägl. März–Okt. 10–18, Nov.–Feb. 10–17 Uhr, Eintritt € 15, ermäßigt € 13, Kinder (5–16 J.) € 9.

Auf hoher See vom Mittelalter bis zur Neuzeit

Deutsches Schiffahrtsmuseum

Bremerhaven, Bremen

Eine Stadt als Hafen – oder ein Hafen als Stadt? Ganz Bremerhaven wird durch weitläufige Hafenanlagen dominiert. Im Norden breitet sich der größte Containerterminal Europas aus, der Fischereihafen im Süden. Der Alte Hafen direkt im Zentrum wurde zu einem großen Freilichtmuseum umfunktioniert, in dem ein Teil der Flotte des Deutschen Schiffahrtsmuseums (DSM) liegt. Hier wird die Geschichte der Seefahrt nicht nur anhand von Modellen, Schaubildern, Karten, Fotomaterialien und Geräten anschaulich nahegebracht. Mittelpunkt des Museums sind vielmehr die Fregatten, Fischkutter, Koggen und anderen Schätze, die zum Teil im Alten Hafen zu begehen sind. Hier liegt auch die »Seute Deern«, der größte hölzerne Frachtsegler, der weltweit erhalten geblieben ist.

Das Museum bemüht sich ständig darum, die Ausstellung mit neuen signifikanten Exponaten zu erweitern. So lief beispielsweise die »Grönland«, das hölzerne Segelschiff der ersten deutschen Polarexpedition von 1868, ebenso in den Museumshafen ein wie die »Wilhelm Bauer« (U 2540), das einzige erhaltene Exemplar der seinerzeit modernsten und leistungsfähigsten U-Boot-Klasse XXI aus dem Zweiten Weltkrieg.

Bremerhaven-Panorama: in der Mitte der Alte Hafen mit Schiffen des Deutschen Schiffahrtsmuseum, rechts das Columbus Shopping Center, links das Atlantic Hotel Sail City.

Eine der Hauptattraktionen des DSM ist eine Hansekogge von 1380, geborgen 1962 als Wrack beim Ausbaggern eines Hafenbeckens in Bremen. Über sieben Jahre dauerte der Wiederaufbau. Heute kann sie in der 2017 neu eröffneten Kogge-Halle auf drei Ebenen und aus verschiedenen Blickwinkeln bestaunt werden.

Für die internen Ausstellungen schuf Architekt Hans Scharoun einen modernen Bau in Form einer riesigen Schiffsbrücke, auf der die Besucher durch die Schifffahrtsgeschichte schlendern. Der Originalschornstein des einzigen deutschen Handelsschiffs mit Atomantrieb gehört ebenso zu den Exponaten wie Schiffsschrauben oder ein Dampfrangierkran auf Schienen. In einem an den Scharoun-Bau angegliederten Neubau wird über Polar- und Meeresforschung, Klima- und Umweltgeschichte berichtet. Hier hat auch das Forschungszentrum des Museums seinen Sitz. Seit 2016 wird das Museum bei laufendem Betrieb umgebaut und saniert.

Info: Am Alten Hafen von Bremerhaven gelegen. **Info Deutsches Schiffahrtsmuseum:** Hans-Scharoun-Platz 1, 27568 Bremerhaven, Tel. (04 71) 48 20 70, www.dsm.museum, Öffnungszeiten Museumsgebäude tägl. 10–18 Uhr, Mitte Nov.–Mitte März Mo geschl., Besichtigung der Schiffe Mitte März–Mitte Nov. tägl. 10–17.45 Uhr, Eintritt in Umbauphase € 3, ermäßigt € 1,50, inkl. Sonderausstellung 360° Polarstern € 3,50, ermäßigt € 2,50.

An einem Tag um die Welt

Klimahaus® Bremerhaven 8° Ost

Bremerhaven, Bremen

Wie wird das Wetter? Hier, wo die Nordsee und ihre Gezeiten das Leben beherrschen, ist die Klimafrage von jeher alles andere als Small Talk. Spätestens in den letzten Jahren, mit dem Ringen der internationalen Gemeinschaft um eine Bekämpfung des CO_2-Effekts und seiner Folgen, haben auch Landratten aus gemäßigteren Gefilden den Ernst der Lage begriffen. Dass dieses drängende Thema aber auch auf spielerisch-spannende Art und Weise vermittelt werden kann, zeigt das Klimahaus – mit einer Reise um die Welt, immer entlang des achten östlichen Längengrads, auf dem auch Bremerhaven liegt.

Dabei durchwandert der Besucher nicht nur verschiedene Klimazonen, sondern erfährt auch Interessantes über das Leben in den jeweiligen Regionen: Wie lebt es sich auf einer Nordseehallig oder einer Mittelmeerinsel? Und wie haben sich die Yupik, Ureinwohner Alaskas, an die Existenz im ewigen Winter angepasst? Doch nicht nur aus menschlicher Perspektive erkunden Besucher die Wechselwirkungen von Klima, Natur und Mensch. Kann der Flügelschlag eines Schmetterlings einen Tornado auf der anderen Seite des Globus auslösen? Dieses als Schmetterlingseffekt bezeichnete Phänomen kann hier u. a. getestet werden – dabei fühlt man sich inmitten riesiger Grashalme selbst auf Insektengröße geschrumpft. Auf der Pazifikinsel Samoa tauchen die Besucher ab in faszinierende Unterwasserwelten, die in Aquarien Einblick in die gefährdete Artenvielfalt eines Saumriffs gewähren.

Nach der Weltreise können sich Besucher als Meteorologen versuchen, noch näher mit dem Klimawandel und seinen Folgen befassen oder im Offshore Center einen Eindruck von einer möglichen Gegenmaßnahme, dem Ausbau der Windenergie, erhalten. Zu den Partnern der vielfach ausgezeichneten Wissens- und Erlebniswelt zählen das ebenfalls in Bremerhaven angesiedelte Alfred-Wegener-Institut für Polar- und Meeresforschung, das Max-Planck-Institut für Meteorologie sowie der Deutsche Wetterdienst.

Expedition in die Antarktis-Station des Klimahaus Bremerhaven.

Info: Am Alten Hafen von Bremerhaven gelegen. **Info Klimahaus® Bremerhaven 8° Ost:** Am Längengrad 8, 27568 Bremerhaven, Tel. (04 71) 902 03 00, www.klimahaus-bremerhaven.de, Öffnungszeiten April–Aug. Mo–Fr 9–19, Sa/So/Fei 10–19, Sept.–März tägl. 10–18 Uhr, Eintritt € 17, ermäßigt € 12, bis 4 J. frei.

0 5 km
HAMBURG
Kalten-kirchen
Henstedt-Ulzburg
Itzstedt
Sülfeld
Nahe
Barmstedt
Alveslohe
Hemdingen
Bevern
Ellerau
Rhen
Kayhude
Elmenhorst
Wilstedt
Bargteheide
Quickborn
Ellerhoop
Renzel
Kummerfeld
NORDERSTEDT
Hammoor
Rehagen
Duvenstedt
Ahrensburg
Hasloh
Lottbek
Bönningstedt
Rellingen
Langenhorn
Poppenbüttel
Großhansdorf
PINNEBERG
Volksdorf
Ahrensfelde
Schnelsen
Fuhlsbüttel
Etz
Halstenbek
Siek
Ohlsdorf
Bramfeld
Schenefeld
Stellingen
Barmbek
Rahlstedt
Stapelfeld
Papendorf
Sülldorf
Eppendorf
Wandsbek
Harvestehude
Barsbüttel
Stemwarde
Bahrenfeld
Außenalster
Jenfeld
Blankenese
Ohe
St. Georg
Elbe
Othmarschen
Altstadt
Billstedt
Glinde
Cranz
Finkenwerder
Kl. Grasbrook
Billbrook
Havighorst
Neuenfelde
Veddel
Reinbek
Altes Land
Altenwerder
Billwerder
Moorwettern
Rübke
Wilhelmsburg
Bergedorf
Neugraben-Fischbek
Ochsenwerder
Escheburg
Harburg
Heimfeld
Marschlande
Curslack
Neu Wulmstorf
Wilstorf
Vierlande
Altengamme
Warwisch
Vahrendorf
Fiesenwerdermoor
Kirchwerder
Elstorf
Fleestedt
Drage
Tötensen
Maschen
Rade
Hittfeld
Stelle
Tönnhausen
Eckel
Winsen (Luhe)
Ohlendorf
Steinbeck
Buchholz i.d. Nordheide
Ramelsloh
Luhdorf

Wasserspiegelungen: Abenddämmerung an Hamburgs Binnenalster.

Malerisch auf einer Halbinsel in den Fleeten der Hamburger Speicherstadt gelegen, das sogenannte Wasserschlösschen.

HAMBURG

Willkommen im Obst

ALTES LAND

Hamburg

Das Alte Land wird gern »Deutschlands Obstgarten« genannt, und das nicht ohne Grund, denn es ist Deutschlands größtes Obstanbaugebiet. Zehn Millionen Apfel-, Kirsch-, Birn- und Zwetschgenbäume stehen hier, jeder dritte deutsche Apfel wird in dieser Region geerntet. Niederländische Kolonisten besiedelten im 11. Jahrhundert das Gebiet am Unterlauf der Elbe und gaben ihm den Namen »Olland«. Auf Plattdeutsch heißt es auch heute noch »Olland« – das »Alte Land«. Reetdächer, Fachwerkhäuser und Kirchen aus rotem Ziegelstein prägen das Aussehen der beschaulichen Dörfer zwischen Hamburg und Stade. Dazwischen weite Felder, so weit das Auge reicht, und natürlich 14 000 Hektar Obstbäume, die dem Land zu seinem Ruhm verholfen haben.

Apfelernte im Alten Land an der Elbe.

Mehrere Radtouren, die zwischen drei und 37 Kilometer lang sind, ziehen sich durchs Alte Land, die meisten sind – wie könnte es anders sein – mit Apfel, Birne oder Pflaume als Symbol gekennzeichnet. In Estebrügge zeigt ein Museum den Besuchern Interessantes und Kurioses aus dem Leben der Altländer. Für Inlineskater gibt es von Jork aus Routen ab zwölf Kilometern Länge – vorbei an Deichen, Apfelbäumen und an typischen Altländer Dörfern. Im Frühling verwandelt sich die Gegend in ein Meer aus weißen und rosafarbenen Blüten. Wenn in der Spätblüte die ersten Blütenblätter rieseln, kann es mit dem Radeln und Skaten allerdings etwas mühselig werden.

Obstliebhaber sollten das Alte Land während der Erntezeit erkunden, denn hier wird teilweise direkt in den eigenen Mund geerntet. Auf dem Altländer Obsthof kann man sogar die Schulbank drücken – beim Obsthofabitur. Gestärkt mit einem Altländer Diekpedder, einem Obstler mit Apfelsaft, geht es nach einer Hofführung mit dem Apfelexpress ab in die Obstplantagen.

Das Museum Altes Land in Jork informiert über die Entwicklung des Deichbaus, über Entwässerungstechniken, die Geschichte der Schifffahrt und des Transportverkehrs. Die Präsentation ist in einer Durchfahrtsscheune untergebracht, einem der ältesten Gebäude des Alten Landes.

Und danach eine Runde Boßeln am Deich. Dieser friesische Volkssport ist eine Mischung aus Boccia, Boule und Bowling und macht Jung und Alt richtig Laune.

INFO: Tourismusverein Altes Land, Osterjork 10, 21635 Jork, Tel. (041 62) 91 47 55, www.tourismus-altesland.de. **INFO OBSTHOFABITUR:** Altländer Obsthof, Hollernstr. 97, 21723 Hollern-Twielenfleth, Tel. (041 41) 72 20, www.altlaenderobsthof.de. **INFO MUSEUM ESTEBRÜGGE:** Steinweg 7, 21635 Jork-Estebrügge, Tel. (041 62) 91 47 55, www.jork.de, Öffnungszeiten April–Okt. So 14–17 Uhr und nach Vereinbarung. **INFO MUSEUM ALTES LAND JORK:** Westerjork 49, 21635 Jork, Tel. (041 62) 57 15, www.jork.de, Öffnungszeiten April–Okt. Di–So 11–17, Nov.–März Mi, Sa/So 14–17 Uhr.

Ein Hauch von Übersee

HAMBURG

Hamburg

Einen Hauch von Übersee, eine Art permanente Großzügigkeit« verspürte Carl Zuckmayer in der »Stadt mit Weltgeschichte«. Der Schriftsteller hat Hamburg nach dem Geschmack der Hanseaten geschildert. So können es auch Hamburgbesucher erleben, beispielsweise auf dem Rundgang durch die City, der vom traditionsreichen Jungfernstieg durch das funkelnde Labyrinth der Einkaufspassagen bis zum Postkartenblick auf der Lombardsbrücke führt.

Solch ein Tag ist ein Appetithappen für die Elbmetropole, die so viel mehr zu bieten hat. Deshalb lohnen sich Abstecher in Richtung Hafen ebenso wie in andere gleichermaßen sehenswerte Stadtviertel. Dass die Hansestadt neben einem reichen kulinarischen Angebot ein Kulturprogramm von Rang bietet, ist den Freunden der leichten Muse seit Musical-Erfolgen wie »König der Löwen« ebenso geläufig wie jenen, die wegen eines Neumeier-Balletts an die Elbe reisen.

INFO: Hamburg Tourismus GmbH, Tel. (040) 30 05 17 01 (tägl. außer So 9–19 Uhr), www.hamburg-tourismus.de.

Beim Bummel in den Alsterarkaden genießt man die Aussicht auf Alsterfleet und Rathausmarkt. Stadtplaner Alexis de Chateauneuf ließ sich 1842 bei ihrer Gestaltung von mediterraner Architektur inspirieren.

»Oh, Du wunderschöne Alster«

Aussenalster und Binnenalster

Hamburg

Nirgendwo präsentiert sich die Stadt eleganter, grüner und lebenswerter als rings um die Außenalster, den Stausee mitten in der City. Ein Bummel durch den Park am westlichen Ufer, ein kurzer Schwenk durch Pöseldorf und eine Tasse Kaffee in einem der zehn ganzjährig geöffneten Lokale mit Bootssteg am Seeufer: Selbst Skeptiker werden hier überzeugt sein, dass Hamburg zu den schönsten Städten Europas gehört.

Die Alster wurde 1190 aufgestaut, um eine Mühle zu betreiben. Der See teilt sich in Außenalster und Binnenalster. Die Außenalster ist der größere, nördliche Teil, eine herrlich grüne Oase inmitten der Stadt. An sonnigen Sommertagen trifft man hier auf Segelboote, Badegäste, Ruderboote und Tausende Spaziergänger, die die Aussicht auf das Gewässer genießen. Wenn die Alster im Winter mal zufriert, verwandelt sie sich in einen idealen Ort zum Schlittschuhlaufen.

Am Ufer des 160 Hektar großen Gewässers befindet sich eine Vielzahl schicker Prunkvillen und exklusiver Hotels. Zahllose Segel- und Ruderclubs sowie Bootsverleihe säumen das Ufer, die Weiße Flotte der Alstertouristik bietet Linien- und Rundfahrten an. Der 7,4 Kilometer lange Wanderweg rund um den See wird bei schönem Wetter von Touristen und Joggern bevölkert. Besonders reizvolle Cafés und Restaurants findet man im Bereich Bellevue und Schöne Aussicht.

Im Süden fließt die Außenalster in ihre kleine Schwester, die Binnenalster, ein knapp 200 Meter langes Flussstück in der Hamburger Innenstadt. Am Ufer des etwa 18 Hektar großen Gewässers stehen zahlreiche Geschäftsgebäude, u. a. der Firmensitz der Hapag-Lloyd AG, das Hotel Vier Jahreszeiten, das traditionsreiche Kaufhaus Alsterhaus sowie der nicht minder

Volksfeststimmung auf dem Eis: das Alstervergnügen in Hamburg.

berühmte Alsterpavillon. Weil die hübschen und jungen Hanseatinnen so gerne an der Alster flanierten, nannte man die Promenade schon ab 1648 offiziell Jungfernstieg. Hier am Südwestufer liegt die Hauptanlegestelle der Weißen Flotte, die sowohl die Alster mit ihren Kanälen als auch die Hamburger Fleete befährt und bis nach Bergedorf verkehrt.

Info Alster: Alster-Rundfahrten, ATG Alster-Touristik GmbH, Anleger Jungfernstieg, 20354 Hamburg, Tickets und weitere Infos Tel. (040) 35 74 24-0, www.alstertouristik.de, Abfahrten tägl. Anfang April–Anfang Okt. 10–18 Uhr halbstündlich ab Jungfernstieg, sonst seltener.

Malerische Gassen und Ozeanriesen

Blankenese

Hamburg

In Blankenese wird folgende Anekdote erzählt: Ein Amerikaner, ein Franzose und ein Blankeneser klönen auf der Dampferbrücke. Erzählt der Ami, seine Vorfahren seien mit der »Mayflower« im 17. Jahrhundert über den Großen Teich nach Amerika gekommen. Der Franzose führt seine Ahnen bis auf Charlemagne zurück. Der alte Blankeneser nimmt seine Pfeife aus dem Mund und sagt: »Wir hier stammen von Adam und Eva ab und sie soll ja eine geborene Breckwoldt sein.«

Es ist für einen Blankeneser tatsächlich nicht leicht, nicht mit einem Breckwoldt verwandt zu sein. Bereits im 15. Jahrhundert ist die Familie in der Ortschronik erwähnt, einer der Urahnen erhielt damals das Fährrecht über die Elbe.

Blankenese liegt rund 15 Kilometer elbabwärts. Der Hamburger Stadtteil ist ein beliebtes Ausflugsziel und Wohnort für Besserverdienende. Einer der schönsten Spazierwege Deutschlands führt am Ufer der Elbe entlang nach Blankenese. Das feine und teure Viertel am Hang ist ein ehemaliges Fischerdorf, das bis 1864 zu Dänemark gehörte. Auf dem 75 Meter hohen Süllberg bietet das Zwei-Sterne-Restaurant »Seven Seas« im Hotel »Auf dem Süllberg« einen tollen Blick über den Strom.

Blick auf das ehemalige Fischer- und Lotsendorf im Westen Hamburgs: der Villenvorort Blankenese.

Empfehlenswert ist ein Spaziergang durch das am Elbhang gelegene Treppenviertel mit seinen malerischen Gassen, verwinkelten Treppen und eng beisammen stehenden Häuschen. Bemerkenswert sind einige kleine Land- oder Herrenhäuser aus dem 18. und 19. Jahrhundert. Das im Jugendstil erbaute »Strandhotel« bietet 16 Zimmer zur Auswahl, teilweise mit Blick auf die Schiffsbrücken der passierenden Ozeanriesen.

Die Blankeneser Bahnhofstraße wirkt wie eine kleine Stadt für sich, mit Kirche, Wochenmarkt, vielen gut sortierten Geschäften, Restaurants und Eisdiele. Der Ort ist von Hamburgs Zentrum aus auch gut mit der S-Bahn zu erreichen, stilechter ist natürlich die Bootsfahrt von den Landungsbrücken.

Info: Blankenese liegt 13 km nordwestlich der Hamburger Innenstadt. **Info Restaurant Seven Seas:** Im Hotel Auf dem Süllberg, Süllbergterrasse 12, 22587 Hamburg, Tel. (040) 866 25 20, www.karlheinzhauser.de, Öffnungszeiten Mi–So 18.30–23 Uhr, Reservierung empfohlen, Preise auf Anfrage. **Info Strandhotel Blankenese:** Strandweg 13, 22587 Hamburg, Tel. (040) 86 13 44, www.strandhotel-blankenese.de, Preise auf Anfrage.

Große Kunst in edlem Rahmen

BUCERIUS KUNST FORUM

Hamburg

Gerd Bucerius (1906–95) war ein Erfolgsmensch: Gründer der Wochenzeitung DIE ZEIT, Mitinhaber des zweitgrößten deutschen Pressekonzerns, Ehrenbürger der Stadt Hamburg. Sein Name steht für verlegerischen Anspruch und journalistische Qualität, und es ist ihm ganz offensichtlich gelungen viele seiner kühnen Pläne tatsächlich zu verwirklichen. Doch Bucerius wollte seinen Erfolg nicht nur für sich genießen, sondern fühlte sich der langen Tradition hanseatischen Mäzenatentums verpflichtet.

1971 gründete er die ZEIT-Stiftung Ebelin und Gerd Bucerius mit dem Ziel der Förderung von Wissenschaft, Kunst und Bildung. Seit 2002 verfügt die Stiftung mit dem Bucerius Kunst Forum über ein eigenes Ausstellungshaus in bester Lage gleich neben dem Hamburger Rathaus. Dort ist es auch nach dem Umzug im Juni 2019 geblieben, denn bei diesem waren nur einige Meter zu überwinden. Auch in den neuen – größeren – Räumen wird das Forum weiterhin zu den ersten Adressen im internationalen Kunstbetrieb zählen.

Jedes Jahr finden vier Ausstellungen statt, und fast alle sind wahre Blockbuster. Meist geht es um bekannte Künstler wie Peter Paul Rubens, Henri Matisse, Joan Miró, Ernst Ludwig Kirchner oder Marc Chagall, die unter einem neuen Aspekt präsentiert werden. Bei anderen Ausstellungen richtet sich der Fokus auf bestimmte Zeitabschnitte oder Stilrichtungen. Zu den Kooperationspartnern des Hauses gehören renommierte Institutionen wie der Pariser Louvre, die Tate Gallery in London und die Staatlichen Museen zu Berlin.

Auch arbeitet das Bucerius Kunst Forum mit namhaften Kuratoren aus dem In- und Ausland zusammen und das Begleitprogramm zu den Ausstellungen kann sich sehen lassen: Hochkarätige Wissenschaftler, aber auch Künstler und Intellektuelle von internationalem Format halten hier Vorträge.

Von Poussin bis Monet – Die Farben Frankreichs: Ausstellungsansicht im Bucerius Kunst Forum (Hamburg).

Mit rund 200 000 Besuchern im Jahr ist das Bucerius Kunst Forum ein Erfolg auf ganzer Linie – so würde es dem Stifter gefallen. Beliebt sind auch die zahlreichen Veranstaltungen des Hauses zu den Bereichen Literatur, Musik und natürlich bildende Kunst.

INFO: In Hamburg-Altstadt gelegen. **INFO BUCERIUS KUNST FORUM:** Alter Wall 12, 20457 Hamburg, Tel. (040) 36 09 96-0, www.buceriuskunstforum.de, Öffnungszeiten tägl. 11–19, Do bis 21 Uhr, Eintritt € 9, ermäßigt € 6, Mo für alle € 6, bis 18 J. frei.

Ein Flaggschiff für die Musik

ELBPHILHARMONIE

Hamburg

Sie sieht aus wie ein stolzer Mastensegler, der sich anschickt, aus dem Hafenbecken hinaus aufs offene Meer zu gleiten. Die gekrümmten Glasfenster der Fassade erinnern an Schiffsluken und die geschwungene Dachkonstruktion lässt an das Spiel der Wellen denken: Mit der neuen Philharmonie an der Norderelbe hat Hamburg ein Wahrzeichen mit unverwechselbarer Silhouette erhalten – und einen Konzertsaal, der weltweit seinesgleichen sucht.

Dabei sah es lange so aus, als würde das kulturelle Prestigeobjekt, geplant und umgesetzt vom Schweizer Architekturbüro Herzog & de Meuron, nie fertig werden: Von den ersten Planungsskizzen bis zur feierlichen Eröffnung im Januar 2017 sollten über 15 Jahre vergehen. Rund anderthalb Jahre lang ruhten die Arbeiten komplett, weil neue Verträge zwischen Bauherren, Architekten und beauftragter Firma ausgehandelt wurden. Währenddessen explodierten die Kosten: Mit insgesamt 789 Millionen Euro verschlang der Bau der anspruchsvollen Stahl- und Glaskonstruktion das Zehnfache des ursprünglichen Etats.

Hamburgs neuestes Wahrzeichen: die Elbphilharmonie.

Doch der technische und finanzielle Aufwand hat sich gelohnt: Wie ein raffiniert geschliffener Kristall thront »Elphi«, wie die Hamburger ihren neuen Musiktempel zärtlich nennen, auf den Ziegelmauern eines ehemaligen Speichers direkt am Hafenbecken. Mit 110 Metern ist die Elbphilharmonie das höchste Gebäude Hamburgs. Neben dem Kleinen Saal und dem Studio ist es vor allem der Große Konzertsaal mit seinen 2100 Plätzen, auf den die Hansestadt zu Recht stolz sein kann: Er ist so angelegt, dass kein Sitzplatz in den weinbergartig ansteigenden Rängen mehr als 30 Meter vom Dirigentenpult entfernt ist.

Das Klangkonzept wurde von einem der renommiertesten Akustiker der Welt anhand eines Saalmodells im Maßstab 1:10 detailliert ausgearbeitet und garantiert ein Hörerlebnis von besonderer Intensität, das höchsten musikalischen Ansprüchen gerecht wird.

Insgesamt umfasst die Elbphilharmonie 26 Etagen. Außer den Konzertsälen und den Räumlichkeiten für die Technik, die Beschäftigten und die Besucher befinden sich im Gebäude auch 45 Apartments der Luxusklasse sowie ein Fünf-Sterne-Hotel. Wer das nötige Kleingeld hat, kann also gleich nach dem Konzert in sein Hotelbett sinken und die soeben genossene Musik im Traum weiterhören.

INFO: In Hamburg-HafenCity gelegen. **INFO ELBPHILHARMONIE:** Platz der Deutschen Einheit 4, 20457 Hamburg, Tel. (040) 35 76 66 66, www.elbphilharmonie.de.

Laufen unter Wasser

ELBTUNNEL

Hamburg

Als der Elbtunnel 1911 eröffnet wurde, galt er als technische Sensation. Die zwei 426,5 Meter langen Röhren waren die erste Flussuntertunnelung des Kontinents. Heute, nach der Einweihung des neuen Tunnels im Jahr 1975, ist der Alte Elbtunnel ein nostalgisches Stück Hamburger Geschichte und beliebtes Denkmal.

An der Erdoberfläche deutet nur ein hübscher quadratischer Kuppelbau mit grünem Kupferdach auf das unterirdische Bauwerk hin: der Eingang an den St.-Pauli-Landungsbrücken. Die gekachelten Röhren wurden mit einem Durchmesser von sechs Metern gebaut, damit eine Kutsche mit aufgestellter Peitsche noch durchpasste. Die vier großen Körbe, die Menschen und Fahrzeuge schon vor fast hundert Jahren in 24 Meter Tiefe transportierten, funktionieren auch heute noch.

Der seinerzeit 10,7 Millionen Goldmark teure Tunnel verbindet St. Pauli und die Werftinsel Steinwerder, von der aus ein unvergleichliches Elbpanorama mit Blick auf den Hafenrand und den Michel beeindruckt. Für Fußgänger sind die Röhren immer geöffnet, für Autos nur montags bis freitags von 8 bis 18 Uhr, und zwar bis 13 Uhr in Richtung Steinwerder, dann in die Gegenrichtung.

Der Bau des Elbtunnels war Anfang des 20. Jahrhunderts notwendig geworden, da durch die Expansion im Hafen unhaltbare Zustände eingetreten waren. Etwa 40 000 Arbeiter mussten zweimal täglich die Elbe überqueren. Nachdem die Pläne für Schwebebahn, Trajekt und Hochbrücke verworfen worden waren, entschied man sich für einen Tunnel nach Vorbild des Clyde-Tunnels in Glasgow.

Im Gegensatz zu seinem neuen, großen Bruder ist der Alte Elbtunnel ein reich verziertes Bauwerk. In den Röhren hängen kunstvolle Majolikareliefs – aus Ton gebrannte Bilder von Meerestieren wie Fischen, Krebsen oder Muscheln. Die Vorhalle für Fußgänger im östlichen Eingang wurde mit prächtigem farbigem Mosaik und einer Bronzetafel bestückt, auf der die wichtigsten Tunneldaten stehen.

INFO: Der Elbtunnel verbindet die Hamburger Stadtteile St. Pauli und Steinwerder.

Der Alte Elbtunnel verbindet die Landungsbrücken mit dem Hafengebiet.

Letztes Exemplar einer aussterbenden Art

Fairmont Hotel Vier Jahreszeiten

Hamburg

Altehrwürdige Hotels stecken voller Geschichte und Geschichten. Das gilt natürlich auch für das Vier Jahreszeiten – seit über hundert Jahren eine der besten Adressen Hamburgs. Der Schwabe Friedrich Haerlin hatte den richtigen Riecher, als er 1897 ein bankrottes kleines Hotel preiswert ersteigerte. Vermutlich war es die vorzügliche Lage am Neuen Jungfernstieg, die den pfiffigen Bäckersohn zugreifen ließ. Nach aufwendiger Renovierung startete das Hotel mit zunächst nur elf Zimmern. Doch schon 1905 eröffnete der Hotelier im Nebenhaus ein Grandhotel mit 57 Räumen. Gäste waren nicht nur Kaufleute, Künstler, Überseereisende und Touristen, sondern regelmäßig auch Prinz Heinrich von Preußen. Haerlin wurde sogar königlicher Hoflieferant.

Nach drei Generationen endete 1989 die Ära Haerlin – mit heftigem Krach in der Familie und dem Verkauf an einen japanischen Industriellen. Zuvor hatte schon die Steuerfahndung ein millionenteures Kapitel in der Hotelhistorie gestaltet. Später kam die berühmte Herberge zur Raffles-Gruppe in Singapur und schließlich zur Fairmont-Hotelkette.

Wohlfühl-Oase an der Binnenalster: das Fairmont Hotel Vier Jahreszeiten.

Die Amerikaner ließen das lang gezogene weiße Haus an der Binnenalster 2008 grundlegend renovieren. Die 156 Zimmer und Suiten verdienen wieder ihren Rang in der Spitzengruppe hanseatischer Hotellerie. Folglich mangelt es nicht an prominenten Namen auf der Gästeliste, auch wenn manche, die hier absteigen, ihren Namen nicht genannt wissen wollen. Für Peter Ustinov galt das nicht, nach dem großen Künstler ist eine der Celebrity Suiten benannt.

Es ist nicht die größte Zimmerflucht im Haus. Die lockt mit drei Schlafzimmern, einem Salon und einem Esszimmer für zwölf Personen. Preis? Ein mittlerer fünfstelliger Betrag pro Nacht. Selbstverständlich bietet das Hotel heute auch sonst allen in der Luxusklasse üblichen Komfort wie eine exzellente Küche, eine Wellnessoase und Veranstaltungsräume.

Nicht weniger anziehend sind wohl die Tradition und der gute Service des Hauses. So erschien Stammgast Aristoteles Onassis regelmäßig beim Nachtportier: Dieser brachte dem Milliardär immer eine Butterstulle von zu Hause mit. Außerdem probte Heinz Rühmann hier 1962 für seine Rolle im »Hauptmann von Köpenick«.

Info: An der Binnenalster gelegen. **Info Fairmont Hotel Vier Jahreszeiten:** Neuer Jungfernstieg 9–14, 20354 Hamburg, Tel. (040) 34 94-0, https://hvj.de, Preise auf Anfrage.

Volle Kraft voraus

Hamburger Hafen

Hamburg

Ein Schiff größer als das andere kommt, pro Jahr sind es etwa 20 000. Die dicken Pötte schleichen sich fast lautlos in den Hafen, mit Fracht aus aller Welt – Ozeanriesen, die mitten durch die Stadt fahren. Denn Hamburgs Hafen, immer noch einer der größten der Welt, liegt 110 Kilometer von der Nordsee entfernt. Drumherum breitet sich eine gigantische Industriekulisse aus: Mächtige Kräne, die höher sind als der Michel, umherrollende Stapler, die Container türmen sich stockwerkhoch und kilometerweit. An den Anlegestellen ist für 280 Seeschiffe Platz.

Deutschlands Tor zur Welt: der Hamburger Hafen, im Vordergrund die St. Pauli Landungsbrücken.

In den 1980er Jahren war der Hafen auf Rang fünf in Europa abgerutscht. Doch seitdem die Elbe vertieft und die Containeranlage ausgebaut wurde, steht Hamburg nach Rotterdam und Antwerpen nun an dritter Stelle, was den Containerumschlag angeht.

Ganz nah ran an die Docks und Werften, in denen große Pötte wieder seefest für die nächste große Fahrt gemacht werden, schippern kleine Barkassen bei ihren Rundfahrten. Hin zu den Schleusen, Sperranlagen und entlegenen Kanälen bis hinein ins Herz des Hafens, den Fleeten der historischen Speicheranlagen. Dort können schon seit je nur kleine Schiffe fahren. Die Kapitäne der Barkassen spinnen bei den einstündigen Rundfahrten meist jede Menge witziges Seemannsgarn und geben viele Erklärungen. Denn welche Landratte weiß schon, wie man es schafft, dass Bananen länger grün bleiben? Die größeren Fähren der Verkehrsgesellschaft HADAG passen zwar nicht durch die kleinen Hafenbecken und Kanäle, sind aber dafür beheizt und haben Gastronomie an Bord.

Einmal im Jahr – wenn Hamburg seinen Hafengeburtstag feiert – paradieren Hunderte festlich beleuchtete Schiffe auf der Elbe.

Bei der dreitägigen Party am zweiten Maiwochenende blähen sich Großsegler aus aller Welt im Wind auf. Museumsschiffe, Arbeitsschiffe von Zoll, Polizei, Feuerwehr und Marine sowie Segel- und Motoryachten laufen ein und wieder aus. Kapitäne lassen ihre Schlepper vor den Landungsbrücken zu Musik taktvoll Ballett tanzen.

Das Geburtstagsdatum geht auf den 7. Mai 1189 zurück, den Tag, an dem Kaiser Friedrich Barbarossa der Hansestadt Zollfreiheit bis zur Nordsee gewährte. Mehr als eine Million Besucher feiern jedes Mal mit auf der drei Kilometer langen Festmeile von der Speicherstadt bis zur Fischauktionshalle.

Info Hafenrundfahrt: www.hamburg.de/hafenrundfahrt, die kleinen Barkassen starten an den St.-Pauli-Landungsbrücken und an der Straße Vorsetzen (am roten Feuerschiff), Abfahrten April–Okt. alle 20/30 Minuten, 10–17/18 Uhr, im Winter seltener. **Info Hadag Fährdienst:** St.-Pauli-Fischmarkt 28, 20359 Hamburg, Tel. (040) 31 17 07-0, www.hadag.de. **Info Hafengeburtstag:** www.hafengeburtstag.de, immer Anfang/Mitte Mai.

Bedeutende Werke aus allen Epochen

Hamburger Kunsthalle

Hamburg

An einem städtebaulich höchst markanten Ort, an der Nahtstelle zwischen Binnen- und Außenalster, erhebt sich ein strahlend heller Kubus. Er bereichert Hamburg um ein Museum der Gegenwartskunst. Anfang des letzten Jahrhunderts war die 1869 errichtete Kunsthalle zum letzten Mal erweitert worden. Seitdem sind neue Aufgaben, Hunderte von Meisterwerken und ein umfangreiches Sammlungsgebiet hinzugekommen.

Das neue Haus, entworfen von Oswald Mathias Ungers und 1997 eröffnet, beherbergt internationale Kunst der Gegenwart: von der Pop-Art bis heute. Gerade die hochkarätigen Sonderausstellungen ziehen viele Besucher an.

Mit circa 12 000 Quadratmetern Ausstellungsfläche gehört die Hamburger Kunsthalle zu den größten deutschen Kunstmuseen. Gezeigt werden bedeutende Werke der Malerei und Plastik aus allen Epochen. Eine besondere Stärke des Hauses ist die deutsche Malerei des 19. Jahrhunderts.

Im Zentrum stehen die Werke der Romantiker Caspar David Friedrich (u. a. »Eismeer«, »Wanderer über dem Nebelmeer«) und Philipp Otto Runge (»Die Hülsenbeckschen Kinder«, »Der Morgen«), die ein unvergleichliches Ensemble aus der Zeit des Aufbruchs der Malerei in die Subjektivität bilden. Ausgezeichnete Werkreihen gibt es auch von Max Liebermann (»Netzflickerinnen«), Lovis Corinth, Edvard Munch (»Madonna«) und Édouard Manet.

Exponat in der Hamburger Kunsthalle: Caspar David Friedrichs berühmtes Gemälde »Das Eismeer« (1823/24).

Höhepunkte der Sammlung sind zudem die mittelalterlichen Altäre von Meister Bertram und Meister Francke, die holländische Malerei des 17. Jahrhunderts (u. a. Rembrandt) sowie Künstler des Impressionismus und der Klassischen Moderne.

Die Galerie der Gegenwart zeigt eine Sammlung internationaler zeitgenössischer Kunst ab 1960 (u. a. Pop-Art, Konzeptkunst, Minimal Art, Videokunst, Fotografie). Das Gebäude wird durch ein Sockelgeschoss mit dem Altbau (Makart-Saal) und der Galerie des 19. Jahrhunderts verbunden.

2015/16 wurde die Kunsthalle bei laufendem Betrieb modernisiert. Das zentrale Ziel war die Wiederbelebung des historischen Haupteingangs im Gründungsbau. Zudem wurden Räume saniert und der Bereich für Veranstaltungen ist nun größer.

Info: In Hamburg-St. Georg in unmittelbarer Nähe vom Hauptbahnhof gelegen. **Info Hamburger Kunsthalle:** Glockengießerwall 1, 20095 Hamburg, Tel. (040) 428 13 12 00, www.hamburger-kunsthalle.de, Öffnungszeiten Di–So 10–18, Do bis 21 Uhr, Eintritt Sonderausstellungen inkl. Sammlung € 14, ermäßigt und Do ab 17.30 Uhr für alle € 8, bis 18 J. frei.

Wahrzeichen der Stadt

Hamburger Michel

Hamburg

Selbst Auswärtigen muss man es nicht erklären: Die Hauptkirche St. Michaelis in der Neustadt zwischen Krayenkamp und Ludwig-Erhard-Straße, kurz Michel genannt, ist das bekannteste Wahrzeichen Hamburgs. Wenn in irgendeinem Film der Michel mit seinem typischen, 132 Meter hohen Turm eingeblendet wird, wissen die Zuschauer in der ganzen Welt: Das Folgende spielt in der Hansestadt an der Elbe. Die ursprüngliche, 1661 fertiggestellte St.-Michaelis-Kirche brannte bereits 1750 ab. 1906 bot der erneut lichterloh brennende und einstürzende Michel-Turm ein schauriges Schauspiel.

Im Weltkrieg stark beschädigt wurde der Turm bis 1996 saniert – für alte Hamburger jedoch mit einem kleinen Schönheitsfehler: Die Kupferplatten präsentierten sich nun nicht mehr grün, sondern kupferfarben braun. Aber das wird sich im Laufe der Jahre mit Sicherheit wieder ändern.

St. Michaelis ist eine der schönsten Barockkirchen Norddeutschlands. Sogar für Kirchenmuffel ist das Bauwerk sehenswert – über eine Million Besucher pro Jahr können schließlich nicht irren. Die Kirchturmspitze ist aus der Hamburger Skyline nicht mehr wegzudenken. Seit Jahrhunderten dient der Turm mit den vier großen Zifferblättern als Orientierung für Seefahrer, die den Hafen Hamburgs ansteuern.

Die fantastische Aussicht von der Plattform des Michel kann auch nachts genossen werden. Aus 82 Metern Höhe hat man dann einen traumhaften Blick auf den beleuchteten Hafen und die Schiffe, den Fernsehturm sowie die Speicher- und Innenstadt. Wer keine Lust auf die 452 Treppenstufen hat, findet auch einen Fahrstuhl, verpasst dann jedoch das alte Uhrwerk auf dem achten Turmboden.

Die barocke Fassade der St.-Michaelis-Kirche.

Wie eine Orgel funktioniert, wird Kindern bei der unterhaltsamen Veranstaltung »Orgelwurm Willibald« erläutert.

Info: In Hamburg-Neustadt gelegen. **Info Hauptkirche St. Michaelis zu Hamburg:** Englische Planke 1, 20459 Hamburg, Tel. (040) 37 67 80, www.st-michaelis.de, Öffnungszeiten Kirche, Krypta und Turm tägl. Mai–Sept. 9–20, April, Okt. 9–19, Nov.–März 10–18 Uhr (während Gottesdiensten und Veranstaltungen keine Besichtigung), Führungen nach Anmeldung, Eintritt Turm € 5, ermäßigt € 4, Kinder 6–15 J. € 3,50, Krypta mit Film »Hamburg HiStory« € 4, ermäßigt € 3, Kinder 6–15 J. € 2,50, Kombiticket € 7, ermäßigt € 6, Kinder 6–15 J. € 4.

Spektakuläre Produktionen

Hamburgische Staatsoper und Ballett

Hamburg

Die Geschichte der Oper in Deutschland beginnt in Hamburg. Am 2. Januar 1678 wurde mit dem biblischen Singspiel »Adam und Eva« von Johann Theile das im Jahr zuvor erbaute »Opern-Theatrum« am Gänsemarkt eröffnet: das erste öffentliche Opernhaus Deutschlands. Kein Hoftheater wie andernorts, sondern von Kunstliebhabern der wohlhabenden Hansestadt finanziert.

Mehr als drei Jahrhunderte später: Die Oper Hamburgs hat mehrfach ihren Namen gewechselt, sie hat wiederholt ihr Aussehen, ja einmal sogar ihren Standort verändert, hat von Händel bis Mahler, von Telemann bis Strawinsky Musikgeschichte geschrieben, hat Großbrände überlebt und Galaabende gefeiert. Und sie hat gespielt: Altes und Neues, Repertoire und Uraufführung, Populäres und Verborgenes.

Spektakuläre Produktion des Hamburg Ballett unter der Choreografie von John Neumeier: die Ballettaufführung »Nijinsky«.

Im neuen Jahrtausend wurden zahlreiche spektakuläre Produktionen realisiert. Dazu gehören allen voran Wagners »Lohengrin« in der eigenwilligen Lesart von Peter Konwitschny sowie Olivier Tambosis von Presse und Publikum hymnisch gefeierte Inszenierung von Leo Janáeks »Jenufa«. Erfolgreich waren u. a. auch »Der Freischütz«, »Don Carlos«, »Wozzeck«, »Die Meistersinger von Nürnberg«, »Moses und Aron«, »La Clemenza di Tito«, »Cosi fan tutte« sowie die Kinderreihe »Opera piccola«.

Das Hamburgische Musiktheater gehört mit seinem Orchester zu den besten und renommiertesten Häusern der Welt. Neben einem wechselnden, erstklassig besetzten Opernprogramm, Konzerten und Liederabenden werden in dem modernisierten Gebäude auch viel beachtete Aufführungen der Ballettkompanie von John Neumeier geboten. Die Ballettwerkstatt des Meisters ist als Ausbildungsort für Tänzer und Tänzerinnen einzigartig in Deutschland und genießt auch international einen guten Ruf.

Info: In Hamburg-Rotherbaum gelegen.
Info Hamburgische Staatsoper: Große Theaterstr. 25, 20354 Hamburg, Tel. (040) 35 68 68, www.hamburgische-staatsoper.de.

Von Knuffingen in die weite Welt

MINIATUR WUNDERLAND

Hamburg

Unweit der Elbphilharmonie und mitten in der historischen Speicherstadt befindet sich eine wichtige Hamburger Attraktion. Die Fakten: Größte Modelleisenbahnanlage weltweit. 1500 Quadratmeter Gesamtfläche. 15, 4 Kilometer Gleise. Über 1000 computergesteuerte Züge. Und über 18 Millionen Besucher!

Das Miniatur Wunderland ist ein El Dorado für alle Fans von Modelleisenbahnen. Wobei es um die Züge allein gar nicht geht. Diese Anlage ist eine Welt für sich, in deren elf Teilabschnitten alles nur Mögliche passiert: Im Abschnitt Skandinavien etwa verkehren außer Zügen auch rund 25 Schiffe – und zwar auf echtem Wasser mit Ebbe und Flut! Die »Nordostsee«-Wanne fasst 33000 Liter und wird von der dänischen Storebeltbrücke im Kleinformat überspannt. Weitere skandinavische Highlights sind fliegende Elfen und ein im Eismeer treibendes Geisterschiff – hier macht das Wunderland seinem Namen alle Ehre.

Im Abschnitt Amerika geht es rund um die Area 51 mit Sternentor und Alien-Spinne ebenfalls fantastisch zu. Daneben beeindrucken die Rocky Mountains und der Grand Canyon: gewaltige Natur im Miniaturformat. Aber auch die Glitzermetropole Las Vegas darf nicht fehlen.

Der Abschnitt Schweiz besteht aus den Kantonen Wallis, Graubünden und Tessin. Das Matterhorn ist hier stolze sechs Meter hoch, die Züge fahren in dieser Berglandschaft natürlich durch viele Tunnel und es gibt auch einen unterirdischen Bahnhof.

Die Miniaturstadt Knuffingen, der ein weiterer Abschnitt gewidmet ist, hat 10000 Einwohner und ist technisch auf dem neuesten Stand: Auf den gut ausgebauten Straßen fahren knapp 90 Autos, die Polizei bringt Raser wie im richtigen Leben per Radarfalle zur Strecke und es gibt einen Airport mit über 40 Flugzeugen.

Das geht nur im Miniatur Wunderland in Hamburg: mit der Bahn durch den Grand Canyon.

Alle 15 Minuten wechselt im Wunderland die Tageszeit, 300000 Lampen werden entsprechend geschaltet. Und auch sonst ist ständig etwas los: Ein Hubschrauber hebt ab, ein simuliertes Feuer bricht aus, Windräder drehen sich oder im Abschnitt Amerika startet ein Space Shuttle.

INFO: In Hamburg-Mitte in der Speicherstadt gelegen. **INFO MINIATUR WUNDERLAND:** Kehrwieder 2–4, Block D, 20457 Hamburg, Tel. (040) 300 68 00, www.miniatur-wunderland.de, Öffnungszeiten tägl., Kernöffnungszeit 9.30–18 Uhr, Di, Fr, Sa/So und in den Ferien länger, Eintritt € 15, Kinder (bis 15 J.) € 7,50, Kinder unter 1 m frei.

Wasserbahnhof

Landungsbrücken und Museumsschiff »Rickmer Rickmers«

Hamburg

Es war das letzte Gebäude, das die Abenteurer in Europa betreten haben: Von den Landungsbrücken aus verließen von 1850 bis 1934 über fünf Millionen Menschen den Kontinent auf der Suche nach einer neuen Zukunft in Amerika, Australien und Kanada. Heutzutage ankern die großen Tanker, Container- und Linienschiffe meist an den Docks außerhalb der Stadt.

Ein »Museum zum Anfassen«: der Großsegler »Rickmer Rickmers« an Hamburgs Überseebrücke.

Die historischen Landungsbrücken, 1909 in Betrieb genommen, im Zweiten Weltkrieg stark beschädigt, sind heute Hamburgs Wasserbahnhof. Vor dem unter Denkmalschutz stehenden ehemaligen Abfertigungsgebäude schwimmen auf 700 Metern Länge Pontons, an denen die Fähren für die Hafenrundfahrten starten, aber auch die Dampfer nach Finkenwerder, Övelgönne und Blankenese. Imposante Luxuskreuzer legen hier nur noch selten an. Bunte Andenkenläden bieten Waterkant-Erinnerungen zum Kauf an und Fischrestaurants servieren frische Kutterschollen oder Nordseekrabben. Der Turm am östlichen Ende des Abfertigungsgebäudes zeigt neben der Zeit auch den Wasserstand; zur vollen und zur halben Stunde schlägt die Glocke.

Trotz Renovierung waren die Landungsbrücken ständig begehbar. Auf einer fünf Meter breiten Promenade kann man vom alten Elbtunnel bis zum Museumswindjammer »Rickmer Rickmers« an Brücke 1 flanieren. Dieses schwimmende Wahrzeichen Hamburgs erinnert an große Seefahrer-Zeiten. Benannt nach dem jüngsten Enkel des Werftgründers lief der Segler 1896 als Vollschiff aus Stahl in Bremerhaven vom Stapel; seit 1987 liegt er im Hamburger Hafen. Der Dreimaster, einer der letzten erhaltenen Fracht-Großsegler, beheimatet Sonderausstellungen zu maritimen Themen, informative Schautafeln zur wechselvollen Geschichte des Schiffs mit seinen Reisen über die Weltmeere sowie ein Bordrestaurant.

Nicht weit von der »Rickmer Rickmers« liegt an der Überseebrücke der Museumsfrachter »Cap San Diego«, der auch als Hotel dient. Bei gelegentlichen Fahrten des noch seetüchtigen Schiffs können Maschinenraum und Kommandobrücke, Luken und das Deck besichtigt werden. Seemänner beantworten alle Fragen. Vorsicht: Ein Frachtschiff ist kein Passagierschiff! Sportliche Kleidung ist von Vorteil.

Info: In Hamburg-St. Pauli gelegen. **Info Museumsschiff »Rickmer Rickmers«:** St.-Pauli-Landungsbrücken, Brücke 1, 20359 Hamburg, Tel. (040) 319 59 59, www.rickmer-rickmers.de, Öffnungszeiten tägl. 10–18 Uhr, Eintritt € 5, ermäßigt € 3. **Info Cap San Diego:** Bei den St.-Pauli-Landungsbrücken, Überseebrücke, 20459 Hamburg (Neustadt), Tel. (040) 36 42 09, www.capsandiego.de, Öffnungszeiten tägl. 10–18 Uhr, Eintritt € 7, ermäßigt € 4, unter 14 J. € 2,50.

Ein Hauch von Venedig im hohen Norden

Rathaus und Rathausmarkt

Hamburg

Rathaus-Kuhle«, »Markusplatz«, »Roter Platz« – an Spitznamen mangelt es dem Hamburger Rathausmarkt wahrlich nicht. Mehr als 100 000 Touristen zieht es jedes Jahr auf das rechteckige Forum vor dem Rathaus im Zentrum Hamburgs. Weil sich die Neubebauung der durch den großen Brand von 1842 zerstörten Fläche bis zur Einweihung des neuen Rathauses 1897 hinzog, wurde die Grube hinter der Börse lange als »Kuhle« verspottet. Die Lage des Rathauses an der Kleinen Alster wird häufig mit dem Markusplatz und der Piazzetta in Venedig verglichen. Sicher hatten die Architekten das Stadtkunstwerk Venedig bei der Planung im Sinn, es wurde aber keineswegs sklavisch nachgeahmt. Schließlich brachten die rötlichen Granitplatten, die den Rathausmarkt seit der Stilllegung des Straßenbahnbetriebs in den 1970er Jahren zieren, dem Areal die Bezeichnung »Roter Platz« ein.

Im Sommer zieht es die Hamburger zum Freiluftkino oder zum mittelalterlichen Markt auf den Platz. Bei schlechtem Wetter empfiehlt sich ein Besuch der Rathauspassagen unter der Platzfläche – einer Ansammlung von kleinen Läden und Lokalen – oder aber des Rathauses selbst.

Führungen durch den prächtigen Sandsteinbau im Stil der Neorenaissance gibt es in deutscher, englischer und französischer Sprache. Das Rathaus ist Sitz des Senats (Landesregierung) und der Bürgerschaft (Parlament) der Stadt und hat eindrucksvolle 647 Zimmer. Das Dach ist kupfergedeckt. Der 112 Meter hohe Rathausturm ist prägend für die Silhouette der Stadt.

Auf der Rathausmarktseite stehen zwischen den Fensternischen zwanzig Kaiser des alten Reichs. Über diesen Monarchen thronen am Mittelturm die Darstellungen der bürgerlichen Tugenden – Weisheit, Eintracht, Tapferkeit und Frömmigkeit. Errichtet auf 4000 Eichenpfählen blieb das Rathaus im Zweiten Weltkrieg inmitten der Trümmerwüste Hamburg unversehrt, nur die Turmspitze brannte aus und neigte sich um 36 Zentimeter. Anfang der 1950er Jahre wurde sie in der alten Form restauriert.

Info: In Hamburg-Altstadt gelegen. **Info Rathaus und Rathausmarkt:** 20095 Hamburg, Tel. (040) 428 31 20 64, www.hamburg.de/rathaus, Rathausbesichtigung nur mit Führung möglich, halbstündlich Mo–Fr 11–16, Sa 10–17, So 10–16 Uhr, Eintritt € 5, bis 14 J. frei.

Das Hamburger Rathaus und der Rathausmarkt in der Adventszeit.

Hamburger Flair und käufliche Liebe

Reeperbahn

Hamburg

Mit der Vergnügungsmeile der Reeperbahn (umgangssprachlich Kiez) im Stadtteil St. Pauli macht Hamburg seinem Ruf als Seefahrerstadt alle Ehre. Dort, wo früher die Taumacher (Reepschläger) arbeiteten, ist nun das Herz des Rotlichtmilieus – mit all seinen Glanz- und Schattenseiten. Zu den bekannteren Etablissements auf dem Kiez gehört die Kneipe mit Boxkeller »Zur Ritze«. Der Name ist Programm: Links und rechts von der Tür ziert jeweils ein Frauenbein die Wand und man betritt das Innere durch einen roten Vorhang. Hier haben sich schon Henry Maske und Graciano Rocchigiani auf ihre Kämpfe vorbereitet. Heute treffen sich dort Kiezgrößen und Prominente, aber auch viele Touristen.

Auf der Großen Freiheit, einer Seitenstraße der Reeperbahn, ist man auf historischem Terrain, denn von hier aus hat die einst von Hans Albers besungene Seefahrerromantik (»Auf der Reeperbahn nachts um halb eins«) ihren filmischen Zug um die Welt angetreten. Die Szene hat ihren Preis: Mit dem obligatorischen »und einen Piccolo für die Dame« kommt rasch eine üppige Barrechnung zusammen.

In der durch zahlreiche Fernsehsendungen berühmt gewordenen Polizeistation Davidwache arbeiten nur Polizisten, die ihren Dienst dort freiwillig versehen. Das müssen sie auch, denn sie sind täglich mitten im Milieu. Über mangelnde Kundschaft können sich die Polizisten nicht beklagen.

Die Große Freiheit, eine Seitenstraße der Reeperbahn.

Parallel zur Reeperbahn verläuft die durch große Sichtblenden abgeschirmte Bordellmeile Herbertstraße, wo die Prostituierten ihre Freier aus dem Schaufenster heraus anlocken. Touristinnen sollten die Straße meiden – denn sonst könnte es passieren, dass aus den oberen Stockwerken ein Eimer Wasser über ihnen ausgekippt wird.

Dabei sind Pärchen auf der Reeperbahn eigentlich gern gesehen. Am Abend, vor allem am Wochenende, zieht es die Hamburger Szene in die angesagten Clubs und Bars. Am westlichen Ende der Reeperbahn bieten Schmidts Tivoli, Schmidt Theater und Schmidtchen eine bunte Mischung aus Kiez und Kunst. Da Hamburg Deutschlands inoffizielle Musical-Hauptstadt ist, gehören auch Paare in gepflegter Abendgarderobe zum ganz normalen Erscheinungsbild der Reeperbahn.

Info: In Hamburg-St. Pauli gelegen. **Info Reeperbahn:** www.reeperbahn.de. **Info Schmidt Theater & Schmidts Tivoli & Schmidtchen Hamburg:** Spielbudenplatz 21–28, 20359 Hamburg, Tel. (040) 31 77 88 99, www.tivoli.de, Programm auf Anfrage: Comedy, Kabarett, Musical, Show, Konzert und vieles mehr. **Info Boxkeller Zur Ritze:** Reeperbahn 140, 20359 Hamburg, Tel. (040) 319 39 46, www.zurritze.com, Öffnungszeiten Mo–Do 17–4, Fr–So 14–6 Uhr.

Hellrot leuchtende Klinkerkathedralen

SPEICHERSTADT

Hamburg

UNESCO-Welterbe, ziegelrot und ziemlich einmalig: Die Speicherstadt ist das Schmuckstück im Hamburger Hafen. Die bis zu sieben Etagen hohen »Klinkerkathedralen des Kommerzes« wurden zwischen 1885 und 1927 errichtet und dienten als Lager für Kaffee, Tee, Kakao, Gewürze und Tabak.

Der weltweit größte zusammenhängende Lagerhauskomplex mit 630 000 Quadratmetern Nutzfläche begeistert durch wilhelminische Backsteingotik der Gründerzeit mit bizarren Giebeln und Türmchen sowie grünen Kupferdächern – und wurde 2015 zusammen mit dem angrenzenden Kontorhausviertel in die UNESCO-Welterbeliste aufgenommen. Da der Backstein dafür sorgt, dass im Inneren eine konstant niedrige Temperatur herrscht, sind die Gebäude auch heute noch zur Lagerung geeignet. In den Speichern ist mittlerweile jedoch eine Vielzahl touristischer Attraktionen untergebracht:

Zum Beispiel das Miniatur Wunderland, die größte Modelleisenbahn der Welt, zudem das Speicherstadtmuseum mit spannenden Veranstaltungen und Original-Exponaten der rund 100-jährigen Geschichte, die gruselige Geschichts-Geisterbahn Hamburg Dungeon, das Deutsche Zollmuseum, das Gewürzmuseum, in dem die Geschichte der Gewürze sinnlich und spannend aufbereitet wird, sowie das Internationale Maritime Museum Hamburg und eine Kaffeerösterei.

Die großartige Architektur der Speicherstadt, die nach Sonnenuntergang von mehr als 800 Scheinwerfern angestrahlt wird, kann am besten bei einer Barkassenfahrt auf der Elbe betrachtet werden. Die Gebäude sind eine der Hauptattraktionen der Großen Hafenrundfahrt.

Hamburger Backsteinprominenz: die Speicherstadt.

INFO: Im Stadtteil HafenCity gelegen. **INFO SPEICHERSTADTMUSEUM:** Am Sandtorkai 36, 20457 Hamburg, Tel. (040) 32 11 91, www.speicherstadtmuseum.de, Öffnungszeiten März–Okt. Mo–Fr 10–17, Sa/So/Fei 10–18, Nov.–Feb. tägl. 10–17 Uhr, Eintritt € 4,50, ermäßigt € 3. **INFO SPICY'S GEWÜRZMUSEUM:** Am Sandtorkai 34, 20457 Hamburg, Tel. (040) 36 79 89, www.spicys.de, Öffnungszeiten tägl. 10–17 Uhr, Eintritt € 5, ermäßigt € 2. **INFO MARITIMES MUSEUM:** Kaispeicher B, Koreastr. 1, Tel. (040) 30 09 23 00, www.imm-hamburg.de, Öffnungszeiten tägl. 10–18 Uhr, Eintritt € 13, ermäßigt € 9,50. **INFO MINIATUR WUNDERLAND:** vgl. S. 305. **INFO KAFFEERÖSTEREI:** Kehrwieder 5, Tel. (040) 537 99 85 10, www.speicherstadt-kaffee.de, Öffnungszeiten tägl. 10–19 Uhr.

Frische Fische, gackernde Hühner und grüne Palmen

St.-Pauli-Fischmarkt

Hamburg

Immer wieder sonntags: Lautstark bieten Aale-Dieter, Blumenkönig Saarloos und Käse-Tommi ihre Ware an. Auf dem Fischmarkt kann es passieren, dass man innerhalb von zehn Minuten stolzer Besitzer einer ganzen Tüte mit Käse ist oder mit einem Arm voller Palmen und Gummibäumen dasteht. Denn die Rappos, so heißen hier die Marktschreier, verstehen ihr Handwerk. Mit frechen Sprüchen und Schlagfertigkeit bringen sie ihre Ware in Rekordzeit an den Mann. In aller Herrgottsfrühe werden außer Fischen und Krabben auch Blumen, Obst und jede Menge Nippes verkauft. Wer möchte, kann sogar ein kuscheliges Zwergkaninchen erstehen. Übern Tisch wird dabei aber niemand gezogen. Den Tausenden von Besuchern gefällt die direkte Ansprache, der Wocheneinkauf wird zu einem Erlebnis. Ob Feinschmecker oder Souvenirjäger – auf dem Hamburger Fischmarkt gibt es nichts, was es nicht gibt.

Legendär: die brüllenden Verkäufer auf dem St.-Pauli-Fischmarkt.

Wer dabei sein will, muss allerdings sehr früh aufstehen. Bloß bis 9.30 Uhr dürfen die Händler verkaufen, dann verkündet eine Lautsprecherstimme das Ende der Marktzeit. Um 10 Uhr müssen die Händler ihre Stände geschlossen haben. Die frühe Uhrzeit legte schon vor über 300 Jahren eine Verordnung der Altonaer Stadtväter fest: Zum einen sollten die kühlen Morgenstunden im Sommer den Fisch vor dem Verderben schützen und zum anderen die Fischer den Gottesdienst nicht verpassen. Heute kommen die Meerestiere aber nicht mehr frisch vom Kutter, sondern werden vor allem über Bremerhaven angeliefert.

In der lang gestreckten Fischauktionshalle wird schon lange kein fangfrischer Fisch mehr versteigert. Seit den 1980er Jahren ist die historische Halle direkt am Elbufer ein beliebtes Kultur- und Veranstaltungszentrum. Sonntags früh ist es hier immer voll bei Livemusik und Frühschoppen.

Das Gebäude wurde 1895 nach dem Vorbild einer römischen Markthalle im Stil einer Kathedrale mit Hauptschiff und Seitenschiffen unter einer mächtigen Kuppel angelegt. Außen schmücken Fischmotive die damals hochmoderne Eisen-Glas-Konstruktion. Bei geöffneten Türen sieht der Besucher Ozeanschiffe vorbeiziehen.

Info: Am Elbufer zwischen Hafenstraße und Großer Elbstraße gelegen. **Info St.-Pauli-Fischmarkt:** www.hamburg.de/fischmarkt, Öffnungszeiten So 5–9.30, Nov.–März ab 7 Uhr. **Info Fischauktionshalle:** Große Elbstr. 9, 22767 Hamburg, www.fischauktionshalle.com.

Muse des Lustspiels

THALIA THEATER

Hamburg

»Vielleicht ein Porsche. Klein, beweglich, innovativ, mit hoch qualifizierten Mitarbeitern« – antwortete Intendant Ulrich Khuon (2000–09) auf die Frage, mit welcher Automarke er sein Theater vergleichen würde. Khuons Vergleich hinkt nicht – das Thalia Theater ist eines der erfolgreichsten Theater Deutschlands. Kaum eine andere deutsche Bühne hat so viele Zuschauer. Dabei sind die Inszenierungen der Bühne am Alstertor keinesfalls gefällig und auch bei Kritikern hoch angesehen. Pro Spielzeit gibt es circa neun Premieren im Großen Haus am Alstertor, dazu kommen etwa sechs Produktionen im Thalia an der Gaußstraße.

Die Stärke des Theaters liegt in der vertrauensvollen und kontinuierlichen Zusammenarbeit mit sehr unterschiedlichen und eigenwilligen Regisseuren. Auf dem Spielplan stehen neben Shakespeare, Schiller und Schnitzler viele zeitgenössische Autoren. Auf der Bühne überzeugt ein lebendiges und starkes Ensemble. Junge Nachwuchsschauspielerinnen und -schauspieler werden am Thalia Theater zu wichtigen Darstellerpersönlichkeiten aufgebaut.

Ähnlich erfolgreich wie Intendant Joachim Lux waren bereits seine bekannten Vorgänger Ulrich Khuon, Boy Gobert und Jürgen Flimm. Gobert holte Regisseure wie Peter Zadek und Hans Neuenfels. Unter der Intendanz von Flimm, der das Haus von 1985 bis 2000 führte, entstand am Thalia das vielleicht größte Kultstück des modernen Theaters: Bei »The Black Rider« applaudierte am 31. März 1990 das Premierenpublikum neunzig Minuten lang.

Dass das Thalia Theater jemals erfolgreicher werden würde als das Deutsche Schauspielhaus auf der anderen Seite des Hamburger Hauptbahnhofs, hätte noch bis in die 1980er Jahre hinein keiner gedacht. Als das Gebäude 1843 errichtet wurde, sollte es schlicht »Zweites Theater« heißen, denn das prächtige Deutsche Schauspielhaus stand zu dieser Zeit bereits. Doch der Gründer Maurice Chérie wollte sein Haus dem Lustspiel widmen und setzte deshalb den wohlklingenden Namen »Thalia Theater« durch.

Thalia Theater in Hamburg.

INFO: In der Nähe der Binnenalster in Hamburg-Altstadt gelegen. **INFO THALIA THEATER:** Alstertor, 20095 Hamburg, Gaußstr. 190, 22765 Hamburg, Tel. (040) 328 14-444, www.thalia-theater.de, Spielplan und Preise auf Anfrage und im Netz.

Haie und Giraffen zum Greifen nah

Tierpark Hagenbeck

Hamburg

Wie ein Staubsauger saugt die Elefantendame Lai Sinh die Gemüsestücke von der Kinderhand und steckt sie sich bedächtig mit dem Rüssel ins Maul. Nur ein zwei Meter breiter Graben trennt den grauen Riesen von dem Kind. Im Tierpark Hagenbeck, dem Zoo, in dem das Gehege ohne Gitter erfunden wurde, dürfen die Besucher nicht nur die Elefanten füttern, sondern auch Alpakas und Paviane. Vor dem Giraffengehege gibt es eine drei Meter hohe Plattform, sodass sich Mensch und Tier in die Augen sehen können.

Mehr als 1800 Tiere und 210 Tierarten leben in der Anlage: Löwen in der Schlucht, Affen auf einem Felsen, Mähnenspringer und Himalya-Tahre in einem Hochgebirgspanorama und Flamingos an einem See.

Angefangen hat alles mit sechs Seehunden, als 1848 Gottfried Clas Carl Hagenbeck noch Fischhändler war. Die Tiere waren Finkenwerder Fischern ins Netz gegangen. In einem Holzbottich stellte Hagenbeck sie aus – die Menschen waren begeistert. Angespornt durch den Erfolg machte Hagenbecks Sohn Carl aus dem Fischladen ein Handelsgeschäft für exotische Tiere. Nach und nach reifte die Idee von einem Zoo ohne Gitterstäbe. In Hamburg-Stellingen kaufte Hagenbeck einen 25 Hektar großen Acker – und eröffnete 1907 den Tierpark. Als einziger Großzoo in Deutschland ist er heute noch in Privatbesitz.

Die Cuba- und Chile-Flamingos sind in dem großen Freigehege des Afrika-Panoramas zu Hause.

Genau 100 Jahre später eröffnete 2007 die neueste Attraktion: das Tropen-Aquarium. Über Dschungelpfade wandert der Besucher durch einen üppigen grünen Urwald, in dem Krokodile faul auf den Steinen liegen und Schlangen im Unterholz rascheln. Freilebende Lemuren begrüßen die Besucher. Im Großen Hai-Atoll kann man Haie hautnah beobachten. Mehr als 14 000 exotische Tiere leben im Tropen-Aquarium – an Land, zu Wasser und unter der Erde.

Natürlich gibt es für die kleinsten Besucher im Tierpark auch einen großen Spielplatz und ein Streichelgehege. Eine Märchenbahn fährt vorbei an Dornröschen, Rapunzel, den Bremer Stadtmusikanten und anderen Helden aus Grimms Märchen. Über eine Hängebrücke, die den Saurierteich überspannt, lässt sich das Reich der urzeitlichen Riesenechsen erkunden.

Info: Im Hamburg-Stellingen gelegen. **Info Tierpark Hagenbeck:** Lokstedter Grenzstr. 2, 22527 Hamburg, Tel. (040) 53 00 33-0, www.hagenbeck.de, Öffnungszeiten Tierpark tägl. März–Juni und Sept./Okt. 9–18, Juli/Aug. 9–19, Nov.–Feb. 9–16.30 Uhr, Tropen-Aquarium tägl. 9–18, Juli/Aug. bis 19 Uhr, Eintritt Tierpark € 20, Kinder (4–16 J.) € 15, Tropen-Aquarium € 14/10, Kombikarte € 30/21.

NIEDERSACHSEN
Bad Karlshafen
Reinhardswald
Kassel
Werra
Eschwege
Waldeck
Edersee
Eder
Bad Wildungen
Schwalm
Fulda
Bebra
Bad Hersfeld
NORDRHEIN-WESTFALEN
Lahn
Ohm
Marburg
Alsfeld
Deutsche Märchenstr.
THÜRINGEN
HESSEN
Gießen
Wetzlar
Lich
Fulda
Limburg
Bad Nauheim
Nidder
Kinzig
Bad Homburg
FRANKFURT a. Main
Hanau
Wiesbaden
Offenbach
Rheingau
Eltville
Rüdesheim
Mainz
Langen
Rüsselsheim
Messel
Groß-Gerau
NSG Kühkopf
Darmstadt
Bergstr.
Odenwald
Rhein
Michelstadt
Bensheim
Lorsch
RHEINLAND-PFALZ
BAYERN
BADEN-WÜRTTEMBERG
Würzburg
Mannheim
Ludwigshafen
Heidelberg
0
25 km

In der Nachfolge der heiligen Hildegard von Bingen: Kloster Eibingen/ Benediktinerinnen-Abtei St. Hildegard oberhalb von Rüdesheim im Rheingau.

HESSEN

Rotkäppchens Heimat

ALTSTADT VON ALSFELD

Alsfeld, Hessen

Das schönste Rathaus Hessens, über 420 Fachwerkhäuser und eine märchenhafte Kulisse – was will man mehr? Alsfeld liegt mitten im Rotkäppchenland Schwalm-Knüll. Auch heute noch glaubt man, dass die Gebrüder Grimm durch die Schwälmer Trachten und die roten Kappen der jungen Mädchen zu dem beliebten Märchen inspiriert wurden. Die vorbildlich sanierte mittelalterliche Fachwerkstadt wurde nicht ohne Grund 1975 als europäische Modellstadt ausgezeichnet – ihre Bauten im Stil des mitteldeutschen Fachwerks suchen ihresgleichen. Der historische Stadtkern von Alsfeld: ein Augenschmaus.

Am Markt steht das spätgotische Rathaus, das mit seinen Türmen, Erkern und Rundbögen weit über die Stadtgrenzen hinaus bekannt ist. Das Anfang des 16. Jahrhunderts errichtete monumentale Bauwerk ist noch heute Amtssitz des Bürgermeisters. Das Erdgeschoss diente früher als Markthalle für Bäcker, Tuchmacher und andere, im 1. Obergeschoss befand sich ein großer Saal und darüber residierten in den mit Kaminen ausgestatteten Räumen die Ratsherren.

Fachwerk-Märchenkulisse: die Altstadt von Alsfeld mit dem historischen Rathaus rechts.

In unmittelbarer Nähe befindet sich das Weinhaus. Es wurde 1538 als städtisches Weinlager mit Ausschank gebaut. Heute ist das denkmalgeschützte Weinhaus Hauptsitz der Alsfelder Verwaltung – schöner lässt es sich kaum arbeiten.

Direkt an das Weinhaus ist das älteste Fachwerkhaus der Stadt angebaut, das auf das Jahr 1350 zurückgeht. Sehenswert ist auch das Hochzeitshaus, eines der wenigen Steingebäude aus dem 16. Jahrhundert, das als städtisches Tanz- und Festhaus im Renaissancestil errichtet wurde und ein Zeugnis des damaligen Reichtums der Stadt darstellt. Als Hauptkirche der Stadt gilt die evangelische Walpurgiskirche, die im Laufe der Zeit mehrfach umgebaut wurde.

Wer sich nach einem Rundgang durch Straßen, Gassen und Winkel doch wieder den Gebrüdern Grimm zuwenden möchte, sollte im Alsfelder Märchenhaus vorbeischauen und dort den Geschichten von verwunschenen Prinzen, listigen Zwergen und von Rotkäppchen lauschen.

INFO: Alsfeld liegt 40 km von Marburg und 50 km von Gießen entfernt. **INFO ALSFELD:** Tourist Center, Markt 3, 36304 Alsfeld, Tel. (066 31) 18 21 65, www.alsfeld.de. **INFO ALSFELDER MÄRCHENHAUS:** Sackgasse 2, Alsfeld, www.alsfeld.de, Öffnungszeiten Sa 10.30–12.30 und 14–17, So 14–17 Uhr, Eintritt € 3, ermäßigt € 2.

Champagnerluft und Tradition

Bad Homburg vor der Höhe

Bad Homburg vor der Höhe, Hessen

Bad Homburg vor der Höhe ist die alte Residenzstadt des Landgrafen von Hessen-Homburg und einer der bedeutendsten Kurorte Deutschlands. Bad Homburg ist zwar schon 1200 Jahre alt, richtig zu blühen begann die Stadt aber erst mit der Errichtung einer Burg im 12. Jahrhundert. Von 1622 bis 1866 war die Stadt Residenz der Landgrafschaft von Hessen-Homburg. Friedrich II. ließ Ende des 17. Jahrhunderts die mittelalterliche Hohenburg bis auf die Grundmauern abreißen und auf dem Bergfried aus dem 14. Jahrhundert ein Schloss nach Plänen von Paul Andrich bauen.

Die Anlage mit fünf Flügeln und zwei Höfen kann man besichtigen; besonders sehenswert sind der Festsaal, das Spiegelkabinett sowie der Weiße Turm. Neben der Fußgängerzone – der Louisenstraße – lohnt vor allem ein Besuch der neuromanisch-byzantinischen Erlöserkirche sowie des Kurparks – mit rund 44 Hektar einer der größten in Deutschland.

Hier sind besonders das traditionsreiche Kaiser-Wilhelm-Bad, der Elisabethbrunnen und die Siamesische Halle sehenswert. Seit dem Fund zweier Heilquellen 1809 und 1834 begann der Aufstieg Bad Homburgs zum späteren Lieblingsbad von Kaiser Wilhelm II. und zu einem Treffpunkt der deutschen Aristokratie, Dichter und Millionäre.

Dafür sorgte auch die Spielbank, die die Brüder Blanc hier 1841 errichteten. Unter den illustren Gästen war auch der russische Dichter Dostojewski, der hier zu seinem Roman »Der Spieler« inspiriert worden sein soll. Doch durch das preußische Spielbankverbot 1872 musste das Casino schließen.

Erst nach dem Zweiten Weltkrieg rollte in Bad Homburg wieder die Kugel, dieses Mal im historischen Brunnen-Kursaal. Seither stimmen durch jährlich circa 360 000 Gäste auch wieder die Einnahmen – jedenfalls für die Betreiber und die Stadt.

Das Kaiser-Wilhelms-Bad im Kurpark von Bad Homburg vor der Höhe.

In der Umgebung kann man außerdem die Saalburg, das nachgebaute Römerkastell am Limes, besichtigen, den Hessenpark besuchen oder im nahen Taunus wandern gehen.

Info: Bad Homburg liegt ca. 25 km nordwestlich von Frankfurt am Main am Fuße des Taunus. **Info Bad Homburg:** Tourist Information, Louisenstr. 58, 61348 Bad Homburg vor der Höhe, Tel. (061 72) 178 37 10, www.bad-homburg-tourismus.de. **Info Spielbank Bad Homburg:** Im Kurpark/Kisseleffstr. 35, Bad Homburg vor der Höhe, Tel. (061 72) 170 10, www.spielbank-bad-homburg.de, Öffnungszeiten klassisches Spiel: So–Do 14.30–3, Fr/Sa bis 4 Uhr, Automatenspiel tägl. 12–4 Uhr, Eintritt € 2,50, Automatenspiel ohne Eintritt.

Grenzwertige Mauer

Römerkastell Saalburg

Bad Homburg vor der Höhe, Hessen

Beim Wort Limes werden bei vielen unangenehme Erinnerungen wach, denn im Mathematikunterricht brachte er viele Schüler zur Verzweiflung. Doch für die Römer war der Limes kein Grund zum Verzweifeln, er sollte sie vor den Germanen schützen. Stadtmauern waren nichts Unbekanntes und auch Dörfer besaßen oft eine hölzerne Palisade, um Eindringlinge abzuhalten. Aber dass eine Weltmacht über mehrere Hundert Kilometer einen Grenzwall errichtete, das war etwas gänzlich Ungewöhnliches. Unter Kaiser Domitian wurde die römisch-germanische Grenze durch die Palisaden, Mauern, Tore und Türme des Limes befestigt und für jeden sichtbar gemacht. Er führte von Abusina in der Provinz Raetia, dem heutigen Eining an der Donau, durch das heutige Baden-Württemberg und Hessen bis nach Rigomagus in der Provinz Obergermanien, dem heutigen Remagen in Rheinland-Pfalz.

Das Kastell Saalburg bei Bad Homburg ist ein Teil des Limes und lässt heute die Vergangenheit wieder lebendig werden, denn Kaiser Wilhelm II. sorgte von 1897 bis 1907 für dessen Rekonstruktion: mit Wohnhaus des Kommandanten (Praetorium), Stabsgebäude (Principia), Mannschaftsbaracken (Centuriae), Getreidespeicher (Horreum). Im Saalburgmuseum wird das Leben der Römer anschaulich geschildert, und für Kinder gibt es die Möglichkeit, sich selbst wie ein Römer zu fühlen: Regelmäßig findet die »Nox Romana« statt, die Römische Nacht, in der man sich im Bogenschießen messen, das Kastell erkunden und dann auch wie ein Legionär die Nacht dort verbringen kann – nur eines von vielen museumspädagogischen Angeboten. Mittlerweile ist Kastell Saalburg zu einem archäologischen Park umgestaltet worden; das Praetorium wurde erweitert, ein zusätzliches, den Werkstätten (Fabricae) der Militärlager nachempfundenes Museumsgebäude errichtet, ferner entstanden zwei römische »Streifenhäuser«.

Eine Statue Kaiser Augustus' begrüßt die Besucher des ehemaligen römischen Militärlagers am Limes bei Bad Homburg vor der Höhe.

Wer mehr von der UNESCO-Welterbestätte Limes sehen möchte, dem sei der Limes-Radweg empfohlen. Mehr als 800 Kilometer führen entlang am größten Bodendenkmal Deutschlands. Dabei laden besonders Funde aus römischer Zeit und Museen zu einer kulturell und sportlich erlebenswerten Tour ein.

Info: Bad Homburg liegt ca. 25 km nordwestlich von Frankfurt am Main am Fuße des Taunus. **Info Römerkastell Saalburg:** Archäologischer Park, Am Römerkastell 1, 61350 Bad Homburg vor der Höhe, Tel. (061 75) 937 40, www.saalburgmuseum.de, Öffnungszeiten März–Okt. tägl. 9–18, Nov.–Feb. Di–So 9–16 Uhr, Eintritt € 7, ermäßigt € 3. **Info Limes:** Verein Deutsche Limes-Straße e. V., Marktplatz 30, 73430 Aalen, Tel. (073 61) 52 82 87 23, www.limesstrasse.de. **Reisezeit:** März–Okt.

Barockes Städtchen mit Kanalrest

Bad Karlshafen

Bad Karlshafen, Hessen

Bier aus Einbeck, Käse aus Holland und Tuch aus England – Landgraf Karl von Hessen-Kassel war ein wirtschaftlich denkender Mensch. Er suchte nach einer Möglichkeit, Waren nicht mehr über das Gebiet anderer Territorialherren zu transportieren und damit die anfallenden Zölle zu umgehen. Sein Ziel: der Bau eines Kanals von der Mündung der Diemel in die Weser über Kassel bis nach Marburg an der Lahn.

An die 200 Kilometer Wasserstraße – Anfang des 18. Jahrhunderts ein ehrgeiziges Unterfangen. Am nördlichen Ende des geplanten Landgraf-Karl-Kanals gründete der Landgraf im Jahr 1699 die Stadt Sieburg, die erst 1717 in Carlshaven umbenannt wurde. Bad Karlshafen sollte ein Handelszentrum und Umschlagplatz vieler Waren werden.

Geplant wurde die neue Handelsmetropole vom Kasseler Hofbaumeister Paul du Ry. Die ersten Siedler waren vor allem Hugenotten, denn der Landgraf gewährte ihnen Zuflucht nach ihrer Vertreibung aus Frankreich. Viele noch aus der Gründungszeit erhaltene Gebäude spiegeln die typisch barocke Stadtplanung wider, so das alte Pack- und Lagerhaus am Hafen. Es war nicht nur das Handelszentrum der Stadt, es diente auch dem Landgrafen als Residenz, wenn er sich in der Stadt aufhielt. 1730 wurde es zum Rathaus der Stadt Bad Karlshafen.

Das erste öffentliche Gebäude, das in der Stadt fertiggestellt wurde, war das Invalidenheim. Ab 1710 diente es als Altersruhesitz für Offiziere und Mannschaften des Hessischen Heeres. Heute ist es ein Wohnhaus; die Kapelle des Invalidenheims wird noch immer als Gotteshaus genutzt. Der hugenottische Apotheker Jacques Galland entdeckte 1730 die Solequellen, die übers ganze Jahr Touristen anziehen und der Stadt bis heute zu einem florierenden Bad- und Kurbetrieb verhelfen. Das Kanalprojekt, dem Bad Karlshafen eigentlich seine Gründung zu verdanken hat, erwies sich für die Zeit als zu ambitioniert: Es wurden nur knapp 30 Kilometer gebaut. Erst 1848 wurde der Handelsweg zwischen Kassel und Bad Karlshafen durch die Karlsbahn geschlossen.

Das Alte Rathaus von Bad Karlshafen.

Info: Bad Karlshafen liegt ca. 40 km nördlich von Kassel. **Info Bad Karlshafen:** Tourist Information, Weserstraße 19, 34385 Bad Karlshafen, Tel. (056 72) 922 61 40, www.bad-karlshafen-tourismus.de.

Deutsche Toskana

Die Bergstrasse von Darmstadt bis Wiesloch

Hessen und Baden-Württemberg

Während der Rest Deutschlands noch in winterlicher Starre verharrt, strecken hier schon die ersten Vorboten des Frühlings ihre Knospen aus der Erde heraus, denn der Odenwald schützt vor kalten Ostwinden.

Ein mildes Klima mit angenehmen Temperaturen lässt schon ab Mitte März Forsythien, Mandelbäume, Aprikosen, Pfirsiche ebenso wie Kirschbäume, Magnolien und Flieder blühen.

Weinheim an der Bergstraße.

»Hier fängt Deutschland an, Italien zu werden«, soll Kaiser Joseph II. im Frühjahr 1764 bei einem Besuch an der Bergstraße ausgerufen haben. Recht hat er. Das Reizvolle an diesem Landstrich von Darmstadt in Hessen bis Wiesloch in Baden-Württemberg, umrahmt vom Rhein im Westen und dem Odenwald im Osten, sind seine Kontraste. Die Bergstraße ist Teil des Naturparks Bergstraße-Odenwald und bietet auf über 350 markierten Wanderwegen Ausflüge in die Einsamkeit des dunklen Waldes.

Wer lieber auf den Spuren vergangener Herrscher wandelt, der kommt an der Bergstraße auch nicht zu kurz. Auf dem Burgenweg reihen sich 30 Wehranlagen, Schlösser und herrschaftliche Residenzen, aber auch malerische Dorf- und Stadtansichten auf nur 80 Kilometern Länge. In den Städten Darmstadt im Norden und Heidelberg im Süden muss man schon mehr als ein paar Stunden für den Besuch der architektonischen und kulturellen Sehenswürdigkeiten rechnen.

Dazwischen liegen aber noch weitere interessante Orte und Plätze. Treppauf und treppab geht es in den winkligen Gassen von Zwingenberg. Im mittelalterlichen Stadtkern drängen sich die schmalen, spitzgiebeligen Fachwerkhäuser aneinander. Das Auerbacher Schloss ist nicht nur optisch eine der schönsten Burganlagen aus dem frühen 13. Jahrhundert.

Im frühmittelalterlichen Kloster Lorsch steht die sagenumwobene Königshalle. Bis heute konnte nicht eindeutig geklärt werden, wann dieses Gemäuer entstand und zu welchen Anlässen es genutzt wurde. Auch die malerische Altstadt Heppenheims zu Füßen der Starkenburg lohnt einen Streifzug. In Heppenheim finden seit über 30 Jahren die Festspiele Heppenheim statt.

Für Weinfreunde ist die Bergstraße ein Muss. Schon die Römer ließen sich an der »Strata Montana« einst nieder, weil der Wein hier so gut gedieh wie sonst nur im warmen Süden Europas. 1600 Sonnenstunden im Jahr führen fast zwangsläufig zu einem guten Tropfen.

Wer gern mit dem Rad unterwegs ist, hat hier sein nächstes Urlaubsziel schon parat, denn gut beschilderte Fahrradwege weisen den Weg entlang der Bergstraße.

Und schließlich: Die Bergstraße liegt im Nibelungenland, die Nibelungenstraße und die Siegfriedstraße führen durch diese Region.

Info Bergstrasse: Tourismus Service Bergstraße e. V., Marktplatz 1, 64653 Lorsch, Tel. (062 51) 175 26 15, www.diebergstrasse.de.

Im Zeichen des Jugendstils

Mathildenhöhe

Darmstadt, Hessen

Auf der Mathildenhöhe befindet sich das historische Jugendstil-Erbe der Darmstädter Künstlerkolonie, deren Mitglieder hier zwischen 1899 und 1914 wohnten und wirkten. Von ihr gingen wichtige Impulse für die Kunst der Jahrhundertwende aus – Darmstadt wurde neben Paris, Wien, Brüssel und Glasgow eines der Zentren des Jugendstils. Die Mathildenhöhe ist heute ein Gesamtkunstwerk aus Museum und Ausstellungsgebäude, Freigelände, Russischer Kapelle und Hochzeitsturm – dem Wahrzeichen der Stadt.

1899 förderte der letzte hessische Großherzog Ernst Ludwig die Gründung einer Künstlervereinigung. Sieben Künstler wurden ausgewählt, darunter Joseph Maria Olbrich und Peter Behrens. Zur ersten Ausstellung 1901 entwarf Olbrich das Ernst-Ludwig-Haus mit dem markanten omegaförmigen Mittelportal als Ateliergebäude sowie verschiedene Wohnhäuser in dessen Umgebung.

Im Ernst-Ludwig-Haus befindet sich heute das Museum Künstlerkolonie, das diverse Gebrauchsgegenstände, aber auch Werke aus Grafik, Malerei und Architektur der Künstler zeigt. 1908 entstand das Ausstellungsgebäude.

Von Weitem sichtbar ist der 48 Meter hohe Hochzeitsturm: Er war ein Geschenk der Stadt an den Großherzog zu seiner Vermählung mit Prinzessin Eleonore. Wegen des Turmabschlusses wird er auch Fünf-Finger-Turm genannt.

Heute kann man hier eine fantastische Aussicht genießen und seit 1993 auch heiraten. Eindrucksvoll sind die beiden großen Mosaikbilder von Kleukens, die aus Anlass der Vermählung Liebes- und Glücksmotive in Szene setzen.

Bereits zwei Jahre vor der Gründung der Kolonie ließ der russische Zar Nikolaus II., der 1894 eine Schwester von Großherzog Ernst Ludwig geheiratet hatte, die russisch-orthodoxe Kapelle erbauen, deren Farbpracht und goldene Turmhauben noch heute das Bild der Mathildenhöhe mitprägen.

Von hier ist es nicht weit zur Rosenhöhe und zur Wohnanlage Waldspirale, die von Friedensreich Hundertwasser entworfen wurde.

Info: In Darmstadt gelegen. **Info Mathildenhöhe:** Olbrichweg 15, 64287 Darmstadt, Tel. (061 51) 13 27 78, www.mathildenhoehe.eu, www.hochzeitsturm-darmstadt.eu, Öffnungszeiten Museum Künstlerkolonie Di–So 11–18 Uhr, Eintritt € 5, ermäßigt € 3, bis 11 J. frei, Hochzeitsturm März–Okt. tägl. 10–18, Nov.–Feb. Fr–So 11–17 Uhr, bei Hochzeiten (Termine vgl. Website) geschl., Eintritt € 3, ermäßigt € 2.

Ein Jugendstiljuwel: das Ernst-Ludwig-Haus auf der Darmstädter Mathildenhöhe.

Auf den Spuren der Brüder Grimm

DEUTSCHE MÄRCHENSTRASSE

Ab Hanau, Hessen

Wo waren die sieben Zwerge zu Hause? In welchem Wald verirrten sich Hänsel und Gretel? Und wo muss man sich wie Rotkäppchen vor dem bösen Wolf in Acht nehmen? Wer sich wie Hans im Glück auf eine Reise ins Abenteuer begeben möchte, der sollte auf der Deutschen Märchenstraße den Spuren der Brüder Grimm folgen.

Auf 600 Kilometern von Hanau, dem Geburtsort von Jacob (1785–1863) und Wilhelm (1786–1859) Grimm, bis Bremen passiert sie mehr als 60 Städte, Gemeinden und Landkreise, die eng mit den Lebensstationen der Brüder verbunden sind. Hier sammelten sie ihre fantastischen Geschichten, Märchen, Sagen, Mythen und Legenden, die 2005 von der UNESCO in das Weltdokumentenerbe aufgenommen wurden.

Ein Denkmal für die berühmten Märchensammler: die Brüder Grimm in Hanau.

Auf den Spuren von Schneewittchen, Frau Holle und den Bremer Stadtmusikanten trifft der Besucher auf Orte mit poesievollen Namen wie das Kinzigtal zwischen Vogelsberg und Spessart; »Rotkäppchenland« nennt sich die Urlaubsregion SchwalmKnüll mit dem weiten Schwälmerland und dem hügeligen Knüllgebirge; der Chattengau südlich von Kassel gehört ebenso dazu wie das Eichsfeld und das Weserbergland. Der Besucher durchstreift Mittelgebirgs- und Flusslandschaften und erlebt die Romantik der historischen Burgen und Schlösser – eine attraktive Mischung aus Kunst, Kultur und Geschichte.

Ob man mit dem eigenen Auto, mit Fahrrad, Bus, Bummelbahn oder Flussdampfer reist – die Deutsche Märchenstraße erweckt in jedem die Träume aus Kindertagen zum Leben. Ein besonderer Tipp ist der Radwanderweg entlang der Weser.

In Bodenwerder darf gelogen werden, was das Zeug hält – schließlich gibt es hier auf dem ehemaligen Gutshof der Familie Münchhausen ein Museum, das einen guten Einblick in das fantastische Leben des Lügenbarons gewährt.

INFO: Der Startort Hanau liegt etwa 20 km östlich von Frankfurt am Main. **INFO DEUTSCHE MÄRCHENSTRASSE:** www.deutsche-maerchenstrasse.de, Brüder Grimm Märchenfestspiele, Hanau, Mitte Mai–Ende Juli, www.festspiele.hanau.de.

Drehort von Umberto Ecos »Der Name der Rose«

Ehemaliges Zisterzienserkloster Eberbach

Eltville im Rheingau, Hessen

Mit seinen imposanten Gebäuden ist das Kloster Eberbach eines der bedeutendsten mittelalterlichen Kunstdenkmale in Hessen und zählt zu den eindrucksvollsten und besterhaltenen Klosteranlagen Deutschlands.

1136 gründete eine Gruppe von Mönchen aus dem burgundischen Kloster Clairvaux das Kloster. In der Folgezeit entstand die gewaltige Anlage, an der man noch heute die einzelnen Epochen der Kunstgeschichte erkennen kann: Die romanisch-schlichten Zentralgebäude wie die dreischiffige Pfeilerbasilika oder das Laiendormitorium, die später gotisch umgestalteten Gebäude wie Kapitelsaal und Schlafraum der Mönche oder das Abtshäuschen und das Neue Krankenhaus, die im Barock entstanden sind. Dabei dürfte das Mönchsdormitorium manchem Besucher bekannt vorkommen: Hier wurden viele Szenen des Films »Der Name der Rose« nach Umberto Ecos Roman gedreht.

Unbedingt sehenswert sind das Baldachin-Hochgrab des Mainzer Erzbischofs Gerlach von Nassau, der Kreuzgarten sowie das 1995 eröffnete Abteimuseum.

Nach seiner Schließung 1803 wurde das Kloster mitunter zweckentfremdet und als Psychiatrie, Gefängnis oder auch als Viehstallung genutzt. Nach dem Zweiten Weltkrieg kamen hier viele Flüchtlingsfamilien unter. Heute finden nicht nur zahlreiche Touristen, sondern auch Musikliebhaber den Weg zum Kloster. Der Grund sind die klassischen Konzerte des Rheingau Musik Festivals. Zudem befindet sich hier ein staatliches Weingut – mit Tradition: Schon für die Mönche war der Weinbau die Haupteinnahmequelle.

Unerwartet modern sind die Audioführungen durch die Anlage. Sehr liebevoll gestaltet und unbedingt zu empfehlen sind die Kinderführungen, bei denen das entbehrungsreiche Leben der Mönche nach dem Gebot »Ora et labora« vermittelt wird.

Kreuzgang im Kloster Eberbach (Eltville).

Von hier aus bietet sich eine Weiterfahrt nach Eltville zur Kurfürstlichen Burg und zur gotischen Kirche St. Peter und Paul an. Oder man wandert durch die nahen Weinberge zum Schloss Reinhartshausen.

Info: Kloster Eberbach liegt in einem Tal zwischen Taunus und Rheingau. **Info Stiftung Kloster Eberbach:** 65346 Eltville im Rheingau, Tel. (067 23) 917 81 15, www.kloster-eberbach.de, Öffnungszeiten April–Okt. Mo–Fr 10–19, Sa/So 9–19, Führung Fr 15, Sa/So/Fei 11, 13, 15 Uhr, Nov.–März tägl. 11–18, Führung Sa/So 14 Uhr, Eintritt € 9,50, ermäßigt € 6,50, Führung € 5.

Mainhattan – die einzige deutsche Stadt mit Skyline

Frankfurt am Main

Frankfurt am Main, Hessen

Lange Jahre gehörte Mut dazu, sich anderswo als Frankfurter zu outen, denn die Metropole am Main galt im ganzen Land als unattraktive Adresse. Tatsächlich offenbarte sich ihre damalige Lebensqualität höchstens der einheimischen Subkultur. Wer als Besucher keinen Insider-Zugang zu den intellektuellen Szenezirkeln hatte, lernte von der Stadt am Main nur die offizielle, und damit ihre öde und unpersönliche Seite kennen. Selbst auf dem Frankfurter Römer, dem zentralen Platz und Herzen der City, dominierten damals Betonpfeiler und hässliche Nachkriegsbauten das Bild.

Gerade bei Nacht übt die Frankfurter Skyline eine besondere Faszination aus.

Heute ist alles völlig anders. Die ehedem als »Krankfurt« und »Gestankfurt« verrufene Stadt wurde aufpoliert und in postmodernem Baudesign neu möbliert. Mit dem einstmals höchsten Kulturetat der deutschen Städte kaufte der Magistrat lange Jahre all das hinzu, was Metropolen-Flair und City-Chic versprach: Kunst, Kultur und große Namen. Inzwischen ist die Bankenstadt bis auf wenige Randregionen und soziale Biotope neu durchgestylt und luxusmodernisiert. Aus der grauen Maus wurde ein Paradiesvogel, der auch dem Frankfurter Lebensgefühl Flügel wachsen ließ.

Längst ist das Herz der Stadt, der historische Römer mit seinen einst umkämpften Fachwerknachbauten, zum Flanierplatz der Einheimischen und zur liebsten Fotokulisse von Touristen aus aller Welt avanciert. Kulturelle Segnungen wie das Museumsufer auf der Sachsenhäuser Mainseite, das Prachtensemble der Alten Oper mit dem Lucae-Brunnen, die postmoderne Kunsthalle Schirn und das Museum für Moderne Kunst des Wiener Star-Architekten Hans Hollein haben die Einheimischen mit dem Modernisierungswahn mehr als nur versöhnt.

Heute wird Frankfurt von vielen Besuchern beneidet: um die markante Hochhaus-Skyline, die attraktiven Kunstausstellungen und die prachtvollen Museumsvillen am Mainufer. Doch auch wenn die Mieten inzwischen ins Astronomische steigen und das schicke Mainhattan auch sonst kaum einen Superlativ auslässt, so bleibt die Großstadt Frankfurt doch nach wie vor ein provinzielles Pflaster, mehr Kaff als Kapitale – ein Blick in den Lokalteil der örtlichen Zeitungen wird jeden überzeugen.

Doch gerade diese vielfältige Mischung macht den neuen Charme des heutigen Frankfurt aus: der Kontrast zwischen Großmannssucht und Dorfidylle, das latente Chaos aus urbanem Schick und quirligem Miteinander vieler Kulturen und Lebensentwürfe, das auf einer liberalen Tradition aus Geschäft und Toleranz beruht.

Info: Tourist Information, Hauptbahnhof Empfangshalle, 60329 Frankfurt/Main, Tel. (069) 21 23 88 00, www.frankfurt-tourismus.de.

Von der Urhütte zum Wolkenkratzer

Deutsches Architekturmuseum

Frankfurt am Main, Hessen

Das Deutsche Architekturmuseum zeigt Deutschlands umfangreichste Sammlung von Modellpanoramen zur Architekturgeschichte. Dabei veranschaulicht die Dauerausstellung »Von der Urhütte zum Wolkenkratzer« durch 24 Großmodelle die Entwicklung von Haus- und Siedlungsformen.

Die Idee, in Deutschland ein Architekturmuseum zu gründen, entstand schon 1906, sie wurde aber durch den Ausbruch des Ersten Weltkriegs nicht umgesetzt. In den 1920er Jahren versuchte der Frankfurter Stadtbaurat Ernst May ein solches Museum in der Stadt zu etablieren, ebenfalls ohne Erfolg. Erst im Zusammenhang mit den Planungen für das Frankfurter Museumsufer in den 1970er Jahren wurde die Idee wieder aufgegriffen.

Eine Gründerzeitvilla sollte durch eine neue Funktion wiederbelebt werden. Von 1979 bis 1984 entstand das Gebäude in seiner heutigen Form. Dazu gestaltete Architekt Oswald Mathias Ungers das Innere der Villa unter Anwendung eines quadratischen Rasters völlig neu – als Haus im Haus.

Ziel des Museums ist es, die Vielfalt der Architektur zu zeigen und die Besucher zu einer Auseinandersetzung mit Bauformen zu animieren. Das gelingt einerseits durch die Dauerausstellung, die an Lehmhütten, Einfamilienhäusern und Wolkenkratzern vorbeiführt: Am Beginn steht ein aus Ästen und Laub gefertigtes Dach, der älteste nachweisbare Schutz des Menschen am Strand von Nizza circa 400 000 v. Chr.

Der baugeschichtliche Rundgang führt vom antiken Pompeji über eine mittelalterliche Klosteranlage bis zur barocken Kleinstadt Arolsen. Die Ausstellung endet mit den Skylines von Manhattan und Mainhattan als Repräsentanten der Architektur unserer Zeit. Auf der anderen Seite setzt sich das Museum durch wechselnde Sonderausstellungen mit vergangenen wie modernen, zukunftsweisenden oder auch exotischen Themen rund um die Architektur auseinander. Für die Architekturbiennale 2016 in Venedig wurde das Deutsche Architekturmuseum ausgewählt, den Deutschen Pavillon zu realisieren.

Für Kinder gibt es ein abwechslungsreiches Programm von Führungen durch Architekten, »detektivischen« Architekturspaziergängen bis zur baulichen Selbstverwirklichung an Projekttagen.

Info: Am Museumsufer in Sachsenhausen gelegen. **Info Deutsches Architekturmuseum:** Schaumainkai 43 (Museumsufer), 60596 Frankfurt, Tel. (069) 21 23 88 44, www.dam-online.de, Öffnungszeiten Di–So 11–18, Mi bis 20 Uhr, Eintritt € 9, ermäßigt € 4,50, bis 18 J. frei.

Das Deutsche Architekturmuseum: Oswald Mathias Ungers baute »ein Haus im Haus«.

Das Megaspektakel ums Buch

FRANKFURTER BUCHMESSE

Frankfurt am Main, Hessen

Die Frankfurter Buchmesse ist die größte Veranstaltung ihrer Art weltweit. Sie findet jedes Jahr im Oktober an fünf Tagen auf dem Frankfurter Messegelände statt. Schon Ende des 15. Jahrhunderts, kurz nach der Erfindung des Buchdrucks im nahen Mainz durch Johannes Gutenberg, ist erstmals eine »Büchermeß zu Frankfurt« urkundlich erwähnt.

Nachdem Leipzig der Mainmetropole den Rang abgelaufen hatte, musste nach der Teilung Deutschlands eine Alternative für die Verleger her. So gründete der Börsenverein des Deutschen Buchhandels 1949 die Buchmesse Frankfurt.

Im ersten Jahr fanden sich rund 200 Aussteller in der Paulskirche ein. Heute präsentieren mehr als 7000 Aussteller aus über 100 Ländern rund 400 000 Bücher und elektronische Produkte.

Messegelände Frankfurt am Main – Schauplatz der größten und bedeutendsten Messe für Literatur der Welt.

Jedes Jahr besuchen mehr als 280 000 Menschen die Buchmesse. War es früher eine rein kommerzielle Veranstaltung, hat die Messe heute auch eine kulturpolitische Bedeutung: Jedes Jahr stellt sie Kultur und Literatur eines Gastlandes oder einer Region in den Mittelpunkt. 2016 waren es die Niederlande und Flandern, 2017 war es Frankreich, 2018 Georgien und 2019 Norwegen. 2021 ist es Kanada und 2022 wird es Spanien sein.

Auf der Buchmesse trifft sich alles, was Rang und Namen in der Branche hat, von Autoren bis zu Agenten und Buchhändlern. In erster Linie wurde die Messe für Fachbesucher konzipiert, aber vor allem am Sonntag, wenn Bücher verkauft werden dürfen, kommen die Privatbesucher in Massen.

In der ganzen Stadt gibt es Lesungen, Buchpräsentationen und weitere Veranstaltungen, Hotels und Restaurants schieben Sonderschichten. Höhepunkt der Messetage ist die Verleihung des Friedenspreises des Deutschen Buchhandels am Buchmessen-Sonntag in der Paulskirche. 2017 wurde die kanadische Schriftstellerin Margaret Atwood ausgezeichnet, die Preisträger im Jahr 2018 waren Aleida und Jan Assmann, 2019 ehrte man den brasilianischen Fotografen Sebastião Salgado.

INFO: Auf dem Messegelände in Bockenheim. **INFO FRANKFURTER BUCHMESSE:** Ludwig-Erhard-Anlage 1, 60327 Frankfurt/Main, Tel. (069) 210 20, www.buchmesse.de, Öffnungszeiten: immer im Oktober, für Fachbesucher Mi–So, für private Besucher nur Sa 9–18.30, So 9–17.30 Uhr.

Dichterort der »Leiden des jungen Werther«

Frankfurter Goethe-Haus und Goethe-Museum

Frankfurt am Main, Hessen

Zahllose Touristen aus aller Welt kommen täglich in das Haus am Großen Hirschgraben, wo Johann Wolfgang von Goethe am 28. August 1749 zur Welt kam und wo er bis 1775 lebte und wirkte. Das spätbarock rekonstruierte Bürgerhaus erinnert an Goethes frühe Jahre, die er in seinem autobiografischen Roman »Dichtung und Wahrheit« beschreibt.

Goethes Geburtshaus dient heute als Museum.

Der Bau aus dem 17. Jahrhundert wurde im Zweiten Weltkrieg zerstört, doch bereits 1951 originalgetreu rekonstruiert. Einige Möbelstücke sind Originale, die während des Kriegs ausgelagert waren, bei den anderen orientierte man sich an Beschreibungen Goethes und der bürgerlichen Wohnkultur des Spätbarocks. Das Erdgeschoss enthält Küche, Esszimmer sowie das Empfangszimmer von Goethes Mutter. Ein Stockwerk darüber liegt das Musikzimmer, in dem vor allem der seltene Pyramidenflügel von 1745 sowie der passende Deckenstuck zu beachten sind. Im zweiten Stock befand sich das wahrscheinliche Geburtszimmer Goethes, das Zimmer seiner jüngeren Schwester Cornelia sowie die Bibliothek und das Gemäldekabinett seines Vaters. Goethes Reich, das Dichterzimmer, befindet sich im dritten Geschoss. Hier – am Stehpult – schrieb er Werke wie »Götz von Berlichingen«, den »Urfaust« und »Die Leiden des jungen Werther«. Nebenan im Puppentheater-Zimmer steht das Gehäuse von Goethes Puppenspiel, das durch die Schilderung in »Wilhelm Meisters theatralische Sendung« berühmt wurde.

Das Goethe-Museum im benachbarten Gebäude präsentiert eine umfangreiche Sammlung mit Gemälden, Grafiken und Büsten der Goethezeit vom Spätbarock über Klassizismus bis Romantik und Biedermeier. Damit zeigt es das Verhältnis des Dichters zur Kunst und zu Künstlern wie Johann Heinrich Füssli, Caspar David Friedrich und Frankfurter Malern. Von hier aus ist es nicht weit zum Goetheplatz mit dem Goethe-Denkmal.

Info: In der Innenstadt gelegen. **Info Goethe-Museum/Haus:** Großer Hirschgraben 23–25, 60311 Frankfurt am Main, Tel. (069) 13 88 00, www.goethehaus-frankfurt.de, Öffnungszeiten Mo–Sa 10–18, So 10–17.30 Uhr, Eintritt € 7, ermäßigt € 3, Führungen tägl. 14 und 16, Sa/So auch 10.30 Uhr (kostenlos).

Tropische Oase

Palmengarten Frankfurt

Frankfurt am Main, Hessen

Der Palmengarten ist ein Pflanzenparadies mit Gewächsen aus allen Erdteilen. Mit insgesamt 29 Hektar Fläche und 10 000 Quadratmetern Schauhausfläche ist er der größte Garten dieser Art in Deutschland. Den Grundstock der botanischen Sammlung bildeten die tropischen Baum- und Pflanzenbestände des Herzogs Adolph von Nassau aus der Orangerie von Schloss Biebrich, die ein extra gegründeter Verein von Frankfurter Bürgern für 60 000 rheinische Gulden 1868 aufkaufte. Schon 1869 zogen die Gewächshäuser auf das sieben Hektar große Gelände um, das die Stadt dem Verein als Erbpacht überlassen hatte. 1870 fand die erste Blumenausstellung statt und 1871 wurde der Garten mit Palmen- und angeschlossenem Gesellschaftshaus offiziell eröffnet.

Heute ist die Stadt Träger des Palmengartens. Die Exponate befinden sich je nach Herkunft entweder auf den Freiflächen oder auch in klimatisierten Gewächshäusern. Beeindruckend ist das 17 Meter hohe Palmenhaus aus der Gründerzeit, in dem eine üppige subtropische Welt mit imposanten Palmen, Riesenstauden und Farnen angesiedelt ist.

Palmengarten Frankfurt.

Das wohl beliebteste Haus ist das Tropicarium: Hier werden in acht Biotopen verschiedene tropische Lebensgemeinschaften wie Savanne, Regenwald und Nebelwüste dargestellt und anschaulich erklärt. Dazu gibt es weitere Häuser mit Orchideen, subarktischen oder fleischfressenden Pflanzen.

Bei den Gärten sind besonders der Rhododendron- und der Kakteengarten hervorzuheben. Für Kinder gibt es außerdem Spielplätze, einen Weiher mit Ruderbooten, Minigolf und eine kleine Eisenbahn.

Höhepunkt des Jahres ist das Rosen- und Lichterfest, das seit 1931 im Juni begangen wird. Neben Musik, Führungen und Vorträgen gibt es von Rosendüften über Rosensenf bis zum Rosenporzellan eine Reihe von Spezialitäten zu kaufen. Samstagabend findet ein großes Feuerwerk statt.

Das ganze Jahr über bietet der Palmengarten diverse Sonderausstellungen, die hauptsächlich im und um das Gewächshaus des denkmalgeschützten Gesellschaftshauses Platz finden.

Info: Im Westend gelegen. **Info Palmengarten Frankfurt:** Siesmayerstr. 61, 60323 Frankfurt/Main, Tel. (069) 21 23 39 39, www.palmengarten.de, Öffnungszeiten tägl. Feb.–Okt. 9–18, Nov.–Jan. 9–16 Uhr, Eintritt € 7, ermäßigt € 2. **Reisezeit:** Im Juni zum Rosen- und Lichterfest.

Wiege der deutschen Demokratie

PAULSKIRCHE

Frankfurt am Main, Hessen

Die Paulskirche ist das nationale Symbol für Freiheit und Demokratie in Deutschland. Hier trat am 18. Mai 1848 die erste frei gewählte Nationalversammlung zusammen. Die Paulskirche wurde von 1789 bis 1833 an der Stelle der abgerissenen mittelalterlichen Barfüßerkirche erbaut. Der spätklassizistische elliptische Bau aus Rotsandstein entstand nach Entwürfen von Baumeister Johann Andreas Liebhardt; dessen Pläne wurden im Auftrag des Stadtrats von den Architekten Johann Georg Christian Hess und Nicolas de Pigage überarbeitet. Nachdem 1802 wesentliche Teile des Baus fertiggestellt waren – Turm und Treppenhäuser fehlten noch –, ruhten die Arbeiten fast 30 Jahre. Innenausbau sowie Turmabschluss (1830–34) stammen von Johann Friedrich Christian Hess.

Die drei Geschosse des Turms an der Südseite des Gebäudes sind durch Wandpilaster gegliedert. Da der Zentralbau seinerzeit der größte und modernste Saal Frankfurts war, bot er sich als Sitz für das erste gesamtdeutsche Parlament an. Ein Bombenangriff zerstörte die Kirche im Jahr 1944. Nach dem Krieg wurde sie aber als erstes historisches Gebäude Frankfurts wiederaufgebaut, wobei das ehemals hohe Kuppeldach durch eine Flachkuppel ersetzt wurde.

Die Paulskirche war 1848 Sitz der ersten deutschen Nationalversammlung.

Seither wird die Paulskirche nicht mehr für geistliche Zwecke genutzt, sondern konzentriert sich auf ihre Rolle als »Wiege der deutschen Demokratie«. In der Wandelhalle des Untergeschosses sind in der Dauerausstellung »Die Paulskirche. Symbol demokratischer Freiheit und nationaler Einheit« Geschichte und Bedeutung der Kirche sehr schön präsentiert, außerdem finden hier wechselnde Sonderausstellungen statt. Heute ist die Paulskirche vor allem an zwei Terminen im Gespräch: bei der Verleihung des Goethepreises der Stadt und des Friedenspreises des Deutschen Buchhandels.

Am nördlichen Portal steht das Mahnmal für die Opfer des Nationalsozialismus. In der Nähe der Paulskirche befinden sich der Römer, das Historische Museum sowie der Dom.

INFO: In der Innenstadt gelegen. **INFO PAULSKIRCHE:** Paulsplatz 11, 60311 Frankfurt/Main, Tel. (069) 21 23 49 20, (069) 21 23 89 53, Öffnungszeiten tägl. 10–17 Uhr, außer bei Veranstaltungen.

Frankfurts Renaissancerathaus

Römer

Frankfurt am Main, Hessen

Skyline hin oder her – das Wahrzeichen der Stadt Frankfurt am Main ist und bleibt der Römer, mit seiner Treppengiebelfassade eines der schönsten und ältesten Rathäuser Deutschlands. Seit über 600 Jahren wird hier schon regiert. Und nicht nur für die Stadt wurden und werden Entscheidungen gefällt, sondern durch die Goldene Bulle Kaiser Karls IV. war Frankfurt 1356 als rechtmäßiger Ort für die Königswahlen im Reich bestätigt worden, nachdem seit 1147 schon 14 von 20 Königswahlen hier stattgefunden hatten.

Heute tragen sich wichtige Persönlichkeiten ins Goldene Buch der Stadt ein oder lassen sich auf dem Balkon von der jubelnden Menge auf dem Rathausplatz, dem Römerberg, feiern – wie z. B. die deutschen Fußballeuropameisterinnen 2013.

Im Jahr 1405 erwarb die Stadt zwei Patrizierhäuser und baute sie zum repräsentativen Rathaus um, bis ins 19. Jahrhundert kamen neun weitere Gebäude hinzu.

Rathaus und Frankfurter Wahrzeichen: der Römer.

Der Name Römer soll sich von den italienischen Kaufleuten ableiten, die hier während der bedeutenden mittelalterlichen Frankfurter Messen ihre Waren ausstellten und logierten. Schmuckstück des Römers ist der Kaisersaal mit der einzig vollständig erhaltenen Galerie der Kaiser und Könige von Karl dem Großen bis zu Franz II. Ab 1562 wurde im Kaisersaal auch das jeweilige Krönungsmahl abgehalten. Nach der fast kompletten Zerstörung im Zweiten Weltkrieg wurde der Römer zunächst eher schlicht wiederaufgebaut, erst bei späteren Restaurierungen orientierte man sich wieder stärker am Zustand von 1900.

Heute locken nicht nur Historie, sondern auch zahlreiche Veranstaltungen, Feste und nicht zuletzt der Weihnachtsmarkt viele Besucher und Einheimische zum Römer und Römerberg. Im ansässigen Standesamt zu heiraten ist ebenfalls sehr beliebt.

Den edlen Tropfen dazu gibt es nebenan, wo die Weine vom Lohrberger Hang verkauft werden, dem einzigen Weinanbaugebiet der Stadt Frankfurt.

Auf dem Römerberg befinden sich zudem die Alte Nikolaikirche, der Justitiabrunnen sowie das Historische Museum und die Kunsthalle Schirn.

Info: In der Innenstadt gelegen. **Info Römer:** Römerberg 27, 60311 Frankfurt/Main, Tel. (069) 212-348 14, Öffnungszeiten Kaisersaal tägl. 10–13 und 14–17 Uhr, Eintritt € 2, ermäßigt € 0,50. **Info Städtisches Weingut:** Limpurgergasse 2, Frankfurt/Main, Tel. (069) 21 23 36 80, Öffnungszeiten Mo–Fr 9–12.30 Uhr.

Bei Ebbelwoi und Handkäs' mit Musik

Sachsenhausen

Frankfurt am Main, Hessen

Der Frankfurter Stadtteil Sachsenhausen ist den meisten nur wegen des Ebbelwoi ein Begriff. In den vielen Apfelweinwirtschaften, insbesondere in der Klappergasse, laben sich allabendlich Scharen von Touristen und Einheimischen an dem sauren Getränk im Bembel oder dem Gerippten, wie der Steingutkrug und das typische griffige Glas genannt werden.

Doch »dribb de Bach« (auf der anderen Mainseite) wird noch mehr geboten: Zu Sachsenhausen gehören auch die grüne Lunge des Stadtwalds, die turbulente, von Boutiquen und Feinkostläden gesäumte Schweizer Straße und das Museumsufer. Neben zahlreichen bürgerlichen Villen aus dem 19. Jahrhundert stehen dort gleich 13 Museen, wie beispielsweise das von Oswald Mathias Ungers entworfene Deutsche Architekturmuseum, das Städel, eines der bedeutendsten Kunstmuseen Deutschlands, oder das Deutsche Filmmuseum. Jedes Jahr im August findet am Museumsufer ein Fest statt, das sich inzwischen zum größten Volksfest der Region entwickelt hat.

Sehr sehenswert sind auch die Sachsenhäuser Warte, einer der vier verbliebenen Frankfurter Wehrtürme, und die neugotische Dreikönigskirche aus dem Jahr 1881. In der Schellgasse 8 liegt das älteste Fachwerkhaus der Stadt. Die Jahresringe des Holzes belegen, dass es 1291 erbaut worden sein muss.

Deutlich jünger ist der Henninger-Turm. Das ehemalige Brauereisilo wurde zwischen 1959 und 1961 erbaut und war damals eines der höchsten Silos der Erde. Heute ist es das Wahrzeichen Sachsenhausens. Für Profi-Radfahrer war es einmal im Jahr der Mittelpunkt beim Rennen »Rund um den Henninger-Turm«, das inzwischen eine andere Streckenführung hat und »Eschborn-Frankfurt« heißt.

Im Kneipenviertel Sachsenhausen: Ebbelwoi aus dem »Bembel«, dazu Frankfurter Würstchen.

Versteckt in einem Hinterhof liegt das Jasper's, eine wahre Bilderbuch-Brasserie. Inhaber Michel Bodemann bietet in den Räumlichkeiten mit Spiegeln, Jugendstillampen und Plakaten seit 1991 Spezialitäten aus Frankreich und dem Elsass. Hier bekommt man hohe Qualität vom Tintenfisch in feiner Sugo über Kalbskutteln und Schweinsfußragout bis zur Crème brulée. Eine gute Weinkarte darf da natürlich nicht fehlen.

Info: Von der Frankfurter Altstadt gelangt man über den Eisernen Steg zu Fuß über den Main nach Sachsenhausen. **Info Brasserie Jasper's:** Schifferstr. 8, 60594 Frankfurt/Main, Tel. (069) 61 41 17, www.jaspers-restaurant.de, Öffnungszeiten Mo–Sa 19–1, Küche bis 23 Uhr, Reservierung empfohlen, Preise auf Anfrage.

Spektakuläre Ausstellungen

SCHIRN KUNSTHALLE FRANKFURT

Frankfurt am Main, Hessen

In Frankfurt bekommt man heute einen Vorgeschmack davon, wie die Museen der Zukunft, wenn sie angenommen werden sollen, aussehen müssen«, schrieb der Kulturexperte der »Neuen Zürcher Zeitung« im Oktober 2006 zum 20-jährigen Bestehen der Schirn Kunsthalle. Das lang gestreckte Gebäude auf dem Römerberg ist eines der renommiertesten Ausstellungshäuser Europas. Die Schirn verfügt über keine eigene Sammlung, sondern organisiert befristete Ausstellungen. Zahlreiche spektakuläre Schauen wurden zu Publikumsmagneten, darunter große Übersichten zum Wiener Jugendstil, Expressionismus, Dada und Surrealismus, zur Geschichte der Fotografie oder zu aktuellen Positionen in der Sound-Art, zu Themen wie »Shopping – Kunst und Konsum«, der visuellen Kunst der Stalinzeit, den Nazarenern oder der Op-Art.

Künstler wie Wassily Kandinsky, Marc Chagall, Alberto Giacometti, Frida Kahlo, Bill Viola, Henri Matisse, Odilon Redon, A. R. Penck, James Lee Byars, Yves Klein und Carsten Nicolai wurden in großen Einzelausstellungen gezeigt.

Schirn Kunsthalle, Frankfurt/Main.

Wie ein riesiges Baumhaus ist die Minischirn aufgebaut, wo Kinder von drei bis zehn Jahren selbst gestalten, experimentieren und eigene ästhetische Entdeckungen machen können. Und während die Kinder altersgemäß Kreativität und Kunst entdecken, können die Eltern in Ruhe die aktuellen Ausstellungen genießen.

Der Name der Kunsthalle leitet sich aus der Geschichte des Standortes ab. Schirn bezeichnet ursprünglich einen offenen Verkaufsstand. An der Stelle im Zentrum Frankfurts, an der sich das Gebäude seit 1986 befindet, lag bis zum Ende des Zweiten Weltkriegs ein Straßenzug gleichen Namens.

Bis weit in das 19. Jahrhundert befanden sich »an der Schern« die Verkaufsstände der Frankfurter Metzgerzunft. Das Innenstadtareal blieb nach Vernichtung der Altstadt 1944 an dieser Stelle 37 Jahre unbebaut. Erst der Gebäudekomplex der Schirn mit einer Ausstellungsfläche von 2000 Quadratmetern stellte wieder eine moderne Verbindung zwischen den zentralen historischen Bauten Dom und Römer her.

INFO: In der Frankfurter Innenstadt gelegen. **INFO SCHIRN KUNSTHALLE FRANKFURT:** Römerberg, 60311 Frankfurt/Main, Tel. (069) 29 98 82 112, www.schirn.de, Öffnungszeiten Di–So 10–19, Mi/Do bis 22 Uhr, Minischirn Di–So 10–18 Uhr, Eintritt variiert je nach Ausstellung.

Überdimensionales »Was ist Was«-Buch

SENCKENBERG NATURMUSEUM

Frankfurt am Main, Hessen

Das Senckenberg Naturmuseum ist eines der größten und bedeutendsten seiner Art in Europa. Auf rund 6000 Quadratmetern zeigt es sowohl die Entwicklung der Lebewesen und die Verwandlung unserer Erde über Jahrmillionen hinweg als auch die heutige Vielfalt des Lebens. Der große Tyrannosaurus rex vor dem Haus begrüßt die Besucher und verrät, was sie im Museum erwarten können.

Doch das Senckenberg-Haus, dessen Sammlung auf das 1821 gegründete »Öffentliche Naturalienkabinett« zurückgeht, bietet mehr als Dinos, angefangen beim rekonstruierten Skelett von »Urmutter« Lucy, dem ältesten fast kompletten Skelettfund eines menschlichen Vorfahren, über das Zwerg-Urpferd aus der nahen Grube Messel, das Skelett eines gigantischen Finnwals, in dessen Maul oder Bauch man stehen kann, und ein nachgebildetes amerikanisches Mammut bis hin zu Kindermumien aus dem alten Ägypten.

Dazu kommt die Vielfalt der heutigen Tier- und Pflanzenwelt mit dem gleichermaßen beeindruckenden wie furchterregenden Exponat einer Anakonda, die ein ganzes Wasserschwein verschlingt. Und darüber hinaus warten hier Finnwal, Riesenkrabbe und Sägefisch auf die Besucher.

Alle Ausstellungsstücke sind gut erklärt und besonders für Kinder spannend dargestellt. Das gilt auch für komplizierte Themengebiete wie das Sonnensystem und die Theorie der Kontinentalverschiebung. Die stellte Alfred Wegener übrigens genau hier vor.

Das Highlight für kleine wie große Besucher dürfte aber der Knopf sein, mit dem man einen Vulkanausbruch auslösen kann. Daneben gibt es Sonderausstellungen über Themen aus Natur und Umwelt, wobei auch Kunst und Kultur nicht zu kurz kommen.

Skelett eines Schwertwals im Senckenberg Naturmuseum (Frankfurt/M.).

Der Besuch im Senckenberg Museum ist ein absolutes Muss für Leute, die schon immer gern ein überdimensionales »Was ist Was«-Buch erleben wollten. Am Wochenende ist es hier mitunter sehr voll.

Von hier aus kann man schnell einen Abstecher in den Palmengarten machen. Wer noch nicht genug Prähistorisches erlebt hat, fährt gleich einige Kilometer weiter zur Grube Messel.

INFO: In Bockenheim gelegen. **INFO SENCKENBERG NATURMUSEUM:** Senckenberganlage 25, 60325 Frankfurt/Main, Tel. (069) 754 20, www.senckenberg.de, Öffnungszeiten Mo–Fr 9–17, Mi bis 20, Sa/So/Fei 9–18 Uhr, Eintritt € 10, ermäßigt € 5, offene Familienführung Sa 15, So/Fei 11 Uhr, Informationen und Buchung sonstiger Führungen Mo–Do 9–12 und 13–16 Uhr unter Tel. (069) 75 42 13 57.

Kunstwerke aus 700 Jahren

STÄDEL MUSEUM

Frankfurt am Main, Hessen

Das Städel ist eines der bedeutendsten und bekanntesten Kunstmuseen in Deutschland, ein absolutes Muss bei jedem Frankfurt-Besuch. Etwa 2700 Gemälde, 600 Skulpturen und 100 000 Zeichnungen sowie Druckgrafiken des 14. bis 20. Jahrhunderts sind die Schätze des Hauses.

Zu den altdeutschen und altniederländischen Hauptwerken gehören neben dem »Paradiesgärtlein« eines unbekannten Meisters die »Apostelmartyrien« von Stefan Lochner, der Frankfurter »Dominikaneraltar« (1501) von Hans Holbein d. Ä., eine »Venus« (1532) und der »Torgauer Altar« von Lucas Cranach sowie Jan van Eycks »Lucca-Madonna« (um 1436).

Den Italienern des 15. Jahrhunderts folgen die Manieristen, die mit hochrangigen Arbeiten von Sandro Botticelli (»Weibliches Idealbildnis«) und Pontormo (»Dame in Rot«) vertreten sind. Unter den barocken Gemälden befinden sich mehrere Werke des in Frankfurt geborenen Adam Elsheimer.

Außerdem sind Meisterwerke wie »Die Blendung Simsons« (1636) von Rembrandt, »Der Geograph« (1669) von Jan Vermeer van Delft, Porträts von Frans Hals sowie eine »Gewitterlandschaft mit Pyramus und Thisbe« (1651) von Nicolas Poussin zu sehen.

»Goethe in der Campagna« (1786/87) von Johann Heinrich Wilhelm Tischbein im Städel Frankfurt.

Unter den Gemälden ab dem späten 18. Jahrhundert findet sich Johann Heinrich Wilhelm Tischbeins »Goethe in der Campagna« (1786/87).

Romantischen Arbeiten (Caspar David Friedrich) folgen französische und deutsche Realisten wie Gustave Courbet (»Die Welle«), Wilhelm Leibl und Hans Thoma, aber auch Bilder von Arnold Böcklin, Anselm Feuerbach und Hans von Marées. Werke der bekannten französischen Impressionisten leiten die Moderne ein. Expressionistisches stammt u. a. von Ernst Ludwig Kirchner und Franz Marc, auch Max Beckmann und Edvard Munch sind zu sehen. Die Kunst nach 1945 wird beispielsweise von Yves Klein, Georg Baselitz und Francis Bacon vertreten.

2009 erfolgte der Spatenstich für einen spektakulären, wenn auch von außen fast unsichtbaren 3000-Quadratmeter-Erweiterungsbau für die Präsentation der Gegenwartskunst nach Plänen des Frankfurter Architekturbüros schneider + schumacher. 2012 wurde die lichtdurchflutete Ausstellungshalle unter dem Städelgarten eröffnet.

INFO: Am Museumsufer in Sachsenhausen gelegen. **INFO STÄDEL MUSEUM:** Schaumainkai 63, 60596 Frankfurt/Main, Tel. (069) 605 09 82 00, www.staedelmuseum.de, Öffnungszeiten Di–So 10–18, Do/Fr bis 21 Uhr, Eintritt € 14, ermäßigt € 12, Sa/So/Fei € 16/14, unter 12 J. frei.

Herrschaftlicher Blick über die Barockstadt Fulda

MICHAELSKIRCHE

Fulda, Hessen

In prominenter Nachbarschaft zum nicht minder bekannten Fuldaer Dom präsentiert sich das älteste Bauwerk der Stadt hoch auf dem Michaelsberg. Wer den imposanten Kirchenbau betrachtet, vermutet kaum, dass die Michaelskirche ihre rund 1200-jährige Geschichte als Totenkapelle begann und auf dem Mönchsfriedhof des Benediktinerklosters Fulda erbaut wurde.

Abt Eigil ließ sie in den Jahren 820 bis 822 wahrscheinlich von Rabanus Maurus als Begräbniskirche des 744 gegründeten Klosters Fulda nach dem Vorbild der Grabeskirche in Jerusalem erbauen. Die Totenkapelle diente auch Eigil als Grablege. Kernstück bilden die karolingische Krypta und die Rotunde, die bis heute erhalten sind und die Michaelskirche zu einem der bedeutendsten mittelalterlichen Sakralbauten machen.

Da die Krypta 822 entstand, betiteln Fuldaer Stadtführer die Michaelskirche gern als zweitälteste Kirche Deutschlands.

Durch zahlreiche Umbauten und Erneuerungen im Lauf der Zeit erhielt die Michaelskirche ihr heutiges Gesicht mit dem pyramidenförmigen Dach des Westturms und dem spitzhelmigen Dach des Turms über der Rotunde.

Im wuchtigen Westturm hängen drei Glocken; die 1712 für Wusen in Ostpreußen gegossene Jakobusglocke kam nach dem Zweiten Weltkrieg als Ersatz für die zerstörten Glocken nach Fulda. 1716/17 entstand die Rochuskapelle an der Nordseite der Kirche. Neben dem herrlichen Ausblick über die Stadt Fulda bietet die Michaelskirche im Inneren eine Vielzahl wunderschöner Wandmalereien aus dem 11. Jahrhundert.

Wer sich das beeindruckende Bauwerk ausführlich ansehen möchte, sollte im Vorfeld genau die Besichtigungszeiten studieren: Die Michaelskirche wird nämlich nicht nur vom jeweils amtierenden Bischof als Privatkapelle genutzt – sie ist auch ein überaus beliebter Ort für Trauungen und Taufen.

Eine der ältesten Kirchen Deutschlands: die karolingische Michaelskirche in Fulda.

INFO: Fulda liegt ca. 100 km nordöstlich von Frankfurt am Main. **INFO MICHAELSKIRCHE:** Michaelsberg, 36037 Fulda, Öffnungszeiten tägl. April–Okt. 10–18, Nov.–März 10–12 und 14–17 Uhr, während der Gottesdienste sind keine Besichtigungen möglich. Führungen unter Tel. (06 61) 102 18 14, www.tourismus-fulda.de.

Fürstliche Residenz für Äbte und Bischöfe

Stadtschloss Fulda

Fulda, Hessen

Wer durch die imposante Vierflügelanlage des barocken Fuldaer Stadtschlosses lustwandelt, kann nur zu gut verstehen, dass die Äbte und Bischöfe des Klosters ihren großen Einfluss nicht nur standesgemäß ausübten, sondern auch ebenso standesgemäß zeigen wollten. Aus den Klostervorstehern waren nämlich mittlerweile Landesherren mit eigenem Territorium geworden: Seit dem Jahr 1220 wirkten sie entscheidend in der Reichspolitik mit.

Da dies auf die Dauer zu teuer und somit nicht im Interesse des Konvents war, beschloss der damalige Fürstabt Heinrich V. von Weilnau um 1288, das Kloster zu verlassen und eine eigene Residenz errichten zu lassen. Als Standort wählte er eine Anhöhe zwischen Kloster und Stadt, um die Burg besser verteidigen zu können.

Orangerie im Fuldaer Schlosspark.

Anfang des 17. Jahrhunderts wurde die ehemals mittelalterliche Abtsburg zu einem vierflügeligen Renaissanceschloss umgebaut und schon 1671 durch einen neuen, zweistöckigen Flügel an der Westseite erweitert. 1706 bekam Dombaumeister Johann Dientzenhofer den Auftrag, das Schloss im Barockstil zu erweitern. Anfang des 19. Jahrhunderts ließ Kurfürst Wilhelm I. von Hessen die Flügel am Residenzgarten im spätklassizistischen Stil umbauen.

Das Stadtschloss liegt mitten im Zentrum Fuldas, vom Turm bietet sich ein wunderschöner Ausblick.

Der Schlossgarten mit seinem alten Baumbestand, saisonal gestalteten Blumenbeeten und großzügigen Rasenflächen lädt zum Verweilen ein. Viele der historischen Räumlichkeiten des Stadtschlosses können besichtigt werden, darunter der barocke Fürstensaal, die Wohnung der Fürstäbte des 18. Jahrhunderts und das Spiegelkabinett, das ehemalige Ankleidezimmer des Fürstabts, das mit Hunderten kleinen und großen Spiegeln ausgestattet ist.

Und natürlich bietet das Schloss den passenden Rahmen für Trauungen und andere Festlichkeiten. Fürstlicher kann man kaum »Ja« sagen!

Info: Fulda liegt ca. 100 km nordöstlich von Frankfurt am Main. **Info Stadtschloss Fulda:** Schlossstr. 1, 36037 Fulda, Führungen unter Tel. (06 61) 102 18 14, www.tourismus-fulda.de, Öffnungszeiten Museum Di–So 10–17 Uhr, Schlossturm wg. Renovierungsarbeiten geschl., Eintritt mit Führung € 6, ermäßigt € 4.

Durch die Weiden, durch die Auen

KÜHKOPF-KNOBLOCHSAUE

Groß-Gerau, Hessen

Mit 24 Quadratkilometern ist das Gebiet um die Rheininsel Kühkopf das größte Naturschutzgebiet Hessens und gleichzeitig UNESCO-Europareservat. Hier kann man nicht nur die urwüchsige Flussauenlandschaft mit ihrer Vogelvielfalt genießen, man kann sich auch im Bildungszentrum mit dem Naturraum auseinandersetzen.

Das Gebiet bildet den größten zusammenhängenden naturnahen Auenkomplex am Oberrhein. Wegen ihrer besonderen ökologischen Bedeutung wurde die Rheininsel Kühkopf schon 1952 unter Naturschutz gestellt, später kam die nördlich anschließende Knoblochsaue dazu. Auf engstem Raum wechseln sich Wasserflächen ab mit offenen Schlammfluren, Auenwiesen, Kraut- und Strauchgürtel sowie Weich- und Hartholz-Auenwäldern.

Das Bildungszentrum liegt nahe der Stockstädter Brücke und bietet einen idealen Einstieg. Im Ausstellungsbereich können die Besucher per Knopfdruck ein Hochwasser simulieren und sich umfassend über den Lebensraum Aue mit seinen speziellen Tier- und Pflanzenarten informieren.

Praktisch geht es im Außenbereich zu: Auf dem Auen-Erlebnis-Pfad lernen nicht nur die Kinder mit verbundenen Augen, was es mit dem Lebensraum zwischen Hochwasser, Trockenperioden und Flussbegradigung auf sich hat.

Insgesamt gibt es 60 Kilometer Wanderwege mit diversen »Beobachtungsposten« für Hobby-Ornithologen. Hier leben rund 250 Vogelarten, darunter auch der Schwarzmilan, der Symbolvogel des Kühkopfs.

Sehr schön ist der 17 Kilometer lange Rundweg über die alten Sommerdeiche. Besonders zu empfehlen ist eine Kanutour auf dem Altrhein. Zur Stärkung für unterwegs nehmen Sie sich einfach etwas Obst mit, denn auf dem Kühkopf gibt es mehr als 2000 Obstbäume und allein 30 Apfelsorten.

Blühender Bärlauch im Auenwald der Rheininsel Kühkopf.

INFO: Groß-Gerau liegt zwischen Wiesbaden und Darmstadt. **INFO UMWELTBILDUNGSZENTRUM »SCHATZINSEL – KÜHKOPF«:** Hofgut Guntershausen, Außerhalb 27, 64589 Stockstadt am Rhein, Tel. (061 58) 188 60 39, www.schatzinsel-kuehkopf.hessen.de, Öffnungszeiten April–Okt. Di–Fr 14–18, Sa/So/Fei 10–18, Nov.–März Di–Fr 14–17, Sa/So/Fei 9–17 Uhr, Führungen für Gruppen auf Anfrage, auch Fachexkursionen sind möglich.

Der größte Bergpark Europas

Bergpark Wilhelmshöhe

Kassel, Hessen

Wer einmal die Grafschaft Kent, genannt »Garden of England«, besucht hat, fühlt sich bei einem Besuch der Wilhelmshöhe im nordhessischen Kassel nach England versetzt. Doch hier gibt es noch weit mehr zu entdecken. Von Weitem schon erblickt man die Statue des Herkules auf einer Pyramide, die auf einem Oktogon errichtet wurde. Der Herkules, wie heute nicht nur die Statue, sondern das gesamte Bauwerk genannt wird, ist das Wahrzeichen von Kassel und liegt mitten im Bergpark Wilhelmshöhe im Habichtswald.

Eine besondere Attraktion des Parks, der seit 2013 zum UNESCO-Weltkulturerbe zählt, bilden die Wasserkünste, die sich vom Fuß des Herkules über die kunstvoll angelegten Kaskaden und die barocken Becken bis zur Großen Fontäne im Schlossteich des Schlosses Wilhelmshöhe erstrecken.

Kassel Wilhelmshöhe: der größte Bergpark Europas.

Das beeindruckende Schloss liegt am niedrigsten Punkt des Bergparks. Die dreiflügelige Anlage beherbergt heute die Museumslandschaft Hessen Kassel, deren Antikensammlung und Galerie Alter Meister mit Werken von Dürer, Rubens und Rembrandt einen internationalen Ruf genießen. Im Weißensteinflügel sind noch original landgräfliche historische Räumlichkeiten zu besichtigen.

Im Park warten weitere sehenswerte Bauten auf ihre Entdeckung. Das Große Gewächshaus beispielsweise ist eine der ältesten Stahl-Glas-Konstruktionen in Deutschland. Das klassizistische Ballhaus zieht Besucher genauso an wie die kleinen Staffagebauten Cestius-Pyramide, Eremitage des Sokrates oder Grabmal des Virgil.

Ein architektonisches Highlight ist die Löwenburg. Diese künstliche (Teil-) Ruine wurde zwar erst Ende des 18. Jahrhunderts geschaffen, aber im Stil einer verfallenden mittelalterlichen Burg. Sie diente dem Landgrafen Wilhelm IX. als Wohnstätte; in der Gruft unter der Burgkapelle ist er auch begraben.

Info: Der Bergpark erstreckt sich vom Kasseler Stadtteil Bad Wilhelmshöhe bis zum Naturpark Habichtswald. **Info Bergpark Wilhelmshöhe:** Öffnungszeiten der einzelnen Ausstellungen und Sehenswürdigkeiten finden sich unter www.kassel-tourist.de. Beleuchtete Wasserspiele am Fuß des Herkules, Juni–Sept. jeweil am 1. Sa des Monats, Beginn des Begleitprogramms 17 Uhr.

Weltweit bedeutendste Ausstellung zeitgenössischer Kunst

DOCUMENTA

Kassel, Hessen

Alle fünf Jahre macht die documenta Kassel für 100 Tage zum Mittelpunkt der Kunstszene. Hier wird Gegenwartskunst dokumentiert – weltweit. Die documenta wurde 1955 von dem Kasseler Maler und Akademieprofessor Arnold Bode ins Leben gerufen. Gemeinsam mit dem Kunsthistoriker Werner Haftmann entwickelte er das Ausstellungskonzept. Kassel ist Heimatstadt der documenta, weil Kassel die Heimatstadt Arnold Bodes ist. So banal kann Geschichte sein.

In den Ruinen der fast völlig zerstörten Stadt organisierte Bode die erste Kunstschau – damals noch als Begleitveranstaltung zur Bundesgartenschau. Offenbar besaß der Organisator große Überzeugungskraft gegenüber den wichtigen Museen der Welt. Denn obwohl der Hauptveranstaltungsort, das Fridericianum, noch in Trümmern lag, schickten sie ihm Werke, die lange Jahre in Deutschland verboten waren. Viele Deutsche sahen auf der documenta 1955 erstmalig die vom nationalsozialistischen Regime verfemte »Entartete Kunst«. In Scharen strömten die Menschen nach Kassel, um Werke von Pablo Picasso, Marc Chagall, Paul Klee oder Max Beckmann zu bewundern.

Mittelpunkt jeder documenta: das Fridericianum in Kassel.

Mittlerweile bezieht die Ausstellung die angrenzenden Parkanlagen sowie die gesamte Kasseler Innenstadt mit ein. Diese Bereiche gelten als fester Bestandteil und verlangen dem Besucher einiges an Laufpensum ab.

Die Bezeichnung »documenta« verweist übrigens auf das, was Bode mit seiner Exposition beabsichtigte: Die documenta sollte eine »Dokumentation über Moderne Kunst sein und den Deutschen zeigen, was während des Nationalsozialismus verboten war«.

Zum Erfolgsgeheimnis der documenta gehört ihre Inszenierung als einzigartiges Ereignis. Sie trägt jeweils die Handschrift des verantwortlichen Kurators und spiegelt aktuelle politische und kulturelle Strömungen wider.

Ein Muss für jeden Kunstliebhaber und den, der es werden möchte! Die nächste documenta wird im Jahr 2022 stattfinden.

INFO: Verschiedene Ausstellungsorte in Kassel. **INFO DOCUMENTA:** documenta und Museum Fridericianum gGmbH, Friedrichplatz 18, 34117 Kassel, Tel. (05 61) 70 72 70, www.documenta.de, www.fridericianum-kassel.de, Öffnungszeiten und Eintritt auf Anfrage und online.

Willkommen in der Welt der Wörter

Grimmwelt Kassel

Kassel, Hessen

Rotkäppchen und der Wolf, Schneewittchen und die sieben Zwerge, Hänsel und Gretel – die Figuren aus den Märchen der Brüder Grimm sind in den meisten deutschen Kinderzimmern noch heute bestens bekannt.

Auf die Spuren der berühmten Märchensammler kann man sich in der GRIMMWELT Kassel begeben. Das moderne Ausstellungshaus, das die britische Zeitung »The Guardian« unter die zehn besten Museen der Welt gewählt hat, wurde 2015 eröffnet und nutzt das breite mediale Spektrum unserer Tage, um die Welt der Märchensammler, die im 19. Jahrhundert wirkten, anschaulich zu machen.

25 Themenräume lassen sich so ganz nach Lust und Interesse erkunden. Im Bereich »Illuminieren« ziehen Ausschnitte von Märchenfilmen, die in Endlosschleife auf riesigen Leinwänden laufen, Kinder magisch an. Im Bett von Rotkäppchens Großmutter lauert der Wolf auf unbedachte Besucher und wer es durch Dornröschens Hecke schafft, dem gibt der sprechende Spiegel überraschende Antworten. Im Raum »Erzählenhören« kann man den Klang des Märchens Rumpelstilzchen in 27 Sprachen und Dialekten erleben, darunter Finnisch, Japanisch, Hessisch und auch in Gebärdensprache. Ein UNESCO-Weltdokumentenerbe wartet in der Schatzkammer: Die originalen Ausgaben der Grimm'schen Märchen mit handschriftlichen Notizen der Grimms.

Bitte eintreten: das Haus von Rotkäppchens Großmutter in der GRIMMWELT Kassel.

Wer meint, das Werk der Brüder Grimm sei nur für Kinder interessant, liegt völlig falsch. Jacob und Wilhelm Grimm waren akribische Sprachforscher, die sich um die deutsche Sprache verdient gemacht haben. 1838 begannen sie mit der Arbeit am Deutschen Wörterbuch, hatten das Projekt allerdings bei Weitem unterschätzt. Zu Lebzeiten kamen sie nur bis zum Buchstaben »F«. Andere haben die Sammlung fortgesetzt und erst 1961, nach 123 Jahren Wortarbeit, wurde das Wörterbuch vollendet.

In der GRIMMWELT kann man in papierenen Kunstwerken mehr über dessen spannende Entstehungsgeschichte erfahren oder mit Hilfe von projizierten Einträgen eintauchen in die Welt der deutschen Wörter – und sich darin verlieren.

Info: Auf dem Weinberg von Kassel gelegen. **Info:** GRIMMWELT Kassel, Weinbergstr. 21, 34117 Kassel, Tel. (0561) 598 61 90, www.grimmwelt.de, Öffnungszeiten Di–So 10–18, Fr bis 20 Uhr. Eintritt € 8, ermäßigt € 6, Familienkarte € 20.

Ruinenromantik im Wettertal

KLOSTER ARNSBURG

Lich, Hessen

Mitten im kleinen bewaldeten Wettertal bei Lich befindet sich das ehemalige Zisterzienserkloster Arnsburg, von dem noch einige Gebäude erhalten sind. Am eindrucksvollsten ist die Ruine der spätromanischen und frühgotischen Kirche von 1246, deren Mauerkrone langsam von Bäumen und Grün überwuchert wird und das denkmalgeschützte Areal verwunschen wirken lässt.

Im Jahre 1174 gründete Kuno I. von Münzenberg das Kloster. Und dies mit großem Erfolg: Das Kloster prosperierte, die Zahl der Mönche, ihr Grundbesitz und die seit der Mitte des 13. Jahrhunderts verliehenen Ablässe nahmen zu. Im 15. Jahrhundert wurde das Kloster während kriegerischer Auseinandersetzungen schwer beschädigt, noch schlimmere Verwüstungen brachte der Dreißigjährige Krieg, sodass die Abtei vorübergehend aufgegeben werden musste.

Im 18. Jahrhundert erlangte Arnsburg eine neuerliche Blüte, in der viele weitere Gebäude entstanden. Nach der Säkularisierung 1803 gelangte die ganze Anlage an die Grafen zu Solms-Laubach, denen sie auch heute noch gehört. Zahlreiche Gebäude verfielen nach der Auflösung oder wurden abgetragen.

Die gesamte Architektur ist heute durch die barocken Bauten des 17. und 18. Jahrhunderts geprägt, die noch erhalten sind und sehr schön restauriert wurden. Ein Beispiel ist der herrliche Bursenbau, durch dessen riesigen Torbogen man das Klosterareal betritt.

Dort sieht man den ebenfalls erhaltenen Ostbau mit dem Kapitelsaal und dem ehemaligen Mönchsdormitorium, der heute für Konzerte und Kunstausstellungen genutzt wird. Auf dem Platz des früheren Kreuzgangs befindet sich seit 1960 ein Friedhof für Opfer des Zweiten Weltkriegs aus vielen Nationen.

Kreuzgang der ehemaligen Zisterzienserabtei Arnsburg in Lich.

Auf einem schmalen Fußweg lässt sich die Klostermauer in ihrem ganzen Umfang an der Außenseite umwandern. Die alte Klostermühle, ein Fachwerkbau von 1675, und das unmittelbar daran angrenzende alte Brauhaus werden heute gastronomisch genutzt.

Von hier aus bietet sich der Besuch der Burg Münzenberg an, die sich in Sichtweite des Klosters befindet.

INFO: Lich liegt ca. 40 km nördlich von Frankfurt am Main. **INFO KLOSTER ARNSBURG:** 35423 Lich, Tel. (064 04) 621 98 (Freundeskreis Kloster Arnsburg), www.kloster-arnsburg.de, Öffnungszeiten: Das Gelände ist normalerweise immer zugänglich, Eintrittsgebühr (€ 2) am Drehkreuz fällig. Der Freundeskreis bietet Gruppenführungen an.

Die Kathedrale an der Lahn

Limburger Dom

Limburg an der Lahn, Hessen

Der Limburger Dom thront – bereits von der Autobahn sichtbar – auf einem steilen Felsen über der Altstadt. Er gilt als eine der vollendetsten Schöpfungen der Spätromanik in Deutschland, auch wenn er schon Elemente der frühen Gotik aufweist. Einigen dürfte der Dom mit den sieben Türmen bekannt vorkommen – schließlich war er viele Jahre auf der Rückseite des 1000-Mark-Scheins abgedruckt. Die Geschichte des Doms reicht zurück bis ins frühe 10. Jahrhundert.

Graf Konrad Kurzbold gründete ein Stift und ließ hier die erste Kirche errichten. Rund 300 Jahre später, 1235, wurde an dieser Stelle der heutige Dom geweiht. Seit 1827 ist Limburg Bischofssitz, die ehemalige Stiftskirche wurde zur Kathedrale.

Auf einem Felsen oberhalb der Lahn: der Limburger Dom.

Die monumentale Doppelturmfassade im Westen mit der riesigen Rosette markiert den Übergang von Romanik zu Gotik. Zur Gotik gehört auch die Symbolik der sieben Türme – die Anzahl der Sakramente. Am höchsten ist der achteckige Vierungsturm, dessen Helm nach einem Blitzeinschlag 1774 noch einmal erhöht wurde – auf nun 66 Meter.

Beachtenswert sind im Inneren die im 13. Jahrhundert entstandenen Fresken, die u. a. den thronenden Christus zwischen dem heiligen Georg, dem Patron des Doms, und dem heiligen Nikolaus zeigen. Viele der farbenfrohen Fresken wurden erst bei der jüngsten Innenrestaurierung zwischen 1975 und 1991 zutage gefördert. Sehr sehenswert ist auch das Grabdenkmal des Stifters Graf Konrad Kurzbold im nördlichen Querhaus. Aus der Entstehungszeit des Doms stammt das prächtige Taufbecken, das noch heute verwendet wird.

Auf dem kleinen Friedhof nebenan steht die Totenkapelle St. Michael mit einem Hauptaltar von 1280. Keinesfalls versäumen sollte man den Blick ins Lahntal, der sich hinter dem Dom eröffnet.

Info: Limburg liegt etwa 75 km nordwestlich von Frankfurt am Main. **Info Limburger Dom:** Domplatz, 65549 Limburg an der Lahn, Tel. (064 31) 92 97 99 50, www.limburgerdom.de, Öffnungszeiten tägl. April–Okt. 8–19, Nov.–März 9–17 Uhr, Führungen Di–Fr 11 und 15, Sa 11, So 12 Uhr (€ 3, bis 16 J. frei).

Zeugnis karolingischer Renaissance

Kloster Lorsch und Altenmünster

Lorsch, Hessen

Das Kloster Lorsch aus dem 8. Jahrhundert war eines der bedeutendsten klösterlichen Zentren des Mittelalters und ist mit seiner sogenannten Königs- oder Torhalle aus der Karolingerzeit seit 1991 – zusammen mit Altenmünster – UNESCO-Welterbe. 767 begann der Bau des Benediktinerklosters, nachdem das Mutterkloster Altenmünster, von dem heute nur einige Fundamente übrig sind, zu klein geworden war.

Bereits sechs Jahre später wurde es Reichsabtei unter Karl dem Großen, was zusammen mit den Reliquien des Märtyrerheiligen Nazarius eine Zeit der kulturellen Blüte nach sich zog. Das Kloster besaß eine der größten Bibliotheken des Mittelalters; heute sind die Werke in der ganzen Welt verstreut.

Die mit roten und weißen Steinplatten verkleidete Königshalle wird als Juwel karolingischer Renaissance gerühmt: Mit ihren Arkaden, Pilastern und Halbsäulen erinnert sie an antike Triumphbögen. Im Zuge der großen Restaurierung von 1927 bis 1936 wurden im Inneren des Gebäudes Reste karolingischer Wandmalerei und gotischer Fresken freigelegt und ergänzt. Sie führen einem die damalige Bedeutung des Klosters vor Augen.

Über die Funktion der Halle streitet man noch heute: Als Denkmal für Karl den Großen, als Ort herrschaftlicher Aufenthalte oder als Stätte des Gerichts ist das Gebäude ebenso diskutiert worden wie zuletzt als Bibliothek. Neben der Königshalle sind noch große Teile der Ringmauer, drei Joche der Klosterkirche von 1140 und die Zehntscheune erhalten.

Relativ neu ist der Kräutergarten, der nach dem Vorbild des 1200 Jahre alten »Lorscher Arzneibuches« angelegt wurde. Schön gestaltet ist das Museumszentrum mit seiner klostergeschichtlichen Abteilung.

Die prächtige karolingische Torhalle des Klosters Lorsch.

Gerade für Kinder gibt es tolle Führungen und handwerkliche Veranstaltungen: Sie können »kochen wie im Mittelalter« oder sich eigene Lederbeutel anfertigen, was sie stets mit großer Begeisterung tun. Von hier ist es ein kurzer Fußmarsch nach Altenmünster, wo einst das Mutterkloster von Kloster Lorsch stand.

Info: Lorsch liegt etwa 60 km südlich von Frankfurt am Main. **Info Kloster Lorsch:** Nibelungenstr. 35, 64653 Lorsch, Tel. (062 51) 86 92 00, www.kloster-lorsch.de, Öffnungszeiten Klostergelände tägl. bis Einbruch der Dunkelheit, Museum Di–So 11–17 Uhr, Besichtigung von Königshalle und Zehntscheune nur im Rahmen von Führungen nach Anmeldung (vgl. Website), Eintritt € 3, ermäßigt € 2, Führungen kosten extra, Kombitickets sind erhältlich.

Von Märchen und Heiligen

Altstadt von Marburg

Marburg, Hessen

Steil, hügelig, Marburg – so lässt sich die Altstadt treffend charakterisieren. Ständig geht es bergauf und bergab. Fachwerk dominiert in den Straßen und Gassen. Dabei war der beherrschende Baustil an die eher bescheidenen Vermögensverhältnisse der Marburger Bürger angepasst, denn in Stein konnte nur bauen, wer über eine entsprechende Barschaft verfügte. Daher sind die wenigen Steinbauten eher unter anderen Bezeichnungen als unter ihrer Adresse bekannt. Das Hochzeitshaus mit seinem Walmdach und den sechs Giebeltürmchen in der Nikolaistraße und das Steinerne Haus direkt am Markt bezeugen eindrucksvoll den Reichtum ihrer Erbauer.

Eine Altstadt zwischen Lahn und Schloss: Marburg.

Bei einem Spaziergang durch die Altstadt fühlt man sich ins Mittelalter versetzt, und auch die neue Architektur fügt sich nahezu perfekt in das mittelalterliche Stadtbild ein. Ein besonderer Augenschmaus ist der Rübenstein. Diese ursprünglich von Handwerkern bewohnte Gasse mit schön restaurierten Häusern scheint einer Geschichte der Brüder Grimm entsprungen zu sein.

Für die berühmteste deutsche Märchensammlung wurde übrigens in Marburg der Grundstein gelegt, denn hier begannen die Brüder mit ihrer Sammeltätigkeit, um die alten Volksmärchen für weitere Generationen zu bewahren. Daher liegt Marburg zu Recht an der Deutschen Märchenstraße.

Marburg ist auch eng mit der heiligen Elisabeth von Thüringen verknüpft, denn hier lebte sie nach dem Tode ihres Gatten Landgraf Ludwig IV. Schon zu Lebzeiten war die Tochter des ungarischen Königs eine ungewöhnliche Frau, die sich trotz ihres hohen adeligen Standes selbstlos der Fürsorge für Arme und Kranke widmete.

Schon 1235, nur vier Jahre nach ihrem Tod, wurde sie heiliggesprochen, ihre sterblichen Überreste wurden im Beisein Kaiser Friedrichs II. in einen prunkvollen Schrein umgebettet. Als letzte Ruhestätte wurde im selben Jahr mit dem Bau der Elisabethkirche begonnen, in der der goldene Schrein zu besichtigen ist. Auch der Sarg, in dem sie ursprünglich beigesetzt wurde, ist hier zu sehen. Die Elisabethkirche ist einer der ersten gotischen Kirchenbauten, die hierzulande im 13. Jahrhundert errichtet wurden. Die farbigen Glasfenster, die aus der Bauzeit stammen, gehören zu den ältesten in Deutschland.

Info: Marburg liegt zwischen Frankfurt/M. und Kassel. **Info Marburg:** Marburg Stadt und Land Tourismus GmbH, Biegenstr. 15, 35037 Marburg, Tel. (064 21) 991 20, www.marburg-tourismus.de.

Für Jäger unbekannter Schätze

HESSISCHES STAATSARCHIV MARBURG

Marburg, Hessen

Langeweile kommt nicht auf, wenn alte Sachen ans Tageslicht gebracht werden. Es lässt sich gut mit einer Schatzsuche vergleichen, nur dass keine Kisten mit Gold und Edelsteinen gehoben werden, sondern Fakten und Neuigkeiten. Die Hüter der ungehobenen Schätze sitzen in Marburg im Staatsarchiv. Und diese Schätze haben Tradition, denn seit 1350 werden in Hessen – zunächst in Kassel – Karten, Urkunden und Akten archiviert. In Marburg sind die Kostbarkeiten aus Papier, Papyrus und Siegellack seit der Mitte des 19. Jahrhunderts heimisch. Und schon die Dimensionen der verwahrten Dokumente lassen den Atem stocken: 130 000 Urkunden, ca. 65 Kilometer Akten lagern hier, das entspricht der Strecke zwischen Braunschweig und Hannover, und jedes Jahr kommen circa 300 Meter dazu. Außerdem werden noch ungefähr 420 000 Karten, Pläne und Plakate sowie 305 000 Bilder, Zeichnungen und Stiche archiviert. Untergebracht ist das Hessische Staatsarchiv in einem Bau aus den 1930er Jahren, der zu diesem Zweck errichtet wurde. Archiviert werden hier die Unterlagen von staatlichen Einrichtungen in Nordhessen und verschiedene Sammlungen privater Archive, die dem Staatsarchiv überstellt wurden.

Das gesamte Material ist das Abbild der nordhessischen Geschichte, und egal was gesucht wird, die Wahrscheinlichkeit, dass es sich in Marburg findet, ist hoch. Das Archiv steht jedem offen, der etwas über die Vergangenheit Nordhessens erfahren möchte. Wer Licht ins Dunkel seiner eigenen Abstammung bringen möchte, der ist hier richtig, und das Angebot wird auch eifrig genutzt. Kirchenbücher und Standesamtsregister entführen jeden in die ganz persönliche Geschichte seiner Vorfahren. Aber auch Nichtnordhessen sind hier willkommen, denn jeder, der gerne in der Vergangenheit stöbert, findet hier sein Eldorado. Das Forschererlebnis wird durch wechselnde historische Ausstellungen und Vorträge ergänzt, bei denen Besucher sich beispielsweise ein Bild machen können von wertvollen, kunstvoll verzierten Papyrusrollen, die Geschichte geschrieben haben.

INFO: In der Innenstadt gelegen. **INFO HESSISCHES STAATSARCHIV MARBURG:** Friedrichsplatz 15, 35037 Marburg, Tel. (064 21) 925 00, www.landesarchiv.hessen.de, Öffnungszeiten Mo, Fr 8.30–16.30, Di–Do 8.30–19 Uhr.

Am Friedrichsplatz in Marburg: das Hessische Staatsarchiv.

Religionsstreit hinter dicken Mauern

Marburger Landgrafenschloss

Marburg, Hessen

Anno 1228. Elisabeth, die ungarische Königstochter und Witwe des Landgrafen Ludwig von Thüringen, wird von der Wartburg vertrieben und kommt nach Marburg. Standesgemäß steht ihr das Landgrafenschloss auf dem Hügel über dem mittelalterlichen Städtchen zu, doch sie zieht es vor, am Fuße des Bergs ein Hospital zu bauen, in dem sie Tag und Nacht im Dienste der Armen und Kranken steht. Ihre Tochter Sophie sieht das Leben etwas praktischer, sie macht Schloss Marburg zum neuen Stammsitz des Herrschergeschlechts.

Dabei bewiesen schon die Bauherren des Schlosses gut zweihundert Jahre früher einen exzellenten Geschmack. Schloss mit Aussicht: Diese Devise beherzigten die Landgrafen von Marburg und errichteten das Schloss auf einem der höchsten Hügel der Stadt.

Martin Luther und Huldrych Zwingli waren sicherlich nicht wegen der fantastischen Aussicht ins Lahntal nach Marburg gekommen. Sie folgten der Einladung von Landgraf Philipp dem Großmütigen, dem Begründer der Marburger Universität, einen religiösen Reformdisput zu führen, der als »Marburger Religionsgespräch« in die Geschichte eingehen sollte.

Marburger Altstadt mit Blick auf das Marburger Schloss.

Damals wie heute war eine gute Kondition Bedingung, wenn man das hochgelegene Schloss zu Fuß erreichen wollte. 140 Stufen führen über die Bickell-Treppe auf den Schlossberg, sie war die kürzeste Verbindung zwischen der Wohnung des gräflichen Leibarztes Dr. Ludwig Bickell und seinem Patienten.

Im Nordflügel des Schlosses befindet sich der Fürstensaal. Der zweischiffige Saal, der eine Fläche von 33 mal 14 Metern einnimmt, wurde Anfang des 14. Jahrhunderts vollendet und ist der größte Profanraum Deutschlands. Bis 1604 war das Schloss im Besitz der Landgrafen, danach wurde es als Strafanstalt und Staatsarchiv genutzt. Heute gehört das Schloss zur Universität. Der Landgrafenbau und der Frauenbau des Schlosses, die noch aus dem 12. Jahrhundert stammen, können besichtigt werden. Im Wilhelmsbau ist das Museum für Kulturgeschichte untergebracht. Neben Möbeln, Kleidung und Waffen aus dem frühen 18. und 19. Jahrhundert sind hier auch Funde aus der Steinzeit zu sehen.

Info: In der Oberstadt von Marburg gelegen. **Info Marburger Landgrafenschloss mit Universitätsmuseum für Kulturgeschichte:** Schloss 1, 35037 Marburg, Tel. (064 21) 282 23 55, www.uni-marburg.de, Öffnungszeiten tägl. außer Mo April–Okt. 10–18, Nov.–März 10–16 Uhr, Eintritt € 5, ermäßigt € 3, unter 18 J. frei.

Heimat des Messeler Urpferdchens

Grube Messel

Messel, Hessen

Die Grube Messel ist ein Juwel für Archäologen und Urzeit-Fans: Nirgends sonst hat man so viele und so gut erhaltene Fossilien auf so engem Raum gefunden wie im Messeler Ölschiefer. Der berühmteste Fund der Grube Messel – seit 1995 UNESCO-Welterbe – ist das Messeler Urpferdchen.

Steht man heute auf der Plattform am Rand der riesigen Sand- und Schuttgrube, kann man sich kaum vorstellen, dass hier vor 47 Millionen Jahren ein tropischer Regenwald mit einem See lag. Der in den Maarkratersee hinabgerutschte Schutt setzte sich am Grund des Sees ab und bildete dort Faulschlamm, in dem eingesunkene Tier- und Pflanzenleichen nicht zersetzt wurden und weitgehend erhalten blieben.

Die ersten Fossilien kamen beiläufig zutage, als in Messel der Abbau des Ölschiefers als industrieller Rohstoff begann. Im Jahr 1876 wurde der erste Alligator gefunden. Der See konservierte auch Vögel, verschiedene Reptilien wie Schildkröten und Schlangen, außerdem Fische, Frösche, Insekten und zahlreiche Pflanzen.

Die Ausstellung im Besucherzentrum gewährt Einblicke in Geologie, Landschaftsformen, Klima und Fossilien sowie in die aktuelle Messel-Forschung. Dort beginnen auch die (sehr lohnenden) Führungen. Denn nur in Begleitung (und mit festem und flachem Schuhwerk mit Profilsohle) darf man die Grube betreten. Sehr spannend sind auch die speziellen Führugen für Kinder.

Funde aus Messel gibt es im Senckenberg Naturmuseum in Frankfurt, dem Hessischen Landesmuseum Darmstadt und ganz nah im Fossilien- und Heimatmuseum Messel zu bestaunen. Nur einige Kilometer weiter liegt das sehenswerte barocke Jagdschloss Kranichstein.

Versteinerter Prachtkäfer aus der Grube Messel (Hessisches Landesmuseum Darmstadt).

Info: Messel liegt ca. 10 km von der Darmstädter Innenstadt entfernt. **Info Welterbe Grube Messel:** Rossdörfer Str. 108, 64409 Messel, Tel. (061 59) 71 75 90, www.grube-messel.de, Öffnungszeiten Besucherzentrum mit Ausstellung tägl. 10–17 Uhr, Eintritt € 10, ermäßigt € 8, verschiedene Führungen durch die Grube sind im Angebot (vgl. Website). **Info Fossilien- und Heimatmuseum Messel:** Langgasse 2, Messel, Tel. (061 59) 51 19, www.messelmuseum.de, Öffnungszeiten April–Okt. tägl. 11–17, Nov.–März Sa/So/Fei 11–17 Uhr, Eintritt frei. **Reisezeit:** April–Okt.

Mitten im Odenwald

Altstadt von Michelstadt

Michelstadt, Hessen

Erstmals 741 n. Chr. urkundlich erwähnt, hat das ehemals »Michlinstat« genannte Fleckchen Erde zwischen Darmstadt und Heidelberg zwar nichts mit dem gleichnamigen Restaurantführer Michelin zu tun, hätte aber allein für seine pittoreske Altstadt mindestens einen Stern verdient.

Die Altstadt von Michelstadt ist wirklich eine Perle: Das historische Rathaus wurde sogar auf einer Briefmarke der Deutschen Post verewigt und ist somit der ganzen Welt bekannt. Das im Jahre 1484 im Stil der Spätgotik errichtete Bauwerk ist sicherlich der originellste Fachwerkbau Deutschlands, der mit seinen filigranen Erkertürmchen auf wuchtigen Eichenpfosten steht.

In der alten, offenen Halle hängt noch die Stadtwaage und auch eine Tuchpresse mit einer dicken Spindel aus dem 16. Jahrhundert ist hier zu bestaunen. In einen mächtigen Eichenpfosten an der Nordseite des Gebäudes ist eine eiserne Elle eingelassen, mit der man damals die gekaufte Tuchware nachmessen konnte. Drumherum gruppiert sich malerisch der Marktplatz mit dem im Renaissancestil erbauten Marktbrunnen aus dem Jahr 1575 sowie zahlreichen wunderschönen Fachwerkhäusern.

Verwinkelte Gassen und bezaubernde Fachwerkhäuser: die Altstadt von Michelstadt.

Der Diebesturm ist sicherlich ein weiteres Highlight von Michelstadt: Er diente damals als Gefängnis und ist heute ein idealer Auftakt zum Spaziergang durch die alten Gassen und Winkel. Ebenfalls sehenswert: der sogenannte Schwiegermütter-Brunnen auf dem Marktplatz. Der älteste Michelstädter Brunnen wurde 1541 von Graf Georg I. zu Erbach gestiftet und verdankt seinen Namen den vier Wappen, die an den Stifter und seine Frauen beziehungsweise Schwiegermütter erinnern. Ein weiteres Kleinod ist die spätgotische Stadtkirche aus dem 14. Jahrhundert. Wohin man sich in Michelstadt auch dreht und wendet, überall stehen noch Zeitzeugen des mittelalterlichen Lebens.

Von der ehemaligen Michelstädter Burg, heute Kellerei genannt, lässt es sich gut an den alten Befestigungsanlagen entlang, über den Burggraben hinweg, bis zum Marktplatz spazieren.

Info: Michelstadt liegt ca. 70 km südlich von Frankfurt am Main. **Info Michelstadt:** Gästeinformation Michelstadt, Marktplatz 1, 64720 Michelstadt, Tel. (060 61) 74 610, www.michelstadt.de.

Uriges Naturschauspiel

Urwald-Riesen im Reinhardswald

Reinhardswald, Hessen

Rapunzel, Rapunzel, lass Dein Haar herunter!« Wer vor dem hohen, abweisenden Turm in Trendelburg an den Ausläufern des Reinhardswalds steht, kann sich lebhaft vorstellen, wie Rapunzel ihr langes Haar herunterließ, damit tagsüber die Zauberin und abends heimlich der Prinz zu ihr heraufsteigen können.

Im Reinhardswald trifft man aber nicht nur auf Sagen, Legenden und Grimms Märchen, sondern vor allem auf zahlreiche, überaus beeindruckende Baumriesen. Auf über 200 Quadratkilometern erstreckt sich eine sanft gewellte, waldreiche und nahezu unbewohnte Fläche – das größte in sich geschlossene Waldgebiet Hessens und eines der ältesten Naturschutzgebiete Deutschlands. Ursprünglich und einsam zieht sich der Reinhardswald dahin und beheimatet vor allem einen beachtlichen Bestand riesiger, fast tausendjähriger Eichen und Rotbuchen, die ihre knorrigen Äste gen Himmel strecken.

Das Naturschutzgebiet, das zwischen Kassel und Göttingen von der berühmten Deutschen Märchenstraße gekreuzt wird, war ehemals ein Reichsforst. Heute können sich Besucher im Wildpark in der Nähe der Sababurg, wo Dornröschen ihren hundertjährigen Schlaf gehalten haben soll, ein Bild von der Vielfalt der heimischen Tiere und Vögel machen.

Der Reinhardswald bietet seinen Besuchern eine gelungene Mischung aus Naturschauspiel und Kulturprogramm. Naturschönheiten wie die Wolkenbrüche bei Trendelburg oder die drei Flüsse, die in und um den Reinhardswald fließen, bieten Wanderern sowohl zu Fuß als auch per Boot abwechslungsreiche Erlebnisse. In den romantischen Städtchen Grebenstein, Hofgeismar, Immenhausen und Liebenau mit ihren Fachwerkbauten lässt es sich nach Herzenslust auf märchenhaften Spuren wandeln.

Altehrwürdige Baumriesen im Reinhardswald (Weserbergland).

Allen, die Spaß an Natur, Märchen und Sagen haben, ist der 55 Kilometer lange Radwanderweg Reinhardswald zu empfehlen, der von der Wilhelmshöhe in Kassel quer durch den Reinhardswald nach Wülmersen führt. Sagenumwoben ist auch die Entstehung des Reinhardswalds: Graf Reinhard verlor sein Land beim Würfelspiel an den Bischof. Listig bat er um Aufschub, ein letztes Mal wollte er noch säen und ernten. Der Bischof gewährte ihm diese Bitte, woraufhin er überall im Land Eicheln säen ließ.

Info: Im Landkreis Kassel gelegen. **Info Reinhardswald:** Tourist Information, Markt 5, 34369 Hofgeismar, Tel. (056 71) 99 92 22, www.reinhardswald.de.

»Freistaat Flaschenhals«

RHEINGAU

Hessen

Der hier angebaute Wein genießt wahrlich Weltruf. Hauptsächlich wird auf den Lehm- und Lößhängen am Rhein Riesling angepflanzt, der sich in dem milden Klima äußerst wohl fühlt und den Weintrinker mit hoher Qualität verwöhnt. Viele berühmte Weingüter, wie das Schloss Johannisberg, das auf eine über 900 Jahre währende Weingeschichte zurückblicken kann, fordern geradezu zu einer Weinprobe auf.

Mit dem vielleicht schönsten Blick über den Rheingau: Schloss Johannisberg.

Auf dem Johannisberg wurde auch die Spätlese erfunden: Als das Gut noch im Besitz des Fürstbischofs von Fulda war, durfte die Weinlese erst dann beginnen, wenn die offizielle Erlaubnis vorlag. Leider verspätete sich 1775 der Bote, und als die Mönche endlich mit der Lese beginnen konnten, waren die Trauben in ihren Augen schon verdorben, denn sie waren klein und schrumpelig. Liebhaber der Spätlese können dem Boten, warum auch immer er sich verspätet hat, dankbar sein.

Das Kloster Eberbach ist nicht nur Zeugnis imposanter mittelalterlicher Klosterarchitektur, sondern auch eine Pilgerstätte für Weinkenner, denn die fachkundigen Mönche betreiben seit über 700 Jahren Weinkultur. Schon im Mittelalter war die ehemalige Zisterzienserabtei, die von Bernhard von Clairvaux 1136 gegründet wurde, eines der erfolgreichsten Handelsunternehmen der Welt. Bis heute widmet sich die hier ansässige Weinbruderschaft »Rheingauer Weinkonvent« mit Weinproben und Weinseminaren der Vermittlung von Wissen rund um die edlen Tropfen. Die klösterlichen Gewölbe mit ihren zwölf historischen Weinpressen gelangten in den 1980er Jahren zu Weltberühmtheit, denn hier wurde der Roman »Der Name der Rose« von Umberto Eco mit Sean Connery verfilmt.

Zahlreiche Wanderwege führen bis zu 120 Kilometer durch die grünen Täler des Rheingaus, vorbei an Weinbergen, Klöstern, Schlössern und Burgruinen, die sich an den Hängen des Rheins aufreihen und Geschichten vergangener Zeiten erzählen.

Der acht Kilometer lange Wanderweg von Kaub nach Lorch führt durch den alten »Freistaat Flaschenhals«. Nach dem Ersten Weltkrieg hatten Frankreich und die USA ein kleines Stück Rheingau aufzuteilen vergessen. Ihre Besatzungsgrenzen verliefen so, dass eine Region entstand, die keiner Macht zugeschlagen war. Die Bewohner riefen den »Freistaat Flaschenhals« aus. Immerhin vier Jahre hatte das fragile Staatsgebilde Bestand.

INFO: Der Rheingau erstreckt sich von Lorch bis Walluf. **INFO RHEINGAU:** Rheingau-Taunus Kultur und Tourismus GmbH, Rheinweg 30, 65375 Oestrich-Winkel, Tel. (067 23) 60 27 20, www.rheingau.com, www.kulturland-rheingau.de. **INFO RHEINGAU MUSIK FESTIVAL:** www.rheingaufestival.de. **INFO RHEINGAUER GOURMET- UND WEINFESTIVAL:** www.rheingau-gourmet-festival.de. **REISEZEIT:** Im Frühjahr.

Die vielleicht berühmteste Gasse der Welt

Drosselgasse und Weinberge

Rüdesheim am Rhein, Hessen

Schon die Römer erkannten, dass sich die Hänge rund um Rüdesheim hervorragend zum Weinanbau eignen, und auch heute noch gedeihen an Schlossberg, Berg Roseneck und Berg Rottland erlesene Tropfen. Ihre idyllische Lage am Rheinufer prädestiniert die sanften Hügel zudem für ausgedehnte Wanderungen.

Entlang des offiziellen Rüdesheimer Weinpfades informieren zahlreiche Tafeln über Anbau und Herstellung des Rebsaftes. Da der Lehrpfad nur einen Kilometer lang ist, empfehlen sich weitere Touren durch die traditionelle Winzerregion, die Teil des UNESCO-Welterbes Oberes Mittelrheintal ist.

Ein Spaziergang zur Burg Ehrenfels oder zum Niederwalddenkmal – zu dem auch eine Seilbahn fährt – wird mit grandiosen Ausblicken auf das Rheintal belohnt, und natürlich sollte man Rüdesheim nicht verlassen, ohne einige Kostproben der lokalen Weine genossen zu haben.

Inmitten der mittelalterlichen Altstadt befindet sich die vielleicht berühmteste Gasse der Welt: die kopfsteingepflasterte, lediglich zwei Meter breite Drosselgasse. Auf nur 144 Metern Länge reihen sich hier Cafés, Restaurants und Bars in historischen Fachwerkhäusern aneinander und laden bereits am späten Vormittag mit Livemusik und Tanz zur Einkehr ein. Dabei reicht die Bandbreite von rheinischer Stimmungsmusik über Gitarrenspiel bis hin zu aktuellen Charts. Bis weit nach Mitternacht feiern hier Rüdesheimer und Gäste aus aller Herren Länder gemeinsam in den urigen Winzerstuben – und das bereits seit 1727, denn damals eröffnete in dem Gässchen das erste Weinlokal. Ein besonderes Erlebnis ist eine Weinprobe in einem der zahlreichen Gewölbekeller.

Info: Rüdesheim liegt ca. 30 km südwestlich von Wiesbaden im Rheingau-Taunus-Kreis. **Info Rüdesheim:** Rüdesheim Tourist AG, Rheinstr. 29 A, 65385 Rüdesheim am Rhein, Tel. (067 22) 90 61 50, www.ruedesheim.de.

Jährlich besucht von Millionen Gästen: die Drosselgasse in Rüdesheim am Rhein.

Germania auf festem Sockel

Niederwalddenkmal bei Rüdesheim

Rüdesheim am Rhein, Hessen

Man war wieder wer. Endlich war dank Bismarck Deutschland geeint und Wilhelm I. zum Kaiser gekrönt –in Versailles sogar, im Wohnzimmer der französischen Könige, die lange versucht hatten, den Deutschen das Leben schwer zu machen. Hoch über dem Rhein, sichtbar schon von Weitem, steht die Germania mit der Kaiserkrone in der Hand, der Denkmal gewordene Triumph über den Erzfeind Frankreich.

1871 hatte Deutschland die Franzosen am gegenüberliegenden Rheinufer besiegt und meldete sich damit zurück im Kreis der europäischen Mächte.

Niederwalddenkmal oberhalb von Rüdesheim am Rhein.

Sechs Jahre später wurde der Grundstein zum Niederwalddenkmal gelegt, im Jahr 1883 fand die feierliche Einweihung statt, selbstverständlich in Anwesenheit des Kaisers. Der Architekt Karl Weißbach und der Bildhauer Johannes Schilling errichteten das knapp 38 Meter hohe Denkmal mit dem imposanten, reich verzierten Sockel. Die fein gearbeiteten Reliefs, die an den Sieg über Frankreich erinnern, stießen schon damals mit ihrem eindeutig nationalistischen Charakter nicht bei allen Zeitgenossen auf uneingeschränkte Zustimmung.

Das Niederwalddenkmal thront weithin sichtbar 225 Meter über dem Rhein inmitten eines englischen Landschaftsgartens. Dabei war der Ort für das Denkmal sehr passend gewählt, denn die Franzosen sahen zu jener Zeit den Rhein als ihre Ostgrenze an.

Hinauf geht es zu Fuß oder mit einer der Seilbahnen von Rüdesheim oder Assmannshausen. Von der Plattform können Besucher die traumhafte Aussicht ins Rheintal genießen. Im Jahr 2002 wurde das Obere Mittelrheintal zur UNESCO-Weltkulturerbestätte erhoben.

Info: Rüdesheim liegt ca. 30 km südwestlich von Wiesbaden. **Info Rüdesheim:** Rüdesheim Tourist AG, Rheinstr. 29 A, 65385 Rüdesheim am Rhein, Tel. (067 22) 90 61 50, www.ruedesheim.de. **Info Niederwalddenkmal:** Am Niederwald, Rüdesheim, www.niederwalddenkmal.de.

»Dort droben an der Wald-Ecke«

Schloss Waldeck

Waldeck, Hessen

Etwa 200 Meter über dem See thront das Wahrzeichen der Region, die trutzige Burg Waldeck, einst Stammsitz der Grafen von Waldeck, die hier bis ins 17. Jahrhundert residiert haben. Eine Sage berichtet von der Entstehung: Ein Ritter mit Gefolge sei auf der Suche nach einem geeigneten Bauplatz für eine Burg das Edertal heraufgezogen. Ein ortskundiger Schäfer, den sie zufällig trafen, zeigte bei der Frage nach einem Platz auf einen bewaldeten Berg und sagte: »Dort droben an der Wald-Ecke.«

So sollen Schloss und Land ihren Namen erhalten haben. Im Laufe der Jahrhunderte musste das Gebäude zahlreiche Umbauphasen überstehen und hatte viele Herren: im Dreißigjährigen Krieg die Schweden und dann die Kaiserlichen, im Siebenjährigen Krieg Franzosen mehrere Jahre als Besetzer und als Befreier Hessen, Braunschweiger und Engländer. Die weitere Verwendung der Burg als Landeszeughaus, Getreidelager, Sitz eines Amtmannes, Garnison mit Kasernen, Landesstrafanstalt, Kriegsgefangenenlager, Försterei und letztendlich als gastronomischer Betrieb verhinderte vermutlich, dass die Anlage zum Steinbruch wurde. Heute beheimatet das restaurierte Schloss ein Museum zur eigenen wechselvollen Geschichte, ein First-Class-Hotel und verschiedene Restaurants. Zahlreiche Veranstaltungen unterstreichen den Charakter der Festung: Konzerte, ein Burgmarkt, höfische Festbankette und gelegentliche Ritterspiele.

Zum Schlossberg führt eine Seilbahn, von der aus man einen fantastischen Blick auf die Anfang des 20. Jahrhunderts gebaute Eder-Staumauer hat.

Weite Teile der reizvollen Mittelgebirgslandschaft mit dem 27 Kilometer langen Stausee gehören zum Natur- und Nationalpark

Hoch über dem Edersee: Schloss Waldeck.

Kellerwald-Edersee. Bei Niedrigwasser im Herbst kommen Reste der alten Dörfer wieder zum Vorschein. Dann kann man Mauerreste der alten Bericher Klosterkirche sehen oder die Ederbrücke von Asel nach Asel-Süd überqueren, die sonst unter dem Wasserspiegel liegt. In der Nähe von Schloss Waldeck gibt es zahlreiche weitere Ausflugsziele, z. B. die Kaiserstadt Fritzlar mit historischen Fachwerkhäusern oder das etwa 50 Kilometer entfernte Kassel mit Museen, Wasserkaskaden, Freizeitpark Fuldaaue, Kurhessen-Therme und Schloss Wilhelmshöhe.

Info: Waldeck liegt etwa 45 km westlich von Kassel. **Info Hotel Schloss Waldeck:** 34513 Waldeck, Tel. (056 23) 58 90, www.schloss-hotel-waldeck.de. Besichtigung der Schlossanlage April–Okt. tägl. 10–18, Nov.–März So 12–16 Uhr. **Reisezeit:** April–Okt.

»Rien ne va plus«

Casino Wiesbaden

Wiesbaden, Hessen

Fortunas Reich befindet sich ungewöhnlicherweise im ehemaligen Weinsaal des Wiesbadener Kurhauses. Hier hat die Glücksgöttin bei Roulette, Black Jack und Poker alle Hände voll zu tun, denn pro Jahr kommen bis zu 200 000 Gäste. Das Ambiente des luxuriösen Casinos im Wiesbadener Kurhaus, dem Wahrzeichen der Stadt, hat seinen ganz besonderen Reiz. Umgeben von wilhelminischer Architektur (ver)suchten schon viele ihr Glück im Glücksspiel.

Bereits in der Antike waren Casinos Ausdruck von Heiterkeit und Lebensfreude und trugen zur Geselligkeit bei. 1771 erteilte Fürst von Nassau-Usingen Wiesbaden eine Konzession für Kartenspiele, die anfangs in Wirtshäusern stattfanden. Nachdem elf Jahre später Roulette eingeführt wurde, entstand 1810 die Spielbank Wiesbaden im neu errichteten Alten Kurhaus. 1872 wurden alle Casinos im Deutschen Reich geschlossen. Erst nach dem Zweiten Weltkrieg, nach langwierigen Auseinandersetzungen um Spielbetrieb und Konsession, eröffnete das Casino 1955 an dem traditionellen Standort. Viele Prominente zog das Kasino in seinen Bann: Elvis Presley, Richard Wagner und Fjodor Dostojewski stellten hier ihr Glück auf die Probe. Kaiser Wilhelm gilt als einer der großen Förderer des historischen Gebäudes, denn er liebte Wiesbadens Architektur.

Wiesbadener Kurhaus und Casino.

Das im Zweiten Weltkrieg teilweise zerstörte Gebäude wurde in den 1980er Jahren aufwendig restauriert. Der Spielsaal ist einer der schönsten Räume des Gebäudes. Edle Hölzer, filigrane Ornamente und üppige Leuchter im neoklassizistischen Stil sorgen für ein exklusives Umfeld. Neben den Spielklassikern wie Roulette oder Black Jack kann man sich hier auch dem Automatenspiel widmen. Die modernen Slot-Maschinen stehen in den Kurhauskolonnaden, mit 129 Metern übrigens die längste Säulenhalle Europas.

Wer seinen Gewinn erst einmal feiern möchte oder aber den Verlust des verspielten Geldes verdauen muss, ist im Casino-Restaurant Joker's bestens aufgehoben. Vom Salat bis zum bayerischen Schmankerl – kulinarisch in jedem Fall ein Gewinn!

Für Unerfahrene bietet das Casino übrigens jeden Freitag und Samstag nach entsprechenden Lautsprecherdurchsagen kostenlose Spielerklärungen an.

Info: Am Kurpark, im Zentrum Wiesbadens gelegen. **Info Spielbank Wiesbaden:** Kurhausplatz 1, 65189 Wiesbaden, Tel. (06 11) 53 61 00, www.spielbank-wiesbaden.de, das klassische Spiel tägl. 14.45–3, Fr/Sa bis 4 Uhr, Automatenspiel Mo–Sa 11–4, So 12–4 Uhr.

OSTSEE
Lolland
Rødbyhavn
Fehmarnbelt
Gedser
Fehmarn
Puttgarden
Fehmarnsund
SCHLESWIG-HOLSTEIN
Mecklenburger Bucht
Lübecker Bucht
Travemünde
Lübeck
Elbe-Lübeck-Kan.
Ratzeburg
Lauenburg
Elbe
Kap Arkona
Hiddensee
Zingst
Darß
Rügen
Saßnitz
Bergen
Binz
Putbus
Barth
Stralsund
Ribnitz-Damgarten
Rostocker Heide
Rostock-Warnemünde
Kühlungsborn
Rostock
Bad Doberan
Poel
Klütz
Wismar
Greifswald
Usedom
Wolgast
Pommersche Bucht
Ahlbeck
Wollin
Peene
Anklam
Stettiner Haff
(Zalew Szczeciński)
Recknitz
MECKLENBURG-VORPOMMERN
Tollense
Warnow
Bützow
Güstrow
Kummerower See
Schweriner See
Schwerin
Schaalsee
Ueckei
POLEN
Pasewalk
Stettin
Neubrandenburg
Waren
Tollensesee
Burg Stargard
Nationalpark Müritz
Seen-Radweg
Elde
Parchim
Plauer See
Müritz
Neustrelitz
Prenzlau
Carwitz
Sude
Mecklenburgischer
Neustadt-Glewe
Ludwigslust
Fürstenberg
BRANDENBURG
0
25 km

MECKLENBURG-VORPOMMERN

Der erste Flieger

Otto-Lilienthal-Museum

Anklam, Mecklenburg-Vorpommern

Anklam liegt im östlichen Teil Vorpommerns und zählt heute etwa 13 000 Einwohner. Überregional ist die Stadt vor allem als Geburtsort des Luftfahrtpioniers Otto Lilienthal (1848–96) bekannt. Er war der Erste, der erfolgreich und wiederholt Gleitflüge unternahm. Deren genaue Zahl ist unbekannt, doch sollen es mindestens 2000 gewesen sein. 1894 ließ er auf dem Gelände einer Ziegelei in Groß-Lichterfelde bei Berlin, wo Lilienthal einen großen Teil seines Lebens als Ingenieur und Besitzer einer Dampfkessel- und -maschinenfabrik verbracht hatte, einen 15 Meter hohen Hügel aufschütten, von dem er mit seinen unmotorisierten Fluggeräten bis zu 80 Meter weit flog. Bei seinem letzten Flug, am 9. August 1896, stürzte Lilienthal in der Nähe von Rhinow aus 15 Metern Höhe ab und kam ums Leben.

Mit einem Museum erinnert Anklam an seinen berühmtesten Sohn. Es zeichnet sein Leben und das seines Bruders Gustav, der ebenfalls einiges zur Entwicklung der Flugtechnik beitrug, nach, beschreibt aber auch die Anfänge der Fliegerei ganz allgemein und erzählt vom »Zweikampf« zwischen Luftschiff und Flugzeug, der die Zeit Lilienthals prägte.

Die ständige Ausstellung im Otto-Lilienthal-Museum in Anklam beschreibt die »Erfinderleben« des Maschinenbauers Otto Lilienthal und seines Bruders Gustav.

Dabei ging es um die Grundsatzfrage, ob Fluggeräte die schwerer sind als Luft, fliegen können. Im Museum sind viele Flugapparate Lilienthals ausgestellt – allerdings, da die meisten nicht mehr existieren, in Form exakter Nachbauten. Die Flügelspannweiten der Exponate von bis zu 8,5 Metern beeindrucken und erinnern an den Vorläufer heutiger Gleitschirmflieger. Stolz ist man im Museum auch auf die Lilienthal-Fotografien von Ottomar Anschütz, einem Pionier der Fotografie und des Films.

Zum Museum gehört das Aeronauticon am Flughafen, eine vor allem an Kinder und Jugendliche gerichtete Freilichtausstellung zum Thema Fliegen mit Natur- und Techniklehrpfad rund ums Fliegen sowie einem Spielplatz mit Holzflugzeug und anderen Fluggeräten. Das Gelände ist frei zugänglich, der Eintritt ist frei.

Info: Anklam liegt an der Peene, ca. 40 km südlich von Greifswald. **Info Lilienthal-Museum:** Ellbogenstr. 1, 17389 Anklam, Tel. (039 71) 24 55 00, www.lilienthal-museum.de, Öffnungszeiten Juni–Sept. tägl. 10–17 Uhr, Nov.–April Mi–Fr 11–15.30, So 13–15.30 Uhr, Mai, Okt. Di–Fr 10–17, Sa/So 13–17 Uhr, Eintritt € 4,50, ermäßigt € 3,50. **Info Aeronauticon:** Flugplatz, Anklam, frei zugänglich, Eintritt frei.

Einst Top-Adresse des Hochadels

BAD DOBERAN

Bad Doberan, Mecklenburg-Vorpommern

Bad Doberan ist ein kleines, aber sehenswertes Kurstädtchen und war früher die Sommerresidenz des Mecklenburger Hofes. Das Entstehen der Stadt geht auf das bedeutende Zisterzienserkloster Doberan von 1186 zurück.

Heute sind noch die 1,4 Kilometer lange Klostermauer und das Beinhaus sowie Teile des Kornhauses und des Brauhauses erhalten. Das optische Highlight ist aber das dazugehörige Münster, oft – und zu Recht – als »Perle der norddeutschen Backsteingotik« gerühmt.

Die Wände im Inneren leuchten durch die in warmen, ziegelroten und mit Weiß abgesetzten Backsteine sehr intensiv und die wertvolle Innenausstattung unterstützt den Eindruck. Sehenswert sind das fast zwölf Meter hohe, aus Eichenholz geschnitzte Sakramentshaus von 1270 und der gotische Flügelaltar.

Nach der Auflösung des Klosters 1552 dauerte es einige Zeit bis zum neuerlichen Aufschwung. Nach einem Bad am Heiligen Damm ließ Herzog Friedrich Franz I. Ende des 18. Jahrhunderts das gleichnamige Seebad gründen und wählte es zum Ferienziel der herzoglichen Familie.

Zusammen mit Heiligendamm entwickelte sich Bad Doberan zu einem Erholungsort des europäischen Hochadels. Von dieser Blütezeit zeugen die Gebäude rund um den Kamp, den denkmalgeschützten zentralen Platz von Bad Doberan. Er ist gesäumt von klassizistischen Bauten wie dem großherzoglichen Palais von 1809 und dem Salongebäude. Dazu schmücken zwei chinesische Pavillons das Areal. Im »Weißen Pavillon« lädt heute ein schönes Café zur Einkehr.

Etwas weiter außerhalb liegt die berühmte Pferderennbahn, zur Zeit ihrer Gründung 1804 die erste auf dem europäischen Festland und fortan Mittelpunkt des Glamours. Zu

Backsteinschönheit aus dem 14. Jahrhundert: das Bad Doberaner Münster.

DDR-Zeiten wurde der Betrieb eingestellt, seit 1993 finden auf der Ostseerennbahn wieder Rennen statt und im Sommer das kleine Musikfestival »Zappanale«, das den 1993 verstorbenen US-Musiker Frank Zappa ehrt.

Von Bad Doberan führt ein schöner Wanderweg nach Heiligendamm. Mit dem Fahrrad oder dem Auto ist es nicht weit bis Warnemünde oder Rostock.

INFO: Bad Doberan liegt 15 km westlich der Hansestadt Rostock, 6 km von der Küste entfernt, sein Ortsteil Heiligendamm erstreckt sich direkt an der Ostsee. **INFO BAD DOBERAN:** Tourist Information, Severinstr. 6, 18209 Bad Doberan, Tel. (03 82 03) 621 54, https://bad-doberan-heiligendamm.de. **INFO MÜNSTER:** Klosterstr. 2, Bad Doberan, www.muenster-doberan.de, tägl. geöffnet, Eintritt € 3, ermäßigt € 2.

Aus Träumen geboren

GRAND HOTEL HEILIGENDAMM

Bad Doberan, Mecklenburg-Vorpommern

Der Blick von der Ostsee lässt wohl am besten den Hauch von märchenhaftem Luxus erahnen, der sich hinter den weißen Fassaden eines klassizistischen Ensembles verbirgt. Die Welt blickte 2007 auf das kleine Heiligendamm, als Bundeskanzlerin Merkel die Staatsoberhäupter der G8-Länder hierher einlud. Das Foto der Mächtigen der Welt im Strandkorb ging um die Welt.

Heiligendamm, das älteste deutsche Seebad, liegt direkt an der Ostsee. Gegründet wurde es 1793 von Herzog Friedrich Franz I. von Mecklenburg-Schwerin. Hier verkehrte bis in die 1930er Jahre der europäische Hochadel. Der Badeort an der Ostseeküste Mecklenburg-Vorpommerns wird wegen der von der See aus sichtbaren weißen Häuserreihe auch die »Weiße Stadt am Meer« genannt.

Grand Hotel in Heiligendamm, dem ältesten Seebadeort Deutschlands.

Das heutige mondäne Bad mit dem Grand Hotel Heiligendamm ist ein Ortsteil von Bad Doberan. Sieben Hotelgebäude im klassizistischen Stil und eine Seebrücke bilden einen gediegenen Ort für Ruhe und Muße: das Kurhaus, das Haus Grand Hotel, das Haus Mecklenburg, das Severin Palais, die Burg Hohenzollern, die Orangerie und die Kindervilla. Die etwa 200 Zimmer und Suiten des Grandhotels sind luxuriös ausgestattet mit eigens für das Hotel entworfenen, zeitlos stilvollen Möbeln. Der klassizistische Stil wird elegant untermalt durch das Interieur, das in unterschiedlichen Sand- und Erdtönen gehalten ist.

Das historische Kurhaus bildet das Herz der Anlage mit großem Ballsaal und Feinschmeckerrestaurants, die sowohl regionale als auch internationale Küche anbieten. Alle Zimmer, ob mit Meer- oder Parkblick, entsprechen den modernsten technischen Anforderungen.

Im großzügigen Spa-Bereich können sich die Gäste nach allen Regeln der Kunst verwöhnen lassen und sportlich Aktive nutzen das umfassende Fitnessangebot oder verbessern im nahe gelegenen Ostsee-Golfresort Wittenbeck ihr Handicap.

INFO: Heiligendamm ist ein Ortsteil von Bad Doberan. **INFO GRAND HOTEL HEILIGENDAMM:** Prof.-Dr.-Vogel-Str. 6, 18209 Bad Doberan-Heiligendamm, Tel. (03 82 03) 74 00, www.grandhotel-heiligendamm.de, Preise auf Anfrage.

Tafeln wie zu Ritters Zeiten

Burg Stargard

Burg Stargard, Mecklenburg-Vorpommern

Die nördlichste Höhenburg Deutschlands und das älteste weltliche Bauwerk Mecklenburg-Vorpommerns – das ist Burg Stargard, gelegen in der gleichnamigen Stadt südlich von Neubrandenburg. Sieben Hügel umgeben den 4500-Einwohner-Ort und auf einem ragt das 750 Jahre alte Kastell in den Himmel. Während der Völkerwanderung zwischen dem 4. und 6. Jahrhundert stießen slawische Stämme in das Gebiet nahe der Mecklenburger Seenplatte vor und fanden Reste einer früheren Siedlung. Sie nannten den Ort »Stari Gard«, alte Burg.

Im 12. Jahrhundert eroberten christliche Fürsten das Gebiet. Markgraf Johann I. und Otto III. von Brandenburg übernahmen die Herrschaft und ließen ab 1236 auf der Anhöhe Burgberg die Burg Stargard errichten. Bis zur Vollendung vergingen 22 Jahre.

Bis heute sind elf Gebäude erhalten geblieben. In den 1990er Jahren wurde die gesamte Anlage gründlich restauriert und im Marstall in der Vorburg wurde ein Heimatmuseum eingerichtet. Wo einst die Schlachtrosse von 30 Rittern untergebracht waren, erfährt der Besucher heute alles über die einstige Funktion des Gebäudes sowie über die Geschichte der Stadt und der Burg. Auch der Bergfried ist besteigbar und bietet eine fantastische Aussicht, die mehr als 30 Kilometer ins Landesinnere reicht. Das Burghotel, im »Gefangenenhaus« untergebracht, verfügt über zwölf Doppelzimmer.

Auf dem Klüschenberg wurde von 1968 bis 2015 ein Tierpark betrieben, der rund 500 Tiere in 75 Arten beherbergte, darunter Kängurus in einem begehbaren Gehege, von denen im Jahr 2000 bei einem Einbruch in den Tierpark einige entwischt sind. Sie konnten nicht wieder eingefangen werden und sollen noch heute in den Wäldern um die Stadt leben. So erzählen es sich die Einwohner von Burg Stargard. Wundern sollte sich also nicht, wem mitten in Mecklenburg ein Känguru vor die Kamera hüpft.

Mittelalterliches Ritterturnier auf Burg Stargard.

Info Burg Stargard: Tourist Information, Burg 4, 17094 Burg Stargard, Tel. (03 96 03) 253 55, www.burg-stargard.de. **Info Burg:** Burg 1–4, 17094 Burg Stargard, Tel. (03 96 03) 253 55, www.hoehenburg-stargard.de, Öffnungszeiten März–Okt. tägl. 10–17 Uhr, Nov.–Feb. geschl., Eintritt € 2, mit Turm € 3. Führungen März–Okt. Sa/So 14.30 Uhr, Start an der Kasse in der Vorburg, € 3.

Refugium für einen Dichter

Hans-Fallada-Museum

Carwitz, Mecklenburg-Vorpommern

Idyllischer geht es kaum: Auf einer Landzunge zwischen drei Seen liegt ein gepflegtes Landhaus mit parkähnlichem Garten, mit Veranda, Scheune, Bootshaus und Sitzplatz am Wasser. In diesem Haus im winzigen Dörfchen Carwitz direkt an der Grenze zu Brandenburg lebte der Schriftsteller Hans Fallada, der eigentlich Rudolf Ditzen hieß, zwischen 1933 und 1944 zusammen mit seiner Familie. Hier entstanden auch die meisten seiner Werke, darunter so bekannte Romane wie »Wolf unter Wölfen«, »Der eiserne Gustav« und »Ein Mann will nach oben«.

Berühmt geworden war der Sozialkritiker Fallada 1932 durch seinen Bestseller »Kleiner Mann – was nun?«. Der Welterfolg dieses Buches ermöglichte es dem Autor, das Anwesen in Carwitz zu kaufen und nach seinen Vorstellungen umzubauen. Bis 1965 bewohnte Falladas Ex-Frau Anna das Haus, nachdem der Dichter selbst, der es im Leben trotz großer Erfolge alles andere als leicht gehabt hatte, bereits 1947 in einem Berliner Krankenhaus verstorben war.

Lesung im Garten des Hans-Fallada-Museums.

Heute ist das Haus am Carwitzer See als Hans-Fallada-Museum ganz dem Leben und Werk seines berühmten Bewohners gewidmet: Zu besichtigen sind neun Räume, darunter das original erhaltene Arbeitszimmer des Dichters, das Esszimmer, die Veranda und die Küche. Während im ehemaligen Gästezimmer ein Film zu Hans Fallada gezeigt wird, thematisiert eine Dauerausstellung im Schlafzimmer der Tochter Lore (»Mücke«) Falladas Schaffen als Kinderbuchautor. Seine Geschichten vom Mäusecken Wackelohr oder Fridolin, dem frechen Dachs, schrieb er zunächst für die eigenen drei Kinder, sie werden bis heute gern vorgelesen. Eine Sammlung wichtiger Erstausgaben, zahlreiche Fotos und weitere Exponate runden das museale Angebot ab.

Ganzjährig finden im Haus Führungen, Vorträge, Lesungen und literarische Spaziergänge in die Umgebung statt, im Sommer kommen noch Konzerte und Theateraufführungen in der Scheune hinzu. Auf dem Friedhof des Ortes liegen der Dichter selbst sowie einige seiner Familienmitglieder begraben.

Info: Carwitz liegt ca. 130 km nördlich von Berlin. **Info Hans-Fallada-Museum:** Zum Bohnenwerder 2, Carwitz, 17258 Feldberger Seenlandschaft, Tel. (03 98 31) 203 59, www.fallada.de, Öffnungszeiten April–Okt. Di–So 10–17, Nov.–März Di–So 13–16 Uhr, Eintritt € 5, ermäßigt € 3, bis 6 J. frei.

Urwald und Traumstrand

FISCHLAND-DARSS-ZINGST

Fischland-Darß-Zingst, Mecklenburg-Vorpommern

Die Sonnenuntergänge auf der Halbinsel können von karibischer Schönheit sein. Dann präsentiert sich der Abendhimmel in einem dramatischen Farbenspektrum von leuchtend orange bis tiefviolett. Die besonderen

Die Strände der Halbinseln Fischland, Darß und Zingst gehören zu den schönsten der Ostseeküste.

Lichtverhältnisse auf der schmalen Landzunge zwischen dem Saaler Bodden und der Ostsee faszinieren Künstler schon seit Ende des 19. Jahrhunderts. Von nah und fern kamen sie mit ihren Staffeleien, um den Himmel, das Meer und die reetgedeckten Häuser an der Steilküste bei Ahrenshoop zu jeder Tages- und Jahreszeit auf ihre Leinwand zu bannen.

Ein paar Jahrzehnte später entdeckten dann auch die Sommerfrischler die Reize dieser Landschaft. Die Strände auf dem Darß – dem Mittelstück der Halbinsel – gehören zu den schönsten an der gesamten deutschen Küste. Da ist der 13 Kilometer lange Weststrand, auf ganzer Länge von »Windflüchtern« gesäumt – von Bäumen und Sträuchern, denen der Wind bizarre Formen gegeben hat.

Dann der Nordstrand bei Prerow, auch er kann mit jedem Südseetraumstrand konkurrieren: fünf Kilometer lang und bis zu 80 Meter breit, der Sand weiß und weich wie Zucker. Zu DDR-Zeiten war Prerow Hochburg der Freikörperkultur. Längst aber wird FKK nur noch an einigen ausgewiesenen Strandabschnitten gepflegt.

Übrigens waren die drei Teile der Halbinsel – Fischland, Darß und Zingst – vor einigen Jahrhunderten noch richtige Inseln. Erst in jüngerer Zeit sind sie durch Verlandung untereinander und mit dem Festland verwachsen.

Welcher Teil der schönste ist, da scheiden sich die Geister. Für viele ist es der Darß mit seinem urwüchsigen Wald. Vogelkundler plädieren für Zingst, den östlichen Inselteil. Dort brüten etliche Küstenvogelarten und jedes Jahr im Herbst lässt sich ein großartiges Spektakel beobachten: Dann machen Zehntausende Kraniche auf ihrem Weg in den Süden auf den Zingster Wiesen Rast.

INFO: Tourismusverband Fischland-Darß-Zingst, Barther Str. 16, 18314 Löbnitz, Tel. (03 83 24) 64 00, www.fischland-darss-zingst.de.

Romantik liegt in der Luft

GREIFSWALD

Greifswald, Mecklenburg-Vorpommern

Kernstück der Altstadt von Greifswald ist der Marktplatz. Mit seinen historischen Häusern, verzierten Fassaden und den beiden gotischen Wohnspeicherhäusern zählt er zu den schönsten in Deutschland. Eigentlich bestand er aus zwei Plätzen: dem nahezu quadratischen Hauptmarktplatz und dem wesentlich kleineren Fischmarkt. Dort wird zwar heute kein Fisch mehr verkauft, aber zumindest erinnert die gleichnamige Brunnenskulptur an seine ursprüngliche Nutzung. Als Bindeglied zwischen den Plätzen fungiert das rote, ursprünglich um 1400 erbaute gotische Rathaus mit seinen barocken Volutengiebeln.

Greifswald besitzt einen der schönsten Marktplätze Norddeutschlands.

Im Hintergrund ragt das Wahrzeichen Greifswalds empor: der Dom St. Nikolai mit seinem imposanten, über 100 Meter hohen Turm. Der für den Norden typische Backsteinbau wurde 1250 begonnen und war die Taufkirche Caspar David Friedrichs. Die zweite der drei gotischen Stadtkirchen Greifswalds – zugleich die kleinste – ist St. Jakobi, nahe dem Hauptgebäude der Universität, die bereits 1456 gegründet wurde.

Fehlt zum kompletten Trio noch »die dicke Marie«, wie die Kirche St. Marien wegen ihrer gedrungenen Anlage von den Greifswäldern genannt wird. Man vermutet, dass St. Marien die älteste Kirche der Stadt ist. Neben ihrer massiven Erscheinung hat sie auch ein reiches Innenleben zu bieten. Mittelalterliche, farbenfrohe Wandmalereien in der Gedächtniskapelle sorgen für eine warme Atmosphäre, die Kanzel aus dem 16. Jahrhundert beeindruckt mit Intarsien und Schnitzereien.

Vom Marktplatz gelangt man in wenigen Schritten zur Langen Straße, der Einkaufsstraße der Greifswalder. Hier ist besonders das Haus Nr. 57 von Interesse, die alte Seifensiederei von Adolf Gottlieb Friedrich, in der sein Sohn Caspar David 1774 geboren wurde. Heute befindet sich hier das Caspar-David-Friedrich-Zentrum und erinnert mit einer Ausstellung an das Leben und Schaffen dieses großen romantischen Künstlers. Weitere Arbeiten von Caspar David Friedrich hängen im neuen Pommerschen Landesmuseum Greifswald nur einen Steinwurf vom Geburtshaus entfernt. Auf der Reise nach Greifswald lohnt sich auch ein Abstecher zur Klosterruine Eldena am Greifswalder Bodden, einem der Lieblingsmotive des Malers.

INFO: Tourist Information Greifswald, Rathaus am Markt, 17489 Greifswald, Tel. (038 34) 85 36 13 80, www.greifswald.info. **INFO CASPAR-DAVID-FRIEDRICH-ZENTRUM:** Lange Str. 57/Eingang Turmgasse, 17489 Greifswald, Tel. (038 34) 88 45 68, www.caspar-david-friedrich-gesellschaft.de, Öffnungszeiten Di–Sa 11–17, Juni–Okt. auch So 11–17 Uhr, Eintritt € 3,50, ermäßigt € 2,50. **INFO POMMERSCHES LANDESMUSEUM:** Rakower Str. 9, 17489 Greifswald, Tel. (038 34) 831 20, www.pommersches-landesmuseum.de, Öffnungszeiten Di–So Mai–Okt. 10–18, Nov.–April 10–17 Uhr, Eintritt € 6,50, ermäßigt € 4,50.

Menschliches in Holz und Bronze

ERNST BARLACH STIFTUNG

Güstrow, Mecklenburg-Vorpommern

Liebhaber des Werks von Ernst Barlach sollten sich einen Ausflug nach Güstrow gönnen, denn »Barlachstadt« nennt man sich hier in Mecklenburg-Vorpommern, offiziell und stolz, seit 2006. In dieser seiner Wahlheimat verbrachte der Künstler ab 1910 einen großen Teil seines Lebens. Geboren 1870, studierte Ernst Barlach von 1891 bis 1894 Bildhauerei an der Dresdner Kunstakademie. 1906 unternahm er eine Reise nach Südrussland. Die Eindrücke dieser Reise sollten sein Leben und sein künstlerisches Schaffen prägen. 1910 zog er nach Güstrow, wo er sich 1930/31 nach seinen Bedürfnissen ein Atelier und Wohnhaus am Inselsee bauen ließ. Allgemein weniger bekannt ist, dass Barlach auch literarisch tätig war. Seine Dramen bewunderte sogar Zeitgenosse und Nobelpreisträger Thomas Mann.

Barlachs Skulpturen aus Holz und Plastiken aus Bronze zeigen die Menschen in elementaren Zuständen: Sie frieren, kauern, sind gefesselt, schlafen, lauschen, singen und haben Angst. So viel Menschliches konnte den Nationalsozialisten nicht gefallen und Barlach wurde dementsprechend verboten und verfemt. Seine Werke wurden als »Entartete Kunst« aus öffentlichen Sammlungen entfernt und 1937 belegte ihn die Reichskammer der Bildenden Künste mit einem Ausstellungsverbot. Im Alter von 68 Jahren erlag der Künstler 1938 einem Herzinfarkt.

Zu den Figuren, die als Ehren- und Mahnmale nach 1933 entfernt oder zerstört und nach 1945 wieder erneuert oder neu gegossen und aufgestellt werden mussten, zählt »Der Schwebende« in der Nordhalle des Doms zu Güstrow. Auch der »Geistkämpfer« vor der Nikolaikirche in Kiel und eine Figurengruppe im Magdeburger Dom wurden nach dem Krieg wieder aufgestellt. 1978 wurden Wohnhaus und Atelier südwestlich der Innenstadt Güstrows in ein Museum umgewandelt. Atelierhaus und Gertrudenkapelle zeigen heute Plastiken, Holzskulpturen und Zeichnungen des weltberühmten Künstlers.

INFO: Güstrow liegt ca. 50 km südlich von Rostock. **INFO ATELIERHAUS UND AUSSTELLUNGSFORUM:** Heidberg 15, 18273 Güstrow, Tel. (038 43) 84 40 00, www.ernst-barlach-stiftung.de, Öffnungszeiten April–Okt. Di–So 10–17, Nov.–März Di–So 11–16 Uhr, Eintritt € 6, ermäßigt € 4, Familien € 15. **INFO GERTRUDENKAPELLE:** Gertrudenplatz 1, 18273 Güstrow, Tel. (038 43) 68 30 01, Öffnungszeiten wie Atelierhaus, Eintritt € 4, ermäßigt € 2,50, Familien € 9,50, Kombiticket € 9/6,50.

Schwerelose Bronze: »Der Schwebende« von Ernst Barlach im Güstrower Dom entstand 1927.

Reich bestückt

Schloss Güstrow

Güstrow, Mecklenburg-Vorpommern

Das im Norden Deutschlands einmalige Renaissanceschloss entstand ab 1558 als repräsentative Residenz Herzog Ulrichs von Mecklenburg. Die reiche Ausstattung mit üppigen Stuckdekorationen belegt ebenso den herrschaftlichen Anspruch der früheren Hofhaltung wie das barock-klassizistische Torhaus und das nach historischen Stichen neu angelegte Gartenparterre. Das Schloss wurde als Synthese aus älteren einheimischen Schlössern und Motiven italienischer und französischer Renaissancearchitektur gestaltet. Es handelt sich um einen aufwendig verputzten Backsteinbau, der an den Fassaden und im Inneren zahlreiche Formelemente aus der Antike aufnimmt und sie durchaus neu kombiniert. Die Muster des Außenbaus finden sich auch im Inneren an den Deckenstuckaturen und bei den Fußböden wieder. Besonders erwähnenswert sind der stuckierte Hirschfries (1570er Jahre, Christoph Parr) und die Deckenstuckaturen (1620, Daniel Anckermann) im Festsaal des Schlosses.

Das Güstrower Schloss blickt auf eine wechselvolle Vergangenheit zurück.

Mit dem Aussterben der 1534 entstandenen Linie der Herzöge von Mecklenburg-Güstrow im Jahr 1695 kam Güstrow an die Herzöge von Mecklenburg-Schwerin, wurde deren Nebenresidenz und Wohnsitz der Kurtisanen des Hofes. Das Schloss wurde jedoch kaum noch genutzt und begann zu verfallen. 1795 musste der Ostflügel schließlich abgebrochen werden.

Ab 1800 erfolgte die Nutzung als Kriegslazarett und ab 1817 als Landesarbeitshaus, hier wurden nach der Bauernbefreiung nicht versorgte Personen untergebracht. Später wandelte man das Schloss in ein Altenheim um. Im Rahmen dieser Nutzungen wurde die alte Ausstattung vielfach umgebaut oder auch zerstört.

Von 1963 bis 1978 erfolgte durch die DDR eine umfassende Restaurierung. Das Schloss ist heute ein Standort des Staatlichen Museums Schwerin. Es präsentiert Kunst aus Antike, Mittelalter und Renaissance, Glas von der Antike bis zur Moderne, Jagd- und Prunkwaffen sowie Kunst nach 1945 und Installationen zeitgenössischer Künstler in historischen Räumen. Ostdeutsche Malerei seit 1945 sowie Objekte international renommierter Künstler wie François Morellet und Günther Uecker sind der hochkarätigen Sammlung antiker Gefäße gegenübergestellt.

Der Schlosspark im Stil eines Renaissancegartens gehört zu den seltenen Beispielen einer solchen Anlage in Deutschland.

Info: Güstrow liegt ca. 50 km südlich von Rostock. **Info Schloss Güstrow:** Franz-Parr-Platz 1, 18273 Güstrow, Tel. (038 43) 75 20, www.museum-schwerin.de, Museum Di–So April–Okt. 11–18, Nov.–März 11–17 Uhr, Eintritt € 8,50, ermäßigt € 6,50, unter 18 J. frei.

Autofreie Sommerfrische und Künstleroase

INSEL HIDDENSEE

Hiddensee, Mecklenburg-Vorpommern

Ruhe. Die bekommt man in Hiddensee im Überfluss. Vor allem nach 16 Uhr, wenn die letzte Fähre nach Stralsund abgelegt hat. Dann sind die Tagesgäste verschwunden und die Einheimischen und Langzeiturlauber haben die Insel für sich. Hiddensee ist autofrei. Auf der 19 Kilometer langen und nur wenige Hundert Meter breiten Insel ist man zu Fuß, mit dem Pferdegespann oder dem Fahrrad unterwegs. Auf dem flachen Eiland ist das Rad das perfekte Fortbewegungsmittel. Nur wenn man zum 72 Meter hohen Bakenberg, dem höchsten Punkt der Insel, hinaufradelt, kommt man ins Schwitzen. Den 1888 errichteten Leuchtturm Dornbusch, der auf seiner Spitze steht, kennt man aus dem Fernsehen, wo er an Sturmtagen einem mit Puschelmikrofon bewaffneten Wettermann als malerischer Hintergrund dient. An einem klaren Tag sieht man von hier aus bis hinüber nach Stralsund und sogar zur dänischen Insel Møn.

Vielen Besuchern wird es so gehen wie einst dem Literaturnobelpreisträger Gerhart Hauptmann: Als er 1885 erstmals nach Hiddensee kam, gefiel es ihm so gut, dass er immer wiederkommen wollte. Deswegen kaufte er sich auf der Insel ein Haus. Das ist heute ein Museum und die meistbesuchte Sehenswürdigkeit der Insel. Obwohl Gerhart Hauptmann in seinen Werken immer auf der Seite des kleinen Mannes stand, war er auf Hiddensee so gar nicht volksnah. Man bekam ihn während seiner allsommerlichen Inselbesuche kaum zu Gesicht. Wegen seiner Unnahbarkeit nannten sie ihn den »König von Hiddensee«.

Offenbar inspiriert das kleine Eiland Künstler ganz besonders, denn auch Ernst Barlach, Carl Zuckmayer, Käthe Kollwitz, Gustaf Gründgens und sogar Billy Wilder waren für längere Zeit auf Hiddensee. Regelmäßig zu Gast war auch die Gründerin der Dresdner Tanzschule, Gret Palucca. Die 1993 verstorbene Künstlerin liegt auf dem Inselfriedhof begraben. Ihr zu Ehren veranstalten ihre Schüler seit Mitte der 1990er Jahre jeden Sommer eine Tanzwoche auf Hiddensee.

INFO: Insel Information Hiddensee GmbH, Achtern Diek 18 A, 18565 Vitte, Tel. (03 83 00) 60 86 85, www.seebad-hiddensee.de.

Der Leuchtturm liegt auf dem 72 Meter hohen Bakenberg im sogenannten Hochland der Insel Hiddensee.

Die längste Strandpromenade Deutschlands

Ostseebad Kühlungsborn

Kühlungsborn, Mecklenburg-Vorpommern

Die Geschichte des größten Ostseebads geht zurück ins Jahr 1857 und beginnt mit einem zweistöckigen Logierhaus: Dessen Besitzer hatte für wenig Geld ausgesonderte Ziegelsteine gekauft und im Ort Fulgen das erste Badehaus gebaut. Er ließ Prospekte drucken und kassierte pro Person für Kost, Logis und Schwimmvergnügen zwischen sieben und neun Reichstaler – je nach Zimmer. 1899 wurde in der Nähe die erste Warmbadeanstalt eröffnet, später kamen das Ostseehotel und die Strandperle hinzu. Promenadenwege und ein 120 Meter langer Steg in die Ostsee hinein wurden angelegt. Es folgten 1906 die ersten Petroleumlampen als Straßenbeleuchtung und immer mehr Hotels und Pensionen.

Durch die Zusammenfassung der drei Orte Fulgen, Brunshaupten und Arendsee entstand schließlich am 1. April 1938 die Stadt Kühlungsborn – die »Grüne Stadt am Meer«, wie der Ort mit 8800 Einwohnern heute genannt wird. 2007 diente Kühlungsborn während des G8-Gipfels in Heiligendamm als Pressezentrum. Bekannt wurde die Stadt nicht zuletzt durch die Mecklenburgische Bäderbahn, eine dampfbetriebene Schmalspurbahn, genannt »Molli«, die zwischen Bad Doberan, Heiligendamm und Kühlungsborn-West verkehrt.

An der Strandpromenade von Kühlungsborn.

Mit 3500 Metern ist die Strandpromenade eine der längsten Deutschlands mit durchgängig freiem Blick auf die Ostsee. Jahr für Jahr wird der Ort für seine hervorragende Wasserqualität ausgezeichnet. Wer vom Meerblick irgendwann doch einmal genug haben sollte, der kann die klare Seeluft auch bei ausgedehnten Spaziergängen im 133 Hektar großen Stadtwald genießen oder in dem von Bächen und Schluchten durchzogenen Wandergebiet südlich von Kühlungsborn.

Die hohe Strandkorbdichte an der Küste ist übrigens kein Zufall: 1882 hat der Rostocker Wilhelm Bartelmann für die rheumatische Dame Elfriede von Maltzahn den Strandkorb erfunden. Seine Nachfahren leben noch heute in Kühlungsborn und betreiben ein Hotel sowie ein Geschäft.

Info: Kühlungsborn liegt ca. 30 km westlich von Rostock. **Info Ostseebad Kühlungsborn:** Tourismus, Freizeit & Kultur GmbH Kühlungsborn, Haus des Gastes »Laetitia«, Ostseeallee 19, 18225 Ostseebad Kühlungsborn, Tel. (03 82 93) 84 90, www.kuehlungsborn.de, Öffnungszeiten Mo–Fr 9–18, Sa/So/Fei 10–16 Uhr.

Ein Stück England an der Ostsee

Schloss Bothmer

Klütz, Mecklenburg-Vorpommern

Warum immer in den Süden fahren? Prachtvolle barocke Bauwerke finden sich auch in Norddeutschland! Auf halbem Weg zwischen Lübeck und Wismar und nur vier Kilometer landeinwärts vom Ostseebad Boltenhagen liegt beispielsweise Schloss Bothmer, das größte noch erhaltene Barockschloss in Mecklenburg-Vorpommern. Seine Entstehungsgeschichte liest sich spannend: Der weitläufige Backsteinbau mit seinem mächtigen Haupthaus und den symmetrisch angelegten Galerien, Kavaliershäusern und Remisen wurde in London geplant – und zwar nirgendwo anders als in der berühmten Downing Street Number 10. Reichsgraf Hans Caspar von Bothmer war ein gesellschaftlicher Aufsteiger, der am Hof des Kurfürsten von Hannover Karriere machte. Als dieser 1714 als George I. zum englischen König gekrönt wurde, ging Bothmer mit nach London und diente seinem Monarchen als Minister und residierte in ebenjenem Haus, das heute der britische Regierungschef bewohnt.

Zwischen 1726 und 1732 ließ der Graf dann daheim in Deutschland ein prächtiges Schloss nach englischem Vorbild errichten, dem er seinen Namen gab und in dem seine Nachkommen noch bis 1945 lebten. Zu DDR-Zeiten wurde der Gebäudekomplex dann als Seniorenheim genutzt und nach der Wende drohte er zu verfallen. Heute jedoch erstrahlt Schloss Bothmer wieder in altem Glanz: Nach aufwendiger Restaurierung sind im Haupthaus 20 Räume für Besucher zugänglich, darunter der holzgetäfelte Festsaal und der grün-weiße Gartensaal. Eine nach modernen museologischen Gesichtspunkten konzipierte Ausstellung informiert über die Geschichte des Schlosses und über das Leben seines illustren Bauherrn.

Zum Gelände gehört ein weitläufiger Park im Stil eines englischen Landschaftsgartens, dessen besonderes Schmuckstück die schnurgerade, aufs Schloss zulaufende Festonallee ist: Kunstvoll beschnittene Linden bilden links und rechts des Hohlwegs eine Art natürliche Girlande. Regelmäßig finden im Schloss, das auch für private Feiern gemietet werden kann, kulturelle Veranstaltungen statt – wie etwa Musical Dinner Shows mit Gesang und mehrgängigem Menü.

Barocker Backsteinbau: Schloss Bothmer.

Ein Besuch auf Schloss Bothmer lässt sich übrigens ganz leicht mit einem Abstecher nach Schloss Wiligrad am Schweriner See verbinden: Dieses architektonische Kleinod diente einstmals einem Herzog als Refugium und ist heute ein echter Geheimtipp!

Info: Klütz liegt ca. 80 km westlich von Rostock. **Info Schloss Bothmer:** Am Park, 23948 Klütz, Tel. (03 88 25) 38 53 18 76 93, www.mv-schloesser.de, Öffnungszeiten Schloss Mai–Sept. Di–So 10–18, Juli/Aug. auch Mo, April, Okt. Di–So 10–17, Nov.–März Sa/So 11–16 Uhr, Park tägl. ab 10 Uhr, Eintritt Schloss € 6, ermäßigt € 4, unter 18 J. frei.

Vorbild Versailles

Schloss Ludwigslust

Ludwigslust, Mecklenburg-Vorpommern

Er liebte die Kunst und die Pirsch: Herzog Christian Ludwig II. (1683–1756). Und weil ihm das Jagen in den Wäldern der Griesengegend im Südwesten Mecklenburgs besonders große Lust bereitete, ließ er dort 1724 beim Dorf Klenow ein Jagdschloss errichten. Dreißig Jahre später erhielt das Anwesen den Namen, den es noch heute trägt: Schloss Ludwigslust.

Zwischen 1772 und 1776 wurde nach Plänen von Hofbaumeister Johann Joachim Busch auf dem Areal ein prächtiges Residenzschloss errichtet, in Anlehnung an das große Vorbild in Versailles. Ein Jahr später allerdings wurde das alte Jagdschlösschen abgebrochen. Der neue Bau inmitten der barocken Stadtanlage blieb bis 1837 Hauptresidenz unter Herzog Friedrich und Großherzog Friedrich Franz I.

Beim Anblick der Gemälde, Möbel und vergoldeten Dekorationen aus Ludwigsluster Carton, einer Art Papiermaché, fühlen sich die Schlossbesucher heute ins 18. Jahrhundert zurückversetzt. Dass hinter dem Glamour oftmals Pappe steckt, ist nicht zu sehen. Eine etwa 20 Zentimeter hohe bronzene Männerbüste wiegt so wenig wie ein Stück Styropor – die Bronze ist nur aufgemalt. Die Ludwigsluster Papiermaché-Manufaktur, die vor allem Fake-Bronzen für Adlige produzierte, florierte bis zum 19. Jahrhundert so sehr, dass es ab 1773 Pflicht war, Altpapier, etwa aus den herzoglichen Schreibstuben, an die Manufaktur zu liefern.

Barockschloss Ludwigslust.

Besonders der Goldene Festsaal und die Räume der Festetage mit den herrschaftlichen Wohnräumen vermitteln einen Eindruck vom höfischen Leben vor mehr als 200 Jahren. Der Schlosspark, gestaltet nach Plänen von Peter Joseph Lenné (Gartendirektor der königlich-preußischen Gärten), gilt dank seiner prächtigen Wasserspiele und der ausgefallenen Gartenarchitektur als einer der schönsten im Norden Deutschlands. Als Barockgarten französischer Prägung ließ Lenné ihn mit zahlreichen Alleen, Kaskaden und Springbrunnen verzieren. Da das Wasser in der Griesengegend knapp war, legten Arbeiter eigens einen Kanal von der Stör bis zur Rögnitz an.

Zwischen 1950 und 1990 beherbergte das attraktive Schloss den Rat des Kreises Ludwigslust. Seit 1986 werden einige der prächtigen Räume als Museum für Höfische Kunst und Wohnkultur des 18. und 19. Jahrhunderts genutzt – darunter etwa das Miniaturenkabinett und das Jagdzimmer.

Info: Ludwigslust liegt ca. 40 km südlich von Schwerin. **Info Schloss Ludwigslust:** Schlossfreiheit, 19288 Ludwigslust, Tel. (038 74) 571 90, www.mv-schloesser.de, Öffnungszeiten Di–So Mitte April–Mitte Okt. 10–18, Mitte Okt.–Mitte April 10–17 Uhr, Eintritt € 6,50, ermäßigt € 4,50, bis 18 J. frei.

Wälder, Moore, Weiden und Wiesen

Mecklenburgischer Seen-Radweg

Mecklenburg-Vorpommern

Der Fernradweg verläuft auf 645 Kilometern vom niedersächsischen Lüneburg über Ludwigslust bis nach Wolgast und zur Insel Usedom. Dabei durchqueren die Radler sehenswerte Städtchen und Landschaft: Elbauen, Hügellandschaften, Urstromtäler und natürlich die Region um die Mecklenburgische Seenplatte.

Neben der vielfältigen Natur kann man beispielsweise Dömitz – mit einem Panoramablick von der dortigen Festungsanlage – und Ludwigslust mit seinem spätbarocken Schloss und dem Goldenen Saal entdecken.

Rast am Mecklenburgischen Seen-Radweg.

Absolutes Highlight ist aber das Gebiet, das dem Fernweg seinen Namen gegeben hat. Rund um die Müritz, Deutschlands zweitgrößten See, warten Wälder, Moore, Weiden und Wiesen auf die Urlauber. Und natürlich jede Menge kleine Seen – allein im Müritz-Nationalpark liegen über hundert. Da lohnt es sich durchaus, einmal einen Tag Rast einzulegen und sich ins Kanu zu schwingen.

Sehenswert ist das Schloss Klink, gut hundert Jahre alt und im Stil der Neorenaissance erbaut, das sich auf einer Landenge zwischen Müritz und Kölpinsee erhebt. Nach zwischenzeitlichem Verfall strahlt es als Hotel wieder in altem Glanz.

Unweit vom Schloss liegt das Heilbad Waren mit zwei schönen Kirchen, zwei Rathäusern und dem imposanten Müritzeum, dem Museum zur Mecklenburgischen Seenplatte. Die jodhaltige Warener Thermalsole im Kurzentrum, die aus 1500 Metern Tiefe emporsprudelt, wirkt überwiegend bei Erkrankungen der Atmungsorgane, der Haut sowie des Stütz- und Bewegungsapparats heilend und ist ideal, um einen Muskelkater nach langem Radeln auszukurieren.

Die Fahrt führt weiter durch eine pittoreske Hügellandschaft bis zur Barockstadt Neustrelitz und nach Ueckermünde. Das Städtchen am Stettiner Haff bietet neben seinem Renaissanceschloss im Zentrum ein ausgezeichnetes Strandbad, wo man sich von den bewältigten Kilometern gut erholen kann.

Die letzte Etappe verläuft entlang des Stettiner Haffs über Anklam auf die Insel Usedom, wo herrschaftliche Bäderarchitektur, aber auch sagenhafte Sandstrände und ursprüngliche Natur begeistern. In Wolgast endet die Radtour.

Mit seinen Märchenwäldern, den geheimnisvollen Mooren, vielen Wiesen und den guten Bademöglichkeiten ist der Radweg ideal für Familien mit Kindern, für die die gut ausgeschilderten Strecken wegen der größtenteils geringen Steigungen gut zu meistern sind.

Info Mecklenburgischer Seen-Radweg: Tourismusverband Mecklenburg-Vorpommern e. V., Platz der Freundschaft 1, 18059 Rostock, Tel. (03 81) 403 05 50, www.auf-nach-mv.de/mecklenburgischer-seen-radweg, Länge: 645 km. **Reisezeit:** Mai–Okt.

Der Eiszeit sei Dank

NATIONALPARK MÜRITZ

Mecklenburg-Vorpommern

Wäre die Eiszeit nicht gewesen, dann gäbe es heute keinen Nationalpark Müritz. Sie schaffte die Voraussetzungen dafür, dass sich seit 15 000 Jahren eine Seen- und Waldlandschaft entwickelt hat, in der sich unzählige Lebewesen wohlfühlen – egal ob mit Wurzeln, Flossen, zwei oder vier Beinen.

Eine Besonderheit des Müritz-Nationalparks ist seine Zweiteilung: Der größte Teil liegt rund um den See Müritz, der kleinere um Serrahn ist etwa 20 Kilometer entfernt. Getrennt sind die beiden Gebiete des 322 Quadratkilometer großen Parks durch die Stadt Neustrelitz. Schon zu DDR-Zeiten gab es hier vereinzelt Naturschutzgebiete. Der Tradition, die Natur zu achten und zu bewahren, wurde mit der Gründung des Nationalparks 1990 Rechnung getragen.

Der Name »Müritz« geht auf die slawische Besiedlung im Mittelalter zurück – Müritz kommt von »Morcze«, »kleines Meer«. Zahlreiche Tier- und Pflanzenarten fühlen sich hier heimisch. Fisch- und Seeadler und die große Rohrdommel sind ebenso zu finden wie Moorfrosch und Rotwild. Auch seltene Pflanzenarten wie Schneidried und Wollgras haben Wurzeln geschlagen. Buchenwälder und Kiefernhaine, Moore, Hügellandschaften und über 100 Seen machen den Besuch zu einem abwechslungsreichen Erlebnis.

Seenlandschaft bei Mirow.

Kurze Rundwanderungen oder mehrtägige Touren per pedes, Rad oder Schiff oder in einer Kombination dieser Fortbewegungsmittel sind möglich. 400 Kilometer gekennzeichnete Wanderrouten, 200 Kilometer ausgeschilderte Radwege, 130 Kilometer markierte Reitwege laden dazu ein.

Eine besondere Attraktion ist das Wasserwandern: Per Kanu geht es entweder von Kratzeburg aus auf der Oberen Havel durch mehrere Seen bis zum Useriner See oder von der Müritz über den Bolterkanal in die Mirow-Leppiner Seenkette. Beide Strecken lassen sich auch außerhalb des Nationalparks in den blauen Tiefen der Mecklenburgischen Seenplatte beliebig ausdehnen.

Der Müritz-Nationalpark bietet zahlreiche Informationsveranstaltungen, Führungen und Projekte an, um Besuchern die Einzigartigkeit der Natur und die Bedeutung ihrer Erhaltung näherzubringen.

Die ideale Reisezeit ist abhängig vom persönlichen Geschmack – ob Seerosen im Sommer oder Rothirsche im Winter, ein Besuch lohnt sich immer.

INFO NATIONALPARK MÜRITZ: Nationalparkamt Müritz, Schlossplatz 3, 17237 Hohenzieritz, Tel. (03 98 24) 25 20, www.mueritz-nationalpark.de, Öffnungszeiten Mo–Do 9–15.30, Fr 9–14 Uhr.

Bollwerk in Backsteingotik

STADTMAUER UND VIER TORE VON NEUBRANDENBURG

Neubrandenburg, Mecklenburg-Vorpommern

Die imposanten Wallanlagen mit den einstigen Stadttoren brachten Neubrandenburg den Beinamen Vier-Tore-Stadt ein. Das mittelalterliche Bollwerk ist nahezu vollständig original erhalten und umschließt den Stadtkern auf einer Länge von 2,5 Kilometern. Eine Besonderheit sind die sogenannten Wiekhäuser, die in die Mauer gebaut wurden, um Feinde durch die Schießscharten abwehren zu können. Nachdem die Wallanlage ihre Verteidigungsfunktion verloren hatte, dienten die Häuser zunächst als Unterkünfte für Arme. Zu Beginn des 20. Jahrhunderts wurden 25 von ihnen zu Fachwerkhäusern umgebaut und beherbergen inzwischen kleine Geschäfte, Vereine oder öffentliche Einrichtungen.

Der Bau der steinernen Befestigungsanlage hatte um 1300 begonnen. Die 7,50 Meter hohe, heute dicht bewachsene Mauer mit den Türmen gilt als Meisterwerk gotischer Baukunst. Das Friedländer Tor steht im Nordosten und repräsentiert – ebenso wie die anderen drei Tore – eindrucksvoll die norddeutsche Backsteingotik. Erbaut in der ersten Hälfte des 14. Jahrhunderts ist es das älteste der Tore. Das Neue Tor entstand erst in der zweiten Hälfte des 15. Jahrhunderts. Auffallend sind die acht lebensgroßen Terrakottafiguren, die ihre Hände Richtung Stadt strecken, deren Bedeutung jedoch nicht bekannt ist.

Besonders reich geschmückt ist die Fassade des Stargarder Tores, das als zweites entstand. Hier beeindrucken neun weibliche Figuren, die sogenannten Adorantinnen. Mit 31,80 Metern Höhe ist das Treptower Tor nicht nur das höchste, sondern auch das repräsentativste. Es zeugt mit seinen vier Staffelgiebeln und seiner reichen Blendengliederung vom einstigen Reichtum und vom Stolz der Bürger der Stadt. In seinem Inneren befindet sich das Regionalmuseum.

Charakteristisch für Neubrandenburg: die in der Stadtmauer eingebauten Wiekhäuser.

INFO: Neubrandenburg liegt im Südosten Mecklenburgs. **INFO NEUBRANDENBURG:** Touristinfo, Marktplatz 1, 17033 Neubrandenburg, Tel. (03 95) 559 51 27, www.neubrandenburg-touristinfo.de.

Lauschige Plätzchen in der Burg

Burg Neustadt-Glewe

Neustadt-Glewe, Mecklenburg-Vorpommern

Ritter zu sein war nicht einfach: die Rüstung zu schwer, der Knappe zu frech und das Pferd zu störrisch. Das Schlimmste war aber die kalte, ungeheizte Burg, in die man allabendlich zurückkehren musste. Außer

Wehrburg Neustadt-Glewe.

einem offenen Feuer gab es damals keine Möglichkeit, um Räumlichkeiten schön mollig warm zu machen. Doch weit gefehlt – in der Burg von Neustadt-Glewe haben die Ritter richtig eingeheizt.

Herr von Neustadt, Graf von Schwerin, hatte Nachbarschaftsstreit. Um sein Territorium weithin sichtbar abzugrenzen, ließ er Burg Neustadt-Glewe errichten. Der jetzige Bau wurde gegen Ende des 13. Jahrhunderts rechteckig auf einer Fläche von 50 mal 35 Metern auf einer Düne des Flusses Elde angelegt. Neben dem Wehrturm besteht die Burg aus zwei Wohnhäusern.

Das Alte Haus, in dem die Burgvögte und die Bediensteten lebten, galt als das Versorgungszentrum der Burg. Hier waren die Küche, die Brau- und die Backstube sowie Vorratsräume untergebracht. Das Neue Haus, das im Jahre 1576 erstmalig erwähnt wurde, diente als Wohnsitz der Herrschaften, in dem einiges an Luxus eingebaut wurde, wie z. B. eine Heizung. Anders sind die Rohre, die in Berichten aus dem 16. und 18. Jahrhundert beschrieben werden, nicht zu deuten. Sie können eigentlich nur als Heizung von Räumen ohne offene Feuerstelle gedient haben.

Das Verlies der Burg lässt sich besichtigen. Und wie damals die Gefangenen, so betreten die Besucher das alte Gefängnis durch das »Angstloch«, eine winzige Deckenluke. Heute sind in der Burg ein Restaurant und ein Museum untergebracht, in dem mit vielen Exponaten Stadt- und Burggeschichte anschaulich zum Leben erweckt wird.

Höhepunkt jedes Burgjahres ist das erste Juni-Wochenende, an dem das Mittelalter wieder Einzug in die Burg hält, denn dann feiern Tagelöhner, Ritter, Gaukler und Hexen ein Burgfest. Alte Handwerkskünste werden im Lager auf den Eldewiesen nahe beim Schloss gezeigt und natürlich wird auch den Ritterkünsten gefrönt: Beim Axtwurf oder beim Bogenschießen kann jeder seine Fähigkeiten unter Beweis stellen.

Info: Neustadt-Glewe liegt ca. 120 km südlich von Rostock. **Info Burg Neustadt-Glewe:** Schlossallee, 19203 Neustadt-Glewe, Tel. (03 87 57) 59 84 77, www.burg-neustadt-glewe.de, Öffnungszeiten Museum Mitte März–Mitte Okt. Di–Fr 10–16, Sa/So/Fei 11–16, Mitte Okt.–Mitte März Fr–So/Fei 11–16 Uhr, Eintritt € 4, ermäßigt € 3. **Info Burgfest:** www.neustadt-glewe.de. **Reisezeit:** Am ersten Juni-Wochenende zum Burgfest.

Mecklenburgs größte Insel

INSEL POEL

Insel Poel, Mecklenburg-Vorpommern

Im Hansestadtdreieck zwischen Lübeck, Wismar und Rostock gelegen, begeistert das Ostseebad Insel Poel Erholungsuchende und Aktivurlauber gleichermaßen. Mehr als elf Kilometer weißer Sandstrand bieten optimale Bedingungen, um in einem der bunten Strandkörbe die Seele baumeln zu lassen oder mit dem Nachwuchs eine Sandburg zu bauen. Die Strände des Eilands sind alle flach abfallend und somit besonders familienfreundlich, und auch Hunde sind hier gern gesehene Gäste. Im Sommer sorgen Open-Air-Kinos und Puppentheater für zusätzliche Kurzweil.

Naturliebhaber und sportlich ambitionierte Besucher haben auf der mecklenburgischen Insel die Wahl zwischen zahlreichen Wassersportangeboten wie Wasserski oder Wakeboarding. Auch Wandern, Radfahren, Reiten, Segeltörns entlang der Küste oder ein Schiffsausflug nach Wismar sind beliebte Aktivitäten. Doch auch die zahlreichen Häfen Poels sind mit ihren markanten Gebäuden beliebte Attraktionen. Der Hauptort Kirchdorf ist schon von Weitem durch seine romanisch-gotische Inselkirche zu erkennen, deren Turm 47 Meter in die Höhe ragt, und in Timmendorf verströmt der fast 150 Jahre alte Leuchtturm maritimes Flair. In den kleinen Häfen Gollwitz und Weitendorf legen vor allem Fischerboote an. Einige nehmen auch Urlauber zum Angeln mit hinaus auf die Ostsee.

Das Inselinnere erkundet man am besten auf einer Rundfahrt, egal ob mit dem eigens dafür vorgesehenen Bus oder auf dem Fahrrad. Einblicke in das Leben der Inselbewohner gewährt das Heimatmuseum anhand zahlreicher Exponate. Am Schwarzen Busch befindet sich eine Gedenkstätte für die Opfer des im Mai 1945 versenkten Luxusdampfers »Cap Arcona«.

INFO: Poel liegt ca. 10 km nördlich von Wismar. **INFO INSEL POEL:** Kurverwaltung, Gemeindezentrum 2, 23999 Insel Poel/OT Kirchdorf, Tel. (03 84 25) 203 47, www.insel-poel.de.

Insel Poel in der Wismarer Bucht.

Lebendiges und stilechtes »Dorf im Dorf«

FREILICHTMUSEUM KLOCKENHAGEN

Ribnitz-Damgarten, Mecklenburg-Vorpommern

Den Anfang machte ein einzelner Hof: In den 1960er-Jahren überschrieb Bauer Heinrich Peters sein altehrwürdiges Anwesen der Stadt Ribnitz-Damgarten als »Denkmalhof« und Keimzelle eines neu zu schaffenden Freilichtmuseums für ländliche Wohnkultur im norddeutschen Raum. Seit damals ist die Ausstellungsfläche im Ortsteil Klockenhagen auf über sechs Hektar angewachsen. Rund 20 historische Gehöfte und erhaltenswerte Einzelbauten wurden über die Jahre in ganz Mecklenburg-Vorpommern fachgerecht abgetragen und vor Ort wiederaufgebaut.

Zu den Highlights in Klockenhagen gehören ohne Zweifel das reetgedeckte Haus Strassen aus dem 17. Jahrhundert sowie die Fachwerkkirche von Dargelütz mit ihrem prächtigen Altaraufsatz aus dem Jahr 1647. Doch auch ein alter Tante-Emma-Laden, eine historische Stellmacherei und ein Kräutergarten nach dem Vorbild der Hildegard von Bingen sind zu besichtigen.

Mit dem Anschauen von Gärten und Gebäuden ist es in Klockenhagen allerdings noch lange nicht getan – das Museum sieht sich als Erlebnisort und lädt zum aktiven Lernen und Mitmachen ein. Die Angebote sind dabei äußerst vielfältig: Interessierte Besucher können beispielsweise in der Museumsbäckerei ihr eigenes Brot ganz stilecht im Holzofen backen. Oder in der Flechtwerkstatt lernen, wie man Körbe herstellt. In der historischen Stellmacherei haben Kinder die Möglichkeit, ihr eigenes Holzspielzeug zu basteln, und wer einmal auf historischen Fahrrädern fahren will, hat dazu auf dem gesamten Museumsgelände reichlich Gelegenheit.

Bauernhaus im Freilichtmuseum Klockenhagen.

Des Weiteren stehen Vorführungen zu historischer Hauswirtschaft und zur traditionellen Räucherei auf dem Programm und unter Anleitung von Jeanette Nadebor vom nahen Kräuterhof Carlsthal kann jeder, der möchte, schmackhafte Gerichte aus Kräutern zaubern. In »Muddings Wollstuv« schließlich lässt es sich nach Herzenslust filzen, spinnen und weben.

Wem das alles noch nicht genügt, der lässt sich ganz einfach verschönern: Einmal pro Woche lädt Coiffeurin Astrid Sädler zum Waschen, Schneiden und Barbieren in den Original-Frisiersalon aus den Dreißigerjahren ein. Nach einer Behandlung bei ihr ist man dann auch schön genug, um in der historischen Dorfkirche zu heiraten – denn auch das ist möglich!

INFO: Ribnitz-Damgarten liegt ca. 40 km nordöstlich von Rostock. **INFO FREILICHTMUSEUM KLOCKENHAGEN:** Mecklenburger Str. 57, 18311 Ribnitz-Damgarten, Tel. (038 21) 27 75, www.freilichtmuseum-klockenhagen.de, Öffnungszeiten April–Juni und Sept./Okt. tägl. 10–17, Juni–Aug tägl. 10–18 Uhr, Eintritt € 6–8 (saisonal), Kinder (7–16 J.) € 3, bis 6 J. frei.

Backsteinromantik

ALTSTADT VON ROSTOCK

Rostock, Mecklenburg-Vorpommern

Mit schweren Koggen, die blau-weiß-rote Stadtfahne war stets gehisst, wurden Bier und Lebensmittel ins Ausland verschifft. Auf der Rückfahrt brachten die Handelsschiffe Klippfisch und Holz aus Norwegen, Erze aus Schweden, Pelze aus Riga, Salz aus Spanien und Wein aus Frankreich mit. Der Aufstieg Rostocks zur bevölkerungsreichsten, wirtschaftlich bedeutendsten, vom Landesherrn nahezu unabhängigen Stadt Mecklenburgs war im Mittelalter nicht aufzuhalten. Den freien Zugang zur Ostsee sicherte sich die junge Kommune bereits zwischen 1252 und 1323 durch Landaufkäufe beiderseits der zwölf Kilometer langen Trichtermündung der Warnow. Die Gewährung einer Vielzahl landesherrlicher Privilegien (u. a. Gerichtsbarkeit 1358, Münzrecht 1361), einhergehend mit der Entwicklung von Handel und Handwerk – im 14. Jahrhundert sind 77 Gewerke nachweisbar – machte Rostock zu einer mächtigen Hansestadt.

Doch der Dreißigjährige, der Nordische und der Siebenjährige Krieg zerstörten alle Handelsbeziehungen. Überdies brach 1677 ein Brand aus, der fast die ganze Altstadt ruinierte. Handel und Handwerk brauchten lange Zeit, um sich zu erholen. Erst im 19. Jahrhundert kam man in Rostock wieder richtig auf die Beine. Dann aber war die Handelsflotte der Stadt – mit 378 Segelschiffen – die größte der Ostsee.

Zahlreiche Bauten aus Spätgotik, Barock und Klassizismus wurden während des Zweiten Weltkriegs zwar zerstört, mittlerweile aber wieder sorgsam rekonstruiert. Die Altstadt ist geprägt durch imposante Backsteingebäude der Hansezeit. Hohe, schmale Bürgerhäuser mit geschwungenen Giebeln säumen den lang gezogenen Marktplatz. Auch das gotische Rathaus steht hier. Es entstand 1300 aus zwei benachbarten Giebelhäusern, denen man ein

Rostocker Giebelhäuser aus der Hansezeit.

drittes hinzufügte. Die prächtige Schauwand an der Marktseite mit den sieben hochragenden Ziertürmchen kam im Lauf des 14. Jahrhunderts hinzu. Vierhundert Jahre später brach man den Vorbau ab und ersetzte ihn durch eine Barockfassade. Die gotischen Ziertürmchen können aber noch darüber hinwegschauen. Weitere Sehenswürdigkeiten: das Kerkhofhaus aus dem 15. und 16. Jahrhundert, die St.-Marien-Kirche aus dem 14. Jahrhundert, das Katharinenstift von 1223, das Ständehaus von 1893 sowie die gut erhaltenen Wallanlagen der historischen Stadtmauer.

INFO: Tourist Information, Universitätsplatz 6 (Barocksaal), 18055 Rostock, Tel. (03 81) 381 22 22, www.rostock.de. **INFO ST.-MARIEN-KIRCHE:** Bei der Marienkirche 2, 18055 Rostock, www.marienkirche-rostock.de, Öffnungszeiten Mai–Sept. Mo–Sa 10–18, So/Fei 11.15–17, Okt.–April Mo–Sa 10–16, So/Fei 11.15–12.15 Uhr.

Dünen und Meer

SEEBAD WARNEMÜNDE

Rostock, Mecklenburg-Vorpommern

Sommer, Sonne, Meer und viel, viel Sand! Das beliebte Seebad im Norden der Hanse- und Universitätsstadt Rostock lockt u. a. mit dem breitesten Sandstrand der deutschen Ostseeküste. Obwohl das ehemalige Dorf Warnemünde schon mehr als 800 Jahre auf dem Buckel hat, ist es nach wie vor Anziehungspunkt für viele Junge und Sportbegeisterte – nicht zuletzt wegen der jährlich im Sommer stattfindenden Warnemünder Woche, einem Segelsportvergnügen der Extraklasse mit über 2500 aktiven Seglern, und der viertägigen Hanse Sail, dem größten Fest der schönsten Schiffe, das gut eine Million Besucher aus dem In- und Ausland anzieht.

Etwas verborgener, aber nicht weniger beeindruckend ist die Dünenlandschaft von Warnemünde. Der weit über 100 Meter breite, feine Sandstrand ist das Wahrzeichen des Seebades.

Einer alten Geschichte nach ist hier – oder war es doch in Heiligendamm? – die Idee zum Strandkorbbau geboren worden, und zwar dank Elfriede von Maltzahn, die wegen ihres Rheumas etwas zum Schutz gegen den Seewind suchte. Heute sind unendlich viele farbenfroh gestreifte Strandkörbe am Strand zu finden.

Der Warnemünder Teepott neben dem Leuchtturm.

Die kilometerlange Seepromenade mit zahlreichen Hotels und Pensionen verläuft direkt hinter den Dünen und beginnt am sogenannten Teepott, einem Gebäude mit muschelförmigem Betondach (Architekt: Ulrich Müther) aus dem Jahr 1967, das nach langem Leerstand heute wieder mehrere Restaurants beherbergt.

Wie zu alten Zeiten liegen auch heute noch am Alten Strom die Kutter vertäut und vor der Kulisse der Fischerboote schmeckt ein Fischbrötchen am besten.

Nicht jedermanns Geschmack wegen seines städtischen Aussehens – von vielen aber als Wellnessoase der Luxusklasse geschätzt – ist das Fünf-Sterne-Hotel-Hochhaus Neptun. Alle 338 Zimmer und Suiten verfügen über Meerblick. Insgesamt ist das Angebot an Thalasso-Therapien, Fasten-und Schrothkuren, ambulanten Badekuren und manueller Therapie groß in Warnemünde.

Am Strand und auf dem Wasser können Gäste aus einer Vielfalt von Sportangeboten wie Nordic Walking, Kanutouren, Stand Up Paddling, Windsurfen, Yoga und Pilates wählen und es finden zahlreiche Sportevents statt.

INFO: Warnemünde liegt ca. 10 km nördlich der Rostocker Innenstadt. **INFO WARNEMÜNDE:** Tourist Information, Am Strom 59, 18119 Rostock-Warnemünde, Tel. (03 81) 381 22 22, www.rostock.de.

Deutschlands größte Insel

RÜGEN

Rügen, Mecklenburg-Vorpommern

Schattige Alleen, die sich kilometerlang über die Insel ziehen, feinsandige Strände, zerklüftete Kreidefelsen, einzigartige Feuersteinfelder, noble Seebäder: Rügen ist ein Ostseetraum nicht nur für Seebären! Zahlreiche

Flaniermeile über der Ostsee: die Seebrücke von Sellin auf Rügen.

Meeresbuchten, Halbinseln und Landzungen sorgen auf der größten deutschen Insel für ein abwechslungsreiches Landschaftsbild. Der mit 118 Metern Höhe größte Kreidefelsen der Insel, der Königsstuhl, ist das Kronjuwel Rügens, inmitten des Nationalparks Jasmund gelegen. Das unverwechselbare Farbenspiel hat schon Caspar David Friedrich zu seinem berühmten Gemälde inspiriert.

Ein Schiffsausflug bietet sich an, um den Anblick der Steilküste zu genießen. Dabei führt die Fahrt auch an einem anderen, geschichtsträchtigen Ort vorbei: dem »Koloss von Prora«. Dieses von den Nationalsozialisten in den 1930er Jahren begonnene »Seebad der Zwanzigtausend« wurde nie fertiggestellt, wird nun aber nach und nach saniert. Kilometerlang ziehen sich die sechsstöckigen Bettenhäuser dieser fast unwirklichen, monumentalen Urlaubsmaschinerie am Strand entlang.

Ansonsten aber hat die Insel architektonisch wahre Schmuckstücke zu bieten, die sich bei einer Rundfahrt durch die verschiedenen Bäder der Insel offenbaren. Göhren, Baabe, Sellin und Binz locken mit ihren weißen Bauten im Stil der Bäderarchitektur: hölzerne Veranden, schmucke Säulen, reich verzierte Balkone, dazu beeindruckende Seebrücken hinaus ins Meer – nirgendwo sonst präsentiert sich dieser verspielte Baustil so eindrucksvoll wie hier!

Auch die Strandpromenade in Binz mit ihren prächtigen weißen Villen aus der Zeit der Jahrhundertwende oder die Residenzstadt Putbus mit ihrem klassizistischen Stadtkern bestätigen das.

An die 40 000 Kraniche machen im Herbst im Nordwesten von Rügen, auf der Insel Ummanz, Rast, bevor sie sich auf den Weg ins afrikanische Winterquartier begeben.

INFO: Von der Hansestadt Stralsund führen der Rügendamm und die neuere Rügenbrücke über den Strelasund. **INFO RÜGEN:** Circus 16, 18581 Putbus, Tel. (038 38) 80 77 80, www.ruegen.de.

Blättertunnel von Rügen bis zum Bodensee

Deutsche Alleenstrasse

Rügen, Mecklenburg-Vorpommern

Reisende lieben sie: Die Deutsche Alleenstraße, die sich 2900 Kilometer weit durchs Land schlängelt, lädt zu einer romantischen Fahrt unter Bäumen ein. Am besten tuckert man auf Deutschlands längster Ferienstraße wie zu alten Zeiten entschleunigt über Land und bewundert die vorbeiziehenden Felder und Wälder. Nirgendwo sonst gilt in Deutschland so sehr: Der Weg ist das Ziel!

Hoch im Norden auf der Insel Rügen nimmt der Blättertunnel seinen Anfang. Vom Ostseebad Sellin führt die grüne Straße mit über hundert Jahre alten Bäumen zunächst nach Putbus und von dort zur ältesten Stadt Rügens, Garz, mit den Resten einer alten Ranenburg. An alten Fischerdörfern vorbei gelangt man zum Rügendamm bzw. zur Rügenbrücke, die zur Hansestadt Stralsund führen.

Manche sagen, zwischen Putbus und Altefähr, entlang der Alten Bäderstraße im Süden der Insel, verlaufe der schönste Teil der Deutschen Alleenstraße. Wenig Verkehr, wunderbare Landschaft und einzigartige Kulturdenkmäler, etwa der Schlosspark in Putbus, sorgen für Abwechslung und häufige Besichtigungspausen während der Fahrt.

Als Wind- und Wetterschutz ist die baumgesäumte Straße auf Rügen auch bei Radlern beliebt. Unter dem dichten Blätterdach von Buchen, Linden und Spitzahornbäumen fährt es sich wunderbar, im Hochsommer ist es immer angenehm schattig.

Im Herbst beeindrucken die Bäume entlang der Straße durch ein einmaliges Farbenspiel des bunten Laubes. Die Alleebäume sind jedoch nicht nur ein Blickfang, sie schützen auch die Felder links und rechts der Straße vor Erosion und wirken staubfilternd.

Info: Die Alleenstraße führt auf Rügen von Sellin nach Altefähr. **Info Deutsche Alleenstrasse:** www.alleenstrasse.com.

Die Deutsche Alleenstraße beginnt in Sellin auf Rügen und endet am Bodensee.

Unter Dampf zu Schloss und Strand

Fahrt mit dem Rasenden Roland zum Jagdschloss Granitz

Rügen, Mecklenburg-Vorpommern

Wer in Rügens Nordosten wohnt oder Urlaub macht, kennt das Geräusch: Es zischt und tuckert, dann erscheint ein kleines, grünes Bähnchen mit einer stattlichen Dampflokomotive vorweg. Der seit 1895 fahrende Rasende Roland ist eine Institution. Verlässlich zuckelt der Zug von Putbus oder Lauterbach zu den Ostseebädern Binz, Sellin, Baabe und Göhren. Auch am Jagdschloss Granitz (Baubeginn 1837, Architekt Johann Gottfried Steinmeyer) hält der hitzige Roland – ideal, um sich während der Fahrt die Beine zu vertreten. Was harmlos ausgedrückt ist angesichts des steilen Anstiegs vom Bahnhof zum markanten Schloss auf dem Tempelberg. Hat man es geschafft, sollte man erst einmal im Biergarten ein kühles Getränk nehmen, bevor ein weiterer Aufstieg beginnt.

Highlight ist nämlich im Inneren des 38 Meter hohen Mittelturms die Schinkeltreppe, die sich an der Turminnenwand emporwindet bis zur Aussichtsplattform auf 144 Metern Meereshöhe. Das schaffen nur Schwindelfreie, denn das gusseiserne Geländer sieht nicht sehr vielversprechend aus und der Blick in die Tiefe wird mit jedem Schritt beeindruckender. Aber keine Angst: Die Treppe mit ihren 154 Stufen hält schon seit 1845 und wird es auch noch viele Jahre länger tun. Oben belohnt eine fantastische Aussicht über die Insel, an guten Tagen sogar über den Bodden bis nach Greifswald.

Der Weg zurück zum Bahnhof sollte am Granitzhaus gegenüber vom Schloss vorbeiführen, wo eine interessante Ausstellung zum Biosphärenreservat Südost-Rügen die einzigartige Natur erklärt, die man soeben noch von oben überblickt hat.

Vom Bahnhof fährt alle ein bis zwei Stunden ein Zug – wenn man es gut anstellt, muss man also nicht lange warten, um vom Rasenden Roland an den Strand gebracht zu werden.

Der »Rasende Roland« gehört ebenso zu Rügen wie die Kreidefelsen.

Info Rasender Roland: Tel. (03 83 01) 88 40 12, www.ruegensche-baederbahn.de, Fahrplan vgl. Webseite. **Info Jagdschloss Granitz:** Bahn-Haltestelle »Jagdschloss«, alternative Anfahrt mit der Bimmelbahn ab Binz oder dem eigenem Pkw bis Großparkplatz Süllitz, Tel. (03 83 93) 667 10, www.jagdschlossgranitz.de, Öffnungszeiten Schloss Mai–Sept. tägl. 10–18, Okt., April tägl. 10–17, Nov.–März tägl. außer Mo 10–16 Uhr, Eintritt € 6, bis 18 J. frei. **Info Granitzhaus:** www.biosphaerenreservat-suedostruegen.de, Öffnungszeiten Juni–Sept. tägl. 10–18, Mai, Okt. tägl. 10–16 Uhr, Eintritt frei.

Das Nordkap Deutschlands

Kap Arkona

Rügen, Mecklenburg-Vorpommern

Eine beeindruckende Steilküste, Wind und Wetter trotzende Leuchttürme: Das gibt es nicht nur auf den Shetland-Inseln oder am Nordkap, sondern auch auf Rügen. Das Kap Arkona hoch im Norden auf der Halbinsel Wittow hat nicht nur den Charme einer wettergegerbten Windsbraut, es ist auch noch sagenumwoben mit Resten einer alten Tempelburg, einem Kultort der Ranen – Slawen, die hier einst ihren Gott Swantewit verehrten, bevor die Christen dem Treiben 1168 ein Ende setzen und die Burg rasierten.

Heute ist das Kap Arkona der beliebteste Ausflugsort ganz Rügens, vielleicht gerade wegen seiner Mischung aus Historie, Naturschönheit und Architektur. Es lohnt sich, die Leuchttürme näher zu erkunden, und wer einmal auf der Aussichtsplattform des Schinkelturms bei Windstärke 8 eine Runde gedreht hat, wird stolz von einem kleinen Abenteuer berichten können. Immerhin ist man nicht übers Geländer gepustet worden. Dieser älteste der drei Türme stammt noch aus dem 19. Jahrhundert, im Inneren befinden sich Ausstellungen zum Leuchtfeuerwesen und ein Standesamt für ein romantisches Jawort.

Kap Arkona mit dem Schinkelturm rechts und dem Leuchtfeuer Kap Arkona links.

Zeugnisse vom Zweiten Weltkrieg und der DDR-Marine gibt es natürlich auch: In der Nähe befindet sich der Marineführungsbunker und das Künstlerhaus am Kap Arkona ist im ehemaligen Marinesignalhaus untergekommen.

Leider kommt es an der Steilküste immer wieder zu gefährlichen Abbrüchen, weshalb die berühmte 230-stufige Königstreppe hinab zum Meer in 42 Metern Tiefe gesperrt werden musste. Sie wurde erstmals 1833 erbaut, um einen Zugang zu einem Schiffsanleger zu schaffen. 1995 nach historischem Vorbild neu errichtet, wird das Geländer jetzt von Möwen als Landeplatz genutzt. Davon gibt es am Kap nämlich mindestens genauso viele wie Menschen. Am Marinepeilturm sind die Reste des halbkreisförmigen doppelten Ringwalls der Jaromarsburg aus dem 6. Jahrhundert Zeugnisse der slawischen Besiedlung.

Info Kap Arkona: Am Parkplatz 1, 18556 Putgarten, Tel. (03 83 91) 130 37, www.kap-arkona.de. **Info Schinkelturm:** Öffnungszeiten Juni–Sept. tägl. 10–18/19 Uhr, Eintritt € 2. **Info Neuer Leuchtturm:** Öffnungszeiten Juni–Sept. tägl. 10–18/19 Uhr, Eintritt € 3. **Info Marinepeilturm:** Öffnungszeiten Juni–Sept. tägl. 10–18/19 Uhr, Eintritt € 3. **Info Marineführungsbunker:** Informationen zu Öffnungszeiten und Führungen beim Förderverein e. V. Kap Arkona, Tel. (03 93 91) 43 46 60.

UNESCO-Weltnaturerbe und Kreideküste

Nationalpark Jasmund und seine Buchenwälder

Rügen, Mecklenburg-Vorpommern

Die Mischung aus Kreidefelsen, Ostseeblick und dichtem Buchenwald ist eine wunderbare Erfindung der Natur und sie wird zu Recht von der UNESCO zu den erhaltenswertesten Naturerbestätten der Welt gezählt.

Wer es eilig hat, steuert den Parkplatz in Hagen an und nimmt den Shuttlebus in den Nationalpark zum Nationalpark-Zentrum. Genießer spazieren durch den Park entlang einiger Moore und des Herthasees zum Königsstuhl, dem größten Kreidefelsen Rügens.

Auf 118 Metern Höhe thront man wahrlich über dem Meer, schon Caspar David Friedrich war von dieser Sicht begeistert. Und so ist es nicht verwunderlich, dass der Nationalpark nach dem Kap Arkona das zweitbeliebteste Ausflugsziel auf Rügen ist. Vor allem das Nationalpark-Zentrum KÖNIGSSTUHL mit seiner sehr interessanten Ausstellung zieht Familien in den Bann, ist doch das Angebot mit vielen Mitmachstationen kindgerecht gestaltet.

Wem mehr nach Beschaulichkeit ist, der steuert die etwas weiter im Süden liegende Victoria-Sicht an – einen Kreidefelsen, der ebenfalls eine beachtliche Höhe vorweist und vor allem den Blick auf den Königsstuhl ermöglicht.

Einsame Wanderer nähern sich der geschützten Natur auf andere Art: Ein Hochuferweg führt von Sassnitz aus immer an der Steilküste entlang durch die Stubnitz genannte Waldlandschaft, die von Rotbuchen geprägt ist. Das Rascheln des Laubes vereint sich wunderbar mit dem Rauschen des Meeres weit unten. Unterwegs trifft man auf die Reste der Wissower Klinken, der bekanntesten Klippenformation, die 2005 abstürzte. Ganz in der Nähe hat 2017 das UNESCO-Welterbeforum eröffnet.

Die Kreidefelsen im Nationalpark Jasmund.

Es gibt auch ein paar Abstiege zum Ostseestrand am Fuße der Kreidefelsen, wo man auf Fossilienjagd gehen kann – beliebte Suchobjekte, die aber im Nationalpark verbleiben müssen. Aber Vorsicht: Am Kliff besteht Abbruchgefahr.

Info: Im Nordosten auf der Halbinsel Jasmund gelegen. **Info Nationalpark-Zentrum:** Stubbenkammer 2, 18546 Sassnitz, Tel. (03 83 92) 66 17 66, www.koenigsstuhl.com, Öffnungszeiten tägl. Ostern–Okt. 9–19, Nov.–Ostern 10–17 Uhr, Eintritt € 9,50, ermäßigt € 4,50, Familien € 20, Eintritt inkl. Shuttlebus ab Parkplatz € 12,50, Familien € 28.

Zwischen Feuchtgebieten und Feuersteinen

Naturerbe Zentrum Rügen

Rügen, Mecklenburg-Vorpommern

Zwischen dem Badeort Binz im Süden und der Schmalen Heide im Norden ist die Insel Rügen nur wenige Hundert Meter breit. Hier im Binzer Ortsteil Prora, zwischen Ostseestrand und Kleinem Jasmunder Bodden, liegt mit dem Naturerbe Zentrum Rügen ein Erlebnisraum der besonderen Art. Wo die Ökosysteme Wasser, Wald und Feuchtgebiete so unmittelbar aufeinandertreffen wie, lässt sich die Vielfalt der Natur besonders intensiv erleben, und genau darum geht es in diesem 2013 eröffneten Naturerbe Zentrum.

Ein Highlight ist der über einen Kilometer lange, barrierearme Baumwipfelpfad: Zwischen vier und 17 Meter über dem Boden schlängelt er sich durch die Baumkronen und bietet dabei nicht nur Einblicke in die Tier- und Pflanzenwelt, sondern lädt auch zum Mitmachen ein. So kann man z.B. beim Blick durch ein auf die Sehleistung eines Adlers eingestelltes Fernglas selbst zum »Adlerauge« werden. Unterwegs erklimmt man den 40 Meter hohen Aussichtsturm, der eine Buche umschließt, und genießt das beeindruckende Panorama aus Ostsee, Bodden und Wald.

Aussicht vom Turm des Naturerbe Zentrums.

Zahlreiche Lern- und Entdeckerstationen sowie Erlebnis- und Wechselausstellungen komplettieren das Angebot des Zentrums. Hier lässt sich die Entwicklung von der Raupe zum Schmetterling anhand eines Daumenkinos nachvollziehen, müssen Hindernisse überwunden und möglichst viele Punkte beim Insekten-Memory erzielt werden, sprühen die Funken im Feuersteinraum und informieren Texte, Fotos und Schautafeln über die Besonderheiten der Rügener Landschaft. Sogar seinen »Naturführerschein« kann man machen, an einer Comic-Rallye teilnehmen oder im NaturLabor eigene Experimente starten. Fest steht: Großen und kleinen Hobby-Biologen wird hier in Prora alles geboten, was das Herz begehrt, und das vor einer atemberaubenden Kulisse!

Info: An der Schmalen Heide bei Prora gelegen. **Info Naturerbe Zentrum Rügen:** Forsthaus Prora 1, 18609 Ostseebad Binz, Tel. (03 83 93) 66 22 00, www.nezr.de, Öffnungszeiten April, Okt. tägl. 9.30–18, Mai–Sept. tägl. 9.30–19, Nov.–März tägl. 9.30–16 Uhr, Eintritt € 11, ermäßigt € 8,50, bis 5 J. frei.

Preußische Perle am Meer

Putbus und Lauterbach

Rügen, Mecklenburg-Vorpommern

Blendend weiße Architektur, akkurate Wegführung und ein prachtvolles Badehaus – Putbus ist die Königin unter Rügens Orten. Im Schlosspark sucht man das Schloss zwar vergebens – es wurde zu DDR-Zeiten dem Erdboden gleichgemacht –, aber Orangerie, Affenhaus, Schlosskirche, Theater und Marstall lassen ahnen, wie es sich hier bei Hofe gelebt haben muss. Ene Ausstellung in der Alten Schmiede informiert über »Zeitreise Putbus«.

Malte von und zu Putbus schenkte der einstigen slawischen Siedlung Pod Bosz (slawisch »hinter dem Busch«) Anfang des 19. Jahrhunderts ihr heutiges Aussehen mit einheitlich klassizistischer Anlage nach Vorbild der Badeorte Bad Doberan und Heiligendamm.

Der Herrscher beauftragte dafür als Architekten Johann Gottfried Steinmeyer, einen Studienfreund des Baumeisters Karl Friedrich Schinkel. Steinmeyer ließ strahlenförmig Alleen anlegen, die sich am Circus vereinen, einem von 16 weißen Kavaliershäusern gesäumten Platz, weltweit einmalig und das Herzstück von Putbus. Rosenstöcke zieren das Ensemble und in der Mitte thront ein Obelisk, auf den acht eichengesäumte Kieswege zulaufen. Mehr geometrische Finesse geht kaum.

Das von Steinmeyer klassizistisch umgebaute Barockschloss kann man, wie gesagt, nicht mehr bewundern, ein Gang durch den Schlosspark ist aber immer noch ein Vergnügen. Beim prachtvollen Rosengarten lockt das Rosencafé mit herrlichen Torten und Sonnenterrasse.

Außerdem ließ Wilhelm Malte I. 1817/18 im drei Kilometer entfernten Lauterbach das Badehaus Goor errichten, in dem heute ein Hotel untergebracht ist. Im kleinen Hafen von Lauterbach liegt das Räucherschiff »Berta«

Einmaliges Rondell: der Circus in Putbus.

und von hier aus starten Schiffsausflüge etwa nach Vilm, auf die ehemalige Urlaubsinsel des Ministerrats der DDR.

Die Bahnhöfe von Lauterbach und Putbus sind Haltepunkte des Rasenden Rolands und musikalischer Höhepunkt des Jahres sind die Putbus-Festspiele rund um Pfingsten.

Info: Im Südosten der Insel Rügen gelegen. **Info Putbus:** Tourist Information, Alleestr. 2, 18581 Putbus, Tel. (03 83 01) 431, www.ruegen-putbus.de. **Info Rosencafé:** Bahnhofstr. 1, Tel. (03 83 01) 88 72 90, www.rosencafe-putbus.de, Öffnungszeiten tägl. 11–18 Uhr. **Info Badehaus Goor:** Fürst-Malte-Allee 1, 18581 Lauterbach, Tel. (03 83 01) 882 60, www.hotel-badehaus-goor.de, Öffnungszeiten Restaurant tägl. ab 17.30 Uhr. **Info Putbus-Festspiele:** www.putbus-festspiele.com.

Spannendes Theater auf See

Störtebeker Festspiele Ralswiek

Rügen, Mecklenburg-Vorpommern

So echt wirken Dramen selten: Ein Stück, das auf See spielt, wird exakt dort aufgeführt! Europas schönste Seebühne am Großen Jasmunder Bodden auf Rügen ist ein beeindruckendes Beispiel dafür, wie erfolgreich gute Ideen sein können, wenn sie in die Tat umgesetzt werden. Über 4500 Zuschauer sehen sich im Schnitt eine Aufführung an, 150 Darsteller, 30 Pferde und vier Schiffe sind Teil des Geschehens, das sich hier seit 1959 – mit einigen Unterbrechungen – im Sommer abspielt.

Etliche der Theaterabende, die von Mitte Juni bis Anfang September stattfinden, sind ausverkauft, und viele Zuschauer sind mit den Jahren Stammgäste geworden, denn seit 1993 steht jährlich ein neues Stück auf dem Programm. Im Zentrum des Geschehens: Klaus Störtebeker, der hier ganz in der Nähe das Licht der Welt erblickt haben soll. Dieses Raubein der nordischen Meere hat so viele Abenteuer erlebt, dass es nicht schwerfällt, jeden Sommer auf der Bühne etwas Neues zu erzählen. Schiffe werden gekapert, Störtebeker flieht, es fliegen Kanonenkugeln und irgendwo muss auch noch eine schöne Maid gerettet werden. So vergeht der Abend im Flug. Apropos, die Greifvogelschau vor dem Theater sollte man nicht verpassen. Adler und Bussarde kreisen majestätisch über der Freiluftarena; ein Falkner erklärt Interessantes über die Lebensweise der Tiere.

Wer das Drama nicht aus nächster Nähe zu sehen braucht, setzt sich auf die Terrasse von Schloss Ralswiek oben auf der Anhöhe. Von dort hat man einen passablen Blick auf die Seebühne und bekommt einen Eindruck davon, wie es früher einmal zuging – hier auf dem Meer und anderswo.

Info: Ralswiek liegt am Großen Jasmunder Bodden. **Info Störtebeker Festspiele:** Am Bodden 100, 18528 Ralswiek, Tel. (038 38) 311 00, www.stoertebeker.de, Mitte Juni–Anfang Sept. tägl. außer So 20 Uhr, Adlerschau während der Aufführungstage um 18 Uhr, allabendliches Feuerwerk am Ende der Vorstellung.

Anlässlich der Störtebeker Festspiele lässt man es in Ralswiek gewaltig krachen.

Märchenschloss mit Hausgeist

SCHLOSS SCHWERIN

Schwerin, Mecklenburg-Vorpommern

Die Hausherren des Schlosses Schwerin haben im Laufe seiner langen Geschichte häufig gewechselt. Einer jedoch blieb dem Anwesen von Beginn an treu: In den riesigen Kellergewölben haust bis heute das Petermännchen und wacht über das Schloss. Seit über 1000 Jahren lebt der kleine Kobold auf der Insel mitten im Stadtzentrum. Auf den Ruinen einer slawischen Festung erbaut, erlebte das Gemäuer eine bewegte Geschichte, z. B. den großen Brand im Jahr 1160, den Fürst Niklot eigenhändig entfachte, um sein Anwesen nicht Heinrich dem Löwen überlassen zu müssen. Selbst der berühmte Feldherr Wallenstein hat hier schon genächtigt und soll dabei unliebsame Bekanntschaft mit dem Petermännchen gemacht haben, das mit dem ungebetenen Gast so gar nicht einverstanden war und ihn durch nächtlichen Spuk nicht nur aus dem Schloss, sondern direkt ganz aus Schwerin vertrieb. Grafen und Großherzöge sah das Petermännchen kommen und gehen, sie alle veränderten die Schlossanlage nach ihren Vorstellungen. Mitte des 19. Jahrhunderts erhielt das Gebäude sein wahrhaft märchenhaftes Äußeres, es wurde nach den Plänen des französischen Renaissanceschlosses Chambord umgebaut.

Blick auf den Schweriner Marktplatz und Schloss Schwerin im Hintergrund.

Heute hat u.a. der Landtag von Mecklenburg-Vorpommern seinen Sitz im Schloss Schwerin und auf drei Etagen präsentiert das Staatliche Museum Schwerin seine Schätze.

In der Beletage des Schlossmuseums geben die großherzoglichen Wohn- und Gesellschaftsräume von Friedrich Franz II. und seiner ersten Gemahlin Auguste aus dem 19. Jahrhundert einen Einblick in das Leben des Adels. Die Festetage beherbergt die Arbeitsräume des Großherzogs und auch die Prunksäle wie den Thronsaal und die Ahnengalerie. In den ehemaligen Kinderzimmern ist eine Porzellansammlung bedeutender Manufakturen wie Meissen zu besichtigen.

Der Schlosspark ist in zwei Teile gegliedert: Direkt am Schloss liegt der Burggarten, eine nach dem Vorbild römischer Terrassengärten gestaltete Anlage. Über eine historische Drehbrücke mit gusseisernem Geländer gelangt man in den Schlossgarten. Das Kernstück ist die kreuzförmige Barockanlage, die später teilweise in einen englischen Landschaftsgarten umgestaltet wurde.

Ein Mal im Jahr kommt auch der Alte Garten auf dem Festland zu besonderen Ehren – während der Schweriner Schlossfestspiele.

INFO: Schwerin liegt im Westen von Mecklenburg-Vorpommern. **INFO STAATLICHES MUSEUM SCHWERIN:** Schlossmuseum, Lennéstr. 1, 19053 Schwerin, Tel. (03 85) 525 2920, www.museum-schwerin.de, Öffnungszeiten Di–So April–Okt. 11–18, Nov.–März 11–17 Uhr, Eintritt € 8,50, ermäßigt € 6,50, unter 18 J. frei. **INFO SCHLOSSFESTSPIELE:** www.theater-schwerin.de.

Das Tor zu Rügen

Stralsunds historische Altstadt

Stralsund, Mecklenburg-Vorpommern

Die politische Wende brachte Stralsund auch die städtebauliche: Wo zuvor der alte Stadtkern etwa durch Plattenbausiedlungen verschandelt war, wurde gründlich aufgeräumt. Mit Erfolg: Seit 2002 gehört die alte Hansestadt zum UNESCO-Welterbe. Man fühlt sich ein bisschen wie in einem großen Freilichtmuseum, während man durch die Altstadt läuft, deren historische Gassen vom Rot der mittelalterlichen Backsteinbauten geprägt sind. Von über 800 denkmalgeschützten Häusern stehen allein 526 als Einzeldenkmal ausgewiesene in der Altstadt. Sie bieten ein eindrucksvolles Zeugnis der politischen und wirtschaftlichen Bedeutung der Hansestadt und ihres außerordentlichen Reichtums.

Stralsund liegt an der Meerenge Strelasund und wird auch als Tor zur Insel Rügen bezeichnet. Als Startpunkt für eine Stadtbesichtigung bietet sich natürlich der Alte Markt mit seinem imposanten Rathaus an. Das Wahrzeichen von Stralsund ist einer der bedeutendsten Profanbauten der norddeutschen Backsteingotik des Ostseeraums und zeigt mit seinem prächtigen Schaugiebel, welches Selbstbewusstsein die Stralsunder Bürger gegenüber der Kirche hatten. Ganz dicht dabei beeindruckt die Nikolaikirche, neben der Marien- und der Jakobikirche eine der drei großen mittelalterlichen Backsteinkirchen der Stadt und zugleich die älteste. Auch das Wulflamhaus ist am Alten Markt zu finden, ein wunderschönes Giebelhaus. Ein weiteres Beispiel gotischer Baukunst ist das Scheelehaus in der Fährstraße. Hier kam 1742 Carl Wilhelm Scheele zur Welt, der Entdecker u. a. des chemischen Elements Sauerstoff.

Das Rathaus von Stralsund zählt zu den bedeutendsten Profanbauten der Backsteingotik im Ostseeraum.

Nicht zu vergessen: das Deutsche Meeresmuseum in der frühgotischen Kirche des Katharinenklosters. Auch ein Blick in den Hafen lohnt sich. Neben schicken Yachten und dem Museum Ozeaneum liegt hier die »Gorch Fock« von 1933 vor Anker, das erste Segelschulschiff dieses Namens; zwischenzeitlich diente sie als »Towaritschsch« in der sowjetischen Marine. Die »Gorch Fock« ist zu besichtigen und heiraten kann man auf ihr auch. Vom Hafen aus gut zu sehen ist die moderne, 2007 eröffnete Rügenbrücke, die das Verkehrschaos bei der Überquerung des Strelasunds mildert.

Wem nach so vielen Eindrücken – die noch längst nicht alle Schönheiten von Stralsund wiedergeben – die Puste ausgeht, der kann sich u. a. in den Wulflamstuben gastlich niederlassen.

Info Stralsund: Tourismuszentrale der Hansestadt Stralsund, Alter Markt 9, 18439 Stralsund, Tel. (038 31) 25 23 40, www.stralsundtourismus.de. **Info Wulflamstuben:** Alter Markt 5, Stralsund, Tel. (038 31) 29 15 33, www.wulflamstuben.de, Öffnungszeiten tägl. ab 11 Uhr, Preise auf Anfrage.

Meer bestaunen

Ozeaneum

Stralsund, Mecklenburg-Vorpommern

Das Stralsunder Ozeaneum – ein Naturkundemuseum mit Schwerpunkt Meer – öffnete 2008 seine Türen und ist seither Besuchermagnet. Riesige Aquarien und ihre Bewohner geben einen Einblick in die faszinierenden Lebensräume von Ostsee, Nordsee und Atlantischem Ozean. Das größte Becken, Herzstück des Museums, heißt »Offener Atlantik« und fasst 2,6 Millionen Liter Wasser. Auf zwei Ebenen tummeln sich hier Makrelenschwärme, Rochen, Zackenbarsche und Drückerfische – und die zweieinhalb Meter lange Sandtigerhaidame Niki. Sie kam 2012 nach Stralsund, nachdem ihr das alte Zuhause – ein Becken im Berliner Aquarium – zu klein geworden war. Mit ihrer nach vorne gekippten, ständig sichtbaren Zahnreihe sorgt sie bei Besuchern für einen gewissen Gruseleffekt. Dabei wäre das Haiweibchen für Menschen auch in freier Natur völlig harmlos, denn Sandtigerhaie ernähren sich ausschließlich von kleineren Fischen und Krebsgetier. Niki hat den Ozean übrigens nie kennengelernt. Sie kam auf einem japanischen Fischmarkt zur Welt und von dort sofort in den Zoo. Wer bei einer Fütterung dabei sein möchte, sollte montags, mittwochs oder freitags um jeweils 11 Uhr vor Ort sein.

Unter Niki, in der »Tiefetage« des Stralsunder Atlantikbeckens, wird Meeresgrund simuliert. Dort bietet ein Pottwalskelett den Ammenhaien, die gern in Bodennähe unterwegs sind, perfekten Wohnraum.

Spannend geht es aber auch in den Nord- und Ostseeaquarien zu. Hier tummeln sich die giftigen Petermännchen-Fische im flachen Wattenmeerbecken, dort schießen Hornhechte wie silbrig glänzende Pfeile durchs Wasser. Weitere Highlights sind die schottische Küstenhöhle und der Helgolandtunnel mit einer beeindruckenden Schau auf die einzigartige Unterwasserwelt rund um die einzige deutsche Hochseeinsel.

Fütterung der Humboldt-Pinguine auf dem Dach des Ozeaneums.

Zu den Publikumslieblingen gehören die Humboldt-Pinguine, die auf der Dachterrasse des Ozeaneums einquartiert wurden. In der Natur ist die Art bedroht. Die Stralsunder Pinguine, die allesamt in Zoos geboren wurden, haben zur Freude der Meeresbiologen in ihrer kleinen, geschützten Welt schon mehrere Küken ausgebrütet. Täglich um 12 Uhr ist Fütterung.

Das Ozeaneum war Europas Museum des Jahres 2010.

Info: Am Hafen von Stralsund gelegen. **Info Ozeaneum:** Hafenstr. 11, 18439 Stralsund, Tel. (038 31) 265 06 10, www.ozeaneum.de, Öffnungszeiten tägl. Juni–Sept. 9.30–20, Okt.–Mai 9.30–18 Uhr, Eintritt € 17, ermäßigt € 8.

Deutschlands zweitgrößte Insel

Usedom

Usedom, Mecklenburg-Vorpommern

Was verbindet Usedom mit Irland und Zypern? Es ist eine der letzten geteilten Inseln Europas. Der flächenmäßig größere Teil Usedoms gehört zu Mecklenburg-Vorpommern, der östliche Teil seit 1945 zu Polen. Urlauber und Einwohner preisen Usedom als Wellness-Insel, als Sonnen- oder Sommerinsel. Zutreffend sind alle drei Bezeichnungen, gilt doch das Eiland vor dem Stettiner Haff als eine der sonnenreichsten Gegenden Deutschlands mit einer extrem hohen Dichte an Wellnesshotels sowie als Baderegion, die schon im 19. Jahrhundert vor allem den Adel anzog.

Traditionelles Wohnhaus im Lieper Winkel, im Achterland Usedoms.

In dieser Zeit entstanden zahlreiche prächtige Sommerresidenzen. Typisch sind die Villen im neoklassizistischen Stil mit Säulen, Veranden, Loggien und großen Fenstern vor allem in den sogenannten Kaiserbädern Ahlbeck, Heringsdorf und Bansin.

Im Hinterland bieten Wiesen und Wälder Gelegenheit zu ausgedehnten Spaziergängen und Fahrradtouren, bei denen sich Störche und Seeadler beobachten lassen.

Alte Gehöfte, kleine Dörfer mit Künstlerateliers und auch eine Holländerwindmühle säumen die mitunter hügeligen Wege. Die sogenannte Kulturmühle (Baujahr 1823) befindet sich in Benz nahe Heringsdorf. Dort finden Lesungen statt und im Backhaus kann man einen Imbiss zu sich nehmen. Der Blick vom Mühlenberg geht weit über Land und die Beschaulichkeit und ländliche Idylle Vorpommerns ist hier sehr reizvoll. In Benz steht auch die Kirche, die der US-amerikanische Maler Lyonel Feininger vor rund hundert Jahren in zahlreichen Werken porträtierte und so weltberühmt machte.

Nicht verpassen: die Usedomer Landzunge Lieper Winkel zwischen Peenestrom und Achterwasser. Hier gibt es selbst im Hochsommer einsame Wege und idyllische Natur. Der Weg zu den Sandstränden an der Ostsee ist dennoch niemals besonders weit.

Ein Abstecher auf die polnische Seite Usedoms lohnt sich übrigens: Dort lockt noch weit mehr einsame Natur, etwa im Nationalpark Wolin mit herrlichen Wald- und Dünenlandschaften. Auch die Hafenstadt Swinemünde lädt zum Erkundungsbesuch ein, am besten zu Fuß: Die grenzüberschreitende Strandpromenade von den Kaiserbädern aus führt direkt dorthin.

Info: Die Wolgaster und die Zecheriner Brücke führen auf die Insel. **Info Usedom:** Usedom Tourismus GmbH, Hauptstr. 42, Seebad Koserow, Tel. (03 83 75) 24 41 44, https://usedom.de. **Info Kulturmühle Benz:** 17429 Benz, www.kulturmuehle-benz.de, April–Okt. Di–So 10–17 Uhr.

Nazierbe als Museum

Historisch-Technisches Museum

Usedom, Mecklenburg-Vorpommern

In Peenemünde auf Usedom wird neuere deutsche Geschichte lebendig: Hier ließen die Nazis einst die V-Raketen produzieren. Die Lage prädestinierte den entlegenen Ort für Probeabschüsse von Raketen. Startete man nämlich von der Nordspitze Usedoms eine Rakete in Richtung Osten, blieb die Flugstrecke komplett über dem Meer. Gleichzeitig konnte man aber den Flug der Rakete von Beobachtungspunkten entlang der Küste genau verfolgen.

Das Historisch-Technische Museum ist das größte und zugleich beeindruckendste Museum der Insel. In den ehemaligen Heeresversuchsanstalten der Nazis ist heute ein Informationszentrum untergebracht. Die Ausstellung zeigt sowohl den technischen Aspekt bei der Entwicklung der V1- und V2-Raketen als auch die politischen Dimensionen der Raketenfabrik. Die V-Raketen, bei denen das »V« im Namen für »Vergeltung« stand, hatten zwar keine kriegsentscheidende militärische Bedeutung, töteten aber Zehntausende Menschen.

Der Waffenproduktionsprozess der damaligen Zeit wird in der Ausstellung aus seiner technischen Anonymität herausgeholt, indem Lebensgeschichten von Menschen nachgezeichnet werden, die damals hier arbeiteten bzw. arbeiten mussten – angefangen von Leiter Wernher von Braun, der später in den USA eine glänzende Karriere machte, über Mitglieder des Wachpersonals bis hin zu KZ-Arbeitern, die bei ihrer Fronarbeit in Peenemünde ums Leben kamen.

Ein kleiner Teil der Ausstellung widmet sich dem Thema Raketenforschung ganz allgemein – von den Anfängen bis in unsere Zeit. Auf dem Freigelände stehen originalgetreue Modelle der V1 und V2. Außerdem zu sehen sind aus dem Nachlass der DDR-Armee einige Hubschrauber und Jagdflugzeuge des Typs MIG.

Das Kraftwerk der ehemaligen Peenemünder Versuchsanstalten mit Aussichtsplattform auf dem Dach ist das größte technische Denkmal in Mecklenburg-Vorpommern und kann besichtigt werden.

Ein vom Museum ausgehender und ausgeschilderter Rundweg führt zu 23 authentischen Orten auf dem etwa 25 Quadratkilometer großen Areal der ehemaligen Versuchsanstalten, Informationstafeln weisen etwa auf die Lage des KZ-Arbeitslagers Karlshagen I hin, auf Luftschutzbauten, Bunkeranlagen, Flugplatz und Gleisanlagen.

Info: Peenemünde ist die nördlichste Gemeinde Usedoms. **Info Historisch-Technisches Museum:** Im Kraftwerk, 17449 Peenemünde, Tel. (03 83 71) 50 50, https://museum-peenemuende.de, Öffnungszeiten tägl. April–Sept. 10–18, Okt.–März 10–16 Uhr, Nov.–März Mo geschl., Eintritt € 9, ermäßigt € 6.

Das Freigelände des Historisch-Technischen Museums Peenemünde, links das Modell einer A4-Rakete (V2).

Immer am Strand lang

Kaiserbäder und Strandpromenade

Usedom, Mecklenburg-Vorpommern

Einst Badeort des Kaisers und der Aristokratie, lockt Heringsdorf heute mit seinem großen Freizeitangebot, seinem langen Strand und den unzähligen Übernachtungsmöglichkeiten Gäste jeglicher Couleur. Heringsdorf ist nicht nur durch eine fast neun Kilometer lange Strandpromenade mit seinen Nachbarorten Ahlbeck und Bansin verbunden. Auch verwaltungstechnisch bilden sie eine Einheit und firmieren als die Dreikaiserbäder.

Kaiserbad Bansin, geprägt von imposanten kaiserzeitlichen Villen aus der Zeit um 1900.

Trotzdem hat jeder Ort seinen eigenen Charakter. Heringsdorf ist dabei die größte und auch mondänste der drei Gemeinden. Hier machte die Prominenz gern Urlaub: Kaiser Wilhelm II., aber auch Johann Strauß, Lyonel Feininger, Thomas Mann, Maxim Gorki und Theodor Fontane waren in Heringsdorf zu Gast.

Die Villen, in denen die Berühmtheiten wohnten, gehören heute zu den großen Sehenswürdigkeiten des Ortes. Im beschaulichen Ahlbeck ist die Seebrücke der Hauptanziehungspunkt. Als erstes deutsches Seebad erhielt Bansin 1923 die Freibade-Erlaubnis: Gäste durften in Badekluft vom Hotel über die Promenade zum Strand gehen. Bis dahin wurde nur in abgeteilten Badeanstalten gebadet, wo man mit einem Badekarren in die Ostsee gezogen wurde. In Bansin sind diese Umkleidewagen heute noch zu sehen.

Alle drei Orte punkten gleichermaßen mit ihrem breiten und langen Sandstrand. An ihm entlang führt die Promenade, die die Dreikaiserbäder verbindet. Zur Landseite hin reiht sich eine Prunkvilla an die andere – so manche beherbergt heute ein Restaurant oder Hotel.

Wer nicht die ganze Strecke zu Fuß gehen will, kann sich auch mit dem Leihfahrrad auf den Weg machen. Mit den Fahrrädern von UsedomRad sind auch Einwegstrecken möglich, sodass man den Hinweg spazieren und den Rückweg mit dem Rad zurücklegen kann. Aber auch eine Mitnahme in den UBB-Zügen ist möglich.

Info: Die Promenade führt auf Usedom von Bansin bis ins polnische Swinemünde. **Info Bansin:** Tourist Information, An der Seebrücke, 17429 Seebad Bansin, Tel (03 83 78) 470 50, www.kaiserbaeder-auf-usedom.de. **Info Heringsdorf:** Tourist Information, Delbrückstraße 69, 17424 Seebad Heringsdorf, Tel. (03 83 78) 24 51. **Info Ahlbeck:** Tourist Information, Dünenstr. 45, 17419 Seebad Ahlbeck, Tel. (03 83 78) 49 93 50.

Loriot war auch schon da

Seebrücke Ahlbeck

Usedom, Mecklenburg-Vorpommern

Mitte des 19. Jahrhunderts entdeckte das Seebad Ahlbeck auf der Insel Usedom den Tourismus. Die ersten Gäste waren Tagesausflügler aus dem benachbarten Swinemünde. Aber bald schon mieteten sich die Reisenden auch bei den Ahlbecker Fischern ein und ein Hotel öffnete seine Pforten. Nun musste der Ort seinen Besuchern etwas bieten. Deswegen baute man 1882 eine Aussichtsplattform mit hölzernen Aufbauten für ein Freiluftrestaurant und eine Bühne.

Als immer mehr Sommerfrischler kamen, brauchte man einen Schiffsanleger. So beschloss man 1898, die Plattform zu einer Seebrücke mit einem 170 Meter langen Seesteg zu verlängern. Heute ist die Ahlbecker Seebrücke die älteste ihrer Art in Kontinentaleuropa.

Noch aber waren die Bauarbeiten an der Seebrücke nicht beendet: 1930 bekam sie ihr Holzdach mit den charakteristischen vier Türmchen. Eigentlich hatte die Seebrücke damit im Wesentlichen schon das Aussehen von heute – aber nicht für lange. Denn im Winter 1941/42 zerquetschten Eismassen den Anleger, der erst viele Jahre später wieder aufgebaut wurde.

Heute ist der Anleger 280 Meter lang, ansonsten aber hat sich wenig verändert. Der Holzpavillon am Beginn der Seebrücke beherbergt nach wie vor ein Restaurant. Die Seebrücke war auch schon Schauplatz mehrerer Filmdrehs, so auch 1991, als hier Vicco von Bülow, besser bekannt als Loriot, einige Szenen für seinen Film »Pappa ante Portas« drehte.

Info: Ahlbeck ist das südlichste Ostseebad Usedoms. **Info Seebrücke:** Tourist Information Ahlbeck, Dünenstr. 45, 17419 Ahlbeck, Tel. (03 83 78) 49 93 50, www.kaiserbaeder-auf-usedom.de.

Erbaut 1898: die Seebrücke von Ahlbeck auf Usedom.

Deutsch-schwedischer Spielball

Altstadt von Wismar

Wismar, Mecklenburg-Vorpommern

Die Farben der Hanse waren Rot und Weiß. Die Stadtwappen von Bremen, Hamburg, Lübeck und Köln tragen heute noch die Farben des mittelalterlichen Handelsverbunds. Aber auch kleinere Städte spielten in der Hanse eine wichtige Rolle. Bestes Beispiel: Wismar, dessen historische Altstadt seit 2002 zum UNESCO-Welterbe zählt. 1229 gegründet, 1267 abgebrannt und viel schöner und nobler wiederaufgebaut: Wismar war dank der Einnahmen durch die Hansemitgliedschaft in der Lage, seine Altstadt aus Stein – damals ein Zeichen von Reichtum – wieder hochzuziehen.

Alte Häuser im neuen Farbkleid in der Altstadt von Wismar.

Die Grube, ein durch Wismar führender Kanal, diente damals als Trink- und Brauchwasserreservoir der Bewohner, besonders die Brauer bedienten sich daraus. Allerdings wurde Tage vor dem neuen Brauvorgang die Anordnung erlassen, keine Abfälle mehr in die Grube zu leiten, denn das Bier sollte das sauberste Getränk der Stadt bleiben.

Geprägt wird das Bild Wismars durch die Backsteingotik, seit Jahrhunderten drückt sie der Stadt ihren Stempel auf. Ein Paradebeispiel dieser Architekturform ist die St.-Georgen-Kirche, eines von sechs Gotteshäusern der mittelalterlichen Stadt. Leider wurde sie im Zweiten Weltkrieg stark beschädigt, ab 1990 fand der Wiederaufbau statt. Inzwischen gibt es auch eine Aussichtsplattform, die mit einem Fahrstuhl zu erreichen ist. Der Hochaltar von St. Georgen, ein vierflügeliger Schnitzaltar, steht heute in der Nikolaikirche, ebenso das Triumphkreuz. Auch die Nordmänner haben in Wismar ihre Spuren hinterlassen, denn von 1632 bis 1803 befand sich Wismar in schwedischer Hand. Nach einer verheerenden Explosion errichteten die Schweden 1700 ein neues barockes Zeughaus. Dieser Bau ist ein wahres Meisterwerk architektonischer Kunstfertigkeit, denn durch eine besondere Konstruktion wird der Dachstuhl trotz seiner imposanten Größe von immerhin 60 mal 15 Metern ohne zusätzliche Abstützung nur von den Außenmauern getragen.

1881 wurde in Wismar Geschichte geschrieben, Warenhausgeschichte zumindest: Rudolph Karstadt legte in der Krämergasse/Ecke Lübsche Straße mit einem Angestellten den Grundstein für seinen späteren Konzern.

Dass Wismar eine bedeutende Hansestadt war, wurde nicht zuletzt durch den Fund einer 31 Meter langen Kogge von 1354 in der Wismarbucht vor der Insel Poel deutlich. Sie ist das bislang größte gefundene Schiff aus der Hansezeit. 200 Tonnen war ihre Ladekapazität, eine Nachbildung liegt im Wismarer Hafen und mit ihr lässt sich auch zu einem maritimen Ausflug in See stechen.

Info: Wismar liegt 60 km westlich von Rostock. **Info Wismar:** Tourist Information, Lübsche Str. 23 A, 23966 Wismar, Tel. (038 41) 194 33, www.wismar.de.

Ostfriesische Inseln
Borkum
Juist
Norderney
Langeoog
Spiekeroog
Wangerooge
Neuwerk
Alte Mellum
Norden/Norddeich
Wilhelmshaven
Emden
Ems-Jade-Kanal
Ostfriesland
Varel
Cuxhaven
Bremerhaven
Weser
Stade
Buxtehude
Oste
HAMBURG
Geesthacht
Lüneburg
Elbe
Buchholz
Worpswede
Wümme
Rotenburg
BREMEN
Oldenburg
Leer
Leda
Ems
Papenburg
Küstenkanal
Soeste
Delmenhorst
Lüneburger Heide
Soltau
Walsrode
Verden
Uelzen
Elbe-Seiten-Kanal
Salzwedel
Cloppenburg
Vechta
Hunte
Emsland
Meppen
Hase
Lingen
Nordhorn
Bramsche
Dümmer
Aue
Nienburg
Hodenhagen
Steinhuder Meer
Leine
Celle
Kloster Wienhausen
Gifhorn
Oker
Wolfsburg
Osnabrück
Mittellandkanal
HANNOVER
Bad Nenndorf
Braunschweig
Königslutter
Wolfen-büttel
Schöningen
Fuhse
Hildesheim
Hameln
Aerzen
Alfeld
Goslar
Harz
Bad Harzburg
Holzminden
Osterode
St. Andreasberg
Bad Lauterberg
Göttingen
Hannoversch Münden
Duderstadt
Teutoburger Wald
NIEDER-LANDE
Groningen
Emmen
Almelo
Enschede
Rheine
Dortmund-Ems-Kanal
Minden
Bad Salzuflen
Bielefeld
Münster
Coesfeld
Gütersloh
Bocholt
Kleve
Recklinghausen
Gelsenkirchen
Herne
Bottrop
ESSEN
DÜSSELDORF
Venlo
Hagen
Iserlohn
Unna
Hamm
Lippstadt
Soest
Möhne
Möhnestausee
Ruhr
Rhein
Paderborn
Höxter
Warburg
Diemel
Kassel
Nordhausen
Halberstadt
Bode
Staßfurt
Aschersleben
Dessau
Wipper
Saale
Magdeburg
Haldensleben
Weser-Elbe-Kanal
Elbe-Havel-Kanal
Ohre
Gardelegen
Stendal
Rathenow
Ludwigslust
Parchim
Schwerin
Schweriner See
Ratzeburger See
Elbe-Lübeck-Kanal
Lübeck
Wismar
Bützow
Warnow
IJssel
Berkel
0 25 km

Sonnenuntergang über dem Wattenmeer Ostfrieslands.

NIEDERSACHSEN

Ein Meilenstein der Moderne

Fagus-Werk

Alfeld, Niedersachsen

Klare Linien, schnörkellose Eleganz, Wände aus gläsernen Quadraten: Mit dem Hauptsitz der Firma Benscheidt in Alfeld an der Leine erschuf Architekt Walter Gropius im Jahr 1911 eines der wichtigsten und einflussreichsten Bauwerke des frühen 20. Jahrhunderts. Eine Fabrik für Schuhleisten sollte es werden und herausgekommen ist das Fagus-Werk: eine Inkunabel der Moderne, seit 2011 in den Rang eines UNESCO-Weltkulturerbes aufgestiegen. »Fagus« ist übrigens der lateinische Begriff für »Buche« – und aus Buchenholz werden die Schuhleisten hier produziert.

Hier wurden einst Schuhleisten produziert: Fagus-Werk in Alfeld.

Der Firmengründer Carl August Benscheidt (1858–1947), selbst ein Pionier in seinem Fach, erwählte sich mit seinem Architekten einen ebenso begabten Querdenker. Ein Bau wie der in Alfeld, in leichter Skelettbauweise und mit lichtdurchlässigen Vorhangfassaden, war in den Jahren vor dem Ersten Weltkrieg etwas völlig Neues. Zwar gab es größere Konstruktionen aus Metall und Glas schon länger, z. B. den berühmten Londoner Kristallpalast, geschaffen zur Weltausstellung von 1851. In der Industriearchitektur war so etwas bis dato jedoch kaum versucht worden. Mit seinem Alfelder Bau setzte Gropius ein Zeichen: Eine Fabrik muss kein düsterer und deprimierender Arbeitsplatz sein, wenn die Architektur für Helligkeit, Leichtigkeit und Transparenz sorgt.

Beim Bau des Fagus-Werks verband Gropius die Grundlagen der Metall- und Glaskonstruktionen mit jenen nüchtern-funktionalistischen Gestaltungsprinzipien, die ein Jahrzehnt später das Bauhaus und die Neue Sachlichkeit prägen sollten und die bis heute nachwirken.

Berühmte Architekten wie Le Corbusier, Ludwig Mies van der Rohe und Oscar Niemeyer wurden von ihnen beeinflusst. Doch den Beginn dieser Tradition markiert eine Fabrik in Alfeld, in der bis heute Schuhleisten hergestellt werden.

Im ehemaligen Lagerhaus informiert eine Ausstellung auf fünf Etagen über die Architektur und den Welterbestatus der Anlage, über die Fagus-Unternehmensgeschichte, die Schuhmode der letzten hundert Jahre und Holzwerkstoffe. Eine Galerie zeigt Kunstausstellungen. Im alten Spänehaus bietet ein multimediales Besucherzentrum Informationen zu nationalen und internationalen UNESCO-Welterbestätten.

Info: Alfeld liegt ca. 50 km südlich von Hannover. **Info Fagus-Werk:** Hannoversche Str. 58, 31061 Alfeld, Tel. (051 81) 794 85, www.fagus-werk.com, Ausstellungen tägl. 10–16, April–Okt. bis 17 Uhr, Führungen Sa/So 13, April–Okt. auch So 11 Uhr, Eintritt € 7, ermäßigt € 6, Führung € 5 zusätzlich.

Prachtvolles Bauwerk der Weserrenaissance

SCHLOSSHOTEL MÜNCHHAUSEN

Aerzen, Niedersachsen

Kunstvoll verzierte Giebel, geräumige Stand-Erker, anmutige Fassaden aus Natursteinquadern – die Schlösser, Burgen und Herrenhäuser im Stil der Weserrenaissance, die im 16. und 17. Jahrhundert entlang der Weser erbaut wurden, sind beeindruckende Zeugen einer prachtvollen Zeit. Eines der bedeutendsten Bauwerke dieser Epoche steht in Aerzen bei Hameln und beherbergt heute ein Fünf-Sterne-Superior-Hotel. Erbaut wurde es 1570 als Wasserschloss von Hilmar Baron von Münchhausen, der ein Vorfahre des bekannten Lügenbarons war. 2002 erwarben Ursula und Friedrich Popken (die Inhaber der Modeboutiquenkette »Ulla Popken«) das baufällige Gebäude, restaurierten es liebevoll und machten es zu dem heutigen Schlosshotel Münchhausen.

Entstanden ist ein wunderschönes Hotel, das Luxus und Komfort in den historischen Mauern beherbergt. Dies begeisterte auch die französische Fußball-Nationalmannschaft, die sich dort anlässlich der Weltmeisterschaft 2006 einquartierte.

Die Inneneinrichtung setzt auf hochwertige Materialien und dezente Farbgebung. Das Schlosshotel mit 68 Zimmern und Suiten bietet neben einem luxuriösen Spa- und Wellnessbereich auch ein wiederholt mit einem Michelin-Stern ausgezeichnetes Gourmetrestaurant. In den historischen Renaissanceräumen serviert Küchenchef Achim Schwekendiek eine »Haute cuisine à la française«. Wer es etwas bodenständiger mag, der kann sich im Schlosskeller Spezialitäten aus Deutschlands Regionen auftischen lassen.

Der acht Hektar große Schlosspark war im 18. Jahrhundert mit der größten Pflanzensammlung Europas eine Sensation, die sogar Zar Peter den Großen im Jahr 1715 nach Aerzen lockte. Ambitionierte Golfer freuen sich über zwei 18-Loch-Plätze, die sich direkt am Schlossgelände befinden.

INFO: Aerzen liegt ca. 60 km südwestlich von Hannover. **INFO SCHLOSSHOTEL MÜNCHHAUSEN:** Schwöbber 9, 31855 Aerzen bei Hameln, Tel. (051 54) 706 00, www.schlosshotel-muenchhausen.com, Preise auf Anfrage.

Suite im Schlosshotel Münchhausen in Aerzen.

Profaner Bau nach sakralem Vorbild

Altstadtrathaus

Braunschweig, Niedersachsen

Nur ein kleines Stück Eisen. Unscheinbar, eingelassen in Stein. Und doch veränderte es die Welt. Zumindest die der Braunschweiger, denn es machte amtlich, was bis dahin im wahrsten Sinn des Wortes Auslegungssache war.

Das gotische Altstadtrathaus in Braunschweig.

Wer bis zum 16. Jahrhundert betrügen wollte, konnte das tun. Dann kamen die entscheidenden 57,07 Zentimeter. Feierlich eingelassen in den zweiten Pfeiler des Laubengangs des Altstadtrathauses war die Braunschweiger Elle das erste offizielle Längenmaß Deutschlands und damit unveränderbar. Betrügerischen Tuchhändlern, die im Gewandhaus auf der anderen Seite des Altstadtmarkts die Kunden beim Maßnehmen beschummeln wollten, war damit das Handwerk gelegt. Zwar variierte eine Elle noch von Ort zu Ort – aber die Braunschweiger hatten zumindest Klarheit.

Das Altstadtrathaus wurde zwischen dem 13. und 15. Jahrhundert nach und nach errichtet. Damit gehört es nicht nur zu den ältesten noch erhaltenen Rathäusern, sondern zählt mit seinen gotischen Giebeln und kunstvoll angelegten Laubengängen zu einem der schönsten mittelalterlichen Baudenkmäler Deutschlands. Die Pracht hat einen Grund, denn die Bauherren hatten die gegenüberliegende Basilika St. Martini im Blick, die jahrhundertelang als die reichste Pfarrkirche der Stadt galt. Sie übertrugen kurzerhand Elemente sakraler Architektur auf das weltliche Gebäude des Rathauses. An der Ost- und Südseite des Baus befinden sich 17 fast lebensgroße Statuen ottonischer und welfischer Kaiser, Könige und Herzöge zusammen mit ihren Ehefrauen. Nur Kaiser Lothar von Süpplingenburg (1075–1137) steht allein, obwohl dieser im Jahr 1100 Richenza von Northeim heiratete und mit ihr auch bis zu seinem Tod zusammenblieb. Der Grund für die Heirat ist bekannt – der Grund für seine Einsamkeit als kaiserliche Statue nicht.

Heute wird das Alte Rathaus zu repräsentativen Zwecken genutzt. Die Große Dornse und der Bürgermeistersaal, die einzig beheizbaren Räumlichkeiten der damaligen Zeit, können besichtigt werden. Nachdem das Innere im Zweiten Weltkrieg völlig ausbrannte, wurden die Festsäle mit ihren schönen Decken- und Wandmalereien aufwendig nach historischem Vorbild restauriert. Im Erdgeschoss und in den Kellergewölben zeigt das Städtische Museum eine Dauerausstellung zur Geschichte Braunschweigs.

Info: Braunschweig liegt ca. 65 km östlich von Hannover. **Info Braunschweig:** Tourist Information, Kleine Burg 14, 38100 Braunschweig, Tel. (05 31) 470 20 40, www.braunschweig.de. **Info Altstadtrathaus:** Altstadtmarkt 7, Braunschweig. **Info Städtisches Museum:** Im Altstadtrathaus und Haus am Löwenwall (Steintorwall 14), Tel. (0531) 470 45 51, www.braunschweig.de/museum, Öffnungszeiten Di–So 10–17 Uhr, Eintritt frei, Gruppenführungen nach Anmeldung, kostenlos.

Der Prophet Isaiah an der Fassade des Braunschweiger Doms.

Mittelalterlicher Burgplatz mit Braunschweiger Löwe, Burg und Dom.

Grabmal Heinrichs des Löwen

Braunschweiger Dom

Braunschweig, Niedersachsen

Einem Löwen, dem Geschenk des byzantinischen Kaisers, verdankt Heinrich der Löwe seinen Beinamen. Der bronzene Löwe wacht noch heute auf dem Burgplatz zwischen der Burg Dankwarderode und dem Dom – wenn auch als Kopie; das Original steht in der Burg selbst.Die Bauarbeiten am Braunschweiger Dom St. Blasii begannen 1173, nachdem Heinrich der Löwe von seiner Pilgerfahrt ins Heilige Land zurückgekehrt war. Als der mächtigste Reichsfürst des 12. Jahrhunderts und Herzog von Sachsen und Bayern dann 1195 starb, wurde er neben seiner zweiten Frau, Mathilde von England, in dieser romanischen Pfeilerbasilika beigesetzt. Somit wurde der Braunschweiger Dom auch zur Grablege des Welfengeschlechts.

Den Marienaltar stiftete Heinrich 1188 ebenfalls; die Altarplatte ruht auf fünf Bronzesäulen, deren mittlere einen bleiernen Reliquienbehälter birgt. Bemerkenswert ist auch der siebenarmige Leuchter, der um 1190 entstand. Das fast fünf Meter hohe und vier Meter breite Kunstwerk aus Bronze ist in dieser Form nahezu einzigartig und ähnlich nur noch im Essener Münster oder im Mailänder Dom zu bewundern. Wahrscheinlich ist, dass es ursprünglich als Grableuchter für Heinrich und Mathilde diente.

Das imposante Grabmal für Heinrich den Löwen und Mathilde wurde von einem unbekannten Künstler um 1240 erschaffen. Auf dem steinernen Sarkophag ist Heinrich als junger Herrscher dargestellt, der in der rechten Hand das Modell des Braunschweiger Doms hält und in der linken ein Schwert.

Weitere Kostbarkeiten des ehrwürdigen Bauwerks sind das romanische Imervard-Kreuz, das vermutlich älter als der Dom selbst ist, sowie eine gleichsam »brandaktuelle« Darstellung des Martyriums Thomas Beckets – eines Zeitgenossen von Heinrich und Mathilde.

Der Löwe, bis heute das Wahrzeichen der Stadt Braunschweig und die älteste erhaltene Großplastik des Mittelalters nördlich der Alpen, ist aber auch auf anderen Domvorplätzen zu finden, denn Heinrich der Löwe stiftete während seiner Herrschaft noch weitere Löwendome in Lübeck, Ratzeburg und Schwerin.

Info: Im Zentrum von Braunschweig gelegen. **Info Braunschweiger Dom:** Domplatz 5, 38100 Braunschweig, Tel. (05 31) 24 33 50 (Dompfarramt), www.braunschweiger dom.de, Öffnungszeiten tägl. 10–17 Uhr, Jan.–Mitte März 13–15 Uhr geschl. **Info Burg Dankwarderode:** Burgplatz 4, Braunschweig, Tel. (05 31) 12 15 26 18, www.museum-braun schweig.de, Öffnungszeiten Di–So 10–17 Uhr. Mit Mittelalterabteilung des Herzog Anton Ulrich-Museums.

Weihnachtsmarkt vor dem Braunschweiger Dom.

Moderne trifft Welfenresidenz

Braunschweiger Schloss & Happy RIZZI House

Braunschweig, Niedersachsen

Von außen erstrahlt das Braunschweiger Residenzschloss in glanzvoller, spätklassizistischer Pracht. Wer jedoch das eindrucksvolle Schlossportal passiert, befindet sich urplötzlich in einem modernen Konsumtempel: Das Schloss wurde nach über 35 Jahren in Teilen wieder aufgebaut und mit einem Shoppingcenter verknüpft – wundersame Auferstehung jubeln die Befürworter, Mogelpackung nörgeln die Gegner.

Die ehemalige Residenz der braunschweigischen Herzöge im Zentrum von Braunschweig.

Dabei ist das Braunschweiger Schloss in seiner wechselhaften Geschichte nicht immer pfleglich behandelt worden. 1791 nach langer Bauzeit endlich fertiggestellt, diente es zuerst als Residenz des Braunschweiger Welfengeschlechts und sogar des Bruders von Napoleon Bonaparte, wurde aber schon 1830 während der Braunschweiger Revolution von aufgebrachten Bürgern niedergebrannt. Nach seinem Wiederaufbau fiel das Schloss 1865 erneut einem Brand zum Opfer, weite Teile mussten völlig neu rekonstruiert werden. Im Zweiten Weltkrieg wurde es stark beschädigt, fortan blieb nur noch die Ruine stehen.

Trotz Widerstands rollten schließlich 1960 die Abrissmaschinen, Bauteile und Schutt wurden in ganz Braunschweig verteilt. Elemente des Portikus wurden zur Konservierung unter einer Siedlung begraben, Säulenkapitelle als Springbrunnen umgestaltet, ein Teil der Trümmer als Rodelberg aufgeschüttet. Im Sommer 2005 begann dann die Rekonstruktion des Baus. In und unter ganz Braunschweig ging die Schatzsuche los: Giebelfiguren, Medusenreliefs, alle alten Fundstücke wurden wieder ausgegraben und anschließend restauriert. Heute sind in den Räumlichkeiten des Schlosses neben 120 Geschäften auch ein Museum, die Stadtbibliothek, das Stadtarchiv und die Kulturverwaltung untergebracht. Auf dem Schlossvorplatz sind die alten Reiterstandbilder der Herzöge wieder aufgestellt und auch die Quadriga hat – als Nachguss – ihren Platz auf dem Dach eingenommen und kann von einer Besucherplattform aus besichtigt werden.

Gleich nebenan lacht den Besucher die Fassade des Happy RIZZI House an – und zwar wortwörtlich. Der Pop-Art-Künstler James Rizzi (1950–2011) verpasste dem Bürogebäude einen quietschbunten Anstrich mit Fenstern als Augen über lachenden Comic-Mündern. Hinter dem fröhlichen Haus verstecken sich die Fachwerkstraßen des hübschen Magniviertels.

Info: Im Zentrum von Braunschweig gelegen. **Info Schloss-Arkaden Braunschweig:** Platz am Ritterbrunnen 1, 38100 Braunschweig, www.schloss-arkaden.de. **Info Schlossmuseum:** Schlossplatz 1, Eingang am Nordportal, Tel. (05 31) 470 48 76, www.schlossmuseum-braunschweig.de, Öffnungszeiten Di, Do–So 10–17, Mi 13–20 Uhr, Eintritt €4.

Zwischen Fachwerk und Familiendrama

ALTSTADT VON CELLE

Celle, Niedersachsen

Die alte Residenzstadt Celle gehört zu den schönsten Kleinstädten Niedersachsens. Grund dafür ist das komplett erhaltene historische Zentrum, das mit 400 Fachwerkhäusern vom 16. bis zum 18. Jahrhundert aufwarten kann. Ausgehend von der Stadtkirche St. Marien wird ein Spaziergang durch die Neue Straße oder die parallel verlaufende Zöllnerstraße zu einer Reise in ein Deutschland wie aus dem Bilderbuch.

Das wahrscheinlich schönste Fachwerkhaus ist das sechsstöckige Hoppener Haus von 1532 mit seinen goldenen Inschriften und üppigen Verzierungen. Unmittelbar davor stehen die Sprechenden Laternen – ein Lichtkunstwerk aus fünf Laternen, die wie stilisierte Menschen aussehen. Aktiviert durch einen Bewegungsmelder, wissen sie allerlei Interessantes und Amüsantes über die Celler Altstadt zu erzählen. Ebenfalls zum Fachwerk-Ensemble gehört die 1740 erbaute Synagoge, das älteste erhaltene jüdische Gotteshaus in Niedersachsen.

Fachwerkfachleute verfallen in Celle ins Fachsimpeln: Von Utluchten, Traufen und Knaggen, von Zahnschnitt und Perlwerk ist die Rede. Ebenfalls prächtig: das Alte Rathaus von 1579 im Stil der Weserrenaissance.

Westlich der Altstadt liegt, umgeben von einem Wassergraben, das prunkvolle Schloss der Herzöge von Celle. Es geht auf eine mittelalterliche Burganlage zurück und erhielt seine heutige Gestalt ab 1670. Die Innenräume beherbergen ein Residenzmuseum und das barocke Schlosstheater, das noch immer bespielt wird. Mit dem Celler Schloss verbinden sich zahlreiche historische Ereignisse: Hier wurde Sophie Dorothea geboren, die »Prinzessin von Ahlden«, die wegen Ehebruchs 32 Jahre lang auf dem gleichnamigen Schloss gefangen gehalten wurde.

Das Celler Schloss selbst wurde zum Gefängnis für eine andere Ehebrecherin: Die dänische Königin Caroline Mathilde lebte hier, nachdem sie wegen einer Affäre mit ihrem Leibarzt vom Kopenhagener Hof verstoßen worden war.

INFO: Celle liegt ca. 40 km nordöstlich von Hannover. **INFO CELLE:** Tourist Information, Markt 14–16, 29221 Celle, Tel. (051 41) 90 90 80, www.celle-tourismus.de. **INFO RESIDENZMUSEUM:** Schlossplatz 1, Celle, Tel. (051 41) 909 08 50, www.residenzmuseum.de, Öffnungszeiten Di–So Mai–Okt. 10–17, Nov.–April 11–16 Uhr, Eintritt € 8, ermäßigt € 5, bis 14 J. frei.

Markttag vor der Stadtkirche und dem Alten Rathaus in Celle.

Die Stadt am Meer

HAFEN VON CUXHAVEN

Cuxhaven, Niedersachsen

Wenn Heinrich Heine über Cuxhaven dichtet, wird es romantisch und zugleich ein wenig tragisch: »Am Werfte zu Cuxhaven, da ist ein schöner Ort, er heißt »Die Alte Liebe«, die meinige ließ ich dort.«

Bei dem Pfahlbau an der nördlichsten Spitze Niedersachsens handelt es sich um ein Bollwerk, für das angeblich im Jahre 1733 drei Schiffe versenkt wurden, von denen eines den Namen »Alte Liebe« trug. Die Zwischenräume seien mit Steinen und Buschwerk gefüllt und die Schiffe mit Pfählen umgeben worden. Hier legen noch immer die Schiffe nach Helgoland und Neuwerk ab.

Im Zuge der Umgestaltung des Hafens ist der bei Kurgästen und Einheimischen gleichermaßen beliebte Aussichtspunkt am Rand des Hafengeländes modernisiert worden. Der Schiffsmeldedienst sorgt mit Durchsagen über Herkunft und Größe vorbeifahrender Frachtschiffe für interessante Abwechslung.

Eine Hafenrundfahrt gehört zum Pflichtprogramm bei einem Besuch von Cuxhaven. Der Hafen liegt strategisch günstig nahe dem Nord-Ostsee-Kanal und der Mündung von Elbe und Weser. In dem 319 Hektar großen Areal werden meist Fische aus Norwegen gelöscht und wird Stahl aus England verladen. Im östlichen Teil des 800 Meter langen Amerikahafens, dessen Wassertiefe bis zu 15 Meter beträgt, ist 1997 das Tiefwasserterminal CuxPort gebaut worden, das vor allem als Umschlagplatz für Container und Autos dient.

An der Alten Liebe in Cuxhaven.

Der Alte Hafen verfügt über mehrere Werften. Hier liegt auch das Museumsschiff Elbe 1. Noch bis zum Jahr 1988 waren in der Elbmündung vor Cuxhaven rote Feuerschiffe im Einsatz, die den Frachtschiffen den sicheren Weg zwischen den Sandbänken hindurch auf die offene See zeigten. Zudem dienten die Schiffe als Rettungsboote und zur Beobachtung des Schiffsverkehrs. Heute können Maschinenraum, Kommandobrücke, Kammern und Kombüse sowie die Offiziersmesse besichtigt werden. Alle technischen Einrichtungen an Bord sind noch voll funktionsfähig.

INFO: Cuxhaven liegt an der Elbmündung. **INFO CUXHAVEN:** Cux-Tourismus GmbH, Cuxhavener Str. 92, 27476 Cuxhaven, Tel. (047 21) 40 42 00, https://tourismus.cuxhaven.de, www.cuxhafen.de. **INFO MUSEUMSSCHIFF ELBE 1:** An der Alten Liebe, Cuxhaven, Tel. (047 21) 423 07 98 (Anrufbeantworter), www.elbe-1.de, Öffnungszeiten Anfang April–Okt. Di–So 11–16 Uhr, Eintritt € 4, ermäßigt € 2,50. **INFO HAFENRUNDFAHRT:** Fluss- und Hafentouristik GmbH Carstensen, Lehmkuhle 22, Cuxhaven, Tel. (047 21) 66 76 00, www.cuxhaven-schifffahrt.com.

Architektonisches Kleinod mit langer Geschichte

Altstadt von Duderstadt

Duderstadt, Niedersachsen

Ein Ort wie in einem Märchen: Nicht umsonst liegt Duderstadt unweit der Deutschen Märchenstraße. Hier hätten sie sich wohlgefühlt – Schneewittchen, Frau Holle und der Gestiefelte Kater. Hier in diesem romantischen Städtchen im südlichen Harzvorland, wo 600 Jahre alte Bürgerhäuser, viele Baudenkmäler, Stadtmauer und Wallanlage ein städtebauliches Ensemble bilden, das den Vergleich mit anderen historischen Zentren in Deutschland nicht zu scheuen braucht. Viel Fachwerk bestimmt das Bild in der Altstadt, mehr als 600 Gebäude gibt es hier in diesem charmanten Stil, der Häuser so wundervoll organisch altern lässt.

Erbaut im Jahr 1302 ist das Rathaus eines der ältesten Deutschlands – und sicherlich eines der schönsten mit seinen Schiefertürmchen und dem reich verzierten Treppenaufgang. Ebenfalls sehenswert sind die beiden gotischen Stadtkirchen St. Servatius und St. Cyriakus. Letztere, eine mächtige Basilika mit zwei Türmen, wird nach der sie umgebenden Landschaft auch »Eichsfelder Dom« genannt. Trotz einer Entstehungszeit über Hunderte von Jahren zeigt das Gesamtbild der Kirche eine harmonische Geschlossenheit.

Das eigentliche Wahrzeichen von Duderstadt ist jedoch der Westerturm, ein ehemaliges Stadttor von 1506, heute am Beginn der Fußgängerzone gelegen. Seine Besonderheit ist der gedrehte Turmhelm aus grauem Schiefer. Der Legende nach hat sich der Teufel auf der Flucht vor den Duderstädter Frauen am Turmhelm festgehalten und ihm beim Sprung über die Stadtmauer die charakteristische Drehung verliehen.

Doch Duderstadt ist mehr als die Summe seiner einzelnen Sehenswürdigkeiten. Die historische Altstadt wirkt vielmehr durch ihre besondere Atmosphäre und ihr geschlossenes Ensemble. Rund um die Altstadt wurde im Frühmittelalter viel gerodet – stand doch die Rodung beinahe immer am Anfang einer Ortsgründung. So heißen denn die eingemeindeten Ortsteile z. B. Desingerode, Esplingerode, Gerblingerode oder Hilkerode. Allen gemeinsam sind urkundlich belegte Gründungsdaten um das Jahr 1100. Wenn es also einen Ort gibt, an dem man auf schönen Wegen durch die deutsche Geschichte wandern kann – dann ist er hier!

Historisches Rathaus in Duderstadt.

Info: Duderstadt liegt ca. 50 km nordöstlich von Kassel. **Info Tourist Information:** Rathaus, Marktstr. 66, 37115 Duderstadt, Tel. (055 27) 84 12 00, https://tourismus.duderstadt.de. **Info Westerturm:** Marktstraße, Duderstadt, Tel. (055 27) 84 12 00, Öffnungszeiten Di–So 10–12 und 14–16 Uhr, Eintritt € 2.

Ein Museum der besonders komischen Art

DAT OTTO HUUS

Emden, Niedersachsen

Wenn Komiker Otto Waalkes der Urvater deutscher Comedians ist, dann ist Emden die Stätte des Urknalls: Dat Otto Huus ist Museum, Kino und Souvenirparadies von Emdens berühmtestem lebenden Bürger.

Dat Museum zeecht dat Lääve van dä Mann us Ostfriesland an d Nordsee – so heißt es auf friesischem Platt. Und in der Tat finden sich im Otto Huus alle wesentlichen Stationen der Karriere von Deutschlands Top-Komiker Otto Waalkes. Bereits von außen lässt sich erahnen, worum es im Inneren geht: Ein Riesen-Ottifant, eine der berühmten Erfindungen Otto Waalkes', lugt durch zerbrochene Backsteine des Museums und macht neugierig.

Dat Otto Huus in der Emdener Innenstadt widmet sich dem Leben und Schaffen des Komikers.

Auf zwei Etagen gewährt der Blödelbarde, wie er sich selbst gerne nennt, einen Einblick in sein Leben. Schaulustige stoßen dabei durchaus auf kuriose Exponate: So finden sich im Otto Huus ein vergilbtes Konfirmandenfoto, »Ottis erste Bartstoppeln« oder das angeblich erste Kaugummi des Komikers. In einem kleinen Kinosaal werden diverse Sketche von Otto gezeigt und Erinnerungen aufgefrischt an goldene Zeiten. Unvergesslich: Ottos Skatgymnastik mit »Mischen, Mischen, Mischen«, Otto als Robin Hood, der »Rächer der Entnervten«, oder Kult-Reporter Harry Hirsch. Außerdem werden zahlreiche Requisiten aus erfolgreichen Filmen gezeigt, wie z. B. das Zipfelmützchen aus der Schneewittchen-Parodie »7 Zwerge – Männer allein im Wald« von 2004.

Ausgestellt sind auch Auszeichnungen wie goldene Schallplatten, Platinscheiben und Bambis, denn Otto ist bis heute eine ernst zu nehmende Größe im deutschen Comedy-Business. Dat Otto Huus – nicht nur für Fans ein spannendes Erlebnis! Übrigens: Otto kann man ab und an noch in seiner Geburtsstadt Emden treffen – einmal Ostfriese, immer Ostfriese.

INFO: Emden liegt ca. 130 km nordwestlich von Bremen. **INFO DAT OTTO HUUS:** Große Str. 1, 26721 Emden, Tel. (049 21) 221 21, www.emden-touristik.de, Öffnungszeiten Jan.–März wechselnde Öffnungszeiten, April–Dez. Mo–Fr 9.30–18, Sa 9.30–14, April–Okt. auch So/Fei 10–16 Uhr, Eintritt € 2, Kinder € 1.

Symbole vergangener Zeiten

Mühlen im Emsland

Emsland, Niedersachsen

Mühlen erzählen Geschichte – und Geschichten! Und das Emsland hat viel zu erzählen. Hunderte von Mühlen prägten einst das Landschaftsbild, nicht wenige von ihnen sind noch heute vorhanden: mal als Blickfang auf Hügeln oder an Wasserläufen, mal versteckt in malerischen Winkeln. Alle aufzuzählen ist fast unmöglich. Hier aber einige bemerkenswerte Beispiele: Von ehemals sechs Windmühlen, die einst das Stadtgebiet Papenburgs prägten, ist die Bockwindmühle an der Wiek als einzige noch komplett erhalten. Gleich zwei Besonderheiten zeichnen das Gebäude aus: Sie ist die älteste Mühle des Emslands und die einzige dieses Bautyps, der mit seinem kompletten Mühlenkörper auf einem Untersatz – dem Bock – in den Wind gedreht wird. Die nur wenig entfernt stehende Meyers Mühle, ein dreistöckiger sogenannter Galerieholländer, verfügt über einen besonderen Clou: Ausgestattet mit einer Dampfanlage konnte der Müller auch bei Windstille Korn schroten und mahlen.

Die Hüvener Mühle im Emsland.

Einen der Höhepunkte emsländischer Bautechnik bildet die Hüvener Mühle in der Samtgemeinde Sögel. Mit ihrer Kombination aus Wind- und Wasserkraft ist sie eine der seltenen erhaltenen Mühlen dieses Typs in Europa. Dabei wurde sie im 16. Jahrhundert zunächst als ganz normale Wassermühle gebaut. Nach einem Brand um das Jahr 1800 wurde beim Wiederaufbau ein für die Region einmaliges riegelloses Fachwerk im unteren Teil des Gebäudes errichtet.

In ihren Anfängen diente die Herrenmühle in Meppen – im Jahr 1732 durch Fürstbischof Clemens August an der Nordradde errichtet – als reine Getreidemühle. Das idyllisch gelegene Kleinod bildet heute ein stilvolles Ambiente für kulturelle Veranstaltungen des Heimatvereins Meppen. »Anno 1738 Den 24. Mai Ist Gekommen eine Floot. Wodurch Wir Litten Große Noth« – eine Inschrift an der Ostwand des Gebäudes erinnert heute an zahlreiche Überschwemmungen, die so manchen Mühlenpächter frustriert das Weite suchen ließen. Neben Enkings Mühle in Emsbüren ist die Autmaring'sche Mühle in Schapen die einzige emsländische Mühle, die aus Steinen errichtet wurde.

Info: Emsland Touristik GmbH, Ordeniederung 2, 49716 Meppen, Tel. (059 31) 44 22 66, www.emsland.com. **Info Bockwindmühle Papenburg:** Wiek links, 26871 Papenburg, Tel. (049 61) 83 96-0. **Info Meyers Mühle:** Am Stadtpark 21, 26871 Papenburg, Tel. (049 61) 83 52 57. **Info Hüvener Mühle:** Hüvener Mühle 12, 49751 Hüven, Tel. (059 64) 95 97 00, www.huevener-muehle.de. **Info Herrenmühle Meppen:** An der Radde, 49716 Meppen, Tel. (059 31) 88 96 48. **Info Enkings Mühle:** Mühlenstr. 36, 48488 Emsbüren, Tel. (059 03) 281, www.enking.de. **Info Autmaring'sche Mühle:** Zur Mühle 10, 48480 Schapen, Tel. (054 58) 15 79. Führungen durch die Mühlen jeweils nach Vereinbarung.

Ein Turm zu Ehren des Reichskanzlers

Bismarckturm

Göttingen, Niedersachsen

Aus der Vogelperspektive betrachtet sieht Göttingen aus wie eine grüne Großstadt mit einer Fülle von Parks, Grünanlagen und Erholungsgebieten. Ein Ausflug lohnt sich vor allem zum Bismarckturm, von dem aus man einen herrlichen Blick über die Stadt genießen kann. Die lebhafte Studentenstadt machte sich mit Gründung der Universität im 18. Jahrhundert einen Namen als Ort der Wissenschaft und Wirkungsstätte bedeutender Gelehrter, etwa von Georg Christoph Lichtenberg, der hier ab 1770 Physik lehrte, dem Mathematiker Carl Friedrich Gauß (1777–1855) oder den Gebrüdern Grimm. Der Staatsmann Otto von Bismarck (1815–1898) verbrachte hier einen Teil seiner Studienzeit.

Obwohl der Name anderes vermuten lässt, besteht der Bismarckturm in Göttingen nicht nur aus einem, sondern aus zwei Türmen, denn der sechseckige Hauptturm wird von einem runden Treppenturm überragt.

Der Bismarckturm in Göttingen.

Otto von Bismarck, Reichskanzler des Deutschen Kaiserreichs, genießt bis heute weltweit hohes Ansehen. Noch zu Lebzeiten wurden ihm zu Ehren zahlreiche Denkmäler errichtet, darunter auch der Göttinger Bismarckturm, dessen Grundsteinlegung 1892 erfolgte. Bismarck gab seine persönliche Zustimmung, den Turm nach ihm zu benennen. Der gründerzeitliche Bruchsteinbau, der sich am höchsten Punkt des Kleperbergs befindet (332 Meter über Normalnull), ist ausschließlich durch private Spenden finanziert. Nach seiner endgültigen Fertigstellung wurde er 1898 an die Stadt Göttingen übergeben.

Heute ist der Bismarckturm ein beliebtes Ausflugsziel. Wer die Stufen erklommen hat, wird bei gutem Wetter mit einem der schönsten Blicke weit in das Göttinger Land und das Leinetal belohnt. Der Hauptturm erhebt sich in einer Höhe von 21 Metern, der Steigturm in einer Höhe von 31 Metern über den Kleperberg. Im zweiten Obergeschoss des Turms befindet sich die Bismarck-Gedächtnishalle, in der eine bronzene Büste an den Reichskanzler erinnert. Zudem finden wechselnde Ausstellungen im Turm statt, sodass sich der Aufstieg auch bei weniger schönem Wetter lohnt.

Info: Göttingen liegt ca. 50 km nordöstlich von Kassel. **Info Göttingen:** Altes Rathaus, Markt 9, 37073 Göttingen, Tel. (05 51) 49 98 00, www.goettingen-tourismus.de. **Info Bismarckturm:** Tel. (05 51) 210 22, www.bismarcktuerme.de, Öffnungszeiten April–Sept. Sa/So/Fei 11.30–18 Uhr, Eintritt € 2, Kinder € 1. Der Bismarckturm ist nur zu Fuß zu erreichen.

Kutschenfahrt ins Mittelalter

ALTSTADT VON GOSLAR

Goslar, Niedersachsen

Viele deutsche Städte sind heute das Ergebnis einer mehr oder weniger konsequenten Wiederaufbaupolitik nach 1945. Mit unterschiedlichem Ergebnis – mal mehr, mal weniger gelungen. Einige Städte aber schafften es, den Zweiten Weltkrieg ohne nennenswerte Zerstörung zu überstehen. Einer dieser Glücksfälle heißt Goslar. Dank der Erzfunde im Bergwerk Rammelsberg und der dadurch entdeckten Liebe der Herrscher zur Stadt am Harz entwickelte sich schon im Mittelalter eine rege Bautätigkeit. Wenn der Kaiser in Goslar eine Pfalz errichten ließ, dann musste auch der Rest der Stadt herrschaftlichen Anforderungen genügen.

Auf einer Fläche von nur einem Quadratkilometer, direkt zu Füßen der Kaiserpfalz, liegt der architektonische Schatz Goslars. Kleine winkelige Gassen und Fachwerkhäuser prägen das Bild der Stadt genauso wie die 47 Türme der zahlreichen Kirchen und Kapellen. Seit 1992 gehört die Altstadt von Goslar zum UNESCO-Welterbe.

Die Aussicht auf dieses regelrechte Konzert der Türme kann man von der Marktkirche aus genießen. Wer allerdings nur die 232 Stufen erklimmt, der wird ihr nicht gerecht, auch ein Besuch im Inneren der romanischen Kirche lohnt sich. Glasfenster aus dem 13. und ein bronzenes Taufbecken aus dem 16. Jahrhundert sind mehr als nur einen flüchtigen Blick wert.

Auf dem Marktplatz steht der Marktbrunnen, der auf seinem bronzenen Korpus das Wahrzeichen Goslars, den Adler, trägt. Hier befindet sich auch das Rathaus mit seinen offenen Arkaden. Es wurde zwischen dem 15. und 16. Jahrhundert erbaut und stammt aus der zweiten Blütezeit der – mittlerweile – freien Reichsstadt. Beeindruckend ist vor allem das Innere. Decke, Wände und sogar Fensternischen

Die Kaiserworth, das Gildehaus von Goslar.

des Huldigungssaals, in dem früher die Ratsherren tagten, sind flächendeckend mit Malereien verziert.

In unmittelbarer Nähe und als Ausdruck ihrer Macht ließen die Bürger auch die Kaiserworth, ihr Gildehaus, errichten, die das Rathaus optisch an Pracht fast in den Schatten stellt. An der Ostseite des Marktplatzes erklingt ein Glockenspiel im Zwerchgiebel des Kämmereigebäudes, dessen Figuren aus der Geschichte des Rammelsberger Bergbaus von der sagenhaften Entdeckung durch den Ritter Ramm bis zur Neuzeit berichten. Keine fünf Minuten vom Marktplatz entfernt ist in der Glockengießerstraße das St.-Annenhaus zu besichtigen, das älteste erhaltene Fachwerkhaus der Stadt aus dem Jahr 1488.

INFO: Goslar liegt am Harz. **INFO GOSLAR:** Tourist Information der Goslar Marketing GmbH, Markt 7, 38640 Goslar, Tel. (053 21) 780 60, www.goslar.de.

Dem Pferd sei Dank!

Erzbergwerk Rammelsberg

Goslar, Niedersachsen

Der Harz gilt als eine der erzreichsten Regionen Deutschlands. Für die Entdeckung der ersten Erzader war aber kein Mensch, sondern ein Tier verantwortlich: Laut der Sage ging Ritter Ramm, einer der Gefolgsleute Kaiser Ottos des Großen, im Jahre 968 in den waldigen Hängen in der Nähe des heutigen Goslar auf die Jagd. Das Gelände wurde zunehmend unwegsamer. Daher band der Ritter sein Pferd an einen Baum und stellte dem Wild zu Fuß nach. Allein wurde es dem Pferd langweilig und es begann heftig mit den Hufen zu scharren. Als der Ritter zurückkehrte, hatte sein Pferd eine Erzader freigelegt. Zu Ehren des Ritters erhielt der Berg seinen Namen.

Ein industrielles Baudenkmal: das Erzbergwerk Rammelsberg.

Von der Entdeckung dieser Erzader bis 1988 wurde am Rammelsberg Erz gefördert. Damit ist dies das weltweit einzige Bergwerk, das über 1000 Jahre nahezu ohne Unterbrechung in Betrieb war.

Nach mehr als 30 Millionen Tonnen Silber- und Kupfererzförderung war der Reichtum des Bergs erschöpft. Danach kämpfte ein Bürgerverein für den Erhalt des Bergwerks. Mit Erfolg, denn heute befindet sich hier ein Museum, in dem man auf ein Jahrtausend Bergbaugeschichte zurückblicken kann. Neben den alten Schachtanlagen wie dem Rathstiefsten Stollen aus dem 12. Jahrhundert kann man historische Übertagebauten besichtigen, etwa den Maltermeisterturm aus dem 16. Jahrhundert – das wohl älteste erhaltene Grubengebäude Deutschlands. Auch der Roeder-Stollen mit seinen Wasserrädern, die gleichzeitig zur Entwässerung und zur Förderung genutzt wurden, zählt zu den sehenswerten Industriedenkmälern. Im Museum können sich Besucher außerdem einen Einblick in die Entwicklungen der Montanindustrie verschaffen. Es werden Vorträge rund um das Thema Bergbau angeboten und es gibt eine Geologie- und eine Mineralogieausstellung. Einen eher menschlichen Bezug zu 1000 Jahren Knochenarbeit unter Tage stellt die kultur- und sozialgeschichtliche Abteilung des Museums her.

Seit 1992 steht das Erzbergwerk mit der Goslarer Altstadt auf der UNESCO-Liste des Welterbes. Im August 2010 wurde diese Welterbestätte um die Oberharzer Wasserwirtschaft, die vom Mittel- bis ins Industriezeitalter der einzige Energielieferant für den Oberharzer Bergbau war, erweitert.

Info: Goslar liegt am Harz. **Info Bergwerk Rammelsberg:** Bergtal 19, 38640 Goslar, Tel. (053 21) 75 00, www.rammelsberg.de, Öffnungszeiten tägl. 9–18, Nov.–März bis 17 Uhr, Eintritt Tageskarte Museum € 9, Kinder € 4,50, Museum und Bergwerk ab € 16, Kinder € 9.

Reisekaisers Unterkunft

KAISERPFALZ IN GOSLAR

Goslar, Niedersachsen

Herrschen war im Mittelalter kein leichtes Geschäft. Jeder Regent war gezwungen umherzureisen, um seine Territorialansprüche zu verteidigen. Die Herrschaft des Kaisers konnte nur dort wahrgenommen werden, wo er sich auch befand. Daher gab es über das gesamte Reich verteilt Unterkünfte, sogenannte Pfalzen. Aachen und Goslar sind die bekanntesten.

UNESCO-Weltkulturerbe: die Kaiserpfalz in Goslar.

Bereits kurz nach der Entdeckung der reichen Erzvorkommen im Jahr 968 wurden die ersten Bauten der kaiserlichen Pfalz in Goslar errichtet. Heinrich II. wählte diesen Ort nicht zuletzt wegen der Nähe zum Erzbergwerk am Rammelsberg. Vollendet wurde die Anlage erst durch Heinrich III., der 1048 Benno, einen der bedeutendsten Baumeister des frühen Mittelalters, nach Goslar rief.

Generell bestand jede Pfalz aus einem Palast, einer Kapelle und einem Gutshof. Auch die Kaiserpfalz in Goslar folgt diesem Schema. Sie ist der größte und älteste Profanbau des 11. Jahrhunderts in Deutschland und wurde besonders von den salischen Kaisern gerne besucht. Zu Lebzeiten Heinrichs III. war die Pfalz der berühmteste Wohnsitz des Reichs: Über 200 Tage hielt sich der Kaiser hier auf und beging auch bedeutende Kirchenfeste wie Weihnachten, Ostern und Pfingsten.

Das Kaiserhaus, Kernstück der Goslarer Pfalz, ist bis heute erhalten und beeindruckt schon allein durch seine Größe. So fanden im Kaisersaal mit seinen 47 Metern Länge, 15 Metern Breite und sieben Metern Höhe der Kaiser und sein Gefolge ausreichend Platz, um die weltlichen Dinge der kaiserlichen Besuche abzuwickeln. Hier hielt der Kaiser Hof und sprach Recht. Mehrere Kirchen und Kapellen im Goslarer Pfalzbezirk zeugten vom hohen Stellenwert kirchlicher Belange; noch erhalten ist die Pfalzkapelle St. Ulrich, während die Liebfrauenkirche und das Kollegiatstift St. Simon und Judas bis auf die Vorhalle verschwunden sind.

Im 19. Jahrhundert schien die Anlage dem völligen Verfall preisgegeben, doch eine staatliche Kommission und schließlich der Besuch Kaiser Wilhelms I. verhalfen dem Aufbau zu nationaler Bedeutung. 1879 war die Restaurierung abgeschlossen, die heute nicht unkritisch gesehen wird. Im nationalen Überschwang der wilhelminischen Ära wurde an dem Erscheinungsbild der Gebäude nach dem Geschmack der Zeit »optimiert«. Ein Original ist der Kaiserstuhl, neben dem Aachener Karlsthron der einzige erhaltene Thron eines mittelalterlichen Kaisers. In der Pfalzkapelle liegt das Herz Heinrichs III. begraben.

INFO: Goslar liegt am Harz. **INFO KAISERPFALZ:** Kaiserbleek 6, 38640 Goslar, Tel. (053 21) 311 96 93, www.goslar.de, Öffnungszeiten tägl. 10–17 Uhr, Eintritt € 7,50, Kinder € 4,50.

Treffpunkt von Mittelalter und Moderne

Altstadt von Hameln

Hameln, Niedersachsen

In der perfekt restaurierten Altstadt von Hameln kommt beim Anblick der herrlichen, reich verzierten Fachwerk- und Sandsteinbauten der Weserrenaissance schnell das Gefühl auf, in einer anderen, schöneren Welt zu leben. Der

Die traditionellen Rattenfänger-Freilichtspiele in Hameln.

unaufdringliche Charme der kleinen Gassen verzaubert. Und bei allem ist er gegenwärtig, der Rattenfänger aus dem späten 13. Jahrhundert. Heute lockt er keine Kinder mehr aus der Stadt, dafür können sich Besucher auf seine Fährte setzen oder sich von ihm direkt den historischen Stadtkern zeigen lassen. Eine Vielzahl weißer Rattenspuren auf dem Straßenpflaster führt zu den wichtigsten Sehenswürdigkeiten der Stadt.

Das Leist-Haus aus dem 16. sowie das Rattenfänger- und das Dempter-Haus aus dem frühen 17. Jahrhundert sind die wohl typischsten Beispiele für die elegante Bauweise der Weserrenaissance. Aber auch die mittelalterlichen Befestigungsanlagen wie der Pulverturm und der Haspelmathturm oder die Fachwerkbauten Bürgerhus und Stiftsherrenhaus aus dem 16. Jahrhundert bieten einen faszinierenden Anblick.

Wer dann hungrig, durstig oder pflastermüde ist, dem stehen Gasthäuser, Restaurants, Cafés, Biergärten mit heimischen Spezialitäten offen. Die traditionelle Bregenwurst (geräucherte Mettwurst) mit Grünkohl, flambierte Rattenschwänze (Schweinefiletstreifen) oder die Weserspatzen (gefülltes Kasseler) sollte man schon probiert haben.

Nach dem Altstadtbummel mit Rattenfänger-Führung könnte eine Weser-Schiffstour oder ein Besuch des Musicals »Rats« den Hameln-Besuch abrunden. Im Sommer erwacht jeden Sonntag pünktlich um 12 Uhr mittags der Rattenfänger wieder zum Leben – und zwar auf der Freilichtbühne am Hochzeitshaus.

Info: Hameln liegt ca. 50 km südwestlich von Hannover. **Info Hameln:** Hameln Marketing und Tourismus GmbH, Deisterallee 1, 31785 Hameln, Tel. (051 51) 95 78 23, www.hameln.de.

Dschungelpalast und Gorillaberg

Erlebnis-Zoo

Hannover, Niedersachsen

In Hannover ist Afrika so groß wie elf Fußballfelder. Die Hütten sehen aus wie in Sambia, Simbabwe oder Mosambik. In der Savannenlandschaft entlang des nachgebauten Flusses Sambesi leben u. a. Marabu, Nimmersatt und Kuhreiher.

Flusspferde, Nashörner, Flamingos und Pelikane scheinen vom Boot aus zum Greifen nah. Um den Fluss im Zoo von Hannover zu befahren, benötigen Besucher schlappe 14 Minuten. Wer den echten Sambesi mit 2700 Kilometern Länge entdecken will, müsste seine Reisezeit wohl in Monaten planen.

Etwa 60 Millionen Euro wurden investiert, um den traditionellen Zoo in Hannover auf rund 49 000 Quadratmetern zu einem europaweit einzigartigen Tiererlebnispark umzubauen. In sieben Themenwelten werden etwa 2000 Tiere gezeigt.

Die Boote für die Sambesi-Tour wurden original aus Afrika importiert. Wer den schwarzen Kontinent in Hannover lieber zu Fuß entdecken möchte, kann seine Expedition entlang des Livingstone-Pfads mit schwankender Hängebrücke planen. Ein paar Schritte weiter, auf dem australischen Kontinent, leben rote Riesen-Kängurus. Der Nachwuchs ist bei der Geburt so groß wie ein Gummibärchen und krabbelt in Mamas schützenden Beutel.

Im Dschungelpalast, von indischen Architekten und Handwerkern nach Originalvorlagen gebaut, sieht es aus wie beim Maharadscha von Dschaipur: In der Anlage gibt es Elefanten, Tiger, Leoparden und die heiligen indischen Hulman-Affen. Durch eine von einer kunterbunten Vogelschar bewohnte Voliere erreicht man die spektakuläre Urwaldlandschaft von Afi Mountain. Hier haben Gorillas, Schimpansen und andere Affen ihr Zuhause. Wenn Bauer Meyer in seinem historischem Fachwerkhof die Schweine füttert, dürfen kleine Besucher helfen. Die neue Yukon Bay ist eine coole Alaskalandschaft mit Flusslauf, Wolfsschlucht, Hafenstadt und Unterwasserblick auf Pinguine, Robben und Eisbären.

Im Kinderparadies Mullewapp schließlich können die Kleinen nicht nur Ziegen und Schafe streicheln, sondern auch auf Rodelbahnen abfahren: Wilde Sau, Mauseflitz und Hühnersause. Ortskundige Zoo-Scouts erläutern die Geheimnisse der Tiere, täglich gibt es rund 30 Tiershows und Showfütterungen.

Info: Im Stadtteil Hannover-Zoo gelegen. **Info Erlebnis-Zoo:** Adenauerallee 3, 30175 Hannover, Tel. (05 11) 28 07 40, www.zoo-hannover.de, Öffnungszeiten tägl. 9–18, Nov.–Mitte März bis 16 Uhr, Eintritt € 26,50, ermäßigt 19,80/17,80, Winter € 15,50, ermäßigt € 12,90/11,50. Verschiedene Führungen.

Tigergehege im Erlebnis-Zoo Hannover.

Zentrum moderner Kunst

SPRENGEL MUSEUM HANNOVER

Hannover, Niedersachsen

Am Nordufer des beliebten Naherholungsgebiets am Maschsee, im Herzen der Messestadt, liegt das Sprengel Museum. Das Museum des Jahres 2017 ist eines der bedeutendsten Zentren moderner Kunst in Deutschland. Den Grundstock legten der Schokoladenhersteller und Kunstsammler Bernhard Sprengel und seine Frau Margit mit einer Schenkung im Jahr 1969. Zehn Jahre darauf wurde das Museum eröffnet und seitdem zweimal erweitert, zuletzt 2015. Der Bau mit viel Sichtbeton und Glas um einen freundlichen Innenhof beherbergt Werke der klassischen Moderne bis zur Kunst nach dem Zweiten Weltkrieg.

Weltweit sind hier die größten Sammlungen von Max Ernst und Kurt Schwitters beheimatet, eine umfangreiche Paul-Klee-Sammlung und 400 Werke von Pablo Picasso. Weitere Schwerpunkte sind Künstlergruppen wie »Der Blaue Reiter« und »Die Brücke« sowie die Stilrichtungen des Surrealismus und des Kubismus. Einer der wertvollsten Schätze der Sammlung ist Umberto Boccionis »Lärm der Straße dringt ins Haus«, ein Schlüsselwerk des italienischen Futurismus. Aus der zweiten Hälfte des 20. Jahrhunderts sind u. a. Bruce Nauman, Gerhard Richter und Georg Baselitz vertreten. Dank einer Schenkung der Künstlerin verfügt das Museum zudem über eine umfangreiche Sammlung mit Werken von Niki de Saint Phalle.

Im Sprengel Museum Hannover: August Mackes »Großes helles Schaufenster« (1912).

Immer noch eher eine Ausnahme in der europäischen Museumslandschaft ist der Fokus auf Fotografie und Medien, der sich auch aus der Ferne über den einzigarten Foto-Blog des Museums verfolgen lässt. In diesem Bereich wird die Sammlung seit 1993 stetig erweitert.

Eine weitere Attraktion sind vollständig von Künstlern gestaltete Räume, etwa die Rekonstruktionen des »Kabinetts der Abstrakten« von El Lissitzky und des Merzbaus von Kurt Schwitters, der ersten begehbaren Collage der Kunstgeschichte.

Mit mehreren Wechselausstellungen im Jahr, zahlreichen Symposien und Vortragsreihen, einem umfangreichen didaktischen Programm und dem seit 1993 im Haus verankerten Kurt Schwitters Archiv bietet das Museum ein lebendiges Forum für Kunst und Wissenschaft.

INFO: Am nordöstlichen Ufer des Maschsees gelegen. **INFO SPRENGEL MUSEUM HANNOVER:** Kurt-Schwitters-Platz, 30169 Hannover, Tel. (05 11) 16 84 38 75, www.sprengel-museum.de, Öffnungszeiten Di 10–20, Mi–So 10–18 Uhr, Eintritt € 7, ermäßigt € 4, Fr frei.

Ein Wiedersehen mit Max und Moritz

Wilhelm-Busch-Museum und Herrenhäuser Gärten

Hannover, Niedersachsen

Max und Moritz, gar nicht träge, sägen heimlich mit der Säge, ritzeratze! voller Tücke, in die Brücke eine Lücke.« Wer die Weggefährten aus Kindertagen wiedersehen will, der besucht das Wilhelm-Busch-Museum im Georgengarten in Hannover. Es beherbergt fast zwei Drittel des noch erhaltenen Werkes des niedersächsischen Künstlers. Nicht nur die Lausbubenstreiche des berühmten Duos sind sehens- und lesenswert. Die Sammlung umfasst über 350 Ölgemälde, rund 1200 Zeichnungen und zahlreiche Bildergeschichten von Wilhelm Busch (1832–1908), einem der Urväter des Comics. Neben der ständigen Ausstellung finden auch wechselnde Präsentationen international bedeutender Zeichner und Karikaturisten statt. Die Bestände des Hauses gehen dank der aktiven Sammlungspolitik und verschiedener umfangreicher Schenkungen weit über das Werk Buschs hinaus.

»Und geschwinde, stopf, stopf, stopf Pulver in den Pfeifenkopf«: Wilhelm Buschs Zeichnung zum vierten Streich (Lehrer Lämpel) aus »Max und Moritz«.

Nach dem Museumsbesuch im Georgenpalais flaniert man stilvoll zum Großen Garten. Die Königlichen Gärten Herrenhausen – zu denen er gehört – zählen zu den schönsten Parkanlagen Europas. Der durch das Barock geprägte Große Garten wurde bereits 1666 angelegt und unter der Ägide der kunstsinnigen Kurfürstin Sophie (1630–1714) zu seiner heutigen Form gestaltet. Jährlich findet hier fünf Mal im Sommer der internationale Feuerwerkswettbewerb statt. Ein Muss für Fans von Funken sprühenden Kunstwerken voll mitreißender Choreografie zu rhythmischen Klängen.

Gleichzeitig mit dem Großen Garten entstand auf der anderen Seite des Schlosses, in dem heute ein Museum barocke Schätze zeigt, der Berggarten, zunächst als Küchengarten angelegt. Auch hier hatte Kurfürstin Sophie wieder ihre Hände im Spiel und legte den Grundstein für den heutigen Botanischen Garten mit seiner umfangreichen Pflanzensammlung.

Königliche Entspannung verspricht die Kristall Therme im nahe gelegenen Seelze, eingerichtet im Stil der Herrenhäuser Gärten.

Info: In Hannover-Herrenhausen gelegen. **Info Wilhelm-Busch-Museum:** Georgengarten, 30167 Hannover, Tel. (0511) 16 99 99 11, www.karikatur-museum.de, Di–So 11–18 Uhr, Eintritt € 6, ermäßigt € 4. **Info Herrenhäuser Gärten:** Infopavillon/Herrenhäuser Str. 3 C, Hannover, Tel. (0511) 16 83 40 00, www.hannover.de/herrenhausen, Öffnungszeiten Großer Garten und Berggarten tägl. ab 9 Uhr, Schließzeit variiert, Museum tägl. 11–18, Nov.–März nur Do–So 11–16 Uhr, Eintritt Gärten und Museum € 8, ermäßigt € 5, nur Berggarten € 3,50, ermäßigt € 1,50, Georgengarten frei zugänglich. **Info Feuerwerkswettbewerb:** jährlich verschiedene Termine im Großen Garten zwischen Mai und September. **Reisezeit:** Mai–Sept.

Doktorspiele am Rathausplatz

ALTSTADT VON HANNOVERSCH MÜNDEN

Hannoversch Münden, Niedersachsen

Doktor Eisenbart praktiziert dreimal täglich. Um 12, 15 und 17 Uhr zeigt er sich am Rathaus und zieht einem Patienten in aller Öffentlichkeit einen Zahn – während im Hintergrund Gaukler mit Ringen jonglieren und Räder schlagen. Dazu klingen die Glöckchen. Bei dieser medizinischen Showeinlage handelt es sich natürlich nur um die Darstellung des Glockenspiels an der Rathausfassade. Es ist die Hommage an Johann Andreas Eisenbart, der 1727 in Hannoversch Münden im Alter von 64 Jahren starb.

Der bekannte Wanderarzt zog mit einem grotesken Gefolge von Stadt zu Stadt und behandelte die Menschen auf Marktplätzen. Gaukler priesen zuvor lautstark die Fähigkeiten des Augenarztes und Bruchoperateurs. Gestorben ist der als Kurpfuscher verschriene Doktor Eisenbart in einem Haus in der Langen Straße. Dort wird seiner heute mit einer Statue gedacht. Gewürdigt wird er mit dem Satz: »Er war anders als sein Ruf.«

»Ich bin der Doktor Eisenbarth … kurier die Leut' nach meiner Art«: Skulptur des Doktor Eisenbart in der Langen Straße in Hannoversch Münden.

Für einen Besuch in Hannoversch Münden gibt es weit mehr Gründe als das medizinische Glockenspiel im Rathaus. Ein Ensemble hübscher Fachwerkhäuser verleiht der Altstadt einen würdevollen Anblick. Herzstück des Rathauses ist ein gotischer Saalbau aus dem 14. Jahrhundert. Seine schmucke Fassade erhielt das Gebäude Anfang des 17. Jahrhunderts durch den Lemgoer Baumeister Georg Crossmann.

Blickfang ist zudem das Welfenschloss, 1501 durch Herzog Erich I. im gotischen Stil erbaut. Hier sind heute das Stadtarchiv, die Stadtbücherei, ein Museum und das Amtsgericht untergebracht.

Zu den Sehenswürdigkeiten der Stadt zählen zudem die Alte Werrabrücke, die älteste Steinbrücke Niedersachsens, und die Rotunde, ein Tor der historischen Stadtbefestigung. Hier befindet sich heute eine Gedenkstätte für die Toten der Weltkriege.

Im Vergleich zu den Fachwerkhäusern wirkt die Fassade des alten Packhofes fast schon schlicht. Hier wurden früher Waren umgeschlagen, die auf den Flüssen Werra, Fulda und Weser transportiert wurden. Inzwischen befindet sich in dem Haus ein Hotel.

Immer wieder stößt man in der Stadt allerdings auf Doktor Eisenbart. Im Sommer präsentieren Laiendarsteller vor dem Rathaus die Doktor-Eisenbart-Spiele und stellen sein Leben in gereimten Versen dar. Bei der Tourist Information können zudem Führungen mit dem Arzt gebucht werden. Im Notfall empfiehlt sich jedoch ein Krankenhausbesuch.

INFO: Hann. Münden liegt zwischen Kassel und Göttingen. **INFO HANN. MÜNDEN:** Tourist Information, Rathaus/Lotzestr. 2, 34346 Hann. Münden, Tel. (055 41) 753 13, https://hann.muenden-erlebnisregion.de.

Wandern im Energiesystem

Oberharzer Wasserwirtschaft

Harz, Niedersachsen

Fichtenduft, das Grün der Bäume, rauschendes Wasser: Der Harz, dank seiner Natur beliebtes Ausflugsziel für Wanderer, Nordic Walker und Mountainbiker, erfrischt alle Sinne. Doch genau dort, wo das Wasser tost und plätschert, lohnt ein aufmerksamer Blick. Die meist parallel zum Hang verlaufenden Wassergräben, immer wieder durchbrochen von schleusenartigen Bauten, verraten: Hier waren Menschen am Werk. Auch die vielen kaskadenförmig angelegten Teiche, etwa bei Clausthal-Zellerfeld, sind künstlich.

Der Harz, das wird schnell klar, ist nicht nur Natur-, sondern auch Kulturraum. Seine Städte wie Goslar oder Wernigerode verdankten ihre Bedeutung und ihren Reichtum den Bodenschätzen der Montanregion. Ab dem ausgehenden Mittelalter wuchs mit der Entwicklung des Bergbaus im Oberharz, dem nordwestlichen Teil des Mittelgebirges, ein dichtes Netz aus Gräben, Wasserläufen und Speicherteichen. So konnten die Bergwerke durch Pumpen vor dem Absaufen bewahrt, gleichzeitig Erz und Menschen mit Wasserkraft befördert werden: eine technische Meisterleistung. Wer heute im Harz Erholung sucht, bewegt sich also durch ein riesiges Energiesystem – weltweit das größte aus vorindustrieller Zeit.

Seit 2010 gehört die sogenannte Oberharzer Wasserwirtschaft zum UNESCO-Weltkulturerbe. Doch nicht nur deswegen werden ihre Anlagen gepflegt. Nach starkem Regen begegnet dem Wanderer schon einmal ein Mitarbeiter der Harzwasserwerke, der an kritischen Stellen den Wasserstand prüft, dienen doch genau diese Anlagen bis heute dem Hochwasserschutz; außerdem der Trinkwasserversorgung und dem Tourismus.

So tummeln sich in und an den Teichen im Sommer Badegäste. Besonders reizvoll ist es auch, die Wasserwanderwege entlang der Gräben abzulaufen, zertifizierte Guides bieten regelmäßig geführte Wanderungen. Wer im wahrsten Wortsinn tiefer in die Materie einsteigen möchte, folgt dem Wasser unter Tage. Im historischen Bergwerk Grube Samson bei Sankt Andreasberg etwa kann die letzte noch funktionierende Fahrkunst der Welt besichtigt werden: eine Art Fahrstuhl für die Bergleute, betrieben – natürlich – von Wasserkraft.

Info: www.welterbeimharz.de.

Die Hirschler-Pfauenteich-Kaskade in Clausthal-Zellerfeld.

Abtauchen in das Industriezeitalter

Tauchbasis Kreidesee

Hemmoor, Niedersachsen

Mit den Schwimmflossen voran geht es hinab in eine andere Welt: Durch das Chinesische Glückstor, ehemals Requisit eines Asia-Restaurants, vorbei an versunkenen Schiffen und Wohnwagen, sogar einem Flugzeug.

Zwischen den Wracks tummeln sich Forellen, Aale und Barsche. Die Sicht ist gut im Hemmoorer Kreidesee, einem der beliebtesten Tauchspots Deutschlands. Dank des hohen Kalkgehalts im Wasser wachsen nämlich kaum Pflanzen: Die bizarr wirkenden Bäume und Büsche, durch die man an den Uferhängen hindurchtauchen kann, stammen aus einer anderen Zeit, bevor das Wasser kam. Zusätzlich erhellt die Kreide die Szenerie, bis zu 25 Meter weit geht der Blick und bleibt an so manch skurriler Unterwasser-Sehenswürdigkeit hängen.

Der Kreidesee Hemmoor gehört zu den besten Tauchspots Deutschlands.

Der VW Polo etwa hatte schon einen Fernseh-Auftritt, er wurde in den 1990er Jahren eigens für Filmaufnahmen versenkt. Besonders beliebt als Fotomotiv ist ein weißer Plastikhai auf zehn Metern Tiefe. Daneben zeugen Betontrümmer und ein Förderband von der industriellen Vergangenheit des Sees.

Früher wurde hier nämlich Kreide abgebaut, mit der man Mitte des 19. Jahrhunderts Beton zu mischen begann – den Baustoff der aufkommenden Moderne. Doch je mehr man in die Tiefe gehen musste, um an den Rohstoff zu kommen, umso weniger rentierte sich der Tagebau und so wurde er schließlich eingestellt. Kurz darauf schloss Anfang der 1980er Jahre auch die Zementfabrik und die Grube lief mit Wasser voll. Das war die Geburt des einmaligen Tauchreviers.

Seilten sich unerschrockene Sporttaucher anfangs noch einfach an der steilen Uferböschung ab, geht es heute geregelter zu. Es gibt eine Tauchbasis, bereits oft als die beste in Deutschland, Österreich und der Schweiz ausgezeichnet, verschiedene Einstiege und in der Mitte des Sees eine Plattform. Übernachtet wird in Ferienwohnungen oder auf einem Campingplatz, am Wochenende ist ein eigener Rettungsdienst vor Ort. Allein darf hier sowieso niemand abtauchen, immerhin geht es bis zu 60 Meter in die Tiefe. Vom Schnuppertauchgang bis zum Tauchlehrerschein können Kurse aller Levels absolviert werden.

Zur Vorbereitung auf den Sprung ins Wasser hat Unterwasserfotograf Udo Kefrig zusammen mit Tauchbasisbetreiber Holger Schmoldt einen Guide zum Kreidesee verfasst, viele Farbfotos halten das verwunschene Unterwasserpanorama, das stetig um neue Schätze erweitert wird, fest.

Info: Hemmoor liegt etwa 40 km südöstlich von Cuxhaven. **Info Kreidesee:** Cuxhavener Str. 1, 21745 Hemmoor, Tel. (047 71) 79 21, www.kreideseetaucher.de.

Marktplatz mit dem schönsten Fachwerkhaus der Welt

ALTSTADT VON HILDESHEIM

Hildesheim, Niedersachsen

Mit 400 Kubikmetern Eichenholz und 7500 Nägeln lässt sich eine Menge anstellen. Die Bauherren in Hildesheim haben das Material zur Restaurierung des Knochenhaueramtshauses am Marktplatz verwendet.

Entstanden ist eine beeindruckende Fassade – der Bau gilt einigen als das schönste Fachwerkhaus der Welt. Das ursprünglich im Jahr 1529 erbaute Gildehaus der Fleischer wurde im Zweiten Weltkrieg durch ein Feuer vollständig zerstört. Dieses Schicksal ereilte beinah die gesamte historische Altstadt. Früher gab es in Hildesheim einmal circa 1900 Fachwerkhäuser. Vor allem rund um den Marktplatz wurden viele Bauten nach dem Krieg originalgetreu restauriert und geben einen Eindruck davon, wie das Handelszentrum damals ausgesehen hat.

Hier stehen neben dem Knochenhaueramtshaus auch Rathaus, Wedekindhaus und Tempelhaus. Nach dem Krieg befand sich an der Stelle des Knochenhaueramtshauses zunächst ein Hotel. Als der Betrieb Konkurs anmelden musste, nutzte der Stadtrat die Gelegenheit 1986 zum Neubau des historischen Gildehauses. Markant ist vor allem der riesige Giebel des 26 Meter hohen Gebäudes. Die Windbretter auf der Nordseite des Hauses wurden mit Malereien versehen, die an die Zerstörung im Krieg erinnern sollen. Um keine der wichtigsten Sehenswürdigkeiten in Hildesheim zu verpassen, lohnt es sich, der Rose zu folgen: Vom Marktplatz aus ist ein Rundweg ausgeschildert, alle historischen Bauten auf der Route sind mit diesem Symbol gekennzeichnet. In der Fußgängerzone liegt beispielsweise die Kirche St. Andreas, die mit ihrem 114 Meter hohen Turm das Zentrum der Altstadt markiert. Ursprünglich um 1140 als romanische Basilika gebaut, wurde hier später eine Kirche im gotischen Stil errichtet.

Der Kirchturm ist der höchste Niedersachsens, im Inneren des Gebäudes befindet sich eine der schönsten Orgeln Norddeutschlands mit insgesamt 4734 Pfeifen. Sehenswert ist zudem der Kehrwiederturm. Es ist der einzige erhaltene Stadtturm, erbaut im 15. Jahrhundert.

INFO: Hildesheim liegt ca. 35 km südlich von Hannover. **INFO HILDESHEIM:** Tourist Information, Rathausstr. 20, 31134 Hildesheim, Tel. (051 21) 179 80, www.hildesheim.de. **INFO ST. ANDREAS:** Andreasplatz 5, Hildesheim, Tel. (051 21) 124 34, www.andreaskirche.com, Öffnungszeiten April–Sept. Mo–Fr 9–18, Sa und vor Fei 9–16, So 11.30–16, Okt.–März Mo–Sa 10–16, So 11.30–16 Uhr.

Der Hildesheimer Marktplatz mit dem Rolandbrunnen.

Im Namen der Rose

Hildesheimer Dom

Hildesheim, Niedersachsen

Das Wahrzeichen der Stadt Hildesheim und ihres Doms ist eine Rose, die bis heute ihre Blütenpracht am Kreuzgang hinter dem Chor des Mariendoms entfaltet. Der Rosenstock hatte den Zweiten Weltkrieg wesentlich besser überstanden als der Dom selbst, denn aus dem verkohlten, unter Trümmern begrabenen Stumpf entwickelten sich bald schon neue Triebe.

Der Tausendjährige Rosenstock auf dem Domfriedhof des Hildesheimer Mariendoms.

Dieses Rosenwunder wurde von den Hildesheimern als Zeichen für den Wiederaufbau gedeutet und die Rose zum Wahrzeichen der Stadt gewählt. Der Legende nach stammt der sogenannte Tausendjährige Rosenstock aus dem Jahr 815 und gilt als die älteste lebende Rose der Welt. Kaiser Ludwig der Fromme, der sich während der Jagd im Wald verirrt hatte, hängte eine Marienreliquie in einen Rosenstrauch, um davor für Rettung zu beten.

Seine Gebete wurden erhört, seine Gefolgsleute fanden ihn nach langer Suche, die Marienreliquie ließ sich allerdings nicht mehr vom Strauch lösen. Beeindruckt durch dieses göttliche Zeichen ließ Ludwig der Fromme zum Dank eine Marienkapelle errichten. Bischof Altfrid begann im Jahr 872 an dieser Stelle den Bau des Doms St. Maria, der nach zahlreichen Umbauten und Erweiterungen im 14. Jahrhundert fertiggestellt wurde.

Nach seiner Zerstörung im Zweiten Weltkrieg bauten die Hildesheimer in den 1950er Jahren ihren Dom wieder auf, 1985 wurde er von der UNESCO in die Liste des Weltkulturerbes aufgenommen. Nach aufwendiger Sanierung strahlt der Dom wieder in alter Pracht. Besondere Beachtung verdient die bronzene Bernwardstür mit Szenen aus dem Alten und dem Neuen Testament, die um 1015 geschaffen wurde.

Info: Hildesheim liegt ca. 35 km südlich von Hannover. **Info Hildesheimer Dom:** Domhof 4, 31134 Hildesheim, www.dom-hildesheim.de, Öffnungszeiten Mo–Fr 10–18, Sa 10–16.30, So 12–17.30 Uhr, keine Besichtigungen während der Gottesdienste.

Quadratur der Baukunst

ST. MICHAEL

Hildesheim, Niedersachsen

Mit lästiger Grabpflege wollte Graf Bernward seine Verwandten offenbar nie belasten. Zu Lebzeiten ließ der wohlhabende Hildesheimer Bischof eine Kirche bauen und vermachte diese einem Kloster. Die Krypta diente Bernward nach seinem Tod im Jahr 1022 als Grabstätte. Heute ist St. Michael Weltkulturerbe. Die Kirche gehört wohl zu den schönsten frühromanischen Kirchen Deutschlands. Mit dem Bau der Kathedrale wurde im Jahr 1010 begonnen – entstanden ist ein Prachtbau mittelalterlicher Architektur. Die strenge Symmetrie des Gotteshauses wird bei einem Blick aus der Vogelperspektive schnell deutlich. Dem Bau liegt eine kubische Ordnung zugrunde, die ein Gleichgewicht von Ost- und Westflügel zur Folge hat.

Aus der Zeit der Ottonen: die ehemalige Benediktinerabtei St. Michael in Hildesheim.

Die doppelchörige Kirche verfügt über zwei Querhäuser und einen quadratischen Turm an jeder Vierung. Damit unterscheidet sich die Kirche stark von byzantinischen und antiken Bauwerken. Beim Bau haben die göttliche Zahl Drei und die Neun eine besondere Rolle gespielt. Der Grundriss verfügt über drei mal drei Quadrate, jede Langhausseite hat drei mal drei Arkadenöffnungen, die Emporen werden von neun Stützen getragen.

Die Platte des Bernward-Sarkophags zieren neun Engelschöre. Der Kirchenraum wirkt eher schlicht, denn bis auf den Sarkophag und die bemalte Holzdecke aus dem frühen 13. Jahrhundert ist die ursprüngliche Innenausstattung im Lauf der Zeit verloren gegangen. Die schmuckvolle Decke von 1230 besteht aus farbenfroh bemalten Eichenbrettern, dargestellt wird der Jesse-Stammbaum, also die Vorfahren Christi sowie Christus selbst als Erlöser.

Dieselbe Harmonie und Symbolik, die in der Architektur der Michaeliskirche vorherrschen, fanden auch in der Aufteilung der Bildflächen und der Deckenmalerei ihren Ausdruck. Es ist eine der wenigen monumentalen romanischen Malereien, die noch erhalten sind. Die Kirche wurde immer wieder restauriert oder in Teilen neu aufgebaut. Nach einem Brand im Jahr 1186 mussten viele der Langhaussäulen erneuert werden. Die Stuckreliefs und Engelschorschranken am Eingang der Krypta entstanden ebenfalls in dieser Zeit.

Zum Ende des Zweiten Weltkriegs wurde das Gebäude zerstört, aber schon in den 1950er Jahren wiederaufgebaut. Die Bau- und Restaurierungsgeschichte St. Michaeli ist im restaurierten Kreuzgangflügel gut nachzuvollziehen. Seit der Reformation ist St. Michael eine evangelische Kirche.

INFO: Hildesheim liegt ca. 30 km südlich von Hannover. **INFO ST. MICHAEL:** Michaelisplatz 1, 31134 Hildesheim, Tel. (051 21) 344 10, https://michaelis-hildesheim.wir-e.de, Öffnungszeiten tägl. April–Okt. 8–18, Di ab 10, Nov.–März 9–16, Di ab 10 Uhr.

Auf Safari durch Niedersachsen

SERENGETI-PARK

Hodenhagen, Niedersachsen

Nach ausführlichen Beratungen mit Bernhard Grzimek, dem Verhaltensforscher, gründete der italienische Unternehmer Paolo Sepe 1974 den Serengeti-Park Hodenhagen. Am Anfang stand ganz klar Afrika im Vordergrund. Giraffen, Antilopen, Gnus und Wasserböcke erwarten den Besucher auch heute noch auf der Fahrt durch die erste Etappe des Tierlandes. In dem über 110 Hektar großen Gelände kann man die exotischsten Tierarten so nah wie sonst nie erleben. Vorbei geht die Fahrt im eigenen Wagen oder im Serengeti-Park-Bus am artgerecht gestalteten Elefantengehege.

Auf der gut zehn Kilometer langen Strecke durch das Tierland bewegen sich über 1500 Tiere fast wie in freier Wildbahn. Die Reise führt quer durch alle Länder und Kontinente, von Elchen und Rentieren aus Skandinavien zu den weiten Steppen Asiens mit Kamelen und Bengaltigern, die majestätisch auf gefällten Baumstämmen liegen. Wer es handzahmer mag, kann den größten Streichelzoo Europas besuchen und sich auf Augenhöhe mit Damwild, Schafen, Ziegen, Zwergeseln und Minipferden begeben.

Zum Anschauungsunterricht der Evolution geht's dann weiter zu Fuß. Im Affenland leben rund 200 Tiere zwanzig verschiedener Arten wie Schimpansen, Mandrills oder Weißkopfmakis in teilweise begehbaren Freigehegen. Im Amboseli-Menschenaffen-Reservat, das idyllisch an einem See liegt, verrät die Fütterung der Menschenaffen unübersehbar viele Ähnlichkeiten zur menschlichen Spezies.

Im Wasserland dreht sich alles um das kühle Nass und um atemberaubende Fahrgeschäfte. Von der halsbrecherischen Wildwasserbahn bis zur gemütlichen Tretbootfahrt – hier ist reichlich für Abkühlung und Abwechslung gesorgt. Im Freizeitland geben dann Achterbahn und Co. den richtigen Kick. Für die ganz Unermüdlichen gibt es die Möglichkeit, im Serengeti-Park in Lodges zu übernachten. Zum Ausklang eines vergnüglichen Familientags ertönen dann vielleicht auch die Schreie wilder Tiere durch die niedersächsische Serengeti-Nacht.

INFO: Der Park liegt direkt an der A 7 zwischen Hamburg und Hannover. **INFO SERENGETI-PARK HODENHAGEN:** Am Safaripark 1, 29693 Hodenhagen, Tel. (051 64) 979 90, www.serengeti-park.de, Öffnungszeiten April–Okt. Mo–Fr 10–17, Sa/So 10–18 Uhr, Fei/Ferien länger, Eintritt € 34,50, Kinder € 27,50.

Auf Safari im Serengeti-Park Hodenhagen.

Multitalent Kalkstein

Kaiserdom von Königslutter

Königslutter am Elm, Niedersachsen

Verkehrte Welt in Königslutter: Auf dem Jagdfries an der Chorfassade des Kaiserdoms sind es die Hasen, die triumphierend den festgebundenen Jäger davontragen. Ein Verweis auf die Vergeblichkeit menschlichen Strebens oder einfach Freude am fantasievollen Gestalten? Darüber streiten die Kunsthistoriker; fest steht, dass für die Ausarbeitung ein Steinmetz aus der Lombardei anreiste. So weisen das Jagdfries und die steinernen Löwen, die den Eingang des Doms flankieren, eine im 12. Jahrhundert in diesen Breiten unbekannte filigrane Kunstfertigkeit auf. Die Bauweise wurde stilprägend für Sakralbauten der gesamten Region.

Löwenportal des Kaiserdoms in Königslutter.

Kaiser Lothar III. schenkte dem Benediktinerkloster 1135 den Dom als Stiftskirche. Sein Enkel, Heinrich der Löwe, ließ ihn nach dessen Tod zu Ende bauen. Er folgt mit seinem Langhaus und den beiden Seitenschiffen dem Muster einer klassischen romanischen Kreuzbasilika. Vom östlichen Glockenturm aus kann man das Panorama der Altstadt von Königslutter genießen.

Zwei Jahre nach Baubeginn starb Lothar auf einem Italienfeldzug. Er fand seine letzte Ruhestätte in der noch nicht fertiggestellten Kirche. Seine Gattin Richenza und sein Schwiegersohn, der Vater von Heinrich dem Löwen, sind ebenfalls im Dom beigesetzt. Nach einem Spaziergang durch den beeindruckenden romanischen Nordteil des Kreuzgangs mit seinen ornamentgeschmückten Säulen sollte man unbedingt einen Blick auf die Kaiser-Lothar-Linde im früheren Klosterhof werfen. Wie der Dom soll auch sie aus dem Jahr 1135 stammen und von Kaiser Lothar und seiner Gattin Richenza gepflanzt worden sein.

Dieser urwüchsige Baum mit knorrigem Stamm hat mittlerweile einen Umfang von 13 und einen Kronendurchmesser von circa 26 Metern.

In den Steinbrüchen des Gebirgszuges Elm, aus denen die Lutter entspringt, wurden die riesigen Steinquader für den Bau geschlagen.

Diese gaben nicht nur dem dem Kaiserdom seine Gestalt, sondern auch dem Ducksteinbier seinen charakteristischen Geschmack – neben dem Dom Wahrzeichen der Stadt, deren mittelalterlicher Reichtum »aus Bier gebraut« war. 73 Brauereien stellten damals das Lieblingsgetränk der Deutschen aus Hopfen, Malz und dem Wasser der Lutterquelle her.

1150 wird Königslutter erstmalig urkundlich erwähnt. Winklige und kleine Gassen, die an mittelalterlichen Fachwerkhäusern, reich verzierten Barockfassaden und gutbürgerlichen Jugendstilbauten vorbeiführen, vermitteln einen Eindruck des historischen Stadtbildes.

Info: Königslutter liegt ca. 25 km östlich von Braunschweig. **Info Königslutter am Elm:** Tourist Information, Am Markt 2, 38154 Königslutter am Elm, Tel. (053 53) 91 21 29, www.koenigslutter.de. **Info Kaiserdom:** www.kaiserdom-koenigslutter.de, Öffnungszeiten tägl. April–Okt. 9–18, Nov.–März 9–17 Uhr.

Streifzug durch das Rothenburg des Nordens

Altstadt von Lüneburg

Lüneburg, Niedersachsen

Das Schmuckstück an der Ilmenau gehört zu den wenigen Städten Norddeutschlands, die ihren historischen Kern unbeschadet über den Zweiten Weltkrieg retten konnten und bietet heute die perfekte Kulisse für eine junge und innovative Universitätsstadt. Von wegen »Residenz der Langeweile«: Lüneburgs wohl bekanntester Gast, Heinrich Heine, fand bei den zahlreichen Besuchen im elterlichen Haus am Ochsenmarkt 1 noch wenig positive Worte für die Stadt. Dafür war der Dichter hier besonders kreativ und verfasste in der Zeit von 1822 bis 1826 eine Vielzahl berühmter Gedichte. Das heute Heinrich-Heine-Haus genannte Gebäude aus dem Jahr 1565 lockt mit seinen wunderschönen Wand- und Deckenmalereien zahlreiche Besucher an und beherbergt u. a. das Trauzimmer des Standesamtes.

Der Stintmarkt – Lüneburgs altes Hafenviertel an der Ilmenau.

Heute präsentiert sich das Rothenburg des Nordens, wie Lüneburg von Kennern immer wieder gerne genannt wird, in all seiner Pracht. Der historische Stadtkern mit seinen wunderschönen Gassen aus Kopfsteinpflaster, das imposante barocke Rathaus und vor allem die typischen gotischen, barocken und klassizistischen Giebelfassaden lassen die Herzen der Betrachter höher schlagen.

Die durch ihr Salzvorkommen bekannt und reich gewordene Stadt bietet aber auch Kurioses wie das Schwangere Haus in der Waagestraße. Das mit zu stark gebranntem Gips verfugte Haus hat über die Jahre immer mehr Feuchtigkeit aufgenommen und so seit seiner Errichtung im 14. bis 15. Jahrhundert einen unübersehbaren Bauchansatz bekommen.

Freunde des würzigen Gerstensafts sollten einen Rundgang durch das einzige Braueremuseum Norddeutschlands, zu finden in der Heiligengeiststraße 39, nicht versäumen. Die Lokale der Kneipenmeile am Stintmarkt, benannt nach dem kleinen lachsähnlichen Fisch Stint, der damals wie heute im Frühjahr gegessen wird, locken fremde Besucher, aber auch die vielen Lüneburger Studenten mit ihren herzhaften Köstlichkeiten.

Auf keinen Fall verpassen sollte man den Platz am Sande, es ist der älteste Ort der Stadt und gleichzeitig ihr Zentrum – hier stehen die schönsten Backsteinhäuser mit Giebeln.

Info: Lüneburg liegt ca. 50 km südöstlich von Hamburg. **Info Lüneburg:** Tourist Information, Am Markt, 21335 Lüneburg, Tel. 0800-220 50 05, www.lueneburg.info.

Violette Wiesen und spektakuläre Freizeitparks

Lüneburger Heide

Niedersachsen

Violettfarbene Heideflächen und grüne Wälder, sandig-gelbe Böden und romantische Flussläufe, Fachwerkstädte, imposante Hünengräber und ehrwürdige Klosteranlagen, gesundes Klima und Freizeitparks: Die Lüneburger Heide ist die größte Reiseregion Niedersachsens zwischen Hamburg, Hannover und Bremen. Es gibt fast keinen Ort in der Lüneburger Heide, der nicht über ein Museum verfügt. Sehenswert ist beispielsweise Harrys klingendes Museum mit historischen mechanischen Spielwerken in Schwarmstedt.

Wer es kunstvoller haben möchte, der sollte weder den Hundertwasser-Bahnhof in Uelzen noch eines der vielen Schlossmuseen verpassen. Sechs mittelalterliche Frauenklöster, original erhaltene Gebäude im Stil der Backsteingotik, der Renaissance und des Barock, können ebenso besichtigt werden wie kleine Heidekirchen, große prächtige Dome und die Heidestädte: die lebendige Universitätsstadt Lüneburg, die Residenzstadt Celle, die Reiterstadt Verden und Soltau, das Herz der Heide.

Vor allem aber ist die Lüneburger Heide ein Natur- und Wanderparadies. Mehrere Naturparks und Naturschutzgebiete haben sich die Erhaltung dieser einzigartigen Landschaft zum Ziel gesetzt. Rund um den Wilseder Berg, etwa 30 Kilometer nördlich von Soltau, können Naturfreunde im größten zusammenhängenden Heidegebiet Westeuropas den Alltag hinter sich lassen. Besonders schön ist es hier zur Heideblüte im August und September. Auch den vielleicht prominentesten Heidebewohnern kann man begegnen: den Heidschnucken.

Die Lüneburger Heide hat aber deutlich mehr zu bieten als nur Schafe – z.B. die zahlreichen Freizeitparks: den Weltvogelpark Walsrode, den Magic Park Verden, den Filmtier-Park Eschede oder die Wildparks Schwarze Berge und Lüneburger Heide, in denen seltene Tierarten zu sehen sind. Action pur garantiert Colossos, eine der schnellsten Holzachterbahnen der Welt, im Heide Park Resort Soltau. Norddeutschlands größter Freizeit- und Familienpark bietet zahlreiche Fahrattraktionen. Hier steht auch Scream, mit 103 Metern einer der höchsten Gyro-Drop-Tower: 71 Meter freier Fall.

Heidschnucken in der Lüneburger Heide.

Noch wilder wird es bei einem Besuch im »Neuschwanstein des Nordens« Iserhatsche in Bispingen. Der pensionierte Malermeister Uwe Schulz-Ebschbach hat sich ein buntes, überladenes, skurriles Reich geschaffen, bestehend aus dem Schloss Montagnetto, einer Jagdvilla und einem Park. Da trifft man auf kichernde Hexen oder Riesenameisen aus Glas, im Garten ertönt ein Glockenbaum, spuckt ein Vulkan Feuer. Das Kuriositätenkabinett wird ständig ausgebaut – wiederkommen lohnt.

Info: Lüneburger Heide GmbH, Wallstr. 4, 21335 Lüneburg, Tel. (041 31) 309 39 60, www.lueneburger-heide.de.

Heuler und Retter

Seehundstation und Nationalpark-Haus

Norden-Norddeich, Niedersachsen

Lautstarke Sportboote, die zu schnell und zu nah an die Seehundbänke heranfahren, nicht geführte Wattwanderungen und besorgte Tierfreunde, die voreilig einschreiten und vermeintlich mutterlose Tiere von den Sandbänken »retten«: Das sind die größten Feinde junger Seehunde. Denn getrennt von ihrer Mutter können die Seehundbabys, wegen ihrer klagenden Rufe »Heuler« genannt, nicht überleben. Die Mama gibt nach einigen Stunden die Suche nach ihrem Jungen auf. Sie kennt die Gezeiten und die Aussichtslosigkeit, das Kleine im derart bewegten Meer zu finden.

Die Seehund- und Forschungsstation Nationalpark-Haus in der ostfriesischen Stadt Norden ist die einzig anerkannte Betreuungsstation für Meeressäuger in Deutschland. Zwischen 30 und 80 verwaiste Seehunde, aber auch Kegelrobben werden jährlich aufgezogen und wieder in die Nordsee zurückgebracht. Die Station ist zuständig für das gesamte niedersächsische Wattenmeer, das als Biosphärenreservat besonderen Schutz genießt. Über 50 ehrenamtliche Mitarbeiter – zumeist Wattenjagdaufseher – unterstützen die Arbeit aufopferungsvoll.

Heuler in der Seehundaufzuchtstation von Norden.

Die Seehundstation liegt in dem 1986 eingerichteten Nationalpark Niedersächsisches Wattenmeer. Auf einer Fläche von circa 2800 Quadratkilometern soll die Natur möglichst wenig vom Menschen beeinflusst und sich selbst überlassen werden. Das Wattenmeer an der deutschen Nordseeküste ist ein weltweit einzigartiges Ökosystem.

Nicht nur die Seehunde leben hier, das Gebiet ist auch Brut- und Mausergebiet zahlreicher Wasservögel, Heimat seltener Pflanzen und Winterquartier für nordische Wildgänse. Das Nationalpark-Haus Norddeich, direkt gegenüber der Seehundstation untergebracht, zeigt interessante Ausstellungen und Vorträge über das Wattenmeer und seine Bewohner. Zudem werden geführte Wanderungen und Exkursionen ins Landschaftsschutzgebiet angeboten. Wenige Kilometer entfernt liegt das 2006 eröffnete Waloseum, in dem man sich über die gewaltigen Meeressäugetiere informieren kann.

Info: Norden ist eine ostfriesische Stadt im Nordwesten von Niedersachsen. **Info Seehundstation Nationalpark-Haus:** Dörper Weg 24, 26506 Norden, Tel. (049 31) 97 33 30, www.seehundstation-norddeich.de, Öffnungszeiten tägl. 10–17 Uhr, Eintritt € 7, ermäßigt € 4, Kombiticket mit Waloseum € 12/7. **Info Waloseum:** Osterlooger Weg 3, Norden-Osterloog, Tel. (049 31) 97 33 30, www.seehundstation-norddeich.de, Öffnungszeiten April–Okt. tägl. 10–17 Uhr, sonst unregelmäßig, Eintritt € 7, ermäßigt € 4.

Teekultur gleich hinterm Deich

Ostfriesisches Teemuseum

Norden, Niedersachsen

Im Mittelalter tranken die Ostfriesen Bier. Doch durch den niederländischen Seehandel gelangte der Tee ins Land zwischen Ems und Weser – und erfreut sich dort seitdem einer ganz ungewöhnlichen Beliebtheit: Nirgendwo auf der Welt liegt der Pro-Kopf-Verbrauch höher, nirgendwo wird die Teestunde so sehr nach althergebrachtem Ritual und doch ganz entspannt zelebriert.

Grund genug, dem Lieblingsgetränk der Küstenbewohner ein eigenes Museum zu widmen: Im Alten Rathaus von Norden erfährt der Besucher alles über Tee und über die ostfriesische Kunst, ihn zu genießen.

Die 2014 völlig überarbeitete und neu gestaltete Dauerausstellung informiert über Anbau, Verschiffung und Verarbeitung des Tees, über die Herstellung der berühmten Ostfriesenmischung und natürlich über die ostfriesische Teekultur, die inzwischen zum immateriellen UNESCO-Welterbe erhoben wurde. Dabei kommt es neben der richtigen Verwendung von Tee, Kandis (»Kluntje«) und einem »Wölkchen« Sahne (»Wulkje«) auch auf das Teegeschirr an: Stilecht ist es nur in »Dresmer Blau«, einem Blau-auf-Weiß-Dekor aus filigranen Strohblumen, oder mit der traditionellen »Friesischen Rose«.

Mehrmals in der Woche wird im »Rummel«, dem Festsaal des Alten Rathauses, eine klassische Ostfriesische Teezeremonie abgehalten, in deren Verlauf man viel über die Geschichte des Teetrinkens im Land hinter dem Deich erfährt.

Ebenfalls zur Dauerausstellung gehören die Werkstätten eines Zinngießers, eines Gold- und Silberschmieds, eines Stövchenmachers und eines Porzellanmalers. Doch der Blick der Ausstellung reicht über den ostfriesischen Teller- bzw. Teetassenrand hinaus – und zwar nicht nur, was die Produktion etwa in typischen Teeanbaugebieten wie China oder Sri Lanka angeht. Auch Eigenheiten von Teekultur aus aller Welt, wie die japanische Teezeremonie oder den marokkanischen Teegenuss, lernen die Besucher kennen.

Willkommen in der Welt der ostfriesischen Teekultur im Ostfriesischen Teemuseum in Norden.

Sonderausstellungen, Workshops und ein spezielles Programm für Kinder runden das Angebot ab.

Info: Norden ist eine ostfriesische Stadt im Nordwesten von Niedersachsen. **Info Ostfriesisches Teemuseum:** Am Markt 36, 26506 Norden, Tel. (049 31) 121 00, www.teemuseum.de, Öffnungszeiten April–Okt. tägl. 10–17, März Di–So 10–17, Nov–Feb. Mi, Sa 11–16 Uhr, Eintritt € 6, ermäßigt € 4, Kinder € 2.

Kleine Großstadt im Nordwesten

Altstadt von Oldenburg

Oldenburg, Niedersachsen

Zwischen Bremen und der niederländischen Grenze, etwa eine Stunde von der ostfriesischen Nordseeküste entfernt, liegt eine Stadt voller kultureller Schätze, die es zu entdecken lohnt: Oldenburg, seit dem Mittelalter Sitz der gleichnamigen Grafschaft, bis 1918 Residenz der Großherzöge von Oldenburg, heute Universitätsstadt und lebendiges Zentrum im nordwestlichen Niedersachsen.

Im Zweiten Weltkrieg blieb Oldenburg von Bombenangriffen weitgehend verschont und kann daher heute mit einem historisch gewachsenen städtebaulichen Ensemble aufwarten, das unter den deutschen Großstädten seinesgleichen sucht.

In der verwinkelten Altstadt dominieren Häuser aus Renaissance und Barock, deren pittoreske Treppen- und Glockengiebel den holländischen Einfluss spüren lassen. Rund um den Schlosspark, wo früher die herzoglichen Minister und Beamten wohnten, hat sich ein komplettes Viertel mit Villen aus der Zeit der Jahrhundertwende erhalten – an lauschigen Kanälen gelegen, reich verziert mit Jugendstilornamenten und umgeben von prachtvollen Gärten. Das Schloss selbst mit seiner hellgelben Fassade ist ein Bau des 17. Jahrhunderts. In ihm befindet sich heute das Landesmuseum für Kunst und Kulturgeschichte.

Der Schlossplatz in Oldenburg mit Lambertikirche und Schlosswache.

Auch die weitgehend in historischem Zustand erhaltenen Repräsentationsräume können besichtigt werden. Besondere Beachtung verdient das Idyllenzimmer. Es verdankt seinen Namen einem Bilderzyklus aus 43 Gemälden, die vorzugweise Hirten, Nymphen und Satyrn in der idyllischen Landschafts Arkadiens zeigen – eine Idee, die Johann Heinrich Wilhelm Tischbein gemeinsam mit Goethe erdacht hatte und in seiner Zeit als Oldenburger Hofmaler schließlich umsetzen konnte.

Sehenswert sind auch die vielen klassizistischen Bauwerke und das Oldenburgische Staatstheater – ein neobarocker Musentempel in blendendem Weiß, mit original erhaltenem Zuschauerraum und einem Bühnenangebot von exzellentem Ruf. Doch Oldenburg ist mehr als eine kunsthistorische Rennstrecke. Es ist eine spannende und lebenswerte Stadt, in der sich Natur, Kultur und norddeutsche Gelassenheit zu einem attraktiven Ganzen verbinden.

Info: Oldenburg liegt ca. 50 km westlich von Bremen. **Info Landesmuseum für Kunst und Kulturgeschichte:** Schlossplatz 1, 26122 Oldenburg, Tel. (04 41) 220 73 00, www.landesmuseum-ol.de, Öffnungszeiten Di–So 10–18 Uhr, Eintritt € 6, ermäßigt € 4, Kinder € 1,50, bis 6 J. frei. **Info Oldenburgisches Staatstheater:** Theaterwall 28, 26122 Oldenburg, Tel. (04 41) 222 50, https://staatstheater.de.

Charmante Stadt, die Geschichte schrieb

ALTSTADT VON OSNABRÜCK

Osnabrück, Niedersachsen

In Osnabrück wurde 1648 der Westfälische Frieden geschlossen, der den Dreißigjährigen Krieg beendete. Zu viele fahren an dieser bezaubernden Universitätsstadt mit Historie und Flair vorbei. Dabei ist allein die Altstadt,

Im Schatten von Rathaus und Marienkirche: die Treppengiebelhäuser am Markt in Osnabrück.

die direkt hinter dem Heger Tor beginnt, einen Besuch wert. Heimelige Gassen durchziehen das Viertel mit schönen Fachwerkhäusern und reich verzierten Fassaden. Osnabrück gilt als Stadt der Steinwerke. Viele der romanischen und gotischen Bruchsteinbauten sind bis heute gut erhalten und geben der Stadt ihr besonderes Flair.

Auch der Blick über den dreieckigen Marktplatz lohnt sich. Bunte Bürgerhäuser mit den typischen Treppengiebeln stehen hier, das spätgotische Rathaus des Westfälischen Friedens, die Stadtwaage und die Marienkirche. Hier begann in Osnabrück 1543 die Reformation. Sehenswert sind in dieser gotischen Hallenkirche vor allem der Passionszyklus von Albrecht Dürer (1510) und der Flügelaltar. Der wunderschöne Bürgerbrunnen erzählt plastisch Osnabrücker Geschichte. Ein Katzensprung nur ist es bis zum Dom St. Peter, der von Karl dem Großen gegründet wurde. Die spätere, 1277 geweihte Kirche der Osnabrücker Bischöfe zählt zu den Meisterwerken spätromanischer Baukunst. Im Osnabrücker Schloss, das im 17. Jahrhundert als fürstbischöfliche Residenz errichtet wurde, befindet sich heute die Verwaltung der Universität Osnabrück.

Passagen des Romans »Der schwarze Obelisk« des Osnabrücker Schriftstellers Erich Maria Remarque spielen im »Walhalla« in der Bierstraße, in dem auch schon Königin Silvia von Schweden übernachtete. Das von Daniel Libeskind entworfene Felix-Nussbaum-Museum zeigt eindrucksvolle Bilder des in Auschwitz ermordeten Künstlers. Ein Abstecher zum Schauplatz der Varusschlacht im Osnabrücker Land bringt neue Erkenntnisse über die Schlacht am Teutoburger Wald.

INFO: Osnabrück befindet sich an der Grenze zu Nordrhein-Westfalen. **INFO OSNABRÜCK:** Tourist Information, Bierstr. 22/23, 49074 Osnabrück, Tel. (05 41) 323-22 02, www.osnabrueck.de und www.kalkriese-varusschlacht.de.

Sieben Perlen im Wattenmeer

Ostfriesische Inseln

Ostfriesland, Niedersachsen

Sie sind kleiner als ihre westfriesischen Schwestern und nicht so spektakulär wie Rügen oder Helgoland – und doch gehören die Ostfriesischen Inseln zu den beliebtesten Ferienzielen in Deutschland. Und das schon seit Langem: 1797 wurde auf Norderney das erste deutsche Nordseebad eröffnet, 1851 machte König Georg V. von Hannover die Insel zu seiner Sommerresidenz. Doch auch die anderen sechs Inseln können auf eine lange Tradition als Kur- und Erholungsorte zurückblicken.

Wehender Strandhafer vor dem Leuchtturm am Südstrand von Borkum.

Jede einzelne von ihnen hat dabei ihren ganz eigenen Charakter und ihren besonderen Charme bewahrt.

Zu den Sehenswürdigkeiten von Wangerooge, der östlichsten Insel, gehören gleich zwei historische Türme: der Alte Leuchtturm beherbergt das Inselmuseum und eines der höchstgelegenen Standesämter Deutschlands, der Westturm dient als Jugendherberge. Das benachbarte Spiekeroog besticht durch ein besonders gut erhaltenes Inseldorf mit uralten Friesenhäusern. Langeoog kann mit kilometerlangen, naturbelassenen Stränden aufwarten.

Das winzige Baltrum punktet mit viel Ruhe, kurzen Wegen und breiten Stränden – perfekte Voraussetzungen für einen gelungenen Familienurlaub. Im mondänen Norderney finden sich viele denkmalgeschützte Zeugnisse alter Bäderarchitektur, darunter das Conversationshaus von 1822. Das lang gestreckte Juist mit seinen Stränden aus schneeweißem Pulversand gilt Kennern als die schönste der Ostfriesischen Inseln. Borkum schließlich war früher die Insel der Piraten und Walfänger – und ist heute ein anerkanntes Heilbad und nordwestlichste Gemeinde Deutschlands.

Allen Inseln gemeinsam sind die gute Luft, die Schönheit der Natur und die vielen Kur- und Freizeitmöglichkeiten.

Info: Die Ostfriesischen Inseln liegen zwischen 120 und 190 km nordwestlich von Bremen. **Info Ostfriesische Inseln:** Ostfriesische Inseln GmbH, Goethestr. 1, 26757 Borkum, Tel. (049 22) 93 31 20, https://ostfriesische-inseln.de.

Historische Instrumente in einem rauen Landstrich

ORGELLANDSCHAFT OSTFRIESLAND

Ostfriesland, Niedersachsen

Reich und fromm waren sie, die Marschbauern zwischen Emden und Aurich. Die Ausstattung ihrer Gotteshäuser gingen ihnen über alles – besonders im Hinblick auf die Musik. Schon im 15. Jahrhundert ließen sie teure Orgeln in kleinste Dorfkirchen einbauen. Viele dieser Instrumente sind noch heute erhalten, sodass Ostfriesland mit über 90 historischen Orgeln zu den wichtigsten Orgellandschaften der Welt gehört.

Vor allem in der Krummhörn, dem Landstrich westlich von Emden, finden sich bis heute uralte Kirchenorgeln von zum Teil internationalem Rang. Das Dörfchen Rysum kann mit einer der ältesten noch erhaltenen Orgeln weltweit aufwarten. 1457 wurde sie von einem Baumeister im niederländischen Groningen angefertigt.

Die Rysumer zahlten in Naturalien und lieferten fette Rinder ins Nachbarland. Der Orgelprospekt mit seinen Spitz- und Schweifbögen, seinem Maßwerk und seinen Fialen nimmt deutlich Bezug auf die spätgotische Altarbaukunst seiner Zeit. Prächtige Orgeln aus der Renaissance finden sich in Osteel bei Marienhafe und in Westerhusen in der Krummhörn.

Die Orgel von Heinrich Wilhelm Eckmann in der Amdorfer Kirche (Gemeinde Detern).

Die Orgel der Ludgerikirche in Norden ist die größte in Ostfriesland. Erbaut wurde sie 1692 von niemand Geringerem als dem Hamburger Arp Schnitger, einem der wichtigsten Orgelbaumeister des Barock. Werke von ihm finden sich in ganz Norddeutschland, in den Niederlanden und sogar in Portugal. Einen weiteren Höhepunkt der Instrumentenbaukunst bildet die 1766 vollendete Orgel der Großen Kirche in Leer mit ihren filigranen Schnitzereien. Einige der Pfeifen stammen aus dem 16. Jahrhundert.

Zu den Orgeln in Ostfriesland werden spezielle Exkursionen angeboten. Auch finden regelmäßig Konzerte statt, vor allem während des Krummhörner Orgelfrühlings und während des Festivals »Musikalischer Sommer in Ostfriesland«.

INFO: Ostfriesland liegt ca. 150 km nordwestlich von Bremen. **INFO OSTFRIESLAND:** Ostfriesland Tourismus, Ledastr. 10, 26789 Leer, Tel. (04 91) 91 96 96 70, www.ostfriesland.de. **INFO KRUMMHÖRNER ORGELFRÜHLING:** www.krummhoerner-orgelfruehling.de, Mai/Juni. **INFO MUSIKALISCHER SOMMER IN OSTFRIESLAND:** www.musikalischersommer.com, Juni–Aug. **REISEZEIT:** Mai–Aug.

Luxuriöse Kreuzfahrtschiffe

MEYER WERFT

Papenburg, Niedersachsen

Schiffe, so groß wie Hochhäuser: über 300 Meter lang, mehr als ein Dutzend Stockwerke hoch, in über 1000 Kabinen passen problemlos mehr als 2000 Passagiere. In Papenburg steht die Wiege vieler Traumschiffe, in zwei riesigen Hallen baut die Meyer Werft Kreuzfahrtschiffe der Luxusklasse. Ein Besucherzentrum informiert auf 3500 Quadratmetern in insgesamt neun Ausstellungsbereichen über Schiffbau und Kreuzfahrt.

Hier kann man die Entstehung der Ozeanriesen vom Bug bis zum Heck verfolgen: Werfterlebnis im Breitwandformat! Zudem erläutern Filme, Fotos sowie eine Ausstellung die über 200-jährige Geschichte der Werft, geben einen Überblick über modernen Schiffbau und ermöglichen einen eindrucksvollen Blick ins Innenleben der Luxusliner. Musterkabinen zeigen anschaulich, welcher Komfort auf See herrscht.

Die 1795 gegründete Meyer Werft ist einer der größten Schiffbauer der Welt. Außer luxuriösen Ozeandampfern fertigt das Unternehmen u. a. Auto- und Passagierfähren, Flusskreuzfahrtschiffe, Gastanker, Containersowie Tiertransportschiffe.

Meyer Werft in Papenburg: Emsüberführung des Kreuzfahrtschiffs »Anthem of the Seas« (2015).

Nach dem Umzug der Werft an den Stadtrand Papenburgs sowie dem Bau und der späteren Verlängerung der ersten überdachten Baudockhalle folgte 2002 die größte Investition der Firmengeschichte: Das zweite überdachte Riesendock mit hochmodernen Laserschweißanlagen wurde fertiggestellt. Seitdem können auf der Werft, die immerhin etwa 3300 Mitarbeiter beschäftigt und stets über volle Auftragsbücher verfügt, alle gängigen Schiffsgrößen gebaut werden.

Eine Führung über das Werftgelände dauert rund zwei Stunden. Ein Tipp: Insbesondere das Ausdocken der Traumschiffe ist jedes Mal ein Riesenereignis mit Volksfeststimmung. Tausende verfolgen das beeindruckende Schauspiel, wenn die riesigen Luxusliner aus der Halle auf die Ems geschleppt werden. Die Termine für eine solche Überführung in die Nordsee stehen zumeist Wochen im Voraus fest und werden auf der Webseite des Unternehmens bekannt gegeben, können aber auch telefonisch erfragt werden.

INFO: Papenburg liegt im Emsland, ca. 15 km von der Grenze zu den Niederlanden entfernt. **INFO MEYER WERFT:** 26855 Papenburg, Tel. (049 61) 81 50 89 (Auskünfte zu Schiffsüberführungen), www.meyerwerft.de, Besichtigung nur nach Anmeldung bei Papenburg Marketing GmbH, Ölmühlenweg 21, 26871 Papenburg, Tel. (049 61) 839 60, https://besucherzentrum-meyerwerft.de.

Speerspitze der Archäologie

Forschungsmuseum Schöningen

Schöningen, Niedersachsen

Ein Souvenir aus der Zukunft: So wirkt das Gebäude mit seiner Verkleidung aus schrägen Spiegelglasflächen, die den Himmel und das sanft gewellte Harzvorland des südöstlichen Niedersachsens zurückwerfen. Dabei begibt

Der futuristische Museumsbau lädt zu einer spannenden Reise in die Frühzeit der Menschen.

man sich schon auf dem Gelände rund um den futuristischen Bau rückwärts in der Zeit in eine Steppenlandschaft mit Pflanzen, wie sie – durch Fossilienfunde belegt – im Paläolithikum hier vorherrschten.

Versteinerte Gräser sind jedoch nicht der spektakulärste Fund, der hier, auf dem Areal eines Braunkohletagebaus, aus der Erde geholt wurde: Nichts weniger als die weltweit ältesten erhaltenen Jagdwaffen der Menschheit konnten die Archäologen rund um Hartmut Thieme 1994 gerade noch vor den Schaufelradbaggern des Tagebaus retten, mit denen die Ausgrabung stets im Wettlauf stand. Acht Holzspeere, vor etwa 300000 Jahren an dieser Stelle vom Homo heidelbergensis am Rand eines Seeufers nahe seinem Jagdlager zurückgelassen. Günstige geologische Bedingungen konservierten die Wurfwaffen wie durch ein Wunder bis in unsere Zeit. Eine absolute Sensation!

2013 bekamen die wertvollen Stücke mit dem vom Architekturbüro Holzer Kobler Architekturen entworfenen Museumsbau endlich einen passenden Präsentationsrahmen, das »paläon – Erlebniszentrum Schöninger Speere« öffnete seine Pforten. Seit Juli 2019 organisiert nun das Niedersächsische Landesamt für Denkmalpflege die Ausstellung als Forschungsmuseum. Die Besucher erfahren viel über die Archäologie jägerisch lebender Frühmenschengruppen.

Info: Schöningen liegt 45 km südlich von Wolfsburg. **Info Forschungsmuseum Schöningen:** Paläon 1, 38364 Schöningen, Tel. (053 52) 96 91 40, www.palaeon.de. Öffnungszeiten Di–So 10–17 Uhr, Eintritt € 12, ermäßigt € 8,50, Familienkarte € 29.

Ein Meer auf dem Land – zum Segeln, Wandern und Baden!

Steinhuder Meer

Niedersachsen

Wer in der Region Hannover wohnt und sich die Riviera gerade nicht leisten kann, für den gibt es ein Urlaubsziel gleich vor der Haustür: Das Steinhuder Meer ist der größte Binnensee Norddeutschlands und bestens geeignet für die kleine Auszeit zwischendurch. Doch auch für auswärtige Besucher ist das Steinhuder Meer interessant – die Freizeitmöglichkeiten sind vielfältig und bieten für jeden etwas.

Wer einfach nur schwimmen und relaxen möchte, ist auf der Badeinsel mit ihrem Sandstrand richtig. Vom Ostufer aus ist sie bequem über einen Steg zu erreichen. Doch auch andere Uferstellen laden zum Schwimmen, Paddeln, Rudern oder Tretbootfahren ein. Auch ist das Steinhuder Meer ein exzellentes Surf- und Segelrevier. Eine Besonderheit sind die sogenannten Auswanderer – hölzerne Segelboote, die ausschließlich auf dem Steinhuder Meer verkehren. Mit ihnen können sich Ausflügler zur Insel Wilhelmstein übersetzen lassen und die dortige Festung besichtigen.

Wer lieber an Land bleibt, nutzt vielleicht den 35 Kilometer langen Weg rund um den See für eine Wanderung oder eine Radtour durch den Naturpark Steinhuder Meer.

Einen Einblick in Kultur und Geschichte der Region bietet das Fischer- und Webermuseum in Steinhude. Und wer etwas ganz Besonderes erleben will, sollte dem Dinosaurier-Park im nahen Münchehagen einen Besuch abstatten: Zu besichtigen gibt es 220 lebensgroße Sauriermodelle und mehrere Präparationswerkstätten, auf abenteuerlustige Kinder warten Dino-Spielplatz und Mit-Mach-Halle.

Info: Das Steinhuder Meer liegt ca. 30 km nordwestlich von Hannover. **Info Steinhuder Meer:** Meerstr. 15–19, 31515 Wunstorf-Steinhude, Tel. (050 33) 950 10, www.steinhuder-meer.de. **Info Dinosaurier-Park Münchehagen:** Alte Zollstr. 5, 31547 Rehburg-Loccum, Tel. (050 37) 969 99 90, www.dinopark.de, Öffnungszeiten Mitte März–Okt. tägl. 9–18 Uhr, Eintritt € 12,50, Kinder € 10,50.

Steinhuder Meer: Der größte See Nordwestdeutschlands ist ein ideales Ausflugsziel.

Von der Kultstätte bis zur Adlerwarte

Teutoburger Wald und das Hermannsdenkmal

Niedersachsen und Nordrhein-Westfalen

Es ist der Herbst im neunten Jahr nach Christus. Drei römische Legionen, angeführt von Senator Publius Quinctilius Varus, sind angetreten, um die rechtsrheinischen Gebiete Germaniens endlich zur Provinz des Römischen Reichs zu machen. Doch die Niederlage gegen das germanische Heer, geführt von Cheruskerfürst Arminius, ist fürchterlich. Kaum ein Römer überlebt – und Germanien bleibt selbstständig.

Das Hermannsdenkmal im Teutoburger Wald.

Das Hermannsdenkmal bei Detmold erinnert an die Heldentaten des Germanen-Fürsten Arminius, dessen Name ins Deutsche übersetzt Hermann lautet. Im Beisein Kaiser Wilhelms I. und zahlreicher deutscher Fürsten 1875 eingeweiht, ist die Symbolik des Denkmals vor dem Hintergrund des erstarkenden Nationalbewusstseins im 19. Jahrhundert zu verstehen. So wie Arminius die germanischen Stämme im Kampf gegen die Römer vereinigt hatte, sollten sich auch die Regenten der deutschen Kleinstaaten zu einem geeinten Reich verbünden. Von der Galerie des circa 55 Meter hohen Denkmals aus hat man einen wunderschönen Blick über das Lipper Hügelland.

Rund um den Naturpark Teutoburger Wald bis hin zum Weserbergland lädt eine urwüchsige Landschaft mit sanften Hügeln und weiten Wiesen, artenreichen Wäldern, verschlungenen Bachläufen und wildromantischen Auen zu Wander- und Fahrradtouren ein. Besonders reizvoll ist eine etwa dreistündige Wanderung, die vom Hermannsdenkmal vorbei an der Adlerwarte Berlebeck zu den sagenumwobenen Externsteinen bei Horn-Bad Meinberg führt.

Die markanten Sandsteinfelsen sollen den Germanen als heidnisch-rituelle Kultstätte gedient haben und stehen heute unter Naturschutz. Ein beliebtes Ausflugsziel sind auch die Dörenther Klippen am oberen Südwesthang des Teutoburger Waldes. Um die Felsformationen mit sprechenden Namen wie »Dreikaiserstuhl« oder »Hockendes Weib« ranken sich zahlreiche Sagen.

Von der Adlerwarte Berlebeck über sehenswerte Museen (Miele-Museum in Gütersloh, Preußen-Museum in Minden) und bedeutende historische Bauwerke (Herforder Münster, Schloss Corvey in Höxter, Zisterzienserkloster in Marienfeld, Benediktinerabtei in Marienmünster) bis hin zum Kaiser-Wilhelm-Denkmal in Porta Westfalica: Der Teutoburger Wald ist eine touristische Wundertüte.

Info: Der Teutoburger Wald liegt in Niedersachen und Nordrhein-Westfalen. **Info Teutoburger Wald:** Teutoburger Wald Tourismus, Turnerstr. 5–9, 33602 Bielefeld, Tel. (05 21) 967 33 25, www.teutoburgerwald.de. **Info Hermannsdenkmal:** Grotenburg, 32760 Detmold (Hiddesen), Tel. (052 31) 62 11 65, www.hermannsdenkmal.de, Öffnungszeiten tägl. April–Okt. 9–18.30, Nov.–März 9.30–16, Führungen April–Okt. Sa/So/Fei 14 Uhr, Eintritt € 4, Kinder € 2, mit Führung € 7/4.

Historisches Kleinod in der Heide

Kloster Wienhausen

Wienhausen, Niedersachsen

Zu den kulturellen Highlights im östlichen Niedersachsen gehören sicherlich die sechs Heideklöster zwischen Lüneburg und Hannover: evangelische Frauenklöster in historischen Gebäuden, die noch heute von alleinstehenden Damen bewohnt werden. Die sogenannten Konventualinnen bilden Lebensgemeinschaften auf christlicher Basis und kümmern sich um die klösterlichen Kunstschätze. Und davon gibt es reichlich – besonders in Wienhausen, dem südlichsten Heidekloster vor den Toren von Celle.

Um 1230 von Agnes von Meißen und Landsberg, einer Schwiegertochter Heinrichs des Löwen, als Zisterzienserstift gegründet, besticht Wienhausen durch seine wunderschöne Architektur im Stil der Backsteingotik, seine pittoresken Nebengebäude und seinen weitläufigen Park. Berühmt jedoch ist das Kloster für seine Ausstattung und seine kunsthistorischen Sammlungen. Sehenswert sind etwa die getäfelte Äbtissinnenzelle aus dem ausgehenden 16. Jahrhundert oder die rund hundert Jahre darauf mit gobelinartigen Landschaften bemalte Zelle einer Konventualin.

Der mittelalterliche Nonnenchor, einer der bedeutendsten noch erhaltenen gotischen Kirchenräume, ist vollständig mit biblischen Szenen und Ornamenten ausgemalt. Zu sehen sind etwa die Schöpfungsgeschichte, Leben und Passion Christi sowie die Auferstehung und das himmlische Jerusalem.

Highlight im Textilmuseum des Klosters Wienhausen: der Tristanteppich aus dem 14. Jahrhundert.

Unter dem Chorgestühl wurden bei Renovierungsarbeiten im Jahr 1953 uralte Kult- und Alltagsgegenstände gefunden, darunter auch Brillen aus dem 14. Jahrhundert. Es handelt sich dabei um die ältesten noch erhaltenen Brillen. Ebenso interessant sind die kostbaren Wienhausener Bildteppiche – neun großformatige Wollstickereien aus dem 14. und 15. Jahrhundert. Dargestellt sind biblische Geschichten und Heiligenlegenden, aber auch weltliche Motive wie die Tristansage. Stilistisch orientiert sich die Bildsprache der Teppiche an mittelalterlicher Buch- und Wandmalkunst.

Auch die lebendige Kultur hat ihren Platz im Kloster: Regelmäßig finden Konzerte, Lesungen, Stickseminare und Themenführungen (auf Wunsch auch auf Plattdeutsch!) statt. Dabei können Besucher die wertvollen historischen Fundstücke bestaunen und die heute hier lebenden Konventualinnen erzählen die Geschichte des Klosters und seiner Schätze.

Info: Wienhausen liegt ca. 40 km nordöstlich von Hannover. **Info Kloster Wienhausen:** An der Kirche 1, 29342 Wienhausen, Tel. (051 49) 186 60, www.kloster-wienhausen.de, Klosterführungen April–Mitte Okt. Di–Sa 11, 14, 15, 16, So 12–16 Uhr stündlich, Teppichausstellung Mitte Mai–Mitte Okt. Di–Sa 11–17.30, So 12–17.30 Uhr, Kombiticket Klosterführung und Teppichausstellung € 9, ermäßigt € 5.

Kulturelles Gedächtnis und zentrale Forschungsstätte

Herzog August Bibliothek

Wolfenbüttel, Niedersachsen

Bücher, Bücher und nochmals Bücher. Selbst Casanova reiste nach Wolfenbüttel und schrieb nach seinem Besuch der Bibliothek mit dem Erbprinzen Karl Wilhelm Ferdinand: »Das Lob, das ich ihm über die Bibliothek von Wolfenbüttel machte, freute ihn sichtlich, und er lachte herzlich, als ich ihm sagte, ohne die Nahrung durch die guten Bücher hätte mich die Kost dort umgebracht.«

Lesefutter finden Bücherwürmer hier auch heute mehr als genug: Rund eine Million Bücher und Drucke werden in der Bibliothek bewahrt. Darunter Kostbarkeiten wie das mit kunstvollen Miniaturen ausgemalte Evangeliar Heinrichs des Löwen aus dem 12. Jahrhundert oder eine der prächtigsten Bilderhandschriften des Sachsenspiegels, eines der ältesten Rechtsbücher des deutschen Mittelalters.

August der Jüngere (1579–1666), Herzog von Braunschweig-Wolfenbüttel.

Doch die Herzog August Bibliothek ist weit mehr als eine bibliophile Schatzkammer. Sie gilt als führendes Forschungszentrum europäischer Kulturgeschichte des Mittelalters und der frühen Neuzeit, Historiker aus der ganzen Welt forschen hier Seite an Seite. Und dass bei all den alten Schriften auch moderne Errungenschaften nicht zu kurz kommen, zeigt die Wolfenbütteler Digitale Bibliothek, die Teile des Bestands online zugänglich macht.

Ein Besuch vor Ort lohnt aber dennoch und zwar auch für alle, die kein Studium der Geschichtswissenschaften absolviert haben. Wechselnde Ausstellungen holen Schätze aus dem Bestand ans Tageslicht. Besonders spannend sind neben historischen Handschriften die Malerbücher moderner Künstler, von denen die Bibliothek eine bedeutende Sammlung besitzt. Wie sich das Weltbild gerade in der Frühneuzeit in Folge der europäischen Entdeckungsreisen wandelt, zeigen Globen und Karten aus verschiedenen Epochen.

Die Bibliothek galt einst als achtes Weltwunder, ihr Bestand als Quintessenz des damaligen abendländischen Wissens. Gegründet 1572 von Herzog Julius zu Braunschweig-Lüneburg, machte die Sammelleidenschaft des gebildeten und weit gereisten Herzog August des Jüngeren sie im 17. Jahrhundert zur größten nördlich der Alpen. Zahlreiche Gelehrte vermachten ihr ihre Schriften in der Hoffnung, ihr Werk möge in die illustre Sammlung aufgenommen werden.

Ebenso berühmt wie die Bücher war so mancher Bibliothekar, etwa der Philosoph und Mathematiker Gottfried Wilhelm Leibniz oder der Dramatiker und Dichter Gotthold Ephraim Lessing. Das Wohnhaus Lessings kann direkt neben der Bibliothek besichtigt werden; gegenüber steht das Schloss, in dem einst die Herzöge residierten – heute sind hier ein Museum und eine Schule untergebracht. Im Sommer finden im Schlossinnenhof Konzerte statt.

Info: Wolfenbüttel liegt ca. 13 km südlich von Braunschweig. **Info Herzog August Bibliothek:** Lessingplatz 1, 38304 Wolfenbüttel, Tel. (053 31) 80 80, www.hab.de, Öffnungszeiten Bibliothek und Lessinghaus Di–So 10–17 Uhr, Eintritt € 5, ermäßigt € 2, bis 17 J. € 1, bis 11 J. frei.

»Brave New World«

Autostadt in Wolfsburg

Wolfsburg, Niedersachsen

Autostadt: Das klingt nach Lärm, Gestank und Dreck. Das genaue Gegenteil erlebt man jedoch bei einem Besuch der Autostadt in Wolfsburg, einer gelungenen Fusion aus komponierter Natur und urbanen Zukunftsträumen. Wie in einer schönen, neuen Welt wandelt es sich hier durch futuristische Architektur im Grünen.

Dabei gibt es viel zu sehen: Allein drei bis vier Stunden vergnügt man sich im ZeitHaus, das auf drei Stockwerken an Hand von mehr als 260 Fahrzeugen über 60 unterschiedlicher Marken die Geschichte der Mobilität erzählt. Automobile Meilensteine, die als Trendsetter ihrer Zeit Maßstäbe in Technik, Design, Produktionsweise oder Konzeption gesetzt haben und als Vorbilder für andere Hersteller dienten, werden im sogenannten Rack präsentiert wie in einem gläsernen Setzkasten. Viele der hier in ständigem Wechsel gezeigten Fahrzeuge stehen jedoch nicht nur im Museum: Sie nehmen oft an klassischen Rallyes oder Ausfahrten teil. Die Marken des Volkswagenkonzerns präsentieren sich in acht Pavillons.

Im KonzernForum können junge Besucher im MobiVersum klettern, spielen und toben – aber auch in spannenden Workshops naturwissenschaftliche Phänomene ergründen oder im Lernpark am Steuer von Miniaturausgaben beliebter VW-Modelle ihren »Kinderführerschein« absolvieren. Im Obergeschoss breiten sich auf rund 1000 Quadratmetern verschiedene Ausstellungen aus. So thematisiert etwa »Level Green – die Idee der Nachhaltigkeit« an vielen interaktiven Stationen das Zusammenspiel ökologischer, wirtschaftlicher und gesellschaftlicher Aspekte, das eine nachhaltige Entwicklung fördert. Einen Einblick in die Prozesse der Fahrzeugherstellung vermittelt die Ausstellung »Autowerk – Portal zur Produktion«.

ZeitHaus in der Autostadt in Wolfsburg.

Etwa 400 Leute reisen täglich mit neuem Nummernschild im Gepäck nach Wolfsburg, um eines jener vorbestellten Autos abzuholen, die in 48 Meter hohen gläsernen Türmen parken. Auch ohne Autokauf kommt man den nigelnagelneuen Fahrzeugen bei einer Fahrt den Turm hinauf ganz nah, anschließend kann man auf der Aussichtsplattform den Blick über die Autostadt genießen. Tausende kommen nur, um sich zu amüsieren, vor allem zu den zahlreichen Veranstaltungen. In der Adventszeit etwa verzaubert ein Wintermarkt die Gäste und auch im Sommer bietet das Kulturprogramm von Tanz bis Akrobatik viel Unterhaltung.

Info: Wolfsburg liegt ca. 30 km nördlich von Braunschweig. **Info Autostadt:** 38440 Wolfsburg, Tel. 0800-288 67 82 38, www.autostadt.de, Öffnungszeiten tägl. 9–18 Uhr, Eintritt € 15, Kinder € 6, Aktivitäten u. a.: Sicherheitstraining € 28, Geländeparcours ab € 25, Turmfahrt € 8.

Luxus serienmäßig in Wolfsburg

Hotel Ritz-Carlton mit Restaurant Aqua

Wolfsburg, Niedersachsen

Moderne Architektur, gläserne Autotürme inmitten von grünen Oasen prägen die Autostadt Wolfsburg. Mittendrin ein Hotel der Extraklasse mit einem Gourmetrestaurant, für das man sich Zeit nehmen sollte.

Schon von außen beeindruckt das Ritz-Carlton Wolfsburg durch sein ungewöhnliches Design. Der moderne halbrunde Bau mit Blick auf das Volkswagenwerk scheint direkt in die Aller hineinzuragen. Auch im Inneren des Fünf-Sterne-Hotels mit seinen 147 Zimmern und 23 Suiten erwartet den Gast zeitloser Luxus. Die elegante Innenausstattung der Stardesignerin Andrée Putman begeisterte bereits viele anspruchsvolle Gäste. Edle Hightech-Geräte und eine perfekte Bad-Ausstattung bieten Wohlbefinden, Komfort und genügen höchsten ästhetischen Design-Ansprüchen.

Wer einige Tage im Ritz-Carlton verbringt, kann eine Freizeitlandschaft nutzen, die zum Besten gehört, was ein Tophotel in Deutschland anbieten kann. Reflexzonenmassage, Scent-Tao-Anwendungen, Ayurveda-Behandlungen, dazu maximale Entspannung in der hoteleigenen Whirlpool- und Bäderlandschaft oder Aktivtraining im Fitnesscenter – hier ist der Kunde noch wirklich König.

Der 30 Meter lange Außenpool ist direkt in das Hafenbecken eingelassen. Wer hier seine Runden dreht, wird belohnt mit einem einmaligem Blick auf das zum Industriedenkmal erhobene angrenzende Kohlekraftwerk, dessen vier Schornsteine in den Himmel ragen.

Das Thema Wasser wird auch im Drei-Sterne-Restaurant Aqua aufgegriffen: Das diffuse Schimmern vom Licht, das auf gewebte Metallvorhänge fällt, erinnert an Sonnenstrahlen, die aufs Wasser treffen. Eine große Wasserschale schafft eine meditative Stimmung. Hier lässt es sich fürstlich speisen. Die hervorragende Küche von Chef de Cuisine Sven Elverfeld zählt zu den besten der Welt. Geschmackvolle Kreationen wie Forelle aus der Lüneburger Heide mit Spargel, Schinken-Velouté, Erbsen und Rhabarber oder Crème von Tahiti-Vanille & Cassis-Gelee sind ein Gedicht für jeden Gaumen. Ob lokale Spezialitäten oder asiatische Küche, stets wird man freundlich beraten. Auch die Weinkarte ist eine Sünde wert.

Hotel Ritz-Carlton, Wolfsburg, am historischen Hafenbecken mit Ausblick auf die Schornsteine des denkmalgeschützten Volkswagen Kraftwerks.

Info: In der Autostadt gelegen. **Info Hotel Ritz-Carlton Wolfsburg:** Parkstr. 1, 38440 Wolfsburg, Tel. (053 61) 60 70 00, www.ritzcarlton.com. Preise auf Anfrage. **Info Restaurant Aqua:** Im Ritz-Carlton, Tel. (5361) 60 60 56, www.restaurant-aqua.com, Öffnungszeiten Di–Sa ab 18.30, letzte Bestellung 20.30 Uhr, Reservierung empfohlen, Preise auf Anfrage.

Ein Science Center der Extraklasse

PHAENO – DIE WELT DER PHÄNOMENE

Wolfsburg, Niedersachsen

Gleich neben dem Wolfsburger Hauptbahnhof, gegenüber der berühmten Autostadt, sieht es so aus, als sei ein Raumschiff gelandet: Hier erhebt sich ein heller, lang gestreckter Bau aus Beton und Stahl, auf Stützkegeln und mit länglichen, windschiefen Fenstern. Doch mit Science Fiction hat das alles nichts zu tun, es handelt sich vielmehr um ein Science Center, um ein Ausstellungsgebäude zu den Themen Naturwissenschaft und Technik, entworfen von Stararchitektin Zaha Hadid. Der britische »Guardian« bezeichnete es 2007 als »eines der zwölf bedeutendsten Bauwerke der Welt«.

Die dynamische Architektur der Experimentierlandschaft phaeno ist dabei Teil des Konzepts: Hier sollen – innen wie außen – die Sinne angeregt und die Gedanken in Bewegung gesetzt werden. Das Haus ist ein anerkannter außerschulischer Lernort, sein Angebot richtet sich an Jung und Alt.

Auf einer Fläche von rund 9000 Quadratmetern dreht sich alles um Themenkomplexe wie Optik, Dynamik, Energie und Mathematik. Dabei geht es nicht um eine museale Präsentation, sondern um die eigene Erfahrung. An über 350 interaktiven Experimentierstationen lassen sich unterschiedlichste Phänomene aus Natur und Technik hautnah erleben: Hier kann man magnetische Skulpturen formen, einen Brückenbogen bauen, aus leuchtendem Gas bunte Fäden ziehen, Schwingungen aus Sand erzeugen, in den Rodeokreisel steigen, einen Feuertornado bewundern, aufwendige Lasershows bestaunen – und sogar auf einem Fliegenden Teppich reisen und sich die Haare zu Berge stehen lassen.

INFO: Wolfsburg liegt ca. 30 km nördlich von Braunschweig. **INFO PHAENO – DIE WELT DER PHÄNOMENE:** Willy-Brandt-Platz 1, 38440 Wolfsburg, Tel. (053 61) 89 01 00, www.phaeno.de, Öffnungszeiten Di–Fr 9–17, Sa/So 10–18 Uhr (Abweichungen möglich), Eintritt € 14, Kinder € 9, bis 5 J. frei.

Zukunftsweisende Architektur: das Science Center phaeno in Wolfsburg, entworfen von der britischen Architektin irakischer Abstammung Zaha Hadid.

Kunst im Moor

WORPSWEDE

Worpswede, Niedersachsen

Ganze 54,50 Meter misst der höchste Berg in der Bremer Umgebung. Es ist der Weyerberg im Künstlerdorf Worpswede, rund 28 Kilometer von Bremen entfernt. Worpswede liegt in den Niederungen des Flusses Hamme inmitten des Teufelsmoors. Der Ortsname passt: Worps bedeutet Hügel, Wede Wald, Worpswede ist also ein Hügelwald.

Seit Ende des 19. Jahrhunderts entwickelte sich die Moorsiedlung zu einem Künstlerdorf. Fritz Mackensen, Paula und Otto Modersohn, Fritz Overbeck, Hans am Ende und Heinrich Vogeler gründeten die Künstlerkolonie, die schon bald überregional bekannt wurde, nicht zuletzt durch den sensationellen Erfolg der Ausstellung im Münchner Glaspalast im Jahre 1895. Als bedeutendste Worpsweder Künstlerin gilt die Malerin Paula Modersohn-Becker; in dem Dorf in der Nähe Bremens lebten zeitweise auch der Bildhauer Bernhard Hoetger, der Dichter Rainer Maria Rilke und der Schriftsteller Manfred Hausmann. Künstler und Kunsthandwerker leben und arbeiten auch heute noch im Dorf.

Die Werke der ersten Worpsweder Malergeneration, neben Paula Modersohn-Becker etwa Fritz Mackensen oder Hans am Ende, sind im Museum am Modersohn-Haus und in der Worpsweder Kunsthalle ausgestellt. Das Ludwig-Roselius-Museum zeigt moderne und zeitgenössische Kunst. Sehenswert sind auch das Haus im Schluh, mit einer Sammlung einzigartiger Jugendstilmöbel Vogelers, die Alte Molkerei, die heute u. a. als Veranstaltungsort für Theateraufführungen dient, sowie das ehemalige Wohnhaus Heinrich Vogelers, der Barkenhoff.

Der vielseitige Künstler verwandelte das Worpsweder Bauernhaus um 1900 in ein einzigartiges Zeugnis des Jugendstils. Die Ausstellung ist vor allem dem künstlerischen Werk Vogelers gewidmet. Vogeler hat auch das Gebäude des Worpsweder Bahnhofs entworfen, in dem heute ein Restaurant untergebracht ist.

Das Wohnhaus Heinrich Vogelers in der Künstlerkolonie Worpswede.

INFO: Worpswede liegt ca. 30 km nördlich von Bremen. **INFO WORPSWEDE:** Bergstr. 13, 27726 Worpswede, Tel. (047 92) 93 58 20, www.worpswede.de. **INFO WORPSWEDER MUSEUMSVERBUND:** Lindenallee 5 A, Worpswede, Tel. (047 92) 955 05 90, www.worpswede-museen.de. **INFO MUSEUM AM MODERSOHN-HAUS:** Hembergstr. 19, Worpswede, Tel. (047 92) 47 77, www.museum-modersohn.de, Öffnungszeiten April–Okt. tägl. 10–18 Uhr, Eintritt € 5. **INFO RESTAURANT WORPSWEDER BAHNHOF:** Bahnhofstr. 17, Worpswede, Tel. (047 92) 987 83 33, www.restaurant-worpsweder-bahnhof.de, Öffnungszeiten Mi–Fr 11.30–15 und 17.30–22.30, Sa/So 11.30–22.30 Uhr.

Schön statt schaurig

Teufelsmoor

Worpswede, Niedersachsen

Das Teufelsmoor hat sich die Ausstrahlung seiner herben landschaftlichen Schönheit bis heute bewahrt. Der Schrecken, den das öde Land mit seinen schwankenden Böden, baumlosen Weiten, Irrlichtern und regelmäßigen großflächigen Überschwemmungen einst verbreitete, ist aber längst der Faszination gewichen. Zu Fuß, mit dem Fahrrad oder auf dem Wasser der Flüsse und Kanäle öffnet sich das Teufelsmoor dem Besucher.

Noch vor wenigen Jahrzehnten gehörten hier Torfkähne ganz selbstverständlich zum Landschaftsbild – kleine, schwarze Kähne mit braunen Segeln, die, hochbeladen mit Torfballen, auf den Flüssen Hamme und Wümme die Großstadt Bremen mit dem so wichtigen Heizmaterial belieferten. Die Moorbauern fuhren mit sogenannten 1/2 Hunt-Torfkähnen.

Die Torfkähne dienten früher dem Transport des Torfs aus dem Teufelsmoor nach Bremen.

Dieser Schiffstyp ist zehn Meter lang, 1,95 Meter breit und hat 30 Zentimeter Tiefgang. Das Segel ist mit Teer imprägniert und daher braun. Der Kahn kann von einer Person gesegelt werden. Im Bug befindet sich eine kleine Kammer, in der der Skipper übernachtet.

Inzwischen nutzen immer mehr Menschen den Torfkahn als nostalgisches Fahrzeug. Also sieht man die braunen Segel wieder auf den alten Wasserwegen inmitten des Teufelsmoors dahingleiten. Statt mit Torf fährt der Schiffer jetzt allerdings mit Gästen.

Das Teufelsmoor spielt für den Naturschutz eine bundesweit herausragende Rolle, denn Hoch- und Niedermoore, Flüsse und Überschwemmungslandschaften bieten gefährdeten Tier- und Pflanzenarten Lebensraum. Die Biologische Station Osterholz (BioS) betreut die Schutzgebiete im Teufelsmoor und bietet interessierten Gästen spannende Entdeckungsreisen.

Info: Das Teufelsmoor liegt ca. 35 km nördlich von Bremen. **Info:** Biologische Station Osterholz e. V., Tel. (047 91) 965 69 90, www.biologische-station-osterholz.de, www.kulturland-teufelsmoor.de. **Info Adolphsdorfer Torfschiffer:** Adolphsdorfer Str. 1, 28879 Grasberg, Anleger Hammeweg 12, Worpswede, Tel. (047 92) 95 12 00, www.torfschiffe.de.

NORDRHEIN-WESTFALEN
NIEDERLANDE
NIEDER-SACHSEN
HESSEN
BELGIEN
Kleve
Bedburg-Hau
Xanten
Kevelaer
Isselburg
Bocholt
Raesfeld
Ahaus
Steinfurt
Rheine
Havixbeck
Coesfeld
Münster
Lüdinghausen
Nordkirchen
Dorsten
Dinslaken
Gelsenkirchen
Recklinghausen
Waltrop
Hamm
Unna
Soest
Bottrop
Oberhausen
DUISBURG
ESSEN
Bochum
DORTMUND
Witten
Hagen
Velbert
Ruhrgebiet
Krefeld
Geldern
DÜSSELDORF
Wuppertal
Mettmann
Mönchengladbach
Neuss
Solingen
Dormagen
Odenthal
Leverkusen
Engelskirchen
Gummersbach
KÖLN
Bergisch Gladbach
Bergheim
Kerpen
Brühl
Aachen
Bonn
Siegburg
Königswinter
Bad Honnef
Mechernich
Bad Münstereifel
Naturpark Hohes Venn
Monschau
Hellenthal
Rur-Stausee
Herford
Bielefeld
Bad Salzuflen
Lemgo
Detmold
Gütersloh
Lübbecke
Minden
Höxter
Paderborn
Büren
Warburg
Arnsberg
Iserlohn
Lüdenscheid
Attendorn
Naturpark Rothaargebirge
Bad Berleburg
Bad Laasphe
Siegen
Möhne-Stausee
Bigge-Stausee
Rhein
Ruhr
Lippe
Ems
Möhne
Lenne
Rur
Niers
Berkel
Sieg
Wied
Lahn
Eder
Edersee
Weser
Maas
Ijssel
Dortmund-Ems-Kanal
Mittellandkanal
Steinhuder Meer
Hilversum
Harderwijk
Apeldoorn
Deventer
Almelo
Enschede
Zutphen
Ede
Arnheim
Doetinchem
Nijmegen
's-Hertogenbosch
Boxtel
Venlo
Weert
Lommel
Genk
Sittard
Hasselt
Kerkrade
Herstal
Verviers
Spa
Nordhorn
Bramsche
Osnabrück
Burgdorf
Garbsen
Hameln
Hildesheim
Northeim
Göttingen
Hann. Münden
Kassel
Bad Wildungen
Bebra
Bad Hersfeld
Marburg
Gießen
Wetzlar
Neuwied
Andernach
Ahrweiler
0
25 km

Ruhr-Viadukt bei Herdecke.

mobil.nrw
EINE APP.
ALLE TARIFE.
FÜR 1.000 ZIELE IN NRW.
DIE MOBIL.NRW APP
Macht eure Mobilität spontan.
Macht eure Mobilität mobil.nrw
Jetzt kostenlos herunterladen!
Laden im App Store
JETZT BEI Google Play
www.mobil.nrw/app

NORDRHEIN-WESTFALEN

Kaiser Karls prächtige Ruhestätte

AACHENER DOM

Aachen, Nordrhein-Westfalen

Den Grundstein gelegt und dort zur letzten Ruhe gebettet worden: Der Aachener Dom ist sehr eng mit dem Leben Kaiser Karls des Großen verbunden. Die westlichste Stadt Deutschlands wählte Karl der Große um 800 als Mittelpunkt seines europäischen Reiches, das in seiner Blütezeit von der Elbe bis zu den Pyrenäen reichte. Zum »zweiten Rom« wollte er Aachen machen. Diesem ambitionierten Wunsch wird der Aachener Dom auf jeden Fall gerecht, schließlich wurde er 1978 als erstes deutsches Denkmal in die Liste des UNESCO-Welterbes aufgenommen.

Das beeindruckende Bauwerk besticht nicht nur durch seine Architektur, sondern vor allem durch seine lebhafte Geschichte und den gewaltigen Reichtum an Schätzen. In mehr als 1200 Jahren wurden zahlreiche Häupter gekrönt, stifteten Kaiser, Könige und Pilger eine reichhaltige Ausstattung. Über 100 bedeutende Kunstwerke und sakrale Kulturgüter aus spätantiker, karolingischer, ottonischer und staufischer Zeit, darunter auch besonders wertvolle Stücke wie die goldene Altartafel, die goldene Kanzel Heinrichs II. und der Barbarossaleuchter, zählen heute zum Domschatz.

Der Aachener Dom ist UNESCO-Weltkulturerbe.

Neben den Gebeinen Karls des Großen, bewahrt im 1215 fertiggestellten Karlsschrein im Zentrum der gotischen Chorhalle, werden auch die Windeln und das Lendentuch Christi, das Kleid der Maria und das Enthauptungstuch Johannes' des Täufers im kostbaren Marienschrein aufbewahrt und können während der alle sieben Jahre stattfindenden Aachener Heiligtumsfahrt von Tausenden von Pilgern verehrt und bewundert werden.

Wer es etwas profaner mag, der sollte sich die bronzene Wolfstür am Hauptportal des Doms etwas genauer anschauen. Der Legende nach gingen die Aachener aus Geldnot für den Bau einen Handel mit dem Teufel ein: Geld im Austausch gegen die Seele desjenigen, der als Erster den Fuß über die geweihte Schwelle setzte. Die Aachener Ratsherren fingen einen Wolf, jagten ihn durch den Dom und der Teufel musste sich mit der Wolfsseele begnügen. Aus Zorn über den Betrug schlug er das Portal so heftig zu, dass sein Daumen abgerissen wurde und darin stecken blieb – noch heute im Türknauf zu bewundern – und zu betasten!

INFO: Aachen liegt an der Grenze zu den Niederlanden und zu Belgien. **INFO AACHENER DOM:** Domhof, 52062 Aachen, Tel. (02 41) 47 70 91 10, www.aachenerdom.de, Öffnungszeiten tägl. 7–18, April.–Dez. bis 19 Uhr, Tickets und Treffpunkt für alle Führungen: Dominformation gegenüber der Domschatzkammer, tägl. 4 bis 8 Führungen, Mo–Fr ab 11, Sa/So ab 13 Uhr, Ticket € 5, ermäßigt € 4.

Treffpunkt von Königen und Studenten

AACHENER RATHAUS UND ALTSTADT

Aachen, Nordrhein-Westfalen

Im gotischen Rathaus von Aachen zelebrierten Dutzende deutsche Könige ihr Königsmahl – die 45 000 Studenten und die vielen Besucher von Aachen feiern lieber ausgelassen in der Altstadt. Imposantes Baudenkmal und Treffpunkt für einen ebenso geschichtsträchtigen wie abwechslungsreichen Rundgang durch die Kaiserstadt ist das Rathaus, neben dem Dom sicherlich das markanteste Bauwerk im historischen Stadtkern. Anfang des 14. Jahrhunderts auf den Grundmauern eines karolingischen Palastbaus errichtet, repräsentiert der gotische Prachtbau die bürgerliche Freiheit der Aachener. Einzige Bedingung: Das Rathaus musste über einen Krönungssaal verfügen. 1349 konnte Karl IV. als erster König ein standesgemäßes Festmahl im Rathaus abhalten – 31 weitere sollten ihm folgen. Heute erinnern vor allem die originalgetreuen Kopien der Reichskleinodien, darunter Reichskrone, Reichsapfel, Schwerter, die Stephansburse und das Reichsevangeliar aus der Hofschule Karls des Großen, an diese glanzvolle Vergangenheit.

Karl der Große vor dem Aachener Rathaus.

Und auch heute noch wird der Krönungssaal für ein ganz besonderes Fest genutzt: Alljährlich findet hier die Verleihung des Karlspreises für Verdienste um Europa und die europäische Einigung statt.

Das Rathaus ist auch beliebter Treffpunkt für Studenten und Touristen, um eine nicht minder schöne Seite von Aachen zu entdecken: die Altstadt mit unzähligen Kneipen, Cafés, Restaurants und einer lebendigen Kleinkunstszene. In fußläufiger Entfernung befinden sich zahlreiche wunderschöne Brunnen, die die Bedeutung von Wasser für die alte Kurstadt Aachen verdeutlichen. Und fast überall liegt der unvergleichliche Geruch der berühmten Printen und Fladen in der Luft – eine köstliche Spezialität, die sich vortrefflich in Aachens ältestem Café, den Alt Aachener Café-Stuben van den Daele am Büchel, genießen lässt.

Mitten in der Altstadt liegt auch das Centre Charlemagne, zentrale Anlaufstelle der Route Charlemagne, die bedeutende Orte der Stadt, wie Dom und Rathaus, Grashaus und Elisenbrunnen, verbindet. Im Centre ist auch das Neue Stadtmuseum Aachen zur Stadtgeschichte untergebracht.

INFO: In unmittelbarer Nähe vom Marktplatz gelegen. **INFO AACHENER RATHAUS:** Markt, 52062 Aachen, Tel. (0241) 432 73 10, www.rathaus-aachen.de, Öffnungszeiten tägl. 10–18 Uhr, Eintritt € 6, bis 21 J. frei, Führung Sa/So 10.30 Uhr (€ 11, ermäßigt € 8), Gruppenführungen beim Aachen Tourist Service unter Tel. (02 41) 180 29 50. **INFO ALT AACHENER CAFÉ-STUBEN LEO VAN DEN DAELE:** Büchel 18, Ecke Körbergasse, Aachen, Tel. (02 41) 357 24, www.van-den-daele.de, Öffnungszeiten Mo–Sa 9–18, So 10–18.30 Uhr. **INFO CENTRE CHARLEMAGNE:** Neues Stadtmuseum Aachen, Katschhof 1, Aachen, Tel. (02 41) 432 49 31, www.centre-charlemagne.eu, Öffnungszeiten Di–So 10–18, im Sommer Do bis 20 Uhr, Eintritt € 6, bis 21 J. frei.

Das Glück der Erde …

CHIO Aachen

Aachen, Nordrhein-Westfalen

Der CHIO Aachen ist Deutschlands größte Sportveranstaltung. Seit 1924 trägt der Aachen-Laurensberger Rennverein e. V. Turniere auf dem traditionsreichen Turniergelände in der Aachener Soers aus. Obwohl jedes Jahr mehr als 350 000 Besucher den CHIO Aachen, das offizielle Turnier der Bundesrepublik Deutschland, besuchen, hat das »Weltfest des Pferdesports« nichts von seiner einmaligen Atmosphäre verloren. Der erfolgreichste Springreiter aller Zeiten, Hans Günter Winkler, sagte einst, es sei »wie eine italienische Oper, voller Liebe, Dramen und Leidenschaft«. Es sind viele Dinge, die den CHIO Aachen so besonders machen.

Die prestigeträchtigsten Preise der Welt werden hier in außergewöhnlichen Stadien ausgetragen. Ob der Rolex Grand Prix der Springreiter vor 40 000 Zuschauern oder der Deutsche Bank Preis in der Dressur im spektakulären Deutsche Bank Stadion – in Aachen zu starten ist Faszination und Herausforderung zugleich. Auch Vielseitigkeit, Vierspännerfahren und Voltigieren gehören zum CHIO Aachen. Nirgends wurden mehr Championate ausgerichtet als in Aachen. »Reiten mit Gänsehaut« nennen das die Sportler, wenn sie in diese Atmosphäre eintauchen und die besonderen Momente erleben.

Der CHIO Aachen, das Weltfest des Pferdesports.

Dabei ist der CHIO, Concours Hippique International Officiel, viel mehr als nur ein Reitturnier, bei dem über 400 Pferde mit Reitern aus knapp 30 Nationen an den Start gehen. Während der Turniertage herrscht auf dem weitläufigen Areal Volksfeststimmung. Neben den verschiedenen Wettbewerben gibt es ein buntes Rahmenprogramm. Im CHIO Aachen Village mit seinen Pagodenzelten heißt es nicht nur shoppen, sondern auch sehen und gesehen werden, mehrere Restaurants bieten Kulinarisches für jeden Geschmack. Die Angebote reichen von der Bratwurst bis zur Haute Cuisine. Auf zwei Bühnen findet tagsüber ein buntes Programm mit Live-Interviews und Shows statt, abends sorgen Bands für Stimmung.

Längst ist der CHIO Aachen so in der Liga internationaler Großveranstaltungen angekommen. »So wie Bayreuth Oper ist, ist Aachen Pferdesport«, sagt der Journalist Stefan Aust. Gäste aus aller Welt kommen nach Aachen, Stars aus Show, Sport und Medien flanieren hier über den roten Teppich, Größen aus Wirtschaft und Politik treffen sich am Rande des Sports. Und irgendwie kann der Nabel der Pferdewelt auch nur in Aachen liegen. Schließlich, so sagt die Legende, scharrte hier einst das Pferd Karls des Großen die heißen Quellen frei und sorgte so dafür, dass an dieser Stelle später Kaiserpfalz und Stadt errichtet wurden.

Info: Im Sportpark Soers von Aachen. **Info CHIO Aachen:** Aachen-Laurensberger Rennverein e. V., Albert-Servais-Allee 50, 52070 Aachen, Tel. (02 41) 917-11 11, www.chioaachen.de.

Flämischer Barock

Schloss Ahaus

Ahaus, Nordrhein-Westfalen

Das prächtige Barockwasserschloss Ahaus, einst Residenz der Fürsten von Münster, ist heute das wichtigste Denkmal der kleinen Stadt an der Ahauser Aa und bei den beliebten Schlosskonzerten Mittelpunkt des kulturellen Lebens. Früher stand hier die Burg Ahaus, doch Ende des 17. Jahrhunderts ließ sich der Fürstbischof Friedrich Christian von Plettenberg-Lenhausen ein imposantes Barock-Jagdschloss bauen. Die Pläne dazu stammten von Ambrosius von Oelde, der das Gebäude von 1688 bis 1695 errichtete.

In den Jahren 1765 bis 1767 fügte der Barockbaumeister Johann Conrad Schlaun nach den Zerstörungen im Siebenjährigen Krieg in die Gartenfront einen Mittelrisalit mit großer, doppelläufiger Freitreppe ein.

Bereits 1803 mussten die Fürsten ihr Anwesen abgeben, das daraufhin bis zum Zweiten Weltkrieg als Tabakfabrik diente. Leider wurde es im Krieg fast völlig zerstört. Zwar blieben die Außenmauern weitgehend stehen, doch die bis dahin noch erhaltene barocke Ausstattung der Räume verbrannte. Aus diesem Grund lohnt sich eine Führung durch den Fürstensaal und den Gartensaal nur bedingt. In Letzterem sind allerdings die sechs Sandsteinfiguren sehr sehenswert, die der Münsteraner Bildhauer Johann Mauritz Gröninger zwischen 1699 und 1702 eigentlich für den Schlossgarten gefertigt hatte, die aber bis 1986 in Privatbesitz waren.

Heute gehören sie – genau wie das Schloss – dem Kreis Borken. Das Gebäude beherbergt jetzt die Technische Akademie, die Weiterbildungsseminare anbietet, sowie das Torhaus- und Schulmuseum, eine kleine Schatztruhe an Schulutensilien aus dem 19. und 20. Jahrhundert. Darüber hinaus wird die Schlossanlage für Kulturveranstaltungen wie die Schlosskonzerte genutzt, die seit 1952 im Fürstensaal stattfinden.

Das Barockwasserschloss Ahaus.

Empfehlenswert ist auch ein Besuch des Schlossparks mit seinem uralten Baumbestand. Das Westmünsterland bietet sich für ausgedehnte Radtouren und Wanderungen an. Auch für Erkundungen hoch zu Ross ist das Gebiet sehr beliebt.

Info: Ahaus liegt ca. 50 km nordwestlich von Münster. **Info Schloss Ahaus:** Oldenkottplatz 2, 48683 Ahaus, Tel. (025 61) 44 44 44, www.stadt-ahaus.de, www.schulmuseum-ahaus.de. Außenbesichtigung jederzeit, Innenbesichtigung im Rahmen einer Führung. Öffnungszeiten Torhausmuseum: April–Sept. Di–Fr 10–12, ganzjährig Sa/So/Fei 14–17 Uhr, Schulmuseum: Di–Fr 11–13, Sa/So 14–17 Uhr, Eintritt frei.

Die Königin der Tropfsteinhöhlen

Atta-Höhle

Attendorn, Nordrhein-Westfalen

Seit ihrer Entdeckung 1907 haben bereits 45 Millionen Menschen aus aller Welt Deutschlands schönste Tropfsteinhöhle besucht. Tausende steigen jährlich durch den stollenähnlichen Eingang hinunter in die faszinierende Welt von Stalagmiten, Stalaktiten und Stalagmaten. Vor über 100 Jahren trauten Steinbrucharbeiter der Biggetaler Kalkwerke im Sauerland bei Sprengungen ihren Augen nicht: Als sich die Riesenstaubwolke nach der Explosion gelegt hatte, entdeckten sie in einem freigelegten Felsspalt die Atta-Höhle.

Tief unter der Erde befindet sich eine geheimnisvolle, kristallisierende Welt, in der sich leuchtende Farben in Blau, Weiß, Rot und Goldbraun an Jahrtausende alten Kalksandsteinen spiegeln. Labyrinthhöhlen mit bizarren Tropfsteingebilden aus Stalaktiten und Stalagmiten werden unterbrochen von kleinen Seen mit glasklarem, kristallfarbenem Wasser.

Die Geburtsstunde der Höhle liegt über 450 Millionen Jahre zurück. Bis heute befinden sich große Bereiche der fast sieben Kilometer langen unterirdischen Wunderwelt im Verborgenen, aus Sicherheitsgründen ist nur ein Drittel Besuchern zugänglich. 50 Meter unter der Erdoberfläche erwartet die Besucher ein Erlebnis der besonderen Art: Die faszinierende Stille der Gesundheitsgrotte, das mystische Licht- und Farbenspiel sowie die Ausstattung mit Ruheliegen laden zum Entspannen ein.

Die Atta-Höhle in Attendorn.

Die völlig staub-, keim-, allergen- und ozonfreie Luft wirkt mit einer Luftfeuchtigkeit von 95 Prozent und einer konstanten Temperatur von neun Grad anregend und vertiefend auf die Atmung. Der Körper wird so entlastet und gestärkt, um sich selbst zu heilen – natürliche Wellness für das Immunsystem. Ein besonderer Leckerbissen: In der Atta-Höhle reift Deutschlands einziger Höhlenkäse! Es sind die Ruhe und das Klima, die dem Attendorner Höhlenkäse sein besonderes Aroma geben. Knapp drei Monate reift der Käse in den Höhlengängen. 300 bis 400 Käseräder lagern immer auf Vorrat. Probieren lohnt sich!

Info: Attendorn liegt ca. 90 km nordöstlich von Köln. **Info Atta-Höhle:** Finnentroper Str. 39, 57439 Attendorn, Tel. (027 22) 93 75-0, www.atta-hoehle.de, Öffnungszeiten 10/11–15.30/16.30 Uhr, Mitte März–Ende Okt. tägl., Nov. Mo geschl., Jan., März teilweise nur Sa/So, im Dez. drei Wochen ganz geschl., Eintritt € 10, ermäßigt € 6. **Tipp Café/Restaurant »Himmelreich«:** am Eingang der Atta-Höhle, Restaurantbetrieb der Attendorner Tropfsteinhöhle, 57425 Attendorn, Tel. (027 22) 93 75-0. **Reisezeit:** März–Okt.

Riesenschüssel horcht ins All

Radioteleskop Effelsberg

Bad Münstereifel, Nordrhein-Westfalen

Wie ein UFO, das in einem kleinen Bachtal gelandet ist und sich vor neugierigen Blicken verstecken will, sieht das Radioteleskop in Effelsberg aus. Der strahlend weiße Koloss mit einer Schüssel so groß

Das Radioteleskop Effelsberg zählt zu den größten vollbeweglichen Radioteleskopen weltweit.

wie ein Fußballfeld reckt sich 100 Meter in den Himmel, fast so hoch wie der Kölner Dom. Das zweitgrößte Radioteleskop der Welt wiegt 3200 Tonnen, ist aber trotzdem beweglich: Immer auf der Lauer nach elektromagnetischen Signalen, die den chemischen Aufbau der Milchstraße verraten. Oder vom Werden und Vergehen von Sternen erzählen. Rund um die Uhr ist der Weltraum auf Sendung. Die sogenannten Radiostrahlen sind elektromagnetische Signale, die in Milliarden Lichtjahren Entfernung durch das All schwirren. In Effelsberg werden sie von 2352 Aluminium-Paneelen aufgefangen. So konnte vor 20 Jahren in Effelsberg der Beweis erbracht werden, dass die Milchstraße Spuren von Wasserdampf erhält.

In Betrieb gegangen ist das Teleskop des Bonner Max-Planck-Instituts im Jahr 1972. Die riesige Parabolantenne kann auf jeden Punkt am Himmel gerichtet werden. In knapp zwölf Minuten lässt sich der Gigant horizontal um 360 Grad drehen und in sechs Minuten um 90 Grad kippen.

Von den Ausmaßen des Geräts können sich Besucher von einer Plattform aus ein Bild machen. Bis auf 50 Meter kommt man an das Teleskop heran, eine Besichtigung der Empfangsanlagen im Innern des Observatoriums erlauben die Sicherheitsbestimmungen nicht. Dafür gibt es im Besucherpavillon Vorträge mit Diavorführungen und einem Film. Ausgeschildert ist außerdem eine 800 Meter lange Planetenwanderung vom Parkplatz mit Informationstafeln zu unserem Sonnensystem. Zudem können Besucher den vier Kilometer langen Milchstraßenweg von Burgsahr im Sahrbachtal zum Pavillon wandern.

Info: Effelsberg liegt ca. 40 km südlich von Bonn. **Info Radioteleskop Effelsberg:** Max-Planck-Str. 28, 53902 Bad Münstereifel, Tel. (022 57) 30 11 01, www.mpifr-bonn.mpg.de, regelmäßige Vorträge, Anmeldung empfohlen.

Beuys mit Bärlauch

Museum Schloss Moyland

Bedburg-Hau, Nordrhein-Westfalen

Mit vielen seiner Artgenossen teilt das Wasserschloss Moyland sein Schicksal: Im Mittelalter erbaut, im Barock umgebaut, im 19. Jahrhundert durch den Kölner Dombaumeister Ernst Friedrich Zwirner der Neogotik angepasst und im Zweiten Weltkrieg stark beschädigt. Die Folge: Das Anwesen verfiel. 1987 wendete sich das Blatt. Zehn Jahre wurde verändert, wiederaufgebaut und restauriert. Heute zeigt sich das imposante Bauwerk nicht nur von außen in alter Pracht, in den hochherrschaftlichen Räumlichkeiten hat die Moderne Einzug gehalten. Eine würdige Bleibe für die Kunst des 20. Jahrhunderts.

Das Museum Schloss Moyland beherbergt ein Museum für zeitgenössische Kunst und ein internationales Forschungszentrum zu Joseph Beuys.

Ausgestellt wird die ehemalige Privatsammlung der Brüder van der Grinten aus dem niederrheinischen Kranenburg. Werke von Gerhard Marcks, Georg Meistermann und Ewald Mataré haben hier eine Heimat gefunden. Besonders gefiel den Brüdern das Werk von Joseph Beuys, und zwar so gut, dass sie nicht nur sammelten, sie traten auch in Kontakt zu dem Künstler und bauten ein umfangreiches Archiv auf. Ihnen ist es zu verdanken, dass Schloss Moyland heute ein Institut der Düsseldorfer Kunstakademie mit dem Schwerpunkt Beuys ist. Ungefähr 200000 Dokumente finden sich hier, jeder Beuys-Fan kann im Leben des Meisters schwelgen. Dazu kommen wechselnde Sonderausstellungen zu Künstlern des 20. Jahrhunderts.

Wie es sich für ein Schloss gehört, so gibt es auch hier einen Schlosspark, der vom Museum als Skulpturenpark genutzt wird. Ungewöhnlich ist die Dreiteilung der Anlage: Ein englischer Landschaftsgarten geht in einen barocken Park über, der an eine offene Wiese und einen Wald grenzt.

Ein Highlight ist auch ein Besuch im Kräutergarten, der 2000 nach Vorlage des »Anholter-Moyländer Kräuterbuchs« von 1470 angelegt wurde. Außer Kräutern aus dem Rezeptbuch und Pflanzen aus Amerika und Asien sind hier Heilpflanzen der Hildegard von Bingen und natürlich heimische Kräuter zu finden, Sie können im Museumsshop erworben werden.

Die nähere Umgebung lässt sich gut per Rad erkunden: Unter dem Motto »art & cycle« führt ein 44 Kilometer langer Rundweg von Schloss Moyland über einen Abschnitt des Radfernwegs Via Romana durch das Kleverland. Entlang der Strecke warten malerische Ausblicke, etwa das Panorama der Rheinebene beim Springenberg. Viele dieser Orte waren Inspiration für Künstler wie Beuys. Die Route lässt sich auf der Website des Museums herunterladen.

Info: Bedburg-Hau liegt im Nordwesten NRWs, nahe der Grenze zu den Niederlanden. **Info Stiftung Museum Schloss Moyland:** Am Schloss 4, 47551 Bedburg-Hau, Tel. (028 24) 95 10 60, www.moyland.de, Öffnungszeiten April–Sept. Mo 11–17, Di–Fr 11–18, Sa/So 10–18, Okt.–März tägl. 11–17 Uhr, Mo nur Garten, Eintritt € 7, ermäßigt € 3, regelmäßig öffentliche Führungen (€ 3).

Exklusives Schlosshotel mit Blick auf den Kölner Dom

Althoff Grandhotel Schloss Bensberg

Bergisch Gladbach, Nordrhein-Westfalen

Hoch über der Kölner Bucht und mit einem atemberaubenden Blick auf den Kölner Dom liegt eines der schönsten und größten Barockschlösser Europas, in dem das Fünf-Sterne-Grandhotel Schloss Bensberg residiert.

Wer eine Oase der Ruhe sucht und dennoch die Nähe der Stadt bevorzugt, sollte dem Hotel einen Besuch abstatten.

1705 wurde das Schloss von Johann Wilhelm II. von der Pfalz – im Rheinischen Jan Wellem genannt – nach den architektonischen Vorbildern von Versailles und Windsor Castle erbaut und diente dem Schlossherrn und seinem Gefolge schon damals als Maison de Retraite – also als Stätte der Erholung.

84 Zimmer, 36 Suiten, drei Restaurants und ein hochwertiger Spa-Bereich auf 1000 Quadratmetern bieten heute dem Gast genussvolle Erholung in stilvollem Ambiente. Die Althoff-Hotelgruppe betreibt das Grandhotel, das zu den »Leading Hotels of the World« zählt.

Kuppelfresken im Treppenhaus, Skulpturen in den Tordurchgängen, Werke von Markus Lüpertz, Georg Baselitz und anderen bedeutenden Künstlern an den Wänden der lichtdurchfluteten Hotelflure – all dies schafft eine exklusive Atmosphäre von stilvollem Luxus. Moderne Opulenz, inspiriert durch Farbe und Motive, schwebte den Designern für Bensberg vor.

Ob in einem der besten Restaurants der Welt, im Gourmetrestaurant Vendôme unter der Leitung des Sternekochs Joachim Wissler, in der Trattoria Enoteca mit ihrer mediterranen Küche oder beim Brunch im Restaurant Jan Wellem – für kulinarische Genüsse ist bestens gesorgt. Im Südflügel befindet sich der 4-Elements-Spa mit Poollandschaft, finnischer und Farblichtsauna, römischem Dampfbad, Fitnesslounge, Behandlungskabinen und Beautyshop. Bestens ausgestattet ist das Haus auch für private Feiern, Hochzeiten und Firmenveranstaltungen.

Info: Bergisch Gladbach liegt ca. 10 km östlich von Köln. **Info Althoff Grandhotel Schloss Bensberg:** Kadettenstraße, 51429 Bergisch Gladbach, Tel. (022 04) 420, www.schlossbensberg.com. Preise auf Anfrage.

Das Althoff Grandhotel Schloss Bensberg.

»Glück auf!«

Deutsches Bergbau-Museum

Bochum, Nordrhein-Westfalen

Es hat Fliegerbomben überstanden, für Tausende von jungen Bergleuten war es ein überdimensionales Lehrbuch und immer noch versetzt es Millionen Besucher in Staunen: das Deutsche Bergbau-Museum in Bochum – ein Stück Reviergeschichte, ein Pütt zum Anfassen. Ruhrgebiet und Bergbau gehören so untrennbar zusammen wie Currywurst und Pommes. Das Deutsche Bergbau-Museum ist mit 400 000 Besuchern jährlich eines der beliebtesten Museen der Republik. Auf gut 12 000 Quadratmetern vermittelt es einen umfassenden Einblick in den Bergbau von der Frühzeit bis heute – inklusive der modernen Welt des Steinkohle- und Eisenerzabbaus. Zu sehen sind beeindruckende Bohrmaschinen und Sprengfahrzeuge von der Größe kleinerer Apartments.

Besuchermagnet des Museums ist das originalgetreue Anschauungsbergwerk im Untergrund des Geländes. Mit dem Aufzug gelangt man 20 Meter unter Tage. Tunnelfräser, Druckluftlampe, Bohrhammer, Grubenpferd, Grubenfahrrad oder Blindschacht: Zweieinhalb Kilometer lang ist die unterirdische Strecke mit Förderbändern, Elektrolokomotive und historischem Werkzeug. Geschichte zum Anfassen: Zahlreiche Maschinen lassen sich auf Knopfdruck in Betrieb nehmen. Aber aufgepasst, unbedingt warme Sachen anziehen. Unter Tage zieht es gewaltig bei zehn Grad.

Das Deutsche Bergbau-Museum in Bochum.

Nach der Expedition geht es steil nach oben auf das alte Fördergerüst der Zeche Germania. 1973 wurde das weithin sichtbare Wahrzeichen des Deutschen Bergbau-Museums von Dortmund nach Bochum verpflanzt. Von der 60 Meter hohen Aussichtsplattform bietet sich ein toller Rundumblick. Das Museumsareal ist so groß wie vielseitig, über 20 verschiedene Hallen warten auf den Besucher.

Die Geschichte des Museums beginnt schon in den 1920er Jahren. Der Pott ist damals noch schwarz, die Sonne tatsächlich verstaubt und die Zechen fahren auf Hochleistung. Das Revier braucht dringend Arbeiternachschub. Da entwickelt man eine echte Marketingstrategie: Das Anschauungsbergwerk sollte nicht nur als Gedächtnis des deutschen Bergbaus funktionieren, sondern auch Lehrbuch für junge Bergleute sein. In den Gebäuden des ehemaligen Bochumer Schlachthofs richtet man die ersten Hallen ein. 1935 sind die Ausstellungsräume für 30 Pfennig zu besichtigen. Zwei Jahre später beginnen die Abteufarbeiten für den späteren Museumsschacht.

Info: Unweit des Zentrums gelegen. **Info Deutsches Bergbau-Museum:** Am Bergbaumuseum 28, 44791 Bochum, Tel. (02 34) 587 71 26, www.bergbaumuseum.de, Öffnungszeiten Di–Fr 8.30–17, Sa/So/Fei 10–17 Uhr, Eintritt € 10, ermäßigt € 5.

Größtes privates Eisenbahnmuseum Deutschlands

Eisenbahnmuseum Bochum-Dahlhausen

Bochum, Nordrhein-Westfalen

Das Eisenbahnmuseum Bochum-Dahlhausen ist ein echtes Paradies für Eisenbahnfans und -romantiker, Nostalgiker und Familien. Eine Modellanlage – aber in groß! Besucher lernen aus erster Hand ein Stellwerk kennen sowie den Betrieb eines Bahnhofs und sehen einen Lokschuppen mit Drehscheibe – eine faszinierende Welt, die sonst nur aus großem Abstand zu betrachten ist. An bestimmten »Dampf-Wochenenden«, den überaus populären »Museumstagen« im Sommerhalbjahr, zeigen rüstige Dampflokomotiven in altem Glanz die ganze Kraft, die in ihnen steckt.

Eisenbahnmuseum Bochum: mit der Dampflok durchs Revier.

Immer wieder kommen auch seltene Lokomotiven »zu Besuch«. Insgesamt stehen rund 120 Diesel- und Elektroloks, Personen- und Güterwaggons, Draisine, Feldbahn und weitere Schienenfahrzeuge zur Besichtigung offen. Ein Salonwagen, in dem u. a. General Eisenhower und Queen Elisabeth II. gefahren sind, verdeutlicht als Zeuge der Geschichte wichtige Ereignisse in Deutschland in der Zeit von 1937 bis 1970. In Workshops können auch Besucher an der Museumsarbeit teilhaben.

Auf den begehrten Führerstandsmitfahrten kann man dem Lokführer über die Schulter schauen. Sonderfahrten führen zu bestimmten Zielen wie denkmalgeschützten Stahlwerken und Zechen oder wie bei »Dampf und Mampf« quer durch das Ruhrgebiet, bevor abends im Eisenbahnmuseum gemeinsam gegrillt wird.

Das beliebte Eisenbahnmuseum liegt als einer der 25 »Ankerpunkte«, die für die Industriegeschichte des Ruhrgebietes besonders bedeutsam sind, auf der »Route der Industriekultur«.

Info: Dahlhausen liegt im Südwesten Bochums. **Info Eisenbahnmuseum Bochum-Dahlhausen:** Dr.-C.-Otto-Str. 191, 44879 Bochum, Tel. (0234) 49 25 16, www.eisenbahnmuseum-bochum.de, Öffnungszeiten März–Mitte Nov. Di–Fr, So 10–17 Uhr, Eintritt € 8, ermäßigt € 4, Museumstage mehr.

Rekordshow auf Rollschuhen

Starlight Express

Bochum, Nordrhein-Westfalen

Die 1980er Jahre waren das Jahrzehnt des Rollerskating, und so ist es nicht verwunderlich, dass Andrew Lloyd Webber sein berühmtes Rollschuh-Musical »Starlight Express« gerade in jener Zeit auf die Bühne brachte.

Dabei geht es in der Show gar nicht um Rollschuhe, sondern um Züge und Lokomotiven: Die Dampflok Rusty will an einem Wettrennen teilnehmen, doch die Konkurrenz ist hart – andere Loks sind stärker und selbstbewusster und bringen meist auch mehrere Waggons als Verstärkung mit, so etwa die E-Lok Electra und die Diesellok Greaseball. Vom deutschen ICE geht Ruhrgold ins Rennen, von der Transsibirischen Eisenbahn Turnov.

Beim letzten Durchgang sind dann nur noch Rusty, Greaseball und Electra am Start. In seiner Verzweiflung wendet sich Rusty an Starlight Express, eine Art Geist der Eisenbahn, und bittet ihn um Kraft. Und tatsächlich – die Dampflok gewinnt das Rennen! Mehr noch: Rustys Freundin Pearl, ein luxuriöser Erste-Klasse-Wagen, kehrt zu ihm zurück.

»Starlight Express« ist ein Klassiker unter den Bühnenshows dieser Welt und es macht Spaß, den Akteuren in ihren futuristischen Kostümen beim Spielen zuzusehen. Gemeinsam liefern sie eine einzigartige Show ab, bei der sie zu mitreißender Rockmusik auf Rollschuhen mitten durchs Publikum rasen, steile Wände hochfahren, Funken sprühen lassen, sich überschlagen und doch immer wieder auf den Füßen landen.

Lokomotiven mit menschlichen Zügen: »Starlight Express« in Bochum.

»Starlight Express« ist ein Bühnenevent der Spitzenklasse, das die Menschen nachhaltig fasziniert: Die deutsche Inszenierung wird seit 1988 in Bochum aufgeführt und ist somit die am längsten laufende Show der Welt. Diesen beispiellosen Erfolg muss man bereits vorausgeahnt haben, denn als das Musical in Deutschland anlaufen sollte, wurde in nur einem Jahr eigens ein ganz neues Theater gebaut – nur für Rusty und die anderen Eisenbahnen auf Rollschuhen. Und hier flitzen sie bis heute auf der großen Bühne umher.

2018 hat sich allerdings einiges verändert: Zum 30-jährigen Jubiläum wurde technisch noch mal aufgerüstet, Lichteffekte, Soundanlage und Bühnenbild wurden erneuert. Doch nicht nur das: Es gibt neue Songs und neue Charaktere, so etwa die französische Schnellzügin Coco. Insgesamt setzt man auf Frauenpower: Statt Papa agiert nun Mama. Geblieben ist vor dem Gebäude die alte preußische Lokomotive aus dem 19. Jahrhundert, eine Leihgabe des Eisenbahnmuseums Bochum.

Info: In Bochum-Grumme gelegen. **Info Starlight Express Theater:** Stadionring 24, 44791 Bochum, Tel. (02 11) 734 40, www.starlight-express.de.

Ein rheinischer Expressionist

August Macke Haus

Bonn, Nordrhein-Westfalen

Der Maler August Macke hat 11 000 Arbeiten hinterlassen, dabei wurde er nur 27 Jahre alt. Zieht man die klassisch unproduktiven Lebensphasen wie frühe Kindheit oder Krankheit ab, muss der Künstler im Durchschnitt zweieinhalb Skizzen, Blätter oder Bilder pro Tag erschaffen haben. Im August Macke Haus in Bonn, der Stadt, in der der Künstler die längste Zeit seines kurzen Lebens verbrachte, ist ein Teil seines beachtlichen Schaffens zu sehen.

Das Museum gruppiert sich um das noch original erhaltene Atelier des Künstlers. Alles dreht sich um das expressionistische Schaffen und das künstlerische Umfeld Mackes. Max Ernst war hier, auch Franz Marc, mit dem August Macke ein vier mal zwei Meter großes Wandbild namens »Paradies« erschuf. Es ist so, als ob man dabei gewesen sei, als der Künstler eines der unzähligen Bilder hier gemalt hat. Oder bei den Diskussionen mit seinen Kunstfreunden – hier im Atelier haben sie gestanden, geredet und gelacht.

Und wäre nicht in den 1970er Jahren eine engagierte Kunstliebhaberin gewesen, würde es heute im August Macke Haus eher nach Bier, Rauch und Schnitzel riechen, denn das Wohnhaus der Familie sollte in eine Kneipe umgewandelt werden. Glücklicherweise stehen heute keine Teller im Atelier, sondern Werke von August Macke. Neben der Dauerausstellung finden mehrere Wechselausstellungen pro Jahr statt.

Das Gebäude an sich ist eher unscheinbar, die Eltern von August Mackes Frau Elisabeth, geborene Gerhardt, brauchten für ihr benachbartes Unternehmen ein Archivgebäude und kauften den klassizistischen Bau. 1910 ließ Mackes Schwiegermutter das Dachgeschoss zu einem Atelier umbauen, ihr Schwiegersohn hatte sie eindringlich darum gebeten. Von 1911 bis 1914 arbeitete und lebte der Künstler mit seiner Familie in diesem Haus.

Im August Macke Haus in Bonn.

Sein Tod kam viel zu früh, aus patriotischem Pflichtbewusstsein zog er 1914 eher halbherzig ins Feld und fiel keine zwei Monate nach Kriegsbeginn. Über 60 Jahre später starb Mackes Frau, die bis zu ihrem Ableben im Haus in Bonn lebte. Nach ihrem Tod sollte das Haus veräußert werden, aber die Leiterin des Bonner Kunstvereins, Margarete Jochimsen, gründete kurzerhand eine Bürgerinitiative, die das Gebäude erwarb, um es in ein Museum umzufunktionieren. Im Jahr 2017 eröffnete dann der moderne Erweiterungsbau.

Info: Das Museum befindet sich im Macke-Viertel westlich des Zentrums. **Info August Macke Haus e. V.:** Hochstadenring 36, 53119 Bonn, Tel. (02 28) 65 55 31, www.august-macke-haus.de, Öffnungszeiten Di/Mi, Fr–So 11–17, Do 13–21 Uhr, Eintritt € 9,50, ermäßigt € 6.

Geburtsort eines musikalischen Genies

Beethoven-Haus

Bonn, Nordrhein-Westfalen

Es ist der 17. Dezember 1770. Draußen ist es kalt. Der Wind rüttelt an den Fenstern des Hauses in der Bonngasse 20. Ganz oben, unterm Dach in einer kleinen Kammer, liegt eine junge Frau seit Stunden in den Wehen.

Dann endlich – der erlösende Schrei des Neugeborenen, der nur zwei Jahrzehnte später Musikgeschichte schrieb.

Der weltberühmte Komponist Ludwig van Beethoven entstammte einer Musikerfamilie. Der Vater, Johann van Beethoven, war kurfürstlicher Hofsänger, der Großvater kurfürstlicher Kapellmeister. Der ehrgeizige Vater – fasziniert vom damaligen Wunderkind Wolfgang Amadeus Mozart – trieb seinen begabten Sohn schon in jungen Jahren zu immer größeren Leistungen an und legte damit den Grundstein für Ludwigs musikalische Karriere.

Geburtsort eines musikalischen Genies: das Beethoven-Haus in Bonn.

Das Haus in der Bonngasse ist das einzige noch erhaltene Haus, in dem die Familie van Beethoven in Bonn gelebt hat. Heute bietet dort ein Museum die größte Beethoven-Sammlung der Welt.

Zu sehen sind u. a. die Originalhandschriften der »Mondscheinsonate«, die Dienst-Bratsche, die Beethoven mit 15 Jahren in der Bonner Hofkapelle einsetzte, und der Orgelspieltisch, an dem er seit seinem zehnten Lebensjahr in der Bonner Minoritenkirche (heute Remigiuskirche) musizierte. Neben seinen Instrumenten und Werken umfasst die vielseitige Sammlung auch Exponate des täglichen Lebens wie die Hörrohre, die Beethoven mit zunehmender Taubheit gebrauchte. 2019 wurde die Ausstellung zum Jubiläumsjahr 2020 – 250. Geburtstag des Komponisten – inhaltlich und medial modernisiert.

Absolutes Highlight: Dem Museum angeschlossen ist das Beethoven-Archiv mit dem Kammermusiksaal, mit seiner hervorragenden Akustik ein Traum für Konzertliebhaber. Direkt neben dem Museum liegt das Digitale Beethoven-Haus. Hier werden Leben und Werk des Komponisten multimedial und interaktiv sichtbar und hörbar gemacht. Der Besuch ist im Eintrittspreis für das Museum enthalten.

Info: Im Zentrum von Bonn gelegen. **Info Beethoven-Haus:** Bonngasse 24–26, 53111 Bonn, Tel. (02 28) 981 75 25, www.beethoven.de, Öffnungszeiten tägl. 10–18 Uhr, Eintritt € 9, ermäßigt € 6.

In voller Pracht

Bonner Münster und Altes Rathaus

Bonn, Nordrhein-Westfalen

Obwohl die Stadt Bonn mehr als 40 Jahre offizielle Hauptstadt der Bundesrepublik Deutschland war, wurde sie von vielen als »Bundeshauptdorf« belächelt. Sehr zu Unrecht, denn die kleine, aber feine Stadt am Rhein ist nicht nur Geburtsort Ludwig van Beethovens, sondern birgt aus ihrer über 2000-jährigen Geschichte auch wahre Schätze architektonischer Baukultur, darunter das Bonner Münster und das Alte Rathaus.

Das fünftürmige Münster mit seinem mächtigen Vierungsturm, Wahrzeichen der Stadt, überragt imposant die Dächer der Innenstadt. Auf den Gräbern der christlich-römischen Märtyrer und Stadtpatrone Cassius und Florentius entstand schon um 400 n. Chr. ein erstes Gotteshaus. Im Lauf der Zeit wurde es immer wieder verändert, abgerissen und neu erbaut. Ungefähr zur Grundsteinlegung des Kölner Doms im Jahr 1248 wurde das Münster in seiner heutigen Form vollendet. Aus dieser Zeit stammt auch der Kreuzgang, ein Juwel kirchlicher Architektur und der einzige gut erhaltene romanische Kreuzgang nördlich der Alpen. Die Ausstattung des Innenraums ist überwiegend barock und mit den großen siebenteiligen Fächerfenstern der Seitenschiffe durchaus sehenswert. Auf dem Münsterplatz steht das bekannte Beethoven-Denkmal des Dresdener Bildhauers Ernst Hähnel. Der Blick des berühmten Bonner Sohnes ist versonnen auf das Münster gerichtet.

Vom Münster bis zum Alten Rathaus sind es zu Fuß nur wenige Minuten, und der prächtige Rokokobau am dreieckigen Marktplatz mit seiner geschwungenen Freitreppe und den vergoldeten Gittern ist für den Bonn-Besucher leicht zu finden. Nur zu gut kann man sich bei diesem reich verzierten Gebäude vorstellen, dass sich hier Bedeutendes ereignet hat. Nachdem 1949 Bonn zur Bundeshauptstadt geworden war, empfing man dort zahlreiche Staatsgäste. In den 1960er Jahren hielten hier Charles de Gaulle und John F. Kennedy ihre Begrüßungsansprachen. Auch Michail Gorbatschow wurde 1989 im Alten Rathaus begeistert empfangen. Seit 1978 ist das Gebäude allerdings nicht mehr Sitz der städtischen Verwaltung, sondern wird nur noch für repräsentative Anlässe genutzt.

Prächtiger Rokokobau: das Alte Rathaus von Bonn.

Info: Im Zentrum von Bonn gelegen. **Info Bonner Münster:** Gangolfstr. 14, 53111 Bonn, Tel. (02 28) 98 58 80, www.bonner-muenster.de, Öffnungszeiten Kreuzgang Mo–Fr 10–17, Sa 10–15.30, So 11–16.30, im Sommer Mo, Mi–Fr bis 18.45 Uhr, Münster bis November 2021 wegen Sanierung geschl. **Info Altes Rathaus:** Markt 2, 53111 Bonn, Tel. (02 28) 77 30 60, www.altes-rathaus-bonn.de, www.bonn.de.

Eine Kirche ist nicht genug

Doppelkirche St. Maria und St. Clemens

Bonn, Nordrhein-Westfalen

Dass zu einem Stift zwei Kirchen gehörten, war im Mittelalter nicht selten: Die Pfarrkirche für das gemeine Volk und das Gotteshaus für die Glaubensgemeinschaft. Ungewöhnlich war aber, wenn beide Parteien unter einem Dach ihre Messen feierten, die einen im Erdgeschoss, die anderen in der Beletage. So geschehen in Schwarzrheindorf in der Doppelkirche St. Maria und Clemens.

Als der spätere Kölner Erzbischof Arnold von Wied 1149 eine Burgkapelle erbauen ließ, achtete er als Mann des Standes auf eine räumliche Trennung von Volk und Adel. Schon in seinem Kirchenbau gab es eine Oberkirche, in der sich kirchliche und weltliche Macht- und Würdenträger versammelten, und eine Unterkirche für das einfache Volk. Seine Schwester hatte allerdings bei der Entstehung dieser ungewöhnlichen Kirche auch ihre Hände im Spiel, denn nach dem Tod ihres Bruders gründete sie dort ein Frauenkloster nach den Regeln des heiligen Benedikt und erweiterte den Kirchenbau. Vermutlich leitet sich davon auch der Name Schwarzrheindorf her, der die Farbe der Ordenstracht aufgreift. Durch den Orden wurde es fast zwingend, die Räumlichkeiten zu trennen, denn Nonnen und weltliche Besucher sollten einander nicht sehen.

Auf einem Hügel nahe dem Rhein thront die Doppelkirche mit ihrem mächtigen Vierungsturm. Bei einer Restaurierung in den 1970er Jahren erhielt sie auch ihre ursprüngliche Farbigkeit wieder, denn romanische Kirchen waren ursprünglich nicht so grau, wie sie sich heute oft präsentieren. Verbunden waren die beiden Kirchen durch ein Deckenloch in St. Clemens oder ein Bodenloch in St. Maria – je nach Perspektive. Aus der Zeit um 1150 stammen in ihrem Innern in zwanzig Bildfeldern eindrucksvolle Fresken, der im Rheinland am vollständigsten erhaltene Zyklus von Wandmalereien.

Ein romanisches Kleinod ist die Doppelkirche in Bonn-Schwarzrheindorf aus der Zeit der Staufer.

Nach der Auflösung des Stifts 1803 wurde die Kirche Staatseigentum und sollte abgerissen werden. Die Malereien wurden zunächst übertüncht, was wohl letztlich ihre Rettung war, denn durch die Farbschicht waren sie geschützt, als die Kirche als Scheune und Pferdestall genutzt wurde. Karl Friedrich Schinkel soll sich schließlich für den Erhalt von St. Maria und St. Clemens eingesetzt haben. Von der Außengalerie im Obergeschoss blickt man auf die beeindruckende Rheinlandschaft.

Info: Im Bonner Stadtteil Schwarzrheindorf/Vilich-Rheindorf gelegen. **Info Doppelkirche St. Maria und St. Clemens:** Dixstr. 41, 53225 Bonn- Schwarzrheindorf, Tel. (02 28) 46 16 09, www.bonn.de. Unterkirche: tägl. außer Mo 9–17 Uhr außerhalb der Gottesdienste, Oberkirche: Sa außerhalb der Gottesdienste.

Kunst und Kultur auf drei Kilometern Länge

MUSEUMSMEILE

Bonn, Nordrhein-Westfalen

Entlang der Bundesstraße 9 entstand Mitte der 1990er Jahre zwischen Bonn und Bad Godesberg ein ganz besonderes Viertel: die Museumsmeile. Südlich des Bonner Zentrums befinden sich in unmittelbarer Nachbarschaft zueinander fünf bemerkenswerte Museen mit hoher Anziehungskraft.

Im Norden geht es los mit dem Forschungsmuseum Koenig, direkt gegenüber der Villa Hammerschmidt, dem Elternhaus Alexander Koenigs (1858–1940). Der Zoologe und Sammler gründete 1912 dieses Museum, das heute mit rund sieben Millionen Präparaten zu den größten naturkundlichen Sammlungen Deutschlands gehört.

Museum für Gegenwartskunst: Kunstmuseum Bonn.

Circa 500 Meter weiter befindet sich das Haus der Geschichte, in dem die deutsche Zeitgeschichte in Politik, Wirtschaft und Gesellschaft vom Ende des Zweiten Weltkriegs bis in die Gegenwart gezeigt wird. Zu sehen sind dabei Exponate wie der erste Dienst-Mercedes Adenauers, ein Kino aus den 1950er Jahren oder der Haftbefehl für Erich Honecker.

Daneben wurde 1992 das Kunstmuseum Bonn errichtet. In dem spektakulären Bau befindet sich eine bedeutende Sammlung deutscher Kunst nach 1945, mit Werken von Joseph Beuys, Georg Baselitz und Gerhard Richter. Aber auch die Klassische Moderne ist mit Werken von Künstlern wie August Macke oder Max Ernst hochrangig vertreten.

Die dann folgende Kunst- und Ausstellungshalle der Bundesrepublik Deutschland, kurz Bundeskunsthalle, zählt zu den besucherstärksten Häusern dieser Art in Deutschland. Sie präsentiert auf 5600 Quadratmetern Fläche Ausstellungen zu Kunst- und Kulturgeschichte sowie Wissenschaft und Technik.

Etwas abseits liegt das Deutsche Museum Bonn, ein Ableger des Deutschen Museums München, und zeigt zeitgenössische Forschung und Technik in Deutschland. Hier kann man auf verständliche Art erfahren, wie der Airbag funktioniert, oder sich Verfahren aus der Hirnforschung erklären lassen.

INFO: An der B9, auf dem Weg nach Bad Godesberg. **INFO FORSCHUNGSMUSEUM KOENIG:** Adenauerallee 160, 53113 Bonn, Tel. (02 28) 91 22-0, www.zfmk.de. **INFO HAUS DER GESCHICHTE:** Willy-Brandt-Allee 14, Bonn, Tel. (02 28) 91 65-0, www.hdg.de. **INFO KUNSTMUSEUM BONN:** Friedrich-Ebert-Allee 2, Bonn, Tel. (02 28) 77 62 60, www.kunstmuseum-bonn.de. **INFO KUNST- UND AUSSTELLUNGSHALLE DER BUNDESREPUBLIK DEUTSCHLAND:** Friedrich-Ebert-Allee 4, Bonn, Tel. (02 28) 91 71-200, www.bundeskunsthalle.de. **INFO DEUTSCHES MUSEUM BONN:** Ahrstr. 45, Bonn, Tel. (02 28) 30 22 55, www.deutsches-museum.de/bonn.

»Homage to the Square«

Josef Albers Museum Quadrat Bottrop

Bottrop, Nordrhein-Westfalen

Bereits das 1976 eröffnete Museumszentrum Quadrat im Stadtgarten von Bottrop umfasste neben einer heimatkundlichen Sammlung mehrere Werke des in der Stadt geborenen und 1933 vor den Nationalsozialisten in die USA geflohenen Josef Albers (1888–1976), auf dessen berühmteste Bildserie »Homage to the Square« der Name sich denn auch bezieht. Die Form des damaligen Gebäudes griff ebenfalls das Quadrat auf.

Nach einer umfangreichen Schenkung von Werken aus dem Nachlass des Künstlers beschloss man die Erweiterung des Museums durch einen Neubau, der wiederum das Quadrat als wesentliches Gestaltungselement nutzt. Am 25. Juni 1983 wurde das Josef Albers Museum eröffnet; es präsentiert in seiner Dauerausstellung Arbeiten aus verschiedenen Werkphasen des Künstlers und wurde 2006 wegen »seines intelligenten und von modischen Tendenzen des Kunstmarkts« unabhängigen Konzepts vom Internationalen Kunstkritikerverband zum Museum des Jahres gewählt.

In der Modernen Galerie des Museums werden wechselnde Ausstellungen international bekannter Künstler gezeigt. In jüngerer Vergangenheit waren insbesondere Werke der amerikanischen und europäischen Malerei der Gegenwart zu sehen, etwa von Agnes Martin, Kimber Smith, Sol LeWitt, Giorgio Morandi, Sabine Funke, Helmut Dorner, James Bishop, Raimund Girke und Ulrich Erben.

Im Museum für Ur- und Ortsgeschichte verdeutlichen beeindruckende prähistorische Funde 350 Millionen Jahre Erdgeschichte. Ein riesiges Mammutskelett, Säbelzahntiger, Steinwerkzeuge der Neandertaler – die Exponate der Eis- und Steinzeit sind beeindruckend.

Info: Bottrop liegt ca. 10 km nordwestlich von Essen. **Info Josef Albers Museum Quadrat Bottrop:** Im Stadtgarten 20, 46236 Bottrop, Tel. (020 41) 297 16, www.bottrop.de/mq, Öffnungszeiten Di–Sa 11–17, So/Fei 10–17 Uhr, Eintritt Dauerausstellung frei.

Das Josef Albers Museum Quadrat – benannt nach Albers' Serie »Homage to the Square«.

Zwischen Crazy Cops und Ninja Turtles

Movie Park Germany

Bottrop, Nordrhein-Westfalen

Hollywood im Revier: Deutschlands einzigartiger Film- und Entertainmentpark liegt mitten im Ruhrgebiet. Dort, wo früher der Traumlandpark zu Hause war, bietet der 1996 eröffnete Movie Park Shows und Attraktionen rund um das Thema Film sowie rasante Fahrgeschäfte. Einmal der Quasselstrippe SpongeBob Schwammkopf begegnen, gemeinsam mit Tasha dem Nilpferd und Tyrone dem Elch quer durchs All bis zum roten Planeten Mars fliegen, mit Erfinder Horace Wells in die Zeitmaschine »Time Riders« steigen oder als Teil der Pier Patrol im Jetski Verbrecher über das Wasser jagen. Der Freizeitpark im Revier bietet auf einer Fläche von 45 Hektar Unterhaltung für Jung und Alt: über 40 Attraktionen, Shows, ein 4-D-Kino mit Luft-, Wasser- und Vibrationseffekten, Wasserbahnen und Achterbahnen.

Mit dem »High Fall« geht es bei einer vollen 360-Grad-Drehung zunächst in 60 Meter Höhe, um dann nach vorne gebeugt mit einer Höchstgeschwindigkeit von 90 Kilometern in die Tiefe zu sausen. Im Avatar Air Glider fliegen die Besucher wie Vögel bäuchlings durch die Lüfte. Die Holzachterbahn »Bandit« bietet einen ganzen Kilometer Fahrspaß bei einer Höhe von 30 Metern. Die Familienachterbahn »Jimmy Neutron's Atomic Flyer« richtet sich schon an Kinder ab einer Körpergröße von 95 Zentimetern. Die Bahn hat zwar keine Loopings oder Schrauben, durch ein Bügelsystem wird dem Gast dennoch das Gefühl vermittelt zu fliegen.

Auch die Welt des Showbusiness spielt im Park eine große Rolle: In der actiongeladenen Stunt Show »Crazy Cops New York« zeigen Stuntmen halsbrecherische Tricks. Mit den Teenage Mutant Ninja Turtles kann man einen Tag wie im Film erleben.

Info: Bottrop-Kirchhellen liegt ca. 15 km nördlich des Bottroper Zentrums. **Info**

Der »Star Strek Coaster« im Movie Park in Bottrop.

Movie Park Germany: Warner Allee 1, 46244 Bottrop, Tel. (020 45) 89 98 99, www.movieparkgermany.de, Öffnungszeiten (vgl. Website), Nov.–März geschl., Eintritt ab € 44, ermäßigt (4–11 J.) ab € 35, online günstiger.

Vom Tanzsaal zum Kunstmuseum

Max Ernst Museum

Brühl, Nordrhein-Westfalen

Kritiker zeitgenössischer Architektur behaupten, moderne Elemente zerstörten die Wirkung alter Gebäude. Sie sollten im Max Ernst Museum in Brühl vorbeischauen, denn hier gehen Alt und Neu eine perfekte Symbiose ein, als ob nie etwas anders geplant gewesen sei. Dabei war die Aufgabe gar nicht leicht. Eine dreiflügelige klassizistische Villa, das Benediktusheim aus dem Jahre 1844, sollte mit einem Eingangsbereich versehen werden, um Max Ernst, Brühls berühmtestem Sohn, ein würdiges Denkmal in Form eines Museums zu setzen.

Den Kölner Architekten Thomas Van den Valentyn und Sayed Mohammed Oreyzi gelang das Kunststück, einen Pavillon zu entwerfen, der sich in seiner Transparenz und Leichtigkeit an das bestehende Gebäude anpasst, ohne es zu erschlagen. Die klare, einfache Formensprache des Pavillons findet sich auch im Inneren des Gebäudes wieder und bietet für das Werk des Dadaisten und Surrealisten Max Ernst eine gelungene Kulisse.

Grafiken, Gemälde und Skulpturen des Künstlers sind in einer Dauerausstellung zu sehen. Das Museum verfolgt ein engagiertes Konzept, denn ungefähr alle sechs Monate wird die Ausstellung durch Leihgaben aus anderen Häusern und Exponate aus dem nicht gezeigten Fundus leicht verändert. So lohnt sich auch der mehrmalige Besuch. Das künstlerische Programm wird durch Wechselausstellungen komplettiert. Diese befassen sich mit Max Ernst und seinem historischen Umfeld. Aber auch zeitgenössische Künstler wie Neo Rauch, die in der Tradition von Dadaismus und Surrealismus im Ernstschen Sinne stehen, werden hier präsentiert. Max Ernst hätte sich in seinem repräsentativen Museum sicher sehr wohl gefühlt, denn das Benediktusheim wurde bis 1919 unter dem Namen Brühler Pavillon als Tanzsaal genutzt, in dem auch der Künstler selbst das Tanzbein geschwungen haben soll.

Info: Brühl liegt ca. 20 km südöstlich von Köln. **Info Max Ernst Museum:** Comesstr. 42/Max Ernst Allee 1, 50321 Brühl, Tel. (022 32) 57 93-0, www.maxernstmuseum.de, Öffnungszeiten Di–So 11–18 Uhr, Eintritt € 7, ermäßigt € 4, bis 18 J. frei.

Ausstellung zu 70 Schaffensjahren: Max Ernst Museum in Brühl.

Von Giftschlangen und Achterbahnen

PHANTASIALAND

Brühl, Nordrhein-Westfalen

Sie ist aggressiv, äußerst angriffslustig und scheut sich auch nicht, größere Gegner zu attackieren. Ihr Tempo ist atemberaubend und zwei Tropfen ihres Gifts reichen aus, um einen Menschen zu töten. Im Gegensatz zu anderen Schlangen ist sie tagaktiv. Für einen Freizeitpark, der täglich von 9 bis 18 Uhr geöffnet hat, ziemlich beängstigend. Trotzdem ist die Schwarze Mamba, die größte Giftschlange Afrikas, im Brühler Phantasialand heimisch. Kopfüber zappeln die Opfer in ihrem Maul. Gellend hallen ihre Schreie durch Schluchten, brechen sich an Felswänden und werden schließlich vom Rauschen eines gigantischen Wasserfalls verschluckt.

Die Achterbahn »Black Mamba« erstreckt sich über ein Areal von 15 000 Quadratmetern. Laut Betreiber ist sie »die gewaltigste physische Herausforderung« und bietet eine »Fahrt wie im Fieberrausch«. Die Bahn macht Überschläge, bei denen die Welt kopfsteht. Die Fahrt durch Korkenzieherdrehungen und die Momente der Schwerelosigkeit entschädigen dafür, dass ansonsten die viereinhalbfache Macht des eigenen Körpergewichts spürbar wird.

Achterbahn im Themenbereich Deep in Africa im Phantasialand Brühl: Black Mamba.

Die Mamba ist jedoch nur eine von vielen Attraktionen im rheinischen Freizeitpark Phantasialand. Wasserbahnen, Geisterschloss, ein Free Fall Tower im Mystery Castle oder umgedrehte Welt im Feng Ju Palace – es gibt nichts, was es nicht gibt. Eine Eisrevue inmitten eines mexikanischen Dorfplatzes, atemberaubende Verrenkungen und Sprünge durch brennende Reifen in Chinatown oder das Show-Abenteuer zur Geisterstunde, Musarteum.

Im 4-D-Kino erlebt man die halsbrecherische Schatzsuche an Bord eines Piratenschiffs. Modernste Technik katapultiert die Besucher direkt ins Zentrum der Freibeutergefechte: Mal bläst einem eine kalte Meeresbrise ins Gesicht, mal wird man von schäumender Gischt erwischt. In Talocan baumeln die Füße und Köpfe der Fahrgäste frei über schroffen Abgründen, eingebettet in die ehrfurchtgebietenden Ruinen eines Aztekentempels. Noch recht neu ist die Themenwelt Klugheim mit der High-Speed-Achterbahn Taron und dem Family-Boomerang Raik.

INFO: Brühl liegt ca. 20 km südöstlich von Köln. **INFO PHANTASIALAND:** Schmidt-Löffelhardt GmbH & Co. KG, Berggeiststr. 41, 50321 Brühl, Tel. (022 32) 366 00, www.phantasialand.de, Öffnungszeiten tägl. April–Okt. 9–18, Ende Nov.–Mitte Jan. 11–20 Uhr, sonst geschl., Eintritt € 49,50, ermäßigt (4–11 J.) € 39,50, Herbst, Winter günstiger, online auch.

Schon Casanova ließ bitten

Schlösser Augustusburg und Falkenlust

Brühl, Nordrhein-Westfalen

Die Schlösser bei Brühl, seit 1984 UNESCO-Welterbe, kann man bequem an einem Nachmittag besuchen. Schloss Augustusburg, einst das Residenzschloss des Kölner Erzbischofs und Kurfürsten Clemens August I. aus dem Geschlecht der Wittelsbacher (1723–61), gilt als Meisterwerk des Rokoko. Es wurde 1725 bis 1768 auf den Ruinen einer Wasserburganlage errichtet.

Bis zum Umzug nach Berlin diente das Schloss dem Bundespräsidenten als Repräsentationssitz und für Staatsempfänge.

Sehenswert sind vor allem das Treppenhaus von Balthasar Neumann, das den Ruf eines der hinreißendsten Gesamtkunstwerke aus Architektur, Plastik und Malerei in Deutschland genießt, die Porträts der Wittelsbacher und die raffinierte Gartenkunst des nach Versailler Vorbild konzipierten Schlossparks, der heute für die Brühler Schlosskonzerte und andere Veranstaltungen genutzt wird. Und natürlich zum Lustwandeln!

Die französisch inspirierte Anlage, von Dominique Girard ab 1728 gestaltet, und der angrenzende Landschaftsgarten, den Peter Joseph Lenné ab 1840 nach englischem Vorbild anlegte, stehen unter Naturschutz.

Schloss Augustusburg bei Brühl.

Von hier aus geht man ein paar Minuten durch das Wäldchen – nur kurz unterbrochen von der Bahntrasse – bis zum Jagdschloss Falkenlust, dem ebenso eleganten wie intimen Refugium des Kurfürsten Clemens August I. Sein Maison de Plaisance entstand 1729 bis 1737 nach den Plänen des kurbayerischen Hofbaumeisters François de Cuvilliés. Dass die Jagdlust die Lebenslust nicht ausschloss, bezeugt u. a., dass Casanova im Jahre 1760 Damen der Kölner Gesellschaft zum Galadiner einlud.

Die kostbar ausgestatteten Innenräume sind vollständig erhalten. Besonders beeindrucken die Kabinette, die bereits Mozart bewunderte. In den Nebengebäuden können sich Besucher über die Falknerei informieren. Der Ort ist natürlich bewusst gewählt: Clemens August I. frönte der Jagd mit abgerichteten Falken auf Reiher, in deren Flugbahn er dieses Schlösschen erbauen ließ.

Info: Die Schlösser liegen zwischen Köln (ca. 20 km) und Bonn (ca. 24 km). **Info Schlösser Brühl:** Schlossstr. 6, 50321 Brühl, Tel. (022 32) 440 00, www.schlossbruehl.de, Öffnungszeiten Schloss Augustusburg (Führung obligatorisch) und Jagdschloss Falkenlust Di–Fr 9–12 und 13.30–16, Sa/So/Fei 10–17 Uhr, Dez./Jan. geschl., Kombiticket € 14, ermäßigt € 7, Park ganzjährig ab 7/8 Uhr bis Sonnenuntergang geöffnet, Eintritt frei.

Burgmuseum und NS-Gedenkstätte

WEWELSBURG

Büren, Nordrhein-Westfalen

Hoch über dem Flüsschen Alme in Westfalen liegt die Wewelsburg, erbaut zwischen 1603 und 1609 als Sommerresidenz der Fürstbischöfe von Paderborn. Die Wewelsburg ist eine der wenigen deutschen Burganlagen

Einzige Dreiecksburg in heute noch geschlossener Bauweise: die Wewelsburg.

auf dreieckigem Grundriss – mit einem wuchtigen Nordturm und zwei schlankeren Türmen im Südwesten und Südosten. In der Burg befinden sich heute zwei Museen und eine Jugendherberge. Das Historische Museum des Hochstifts Paderborn im Süd- und Ostflügel befasst sich mit Kultur und Geschichte des ehemaligen Fürstbistums. In 29 Räumen sind Zeugnisse regionaler Handwerkskunst ausgestellt sowie Ritterrüstungen, Prachtgewänder und aufwendiges Mobiliar.

Doch die Anlage ist mindestens genauso bekannt für ihr zweites Museum: die Erinnerungs- und Gedenkstätte Wewelsburg 1933–1945. Denn während des Dritten Reiches wurde die Burg von der SS genutzt, und ihr Führer Heinrich Himmler plante den Ausbau der Anlage zu einem Versammlungsort für hochrangige SS-Angehörige. Dafür wurde im Nachbarort eigens ein Konzentrationslager für Zwangsarbeiter errichtet, in dem über 1200 Häftlinge zu Tode kamen. Die heutige Erinnerungs- und Gedenkstätte befindet sich in einem Nebengebäude auf dem Burgvorplatz. Hier wird die Geschichte der SS umfassend dargestellt – und zwar nicht nur die ihrer Verbrechen, sondern auch die der oft mangelhaften Aufarbeitung dieser Taten in der jungen Bundesrepublik. Im Nordturm sind außerdem die Gruft und der »Obergruppenführersaal« zu besichtigen. Zahlreiche Themenführungen, Vorträge und Workshops runden das Bildungsangebot der Erinnerungs- und Gedenkstätte ab.

INFO: Büren liegt ca. 80 km östlich von Dortmund. **INFO KREISMUSEUM WEWELSBURG:** Burgwall 19, 33142 Büren-Wewelsburg, Tel. (029 55) 762 20, www.wewelsburg.de, Öffnungszeiten Di–Fr 10–17, Sa/So 10–18 Uhr, Eintritt Erinnerungs- und Gedenkstätte frei, Historisches Museum € 3, ermäßigt € 1,50.

Ein Spaziergang durch vier Jahrhunderte

LWL-Freilichtmuseum Detmold

Detmold, Nordrhein-Westfalen

Das vom Landschaftsverband Westfalen-Lippe betriebene Freilichtmuseum in Detmold ist das größte seiner Art in Deutschland: Auf einer Fläche von rund 90 Hektar laden mehr als 100 historische Gebäude zu einem Besuch ein. Dabei bilden jeweils mehrere Einzelbauten ein Dorf oder Hofensemble, das typisch für die jeweilige Region ist.

Am größten ist das Paderborner Dorf, in dem es neben zahlreichen für die Gegend typischen Bauernhäusern auch eine Schmiede, eine Bäckerei und ein historisches Fotoatelier zu besichtigen gibt. Überhaupt decken die ausgestellten Häuser die unterschiedlichsten Aspekte ländlichen Lebens ab: Zum Siegerländer Weiler gehört eine alte Schule, zum Osnabrücker Hof eine Töpferei.

Der zeitliche Schwerpunkt liegt auf Bauten aus dem 19. Jahrhundert – doch auch ein Vorratsbau von 1600 und eine Tankstelle von 1960 gehören zu den Exponaten! Neben der Architektur kümmert sich das Museum auch um das Bewahren und die Nachzucht alter Tier- und Pflanzenarten, darunter die vom Aussterben bedrohten Senner Pferde, eine der ältesten Pferderassen Deutschlands. Sowieso ist das Detmolder Freilichtmuseum kein Ort, den man lediglich besichtigen, sondern an dem man mitmachen und etwas erleben soll.

Die Auswahl an Veranstaltungen und Aktivitäten lässt dabei wahrhaft keine Wünsche offen. Neben diversen Führungen gibt es z. B. Rallye- und Quiz-Angebote für Alt und Jung. Vor allem Kinder kommen voll auf ihre Kosten: Kerzen ziehen, Honig schleudern, Nistkästen bauen, Flöten schnitzen – all dies ist möglich, derweil die Eltern in der historischen Schmiede, der Backstube und der Textilwerkstatt Profis bei der Arbeit zuschauen können.

Info: Detmold liegt ca. 70 km südwestlich von Hannover. **Info LWL-Freilichtmuseum:** Krummes Haus, 32760 Detmold, Tel. (052 31) 70 60, www.lwl-freilichtmuseum-detmold.de, Öffnungszeiten April–Okt. Di–So 9–18 Uhr, Eintritt € 8, ermäßigt € 2, bis 18 J. frei.

Deutschlands größtes Freilichtmuseum befindet sich in Detmold.

Vieles unter einem Dach

Kloster Knechtsteden

Dormagen, Nordrhein-Westfalen

Einem Zeichen des Himmels verdankt das Kloster Knechtsteden seine Entstehung. Hugo von Sponheim, Dekan des Kölner Doms, hatte im Jahr 1130 eine himmlische Erscheinung, die ihn dazu bewog, seinen Fronhof mit vielen Ländereien der Kirche zu vermachen. Seinem Wunsch, dass sich hier Männer Gottes ansiedeln sollten, wurde entsprochen. Die Mönche des Prämonstratenser-Ordens des Norbert von Xanten folgten dem Ruf des Herrn nach Knechtsteden.

Der Orden selbst, im französischen Prémontré gegründet, war noch jung, denn er wurde erst 1126 von Papst Honorius II. bestätigt. Schon 1138 begannen die Mönche mit dem Bau der Basilika in Knechtsteden. Bis zum Ende des Jahrhunderts hatten sie über 100 Klöster gegründet.

Die imposante romanische Kirche mit ihren drei Türmen in Knechtsteden, gewidmet dem heiligen Apostel Andreas, ist bis heute der Mittelpunkt der gesamten Anlage. Der östliche Bauteil der Kirche ist gotisch, denn während der Neusser Fehde wurde dieser Teil der Kirche zerstört und 1477 wieder aufgebaut. Nach einem Brand im 19. Jahrhundert wurde Knechtsteden 1895 vom Spiritanerpater Amandus Acker erworben. Er sorgte für den Wiederaufbau der zerstörten Gebäude.

Die Wandgemälde aus dem 12. Jahrhundert sind der größte Schatz der Kirche. Die Apostel- und Christusdarstellungen im Westbau der Kirche sollte sich kein Besucher entgehen lassen. Ein Vesperbild aus dem 14. Jahrhundert ist ebenso sehenswert, die trauernde Maria hat den Leichnam ihres Sohns im Arm und nimmt Abschied.

Schon im 12. Jahrhundert besaß das Kloster die Taufrechte, davon zeugt der originale Taufstein aus Basalt mit doppeltem Zinnenfries.

Verwaltungssitz der deutschen Spiritanerprovinz: Kloster Knechtsteden.

Heute sind noch zahlreiche andere Institutionen auf dem Klostergelände untergebracht. Das Haus der Natur sensibilisiert mit Führungen und Vorträgen für die Naturschätze in der nahen Umgebung.

Auch ein Kunstverein hat sich mittlerweile auf dem Gelände angesiedelt. Ständige Ausstellungen, ob zu Malerei, Fotografie oder auch Bildhauerei, geben einen Einblick in die Kunst der Gegenwart.

Info: Knechtsteden liegt ca. 22 km südwestlich von Düsseldorf. **Info Missionshaus der Spiritaner:** 41540 Dormagen-Knechtsteden, Tel. (021 33) 86 90, www.kloster-knechtsteden.de, Führungen nur nach Voranmeldung.

Ritterspiele und Märchenstunde

Zollfeste Zons

Dormagen, Nordrhein-Westfalen

Umzüge und Ritterspiele, Turniere und historische Jahrmärkte: Der Dormagener Stadtteil Zons, etwa zehn Kilometer entfernt von Neuss, ist die am besten erhaltene mittelalterliche Stadt im Rheinland. Stadtmauer, Tore, Burg Friedestrom, Mühle und verwinkelte Gassen: Die im 14. Jahrhundert von Erzbischof Friedrich von Saarwerden gegründete ehemalige kurkölnische Zollstadt wird heute auch das rheinische Rothenburg genannt.

Im Zentrum gibt es zahlreiche Restaurants und Cafés, die in historischen Bauten untergebracht sind. Zu den Hauptsehenswürdigkeiten zählt der mächtige Rheinturm, der im Jahr 1388 als krönender Abschluss einer Gesamtbefestigung fertiggestellt wurde. Aber auch der Juddeturm, ein schlanker, hoher Rundturm mit barocker Haube und Laterne, und der Mühlenturm mit seinem im Innern noch vollständig erhaltenen hölzernen Mahlwerk aus dem Jahr 1694 sind neben dem Rheinanlegeplatz und den mittelalterlichen Stadtmauern beliebte Fotomotive.

Die am besten erhaltene mittelalterliche Stadt im Rheinland: Zollfeste Zons.

Besonders bemerkenswert ist die Südseite der Stadtbefestigung. In ihrer ganzen Breite ist ihr ein Zwinger vorgelagert, dessen Mauer am Mühlenturm beginnt und sich in einer Höhe von rund zwei Metern und einer Entfernung von 28 Metern parallel zur Stadtmauer hinzieht. Hier liegt auch die Freilichtbühne, auf der alljährlich Märchenspiele sowie zahlreiche andere ständig wechselnde Highlights (z. B. Konzerte oder Operetten) stattfinden. Das Kreismuseum Zons, untergebracht im Herrenhaus auf dem alten Gelände der Burg Friedestrom, zeigt in wechselnden Ausstellungen klassisches und modernes Kunsthandwerk.

Beim alljährlich im September stattfindenden mittelalterlichen Matthäus-Markt präsentieren u. a. Kunsthandwerker ihre Produkte, die man hier käuflich erwerben kann. Auf den Rheinwiesen und vor der Stadtmauer gibt es in dieser Zeit meist auch ein zweitägiges Ritterturnier der Bergischen Lehnsritter Düsseldorf.

Info: Zons liegt ca. 20 km südwestlich von Düsseldorf. **Info Heimat- und Verkehrsverein der Stadt Zons e.V.:** Schlossstr. 2–4, 41541 Dormagen Stadt Zons, Tel. (021 33) 25 76 47, www.hvv-zons.de.

Barock im Familienbesitz

Schloss Lembeck

Dorsten, Nordrhein-Westfalen

Ursprünglich als wehrhaftes Gut erbaut, hat sich Schloss Lembeck im Verlauf der Jahrhunderte zu einem der schönsten Wasserschlösser Nordrhein-Westfalens entwickelt. In der schwer zugänglichen Moorniederung der Lehmbecke hatten die Herren von Lembeck im 12. Jahrhundert eine Ritterburg errichtet, die von nachfolgenden Generationen immer wieder erweitert wurde. Dietrich Konrad von Westerholt schloss 1692 die Bauarbeiten der inzwischen in barocker Schönheit strahlenden Dreiflügelanlage ab.

Das Schloss, umgeben von Wäldern, Wiesen und offenen Feldern des Naturparks Hohe Mark, ist heute noch in Familienbesitz. Derzeitige Inhaber sind Ferdinand Graf von Merveldt und seine Frau Catharine. Der Name Lembeck kommt aus dem Niederdeutschen. Man kann ihn als Lehmbach übersetzen, was auf den einstigen Standort des Schlosses inmitten eines Sumpf- und Moorgebiets hindeutet.

Die Schlossanlage im Nordwesten des Kreises Recklinghausen wird für vielfältige Zwecke genutzt. Zum Teil als Hotel, im Hochparterre des Haupthauses ist ein Museum untergebracht. Bei einem Rundgang durch die im Stil des 18. und 19. Jahrhunderts gestalteten Säle und Salons werden Kunstwerke gezeigt, die die Besitzer in mehr als 300 Jahren zusammengetragen haben: chinesisches Porzellan z.B. oder flämische Tapisserien sowie Gemälde und Möbel aus der Zeit des Rokoko und Empire. Wer sich im barocken Ambiente standesamtlich trauen lassen möchte, kann dies im Turmzimmer der Bibliothek tun.

Unter Kunstliebhabern bekannt ist das Schloss auch wegen des von Johann Conrad Schlaun entworfenen Festsaals mit spätbarocker Ausstattung. Kamine, Bilder der Familie, gemalte Supraporten; vor allem aber die zarten, schwungvollen Stuck-Rocaillen der Decke, die Sinnbilder der vier Jahreszeiten umrahmen, geben dem Raum Atmosphäre. Die teilweise vergoldeten Rahmen an den Kaminen erinnern an den Speiseraum von Schloss Nordkirchen, die Stukkaturen gleichen denen im Gelben Appartement von Schloss Augustusburg in Brühl. Vielleicht haben auch in Lembeck so berühmte Stukkateure wie Cuvilliés, Morsegno und die Brüder Castelli mitgearbeitet.

Schloss Lembeck zählt zu den schönsten Wasserschlössern Nordrhein-Westfalens.

Info: Dorsten liegt ca. 40 km nördlich von Essen. **Info Schloss Lembeck:** Schloss 2, 46286 Dorsten-Lembeck, Tel. (023 69) 71 67, www.schlosslembeck.de, Öffnungszeiten Heimatmuseum Sa/So/Fei 13–18 Uhr, Schloss nur mit Führung Sa/So/Fei 11–17 Uhr jeweils zur vollen Stunde, Park Mo–Fr 11–17, Sa/So/Fei 10–18 Uhr, Eintritt € 6, ermäßigt € 4,50.

Paradies für Kicker-Fans

Deutsches Fussballmuseum

Dortmund, Nordrhein-Westfalen

Wie ein riesiges Tor auf dem Spielfeld sieht es aus – das Eingangsportal des 2015 eröffneten Deutschen Fußballmuseums am Dortmunder Hauptbahnhof. Passend dazu weisen überlebensgroße Spielerskulpturen den Weg ins Gebäude und blitzschnelle Lichtimpulse beschießen wie kleine Bälle die hypermoderne Fassade. Drinnen warten dann mehr als 7000 Quadratmeter Ausstellungsfläche darauf, von den Freunden der »schönsten Nebensache der Welt« erkundet zu werden. Das Deutsche Fußballmuseum ist ein Kind des legendären »Sommermärchens« von 2006: Die gelungene Weltmeisterschaft im eigenen Land bot den Anlass zur Errichtung dieses spannenden Ausstellungs- und Erlebnisortes in der Fußballhochburg Dortmund. Dargestellt werden Geschichte und Gegenwart des deutschen Fußballs von den Anfängen bis zu jener »Goldenen Generation« um Philipp Lahm, die 2014 den WM-Titel holte. Neben dem Nationalfußball geht es aber auch um das Spiel im Verein, um den Frauenfußball und den Fußball in der DDR. Ausstellungstechnisch bewegt sich das Museum dabei auf höchstem Niveau: Die 3-D-Animationen und Multivisionselemente, die Hör-, Seh- und Fühlstationen sind einzigartig – sie machen den Besuch dieses Hauses zu einem sehr sinnlichen und auch aktiven Erlebnis, denn Mitmachen ist ausdrücklich erwünscht. Doch bei aller Technik kommen auch die eindrucksvollen Exponate nicht zu kurz: Zu sehen gibt es neben wichtigen Trophäen der Nationalelf auch den Originalfußball aus dem WM-Finale von 1954 – und jenen berühmten Schuh, den Mario Götze am 13. Juli 2014 trug, als er in der 113. Minute das entscheidende Tor zum deutschen Titelgewinn schoss.

Info: In der Dortmunder Innenstadt gelegen (dem Hauptbahnhof direkt gegenüber). **Info Deutsches Fussballmuseum:** Platz der Deutschen Einheit 1, 44137 Dortmund, Tel. (02 31) 22 22 19 54, www.fussballmuseum.de, Öffnungszeiten Di–So 10–18 Uhr, Eintritt Erwachsene € 17, Kinder € 14, unter 6 J. frei.

Ausstellungsräume des Deutschen Fußballmuseums in Dortmund.

Dieser Zeche zollt Respekt

ZECHE ZOLLERN

Dortmund, Nordrhein-Westfalen

Hohe Backsteinbauten, Jugendstiltore, stählerne Türme, riesige Zahnräder, eiserne Loren. Wer glaubt, hier sei alles rostig und verstaubt, der kann sich leicht vom Gegenteil überzeugen. Anfang des 20. Jahrhunderts wurde der Fortschritt der Technik stolz zur Schau gestellt. Die Zeche Zollern II/IV ist nicht nur architektonisch eine Meisterleistung, sie ist auch beeindruckender Zeitzeuge der Geschichte der Montan-Industrie. Das stillgelegte Steinkohlebergwerk im Nordwesten Dortmunds ist zu Recht das Prestigeobjekt der größten Bergbaugesellschaft der Jahrhundertwende – eine Musterzeche im wahrsten Sinne des Wortes.

Jugendstiltor der Zeche Zollern.

Der heutige Sitz des Westfälischen Landesmuseums für Industriekultur im Stadtteil Bövinghausen wurde in den Jahren 1898 bis 1904 von der Gelsenkirchener Bergwerks AG errichtet und legte von Anfang an einen glänzenden Start im späten Kaiserreich hin. Die imposante Anlage zählt zu den schönsten Bergwerksanlagen des Ruhrgebiets. Allein ihrem prächtigen Portal ist es zu verdanken, dass die Zeche nach ihrer Stilllegung im Jahr 1969 nicht der Abrissbirne zum Opfer fiel und das eigentlich spektakulärste Gebäude der ganzen Anlagen endlich die verdiente Aufmerksamkeit der Industriedenkmalpflege erfuhr: die Maschinenhalle.

Noch heute begeistert der eher ungewöhnliche Jugendstilbau auch aufgrund seiner technischen Ausstattung. Hier stehen nicht nur Fördermaschinen und Druckluftkompressoren nahezu im Originalzustand, sondern hier ist auch Geschichte des Fortschritts geschrieben worden. Als erste Zeche setzte Zollern seine Maschinen elektrisch in Gang mit eigens dafür geschaffenen Generatoren. Kein Wunder, dass die Maschinenhalle als erstes Industriebauwerk Deutschlands überhaupt unter Denkmalschutz gestellt wurde. Die Musterzeche ist ein wichtiger Ankerpunkt auf der Europäischen Route der Industriekultur.

Doch die Zeche Zollern II/IV ist vor allem Zeugnis des Strukturwandels im sogenannten Revier und veranschaulicht auf eindrucksvolle Weise die harten Arbeitsbedingungen hinter schönen Fassaden und in dunklen Tiefen, die Entwicklungen, die das betriebliche Hygiene- und Gesundheitswesen durchlief, und die Anstrengungen, die unternommen wurden, um Arbeitsunfälle zu reduzieren.

Die Zeche bietet neben der Kohleverladestation, dem ehemaligen Zechenbahnhof, dem begehbaren Fördergerüst und den wechselnden Sonderausstellungen im Museum ein breites Angebot für die ganze Familie: Im Kinderkeller können die Kleinen in die Rolle der Bergleute schlüpfen und der Spielplatz bietet ausreichend Platz zum Toben.

INFO: In Bövinghausen, ca. 15 km westlich des Dortmunder Zentrums gelegen. **INFO LWL-INDUSTRIEMUSEUM ZECHE ZOLLERN:** Grubenweg 5, 44388 Dortmund, Tel. (02 31) 696 11 11, www.lwl.org, Öffnungszeiten Di–So/Fei 10–18 Uhr, Eintritt € 5, ermäßigt € 2,50.

Die Landeshauptstadt von Nordrhein-Westfalen

Düsseldorf

Nordrhein-Westfalen

Heute ist Kirmes, das heißt, ganz Düsseldorf trinkt Wein. Nicht als ob's das nicht jeden Tag täte, aber es wird getanzt und gejubelt …«, so Felix Mendelssohn-Bartholdy. In Düsseldorf wird zwar nicht jeden Tag Wein getrunken, getanzt und gejubelt – aber gut leben, das kann man hier tatsächlich. Das Dorf an der Düssel, das um 1135 erstmals erwähnt wurde, maß ursprünglich nicht mehr als drei Straßenzüge und ein paar Hundert Einwohner. Nur langsam stieg es im 16. Jahrhundert zu einer bescheidenen Residenz auf. Wirkliche Bedeutung erlangte Düsseldorf erst im 19. Jahrhundert als Industrie- und Verwaltungsstandort und dann endgültig nach 1946: als Hauptstadt des größten deutschen Bundeslandes und als Wirtschaftsmetropole.

Heute ist die Stadt internationaler Kongress- und Messeplatz, ein bedeutendes Handelszentrum und weltberühmt für ihre Mode. Sie ist ein wichtiger Werbe- und Medienstandort und verfügt über eine ausgesprochen lebendige, kreative Kunstszene.

Das Rathaus in Düsseldorf mit dem Jan-Wellem-Reiterstandbild.

Mit ihren rund 630 000 Einwohnern ist die Stadt zwar groß, aber durchaus noch überschaubar. Das hat Vorteile. Fast alles Sehenswerte liegt so nah beieinander, dass es sich bequem zu Fuß erkunden lässt. So vereint beispielsweise die städtische Kunstachse neben einer Vielzahl von Galerien vier bedeutende Museen: die Kunsthalle, die Kunstsammlung NRW am Grabbeplatz (K20) und im ehemaligen Ständehaus (K21) und das Museum Kunstpalast im Ehrenhof.

Trotz der stürmischen Entwicklung der letzten 200 Jahre ist Düsseldorf im Grunde eine Gartenstadt geblieben. Eine Vielzahl von Parkanlagen lohnt den Besuch; der zentrale Hofgarten gibt der Innenstadt das Gepräge – neben der Königsallee, die weltweit wegen ihres ausgesuchten Flairs bekannt ist. Weitere Besuchermagnete sind die Altstadt und die neu gestaltete Rheinuferpromenade.

Und die Stadt hat noch ein Plus: die rheinische Mentalität ihrer Bewohner. In seinen Memoiren sagt der in Düsseldorf geborene Heinrich Heine über die Düsseldorfer: »Zum Glück sind meine Landsleute ein harmlos fröhliches Völkchen. Sie sind im Rausche gutmütig. Ils ont le vin bon.« Nicht nur guten Wein haben sie, auch gutes Bier: Altbier.

Info Düsseldorf: Düsseldorf Tourismus GmbH, Der Neue Stahlhof, Benrather Str. 9, 40213 Düsseldorf, Tel. (02 11) 17 20 20; Immermannstr. 65 B (am Hauptbahnhof), Tel. (02 11) 17 20 28 44; Marktstraße, Ecke Rheinstraße (Altstadt), Tel. (02 11) 17 20 28 40, www.duesseldorf-tourismus.de.

Platz für alle

Düsseldorfer Altstadt

Düsseldorf, Nordrhein-Westfalen

Man kennt sie als die längste Theke der Welt – die Düsseldorfer Altstadt. Und das ist wörtlich zu nehmen. Es reihen sich nämlich Kneipe an Kneipe, Restaurant an Restaurant und Bar an Bar, insgesamt sind es 250 auf nur einem Quadratkilometer. An der Kreuzung Ratinger Straße/Neubrückstraße liegt das sogenannte Bermuda-Dreieck. Den Namen gaben ihm Besucher der drei Gaststätten in diesem Bereich: Zum Goldenen Einhorn, Ohme Jupp und Zur Uel. Hier stehen, flirten und schwadronieren im Sommer Hunderte junger Leute. Es sind vor allem die alten Brauhäuser in der Altstadt, wie die Brauerei Zum Schiffchen in der Hafenstraße oder das Uerige an der Berger Straße, die Geschäftsleute, Studenten, Handwerker und Angestellte bei einem Altbier vereinen.

Die Schneider-Wibbel-Gasse in der Düsseldorfer Altstadt.

In dem ältesten Viertel der Stadt zwischen Heinrich-Heine-Allee und Rhein kann man es aber auch ruhiger angehen lassen, z. B. am Stiftsplatz auf einer Bank unter Bäumen. Die Stiftskirche St. Lambertus aus dem Jahr 1288 erhielt vom Papst sogar den Ehrentitel einer Basilica Minor. Sehenswert sind der Kirchenschatz und das prachtvolle Grab Herzog Wilhelms des Reichen. Zum Wahrzeichen der Stadt wurde der schiefe Pyramidenturm. Der Sage nach hat der Teufel die Turmspitze gedreht. Eine absolute Rarität im Rheinland ist die ehemalige Jesuitenkirche St. Andreas an der Andreasstraße, zwischen 1622 und 1629 erbaut, mit ihren süddeutschen, frühbarocken Elementen.

Vom einstigen Mittelpunkt der Stadt, dem herzoglichen Schloss, ist nur noch der Schlossturm am Burgplatz erhalten. Etwas versteckt unter Platanen am Rand des Platzes steht der bronzene Radschlägerbrunnen von 1954. Mit ihm setzte der Künstler Alfred Zschorsch einem alten Düsseldorfer Brauch ein Denkmal.

Demnach führten die Kinder im Jahr 1288, als Düsseldorf nach der Schlacht von Worringen die Stadtrechte erhielt, ihre Freudendreher auf. Auch heute noch trifft man kleine Radschläger in der Stadt: Bei einem Wettbewerb auf der Königsallee, wo alljährlich über 100 Jungen und Mädchen im Radschlagen gegeneinander antreten.

Am Marktplatz erzählt das Reiterstandbild des Kurfürsten Johann Wilhelm vom Selbstverständnis eines absolutistischen Herrschers. Das Denkmal, von Gabriel de Grupello gegossen und 1711 errichtet, wurde keineswegs von »dankbaren Bürgern der Stadt« – wie es auf dem Sockel steht – gestiftet. Es war Jan Wellem selbst, der das vier Meter hohe Denkmal schon zu seinen Lebzeiten aufstellen ließ. An der Nordseite des Marktplatzes steht das 1570 bis 1573 unter der Leitung des Duisburger Maurermeisters Heinrich Tußmann errichtete Rathaus.

Info: Tourist Information Altstadt, Marktstraße, Ecke Rheinstraße, 40213 Düsseldorf, www.duesseldorf-tourismus.de, Öffnungszeiten tägl. 10–18 Uhr.

Größte Kirmes am Rhein

Düsseldorfer Kirmes

Düsseldorf, Nordrhein-Westfalen

Mit jährlich über vier Millionen Besuchern ist die zehntägige Düsseldorfer Kirmes, kurz »Rheinkirmes« genannt, eines der größten Volksfeste Deutschlands. Ihre Wurzeln führt die vom St.-Sebastianus-Schützenverein 1316 e.V. ausgerichtete Rheinkirmes auf die Ehrung des Stadtpatrons St. Apollinaris von Ravenna zurück, und um den religiösen Ursprung des Festes zu betonen, würde die katholische Kirche den Namen »Apollinaris-Kirmes« bevorzugen.

Die größte Kirmes am Rhein findet jedes Jahr um die dritte Juliwoche statt. Den Festplatz bilden rund 165 000 Quadratmeter der linksrheinischen Uferwiesen in Düsseldorf-Oberkassel mit Blick auf die gegenüberliegende Altstadt. Sonntags gibt es einen Festgottesdienst und einen »Historischen Schützenumzug« mit rund 3000 Schützen, Pferdekutschen und Musikkapellen. Am letzten Freitag findet gegen 22.30 Uhr ein riesiges Höhenfeuerwerk statt.

Schausteller aus dem In- und Ausland präsentieren Hunderte von traditionellen Fahrgeschäften und sensationelle technische Innovationen. Auf einer richtigen Kirmes nicht fehlen dürfen Schützen-Festzelt, Autoscooter, Riesenschaukel, Boxbuden und Geisterbahn. 55 Meter hoch ist das Riesenrad »Bellevue«, das atemberaubende Ausblicke auf Düsseldorf und den Rhein liefert, und auf gar 85 Meter bringt es der Freifallturm »Hangover«. Für das leibliche Wohl sorgen Imbissbuden, Restaurant- und Bierzelte traditioneller Hausbrauereien aus Düsseldorf und vom Niederrhein.

Zum »Rummelplatz« hinüber gelangt man am besten zu Fuß über die Rheinkniebrücke oder die Oberkasseler Brücke. Von und zur Altstadt transportiert auch die »Kirmesfähre« Besucher unermüdlich hin und her.

Info: Auf den Oberkasseler Rheinwiesen gelegen. **Info Düsseldorfer Kirmes:** Tel. (0211) 469 54 95 oder 24 84 53 87, www.groesstekirmesamrhein.de, Öffnungszeiten Mo–Fr ab 14, Sa ab 13 und So ab 11 Uhr, Kirmesfähre € 2,50, bis 9 J. € 1,50.

Größte Kirmes am Rhein: die Düsseldorfer Kirmes auf den Oberkasseler Rheinwiesen.

Tokio am Rhein

Japan-Tag

Düsseldorf, Nordrhein-Westfalen

Hätten Sie's gewusst? Nach London und Paris ist die japanische Gemeinde in Düsseldorf die drittgrößte in Europa. Rund 7000 Menschen aus dem »Land der aufgehenden Sonne« leben hier, das sind rund 25 Prozent aller Japaner in Deutschland. 380 japanische Unternehmen sind in der nordrhein-westfälischen Landeshauptstadt ansässig, deren enge Beziehung zum Kaiserreich im Fernen Osten bis in die Wirtschaftswunderjahre nach dem Zweiten Weltkrieg zurückreicht. Die vielen japanischen Geschäfte und Restaurants, aber auch die Kultur- und Bildungseinrichtungen der japanischen Gemeinde gehören zu Düsseldorf wie der Rhein oder die Kö.

Bereits 1975 ließ die japanische Gemeinde als Zeichen der Freundschaft im Düsseldorfer Nordpark einen 5000 Quadratmeter großen Japanischen Garten einrichten: ein wunderbarer Ort zum Entspannen. Und einmal im Jahr laden die Bürger Nippons alle, die Zeit und Lust haben, zu einem riesigen Fest unter freiem Himmel ein. Seit 2002 findet der Japan-Tag an einem Samstag Ende Mai oder Anfang Juni am Düsseldorfer Rheinufer statt.

Schon gegen Mittag beginnt auf mehreren Bühnen das Programm: Chorgesänge und Konzerte auf klassischen fernöstlichen Instrumenten wechseln mit kunstvollen Kampfsport-Darbietungen und Kimono-Shows, Tanzgruppen mit Punk- oder Rockbands. Einrichtungen wie der Japanische Club oder die Japanische Schule stellen sich vor, und jede Menge Verkaufsstände locken mit landestypischen Snacks und Getränken, mit den neuesten Mangas und Animes, mit hippen Videospielen und erlesenem japanischem Design. Auf den Rheinwiesen wird ein Samurai-Heerlager aufgeschlagen, das mit originalgetreu nachgebauten Rüstungen, Waffen und anderen Requisiten einen Eindruck vom Leben im Japan der Feudalzeit vermittelt – ein spannender Ausflug in die Geschichte des fernen Landes.

Düsseldorf ist nicht nur am Japan-Tag ein Zentrum der japanischen Kultur.

Doch die bis zu einer Million Besucher der Veranstaltung sollen auch selbst aktiv werden: Es finden Cosplay- und Karaoke-Wettbewerbe statt, man kann sich im Masken-Basteln, in der Kalligraphie und beim Ikebana versuchen oder an einem Schnupperkurs Japanisch teilnehmen. Im Rahmenprogramm werden japanische Filme gezeigt, Ausstellungen eröffnet und spezielle Museumsführungen angeboten. Absolutes Highlight und krönender Abschluss des Japan-Tages ist das große Feuerwerk über dem Rhein, das einer thematischen Choreografie folgt und live im WDR-Fernsehen übertragen wird.

Info: In der Düsseldorfer Altstadt. **Info Japan-Tag:** Marktstr. 6 D, 40213 Düsseldorf, Tel. (02 11) 172 02 22 74, www.japantag-duesseldorf-nrw.de.

Malerisches Mittelalter

KAISERPFALZRUINE

Düsseldorf, Nordrhein-Westfalen

Das beliebte Ausflugsziel im Norden Düsseldorfs kann auf eine lange Geschichte zurückblicken. Um 695 erhielt der angelsächsische Mönch Suitbertus die Insel (= Werth) geschenkt und gründete dort ein Benediktinerkloster, das zum Ausgangspunkt für seine Missionstätigkeit wurde. Kaiser Friedrich I., genannt Barbarossa, ließ die Kaiserpfalz ausbauen, nachdem er im Jahr 1174 den Rheinzoll von den Niederlanden nach Kaiserswerth verlagert hatte und eine den Fluss beherrschende Festung benötigte.

Deren stimmungsvolle Ruine bestimmt noch heute – vom Rhein aus betrachtet – das Ortsbild. Barbarossa hob Kaiserswerth in den Stand einer freien Reichsstadt, deren Stern jedoch sank, als 1235 der Rheinarm, auf dem sie lag, verlandete. Die Stadt verarmte zusehends. Zahlreiche Kriege setzen dem Bauwerk zu und ließen es schließlich so weit verkommen, dass es über lange Jahre nur noch als Steinbruch diente.

Erst gegen Ende des 19. Jahrhunderts entschloss man sich zur Restaurierung der verbliebenen Reste. Die heutige Gestalt der Ruine lässt die mächtige Architektur des Originals immer noch erahnen: Sechs Meter dicke Mauern auf einer Breite von 50 Metern und fast 15 Meter hoch.

INFO: Im nördlichen Stadtteil Kaiserswerth gelegen. **INFO KAISERPFALZ:** Burgallee, 40489 Düsseldorf-Kaiserswerth, Tel. (02 11) 22 97 30 77, www.kaiserpfalz-kaiserswerth.de, Außenbesichtigung Karfreitag–Okt. tägl. 9–18 Uhr.

Die Ruine der Kaiserpfalz in Düsseldorf-Kaiserswerth.

Ein Platz zum Sehen und Gesehenwerden

Königsallee

Düsseldorf, Nordrhein-Westfalen

Die Königsallee, kurz Kö, ist unbestrittener Magnet von Düsseldorf. Bekannt für luxuriöses Einkaufen, beliebt als Ruheoase mit dem historischen Wassergraben. Von weit her kommen die Leute, um über die Prachtmeile zu flanieren. Alles, was in der Designer- und Modewelt Rang und Namen hat, findet sich hier wieder. Ein Ort zum Sehen und Gesehenwerden. Cocktailbars, Banken und Hotels vervollständigen die fesche Szenerie. Einmal im Jahr, im Juni, verwandelt sich die Kö in einen Buchladen. Beim Bücherbummel präsentieren sich Antiquariate, Buchhandlungen und Verlage, dazu gibt es Kleinkunst und Musik für jede Altersklasse.

Ursprünglich hieß Düsseldorfs Prachtboulevard Kastanienallee, lag an der Stadtgrenze und war gar keine feine Gegend. Kaspar Huschberger und Maximilian Weyhe haben die Allee samt Wassergraben 1802 bis 1804 geplant und verwirklicht. Bis heute säumen Kastanienbäume die Straße.

Ihren neuen Namen verdankt die Kö einem Pferdeapfel. Aufgebrachte Düsseldorfer, unzufrieden mit den preußischen Verordnungen, sollen König Friedrich Wilhelm IV. im Jahr 1848 mit Pferdeäpfeln beworfen haben – einer hat angeblich Seine Majestät sogar getroffen. Der empörte König verließ die Stadt. Um ihn wieder gnädig zu stimmen, benannte der Düsseldorfer Gemeinderat im Jahr 1851 dann zwei Straßen nach dem Monarchen, die Friedrichstraße und die Königsallee.

Dem ersten Ladenlokal 1902 folgten schnell weitere – so wandelte sich das Bild von der Wohnstraße zur teuren Einkaufsmeile. Gleichzeitig sorgte man für eine repräsentative Ausstattung mit Brunnen und Denkmälern. Das imposanteste und oft fotografierte Denkmal ist die wasserspeiende Tritonengruppe von Fritz Coubillier aus dem Jahr 1902. Weniger beachtet wird dagegen der bronzene bergische Löwe, das Wappentier Düsseldorfs, am südlichen Ende des 1000 Meter langen Stadtgrabens.

Düsseldorfs liebevoll »Kö« genannter Prachtboulevard: die Königsallee.

In unmittelbarer Nähe zur Königsallee steht beim Hofgarten das Düsseldorfer Opernhaus, das in Theatergemeinschaft mit dem Theater Duisburg lebt. Die beiden Standorte der Oper am Rhein haben ähnliche Ausmaße und können so dieselben Opern- und Ballettproduktionen zeigen. Sein heutiges Gesicht erhielt das Düsseldorfer Haus in den 1950er Jahren, inzwischen steht es unter Denkmalschutz.

Info: In der Stadtmitte gelegen. **Info Königsallee:** Interessengemeinschaft Königsallee e. V., Königsallee 60 F, 40212 Düsseldorf, Tel. (02 11) 86 39 90 25, www.koenigsallee-duesseldorf.de.

International renommierte Museen

Kunstsammlung Nordrhein-Westfalen

Düsseldorf, Nordrhein-Westfalen

Der eindrucksvolle Bau der Kunstsammlung Nordrhein-Westfalen am Grabbeplatz, 1986 eröffnet und nach zweijähriger Sanierung im Sommer 2010 um 2000 Quadratmeter erweitert wiedereröffnet, stammt von den dänischen Architekten Dissing und Weitling. Hinter der geschwungenen schwarzen Fassade werden in zwei Abteilungen herausragende Kunstwerke des 20. und 21. Jahrhunderts gezeigt. Der Bereich Kunst vor 1945 umfasst u.a. Werke von Paul Klee, Pablo Picasso, Werke des deutschen Expressionismus sowie des Surrealismus.

In der Abteilung nach 1945 liegt der Schwerpunkt auf amerikanischer Kunst sowie Rauminstallationen, Fotografien, Film- und Videoarbeiten, doch sind dort auch deutsche Künstler wie Joseph Beuys, Gerhard Richter und Markus Lüpertz vertreten.

Große Beachtung erfuhr im April 2002 die neu eröffnete Dependance der Kunstsammlung in der Friedrichstadt, K21. Das ehemalige Ständehaus beeindruckt mit einer großen öffentlichen Piazza im Innenhof und einem spektakulären gläsernen Kuppelraum. Gezeigt wird Gegenwartskunst seit 1980 – vor allem in Wechselausstellungen.

Info K20 Kunstsammlung NRW: 40213 Düsseldorf-Altstadt, Tel. (0211) 83 81-204, www.kunstsammlung.de, Öffnungszeiten Di–Fr 10–18, Sa/So/Fei 11–18, jeden 1. Mi im Monat 10–22 Uhr, Eintritt € 12, ermäßigt € 10, 6–17 J. € 2,50, Kombiticket mit K21 € 18/14/4, 1. Mi im Monat ab 18 Uhr frei. **Info K21 Kunstsammlung NRW:** Ständehausstr. 1, 40217 Düsseldorf-Friedrichstadt, Tel., Website, Öffnungszeiten, Eintritt vgl. K20.

Der imposante Bau der K20 Kunstsammlung NRW am Grabbeplatz.

Tanzende Bürotürme am Rheinufer

MEDIENHAFEN

Düsseldorf, Nordrhein-Westfalen

Wo einst eine triste Hafenkulisse leer stehender Lagerräume das Bild bestimmte, erheben sich heute moderne Bürogebäude als architektonische Highlights vor historischen Kulissen. In restaurierten Hafengebäuden und preisgekrönten neuen Häusern haben sich Unternehmen aus den Bereichen Werbung, Kunst, Kommunikation und Neue Medien niedergelassen. Man trifft sich in Bistros, schicken Restaurants, Galerien und Discos. Skater flitzen über die Kaianlagen, die nahtlos in die Rheinpromenade übergehen.

Das spektakulärste Ensemble, den Neuen Zollhof an der Stromstraße, schuf der kalifornische Architekt Frank O. Gehry: Seine drei tanzenden Gebäudeskulpturen sind schnell zum Symbol geworden für einfallsreiches, dynamisches und unkonventionelles Bauen. Der rote und der weiße Turm spiegeln sich im Metall des mittleren Hauses und werden so wieder zu einer Einheit. Der Betrachter des Kai-Centers in der Kaistraße fühlt sich an den Bug eines glänzenden Ozeandampfers erinnert. Die Glaswände laufen in einem spitzen Winkel aufeinander zu und werden nach oben durch die Stahlkonstruktion einer überdimensionalen Reling abgeschlossen.

Trotz aller Neuerungen ist die Hafenatmosphäre überall noch zu spüren. Kaimauern, Treppen, gusseiserne Poller und schmiedeeiserne Geländer von 1896, Gleisanlagen der alten Ladestraße und die dazugehörenden Kräne stehen unter Denkmalschutz.

Begonnen hatte die Umstrukturierung des Hafengebiets, nur 1000 Meter entfernt von Altstadt und Königsallee, in den 1980er Jahren mit dem Bau des neuen Landtagsgebäudes. Anfang der 1990er Jahre zog das WDR Landesstudio Düsseldorf in die Stromstraße. 1998 war das Stadttor bezugsfertig, ein riesiges gläsernes Bürogebäude, das einem kopfstehenden U ähnelt und in dem der Ministerpräsident von Nordrhein-Westfalen seinen Sitz hat. Mittlerweile ist das neue In-Viertel am Südwestrand der City zwischen Kniebrücke, Kai- und Hammerstraße bis zur Franziskusstraße herangewachsen.

Die Gehry-Zeile im Medienhafen in Düsseldorf.

Hautnah miterleben kann man den Wandel vom Wirtschaftshafen zum Medienhafen bei Führungen. Und da ist die Vielfalt groß. Schon bei der Wahl des Fortbewegungsmittels ist so mancher überfordert: Segway, Rikscha, Yacht – oder schlicht und einfach per pedes? Von der Photo Tour bis zur Deli Tour ist vieles im Angebot.

INFO: Am alten Rheinhafen, westlich der Innenstadt gelegen. **INFO MEDIENHAFEN:** Tel. (02 11) 58 00 34 17, www.medienhafen.de, Führungen Tel. (02 11) 63 52 59, www.duesseldorfer-stadtfuehrung.de.

Sommersitz im Grünen

SCHLOSS UND PARK BENRATH

Düsseldorf, Nordrhein-Westfalen

Kurfürst Carl Theodor (1724–99) ließ sich 1755 von Nicolas de Pigage diese Sommerresidenz errichten, zweifellos eins der anmutigsten Gartenschlösser seiner Zeit. Zwei Kavaliersbauten umrahmen einen Weiher mit Fontäne, der dem erhöht gelegenen Mittelbau vorgelagert ist. Darin befindet sich das Museum Corps de Logis, in dem man bei einem geführten Rundgang in Filzpantoffeln nachvollziehen kann, wie dieser Sommersitz im Grünen früher genutzt wurde.

Auf der Ostseite des Schlossparks entstand ein französischer Garten mit Wasserspielen, der Westteil ist im Stil eines englischen Gartens gehalten. Der Kräutergarten gibt Einblick in das Kräuter- und Gemüsesortiment der ehemaligen Schlossküche. Im westlichen Schlossflügel ist heute das Museum für Naturkunde untergebracht, das schwerpunktmäßig die Naturgeschichte vom Rhein bis zum Bergischen Land und von der Wupper bis zur Ruhr dokumentiert. Der Ostflügel wurde 2002 anlässlich der EUROGA saniert und beherbergt seitdem das Museum für Europäische Gartenkunst.

INFO: Im südlichen Stadtteil Benrath gelegen. **INFO SCHLOSS UND PARK BENRATH:** Benrather Schlossallee 100–106, 40597 Düsseldorf, Tel. (02 11) 892 19 03, www.schloss-benrath.de, Öffnungszeiten Di–So 11–17, April–Okt. Sa/So bis 18 Uhr, Eintritt Schloss und alle Museen € 14, Kinder € 4.

Architektonisches Juwel im Süden Düsseldorfs: Schloss Benrath.

»Ein-Blick« ins Revier

LANDSCHAFTSPARK DUISBURG-NORD

Duisburg, Nordrhein-Westfalen

Wo noch vor wenigen Jahrzehnten Hochöfen qualmten, kommen jetzt Kletterer, Taucher und Kulturbegeisterte auf ihre Kosten. Der Landschaftspark Duisburg-Nord ist auf dem besten Weg, den Kölner Dom von seinem Beliebtheitssockel zu stürzen, und rangiert auf der Skala der populärsten Ziele für Touristen in NRW vor dem Drachenfels und dem Kahlen Asten. Dass die stillgelegte Hütte einmal solch ein Anziehungspunkt werden würde, hatte 1985, als der rauchende Koloss seinen letzten Atemzug tat, niemand zu hoffen gewagt. Im Gegenteil: Die Industrieanlagen auf dem über 200 Hektar großen Gelände im Duisburger Norden sollten abgerissen werden. Engagierte Bürger setzten sich dafür ein, dass zwischen 1990 und 1999 ein ebenso ungewöhnlicher wie vielseitiger Landschaftspark entstand.

Das Nutzungskonzept des ehemaligen Hüttenwerks überzeugt. Die Anlage ist auf dem industriegeschichtlichen Rundweg komplett zu begehen, die Kombination aus Stahlkonstruktionen und teilweise historischen Backsteinhallen ist sehenswert. Wo früher bei gut 2000 Grad Celsius Eisen gewonnen wurde, kann man heute einen Blick in das Innere des gigantischen Hochofens Nummer fünf werfen und danach von der Plattform in 70 Metern Höhe die Aussicht genießen. Die ehemaligen Erzbunker dienen heute als Klettergarten. Wem der Sinn eher nach Abkühlung steht, der kann im Gasometer abtauchen, denn der riesige Gasbehälter wurde in ein modernes Tauchzentrum umfunktioniert. In einer der Gießhallen wartet außerdem ein Hochseilgarten.

Ein Großteil der Hallen dient heute als außergewöhnlicher Veranstaltungsort: Empfänge, Messen oder Konzerte finden hier statt. Viele Familien nutzen das Gelände als riesigen Freizeitpark. Für Kinder gibt es einen Spielplatz mit Riesenröhrenrutsche durch zwei Erzbunker, eine offene Halle für Skater und Mountainbiker und einen Lehr- und Lernbauernhof.

Landschaftspark Duisburg-Nord: Lichtinstallation des Künstlers Jonathan Park.

Neben den offensichtlichen Zeichen der industriellen Hochkultur hat sich auch die Natur ihr Terrain zurückerobert. Schätzungen zufolge haben sich hier an die 300 Pflanzen- und 60 Vogelarten neu angesiedelt. An Wochenenden und Feiertagen lohnt es sich, abends einen Blick auf die Anlagen zu werfen, denn dann erscheinen die Öfen und Türme durch künstlerische Lichtinstallationen in eine spektakuläre Farbwelt getaucht.

INFO: In Stadtteil Meiderich, ca. 8 km nördlich des Duisburger Zentrums gelegen. **INFO LANDSCHAFTSPARK DUISBURG-NORD:** Besucherzentrum, Tour de Ruhr, Emscherstr. 71, 47137 Duisburg, Tel. (02 03) 429 19 19, www.landschaftspark.de, Öffnungszeiten Besucherzentrum Mo–Fr 9–18, Sa/So/Fei 11–18 Uhr, Park ganzjährig rund um die Uhr, Eintritt frei, Führungen über Besucherzentrum.

Moderne Kunst am Hafen

MKM – Museum Küppersmühle

Duisburg, Nordrhein-Westfalen

Ein inspirierender Raum für herausragende deutsche Kunst ist diese ehemalige Mühle am Duisburger Hafen: Auf einer Ausstellungsfläche von rund 2500 Quadratmetern auf drei Etagen werden wegweisende Werke u. a. von Joseph Beuys, Hanne Darboven, Candida Höfer, Rebecca Horn, Jörg Immendorff, Anselm Kiefer, Imi Knoebel, Markus Lüpertz, A. R. Penck, Sigmar Polke und Gerhard Richter gezeigt. Sonderausstellungen widmen sich einzelnen Künstlern oder Kunstbewegungen, die nicht immer Teil der Sammlung sind. Eine so umfangreiche Schau deutscher Nachkriegskunst gibt es selten zu sehen.

Die Highlights der Sammlung Ströher sind ein Magnet, aber auch die Industriearchitektur an sich ist einen Besuch wert. Räume mit bis zu sechs Meter hohen weißen Wänden und Böden aus grauem türkischen Basalt schaffen eine einmalige Atmosphäre. Ein Glanzlicht ist auch das angebaute moderne Treppenhaus, das faszinierende Perspektiven eröffnet.

Lange galt der Mühlenbetrieb (Baujahr 1908) mit seinen für damalige Verhältnisse riesigen Ausmaßen als »Brotkorb des Ruhrgebiets«. 1969 fusionierte das Unternehmen mit den Homberger Küpperswerken, die der Mühle und dem Museum ihren Namen gaben. Doch schon 1972 gingen im Mühlenbetrieb für immer die Lichter aus. Nach 25-jährigem Leerstand wurde 1997 bis 1999 aus dem Industriebau mit historischer Backsteinfassade ein Kunstmuseum, dem das bekannte Basler Architektenbüro Herzog & de Meuron ein Gesicht gab. Seither ist der Duisburger Hafen wieder ein attraktiver Ort zum Verweilen. Vor dem Museum liegt ein U-Boot vor Anker, das ebenfalls als Kunstraum genutzt wird. »Ich kann weil ich will was ich muss« nennt sich eine Bildcollage des Künstlers Andreas M. Kaufmann und des Kunsthistorikers Hans Ulrich Reck im Inneren.

In der Küppersmühle selbst ist ein Erweiterungsbau entstanden: Damit stehen der renommierten Sammlung von Sylvia und Ulrich Ströher, die mit der Sammlung von Hans Grothe fusionierte und seither insgesamt 1500 Werke umfasst, zusätzliche 2500 Quadratmeter Ausstellungsfläche zur Verfügung.

Info: Im Innenhafen von Duisburg gelegen. **Info Museum Küppersmühle:** Philosophenweg 55, 47051 Duisburg, Tel. (0203) 30 19 48 11, www.museum-kueppersmuehle.de, Öffnungszeiten Mi 14–18, Do–So/Fei 11–18 Uhr, Eintritt € 9, ermäßigt € 4,50, Do für Duisburger frei.

Installationsansicht im MKM: A.R. Penck (l.), Markus Lüpertz (r.)

Von der Steinzeit bis zur Gegenwart

Museum der Deutschen Binnenschifffahrt

Duisburg, Nordrhein-Westfalen

Die Binnenschifffahrt ist ein uraltes Gewerbe. Seit Jahrtausenden werden Flüsse genutzt, um auf ihnen Menschen und Waren mit Flößen oder Booten zu befördern. Auf dem 7500 Kilometer langen Netz der Binnenwasserstraßen in Deutschland hat der Frachtverkehr ein beachtliches Verkehrsaufkommen. Zwar geht der Transport hier sehr langsam vonstatten, ist dafür aber umweltfreundlich, kostengünstig und meistens frei von Staus. Der steigende Konkurrenzdruck macht den Binnenschiffern allerdings zunehmend das Leben schwer.

Man muss kein ausgesprochener Fan der Binnenschifffahrt sein, um das Museum in Duisburg zu besuchen. Die Ausstellung in einem ehemaligen Jugendstil-Hallenbad reicht von der Steinzeit bis zur Gegenwart. Sie ist so interessant aufbereitet, dass vor allem Familien mit Kindern viel Spaß beim Rundgang haben. Auf drei Etagen wartet ein multimediales Erlebnis mit vielen Modellen und Ausstellungsstücken zum Anfassen. Ein Highlight ist dabei der Lastensegler »Goede Verwachting« aus dem Jahr 1913. In der ehemaligen Herrenschwimmhalle, direkt am Rhein gelegen, ist er unter vollen Segeln zu bewundern. In der Damenschwimmhalle vermittelt dagegen der begehbare Nachbau eines Binnenschiffs einen plastischen Eindruck vom Leben an Bord.

Wem das noch nicht reicht, der kann die »Oscar Huber« besichtigen: einen alten Radschleppdampfer, der wenige Fußminuten entfernt an der Schifferbörse vor Anker liegt. Direkt neben einer weiteren Sehenswürdigkeit: »Ein Schiff, das keines ist«, heißt es auf der Website des Museums. Besichtigt werden kann der Eimerkettendampfbagger »Minden«, der bis in die 1970er Jahre die Fahrrinne der Weser zwischen Stolzenau und Hameln bearbeitete. Außerdem lockt eine Hafenrundfahrt durch den größten Binnenhafen Europas.

Ausstellungsraum im Museum der Deutschen Binnenschifffahrt in Duisburg.

Info: Im Duisburger Stadtteil Ruhrort gelegen. **Info Museum der Deutschen Binnenschifffahrt:** Apostelstr. 84, 47119 Duisburg, Tel. (02 03) 808 89 40, www.binnenschifffahrtsmuseum.de, Öffnungszeiten Di–So 10–17 Uhr, Museumsschiffe Okt.–März geschl., Eintritt Museum € 4,50, ermäßigt € 2, Schiffe € 3/1,50, Kombiticket € 6,50/3.

Auf und Ab im Ruhrgebiet

Tiger And Turtle – Magic Mountain

Duisburg, Nordrhein-Westfalen

Auf der Heinrich-Hildebrand-Höhe im Duisburger Süden ragt seit 2011 ein seltsames Gebilde in den Himmel: Mitten in einem Industriegebiet in unmittelbarer Nachbarschaft der Hüttenwerke Krupp Mannesmann scheint eine Achterbahn ihr Zuhause gefunden zu haben! Doch es fehlen die Wagen und auch weiteres Kirmestreiben sucht man vergebens. Des Rätsels Lösung: Bei dem spiralförmigen, rund 20 Meter hohen Objekt handelt es sich um ein Kunstwerk, das wie eine Achterbahn aussieht, aber keine ist. Auf einer Grundfläche von 40 mal 41 Metern errichtete das Künstlerduo Heike Mutter und Ulrich Genth einen vielfach verschlungenen, auf und ab führenden Treppenweg, der jedoch zu Beginn eines nicht begehbaren Loopings abrupt abbricht, sodass der Besucher umkehren und zum Ausgangspunkt zurückkehren muss.

Skulptur »Tiger & Turtle – Magic Mountain« im Duisburger Angerpark.

Die Großskulptur wurde 2010 in Auftrag gegeben, als das Ruhrgebiet Kulturhauptstadt Europas war. Der Bezug zum Standort ist für die Künstler klar: Auch wenn sich das Kunstwerk einer eindeutigen Interpretation entziehe, so stehe es doch symbolisch für den Gegensatz zwischen Geschwindigkeit und Stillstand und für eine Ruhrregion im Umbruch. Der »Logik des ewigen Wachstums« stellen die Künstler eine »absurd-widersprüchliche Struktur« entgegen, die das an eine Achterbahn geknüpfte Versprechen bewusst nicht einlöst. »Tiger and Turtle« – der Titel ist Programm: Der vorpreschende Tiger und die langsame Schildkröte verkörpern die Gegensätze und Widersprüche, um die es den Urhebern geht.

Ob alle Besucher diese Sichtweise teilen, ist nicht bekannt, doch fest steht, dass sich das Kunstwerk, das nachts von 880 LED-Leuchten erhellt wird, zu einem beliebten Ausflugsziel entwickelt hat. Zahllose Menschen wandeln Jahr für Jahr die 349 Stufen hinauf und hinunter, posieren für Fotos und genießen vom höchsten begehbaren Punkt aus einen grandiosen Blick über den Rhein bis nach Düsseldorf.

Info: In Duisburg-Angerhausen gelegen. **Info Tiger And Turtle – Magic Mountain:** Ehringer Str. 117, 47249 Duisburg, Tel. (02 03) 28 54 40, www.tigerandturtle.duisburg.de.

Weltbekannte Skulpturen

Wilhelm Lehmbruck Museum

Duisburg, Nordrhein-Westfalen

Die Skulptur »Die Knieende«, von den Nationalsozialisten als entartet gebrandmarkt, galt der übrigen Welt als Symbol für die freie Kunst Europas. Heute ist ein Gipsguss dieses Meisterwerks im Duisburger Museum ausgestellt, ein Bronzeguss steht im Depot. Der Bildhauer Wilhelm Lehmbruck schuf die erste Ausführung der Figur im Jahr 1911.

Dem künstlerischen Vermächtnis Lehmbrucks, dessen Werk zu den großen Leistungen des 20. Jahrhunderts zählt, hat sein Sohn ein eigenes Gebäude gewidmet und dafür eine den Kunstwerken korrespondierende Architektur entworfen. Geschwungene Wände ummanteln Skulpturen, die unter Lichtkuppeln dem Wechsel des Tageslichts ausgesetzt sind. Auf mehreren räumlichen Ebenen lässt sich der künstlerische Werdegang und Arbeitsprozess Lehmbrucks eindrucksvoll nachvollziehen.

Das seit dem Jahr 2000 als Stiftung geführte Institut ist aus dem 1902 gegründeten Museumsverein und dem 1931 konstituierten städtischen Kunstmuseum hervorgegangen. Es zeichnet sich durch eine in Europa einzigartige Sammlung internationaler Skulptur der Moderne aus. Auf 5000 Quadratmetern Innenfläche sowie in dem das Museum umgebenden Kantpark findet der Besucher nicht nur das Lebenswerk von Wilhelm Lehmbruck, sondern erfährt auch viel über die Kunst – speziell die Bildhauerei – seit Lehmbruck, sogar bis zur Gegenwart. Zu sehen sind Plastiken nationaler und internationaler Künstler, darunter Joseph Beuys, Käthe Kollwitz, Pablo Picasso, Max Ernst und Salvador Dalí.

Die Statue »Die Kniende« (1911) von Wilhelm Lehmbruck im Lehmbruck Museum.

Daneben verfügt das Museum über eine Sammlung deutscher Malerei des späten 19. und 20. Jahrhunderts, u. a. Gemälde der Brücke-Künstler Ernst Ludwig Kirchner, Erich Heckel, Karl Schmidt-Rottluff, Max Pechstein und Otto Mueller sowie Werke von August Macke, Emil Nolde, Christian Rohlfs und Johannes Molzahn als weitere Vertreter des Expressionismus. Hinzu kommen Gemälde der Bauhaus-Schule (Max Beckmann, Ernst Wilhelm Nay), Tausende Fotografien und Druckgrafiken.

Info: Im Zentrum von Duisburg gelegen. **Info Stiftung Wilhelm Lehmbruck Museum:** Friedrich-Wilhelm-Str. 40, 47051 Duisburg, Tel. (0203) 283 32 94, www.lehmbruckmuseum.de, Öffnungszeiten Di–Fr 12–17, Sa/So 11–17 Uhr, Eintritt € 9, ermäßigt € 5.

Engels hatte den zündenden Funken

Rheinisches Industriemuseum

Engelskirchen, Nordrhein-Westfalen

Ein Druck auf den Schalter und das Licht geht an – heutzutage nichts Besonderes. Vor 150 Jahren war das ein Wunder! Am Schauplatz Engelskirchen zeigt das Rheinische Industriemuseum, wie es im dunklen Aggertal 1903 hell wurde. In der ehemaligen Baumwollspinnerei Ermen & Engels mit firmeneigenem Kraftwerk geht den Besuchern nach einem Rundgang ein Licht auf.

Die Turbinen des Wasserkraftwerks, angetrieben vom rauschenden Wasser, brachten nicht nur die Spinnmaschinen in Schwung, sondern versorgten auch das Umland mit Elektrizität. Beides – Fabrik und Kraftwerk – gehörten dem Vater des berühmten Sozialisten Friedrich Engels. »Der Engels macht den Strom«, sagten damals die Leute und staunten darüber, wie hell es plötzlich in der Nacht wurde.

Auf den Spuren der Stromgewinnung klettern die Besucher hinab in die Keller unter die Fabrik. Dort steht das alte Kraftwerk mit seinen mächtigen Turbinen, Schwungrädern und Generatoren. Besucher erleben die Arbeit an einer ohrenbetäubend laut ratternden elektrischen Spinnmaschine. Auch bei Kindern springt der Funke über, wenn sie eine der geheimnisvollen Schatzkisten auf dem Museumsgelände öffnen.

Außenansicht des Kraftwerks Ermen & Engels in Engelskirchen.

Wie der Strom die Arbeit in Büro und Haushalt verändert hat, zeigen verschiedene kleine Ausstellungen. Zu sehen sind z. B. der erste Computer der Firma Ermen & Engels, eine elektrische Waschmaschine aus den 1930er Jahren und ein Kühlschrank mit Cola-Flaschen aus den 1950er Jahren.

Alle, die wissen wollen, wie vor der Nutzung des elektrischen Stroms gearbeitet wurde, folgen der Spur des Wassers zum Oelchenshammer an der Leppe – einem der letzten mit Wasser angetriebenen Schmiedehämmer der Region. Hier rauscht das Wasser auf die Räder.

Von April bis Oktober können die Besucher an vielen Sonntagen dem Museumsschmied bei der Arbeit zusehen.

In einem Seitental der Agger am Waldrand nahe der Leppe gelegen, zieht der Oelchenshammer auch Heiratswillige an. Das Standesamt Engelskirchen vollzieht in dieser Idylle Trauungen. Auch für andere Veranstaltungen steht der Ort zur Verfügung.

Info: Engelskirchen liegt ca. 50 km östlich von Köln. **Info Rheinisches Industriemuseum:** Engels-Platz 2, 51766 Engelskirchen, Tel. (022 34) 99 21-555, www.industriemuseum.lvr.de, Öffnungszeiten April–Okt. Di–Fr 10–17, Sa/So 11–18 Uhr, Oelchenshammer April–Okt. So 14–18 Uhr, Eintritt Museum € 6, ermäßigt € 5,50, Oelchenshammer € 3, ermäßigt € 2,50.

Monumentalbau der Romanik

ABTEIKIRCHE ST. LUDGERUS

Essen, Nordrhein-Westfalen

Monumentalbau im spätromanischen Stil: Auf den Grundmauern der im Jahr 800 von Friesen-Missionar Liudger gegründeten und anschließend mehrfach veränderten Abteikirche entstand im 13. Jahrhundert die Werdener Basilika. Man geht heute davon aus, dass der zuvor frühromanische Bau ab 1230 im spätromanischen Stil umgestaltet wurde. Nach den Zerstörungen durch einen Brand im Jahr 1256 wurde die Kirche mit gotischen Kreuzrippengewölben und einem Maßwerkfenster im Westen wiederhergestellt.

Die Kirche besitzt einen barocken Hochaltar und Gemälde des Werdener Malers Theodor Mintrop (1814–70). Die innere Krypta unter dem Hochaltar, die auf die Mitte des 9. Jahrhunderts zurückgeht, birgt in einem neuromanischen Schrein die Gebeine des 809 verstorbenen Liudger. Dieser war damals der erste Bischof von Münster, hatte aber verfügt, unter einem Baum hinter dem Chor der Werdener Kirche begraben zu werden. Die Stelle, die schnell zum Ziel zahlreicher Pilger wurde, ist auch heute noch gekennzeichnet.

Die nach der Säkularisation als Pfarrkirche genutzte Abteikirche wurde 1993 zur päpstlichen Basilica minor erhoben. Die Schatzkammer des Gotteshauses beherbergt bedeutende mittelalterliche Kirchenschätze.

Die im 18. Jahrhundert errichteten angrenzenden Abteigebäude sind heute Domizil der Folkwang-Hochschule. Der Haupttrakt ist durch einen monumental gegliederten Mittelrisalit ausgezeichnet. Die Barockarchitektur wird in ihrer Ornamentik durch Rokokoformen bestimmt. Im 19. Jahrhundert erfuhr die Abtei vielfältige Umnutzungen und bauliche Veränderungen. Schon 1803 wurde die Meierei an Tuchfabrikanten vermietet. Ebenfalls aus dieser Zeit hat sich das anschließende Garten- und Gewächshaus erhalten. 1897 wurde die Meierei um das parallel dazu errichtete sogenannte Tuchlager erweitert.

Monumentalbau im spätromanischen Stil: Abteikirche St. Ludgerus.

INFO: Im Stadtteil Werden ca. 10 km südlich vom Stadtzentrum Essen gelegen. **INFO ABTEIKIRCHE ST. LUDGERUS:** Brückstr. 77, 45239 Essen-Werden, Tel. (02 01) 490 05-0, Schatzkammer Tel. (02 01) 49 18 01 www.st-ludgerus.net, www.schatzkammer-werden.de, Öffnungszeiten Schatzkammer Di–So 10–12 und 15–17 Uhr, Eintritt € 3, ermäßigt € 2.

Einfach treiben lassen

Baldeneysee

Essen, Nordrhein-Westfalen

Langsam gleitet das kleine Haustretboot vorbei an den bewaldeten Hügeln des Baldeneysees. Vater und Sohn strampeln. Mama und Tochter ruhen sich auf dem Deck aus. Der acht Kilometer lange Ruhrstausee und seine Ufer sind ein Freizeitparadies für Tretbootfahrer, Segler, Windsurfer, Ruderer, Kanuten, Spaziergänger, Inlineskater und Radfahrer.

Nicht zuletzt wegen seiner idyllischen Lage im Süden Essens ist der Baldeneysee zu einem Treffpunkt im Ruhrgebiet geworden. Um den See herum haben sich mehr als 30 Segelvereine niedergelassen. Zahlreiche Bootsstege säumen das Ufer. Einmal im Jahr trifft sich die Elite hier zur Essener Woche, Deutschlands größter Binnensee-Regatta.

Wer nicht selbst rudern oder segeln will, kann die bewaldeten Hänge des Ruhrufers von Bord der Weißen Flotte aus kennenlernen. Einer der Haltepunkte der Schiffe auf ihrer Rundtour liegt unterhalb der Villa Hügel. Die ehemalige Residenz der Familie Krupp zeigt heute wechselnde Kunstausstellungen. Auch Fahrten durch das Ruhrtal und zu den Schleusen bietet die Weiße Flotte an.

Wer lieber auf seine eigene Muskelkraft setzt, kann bei der Grünen Flotte auf dem Mülheimer Wikingerschiff anheuern. Auf dem zwölf Meter langen Ruderboot haben 14 Personen Platz. Ebenfalls etwas Besonderes ist eine Fahrt auf einem Hausboot auf der Ruhr. Sie werden mit Tretkraft angetrieben und man kann darauf auch übernachten.

Der Baldeneysee wurde 1931 als Wasserreservoir und zur Klärung des Ruhrwassers aufgestaut. Die Fuß- und Radwege rund um den See haben eine Länge von etwa 14 Kilometern, mit Biergärten, Restaurants und Cafés am Ufer. Urlaubsgefühle werden im ehemaligen Licht- und Luftbad Baldeney geweckt. Das frühere Schwimmbad wurde in den 1980er Jahren zu einer Beach-Volleyball-Anlage umgebaut. Der Seaside Beach hat heute nicht nur einen 250 Meter langen und 35 Meter breiten Sandstrand, sondern bietet auch Palmen, Bambushütten und Cocktailbars. Man kann schwimmen. Neben den fünf Beach-Volleyball-Feldern gibt es weitere Sportmöglichkeiten.

Info: Im Süden Essens gelegen. **Info Baldeneysee:** www.baldeneysee.de, www.seaside-beach.de. **Info Weisse Flotte:** Hardenbergufer 379, 45239 Essen, Tel. (02 01) 185 79 90, https://baldeneysee.com, Fahrten Mai–Anfang Okt. **Info Grüne Flotte:** Hafenstr. 15, 45478 Mülheim an der Ruhr, Tel. (02 08) 74 04 98 75, www.gruene-flotte.de, Fahrten Mai–Mitte Okt. **Reisezeit:** Ende April–Anfang Okt.

Passagierverkehr auf dem Baldeneysee in Essen.

Ein 1000 Jahre alter Schatz

Essener Dom und die Goldene Madonna

Essen, Nordrhein-Westfalen

Ihr Blick ist verträumt und gedankenverloren. »Essen sein Schatz«, die Goldene Madonna, ist die älteste vollplastisch erhaltene Marienfigur der Welt. Und der Essener Dom kann mit weiteren Highlights aus der ottonischen Zeit aufwarten: einem 1000 Jahre alten monumentalen, siebenarmigen Leuchter, dem Schwert Ottos des Großen und der Kinderkrone Kaiser Ottos III. Die 74 Zentimeter hohe Madonna aus mit Gold beschlagenem Pappelholz wurde um 900 von der Essener Äbtissin Mathilde II., einer Enkelin Kaiser Ottos I., gestiftet: Maria als Himmelskönigin, die die Macht über den Erdkreis für ihren Sohn hält.

Ursprünglich wurde die Figur bei Prozessionen mitgeführt. Zwischendurch lag sie jahrhundertelang abgeschoben im Depot und im Zweiten Weltkrieg war sie im Erzstollen versteckt. Nach dem Krieg wurde die Goldene Madonna im Dom besonders geschützt: Sie stand in einem Fahrstuhl, der bei einem Diebstahlversuch automatisch in den Keller gefahren und dort in einem Tresor angekommen wäre.

Inzwischen hat man sich etwas anderes überlegt – denn bei einem Brand wäre die Madonna in ihrem stählernen Sarg wohl verloren gewesen. Heute residiert die Skulptur am Ende des nördlichen Seitenschiffs und ist aus nur wenigen Metern Entfernung zu betrachten.

Wem die Fußgängerzone Kettwiger Straße zu hektisch wird, der findet im Dom ein ruhiges Plätzchen. Seine Ursprünge reichen ebenfalls bis ins 9. Jahrhundert zurück, als der sächsische Adelige Altfrid, später Bischof von Hildesheim, ein Frauenstift gründete. Charakteristisch ist der achteckige Turm der Basilika. Seit Ende der 1960er Jahre ist die Kathedrale Sitz des Ruhrbischofs.

Kreuzgang des Essener Doms.

Dem eigentlichen Münster vorgelagert ist die gotische Hallenkirche St. Johann Baptist, die heute als Anbetungs- und katholische Pfarrkirche dient. Kunsthistorisch bedeutsam sind die beiden Altartafeln von Bartholomäus Bruyn dem Älteren.

Info: Im Zentrum von Essen gelegen. **Info Essener Dom:** Burgplatz 2, 45127 Essen, Tel. (02 01) 220 44 12, www.dom-essen.de, Öffnungszeiten Mo–Fr 6.30–18.30, (Mo, Fr 8–10 Uhr für Reinigung geschl.), Sa/So 9–19.30 Uhr.

Im größten Kinosaal Deutschlands

Lichtburg

Essen, Nordrhein-Westfalen

Ein großer Neonröhrenstern, der über dem Kassenhäuschen schwebt. Naturstein und Messingleuchten im Foyer. Und hinter den schweren, doppelflügeligen Holztüren ein gigantischer Kinosaal. Mit 1250 Sitzplätzen in plüschigem Rot wurde die Lichtburg Essen, größter (und, wie viele sagen, auch schönster) Kinosaal in Deutschland, nach langer Renovierung im März 2003 neu eröffnet. »Wir haben uns der Architektur der 1950er Jahre erfolgreich wieder angenähert«, lautete damals das knappe Fazit der Geschäftsführerin Marianne Menzes.

Doch die Anstrengungen hatten sich gelohnt, das Ergebnis der rund sieben Millionen Euro teuren Arbeiten konnte sich sehen lassen. Neben dem Sabu, einem kleineren Kinosaal, dem Blauen Salon, der auch für Lesungen und andere Kulturveranstaltungen zur Verfügung steht, ist der denkmalgeschützte große Saal das herausragende Glanzstück des Komplexes. Besonderer Clou: Durch die ausgeklügelte Aufrolltechnik der Leinwand kann die Bühne auch für Theater- und Musikveranstaltungen genutzt werden.

Besitzt den größten Kinosaal Deutschlands: das Essener Kino Lichtburg.

Das Kino, 1928 eröffnet, dann im Krieg durch alliierte Bombenangriffe zerstört, erlebte nach seiner Wiedereröffnung 1950 seine größte und erfolgreichste Zeit als das deutsche Premierenkino. Leinwandstars wie Romy Schneider, Heinz Rühmann, Marika Rökk, Hildegard Knef, Buster Keaton, Jean Marais und Zarah Leander gaben sich bei Premieren die Ehre und selbst Gary Cooper reiste 1953 zum Deutschland-Start von »12 Uhr mittags« nach Essen. Bei Konzerten sind (neben vielen anderen) Louis Armstrong, Count Basie und Juliette Greco aufgetreten.

Mit dem Aufkommen des Fernsehens Mitte der 1960er Jahre gerieten alle Kinos in Deutschland in Schwierigkeiten. Die Lichtburg konnte sich aufgrund ihrer Größe bis in die 1980er Jahre jedoch noch gut halten. 1991 öffnete, ebenfalls in Essen, das größte Multiplex-Kino Deutschlands, das CinemaxX. Danach brachen dann auch die Besucherzahlen der (damals als technisch veraltet geltenden) Lichtburg massiv ein.

Seit Mitte der 1990er Jahre war das Kino wiederholt von der Schließung bedroht. Der Komplex, in dem sich die Lichtburg befindet, war zudem stark renovierungsbedürftig. Nur der Protest der Essener Bürgerschaft und von Prominenten wie Wim Wenders und Wolfgang Niedecken führte dann dazu, dass die Lichtburg als Kino erhalten blieb.

Info: Im Zentrum von Essen gelegen. **Info Lichtburg:** Kettwiger Str. 36, 45127 Essen, Tel. (02 01) 23 10 23, www.lichtburg-essen.de, Programm und Preise auf Anfrage.

Kunsttempel an der Ruhr

Museum Folkwang

Essen, Nordrhein-Westfalen

Alles begann mit Renoirs »Lise mit dem Sonnenschirm«. Mit diesem Gemälde legte der Hagener Bankierssohn Karl Ernst Osthaus 1901 den Grundstein für seine Sammlung moderner Kunst. Im Jahr darauf stiftete

Ständige Ausstellung im Museum Folkwang.

er in seiner Heimatstadt das Museum Folkwang und damit das erste deutsche Museum, das den damals aktuellen Kunstströmungen in Deutschland und Frankreich gewidmet sein sollte. Als Osthaus im Jahr 1921 starb, verkauften die Erben seine Sammlung nach Essen, wo sie mit den Beständen des dortigen Kunstmuseums vereinigt wurden. Der Name Museum Folkwang blieb erhalten.

Heute gilt das Haus mit Fug und Recht als eines der bedeutendsten Kunstmuseen der Bundesrepublik. Vom Klassizismus und der deutschen Romantik, von den Impressionisten und den Wegbegleitern der Moderne bis hin zu den Kubisten, den Expressionisten und den Künstlern der Abstraktion und des Art Informel reicht das Spektrum dieser hochkarätigen Sammlung.

Kaum ein prominenter Name fehlt unter den hier gezeigten Künstlern: Gemälde von Caspar David Friedrich, Arnold Böcklin und Paul Cézanne sind ebenso vertreten wie Werke von Auguste Rodin, Vincent van Gogh, Paul Gauguin, Salvador Dalí und Andy Warhol. Doch auch Fotografien, Grafiken, archäologische und kunstgewerbliche Objekte sowie sage und schreibe 350 000 Plakate gehören zu den Schätzen des Hauses. Da wird schnell mal der Platz knapp.

Um mehr Ausstellungsfläche zu gewinnen, erhielt das Museum 2010 einen von Stararchitekt David Chipperfield entworfenen gläsernen Anbau, der aus Mitteln der Alfried Krupp von Bohlen und Halbach-Stiftung finanziert wurde. Ein Tempel moderner Kunst mitten im Pott, das ist das Museum Folkwang. Für Ihren Besuch sollten Sie ein wenig mehr Zeit einplanen – es lohnt sich!

Info: Im Essener Südviertel gelegen. **Info Museum Folkwang:** Museumsplatz 1, 45128 Essen, Tel. (02 01) 884 50 00, www.museum-folkwang.de, Öffnungszeiten Di/Mi, Sa/So 10–18, Do/Fr 10–20 Uhr, Eintritt ständige Sammlung frei.

Gedächtnis einer Industrieregion

Ruhr Museum

Essen, Nordrhein-Westfalen

Per Außenrolltreppe geht es 24 Meter in die Höhe: Hier befindet sich der Eingang zum Essener Ruhr Museum, in dem es um die Natur- und Kulturgeschichte des Ruhrgebiets, um erdgeschichtliche und biologische Phänomene, um die lange Geschichte der Industrialisierung sowie um den gegenwärtigen Strukturwandel in der Region geht. Auf drei Etagen wird anhand einer Vielzahl von Exponaten Wissen nachvollziehbar und im wahrsten Sinn des Wortes begreifbar gemacht. Dabei bezieht das Museum die räumlichen Gegebenheiten des Ausstellungsgebäudes, der ehemaligen Kohlenwäsche der Zeche Zollverein, bewusst mit ein. Seit 2010 hat das ehemalige Ruhrlandmuseum unter neuem Namen seinen Sitz mitten im UNESCO-Weltkulturerbe und präsentiert Industriegeschichte quasi direkt vor Ort.

Den Besucher erwartet ein vielschichtiges Panorama zu einem der wichtigsten Wirtschaftsräume Europas – von der Entstehung der Steinkohle über das vorindustrielle Zeitalter bis zu den verschiedenen Stadien des Kohleabbaus seit dem 18. Jahrhundert. Die nach neuesten museologischen Erkenntnissen entwickelte Dauerausstellung gliedert sich in die Teilbereiche Gegenwart, Gedächtnis und Geschichte und besticht durch ihr klares Konzept und ihre spannende Präsentation.

Egal ob es sich um den »Mythos Kohlenpott«, um Fossilienfunde, Abraumhalden oder den »Ruhrkampf« im Jahr 1920 handelt – jeder nur denkbare Aspekt, der mit der Region zwischen Duisburg und Dortmund zusammenhängt, kommt hier zur Sprache. Das Museum wird so zu einem Ort, an dem sich der Lebensraum Ruhrgebiet in umfassender und anschaulicher Weise erleben lässt. Besser geht's nicht!

Info: In Essen-Stoppenberg gelegen. **Info Ruhr Museum:** UNESCO-Welterbe Zollverein, Areal A (Schacht XII), Kohlenwäsche (A 14), Gelsenkirchener Str. 181, 45309 Essen, Tel. (02 01) 24 68 14 44, www.ruhrmuseum.de, Öffnungszeiten tägl. 10–18, Uhr, Eintritt € 8, ermäßigt € 5, unter 18 J. frei.

Ständige Ausstellung im Ruhr Museum.

Luxusherberge im Ruhrtal

SCHLOSSHOTEL HUGENPOET

Essen, Nordrhein-Westfalen

Der Baumberger Sandstein der Kamine aus dem späten 16. Jahrhundert, der Einfluss der niederländischen Spätrenaissance, das prächtige Treppenwerk aus feinstem schwarzen Marmor, die prachtvollen Figurenreliefs mit Szenen aus »Sodom und Gomorrha« oder vom Brand Trojas, die Böden aus den edelsten Eichenhölzern: Schon die Architekten der letzten Jahrhunderte erkannten die Magie dieses Orts. Die Harmonie der Materialien, gewachsen über Jahrhunderte und immer zeitgemäß ergänzt, macht den Aufenthalt im Schlosshotel »Hugenpoet« zu einem sinnlichen Erlebnis. Das Wasserschloss mit Graben, Vorburg und Brücken aus dem 17. Jahrhundert gehört zu den architektonischen Kostbarkeiten des Ruhrtals.

Das Schlosshotel Hugenpoet.

Mit seinen 37 Zimmern und Suiten und dem vielfach ausgezeichneten Restaurant »Hugenpöttchen« ist das Gebäude ein Fünfsternehotel mit Clubcharakter. Privat und überschaubar – und dabei keine 20 Fahrminuten von den Messestädten und vom Flughafen Düsseldorf entfernt. Das Schlossdomizil gehört heute zu den »Leading Small Hotels of the World«.

Es liegt inmitten seines eigenen idyllischen Schlossparks in den landschaftlich reizvollen Ruhrauen. Dort, wo in früheren Zeiten die Hugen (= Kröten) in ihrer Poet (= Pfütze) saßen und vielleicht darauf warteten, sich zum Froschkönig zu wandeln. Diese Namenstradition wird im Hotel augenzwinkernd gepflegt. Allerorten begegnet man kleinen Kröten: Am Revers des Hotelbesitzers, an der Krawattennadel des Barkeepers oder auf der Speisekarte der Restaurants. Es gäbe düstere Geschichten zu erzählen aus dem ersten Leben des Schlosses zwischen spätem Mittelalter und dem Dreißigjährigen Krieg. Geschichten von Unruhen, Fehden, Brandschatzungen. Nur der Name der Bauherren und ersten Besitzer – die Herren von Nesselrode, genannt Hugenpoet – konnte sich bis in unsere Zeit hinüberretten.

Das Schloss wurde nach dem Dreißigjährigen Krieg komplett zerstört und 1647 von Johann Wilhelm von Nesselrode-Hugenpoet in seiner heutigen Form neu aufgebaut: mit seinen die Landschaft weithin beherrschenden barocken Türmen und der wappengezierten Fassade des Herrenhauses. Fast 200 Jahre später erwarb Freiherr Friedrich Leopold von Fürstenberg das stark verfallene Gebäude. Und dessen Nachfahren hatten 1955 auch die Idee zum Hotelbau. Mit großem finanziellen Einsatz wurde das Gebäude restauriert und über die Jahre zu einem der schönsten Schlosshotels Deutschlands ausgebaut.

INFO: Im südlichen Stadtteil Kettwig gelegen. **INFO SCHLOSSHOTEL HUGENPOET:** August-Thyssen-Str. 51, 45219 Essen, Tel. (020 54) 12 04-0, www.hugenpoet.de. Preise auf Anfrage.

Wohnkultur der Gründerzeit

Villa Hügel

Essen, Nordrhein-Westfalen

Der Chronometer im Portierzimmer der Villa Hügel zeigt 9 Uhr. Sofort wird diese Zeit allen Morsestationen der Kruppschen Gussstahlfabrik telegrafiert. Eigens damit betraute Angestellte überprüfen daraufhin die Turm-, Büro- und Werkstattuhren und korrigieren, wenn nötig, die Zeiger. Denn Alfred Krupp hatte feststellen müssen, dass die Uhren seines Werkes eine »grauenhafte Differenz« aufwiesen. Am 14. Dezember 1872 macht er daher seine Villa kurzerhand zur zentralen Messstation des Unternehmens. Er erwägt sogar, sämtliche Turmuhren Essens nach seinem Chronometer stellen zu lassen, damit die Arbeiter auch pünktlich zur Schicht erscheinen.

Villa Hügel, Wohnsitz der Industriellenfamilie Krupp in Essen.

Es lassen sich viele Episoden wie diese aus dem Leben Alfred Krupps erzählen, der aus der 1811 gegründeten Fabrik seines Vaters Friedrich einen Weltkonzern machte. Um die Villa Hügel exakt nach seinen Plänen bauen zu lassen, verschliss er sieben Architekten. 1873 fertiggestellt, diente das Gebäude gut sieben Jahrzehnte lang drei Generationen als Wohn- und Repräsentationshaus.

Seit 1953 finden hier regelmäßig große Kunstausstellungen von internationalem Rang statt. Neben der Präsentation bedeutender Werke Alter Meister sind es die großen kulturhistorischen Projekte, die das Publikum in ihren Bann ziehen. Beispielsweise gab es schon viel beachtete Ausstellungen zu den Themen »Barock in Dresden«, »Prag um 1600«, »Das Flämische Stillleben 1550–1680« und »London 1800–1840«. Einen Schwerpunkt bildet auch die Kunst und Kultur Zentral- und Ostasiens (z. B. »Korea – Die alten Königreiche«, »Das alte China« oder »Tibet – Klöster öffnen ihre Schatzkammern«).

Das Hauptgebäude mit den Wohnräumen kann als herausragendes Beispiel der Wohnkultur der Gründerzeit besichtigt werden. Im Nebengebäude ist das Krupp-Museum zur Firmengeschichte untergebracht.

Auch beim Park hatte Alfred Krupp ganz konkrete Vorstellungen: Er wünschte sich einen »Wald von Bäumen«, den er »noch zu Lebzeiten genießen« könne. Mit Setzlingen kommt man da bekanntlich nicht weit. So ließ Krupp Bäume, die schon einige Jahrzehnte in den Ästen hatten, in seinen Park versetzen. Spätere Krupp-Generationen ergänzten Pflanzen und zum 150. Firmenjubiläum erhielt der Garten 1961 seine heutige Gestalt. Die Besucher können sich an einem englischen Landschaftsgarten mit majestätischen Baumriesen erfreuen.

Info: Im südlichen Stadtteil Bredeney am Baldeneysee gelegen. **Info Villa Hügel:** Kulturstiftung Ruhr, 45133 Essen-Bredeney, Tel. (0201) 616 29 17, www.villahuegel.de, Öffnungszeiten Hügel-Park tägl. 8–20 Uhr, Villa Hügel Di–So 10–18 Uhr, Eintritt Museum inkl. Park € 5, unter 14 J. frei.

Beliebtes Wassersportrevier:
der Baldeneysee.

Die »schönste Zeche der Welt«: das UNESCO-Welterbe Zollverein.

»Schwarzes Gold« im lebendigen Kulturdenkmal

Welterbe Zollverein

Essen, Nordrhein-Westfalen

Eine Welterbestätte mitten im Ruhrgebiet. Ein einzigartiger Ort im Essener Norden, schon immer eine Schönheit, heute das Symbol des Reviers schlechthin: Seit Dezember 2001 gehören die Zeche und die benachbarte Kokerei Zollverein zum Welterbe der UNESCO. Das Komitee würdigte das Gelände als ein repräsentatives Beispiel für die Entwicklung der Schwerindustrie in Europa. Von außergewöhnlichem Wert sei die vom Bauhausstil beeinflusste Architektur des Industriekomplexes, die über die Jahrzehnte für den modernen Industriebau beispielgebend war.

Die Schachtanlage XII der Zeche Zollverein wurde 1932 eröffnet. Fortan wurden täglich bis zu 12 000 Tonnen Kohle gefördert, in wirtschaftlichen Spitzenzeiten arbeiteten hier über 8000 Bergleute. Das 55 Meter hohe Doppelfördergerüst, heute optischer Mittelpunkt der Anlage und im Volksmund auch Eiffelturm des Ruhrgebiets genannt, thront über dem 1040 Meter tiefen Schacht und weist auf die Zentralisierung aller Arbeitsabläufe hin.

Von 1959 bis 1961 entstand die Kokerei Zollverein, die mit ihrer 600 Meter langen Koksofenbatterie und mit ihren 304 Öfen zu den modernsten Anlagen Europas zählte. 1986 wurde die Zeche stillgelegt und unter Denkmalschutz gestellt. Die Kokerei war noch bis 1993 aktiv.

Heute ist Zollverein ein fantasievoller Riese, randvoll gefüllt mit neuem Leben: Schon in den 1990er Jahren zogen zahlreiche Institutionen und Unternehmen aus den Bereichen Kunst, Design und Neue Medien in die restaurierten Gebäude. Das Red Dot Design Museum beispielsweise ist in dem von Sir Norman Foster umgebauten Kesselhaus angesiedelt. Im oberen Stockwerk der Lesebandhalle, wo einst Kohle und Gestein von den Bergleuten per Hand getrennt wurden, finden heute Konzerte statt. Das Untergeschoss, früher Durchfahrt für Güterwaggons, beherbergt Atelierräume für Künstler.

In der umgebauten ehemaligen Kohlenwäsche zeigt das Ruhr Museum ungewöhnliche und überraschende Revierexponate der letzten Jahrhunderte sowie wechselnde Sonderausstellungen. Auf dem Welterbegelände gibt es Restaurants, Cafés, ein öffentliches Werksschwimmbad, das während der Sommerferien in Nordrhein-Westfalen geöffnet ist, und im Winter eine Eislaufbahn. Es werden zahlreiche Führungen mit unterschiedlichen Schwerpunkten wie Architektur, Kunst oder Vergangenheit der Zeche angeboten.

Info: Im nordöstlichen Stadtteil Stoppenberg gelegen. **Info Zollverein:** Besucherzentrum Ruhr in der Kohlenwäsche, Gelsenkirchener Straße 181, 45309 Essen, Tel. (02 01) 24 68 10, www.zollverein.de, www.red-dot-design-museum.de, Öffnungszeiten Ruhr Museum täglich 10–18 Uhr, Eintritt € 8, ermäßigt € 5, Öffnungszeiten Red Dot Design Museum Di–So 11–18 Uhr, Eintritt € 6, ermäßigt € 4.

UNESCO-Weltkulturerbe Zeche Zollverein.

»Festspielhaus des deutschen Fußballs«

Veltins-Arena

Gelsenkirchen, Nordrhein-Westfalen

So ein Stadion hat die Welt noch nicht gesehen«, schwärmte FIFA-Präsident Joseph Blatter. Der europäische Fußballverband UEFA stufte die multifunktionale Spielstätte in seine höchste zu vergebende Kategorie als Fünfsternestadion ein: »Der Veranstaltungsort wird den Anforderungen mehr als gerecht und könnte sogar als Sechssternestadion bewertet werden.« Diese Lobeshymnen unterstreichen die unglaubliche Resonanz, die die Arena nach ihrer Eröffnung im August 2001 erfahren hat. Innerhalb kürzester Zeit etablierte sich das Stadion vom Fußball-Kultclub Schalke 04 als eine der modernsten Veranstaltungsstätten des Kontinents. Musikgrößen begeistern ihre Fans in der stimmungsvollsten Konzerthalle Europas, Aida und Carmen machten aus der Arena die weltweit größte Opernbühne.

Das Kerngeschäft ist natürlich der Fußball. 62 271 Zuschauer finden hier bei Ligapartien Platz. Bei internationalen Begegnungen sind es aufgrund der wegfallenden Stehplätze 54 740. Fünf Spiele der Fußballweltmeisterschaft 2006 haben auf Schalke stattgefunden.

Die Arena setzt Maßstäbe, und das in vielerlei Hinsicht: Sie war das erste Stadion in Deutschland, das komplett privatwirtschaftlich finanziert wurde. Für das 186-Millionen-Euro-Projekt wurde kein Cent an öffentlichen Geldern verwendet. Herausragend ist zudem ihre Technik: Die Zeiten, in denen Spiele wegen der Unbespielbarkeit des Platzes abgesagt werden mussten, gehören auf Schalke der Vergangenheit an. Das innerhalb von nur 30 Minuten verschließbare Dach ist eine der ganz großen Besonderheiten der Arena. Der ausfahrbare Rasen, die verschiebbare Südtribüne und der überdimensionale Videowürfel unter dem Dach sind weitere technische Highlights. Bei den Stadionführungen werden die Promenaden, Tribünen, das Rasenspielfeld, der Presseraum, die Kapelle, die Spielerkabine und der Business-Bereich besichtigt. Möglich ist auch der Besuch im Schalke-Museum am Treppenhaus zwölf der Osttribüne.

Info: Auf dem Berger Feld im Stadtteil Erle gelegen. **Info Veltins-Arena:** Arenaring 1, 45891 Gelsenkirchen, Tel. (018 06) 22 19 04, www.veltins-arena.de, Öffnungszeiten Schalke-Museum Di–So 10–17, März–Okt. Di–Fr bis 18 Uhr, Eintritt € 5, ermäßigt (6–21 J.) € 3, Führungszeiten auf Anfrage, Führungen pro Person € 9, ermäßigt (bis 21 J.) € 5.

Die Veltins-Arena in Gelsenkirchen.

Savanne im Pott

ZOOM ERLEBNISWELT

Gelsenkirchen, Nordrhein-Westfalen

Safari in Afrika, Regenwaldtour in Asien oder Alaska-Trekking – alles im Ruhrgebiet: Der zoologische Park ZOOM Erlebniswelt bietet eine ungeahnte Möglichkeit, Nashörnern, Schimpansen oder Elchen und Eisbären im Großraum Gelsenkirchen nahe zu kommen. Drei Erlebniswelten stehen zur Auswahl – Afrika, Alaska und Asien. In der 14 Hektar großen Afrikalandschaft mit 2000 Quadratmeter großer Dschungelhalle kommt Abenteuerfeeling auf, und in einer Lodge kann man mit prima Ausblick rasten, ein Eis essen und etwa Antilopen, Zebras und Springböcke beobachten, wie sie auf der Savanne grasen. Sogar ein echtes Schiff, die »African Queen«, dampft eine Viertelstunde durch Klein-Afrika an den verschiedenen Klimazonen vorüber. Ein knapp zwei Kilometer langer Fußweg verbindet ebenfalls alle Vegetationszonen und die dazugehörigen Tiere. Highlight für Kinder dürfte neben Löwe und Co auch der Spielplatz direkt neben den Flusspferden sein: Hier können sie wie die Affen klettern und toben.

Tiere hautnah erleben – in der ZOOM Erlebniswelt.

Ganz in der Nähe von Afrika liegt Alaska, jedenfalls im ZOOM. Hier kann man zuschauen, wie die Tiere Nordamerikas in einer der natürlichen Umgebung nachempfundenen Vegetation leben und sich nahezu frei bewegen können. Luchse, Seelöwen, Kodiak- und Eisbären sowie Wölfe und Elche flößen Respekt ein. Große und kleine Besucher erwarten hier außerdem eine nachgebaute Goldmine, ein echter Wasserfall und die faszinierende Unterwasserwelt des Polarmeers. In einem Iglu wird eine Reise durch die Beringstraße simuliert, inklusive Orca-Walen und Sturm.

Eine Asien-Landschaft mit Regenwald und typischen Waldbewohnern wie Orang-Utans ist ebenfalls Teil der ZOOM Erlebniswelt. Hier kann man zu Fuß durch den Dschungel spazieren und den Tieren nahe kommen. Flughunde, Trampeltiere und Tiger sind nur einige von vielen Exoten in der ZOOM-Asien-Abteilung.

Wer sich vorher im Internet über die Fütterungszeiten informiert, kann zuschauen, wie die Tiere fressen und auch mit den Pflegern ins Gespräch kommen. Sie sind immer gern bereit, Fragen zu beantworten. Beispielsweise: Warum fressen Eisbären eigentlich so gerne Obst?

Als Erlebnisexpedition ist eine Führung konzipiert, die Teilnehmern in 90 Minuten einen Blick hinter die Kulissen gewährt. Und in einem vierstündigen Tierpfleger-Schnupperkurs kann man lernen, was man alles können muss, wenn man mit wilden Tieren arbeitet.

INFO: Im Norden von Gelsenkirchen gelegen. **INFO ZOOM ERLEBNISWELT:** Bleckstr. 64, 45889 Gelsenkirchen, Tel. (0209) 954 50, www.zoom-erlebniswelt.de, Öffnungszeiten: tägl. Mitte März–Okt. 9–18/18.30, Nov.–Mitte März 10–17 Uhr, Eintritt € 21,50, ermäßigt € 14, Führung zzgl. € 10, ermäßigt € 9.

Prachtvolle Wandmalerei

Bunte Kerke

Gummersbach, Nordrhein-Westfalen

Von außen weist absolut nichts darauf hin, welche Überraschung die dreischiffige Kirche mit der ganz in Weiß gestrichenen Fassade zu bieten hat. Gäbe es nicht die im Oberbergischen Land bekannte Redensart: »So bunt äs de Libberhüser Kerke.« Die Farbenpracht im Innern ist begeisternd. Die Chorwände werden von Abbildungen der zwölf Apostel beherrscht. Darunter wurde in nachreformatorischer Zeit der Zyklus der zehn Gebote gemalt. Das Thema des Jüngsten Gerichts füllt das Gewölbe: Christus der Weltenrichter zwischen Maria und Johannes dem Täufer. Die Gräber öffnen sich; die Seligen werden von Petrus an der Himmelspforte empfangen, während eine verdammte Seele von einem Teufel aus dem Grab herausgezerrt wird. Der geöffnete Höllenrachen verschlingt Papst, Mönch und König. Engel blasen die Tuba zum Weltgericht.

Die »Bunten Kerken« wurden im Mittelalter als Gebrauchskirchen errichtet. Die Malereien waren für die armen bäuerlichen Menschen der Gegend gedacht, die häufig weder lesen noch schreiben konnten. So wurde das theologische Lehrprogramm als eine Art Armenbibel an die Wände der Kirchen gemalt. Es ging nicht darum, die Bilder zu verehren, sondern ihre Aussage zu verstehen und anzunehmen.

Wandmalerei in der dreischiffigen Pfeilerbasilika in Gummersbach-Lieberhausen.

Die Bezeichnung »Bunte Kerke« wurde ursprünglich nur für das um 1040 erbaute Gotteshaus in Lieberhausen genutzt. Als man dem Bau in der zweiten Hälfte des 15. Jahrhunderts ein Querschiff und einen rechteckigen Chor hinzufügte, wurde auch die gesamte Ausmalung erneuert. Dann kam die Reformation und nichts hätte näher gelegen, als die Bilder aus der Kirche zu entfernen. Tatsächlich geschah das in Müllenbach, Wiedenest, Marienhagen und Marienberghausen, den anderen Bunten Kerken, nicht aber in Lieberhausen. Im Gegenteil: Die schadhaft gewordenen Malereien wurden 1589 erneuert und sogar durch weitere ergänzt. Dass sie dann später, in der Mitte des 19. Jahrhunderts, weiß überstrichen wurden, hätte beinahe das Ende der Bilderpracht bedeutet. Doch 1912 restaurierte und erneuerte Professor Anton Bardenhewer die Gemälde nach alten Vorbildern. Die jüngste Restaurierung fand nach dem Zweiten Weltkrieg statt.

Info: Gummersbach liegt ca. 60 km östlich von Köln. **Info Bunte Kerke:** Heimatverein Hicksland e. V. Lieberhausen, Homertstr. 18, 51647 Gummersbach-Lieberhausen, Tel. (023 54) 48 82, Öffnungszeiten tägl. 9–18, April–Okt. bis 19 Uhr, www.lieberhausen.de. Terminabstimmung und Vermittlung von Führungen: Monika Kretschmer, Tel. (027 63) 72 46.

Einziges Handwerks- und Technikmuseum dieser Art in Europa

Freilichtmuseum Hagen

Hagen, Nordrhein-Westfalen

Das Freilichtmuseum Hagen des Landschaftsverbandes Westfalen-Lippe (LWL) – oder auch: Westfälisches Landesmuseum für Handwerk und Technik – ist ein beliebtes Ausflugsziel im von Wald umrahmten, idyllischen Mäckingerbachtal am südlichen Stadtrand von Hagen. Wie kein anderes Museum nimmt es seine Besucher mit auf einen Spaziergang durch die Industriegeschichte Westfalens vom späten 18. bis in das frühe 20. Jahrhundert.

In ihrer Anordnung sorgt die Mischung aus historischen Bauten, lebhaften Handwerksdemonstrationen und diversen Ausstellungen, die auf die sozialen und wirtschaftlichen Zusammenhänge vergangener und moderner Gesellschaften eingehen, für tief greifende Einblicke in das aufblühende Industriezeitalter, welches das Ruhrgebiet wie keine andere Region Deutschlands prägte.

In einem Drittel der wiederaufgebauten und restaurierten Häuser des rund 43 Hektar großen Museumsgeländes werden Handwerkstechniken wie Schmieden, Seilefertigen und Ölpressen gepflegt. Es werden Gebrauchsgegenstände aus Metall, Holz und Keramik sowie Bier, Brot, Wurst und andere Lebensmittel produziert, die zum Teil an die Besucher verkauft werden. Diese können Fertigungsprozesse hautnah erleben, Fragen stellen und oft selbst Hand anlegen, denn viele Anlaufpunkte des Freilichtmuseums sind interaktiv gestaltet.

Zur Pause zwischendurch eignet sich das mitten im Freilichtmuseum gelegene Restaurant. Hier gibt es vom westfälischen Mittagstisch bis zur Bergischen Kaffeetafel für jeden Geschmack etwas. Erholung finden die Besucher zudem in der Wald- und Wiesenlandschaft der Umgebung.

Das beliebte Freilichtmuseum Hagen ist einer der 25 historisch bedeutsamen »Ankerpunkte« der »Route der Industriekultur«, die in besonderem Maße die Industriegeschichte des Ruhrgebiets markieren.

Fachwerkhaus im Westfälischen Freilichtmuseum Hagen.

Info: Hagen liegt ca. 30 km südlich von Dortmund und ca. 35 km nordöstlich von Wuppertal. **Info LWL-Freilichtmuseum Hagen:** Mäckingerbach, 58091 Hagen, Tel. (023 31) 780 70, www.lwl-freilichtmuseum-hagen.de, www.route-industriekultur.de, Öffnungszeiten April–Okt. Di–Sa 9–17.30, So 9–18 Uhr, Eintritt € 8, ermäßigt € 4, bis 17 J. frei.

Malerischer Geburtsort einer großen Dichterin

Wasserburg Hülshoff

Havixbeck, Nordrhein-Westfalen

Dass es im Münsterland vorwiegend regnet, stimmt nicht. An schönen Tagen laden vor allem die zahlreichen kleinen Burgen und Schlösser inmitten der malerischen Landschaft zu einem Ausflug ein. Ein besonders schönes und zugleich geschichtsträchtiges Ziel ist die Wasserburg Hülshoff bei Münster, Geburtsort der Dichterin Annette von Droste-Hülshoff. 1417 gelangte das Gelände in den Besitz der Herren von Deckenbrock, die sich später von Droste nannten.

Im Jahr 1797 hier geboren, lebte Annette von Droste-Hülshoff immerhin 29 Jahre in der Burg und brachte ihre Beziehung zu diesem Ort auch in ihrer Lyrik zum Ausdruck. »Du Vaterhaus mit deinen Thürmen,/Vom stillen Weiher eingewiegt,/Wo ich in meines Lebens Stürmen/So oft erlegen und gesiegt,/Ihr breiten laubgewölbten Hallen,/Wo ewig meine Seufzer wallen/Und meines Fußes Spuren stehen!«

Mehrere Räume des teils noch bewohnten Herrenhauses dienen heute als Museum, in dem der Besucher bei einer Führung Interessantes über die Geschichte des Anwesens, aber natürlich auch über das Leben der Dichterin erfährt. Regelmäßig finden in der Anlage Lesungen und Konzerte statt.

Burg Hülshoff im Münsterland, das Geburtshaus der Dichterin Annette von Droste-Hülshoff.

Erbaut wurde Hülshoff als geschlossene Renaissanceanlage unter Heinrich I. von Droste-Hülshoff in der Zeit um 1540. Im 16. und 17. Jahrhundert wurden die Gebäude um zwei Türme erweitert, den Hundeturm und den Gärtnersturm mit einem beeindruckenden, frühbarocken Reiterrelief, auf dem vermutlich Heinrich II. von Droste-Hülshoff zu sehen ist. Im Gewölbekeller des Herrenhauses befindet sich ein Café-Restaurant.

Auch der idyllische Park lädt mit einer Liegewiese und Sonnenstühlen z. B. bei einer Fahrradtour durchs Münsterland zu einer ausgiebigen Rast ein. Möchte man nicht selber Brote schmieren und eigenes Geschirr mitnehmen, kann man sich einen Tag im Voraus einen Picknickkorb bestellen, der keine Wünsche offen lässt.

Mit Haus Rüschhaus befindet sich nur fünf Kilometer entfernt ein weiterer Ort, an dem man auf den Spuren von Annette von Droste-Hülshoff wandeln kann. Hier schrieb sie »Die Judenbuche«.

Info: Havixbeck liegt ca. 10 km westlich von Münster. **Info Wasserburg Hülshoff:** Schonebeck 6, 48329 Havixbeck, Tel. (025 34) 10 52, www.burg-huelshoff.de, Öffnungszeiten Mitte April–Sept. tägl. 11–18.30, Okt./Nov. und Mitte März–Mitte April Mi–So 11.30–17 Uhr, Eintritt Museum inkl. Audioführung € 5, ermäßigt € 3,50. **Reisezeit:** April–Nov.

Klein-Guggenheim am Teutoburger Wald

MARTA MUSEUM HERFORD

Herford, Nordrhein-Westfalen

Marta – das steht für M wie Möbel, art wie Kunst und a für Ambiente. Nach der baskischen Industriestadt Bilbao mit ihrem Guggenheim Museum hat der amerikanische Stararchitekt Frank O. Gehry auch Herford seinen Stempel aufgedrückt: Nach siebenjähriger Planungs- und Bauzeit des Marta hat das kleine ostwestfälische Städtchen Herford mit dem spektakulären Museumsbau seit 2005 ein neues Markenzeichen.

Ursprünglich als Haus des Möbels geplant, versteht sich Marta als Forum für zeitgenössisches, kreatives Schaffen, das die komplexen Beziehungen zwischen Kunst, Design, Architektur und Industrie darstellen möchte. Im Museum bieten fünf Galerien mit 2500 Quadratmetern Ausstellungsfläche Raum für Sammlung und Wechselschauen. Die Kunst des 21. Jahrhunderts und aktuelle Tendenzen des Möbeldesigns stehen im Vordergrund. In allen Sälen des Hauses zeigt der künstlerische Direktor Roland Nachtigäller, Nachfolger des Gründungsdirektors Jan Hoet, einen monumentalen Rückblick auf die Moderne. Immer wieder begegnet man Werken von Beuys, Warhol, Duchamp oder Gerhard Richter. Sehenswerte Skulpturen sind auch im Außenbereich platziert.

Dabei beeindruckt das Museum nicht so sehr durch die Sammlung seiner Künstler des 20. und 21. Jahrhunderts, sondern vielmehr durch seine außergewöhnliche Architektur. Der spektakuläre Bau mit seiner geschwungenen Dachlandschaft aus Edelstahl und seiner wellenförmigen Fassade aus 180000 roten Klinkersteinen ist eine riesige architektonische Skulptur. Er ist asymmetrisch erbaut und hat zur Straßenseite keinerlei Fenster. Alle klassischen Lehren von Lasten und vom Tragen scheinen hier über Bord geworfen. Mittelpunkt des Gebäudes ist ein 22 Meter hoher Dom, um den die fünf Galerien angeordnet sind, die alle unterschiedliche Höhen haben. Innenwände und Decken bestehen aus Gipskarton und sind ebenfalls schräg.

Das Marta Museum Herford von Frank O. Gehry.

Wegen der explodierenden Kosten, die sich schließlich auf knapp 30 Millionen Euro beliefen, war das Projekt bereits zu Bauzeiten in die Kritik geraten: zu teuer, zu aufwendig, zu extravagant. Die Besucherzahlen sprechen eine andere Sprache: Im ersten Jahr nach der Eröffnung kamen 150 000 Menschen, um die Kunst von innen und außen zu bestaunen.

Nach Kunst- und Architekturgenuss wartet das Museumscafé/Restaurant in spektakulärem Ambiente mit feiner Küche auf. In der warmen Jahreszeit wird auch auf der Terrasse an Herfords rauschendem Bach, der Aa, serviert.

INFO: Herford liegt ca. 20 km von Bielefeld entfernt. **INFO MARTA MUSEUM HERFORD:** Goebenstr. 2–10, 32052 Herford, Tel. (052 21) 994 43 00, http://marta-herford.de, Öffnungszeiten Di–So 11–18, jeden 1. Mi im Monat bis 21 Uhr, Eintritt € 8, ermäßigt € 4,50, bis 9 J. frei.

Handwerkskunst an der Weser

Höxter Altstadt und St. Kiliani

Höxter, Nordrhein-Westfalen

Wie Perlen an einer Kette reihen sich die Fachwerkbauten in den Gassen von Höxter aneinander – überragt von den hohen Türmen der romanischen Kirche St. Kiliani. Ein Genuss für die Augen und Anziehungspunkt für Fahrradtouristen und Fußgänger gleichermaßen. Beeindruckend: die Weserrenaissance-Bauten. Typisch für die Gebäude aus dem 16. Jahrhundert sind die zahlreichen Palmetten (auch Fächerrosetten genannt) und die Schnitzwerke an den Fassaden – gleichermaßen Ausdruck der großen Kreativität und des handwerklichen Geschicks jener Zeit.

Fächerrosetten: Typisch für die Fachwerkbauten der Höxterer Altstadt.

Ob das historische Rathaus aus dem 13. Jahrhundert, das Tilly-Haus, in dem der gleichnamige Feldmarschall während des Dreißigjährigen Kriegs Quartier bezogen haben soll, die Dechanei mit ihrer zweigiebeligen Front und mehr als 60 Palmetten, das Amtsgericht oder das ehemalige Küsterhaus, in welchem sich heute das Standesamt befindet – die reich verzierten Bürgerhäuser und Adelshöfe sind einfach schön. Unter ihnen auch ein Schmankerl, das nicht nur Liebespaare fasziniert: das Adam-und-Eva-Haus aus dem Jahr 1572.

Die als Basilika erbaute St. Kilianikirche gilt als Wahrzeichen Höxters und zugleich als schönste romanische Zweiturmfassade im Weserraum. Neben den imposanten Kirchtürmen ist nur noch der Nordeingang in romanischer Bauweise erhalten geblieben, die südlichen Portale stammen aus spätgotischer Zeit. Viele der im Inneren der Kirche befindlichen Kunstwerke konnten dem Dreißigjährigen Krieg trotzen und haben ihn mehr oder weniger unbeschadet überstanden. So auch die Renaissancekanzel, die 1597 errichtet wurde und mit ihren fein gearbeiteten Alabaster-Schnitzereien eine der kostbarsten Holzarbeiten des gesamten Oberweserraums ist.

Das älteste erhaltene Ausstattungsstück ist der Armenstock hinter dem Altar in Form einer gotischen, für Westfalen charakteristischen Stollentruhe aus Eichenholz mit Eisenbandbeschlägen. Auch die Barockorgel aus der Werkstatt des Herforder Orgelbauers Hinrich Klausing, die 1710 in die Kirche gelangte, zählt zu den großen Schätzen und ihre Pfeifen zu den ältesten noch erhaltenen Registern in ganz Westfalen.

Info: Höxter liegt ca. 56 km östlich von Paderborn. **Info Historische Altstadt Höxter:** Tourist Information Höxter, Weserstr. 11, 37671 Höxter, Tel. (052 71) 194 33, www.hoexter-tourismus.de. **Info St. Kiliani:** An der Kilianikirche 1, 37671 Höxter, Tel. (052 71) 75 86, Öffnungszeiten tägl. 10–18, Okt.–März bis 17 Uhr.

Odysseus hinter Klostermauern

Kloster Corvey

Höxter, Nordrhein-Westfalen

Ein Mann steht auf dem Schwanz eines Ungeheuers, die Arme nach vorn gereckt, in der rechten Hand einen Speer. Über ihm ragt die unheimliche Gestalt eines Meerungeheuers aus den Tiefen des Meeres heraus, bereit seine Beute auf der Stelle zu verschlingen. Der griechische Held Odysseus entkam nur knapp den grässlichen Klauen des Seeungeheuers Skylla. Entdeckt wurde diese Szene aus der homerischen Odyssee am Westwerk der Abteikirche des Klosters Corvey – ein eher ungewöhnlicher Ort für griechische Mythologie.

Gegründet wurde Corvey aus politischen und nicht zuletzt aus religiösen Gründen: Die Grenze seines Reichs erschien Karl dem Großen nicht sicher genug, er wollte eine Bastion gegen die Sachsen zur Sicherung der Ostgrenze. Wichtig war ihm dabei aber auch, dass dort im Angesicht des heidnischen Feinds der einzig wahre Glauben gelebt wurde. Ludwig der Fromme erfüllte 815 den Wunsch seines Vaters. Er gründete das Kloster Corvey. Die Mönche stammten ursprünglich aus dem westfränkischen Kloster Corbie, bevor sie nach Nova Corbeia an der Weser umsiedelten und dem Kloster damit zu seinem Namen verhalfen.

Kernstück der 2014 in die Weltkulturerbe-Liste der UNESCO aufgenommenen Anlage ist die Abteikirche. Das massive und prächtige Westwerk, der einzige aus karolingischer Zeit erhaltene Bauteil, wurde schon gegen Ende des neunten Jahrhunderts errichtet. Hier liegen die Reliquien der Heiligen St. Stephanus und St. Vitus, die die Kirche schon bald zu einem beliebten Wallfahrtsort machten. Im Obergeschoss des Westwerks sind auch die Zeichnungen von Delfinen, Schiffen und die homerische Szene aus karolingischer Zeit gefunden worden.

Der eigentliche Kirchenbau ist barock, die heutige Ausstattung stammt aus dem 17. und 18. Jahrhundert. Auch die dazugehörigen Klosterbauten mit dem Kaisersaal und der Äbtegalerie stammen aus barocker Zeit. 1803 wurde das Kloster säkularisiert, der Besitz ging in fürstliche Hände über. Aus Kloster Corvey wurde Schloss Corvey. Im Museum Schloss Corvey sind außer einer Ausstellung über die Geschichte Corveys auch spannend aufbereitete Informationen zur Stadtgeschichte von Höxter zu sehen. Die fürstliche Bibliothek ist ebenfalls ein Höhepunkt, nicht zuletzt dank ihrem bekanntesten Leiter Hoffmann von Fallersleben.

Jedes Jahr werden die Corveyer Sommerkonzerte, Nachfolger der Corveyer Musikwochen, veranstaltet.

Info: Höxter liegt ca. 56 km östlich von Paderborn. **Info Schloss Corvey:** 37671 Höxter, Tel. (052 71) 681 68, www.schloss-corvey.de, Öffnungszeiten Schloss und Kirche tägl. 10–18 Uhr, im Winter teils kürzer, Eintritt € 9,50, ermäßigt € 5,50, Führungen ab Besucherzentrum.

Miniatur aus dem »Liber Vitae der Abtei Corvey« (ab 1158).

Museum und Parkhotel in malerischer Landschaft

Wasserburg Anholt

Isselburg, Nordrhein-Westfalen

Vom mittelalterlichen dicken Turm hat man die beste Aussicht auf die glitzernde, blaue Fläche, die die hochherrschaftlichen Mauern sanft umspült. Die Wasserburg Anholt ist Hauptresidenz der Fürsten zu Salm-Salm – eine der wenigen Burgen, die sich noch in Privatbesitz befinden. Kaum zu glauben: Auf schlichten Eichenpfählen, einem einfachen Gitter aus Holz und mit einem Steinfundament wurde das imposante Bauwerk im 14. Jahrhundert im Wasser erbaut.

Durch Heirat gelangten die Salm-Salms 1645 in den Besitz der Herrschaft Anholt in Westfalen und nutzten die Wasserburg fortan als einen ihrer Familiensitze. Schon im Jahr 1966 richtete man in der Vorburg ein Hotel mit Café- und Restaurantbetrieb ein. Seither wurde mehrfach renoviert und erweitert. In den Räumlichkeiten der Vorburg ist heute das Parkhotel Wasserburg Anholt untergebracht.

Im Lauf der Zeit entstand auf einer 1500 Quadratmeter großen Ausstellungsfläche in der barocken Hauptburg ein Museum mit der Bibliothek und dem Archiv der Fürsten zu Salm-Salm. Die ausgestellte Bildersammlung gilt als die größte historisch gewachsene private Sammlung Nordrhein-Westfalens mit über 700 Gemälden. Herausragende Arbeiten des 17. Jahrhunderts, darunter Werke von Rembrandt, Jan van Goyen, Gerard ter Borch, Jan Breughel dem Jüngeren und Murillo sind auf Anholt zu finden.

Zauberhaft präsentieren sich auch die Außenanlagen des Schlosses. Das Wasser umspielt neue und alte Bauten der Burg und ist allgegenwärtig. Inmitten der Felsenpartien und Seen entstand der 56 Hektar große Biotopwildpark Anholter Schweiz mit weiträumigen Gehegen und Großvolieren für heimische Tiere.

Info: Isselburg liegt in der Nähe von Bocholt an der Grenze zu den Niederlanden. **Info Wasserburg und Hotel Anholt:** Klever Str., 46419 Isselburg-Anholt, Tel. (028 74) 45 90, www.schloss-anholt.de, Preise auf Anfrage. **Info Museum Wasserburg Anholt:** www.wasserburg-anholt.de, Öffnungszeiten Mai–Sept. Di–So 11–17 Uhr, bis zur Sommersaison 2021 für Renovierung geschl., Besichtigung nur mit Führung, Eintritt € 12, bis 16 J. frei. **Info Park Wasserburg Anholt:** tägl. tagsüber mit Eintrittsmünze (Museumskasse) zugänglich, Eintritt € 5, ermäßigt € 4.

Hauptresidenz der Fürsten zu Salm-Salm: Wasserburg Anholt.

Folgsam und gottesfürchtig

KEVELAER

Kevelaer, Nordrhein-Westfalen

Frauen sollte man gehorchen, vor allem wenn sie himmlisch sind und ihre Bitte dreimal äußern. Daran hielt sich auch der Kaufmann Hendrick Busman. Er befolgte die Worte Mariens und errichtete ihr zu Ehren eine Kapelle. Beschaulich und schön ist die Altstadt Kevelaers mit ihren restaurierten Bürgerhäusern, gepflegter Gastlichkeit und viel Charme. Pilger fühlen sich wohl, denn sie sind die Stars der Stadt. Das Leben hier ist zum großen Teil auf sie abgestimmt. Preisgünstige Menüs für Pilger sind ebenso erhältlich wie Kruzifixe, Marienbilder und Rosenkränze als Andenken, denn schließlich ist Kevelaer der größte Wallfahrtsort in Nordwesteuropa.

Die Gnadenkapelle von 1654, die Kerzenkapelle von 1643 bis 1645 und die Wallfahrtskirche St. Maria, erbaut von 1858 bis 1864, sind das Zentrum der Marienwallfahrt. Besinnlich ist ein Besuch der Kerzenkapelle, denn dort brennen über 100 Kerzen zu Ehren Gottes und zaubern eine Stimmung in den Raum, die den Alltag vergessen lässt. Verehrt wird in Kevelaer ein Bildnis der Gottesmutter, das Hendrick Busman 1642 in die Stadt brachte. Untergebracht zunächst in einer heute nicht mehr erhaltenen Kapelle, die Busman auf die dreimalige Bitte der Gottesmutter errichten ließ, befindet sich der Kupferstich heute in der Gnadenkapelle. Schon 1647 wurde Kevelaer von der Synode in Venlo als Wallfahrtsort anerkannt – auch für damalige Verhältnisse ungewöhnlich schnell.

Nichtwallfahrer kommen hier ebenso auf ihre Kosten. Das Niederrheinische Museum für Volkskunde vermittelt dem Besucher anschaulich einen Eindruck vom Leben am Niederrhein. Ein Spaziergang durch die Stadt führt an ungefähr 200 denkmalgeschützten Objekten vom Barock bis ins frühe 20. Jahrhundert vorbei.

Gnadenkapelle in Kevelaer.

INFO: Kevelaer liegt ca. 70 km nordwestlich von Düsseldorf. **INFO KEVELAER:** Service-Center Tourismus und Kultur, Peter-Plümpe-Platz 12, 47623 Kevelaer, Tel. (028 32) 12 29 91, www.kevelaer.de. **INFO NIEDERRHEINISCHES MUSEUM FÜR VOLKSKUNDE UND NATURGESCHICHTE E.V.:** Hauptstr. 18, Kevelaer, Tel. (028 32) 95 41-0, www.niederrheinisches-museum-kevelaer.de, Öffnungszeiten Di–So 10–17 Uhr, Eintritt € 4, ermäßigt € 2,50.

Het slot von Cleef

Schwanenburg

Kleve, Nordrhein-Westfalen

Divorced, beheaded, died, divorced, beheaded, survived. Geschieden, geköpft, gestorben, geschieden, geköpft, überlebt. Der englische Abzählreim bezieht sich auf die sechs Frauen, mit denen Heinrich VIII. von England verheiratet war. Nummer vier kam aus Kleve. Doch Anna von Kleve hatte Glück. Nach wenigen Monaten ließ Heinrich die Ehe annullieren. Anna kehrte jedoch nie wieder in ihre Heimat, die Schwanenburg, zurück.

Die Schwanenburg in Kleve.

Dabei ist die Schwanenburg ein wahrhaft majestätischer Ort und viele Sagen ranken sich um die herrschaftlichen Mauern. Am Schwanenturm ließ schon Herzog Adolf im 15. Jahrhundert eine Inschrift auf einer Sandsteintafel anbringen, die besagte, der Schwanenturm sei schon lange vor Christi Geburt von Caesar errichtet worden. Auch wenn Archäologen den Bau der ersten Wehranlage eher ins 10. Jahrhundert n. Chr. datieren, tut das der Schönheit des Gebäudes keinen Abbruch.

Ihren Namen erhielt die Schwanenburg durch die Sage des Schwanenritters Elias, der der edlen Beatrix in höchster Not unerwartet zur Hilfe kam. Dieser Stoff, aus dem Helden gemacht werden, inspirierte nicht zuletzt auch Wagner zu seiner Oper »Lohengrin«, in der Lohengrin in einem von einem Schwan gezogenen Schiff herbeieilt, um die Herzogin Elsa von Brabant zu retten.

Die Grafen und Herzöge von Kleve beanspruchten jedenfalls für sich die Abstammung von diesem sagenumwobenen Geschlecht des Schwanenritters Elias. Bis heute krönt ein Schwan, das Wappentier des Herrschergeschlechts, die Spitze des höchsten Turms.

Unter Fürst Johann Moritz von Nassau-Siegen wurde Kleve zu einer Park- und Gartenstadt europäischen Rangs ausgebaut. Die Stilelemente der gotischen Schwanenburg wichen unter den Plänen seines niederländischen Baumeisters in den Jahren 1663 bis 1666, dem Zeitgeschmack entsprechend, barocken Umbauten.

Im Zweiten Weltkrieg wurde die Schwanenburg zwar schwer beschädigt, ein Teil der Anlagen ist seither jedoch restauriert und nach historischen Vorlagen wiederaufgebaut worden. Die Burg ist heute Sitz des Amts- und Landgerichts Kleve. Frei zugänglich ist nur der Schwanenturm, in dem eine interessante geologische Sammlung und Fotografien ausgestellt sind.

Im Rahmen einer Gruppenführung lassen sich auch weitere Teile des Schlosses erkunden. Das gotische Tonnen- und Kreuzgewölbe im Spiegelturm mit seinem acht Meter tiefen Verlies, das nur durch eine Bodenplatte zu erreichen war, lohnt vor allem den Besuch.

Info: Kleve liegt ca. 75 km nördlich von Duisburg. **Info Kleve:** Wirtschaft, Tourismus & Marketing Stadt Kleve GmbH, Minoritenplatz 2, 47533 Kleve, Tel. (028 21) 848 06, www.kleve.de. **Info Schwanenturm:** Schlossberg 1, Kleve, Öffnungszeiten April–Okt. tägl. 11–17, Nov.–März nur Sa/So 11–17 Uhr, Eintritt € 3, ermäßigt € 1, Führungen nach Anmeldung bei der Tourist Information.

Recycling mal anders

Stiftskirche St. Mariä Himmelfahrt

Kleve, Nordrhein-Westfalen

Verfemt, zerschlagen und vergraben. Dem Denkmal zu Ehren der Toten des Ersten Weltkriegs von Ewald Mataré widerfuhr von den Nazis das Schlimmste. Aber dann siegte das Gedächtnis der Klever Bürger über ein tumbes Kunstverständnis. Im Mittelalter war es durchaus keine Seltenheit, dass Gotteshäuser schon genutzt wurden, während die Bauaktivitäten noch in vollem Gang waren. Die Kölner erlebten das mit ihrem Dom und auch in Kleve war es nicht anders. 1356 wurde der Chor der Stiftskirche geweiht, aber erst 1427 waren die Arbeiten am Südturm abgeschlossen. Große Schäden erlitt St. Mariä Himmelfahrt am 7. Oktober 1944. Ein Luftangriff zerstörte die Kirche nahezu komplett. 1957 erlebten die Klever Bürger die Baugeschichte ein zweites Mal: Der Altar wurde wieder geweiht, Messen fanden wieder statt – und wie schon knapp 600 Jahre zuvor – in einer Baustelle.

1985 war der Wiederaufbau der dreischiffigen gotischen Kirche endlich abgeschlossen. Der Bau sah nun wieder so aus, wie ihn Kleve aus der Zeit vor der Bombardierung kannte. Glücklicherweise wurden nicht alle Kunstwerke zerstört, der Hauptaltar von Heinrich Douwermann aus dem 16. Jahrhundert konnte restauriert werden und erstrahlt wieder in alter Pracht.

Auch ein weiteres Kunstwerk moderneren Ursprungs fand wieder einen ehrenvollen Platz: Nach dem Krieg erinnerten sich die Klever Bürger an die 1938 von den Nazis zerstörte Skulptur »Der tote Krieger« von Ewald Mataré. Auch wenn nicht mehr alle Teile aufgefunden werden konnten, wurde sie ausgegraben und von Elmar Hillebrand, einem Schüler Matarés, ergänzt. Seit 1981 steht der »Tote Krieger« auf dem Platz vor der Stiftskirche.

Info: Kleve liegt ca. 75 km nördlich von Duisburg. **Info St. Mariä Himmelfahrt:** Kapitelstr. 12, 47533 Kleve, Tel. (028 21) 247 61, www.himmelfahrt-kleve.de, Öffnungszeiten tägl. 8.30–12 und 14–18.30 Uhr.

Hauptaltar der Stiftskirche St. Mariä Himmelfahrt von Heinrich Douwermann in Kleve.

»Et kütt wie et kütt«

KÖLN

Köln, Nordrhein-Westfalen

Köln am Rhein – das klingt, als sei etwas im Fluss. Ist es auch. Und zwar von alters her. Römische Mauern, Ubier, Hunnen und fromme Pilger, Bürgerstolz und Kaufmannsgeist sind unter die Fittiche von Mutter Colonia gekrochen, während Vater Rhein vorbeizog und sich seinen Teil dachte. Es wundert nicht, dass ein solches Paar über 2000 Jahre prosperierte und manch romantische Blüte und Sage hervorbrachte.

Trotz seiner Größe blieb Köln in der jüngeren Vergangenheit meist eher bescheiden, eine rheinische Provinz im Großen, manchmal sogar ein Anlass zum Schmunzeln. Denn hier, im unzuverlässigen Rheinland, wünschte man sich nichts so sehr wie Heinzelmännchen, um sich möglichst ungestört den lokalen Freuden hingeben zu können.

Erst seit den späten 1970er Jahren gelang der Stadt eine bessere Selbstdarstellung. Vorbereitet durch die Neuerungen ein Dezennium zuvor, als Köln zur Wundertüte der Literaten, Underground-Filmer und Video-Künstler avancierte, etablierte sich die Domstadt als Kunstzentrum von Rang. Galerien, Kunstmärkte, eine durch die solventen Sammler Irene und Peter Ludwig bereicherte Museumslandschaft, restaurierte Sakralbauten und eine prächtige Philharmonie sorgten dafür. Dann drehte sich das Publicity-Rad der Stadt in Richtung Medienbetrieb. Der WDR bekam Konkurrenz, Sender folgte auf Sender: RTL, Phoenix, n-tv, VOX – deren Zulieferbetriebe, die Internationale Filmschule, Filmstudios, die Kunsthochschule für Medien und eine rege Verlagsbranche eingeschlossen.

Das Kölner Rheinpanorama.

Die PR-starke Umtriebigkeit setzt innerhalb der traditionellen Zweige des Wirtschaftszentrums West neue Impulse. Köln als Hort der chemischen Industrie, als Standort für Auto- und Maschinenbau diversifiziert sich deutlicher.

Für den Besucher hält Köln nicht viel mehr als ein durch enorme Kriegsschäden und Wiederaufbau bedingtes Stadtbild bereit, das punktuell Glanzlichter aufweist. Innenarchitektonisch allerdings ist Köln doch ein Schatzkästlein geblieben: dank hervorragender Museumsstücke, faszinierender Sakralräume oder beeindruckender Treppenhäuser im Gürzenich, im Dischhaus und im Museum Ludwig.

Letztlich jedoch sind es die Kölner selbst, die ihre Stadt in Schwung halten. Die Besucher merken es gleich: am alltäglichen Gang der Dinge und an der Begabung, fünf möglichst gerade sein zu lassen – eine Eigenschaft, die im Wettbewerb deutscher Strenge und Zugeknöpftheit höchst angenehm aus dem Rahmen fällt.

INFO: KölnTourismus GmbH, Kardinal-Höffner-Platz 1, 50667 Köln, Tel. (02 21) 346 43-0, www.koelntourismus.de.

Der Kölner Kern

ALTER MARKT UND ALTSTADT

Köln, Nordrhein-Westfalen

Er liegt im Schatten des gotischen Rathausturms: der Alter Markt, Zentrum der heutigen Altstadt. Auf dem Platz steht der Jan-von-Werth-Brunnen von 1884 zur Erinnerung an den Reitergeneral Jan von Werth (1593–1652) aus der Zeit des Dreißigjährigen Kriegs. Die auf zwei seitlichen Reliefs abgebildete Geschichte von Jan und Griet hat einen festen Platz im Kölner Schatz der Sagen und Mythen und wird alljährlich nachgespielt.

Häuser zu Füßen der romanischen Kirche Groß St. Martin in der Kölner Altstadt.

Jedes Jahr, am Donnerstag vor Karneval, ist hier ab 11.11 Uhr der Teufel los. Dann, an Weiberfastnacht, übernehmen die Kölnerinnen das Regiment der Lustbarkeiten. Während der tollen Tage sind der Platz und die Stadt in ihrem Element.

In Richtung Rhein schließt sich ein Terrain eng stehender Häuserfronten an, durchbrochen von winkligen kopfsteingepflasterten Gassen, kleinen Plätzen und reizvollen Innenhöfen. Hier versteckt sich Kölns traditionsreiches, 1802 gegründetes Hänneschen Theater, deren Darsteller Stockpuppen sind und deren Aufführungen in kölscher Mundart stattfinden. Schließlich lockt der Innenhof zu Groß St. Martin mit dem in Bronze gegossenen doppelten Lottchen des Kölner Humors: Tünnes und Schäl.

Im Kranz der romanischen Kirchen Kölns zählt Groß St. Martin neben St. Gereon, St. Maria im Kapitol und St. Aposteln zu den eindrucksvollsten, vor allem der zum Rhein gerichtete Kleeblattchor, der lange den halbfertigen Dom übertrumpfte. Das Innere der nach schwersten Kriegszerstörungen wiederhergestellten ehemaligen Benediktinerabteikirche wirkt überaus hell, weil die ursprünglich farbige Verglasung fehlt – ein Restaurationsergebnis, das gelegentlich mit der Ästhetik einer leer geräumten Baustelle verglichen wurde. Gleich beim Chor führt ein Treppchen hinab zum Rhein auf den Fischmarkt, und damit in ein Köln, das sich gut für eine Bühnendekoration eignen würde: Die mächtige Chorpartie von Groß St. Martin überragt die fast kleinstädtische Idylle einer restaurierten Fachwerk- und Giebelkultur.

Kein Wunder, dass Köln-Touristen sich hier besonders gern tummeln, vor allem im Sommer, wenn sich die autofreien Gassen der Altstadt in einen summenden Bier- und Weingarten verwandeln.

Köln am Rhein – hier stimmt es einmal ausnahmsweise: für den Flaneur, der Uferpromenaden zu schätzen weiß, ebenso wie für den Hungrigen, der den Rheingarten im Sommer als Picknickwiese nutzt. Mutter Colonia und Vater Rhein sind in dieser städtischen Oase glücklich vereint.

INFO: Der Alter Markt liegt wenige Schritte südlich des Doms. **INFO KÖLNTOURISMUS:** Kardinal-Höffner-Platz 1, 50667 Köln, Tel. (02 21) 346 43-0, www.koelntourismus.de.

Kathedrale für die Gebeine der Heiligen Drei Könige

KÖLNER DOM

Köln, Nordrhein-Westfalen

Der Dom St. Peter und Maria ist nicht nur das berühmteste Bauwerk der Stadt, sondern überhaupt Deutschlands bekanntestes Architekturdenkmal. 1996 wurde er in die UNESCO-Liste des Welterbes aufgenommen. Der Kölner Dom, dessen seit dem Mittelalter unvollendet gebliebenen Torso das 19. Jahrhundert in einem Rausch romantisch-nationaler Begeisterung vollendete, gilt zu Recht als vollkommenste der gotischen Kathedralen.

Die Westfassade des Doms ragt 157 Meter in den Kölner Himmel.

Als Meister Gerhard, der erste Dombaumeister, 1248 mit der Realisierung seines großartigen Entwurfs begann, vermochten die an den romanischen Kirchen geschulten heimischen Bauhandwerker den völlig neuen technischen Anforderungen zunächst kaum zu genügen. Doch Meister Gerhard war mit der französischen Kathedralgotik von Amiens und Reims vertraut, und diese Kathedralen dienten dann auch als Vorbild.

1842, als mit dem Weiterbau des Doms begonnen wurde, war die Situation umgekehrt: Damals bediente man sich modernster technischer Hilfsmittel, wie etwa einer Dampfmaschine zum Hochziehen der Lasten, um die imposante Zweiturmfassade genau nach dem auf abenteuerliche Weise verloren gegangenen und später wieder aufgefundenen mittelalterlichen Pergamentplan zu errichten. Die Weihe des vollendeten Doms erfolgte am 15. Oktober 1880.

Die reiche Innenausstattung versammelt sich vornehmlich im mittelalterlichen Hochchor. Der Reliquienschrein mit den Gebeinen der Heiligen Drei Könige erinnert an die Zeit, als Köln nach Jerusalem, Rom und Santiago de Compostela einer der bedeutendsten Wallfahrtsorte der Christenheit war. Es waren die Dreikönigenreliquien, die – als Kriegskontribution 1164 durch den Reichskanzler Kaiser Friedrich Barbarossas, Rainald von Dassel, aus Mailand nach Köln gebracht – den Wunsch weckten, den ehemals karolingischen Dom durch eine gotische Kathedrale nach französischem Vorbild zu ersetzen.

An der Nordseite des Chorumgangs hängt das aus dem späten zehnten Jahrhundert stammende Gero-Kreuz, die älteste aus dem Mittelalter erhalten gebliebene Großplastik des gekreuzigten Christus, und auf der Südseite des Chorumgangs steht das Hauptwerk der Kölner Malerschule, der berühmte »Altar der Stadtpatrone« von Stefan Lochner. Höchst bemerkenswert sind die Farbglasfenster des Doms – vom Älteren Bibelfenster im Chor bis zum 2007 eingeweihten Südquerhausfenster von Gerhard Richter.

INFO: Der Kölner Dom befindet sich in unmittelbarer Nähe des Hauptbahnhofs. **INFO KÖLNER DOM:** Dompfarramt, Domkloster 4, 50667 Köln, www.koelner-dom.de, Öffnungszeiten Mo–Sa Mai–Okt. 6–21, Nov.–April 6–19.30, So/Fei ganzjährig 13–16.30 Uhr, Führungen über das Domforum (Tel. 02 21-92 58 47 30), weitere Führungen über www.domfuehrungen-koeln.de.

Alaaf!

KÖLNER KARNEVAL

Köln, Nordrhein-Westfalen

Köln ohne Karneval – nicht auszudenken. Vom Elften im Elften (11. November), 11.11 Uhr bis zum Beginn der Fastenzeit regiert das Dreigestirn aus Prinz, Bauer und Jungfrau das närrische Volk. Zwischen Weiberfastnacht und Aschermittwoch befindet sich Köln im Ausnahmezustand: Die Geschäfte ruhen, aus Kneipen dröhnt Karnevalsmusik und Gruppen von Jecken stapfen auch bei schlechtestem Wetter verkleidet durch Kölns Straßen.

Der Kölner Karneval ist ein derber Spaß. Wer erfolgreich mitmachen will, muss sich der ungehemmten Ausgelassenheit hingeben können. Auch wenn man Karneval nicht mag – man sollte zumindest einmal dabei gewesen sein: am Donnerstag (Weiberfastnacht) zur Eröffnung des Straßenkarnevals in der Alt- oder Südstadt oder am Sonntag zu den Schull- und Veedelszöch (Kölner Schulen und Stadtteilgruppen) oder zum großen Rosenmontagsumzug in der Kölner Innenstadt. Ein alternativer Karnevalsumzug ist der Geisterzug am Abend des Karnevalssamstag, bei dem jeder mitlaufen kann. Er findet jedes Jahr in einem anderen Stadtviertel statt.

Eine letzte Chance bietet sich dann noch am Dienstag zu den Stadtteilumzügen und am Abend zur Nubbelverbrennung um 24 Uhr, wenn eine bekleidete Strohpuppe, die als Sündenbock des rheinischen Karnevals herhalten muss, feierlich verbrannt wird. Und am Aschermittwoch ist dann alles vorbei.

Vielleicht besuchen Sie während der Session eine Prunksitzung, die das traditionelle Ritual der guten Laune feiert, oder aber die Stunksitzung, die den offiziellen Karneval aufs Korn nimmt.

Um voll im Geschehen mitmischen zu können, sollte man sich zuvor mit den karnevalistischen Gebräuchen vertraut machen. Beim Karnevalsumzug ruft man neben Alaaf nach Kamelle, um Bonbons zu bekommen, oder nach Strüssjer, um eines der heiß begehrten Blumensträußchen zu ergattern. Es wird geschunkelt und selbst Wildfremde werden gebützt (geküsst).

Verkleidung ist natürlich Pflicht. Mit einem oder mehreren passenden karnevalistischen Outfits versorgen Sie sich am besten bei Festartikel Schmitt: Hier erhalten Sie ganzjährig Kostüme, Accessoires und Theaterschminke, Masken und Perücken – eben die volle Palette fürs jecke Treiben.

INFO KÖLNER KARNEVAL: Einen ausführlichen Termin-Festkalender gibt KölnTourismus jeweils im November für die folgende Session heraus. **INFO FESTARTIKEL SCHMITT:** Johannisstr. 67, 50668 Köln (in der Altstadt, Domnähe), Tel. (02 21) 12 36 87, www.festartikel-schmitt.de, Öffnungszeiten ganzjährig Mo–Fr 10–19, Sa 11–15 Uhr.

Funkemariechen der Roten Funken Köln »Kölsche Funke rut-wieß vun 1823«.

Mega-Feuerwerk

Kölner Lichter

Köln, Nordrhein-Westfalen

Was ist los, wenn die Kölner mitten in der Nacht plötzlich still in den Himmel schauen? Wenn es scheint, dass die Stadt den Atem anhält? Ist etwa ein Ufo in Sicht? Nein, es handelt sich um ein jährlich wiederkehrendes Phänomen. Es sind die Sekunden, bevor in einer Sommernacht der Himmel über der Domstadt kurz vor Mitternacht explodiert: Die Kölner Lichter, eine Veranstaltung der Superlative. Etwa fünf Tonnen Raketen, Sprüher und bengalische Feuer werden während des circa halbstündigen Feuerwerks abgebrannt. Begleitet von Musik, die aus riesigen Lautsprechern weit über den Rhein zu hören ist. Mehr als 30 Beschallungstürme werden dafür am Flussufer zwischen Schokoladenmuseum und Hohenzollernbrücke aufgebaut. Auch die Rheinschiffe sind mit Boxen bestückt. Wer doch zu weit weg steht, kann die eigens auf das Lichtspektakel komponierte Musik im Radio hören: Radio Köln übertragt live auf der Frequenz 107,1.

Musiksynchrones Feuerwerk: Kölner Lichter.

Die Kölner Lichter sind schon lange kein einfaches Feuerwerk mehr. Es gibt Uferfeste, bengalische Beleuchtung, eine Stadtachter-Ruderregatta, Night-Glowing der Heißluftballons, Schiffskonvoi, acht Begleitfeuerwerke zwischen den Stadtteilen Porz und Mülheim, eine Open-Air-Bühne und schließlich das gigantische Abschluss-Höhenfeuerwerk vor der fantastischen Kulisse von Altstadt und Dom. Seit ihrer Premiere im Jahr 2001 hat die mittlerweile weit über die Grenzen Kölns bekannte Veranstaltung eine rasante Entwicklung genommen. Jährlich kommen fast eine Million Zuschauer und der WDR hat bei seiner Fernseh-Live-Übertragung imposante Einschaltquoten.

Beste Sicht auf das Spektakel, das meist Mitte Juli stattfindet, hat man von den zahlreichen Rheinschiffen sowie den Sitzplatztribünen und den Hohenzollern-Terrassen auf beiden Seiten des Rheins. Natürlich gibt es in der Altstadt und im Stadtteil Deutz auch kostenfreie Standorte mit prächtiger Aussicht. Wer ein gutes Plätzchen erobern will, muss aber spätestens um 19 Uhr da sein. Sonst haben die erfahrenen Zuschauer die Orte bereits mit ihren Picknickkörben besetzt. Freie Sicht auf das Abschluss-Feuerwerk gibt es auch auf der Innenstadtseite entlang der Rheinuferstraße.

Info: Am Kölner Rheinufer stattfindend. **Info Kölner Lichter:** www.koelner-lichter.de. **Reisezeit:** Juli.

»Drink doch ene met …«

Kölsch und Brauhäuser

Köln, Nordrhein-Westfalen

In New York gibt's Kölsch, in Los Angeles sogar eins mit dem Namen Hollywood Blonde und auf der Nordseeinsel Juist findet sich eine Köbes-Kneipe. Kölsch, das helle obergärige Nationalgetränk, globalisiert? Nein. Im Gegenteil. Abgesehen von gelegentlichen internationalen Eskapaden wird der Gerstensaft von alters her mit regionaler Selbstzufriedenheit in heimatlichen Grenzen gebraut und verzapft.

Nördlich der Stadt, ab Worringen, löscht das Düsseldorfer Altbier den Durst, ab Bonn der Wein. Der Kölner war und ist sich meist selbst genug. Warum sollte es mit seinem Leib- und Magengetränk anders sein? Offiziell heißt es, die Brauart mache das Bier schwer exportierbar …

Über 20 Marken des als bekömmlich geltenden Kölsch sind derzeit auf dem Markt, darunter Gaffel, Früh, Reissdorf und Mühlen. Gezapft wird es in 2500 Kneipen, viele davon an Straßenecken positioniert oder in Biergärten und Brauhäusern.

Typisch: Es wird in der Regel an der Theke getrunken, und zwar im Stehen – anders als in Bayern, wo man sich zum Bier gern an den Tisch hockt. Zusammenstehen: Das tun die Kölner für ihr Leben gern, denn es bedeutet Trinken und Schwadronieren. Nicht zufällig heißen Dialekt und Bier gleich.

Das kleine Kölsch wird in 0,2-Liter-Gläsern (Stangen) ausgeschenkt, die der Köbes genannte Kellner statt auf einem Tablett in einem Kölschkranz transportiert, in dem sich mehrere Gläser pyramidenartig stapeln lassen. Geleerte Stangen werden auch ohne ausdrückliche Bestellung im Nu durch volle ersetzt. Bei Nullkommazwei macht man nicht viel Aufhebens. Für die solide Grundlage sorgen die Spitzenleistungen der kölschen Küche: Roggenbrötchen mit Käse (halver Hahn), Blutwurst (Flönz) oder Frikadellen und viel Senf.

»Drink doch ene mit…«: Brauhaus »Früh am Dom«.

Die blau beschürzten Köbesse sind traditionell nicht übermäßig freundlich, dafür aber umso schlagfertiger. Auf Witzbolde reagieren sie allerdings entweder gar nicht oder machen ihnen schnell klar, dass nur der Köbes für Späße zuständig ist.

Info Brauhäuser: Päffgen Brauhaus: Friesenstr. 64–66, 50670 Köln, Tel. (02 21) 13 54 61, www.paeffgen-koelsch.de, Öffnungszeiten tägl. 10–24, Fr/Sa bis 0.30 Uhr. Früh am Dom: Am Hof 12–18, 50667 Köln, Tel. (02 21) 261 32 15, www.frueh-am-dom.de, Öffnungszeiten Mo–Fr 11–24, Sa/So 10–24 Uhr. Malzmühle: Heumarkt 6, 50667 Köln, Tel. (02 21) 92 16 06 13, www.brauereizurmalzmuehle.de, Öffnungszeiten Mo–Do 11.30–24, Fr/Sa 11.30–1.30, So 11.30–23 Uhr. Gaffel am Dom: Bahnhofsvorplatz 1, 50667 Köln, Tel. (02 21) 913 92 60, www.gaffelamdom.de, Öffnungszeiten tägl. 11–24, Fr/Sa bis 2 Uhr.

Dreiklang von Ort, Sammlung und Architektur

Kolumba: Kunstmuseum des Erzbistums Köln

Köln, Nordrhein-Westfalen

Der Name »Kolumba« des Kunstmuseums des Erzbistums Köln erinnert an den Vorgängerbau auf dem Gelände, die im Zweiten Weltkrieg vollständig zerstörte Kirche der mit rund 10 000 Mitgliedern größten Pfarrgemeinde im mittelalterlichen Köln: St. Kolumba. Eine Kalkstein-Madonna, die wie durch ein Wunder unbeschädigt blieb, wurde rasch als Zeichen der Hoffnung und des Wiederbeginns zu einer Art Schutzheiligen der frommen Kölner. Bereits vier Jahre nach Kriegsende, 1949, errichtete Gottfried Böhm der gotischen Marienstatue zu Ehren in den Ruinen von St. Kolumba die Kapelle der »Madonna in den Trümmern«.

Kolumba – Kunstmuseum des Erzbistums Köln.

Die zentrale Aufgabenstellung an den Schweizer Architekten des Museumsneubaus, Peter Zumthor, war es, das Trümmerfeld von St. Kolumba, diesen innerstädtischen Hortus conclusus, und die Kapelle von Gottfried Böhm mit dem umliegenden archäologischen Grabungsfeld in den Neubau des erzbischöflichen Diözesanmuseums zu integrieren. Warmgrauer Backstein mit eingebundenen Bauspuren aus dem Mittelalter umschließt den gesamten Kubus aus 17 Ausstellungsräumen, Foyer und Treppen, Grabungsfeld und Kapelle. Mit Werken wie Stefan Lochners »Madonna mit dem Veilchen« aus dem zweiten Viertel des 15. Jahrhunderts, Josef Albers' sonnengelber »Homage to the Square – Yellow« von 1962 oder Jannis Kounellis' »Tragedia Civile« (Bürgerliche Tragödie) von 1975 nimmt der Besucher teil an einem subtilen Dialog profaner und religiöser Kunst.

Die Kapelle der »Madonna in den Trümmern« mit dem »Katharinenfenster« von Georg Meistermann, der Konsolfigur des »Heiligen Antonius, den Fischen predigend« von Ewald Mataré und dem Tabernakel von Elisabeth Treskow ist ein Ort ganz privater Besinnung und Ruhe geblieben. Der Zugang erfolgt über einen separaten Eingang.

Info: In der Innenstadt gelegen. **Info Kolumba – Kunstmuseum des Erzbistums Köln:** Kolumbastr. 4, 50667 Köln, Tel. (02 21) 933 19 30, www.kolumba.de, Öffnungszeiten tägl. außer Di 12–17 Uhr, Eintritt € 5, ermäßigt € 3, unter 18 J. frei.

Von der Pop Art bis zur Gegenwart

MUSEUM LUDWIG

Köln, Nordrhein-Westfalen

Roy Lichtensteins »Maybe«, Andy Warhols »Brillo Boxes« oder George Segals »Restaurant Window«, Ikonen der amerikanischen Pop-Art, waren gerade vollendet, als sie 1969 als Leihgabe ins Wallraf-Richartz-Museum einzogen. Die Werke stammen von dem Aachener Schokoladenfabrikanten-Ehepaar Peter und Irene Ludwig, die die größte Pop-Art-Sammlung außerhalb der USA zusammengetragen hatten.

Durch die Schenkung von rund 350 Werken moderner Kunst des Ehepaars Ludwig wurde 1976 das Museum Ludwig gegründet. Neben der Pop-Art gaben die Ludwigs noch eine umfangreiche Sammlung der russischen Avantgarde aus der Zeit von 1906 bis 1930 sowie ein Konvolut von mehreren hundert Arbeiten Pablo Picassos als Dauerleihgabe in das Haus. Auch die moderne Abteilung des Wallraf-Richartz-Museums mit der Expressionisten-Sammlung und den Arbeiten anderer Vertreter der Klassischen Moderne wurde in das Museum Ludwig integriert. Darunter befinden sich Meisterwerke von Erich Heckel, Karl Schmidt-Rottluff, August Macke, Otto Mueller, Otto Dix, Ernst Ludwig Kirchner und Marc Chagall.

Weitere Sammlungen mit Werken von Willi Baumeister, Max Beckmann, Alexej von Jawlensky, Paul Klee, Oskar Kokoschka, Henri Matisse und Ernst Wilhelm Nay konnten in der Folgezeit als Stiftung, Schenkung oder Leihgabe gewonnen werden.

Das Gebäude zwischen Dom, Rhein und Hauptbahnhof wurde 1986 eröffnet. Es beherbergte zunächst das Wallraf-Richartz-Museum, das Museum Ludwig und die Philharmonie. Im Januar 2001 zog das Wallraf-Richartz-Museum in einen eigenen Bau. Die Kunst des 20. Jahrhunderts und der Gegenwart kann im Museum Ludwig seitdem auf rund 8000 Quadratmetern Ausstellungsfläche gezeigt werden. In den letzten Jahren wurde eine große Anzahl Werke solcher Gegenwartskünstler erworben, die noch nicht in der Sammlung vertreten waren. Hierbei wurden gezielt einige Arbeiten aus den 1960er und 1970er, aber vor allem aus den 1980er Jahren erstanden, u. a. von Stephan Balkenhol, Erik Bulatov, Grischa Bruskin, Gilbert & George, Stephan von Huene, Hermann Nitsch, On Kawara und Julian Schnabel.

Das Museum Ludwig der Architekten BDA Peter Busmann und Gottfrid Haberer vor dem Kölner Dom.

Dem Museum angeschlossen sind das Agfa Photo-Historama, eine der weltweit bedeutendsten Sammlungen zur Geschichte der Fotografie, die Kunst- und Museumsbibliothek und das Filmforum.

INFO: Am Kölner Dom gelegen. **INFO MUSEUM LUDWIG:** Heinrich-Böll-Platz, 50667 Köln, Tel. (02 21) 22 12 61 65, www.museum-ludwig.de, Öffnungszeiten Di–So 10–18, 1. Do im Monat bis 22 Uhr, Eintritt € 11, ermäßigt € 7,50, bis 18 J. frei.

Mit dem Fahrstuhl in die Römerzeit

Praetorium

Köln, Nordrhein-Westfalen

Die freigelegten Fundamente des römischen Praetoriums unterhalb des heutigen Kölner Rathauses beherbergten Kult-, Empfangs- und Verwaltungsgebäude sowie die Privatquartiere der jeweiligen römischen Statthalter, die vom 1. bis 4. Jahrhundert von Köln aus die Provinz Niedergermanien verwalteten. Einschließlich der Flügelbauten war die Fassade 92 Meter lang.

Hier, wo sich Geschichte förmlich schichtenweise ablesen lässt, kann man Kölns Stolz auf seine große und lange Vergangenheit unmittelbar einsehen. Das Praetorium war zunächst Amtssitz der Oberbefehlshaber des niedergermanischen Heeres, dann Dienst- und Verwaltungsgebäude der Provinzstatthalter von Niedergermanien und seit dem dritten nachchristlichen Jahrhundert sogar zeitweise Residenz römischer Soldatenkaiser. Nach dem Abzug der Römer residierten hier merowingische Teilkönige.

Ein Teil des Praetoriums wurde 1953 bei Bauarbeiten am Rathaus wiederentdeckt, einzelne Reste aus allen Epochen des mehrphasigen Baus in den folgenden Jahren nach und nach freigelegt. Zugänglich ist heute jedoch nur ein Teil der Fundamente des Palastes aus dem 4. Jahrhundert.

Fundamente der Ostfront des Praetoriums.

Auch wenn sich der archäologisch weniger versierte Besucher angesichts der freigelegten Mauerreste kaum ein wirkliches Bild von der einstigen Gestalt des weitläufigen, vielfach umgebauten und immer wieder veränderten Gebäudekomplexes machen kann, so wird er doch von der Monumentalität dieses Bauwerks mit dem hoch aufragenden Oktogon in der Mitte beeindruckt sein, dessen imperiale Pracht auch noch aus den Ruinen zu uns spricht. Ein übersichtliches Modell des letzten Bauzustands entspricht zwar nicht mehr ganz dem Forschungsstand, vermag aber doch das etwas überforderte Vorstellungsvermögen des Besuchers wirkungsvoll zu unterstützen.

Eine Vielzahl unterschiedlicher Fundstücke wird in den Ausstellungsräumen präsentiert, von Keramik- und Glasarbeiten über Reste von Skulpturen bis hin zu Mosaiken und Wandmalereien. Die Studioausstellung widmet sich den Ausgrabungsobjekten der Archäologischen Zone am Rathausplatz. Gezeigt wird jeweils ein zum Fund des Monats gekürtes Fundstück, etwa ein römischer Schmuckstein, eine Schachfigur aus dem jüdischen Viertel oder Soleier aus der Schuttschicht des Zweiten Weltkriegs.

Info: Das Praetorium liegt südlich des Kölner Doms. **Info Praetorium:** Derzeit geschl. Wiedereröffnung als Teil des neuen MiQua (LVR – Jüdisches Museum im Archäologischen Quartier), wenn der Neubau weit genug ist, vermutlich in Teilen ab Ende 2021.

Der Mensch in seinen Welten

Rautenstrauch-Joest-Museum

Köln, Nordrhein-Westfalen

Eines der bedeutenden ethnologischen Museen Deutschlands befindet sich im Zentrum von Köln im Kulturquartier am Neumarkt. Statt die Exponate wie früher nach Ländern und Regionen zu ordnen, stehen jetzt universelle Themen im Mittelpunkt. Der Themenparcours »Der Mensch in seinen Welten« nimmt die Besucher mit auf die Reise zu fremden Kulturen und deren Vielfalt, und das mit modernsten multimedialen Mitteln.

Reisspeicher aus Sulawesi im Foyer des Rautenstrauch-Joest-Museums.

Wie gestalten Menschen in aller Welt ihren Tagesablauf? Was verbindet uns mit ihnen und ihren Lebensentwürfen? Das Museum zeigt dabei das Gemeinsame und nicht nur die Unterschiede. Weshalb etwa die Maori in Neuseeland Tätowierungen tragen oder was Kleidung generell über den Lebensstil aussagt, wird höchst anschaulich und anhand von vielen Beispielen thematisiert. So wird ein persönlicher Bezug geschaffen, der die Besucher aktiv miteinbezieht – bei einem Thema wie »Vorurteile« kann das durchaus entlarvend sein.

Auch die Historie ist natürlich mit im Boot: Der Blick Europas auf anderen Länder und Ethnien wird anhand von Reiseberichten und Kunst sichtbar gemacht. Der Sammler und Geograf Wilhelm Joest (1852–97) steht dabei im Mittelpunkt. Seine Sammlung aus 3400 Objekten bildet den Grundstock des Museums, eine Schenkung seiner Schwester Adele Rautenstrauch an die Stadt Köln.

Anfassen ist häufig erlaubt, vor allem an den vielen Stationen für Kinder, die z. B. verschiedene Gewürze riechen und ein Kamelfell streicheln dürfen. Ein eigenes »JuniorMuseum« zeigt, wie Kinder in verschiedenen Teilen der Erde wohnen.

Ein Highlight ist auch der Themenraum zum Totenkult, der mit weißen Bändern, die dicht von der Decke hängen, den Übergang vom Diesseits zum Jenseits symbolisiert.

Funde aus vielen Ländern der Erde zeugen von Vielfalt und Exotik. Ein im Foyer ausgestellter, prächtig verzierter, elf Meter langer und sieben Meter hoher Reisspeicher aus Indonesien ist das Wahrzeichen des Museums, das 2010 im neuen Haus wiedereröffnet wurde.

Das Ausstellungskonzept hat etliche Preise gewonnen, u. a. den Museumspreis des Europarates (2012). 65 000 Objekte und 100 000 historische Fotografien sowie eine Fachbibliothek mit 40 000 Bänden gehören zur Sammlung des Museums. Längst nicht alles kann ständig gezeigt werden.

Info: Am Neumarkt in der Innenstadt gelegen. **Info Rautenstrauch-Joest-Museum:** Cäcilienstr. 29–33, 50667 Köln, Tel. (0221) 22 13 13 56, www.museenkoeln.de/rautenstrauch-joest-museum, Öffnungszeiten tägl. außer Mo 10–18, Do bis 20, 1. Do im Monat bis 22 Uhr, Eintritt € 7, ermäßigt € 4,50, Audioguide € 2.

Kreativküche

Restaurant Le Moissonnier

Köln, Nordrhein-Westfalen

Ausgelöstes Täubchen gebraten mit Koriander gefällig? Kleine, warme Kaninchenpastete in gelbem Jurawein mariniert, dazu drei französische Antipasti? Oder pochiertes Lammrückenfilet in Heubutter und Portweinsirup mit Kardamom? Seit fast drei Jahrzehnten servieren Vincent und Liliane Moissonnier diese und noch viele andere aufregende Kreationen, die Eric Menchon, der fantasievolle Küchenchef, auf die Karte gezaubert hat. Leichtigkeit und neue Definitionen der französischen Regionalküche sind das Ergebnis. Als das Restaurant »Le Moissonnier« 1987 eröffnet wurde, war es der Versuch, eine Vinothek in Köln zu etablieren.

Authentisches Jugendstilambiente, eng gestellte kleine Tische im Bistro-Stil, Kugellampen, riesige Wandspiegel und besonders die 40 offenen Weine unterstreichen diese mittlerweile mit zwei Michelin-Sternen ausgezeichnete Idee perfekt. Hier geht es lebhaft zu, nicht vornehm still, die Küche ist hervorragend und dabei unverkrampft. Wer hier essen möchte, sollte besser drei Wochen im Voraus reservieren.

»Eines der besten Spitzenrestaurants in Deutschland«, urteilt der Gastronomiekritiker des »Kölner Stadt-Anzeiger« und sein Kollege von der »Frankfurter Allgemeinen Zeitung« schrieb einmal: »Warum hat Deutschland nicht in jeder größeren Stadt ein Le Moissonnier? Müsste nicht jeder gastronomische Konzept-Sucher den großen Erfolg dieses optisch klassischen Bistros mit seiner hochinteressanten Kreativküche und seinem exquisiten Gourmet-Publikum nachahmen?«

Info: Im Kölner Stadtteil Neustadt-Nord gelegen. **Info Restaurant Le Moissonnier:** Krefelder Str. 25, 50670 Köln, Tel. (02 21) 72 94 79, www.lemoissonnier.de, Öffnungszeiten Di–Do 12–15 und 18.30–24, Fr/Sa 12–15 und 19–24 Uhr. Reservierung empfohlen, Preise auf Anfrage.

Restaurant Le Moissonnier in Köln: mit zwei Michelin-Sternen ausgezeichnet.

Mittelalterliche Meisterwerke

Wallraf-Richartz-Museum & Fondation Corboud

Köln, Nordrhein-Westfalen

Juno und Argus«, ein Meisterwerk des wichtigsten flämischen Malers des 17. Jahrhunderts, Peter Paul Rubens, begrüßt den Besucher aus der Tiefe des Saals. Weiteren Szenen der antiken Mythologie und Geschichte (Heemskerck, van Dyck und Jordaens) steht Religiöses wie die vier Tafeln zur Jugend Christi von Pieter Aertsen gegenüber.

Das Wallraf-Richartz-Museum ist eine der großen klassischen Gemäldegalerien Deutschlands. Schwerpunkte der Sammlung sind die Mittelalterabteilung, die einen fast lückenlosen Überblick über die Entwicklung der Kölner Tafelmalerei von 1300 bis 1550 erlaubt, die Barockabteilung, die mit Hauptwerken von Rubens und Rembrandt glänzt, sowie die Abteilung des 19. Jahrhunderts, die neben Gemälden der Romantik, des Realismus und des Impressionismus (u. a. die 2001 überreichte Sammlung des Schweizer Unternehmers Gérard Corboud) auch Skulpturen zeigt.

Einblick in die rund 75 000 Blatt zählende Grafische Sammlung kann zu bestimmten Zeiten und nach Vereinbarung genommen werden. Das Museum geht auf die umfangreiche testamentarische Hinterlassenschaft des vielseitig interessierten Gelehrten und Sammlers Ferdinand Franz Wallraf (1748–1824) zurück, die sich ihrerseits vor allem aus Säkularisationsgut speiste. Das Haus war somit die älteste Kölner Ausstellungshalle und zugleich eines der frühesten bürgerlichen Museen Deutschlands. Nach diversen provisorischen Unterbringungen konnte die Sammlung 1861 ihren ersten eigenen Bau beziehen, dessen Errichtung von dem Kölner Kaufmann Johann Heinrich Richartz (1795–1861) finanziell entscheidend gefördert wurde.

In den Räumen der Barocksammlung des Wallraf-Richartz-Museums in Köln.

Nach der Zerstörung im Zweiten Weltkrieg wurde 1957 ein Neubau eröffnet. Ein wichtiger Zugewinn kam 1968 mit der Sammlung Ludwig (Picasso, Russische Avantgarde, amerikanische Pop-Art). 1986 gab es einen Umzug in die Nähe des Doms. Da das später eigenständige Museum Ludwig stark gewachsen war, zog das Wallraf-Richartz-Museum 2001 in einen nach Plänen des Kölner Architekten Oswald Mathias Ungers errichteten Neubau zwischen Rathaus und Gürzenich.

Info: In der Innenstadt am Rathaus gelegen. **Info Wallraf-Richartz-Museum & Fondation Corboud:** Obenmarspforten 40, 50667 Köln, Tel. (02 21) 22 12 11 19, www.wallraf.museum, Öffnungszeiten Di–So 10–18, 1. und 3. Do bis 22 Uhr, Eintritt € 8, ermäßigt € 4,50.

Colonia Romanica

Zwölf romanische Kirchen von Köln

Köln, Nordrhein-Westfalen

Der 1985 weitgehend abgeschlossene Wiederaufbau der zwölf romanischen Kirchen in der Kölner Altstadt zählt sicher zu den bedeutendsten Leistungen der städtischen Denkmalpflege Kölns und gipfelte im Jahr der Romanischen Kirchen. Zusammen mit vereinzelten Rettungsaktionen im Wohnungsbau wurden zumindest punktuell Spuren kölnischer Bautradition gesichert, die nach der Kriegszerstörung durch die Abrissbirnen der Wiederaufbauphase genauso ausgelöscht worden wären wie der größte Teil der Stadt ohnehin.

Das Dekagon von St. Gereon in Köln.

Ein Glücksfall für Köln war die damalige Stadtkonservatorin Hiltrud Kier, die durch resoluten Einsatz ein solches Umdenken nicht nur angestoßen, sondern auch mehrheitsfähig und finanzierbar gemacht hat. Seither leuchtet der prächtige Kranz der romanischen Kirchen zwischen Rhein und Ring, und man kann sich bei einem Rundgang auf eine Folge beeindruckender Architekturerlebnisse gefasst machen.

Die zwölf romanischen Kirchen, alle älter als der 1248 begonnene Dom, waren (mit Ausnahme von St. Maria Lyskirchen) Kloster- und Stiftskirchen. Zu diesen Kirchen zählen: St. Andreas, St. Aposteln, St. Cäcilien, St. Georg, St. Gereon, St. Kunibert, St. Maria im Kapitol, St. Maria Lyskirchen, Groß St. Martin, St. Pantaleon, St. Severin und St. Ursula.

St. Pantaleon gehört zu den schönsten und bedeutendsten Bauten Kölns. Vor allem das Westwerk zählt zu den Höhepunkten ottonischer Architektur. Auch in St. Maria im Kapitol, der größten unter den zwölf romanischen Altstadtkirchen, begegnet einem wie oftmals in Köln die römische Vergangenheit: Der unzweideutig auf das römische Kapitol anspielende Beiname »in Capitolio« ist zwar erst seit dem 12. Jahrhundert überliefert, doch beruht er auf archäologisch nachgewiesenen Tatsachen. Die im 11. Jahrhundert errichtete ehemalige Damenstiftskirche erhebt sich nämlich über den Fundamenten eines Tempels, der den kapitolinischen Gottheiten Jupiter, Juno und Minerva geweiht war. In mehrfacher Hinsicht ist die sehr anspruchsvolle Architektur, die zu Recht als Schöpfungsbau der rheinischen Romanik gilt, ein Musterbeispiel für die Übertragung von Bedeutungen durch das Aufgreifen bestimmter architektonischer Formen.

St. Gereon galt neben dem Dom von jeher als ranghöchste Kirche der Kölner Erzdiözese. Den Kern der heutigen Kirche bildet ein in seiner Bausubstanz noch deutlich erkennbarer, spätantiker Ovalbau, der im frühen 13. Jahrhundert in jenes überwölbte Dekagon umgewandelt wurde, das innerhalb der mittelalterlichen Architektur nicht nur in Köln ein Unikat darstellt. Der Blick in diese bedeutendste Kuppelwölbung seit der Hagia Sophia in Konstantinopel und vor Brunelleschis Florentiner Domkuppel ist ein beeindruckendes Erlebnis.

Info: www.romanische-kirchen-koeln.de.

»4711 Echt Kölnisch Wasser wirkt positiv auf Körper, Geist und Seele.«

4711-Haus in der Glockengasse

Köln, Nordrhein-Westfalen

Sein Ursprung liegt im Jahr 1792, als ein Kartäusermönch dem frisch getrauten Ehepaar Wilhelm Muelhens und Catharina Moers ein Geheimrezept zur Herstellung von Aqua mirabilis, später Eau de Cologne, zum Präsent machte.

In der Klöckergasse in Köln wurde bald eine Fabrik zur Kölnisch-Wasser-Produktion eingerichtet, die bei der fortlaufenden Nummerierung der Häuser unter der französischen Besatzung 1796 die Hausnummer 4711 erhielt. Seit über 200 Jahren steht diese Zahl im Zentrum des grün-goldenen Firmenetiketts, das den Namen des Unternehmens, aber auch den Namen Kölns in der ganzen Welt bekannt gemacht hat.

Kölnisch Wasser war zunächst nur eine Medizin, die gegen allerlei Krankheiten eingesetzt wurde, und erst im Jahr 1810, als Napoleon in einem Dekret die Bekanntgabe aller Heilmittelrezepturen forderte, wurde es als Duft- und Erfrischungswasser deklariert.

Mit der Echtheitsbanderole aus rotem Seidenband und dem Stempelaufdruck »Gott und mein Recht« (Dieu et mon Droit), geprägt in den glänzenden Siegellack, garantierte man, dass das Elixier in der Glockengasse Nummer 4711 hergestellt und abgefüllt worden war.

Sechs Duftkompositionen kreierte Peter Muelhens (1875–1945) in den 1920er Jahren: Tosca, Rheingold, Juchten, Esmeralda, Pro Fur sowie Ciel d'Orado, und um sich diese Extravaganzen leisten zu können, musste man damals noch einen hübschen Teil seines Wochenlohns opfern.

Das geschichtsträchtige Haus in der Glockengasse 4711 bietet dem Besucher im Rahmen von historischen Führungen durch das Duftmuseum Einblick in die interessante Geschichte eines der ältesten Familienbetriebe Kölns, der Marke 4711 und der Parfumherstellung.

Und übrigens: An der Südfront des neugotischen Traditionshauses kann von 9 bis 19 Uhr stündlich das Glockenspiel mit seinen historischen Figuren aus der Reiterszene zu den Klängen der Marseillaise und des Treuen Husaren und weiterer, ständig wechselnder Melodien bewundert werden.

Info: In der Kölner Innenstadt gelegen. **Info 4711-Haus:** Glockengasse 4, 50667 Köln, Tel. (02 21) 27 09 99-11, www.4711.com, Öffnungszeiten Mo–Fr 9.30–18.30, Sa 9.30–18 Uhr, einstündige Führung Sa 13 Uhr, Kosten € 7, Duftseminar Do 15–16.30, Kosten € 38.

Das Dufthaus 4711 in der Glockengasse in Köln.

Von Drachen und Eseln

Drachenfels

Königswinter, Nordrhein-Westfalen

Seinen Namen verdankt der wohl bekannteste Berg des Siebengebirges einem furchterregenden Drachen, der einst tief unter dem Berg gehaust haben soll. Prinz Siegfried aus der Nibelungensage gelang es schließlich, das Untier zu erlegen. Sein Blut machte ihn fast unverwundbar. Erbaut wurde die Burg Drachenfels im 12. Jahrhundert vom damaligen Kölner Erzbischof. Sie sollte der Stadt flussaufwärts zum Schutz dienen. Die Ruine des Bergfrieds steht auch heute noch auf dem Gipfel des Drachenfels. Übrig geblieben ist nur das markante Mauerstück mit dem Kölner Fenster.

Lange Zeit wurde der Drachenfels wegen seiner Nähe zum Rhein auch als Steinbruch genutzt. So wurde die Außenfassade des Kölner Doms bis zu ihrer Fertigstellung 1880 mit Steinen vom Drachenfels erbaut.

Auf dem Rücken eines Esels (nur für Kinder) den Berg zu erklimmen ist sicher eine spannende Aufstiegsmöglichkeit. Besonders beliebt ist auf halber Strecke des Eselsweges, den man natürlich auch per pedes nehmen kann, die Nibelungenhalle. Zur Musik Richard Wagners wandeln die Besucher im dämmrig-geheimnisvollen Licht des massiven Jugendstilbaus vorbei an ausdrucksvollen Wandgemälden des Berliner Malers Hermann Hendrich, die den »Ring der Nibelungen« zu neuem Leben erwecken.

Blick vom Drachenfels auf Schloss Drachenburg in Königswinter.

Oberhalb der Mittelstation liegt das malerische Schloss Drachenburg mit dem erst 2002 eröffneten Museum für Naturschutzgeschichte in der Vorburg des Schlosses.

Ob zu Fuß, per Esel oder bequem mit der Zahnradbahn, der Aufstieg lohnt in jedem Fall, denn von der Aussichtsplattform hat man einen herrlichen Blick auf das Rheintal, das Siebengebirge und die Bonner Umgebung. Und auf dem Plateau selbst ist es nach den 2013 abgeschlossenen Neu- und Umbauten auch richtig schön geworden: Der Gipfel-Bahnhof ist neu gestaltet und die Besucher erwartet ein lichtdurchfluteter Glaskubus.

Info Drachenfels: Der Drachenfels liegt ca. 10 km südöstlich von Bonn. **Info Schloss Drachenburg und Museum für Naturschutzgeschichte:** Auf dem Drachenfels, 53639 Königswinter, www.naturschutzgeschichte.de, www.schloss-drachenburg.de, Öffnungszeiten März–Ende Nov. tägl. 11–18/19, Dez. Sa/So 12–20, Jan./Feb. tägl. 12–17 Uhr, Eintritt € 7, ermäßigt € 5. **Info Restaurant & Eventlocation:** Auf dem Drachenfels, 53639 Königswinter, Tel. (022 23) 296 99-0, www.der-drachenfels.de, Öffnungszeiten April–Mitte Nov. tägl. 10–18/19, Mitte Nov.–Dez. Sa/So 10–18 Uhr, Preise auf Anfrage.

Renaissanceblüten an der Weser

Altstadt von Lemgo

Lemgo, Nordrhein-Westfalen

Nach seiner Gründung um 1190 durch Bernhard II. mauserte sich Lemgo wegen seiner Lage am Kreuzungspunkt wichtiger Handelswege des Mittelalters lange Zeit zur bedeutendsten Stadt Lippes und kam durch seine Zugehörigkeit zur Hanse zu ansehnlichem Wohlstand. Die Stadt erlebte aber im ausgehenden Mittelalter wegen umfangreicher Hexenverfolgung und -verbrennung einen traurigen Höhepunkt. Sie galt weithin als Hexennest.

Dokumentiert wird diese Entwicklung heute im Museum im Hexenbürgermeisterhaus. Mit seiner 1571 entstandenen Fassade ist das Haus ein bedeutendes Beispiel städtischer Architektur im Stil der Weserrenaissance. Trotz zahlreicher Umbauten blieb im Innern die räumliche Struktur des frühzeitlichen Bürgerhauses erhalten.

Das Hexenbürgermeisterhaus in Lemgo.

Entlang der Weser entwickelte sich von Beginn des 16. bis Mitte des 17. Jahrhunderts ein spezieller Stil, der die Elemente der italienischen und westeuropäischen Renaissance vereinte. Ein weiteres bedeutendes Beispiel dieses ebenso prunkvollen wie auch eleganten Stils ist das außerhalb der Stadt gelegene Schloss Brake, seit 1584 Residenz der Grafen zu Lippe. Die ständige Ausstellung bietet einen breit gefächerten Überblick der Renaissancekultur speziell im Weserraum.

Von herausragender Bedeutung ist zweifellos das Lemgoer Rathaus. Vor allem die kunstvollen Steinmetzarbeiten am Apothekenerker und an der Ratslaube bestimmen das Ensemble. Im historischen Stadtkern finden sich noch viele weitere Beispiele eleganter Bürgerhäuser und adretter Fachwerkhäuschen. Kurios und sehenswert ist auch das Ende des 19. Jahrhunderts erbaute Junkerhaus, die Schöpfung des Lemgoer Architekten, Malers und Holzbildhauers Karl Junker (1850–1912). Der Künstler war ein Eigenbrötler und galt als Sonderling. Am und im Haus fallen vor allem die kunstvollen Schnitzarbeiten auf. Der zweistöckige Fachwerkbau mit Backsteinsockel ist aber vor allem ein Gesamtkunstwerk, Möbel, Wand- und Deckenverkleidungen bilden eine Einheit. Für Junkers Bilder und Skulpturen wurde 2004 im Garten eine kleine Galerie eröffnet.

Info: Lemgo liegt ca. 35 km östlich von Bielefeld. **Info Lemgo Information:** Kramerstr. 1, 32657 Lemgo, Tel. (052 61) 98 87-0, www.lemgo-marketing.de. **Info Weserrenaissance-Museum Schloss Brake:** Schlossstr. 18, 32657 Lemgo, Tel. (052 61) 945 00, https://museum-schloss-brake.de, Öffnungszeiten Di–So 10–18 Uhr, Eintritt € 3, ermäßigt € 2. **Info Museum Hexenbürgermeisterhaus:** Breite Str. 17–19, 32657 Lemgo, Tel. (052 61) 21 32 76, www.hexenbuergermeisterhaus.de, Öffnungszeiten Di–So 10–17 Uhr, Eintritt frei. **Info Museum Junkerhaus:** Hamelner Str. 36, 32657 Lemgo, Tel. (052 61) 66 76 95, https://museen-lemgo.de, Öffnungszeiten April–Okt. Di–So 10–17, Nov.–März Fr–So 11–15 Uhr, Eintritt € 3, ermäßigt € 1,50.

Grimmige Tempelhunde und blühende Pracht

JAPANISCHER GARTEN

Leverkusen, Nordrhein-Westfalen

Prächtig blühende exotische Pflanzen, versteckt hinter kleinen Teichen mit Karpfen, seltenen Kois und Schildkröten, filigrane Brücken, die über verwunschene Bachläufe und vorbei an malerischen Wasserfällen führen, Steingärten mit kunstvollen Statuen, dazwischen erheben sich Teehäuser, Tempel und Torbögen. Im Japanischen Garten, gelegen auf 15 000 Quadratmetern zwischen der Leverkusener Stadtgrenze und dem Bayer-Werk, kann man auf verschlungenen Pfaden wunderbar die Hektik des Alltags vergessen.

An jeder Biegung gibt es etwas Neues aus fernen Ländern zu entdecken: grimmig dreinschauende Tempelhunde, die das Eingangstor bewachen, Laternen, Reliefs oder die sanft geschwungene Mikadobrücke, die einer Brücke in der Tempelstadt Nikko nachgebildet wurde. Einer Legende nach führte sie zu den Tempeln der Götter und nur ausgewählte Personen durften sie überschreiten.

Weiter führt der Weg vorbei am Teehaus mit seinem doppelt geschwungenen, aus schwarz glasierten Ziegeln gefertigten Dach, an Wasser speienden Drachen, unergründlichen Buddhas, Geishas und auch an Daikoku – dem Gott der Wohlhabenheit, einer von insgesamt 800 japanischen Gottheiten. Wohlgefällig lachend sitzt er auf einem prall gefüllten Reissack.

Im Japanischen Garten von Leverkusen, einem der schönsten Parks Deutschlands.

Grün in allen Nuancen bildet den Hintergrund zum verschwenderischen Farbenspiel, das im Januar mit der Blüte der Hamamelis japonica beginnt, sich im Frühjahr zu einem gewaltigen Blütenmeer ausdehnt und erst im Spätherbst mit Chrysanthemen und Astern zu verblassen beginnt. Zwergkoniferen, Bambusgräser, Papyrusstauden, Iris, Calla, Zaubernuss, Kamelien, Japanischer Goldahorn, Sumpfzypresse, Blauglockenbaum, Mammutbaum und viele andere exotische und einheimische Gewächse fügen sich zu einem ausgewogenen Bild zusammen.

Der Garten, der 1913 von Carl Duisburg, Aufsichtsrats- und Verwaltungsratsvorsitzender der damaligen I. G. Farbenindustrie Aktiengesellschaft, initiiert wurde, geht fließend in das Areal des Bayer-Kommunikationszentrums über. Dort können sich Besucher über die Bedeutung der Chemie im täglichen Leben informieren: Von der Entwicklung neuer Arzneimittel über die Sicherung der Welternährung bis zum Auto aus Kunststoff – das BayKomm gibt Einblick in die Forschung von heute für die Welt von morgen.

INFO: Leverkusen liegt ca. 35 km nördlich von Köln. **INFO JAPANISCHER GARTEN:** Kaiser-Wilhelm-Allee, 51373 Leverkusen, www.leverkusen.de, Öffnungszeiten April–Okt. tägl. 9–20, Nov.–März Mo–Fr 9–16.30, Sa/So/Fei 9.30–17 Uhr, Eintritt frei.

Hufeisen im Sumpf

Schloss Morsbroich

Leverkusen, Nordrhein-Westfalen

Wer hätte das gedacht! In der durch Chemie, Pharma und Fußball bekannten Industriestadt Leverkusen verbirgt sich unter hohen Bäumen mit Schloss Morsbroich ein liebliches, pastellfarbenes Barockschlösschen und darin eine exquisite Sammlung meist ungegenständlicher Kunst höchster Qualität. Umgeben von einem verwunschenen, angenehm verwilderten Skulpturengarten am Rande der Dhünn, die sich Richtung Rhein schlängelt.

Das Barockschloss Morsbroich in Leverkusen.

Der Park und das Museum gehören eng zusammen. Der Gang über die Brücke, vorbei an einem kleinen, künstlich angelegten Wasserfall, erinnert an das Leben des Bergischen Adels, der hier schon früh einen Garten im englischen Stil anlegte. Überaus geschickt nutzten die Gartengestalter etwa die topografische Situation und bezogen den Verlauf des Flusses Dhünn und des Burggrabens in ihre Planungen ein. Heute bilden die harmonisch eingefügten Skulpturen, die sich thematisch an den Schwerpunkten der Gemäldesammlung orientieren, einen vielversprechenden Auftakt für den Besuch des interessanten Museums.

Die Bilder sind häufig im Lager, um Platz zu machen für immer wieder neue Ausstellungen. Im Allgemeinen widmen sich diese Ausstellungen aktuellen Tendenzen der Abstraktion. Aber auch Klassiker werden in neuem Licht präsentiert. Und noch dazu in von Architektur-Altmeister Oswald Mathias Ungers eigens für Ausstellungszwecke hergerichteten Rokokoräumen.

Die Geschichte des Wasserschlosses lässt sich bis um 1220 zurückverfolgen. Schriftlich erwähnt wird ein Ritter Moir oder Mohr, den der Bergische Graf von Limburg mit einem sumpfigen Stück Land an der Dhünn belehnte. Bruoch bedeutet soviel wie Sumpf. Daraus wurde Moirs Broich.

Die halbkreisförmige Vorburg geht auf das Jahr 1692 zurück. Das heutige Schloss datiert aus den Jahren 1773 bis 1775. Der Architekt des Hauptgebäudes, Johann Georg Leydel, entstammt dem Umkreis des bedeutenden westfälischen Barockbaumeisters Johann Conrad Schlaun, der u. a. in Münster das Schloss und den Erbdrostenhof baute. Leydel also setzte ins Zentrum der von einem Wassergraben eingefassten Insel ein streng symmetrisch ausgerichtetes Maison de Plaisance, umgeben von der hufeisenförmigen Hubertusburg, in der sich die Ausstellungsräume des Leverkusener Kunstvereins.

Info: Leverkusen liegt ca. 35 km nördlich von Köln. **Info Schloss Morsbroich:** Gustav-Heinemann-Str. 80, 51377 Leverkusen, Tel. (02 14) 855 56-0, www.museum-morsbroich.de, Öffnungszeiten Di–So 11–17 Uhr, Eintritt € 8, ermäßigt € 4. **Info Kunstverein Leverkusen Schloss Morsbroich e. V.:** Tel. (02 14) 500 50 72, www.kunstverein-leverkusen.de, Öffnungszeiten Sa/So 11–17 Uhr.

Moderne Sicherheit im Mittelalter

Burg Vischering

Lüdinghausen, Nordrhein-Westfalen

Der adelige Ritter Lambert von Oer hat es am eigenen Hals erfahren, dass mit Burgherren seines Standes nicht zu spaßen war. Als er im 16. Jahrhundert überfallen wurde, sprangen die Täter wenig zimperlich mit ihm um und legten ihn mit einem dicken, zweieinhalb Kilo schweren Eisenband in Ketten.

Wasserburg Vischering in Lüdinghausen.

Die trutzige und sehr gut erhaltene Wasserburg Vischering in Lüdinghausen, einer kleinen und beschaulichen Stadt vor den Toren Münsters, lässt keinen Zweifel daran, dass sie im Mittelalter zur Verteidigung gegen Feinde errichtet wurde. Tiefe Wassergräben, Zugbrücke, dicke Wehrmauern und Schießscharten machen sie zu einer typischen Ritterburg, wie sie im Buche steht. Dabei ist nicht nur die Vorburg über eine Zugbrücke zu erreichen, auch die Hauptburg ist komplett von Wasser umgeben und mit der Vorburg ebenfalls nur über eine Brücke verbunden. Doppelter Schutz zahlt sich aus, musste sich schon der Bischof von Münster gedacht haben, als er das Bollwerk 1271 für seine Drostei (= Verwaltungsbezirk) errichten ließ. Der Drost (= Verwalter) sollte im Auftrag des Bischofs die Herren der nur 200 Meter entfernten Burg Lüdinghausen scharf beobachten.

Nachdem ein großer Teil der Hauptburg bei einem Brand 1521 zerstört wurde, der auch sämtliche Besitzurkunden der Drostei zu Vischering vernichtete, hatten die Burgherren beim Wiederaufbau eine ganz besondere Idee. Sie schufen an den Außenmauern der Burg eine Auslucht, eine Art steinernen Erker, in dessen Boden ein kleiner feuerfester Hohlraum mit einem schweren Schutzdeckel geschaffen wurde. Im Notfall konnten dort alle Wertgegenstände feuerfest aufbewahrt werden. Auch für die Menschen wurde für die damalige Zeit ein spektakulärer Sicherheitsplan geschaffen: Vom ersten Stock der Burg führt hinter dem Kamin versteckt eine zweite steinerne Treppe ins Erdgeschoss und dort durch eine kleine Tür direkt zum Wassergraben. Beides ist heute zu besichtigen.

Seit Anfang 2018 erstrahlt Burg Vischering nach eineinhalbjähriger Restaurierung in neuem Glanz. Im Münsterlandmuseum erhalten Besucher einen Einblick in die Geschichte der Burg und das Leben ihrer Bewohner. Hier befindet sich auch ein kleines Museum für Kinder, in dem ausprobiert werden kann, wie bequem es sich in einem Rittersattel sitzen lässt oder wie man sich mit einem echten Ritterhelm fühlt. Zum Abschluss empfiehlt sich ein Spaziergang durch die weitläufige Außenanlage entlang der Wassergräben.

Info: Lüdinghausen liegt ca. 30 km südlich von Münster. **Info Münsterlandmuseum Burg Vischering:** Berenbrock 1, 59348 Lüdinghausen, Tel. (025 91) 79 90-0, www.burg-vischering.de, Öffnungszeiten Di–So 10–18 Uhr, Eintritt Vorburg € 3,50, ermäßigt €2, bis 18 J. € 1,50, Kombiticket Vor- und Hauptburg € 7,50/5/3,50, bis 6 J. frei.

Mittelalter zum Anfassen

Burg Satzvey

Mechernich, Nordrhein-Westfalen

Ritterspiele, Hexenfeste und mittelalterliche Jahrmärkte, auf Burg Satzvey im Eifelstädtchen Mechernich wird das Mittelalter wieder lebendig. 1396 erstmals ukundlich erwähnt, befindet sie sich seit über 300 Jahren in Privatbesitz der Familie Beissel von Gymnich. Sie gilt als eine der am besten erhaltenen Wasserburgen Deutschlands. Das ursprüngliche Burghaus, das doppeltürmige Torhaus, die Nordmauer und der Nordturm sind die ältesten Bauteile, die von 600 Jahren eindrucksvoller Geschichte zeugen.

Burg Satzvey ist gleichzeitig ein gutes Beispiel für moderne Wirtschaftlichkeit, denn um sie zu erhalten, machten die Besitzer Graf und Gräfin Beissel von Gymnich den Gebäudekomplex für die Öffentlichkeit zugänglich. Burg Satzvey entwickelte sich so zu einem beliebten Ausflugsort für Groß und Klein.

Bei einem geführten Rundgang können die ehemaligen gräflichen Wohnräume, das Audienzzimmer, der Bankettsaal und das Kaminzimmer besichtigt werden. Die Burg verfügt auch über einen Wappensaal mit einer kleinen Waffensammlung.

Waffengeklirr ist aber vor allem bei den Ritterspielen zu hören, die nicht nur Besucher aus der Umgebung anziehen. Neben dem eigentlichen Turnier, das meist in eine schön-schaurige Rittergeschichte eingebunden ist, finden ein mittelalterlicher Markt und andere sehenswerte Vorführungen statt. Ebenso mittalterlich geht es bei der Burgweihnacht zu, einem jährlich stattfindendem historischen Weihnachtsmarkt auf dem Burggelände.

Eine beeindruckende Flugshow bieten Adler, Falken und andere Greifvögel der Burgfalknerei. Stärken können sich die Besucher bei ihrer Reise in die Vergangenheit in der Burgbäckerei, der Senfmühle oder im Restaurant Lord of the Grillz.

Wer sich für historische Kleider begeistert, kann in verschiedenen kleinen Geschäften Gewänder erstehen oder sich funkelnden keltischen Schmuck anlegen.

Burg Satzvey lädt dazu ein, einen ganzen Tag auf den Spuren des Mittelalters zu wandern!

Info: Mechernich liegt ca. 50 km südöstlich von Köln. **Info Burg Satzvey:** Patricia Gräfin Beissel GmbH, Konzepte & Entertainment, An der Burg 3, 53894 Mechernich, Tel. (022 56) 95 83-0, www.burgsatzvey.de, Höfe der Burg mit Restaurants ganzjährig frei zugänglich, Besichtigung des Burghauses nur mit Führung Sa/So/Fei 12–17 Uhr zu jeder vollen Stunde (Mindestteilnehmerzahl 5 Erw.), Teilnahme € 5, Kinder (4–12 J.) € 2, Voranmeldung unter Tel. (01 76) 22 24 30 08.

Auf Burg Satzvey in Mechernich wird das Mittelalter lebendig.

Geschichte der Menschheit

NEANDERTHAL MUSEUM

Mettmann, Nordrhein-Westfalen

Etwa 250 000 Jahre lang beherrschten die Neandertaler Europa. Nicht gebückt und mit der Keule in der Hand, wie ihnen häufig nachgesagt wird, keinesfalls tumb, grob und gefährlich, sondern intelligent und handwerklich geschickt, mit ausgefeilten Jagdtechniken und sozialer Fürsorge für ihre Angehörigen. Sie passten sich an die rauen Lebensbedingungen der Eiszeit an und sicherten so ihr Überleben. Doch vor gut 30 000 Jahren verliert sich ihre Spur. Dass es sie überhaupt gegeben hat, kam durch aufsehenerregende Funde erst vor 150 Jahren ans Licht.

Nachbildung des Neandertalers im Neanderthal Museum bei Mettmann.

Die 16 Knochen, die Steinbrucharbeiter im August 1856 in der Nähe von Mettmann gefunden haben, machten die Neandertaler zum Synonym für die menschliche Urgeschichte. Skelett und Schädel wurden zum Meilenstein der Erforschung der Menschheitsgeschichte und machten den Namen des Neandertals weltweit bekannt. Jährlich kommen deshalb Hunderttausende Besucher aus der ganzen Welt an den Ort, an dem heute das Neanderthal Museum steht.

Das Museum zeigt aber nicht nur die Lebensumstände des Steinzeitmenschen. Dargestellt wird in einzelnen Episoden und Themenblöcken auch die gesamte Menschheitsgeschichte von den Anfängen in Afrika bis zur Gegenwart. 3-D-Animationen, Schautafeln und täuschend echte Plastiken zeigen, wie unsere Vorfahren lebten.

Ein wissenschaftliches Highlight ist die Abgusssammlung. Hier sind Abdrücke von 50 steinzeitlichen Individuen aufbewahrt. Drei Millionen Jahre menschlicher Urgeschichte, präsentiert in einer 30-Quadratmeter-Vitrine: Exponate aus Afrika, Asien und Europa, nach Alter und Herkunft katalogisiert. Darunter finden sich Gipsabdrücke ebenso wie Modelle, die mithilfe modernster Computertomografie und Lasertechnik hergestellt worden sind.

Wer will, kann auch selbst in das Leben der Frühmenschen eintauchen. In der Steinzeitwerkstatt werden Materialien bearbeitet, die heute seltener verwendet werden: Knochen, Leder oder Sehnen. Der Originalfundort des berühmtesten Deutschen, die Feldhofer Grotte, ging durch den Kalkabbau zwar für immer verloren. Eine Annäherung an die Topografie der historischen Stätte ist jedoch in einem archäologischen Garten möglich. Weitere Attraktionen: Der Kunstweg »Menschenspuren« lädt zum Nachdenken über Mensch und Natur ein und im Wildgehege leben Auerochsen, Wisente und Wildpferde.

INFO: Das Neandertal liegt ca. 20 km östlich von Düsseldorf. **INFO NEANDERTHAL MUSEUM:** Talstr. 300, 40822 Mettmann, Tel. (021 04) 97 97-0, www.neanderthal.de, Öffnungszeiten Di–So Museum 10–18, Fundstelle März–Okt. 10–17, Nov.–Feb. 10–16 Uhr, Veranstaltungen in der Steinzeitwerkstatt nur nach Anmeldung, Eintritt € 11, ermäßigt (6–16 J.) € 6,50.

Wendepunkt musealer Architektur

Städtisches Museum Abteiberg Mönchengladbach

Mönchengladbach, Nordrhein-Westfalen

Das Museum, hoch oben am Berg, ist selbst ein Kunstwerk. Bei seiner Eröffnung im Jahr 1982 markierte es einen Wendepunkt in der deutschen Museumsarchitektur. Der österreichische Architekt, Designer und Bildhauer Hans Hollein setzte das Städtische Museum Abteiberg Mönchengladbach wie eine Riesenskulptur an einen Hang oberhalb der City und entfernte sich damit zugleich inhaltlich von allen linearen kunstgeschichtlichen Präsentationsformen und hierarchischen Ordnungsstrukturen üblicher Schausammlungen.

Das Gebäude verdankt seine konzeptuelle Geschlossenheit einer für die 1970er Jahre entscheidenden Neuformulierung des öffentlichen Kulturauftrags.

Hollein setzte die Moderne in Bezug zu den historischen Zentren der Stadt. Nicht Abschottung oder Radikalisierung moderner Autonomieansprüche bestimmt diesen öffentlichen Raum, sondern der Wunsch nach Vermittlung und spielerischer Auseinandersetzung mit der Tradition. Hollein entschied sich nicht für einen Museumsort inmitten städtischer Betriebsamkeit, sondern setzte auf stadthistorische Bezüge: Der Abteiberg mit seinen historischen Bauten, dem Abteimünster und der Pfarrkirche verknüpft den Anspruch des Museums auf Gegenwärtigkeit und Aktualität mit der Erinnerung an die Vergangenheit und vor allem die lokale Geschichte.

Das Haus ist ein Museum für bildende Kunst des 20. und 21. Jahrhunderts. Zu seiner Sammlung gehören u. a. Arbeiten von Joseph Beuys, Richard Serra, Andy Warhol, Sigmar Polke, Gerhard Richter, Markus Oehlen, Heinz Mack und Ulrich Rückriem sowie Martin Kippenberger.

Der 2002 eröffnete Skulpturenpark ist mit Werken namhafter Künstler bestückt. Der Abteigarten schafft aufgrund seiner Lage eine besondere Verbindung von Natur, Kunst und Leben.

2016 erhielt das Museum Abteiberg die Auszeichnung »Museum des Jahres«.

Info: Mönchengladbach liegt ca. 30 km westlich von Düsseldorf. **Info Städtisches Museum Abteiberg Mönchengladbach:** Abteistr. 27, 41061 Mönchengladbach, Tel. (021 61) 25 26 37, www.museum-abteiberg.de, Öffnungszeiten Di–Fr 11–17, Sa/So 11–18 Uhr, Eintritt € 8, ermäßigt € 5.

Museum Abteiberg: eine der führenden Adressen für Gegenwartskunst.

Die Festung vom Niederrhein

STÄDTISCHES MUSEUM SCHLOSS RHEYDT

Mönchengladbach, Nordrhein-Westfalen

Eine Wallanlage mit Torburg, Bastionen und Kasematten, die von einem durch das Flüsschen Niers gespeisten äußeren Wassergraben umgeben war; nach innen folgte ein zweiter Wassergraben, der Vorburg und Haupthaus umgab: Schloss Rheydt, erstmals urkundlich im Jahr 1180 erwähnt, war eine kaum einnehmbare Trutzburg am Niederrhein. Seine kulturelle Bedeutung bezieht das Schloss auch heute noch vor allem durch die eigenständige Renaissancearchitektur samt der bemerkenswerten Festungsanlage.

Seit der letzten tiefgreifenden Renovierung präsentiert sich die Festungsanlage in einer gelungenen Symbiose aus klassisch-traditioneller und sachlich-moderner Architektur. Ihr Erscheinungsbild ist geprägt durch Umbaumaßnahmen Mitte des 16. Jahrhunderts, sodass sich das Museum heute als einzige komplett erhaltene Renaissanceanlage am Niederrhein präsentiert. Auch das Museum entspricht in den Grundrissen und Raumeindrücken denen des Mittelalters. Aus der Ausstattung des von Pasqualini im Stil der italienischen Renaissance mit niederländischen Einflüssen gestalteten Herrenhauses sind Kamine, Fliesen, Decken- und Wandgemälde sowie Bodenbeläge erhalten.

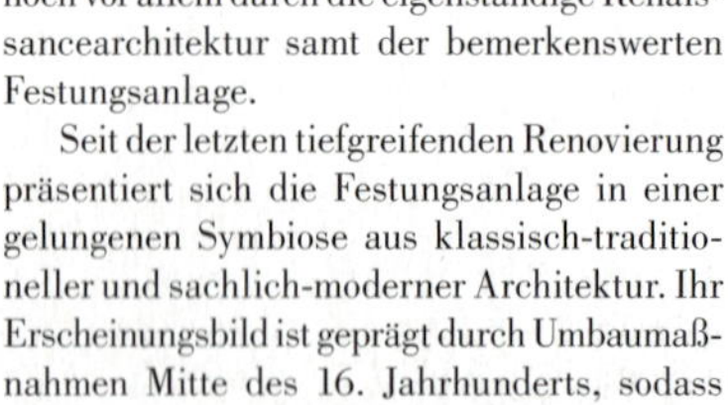

Einzig komplett erhaltene Renaissanceanlage am Niederrhein: Schloss Rheydt.

Alle Gebäudeteile werden genutzt. In der Torburg befindet sich das Museumsatelier, in dem u. a. Workshops und Kinderkurse stattfinden. Die Vorburg beherbergt Wechselausstellungen. Die Geschichte des Festungsbauwesens am Beispiel von Schloss Rheydt ist in den Kasematten zu sehen. Im Herrenhaus ist eine hervorragende Sammlung zur Kunst und Kultur der Renaissance untergebracht. Kunstvolles und Wundersames ist zu sehen: von einer kostbaren Dürer-Stichfolge über das Elfenbeinzepter des Polenkönigs Sigismund bis hin zum ausgestopften Wels Kuno.

Im ausgehenden 19. Jahrhundert legte der aus Rheydt stammende Kölner Landgerichtsrat Josef Seuwen mit seiner Sammlung antiker Kunst den Grundstock des kultur- und kunsthistorischen Museumsbestands von Schloss Rheydt. Figuren aus der Götterwelt von Isis und Osiris, Grabbeigaben und Gefäße des Mittleren und Neuen Reichs geben Einblick in die Hochkultur des alten Ägyptens. Amphoren und Schalen aus dem klassischen Griechenland sowie Fundstücke aus der römischen Spätantike sind weitere Glanzstücke der Sammlung Seuwen.

INFO: Mönchengladbach liegt ca. 30 km westlich von Düsseldorf. **INFO STÄDTISCHES MUSEUM SCHLOSS RHEYDT:** Schlossstr. 508, 41238 Mönchengladbach, Tel. (021 66) 92 89 00, www.schlossrheydt.de, Öffnungszeiten Di–Fr 11–17, Sa/So 11–18 Uhr, Eintritt € 6, ermäßigt € 4.

Kleinod in der Eifel

MONSCHAU

Monschau, Nordrhein-Westfalen

An der Grenze zu Belgien, dort wo die Eifel ins Hohe Venn übergeht, liegt einer der hübschesten Orte Nordrhein-Westfalens: Zwischen grün bewaldeten Hügeln schmiegt sich hier das 12000-Einwohner-Städtchen Monschau ins enge Tal der Rur (ohne h). Die malerische Kleinstadt mit ihren vielen schiefergedeckten Fachwerkhäusern in alten, verwinkelten Gassen ist nicht nur ein beliebter Ausflugsort, sondern diente auch schon mehrfach als Filmkulisse, u. a. für die Krimiserie »Tatort«.

Zwar wirkt Monschau vor allem durch sein pittoreskes Gesamtbild, doch fallen einige Bauwerke besonders ins Auge: Auf einem Felsen über der Stadt thront die mittelalterliche Burg, die heute als Jugendherberge genutzt wird. Ihren großen Auftritt hatte sie 1971, als der Verpackungskünstler Christo sie mit großen Planen verhüllte.

Den Ortskern dominiert die evangelische Stadtkirche mit ihrer kunstvoll gearbeiteten Turmhaube aus Schiefer. Gleich nebenan steht das prächtige Rote Haus, das im 18. Jahrhundert erbaute Stammhaus der Fabrikantenfamilie Scheibler. Die Scheiblers stellten Tuche her, und zwar so erfolgreich, dass Monschau im 19. Jahrhundert zu einem Zentrum der europäischen Textilindustrie aufstieg. Erst 1982 schloss die letzte Fabrik. Das Rote Haus ist heute als Museum zugänglich.

Insgesamt verfügt Monschau über mehrere Hundert denkmalgeschützte Gebäude, und so ist es vielleicht am besten, an einem sonnigen Tag einfach ein wenig durch die Gassen zu schlendern und die vielen schönen Eindrücke auf sich wirken zu lassen.

Fürs leibliche Wohl sorgen zahlreiche Cafés und Bistros im Ortskern. Oder man testet einmal die besondere Speisekarte der historischen Senfmühle am Laufenbach: Seit 1882 stellt die Familie Breuer in Monschau Senf her – zum Haus gehören heute ein Museum und ein Restaurant.

Über den Fachwerkhäusern Monschaus thront die mittelalterliche Burg.

INFO: Monschau liegt ca. 70 km südlich von Köln. **INFO TOURIST INFORMATION:** Stadtstr. 16, 52156 Monschau, Tel. (024 72) 804 80, www.monschau.de. **INFO ROTES HAUS:** Laufenstr. 10, Monschau, Tel. (024 72) 50 71, www.rotes-haus-monschau.lvr.de, Führungen April–Nov. Di–So 10, 11, 12, 14, 15 und 16 Uhr, Eintritt € 5, unter 18 J. frei. **INFO SENFMÜHLE:** Laufenstr. 118, Monschau, Tel. (024 72) 22 45, www.senfmuehle.de, Öffnungszeiten Mo–Sa 8.30–18, So/Fei 10–18 Uhr.

Historischer Platz und exklusive Einkaufsmeile

PRINZIPALMARKT

Münster, Nordrhein-Westfalen

Die gute Stube Münsters mit ihren Giebelhäusern und Bogengängen bildet das Herz der Stadt. Hier lässt es sich genauso gut auf historischen Spuren wandeln wie einfach nach Herzenslust bummeln. Die berühmten Häuserzeilen am Prinzipalmarkt mit ihren charakteristischen Arkaden wurden Ende des 13. Jahrhunderts errichtet und nach ihrer Zerstörung im Zweiten Weltkrieg in enger Anlehnung an die alten Formen vollständig wiederaufgebaut.

Geprägt wird das Erscheinungsbild des Platzes vor allem durch die 48 wunderschönen Giebelhäuser, die zwar in Reihe gebaut sind, jedoch alle unterschiedliche Giebelformen aufweisen.

An der nördlichen Seite wird der Platz durch die Lambertikirche abgeschlossen, an deren Turm sich drei leere Käfige mit schauriger Geschichte befinden: 1536 wurden in ihnen auf Geheiß der katholischen Kirche die Leichen des »Wiedertäufer-Königs« Jan van Leiden und zwei seiner Mitstreiter, Bernd Krechting und Bernd Knipperdolling, zur Abschreckung aufgehängt. Letzte Knochenreste sollen noch im Jahr 1585 zu sehen gewesen sein.

Die »Gute Stube« von Münster: der Prinzipalmarkt.

Die Südseite beschließt der Stadthausturm, der einzige noch erhaltene Teil des im Zweiten Weltkrieg zerstörten Stadthauses. Täglich um 11, 15 und 19 Uhr kann man dem Glockenspiel lauschen, das der Turm im Jahr 2001 erhielt.

Bekanntestes und beeindruckendstes Gebäude am Prinzipalmarkt – und zugleich Wahrzeichen der Stadt – ist das im Stil der Gotik erbaute Rathaus mit seiner filigran und reich verzierten Fassade. Berühmt wurde es während der Verhandlungen zum Westfälischen Frieden, der im Jahr 1648 den Dreißigjährigen Krieg in Europa beendete.

Der Prinzipalmarkt ist jedoch nicht nur das historische Herz Münsters, sondern zugleich auch das Geschäftszentrum der westfälischen Universitätsstadt. Bereits seit dem 15. Jahrhundert wohnten vor allem Kaufleute und Händler rund um den Platz. Heute reihen sich exklusive Boutiquen, Kaufhäuser und Straßencafés aneinander. So bietet der Prinzipalmarkt seinen Besuchern nicht nur eine in dieser Art in Deutschland einmalige architektonische Kulisse, sondern eignet sich auch ausgezeichnet für einen ausgiebigen Einkaufsbummel in historischem Ambiente.

INFO MÜNSTER: Tourist Information im Historischen Rathaus, Prinzipalmarkt 10, 48143 Münster, Tel. (02 51) 492 27 24, www.tourismus.muenster.de.

Die Lambertikirche am Prinzipalmarkt.

Der dritte Dom

St.-Paulus-Dom

Münster, Nordrhein-Westfalen

Zu jeder vollen Stunde trompetet das hölzerne Tutemännchen, seine Frau löst den Glockenschlag aus. Der Tod schlägt die Viertelstunde, Zeitgott Chronos dreht dazu eine Sanduhr um. Die Astronomische Uhr im Chorumgang des St.-Paulus-Doms in Münster ist mit ihren Figuren und dem täglichen Figurenumgang die Attraktion der Basilika. Die Uhr stammt aus dem Jahr 1540, ihr ewiger Kalender reicht allerdings bis zum Jahr 2071.

Nur einmal täglich, um 12 Uhr mittags, treten begleitet von einem Glockenspiel die Heiligen Drei Könige in acht Metern Höhe in Erscheinung und verneigen sich vor dem Jesuskind im Schoße der Maria.

Der Dom entstand in der Zeit von 1225 bis 1264 und ist bereits der dritte, der in der westfälischen Stadt im Lauf der Jahrhunderte erbaut wurde. Der St.-Paulus-Dom ist nicht nur Zentrum des Bistums Münster, sondern neben dem historischen Rathaus auch eines der Wahrzeichen der Stadt.

Seine Architektur spiegelt mit dem mächtigen, romanischen Westturmpaar und den spätgotischen Fassaden der Querschiffe auf imposante Weise den Übergang vom romanischen zum gotischen Baustil wider, dessen Grundstruktur trotz zahlreicher Zerstörungen, etwa durch die Wiedertäufer um 1530 und vor allem im Zweiten Weltkrieg, bis heute erhalten geblieben ist.

St.-Paulus-Dom im Zentrum von Münster.

Nach der nahezu vollständigen Vernichtung wurde der Dom zwischen 1946 und 1956 bis auf das Westportal originalgetreu wieder aufgebaut, weitere Umbauten und Veränderungen im Inneren folgten. Seit der Sanierung 2009 bis 2013 ist auch die Grablege der Bischöfe unter dem Westchor für Besucher zugänglich.

Das Innere birgt zahlreiche Kunstwerke wie die Christophorus-Statue mit einem echten Baum in der Hand sowie das 3,55 Meter hohe, eichenhölzerne Triumphkreuz. In der Domkammer, einem Neubau an der Nordseite der Kathedrale, stehen die Reliquien und die Kunstschätze des Doms aus zwölf Jahrhunderten.

Der in sich geschlossene Domplatz zeigt bis heute die Umgrenzung der hochmittelalterlichen befestigten Domburg, des Ursprungsortes der Entstehung Münsters. Jeden Mittwoch und Samstag findet hier ein Wochenmarkt statt, sodass sich die Besichtigung des Doms mit einem gemütlichen Einkaufsbummel gut verbinden lässt.

Info: Im Zentrum von Münster gelegen. **Info St.-Paulus-Dom:** Domplatz, 48143 Münster, Tel. (02 51) 495 67 00, www.paulusdom.de, Öffnungszeiten Mo–Sa 6.30–19, So/Fei 6.30–19.30 Uhr, Führungen nach Vereinbarung.

Faszinierendes Hochmoorgebiet und Heide

Naturpark Hohes Venn-Eifel

Nordrhein-Westfalen und Rheinland-Pfalz

Annette von Droste-Hülshoff dichtete einst: »Oh, schaurig ist's, übers Moor zu gehn, wenn es wimmelt vom Heiderauche …«. Heute bietet eine Wanderung durch Moore, Riede und Sümpfe weniger schauerliche als unvergessliche Eindrücke von einzigartigen Landschaften. Im Mittelgebirgsraum von Eifel und Ardennen gelegen, beeindruckt der deutsch-belgische Naturpark Hohes Venn-Eifel mit mehr als 4000 Hektar Moorgebieten und Heiden, in denen Pfeifengras, Moorbirken, Moosbeeren und Torfmoosteppiche zu finden sind.

Das Venn ist eine leicht hügelige Hochmoorlandschaft mit rostbraunen Bächen, weiten Moor- und Heideflächen sowie ausgedehnten Nadel- und Laubwäldern. In seinen Randbereichen haben sich kleinere Dörfer und im belgischen Teil mit Eupen und Malmedy auch Städtchen angesiedelt, deren Feldsteinhäuser der Landschaft einen bäuerlichen Charme geben. Die Region hat markierte und nicht markierte Wanderwege und ist ein echtes Wanderparadies! Auch mit dem Fahrrad lassen sich wunderschöne Touren unternehmen. Zahlreiche Forstwege sind zum Teil sogar asphaltiert. Im Winter werden im Hohen Venn einige Langlaufloipen präpariert, die gegen Gebühr genutzt werden können.

Im Hohen Venn herrscht ein raues Klima. Es ist kühl und niederschlagsreich – statistisch gesehen regnet es häufiger als jeden zweiten Tag, sodass Regenbekleidung und Gummistiefel sehr zu empfehlen sind. Bei nasskaltem Wetter bekommt das Venn aber einen ganz besonderen Charme, denn der Nebel zieht in geheimnisvollen Schwaden über die Ebenen. Im Frühjahr ist besonders die Narzissenblüte in den Wiesentälern der Eifel einen Besuch wert. Im Herbst verfärben sich die weiten Wiesen- und Heideflächen im Hohen Venn rötlich: Das brennende Venn zu besuchen ist ein wunderschönes Erlebnis. Der deutsch-belgische Naturpark ist gut an das Verkehrsnetz angebunden. Wanderwege sind auf dort ausgestellten Karten zu ersehen. Die Weiterfahrt mit einem Bus in eines der kleineren Eifeldörfer bzw. direkt hinauf ins Venn, um die Tour von dort aus zu beginnen, ist empfehlenswert, wenn man nicht einen Teil der Strecke wandern möchte.

Torfheide mit Pfeifengras auf dem Venn-Plateau.

Info: In Nordrhein-Westfalen, Rheinland-Pfalz und Ostbelgien gelegen. **Info Naturpark Hohes Venn-Eifel:** www.naturpark-eifel.de, www.eifel.info. Das Naturparkzentrum befindet sich im belgischen Botrange, www.botrange.be.

Rodeln, Wandern, Wasserski

NATURPARK ROTHAARGEBIRGE

Nordrhein-Westfalen und Hessen

Viel Regen, viel Schnee, kühle Temperaturen – das Klima im Rothaargebirge klingt nicht unbedingt nach Urlaub. Und doch ist der Naturpark im südöstlichen Nordrhein-Westfalen und Teilen Hessens eine der schönsten Landschaften und eins der beliebtesten Naherholungsziele Deutschlands, kommen doch hier Wintersportler, Schwimmer, Wanderer und Kulturinteressierte gleichermaßen auf ihre Kosten.

Die reizvolle Mittelgebirgslandschaft zählt zu den waldreichsten Regionen Mitteleuropas. Weit mehr als ein Dutzend Flüsse entspringen im Norden und Süden des Rothaargebirges, das – genau genommen – Rod-Hardt-Gebirge heißen müsste: gerodetes, bewaldetes Gebirge. Ein Großteil des Waldes ist in privatem Besitz, er gehört Seiner Durchlaucht Prinz Richard, Fürst zu Sayn-Wittgenstein-Berleburg.

Beliebtes Wandergebiet: das Rothaargebirge.

Der gesamte Naturpark erstreckt sich über 1350 Quadratkilometer, der berühmteste Wanderweg ist der 154 Kilometer lange Rothaarsteig – eine der beliebtesten Strecken Deutschlands. Etwa 100 000 Unverzagte bezwingen den Rothaarsteig jährlich. Mittelpunkt der Route ist die historische Ginsburg in Hilchenbach, auf halbem Weg zwischen Brilon und Dillenburg gelegen. Unterwegs genießt der Wanderer die atemberaubende Aussicht auf sanft geschwungene Hügel und klare Gewässer, kann Burgruinen und Residenzschlösser erkunden und in kleinen Fachwerkdörfern eine Pause einlegen. Einzelne Rund- und Themenwege erschließen den Naturpark Rothaargebirge. Der Fachwerkweg lädt in Freudenberg zur Erkundung, zu einem Erleben von Literatur in der Natur startet man in Holzhausen. Eine weitere Attraktion ist der Waldskulpturenweg – eine 20 Kilometer lange Wanderroute von Bad Berleburg nach Schmallenberg.

Doch auch die Kultur kommt nicht zu kurz: Konzert und Theater, aber auch zahlreiche Museen gewähren einen Einblick in das Leben in der Region.

An den zahlreichen Talsperren im Rothaargebirge vergnügen sich Badegäste und Wassersportler. Im Winter locken alpine Abfahrtsstrecken und Langlaufloipen sowie die Sprungschanze und die Bobbahn in Winterberg die Touristen an. Auch die Freizeitparks Panorama-Park Sauerland und Fort Fun Abenteuerland befinden sich ganz in der Nähe.

INFO: In Nordrhein-Westfalen und Hessen gelegen. **INFO:** Naturpark Sauerland Rothaargebirge e. V., Johannes-Hummel-Weg 2, 57392 Schmallenberg, Tel. (029 74) 968 06 25, www.naturpark-sauerland-rothaargebirge.de. Sauerland-Tourismus e. V., Johannes-Hummel-Weg 1, 57392 Schmallenberg, Tel. (029 74) 20 21 90, www.sauerland.com. **INFO ROTHAARSTEIG:** Rothaarsteigverein e. V., Johannes-Hummel-Weg 2, 57392 Schmallenberg, Tel. (029 74) 499 41 63, www.rothaarsteig.de.

Bewegung und Spaß - das ist im Alpenpark Neuss das ganze Jahr möglich.

Pulverschnee und Hüttenzauber im Rheinland

Alpenpark Neuss

Neuss, Nordrhein-Westfalen

Eine breite Piste mit frischem Pulverschnee und anschließender Après-Ski-Party in einer gemütlichen Berghütte sind ein Traum für jeden Wintersportler, der im Alpenpark Neuss das ganze Jahr über in Erfüllung geht. Doch es geht hier längst nicht mehr nur ums Skifahren. Der Kletterpark der Skihalle lockt mit sieben Parcours und 70 Stationen in bis zu neun Metern Höhe. Auch die Almgolf- und die FunFußball-Anlagen sind beliebt.

Angefangen hat es mit der Skipiste: Wenn der Skifahrer nicht zum Berg kommt, dann kommt der Berg zum Skifahrer, dachte sich die allrounder mountain resort GmbH & Co. KG wahrscheinlich, als sie 2001 im relativ schneearmen Neuss die erste Indoor-Piste Deutschlands errichtete. Bei minus 4,2 Grad laden Schlepp- und Sessellift auf eine Bergtour ganz neuer Art ein, mit Pisten für jedermanns Geschmack. Mutige Skifahrer können sich auf dem oberen Teil der Piste auf bis zu 110 Metern Höhe bei einem Gefälle von 28 Prozent austoben. Wer es etwas ruhiger angehen möchte, steuert auf der 300 Meter langen Abfahrt die weniger abenteuerlichen Routen im Mittelteil der Piste an.

Für diejenigen, die noch nie auf Skiern standen, ist der breite und flache Übungshang das ideale Terrain, um sich auf eigene Faust in ersten Rutschversuchen zu üben oder mit der Ski- und Snowboardschule in die Wintersportwelt eingeführt zu werden. Zudem werden Snowboarder zu haarsträubender Akrobatik eingeladen. Eine Rodelbahn bringt für Groß und Klein einen Riesenspaß. Wer etliche Abfahrten später so richtig durchgefroren ist, kann auf einer gemütlichen Hütte mit Panoramafenster zur Piste wieder Kraft für neue Abfahrten tanken.

Info: Der Alpenpark liegt ca. 16 km von Düsseldorf, ca. 8 km von Neuss-Zentrum entfernt. **Info Alpenpark Neuss:** An der Skihalle 1, 41472 Neuss, Tel. (021 31) 124 40, www.alpenpark-neuss.de, Öffnungszeiten und Preise variieren je nach Jahreszeit, siehe Homepage.

Rodelspaß im Alpenpark Neuss.

Kunst in der Erft-Aue

Museum Insel Hombroich

Neuss, Nordrhein-Westfalen

Kunst parallel zur Natur«, dieses Zitat von Paul Cézanne war das Motto der Konzeption des Museums Insel Hombroich. Dezentrale Ausstellungspavillons und restaurierte Gebäude stehen in einer renaturierten Park- und Auenlandschaft. Wege durchziehen die ruhige Anlage, Brücken und Stege führen über Gewässer. Das Gelände ist gespickt mit Skulpturen und Monumenten von Künstlern, die teilweise auf der Insel arbeiten und leben. Der Bildhauer Erwin Heerich hat elf Pavillons geschaffen. Sie beherbergen nicht nur ein breites Spektrum an Kunstwerken, sondern sind selbst so etwas wie begehbare Skulpturen. »Lange Galerie« heißen sie, »Schnecke« oder schlicht »Turm«.

Museum Insel Hombroich in der Erft-Aue südwestlich von Neuss.

Im Inneren der lichtdurchfluteten Räume: Kunst aus den verschiedensten Zeiten und Kulturräumen. Da stehen fremdartig lächelnde Khmer-Skulpturen den monochromen Malereien Gotthard Graubners gegenüber. Alte chinesische Gläser von intensiver Farbigkeit leiten zu dadaistischen Kompositionen von Hans Arp und Kurt Schwitters. Federkleider aus Peru werden neben Skulpturen von Alexander Calder gezeigt. Im breit gefächerten Sammlungsspektrum finden sich weitere berühmte Namen wie Tadeusz, Brancusi, Chillida, Klimt und Matisse.

Auf dem 20 Hektar großen Gelände vereinen sich Kunst und Natur. Seit der Eröffnung 1987 gilt das Museum des Düsseldorfer Privatsammlers Karl-Heinrich Müller als einzigartig in Europa. Es gibt keine feste Wegführung, überall lauern Überraschungen: Um einen Baum herum stehen rostige Stühle aus Eisen. Auf einer versteckten Waldlichtung ruhen geometrisch geformte Marmorblöcke und am Ufer der Erft befindet sich ein Sessel aus Ziegelsteinen.

»Wer die Insel besucht, lässt sich auf eines der wenigen Kunstabenteuer ein, die es in unserer voll klimatisierten museumspädagogischen Republik noch gibt! Hier hilft kein Tonbandgerät am Ohr und es gibt keine Schilder an den Bildern. Habe den Mut, dich deiner Augen zu bedienen. Dies ist kein Freizeitpark mit Kunstlehrpfad. Gefordert ist die verlorene Lust der Empfindung«, so der Gründer Karl-Heinrich Müller.

Zur Stiftung Insel Hombroich gehört die gegenüberliegende Raketenstation, während des Kalten Kriegs von der Nato betrieben. In den Hallen, Hangars, dem Beobachtungsturm und neu entstandenen Gebäuden leben und arbeiten heute Künstler aller Sparten und verschiedener Nationen. Dort befindet sich auch der von Tadao Ando entworfene Bau der Langen Foundation.

Info: Insel Hombroich liegt ca. 7 km südwestlich vom Neusser Stadtzentrum. **Info Museum Insel Hombroich:** Minkel 2, 41472 Neuss-Holzheim, Tel. (021 82) 887 40 00, www.inselhombroich.de, Öffnungszeiten tägl. April–Sept. 10–19, Okt.–März 10–17 Uhr, Eintritt Mo–Fr € 15, ermäßigt € 7,50, Sa/So € 20/10.

Heilige und Pilger

St.-Quirinus-Münster

Neuss, Nordrhein-Westfalen

Wahrzeichen und Wallfahrtsort: Das Quirinus-Münster ist eine der bedeutendsten spätromanischen Kirchen am Niederrhein, wenn nicht Deutschlands, und Wahrzeichen der Stadt Neuss. Es wurde zwischen 1209 und 1230 erbaut. Aus ganz Europa kamen die Pilger ins Rheinland, um St. Quirinus um Fürsprache für ihre Anliegen zu bitten. Der Neusser Stadtpatron wurde als einer der vier heiligen Marschälle verehrt. Der Überlieferung nach war der römische Tribun Quirinus der Kerkermeister des römischen Bischofs Alexander. Er sei, zusammen mit seiner Tochter Balbina, durch Wundertaten des Bischofs zum Christentum bekehrt worden.

Nach grausamen Martern wurde Quirinus deshalb enthauptet und in der Praetextatus-Katakombe an der Via Appia beigesetzt. Die Gebeine des Märtyrers wurden nach alter Überlieferung durch die Äbtissin Gepa am 30. April 1050 von Rom in die Neusser Stiftskirche gebracht. Heute ruhen sie in dem nach mittelalterlichen Vorbildern im Jahre 1900 angefertigten Schrein in der Apsis hinter dem Altar. Als gewölbte Emporenbasilika – mit einem ungewöhnlichen Aufwand an architektonischer Dekoration – ist die Kirche ein Musterbeispiel der sogenannten barocken Phase der spätromanischen Baukunst. Vor allem die Farben, orientiert an der Stauferzeit, machen die dreischiffige Basilika zu einem echten Glanzlicht der Architektur ihrer Zeit.

St. Quirinus: eine der bedeutendsten spätromanischen Kirchen am Niederrhein.

Unter dem Altar liegt der älteste Teil der Kirche: die Krypta mit zwei Säulen, die um 1050 datieren, sowie einige Bodenreste, die sogar bis ins 9. Jahrhundert zurückgehen. Nach einem Brand erhielt das Münster im Jahr 1741 die barocke Kuppel mit dem Standbild des heiligen Quirinus, die mit 46 Metern lange Zeit die höchste nördlich der Alpen war.

Außen bestechen Fassade und Westwerk von St. Quirinus durch den starken Farbkontrast zwischen hellem Tuffstein und schwarzem Basalt. Vor dem Portal steht ein Denkmal für den 1887 in Neuss geborenen Kölner Erzbischof Josef Kardinal Frings.

Wer sich bis hinauf in den Turm wagt, hat einen wunderbaren Rundblick über den Neusser Marktplatz. Zu besichtigen sind zudem sieben Glocken, die größte wiegt 5750 Kilogramm. Und wer die große Orgel hören möchte: Jeden Samstag findet um 11.30 Uhr eine Orgelstunde statt.

Info: Neuss liegt ca. 10 km von Düsseldorf entfernt. **Info St. Quirinus:** Freithof 7, 41460 Neuss, Tel. (021 31) 22 23 27, www.st-quirinus-neuss.de Führungen: Tourist Information Neuss, Rathausarkaden, Büchel 6, 41460 Neuss, Tel. (021 31) 403 77 95, www.neuss-marketing.de.

Schlemmen und staunen

SCHLOSS NORDKIRCHEN

Nordkirchen, Nordrhein-Westfalen

Das »Westfälische Versailles« ist ein Augen- und Gaumenschmaus – dank des vorzüglichen Restaurants, das in Schloss Nordkirchen untergebracht ist. Dieses wurde Anfang des 18. Jahrhunderts für den Münsteraner Fürstbischof Friedrich Christian v. Plettenberg-Lenhausen errichtet, die Baupläne orientierten sich am Vorgängerbau aus der Renaissance.

Der doppelte Wassergraben und die vier Ecktürme, die an die alten Geschütztürme erinnern, zeugen zwar noch von den baulichen Eigenarten, sie haben jedoch rein dekorativen Charakter und dienen nicht der Verteidigung.

Die Innenräume geben den unverfälschten Eindruck aus der Zeit des Barocks wieder. Stuckdecken, edle Tapeten und kristallene Lüster in den Salons und Sälen des Schlosses zeugen vom Reichtum seiner fürstlichen Erbauer.

Mittlerweile ist hier die Fachhochschule für Finanzen des Landes Nordrhein-Westfalen tätig. Wer hier auf fürstlichen Spuren studieren will, der muss sich einem strengen Auswahlverfahren beim Finanzministerium stellen. Ein barocker Garten rundet das Gesamtkunstwerk Nordkirchen schon seit über 250 Jahren ab. Der Blick von einem der prachtvollen Balkone führt jedem die Schönheit der kolossalen Parkanlage mit ihren Alleen und geometrisch angelegten Beeten vor Augen.

Ein Teil des Schlosses ist für Besucher zugänglich. Die Schlosskapelle, das »barocke Juwel Westfalens«, der Jupitersaal und der gelbe Salon mit ihrem Marmorschmuck, ihren Gemälden und edlen Holzvertäfelungen entführen den Besucher in die Welt der absolutistischen Fürsten.

In der Bibliothek, im »Restaurant Venus«, führt Franz L. Lauter, zugleich ein international bekannter Maler, die Regie, wenngleich inzwischen in der Küche selbst nun die Köche Norbert Parzych und Markus Klapper agieren. Er selbst ist mit Gault-Millau-Kochmützen und Feinschmecker-Punkten dekoriert. Die feine Küche des Venus ist das i-Tüpfelchen einer Schlossbesichtigung.

Schloss Nordkirchen im Münsterland.

INFO: Nordkirchen liegt zwischen Dortmund und Münster. **INFO SCHLOSS NORDKIRCHEN:** 59394 Nordkirchen, Tel. (025 96) 93 30, www.schloss.nordkirchen.net, Besichtigung nur mit Führung möglich, ohne Anmeldung So stündlich Mai–Sept. 11–17, Okt.–April 14–16 Uhr, mit Anmeldung tägl. 9–18 Uhr, Eintritt € 3, ermäßigt € 2. **INFO RESTAURANT VENUS:** Schloss 1, Nordkirchen, Tel. (025 96) 97 24 72, www.lauter-nordkirchen.de, Öffnungszeiten Mi–Sa ab 15, So/Fei ab 12 Uhr, Reservierung empfohlen, Preise auf Anfrage.

Vergnügen, Kultur und Konsum

Neue Mitte Oberhausen

Oberhausen, Nordrhein-Westfalen

Auf einem brachliegenden Industriegelände im Pott, in der Nähe von Oberhausen, dort wo früher Walzwerke eines Hüttenwerks standen, flanieren, shoppen und vergnügen sich heute mehr als 23 Millionen Menschen pro Jahr in der Neuen Mitte Oberhausen. So etwa im CentrO: Auf einer Nettoverkaufsfläche von 70 000 Quadratmetern tummeln sich über 200 Geschäfte, verteilt auf zwei Ebenen. Der Konsumtempel ist durch die vielfältigen touristischen Attraktionen im nahen Umfeld zugleich das Zentrum dieses Freizeitstadtteils.

Ihm angegliedert ist das Village Cinema mit neun Sälen, an der Flaniermeile – einer Promenade am Kanal – liegen Restaurants, Kneipen und Diskotheken und bieten Entertainment rund um die Uhr.

Auch die direkten Nachbarn des CentrO machen die Neue Mitte attraktiv: das Legoland Discovery Centre, der Aquapark mit Bergwerkatmosphäre, die König-Pilsener-Arena, in der schon zahlreiche Musikgrößen auftraten, das Metronom Theater, in dem Musicals und Show gastieren, und die Marina Oberhausen mit dem Freizeithafen und dem SeaLife. In dem Aquarium werden Meerestiere in ihren naturgetreu nachempfundenen Lebensräumen präsentiert. Absolutes Highlight ist ein Glastunnel, der die Besucher trockenen Fußes direkt durch 1,5 Millionen Liter Meerwasser führt, auf Augenhöhe mit Haien und Rochen.

Licht-Klang-Installation »Licht Himmel« von Kristina Kubisch im Gasometer Oberhausen.

Kultur steht nebenan in der Ludwiggalerie des Schlosses Oberhausen mit wechselnden Ausstellungen zeitgenössischer und klassischer Kunst auf dem Programm. Und dann ist da noch der Gasometer, ein imposantes Zeugnis der Schwerindustrie des Potts, einst der größte Gasbehälter Europas und heute sensationeller Veranstaltungsort, der sogar im Guinnessbuch der Rekorde eingetragen ist. Mit einem Speichervolumen von 350 000 Kubikmetern, einer Höhe von ca. 117 Metern und einem Durchmesser von etwa 67 Metern wird er für Ausstellungen, Konzerte und Feste aller Art genutzt. Von »Baum zu Baum« lautet das Motto des Naturseilgartens tree2tree zu Füßen des Gasometers.

Info: Die Neue Mitte liegt an der A 42 zwischen Duisburg, Essen und Bottrop. **Info CentrO:** Centroallee 1000, 46047 Oberhausen, Tel. (02 08) 828-20 55, www.centro.de, Öffnungszeiten Geschäfte Mo–Do, Sa 10–20, Fr 10–21 Uhr. **Info Legoland:** www.legolanddiscoverycentre.de/oberhausen. **Info Aquapark:** www.aquapark-oberhausen.com **Info Metronom Theater:** www.stage-entertainment.de. **Info SeaLife Oberhausen:** www.visitsealife.com/oberhausen. **Info Ludwiggalerie:** www.ludwiggalerie.de. **Info Gasometer:** www.gasometer.de. **Info Kletterpark:** www.tree2tree.de.

Zwischen Märchenwald und Kirschwaffeln

Altenberger Dom

Odenthal, Nordrhein-Westfalen

Bei schönem Wetter läuft ein Nachmittagsausflug von Köln ins nahe Altenberg meist auf einen touristischen Dreisprung hinaus: auf eine ungewöhnliche Kirche, erholsame Wälder und auf Waffeln mit Sauerkirschen und Schlagsahne, den Höhepunkt der berühmten Bergischen Kaffeetafel. Der Altenberger Dom (auch Bergischer Dom) ist Teil der 1133 errichteten ehemaligen Zisterzienserabtei Altenberg in der Gemeinde Odenthal. Den Grundstein zum Bau der gotischen Kirche legte 1259 Graf Adolf IV. von Berg. Die Architektur entsprach zunächst den strengen Bauvorschriften der Zisterzienser, die sich einfacher und gerader Formen bedienten – Kirchtürme außer einem Dachreiter, farbige Figurenfenster und Farbschmuck waren verboten.

Das »Altenberger Goldfenster« im Dom von Altenberg.

Die Glasfenster, für die der Dom heute bekannt ist, wurden erst später farbig verziert. Insgesamt sind 54 Fenster mit mittelalterlichen Glasmalereien erhalten, darunter das prächtige, 18 mal acht Meter große Westfenster, das in acht Bahnen eingeteilt ist und auch Altenberger Goldfenster genannt wird. Es soll das größte gotische Fenster nördlich der Alpen sein.

Die Blattmotive der mittelalterlichen Fenster finden ihre Entsprechung im Dekor der Blattkapitelle am Kreuzrippengewölbe. Beachtenswert ist auch die Altenberger Madonna, die Madonna im Strahlenkranz, die über dem Altar hängt.

Auf Anordnung des preußischen Königs wird die Kirche seit 1857 als Simultankirche, also gemeinsam von der evangelischen und der römisch-katholischen Gemeinde, genutzt.

Gegenüber, im alten Zisterzienserkloster, das nach historischen Vorbildern restauriert ist, lädt das Gartenrestaurant Altenberger Hof zu einer Rast ein. An der Kirche beginnen auch zahlreiche Rundwanderwege.

Für strahlende Kinderaugen sorgt der pittoreske Märchenwald, in dem klassische Märchenszenen mit lebensgroßen Figuren nachgestellt sind. Im angeschlossenen Restaurant/Café wird seit 1956 noch immer die Wasserorgel angeworfen (Zeiten vgl. Website Märchenwald), die die sogenannten Tanzenden Fontänen erzeugt, beleuchtete Wasserfiguren, untermalt von Musikstücken.

Info: Der Altenberger Dom liegt ca. 20 km nordöstlich von Köln. **Info Altenberger Dom:** Eugen-Heinen-Platz 2, 51519 Odenthal, www.altenberger-dom.de, Öffnungszeiten tägl. 8–18 Uhr, Sa/So oft kostenlose Führungen (vgl. Website). **Info Altenberger Dommusik:** www.altenberger-dommusik.de. **Info Märchenwald:** Märchenwaldweg 15, Odenthal, Tel. (021 74) 784 23 23, www.maerchenwald-altenberg.de, Öffnungszeiten tägl. März–Okt. 10–18.30, Nov.–Feb. 10–16 Uhr, Eintritt € 5, ermäßigt (3–14 J.) € 3,50.

Hasen und ein »geliehener« Heiliger

Dom St. Liborius

Paderborn, Nordrhein-Westfalen

Der Hasen und der Löffel drei, und doch hat jeder Hase zwei.« Das Anfang des 16. Jahrhunderts geschaffene Hasenfenster, an der Nordseite im Innenhof des Domkreuzgangs platziert, ist eine der bekanntesten Sehenswürdigkeiten Paderborns. Die drei aus rotem Wesersandstein gefertigten Langohren sind zudem ein Wahrzeichen der Stadt, das in früheren Zeiten auch als Glücksbringer angesehen wurde.

Dom St. Liborius: Kathedrale des Erzbistums Paderborn.

Der Paderborner Dom St. Liborius, größtenteils im 13. Jahrhundert erbaut, ist die Kathedralkirche des Erzbistums und liegt im Zentrum der Stadt. Er präsentiert sich als dreischiffige Hallenkirche mit zwei Querhäusern.

Charakteristisch ist der mächtige romanische Westturm aus dem frühen 13. Jahrhundert, der mit einer Höhe von 93 Metern die Innenstadt weit überragt. In der Krypta, die mit einer Länge von 32 Metern eine der größten in Deutschland ist, werden die Gebeine des heiligen Liborius aufbewahrt. Dieser war im Jahr 822 zum Schutzpatron des Bistums und der Stadt auserwählt worden.

Da der damalige Bischof Sorge hatte, dass einige seiner Schäfchen schwer zu bekehren wären, hatte er den befreundeten Bischof von Le Mans gebeten, ihm die Gebeine des Heiligen zu überlassen. Er hoffte, dass deren Wunderwirkung mehr überzeugte als noch so gelehrte Predigten.

Ob der Trick funktionierte, ist nicht bekannt. Sicher ist aber, dass An- und Umbauten in späterer Zeit, vor allem die Barockisierung im 17. Jahrhundert, den gotischen Gesamteindruck der Kathedrale nicht wesentlich verändert haben.

Unter dem Fußboden im nordöstlichen Teil des heutigen Doms entdeckten Archäologen 1979/80 Teile der Fundamente einer 45 Meter langen und 22 Meter breiten Basilika, die zur Pfalz Karls des Großen gehörte. Wegen seiner Doppelchoranlage hat der Dom keinen großen Eingangsbereich. Allerdings unbedingt sehenswert ist das Paradiesportal (vor 1240), ein aufwendiges romanisches Figurenportal an der Südseite.

Weitere Sehenswürdigkeiten: Pietà (um 1380), gotischer Hochaltar (spätes 15. Jahrhundert), Doppelmadonna (um 1480), monumentales Grabmal des Fürstbischofs Dietrich IV. von Fürstenberg (1546–1618), Kanzel im Régence-Stil (1736).

Info: Paderborn liegt ca. 75 km östlich von Dortmund. **Info Paderborner Dom St. Liborius:** Domplatz 3, 33098 Paderborn, Tel. (052 51) 125 12 27, www.dom-paderborn.de. Öffnungszeiten tägl. 10–18.30 Uhr, öffentliche Führung Mi 15 und Sa 10.30, 14.30 Uhr (€ 2,50, Treffpunkt Paradiesportal). Führung an Werktagen nur nach Anmeldung: Dombüro, Tel. (052 51) 125 16 30.

Den Zahlen und Zeichen auf der Spur

HEINZ NIXDORF MUSEUMSFORUM

Paderborn, Nordrhein-Westfalen

Helmut Schmidt nannte ihn »ein Musterbeispiel für das Wirtschaftswunder«. Als der in bescheidenen Verhältnissen aufgewachsene Physikstudent Heinz Nixdorf 1952 seine erste Computerfirma gründete, konnte er nicht ahnen, dass er mit seinen Kleinrechnern so groß herauskommen würde: In seinem Todesjahr 1986 war die Nixdorf AG mit 30 000 Mitarbeitern weltweit und fünf Milliarden D-Mark Jahresumsatz das drittgrößte Computerunternehmen in Europa. Aus Mitteln einer vom PC-Pionier persönlich gegründeten Stiftung entstand 1996 in der ehemaligen Firmenzentrale in Nixdorfs Heimatstadt Paderborn das MuseumsForum, das seinen Namen trägt.

Bis heute ist es das größte Computermuseum der Welt: Auf einer Fläche von 6000 Quadratmetern gibt es rund 2000 Exponate zu bestaunen. Dabei geht es nicht nur um den Computer an sich, sondern auch um seine technischen Vorläufer aus fünf Jahrtausenden Informations- und Kommunikationsgeschichte. Die ältesten Ausstellungsstücke sind Rechnungen in Keilschrift auf mesopotamischen Tontafeln, doch auch originelle Rechenautomaten aus dem 17. Jahrhundert, die erste Schreibmaschine von 1865 sowie historische Telegrafen, Telefone und Lochkartengeräte sind zu sehen. Im Anschluss daran wird die Geschichte des Computers in allen Einzelheiten und anhand zahlreicher Exponate sinnlich erfahrbar gemacht: von seiner Erfindung über die ersten Großrechner und PCs bis zu den vielfältigen Anwendungen von heute und in naher Zukunft. Besonders junge Besucher kommen in diesem Museum auf ihre Kosten: Neben den neuesten Computerspielen bietet das Haus eine breite Palette von Workshops an – vom Schreiben wie die alten Römer bis hin zu Abenteuer Roboter.

INFO: Paderborn liegt ca. 75 km östlich von Dortmund. **INFO HEINZ NIXDORF MUSEUMSFORUM:** Fürstenallee 7, 33102 Paderborn, Tel. (052 51) 30 66 00, www.hnf.de, Öffnungszeiten Di–Fr 9–18, Sa/So 10–18 Uhr, Eintritt € 8, Kinder € 5, unter 6 J. frei.

Das Heinz Nixdorf MuseumsForum in Paderborn ist das größte Computermuseum der Welt.

Herz auf Reisen

Schloss Raesfeld

Raesfeld, Nordrhein-Westfalen

Es geschah im Frühjahr 1733. Bei einem Reitunfall verunglückte Christoph Otto von Velen tödlich. Seine sterblichen Überreste wurden in Brüssel beigesetzt. Sein Herz jedoch wurde, seinem letzten Wunsch gemäß, in einer Bleischatulle nach Schloss Raesfeld zum Stammsitz seiner Ahnen gebracht. Sein Großvater, Reichsgraf Alexander II., hatte knapp ein Jahrhundert vorher Schloss Raesfeld übernommen und aufwendig ausgebaut, denn als erfolgreicher Gefolgsmann des Kaisers benötigte er einen feudalen Sitz, in dem Fürsten und Herrscher ein und aus gehen konnten. Bis heute ist die von ihm geplante Aufteilung in Oberburg, Vorburg und Schlossfreiheit, die durch Gräften getrennt sind, erhalten. Der mächtige eckige Turm mit seinem kupfernen Helm, der runde Sterndeuterturm auf der Vorburg, den Alexander II. für astrologische Untersuchungen nutzte, und das mit Steinmetzarbeiten verzierte Herrenhaus aus einer Kombination von Backstein und Sandstein zeugen heute noch von der Bedeutung des Schlosses und seiner Bewohner.

Die Geschichte des alten Gemäuers ist wechselhaft. Auf Phasen reger Bautätigkeit folgten immer wieder Perioden, in denen das Anwesen vernachlässigt wurde und teilweise verfiel. Seiner Schönheit hat das keinen Abbruch getan. Bis heute zählt Schloss Raesfeld zu den schönsten Wasserschlössern Westfalens. Seit 1952 ist hier die Akademie des nordrhein-westfälischen Handwerks beheimatet. Sie unterhält hier ein Zentrum für Fort- und Weiterbildung.

Schloss Raesfeld: Sitz der Fort- und Weiterbildungseinrichtung der Handwerkskammern.

Für Besucher lohnt vor allem ein Gang um das imposante Schloss und in den angrenzenden Tiergarten. Buchen- und Nadelmischwälder wechseln mit Obstwiesen und Heideflächen, die von Bächen und Teichen durchbrochen werden. Rundwanderwege führen durch dieses Naherholungsgebiet, in dem die Ruinen einer alten Wassermühle stehen. Ein Teil des Waldes ist als Forstlehrpfad angelegt.

Lohnend ist auch eine Führung durch die Schlossfreiheit, eine kleine Siedlung mit denkmalgeschützten Gebäuden. Hier ließ Alexander II. auch die Kapelle errichten. In einer Nische überdauert das Bleierne Herz. Bei Aufräumarbeiten fand man 1962 eine bleierne Schatulle mit einem konservierten menschlichen Herzen. Untersuchungen ergaben, dass es sich um das Herz Christoph Ottos handelt.

Info: Raesfeld liegt ca. 70 km westlich von Münster. **Info Schloss Raesfeld:** Freiheit 27, 46348 Raesfeld. **Info Naturparkhaus Tiergarten:** Hagenwiese 40, Raesfeld, www.raesfeld.de, Öffnungszeiten April–Sept. Mo–Fr 9.30–12.30 und 13.30–17, Sa 13.30–17, So/Fei 11–17, Okt.–März Mo–Fr 9.30–12.30 und 13.30–16, Sa/So/Fei 13–16 Uhr. Der Tiergarten ist das ganze Jahr ganztägig geöffnet, Eintritt frei.

Kunst für Kohle

RUHRFESTSPIELE

Recklinghausen, Nordrhein-Westfalen

Als Hamburger Theaterleute im harten Nachkriegswinter 1946/47 ins Ruhrgebiet fuhren, um Kohlen für ihre Bühnen zu erbitten, waren sie äußerst beeindruckt: Bergleute der Recklinghäuser Schachtanlage König

Die Ruhrfestspiele: eines der größten Theaterfestivals Europas.

Ludwig 4/5 erfüllten den Wunsch unter persönlichem Risiko und an der englischen Besatzungsmacht vorbei. So viel Hilfsbereitschaft musste belohnt werden: Im folgenden Sommer revanchierten sich die Hanseaten mit einem Gastspiel.

Der solidarische Tausch Kohle für Kunst – Kunst für Kohle war die Geburtsstunde der Recklinghausener Ruhrfestspiele. Von diesem Zeitpunkt an wurde kontinuierlich ein umfassendes Programm mit eigenen Inszenierungen und Gastspielen entwickelt. Eine Idee, die damals mit dem Untertitel »Kulturtage der Arbeit« bundesweite Resonanz fand. In den 1950er Jahren verlängerte man die Festspielzeit; Konzerte, die sogenannten Europäischen Gespräche und thematische Kunstausstellungen wurden integriert. 1965 feierte das neu gebaute Ruhrfestspielhaus seine Einweihung.

Bedeutende Theaterleute wie Ariane Mnouchkine, Peter Brook, Robert Wilson, Luc Bondy, Maurice Béjart und Benno Besson waren seitdem Partner der Festspiele. Auch außergewöhnlichen Gruppen wie dem Pariser Pferdetheater Zingaro oder dem Zirkus GOSH wurde zum internationalen Durchbruch verholfen.

Von 2004 bis 2018 hatte Frank Hoffmann, Intendant des Théâtre National du Luxembourg, die Leitung der jährlich von Anfang Mai bis Mitte Juni stattfindenden Festspiele inne. 2019 übernahm Olaf Kröck die Intendanz. Neben etablierten Stücken mit bekannten Namen stehen Grenzbereiche des Theaters wie Performance, Artistik, Cirque Nouveau und spartenübergreifende Projekte auf dem Programm. Künstlerinnen und Künstler aus zahlreichen Ländern – darunter Namibia, Israel, Indien, Großbritannien, Deutschland, Frankreich und der Ukraine – sind beteiligt. Die Entdeckungsreise wird weitergehen: in Europa und über Europa hinaus.

INFO: Recklinghausen liegt ca. 25 km nordöstlich von Essen. **INFO RUHRFESTSPIELE:** Festspielhaus, Otto-Burrmeister-Allee 1, 45657 Recklinghausen, Tel. (023 61) 91 80, www.ruhrfestspiele.de. **REISEZEIT:** Mai–Mitte Juni.

Schinken, Bier und Pumpernickel

Soester Altstadt

Soest, Nordrhein-Westfalen

Die beschauliche Stadt Soest mit ihren rund 49000 Einwohnern ist die »Mutterstadt der Deutschen Hanse« und war nach Köln die zweitgrößte Stadt des Heiligen Römischen Reichs Deutscher Nation. Noch heute zeugen malerische Gassen und Winkel, schmucke Fachwerkzeilen und reiche Patrizierhäuser vom Reichtum und von der Bedeutung der über tausendjährigen Stadt. Ein Rundgang über den Grünsandsteinwall, die zu zwei Dritteln erhaltene mittelalterliche Stadtbefestigung mit ihrem imposanten Osthofentor, verschafft einen ersten Eindruck von der Schönheit der Soester Altstadt, die mit ihren vielen Gärten und den parkähnlichen Gräften auch entspannend grün wirkt. Optisch auffällig ist das Baumaterial der großen Kirchen und Kapellen: der Soester Grünsandstein, dem ein eigenes Museum gewidmet ist, das Grünsandsteinmuseum. Wegen der Wetterempfindlichkeit dieses Steins ist in Soest – neben Köln, Bamberg, Aachen und einigen wenigen anderen Städten – eine Dombauhütte angesiedelt.

Viele Kirchtürme prägen die Silhouette der heimlichen Hauptstadt Westfalens. Die 1313 erbaute Kirche St. Maria zur Wiese gehört zu den schönsten spätgotischen Hallenkirchen Europas. Das große lichtdurchflutete Kirchenschiff fasziniert besonders durch das um 1500 kunstvoll gestaltete Glasfenster über dem Nordportal: Das Westfälische Abendmahl zeigt Jesus im Kreise seiner Jünger. Auf dem Tisch befinden sich allerdings nach guter westfälischer und vor allem Soester Manier: Schinken, Bier und Pumpernickel. Nur wenige Schritte weiter lassen sich in St. Maria zur Höhe prächtige Decken- und Wandmalereien von Anfang des 13. Jahrhunderts bestaunen.

Sehenswert ist ebenfalls die Teichsmühle aus dem 13. Jahrhundert. In der Nähe steht auch eine Nachbildung der Wippe, eines mittelalterlichen Strafinstruments. Kleinere Vergehen wurden geahndet, indem die Sünder vor den Augen der schadenfrohen Massen über die Wippe in den Mühlteich geworfen wurden. Dieser Brauch wird zum Amüsement der Soester Bürger auch heute noch gepflegt.

Ein Besuch von Soest sollte die historischen Gasthäuser der Stadt nicht auslassen, denn die sind auch von außen unbedingt sehenswert. Das »Pilgrimhaus« von 1304 nimmt für sich in Anspruch, der älteste Gasthof Westfalens zu sein. Auch den »Wilden Mann«, das schmucke Doppelgiebelhaus am Marktplatz aus dem 16. Jahrhundert mit seinen farbigen Fassadenmalereien, sollte man sich erst anschauen, bevor man einkehrt.

Die Allerheiligenkirmes mit 400 Schaustellern, Europas größte Altstadtkirmes, lockt Anfang November an fünf Tagen rund eine Million Besucher nach Soest.

Info: Soest liegt ca. 50 km östlich von Dortmund. **Info Soest:** Tourist Information, Teichsmühlengasse 3, 59494 Soest, Tel. (029 21) 103 61 10, www.wms-soest.de.

Fachwerkhäuser in der Altstadt von Soest.

Mit der Seilbahn in die Ritterzeit

Schloss Burg

Solingen, Nordrhein-Westfalen

Einfach abheben und in eine andere Welt schweben. Wer würde das nicht gerne? Der kleine Stadtteil Solingen-Burg entführt auf eine Reise in die Vergangenheit. Vorbei an schweren Rüstungen und alten Gemälden wandeln Geschichtsliebhaber und Ritterfans auf Schloss Burg auf den Spuren des alten Adels durch die Gänge von Schloss und Hofstadt.

Mit der ersten Seilbahn Nordrhein-Westfalens geht es über die Wupper hinweg steil in die Höhe, auf der Schloss Burg und seine Hofstadt thronen. Oben fühlt man sich um Hunderte Jahre zurückversetzt und es würde einen nicht wundern, einem echten Burgfräulein zu begegnen. Auf den regelmäßig stattfindenden Burgbelebungen, bei denen die Wahre Bergische Ritterschaft mit ihrem Lager in den Innenhöfen von Schloss Burg das Treiben aus der Zeit des ersten Grafenhauses von Berg (1130–1225) zeigt, ist das oft der Fall.

Anfang des 12. Jahrhunderts baute Graf Adolf II. von Berg einen in sich geschlossenen, bewohnbaren Wehrbau in Form einer trutzigen Burg. Wachtürme und Schießschächte zeugen davon noch heute. Im 15. Jahrhundert wurde Düsseldorf zur Residenzstadt der Adelsfamilie und man verwandelte die Burg kurzerhand in ein romantisches Jagdschloss für rauschende Feste. Nur ein Teil der Wehranlagen blieb bestehen, aufgrund derer das Schloss seinen Namen Burg behielt. Im Dreißigjährigen Krieg wurde das Schloss 1632 von den Schweden belagert und teilweise zerstört. Heute ist es vollständig restauriert und beherbergt das Bergische Museum mit Utensilien vergangener Jahrhunderte.

Um 1130 gegründet: Schloss Burg an der Wupper.

Im Burghof steht auch noch der Pranger und erinnert an wahrlich mittelalterliche Bestrafungsmethoden. Hinter den vier Meter dicken Mauern des Bergfrieds lässt sich auch das Verlies besichtigen. Hier wurde 1288 sogar der Erzbischof von Köln, Siegfried von Westerburg, einige Zeit lang gefangen gehalten.

In den alten Fachwerkbauten rund um das Schloss bieten kleine Geschäfte und Cafés die berühmte Bergische Kaffeetafel mit frischen Waffeln, Milchreis und Schwarzbrot an.

Info: Schloss Burg liegt ca. 20 km südlich von Wuppertal. **Info Schloss Burg:** Schlossverein Burg an der Wupper e. V., Schlossplatz 2, 42659 Solingen, Tel. (02 12) 242 26 26, www.schlossburg.de, Öffnungszeiten März–Okt. Mo 13–18, Di–So 10–18, Nov.–Feb. Di–Fr 10–16, Sa/So 10–17 Uhr, Eintritt € 6, ermäßigt € 3. Fahrplan der Seilbahn Tel. (02 12) 431 81 und www.seilbahn-burg.de.

Festung mit Wassergräben

Schloss Burgsteinfurt

Steinfurt, Nordrhein-Westfalen

Eine der schönsten, ältesten und mächtigsten Wasserburgen des Münsterlandes: Burgsteinfurt überzeugt mit facettenreichen Elementen aus Romanik, Rokoko und Klassizismus – und mit außergewöhnlichem Charakter. Weil die flache Landschaft weder hohe Berge noch schroffe Klippen aufweisen konnte, ließen die Baumeister breite Wassergräben und künstliche Inseln anlegen, auf denen sie ihre Festungsanlage errichteten. So schufen die edlen Herren auch das Fundament für die Stadt Steinfurt: Im Schutz der Burg entstand die erste Marktsiedlung – genannt Stat to Stenvorde.

Noch heute leben hier die Nachfahren der Erbauer: die Familie des Fürsten zu Bentheim und Steinfurt. Eine Innenbesichtigung der Anlage ist deshalb nicht möglich. Betrachten kann man Schloss Burgsteinfurt nur von außen von der Straße – von hier aus immer noch beeindruckend. Doppelkapelle und Burghöfe lassen die Vergangenheit lebendig werden.

Schloss Burgsteinfurt: die älteste Wasserburganlage Westfalens.

Die Anfänge der Burg reichen bis ins 10. Jahrhundert zurück. Auf einem künstlich aufgeschütteten Hügel (französisch Motte) entstand die erste wehrhafte Anlage. Erstmals wird sie aber erwähnt, als sie 1164 in einer Fehde mit den Herren von Ascheberg zerstört wird.

Heute besteht Schloss Burgsteinfurt aus drei Gebäudekomplexen: der Oberburg, der Unterburg und der Schlossmühle – typisch für die Wasserburgen Westfalens. Im Zuge des Wiederaufbaus entstanden im 12. Jahrhundert zunächst die äußere Ringmauer, der Torturm, der Bergfried (sogenannter Buddenturm) und der quadratische Wohnturm (Donjon) mit dem großen Rittersaal – die heutige Oberburg. Hier wurden in den nachfolgenden Jahrhunderten nach und nach die Wohngebäude auf der Ringmauer aufgesetzt. Die Unterburg (Vorburg) wurde im 12. Jahrhundert eingefriedet, mit Palisaden befestigt und im 13. Jahrhundert teilweise mit einer Ringmauer umgeben, die bis ins Wasser gebaut wurde.

Neben dem malerischen Torhaus aus dem 15. Jahrhundert befindet sich hier ein alter Burgmannshof, die sogenannte Ritterburg. Es schließen sich Remisen und zwei Ökonomiegebäude an. In der Mitte steht ein barockes Brunnenhäuschen, eine Arbeit des Steinmetzen und Architekten Johann Schrader aus dem Jahr 1727. In dem hinten gelegenen Gebäude sind eine Schmiede und eine Schreinerei untergebracht.

Info: Steinfurt liegt ca. 30 km nördlich von Münster. **Info Schloss Burgsteinfurt:** Besichtigung nur von außen möglich.

Meisterwerke aus Helligkeit

ZENTRUM FÜR INTERNATIONALE LICHTKUNST

Unna, Nordrhein-Westfalen

Ein Backsteingebäude im Zentrum von Unna. Wo früher Bier gebraut wurde, befindet sich seit 2002 das weltweit einzige Museum für Kunstwerke aus Licht. Der Weg führt hinab in den Keller – in unterirdische Gänge und

James Turrells »Floater 99« im Zentrum für internationale Lichtkunst in Unna.

ehemalige Kühlräume. Damit Licht leuchten kann, braucht es die Dunkelheit. Schließlich sollen die speziell auf die Räume zugeschnittenen Lichtkunstwerke optimal zur Geltung kommen.

Ausgestellt sind Werke der Crème de la Crème jener Künstler, die mit Licht arbeiten. »Totentanz II« heißt die Installation des Franzosen Christian Boltanski, in der Lebende und Tote als Schattenwesen im Zwielicht über Wände tanzen.

Der Däne Olafur Eliasson baut Wände aus Wasser und Licht, und James Turrell leitet das Licht des Himmels wie bei einer Lochkamera durch eine Öffnung im »Skyspace« in eine darunterliegende Camera obscura. Was man alles mit Licht machen kann, welche Effekte es auslöst und welche Assoziationen es freisetzt, das zeigt in einzigartiger Weise dieses ganz besondere Museum, das von einem Verein getragen wird.

Doch das Zentrum für Internationale Lichtkunst ist mehr als seine Installationen: Hier finden Wechselausstellungen und weitere Veranstaltungen statt, darunter Lesungen, Workshops und Konzerte – letztere sogar im Dunkeln! Seit 2015 vergibt das Zentrum zusammen mit einer Stiftung zudem den International Light Art Award an junge Nachwuchskünstler. Übrigens: Wer aus seinem Besuch in Unna etwas ganz Besonderes machen will, kann ein Spezialangebot buchen: eine Führung durch den Lichtkunst-Keller mit anschließendem Essen im nahen Bistro – ganz stilecht bei Kerzenschein!

INFO: Unna liegt ca. 15 km östlich von Dortmund. **INFO ZENTRUM FÜR INTERNATIONALE LICHTKUNST:** Lindenplatz 1, 59423 Unna, Tel. (023 03) 10 37 51, www.lichtkunst-unna.de, Führungen Di–Fr 13, 15, Do auch 17, Sa/So stdl. 11–17 Uhr, Eintritt € 10, ermäßigt € 8, bis 10 J. frei.

Sprechendes Gnadenbild

Dom Maria, Königin des Friedens

Velbert, Nordrhein-Westfalen

Dem kleinen Bild der Maria Immaculata, einem Gnadenbild der Mutter Gottes also, verdankt der Ort Neviges im Bergischen Land, dass er seit 1680 ein bekanntes Wallfahrtszentrum ist. In diesem Jahr nämlich, während seines täglichen Gebets, hörte Pater Antonius Schirley vom Franziskanerkloster zu Dorsten der Legende nach eine Stimme, die ihn aus dem unscheinbaren Bildchen angesprochen haben soll: »Bring mich nach Hardenberg, da will ich verehret sein!«

1968 von Gottfried Böhm entworfen: Dom Maria, Königin des Friedens in Velbert.

Da auch eine wunderbare Krankenheilung versprochen wurde, übersandte der Pater das Marienbild seinen Mitbrüdern in Hardenberg-Neviges. Davon hörte der Fürstbischof von Paderborn und Münster, Ferdinand von Fürstenberg. Nach seiner Genesung von schwerer Krankheit kam er wegen eines Gelübdes am 25. Oktober 1681 zur Wallfahrt nach Neviges. Als Dank an die gütige Gottesmutter ließ er anschließend den Klosterbau der Franziskaner bis zum Jahr 1683 vollenden. Die Marienwallfahrt nach Neviges war geboren. Die Kirche jedoch erwies sich bald als zu klein, da nach 1681 mehr und mehr Menschen zum mittlerweile berühmten Gnadenbild pilgerten.

Deshalb wurde ein größeres Gotteshaus errichtet, das im Jahr 1728 unter dem Titel der »Unbefleckten Empfängnis« geweiht wurde. Aber auch die neue Kirche war für den ständig zunehmenden Pilgerstrom zu klein. Lange Zeit wich man deshalb auf eine Andachtstätte am Marienberg aus, die unter freiem Himmel rund 20 000 Gläubigen Platz bot. Mehrere Versuche, eine große Wallfahrtskirche zu errichten, wurden im 20. Jahrhundert durch die beiden Weltkriege zunichte gemacht.

Erst am 22. Mai 1968, nach zweijähriger Bauzeit, konnte die heutige Kirche vom chinesischen Bischof Vitus Maria Chang Tso Huan auf den Titel »Maria, Königin des Friedens« geweiht werden. Der markante Mariendom aus Beton, entworfen von Gottfried Böhm, bietet 7000 Menschen Platz und ist nach dem Kölner Dom das zweitgrößte Gotteshaus nördlich der Alpen.

Das Gnadenbild wurde mittlerweile in die fast vier Meter hohe Mariensäule eingelassen. Über dem Papierchen wachsen aus dem Blattwerk des Lebensbaums Maria und Jesus hervor, auf der Rückseite hingegen erkennt man den auferstehenden Christus. Um die Pilger kümmern sich auch die Mönche des angrenzenden Franziskanerklosters. Nicht weit entfernt kann ein Wasserschloss aus dem 13. Jahrhundert besichtigt werden.

Info: Velbert-Neviges liegt ca. 10 km nördlich von Wuppertal. **Info Franziskanerkloster Neviges:** Elberfelder Str. 12, 42553 Velbert-Neviges, Tel. (020 53) 93 18-40, www.mariendom.de, tägl. geöffnet.

Aufzug für schwimmende Riesen

Altes Schiffshebewerk Henrichenburg

Waltrop, Nordrhein-Westfalen

Sandsteintürme, Kuppeln und Verzierungen lassen schon von Weitem erahnen: Hier schwebt noch der Geist einer vergangenen Zeit mit, in der die Industrialisierung immer stärkeren Raum im Leben der Menschen einnahm. Das Schiffshebewerk Henrichenburg, von Kaiser Wilhelm II. bereits 1899 eingeweiht, ist ein Aufzug für schwimmende Riesen.

Nach über 40-jähriger Bauzeit wurde der Dortmund-Ems-Kanal in der zweiten Hälfte des 19. Jahrhunderts fertiggestellt. Kohle und Stahl konnten jetzt schneller vom Ruhrgebiet zur Nordsee gelangen. Die Niveauunterschiede mussten durch Schleusen überwunden werden. Bei Henrichenburg waren es gleich 14 Meter.

Das Schiffshebewerk Henrichenburg beförderte 71 Jahre lang mühelos bis zu 600 Tonnen schwere Fracht- und Containerschiffe über diesen Höhenunterschied, bis es Anfang der 1970er Jahre von einem größeren und schnelleren Hebewerk abgelöst wurde. Heute ist es einer von acht Orten des LWL-Industriemuseums.

Im alten Maschinenhaus wird eindrucksvoll das physikalische Prinzip des Hebewerks an einem Modell gezeigt. Kinder lernen hier spielend, wie der Auftrieb in fünf riesigen Zylindern den Trog mit dem Schiff hebt oder senkt, je nachdem, wie die Wassermenge des Troges verändert wird.

Die Hebewerke (das alte und das neue) Henrichenburg sind die Hauptteile des Schleusenparks. Die stillgelegten Schleusen sind – wie auch der Trog – begehbar. Über einen Rundweg können Besucher den gesamten Schleusenpark erkunden, der auch das neue Hebewerk von 1962 und die neue Schleuse von 1989 zu einem Erlebnis werden lässt.

Vom Wasser aus erleben kann man den Schleusenpark mit dem Schiff »Henrichenburg«. Rundfahrten starten mehrmals täglich vom Museumskai.

Info: Waltrop liegt ca. 20 km nördlich von Dortmund. **Info LWL-Industriemuseum:** Schiffshebewerk Henrichenburg, Am Hebewerk 26, 45731 Waltrop, Tel. (023 63) 970 70, www.lwl.org, Öffnungszeiten Di–So 10–18 Uhr, Eintritt € 5, ermäßigt (6–17 J.) € 2,50.

Preußischer Adler am Schiffshebewerk Henrichenburg.

Tuffi und Kaiserbahn

SCHWEBEBAHN

Wuppertal, Nordrhein-Westfalen

Der »Tausendfüßler«, der sich »wie ein stahlharter Drachen mit vielen Bahnhofsköpfen und sprühenden Augen über den Fluss legt und wendet« (so die Dichterin Else Lasker-Schüler), war für die Wuppertaler keine Liebe auf den ersten Blick. Aufgebrachte Bürger schrien Zeter und Mordio, als die traditionsreichen Schwesterstädte Barmen und Elberfeld um die Jahrhundertwende grünes Licht für den Bau der Wuppertaler Schwebebahn gaben.

Die Schwebebahn ist Wuppertals Wahrzeichen.

Doch allen Unkenrufen zum Trotz wurde die Himmelsbahn nach der Einweihung im Jahr 1900 schnell zum größten Stolz und Lieblingskind der Stadt. Und als Tuffi kam, sogar zum Weltstar: Es war der 21. Juli 1950, als der junge Elefant in ein Abteil stieg, um für den Zirkus Althoff Reklame zu machen. Ob es ihm im Wagen nun zu hoch oder zu eng war – nach nur kurzer Fahrt hatte der kleine Riese den Rüssel gestrichen voll. Er durchbrach die Seitenwand, sprang ins Freie und landete in der Wupper. Das brachte ihm eine Schramme am Po ein. Die Schwebebahn sorgte weltweit für Schlagzeilen und wurde spätestens jetzt zur Touristenattraktion Nummer eins.

Heute schweben täglich 80 000 Fahrgäste durch die bergische Großstadt, im Jahr sind das immerhin rund 20 Millionen Passagiere. Bei einer mittleren Geschwindigkeit von rund 27 Stundenkilometern dauert die luftige Fahrt von Endstation zu Endstation knapp 35 Minuten. Insgesamt gibt es an der 13,3 Kilometer langen Strecke 20 Bahnhöfe – vom Jugendstilbahnhof Werther Brücke bis zur modernen Glaskonstruktion Kluse. Die Hängebahn fährt von Wuppertal-Oberbarmen nach Wuppertal-Vohwinkel und zurück und durchquert die Stadt dabei von Nordosten nach Südwesten.

Wer nach Wuppertal kommt, sollte sich die nostalgische Stadtrundfahrt in der Kaiserbahn nicht entgehen lassen – die von ortskundigen Stewardessen und Stewards begleitete Tour in jenem Abteil Nummer fünf, in dem einst Kaiser Wilhelm II. mit seiner Gemahlin Auguste Viktoria auf Probefahrt von Elberfeld nach Vohwinkel fuhr. »Ruhig und sicher glitt der Wagen mit seiner theueren Last auf dem vielfach gewundenen Schienenwege dahin – und ihre Majestäten jeruhten mehrmals (!) huldvoll und jnädigst Jrüße nach unten an die treuen Unterthanen zu senden«, hieß es damals. Das historische Vehikel wurde stilecht restauriert: mit plüschgepolsterten Sitzen, goldfarbenen Dekostoffen vor den Fenstern, nostalgischen Lampen und einer Jugendstilornamentscheibe, die die Abteile der ersten und zweiten Klasse voneinander trennt.

INFO: Wuppertal liegt ca. 35 km östlich von Düsseldorf. **INFO SCHWEBEBAHN:** WSW mobil GmbH, Bromberger Str. 39–41, 42281 Wuppertal, Tel. 01806-50 40 30, www.schwebebahn.de und www.wsw-online.de. Die Schwebebahn fährt zu den Hauptverkehrszeiten Mo–Fr alle 3 Minuten, Sa/So alle 4–6 Minuten. Tickets: € 2,90, ermäßigt € 1,70.

Revolution auf der Bühne

TANZTHEATER WUPPERTAL PINA BAUSCH

Wuppertal, Nordrhein-Westfalen

Take my hand, take my hand!«, schreit eine Frau. Sie wiederholt den Satz immer wieder, kreischt, wird mit Tomaten beworfen. Ist das Tanz? Diese Frage wird immer wieder gestellt, wenn es um Pina Bausch geht. In den 1970er Jahren reagiert das ans klassische Ballett gewöhnte Publikum schockiert auf die Stücke der jungen Choreografin, die eine Revolution auslöst. »Die Tänzer rannten über die Bühne, sprangen an den Wänden hoch, sie sprachen (meist in ihrer Muttersprache), sie schrieen, lachten, weinten, erzählten Witze, absurde Geschichten, stellten Fragen. Der Bühnenboden war bedeckt mit Erde oder Wasser oder Gras, auf der Bühne bewegten sich falsche Nilpferde, Krokodile oder echte Hunde, Artisten, Stuntmen, Zauberer«, berichtet die Autorin Anne Linsel.

Zuschauer und zahlreiche Kritiker waren irritiert und verstört. Dieses Unverständnis schlug lange Zeit um in Aggressionen. Buhrufe, knallende Türen, es wurde sogar in Richtung Bühne gespuckt: Tumultartige Szenen im Zuschauerraum waren keine Seltenheit. Mittlerweile sind die Choreografin und ihr Tanztheater in aller Welt bekannt. Gastspiele führten sie in die großen Städte in Europa, Amerika und Asien. Überall feierte die im Jahr 2009 verstorbene Königin des modernen Tanzes Triumphe, auch in ihrer Heimatstadt Wuppertal. Das Tanztheater tritt auch nach ihrem Tod weiter im Opernhaus Wuppertal auf und absolviert darüber hinaus zahlreiche internationale Gastauftritte.

»Mich interessiert nicht so sehr, wie sich Menschen bewegen, als was sie bewegt«, erklärte Pina Bausch. Die verborgenen Schichten der menschlichen Seele, Kindheitserinnerungen, Verletzungen, die immerwährende Spannung zwischen den Geschlechtern: Das sind die Themen, die die Grande Dame des deutschen Tanztheaters auf die Bühne gebracht hat.

INFO: Wuppertal liegt ca. 35 km östlich von Düsseldorf. **INFO TANZTHEATER WUPPERTAL PINA BAUSCH:** 42218 Wuppertal, Tel. (02 02) 563 42 53, www.pina-bausch.de. Aufführungen im Opernhaus Wuppertal, Kurt-Drees-Str. 4. Spielplan und Preise auf Anfrage.

Ensemble Nelken vom Tanztheater Wuppertal Pina Bausch.

Bildende Kunst im Bergischen Land

Von der Heydt-Museum

Wuppertal, Nordrhein-Westfalen

Von Pablo Picasso bis Claude Monet, von Salvador Dalí bis August Macke: Das Von der Heydt-Museum ist nicht nur die bedeutendste Kunstsammlung in Wuppertal, sondern – nicht zuletzt wegen seiner Sonderausstellungen – ein weit über die Stadt hinaus bekanntes Museum für bildende Kunst. Zu sehen sind Werke der niederländischen Malerei des 16. und 17. Jahrhunderts, deutsche und französische Malerei von der Romantik bis zum Impressionismus, Kunst um 1900, Malerei des Expressionismus, Fauvismus, Kubismus und Futurismus, Kunst der 1920er Jahre, der Nachkriegszeit und der Gegenwart sowie eine Sammlung von Plastiken des 19. und 20. Jahrhunderts. Finanziert wurde das Haus in erster Linie durch Spenden.

Franz Marcs »Fuchs« (Blauschwarzer Fuchs, 1911) im Von der Heydt-Museum in Wuppertal.

Insbesondere durch Schenkungen der Elberfelder Bankier- und Kunstsammlerfamilie August (1851–1929) und Eduard (1882–1964) von der Heydt, deren Namen das Museum seit 1961 trägt, konnte die Sammlung wachsen.

Das Museum, im 1842 eingeweihten klassizistischen Bau des alten Elberfelder Rathauses untergebracht, wurde von 1986 bis 1990 erweitert. Seitdem stehen 7000 Quadratmeter Ausstellungsfläche zur Verfügung. Neue Treppen, Rundgänge und Raumformen bieten einen adäquaten Rahmen für Werke von Braque, Corinth, Degas, Ernst, Feininger, Kokoschka, Beckmann, van Gogh, Rodin, Marc, Nolde und vielen anderen.

Besucher begegnen hier Bildern, die sie längst kennen – aus Schulbüchern, Kunstbänden, Dokumentarfilmen, aus Kultursendungen und Kunstkalendern: Rendezvous mit dem »Mädchen mit Pfingstrosen« von Alexej von Jawlensky, den »Frauen auf der Straße« von Kirchner, mit Jankel Adlers »Else Lasker-Schüler«, Picassos »Mann mit Pelerine« oder den »Luftakrobaten« von Max Beckmann.

Die Kunst- und Museumsbibliothek ist mit einem Bestand von über 95000 Bänden die größte Kunstbuchsammlung des Bergischen Landes. Sie ist wissenschaftliche Arbeitsbibliothek und gleichzeitig öffentlich zugängliche Präsenzbibliothek für Museumsbesucher, Kunsthistoriker, Journalisten, Pädagogen, Studenten sowie für alle kunstinteressierten Bürger.

Die Sammlung des Museums umfasst neben Gemälden, Grafiken und Fotografien auch eine Vielzahl von Skulpturen. Seit dem Jahr 1991 befindet sich rechts und links der Freitreppe zum Eingang eine zweiteilige Skulptur des in Wuppertal lebenden britischen Künstlers Tony Cragg.

Info: Wuppertal liegt ca. 35 km östlich von Düsseldorf. **Info Von der Heydt-Museum:** Turmhof 8, 42103 Wuppertal, Tel. (02 02) 563 62 31, www.von-der-heydt-museum.de, Öffnungszeiten Di–So 11–18, Do bis 20 Uhr, Eintritt € 12, ermäßigt € 10.

Erlebniswelt Römer

LVR-Archäologischer Park Xanten und LVR-RömerMuseum

Xanten, Nordrhein-Westfalen

Für einen Tag den Zeitgeist mit Laptop und Kreditkarte hinter sich lassen und das alte Rom am Niederrhein erleben: Beim Münzengießen oder bei der Herstellung von Schreibtafeln kann man sich im Archäologischen Park Xanten auf die Spuren der alten Römer begeben. Im Jahr 15 v. Chr. ließ Kaiser Augustus südlich der heutigen Stadt Xanten das Militärlager Vetera castra errichten, bevor Kaiser Trajan der Siedlung 120 Jahre später das Stadtrecht einräumte und dem Stück Rom in der Ferne den Namen Colonia Ulpia Trajana verlieh. Auf rund 73 Hektar Fläche lebten damals 10 000 zu Römern gewordene Germanen und Gallier. Städtebaulich orientierte man sich an Rom: rechtwinklig angelegte Straßensysteme, Kanalisation, Stadtmauer, Forum, Tempel, Thermen und Amphitheater prägten das Stadtbild.

1977 eröffnete der Archäologische Park Xanten seine Pforten mit dem Ziel, eine bildungsbezogene Freizeiteinrichtung zu schaffen, die das Erbe der Römer erhält und erforscht. Zwölf Monate im Jahr sind Archäologen damit beschäftigt, die Hinterlassenschaften der römischen Stadt freizulegen. Zur Konservierung werden die Gebäudereste nach der Dokumentation wieder mit Erde bedeckt. Nur die besonders interessanten Funde bekommen ein gläsernes Schutzhaus.

Der Park schließt seit 2009 auch die westliche Hälfte der römischen Stadt Colonia Ulpia Traiana mit ein. Das neue RömerMuseum wurde auf den römischen Grundmauern der monumentalen Eingangshalle der Thermen errichtet und ergänzt den 1999 eröffneten Schutzbau über den Thermen zu einem faszinierenden Ensemble. Die Dauerausstellung bildet einen Gang durch die römische Geschichte Xantens – vom Einmarsch der Legionen bis zum Untergang in der Spätantike.

Wer also glaubt, er bekomme im Archäologischen Park Xanten nur ein paar zerbröckelte Töpfe und Scherben zu sehen, der irrt ganz gewaltig. Einzelne Bauwerke wurden in Originalgröße teilweise oder vollständig rekonstruiert, die Räume nach römischen Vorbildern ausgemalt. Das rekonstruierte Amphitheater wird heute für verschiedene Aufführungen und Konzerte genutzt. Zahlreiche Veranstaltungen und Thementage lassen ganzjährig die alte Römerstadt lebendig werden.

Info: Xanten liegt ca. 45 km nördlich von Duisburg. **Info Archäologischer Park Xanten und RömerMuseum:** Am Rheintor (Park), Siegfriedstr. 39 (Museum), 46509 Xanten, Tel. (028 01) 988 92 13, www.apx.de, Öffnungszeiten Park und Museum tägl. März–Okt. 9–18, Nov. 9–17, Dez.–Feb. 10–16 Uhr, Eintritt € 9, ermäßigt € 6, unter 18 J. frei.

Hafentempel im LVR-Archäologischen Park Xanten.

Nacht der Industriekultur

ExtraSchicht

Ruhrgebiet, Nordrhein-Westfalen

Am letzten Samstagabend im Juni sorgt das 2001 ins Leben gerufene Festival »ExtraSchicht – Die Nacht der Industriekultur« im Ruhrgebiet für Unterhaltung und Abwechslung an rund 50 Orten in mehr als 20 Städten.

Eine Veranstaltung der Superlative: 500 Events mit 2000 Künstlerinnen und Künstlern beleben ehemalige Industriestandorte und bieten ein abwechslungsreiches Programm mit Akrobatik, Konzerten, Theater, Street Art und Kulinarik bis spät in die Nacht. Feuerwerk, Lichtkunst, Poetry Slam, Action Painting, Clowns und Zauberer locken Groß und Klein in ehemalige Kohlelager, Waschkauen, Zechen und Hütten, zu Häfen und in ehemalige Brauereien. Das Ruhrgebiet wird für einen Abend ein gigantischer Festspielplatz, der jedem Besucher etwas bietet.

Illuminierter Wasserturm der Jahrhunderthalle Bochum.

Das Programm ist so bunt und vielfältig wie das Ruhrgebiet an sich. Die Veranstaltung repräsentiert die Geschichte und den Wandel der Region. Dabei geht Altbewährtes mit Neuem Hand in Hand und ermöglicht den Besuchern in jedem Jahr ein einmaliges Erlebnis. Eine Besonderheit an der ExtraSchicht ist, dass die Veranstaltung Türen öffnet, die sonst verschlossen bleiben. Die Besucher bekommen beispielsweise einen exklusiven Einblick hinter die Kulissen von verschiedenen Unternehmen.

Mehrere hunderttausend Besucher verzeichnet die Nacht der Industriekultur jährlich, organisiert wird sie von der Ruhr Tourismus GmbH gemeinsam mit über 200 Kooperationspartnern. Am Abend der ExtraSchicht kann das Auto in der Garage bleiben: Dafür sorgt ein ausgeklügeltes Mobilitätskonzept, das die Besucher quer durch die Metropole Ruhr transportiert. Der Austausch der Besucher mit Gleichgesinnten in Bus und Bahn ist ein wichtiger Teil des ExtraSchicht-Konzepts. Zusätzlich zu den Shuttlebussen gibt es eigens für den Abend entwickelte Radrouten – viele Spielorte der ExtraSchicht sind optimal an das Radwegenetz angebunden.

Info: 50 Spielorte im Ruhrgebiet. **Info ExtraSchicht:** Tel. 01806-18 16 50, www.ruhr-tourismus.de. Ticketpreise und genaue Vorverkaufszeiträume finden Sie unter www.extraschicht.de.

Köln
Bergheim
Hürth
Aachen
Stolberg
Düren
Troisdorf
Siegburg
Siegen
Sieg
Lahn
NORDRHEIN-
WESTFALEN
Bonn
Bad Honnef
Remagen
Sinzig
Bad Neuenahr-Ahrweiler
Rheinbrohl
BELGIEN
Ahrtal
Andernach
Neuwied
HESSEN
Maria Laach
Vulkanpark
Montabaur
Limburg
Mayen
Nürburg
Koblenz
Lahn
Eifel
Nassau
Prüm
Monreal
Braubach
Oberes Mittelrheintal
Münstermaifeld
Mosel
Sankt Goarshausen
Cochem
St. Goar
Mörsdorf
Kaub
Wiesbaden
RHEINLAND-PFALZ
Dreis
Mainz
Traben-Trarbach
Bingen
Bitburg
Bernkastel-Kues
Nierstein
Kyll
LUXEMBURG
Naheweinstr.
Bad Kreuznach
Rhein
Trier
Idar-Oberstein
Bad Sobernheim
Mosel
Nahe
Wonnegau
Glan
Steinbach
Worms
Donnersberg
Merzig
SAARLAND
Kaiserslautern
Ludwigshafen
Bad Dürkheim
Saar
Moselle
Neunkirchen
Neustadt a. d. Weinstraße
Saarlouis
Völklingen
Speyer
Saarbrücken
Zweibrücken
Hinterweidenthal
Hornbach
Deutsche Weinstr.
Blies
Annweiler
Herxheim
Fischbach
Karlsruhe
Lauter
FRANKREICH
0
25 km

RHEINLAND-PFALZ

Das Tal der roten Trauben

ROTWEINWANDERWEG

Ahrtal, Rheinland-Pfalz

Die Philosophie der Ahrwinzer lautet »Klasse statt Masse«. Kein Wunder, denn das Ahrtal ist mit seinen knapp über fünf Hektar Weinanbaugebiet nicht gerade groß. Doch dort, wo früher mittelmäßiger Wein in Strömen floss, werden mittlerweile edle Tropfen produziert, für die sich der Abstieg lohnt. 35 Kilometer führt der Weg von Altenahr nach Bad Bodendorf durch eines der nördlichsten Weinanbaugebiete Deutschlands.

Ahrtal – das Tal der roten Trauben.

Wer allerdings meint, durch Riesling-, Müller-Thurgau- oder Kerner-Reben zu wandern, der irrt. An der Ahr wird hauptsächlich Rotwein angebaut. Das Tal und der Boden sind wahre Katalysatoren für die Entwicklung der rot-blauen Beeren, denn diese brauchen viel Licht und Wärme, um gut zu gedeihen. Das enge Tal schützt die Reben vor kühlem Wind, die Schiefer- und Basaltböden speichern tagsüber die Sonne und geben sie dann in der Nacht an die »frierenden« Reben ab.

Egal in welcher Richtung – zum großen Teil führt der Weg auf halber Höhe durch die Weinberge und eröffnet Ausblicke ins Ahrtal, und am sogenannten Eifelblick oberhalb von Altenahr lässt sich sogar ein Blick auf die Höhenzüge dieses Mittelgebirges erhaschen. Nicht in den gewanderten Kilometern liegt beim Rotweinwanderweg der besondere Reiz, sondern in der Kombination von ausgedehnten Spaziergängen, schönen Städtchen und historischen Orten, die etappenweise genossen werden können. Dazwischen steht natürlich immer die Einkehr beim Winzer. Über den jeweiligen Abstieg gelangt man an den Weinort seiner Wahl.

Ein Aufstieg zu den Ruinen der mittelalterlichen Burg Are in Altenahr ist in jedem Fall empfehlenswert. In Mayschoß lohnt nicht nur der Besuch der Saffenburg und der ältesten Winzergenossenschaft Deutschlands. In Ruhe lässt sich auch ein gutes Glas im ehemaligen Nonnenkloster Marienthal, im Klostergarten, umgeben von geschichtsträchtigen Mauern, genießen. Der Ahrtal-Express, ein nostalgischer Zug mit drei Wagen, fährt durch Stadtteile von Bad Neuenahr und im Museum Römervilla kann man dann in der am besten erhaltenen römischen Gutsanlage nördlich der Alpen auf historischen Spuren wandeln.

Wer Lust hat, beteiligt sich mit seinen Freunden oder Kollegen an der Wein- und Winzerolympiade. Die Disziplinen umfassen z. B. Weinstampfen wie auch Weinverkostung – blind natürlich – und Verkorken.

INFO: 35 km von Bad Bodendorf bis Altenahr. **INFO AHRWEILER:** Ahrtal-Tourismus Bad Neuenahr-Ahrweiler e. V., Oberstr. 8, 53474 Bad Neuenahr-Ahrweiler, Tel. (026 41) 917 10, www.ahrtal.de. **INFO ROTWEINWANDERWEGE:** www.rotweinwanderweg.de.

Höchster Kaltwassergeysir der Welt

GEYSIR ANDERNACH ERLEBNISZENTRUM

Andernach, Rheinland-Pfalz

Aller guten Dinge sind drei, auch im Geysir Erlebniszentrum in Andernach: Hier folgt auf eine spannende Ausstellung eine Rheinschifffahrt, bevor der Ausflug schließlich mit einem spektakulären Naturerlebnis endet.

Das Erlebniszentrum gegenüber der Rheinpromenade, das durch seine markant gekippte Bauweise seit 2009 aus der Reihe der altehrwürdigen Gemäuer der Andernacher Altstadt herausfällt, nimmt Besucher zur Einstimmung mit auf eine imaginäre Reise 4000 Meter unter die Erde. In den informativen interaktiven Ausstellungen erfährt man nicht nur in Wort und Bild, sondern auch durch Mitmachen und Ausprobieren, unter welchen geologischen und physikalischen Voraussetzungen das Naturphänomen Kaltwassergeysir entsteht und funktioniert. Man sieht, hört und erlebt, wie aufsteigendes Kohlendioxid ($C0_2$) auf Grundwasser trifft und sich mit dem anwachsenden Druck – einer geschüttelten Mineralwasserflasche ähnlich – der Geysir entlädt.

Anschließend kann man dem echten Ausbruch des höchsten Kaltwassergeysirs der Welt beiwohnen. Gleich gegenüber dem Erlebniszentrum ankert ein Fährschiff, das die Besucher zum Naturschutzgebiet der Halbinsel Namedyer Werth bringt. Die Fahrt das romantische Rheintal hinunter dauert etwa eine Viertelstunde, dann geht es ein paar Schritte durch den lauschigen Auenwald zum unbestrittenen Höhepunkt der ganzen Unternehmung, dem Geysir, der fast genau alle hundert Minuten ausbricht. Nach anfänglich zögerndem Spucken und Zischen spritzt seine Fontäne schließlich sechs bis acht Minuten lang bis zu 60 Meter hoch in die Luft – ein beeindruckendes Schauspiel.

Schließlich kehrt das Schiff zurück an die Rheinpromenade in der Altstadt. Alle Bereiche der etwa dreistündigen Tour sind barrierefrei.

INFO: Andernach liegt ca. 17 km nordwestlich von Koblenz. **INFO GEYSIR ANDERNACH ERLEBNISZENTRUM:** Konrad-Adenauer-Allee 40, 56626 Andernach, Tel. (02632) 958 00 80, www.geysir-andernach.de, Öffnungszeiten Ende März–Okt. tägl. 9–17.30 Uhr, Abfahrt des Schiffes 11.15, 13.05, 15 und 17 Uhr, Eintritt € 15, ermäßigt € 9, Kinder unter 1 m frei.

Der höchste Kaltwassergeysir der Welt zischt und gurgelt in Andernach.

Wallfahrt zur Wurst

DÜRKHEIMER WURSTMARKT

Bad Dürkheim, Rheinland-Pfalz

In der Offenbarung steht es geschrieben: Der Erzengel Michael vertrieb den Teufel aus dem Himmel. Schon im 12. Jahrhundert war die kleine Kapelle auf dem Michaelsberg in der Nähe von Bad Dürkheim ein beliebter Wallfahrtsort.

Was mit einigen Pilgern begann, lockt heute rund 600 000 Besucher in die Weinstadt in der Pfalz. Als die Zahl der Wallfahrer stetig stieg, begannen die Bauern aus der Umgebung, ein mittelalterliches Catering aufzubauen. Wein, Wurst und Brot wurden auf Schubkarren herbeigeschafft und an die Pilger verkauft. Nach und nach wurde das Angebot erweitert, Gaukler, Musikanten und Händler kamen dazu. Aus der Wallfahrt entwickelte sich ein Markt, der erstmalig im Jahre 1417 erwähnt wurde. Schon 1449 erließ der Abt des Klosters Limburg eine Marktordnung; das Michaelisfest bekam den Status eines öffentlichen Kirchweihfests. Mit wachsendem Andrang musste der Markt schließlich umziehen. Seit 1577 findet er auf den Brühlwiesen statt.

Dürkheimer Wurstmarkt: Alljährlich im September dreht sich in Bad Dürkheim alles um die Wurst.

Der Name Wurstmarkt taucht erstmals 1832 auf und bezieht sich auf den gewaltigen Konsum dieses Lebensmittels. Jedes Jahr am zweiten und dritten Septemberwochenende dreht sich in Bad Dürkheim alles um die Wurst. Aber ohne die Schubkärchler, an denen ausgeschenkt wird, die bis heute mit den Weinfässern auf Schubkarren feierlich einziehen, ist kein Wurstmarkt denkbar. Jeder wird von einem Weingut betrieben und bietet knapp 120 Sitzplätze auf hölzernen Bänken. Wer Luxus sucht, liegt hier falsch, wer aber guten Wein genießen möchte, hat das große Los gezogen, denn nur prämierte Weine werden ausgeschenkt.

Das Weindorf ist der zweite Treffpunkt. Weinbaubetriebe aus der Dürkheimer Gegend kredenzen ihre besten Tropfen. Die kulinarische Grundlage für die persönliche Weinprobe kann in den Speisezelten gelegt werden. Pfälzische Spezialitäten stehen hier selbstverständlich auf der Karte.

Freunde der gehobenen Gastronomie bevorzugen die Winzergärten, denn hier stehen auch schon mal Kochkünstler am Herd. Ein Höhepunkt unter den zahlreichen Veranstaltungen ist der Literarische Frühschoppen: Am Vormarktmontag locken Künstler die Besucher bereits um 10 Uhr in die Schubkarchstände, zu einer Melange aus Wein, Liedern, Gedichten und Geschichten. Am Rande des Wurstmarkts steht das größte Fass der Welt, auch wenn es nie als Behältnis für Rebensaft genutzt wurde. 1934 als Restaurant erbaut, bietet es bis zu 550 Personen Platz. Wer also nicht bis zum September warten will, der kann im Dürkheimer Riesenfass schon mal eine Kostprobe nehmen.

INFO: Bad Dürkheim liegt ca. 23 km westlich von Mannheim. **INFO DÜRKHEIMER WURSTMARKT:** Tourist Information, Kurbrunnenstr. 14, 67098 Bad Dürkheim, Tel. (063 22) 93 51 40, www.bad-duerkheim.com. **REISEZEIT:** Sept.

Spielen wie in Monte Carlo

KURVIERTEL UND SPIELBANK

Bad Neuenahr-Ahrweiler, Rheinland-Pfalz

Anno 1850. Die Dämpfe in den Bauernkaten und Ställen im Dorf Beul sind ein ständiges Ärgernis. Ursache unbekannt. Georg Kreuzberg, wohlhabender Winzer, stößt bei seiner Arbeit in den Weinbergen durch Zufall auf die Ursache des vermeintlichen Übels: Er entdeckt die erste Mineralquelle Apollinaris. Der Fund der Quelle veränderte nicht nur das Leben von Georg Kreuzberg, sondern das der ganzen Region. Weitere Grabungen in seinem Auftrag brachten auch die warmen Heilquellen zutage: die Geburtsstunde eines Bads von internationalem Ruf. Bis zum Ersten Weltkrieg war Bad Neuenahr die erste Adresse für den europäischen Hochadel, hier traf sich alles, was Rang und Namen hatte, zur Kur. Die Bedeutung des Ortes spiegelt sich bis heute in seiner Architektur, im Charme des Kurviertels mit seinen weißen Patrizierhäusern, dem wunderschönen Badehaus und den herrlichen Kurparkanlagen, durch die sich die Ahr schlängelt. Von der Kurgartenbrücke hat man den besten Blick auf das Kurhaus, das 1903 im Jugendstil errichtet wurde. Das mediterrane Flair von Monte Carlo, Nizza und Cannes stand hier Pate. Das Kurhaus und das geschmackvoll renovierte Thermalbadehaus von 1899 umrahmen prächtige Hotels und Häuser aus der Belle Époque. Bis heute ist Bad Neuenahr ein namhaftes und bei seinen Gästen sehr beliebtes Heilbad.

Im Kurhaus hat auch die Spielbank Bad Neuenahr den passenden herrschaftlichen Rahmen gefunden, denn das erste Spielkasino, das nach dem Zweiten Weltkrieg eine Lizenz erhielt, gehört zu den Premium-Kasinos Europas. Seit 1948 drehen Anhänger von Black Jack, Roulette und Co. im »Classic Casino« das Rad der Fortuna. Seit 2004 werden in der »Jackpot Corner« Automatenspiele angeboten.

Entspannung bietet der Kurpark. Der Weg auf schattigen Alleen führt vorbei an kunstvollen Brunnen, der Geysir-Fontäne, der Trink- und Wandelhalle und der Konzerthalle. Im nahe gelegenen Dahliengarten sorgen auf dem Skulpturenweg Bad Neuenahr-Ahrweiler Werke zehn bekannter Bildhauer für ästhetische Akzente.

Die Flutkatastrophe 2021 verwüstete viele Teile der Stadt. Der Wiederaufbau läuft Stück für Stück.

INFO: Bad Neuenahr-Ahrweiler liegt zwischen Koblenz und Bonn. **INFO BAD NEUENAHR-AHRWEILER:** Tourist Information Bad Neuenahr, Kurgartenstraße 13, 53474 Bad Neuenahr-Ahrweiler, Tel. (026 41) 917 10, www.ahrtal.de. **INFO SPIELBANK BAD NEUENAHR:** Felix-Rütten-Str. 1, 53474 Bad Neuenahr-Ahrweiler, Tel. (026 41) 757 50, www.spielbank-bad-neuenahr.de. **INFO KURPARK:** Kurgartenstraße, Bad Neuenahr-Ahrweiler, Tel. (026 41) 917 55 40, www.das-heilbad.de/kurpark-heilwasser.html, Öffnungszeiten tägl. 9–21 Uhr, Eintritt € 3.

Direkt an der Ahr gelegen: die älteste Spielbank Deutschlands in Bad Neuenahr-Ahrweiler.

Rund um den Riesling

Bernkastel-Kues

Bernkastel-Kues, Rheinland-Pfalz

Wer regiert, möchte sich auch mal etwas gönnen! Nicht umsonst hat der Trierer Erzbischof Heinrich von Finstingen dieses schöne Fleckchen Erde Ende des 13. Jahrhunderts für den Bau seiner Sommerresidenz erkoren. Die durch die Mosel geteilte Kleinstadt Bernkastel-Kues liegt an einer Flussbiegung: auf der einen Seite der Ortsteil Bernkastel und auf der anderen der 1905 eingemeindete Stadtteil Kues. Der Weinanbau ist für die Stadt, die sich selbst den Beinamen »Internationale Stadt der Rebe und des Weines« verliehen hat, traditionell wichtig – entsprechend groß ist die Anzahl der Weinstuben. Hier dreht sich alles um den fabelhaften Riesling, für den die Region bekannt ist. Weinliebhaber können bei einem Besuch in den Kellergewölben zwischen rund 150 Moselweinen wählen.

Mit einer über 700-jährigen Stadtgeschichte bietet Bernkastel-Kues aber auch Gelegenheit zu architektonischen Entdeckungsreisen. Als besonders interessant erweist sich dabei der kleinere, historische Stadtteil Bernkastel, dessen Marktplatz reizvoll gestaltete Fachwerkhäuser säumen. Das schiefe »Spitzhäuschen« von 1416 sowie das Renaissancerathaus mit Pranger und der filigran gestaltete St.-Michaels-Brunnen aus dem 17. Jahrhundert zieren den eng gestalteten Platz, der an das Idyll einer Märklin-Eisenbahnwelt erinnert. Im Stadtteil Kues ist insbesondere das Geburtshaus des Namensgebers der Stadt, Nikolaus von Kues alias Cusanus, von 1401 interessant, in dem eine ständige Ausstellung über das Leben des bekannten Philosophen, Naturwissenschaftlers und Kardinals zu sehen ist.

Fachwerkhäuser säumen den Marktplatz von Bernkastel-Kues.

Auch ein Aufstieg zur Ruine der Burg Landshut, der ehemaligen Sommerresidenz des Erzbischofs, lohnt wegen des traumhaften Ausblicks auf die malerische Mosellandschaft mit ihren berühmten Schiefersteillagen, an denen seit 2000 Jahren der Wein angebaut wird, für den die Region weltberühmt ist.

Der 300 Kilometer lange Moselradweg, den man von oben sieht, reizt zu einer Fahrradtour. Ein Verleih befindet sich in Bernkastel direkt am Moselufer. Eine Herausforderung in Bernkastel-Kues ist die 24-Stunden-Wanderung jährlich Ende April. Sportliche erwandern mehr als 80 Kilometer innerhalb eines Tages und einer Nacht. Wer bei einer Wanderung vor allem die Einkehr liebt, wird bei den Tagen der offenen Weinkeller glücklicher: Dann gewähren die Winzer Einlass und holen ihre besten Tropfen aus dem Keller.

Info: Bernkastel-Kues liegt ca. 50 km nordöstlich von Trier. **Info Bernkastel-Kues:** Tourist Information Mosel-Gäste-Zentrum, Gestade 6, 55470 Bernkastel-Kues, Tel. (065 31) 50 01 90, www.bernkastel.de.

Vor Mäusen wird gewarnt

Binger Altstadt und Mäuseturm

Bingen am Rhein, Rheinland-Pfalz

Bischof Hatto von Mainz konnte den Hals nicht voll genug bekommen. Er forderte immer höhere Abgaben. Das so eingenommene Korn lagerte er in seiner Festung, in der er bei seinen Aufenthalten auch nächtigte, dem Mäuseturm. Vermeintlich war der Bischof hier sicher, zumindest vor den Bürgern der Stadt, aber nicht vor ihren tierischen Einwohnern, denn der Legende nach wurde Hatto von Tausenden von Mäusen angefallen und aufgefressen.

Von diesen Tieren soll der Turm seinen Namen haben. Wahrscheinlicher ist allerdings, dass sich Mäuseturm von Mautturm herleitet, denn der Turm wurde im 14. Jahrhundert als Teil des Zollsystems der Burg Ehrenfels erbaut, und vom mittelhochdeutschen Wort *musen*, was soviel wie lauern bedeutet. Später diente das Gemäuer als Signalturm; von der Mitte des 19. Jahrhunderts bis 1974 wurden die Schiffe auf dem Rhein vom Mäuseturm aus durch das Binger Loch, eine schwierige Engstelle, geleitet.

Mäuseturm auf der Mäuseturminsel im Rhein bei Bingen.

Weiter rheinaufwärts folgt Bingen. Im alten Hafengelände wartet der sehenswerte Alte Kran aus dem 15. Jahrhundert auf die Besucher. 1487 wurde der Grundstein gelegt, in nur 87 Tagen soll der Kran errichtet worden sein. Angetrieben wurde er durch reine Manneskraft, zwei Laufräder dienten dazu, die Lasten zu bewegen.

Im Historischen Museum am Strom kann sich der Besucher über das Leben und Werk der heiligen Hildegard von Bingen (1098–1179) informieren, die als bedeutende Mystikerin und Heilkundlerin Geschichte schrieb. Als weiteres Highlight gilt das »Binger Ärztebesteck«, 67 chirurgische Instrumente eines römischen Arztes aus dem 2. Jahrhundert.

In der Altstadt steht die Basilika St. Martin auf den Resten eines römischen Merkurtempels. Die Krypta aus der ersten Hälfte des 11. Jahrhunderts gehört zum ältesten Teil der ehemaligen Stiftskirche, die schon 1006 erstmalig urkundlich erwähnt wurde. Auch die Ausstattung von St. Martin ist sehenswert, vor allem die Tonfiguren der Heiligen Katharina und Barbara aus dem frühen 15. Jahrhundert.

Die Drususbrücke ist eine der ältesten mittelalterlichen Steinbrücken Deutschlands, seit über 1000 Jahren prägt dieses Bauwerk das Stadtbild. Die beste Aussicht über die Stadt an der Mündung der Nahe in den Rhein bietet der Bergfried der Burg Klopp. Hier waltet heute der Oberbürgermeister seines Amtes.

Info: Bingen liegt ca. 30 km westlich von Mainz. **Info Bingen:** Tourist Information, Rheinkai 21, 55411 Bingen am Rhein, Tel. (067 21) 18 42 05, www.bingen.de. Tipp: Mit einem Mini-Computer (bei der Tourist Information, € 7,50) können sich Erwachsene und Kinder auf einen individuellen Stadtrundgang begeben.

Einzige unzerstörte Höhenburg am Mittelrhein

Marksburg

Braubach, Rheinland-Pfalz

Die Marksburg wirkt wie eine Ritterburg aus dem Bilderbuch. Stolz thront sie auf einem Felskegel 90 Meter über Braubach am Rhein und ist im burgenreichen Mittelrheintal die einzige, die nie zerstört wurde. Die Führung, die gerade für Familien mit Kindern interessant ist, durchläuft in 50 Minuten 800 Jahre Burggeschichte. Erbaut wurde die romanische Burganlage mit dem dreieckigen Grundriss um das Jahr 1231 durch die einflussreichen Herren von Eppstein. Später wurde die Burg gotisch erweitert und mit Zwingern, Batterien und Bastionen für Kanonen als Bergfestung ausgebaut.

Der Rundgang beginnt am Fuchstor, wo bereits der Führer mit dem Schlüssel zur Burg wartet. Fröhlich erklärt er u.a., woher der Spruch »Auf den Hund kommen« stammt, wie viel Wein die Menschen tranken oder wie die Ritter eigentlich aufs Klo gingen.

Die Marksburg oberhalb von Braubach – einzige unzerstörte Höhenburg am Rhein.

Anhand der Innenräume wie Burgküche, Rittersaal, Kemenate und Weinkeller bekommt man einen lebhaften Eindruck vom Leben auf der Burg. Höhepunkte der Führungen sind die Kapelle mit ihrem zehnteiligen spätgotischen Gratgewölbe sowie die Rüstkammer. Sie enthält die »Gimbelsche Sammlung«, 14 lebensgroße Figurinen aus dem 19. Jahrhundert, die die Entwicklung der Kriegspanzerung veranschaulichen. Spannend ist auch die Sammlung von Folterinstrumenten, die wohl auch auf der Marksburg verwendet wurden.

Mit einem Gang durch den 1969 neu angelegten Kräutergarten und die alte Burgschmiede endet die Führung. Wer länger bleiben will, kann über die Marksburg-Schänke die gotische Burgküche für Rittermahle mieten, auch Trauungen sind auf der Burg möglich. Auf der Marksburg endet der Burgenlehrpfad, der sie verbindet mit dem Schloss Philippsburg und der historischen Altstadt von Braubach. Übrigens steht in Japan eine originalgetreue Kopie der Marksburg, nachdem 1988 ein Kaufangebot für die echte Burg vom Eigentümer, der Deutschen Burgenvereinigung, abgelehnt wurde.

Info: Braubach liegt ca. 15 km südlich von Koblenz. **Info Marksburg:** 56338 Braubach, Tel. (026 27) 206, www.marksburg.de, Öffnungszeiten tägl. Mitte März–Anfang Nov. 10–17, sonst 11–16 Uhr, Besichtigung nur mit Führung, Eintritt € 7, ermäßigt € 5 (inklusive Führung).

Größte Höhenburg an der Mosel

Reichsburg Cochem

Cochem, Rheinland-Pfalz

Vom historischen Stadtzentrum aus gut sichtbar erhebt sich mehr als hundert Meter hoch über der Mosel auf einem markanten Bergkegel die trutzige Reichsburg Cochem. Ein wuchtiger, spätgotischer Turm, umgeben von kleineren Türmen mit Spitzdächern, ragt aus der Mitte empor. Cochem ist eine sogenannte Höhenburg, die um das Jahr 1000 zur Rundumverteidigung angelegt worden war.

Vom Burghof aus schweift der Blick über die verwinkelte Altstadt und das liebliche Moseltal mit seinen Weinbergen. Im malerischen Ambiente der Burg finden Führungen, Weihnachts- und andere Märkte und Rittermahle statt. Ein besonderes Erlebnis ist das alljährliche mittelalterliche Burgfest mit Handwerk, Kunst, Musik, Tanz und allerlei Gaukelei am ersten Augustwochenende. Fürs leibliche Wohl sorgt eine Burgschänke. Von Mai bis Oktober verkehrt zwischen der Tourist Information an der Alten Moselbrücke und der Burg der Reichsburg-Shuttlebus.

In ihrer über tausend Jahre alten, wechselvollen Geschichte erlebte die Burg so einiges – bis hin zur kompletten Zerstörung: 1689 wurde sie wie die gesamte Stadt von französischen Truppen in Brand gesetzt und schließlich gesprengt. 1868 wurde die Ruine von dem Berliner Kaufmann und Kommerzienrat Louis Ravené wieder als Burg aufgebaut. Spätgotik vereinte sich seinerzeit mit den neugotisch-romantischen Merkmalen des 19. Jahrhunderts.

1978 gelangte die Burg in den Besitz der Stadt Cochem, wo sie bis heute eine beliebte Sehenswürdigkeit ist. In dem romantischen Städtchen selbst kann man immer samstags mit einen Nachtwächter auf Erkundungstour gehen.

Info: Cochem liegt ca. 55 km südwestlich von Koblenz. **Info Reichsburg Cochem:** Schloßstr. 36, 56812 Cochem, Tel. (02671) 255, https://reichsburg-cochem.de, Burgführungen Mitte März–Okt. tägl. 9–17 Uhr. **Info Cochem:** Tourist Information, Endertplatz 1, 56812 Cochem, Tel. (02671) 60040, www.cochem.de.

Unübersehbar: die Reichsburg Cochem an der Mosel.

Zwischen Kiwis, Tabak und Wein

Deutsche Weinstrasse

Rheinland-Pfalz

Mitten durch die Pfalz verläuft die Deutsche Weinstraße, eine der ältesten und bekanntesten deutschen Touristikrouten. Sie führt über rund 85 Kilometer von Schweigen an der Grenze zum Elsass bis nach Bockenheim und liegt zwischen den sanften grünen Hügeln des Pfälzerwaldes und der rheinischen Tiefebene. Die Region ist geprägt durch malerische Weinorte mit Straußwirtschaften sowie alte Burgen und Kirchen.

1935 wurde die Touristikroute ins Leben gerufen, um den Weintourismus zu fördern. Den Beginn im Süden markiert das Deutsche Weintor in Schweigen. Das Pendant dazu ist das Haus der Deutschen Weinstraße in Bockenheim. Das 1995 errichtete Gebäude ist einem römischen Kastell nachgebildet, überspannt die Weinstraße und gewährt einen schönen Panoramablick. Zwischen Anfang und Ende liegen Orte wie Deidesheim mit dem Museum für Weinkultur, Neustadt an der Weinstraße mit dem Hambacher Schloss, die alte Festungsstadt Landau oder der Kurort Bad Dürkheim.

Rebhänge in der Pfalz: Die deutschen Weinanbaugebiete gehören zu den nördlichsten der Welt.

Daneben gibt es Orte mit verwinkelten historischen Gässchen, mit Kloster- oder Burgruinen wie der Reichsveste Trifels oder Schlössern wie Schloss Ludwigshöhe. In manchen Ecken gedeihen dank dem milden Klima neben Wein tatsächlich auch Tabak, Kiwis, Feigen und Esskastanien. Ab Ende Februar bis April blühen die Mandelbäume und betören mit ihrer weiß-rosa Blütenpracht.

Sehr gut eignet sich die ganze Region für Aktivurlauber: Wanderer können hier durch die schöne Landschaft mit unendlichen Wald- und Wiesentälern streifen und Radfahrer kommen vor allem am letzten Sonntag im August auf ihre Kosten: Dann ist die gesamte Strecke für Pkw gesperrt, und Winzer, Vereine und Verbände verwandeln die Ferienroute in ein 85 Kilometer langes Volksfest. Und gute Gastgeber sind die Pfälzer nun einmal.

Info: In Längsrichtung wird die Weinstraße durch die B 271 und B 38 erschlossen. **Info Weinstrasse:** www.deutsche-weinstrasse.de. **Info Pfalzwein e.V.:** Martin-Luther-Str. 69, 67433 Neustadt an der Weinstraße, Tel. (063 21) 91 23 28, www.pfalz.de/wein-und-genuss. **Info Südliche Weinstrasse e. V.:** An der Kreuzmühle 2, 76829 Landau, Tel. (063 41) 94 04 07, www.suedlicheweinstrasse.de.

Familiengastronomie der Spitzenklasse

Restaurant Sonnora

Dreis bei Wittlich, Rheinland-Pfalz

Sie sind rar gesät in unseren Landen, die Meister der gastronomischen Künste, an deren Kochmützen drei Michelin-Sterne prangen. Der Jüngste aus dem elitären Kreis sitzt in Dreis, einem kleinen Ort in der Eifel. Umgeben von einem dichten Tannenwald, steht das Waldhotel Sonnora inmitten einer idyllischen Park- und Gartenanlage. Das prächtige weiße Haus mit seinen Rundbögenarkaden empfängt seine Gäste in stilvollem Ambiente. Herzstück des Waldhotels ist das Restaurant Sonnora. Die helle Leichtigkeit des Gebäudes findet sich auch im Restaurant wieder – die lichtdurchflutete, elegante Atmosphäre sorgt für ein heiteres Wohlgefühl. Hier scheint die Zeit stillzustehen, alles wirkt klassisch, ruhig und elegant.

Umso größer war der Schock, als im Sommer 2017 Küchenchef Helmut Thieltges, der bereits 1982 den ersten Stern für das Familienunternehmen erkochte und ab 1999 konstant drei Sterne halten konnte, plötzlich nach kurzer Krankheit starb. Die gewohnte Gastlichkeit und französische Küche der Extraklasse müssen die treuen Freunde des Hauses jedoch auch seitdem nicht missen. Die Witwe des Spitzenkochs leitet wie zuvor den Hotelbetrieb und in der Küche hat Clemens Rambichler, vormals Souschef, die Leitung übernommen – und die höchste Auszeichnung des Guide Michelin gleich mit, denn auch nach dem Tod des Meisters hat das Restaurant Sonnora seine drei Sterne verteidigt. Damit ist Rambichler mit gerade mal knapp über 30 Jahren Deutschlands jüngster Drei-Sterne-Koch. Wie sein Mentor liebt er es klassisch und ohne Schnickschnack. Das gilt etwa für seine Seezunge auf Pinienspinat mit Sauce Pomerol und Chabliscreme. Auch regionale Spezialitäten kommen nicht zu kurz.

Restaurant Sonnora in Dreis bei Wittlich.

Den Digestif genießt man am besten auf der Terrasse mit Blick auf den verwunschenen Garten, umringt von dunklen Tannen.

Info: Dreis liegt ca. 30 km nordöstlich von Trier. **Info Restaurant im Waldhotel Sonnora:** Auf'm Eichfeld, 54518 Dreis bei Wittlich, Tel. (065 78) 406 und (065 78) 982 20, www.hotel-sonnora.de, Öffnungszeiten Mi–Sa 19–20.30, So 12–13.30 und 19–20.30 Uhr. Reservierung empfohlen, Preise auf Anfrage.

Land der Maare

EIFEL

Rheinland-Pfalz und Nordrhein-Westfalen

Den Natur- und Kulturraum Eifel teilen sich Nordrhein-Westfalen, Rheinland-Pfalz, Ostbelgien und Luxemburg. Im Süden grenzt die Eifel an das Moseltal und im Norden an die Niederrheinische Bucht. Die Vulkaneifel ist die bekannteste und wohl auch spannendste Region: Hier bestimmen heute Lavakuppen erloschener Vulkane und die charakteristischen Maare wie das Pulvermaar bei Gillenfeld das Landschaftsbild. Am ausgeprägtesten zu sehen sind die Zeugnisse vulkanischer Aktivität am Laacher See und rund um den Nürburgring.

Im Laacher See, einem mit Wasser angefüllten Vulkankrater, tritt sichtbar Kohlensäure aus – ein Zeichen für anhaltende Aktivität im Untergrund. Die Deutsche Vulkanstraße sowie der Vulkaneifel European Geopark erschließen diese Besonderheit der Eifel. Aufmerksame Beobachter werden große Steinbrüche bemerken, weil hier Bims und Basalt abgebaut werden.

Der Abbau von Bodenschätzen hat Tradition: Ausgrabungen bezeugen eine rege Nutzung der heute noch strukturschwachen Region in der Eisen- und besonders in der Römerzeit. Apropos Römer – die Eifel hat auch kulturell einiges zu bieten: Neben den Zeugnissen der Römer beeindrucken vor allem das Kloster Maria Laach, zahlreiche Burgen wie die Genovevaburg in Mayen sowie die Vielzahl an Fachwerkbauten in fast allen Städten. Eindrucksvoll sind auch mehrere Talsperren im Nordwesten der Eifel wie die Urfttalsperre.

Die gesamte Eifel, besonders jedoch die Naturparks und der Nationalpark eignen sich hervorragend für Wanderungen, Exkursionen und Fahrradtrips. Auch Angler und Wintersportler finden hier perfekte Bedingungen vor. Motorradfahrer und natürlich die Freunde flotter Autos schätzen das Gebiet rund um den Nürburgring.

INFO: Die Eifel liegt in Rheinland-Pfalz und Nordrhein-Westfalen zwischen Aachen und Koblenz. **INFO EIFEL:** Eifel Tourismus, Kalvarienstr. 1, 54595 Prüm, Tel. (065 51) 965 60, www.eifel.info

Totenmaar südöstlich von Daun in der Eifel.

Einen in der Krone

Biosphärenhaus und Baumwipfelpfad

Fischbach, Rheinland-Pfalz

Der Baumwipfelpfad Fischbach schlängelt sich 200 Meter lang auf 18 Höhenmetern durch die Flora und bietet aus luftiger Höhe einen Blick auf die Welt, wie ihn sonst nur Specht und Eule kennen. Mutige können hoch oben vom sicheren Weg mit seinen stabilen Bohlen auf schwankende Hänge- oder Seilbrücken wechseln, über dicke Taue laufen und sich auf der Tellerbrücke von Metallscheibe zu Metallscheibe tasten. Wer sich traut, verlässt den Wipfelsteg nicht über die Treppe, sondern aus 24 Höhenmetern über die steile Baumrutsche. Der Höhenweg durchs Kronendach ruht auf 19 Stahlstämmen, zehn Mitmachstationen informieren über das Leben im Kronendach und lüften die Geheimnisse der Natur. Man erfährt, warum die Eule mit den Augen hört und wozu die Biene eine Blattlaus braucht.

Das benachbarte Biosphärenhaus bietet Interaktives zu Pflanzen und Tieren, Energie und Ökologie. Besucher können die Welt mit den Augen unterschiedlicher Tierarten anschauen, an der Energiemaschine selbst Strom erzeugen oder die Stimmen einheimischer Amphibien erraten.

Der zweieinhalb Kilometer lange Biosphären-Rundweg verläuft durch das offene Spießwoogtal und ist auch mit Kinderwagen problemlos befahrbar. Kinder lieben den Erlebnisweg, weil sie an zwölf Mitmachstationen u. a. nachschauen können, was sich unter der Erdoberfläche tut oder wie ein Sandkorn aus der Perspektive einer Ameise aussieht. Am Klosterweiher wartet ein Quiz, und wer vom Laufen heiße Füße bekommen hat, kann sie in der Kneippanlage abkühlen oder gleich in den Badesee springen. Zum Erholen und Ausruhen gibt es Hollywoodschaukeln, den Schneckenturm mit Aussichtsplattform und jede Menge Hängematten.

Unterwegs im Baumwipfelpfad in Fischbach bei Dahn.

Auf dem zwei Kilometer langen Wasser-Erlebnisweg entlang der Sauer lässt sich dank interaktiver Infostationen viel über das Element Wasser, seine Nutzung durch den Menschen und seine tierischen Bewohner lernen.

Info: Fischbach liegt ca. 15 km östlich von Kaiserslautern. **Info Biosphärenhaus und Baumwipfelpfad Pfälzerwald/Nordvogesen:** Am Königsbruch 1, 66996 Fischbach (bei Dahn), Tel (063 93) 921 00, www.biosphaerenhaus.de, Öffnungszeiten tägl. Mai–Sept. 9.30–18, April und Okt. 9.30–17, März und Nov. 9.30–16 Uhr, Dez.–Feb. geschl., Eintritt € 9, ermäßigt € 7.

Sagenumwobenes Felsenland

Teufelstisch Hinterweidenthal

Hinterweidenthal, Rheinland-Pfalz

Der Pfälzerwald ist bekannt für seine bizarren, die Baumwipfel überragenden Felsenformationen. Besonders spektakulär mutet der Teufelstisch im südlichen Teil des waldreichen Mittelgebirges an – ein freistehender Felsenturm, bestehend aus einem zehn Meter hohen, relativ schmalen Sockel, auf dem eine wuchtige, drei bis vier Meter dicke Felsenplatte thront. Dieses durch Erosion der weicheren Gesteinsschichten entstandene Gebilde, das wie ein überdimensionierter Tisch in der Landschaft steht, müsse ein Werk des Teufels sein, meinten die Menschen in früherer Zeit und dichteten ihm eine gruselige Sage an: Der Teufel auf Wanderschaft habe an diesem Platz Rast gehalten und getafelt.

Wanderer von heute schätzen den Teufelstisch als attraktives Ausflugsziel. Hoch hinauf, auf die »Tischplatte«, die eine herrliche Aussicht gewährt, schaffen es freilich nur sportliche Zeitgenosse mit entsprechendem Know-how. Drei Kletterrouten unterschiedlicher Schwierigkeitsgrade führen auf den rund 14 Meter hohen Felsen aus vor etwa 250 Millionen Jahren entstandenem Buntsandstein.

Der Teufelstisch, ein bizarr geformter Buntsandsteinfelsen, ist das Wahrzeichen der Pfalz.

Eindrucksvoll ist es aber auch, am Fuße des Sockels zu stehen und zur weit überragenden Tischplatte aufzublicken. Der Teufelstisch ist landschaftliches Wahrzeichen der Pfalz und war schon mehrfach auf Briefmarken zu sehen. Er ist ein toller Ausgangspunkt für Wanderungen durch das waldige Dahner Felsenland, das südlich von Kaiserslautern beginnt und sich bis knapp 20 Kilometer östlich von Pirmasens, nahe der französischen Grenze erstreckt. Weitere skurrile Bundsandsteinformationen gilt es hier zu entdecken, etwa auf dem insgesamt 86 Kilometer langen Felsenland-Sagenweg.

Kindern ist es in aller Regel jedoch recht, wenn der Ausflug in Hinterweidenthal, also gleich am Fuße des Teufelstisches, endet. Denn hier lockt ein Erlebnispark mit Felsenrutsche, Matschplatz, Riech- und Tastpfaden, Minigolfanlage und anderen Attraktionen. Stärken kann man sich im Landgasthof am Teufelstisch.

Info: Der Teufelstisch liegt am Rande der Gemeinde Hinterweidenthal, ca. 12 km östlich von Pirmasens. **Info Teufelstisch:** Erlebnispark Teufelstisch Hinterweidenthal, Im Handschuhteich 31, 66999 Hinterweidenthal, Tel. (063 96) 99 32 76, www.hinterweidenthal.de, Öffnungszeiten: April–Okt. tägl. 10–18 Uhr, Eintritt frei, Minigolfanlage € 2, Kinder € 1,50.

Neues Leben in alten Mauern

KLOSTER HORNBACH

Hornbach, Rheinland-Pfalz

Das Kloster Hornbach, vor über 1250 Jahren von Benediktinern gegründet, umfasst heute ein stilistisch hervorragend an die Historie angepasstes Vier-Sterne-Hotel mit Tagungsräumen. Im Jahr 742 gründete der heilige Pirminius die Benediktinerabtei, die im Mittelalter kulturell wie geistig sehr bedeutend war. Mit der Reformation wurde das Kloster 1558 aufgelöst. Nachdem es über viele Jahre ein trostloses Dasein als Ruine fristete, wurde es in den 1990er Jahren liebevoll restauriert, bis 2000 durch die Hoteleröffnung endlich wieder Leben in die alten Mauern kam. Das Ergebnis: individuell gestaltete Zimmer in geschichtsträchtigem Ambiente. Zeitgemäß und schnörkellos eingerichtet, lassen sie dennoch auch den klösterlichen Charme des alten Gebäudes spüren. Besonders die kleinen Accessoires, die liebevollen Details und das schöne Licht passender Lampen sorgen hier für eine ganz eigene Atmosphäre.

Heute beherbergt Kloster Hornbach in der Südwestpfalz ein Hotel zum Wohlfühlen.

Alte Klostermauern erheben sich neben dem frisch gedeckten Frühstückstisch, ein kleiner Entspannungsbereich mit Pool und Sauna liegt unter dem ursprünglichen Sandsteingewölbe des Nikolausturmes.

Dazu gibt es im Restaurant Refugium unter historischem Kreuzgewölbe französisch inspirierte Spezialitäten wie bretonischen Hummer, abgeschmeckt mit Kräutern und Beeren aus dem klostereigenen Garten. So will man die Tradition des berühmten Arztes und Naturheilkundlers Hieronymus Bock, einer der bedeutendsten Botaniker des Mittelalters und ab 1533 im Hornbacher Fabiansstift tätig, wieder aufleben lassen.

Wer hinter die köstlichen Geheimnisse der Klosterküche kommen möchte, kann diesen im Rahmen eines Kochkurses auf den Grund gehen: Chefkoch Martin Opitz nimmt sich vier Stunden Zeit und führt Teilnehmer in die Gourmetküche ein. Natürlich kann man den Kurs auch als Übernachtungspaket buchen und Begleitpersonen, die lieber im Pool planschen als am Küchentresen Gemüse putzen, sind zu einem günstigeren Preis gerne gesehen. Als besonderes Angebot besitzt das Klosterhotel eine eigene Hochzeitskapelle.

Für Wanderer und Radler ist die Klosterschänke eine beliebte Einkehr zu Pfälzer Wurstsalat mit Landbrot oder zu Saumagenscheiben mit Salat. Dazu schmeckt ein Schoppen Wein oder ein Klosterbier.

INFO: Hornbach liegt an der Grenze zum Saarland und zu Frankreich. **INFO KLOSTER HORNBACH:** Lösch GmbH, Im Klosterbezirk, 66500 Hornbach, Tel. (063 38) 91 01 00, www.kloster-hornbach.de, Preise auf Anfrage.

Funkelnde Sammlung

Deutsches Edelsteinmuseum

Idar-Oberstein, Rheinland-Pfalz

Diamonds are a girl's best friend – als Marilyn Monroe dieses Lied sang, muss sie das Edelsteinmuseum in Idar-Oberstein im Kopf gehabt haben, in dem wirklich kein Stein dieser Erde fehlt. Die umfangreiche Sammlung von Rohsteinen und wundervoll verarbeiteten Schmucksteinen hätte ihr Herz sicher höher schlagen lassen.

Das funkelnde Museum befindet sich in einer 1894 erbauten Villa, heute als Purpers Schlösschen bekannt. Mehr als 10 000 Exponate, darunter weiße und farbige Diamanten, Rubine, Saphire, Smaragde und Granate sind in der malerisch anmutenden Gründerzeitvilla zu sehen.

Das Deutsche Edelsteinmuseum in Idar-Oberstein zeigt mehr als 10 000 Exponate.

Etwa 90 Prozent der Exponate sind Leihgaben und bilden neben fünf detailgetreu nachgebildeten Miniaturwerkstätten das Herz der Ausstellung. Vom Rohstoff bis zum geschliffenen Schmuckkunstwerk lässt sich hier der gesamte Verarbeitungsprozess der wertvollen Steine nachvollziehen.

Edelsteine sind genauso zu bewundern wie Mineralien, Einschlüsse in Edelsteine und Edelsteine mit Lichteffekten. Eines der Highlights ist die größte Edelsteinkugel der Welt, die auch im Guinness-Buch der Rekorde aufgeführt wird.

Ein Workshop-Programm für Erwachsene und Kinder bringt die Welt der Edelsteine näher. Es können z. B. Ketten aus Edelsteinen selbst gestaltet werden.

Dass die glitzernde Welt der steinernen Kostbarkeiten in Idar-Oberstein angesiedelt wurde, kommt nicht von ungefähr. Die reichen Achat- und Quarzvorkommen machten die Region schon vor mehr als 500 Jahren zu einer bekannten Produktionsstätte, ein wichtiges Thema der Ausstellung. Pro Jahr wird zusätzlich im Gewölbekeller eine Sonderausstellung organisiert, 2020 beispielsweise unter dem Titel »Lehrlingsarbeiten der letzten 70 Jahre aus der Edelstein- und Schmuckindustrie«. Der Museumsshop bietet jede Menge Fachliteratur, Edelsteine, Mineralien und Schmuck.

Der Besuch im Edelsteinmuseum lässt sich bequem mit einer Besichtigung der Edelsteinminen Steinkaulenberg mit Besucherstollen und der historischen Weiherschleife am Idarbach verbinden.

Info: Idar-Oberstein liegt ca. 65 km östlich von Trier. **Info Deutsches Edelsteinmuseum:** Hauptstr. 118, 55743 Idar-Oberstein, Tel. (067 81) 90 09 80, www.edelsteinmuseum.de, Öffnungszeiten tägl. Feb.–April 10–17, Mai–Okt. 9.30–17.30, Nov.–Mitte Jan. 10–17 Uhr, Eintritt € 7, Schüler bis 14 J. € 3,50, Familien € 15, Audioguide € 3.

Mitten im Rhein

Zollburg Pfalzgrafenstein

Kaub, Rheinland-Pfalz

Waren auf dem Rhein zu transportieren war im Mittelalter ein teures Vergnügen. Allein zwischen Mainz und Köln wurden die Schiffer an zwölf Zollstellen zur Kasse gebeten. Natürlich waren Zollrechte heiß begehrt und hart umstritten. Einem solchen Machtkampf verdankt die Zollburg Pfalzgrafenstein ihr Entstehen. 1326 kam es zu einer heftigen Auseinandersetzung zwischen König Ludwig dem Bayern und Papst Johannes XXII., weil Ludwig in seinem Gebiet bei Kaub hohe Zölle erhob – eine Tatsache, die den erzbischöflichen Zollfesten bei Koblenz und Mainz nicht schmeckte. Um seinen Anspruch auf den Rheinzoll noch zu untermauern, ließ Ludwig 1327 einen Zollturm mitten im Rhein auf der Felseninsel Falkenau errichten. Auf diese Weise konnte er das Fahrwasser vor dem rechten Rheinufer bestens kontrollieren. Um 1340 erhielt der Turm die mächtige Wehrmauer.

Zollburg Pfalzgrafenstein bei Kaub im Oberen Mittelrheintal.

Die schon wegen ihrer Lage spektakuläre Burg Pfalzgrafenstein zählt zu den wenigen vollständig erhaltenen mittelalterlichen Anlagen ihrer Art. Wer von Kaub mit dem Boot übersetzt, den erstaunt zuerst die Größe, die man vom Ufer aus gar nicht vermutet.

Vom zentralen Burghof mit seinen Spätrenaissancearkaden und überdachten Wehrgängen gelangt man ins Innere. Die Kommandantenwohnung mit originalem Mobiliar aus dem 16. und 17. Jahrhundert ist genauso sehenswert wie die Burgküche mit dem großen Backofen. Zwei Rundwege führen durch die gesamte Anlage.

Besucher sollten in jedem Fall einen Blick in das Verlies werfen. Durch eine Öffnung wurden Zollsäumlinge dort kurzerhand hinuntergelassen und erst wieder heraufgeholt, wenn die Schulden beglichen waren. Auch die historische Toilettenanlage, ein Aborterker an der Außenmauer etwa 20 Meter über dem Rhein, ist zu besichtigen. Von der Spitze des Turms eröffnet sich ein herrlicher Rheinblick. Für die Aufgabe der Zollburg war das strategisch wichtig. Schiffe waren weithin sichtbar und wurden durch eine Glocke daran erinnert, anzulegen, um den Zoll zu entrichten. Wer sich weigerte, der wurde mit einem Stein vor den Bug aus den Katapultständen eines Besseren belehrt.

Info: Kaub liegt ca. 50 km nordwestlich von Mainz. **Info Kaub:** Tourist Information, Schulstr. 12, 56349 Kaub, Tel. (067 74) 222, https://kaub.welterbe-mittelrhein.de. **Info Zollburg Pfalzgrafenstein:** 56349 Kaub, Tel. (01 72) 262 28 00, Fähre von Kaub zur Zollburg alle halbe Stunde, Öffnungszeiten Mitte März–Okt. Di–So 10–18, Feb.–Mitte März, Nov. Sa/So 10–17 Uhr, Eintritt € 4, ermäßigt € 2,50.

Aufstieg zum Kaiser

Deutsches Eck

Koblenz, Rheinland-Pfalz

Das »Deutsche Eck«, eine spitze Landzunge am Zusammenfluss von Mosel und Rhein in Koblenz, wird gekrönt vom über 63 Tonnen schweren Reiterdenkmal von Kaiser Wilhelm I. zum Gedenken an die deutsche Einigung. Der Name »Deutsches Eck« erinnert an den Deutschen Ritterorden, der hier um 1216 eine Niederlassung gründete. Die Landzunge wurde allerdings erst Ende des 19. Jahrhunderts künstlich geschaffen, um darauf 1897 das insgesamt 37 Meter hohe Denkmal zu weihen.

Kaiser Wilhelm I. wacht auf dem Deutschen Eck in Koblenz über den Zusammenfluss von Mosel und Rhein.

Dabei handelte es sich um einen halbkreisförmigen Denkmalsockel, auf den Architekt Bruno Schmitz eine zehn Meter hohe Pfeilerhalle setzen ließ. Darauf steht wiederum die von Emil Hundrieser geschaffene 14 Meter hohe Statue. Sie zeigt den Kaiser auf einem Pferd, begleitet von der Siegesgöttin. Auch das Kaiser-Wilhelm-Denkmal an der Porta Westfalica, das Kyffhäuserdenkmal und das Völkerschlachtdenkmal von Leipzig sind Entwürfe von Schmitz.

Eine amerikanische Granate zerstörte das Standbild während des Zweiten Weltkriegs. Der erhaltene Sockel wurde 1953 mit einem Mast und der deutschen Flagge bestückt und so zu einem imposanten Mahnmal der deutschen Einheit umgestaltet. Bereits zwei Jahre vor der Wiedervereinigung wurden vom ehemaligen Verleger der Rhein-Zeitung Werner Theisen finanzielle Mittel für eine Replik des alten Denkmals gestiftet, die jedoch erst 1993 nach vielen Kontroversen um die Zeitgemäßheit des mit dem Denkmal verbundenen Kaiserkults wieder auf den Sockel gestellt wurde.

An die Deutsche Wiedervereinigung erinnern heute drei Originalteile der Berliner Mauer, die 16 Fahnen sowie die 16 in den Sockelstein gehauenen Wappen der Bundesländer.

Über 107 Stufen kann der Besucher einen Aussichtsring knapp unterhalb des Kaisers erklimmen und die herrliche Aussicht auf die Festung Ehrenbreitstein und die Stadt Koblenz genießen.

Das dem Denkmal vorgelagerte Gelände wird im Sommer regelmäßig für Großveranstaltungen genutzt. Neben Konzerten und Open-Air-Festivals werden hier Feuerwerke entfacht, besonders sehenswert ist das Feuerwerkspektakel »Rhein in Flammen«.

Wenige Meter hinter dem Denkmal schließt sich der Blumenhof an, in dem das Ludwig Museum zeitgenössische, vorwiegend französische Kunst präsentiert.

Info Koblenz: Tourist Information, Zentralplatz 1, 56068 Koblenz, Tel. (02 61) 194 33, www.koblenz-touristik.de.

Feuerblumen, Silberkreisel und Leuchtkometen

Rhein in Flammen

Koblenz, Rheinland-Pfalz

Lang gezogene Kamuro-Weiden, violette Palmen, glitzernder Goldregen, flammend rote Schmetterlinge – wenn der Rhein in Flammen steht, tanzen farbenprächtige Feuerbilder am Himmel, tauchen bengalische Feuer das Rheinpanorama in ein geheimnisvolles Licht und ziehen damit Tausende von Zuschauern in den Bann. Jedes Jahr versammeln sich am zweiten Samstag im August unzählige Schaulustige am Ufer und auf den Schiffen, um bei dem Ereignis dabei zu sein. Der »Rhein in Flammen« gilt als das größte und älteste Feuerwerk in Deutschland. Das Großfeuerwerk wird zu verschiedenen Zeitpunkten an mehreren Abschnitten des Rheins gezündet.

Besonders schön und in vollem Umfang anzusehen ist das Spektakel vom Wasser aus. Dafür sorgt zwischen Spay und Koblenz der wohl größte Schiffskorso Europas mit rund 75 Schiffen. Abgelegt wird im Bopparder Hamm, zwischen Boppard und Spay, dann geht es die 17 Kilometer lange Strecke im Konvoi an bengalisch erleuchteten Schlössern und Burgen vorbei nach Koblenz. So haben die Fahrgäste einen optimalen Ausblick auf die insgesamt acht Feuerwerke, die jeweils genau zum Eintreffen der Schiffe gezündet werden. Höhepunkt dieser Fahrt ist das musikalisch untermalte Abschlussfeuerwerk über der Festung Ehrenbreitstein in Koblenz.

Doch auch das Rahmenprogramm an Land kann sich sehen lassen: Bereits am Nachmittag gibt es Livemusik auf Freilichtbühnen, z. B. am Deutschen Eck, wo die Mosel in den Rhein mündet.

Kirmesbuden locken mit Zuckerwatte, Karussells am Peter-Altmeier-Ufer auf der rechten Moselseite sorgen für Vergnügen und Weinstände laden zu einem Gläschen guten Rhein- oder Moselweins ein.

Inzwischen haben sich fünf Gemeinden von Bonn bis St. Goarshausen der ursprünglichen Veranstaltung angeschlossen und nutzen nun ihrerseits die Rheinkulisse für sommerlichen Feuerzauber.

Info Rhein in Flammen: www.rhein-in-flammen.com und bei der Tourist Information Koblenz (vgl. S. 578). **Info Schiffstouren:** Rheinland-Pfalz-Tourismus GmbH, Löhrstr. 103–105, Koblenz, Tel. (02 61) 91 52 00, www.rheininflammen.com, Preise auf Anfrage. **Reisezeit:** fünf Termine Mai–Sept., 2. Sa im Aug. in Koblenz.

Rhein in Flammen – das sommerliche Feuerwerkspektakel zwischen Spay und Koblenz.

Ein Genuss in Filzpantoffeln

Schloss Stolzenfels

Koblenz, Rheinland-Pfalz

Schloss Stolzenfels liegt etwas südlich von Koblenz gegenüber der Lahnmündung. Mit seinen Zinnen und Türmen ist das ockerfarbene und weithin sichtbare Schloss eines der besten und vollkommensten Beispiele für die vielfach beschriebene Rheinromantik. Mitte des 13. Jahrhunderts gründete der Trierer Erzbischof Arnold II. von Isenburg die Burg Stolzenfels, in dem Gebiet, wo die Grenzen der Kurfürstentümer Trier, Pfalz, Mainz und Köln zusammenstießen.

Im Lauf der Jahrhunderte wurde sie zunächst ausgebaut, dann zerstört und zwischen 1836 und 1842 durch den Architekten Karl Friedrich Schinkel als Schloss wiedererrichtet. Das geschah, nachdem die Stadt Koblenz die Ruine im Jahr 1823 dem preußischen Kronprinzen geschenkt hatte – dem späteren König Friedrich Wilhelm IV.

Allein der Weg zum Schlosseingang lohnt den Besuch, denn es geht durch eine bewaldete Schlucht und vorbei an einer Felsgrotte mit Wasserfall sowie einer katholischen Pfarrkirche. Die Innenräume von Stolzenfels, die man nur mit großen Filzpantoffeln betreten darf, sind mit kostbarem Mobiliar aus fünf Jahrhunderten, hübschen Glasfenstern und allerlei beeindruckenden Wandgemälden versehen. Bemerkenswert ist vor allem der zweischiffig gewölbte Rittersaal mit einem tollen Bestand an historischen Rüstungen und Waffen sowie einer der ältesten Sammlungen altdeutscher Keramik. Ebenfalls sehr sehenswert ist die Kapelle mit sehr gut erhaltenen Wandmalereien.

Der preußische König Friedrich Wilhelm IV. ließ Schloss Stolzenfels in Koblenz wieder aufbauen.

Außen kann man den Bergfried und den Pergola-Garten besichtigen. In Letzterem erwarten den Besucher ein üppiger Rosenbewuchs, eine von Wein und Blumen umrankte Pergola und eine byzantinisch anmutende Teehalle sowie ein Springbrunnen. Wirkt das Schloss von Weitem her schon imponierend, so ist es der Blick über den Rhein von hier allemal. Heutzutage sind sogar Trauungen auf Schloss Stolzenfels möglich.

Täglich fahren mehrmals Schiffe von Koblenz nach Stolzenfels und so kann man den Ausflug zum Schloss mit einer halbstündigen Rheinschifffahrt verbinden. Auch ein Radweg führt am Rhein entlang hierher.

Info: 7,5 km südlich der Koblenzer Innenstadt gelegen. **Info Schloss Stolzenfels:** 56075 Koblenz-Stolzenfels, Tel. (02 61) 516 56, www.schloss-stolzenfels.de, Öffnungszeiten Mitte März–Ende Okt. Di–So 10–18, Feb.–Mitte März, Nov. Sa/So/Fei 10–17 Uhr, Besichtigung nur mit Führung, Eintritt € 5, ermäßigt € 3, Familien € 10.

Herr der Bücher

GUTENBERG-MUSEUM

Mainz, Rheinland-Pfalz

Das Gutenberg-Museum der Stadt Mainz ist ein international bekanntes und renommiertes Spezialmuseum der Schrift und der Druckkunst. Es ist eines der ältesten Buch- und Druckmuseen der Welt. Mainzer Bürger gründeten es im Jahr 1900, als Hommage an den Erfinder des Buchdrucks. Neben zwei Exemplaren der berühmten 42-zeiligen Bibel gibt es hier die Nachbildung von Gutenbergs Satz- und Druckwerkstatt mit benutzbarer Presse zu bestaunen.

Dabei wird demonstriert, wie seinerzeit gedruckt wurde. Selbstverständlich kommt auch das Leben Gutenbergs, 1999 zum »Mann des Jahrtausends« gekürt, nicht zu kurz.

Des Weiteren werden auf 2700 Quadratmetern Handschriften und historische Drucke, Grafiken sowie Druckpressen und Setzmaschinen früherer Epochen präsentiert. Den Errungenschaften ostasiatischer Schrift- und Druckkultur widmet sich das Museum ebenfalls.

Glanzpunkte der islamischen Abteilung sind die Pergamentseiten im Kufi-Duktus sowie eine Tonschale mit Schriftband aus der islamischen Frühzeit. Sehr empfehlenswert sind die Führungen für Kinder, bei denen das spröde Thema durch eine Druckvorführung sowie das Gießen von Bleilettern anschaulich gemacht wird. Im Druckladen mit historischen Setzschränken, Bleischriften und Druckpressen kann man das Setzen und Drucken selbst ausprobieren.

Mehr als einen Blick wert ist auch das Haus Zum Römischen Kaiser, in dem Teile des Museums untergebracht sind: Das Gebäude aus der Spätrenaissance war damals mit seiner aufwendigen Fassade das reichste Bürgerhaus der Stadt. Mit Bezug auf die Moderne ergänzen interessante Sonderausstellungen, etwa zum Thema »Die Reformation als Medienereignis«, die Sammlungen.

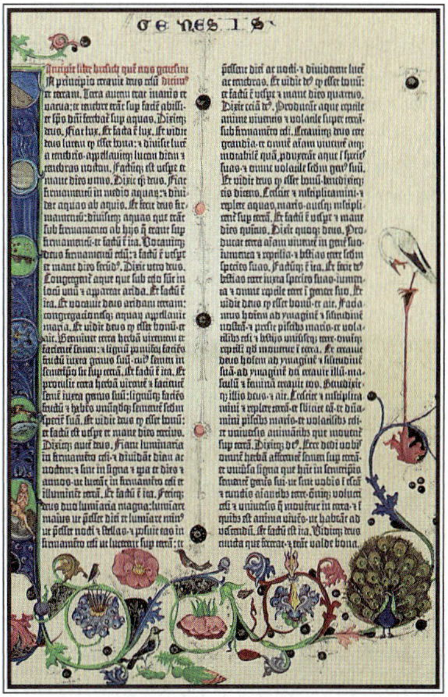

Weltweit existieren noch 49 Exemplare der Gutenberg-Bibel (um 1454), zwei davon bewahrt das Gutenberg-Museum in Mainz: Anfang des Buchs Genesis.

INFO: Im Zentrum von Mainz unweit des Doms gelegen. **INFO GUTENBERG-MUSEUM:** Liebfrauenplatz 5, 55116 Mainz, Tel. (061 31) 12 26 44, www.gutenberg-museum.de, Öffnungszeiten Di–Sa 9–17, So 11–17 Uhr, Druckladen Mo–Fr 9–17, Sa 10–15 Uhr, Bibliothek Di–Fr 9–17.30 Uhr, Eintritt € 5, ermäßigt € 2, Audioguide € 3,50.

Reich ausgestattet

Mainzer Dom

Mainz, Rheinland-Pfalz

Der Dom St. Martin mit seinem roten Sandstein ist schon bei der Anfahrt über die Rheinbrücke gut sichtbar und bestimmt mit seinen sechs Türmen das Bild der Gutenberg-Stadt. 975 wurde unter Erzbischof Willigis mit dem Bau begonnen, doch am Tage der Weihe im Jahr 1009 wurde der Dom von einem Brand vernichtet, sodass sich die Fertigstellung bis 1236 hinzog. Dank dieser langen Baugeschichte spiegelt sich im Mainzer Dom die Entwicklung der Romanik wider; spätere Um- und Anbauten sind sowohl gotisch als auch barock. Der Dom hat drei Schiffe, zwei Chöre und zahlreiche Kapellen.

Durch einen Bombenangriff 1942 brannte er aus, wurde aber bis 1960 komplett renoviert. Aufgrund von Spannungen in den Fundamenten sind auch heute noch immer wieder Sicherungsmaßnahmen erforderlich.

Ältester erhaltener Bestandteil des Doms sind die bronzenen Türflügel des Marktportals, die noch aus der Zeit von Willigis stammen. Innen gibt es die Grabmäler der Mainzer Bischöfe zu entdecken, alle im jeweiligen Stil ihrer Zeit.

Einen besonderen Schmuck bilden die Kapitelle des Liebfrauenportals, das von lombardischen Steinmetzen um 1100 geschaffen wurde. Durch den zweigeschossigen gotischen Kreuzgang gelangt man in das Bischöfliche Dom- und Diözesanmuseum Mainz. Mit über 3000 Quadratmetern Ausstellungsfläche ist es das zweitgrößte seiner Art in Deutschland.

Es beherbergt den Domschatz und religiöse Kunstwerke aus 2000 Jahren. Alte Malerei, Graphik, Stein- und Holzskulpturen sowie Handschriften, aber auch historische Möbel und Stoffe sind zu sehen. Ein Schwerpunkt der Sammlung ist das Mittelalter. Davon zeugt etwa ein Altarretabel aus der Michaeliskapelle des Mainzer Doms, das vor 1308 entstanden ist. Sonderausstellungen dokumentieren Kirchengeschichte, etwa zum Thema Hildegard von Bingen. Wer es gesellig mag, nimmt an der Veranstaltung Kunst & Kreppel teil. Bei Kaffee und Kuchen in der Kapitelstube werden Ausstellungsobjekte aus der Sammlung erläutert.

Info: Im Zentrum von Mainz gelegen. **Info Mainzer Dom:** Domstr. 10, 55116 Mainz, Öffnungszeiten, März–Okt. Mo–Fr 9–18.30, Sa 9–16, So 12.45–15 und 16–18.30, Nov.–Feb. Mo–Fr 9–17, Sa 9–15, So 12.45–15 und 16–17 Uhr. **Info Dominformation:** Markt 10, 55116 Mainz, Tel. (061 31) 25 34 12, www.bistummainz.de, Öffnungszeiten Mai–Sept. Mo–Fr 9–18, Sa 9–14, Okt.–April Mo–Fr 9–17, Sa 9–14 Uhr. **Info Dommuseum:** Domstr. 3, 55116 Mainz, Tel. (061 31) 25 33 44, www.dommuseum-mainz.de, Öffnungszeiten Di–Fr 10–17, Sa/So 11–18 Uhr, Eintritt mit Schatzkammer € 5, ermäßigt € 3.

Der Kaiserdom zu Mainz.

Farbenspiel im Gotteshaus

St. Stephan und Marc Chagall

Mainz, Rheinland-Pfalz

Zu den herausragenden Merkmalen von St. Stephan, einer gotischen Kirche aus dem 14. Jahrhundert, gehören die bunten Glasfenster, die von Marc Chagall gestaltet wurden. Rund 200 000 Besucher kommen jährlich

Einzigartig in Deutschland: die Chagall-Fenster in St. Stephan in Mainz.

deswegen in die eher unscheinbar wirkende Kirche. St. Stephan ist die einzige deutsche Kirche, für die der Maler Fenster schuf. Insgesamt entwarf Chagall zwischen 1973 und 1984 neun Fenster. Sie zeigen Themen aus dem Alten und Neuen Testament, wie z. B. Abraham mit den drei Engeln, das Opfer des Isaak sowie Moses, der dem Volk die Gesetzestafeln bringt. Beeindruckend sind die Fenster vor allem wegen ihrer Farbwirkung. Chagall hat vorwiegend meditative Blautöne verwendet, ergänzt durch Grün, Gelb und Rot.

Durch diese Kombination leuchten die Fenster bei Sonnenschein in einem intensiven Blau und tauchen die Kirche in ein geradezu mystisches Licht. Die Kirche wurde während des Zweiten Weltkriegs schwer beschädigt. Chagall, selbst Jude, sah seine Arbeit auch daher als Beitrag zur jüdisch-deutschen Aussöhnung. Das letzte Fenster konnte er nicht beenden. Nach seinem Tod übernahm Charles Marq, ein langjähriger Freund Chagalls und Werkstattmeister in Reims, die Gestaltung der restlichen Fenster in den Querschiffen und im Langhaus. Sie runden durch vielfältige Blautöne das Gesamtbild ab. Die letzten seiner Fenster wurden im Jahr 2000 eingesetzt. Wer sie gesehen hat, sollte einen Rundgang im schönsten spätgotischen Kreuzgang von Rheinland-Pfalz machen. Hier war die Begräbnisstätte vieler der 600 Stiftsherren, an die Grabplatten und Wappen erinnern. Chagall wurde 1981 Ehrenbürger der Stadt, die er übrigens nie besucht hat.

Info: Im Zentrum von Mainz gelegen. **Info St. Stephan:** Katholisches Pfarramt St. Stephan, Kleine Weißgasse 12, 55116 Mainz, Tel. (061 31) 23 16 40, www.st-stephan-mainz.de, Öffnungszeiten März–Okt. Mo–Sa 10–17, So 12–17, Nov.–Feb. Mo–Sa 10–16.30, So 12–16.30 Uhr.

Laacher Paradies

Kloster Maria Laach und der Laacher See

Maria Laach, Rheinland-Pfalz

In Maria Laach gibt es vor allem zwei Sehenswürdigkeiten: die Benediktinerabtei mit der romanischen Kirche sowie den Laacher See. Vor knapp 13 000 Jahren brach hier ein Vulkan aus, wodurch sich ein Einsturzkrater bildete, der sich später mit Wasser füllte. Der größte See in Rheinland-Pfalz hat einen Durchmesser von 2,3 Kilometern und ist rund 53 Meter tief. Umwandert man ihn, entdeckt man am Ostufer aufsteigende Gasblasen, sogenannte Mofetten. Sie enthalten Kohlendioxid und zeigen, dass im Untergrund noch leichte Aktivität herrscht.

Etwa 10 Minuten Fußweg vom Seeufer entfernt liegt die 1093 von Pfalzgraf Heinrich II. von Laach gegründete Benediktinerabtei.

Die Klosterbasilika Maria Laach gehört zu den schönsten romanischen Baudenkmälern des Landes.

Neben großen Ländereien besitzt sie u. a. eine Gärtnerei, einen Bioladen, eine Schreinerei, zwei Gaststätten und ein Hotel. Etwa 30 Benediktinermönche leben hier heute, einen guten Einblick in den Alltag im Konvent gibt ein 20-minütiger Film, der im Klosterforum gezeigt wird.

Von der geologischen Beschaffenheit der Region zeugt die Kirche aus dem 12. Jahrhundert: Sie wurde aus vulkanischem Gestein der Umgebung gebaut, hellem Tuff und dunklem Basalt, und gilt als eines der herausragenden romanischen Bauwerke Deutschlands. Die beherrschenden zwei zentralen Türme werden jeweils von zwei weiteren flankiert. Sehr sehenswert sind das Bogenportal sowie im Inneren der Baldachin-Hochaltar und das Stiftergrab für Pfalzgraf Heinrich.

Etwas ganz Besonderes birgt das der Kirche vorgelagerte dreiflügelige Atrium mit seinen offenen Arkaden: Das berühmte Laacher Paradies, das einzige erhaltene seiner Art nördlich der Alpen, beeindruckt mit wertvollen Steinmetzarbeiten, die den Garten Eden symbolisieren.

Info: Maria Laach liegt ca. 30 km nordwestlich von Koblenz. **Benediktinerabtei Maria Laach:** 56653 Maria Laach, Tel. (026 52) 593 50, www.maria-laach.de, Öffnungszeiten Klosterforum April–Okt. Di–Sa 10–17, So/Fei/Mo 13–17, Nov.–März Mo–Sa 10.30–12, So/Fei 13–17 Uhr oder nach Voranmeldung, Eintritt frei, Spende erwünscht.

Wo die Berge Feuer spien

Vulkanpark Osteifel

Landkreis Mayen-Koblenz, Rheinland-Pfalz

Friedlich sieht die sanft-geschwungene Hügellandschaft der Eifel heute aus. Dabei ist es gerade einmal 10 000 Jahr her als der letzte Vulkan der Gegend erlosch – erdgeschichtlich ein Klacks. Bis dahin war die Gegend vulkanisch äußerst aktiv. Es gab gewaltige Eruptionen – Ausbrüche, die weit stärker waren als der beeindruckende Ausbruch des nordamerikanischen Mount St. Helens im Jahr 1980, wissen Forscher heute.

Der heißen und äußerst unruhigen Entstehungsgeschichte der Eifel kann man im Vulkanpark – und damit an Originalschauplätzen des Geschehens – auf den Grund gehen. Ein Infozentrum lässt Besucher ein Stück Erdgeschichte im Zeitraffer erleben. Leuchtende Bilder geben einen Eindruck von vulkanischer Power, im Steingarten lässt sich die ganze Palette vulkanischer Gesteine betrachten und befühlen.

Der Park selbst erstreckt sich rund um den Laacher See und verbindet allerhand Sehenswürdigkeiten: schlafende Vulkane, den brodelnden Geysir Andernach, Erlebnismuseen sowie Natur- und Industriedenkmäler. Eines davon ist das Römerbergwerk Meurin bei Kretz, wo man die antike Technikwelt bestaunen kann. Die Römer schätzten Tuffstein als gut formbares Baumaterial und bauten ihn in der Eifel in einem riesigen Untertage-Bergwerk ab. Mindestens ebenso spannend ist ein Besuch der Wingertsbergwand bei Mendig. Die bis zu 40 Meter hohen Ablagerungen sind das Ergebnis der gewaltigsten vulkanischen Eruption, die Mitteleuropa in der jüngeren Erdgeschichte erlebt hat.

Der Vulkanpark lässt sich auf verschiedenen Routen per Auto, Rad oder zu Fuß erkunden. Drei der insgesamt über 20 mit dem Deutschen Wandersiegel ausgezeichneten Traumpfade,

Wanderung zur Wingertsbergwand im Vulkanpark.

die die Rhein-Mosel-Eifel-Region erschließen, führen durch den Vulkanpark. Neben herrlichen Panoramablicken über die Eifellandschaft mit ihren Maaren, erloschenen Vulkankegeln und dichten Wäldern eröffnen sich immer wieder spannende Einblicke in die Geschichte, so z. B. in den schon in vorchristlicher Zeit genutzten Steinbrüchen des Kottenheimer Winfelds oder in den »Sieben Stuben«, Höhlen, die im Zweiten Weltkrieg als Zuflucht vor Luftangriffen aufgesucht wurden.

Info: Der Vulkanpark liegt 18 km westlich von Koblenz. **Info Vulkanpark:** Vulkanpark-Infozentrum, Rauschermühle 6, 56637 Plaidt, Tel. (026 32) 98 750, www.vulkanpark.com, Öffnungszeiten: Mitte März–Okt. Di–So 9–17, Nov.–Mitte März nur für Gruppen nach Voranmeldung, Eintritt € 3,50 (in Begleitung eines Kindes € 2,50), bis 16 J. € 2. **Info Römerbergwerk:** Nickenicher Straße, 56630 Kretz, Tel. (026 32) 98 750, Öffnungszeiten wie Infozentrum, Kombiticket (Museum und Infozentrum) € 8,70, in Begleitung eines Kindes € 6,10, bis 16 J. € 3,10.

Auf Holzbrettern durch den Hochwald

Hängeseilbrücke Geierlay

Mörsdorf, Rheinland-Pfalz

Fantastische Ausblicke gepaart mit Nervenkitzel: Dafür steht die 2015 am 25. Jahrestag der Wiedervereinigung eingeweihte Geierlay, benannt nach dem Felsen, auf dem sich einer der beiden Zugänge zur Brücke befindet.

In elegantem Schwung überspannt die reine Fußgängerbrücke ein 100 Meter tiefes Flusstal in einem Waldgebiet zwischen den Hunsrück-Dörfern Mörsdorf und Sosbach.

Dabei blieb das ehrgeizige Projekt über lange Zeit nur ein schöner Traum: Ein erster Entwurf wurde 2006 abgelehnt, doch der heutige Ortsbürgermeister und zwei Mitstreiter ließen nicht locker. In Eigeninitiative entwickelten sie Zeit- und Kostenpläne, trieben Gelder auf und beauftragten schließlich mit Zustimmung der Gemeinde ein Schweizer Unternehmen mit der Ausführung.

Aufregender Spaziergang auf der Geierlay-Hängeseilbrücke im Hunsrück.

Tief im Boden verankerte Trag- und Lastseile sorgen dafür, dass die 360 Meter lange Stahlkonstruktion auch bei windigem Wetter nicht ins Schwanken gerät. Trotzdem bleibt ein Spaziergang über die Brücke eine aufregende Sache, denn dem Besucher bieten sich spektakuläre Ausblicke in die Tiefe und in die umgebende Landschaft. Den Titel »Längste Hängeseilbrücke Deutschlands« musste sie zwar zwei Jahre nach ihrer Eröffnung abtreten, doch das tut ihrer Anziehungskraft keinen Abbruch. Innerhalb kürzester Zeit hat sich die Geierlay zu einer überregional bekannten und überaus beliebten Touristenattraktion entwickelt, zu der auch ein Besucherzentrum mit Infopoint und Bistro gehört. Zahlreiche Parkplätze befinden sich in unmittelbarer Nähe.

Die Geierlay ist Teil mehrerer Rundwege und außerdem an den Saar-Hunsrück-Steig angeschlossen, einen Wanderweg durch den gleichnamigen Naturpark. Wer schon immer einmal zwischen Himmel und Hochwald schweben wollte, ist auf der Geierlay-Brücke goldrichtig.

Info: Mörsdorf liegt ca. 50 km südlich von Koblenz. **Info Hängeseilbrücke Geierlay:** Besucherzentrum Geierlay, Kastellauner Str. 23, 56290 Mörsdorf, Tel. (06 762) 903 40 80, www.geierlay.de, Brücke durchgehend geöffnet, Öffnungszeiten Besucherzentrum tägl. 10–16 Uhr. Die Brücke ist kostenlos zugänglich.

Fachwerkperle des Elztals

MONREAL

Monreal, Rheinland-Pfalz

Im Elztal in der Eifel liegt das Fachwerkdorf Monreal am Fuße zweier Burgruinen. Das pittoreske Ortsbild ist geprägt von alten Bruchsteinhäusern und gut erhaltenem Fachwerk aus dem 16. bis 18. Jahrhundert. Monreal wird oft als »Perle des Elztals« bezeichnet. Nachdem die Grafen von Virneburg 1220 hier ihre Löwenburg errichteten, entwickelte sich der Ort prächtig und bekam 1306 Markt- und Stadtrechte. Trotz schwerer Zerstörungen in den Kriegen des 17. Jahrhunderts boomte die kleine Stadt. Der Grund: Schafe. Monreal wurde zu einem Zentrum der Tuchherstellung. Mitte des 18. Jahrhunderts, der Blütezeit für die Tuchmacher, gab es in der Stadt 64 Webstühle. Viele herrliche Bruchstein- und Fachwerkhäuser wurden in dieser Zeit gebaut.

Zwar verarmte Monreal durch das Aufkommen der internationalen Konkurrenz, doch die schönen Häuser prägen heute noch das Ortsbild. Zusammen mit den beiden Burgruinen und der waldreichen Umgebung ist Monreal ein Inbegriff für Romantik und Idylle. Das sah wohl auch die Jury des Bundeswettbewerbs »Unser Dorf hat Zukunft« so, als sie Monreal 2004 zum Sieger erklärte. Viele der Häuser sind mit reich verzierten Giebeln ausgestattet und wurden mit Hinweistafeln versehen, die ihre jeweilige Geschichte näherbringen.

Optische Highlights sind die Pfarrkirche aus Bruchstein und das aufwendig restaurierte Viergiebelhaus, in dem man heute heiraten kann. Sehr sehenswert sind auch die drei steinernen Brücken über die Elz, von denen die mittlere Fahrbrücke die schönste ist: Sie trägt eine Statue des heiligen Johannes Nepomuk und das im Rheinland einzigartige Löwendenkmal.

Für eine Rast bietet sich unterhalb der Philippsburg das Café »Altes Pfarrhaus Monreal« an mit schönem Garten. Hier schmecken

Hübsch: die stattlichen Fachwerkhäuser von Monreal in der Eifel.

Kuchen und Eisbecher mit Blick durch den Torbogen auf die an der Eltz gelegenen hübschen Fachwerkhäuser.

In die Umgebung Monreals lassen sich herrliche Wanderungen unternehmen. Im historischen Ortskern befinden sich Start und Ziel von Deutschlands Schönstem Wanderweg 2011, dem »Monrealer Ritterschlag«. Auf den Spuren der Ritter geht es über Schluchten und steile, schmale Waldpfade mit fantastischen Ausblicken. Gutes Schuhwerk ist Pflicht.

INFO: Monreal liegt ca. 45 km südwestlich von Koblenz. **INFO MONREAL:** Tel. (02651) 80 0995, www.monrealeifel.de, und in der Galerie-Buchhandlung Libell, Obertorstr. 7, 56729 Monreal, Tel. (02651) 4967272, www.galerie-libell.de.

Schatz im Keller

Burg Eltz

Münstermaifeld, Rheinland-Pfalz

Hoch, großartig, verblüffend und finster« – so beschrieb der französische Schriftsteller Victor Hugo die Burg Eltz, eine der besterhaltenen ihrer Art aus dem Mittelalter. Majestätisch thront sie seit über 800 Jahren auf einem langen Felsen über dem dichten Wald der Umgebung und wird das wohl auch weitere 800 Jahre tun. Dafür sorgt zurzeit Dr. Karl Graf von und zu Eltz-Kempenich, Besitzer in 33. Generation. Früher hatten gleich mehrere Linien der von Eltzs hier Wohnrecht – der Grund, warum bis ins Jahr 1650 sieben mehrgeschossige Gebäude entstanden, die alle ineinander verschachtelt sind und mit ihren runden wie eckigen Türmchen, den Giebeln und Fachwerkerkern ein abwechslungsreiches Bild bieten.

Burg Eltz oberhalb der Mosel.

Bei einer Burgführung sieht der Besucher Schätze aus vielen Jahrhunderten. Hervorzuheben sind der Waffensaal mit einer in den Türkenkriegen erbeuteten Sammlung sowie der Rübenacher Untersaal mit der eindrucksvollen Holzdecke und einer Gemäldesammlung aus dem 15. Jahrhundert. Auch das Rübenacher Schlafgemach, das komplett mit Blumen und Ranken ausgemalt ist, sowie das Kurfürstenzimmer mit französischen Gobelins und Rokokomöbeln sind sehenswert. Sogar die spätmittelalterliche Rodendorfer Küche ist noch intakt und vermittelt einen guten Einblick ins das Leben auf Burg Eltz.

Überwältigend ist aber vor allem die Schatzkammer in den Kellergewölben. Sie wurde zwischen 1975 und 1981 eingerichtet und enthält rund 500 Exponate aus dem 12. bis 19. Jahrhundert. Beeindruckend sind sowohl die Goldschmiedearbeiten von Petzold wie auch die Kuriositäten, z. B. der »Dukatenscheißer« aus Elfenbein.

Info: Burg Eltz liegt ca. 35 km südlich von Koblenz. **Info Burg Eltz:** 56294 Münstermaifeld, Tel. (026 72) 950 50-0, www.burg-eltz.de, Öffnungszeiten April–Okt. tägl. 9.30–17.30 Uhr, Führungen alle 10–15 Min., Eintritt € 10, ermäßigt € 6,50. **Reisezeit:** April–Okt.

Dem Wein so nah

NAHEWEINSTRASSE

Rheinland-Pfalz

Die Naheweinstraße verläuft auf rund 110 Kilometern von Bad Sobernheim bis nach Bingen und durchquert dabei viele romantische Weinorte und drei Kurstädte. Unterwegs zählen Straußwirtschaften, Weingüter und grüne Rebhänge zu den ständigen Begleitern. Schon die Römer brachten den Weinbau an die Nahe, womit das Gebiet zu den ältesten deutschen Weinanbaugebieten gehört; doch erst seit 1971 wird die Region als eigenständiges Weinbaugebiet geführt. Die Naheweinstraße bekam ihren Namen erst vor rund 30 Jahren, doch die Verbindungswege zwischen den Weinorten sind schon Jahrhunderte alt. Wegen des klimatischen Schutzes durch den Hunsrück eignet sich die Naheregion exzellent für den qualitativ hochwertigen Weinbau: Auf etwa 4400 Hektar Rebfläche gedeihen vor allem Rebsorten wie Müller-Thurgau, Silvaner und Riesling, aber auch Rotwein ist hier mit Burgunder, Portugieser und Dornfelder vertreten. Neben den vielen großen und kleinen Weingütern und Weinstuben sind es im August und September vor allem die zahlreichen Weinfeste, die Besucher in die herrliche Landschaft an der Nahe locken. Wer sich sportlich betätigen will, kann den Naheradweg angehen: Auf 90 Kilometern geht es vorbei an Wiesen, Wäldern, Burgen und natürlich Weinbergen.

Die Naheweinstraße ist aber nicht nur durch die hervorragenden Weine bekannt: Bad Sobernheim lockt mit dem Freilichtmuseum, einem Barfußpfad und der Klosterruine Disibodenberg, wo Hildegard von Bingen wirkte. Bad Münster am Stein-Ebernburg wird überragt von einer Burgruine aus dem 11. Jahrhundert, und aktive Urlauber können hier die steilste Kletterwand nördlich der Alpen bezwingen. Der hübsche Kurpark zieht Besucher in Bad Kreuznach an.

INFO: Die Naheweinstraße reicht von Bad Sobernheim bis nach Bingen. **INFO WEINLAND NAHE E.V.:** Burgenlandstr. 7, 55543 Bad Kreuznach, Tel. (06 71) 834 05-0, www.weinland-nahe.de.

Über dem Weinbauort Bad Münster am Stein im Nahetal erhebt sich die Ebernburg.

Nach der Hochzeit ins Verlies

Burg Nassau und Schloss Stein

Nassau an der Lahn, Rheinland-Pfalz

Die Burg Nassau war im Mittelalter der Stammsitz der Grafen von Nassau – heutige Nachkommen sind die ehemalige Königin Beatrix der Niederlande und Henri von Luxemburg. Im Schloss Stein wohnten die gleichnamigen Grafen, hier wurde der spätere preußische Reformpolitiker Freiherr Heinrich Friedrich Karl vom und zum Stein geboren.

Die Burg Nassau entstand ungefähr im Jahre 1100, Besitzer waren die Herren von Laurenburg, die späteren Grafen von Nassau. Am Ende des 15. Jahrhunderts gaben sie die Burg als Residenz auf, seitdem verfiel sie langsam. Von 1971 bis 1982 wurden der Palas und der fünfeckige westliche Bergfried in Anlehnung an einen Stich von Merian aus dem 17. Jahrhundert wiederhergestellt, wobei man dafür noch alte Gebäudereste nutzen konnte.

Bergfried der Burg Nassau an der Lahn.

Der Turm hat ein Verlies sowie zwei hohe Räume mit Kreuzgratgewölben, in denen man heute heiraten kann. Sehenswert im Rittersaal, der auch für Feiern vermietet wird, sind die Wappentafeln und der Stammbaum des Hauses Oranien-Nassau. Stärkungen bietet die Burgschänke.

Unterhalb der Burg Nassau stehen die Ruine der Burg Stein und das Stein-Denkmal, das an den berühmten Reformer und Minister erinnert. Der hatte seinen Wohnsitz im nahen Schloss Stein, einem einstmals nur doppelstöckigen Steinbau, der später durch gotische Seitenflügel ergänzt wurde. 1814 ließ Freiherr Heinrich Friedrich Karl zur Erinnerung an die deutschen Befreiungskriege gegen Napoleon I. einen rötlichen, achteckigen Turm errichten. Leider darf man das Schloss nicht von innen besichtigen, da es in Privatbesitz ist.

Info: Nassau liegt ca. 25 km südöstlich von Koblenz. **Info Burg Nassau:** Touristik im Nassauer Land e. V., Obertal 9 A, 56377 Nassau an der Lahn, Tel. (026 04) 952 50, www.nassau-touristik.de, www.stadt-nassau.de, Burgschänke Tel. (026 04) 944 94 37, Öffnungszeiten April–Okt. Di–So 11–18 Uhr.

Epizentrum des neuen Weins

Deutsches Weinlesefest

Neustadt an der Weinstraße, Rheinland-Pfalz

Als eine Art Weinfest mit Bahnanschluss könnte man das Deutsche Weinlesefest in Neustadt an der Weinstraße bezeichnen. Wer mit dem Zug anreist, ist mittendrin im Getümmel. Direkt am Bahnhof befindet sich mit der »Haiselscher«, wie das nachgebaute Pfälzer Winzerdorf mit seinen gemütlichen Fachwerkhäuschen genannt wird, das Epizentrum der Veranstaltung, die sich mit zahlreichen Ausschänken und Festbühnen auf die gesamte Altstadt verteilt.

Alljährlich wird hier seit 1909 zwei Wochen lang der neue Wein verkostet. Ende September, Anfang Oktober lockt das mit rund 50 000 Einwohnern sonst eher beschauliche Neustadt an der Weinstraße zahllose Besucher an.

Neben der Verkostung des neuen Weins, der wegen seines moderaten Alkoholgehalts von fünf bis sechs Prozent im Halbliterschoppen getrunken wird, sorgt ein abwechslungsreiches Programm für Unterhaltung. Während die Kleinen auf dem angeschlossenen Jahrmarkt Karussell fahren können, ist für die Älteren ein Besuch der Haiselscher obligatorisch. Hier werden neben dem neuen Wein Pfälzer Spezialitäten gereicht: Leberknödel, Hausmacherwurst, Saumagen und »Woiknorze«, ein herzhaftes Bauernbrot mit Salz oder Kümmel, dessen Form einem knorrigen Rebstock nachempfunden ist.

Ein Highlight des Fests ist die traditionelle Große Pfalzweinprobe im Saalbau, bei der Weine aus der Pfalz verkostet und vorgestellt werden. Dabei kann man das ganze Spektrum interessanter Rebsorten, Ausbauvarianten und Stilrichtungen der Pfalz kennenlernen. Für gehobenere Ansprüche empfiehlt sich der Wein- und Sekttreff. Daneben kann man im Saalbau die Wahlen der Pfälzer und der Deutschen Weinkönigin verfolgen. Karten für diese Veranstaltungen sind heiß begehrt; wer keine mehr bekommen konnte, hat am letzten Festsonntag die Gelegenheit, einen Blick auf die frisch inthronisierten, im Weinanbau versierten Schönheiten zu werfen. Sie sind eine der Hauptattraktionen beim großen Festumzug, bei dem sich eine bunte Mischung aus Spielmannszügen, Prunk- und Festwagen präsentiert, bevor das Weinfest am Montagabend mit einem großen Feuerwerk endet.

Beim Deutschen Weinlesefest in Neustadt an der Weinstraße.

Info: Neustadt an der Weinstraße liegt etwa 30 km südwestlich von Ludwigshafen. **Info Deutsches Weinlesefest:** Tourist Information, Hetzelplatz 1, 67433 Neustadt an der Weinstraße, Tel. (063 21) 92 68 92, www.neustadt.eu, www.weinbruderschaft-der-pfalz.com. **Reisezeit:** Ende Sept./Okt. Auswärtigen Gästen wird empfohlen, Übernachtungen im gesamten Gebiet der Weinstraße ein Jahr im Voraus zu buchen.

Hinauf, Patrioten, hinauf!

Hambacher Schloss

Neustadt an der Weinstraße, Rheinland-Pfalz

Das Hambacher Schloss wird oft als Wiege der deutschen Demokratie bezeichnet. Hier fand am 27. Mai 1832 das Hambacher Fest statt. Rund 30000 Menschen, angeführt von liberalen Bürgern, zogen unter schwarz-rot-goldenen Flaggen und mit der Parole »Hinauf Patrioten, zum Schloss, zum Schloss!« auf eben dieses. Sie forderten demokratische Regierungsformen, Freiheit und die Vereinigung der Einzelstaaten Deutschlands. Zwar blieb die Demonstration zunächst folgenlos, doch löste sie eine Verbreitung der Idee aus und gilt daher als Wegbereiter für die Einheit Deutschlands.

Ein Vorgänger des Schlosses wurde bereits um das Jahr 1000 unter dem Namen Kästenburg errichtet und war später bevorzugte Residenz der Fürstbischöfe. 1688 wurde sie im Pfälzischen Erbfolgekrieg zerstört.

1842 ging die Ruine als Geschenk der Pfälzer an den bayerischen Kronprinzen Maximilian und wird daher heute noch im Volksmund als »Maxburg« bezeichnet. Maximilian ließ das Schloss nach Plänen von August von Voit zur Sommerresidenz um- und ausbauen. Sie blieb jedoch unvollendet und der Bau bis nach dem Zweiten Weltkrieg eine Ruine. Erst in den 1950er Jahren begann die Restaurierung. Von der mittelalterlichen Burg sind nur noch die Ringmauer mit Türmen, die Westwand des Bergfrieds und Teile des Palas übrig. Heute ist das Hambacher Schloss, zuletzt 2007/08 nach Plänen des Architekten Max Dudler umgebaut und renoviert, Gedenkstätte und Schauplatz politischer und kultureller Veranstaltungen.

Das Hambacher Schloss.

Die sehenswerte Dauerausstellung »Hinauf, hinauf zum Schloss« beleuchtet die Ereignisse von 1832 auch im europäischen Kontext, Führungen für Erwachsene und Kinder setzen das Thema lebhaft um. Sehr beliebt sind auch die Themenführungen. Vom Schloss hat man einen prächtigen Weitblick über die Umgebung und die Oberrheinische Tiefebene.

Der Ausflug zum Hambacher Schloss lässt sich gut verknüpfen mit einem Besuch der etwas nördlich gelegenen Burg Trifels, auf der Richard Löwenherz, König von England, im 12. Jahrhundert einige Wochen gefangen gehalten wurde.

Info: Neustadt an der Weinstraße liegt etwa 30 km südwestlich von Ludwigshafen. **Info Hambacher Schloss:** 67434 Neustadt an der Weinstraße, Tel. (063 21) 92 62 90, www.hambacher-schloss.de, Öffnungszeiten Ausstellung tägl. April–Okt. 10–18, Nov.–März 11–17 Uhr, Eintritt € 5,50, ermäßigt € 2,50, mit Führung € 9, ermäßigt € 6, Führung April–Okt. tägl. 11, 12, 14, 15, 16, Nov.–März Sa/So/Fei 11, 12, 14 Uhr, für Kinder-, Spezial- und Themenführungen Anmeldung erforderlich.

Einzigartige Geschichte und wunderschöne Ausblicke im Herzen der Pfalz.

Reize des Rasens

Nürburgring

Nürburg, Rheinland-Pfalz

Die längste permanente Rennstrecke der Welt ist ein Mythos für Fans des Motorsports. Der Große Preis von Deutschland, Luxemburg und Europa wurde hier bereits ausgefahren. Die kurvige Strecke, über Landstraßen von Köln oder Cochem aus erreichbar, lockt an schönen Wochenenden Tausende Motorradfahrer ins Grüne.

Seit 1927 umgibt die Rennstrecke die 954 erstmals urkundlich erwähnte Nürburg, die sich auf einem Basaltkegel des Mons Nore, des Schwarzen Berges, erhebt. Auf diesem Asphalt wurde mehr als einmal Automobilgeschichte geschrieben. Die berühmten Silberpfeile von Mercedes feierten hier Premiere und zahllose Formel-1-Legenden ihre Erfolge: Von Rudolf Caracciola, der das allereste Rennen im Jahr der Eröffnung für sich entschied, bis zu Michael Schuhmacher und Sebastian Vettel.

Rekordsieger auf der berüchtigten Nordschleife des Nürburgrings sind mit je drei Siegen der Argentinier Juan Manuel Fangio sowie der Brite Jackie Stewart. Letzterem verdankt dieser Streckenabschnitt, der durch die Eifelwälder führt und als besondes anspruchsvoll gilt, übrigens den Namen, unter dem er berühmt werden sollte: die Grüne Hölle.

Heute können Amateurfahrer mit Motorrad oder Pkw die Strecke befahren – auf eigenes Risiko. Auch die etwas über fünf Kilometer lange Grand-Prix-Strecke mit ihren sieben Links- und zehn Rechtskurven ist gelegentlich für Touristenfahrer geöffnet. Das Abspeichern einer Notrufnummer auf dem Mobiltelefon wird vom Betreiber dringend empfohlen, denn so eine Rennstreckenfahrt ist nicht ohne Risiko. Formel-1-Fahrer Niki Lauda erlitt 1976 einen schweren Unfall bei einem Rennen auf dem Nürburgring, bei dem er etwa 40 Sekunden bewusstlos im brennenden Fahrzeug saß.

Die berühmte Nordschleife des Nürburgrings – auch bekannt als »Grüne Hölle« – führt mitten durch die Eifelwälder.

Es geht aber auch anders: Die gemütlichste Rundenzeit mit einem Formel-1-Boliden fuhr »Quick« Nick Heidfeld mit 8:34 Minuten in einem BMW – allerdings bei Werbeaufnahmen für seinen Reifenhersteller und nicht im Rennen.

Im Sommer können an bestimmten Terminen auch Läufer und Radfahrer hier trainieren, z. B. für Rad am Ring: Das jährlich stattfindende 24-Stunden-Radrennen verheißt Sport und Spannung ganz ohne Motorengeheul.

Im Juni sorgen dagegen bei dem großen Musikfestival Rock am Ring nationale und internationale Stars wie die Toten Hosen, Metallica, Beth Ditto oder Coldplay für hohe Dezibelzahlen und ausgelassene Stimmung.

Info: In der Eifel ca. 60 km von Bonn und Koblenz entfernt. **Info Nürburgring:** Otto-Flimm-Straße, 53520 Nürburg, Tel. 0800-208 32 00, www.nuerburgring.de.

Für Romantiker und Pyromanen

OBERES MITTELRHEINTAL

Von Bingen bis Koblenz, Rheinland-Pfalz

Das Obere Mittelrheintal umfasst den 65 Kilometer langen Stromabschnitt von Bingen und Rüdesheim bis Koblenz: eine einzigartige Natur- und Kulturlandschaft mit Weinhängen, kleinen schnuckeligen Örtchen und der größten Burgendichte der Welt, seit 2002 UNESCO-Welterbe. Der Rhein musste sich hier durch das harte Gestein des Rheinischen Schiefergebirges gleichsam hindurchfressen. Das Resultat: steile, meist rebenbedeckte Hänge und viele Siedlungen, die sich auf den schmalen Uferleisten zusammendrängen. Dazu gibt es zahlreiche Baudenkmäler, allen voran die rund 40 Höhenburgen, die sich hier aneinanderreihen.

Durch Maler und Literaten wurden sie weltberühmt und gelten seit dem 19. Jahrhundert als Inbegriff der Rheinromantik. Die Vielzahl an Burgen begründete sich durch die strategische Lage am Rhein, die Möglichkeiten bot, sich einträgliche Zölle zu sichern. Und so war die Region eine der blühenden Kernlandschaften des Heiligen Römischen Reichs. Der damalige Reichtum der Städte zeigt sich noch immer in ihren vielen anspruchsvollen Bauten. Doch es gab auch eine Kehrseite: Das Mittelrheintal und die Burgen waren Schauplatz von Kämpfen und Kriegen – ein Grund, warum fast alle Burgen mindestens einmal zerstört wurden. Einzige Ausnahme: die Marksburg. Sehenswert sind auch Burg Maus, Schloss Stolzenfels und die Festung Ehrenbreitstein.

Heute lebt das Mittelrheintal vor allem vom Tourismus und vom Wein. Highlights wie »Rhein in Flammen« mit den beliebten Großfeuerwerken bringen zusätzliche Publicity. Sehr lohnend sind die Wanderwege Rheinhöhenweg, Rheinburgenweg und Rheinsteig mit herrlichen Ausblicken auf den Strom.

INFO: Eine Übersicht über das Mittelrheintal gibt es auf www.welterbe-mittelrheintal.de.

Burg Katz bei St. Goarshausen im Oberen Mittelrheintal.

Terrasse Bahnhof Rolandseck mit »Humboldt-Blick« auf den Rhein und das Siebengebirge.

Kulturdenkmal als Treffpunkt der Gesellschaft

Arp Museum Bahnhof Rolandseck

Remagen, Rheinland-Pfalz

Der klassizistische Bahnhof Rolandseck in einzigartiger Lage über dem Rhein und mit Blick auf das Siebengebirge war schon immer mehr als ein Aus- und Umsteigepunkt: Bereits nach seiner Fertigstellung 1858 wurde sein Gebäude für Konzerte und Feste genutzt, hier trafen sich die bürgerliche Gesellschaft und Künstler wie Friedrich Nietzsche, Heinrich Heine, Clara Schumann, Franz Liszt oder George Bernhard Shaw. Nach dem Zweiten Weltkrieg verfiel das Gebäude, 1964 sollte es abgerissen werden. Der Bonner Galerist Johannes Wasmuth (1936–97) übernahm den maroden Bahnhof und begann mit Unterstützung prominenter Freunde dort Wohn-, Arbeits- und Auftrittsmöglichkeiten für junge Künstler zu schaffen. Ausstellungen und Künstlerfeste wurden veranstaltet, zu deren Gästen Duke Ellington, Leonard Bernstein, Sigmar Polke, Gerhard Richter und Günther Uecker zählten.

Zur Erhaltung des Bahnhofs gründete das Land Rheinland-Pfalz 1973 eine Stiftung. Ende der 1970er Jahre gelangte ein Teil des Nachlasses des bedeutenden Dadaisten und Surrealisten Hans Arp (1986–66) in den Künstlerbahnhof und gab den Anstoß für Erweiterungspläne, finanzielle Mittel waren aber erst Ende der 1990er Jahre vorhanden.

Bis 2004 wurde der Bahnhof saniert und dabei Künstlern die Gestaltung funktionaler Räume übertragen, wie das Bistro »Interieur No. 253« von Anton Henning (geb. 1964), die Bibliothek vom Schweizer Thomas Huber (geb. 1955) oder der Sanitätsraum von der deutsch-amerikanischen Konzeptkünstlerin Maria Nordman (geb. 1943). 2004–07 entstand dann mit dem schneeweißen Neubau von Richard Meier auf den Rheinhöhen ein einzigartiges Gebäudeensemble, verbunden durch eine unterirdische Architekturpassage.

Der Neubau des Arp Museums, entworfen vom US-amerikanischen Stararchitekten Richard Meier.

Vom Bahnhofsfoyer gelangt man in den ersten Tunnel, der unter den Bahngleisen hindurchführt, am Ende eröffnen Glasfronten den Blick auf die Landschaft. Vor dem Ausstellungsraum mit der Sammlung Rau für UNICEF führt ein zweiter, in den Rheinhang getriebener Tunnel zum Aufzugsturm. Über 230 Stufen oder per Aufzug wird der dreigeschossige, verglaste und mit Terrassen versehene Neubau erreicht.

Die Werke der Namensgeber und Vertreter der Avantgarde des 20. Jahrhunderts Hans Arp und Sophie Taeuber-Arp werden im Obergeschoss des Neubaus mit wechselnden Schwerpunkten gezeigt. Weitere Ausstellungen und Veranstaltungen ergänzen das Programm. In Zusammenarbeit mit der Stadt wächst seit 2000 das Skulpturenufer Remagen mit Arbeiten verschiedener Künstler.

Info: Rolandseck liegt ca. 15 km südöstlich von Bonn. **Info Arp Museum Bahnhof Rolandseck:** Hans-Arp-Allee 1, 53424 Remagen, Tel. (022 28) 94 25 16, https://arpmuseum.org, Öffnungszeiten Di–So/Fei 11–18 Uhr, Eintritt € 11, ermäßigt € 9, bis 12 J. frei.

Die spinnen, die Römer!

Obergermanisch-Rätischer Limes

Rheinbrohl, Rheinland-Pfalz

Der Obergermanisch-Rätische Limes, Deutschlands größtes archäologisches Denkmal, gehört seit 2005 zum UNESCO-Weltkulturerbe. Auf 550 Kilometern zieht sich die alte römische Grenze vom Rhein bis zur Donau, von Rheinland-Pfalz über Hessen und Bayern bis Baden-Württemberg. Entlang dieser Strecke gab es rund 900 Wachtürme sowie zahlreiche kleine und über 60 große Kastelle.

Der Limes begann in der Nähe von Rheinbrohl, weshalb die Römer den Ort auch als *caput limitis* (Kopf des Limes) bezeichneten. Geschichtliche Zeugnisse findet man hier in Form von Fundamentresten von Türmen und Wallaufschüttungen. Zudem wurden Palisadenmauern und ein Römerturm rekonstruiert.

Rekonstruierter Limes-Wachturm am Beginn des Obergermanisch-Rätischen Limes bei Rheinbrohl.

Seit 2012 veranschaulicht das Limeseum in Wittelshofen das frühere Leben am Limes. Weitere Themen des Museums sind Holzerhaltung, Militär und ziviler Alltag. In Pohl ist mit dem Limeskastell der authentische Nachbau eines römischen Holz-Erde-Kastells mit Wachturm entstanden.

Zudem gibt es auch einen Limes-Rad- und Wanderweg von insgesamt über 800 Kilometern Länge. Er beginnt in Rheinbrohl und führt in Rheinland-Pfalz vorwiegend durch Wälder bis zum Kastell Holzhausen. In dem Buchenwald findet man viele Reste eines 1,4 Hektar großen Steinkastells mit vier Toren. Die Kastellmauern mit den inneren Erdwällen sind hier in einer Höhe bis zu drei Metern erhalten. Den Kastellgraben kann man als Mulde erkennen. In der Umgebung haben sich zahlreiche römische Grabhügel erhalten.

Wer lieber das Auto nehmen will, orientiert sich einfach an der »Deutschen Limes-Straße«, die auch zu den Highlights der Historie führt. Entlang der beiden Strecken finden gerade in den Sommermonaten immer wieder Veranstaltungen und Feste mit Römerbezug statt, Gladiatorenkämpfe und Lagerleben inklusive.

Info: Rheinbrohl, der »Kopf des Limes«, liegt ca. 30 km nordwestlich von Koblenz. **Info Limes:** Deutsche Limeskommission, Am Römerkastell Saalburg, 61350 Bad Homburg vor der Höhe, Tel. (061 75) 93 74 34, www.deutsche-limeskommission.de, oder Verein Deutsche Limes-Straße e. V., Marktplatz 30, 73430 Aalen, Tel. (073 61) 52 82 87 23, www.limesstrasse.de.

Kühle Blonde verführt Schiffer

Die Loreley

Sankt Goarshausen, Rheinland-Pfalz

Früher lockte die Loreley mit ihrem Gesang viele Rheinschiffer ins Verderben. Heute locken Burgen, Weinberge und atemberaubende Natur in das UNESCO-Welterbegebiet rund um den 132 Meter hohen Loreley-Felsen.

Der Sage nach saß die schöne Loreley abends auf dem höchsten Felsvorsprung des Rheintals, kämmte ihr langes goldenes Haar und ließ dabei ihre liebliche Stimme erschallen, so betörend, dass die Schiffer das Steuern vergaßen und ihr Gefährt prompt an dem schroffen Felsen zerschellte.

Wenigen Auserwählten schenkte die Loreley ein Leben voller Reichtum. Als man beschloss, die Jungfrau zu fangen, flog sie auf den Winden des Rheins davon. Wenn man heute vom Felsen aus ins Tal ruft, ist ihre Stimme in dem siebenfachen Hall angeblich noch zu hören.

Mit der Weißen Flotte der Rheinschifffahrt lässt sich die berühmt-berüchtigte Stelle des Rheins unterhalb des Loreley-Felsens heute gefahrlos besichtigen und passieren. Besucher sollten sich auch an den Aufstieg des Schieferfelsens machen, denn von oben bietet sich eine prächtige Aussicht. Vom Loreley-Besucherzentrum führt ein knapp zehnminütiger Fußweg zur Felsenspitze.

Das Besucherzentrum zeigt eine lehrreiche Ausstellung über das Mittelrheintal mit Themen wie Schifffahrt und Weinanbau sowie die Rolle berühmter regionaler Persönlichkeiten. Auch Führungen, Wanderungen und Weinproben stehen auf dem Programm.

Der Romancier Clemens Brentano (1778–1842) soll der erste gewesen sein, der über eine Frau namens Lore Lay schrieb – hinreißend schön, aber Unheil bringend. Sie stürzte sich im Buch »Zu Bacharach am Rheine« von besagtem Felsen in den Tod. 1823 griff Heinrich Heine die Geschichte auf und verfasste sein berühmtes Gedicht »Ich weiß nicht was soll es bedeuten«, das, von Friedrich Silcher vertont, eines der berühmtesten deutschen Volkslieder wurde.

Blick auf die enge Rheinschleife in Höhe des Loreleyfelsens.

Rund um den Loreley-Felsen liegen die spätmittelalterlichen Städtchen Sankt Goarshausen und Sankt Goar. Vom Dreiburgenblick oberhalb von Sankt Goarshausen kann man außer den beiden Burgen Katz und Maus die Ruine von Burg Rheinfels sehen. Burg Katz ist nicht zu besichtigen, aber Burg Maus mit dem Adler- und Falkenhof schon.

Info: Sankt Goarshausen liegt ca. 35 km südlich von Koblenz. **Info Loreley-Touristik e.V.:** Bahnhofstr. 8, 56346 Sankt Goarshausen, Tel. (067 71) 910-0, www.loreley-touristik.de. **Info Loreley-Besucherzentrum:** Auf der Loreley (oberhalb von Sankt Goarshausen), 56348 Bornich, Tel. (067 71) 59 90 93, www.loreley-besucherzentrum.de, Öffnungszeiten April–Okt. tägl. 10–17 Uhr, Nov.–März geschl., Eintritt € 2, ermäßigt € 1.

Wilde Kräuter, feine Nuancen

Restaurant Vieux Sinzig

Sinzig, Rheinland-Pfalz

Im Vieux Sinzig, dort wo Ahr und Rhein sich treffen, kommen wilde Sachen auf den Tisch! Hier haben sich vor über 35 Jahren Jean-Marie Dumaine und seine Frau aus der Normandie niedergelassen und servieren ihren Gästen Gerichte, die ihren delikaten Geschmack im Wesentlichen aus wilden Kräutern und speziell angebauten Gemüsesorten beziehen.

Man sitzt in einem zu einem Garten sich öffnenden Raum, und in den Kochpausen begrüßt der Chef die Gäste und gibt sich dabei als amüsanter Zeitgenosse voll hintergründigem Humor und enormem Wissen zu erkennen.

Gern lädt er auch die Gäste zu Pilzwanderungen, Botanikführungen und Trüffeltouren in der Umgebung ein und erklärt dabei die kulinarische Verwendung der Waldgewächse – vorausgesetzt, die Teilnehmer bringen Taschenmesser, Korb, Küchenpapier, wetterfeste Kleidung und Schuhe zum Wechseln mit. Trüffelhund Max ist dann stets mit von der Partie. Er ist in der Region allerdings nicht sonderlich beliebt, denn allgemein herrscht hier der Glaube vor, an der Ahr gäbe es überhaupt keine Trüffeln. Doch der findige Mischling Max belehrt sie ständig eines Besseren. Kein Wunder: Schon früher hatte man hier zahlreich Trüffeln gefunden. Die gesammelten Schätze kommen heute den sich oft anschließenden Kochpartys und Tafelrunden zugute.

Eine der besten Adressen für kreative Wildkräuterküche in Deutschland: Der aus der Normandie stammende Franzose Jean-Marie Dumaine, Gründer des Vieux Sinzig, sammelt seine wichtigsten Zutaten selbst.

Das Menü wechselt, immer aber bleibt die Kräuterbasis ausschlaggebend für den Geschmack. Selbst verwöhnte Gaumen sind begeistert: z. B. vom Entenkeulen-Confit mit Steinpilzkartoffeln und Waldziest oder von der Mispelrolle mit Sanddorn-Quark.

Oder wie wär's mit einem Tannenspitzendessert zum Abschluss? Mit Sauerampfer, Wildrhabarber, Feldthymian (Quendel) und Sauerklee! Die Weine von der Ahr sind gut ausgesucht und korrespondieren vorzüglich mit den Speisen. Als Erinnerung kann der Gast viele selbst gemachte Pasteten und Marmeladen mitnehmen.

Sehr aufschlussreich ist auch Dumaines Kochbuch »Meine Wildpflanzenküche« mit hundert Rezepten zu Pflanzen, die sich in Deutschland überall finden. Zu jeder Pflanze gibt es Tipps zum Sammeln und Ernten sowie zur Verwendung in der Küche.

Info: Sinzig liegt ca. 35 km nordwestlich von Koblenz. **Info Restaurant Vieux Sinzig:** Kölner Str. 6, 53489 Sinzig, Tel. (026 42) 427 57, www.vieux-sinzig.com, Öffnungszeiten Mi–So 11–17 Uhr, Reservierung empfohlen, Preise auf Anfrage.

Grabstätte der Salier-Kaiser

Kaiserdom zu Speyer

Speyer, Rheinland-Pfalz

Man mag es zunächst nicht glauben, dass im recht beschaulichen Speyer eine Kirche dieser Dimension steht. Wer sich der Pfälzer Stadt nähert, sieht das imposante Bauwerk schon von Weitem in den Himmel ragen.

Der Dom ist eines der bedeutendsten romanischen Bauwerke überhaupt – kein Wunder, denn er wurde als Gotteshaus und Grabstätte der Salier-Kaiser gebaut. Die Größe musste dem Kaiser des Heiligen Römischen Reiches Deutscher Nation gerecht werden, einem Amt, das direkt von Gott gegeben war. Unter Konrad II. wurde 1030 mit dem Bau begonnen, 1061 wurde der Dom geweiht. Für nicht weniger als acht deutsche Kaiser und Könige, vier Königinnen und mehrere Bischöfe ist die Grablege aus dieser Zeit letzte Ruhestätte.

Seit 1981 steht der Dom auf der Liste des UNESCO-Welterbes; wegen seiner Bedeutung für die salischen Kaiser wird er auch Kaiserdom genannt. Die Salier wollten mit dem Bau ihren Anspruch auf die weltliche und kirchliche Macht dokumentieren. Als romanisches Gotteshaus hat der Dom gewaltige Ausmaße: 134 Meter lang, fast 40 Meter breit, die Osttürme über 71 Meter hoch. Für den Besucher heißt es genügend Zeit mitzubringen, denn im Dom und um den Dom herum gibt es eine Menge zu sehen. Neben der Krypta sollte man sich zumindest die Ölberg-Skulptur aus dem 16. Jahrhundert und den Domnapf, der schon 1314 zum ersten Mal erwähnt wurde, ansehen. Dieser überdimensionale steinerne Kelch fasst 1580 Liter und wird immer noch zu besonderen Anlässen mit Wein gefüllt. Außerdem liegt das Zentrum Speyers nur wenige Schritte entfernt. Im gemütlichen Stadtkern zu stehen und hinter sich den Monumentalbau des Doms zu wissen macht klar: Hier haben Kaiser ihre Weltanschauung in Architektur umgesetzt.

Info: Speyer liegt ca. 25 km südlich von Ludwigshafen. **Info Dom zu Speyer:** 67343 Speyer, www.dom-zu-speyer.de, Öffnungszeiten Mo–Sa 9–19, So 11.30–17.30 Uhr, Führungen nach Anmeldung auf der Website (auch Bitte um Rückruf möglich) oder per E-Mail (domfuehrungen@bistum-speyer.de).

Der Dom zu Speyer vom Rhein aus gesehen.

Alle Mann an Bord

TECHNIK MUSEUM SPEYER

Speyer, Rheinland-Pfalz

Das Technik Museum Speyer ist ein Publikumsmagnet für große und kleine Kinder. Auf 150 000 Quadratmetern Freigelände und 16 000 Quadratmetern Hallenfläche zeigt es alles vom Oldtimer über Lokomotive und Schiffe bis zum U-Boot. Zu den Hauptattraktionen gehört eine Antonow AN-22, das größte propellergetriebene Flugzeug der Welt. Die kann der Besucher genauso von innen besichtigen wie die Boeing 747, die in einer spektakulären Aktion vom Flughafen Karlsruhe/Baden-Baden hierher transportiert wurde. Auch die linke Tragfläche ist begehbar.

Eine Boeing 747 im Technik Museum Speyer.

Insgesamt zeigt das Technik Museum über 70 Flugzeuge und Hubschrauber. Auf dem Freigelände befindet sich auch eine U 9, ein vollständig ausgerüstetes Marine-U-Boot, das über den Rhein von Amsterdam nach Speyer geschleppt wurde. Ebenfalls zu sehen: Ein Spaceshuttle-Prototyp Buran aus der russischen Raumfahrt, 36 Meter lang, 16 Meter hoch und rund 80 Tonnen schwer. Der sogenannte OK-GLI wurde 1984 gebaut und diente zur Erprobung von Gleitflug und Landung nach dem Wiedereintritt in die Erdatmosphäre. Auch bei diesem Exponat ist die Frage, wie es nach Speyer gelangte, besonders spannend, ein interessanter Film auf DVD ist hierzu im Museumshop erhältlich.

Selbst die denkmalgeschützte Liller Halle aus dem Jahr 1913, in der sich das Museum befindet, hat einen weiten Weg hinter sich: 1913 bei Lille in Frankreich errichtet, wurde sie während des Ersten Weltkriegs vollständig hierher versetzt, wo sie als Produktionshalle für Flugzeuge diente.

Die drei Dauerausstellungen beschäftigen sich mit dem Autozulieferer Bosch, dem »Erfinderland Rheinland-Pfalz« und den Konstruktionen des berühmten, 2014 verstorbenen Motorradbauers Friedel Münch. Zusätzlich gibt es immer wieder wechselnde Sonderausstellungen. Fans kleinerer Exemplare lieben die Modellbautage, die der Verein zur Förderung der Luftfahrthistorie der Pfalz zu Ostern im Museum ausrichtet.

Und dann ist da noch das Museum Wilhelmsbau, das sich ebenfalls auf dem Gelände befindet und im Eintrittspreis enthalten ist. In diesem Raritätenkabinett mit Exponaten aus dem 19. und 20. Jahrhundert findet man beispielsweise eine vorzügliche Sammlung vollautomatischer Großorchestrien, aber auch Flötenuhren, Spieldosen und Uniformen.

Ein Highlight ist auch das IMAX DOME Kino auf dem Museumsgelände mit einer riesigen Kuppel als Leinwand. Hier werden Natur- und Dokumentarfilme in 3-D-Optik gezeigt.

INFO: Speyer liegt ca. 25 km südlich von Ludwigshafen. **INFO TECHNIK MUSEUM SPEYER:** Am Technik Museum 1, 67346 Speyer, Tel. (062 32) 67 08-0, www.museumspeyer.de, Öffnungszeiten Mo–Fr 9–18, Sa/So/Fei 9–19 Uhr, Eintritt € 21, ermäßigt (5–14 J.) € 17.

Die Kelten kommen

Keltendorf am Donnersberg

Steinbach, Rheinland-Pfalz

Die Wiege der Zivilisation steht am Donnersberg, zumindest was die Pfalz angeht. Lange bevor die Römer einen Fuß in die Region setzten, lag hier eine befestigte Siedlung der Kelten – genauer eine der größten der keltischen Welt. Mit stroh- und holzgedeckten Fachwerkhäusern und Mauern aus Holz und Stein, so wie bei Asterix und seinen Freunden. Die waren zwar Gallier, aber mit den Kelten vom Donnersberg eng verwandt. Auch in der Nordpfalz hat man demnach mit Sicherheit Wildschwein gegessen und Misteln von den Bäumen geschnitten. Wie es in einem keltischen Dorf aussah, kann jeder in Steinbach am Fuß des Donnersbergs erkunden.

Mit viel Liebe zum Detail ist hier eine kleine Keltensiedlung aus sechs originalgetreu rekonstruierten Häusern entstanden, wie sie vor gut 2000 Jahren ausgesehen haben dürfte: Geschichte zum Anfassen, Riechen und Schmecken. Handwerker führen alte Techniken vor – da wird Wolle gesponnen, mit dem Bogen geschossen und Eisen geschmiedet. In Workshops kann man lernen, Schmuck aus Bernstein, Glasperlen und Silber nach antiken Vorlagen herzustellen oder nach 2000-jährigen Rezepten zu kochen.

Genauso lehrreich und spannend ist ein Besuch im keltischen Garten, der nur einen kurzen Spaziergang entfernt liegt. Hier kann sich jeder selbst am Pflug versuchen, mit dem im 8. Jahrhundert v. Chr. Ackerbau und die Sesshaftigkeit nach Mitteleuropa kamen. Heilpflanzen zeigen, wie viel die Kelten von den Kräften der Natur wussten.

Und damit vor allem kleinere Besucher sich nach so viel Archäologie zum Anfassen auch noch richtig austoben können, ist der ganze Keltengarten als Naturspielplatz in der Form eines keltischen Triskells gestaltet, dem Symbol der Harmonie zwischen den Elementen Erde, Wasser und Luft. Jedes Jahr am 31. Oktober wird im Keltendorf übrigens das Samhain-Fest gefeiert – mit Schwertschaukämpfen, Münzengießen, Feuerspucken, mit keltischem Eintopf, schaurig-schönen Geisterliedern und Fackelwanderungen.

Info: Steinbach liegt ca. 30 km nördlich von Kaiserslautern. **Info Keltendorf:** Keltendorf am Donnersberg e. V., Brühlstr., 67808 Steinbach, Tel. (063 52) 17 12, www.keltendorf-steinbach.de, Öffnungszeiten April–Okt. Sa 11–17, So/Fei 10–17, in den Oster-, Sommer- und Herbstferien auch Do 15–19 Uhr, Eintritt (inkl. Führung) € 4,50, Kinder (4–12 J.) € 2,50.

Kinderprogramm im Keltendorf am Donnersberg.

Auf Wein gebaut

Traben-Trarbach

Traben-Trarbach, Rheinland-Pfalz

Die hübsche Jugendstilstadt Traben-Trarbach liegt auf beiden Seiten der Mosel in einer sehenswerten Flussschleife. Das Moseltal mit seinen teils steilen Hängen ist hier besonders schön, und von den oft waldreichen Höhen bieten sich tolle Panoramablicke. Erst seit 1898 sind die Ortsteile durch die Moselbrücke verbunden, entsprechend ist das Wahrzeichen auch das Brückentor, ein mächtiges Portal, das sich an der mittelalterlichen Burgenromantik orientiert. Entworfen hat es Bruno Möhring. Beachtenswert sind die äußeren Verzierungen am Tor. Viele weitere prächtige Jugendstilbauten wie die Villa Huesgen oder das Schlösschen Sonora verdanken sich zwei Ursachen: Zum einen brannten viele ältere Gebäude bei den Stadtbränden 1857 und 1879 ab, zum anderen erlebte die Stadt Ende des 19. und Anfang des 20. Jahrhunderts eine Blütezeit als Weinhandelszentrum, woraufhin eine rege Bautätigkeit einsetzte.

Wein ist auch heute noch neben dem Tourismus die wichtigste Einnahmequelle der Bewohner. Einen schönen Einblick bekommt man bei einer fachkundigen Weinbergwanderung oder auf dem Weinlehrpfad, der Riesling-Route. Denn Riesling wird hier hauptsächlich produziert. Die Winzer lassen jedenfalls keine Frage offen und keine Kehle trocken.

Buchen Sie unbedingt zusätzlich eine Stadtführung: Denn auch die französische Geschichte der Doppelstadt ist interessant. Sonnenkönig Ludwig XIV. wählte 1688 den Halbinselberg über Traben aus, um von Festungsbaumeister Vauban die damals stärkste Zwingfestung Europas, genannt Mont Royal, errichten zu lassen. Die Ruine kann man heute noch besichtigen. 1794 geriet Traben-Trarbach mit der Besetzung des Rheinlands durch französische Revolutionstruppen für 20 Jahre unter französische Verwaltung.

Info: Traben-Trarbach liegt ca. 80 km südwestlich von Koblenz. **Info Traben-Trarbach:** Tourist Information, Am Bahnhof 5, 56841 Traben-Trarbach, Tel. (065 41) 83 98-0, www.traben-trarbach.de.

Traben-Trarbach an der Mosel.

Stadt des Augustus im Land der Treverer

Römische Bauwerke von Trier

Trier, Rheinland-Pfalz

Vor über 2000 Jahren kamen die Römer an die Mosel, gründeten eine Stadt und benannten sie nach ihrem Herrscher: Augusta Treverorum – Stadt des Augustus im Land der Treverer. Der Titel »älteste Stadt Deutschlands« wird heute damit begründet, dass es sich bei der Neugründung mitnichten um ein bloßes Heerlager oder eine kleine Siedlung handelte, sondern um eine veritable Metropole. Und wie alle Kolonialherren wollten die abgesandten Römer in der Fremde möglichst alles genauso haben wie zu Hause, also ein Amphitheater für unterhaltsame Großveranstaltungen, diverse Thermenanlagen für Körperpflege, Wellness und gesellschaftliches Leben. Und für ihren Statthalter erbauten sie eine riesige Basilika und später ihrem Gott einen Dom.

Kurfürstliches Palais in Trier, dahinter die Konstantinbasilika, die Palastaula Kaiser Konstantins I.

Mehrere hundert Jahre lang prägten die Römer Trier so nachhaltig, dass ihre Bauwerke noch heute große Teile der Innenstadt bestimmen. Die Römerbrücke z. B. ist aktiver Teil der städtischen Infrastruktur. 1986 wurde das römische Erbe Triers von der UNESCO zum Weltkulturerbe erklärt.

Die Barbarathermen entstanden um das Jahr 150 n. Chr. und waren zu ihrer Zeit der drittgrößte Badepalast im Reich der Römer. Um und nach 300 n. Chr. folgten die Kaiserthermen. Bereits um 80 n. Chr. hatte man mit der Erbauung der Viehmarktthermen begonnen, sie sind demnach die ältesten – nach derzeitigem Stand der Dinge! Denn die Geschichte der Römer in Trier ist noch nicht abschließend erforscht. Das Amphitheater bot um 100 n. Chr. etwa 20 000 Besuchern Platz und noch heute finden hier ausgewählte Veranstaltungen statt. Der Bau war Teil der römischen Stadtmauer und mit technischen Raffinessen ausgestattet. Über einen versteckten Aufzug in der Mitte der Arena konnten plötzlich – deus ex machina – Tiere oder Darsteller erscheinen.

Vielleicht das beeindruckendste Gebäude aus der Römerzeit: die Konstantinbasilika. Die zu Anfang des vierten Jahrhunderts erbaute Palastaula diente Kaiser Konstantin als Thronsaal.

Im Inneren wurde sie mit Marmor verkleidet und mit Statuen geschmückt, Fußboden und Wände waren beheizbar. Die Ausmaße müssen alle, die sie betraten, sehr beeindruckt haben, denn die Halle ist 27,2 Meter breit, 33 Meter hoch und 67 Meter lang. Inzwischen dient der Bau als erste und älteste protestantische Kirche im katholischen Trier. Der Ton der Orgel hallt noch sieben Sekunden, bevor er gänzlich verklingt!

Das bekannteste Bauwerk aus Römerzeiten ist natürlich die Porta Nigra, einstiges Stadttor. Ihr zu Füßen – und nach einem Besuch der Tourist Information direkt nebenan – beginnt der Pfad in die römische Vergangenheit Triers.

Info Trier: Tourist Information, An der Porta Nigra, 54290 Trier, Tel. (06 51) 97 80 80, www.trier-info.de.

Schwarzes Tor zwischen Antike und Neuzeit

Porta Nigra

Trier, Rheinland-Pfalz

Die Porta Nigra, das Schwarze Tor zu Trier, ist das am besten erhaltene römische Stadttor nördlich der Alpen. Der Name ist erst seit dem Mittelalter belegt, wobei wohl die vielen Jahre, in denen der helle Sandstein Dreck auf dem Buckel sammeln konnte, eine Rolle spielen. Die praktisch denkenden Römer bauten öffentliche Gebäude häufig aus großen Quadern. Sie wurden ohne Mörtel aufeinandergesetzt und durch Eisenklammern verbunden, die in Blei ausgegossen wurden. Das im Jahr 170 n. Chr. errichtete Stadttor im Norden der römischen Statthaltersiedlung Augusta Treverorum war nur eines von vieren.

Die Porta, wie die Trierer sie kurz nennen, entging als einziges Stadttor im Mittelalter dem Schicksal vieler römischer Bauwerke, nämlich der Umnutzung des Baumaterials im Rahmen einer Art Recycling-Aktion als Steinbruch und Blei- bzw. Eisenquelle. Dies war einem Eremiten zu verdanken: 1028 hatte sich der griechische Mönch Simeon in den Ostturm des Bauwerks einmauern lassen.

Nach seinem Tod wurde er im Erdgeschoss beigesetzt und heiliggesprochen. Ihm zu Ehren wurde dann das römische Tor in zwei übereinanderliegende Kirchen umgewandelt.

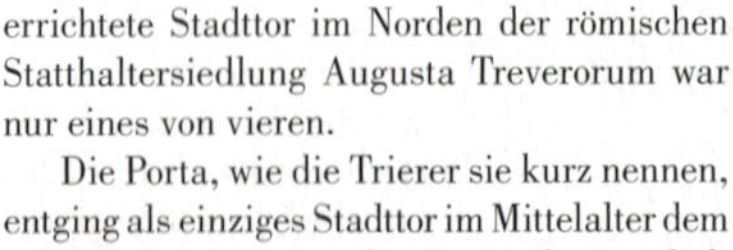

UNESCO-Weltkulturerbe: Porta Nigra von Trier.

Davon ist heute nur noch eine Apsis zu sehen, denn auf einen Befehl Napoleons hin, dem das römische Kaiserreich mehr am Herzen lag als der konsequente Mann Gottes, wurde 1804 bis 1809 die Form aus der Römerzeit wiederhergestellt.

Da man aber in der Zeit der Kirchennutzung nur einen der ursprünglich zwei Türme benötigte, hat das Bauwerk seitdem seinen ungleichmäßigen Umriss.

1973 wurde das Wahrzeichen der Moselstadt zusammen mit anderen römischen Kulturdenkmälern im Stadtbereich, u. a. den Kaiserthermen, dem Dom und dem Amphitheater, von der UNESCO in die Liste des Welterbes aufgenommen.

Im Rahmen einer fachkundigen und äußerst interessanten Führung, übrigens durch einen mit einer traditionellen Toga bekleideten Stadtführer, kann man im Innern noch die Notizen der Steinmetze entdecken und wird auf die Löcher hingewiesen, die mittelalterliche Metallräuber hinterließen.

Nicht zuletzt hat man von hier aus einen schönen Blick über die älteste Stadt Deutschlands – auf Augenhöhe mit römischen Statthaltern und französischem Kaiser.

Info: Die Porta Nigra ist in unmittelbarer Nähe zum Städtischen Museum von Trier gelegen. **Info Porta Nigra:** www.zentrum-der-antike.de, www.trier-info.de, Öffnungszeiten tägl. April–Sept. 9–18, Okt. und März 9–17, Nov.–Feb. 9–16 Uhr, Eintritt € 4, ermäßigt € 2,50, Familien € 8, Führungstermine auf den beiden genannten Websites.

Die älteste Kirche Deutschlands und der Heilige Rock

TRIERER DOM UND LIEBFRAUENKIRCHE

Trier, Rheinland-Pfalz

Der Trierer Dom St. Peter trägt den stolzen Titel »älteste Kirche Deutschlands«, denn seit fast 1700 Jahren ist er ein Versammlungsort der christlichen Gemeinde. Ein Blick ins Innere zeigt eine architektonische Wundertüte, denn alle Epochen der europäischen Kunst- und Baugeschichte sind hier vereint. Archäologischen Forschungen zufolge wurde der Bau auf den Resten eines Wohnhauses errichtet. Im 3. Jahrhundert wuchs er zu einer ausgedehnten Kirchenanlage mit vier Basiliken, einem Baptisterium und zahlreichen Nebengebäuden an.

Mariendarstellung im Tympanon der Trierer Liebfrauenkirche.

Der Zerstörung während der Völkerwanderung folgten verschiedene Wiederaufbauten, aber erst unter Erzbischof Poppo von Babenberg kam es zu einer Erneuerung der Domkirche einschließlich der Krypten und der Westfassade, die mit einer Breite von 53 Metern zu den größten ihrer Art zählt. Der Kreuzgang im Stil der französischen Hochgotik stammt aus der Mitte des 13. Jahrhunderts. Nach dem Ende des Dreißigjährigen Kriegs entstanden der altarähnliche Aufbau im romanischen Ostchor und die außen angefügte Heiltumskammer. Sie ist der Aufbewahrungsort für die Trierer Hauptreliquie, den Heiligen Rock, der Überlieferung nach das Gewand Jesu, erstmals im 11. Jahrhundert erwähnt. Äußere Veränderung brachte die Erhöhung der Osttürme im 14. Jahrhundert: Man stockte die Türme auf, weil der Westturm von St. Gangolf am Trierer Hauptmarkt die Domtürme kurzzeitig überragte.

Von besonderer Bedeutung waren und sind die Reliquien, die Rang und Ansehen des Doms begründeten. Die heilige Helena brachte wohl eine Reihe bedeutender Kirchenschätze an die Mosel, darunter auch den Heiligen Rock. Die Heilig-Rock-Kapelle, in der die Tunika aufbewahrt wird, öffnet nur während der Heilig-Rock-Tage. Das zehntägige Bistumsfest findet einmal im Jahr statt. Die letzte Heilig-Rock-Wallfahrt wurde 2012 begangen.

Im 13. Jahrhundert wurde über den Resten der antiken Südkirche der Neubau der Liebfrauenkirche errichtet. Sie ist neben der Elisabethkirche in Marburg die älteste gotische Kirche Deutschlands. Erbaut zwischen 1235 und 1250 im Stil der französischen Hochgotik, bildete sie bis zur Französischen Revolution eine kirchliche und liturgische Einheit mit dem Dom. Das Ensemble zählt zusammen mit zahlreichen römischen Kulturdenkmälern in Trier und Umgebung zum UNESCO-Welterbe.

INFO: Im Zentrum von Trier gelegen. **INFO TRIERER DOM:** Dom Besucherzentrum, Liebfrauenstr. 12/Ecke Domfreihof, 54290 Trier, Tel. (06 51) 979 07 92, www.trierer-dom.de, www.dominformation.de, Öffnungszeiten Dom tägl. April–Okt. 6.30–18, Nov.–März 6.30–17.30 Uhr, Schatzkammer April–Okt. und Ende Nov.–Dez. Mo–Sa 10–17, So/Fei 12.30–17, Nov. und Jan.–März Di–Sa 11–16, So/Fei 12.30–16 Uhr, Eintritt € 1,50, ermäßigt € 0,50. **INFO LIEBFRAUENKIRCHE:** Tel. (06 51) 17 07 90, www.liebfrauen-trier.de, Öffnungszeiten tägl. April–Okt. 10–18, Nov.–März 11–17 Uhr.

Wein am Wege vom Wonnegau

St. Jakobspilgerweg

Wonnegau, Rheinland-Pfalz

Pilgern ist in – auch im Wonnegau. Das Gebiet in Rheinhessen, dem Land der Tausend Hügel, hat seit 1999 einen rekonstruierten alten Pilgerpfad. Hier läuft man in schöner Natur zwischen malerischen Dörfern und grünen Weinbergen. Auf dem Weg nach Santiago de Compostela wanderten deutsche Pilger auch durch Rheinhessen, doch mit der Zeit gerieten die alten Pilgerrouten in Vergessenheit. Seit Jahren befasst sich das Christliche Jugenddorf (CJD) nun damit, ein Teilstück des alten Jakobspilgerwegs in Rheinhessen zu rekonstruieren und mit quadratischen Wegsteinen mit einer gelb-blauen Muschelfliese auszustatten. So lebt auch die Tradition des Pilgerns wieder auf.

Im Wonnegau gibt es mehrere Teilstrecken, die bekannteste verläuft auf 14 Kilometern von Dittelsheim-Hessloch bis Worms-Herrnsheim. Hier erinnert vieles noch an den damaligen Pilgerstrom, so der Dittelsheimer Kirchturm aus dem 12. Jahrhundert und das Hospital am Ortseingang von Hessloch. Das Städtchen Bechtheim ist bekannt für seine beeindruckende romanische Lambertus-Basilika aus dem 11. Jahrhundert und für seinen Wein.

Der Weg führt weiter auf hügeligem Gelände nach Osthofen, Herzstück des Wonnegaus und eine der größten Weinbaugemeinden im südlichen Rheinhessen. Wein ist in der Tat auf dem Weg allgegenwärtig: Wenn nicht durch die Rebzeilen und die zum Teil ritterburgartigen Wingertshäuschen, dann durch Straußwirtschaften, Winzerhöfe und Weinfeste. In der sonnenreichen Wonnegau gedeihen viele Rebsorten, von Müller-Thurgau, Riesling und Silvaner bis zu Portugieser und Spätburgunder.

Info: Wonnegau liegt ca. 12 km nördlich von Worms. **Info Wonnegau:** Touristikverein Wonnegau e. V., Am Schneller 3, 67574 Osthofen, Tel. (062 42) 503 01 09, www.wonnegau.de, oder Verkehrsverein südlicher Wonnegau e. V., Alzeyer Str. 15, 67590 Monsheim, Tel. (06243) 18 09 16, www.suedl-wonnegau.de. **Info St. Jakobspilgerweg:** www.jakobusgesellschaft.eu.

Weinreben sind auf dem Jakobspilgerweg Wonnegau allgegenwärtig.

Der kleinste der drei rheinischen Kaiserdome

Dom St. Peter zu Worms

Worms, Rheinland-Pfalz

Der Wormser Dom steht auf dem höchsten Hügel der Innenstadt und prägt so das Stadtbild. Zusammen mit den Domen in Speyer und Mainz gehört er zu den bedeutendsten Zeugnissen romanischer Baukunst. Der Dom ist eine romanische, doppelchörige Basilika mit zwei achteckigen Türmen über dem Westchor und der Vierung, jeweils flankiert von zwei schlanken Rundtürmen. Seine Ursprünge reichen bis in die Frankenzeit zurück, als hier bereits ein kleineres Gotteshaus stand.

Unter dem bedeutenden Bischof Burchard entstand bis 1018 ein neuer Dom in frühromanischen Formen. Schon 150 Jahre später begann der Um- und Neubau in der Gestalt, wie wir sie heute kennen; 1230 war der Bau fertig. Spätere Umbauten wie etwa die Nikolauskapelle haben am Gefüge kaum etwas geändert.

Der Dom wurde während des Dreißigjährigen Kriegs 1618 bis 1648 von schwedischen Truppen stark beschädigt. Im Pfälzischen Erbfolgekrieg wurde Worms 1689 von den Franzosen verwüstet, der Dom brannte aus. Daher stammt der überwiegende Teil der heutigen Ausstattung aus dem 18. Jahrhundert. 1792 eroberten französische Revolutionstruppen Worms und der Dom wurde als Pferdestall und Lagerspeicher zweckentfremdet. Erst ab 1886 wurde das Gotteshaus wieder grundlegend instandgesetzt, was bis 1935 dauerte. Bereits zehn Jahre später erlitt der Bau erhebliche Beschädigungen durch Luftangriffe während des Zweiten Weltkriegs.

Das schönste Stück ist eindeutig der barocke Hochaltar von Balthasar Neumann. Er besteht aus sechs Marmorsäulen, die unten durch Figurenbrücken und oben durch ein Gesims miteinander verbunden sind, und ist mit Wappen, Vasen und Voluten gekrönt. Sehr sehenswert sind auch das reich verzierte Chorgestühl im Ostteil sowie die Grabmäler von Angehörigen des salischen Kaiserhauses. Beachtenswert sind ebenfalls die Steinbildwerke wie das Relief von Daniel in der Löwengrube, das sich früher über dem Südportal befand.

Wormser Dom von Südosten.

Drei Orgeln neueren Datums bringen Klang in das Gotteshaus. Die Chororgel wurde nach den klanglichen Prinzipien der Cavaillé-Coll'schen Chor-Orgeln aus dem 19. Jahrhundert konzipiert. Die kleinere Schwalbennestorgel von 1985 besticht durch in drei Etagen übereinander angeordnete Manualwerke, die kleinste Orgel steht in der Nikolauskapelle. Empfehlenswert sind die Domkonzerte.

Info: Worms liegt ca. 23 km nördlich von Ludwigshafen. **Info Dom St. Peter zu Worms:** Domplatz 1, 67547 Worms, Tel. (062 41) 59 61 60, www.wormser-dom.de, Öffnungszeiten tägl. Sommer 9–17.45, Winter 10–16.45 Uhr.

RHEINLAND-
PFALZ
LUXEM-
BOURG
FRANKREICH
SAARLAND
Saarburg
Irsch
Zerf
Mandern
Serrig
Saar
Bous
Palzem
Nennig
Borg
Orscholz
Perl
Saarschleife
Mettlach
Merzig
Saar
Beckingen
Dillingen
Rehlingen-
Siersburg
Saar-
wellingen
Saarlouis
Wadgassen
Überherrn
Völklingen
Groß-
rosseln
Riegelsberg
Quierschied
St. Ingbert
Saarbrücken
Klein-
blittersdorf
Saar
Weiskirchen
Bierfeld
Wadern
Losheim
a. See
Nunkirchen
Schmelz
Eppelborn
Illingen
Nonnweiler
Otzenhausen
Nohfelden
Freisen
Ober-
kirchen
Namborn
Oberthal
Tholey
Marpingen
St. Wendel
Ottweiler
Schiffweiler
Neunkirchen
Homburg
Spiesen-
Elversberg
Kirkel
Blieskastel
Mandel-
bachtal
Gersheim
Blies
Züsch
Birkenfeld
Baumholder
Berschweiler
b. Baumholder
Kusel
Konken
Schönenberg-
Kübelberg
Waldhalben
Zweibrücken
Hornbach
Breiden-
bach
Sierck-les-Bains
ettange-
Grande
Kerling-
les-Sierck
Halstroff
Inglange
Monneren
Datstein
Hombourg-
Budange
Bouzonville
Boulay-
Moselle
Creutzwald
Charleville-
sous-Bois
Boucheporn
L'Hôpital
Freyming-
Merlebach
Farébersviller
St.-Avold
Stiring-
Wendel
Sarreguemines
0
10 km

Wandergebiet im Saarland: das Sankt Wendeler Land am Saarland-Rundwanderweg.

Die Saarschleife ist eine der schönsten Flusslandschaften Deutschlands.

SAARLAND

Bei den alten Römern zu Hause

Römische Villa Borg

Borg, Saarland

Es war einmal ein Trümmerfeld im heutigen Saarland, als Steinbruch genutzt und im Großen und Ganzen unauffällig. Aber um 1900 fiel dem ortsansässigen Lehrer Johann Schneider dann doch etwas auf: Die Weitläufigkeit des Areals sowie die Anordnung der einzelnen Steinhügel weckten seine Neugier. Er ging der Sache im wahrsten Sinne des Wortes auf den Grund und stellte nach ersten Grabungen fest, dass es sich um Überreste einer *villa rustica* handeln musste – eines großen römischen Landhauses mit zahlreichen Nebengebäuden. Doch es gingen noch etliche Jahrzehnte ins Land, bis die zuständigen Behörden beschlossen, aus den antiken Fundstücken vor ihrer Haustür etwas zu machen – und zwar etwas ganz Besonderes.

1994 wurde damit begonnen, das römische Landgut auf den inzwischen freigelegten Fundamenten so authentisch und historisch korrekt wie möglich zu rekonstruieren. Was daraus entstand, ist einmalig in seiner Art: ein komplettes Anwesen aus dem 2. oder 3. Jahrhundert, eingerichtet mit zeittypischer Innenausstattung und eingebettet in prächtige Gärten. Antike Lebensart und Wohnkultur lassen sich nun im Archäologiepark der Römischen Villa Borg hautnah erleben. Etwa im Empfangssaal mit seiner Kassettendecke, den Pilastern und Wandmalereien. Oder im ebenfalls reich ausgeschmückten Badetrakt, der wie seine originalen Vorbilder aus mehreren Räumen für Heiß-, Lau- und Kaltwasserbäder besteht.

Oder wie wäre es mit einem Kochkurs in einer römischen Küche? Die frischen Zutaten stammten sicherlich zumindest zum Teil aus den ebenfalls zu besichtigenden Kräuter-, Obst- und Gemüsegärten der Anlage. Zur Villa gehört auch eine Taverne, in der Küchenchef Christian Heinsdorf und sein Team nach den römischen Rezepten des Apicius kochen.

Rekonstruiertes Portalgebäude der Römischen Villa Borg.

Ein besonderes Highlight sind die alljährlichen Römertage im August. Neben einem römischen Markt finden dann auch Reitvorführungen und Gladiatorenkämpfe statt.

Info: Perl-Borg liegt ca. 60 km nordwestlich von Saarbrücken. **Info Römische Villa Borg:** Im Meeswald 1, 66706 Perl-Borg, Tel. (068 65) 911 70, www.villa-borg.de, Öffnungszeiten Feb./März, Nov. Di–So 11–16, April–Okt. Di–So 10–18 Uhr, Eintritt € 6, Kinder € 2.

Auf Schusters Rappen zu den Kelten

Ringwall von Otzenhausen

Nonnweiler-Otzenhausen, Saarland

Vor Rom war Trier: So lautet die lateinische Inschrift an einem der schönsten Häuser am Trierer Hauptmarkt. Ob diese kühne Behauptung wahr ist, bleibe dahingestellt, aber zumindest für die Moselregion hat sie eine gewisse Gültigkeit: Vor den Römern siedelten hier nämlich die keltischen Treverer, von denen sich der Name der Stadt Trier herleitet. Von den Treverern gibt es heute kaum noch Zeugnisse, allerdings haben sich die Reste von fünf Siedlungen dieser keltischen Volksgruppe erhalten. Eine davon lag im heutigen Saarland, rund 30 Kilometer südöstlich von Trier. Von ihr zeugt die noch existierende Befestigungsanlage, der sogenannte Ringwall von Otzenhausen, als ein beeindruckendes bauliches Relikt aus vorrömischer Zeit.

Der Ringwall von Otzenhausen.

Der rund zweieinhalb Kilometer lange Rundwall in einem Waldgebiet unweit der Hunsrück-Höhenstraße bildete die äußere Grenze einer etwa 18 Hektar großen Ansiedlung und diente zu ihrem Schutz.

Errichtet wurde der Wall wohl um 500 v. Chr. aus Steinen und einem Holzgerüst. Noch heute erreicht er stellenweise eine Höhe von bis zu zehn Metern bei einer Basisbreite von rund 40 Metern. Ursprünglich wird die Anlage aber deutlich höher und am Boden etwas schmaler gewesen sein. Bei der wohl im 1. Jahrhundert n. Chr. aufgegebenen Siedlung handelte es sich wahrscheinlich um einen Fürstensitz, denn ganz in der Nähe wurden mehrere keltische Fürstengräber gefunden.

Heute lässt sich der Ringwall von Otzenhausen auf drei thematischen Wanderwegen erleben: einem archäologischen Infoweg, einem Kinder-Erlebnispfad und einem von keltischer Kunst inspirierten Skulpturenweg. Ein umfassender Archäologiepark zeigt die Lebenswelt der Kelten in der Mosel-Hunsrück-Region. Neben einem Museum können zehn nach archäologischem Vorbild rekonstruierte Gebäude besichtigt werden, dazu gehören Wohn- und Speicherräume sowie eine Schmiede, eine Töpferwerkstatt und eine Weberei.

Info: Nonnweiler-Otzenhausen liegt ca. 50 km nördlich von Saarbrücken. **Info Ringwall von Otzenhausen:** Gemeinde Nonnweiler, Trierer Str. 5, Tel. (068 73) 660 19, www.keltenring-otzenhausen.de.

Fürstlich schlemmen im Schloss

Victor's Fine Dining

Perl-Nennig, Saarland

Lauschiger geht es kaum: Im Dreiländereck zwischen Deutschland, Frankreich und Luxemburg liegt Schloss Berg – ganz in Weiß inmitten von Weinbergen und umgeben von einem reizenden Garten. Nach Kriegsende beinahe völlig zerstört, wurde der Renaissancebau in den 1950er Jahren wieder aufgebaut. Zu diesem Schloss, das heute als Hotel genutzt wird, gehört ein Restaurant allererster Güte: Jedes Jahr aufs Neue erhält es Auszeichnungen, darunter die begehrten drei Michelin-Sterne – die beste Beurteilung, die der gleichnamige Hotel- und Gaststättenführer zu vergeben hat. Auch andere Gourmetführer, etwa der Schlemmer-Atlas oder der Gault-Millau, sind regelmäßig begeistert. Es zählt damit zu den 13 besten Restaurants im gesamten deutschsprachigen Raum.

Zu verdanken hat Victor's Fine Dining, ehemals Victor's Gourmet-Restaurant diesen kulinarischen Ruhm seinem Küchenchef Christian Bau, der hier seit 1998 seine »Baukunst« zelebriert. Sein Konzept ist das einer zeitgemäßen, leichten und weltoffenen Küche mit immer neuen Kreationen, darunter so exquisite Köstlichkeiten wie Artischocken aus der Provence mit Walnuss, rosa Grapefruit und Wintertrüffel oder Zander an asiatischem Gemüse und geschäumtem Dashi.

Die Weinkarte umfasst 750 Positionen. Sommelière Nina Mann hat nicht nur ein untrügliches Gefühl für die hervorragenden lokalen Produkte, ihre Zusatzqualifikation als Sake Sommelier ist die ideale Ergänzung zu Christian Baus Flirt mit der japanischen Küche. Weiß ist die Grundfarbe des Speiseraums, der Tische und Stühle sowie des edlen Porzellans, auf dem die Gerichte mit großer Kunstfertigkeit arrangiert werden.

Für das Essen aus besonderem Anlass steht der Private Dining Room in der ehemaligen Schlosskapelle zur Verfügung – stilecht mit Gewölbe und Rundbogenfenster. Wer nach dem Genuss der vorzüglichen Speisen und Weine nicht mehr den Weg nach Hause antreten möchte, kann in den Hotelzimmern in den oberen Stockwerken nächtigen.

Wenn Essen zum Event wird: »Steine im Rhabarberfeld«, serviert in Victor's Fine Dining by Christian Bau in Perl-Nennig/Mosel.

Info: Perl-Nennig liegt ca. 70 km nordwestlich von Saarbrücken. **Info Victor's Fine Dinng:** Schloss Berg, Schlossstr. 27–29, 66706 Perl-Nennig, Tel. (068 66) 791 18, www.victors-fine-dining.de, Öffnungszeiten Mi–So ab 19, So auch 12–15.30 Uhr. Reservierung empfohlen, Preise auf Anfrage. **Info Victor's Residenz-Hotel Schloss Berg:** www.victors.de.

Die Kunst, zu genießen

Altstadt und St. Johanner Markt

Saarbrücken, Saarland

Die Landeshauptstadt Saarbrücken, nur einen Steinwurf von Frankreich entfernt, bietet das ganz spezielle saarländische Flair: die Kunst, in der französischsten Stadt Deutschlands die schönen Seiten des Lebens zu genießen. Das überschaubare Metropölchen im Saartal mit rund 180000 Einwohnern hat zahlreiche Sehenswürdigkeiten zu bieten. Das Neue Rathaus wurde 1897 bis 1900 im neugotischen Stil gebaut. Im Mittelpunkt steht der 54 Meter hohe Turm, von dem aus mehrmals täglich ein Glockenspiel ertönt. Die original erhaltene Frontseite ist geschmückt mit Sandsteinfiguren, die die alten Handwerksstände darstellen: Man findet einen Bergmann, einen Hüttenarbeiter, einen Bauern, einen Bierbrauer, einen Kaufmann und einen Gerber. Die Figur des St. Georg mit dem Drachen steht vermutlich als Symbol für den Kampf gegen das Böse.

Die Alte Brücke, die Kaiser Karl V. im Jahr 1546 errichten ließ, gehört zu den ältesten Bauwerken der Stadt und verbindet die Stadtteile Alt-Saarbrücken und St. Johann. Von den ursprünglich 13 Bögen sind noch sieben erhalten. Während des Zweiten Weltkriegs zerstört, wurde die Brücke wieder instand gesetzt und in den frühen 1960er Jahren beim Bau der Stadtautobahn verkürzt. Direkt neben der Brücke befindet sich die Anlegestelle der Saarbrücker Fahrgastschiffe, die in den Sommermonaten Rundfahrten auf der Saar anbieten.

Ludwigskirche in Saarbrücken.

Die ehemaligen Handwerker- und Arbeiterhäuser der Fröschengasse waren teilweise an die Stadtmauer angebaut. Seit 1978 ist die Gasse vorwiegend im barocken Stil wiederhergestellt worden. Restaurants mit idyllischen Innenhöfen laden zum Verweilen ein.

Die Ludwigskirche gilt als eine der stilreinsten und schönsten evangelischen Barockkirchen Deutschlands. Zusammen mit dem Ludwigsplatz, den umliegenden Palais und Beamtenhäusern bildet sie ein einzigartiges Barockensemble, das 1775 fertiggestellt wurde. Nach völliger Zerstörung im Zweiten Weltkrieg wurden Kirche und Palais originalgetreu wiederaufgebaut.

Der St. Johanner Markt mit seinen Boutiquen, Kneipen, Bistros und Restaurants ist das Herzstück des Saarbrücker Lebens. Hier trifft man sich oder bummelt durch die malerischen Gässchen rund um den Marktplatz. Seit 1978 ist der Altstadtbereich Fußgängerzone. Vom barocken Brunnen gibt es eine Sichtachse zum Schloss.

Das Chinesenviertel, wie das Gebiet um den Nauwieser Platz gern genannt wird, ist fraglos das bunteste Viertel Saarbrückens. Naturkostläden, Klamotten- und Secondhandgeschäfte, Kneipen, Bäckereien und Gemüseläden aus aller Welt sind hier zu finden.

Info Saarbrücken: Tourist Information, Rathausplatz 1, 66111 Saarbrücken, Tel. (0681) 95909200, https://tourismus.saarbruecken.de.

Virtuos komponierte Geschmackssymphonien

Gästehaus Klaus Erfort

Saarbrücken, Saarland

»Es gibt kostbare Momente im Leben, die man mit anderen Menschen teilen möchte«, sagt Klaus Erfort und bietet hierfür mit seinem Restaurant den passenden Rahmen. Ein Abend im Gästehaus Erfort, als Gesellschaft oder zu zweit, verspricht unvergessliche Momente. »Das Menü, das uns Klaus Erfort präsentiert, schmeichelt unseren Augen und Gaumen. Eine nicht aufhörende Folge an wunderschön angerichteten Tellern kommt auf unseren Tisch. Es ist ein nie enden wollender Genuss«, schreiben die Kritiker des »Schlemmer Atlas«, die den Gourmetkoch auch 2017 zum wiederholten Male zum Spitzenkoch kürten.

Klaus Erfort – Küchenchef und Inhaber des Drei-Sterne-Restaurants Gästehaus Klaus Erfort.

Der vielfach ausgezeichnete Klaus Erfort, mit drei Michelin-Sternen geadelt, fand schon früh zu seiner Bestimmung: Ein Praktikum zu Schulzeiten weckte in dem gebürtigen Saarbrücker den Wunsch, sich zum Koch ausbilden zu lassen. Noch vor seinem 30. Geburtstag heimste er seine ersten Michelin-Sterne ein. Nach Stationen in Baiersbronn und Baden-Baden kehrte er in seine saarländische Heimat zurück, wo er seine Ausnahmeküche seit März 2002 in ungezwungener Atmosphäre und dem Ambiente einer herrschaftlichen Industriellenvilla aus der Anfangszeit des 20. Jahrhunderts leitet.

Der Gründerzeitbau liegt inmitten eines rund 10 000 Quadratmeter großen englischen Parks. Im Sommer speist man hier lauschig unter dem Blätterrascheln hundert Jahre alter Bäume. Im Winter geben hohe Fenster im in elegantem Cremeweiß gehaltenen Innenraum den Blick frei auf die zu jeder Jahreszeit romantische Parklandschaft. Für besondere Anlässe kann das intime Teehaus mit eigener Küche gemietet werden.

Das höchste Glück ist für den Spitzekoch, wenn es den Menschen, die ihm etwas bedeuten, gut geht. Wer sein Gästehaus besucht, fühlt sich in diesen Kreis unvermittelt eingeschlossen – so aufmerksam und zuvorkommend ist der Service, so liebevoll zubereitet die erlesene Menüfolge.

Seine Kreationen zeichnen sich durch interessante Kompositionen akribisch ausgesuchter Produkte und durch ein präzises handwerkliches Können aus. Die Ess-Päpste des Gault-Millau schwärmten von seiner Gänsestopfleber mit Périgordtrüffel, vom Steinbutt mit Ratatouillesauce oder vom in Rotwein gegarten und glasierten Rehkotelett mit Petersilien-Wurzelgemüse und gaben ihm 19,5 von 20 möglichen Punkten, die für »höchste Kreativität und Qualität« stehen.

Eine höhere Bewertung haben in Deutschland nur ganz wenige Köche. Hier zu speisen ist ein wahrer Hochgenuss.

Info: Im Nauwieser Viertel unweit der Altstadt gelegen. **Info Gästehaus Klaus Erfort:** Mainzer Str. 95, 66121 Saarbrücken, Tel. (06 81) 958 26 82, www.gaestehaus-erfort.de, Öffnungszeiten Di–Fr ab 12 und ab 19, Sa ab 19 Uhr. Reservierung empfohlen, Preise auf Anfrage.

Naturschauspiel im Dreiländereck

SAARSCHLEIFE

Saarland

Ein beeindruckendes Naturschauspiel im Herzen des Dreiländerecks Deutschland, Frankreich und Luxemburg: An der traumhaft schönen Saarschleife, einem Wahrzeichen des Saarlands, setzten sich seit Preußenkönig Friedrich Wilhelm IV. bis heute zahlreiche Staatsmänner in Szene. Auf ihrem Weg nach Norden stößt die Saar kurz hinter Merzig auf die westlichen Ausläufer des Hunsrücks, der hier mit dem nördlichen Saargau zusammentrifft. Der Fluss gräbt sich tief in den Berg, um das Hindernis zu bewältigen. Dabei weicht er weit nach Nordwesten aus, um dann nach einer 180-Grad-Wende fast parallel zurückzufließen. Statt der zwei Kilometer Luftlinie zwischen Besseringen und Mettlach bringt die Saar auf diese Weise nahezu zehn Kilometer hinter sich.

Den schönsten Blick auf die Saarschleife hat man von der Cloef bei Orscholz, einem felsigen Aussichtspunkt in etwa 180 Metern Höhe, sowie von dem Baumwipfelpfad oberhalb der Cloef. Aber auch von einem Ausflugsschiff aus und während einer Wanderung oder einer Radtour direkt entlang der Innen- oder Außenschleife lässt sich das Naturwunder erleben.

Auf dem saarumschlungenen, steil abfallenden, bewaldeten Bergrücken befinden sich das Kloster St. Gangolf und die Burgruine Montclair. Wegen ihrer strategisch günstigen Lage wurde die Burg schon von den Kelten genutzt. Später lockten die Zolleinnahmen auf der Saar. Um kaum eine andere Burg der Region ranken sich so viele Sagen und Legenden. Sechs Familien herrschten über das imposante Gebäude, bevor es seine Vormachtstellung verlor und mit dem Bau von Neu-Montclair ein neues Kapitel der Geschichte anbrach.

In der näheren Umgebung finden sich zahlreiche weitere Sehenswürdigkeiten: das historische Kupferbergwerk bei Düppenweiler, die Stadt Wadern – die gleich mit mehreren Schlössern und einer Burgruine aufwarten kann –, zwei gallo-römische Grabhügel aus dem 2. Jahrhundert in Oberlöstern und das Erlebniszentrum von Villeroy & Boch in der ehemaligen Benediktinerabtei Mettlach.

INFO: Zwischen Mettlach, Orscholz und Dreisbach gelegen. **INFO SAARSCHLEIFE:** Saarschleifenland Tourismus GmbH, Torstraße 45, 66663 Merzig, Tel. (068 61) 804 40, www.saarschleifenland.de.

Saarschleife im nördlichen Saarland.

»Schöner Schrott«

Völklinger Hütte

Völklingen, Saarland

Sieht so ein Weltkulturerbe aus? Mächtige Hochöfen, riesige Schlote, ein Labyrinth aus Stahlrohren, Brandmauern und rostigen Kesseln? Der Industriekoloss, in dem über hundert Jahre lang in infernalischem Lärm und beißenden Gasen bis zu 17 000 Arbeiter Feuer, Wasser und Luft bändigten, um aus der Erde Eisen zu gewinnen, diese Kathedrale der Arbeit ist für die UNESCO ebenso ein Meisterwerk der menschlichen Schöpfungskraft wie die Felsentempel von Abu Simbel.

Das 1873 gegründete und Mitte der 1980er Jahre stillgelegte Eisenwerk war lange Zeit eine der modernsten Anlagen ihrer Art und erreichte zu Zeiten des Wirtschaftswunders seinen Produktionshöhepunkt. Als erste Anlage aus der Blütezeit der Hochindustrialisierung erlangte die Völklinger Hütte 1994 den Status eines Weltkulturerbes. Als einzige in Europa ist sie bis heute vollständig erhalten und stellt so ein einmaliges Denkmal der Industriegeschichte dar.

Für die Besucher entpuppt sich die Völklinger Hütte, die nahe Saarbrücken in brachialer Schönheit in den Himmel ragt, als Mischung aus Zeitmaschine, Abenteuerspielplatz und Kunstgalerie. Ein ausgeschilderter Erlebnisweg führt durch das Gelände und auf die über 200 Meter lange und fast 30 Meter hohe Gichtbühne, wo einst Erz, Sinter und Koks in die Hochöfen gefüllt wurden.

Von der 45 Meter hoch liegenden Aussichtsplattform der Winderhitzer bietet sich ein XXL-Blick über das Gelände. In der großen Gebläsehalle finden zwischen dem gewaltigen Schwungrad und historischen Arbeiterspinden Veranstaltungen statt. Das breitgefächerte Spektrum reicht von klassischen Konzerten, Jazzabenden und Pop-Festivals über Lesungen bis zu wechselnden Ausstellungen. So findet hier die UrbanArt Biennale statt, eine bedeutende Werkschau der Kunst des 21. Jahrhunderts.

Hochöfen des Weltkulturerbes Völklinger Hütte.

In der Möllerhalle, einst das Rohstofflager des Eisenwerks, geht man im Science Center auf eine interaktive Reise durch die faszinierende Welt der Elemente und Metalle. Mit verblüffenden Experimenten können große und kleine Besucher Rätseln rund um Feuer, Wasser, Erde, Luft und Eisen auf den Grund gehen: Wie entfesselt man einen Wirbelsturm? Wie funktioniert Magnetismus und wo kommt er in unserem Alltag zum Einsatz? Gibt es flüssigen Sand und kann aus Wasser Feuer werden? Wo früher malocht wurde, gibt es heute eine Menge zu entdecken und erforschen.

Info: Völklingen liegt ca. 10 km westlich von Saarbrücken. **Info Weltkulturerbe Völklinger Hütte:** Rathausstr. 75–79, 66333 Völklingen, Tel. (068 98) 910 01 00, www.voelklinger-huette.org, tägl. Anfang April–Anfang Nov. 10–19, Anfang Nov.–Anfang April 10–18 Uhr, Eintritt € 17, Di ab 16 Uhr frei, bis 18 J. frei.

BRANDENBURG
POLEN
SACHSEN
Erzgebirge
THÜRINGEN
TSCHECHISCHE REPUBLIK
LEIPZIG
DRESDEN
Bad Muskau
Weißwasser
Hoyerswerda
Bautzen
Görlitz
Zittau
Oybin
Rammenau
Nationalpark Elbsandsteingebirge (Sächsische Schweiz)
Königstein
Moritzburg
Meißen
Radebeul
Riesa
Naturpark Dübener Heide
Torgau
Eilenburg
Wurzen
Grimma
Borna
Döbeln
Kriebstein
Rochlitzer Muldetal
Freiberg
Chemnitz
Augustusburg
Seiffen
Annaberg-Buchholz
Schwarzenberg
Oberwiesenthal
Aue
Schneeberg
Auerbach
Lichtenstein
Zwickau
Reichenbach
Göltzschtalbrücke
Plauen
Bad Elster
Bitterfeld
Halle-Neustadt
Halle
Querfurt
Merseburg
Weißenfels
Naumburg
Zeitz
Gera
Greiz
Hof
Karlsbad (Karlovy Vary)
Komotau (Chomutov)
Brüx (Most)
Aussig (Ústí n. L.)
Tetschen (Děčín)
Liberec (Reichenberg)
Mlada Boleslav
Mělnik
Slaný
PRAG (PRAHA)
Elbe
Saale
Weiße Elster
Mulde
Pleiße
Zwickauer Mulde
Freiberger Mulde
Zschopau
Schwarze Elster
Gr. Röder
Spree
Neiße
Nysa
Eger
Iser
Moldau
Mrlina
0 25 km

Räuchermännchen – Handarbeit aus dem Erzgebirge.

SACHSEN

Moor und Mineralwasser

BAD ELSTER

Bad Elster, Sachsen

Ein Schlammbad im Naturmoor oder Schweben im Solebecken: In Bad Elster lassen sich jegliche Alltagssorgen bei entspanntem Wohlfühlprogramm vergessen. Und das in einer Kulisse, die modernen Komfort mit klassischer Bäderarchitektur verbindet. Suchte man doch mitten in einer der traditionsreichsten Bäderregionen Europas, die sich jenseits der nahen tschechischen Grenze bis Karls- und Marienbad erstreckt, schon lange vor dem modernen Wellnessboom Heilung: Bereits 1795 pries Goethe, neben den sächsischen Königen prominentester Gast des Kurortes, die Elsteraner Quelle in seinem Epos »Hermann und Dorothea«. Kurz darauf plantschten die ersten erholungssuchenden Kurgäste in Mineralbädern.

In den 200 Jahren, die seither vergangen sind, hat sich einiges getan: Aus einfachen Holzschuppen erwuchs Mitte des 19. Jahrhunderts das prächtige Albert Bad. Der denkmalgeschützte Bau erinnert an barocke Schlossanlagen, im Innern wird der Besucher von einem Jugenstilbrunnen empfangen. Ergänzt wird das historische Bad durch eine moderne Sauna- und Thermallandschaft. Hinter dem Gebäudeensemble lädt der Waldpark zu Spaziergängen unter Bäumen. Auch in der historischen Grünanlage des Albert Parks kann frische Luft geschnappt werden, hier lohnt außerdem ein Blick in das Kurhaus im Neorenaissancestil.

Auf der anderen Straßenseite wartet ein Skulpturengarten auf kunstinteressierte Besucher. Denn wie es sich für einen Kurort gehört, können die Gäste auf ein unterhaltsames Kulturprogramm zählen. Zwischen Mai und September gastieren Bands, Musicals und Theatergruppen auf der Freiluftbühne im Waldpark. Bad Elsters Festivalkalender kennt dagegen keine Winterpause: Von Frühlingsgefühlen mit Mozart über heißen Jazz im August bis zu den Chursächsischen Winterträumen ist das ganze Jahr über etwas los.

Auch das König-Albert-Theater, die bedeutendste Bühne im sächsischen Vogtland, wird ganzjährig bespielt. Hier kann auch den Klängen der Chursächsischen Philharmonie gelauscht werden. Die »Königliche Badekapelle« blickt auf eine ebenso lange Tradition wie das Heilbad zurück: Kaum war die wohltuende Wirkung der Quelle anerkannt und das Bad eröffnet, kamen die ersten Musiker zusammen. Schon damals wusste man eben, dass nicht nur der Körper, sondern auch der Geist erquickt werden will.

INFO: Bad Elster liegt im Dreiländereck Böhmen, Bayern, Sachsen. **INFO BAD ELSTER:** Tourist Information im Königliches Kurhaus, Badstr. 25, 08645 Bad Elster, Tel. (03 74 37) 539 00, www.badelster.de.

Das Kurhaus in Bad Elster.

Ein Schloss als Gefängnis

Neues Schloss und Fürst-Pückler-Park

Bad Muskau, Sachsen

Seit 2004 gehört das Neue Schloss von Bad Muskau zusammen mit dem über 800 Hektar großen, ab 1815 von Fürst Hermann von Pückler-Muskau (1785–1871) angelegten Landschaftspark zum UNESCO-Welterbe. Eine Art Vorgängerbau stand hier wohl schon um 1200, zu einer größeren Schlossanlage kam es im 16. Jahrhundert. Der rastlose und stets am Rande des finanziellen Abgrundes balancierende Fürst Pückler träumte von einer klassizistischen Umgestaltung des Schlosses, aber das Geld reichte hinten und vorne nicht. Was er sich vorstellte, ist auf einigen Lithografien seiner »Andeutungen über Landschaftsgärtnerei« festgehalten. Das Schloss wird oft im Zusammenhang mit dem liberalen Dichter Heinrich Laube erwähnt. Er war 1837 zu 18 Monaten Haft verurteilt worden, durfte diese Zeit aber dank Fürst Pücklers Eingreifen im Schloss verbringen. Hier konnte er sich völlig frei bewegen, ging jagen und schuf neue Werke.

Schloss des Fürsten Pückler im Park von Bad Muskau.

Nachdem Fürst Pückler Muskau 1845 verkaufen musste, wurde das Schloss unter Prinz Friedrich der Niederlande 1863 bis 1866 im Stil der Neorenaissance umgebaut. Am Ende des Zweiten Weltkriegs ging es in Flammen auf. Jahrzehntelang stand dann eine Ruine im Landschaftspark, doch 1995 begann schließlich die umfangreiche Restaurierung.

Nun ist im Südflügel eine originelle Dauerausstellung über den fantastischen Fürsten zu sehen und der Turm kann bestiegen werden. Die prächtige Blutbuche, die der Fürst 1826 an der Schlossrampe pflanzen ließ, musste hingegen gefällt werden; an derselben Stelle steht nun ein genetisch identischer, aus einem Reis des alten Baumes gezogener Nachfolger.

Der Muskauer Park, dessen größerer Teil sich jenseits der Neiße erstreckt, also in Polen – er ist damit die einzige deutsche Welterbestätte, die nicht nur in Deutschland liegt –, ist im Stil englischer Landschaftsgärten angelegt; in der Tat hat Fürst Pückler hier »die rohen ungeregelten Naturstoffe und Bilder zu einer poetischen Landschaft« vereinigt. Dieses Paradies lässt sich zu Fuß, per Kutsche, Fahrrad oder Boot erkunden.

Info: Bad Muskau liegt ca. 60 km nordwestlich von Görlitz. **Info Bad Muskau:** Bad Muskau-Touristik, Kirchplatz 5, 02953 Bad Muskau, Tel. (03 57 71) 504 92, www.badmuskau.info. **Info Neues Schloss/Park:** Tourismuszentrum Muskauer Park, Neues Schloss, Bad Muskau, Tel. (03 57 71) 631 00, www.muskauer-park.de, Öffnungszeiten tägl. April–Okt. 10–18 Uhr, Park ganzjährig frei zugänglich, Parkführung April–Okt. Sa/So/Fei 14 Uhr, Eintritt Dauerausstellung € 8, ermäßigt € 4, Turm € 4, ermäßigt € 2, Parkführung € 6, ermäßigt € 3.

Das Zentrum der Oberlausitz

BAUTZEN

Bautzen, Sachsen

Der kulturelle Dreh- und Angelpunkt der Oberlausitzer Sorben, einer slawischen Minderheit, überrascht durch sein geschlossenes Altstadtensemble aus 1500 Baudenkmälern mit vor allem heiteren Barockfassaden.

Dass so viel historische Substanz nach Kriegen, elf Pestepidemien, 44 Feuersbrünsten und zuletzt der notorischen Mangelwirtschaft in DDR-Zeiten, als 32 Prozent der Häuser unbewohnbar waren, noch vorhanden ist, ist das touristische Pfund der Stadt auf einem Granitplateau über der Spree.

1002 fand die Siedlung erstmals Erwähnung als Stammeszentrum der slawischen Milzener, nach militärischen Auseinandersetzungen im Zuge der deutschen Ostexpansion von den Markgrafen von Meißen erobert und als Grenzfeste ausgebaut. Kolonisten begannen um 1200 mit der Errichtung einer planmäßigen Anlage, die als mustergültig galt. 1213 erhielt Bautzen das Stadtrecht, gleichzeitig wurde das Domstift St. Petri gegründet. Der heute erhaltene spätgotische Dom (1430–97) dient seit der Reformation als katholisch-evangelische Simultankirche.

Auf einem Felssporn über der Spree thront die Ortenburg mit ihren drei markanten Renaissancegiebeln, aber Bautzens Wahrzeichen ist die Alte Wasserkunst, die 1558 in die um 1400 entstandene Stadtbefestigung eingefügt wurde, nachdem der hölzerne Vorgängerbau abgebrannt war. Zu dem markanten Ensemble gehören auch der Wendische Kirchhof und die Michaeliskirche.

Bautzens Hauptmarkt umsäumen das barocke Rathaus und ebensolche Patrizierhäuser wie Schmuckstücke. Das Gewandhaus ist ein Bau der Neorenaissance aus dem 19. Jahrhundert. Dort beginnt die Innere Lauenstraße, die, flankiert von prächtigen Bürgerhäusern im Stil des sächsischen Hochbarocks, zum Lauenturm führt. Einen weiteren Turm – Bautzen wird »Stadt der Türme« genannt –, den schiefen Reichenturm, der 1492 noch gerade stand, aber inzwischen um 144 Zentimeter von der Senkrechten gewichen ist, weist die Reichenstraße auf. Sie war einst die Prunkallee der Stadt mit den schönsten Fassaden.

Während der DDR-Zeit waren im berüchtigten Stasi-Gefängnis Bautzen II Regimegegner inhaftiert, darunter Walter Kempowski und Erich Loest. Das Gefängnis ist heute eine Gedenk- und Begegnungsstätte.

INFO: Bautzen liegt ca. 60 km östlich von Dresden. **INFO BAUTZEN:** Tourist Information, Hauptmarkt 1, 02625 Bautzen, Tel. (035 91) 420 16, www.bautzen.de. **INFO ALTE WASSERKUNST:** Wendischer Kirchhof 2, 02625 Bautzen, Tel. (035 91) 415 88, www.altewasserkunstbautzen.de, Öffnungszeiten tägl. April–Okt. 10–17, Feb./März und Nov./Dez. 10–16, Jan. nur Sa/So 10–16 Uhr, Eintritt € 3, ermäßigt € 2, bis 14 J € 1.50.

Die Alte Wasserkunst und die Michaeliskirche in Bautzen.

Auf den Spuren der Moderne

CHEMNITZ

Chemnitz, Sachsen

Einst wegen der Luftverunreinigung als »sächsisches Manchester« verschrien, später als Karl-Marx-Stadt Industriezentrum der DDR, zieht man in Chemnitz heute die Bezeichnung »Stadt der Moderne« vor. Zwar bleibt die drittgrößte Stadt Sachsens wichtigster Wirtschaftsstandort der Region, hat dabei aber längst auch ihre kulturellen Trümpfe entdeckt: Ehemalige Fabrikhallen bieten Raum für Kunst und Gastronomie. In der Jugendherberge im alten Umspannwerk am Getreidemarkt können Besucher sogar in einem Denkmal Chemnitzer Industriegeschichte übernachten.

Beim Bummel durch den westlich ans Zentrum anschließenden Kaßberg, eines der größten Jugendstilviertel Europas, ziehen prächtige Gründerzeitvillen den Blick auf sich. Unterhalb des Straßenniveaus gelangt man in ein weit verzweigtes Gewölbesystem, das der oberirdischen Bebauung lange vorausging: Hier wurde bereits im 16. Jahrhundert Bier gelagert. Höhepunkt des Spaziergangs auf den Spuren früher Moderne ist die von Bauhausmitbegründer Henry van de Velde 1903 entworfene Villa Esche. Vom Gartenzaun bis zum Geschirrset erscheint die Anlage bis ins kleinste Detail als harmonisches Gesamtkunstwerk.

Der Rote Turm: Wahrzeichen von Chemnitz.

Richtung Stadtmitte geht es am Falkeplatz in die nächste Phase moderner Architektur: Ende der 1920er Jahre ließ sich hier die Sparkasse nieder. Heute beherbergt das Gebäude im Stil der Neuen Sachlichkeit das Museum Gunzenhauser mit einer bedeutenden Sammlung moderner Kunst. Vor allem der Expressionismus ist mit Werken der »Brücke« und des »Blauen Reiters« vertreten, eine Etage ist Otto Dix gewidmet.

Um den zentralen Markt herum zeigt die Stadt schließlich ihre historischen Wurzeln. Das spätgotische Alte Rathaus wurde nach dem Zweiten Weltkrieg rekonstruiert, die Arbeiten an der Jakobikirche nach der Wende abgeschlossen. Der mittelalterliche Rote Turm gilt als Wahrzeichen von Chemnitz, bekam jedoch in jüngerer Geschichte Konkurrenz vom zeitweiligen Stadtpatron: Seit 1971 wacht der Vater des Sozialismus über die Brückenstraße. Der strenge Blick des gut sieben Meter hohen Bronzekopfes hielt die Einheimischen nicht davon ab, dem Karl-Marx-Denkmal den liebevoll-spöttischen Spitznamen »Nischl« – Schädel – zu verpassen.

Ein paar Schritte weiter schließt der Spaziergang durch die »Stadt der Moderne« mit Zeugnissen frühester Besiedlung der Region: Im ehemaligen Kaufhaus Schocken, auch dieses Gebäude übrigens eine Ikone der Moderne, ist das Archäologische Museum untergebracht.

INFO: Chemnitz liegt im Südwesten von Sachsen. **INFO CHEMNITZ:** Tourist Information, Markt 1, 09111 Chemnitz, Tel. (03 71) 69 06 80, www.chemnitz-tourismus.de.

Das Alte Rathaus von Chemnitz wurde Ende der 1940er Jahre wieder aufgebaut.

291 Millionen Jahre alter Farnsamerwedel in 3D-Erhaltung.

Vom Spaziergang im versteinerten Wald bis zum Pompeji des Perms

MUSEUM FÜR NATURKUNDE

Chemnitz, Sachsen

Hinter der Tür zum ehemaligen Kaufhaus Tietz im Stadtzentrum verbirgt sich eine wahre Wunderwelt. Wo früher Krawatten oder feine Strümpfe über den Ladentisch gingen, geht es heute auf eine Reise durch Makro- und Mikrokosmos. Schon beim Betreten des Atriums ist der Besucher verzaubert: Ein versteinerter Wald »wächst« hier in die Höhe, die längsten Stämme reichen bis in die oberen Stockwerke des einstigen Kaufhauses.

In der ersten Etage des heutigen Kultur- und Bildungszentrums befindet sich das Museum für Naturkunde, das eine beeindruckende Sammlung Stein gewordener Pflanzen vorzuweisen hat. Darunter der größte Schachtelhalm der Welt – 2010 zum Fossil des Jahres gekürt. Grund für seine zellgenaue Überlieferung, wie für die Entstehung eines außergewöhnlich gut konservierten ganzen Ökosystems, war der Ausbruch eines Vulkans im Nordosten von Chemnitz vor 291 Millionen Jahren. In dieser Zeit des Perms war an das Erzgebirge, an Blumen und Blüten oder auch Dinosaurier noch nicht mal zu denken. Stattdessen erreichten Libellen 70 Zentimeter Flügelspannweite, Tausendfüßer wurden zweieinhalb Meter lang. Im Insektarium des Museums lernt man ihre Nachfahren kennen, kann Honigbienen und Blattschneiderameisen bei der Arbeit zusehen, farbenfroh schillernde Schmetterlinge oder giftige Spinnen und Skorpione entdecken.

Die Forschungen des Museums sind vielfältig und verbinden ein Netzwerk von Spezialisten aus dem In- und Ausland. Geologen gewinnen hier Einblicke in das Werden und Vergehen von Lebensräumen und die Szenarien von Umwelt- und Klimawandel. Im Stadtteil Sonnenberg lädt die wissenschaftliche Grabung des Museums ein, den Jahrmillionen auf den Grund zu gehen.

»Versteinerter Wald« im Atrium des TIETZ.

INFO MUSEUM FÜR NATURKUNDE: Moritzstr. 20, 09111 Chemnitz, Tel. (03 71) 488-43 66, www.naturkundemuseum-chemmitz.de, Öffnungszeiten Mo/Di, Do/Fr 9–17, Sa/So/Fei 10–18 Uhr, Eintritt € 4, ermäßigt € 2,50, bis 18 J. frei.

Das sächsische »Elbflorenz«

Dresden

Dresden, Sachsen

»Wenn es zutreffen sollte, daß ich nicht nur weiß, was schlimm und häßlich, sondern auch, was schön ist, so verdanke ich diese Gabe dem Glück, in Dresden aufgewachsen zu sein.« Heinrich von Kleist hatte schon zuvor die »große feierliche Lage« inmitten der grandiosen Elblandschaft gerühmt. Der einmaligen Symbiose von Landschaft, Architektur und Kunst verdankte die Stadt einst ihren Ruf als Kulturmetropole ersten Rangs. Davon war im Februar 1945 nach den katastrophalen Zerstörungen durch die britischen und amerikanischen Bomberverbände nichts mehr übrig. Inzwischen ist die Hauptstadt von Sachsen wieder das geworden, was es einmal war: Elbflorenz.

Dresden-Panorama.

Der Altmarkt bildet das historische Zentrum der Stadt. Neben seiner Handelsfunktion diente der Platz über das Mittelalter hinaus als Schauplatz für Feste, Turniere und den ältesten Weihnachtsmarkt Deutschlands, den Striezelmarkt. Weltstadtflair und Lokalkolorit kommen hier zusammen. Am Altmarkt steht auch die Kreuzkirche, das älteste Gotteshaus der Stadt mit dem weltberühmten Kreuzchor.

Der Neumarkt ein paar Schritte weiter wird von der Frauenkirche beherrscht. Dahinter erhebt sich der Baukomplex der Hochschule für Bildende Künste (1894), in der berühmte Bildhauer, Maler und Künstler ausgebildet wurden, deren Schaffen als Dresdner Schule in die Kunstgeschichte einging. Weitere Superlative der Kunst schließen sich an: Das Albertinum bietet der Galerie Neue Meister und der Skulpturensammlung Platz – und was für einen! Eine Treppe führt am Denkmal des großen Stadtbaumeisters Gottfried Semper vorbei zur Brühlschen Terrasse, dem »Balkon Europas«, von wo sich der Blick auf das rechte Elbufer und das Brückenpanorama eröffnet. Auf der westlichen Seite führt eine Freitreppe zum Schloss- und Theaterplatz, dem Zentrum des höfischen Dresden. Hier stehen jene Bauten, die den Ruhm der Stadt als Elbflorenz begründeten: Zwinger mit Semperbau, Schloss und Hofkirche, Semperoper – wieder ein vollkommenes Bild.

Info: Dresden Information GmbH, Prager Str. 2 B, 01069 Dresden, Tel. (03 51) 50 15 01, www.dresden-tourist.de, www.dresden.de.

Der Gläserne Mensch

DEUTSCHES HYGIENE-MUSEUM

Dresden, Sachsen

Das in Europa einzigartige Museum zum Thema »Abenteuer Mensch« ist ein Muss für Besucher der sächsischen Landeshauptstadt. Der Dresdner »Odol«-Fabrikant Karl August Lingner war 1912 maßgeblich an der Gründung des Museums als »Volksbildungsstätte für Gesundheitspflege« beteiligt. Sein wesentliches Anliegen war es, auch der ärmeren Bevölkerung die neuesten Kenntnisse der persönlichen Hygiene, der Gesundheitsvorsorge und einer gesunden Ernährung zu vermitteln. Der Museumsbau, den Elemente der Bauhausarchitektur kennzeichnen, wurde 1930 nach Entwürfen von Wilhelm Kreis am zentrumsnahen Blüherpark eröffnet.

Die Irritationen beginnen aber beim Namen. »Man denkt zunächst ans Händewaschen«, sagt Direktor Klaus Vogel. Die Sammlungen veranschaulichen jedoch den Menschen als biologisch, psychisch, sozial und kulturell vernetztes Wesen. Es geht um Fragen der Ernährung, Schönheit, Sexualität, des Älterwerdens und um die menschlichen Fähigkeiten. Syphilispusteln und eine vollautomatische Küche von 1971 – es gibt kaum ein Museum, das so viele unterschiedliche Exponate vereint wie dieses.

Immer noch steht das berühmteste Exponat, der »Gläserne Mensch« (1935), im Mittelpunkt – die transparente Darstellung eines Körpers in Lebensgröße samt Skelett, Gefäßen und Nervenbahnen, die auf Knopfdruck aufleuchten. Tausende Schüler haben vor dieser Figur den Körper des eigenen oder anderen Geschlechts kennengelernt.

Interaktive Installationen schaffen eine reizvolle und lehrreiche Sicht. Wer will, kann sich einer Alterssimulation unterziehen: Eine manipulierte Brille vor den Augen, Bürstenschuhe an den Füßen, ein Vibrator am Handgelenk und Plexiglas an den Ohren – die körperlichen Einschränkungen, die das Alter mit sich bringt, sind auch für die Kleinsten schnell nachvollziehbar. Auch im Kinder-Museum »Unsere fünf Sinne« warten zahlreiche Mitmachelemente auf Kinder zwischen vier und zwölf Jahren.

Heute kooperiert das Museum mit wissenschaftlichen Einrichtungen aus aller Welt, ist erfolgreiche Tagungsstätte und beliebtes Besucherzentrum für Schulklassen. Die wechselnden Sonderausstellungen sind Grund genug, das Deutsche Hygiene-Museum in regelmäßigen Abständen zu besuchen.

INFO: In der Altstadt gelegen. **INFO DEUTSCHES HYGIENE-MUSEUM DRESDEN:** Lingnerplatz 1, 01069 Dresden, Tel. (03 51) 484 64 00, www.dhmd.de, Öffnungszeiten Di–So 10–18 Uhr, Eintritt € 9, ermäßigt € 4, bis 16 J. frei, Fr ab 15 Uhr 50 % Rabatt auf alle Preise.

Die Gründung des Deutschen Hygiene-Museums geht auf die Initiative des »Odol«-Fabrikanten Karl August Lingner zurück.

Der Dreiklang von Geschichte, Kunst und Natur

Elbtal

Dresden, Sachsen

Wer das alte Dresden finden will, muss auf dem Flussweg anreisen, denn die Elbauen sind naturbelassen bis ans Dresdner Zentrum heran. Plötzlich fährt das Schiff durch ein Weingebirge, vorbei an Hügeln mit Rebhängen, an Villen vom Typus Dresdner Kaffeemühlen, viergeschossig mit Mansarddach und ohne Hinterhöfe. Angelegt wird vor der Brühlschen Terrasse, die noch im 16. Jahrhundert zur Stadtbefestigung gehörte und die Goethe später »Balkon Europas« nannte.

Man geht von Bord und ist mitten in der Stadt. Man blickt zurück auf das Elbtal, ein grandioses Panorama, das einzige, was an Dresdens historischer Schönheit unversehrt blieb. Ein Dreiklang von Geschichte, Kunst und Natur. Ein Wermutstropfen: die Waldschlösschenbrücke. Die UNESCO hatte das Dresdner Elbtal 2004 mit Bezug auf die Gesamtheit der aufeinander bezogenen Kulturlandschaft in die UNESCO-Welterbeliste aufgenommen. Dann kam die neue Elbbrücke: Sie schwingt sich zweieinhalb Kilometer östlich des Zentrums über den Fluss und verändert die jahrhundertealte, als Elbflorenz bekannte Ansicht beträchtlich.

Nachdem die UNESCO das Dresdner Elbtal 2006 auf die Rote Liste des gefährdeten Welterbes gesetzt hatte, strich sie es deshalb 2009 von der Welterbeliste. Über die Hälfte der Dresdner sind freilich selbstbewusst genug, den Welterbetitel für entbehrlich zu halten – und schön ist das Elbtal ohne Zweifel trotz Brücke immer noch.

Viele Radtouristen schwärmen von der abwechslungsreichen Landschaft des sächsischen Abschnitts des Elberadwegs, der auch an Dresden und den zerklüfteten Felsformationen des Elbsandsteingebirges vorbeiführt.

Info Brühlsche Terrasse: Kasematten mit Festung Xperience, Terrassenufer, 01067 Dresden, Tel. (03 51) 563 91 10 01, www.festung-xperience.de, tägl. 10–18 Uhr, Eintritt € 10, ermäßigt € 7,50, Kombiticket mit Zwinger Xperience € 15, ermäßigt € 12. **Info Elberadweg:** www.elberadweg.de.

Dresden von seiner romantischen Seite: die Brühlsche Terrasse.

Trümmersteine im neuen Glanz

FRAUENKIRCHE

Dresden, Sachsen

Nach Entwürfen von George Bähr 1726 bis 1743 errichtet, war die Frauenkirche einer der wichtigsten protestantischen Kirchenbauten in Deutschland. Nach ihrer Zerstörung im Zweiten Weltkrieg wurde sie ab 1993, zu einem großen Teil finanziert durch Spenden in dreistelliger Millionenhöhe aus dem In- und Ausland, wiederaufgebaut. Im Sommer 2004 kam es zu einem symbolisch bedeutsamen Akt in 80 Metern Höhe: Die kupferne Laternenhaube – 28 Tonnen schwer – mit dem goldenen Kreuz wurde unter großer Anteilnahme der Bevölkerung dem Gotteshaus wieder aufgesetzt. Am 30. Oktober 2005 konnte die vollendete Frauenkirche geweiht werden.

Die wiederaufgebaute Frauenkirche prägt die barocke Silhouette Dresdens.

Der 91 Meter hohe Kirchenbau prägt wieder die barocke Silhouette der Stadt. Ein zivilgesellschaftlicher Kraftakt, gebauter Bürgerwille, der in Europa seinesgleichen sucht. Die Dresdner erhielten damit einen wesentlichen Teil der Identität zurück, die durch die Feuersbrunst vom 13. Februar 1945 verloren gegangen war. Aber der Aufbau wurde auch nach dem Abschluss der Arbeiten an der Kirche fortgesetzt. Aufgeteilt in sechs Quadrate, entsteht rund um die Frauenkirche eine kleinteilig parzellierte Bürgerstadt in einer Mischung aus Rekonstruktion und Nachempfindung in modernen Formen. Eine Stadt, die durch die Schuld des deutschen Faschismus fast ausgelöscht wurde, erhält ihr ursprüngliches Gesicht zurück.

Die Frauenkirche bildet ein Puzzle aus neuen und wiederverwendeten alten Steinen. Einschließlich der Ruinenteile besteht sie zu ca. 45 Prozent aus historischem Steinmaterial. Allein 8425 alte Werksteine wurden beim Wiederaufbau integriert. Vom barocken Altar konnten bei der Enttrümmerung fast 2000 Einzelteile geborgen werden, was seine Rekonstruktion ermöglichte. Die Malereien der Innenkuppel zeigen die vier Evangelisten und die christlichen Tugenden Glaube, Liebe, Hoffnung und Barmherzigkeit. Sie wurden von dem Dresdner Maler Christoph Wetzel ausgeführt. Auf der neuen Orgel können Werke Bachs ebenso authentisch gespielt werden wie orgelsymphonische Werke von César Franck. Eine besondere Attraktion der Frauenkirche ist der Aufstieg zur Kuppel und Aussichtsplattform in 67 Metern Höhe.

INFO: In der Altstadt gelegen. **INFO FRAUENKIRCHE:** Neumarkt, 01067 Dresden, Tel. (0351) 65 60 61 00, www.frauenkirche-dresden.de, Öffnungszeiten Mo–Fr 10–12 und 13–18 Uhr, Sa/So verkürzte Zeiten, Kuppelaufstieg März–Okt. Mo–Sa 10–18, So 12.30–18, Nov.–Feb. Mo–Sa 10–16, So 12.30–16 Uhr, Ticket € 8, ermäßigt € 5.

Schau der Superlative

Gemäldegalerie Alte Meister

Dresden, Sachsen

Was darf es sein? Veduten von Canaletto. Die »Sixtinische Madonna«, ein Hauptwerk von Raffael (1513). Rembrandts »Selbstbildnis mit Saskia« oder »Ganymed in den Fängen des Adlers«. Veronese, Velázquez, Tizian. Italienische Malerei. Französische Malerei. Flämische Gemälde, etwa von Peter Paul Rubens. Holländische Malerei des 17. Jahrhunderts. Oder doch altdeutsche Maler von Dürer bis zu Holbein dem Jüngeren. Was immer, die Gemäldegalerie Alte Meister im Semperbau (1865) des Dresdner Zwingers hat es.

Hier findet sich eine der reichsten Sammlungen von Meisterwerken aus dem 15. bis 18. Jahrhundert, weltberühmt und unersetzlich, deshalb unter besonderem Schutz. Vor allem die umfangreiche Sammlung altitalienischer Malerei ist einzigartig. Die Galerie verfügt auch über die weltweit größte Sammlung an Cranach-Gemälden, von Cranach dem Älteren und dem Jüngeren.

Raffaels »Sixtinische Madonna« (1513/14) in der Gemäldegalerie Alter Meister Dresden.

Begonnen mit der Sammlung hat um 1560 Kurfürst August, seine Kunstkammer war der Grundstock. Aber erst sein Nachfahre August der Starke erweiterte sie Ende des 17. Jahrhunderts systematisch durch Ankäufe. Seine ausgesandten Agenten spionierten die besten Werke aus, verhandelten geschickt und holten die Bilder nach Dresden. Dem kunstbesessenen Kurfürsten verdankt die Stadt ihr Renommee.

Das Besondere der Sammlung ist ihre Geschlossenheit über große Zeiträume hinweg. Im Dresdner Bombeninferno von 1945 verbrannten 154 der kostbaren Bilder. Viele der ausgelagerten Werke wurden in die Sowjetunion gebracht, erst 1955 kehrte ein Teil der Gemälde nach Dresden zurück.

Gezeigt werden sie seit den 1960er Jahren in dem Galeriegebäude von Gottfried Semper, das den Zwinger zur Elbe hin abschließt. Nach umfassender Sanierung wurde die Galerie 1992 neu eröffnet. Die bedeutenden Gemälde werden auf drei Stockwerken präsentiert. Eine Schau der Superlative, die man gesehen haben muss.

Info: In der Altstadt gelegen. **Info Gemäldegalerie Alte Meister:** Schinkelwache, Theaterplatz 1 (gegenüber Residenzschloss), 01067 Dresden, Tel. (03 51) 49 14 20 00, http://gemaeldegalerie.skd.museum, Öffnungszeiten Di–So 10–18 Uhr, Eintritt € 10, ermäßigt € 7,50, bis 16 J. frei.

Prozessionen nur in der Kathedrale

Hofkirche

Dresden, Sachsen

Der Bau dieser Kathedrale (1738–55) gilt als letzte Höchstleistung des italienischen Barock in Europa. Der Prachtbau verschlang seinerzeit die unglaubliche Summe von einer Million Goldtaler – drei Mal so viel wie die nahezu zur gleichen Zeit entstandene Frauenkirche – und hat wegen seines Fassadenschmucks mit Heiligenfiguren Architekturgeschichte geschrieben. Der Kraftakt dieses Baus sollte ein Zeichen dafür setzen, dass auch im protestantischen Sachsen, dem Kernland von Martin Luthers Reformation, der katholische Glauben praktiziert werden kann.

In Wahrheit war August der Starke 1697 zum alten Glauben zurückgekehrt, um König von Polen werden zu können. Auch der Bauherr der Kirche, Augusts Sohn Friedrich August II., trat zum Katholizismus über, als er Maria Josepha, die Tochter Kaiser Josephs I., heiratete. Da wurde eine prunkvolle Hofkirche schon erwartet. Offiziell trägt die Kathedrale durch ein vatikanisches Dekret seit 1980 den Namen Ss. Trinitatis. Seit der Verlegung des Bischofssitzes von Bautzen nach Dresden ist sie Kathedrale des Bistums Dresden-Meißen. Beim Bombenangriff im Februar 1945 brannte sie aus, der Turm blieb aber unversehrt; die Restaurierung dauerte Jahrzehnte.

Der italienische Baumeister Gaetano Chiaveri war schneller beim Ursprungsbau. 1737 kam er mit seinen Leuten nach Dresden, 1751 wurde die Kirche geweiht. Sie fügt sich harmonisch ein ins Ensemble von Hausmannsturm, Schloss und Augustusbrücke. 85,50 Meter hoch ist der Turm, die Fassade schmücken Heiligenfiguren. Gemessen an der Grundfläche von 4800 Quadratmetern ist die Hofkirche der größte Kirchenbau Sachsens. Sie ist 92 Meter lang und 54 Meter breit. Im Mittelschiff des Kirchenraums gibt es eine Besonderheit, einen

Theaterplatz in Dresden mit der Hofkirche.

Prozessionsumgang – Dresdner Katholiken durften im evangelischen Sachsen nur innerhalb der Kirche eine Prozession durchführen. Einst gab es 18 Altäre, der Figurenschmuck an der Kanzel stammt von Balthasar Permoser, die silbernen Leuchter und das über vier Meter hohe Kruzifix aus der Augsburger Gold- und Silberschmiede von Joseph Ignaz Bauer.

Die Orgel war die letzte, die Gottfried Silbermann vor seinem Tod noch errichten konnte. In der Gruft wird das Herz Augusts des Starken in einer Kapsel aufbewahrt, seine Gebeine ruhen in Krakau.

Info: In der Altstadt gelegen. **Info Ehemalige Hofkirche – Kathedrale Ss. Trinitatis:** Schlossstr. 24, 01067 Dresden, Tel. (03 51) 484 47 12, www.bistum-dresden-meissen.de, Öffnungszeiten Mo–Do 9–17, Fr 13–17, Sa 10–17, So 12–16 Uhr, keine Besichtigung während der Gottesdienste, Führung Ende April–Okt. Mo–Do 14, Fr–So 13 Uhr, aktuelle Zeiten am besten vorher telefonisch erfragen.

Schatzkästlein der Schönen Künste

Residenzschloss und Grünes Gewölbe

Dresden, Sachsen

Das Schicksal der früheren Residenz der Wettiner schien nach dem Zweiten Weltkrieg besiegelt. Jahrzehntelang stand an Stelle des prachtvollen Schlosses nur noch eine ausgebrannte Ruine. 1289 bereits urkundlich erwähnt, wurde die Burg unter Moritz von Sachsen zum Renaissanceschloss und unter August dem Starken zur Barockanlage umgestaltet. In DDR-Zeiten stand eine Rekonstruktion nicht auf der Agenda. Erst Ende 1991 begann die grundlegende Sanierung des großen Schlosshofs.

Wer den 110 Meter hohen Hausmannsturm besteigt, gewinnt eine Übersicht der gesamten Schlossanlage. Die Fassade des Langen Gangs in der Auguststraße schmücken 35 Herrscher des Hauses Wettin von 1127 bis 1904. Ihnen folgen Adlige, Heerführer, Gelehrte und Künstler. Das Bild – ursprünglich in Sgraffito-Technik – wurde 1904 bis 1907 auf 25 000 Fliesen aus Meissener Porzellan übertragen – und ist somit das größte Porzellanbild der Welt.

Als erstes Museum zog im April 2004 das Kupferstich-Kabinett ins Residenzschloss ein, im September folgte das Neue Grüne Gewölbe und seit 2006 ist auch das Historische Grüne Gewölbe in seinen ursprünglichen Räumen zu bewundern. Das Grüne Gewölbe gilt als reichhaltigste Schatzkammer Europas und August der Starke als einer der ersten Museologen: Als erster Fürst teilte er seine Sammlungen nach Gattungen auf und öffnete seine Schatzkammer dem Publikum. Der Besucher stellt erstaunt fest: Es gibt fast nichts, was frühere Generationen, die es sich leisten konnten, nicht mit Edelsteinen verzieren ließen. Pro Stunde werden ins Historische Grüne Gewölbe maximal 100 Personen eingelassen.

Mittelpunkt im Neuen Grünen Gewölbe in Dresden: »Der Thron des Großmoguls Aureng-Zeb« (1701–08).

2010 schließlich wurde die Türckische Cammer, Zeugnis sächsischer Bewunderung für das Osmanische Reich, neu eröffnet. Die ebenfalls im Schloss befindliche Kunstbibliothek ist die zentrale wissenschaftliche Bibliothek der Staatlichen Kunstsammlungen Dresden. Das Münzkabinett präsentiert seit 2004 im Hausmannsturm des Schlosses einen Teil seiner Schätze.

Info: In der Altstadt gelegen. **Info Residenzschloss:** Taschenberg 2, 01067 Dresden, Tel. (03 51) 49 14 20 00, www.skd.museum, Öffnungszeiten der Museen im Schloss tägl. außer Di 10–18 Uhr, Eintritt Residenzschloss € 12, ermäßigt € 9, bis 16 J. frei. Öffnungszeiten Historisches Grünes Gewölbe tägl. außer Di 10–18, Fr bis 20 Uhr, Eintritt € 12, bis 16 J. frei, nur mit Zeitticket, Vorverkauf telefonisch, im Besucherzentrum im Schloss oder online. Kombiticket € 21, bis 16 J. frei.

Lustschloss von August dem Starken

Schloss Pillnitz

Dresden, Sachsen

Sie wird nur mit Samthandschuhen angefasst: die japanische Kamelie im Park von Schloss Pillnitz. Ein gläsernes, beheizbares Haus auf Rollen schützt die fast neun Meter hohe Pflanze mit einem Durchmesser von elf Metern vor der Kälte im Winter. Von Februar bis April verzaubert sie den Betrachter mit bis zu 35000 Blüten – alle karminrot, aber ohne Duft.

Als die Kamelie 1801 von einem Gärtnergehilfen an der Stelle gepflanzt wurde, an der sie noch heute steht, zeigte sich der 1780 als englischer Landschaftsgarten angelegte Lustgarten schon von seiner schönsten Seite; verschiedene andere Gärten, Teiche und Pavillons kamen hinzu – z. B. der Chinesische Garten mit seinen zahlreichen tropischen Pflanzen, die noch heute zu bewundern sind.

Luftaufnahme von Schloss Pillnitz.

Die Kamelie – angeblich hat ein schwedischer Botaniker sie im Jahr 1779 von einer Japanreise mit nach Europa gebracht – erhielt von Anfang an ein Schutzhäuschen, das damals zu den Jahreszeiten kompliziert auf- und wieder abgebaut werden musste. Einmal, im Jahr 1905, geriet die Holzkonstruktion in Brand. Weil das Löschwasser bei minus 20 Grad Celsius zu einem Eisberg gefror, überlebte die Pflanze. Noch im gleichen Jahr trieb sie wieder aus.

Schloss und Garten liegen direkt an der Elbe, romantisch eingebettet zwischen Weinbergen. August der Starke überließ 1706 das Anwesen seiner Mätresse, der Gräfin Cosel – und nahm es ihr nach dem Ende der Liaison wieder ab. Er beauftragte 1720 Zwinger-Baumeister Matthias Daniel Pöppelmann mit den Entwürfen für sein herrschaftliches Lustschloss.

Berg- und Wasserpalais wurden nach chinesischem Vorbild spiegelbildlich angelegt. In den folgenden hundert Jahren kamen Flügelbauten und das Neue Palais, das heute das Schlossmuseum Pillnitz beherbergt, hinzu. Zu Beginn der Regierungszeit von Kurfürst Friedrich August III. 1768 wurde aus dem Lustschloss eine Sommerresidenz der sächsischen Monarchen. Das Vergnügen kam weiterhin nicht zu kurz: Regelmäßig fuhr der Hofstaat auf prachtvollen Gondeln die Elbe hinauf bis nach Pillnitz.

Info: Schloss Pillnitz liegt ca. 15 km südöstlich der Dresdner Innenstadt. **Info Schloss Pillnitz:** August-Böckstiegel-Str. 2, 01326 Dresden, Tel. (03 51) 261 32 60, www.schlosspillnitz.de, Öffnungszeiten Schlossmuseum April–Okt. Di–So 10–18 Uhr, Nov.–März Sa/So Rundgänge mit Führung, Park tägl. ab 6 Uhr, Palmenhaus tägl. April–Okt. 9–18, Nov.–März 10–16 Uhr, Kamelienhaus Mitte Feb.–Mitte April tägl. 10–17 Uhr, Eintritt Museum € 8, ermäßigt € 6, bis 16 J. frei, Park April–Okt. 9–18 Uhr € 3, ermäßigt € 2,50, sonst frei.

Opernhaus mit großer Akustik

Semperoper und Semper Opernball

Dresden, Sachsen

Nach 67 Jahren fand 2006 wieder der legendäre Opernball statt. In der Ausstattung und Ausrichtung ist er durchaus dem Wiener Opernball vergleichbar, es fehlt nur noch ein wenig an illustren Gästen. Dresden gewinnt durch diese Veranstaltung noch mehr an Glanz. Ohnehin dominiert die von Baumeister Gottfried Semper 1878 als Hoftheater eröffnete Oper den Theaterplatz. Jeder Touristenbus hält hier, das Ensemble ist ein überaus beliebtes Fotomotiv. Dazu beigetragen hat auch die bekannte Werbung für Radeberger Bier, das Unternehmen ist einer der Hauptsponsoren der Kultureinrichtung. 1945 war die Semperoper völlig ausgebrannt. Was der Betrachter heute sieht, ist die Rekonstruktion von 1985, als DDR-Staatschef Erich Honecker das Vorzeigeprojekt der staatlichen Bauwirtschaft für den Spielbetrieb eröffnete. Gegeben wurde der »Freischütz«. Tatsächlich gelang die Restaurierung des Neorenaissancebaus mustergültig. Das Gebäude mit der perfekt abgerundeten Front ist durch moderne Anbauten auf der Rückseite erweitert worden. Viele hier aufgetretene Künstler sagen, die Akustik sei besser als die der Mailänder Scala.

Die Semperoper, das Haus der Sächsischen Staatsoper.

Bereits 1841 hatte Semper ein Hoftheater gebaut, der Eingang war noch zum Zwinger hin ausgerichtet. Von 1843 bis 1848 war Richard Wagner Maestro, mit der Staatskapelle brachte er seine Opern »Rienzi«, »Der Fliegende Holländer« und »Tannhäuser« zur Uraufführung. 1869 sprang das offene Feuer während einer Aufführung auf Kulissen und Saal über, das Haus brannte ab. Sempers zweiter Bau wurde ein Jahr vor seinem Tod 1879 fertig, sein Sohn Manfred hatte ihn geleitet, weil der Baumeister wegen seiner Sympathie für die 1848er-Revolutionäre am Hof in Ungnade gefallen war. Richard Strauss trumpfte auf mit Premieren seiner Opern »Salome« und »Elektra«, zu Beginn des 20. Jahrhunderts besaß die Semperoper Weltruf, aus Berlin kamen Zuschauer mit Sonderzügen. Die innere Anlage von Bühnenhaus, Zuschauerraum, Wandelgängen und Foyers wurde europaweit kopiert. Heute finden 1300 Zuschauer Platz, die Innenräume sind festlich gestaltet. Kein deutsches Opernhaus ist so gut ausgelastet. Die Schäden, die die Elbe-Jahrhundertflut im August 2002 anrichtete, sind längst behoben; an einer Marke neben der Rezeption im Bühneneingang des Funktionsgebäudes kann man aber noch ablesen, wie hoch das Wasser stand.

Info: In der Altstadt gelegen. **Info Sächsische Staatsoper Dresden:** Theaterplatz 2, 01067 Dresden, Tel. (03 51) 491 17 05 (Karten), www.semperoper.de, Führungen über: Semperoper erleben. Avantgarde Sales & Marketing Support GmbH, Tel. (03 51) 32 07 36-0, www.semperoper-erleben.de.

Barockes Lustschloss

ZWINGER

Dresden, Sachsen

Jenseits des Tors der Sempergalerie, in der sich die Gemäldegalerie Alte Meister befindet, liegt mit dem Kronentor, seinen Pavillons, dem Nymphenbad, den vielen Steinmetzarbeiten wie Putten, Bögen, Säulen eines der originellsten Meisterwerke des europäischen Barock, der Zwinger. Der Bau der Anlage war für den sächsischen Kurfürsten August den Starken Chefsache, der Architekt Matthäus Daniel Pöppelmann und der Bildhauer Balthasar Permoser waren ihm für jede Anweisung Rechenschaft schuldig. Geplant war der Bau einer Orangerie für die Züchtung seltener südländischer Gewächse. Baubeginn war 1709. Anlässlich der Hochzeit des Kurprinzen Friedrich August mit der habsburgischen Kaisertochter, Erzherzogin Maria Josepha, fand 1719 die feierliche Einweihung statt. Ein lebendiges Bild dieser Zeit zeigt seit 2020 die multimediale Zeitreise Zwinger Xperience (€ 3) im Innenhof.

Die Bezeichnung Zwinger wurde wegen der unmittelbaren Lage an der Stadtbefestigung gewählt. Nach den Bombardierungen im Zweiten Weltkrieg war der Zwinger total zerstört und wurde bis 1963 originalgetreu wiederaufgebaut.

Der große Festplatz in der Mitte ist von Galerien und Pavillons gesäumt. Rechts geht es zum Wallpavillon (gebaut 1716–19), von dem aus eine Treppe zum »versteckten« Nymphenbad (Baubeginn 1711) führt. Über die Bogengalerie gelangt man zum Mathematisch-Physikalischen Salon (Einrichtung 1746) mit Deckenmalereien von Louis de Silvestre und Heinrich Christian Fehling, in dem eine einzigartige Sammlung von Uhren, Globen und Messgeräten präsentiert wird.

Das Kronentor in der Mitte der Langgalerie war der frühere Haupteingang zum Zwinger. Zur Stadtseite hin präsentiert sich der Zwinger mit Bogengalerien und dem Glockenspielpavillon.

Seit April 1995 kann der Besucher wieder das berühmte, zweitgrößte Glockenspiel Deutschlands vernehmen. 16 der 40 Glocken aus edelstem Meissener Porzellan mussten neu gefertigt werden.

INFO: In der Altstadt gelegen. **INFO ZWINGER:** Theaterplatz 1, 01067 Dresden, Tel. (03 51) 49 14 20 00, www.der-dresdner-zwinger.de, Innenhof, Außengalerien und Gartenanlage tägl. 6–22.30 Uhr frei zugänglich.

Die Gartenanlage des Dresdner Zwingers entstand nach französischem Vorbild.

Felsgebilde mit Aussicht

Die Bastei

Elbsandsteingebirge, Sachsen

Gewaltige Gesteinsgruppen, Tafelberge, Einsturzhöhlen, Kamine, Spalten, schroffe Wände, Schluchten und romantische Täler zeichnen das Elbsandsteingebirge, diese faszinierende Bergregion im Grenzgebiet zur Tschechischen Republik, aus. Die Bastei ist die berühmteste, am weitesten die Elbe überragende Felsformation der Sächsischen Schweiz. Von der Aussichtsplattform, 200 Meter über dem Elbwasserspiegel, bietet sich ein einmaliges Panorama mit Blick auf den Lilienstein, den Königstein und den Pfaffenstein bis in die Böhmische Schweiz und das Erzgebirge. Durch die Bastei führt eine 76,50 Meter lange Brücke. Sie wurde 1851 erbaut und überspannt mit sieben Bögen eine 40 Meter tiefe Schlucht. Die Basteibrücke stellt die Verbindung zwischen der Bastei und den Ruinen der mittelalterlichen Felsenburg Neurathen her.

Unterhalb von Bastei und Felsenburg befindet sich die Felsenbühne Rathen, eine Naturbühne aus dem Jahr 1936. Von Mai bis September finden hier Vorstellungen der Landesbühnen Sachsen statt. Allerdings wird die Bühne bis 2022 restauriert und deshalb nicht bespielt.

Der Besuch der Bastei lässt sich ideal mit einem Tagesausflug durch die Sächsische Schweiz verbinden. Die Wander- und Radwege des Elbsandsteingebirges sind hervorragend ausgeschildert. Eine empfehlenswerte Wanderung führt von Wehlen über die Bastei nach Rathen. Der Malerweg dagegen, mehrmals als »Schönster Wanderweg Deutschlands« ausgezeichnet, ist über 112 Kilometer lang und inspirierte schon Caspar David Friedrich, Carl Gustav Carus und Ludwig Richter. Den berühmten Landschaftsmaler Friedrich animierte die Bastei zu seinem Bild »Felsenpartie im Elbsandsteingebirge«, das heute im Kunsthistorischen Museum Wien zu sehen ist.

Info: Die Bastei liegt ca. 33 km südöstlich von Dresden. Der Parkplatz befindet sich in Lohmen. **Info Bastei:** www.saechsische-schweiz.de, www.landesbuehnen-sachsen.de, Parkplatzgebühren € 3, Eintritt frei, Felsenburg tägl. 9–18 Uhr, Eintritt € 2 ermäßigt € 1.

Die Basteibrücke im Elbsandsteingebirge.

Mit Aufzug und Straßenbahn zum Kuhstall

Unterwegs im Kirnitzschtal

Elbsandsteingebirge, Sachsen

Für den Besuch der hinteren Sächsischen Schweiz und seiner Hotelanlagen ließ Rudolf Sendig 1904 den Personenaufzug von Bad Schandau auf die Ostrauer Scheibe errichten. Das kleine Kurstädtchen mit schöner Elbpromenade war um eine Attraktion reicher und profitiert davon bis heute. Der Aufzug für zwölf Personen verkehrt in einer genieteten Stahlkonstruktion mit Jugendstilornamenten und überwindet einen Höhenunterschied von 50 Metern. Oben angekommen, führt eine Brücke zur Spitze der Felswand. Auf der dortigen Aussichtsplattform bietet sich dem Besucher ein reizvoller Blick über das Elbtal, in Richtung Großer Winterberg und Lilienstein, eines der Wahrzeichen des Nationalparks Sächsische Schweiz.

Von dort gelangt man über den Lutherweg, vorbei an einem Luchsgehege, zum Kurpark von Bad Schandau, von wo die Kirnitzschtalbahn seit 1898 durch das Kirnitzschtal zum Lichtenhainer Wasserfall abfährt. Sie setzt bis heute ausschließlich zweiachsige Fahrzeuge historischer Bauart ein. Die acht Kilometer lange Wegstrecke der Tram führt durch eine bizarre Welt aus Sandsteinfelsen. Von allen Stationen gelangt man auf bestens ausgeschilderten Wanderwegen zu fabelhaften Aussichten, wie den zerklüfteten Schrammsteinen, den Affensteinen oder dem Kuhstall, einem bizarren Felsentor.

Der Weg vom Lichtenhainer Wasserfall zum Kuhstall führt über einen ansteigenden Waldweg. Über Stufen zwischen zwei Felsen, die sogenannte Himmelsleiter, gelangt man schließlich auf das Plateau des Neuen Wildenstein. Von dort belohnt eine wunderbare Aussicht auf die Hintere Sächsische Schweiz den Aufstieg. Auch die Hinterhermsdorfer Schleusen sind als Wanderziel beliebt. Hier laden besonders viele Gaststätten zum Verweilen ein.

Die Kirnitzschtalbahn auf ihrer Strecke vom Lichtenhainer Wasserfall in den Stadtpark von Bad Schandau.

Auf demselben Weg geht es wieder zurück nach Bad Schandau. Übrigens: Auf der eingleisigen Streckenführung der Kirnitzschtalbahn gibt es keine Signalanlagen, sondern Signalstäbe. Jeder der drei Streckenabschnitte besitzt einen Signalstab, und es darf immer nur derjenige fahren, der gerade den zum Teilabschnitt gehörigen Signalstab besitzt.

Info: Bad Schandau liegt 47 km südöstlich von Dresden. **Info Personenaufzug:** An der B 172 im Zentrum von Bad Schandau, Mai–Sept. 9–20, Nov.–März 9–17, April, Okt. 9–18 Uhr, Einzelfahrt € 1,80. **Info Kirnitzschtalbahn:** Abfahrt Kurpark Bad Schandau, www.ovps.de, Einzelfahrt € 5, ermäßigt € 2,50.

In lapide regis – Auf dem Stein des Königs

Festung Königstein

Elbsandsteingebirge, Sachsen

Im Mittelalter war sie unbezwingbar, die Festung Königstein. Kein Feind überwand jemals ihre trutzigen 40 Meter hohen Mauern auf einer Bergkuppe. Heute erstürmen jedes Jahr Zigtausend Besucher die Wehranlage mit ihrer grandiosen Aussicht auf die Felsenlandschaft der Sächsischen Schweiz – bequem mit dem Aufzug. »Auf dem Stein des Königs« unterschrieb der böhmische König Wenzel I. im Jahr 1241 die Oberlausitzer Grenzurkunde. Nach einer kurzen Episode als Kloster begann 1763 der Ausbau zur Landesfestung der Wettiner. Der 240 Meter hohe Königstein bot den sächsischen Herrschern samt ihrem Staatsschatz in kriegerischen Zeiten einen sicheren Schutz.

Lange Zeit war die Festung auch ein berüchtigtes Gefängnis, dem der Volksmund im 19. Jahrhundert die Bezeichnung Sächsische Bastille verliehen hatte. Im Arrestverzeichnis sind zwischen 1591 und 1922 die Namen von fast 1000 Staatsgefangenen aufgelistet. Berühmte Insassen waren Friedrich Böttger, Erfinder des europäischen Porzellans, und der Sozialpolitiker August Bebel. Als Gäste kamen Zar Peter I., Friedrich Wilhelm I. und Napoleon auf die Wehranlage. 1955 wurde die Festung militärisches Freilichtmuseum.

Fantastischer Ausblick auf das Elbtal: Festung Königstein.

Für die Erkundung des 9,5 Hektar großen Areals braucht man zwei Stunden. Außerdem führt ein zwei Kilometer langer Spazierweg rund um die Festungsmauern. Verschiedene Gaststätten bieten deftige Kost an. Zum Jahresende findet an den Adventswochenenden ein stimmungsvoller Weihnachtsmarkt statt.

Die Ausstellungen innerhalb der Festung präsentieren »800 Jahre Leben auf der Festung Königstein«. Die Wohnung des Kommandanten kann genauso besichtigt werden wie die unterirdischen Gefängniszellen. Zu den wichtigsten Sehenswürdigkeiten gehören zudem eine hölzerne Zugbrücke und ein 152 Meter tiefer Brunnen. Freiberger und Marienberger Bergleute haben ihn 1563 in den Fels gegraben, um die Wasserversorgung sicherzustellen. Heute fördert eine Hebeanlage aus dem Jahr 1912 im Rahmen von Vorführungen Wasser aus dem Brunnen.

Info: Königstein liegt ca. 40 km südöstlich von Dresden. **Info Festung Königstein:** 01824 Königstein, Tel. (03 50 21) 646 07, www.festung-koenigstein.de, Öffnungszeiten tägl. April–Okt. 9–18, Nov.–März 9–17 Uhr, Eintritt € 12, ermäßigt € 9, Nov.–März € 10, ermäßigt € 7. Großes Parkhaus 800 m vor der Festung.

Von einer Felsnadel und einer verzauberten Jungfrau

Pfaffenstein

Elbsandsteingebirge, Sachsen

Der Pfaffenstein, ein für die Region typischer Tafelberg, gehört zu den beliebtesten Ausflugszielen in der Sächsischen Schweiz. Er liegt links der Elbe bei Königstein und ist rund 435 Meter hoch. Der Berg hat eine aufgesprungene, spröde Struktur und ist von zahlreichen Höhlen durchzogen. Auf dem Pfaffenstein konnten Spuren stein- und bronzezeitlicher Besiedlung nachgewiesen werden.

Wegen seiner schwierigen Zugänglichkeit diente er den Bauern des Umlands häufig als Zufluchtsort in Krisen- und Kriegszeiten. Präzise Überlieferungen sind aus der Zeit des sächsisch-schwedischen Kriegs von 1706 und der Befreiungskriege 1812/13 bekannt. Die große Höhle des Berges, der Kleine Kuhstall, diente dabei als Unterkunft. 1878/79 legte C. G. Jäckel als Erster einen Weg auf den Gipfel an.

Der Aufstieg auf den Berg ist heute noch mit körperlicher Anstrengung verbunden. Vom Parkplatz am Pfaffenstein führt ein gerader Weg bis zum Fuß des Felsens. Über den Nadelöhr genannten steilen und engen Pfad gelangt man bis zum Gipfel. Alternativ gibt es einen längeren, bequemen Aufstieg, der rechts abzweigt.

Als Lohn für die Mühe erwartet alle Besucher ein wunderschönes Bergplateau, von dem aus man an mehreren Stellen einen fantastischen Panoramablick genießt, etwa vom Aussichtsturm der innovativen Berggaststätte mit breit gefächertem Angebot.

Der kleine Abstecher zur berühmten Barbarine, der 43 Meter hohen Felsnadel, ist obligatorisch. Der Sage nach stellt die einzigartige Felsenform eine verzauberte Jungfrau dar, die, statt zur Kirche zu gehen, auf dem Pfaffenstein Beeren sammelte. Voller Zorn ob dieser Unartigkeit wurde sie von der eigenen Mutter verwünscht: Sie solle auf der Stelle zu Stein werden, als Warnung für ungehorsame Kinder. Der Weg zur Barbarine ist vom Gasthof aus gut ausgeschildert: Nach einigen Treppen und einer Felsspalte hat man die Steinerne Jungfrau im Blick.

Die Barbarine (links) – der bekannte freistehende Felsen des Elbsandsteingebirges.

Seit Beginn des 20. Jahrhunderts ist das Pfaffensteinmassiv ein Eldorado für Klettersportler. Mit 32 Kletterfelsen zählt es zu den bedeutendsten Kletterstandorten des Elbsandsteingebirges. Die Barbarine kann allerdings wegen starker Erosionsschäden nicht mehr bestiegen werden.

Info: Pfaffendorf liegt ca. 2 km von Königstein, ca. 40 km von Dresden entfernt. **Info Pfaffenstein:** Parkplatz in Pfaffendorf, www.pfaffenstein.com; Berggaststätte Pfaffenstein Tel. (03 50 21) 594 10, Öffnungszeiten April–Okt. Mi–So 11–17 Uhr, Winter vgl. Website, Preise auf Anfrage.

Alles kommt vom Bergbau her

Annaberg-Buchholz

Erzgebirge, Sachsen

Im 16. Jahrhundert war das Erzgebirge Zentrum des Bergbaus in Mitteleuropa. Entlang der berühmten »Silberstraße« mit historisch bedeutsamen Silberstädten wie Zwickau, Schneeberg, Schwarzenberg, Annaberg, Marienberg und Freiberg ist noch heute der Erzbergbau allgegenwärtig. Annaberg-Buchholz liegt im Herzen des Erzgebirges und erstreckt sich malerisch an den Hängen des 832 Meter hohen Pöhlbergs.

Es gilt als heimliche Hauptstadt des »Arzgebirgs«, deren Geschichte zurückreicht ins Jahr 1491, zum Zeitpunkt des ersten Silberfundes. Georg der Bärtige gab dann 1496 den Befehl zum Bau einer Siedlung mit dem Namen Annaberg, die innerhalb von 50 Jahren nach Freiberg zur zweitgrößten Stadt Sachsens heranwuchs. Zeitgleich begann man unterhalb eine weitere Bergbausiedlung namens St. Katharinenberg im Buchholz anzulegen. Der Zusammenschluss der Orte erfolgte erst 1949.

Weihnachtsmarkt in Annaberg-Buchholz.

Im Jahr 2019 wurde die Montanregion Erzgebirge in die UNESCO-Welterbeliste aufgenommern. Zum Welterbe in Annaberg-Buchholz gehören unter anderem drei Bergbaulandschaften in Buchholz, Frohnau und Geyersdorf, die Annaberger Altstadt mit ihren geschichtsträchtigen Gebäuden, die St. Annenkirche mit dem imposanten Sternengewölbe – die größte spätgotische Hallenkirche Obersachsens –, der Frohnauer Hammer sowie der Markus-Röhling-Stolln.

Bereits Ende des 19. Jahrhunderts mussten die Erzgebirgler auf andere Erwerbszweige ausweichen, denn der Bergbau wurde eingestellt. So entwickelten sich das Schnitzhandwerk, die Holzwaren- und Spielzeugherstellung sowie das Klöppelhandwerk.

Eine der bedeutendsten Persönlichkeiten der Stadt ist der Mathematiker Adam Ries, der als Rechenmeister und Bergbeamter tätig war. Ihm ist im Ort ein Museum gewidmet.

Die große Bergparade, alljährlich im Advent, versteht man in Annaberg-Buchholz als Zeichen besonderer Wertschätzung durch bergmännische Traditionsvereine aus dem gesamten Bundesgebiet.

Info: Annaberg-Buchholz liegt ca. 35 km südlich von Chemnitz. **Info Annaberg-Buchholz:** Buchholzer Str. 2, 09456 Annaberg-Buchholz, Tel. (037 33) 194 33, www.annaberg-buchholz.de, www.erzgebirge.de, www.montanregion-erzgebirge.de.

Schlossmuseum und Biker-Traum

Schloss Augustusburg

Erzgebirge, Sachsen

Der erste Blick geht in die Höhe: Das im 16. Jahrhundert erbaute Jagd- und Lustschloss des sächsischen Kurfürsten August liegt weithin sichtbar auf einer Bergkuppe zwischen Chemnitz und Dresden und wird nicht umsonst die »Krone des Erzgebirges« genannt. Oben angekommen bietet die weitläufige Schlossanlage dem Besucher dann eine erstaunliche Vielfalt an Möglichkeiten: Vom Aussichtsturm schweift der Blick über das herrliche Panorama des Zschopau-Tals zu Füßen des Schlosses. Gleich mehrere Museen sind in den historischen Gebäuden untergebracht, dazu eine Jugendherberge, verschiedene Restaurants und das Schlosstheater. Doch der Reihe nach: Neben dem Schlossmuseum, zu dem der Venussaal mit außergewöhnlichen Wandmalereien aus dem 16. Jahrhundert, das Kutschenmuseum sowie das Jagdtier- und Vogelkundemuseum gehören, können auch der Kerker und die Schlosskirche mit ihrem herrlich geschnitzten Altar besichtigt werden. Das Altarbild und die Kanzel stammen von Lucas Cranach dem Jüngeren.

Schloss Augustusburg, die »Krone des Erzgebirges«.

Unbestrittenes Highlight des Hauses ist jedoch das Motorradmuseum: Mit ihren 175 Motorrädern aus der Zeit von 1885 bis heute ist diese besondere Sammlung ein wahrer Besuchermagnet für Biker und andere Motorsportbegeisterte aus aller Welt. Besonders zu den Anfang eines jeden Jahres stattfindenden Wintertreffen reisen viele Motorradfahrer und interessierte Besucher aus ganz Deutschland und den Nachbarländern an, um beim Biker-Gottesdienst, auf dem Markt und zu Livemusik im Schlosshof das neue Jahr zu begrüßen.

Doch wer glaubt, mit all dem sei mehr als genug geboten, der irrt gewaltig: Zusätzlich finden im Schloss noch diverse Sonderausstellungen und Themenführungen statt, man kann auf einer Zeitreise in die Renaissance in Originalkostümen die verborgenen Schlossräume entdecken und in einem der prächtigen Säle sogar heiraten. Spezielle Aktivitäten für Kinder runden das Angebot ab. In diesem Schloss wird Geschichte auf äußerst anschauliche Art lebendig!

Info: Augustusburg liegt ca. 80 km südwestlich von Dresden. **Info Schloss Augustusburg:** Schloss 1, 09573 Augustusburg, Tel. (03 72 91) 38 00, www.die-sehenswerten-drei.de, Öffnungszeiten tägl. April–Okt. 9.30–18, Nov.–März 10–17 Uhr, Eintritt € 18, ermäßigt € 14 (Kombiticket Museen + Sonderausstellung), Zeitreise 3D – Die total verrückte Renaissance-Challenge April–Okt. jeden 1. Sa im Monat 17 Uhr, nur nach Anmeldung, Eintritt € 12/10.

Glück auf, Glück auf, der Steiger kommt

Freiberg

Erzgebirge, Sachsen

Wer nach Freiberg kommt, kehrt zu den Wurzeln des Bergbaus zurück, denn in diesem hübschen Städtchen im Herzen von Sachsen begann alles. 1168 sollen Fuhrleute, die aus dem Bergrevier des Harzes kamen und in Richtung Prag unterwegs waren, mit ihrem schwer beladenen Wagen tiefe Spuren im Weg gebildet haben. In eben diesen Rillen entdeckten sie dann Silbererz. Der Fund führte schnell zur Gründung einer bergmännischen Siedlung, der späteren Bergstadt Freiberg. Anfang des 13. Jahrhunderts war Freiberg die mit Abstand größte Stadt in der Mark Meißen. Heute zählt sie rund 41 000 Einwohner und ist die siebtgrößte Stadt Sachsens.

1913 wurde die Silbergewinnung aufgrund des Preisverfalls eingestellt; vor dem Zweiten Weltkrieg wiederum aufgenommen, endete die letzte Etappe schließlich 1969. Die Ursprünge und die Entwicklung des Bergbaus vom Mittelalter bis in das 20. Jahrhundert lassen sich in Freiberg hervorragend nachvollziehen. Nicht nur die mittelalterliche Innenstadt mit über 500 Denkmälern, die noch von Teilen der historischen Stadtmauer umsäumt wird, erzählt die Geschichte der Stadt, sondern auch die Ausstellung »terra mineralia« im Schloss Freudenstein mit ihren 3500 Ausstellungsstücken oder das perfekt restaurierte Besucherbergwerk, in dem auch die Studenten der TU Bergakademie ihre fachspezifische Ausbildung erhalten. Heute ist die Bergakademie Freiberg übrigens die älteste noch existierende montanwissenschaftliche Bildungseinrichtung der Welt.

Der Freiberger Untermarkt mit dem Dom St. Marien.

Die meisten Sehenswürdigkeiten Freibergs befinden sich in der Altstadt. Dominiert wird der Untermarkt vom Dom St. Marien, dessen Chor regelrecht in den Untermarkt hineinragt. Seine Goldene Pforte, ein spätromanisches Sandsteinportal aus dem Jahr 1230, ist das erste vollständige deutsche Statuenportal. Im Innern des Doms beindruckt die 1710–14 erbaute Silbermann-Orgel. Direkt neben dem Dom lädt im ehemaligen Domherrenhof das Stadt- und Bergbaumuseum zu einem Besuch ein.

Am Obermarkt thront der Stadtgründer Otto der Reiche als Denkmal auf dem 1897 eingeweihten Löwenbrunnen. Dominiert wird der Platz vom 1410 errichteten Rathaus, das neben einer nach allen vier Seiten zeigenden Turmuhr und der Lorenzokapelle im ersten Geschoss auch ein aus Meissener Porzellan gefertigtes Glockenspiel beherbergt, das täglich das Steigerlied »Glück auf, Glück auf, der Steiger kommt« zum Besten gibt.

Info: Freiberg liegt zwischen Chemnitz und Dresden. **Info Freiberg:** Tourist Information Silberstadt Freiberg, Schloßplatz 6, 09599 Freiberg, Tel. (037 31) 27 36 64, www.freiberg-service.de.

Deutschlands höchstgelegene Stadt

Oberwiesenthal

Erzgebirge, Sachsen

Ein kleiner Ort will hoch hinaus. Oberwiesenthal am Fuße des Fichtelbergs ist nicht nur die höchstgelegene Stadt Deutschlands, sondern setzt auch mit seiner überdimensionalen Pyramide auf dem Weihnachtsmarkt hohe Maßstäbe. In der südlichsten Ecke des Landkreises Annaberg, kurz vor der Grenze zur Tschechischen Republik, liegt der idyllische Kurort Oberwiesenthal. Zu Zeiten der DDR hat er sich als einziges alpines Skigebiet im Osten einen Namen gemacht und ist auch heute noch der beliebteste Wintersportort im Erzgebirge. Dennoch glitzern hier in der Vorweihnachtszeit nicht nur die schneebedeckten Gipfel des Fichtel- und des Keilbergs. Zur Adventszeit nämlich lockt die hell erleuchtete, meterhohe Pyramide mit drei Etagen auf dem Marktplatz zum Besuch eines typisch erzgebirgischen Weihnachtsmarkts. Der Wiesenthaler Advent wird seit 1975 alljährlich traditionell am ersten Adventswochenende mit dem Anschub der Pyramide feierlich eröffnet.

Bereits 1911 fanden am Fuße des Fichtelbergs die Deutschen Skimeisterschaften statt. Die Fichtelbergschanzen, bestehend aus sechs Skisprungschanzen, Abfahrtspisten, Biathlonstrecken, Rodelhänge (auch im Sommer!), der Snowboardpark, die Natureisbahn und die Langlaufarena haben schon packende Wettkämpfe erlebt. Für alle Leistungsklassen gibt es passende Angebote. Profis können sich auf die schwarz markierte Rennstrecke am Schönjungferngrund freuen, die entlang des Sessellifts und der Schwebebahn ins Tal führt.

Die von der Leipziger Firma Adolf Bleichert & Co. 1924 erbaute und somit älteste Seilschwebebahn Deutschlands ist das Wahrzeichen von Oberwiesenthal. Sie überwindet auf einer Länge von 1175 Metern eine Höhe von 303 Meter. Sommer wie Winter – die Bahn bringt täglich Besucher auf den höchsten Berg Sachsens. Dort wird im Fichtelberghaus für das leibliche Wohl gesorgt, und vom Aussichtsturm reicht der Blick bis in die Berge des Böhmischen Mittelgebirges. Der Fichtelberg ist auch Start- und Zielpunkt vieler attraktiver Wandertouren.

Die Pyramide auf dem Markt in Oberwiesenthal.

Die romantische Zugfahrt mit der von einer Dampflok gezogenen Schmalspurbahn zwischen Oberwiesenthal und Cranzahl bietet herrliche Aussichten und gleichzeitig einen Blick in die Eisenbahngeschichte. Die Fichtelbergbahn wurde 1897 in Betrieb genommen.

Info: Oberwiesenthal liegt ca. 60 km südlich von Chemnitz im Fichtelgebirge. **Info Oberwiesenthal:** Tourist Information, Karlsbader Str. 3, 09484 Oberwiesenthal, Tel. (03 73 48) 15 50 50, www.oberwiesenthal.de.

Perle des Erzgebirges

Schwarzenberg

Erzgebirge, Sachsen

Wer will, kann den Aufzug nehmen: 30 Höhenmeter liegen zwischen dem großen Parkplatz für Reisebusse und der denkmalgeschützten Altstadt oben auf dem Hügel. Mit seinem romantischen Ortskern, dem mächtigen Renaissanceschloss und der idyllischen Umgebung gehört das 17000-Einwohner-Städtchen Schwarzenberg zu den hübschesten Orten im Erzgebirge und ist dementsprechend beliebt. Und das ist auch kein Wunder, denn zu sehen gibt es in dem 1282 erstmals urkundlich erwähnten Ort genug: Die barocke Stadtkirche St. Georgen etwa kann mit einer aufwendig geschnitzten Holzdecke aufwarten, die in dieser Art ihresgleichen sucht.

Um erzgebirgische Schnitzkunst, aber auch um Kunsthandwerk aus Eisen, um das Klöppeln von Spitze und um andere regionaltypische Handwerkstraditionen geht es im Museum PERLA CASTRUM auf Schloss Schwarzenberg, im 12. Jahrhundert als Burg errichtet und später zum Jagdschloss umgebaut. Eine weitere Attraktion ist das bei Technik-Freaks so beliebte Eisenbahnmuseum.

Seine heutige Gestalt erhielt Schloss Schwarzenberg im 16. und 19. Jahrhundert.

Im Ortsteil Pöhla liegen die bedeutendsten Zinnkammern Europas mit ihrem hochinteressanten Besucherbergwerk. Bereits im 16. Jahrhundert wurden in der Region Zinn, Eisen und andere Rohstoffe gefördert. Für den Ort Pöhla spielte jedoch die Eisenproduktion im Hammerwerk eine größere Rolle als der Bergbau selbst. Dieser kam erst nach dem Zweiten Weltkrieg dank Uranvorkommen in Schwung.

Mit Schwarzenberg verbindet sich übrigens ein historisches Kuriosum: Als 1945 das in Trümmern liegende Deutsche Reich von den Alliierten besetzt wurde, ließ sich in Schwarzenberg wochenlang niemand blicken. Die Bürger mussten den gesellschaftlichen Neuanfang in die eigenen Hände nehmen. Die besondere, von Visionen und Utopien bestimmte Atmosphäre jener Tage hat den Schriftsteller Stefan Heym zu einem Roman inspiriert, und in Schwarzenberg selbst folgt ein Lehrpfad den Spuren der »Unbesetzten Zeit«.

Ein echtes Highlight für Einheimische und Touristen ist der im Jahr 1534 erstmals erwähnte Schwarzenberger Weihnachtsmarkt mit seiner geradezu märchenhaften Atmosphäre rund um eine über sieben Meter hohe erzgebirgische Weihnachtspyramide. Wer sie schnell erreichen will, nimmt einfach den Aufzug …

Info: Schwarzenberg liegt ca. 100 km südwestlich von Dresden. **Info Schwarzenberg:** Tourist Information, Oberes Tor 5, 08340 Schwarzenberg, Tel. (037 74) 225 40, www.schwarzenberg.de.

Deutschlands Spielzeugwinkel

SEIFFEN

Erzgebirge, Sachsen

Im Mittleren Erzgebirge, im Tal zwischen Schwartenberg und Ahornberg nahe der Grenze zu Tschechien, liegt Seiffen mit seinen reizvollen schiefergedeckten Häusern. Seine Ursprünge gehen zwar auf den Zinnbergbau zurück, jedoch wurde nach dem Dreißigjährigen Krieg zunehmend die Holzverarbeitung zur Quelle des Gelderwerbs der ehemaligen Bergleute. Die erste urkundliche Nennung eines Holzdrechslers, der Teller, Knöpfe und Werkzeuge herstellte, stammt aus dem Jahr 1650.

Ende des 19. Jahrhunderts waren bereits 1500 Einwohner als Drechsler tätig. In Seiffen scheint man auch heute fast nichts anderes zu kennen als handgemachte Spielzeuge. Überall wird auf die alte Tradition hingewiesen, etliche Schauwerkstätten und Verkaufsläden versuchen Kunden anzulocken und neben einem städtischen Spielzeugmuseum – hier wird eindrucksvoll die Entwicklung der Spielzeugherstellung von den bergmännischen Wurzeln über die miniaturisierte Fertigung bis hin zur weltbekannten Handelsware vermittelt – gibt es auch noch das Privatmuseum Spielzeugland Max Hetze Seiffen.

Etwa 100 kleine Handwerksbetriebe in der Stadt widmen sich der Herstellung von Spielzeugen und Weihnachtsdekoration aus Holz. Zwar wurde der Beruf des Holzspielzeugmachers erst 1996 als offizieller Lehrberuf in der Bundesrepublik anerkannt, doch in Seiffen besteht schon seit 1852 eine Holzspielzeugmacher- und Drechslerschule. All dies hat der Stadt und ihrer Umgebung den Beinamen »Spielzeugwinkel« eingebracht. Dabei wird oft vergessen, dass auch Seiffen eine Bergbauvergangenheit hat. Immerhin beruht der Ortsname der 2500 Einwohner zählenden Gemeinde auf der Tradition der Zinngewinnung durch »Ausseifen« der zinnhaltigen Gesteine.

Das Reifendrehen wurde in Seiffen im Erzgebirge entwickelt.

Das dem Spielzeugmuseum angeschlossene Freilichtmuseum präsentiert 14 Gebäudekomplexe im Streusiedlungscharakter des 19. Jahrhunderts. Im historischen Wasserkraftdrehwerk finden täglich Vorführungen des Reifendrehens statt.

Besonders in der Adventszeit entfaltet das Spielzeugdorf seinen besonderen Charme. Die Gebäude sind aber das ganze Jahr liebevoll mit Nussknackern, Räuchermännern, Weihnachtspyramiden, Schwibbögen, verschiedensten Holzfiguren und Lichterglanz geschmückt.

Die zwischen 1776 und 1779 erbaute spätbarocke Bergkirche mit dem Grundriss eines Achtecks ist eines der Wahrzeichen von Seiffen.

INFO: Seiffen liegt ca. 60 südlich von Chemnitz an der tschechischen Grenze. **INFO SEIFFEN:** Tel. (03 73 62) 84 38, www.seiffen.de. **INFO ERZGEBIRGISCHES SPIELZEUGMUSEUM:** Hauptstr. 73, Seiffen, Tel. (03 73 62) 82 39, www.spielzeugmuseum-seiffen.de, Öffnungszeiten tägl. 10–17 Uhr, Eintritt € 7, Kinder € 1,50.

Größte Ziegelbrücke der Welt

Göltzschtalbrücke

Sachsen

Die Göltzschtalbrücke, das Wahrzeichen des Vogtlandes, überspannt das Tal der Göltzsch zwischen den Orten Mylau und Netzschkau. Sie ruht auf 26 Meter tiefen Fundamenten und besteht aus mehr als 26 Millionen

Die Göltzschtalbrücke im sächsischen Vogtland.

Ziegeln. Die Höhe beträgt sagenhafte 78,25 Meter. Die Sächsisch-Bayerische Eisenbahn ließ die Bogenbrücke von 1846 bis 1851 für die Eisenbahnlinie Leipzig–Nürnberg erbauen. Im Vorfeld wurden verschiedene Entwürfe von mehr als 80 Technikern diskutiert, u. a. auch eine Konstruktion, die gleichzeitig als kostengünstige Haftanstalt dienen sollte.

Letztlich entwickelte Prof. Johann Andreas Schubert eine Lösung, die den statischen und dynamischen Anforderungen gerecht wurde. Der Viadukt besteht aus 29 Bögen und hat eine Gesamtlänge von 574 Metern. Man spricht von über 23 000 Bäumen, die der Gerüstbau erforderte. Mehr als 1700 Arbeiter waren gleichzeitig auf der Baustelle im Einsatz und es gab rund 30 tödliche Unfälle.

Nach ihrer Fertigstellung war die Göltzschtalbrücke die höchste Eisenbahnbrücke der Welt; die weltweit größte Ziegelbrücke ist sie noch heute. Als ein wichtiger Teil der Sachsen-Franken-Magistrale erlaubt sie Neigetechnik-Zügen, die kurvenreiche Strecke mit bis zu 160 km/h zu befahren. Ursprünglich war es möglich, die Brücke auf halber Höhe zu überqueren, doch der beängstigende Anstieg von Suiziden führte zur Sperrung des Übergangs und zur verstärkten Überwachung durch die Bundespolizei. Von beschilderten Wegen entlang der Brücke kann man deren beeindruckende Ausmaße auf sich wirken lassen.

Nach einem Besuch der Brücke empfiehlt sich ein Abstecher zum nahegelegenen Schloss Netzschkau und zur Burg Mylau. Das Netzschkauer Wohnschloss ist ein spätgotischer Bau aus der Zeit um 1490. Die Mylauer Burg von 1180, eine Wehranlage auf einem Felssporn, weist einen guten Bauzustand auf, allerdings können nur die Außenanlagen besichtigt werden. **Info:** Die Göltzschtalbrücke liegt ca. 25 km südwestlich von Zwickau im nordöstlichen Vogtland. **Info Nördliches Vogtland e. V.:** Tel. (037 65) 611 99 26, www.goeltzschtalbruecke.de.

Europastadt mit Vergangenheit und Zukunft

GÖRLITZ

Görlitz, Sachsen

Diese Stadt bestimmt die mitteleuropäische Zeit, denn nahe der Stadthalle verläuft der 15. Meridian östlicher Länge. Hier geht in Deutschland zuerst die Sonne auf. Sie bescheint ein Zentrum der niederschlesischen Oberlausitz, das mit rund 4000 geschützten Baudenkmälern Weltkulturerbe ist. Görlitz ist, zusammen mit Zgorzelec, der polnischen Hälfte auf der anderen Neißeseite, selbsterklärte »Europastadt«. De facto war sie das aber schon seit ihrer Gründung 1071, liegt sie doch an einer der bedeutendsten europäischen Handelsstraßen, der Via Regia.

Görlitz wurde im Zweiten Weltkrieg kaum zerstört und weist historische Ensembles sämtlicher Baustile auf – von Spätgotik über Renaissance, Barock, Klassizismus, Historismus, Gründerzeit bis zum Jugendstil. Der Obermarkt mit dem Reichenbacher Turm und dem stuckverzierten Napoleonhaus ist eine Barockzierde.

Die Dreifaltigkeitskirche zeigt sich außen gotisch, im Innern barock und mit herausragenden Kunstwerken des Spätmittelalters. Das Gebäudeensemble am Ausgang des östlichen Obermarkts glänzt mit einer Mischung aus Renaissance und Barock in harmonischer Geschlossenheit.

Noch eindrucksvoller präsentiert sich der Untermarkt mit Hallenhäusern, die bis auf die Spätgotik zurückgehen, darunter das Rathaus, dessen älteste Teile aus dem 14. Jahrhundert stammen. Die berühmte Rathaustreppe mit der Justitia-Säule, vor der Recht gesprochen wurde, entstand 1591. Auch die Kirchen verkörpern Bauentwicklungsepochen, von der spätromanischen Nikolaikirche über die größte spätgotische Hallenkirche Sachsens, die Peterskirche, bis zur Neogotik. Das Heilige Grab von 1504 in der Nikolaivorstadt ist eine kunsthistorisch bedeutsame Kopie des Heiligen Grabes in Jerusalem.

Auf Görlitz' Straßen und Plätzen wird man oft Filmteams sehen, denn die Kulissen der Stadt sind bestens geeignet für Historienfilme. So wurde etwa der preisgekrönte Film »Grand Budapest Hotel« zu einem Großteil im Jugendstil-Warenhaus Görlitz nahe der Frauenkirche gedreht. Görlitz ist eine Schichttorte aus mehr als 1000 Jahren, aber so schön wie heute war die Stadt noch nie. Deshalb gehört sie zu den wenigen Städten in Deutschland mit einem Plus beim Bevölkerungszuzug.

INFO: Görlitz liegt ca. 110 km östlich von Dresden an der Grenze zu Polen. **INFO GÖRLITZ:** Görlitz-Information, Obermarkt 32, 02826 Görlitz, Tel. (035 81) 47 57 0, www.goerlitz.de.

Peterskirche und Waidhaus am Ufer der Lausitzer Neiße in Görlitz.

Perle des Muldentals

GRIMMA

Grimma, Sachsen

An einem lieblichen Flusstal der Mulde in idyllischer Umgebung thront ein Juwel historischer Baukunst. Die Altstadt von Grimma im Stil der Renaissance strahlt, nach den Hochwasserkatastrophen der letzten Jahre sorgfältig restauriert, schöner denn je. Als eine der Residenzen der sächsischen Kurfürsten bietet das Städtchen mit 64 durch Eingemeindungen bedingten Ortsteilen auch ein hübsches Schloss aus dem 15. Jahrhundert. Seit 1218 das Stadtrecht verliehen wurde, hat Grimma auf regionaler Ebene als Marktzentrum Bedeutung, was an den stattlichen Häusern zu sehen ist. Auch als Klosterstandort hatte Grimma seit Mitte des 13. Jahrhunderts eine wichtige Stellung.

Davon zeugt noch die gotische Klosterkirche, die heute für Konzerte und Veranstaltungen genutzt wird. Schlossähnlich mutet das benachbarte Gymasium an, das bereits 1550 als Fürstenschule erstmals Pennäler aufnahm. Die Schule galt als Elite- und Kaderschmiede für den sächsischen Pastoren- und Beamtennachwuchs, auch der bekannte Pastor und Kirchenlieddichter Paul Gerhardt (1607–76) büffelte hier. Der heutige Schulbau wurde 1887–91 im Stil der Neorenaissance erbaut. Ein weiteres markantes Gebäude ist die Frauenkirche im Stil der Gotik. Sie wurde um 1230 errichtet und nach dem Stadtbrand 1430 neu ausgebaut. Der teilweise vergoldete gotische Flügelaltar stammt aus dieser Zeit.

Die sanierte Pöppelmannbrücke in Grimma.

Im Rahmen einer Stadtführung kann man das hübsche Renaissancerathaus mit Freitreppe und Gewölben erkunden oder – spannend! – Grimmas Unterwelt. In der Wurzener Straße fasziniert nämlich ein Tiefkellerlabyrinth, das sich auf einem 1,5 Kilometer langen Fußmarsch erkunden lässt.

Die Historie Grimmas von der Ur- und Frühgeschichte bis in die Neuzeit wird im Kreismuseum, das sich in der ehemaligen Mädchenschule befindet, anschaulich anhand von Biografien und Alltagsgegenständen dokumentiert.

Als Druckerei- und Verlegerstadt hat Grimma auch einige wichtige Autoren beherbergt, etwa Gottfried Seume (1763–1810), in dessen Haus sich eine kleine Ausstellung befindet. Auch der Reformator Martin Luther war öfter in Grimma zu Gast. Durch seine Predigten in der Klosterkirche beeinflusst, schlossen sich die Bürger frühzeitig der Reformation an. Dank der Hilfe eines Ratsherren gelang der späteren Frau Luthers Katharina von Bora 1523 die Flucht aus dem Kloster Nimbschen in Grimma.

INFO: Grimma liegt ca. 25 km südöstlich von Leipzig. **INFO GRIMMA:** Tourist Information, Markt 23, 04668 Grimma, Tel. (034 37) 985 82 85, www.grimma.de. **INFO KREISMUSEUM GRIMMA:** Paul-Gerhard-Str. 43, Grimma, Tel. (03437) 91 11 32, www.museum-grimma.de, Di–Fr, So 10–17 Uhr, Eintritt € 2, ermäßigt € 1.

Sachsens märchenhaftester Wohnsitz

BURG KRIEBSTEIN

Kriebstein, Sachsen

Sachsens schönste Ritterburg, die mittelalterliche Burg Kriebstein, liegt im Zentrum des Städtedreiecks Dresden-Chemnitz-Leipzig nahe der Stadt Waldheim. Die 600 Jahre alte Bergspornburg erhebt sich auf steilem Felsen über dem Fluss Zschopau. Ende des 15. Jahrhunderts führte Arnold von Westfalen (Erbauer der Albrechtsburg zu Meißen) die Umbauten durch, die noch heute die Gestalt der Burganlage prägen. Der monumentale Wohnturm erzielt auf der höchsten Felsenklippe eine Höhe von 45 Metern.

Spätmittelalterliche Erkertürmchen, der Dachreiter und die unverwechselbare Dachausformung geben der spätgotischen Burg ihr verträumtes Aussehen. Rings um den Wohnturm sind das Torhaus, die Ringmauer mit dem Wirtschaftsflügel, der Küchenbau und der Kapellenflügel angeordnet. An den Kapellenflügel schließen sich die gotische Halle mit einem Kreuzrippengewölbe und das Schloss an.

Der Wirtschaftsflügel beherbergt den heute für Veranstaltungen genutzten Festsaal. Das Museum ermöglicht die Besichtigung des monumentalen Wohnturmes, der tiefen Keller, der historisch erhaltenen Dachgeschoss-Etagen, der Burgkapelle mit wertvollen Malereien aus dem frühen 15. Jahrhundert, der möblierten Räume der Familie von Arnim, Besitzer bis 1945, sowie des Burgbrunnens.

1944 ließ der Stauffenberg-Vertraute Heinrich Graf von Lehndorff-Steinort einen Teil seines Familienschatzes vom ostpreußischen Schloss Steinort nach Kriebstein bringen, um ihn vor russischen Truppen zu schützen. Lehndorff wurde noch im selben Jahr wegen Hochverrats gehängt, der Familienschatz galt lange als verschollen und wurde erst 1986 im Wohnturm von Kriebstein entdeckt.

Die Turmhügelburg Kriebstein.

Burg Kriebstein ist seit 1993 Eigentum des Freistaates und eine attraktive Station des Lutherweges in Sachsen. Unmittelbar in Burgnähe befindet sich die Kriebstein-Talsperre, 1929 nach nur zwei Jahren Bauzeit fertiggestellt. Die 34 Meter hohe Staumauer steht unterhalb der Einmündung des Erlebachs in die Zschopau.

In der Stadt Waldheim unterhalb der Talsperre sind das Rathaus und der Wettinbrunnen, beide im Jugendstil, sehenswerte Ziele.

INFO: Kriebstein liegt ca. 40 km nördlich von Chemnitz. **INFO BURG KRIEBSTEIN:** Kriebsteiner Str. 7, 09648 Kriebstein, Tel. (03 43 27) 952 20, www.burg-kriebstein.eu, Öffnungszeiten Feb.–März Di–So 10–16, April–Okt Di–Fr 10–17, Sa/So 10–18, Nov. Sa/So 10–16 Uhr, Eintritt € 6, Kinder (6–16 J.) € 1. **INFO TALSPERRE:** Besucherzentrum, Talsperre 1, Kriebstein, www.kriebsteintalsperre.de.

»Mein Leipzig lob' ich mir!
Es ist ein klein Paris und bildet seine Leute.« (Goethe)

Leipzig

Leipzig, Sachsen

Sie haben Leipzig seit Langem nicht besucht? Dann werden Sie staunen. Die City zeigt sich nahezu vollständig rekonstruiert. Die im Krieg zerstörte und über Jahrzehnte vernachlässigte Bausubstanz strahlt in alter Schönheit. Viele hässliche Bauten der 1970er Jahre sind verschwunden. Baulücken wurden mit großer Behutsamkeit geschlossen. Man kann ins Schwärmen geraten. Die Stadt hat sich wieder zur attraktiven, gastfreundlichen Metropole mit reichhaltigen Angeboten aus Kunst und Kultur, Wirtschaft und Bildung entwickelt.

Das Leipzig von heute macht einen jungen und lebendigen Eindruck wie nur wenige andere deutsche Städte. Kaum ein Tag vergeht ohne interessante Veranstaltungen, Events und Aktionen. Und dann ist da noch diese ganz eigene Kneipenkultur …

Die Leipziger sind stolz auf ihre berühmten Persönlichkeiten, auf Bach, Goethe, Leibniz, Lessing, Wagner, Schumann und Klinger, auf Lotter, Schreber, Goerdeler, Tübke und Masur. Besonders stolz macht sie aber ihre jüngste Geschichte. So haben sich hier ein Selbstbewusstsein und eine Offenherzigkeit entwickelt, die der Stadt eine sympathische Ausstrahlung verleihen.

Altes Rathaus in Leipzig, ein Renaissancebau von Hieronymus Lotter.

Leipzig wird geprägt von alter Industriearchitektur, den ersten deutschen Messehäusern und vollständig erhaltenen Wohnvierteln der Gründerzeit.

Die fußgängerfreundliche City ist dicht bebaut. Kurze Wege durch attraktive Passagen und unter schönen Arkaden verbinden die Einkaufstempel, Boutiquen, Lokale und Hotels und verführen geradezu zum Shopping. Man zählt über 350 Geschäfte und 250 gastronomische Einrichtungen im Stadtzentrum. Nachdem der Leipziger Hauptbahnhof aufgrund seiner gelungenen Synthese von Bahnstation, Baudenkmal und Einkaufspromenade selbst zum Reiseziel geworden ist, hat Leipzig inzwischen auch eine U-Bahn.

Kaum zu glauben, Leipzig ist am Wasser gebaut. Die Stadt wird von einem Geflecht kleiner Flüsse und Kanäle durchzogen, die nach aufwendiger Sanierung zu ausgedehnten Bootsfahrten einladen. Und im Leipziger Süden entstand in ehemaligen Tagebauen eine Seenlandschaft, Neuseenland genannt, die an die Mecklenburger Seenplatte erinnert. Leipzig ist mit großen Schritten unterwegs, seinem alten Ruf als Klein-Paris wieder gerecht zu werden.

Info Leipzig: Tourist Information, Katharinenstr. 8, 04109 Leipzig, Tel. (03 41) 71 04-260, www.leipzig.de, www.leipzig.travel.

Galerie mit Grandezza und weinseliges Gewölbe

Auerbachs Keller und die Mädler-Passage

Leipzig, Sachsen

Die für Leipzig charakteristischen Hof- und Durchgangsbauten erinnern an den Wohlstand des Bürgertums und die Blütezeit der Mustermessen. Heute präsentieren sich historische Passagen und Innenhöfe in neuem Glanz. Und mit neuen Durchgängen wird geschickt Bezug auf die Tradition genommen. Die prächtige Mädler-Passage steht hier stellvertretend für alle attraktiven Fußgängerbereiche der Innenstadt.

Berühmt durch Literatur: Auerbachs Keller, der schon in Goethes »Faust« vorkommt.

Die Passage wurde vom Kommerzienrat und Kofferfabrikanten Anton Mädler in Auftrag gegeben und 1912 bis 1914 auf dem Gelände des ehemaligen Auerbachs Hof zwischen Grimmaischer Straße und Neumarkt gebaut. Der Gebäudekomplex verfügte damals über 8000 Quadratmeter Ausstellungsfläche auf vier Geschossen, sechs Treppenhäuser und vier moderne Aufzüge.

Das Glasdach, eine kassettenförmige Stahlbetonrippenkonstruktion mit Glasbausteinen und die Zwölf-Meter-Rotunde stellen die eigentliche Attraktion der Mädler-Passage dar: eine ingenieurtechnische Glanzleistung.

Das System von Einzelpassagen, die alle zu einer Rotunde führen, hat sein Vorbild in der Mailänder Galleria Vittorio Emanuele. Die Gesamtlänge des Durchgangs beträgt 140 Meter bei einer Breite von fünf bis sieben Metern. Den Eingang Grimmaische Straße schmücken lebensgroße weibliche Plastiken mit Weintrauben und einer Vase. Sie verweisen auf die Ausstellung und den Handel mit Porzellan und das traditionelle Weinlokal Auerbachs Keller.

Berühmt wurde Auerbachs Keller natürlich vor allem durch Goethes »Faust«. Der Dichter ließ Szenen seines Dramas in seinem Stammlokal aus der Leipziger Studentenzeit spielen. »Uns ist ganz kannibalisch wohl, als wie fünfhundert Säuen!«, singen die Beschwipsten nach den diversen Weinproben, die Mephisto ihnen verpasst hat. Und wer kennt nicht den »Fassritt des Dr. Faust aus Auerbachs Keller«?

Heinrich Stromer von Auerbach hat das Weinlokal 1525 im Keller seines Gasthauses eröffnet. Nach der Epoche als HO-Gaststätte in der DDR und den Immobilienspekulationen der Nachwendephase wird Auerbachs Keller seit 1995 wieder seinem Ruf als eines der berühmtesten Restaurants der Welt gerecht. Im Keller der historischen Gewölbe wird bodenständige sächsische Küche gepflegt.

Info: Am Marktplatz gelegen. **Info Mädler-Passage:** Grimmaische Str. 2–4, 04109 Leipzig, www.maedlerpassage.de. **Info Auerbachs Keller Leipzig:** Tel. (03 41) 216 10-0, www.auerbachs-keller-leipzig.de, Öffnungszeiten tägl. ab 12 Uhr, Reservierung empfohlen, Preise auf Anfrage.

Mekka der Musik

Bachfest in Leipzig

Leipzig, Sachsen

Jedes Jahr im Juni wird die Kulturstadt Leipzig zu einem Mekka der Musik, wenn Gäste aus der ganzen Welt zum Bachfest anreisen und sich internationale Stars die Klinke in die Hand geben. Zahlreiche Veranstaltungen bringen dann die Stadt zum Klingen und machen deutlich, dass der weltbekannte Komponist keineswegs zum alten Eisen gehört. Wer, wenn nicht Johann Sebastian Bach, ist Lehrmeister und Impulsgeber von der Klassik bis zur Moderne? Das stellen die Organisatoren – die Stadt und das Bach-Archiv – jedes Jahr aufs Neue unter Beweis.

Das zehntägige Musikfestival steht immer unter einem anderen Motto. Ein Highlight sind die Konzerte der Thomaner in der Thomaskirche. Neben Stars kommen auch junge Preisträger hochkarätiger Wettbewerbe musikalisch zu Wort. Besonderheiten sind Uraufführungen. Den Abschluss bildet stets Bachs h-Moll-Messe.

Authentische Wirkungsstätten Bachs wie Gewandhaus, Altes Rathaus und Mendelssohn-Haus werden als Auftrittsorte einbezogen. Hinzu kommen Konzerte am Marktplatz und im Bahnhof. Dabei werden Bewährtes und Neues miteinander verknüpft.

Beinahe die Hälfte seines Lebens hat Johann Sebastian Bach in Leipzig verbracht. In 27 Jahren schuf er mehrere Jahrgänge geistlicher Kantaten, die Johannes- und Matthäuspassion, die Kunst der Fuge, die h-Moll-Messe und nicht zuletzt das Weihnachtsoratorium. Als Kantor leitete Bach den berühmten Thomanerchor. Die Mitarbeiter des Bach-Archivs widmen sich neben der Organisation des Bachfests vor allem der Forschung, dem Bach-Museum und dem internationalen Wettbewerb für die besten Interpreten Bachscher Musik.

Info: Bach-Archiv Leipzig, Thomaskirchhof 15/16, 04109 Leipzig, Tel (03 41) 91 37-0, www.bach-leipzig.de. **Reisezeit:** Im Juni.

»BACHmosphäre« am Eröffnungswochenende des Festivals auf dem Leipziger Markt.

Die berühmte Thomaskirche, in der Bach jahrelang Kantor war.

Deutsches Buch- und Schriftmuseum der Deutschen Nationalbibliothek Leipzig.

Stumme Zeugen

Deutsche Nationalbibliothek und Graphisches Viertel

Leipzig, Sachsen

Als erstes sieht man die Magazintürme, die an Getreidesilos erinnern. In ihrem Schatten liegt der geschwungene Hauptbau der Deutschen Nationalbibliothek, ein architektonisches Glanzwerk aus dem Jahr 1916. Den prächtigen Eingang mit Freitreppe und Säulen schmücken die Köpfe von Bismarck, Goethe und Gutenberg. Statuen repräsentieren die Bereiche Technik, Justiz, Philosophie und Medizin.

»Inhalt-Hülle-Umschlag«: der vierte Erweiterungsbau der Deutschen Nationalbibliothek in Leipzig.

Das am 2. September 1916 eingeweihte Gebäude der Deutschen Bücherei überdauerte mehrere politische Systeme. Nicht veröffentlicht, aber erstellt wurden immer auch Listen von Büchern, die den jeweiligen Regierungen nicht genehm waren: Bücher von Emigranten aus der Zeit des Nationalsozialismus oder unliebsame Autoren des DDR-Regimes landeten vorübergehend im Giftschrank unter Verschluss. Die Nationalbibliothek ist die zentrale Archivbibliothek für alle Medienwerke auf Deutsch und hat heute zwei Standorte: Frankfurt am Main und Leipzig, wo sich seit 2010 auch das Deutsche Musikarchiv befindet und 2011 ein Erweiterungsbau eröffnet wurde. In diesem hat das Deutsche Buch- und Schriftmuseum seine neue Wirkungsstätte gefunden.

Bei einem Spaziergang durch das Graphische Viertel sieht man noch stumme Zeugen der Buchstadt, etwa die Brockhaus-Büste im Brockhaus-Zentrum an der Querstraße. Ein paar Schritte weiter fällt der Blick auf das Reclam-Carree, ein stattliches Druckereigebäude aus dem Jahr 1905 mit Goethe- und Schillermedaillon.

Der Aufstieg des Graphischen Viertels zum größten Verlagsstandort Deutschlands hatte im 19. Jahrhundert begonnen. Vor dem Krieg verzeichnete das Adressbuch noch über 400 Verlage und mehr als 200 Druckereien rund um die Dresdner Straße. Nach 1945 zogen die Eigentümer von Verlagen wie Insel, Reclam oder Brockhaus jedoch gen Westen, die zurückgebliebenen Häuser wurden teilweise verstaatlicht, publizierten aber, wenn auch unter staatlicher Kontrolle, weiter. Gleichgültig in welche Richtung man geht: Überall künden prachtvolle Fassaden vom einstigen Wohlstand. Große Namen erinnern an frühere Zeiten: In dem klassizistischen Wohnhaus in der Inselstraße 18 komponierte Robert Schumann die Frühlingssymphonie. Von dort ist es nicht weit zum Haus des Buches, wo sich heute wieder Buchfreunde begegnen.

Info: Östlich der Innenstadt gelegen. **Info Deutsche Nationalbibliothek:** Deutscher Platz 1, 04103 Leipzig, Tel. (03 41) 22 71-453, www.dnb.de, Führungen mit Anmeldung. **Info Deutsches Buch- und Schriftmuseum:** Tel. (03 41) 22 71-324, Öffnungszeiten Di–So 10–18, Do bis 20 Uhr. **Info Haus des Buches:** Gerichtsweg 28, Leipzig, Tel. (03 41) 30 85 10 86, www.haus-des-buches-leipzig.de, viele Veranstaltungen.

»Wahre Freude ist eine ernste Sache«

Gewandhaus zu Leipzig und das Gewandhausorchester

Leipzig, Sachsen

Leipziger Kaufleute, 16 an der Zahl, gründeten 1743 eine Konzertgesellschaft, die im Gasthaus am Leipziger Brühl »Zu den drey Schwanen« ihre Spielstätte fand. Im Jahr 1781 erfolgte der Umzug in das Gewandhaus, das Messehaus der Tuchhändler. Der nationale und internationale Erfolg des Orchesters führte 1881 zur Eröffnung des klassizistischen Konzerthauses an der heutigen Beethovenstraße.

Im Februar 1944 wurde der Gewandhausbau durch einen Bombenangriff schwer beschädigt. Es fehlten die Mittel für einen Wiederaufbau, die Ruine wurde 1968 abgetragen. 1944 und 1945 spielte das Orchester im Kino Capitol, danach diente über viele Jahre die Kongresshalle des Leipziger Zoos als Interimslösung, bis 1981 das Gewandhaus am Augustusplatz fertiggestellt werden konnte. Heute finden im hervorragend ausgestatteten Haus in zwei Konzertsälen jährlich über 600 Veranstaltungen mit dem weltberühmten Gewandhausorchester, dem Gewandhauschor, verschiedenen Gewandhausensembles, Organisten und Gastmusikern statt.

Das Gewandhaus auf dem Augustusplatz von Leipzig.

Das älteste bürgerliche deutsche Konzertorchester wurde von namhaften Musikern wie Brahms, Mozart, Liszt, Weber, Schubert und Mahler dirigiert. Felix Mendelssohn-Bartholdy begründete den Ruhm des Klangkörpers, hervorragende Dirigenten wie Arthur Nikisch, Wilhelm Furtwängler, Franz Konwitschny, Kurt Masur, Herbert Blomstedt und Riccardo Chailly folgten ihm. Heute führt Andris Nelsons den Dirigentenstab als 21. Gewandhauskapellmeister. Wichtig ist ihm die Erweiterung des Repertoires um neue und bislang in den »Großen Concerten« selten gespielte Werke.

Der große Saal des neuen Konzerthauses mit seiner hochgelobten Akustik verfügt über 1920 Plätze. Der Mendelssohn-Saal mit 500 Plätzen wird hauptsächlich für Kammermusik genutzt. Im Hauptfoyer beeindruckt die größte zeitgenössische Deckenmalerei Europas: Sieghard Gilles »Gesang vom Leben« ist knapp 32 Meter hoch und nimmt eine Fläche von 714 Quadratmetern ein.

An der majestätischen Schuke-Orgel ist der Leitspruch des Gewandhausorchesters angebracht: RES SEVERA VERUM GAUDIUM – Wahre Freude ist eine ernste Sache. Pro Jahr besuchen etwa eine halbe Million Konzertfreunde die bedeutende Spielstätte in Leipzig.

Info: In der Innenstadt gelegen. **Info Gewandhaus:** Augustusplatz 8, 04109 Leipzig, Tel. (03 41) 12 70-280 (Tickets), www.gewandhausorchester.de. Preise auf Anfrage.

Drei auf einen Streich

GRASSIMUSEUM

Leipzig, Sachsen

Die Architekten Carl Wilhelm Zweck und Hans Voigt entwarfen das 1925 bis 1929 mit Stiftungsmitteln des Kaufmanns Grassi entstandene, durch mehrere Innenhöfe gegliederte Museum auf dem Gelände des alten Johannisfriedhofs. Das hatte den Vorteil, dass drei Leipziger Museen räumlich vereint wurden, aber eigene Flügel beziehen konnten: das Museum für Völkerkunde, das Museum für Angewandte Kunst und das Musikinstrumentenmuseum der Universität.

Der Bau aus rotem Porphyrtuff weist stilistische Bezüge zur Neuen Sachlichkeit und zum Art déco auf. Einzigartig waren die 18 großen und bis zu sieben Meter hohen Fenster im Haupttreppenhaus nach Entwürfen des Bauhauskünstlers Josef Albers. Während eines Bombenangriffs im Zweiten Weltkrieg 1943 wurde das Grassimuseum jedoch schwer beschädigt, Zehntausende Objekte verbrannten und die Josef-Albers-Fenster galten als verloren.

Ab 1954 nahmen die Museen schrittweise ihre Ausstellungstätigkeit wieder auf, aber erst in den Jahren 2000 bis 2005 fand eine umfangreiche Restaurierung statt, 2007 konnte auch das Museum für Angewandte Kunst mit seinen drei klassischen Sammlungsbereichen – Antike bis Historismus, Asiatische Kunst und Jugendstil bis Gegenwart – sowie einer Bibliothek wiedereröffnet werden. Eines der Highlights des Museums: die nahezu vollständige Sammlung aller Warhol-Plattencover.

Das Museum für Völkerkunde präsentiert in seiner 2009 komplettierten Dauerausstellung über 200 000 Objekte aus allen Erdteilen. Das Musikinstrumentenmuseum der Leipziger Universität vervollständigte man nach den Kriegsverlusten durch Schenkungen und Ankäufe wieder, sodass heute die Entwicklung der europäischen Musikinstrumente von der

Mit stilistischen Anklängen an die Neue Sachlichkeit: das Grassimuseum nahe dem Leipziger Stadtzentrum.

Renaissance bis zur Gegenwart in 13 Kapiteln unter dem Namen »Die Suche nach dem vollkommenen Klang« erlebbar ist. Im Klanglabor des Museums erproben Besucher die vorgestellten Instrumente.

Seit 2011 können sogar die eindrucksvollen Josef-Albers-Fenster, von der Paderborner Glasmalereiwerkstatt Peters rekonstruiert, wieder bewundert werden.

INFO: Östlich der Innenstadt gelegen. **INFO GRASSIMUSEUM:** Johannisplatz 5–11, 04103 Leipzig, www.grassimuseum.de, Öffnungszeiten Di–So 10–18 Uhr, Kombiticket für zwei Museen € 12, ermäßigt € 9, drei Museen € 15, ermäßigt € 12. **INFO MUSEUM FÜR ANGEWANDTE KUNST:** Tel. (03 41) 22 29-100 Eintritt € 8, ermäßigt € 5,50, bis 18 J. frei. **INFO MUSEUM FÜR VÖLKERKUNDE ZU LEIPZIG:** Tel. (03 41) 49 14-20 00, Eintritt € 8, ermäßigt € 6, bis 16 J. frei. **INFO MUSEUM FÜR MUSIKINSTRUMENTE:** Tel. (03 41) 97 30-750, http://mfm.uni-leipzig.de, Eintritt € 6, ermäßigt € 3, bis 16 J. frei.

Kaufhaus mit Gleisanschluss

Leipziger Hauptbahnhof

Leipzig, Sachsen

Als der größte Kopfbahnhof Europas 1915 nach 13-jähriger Bauzeit eingeweiht wurde, war er mit seinen 26 Bahnsteigen und fünf Außenbahnsteigen sogar einer der größten der Welt. Ihm mussten fünf alte Bahnhöfe weichen. Die Parthe bekam auf einer Länge von 900 Metern einen anderen Flusslauf. Das Bahnhofsgebäude kann die stolze Länge von 298 Meter und zwei riesige Eingangshallen mit zehn Meter breiten Freitreppen vorweisen. Bis 1934 gab es nahezu alles zweimal, denn der Bahnhof wurde zur einen Hälfte von der sächsischen und zur anderen von der preußischen Bahn betrieben, die völlig autark den Zug- und Personenverkehr regelten. Die im Zweiten Weltkrieg stark zerstörten Eingangs- und Gleishallen wurden von 1954 bis 1962 wiederaufgebaut.

Die Osthalle des Leipziger Hauptbahnhofs.

Der mit den Jahren grau gewordene Leipziger Hauptbahnhof fand am Ende des 20. Jahrhunderts einen wahren Jungbrunnen. Mit dem Umbau des gesamten Bahnhofskomplexes und der Integration der Hauptbahnhof Promenaden wurde 1997 ein attraktives Shopping-, Service- und Dienstleistungszentrum geschaffen. Auf einer Fläche von 30 000 Quadratmetern betreuen 140 Fachgeschäfte auf drei Etagen die Reisenden und Besucher.

1300 Parkplätze unmittelbar an den Bahnsteigen erleichtern das Reisen und das Einkaufen. Nichts ist mehr zu spüren von den sonst üblichen Schattenseiten eines Bahnhofs und auch nicht von der Skepsis der Leipziger, ihren geliebten Bahnhof zu verändern. Eine Meisterleistung städtebaulicher Erneuerung und Denkmalpflege.

Info: Der Bahnhof liegt praktisch in der Stadtmitte, nur einige Minuten vom alten Markt entfernt. **Info Leipziger Hauptbahnhof:** Willy-Brandt-Platz 5, 04109 Leipzig, www.bahnhof.de.

Glaskubus mit reichem Fundus

Museum der bildenden Künste

Leipzig, Sachsen

Der Neubau des Museums der bildenden Künste mitten im Zentrum der Stadt wurde im Dezember 2004 eröffnet, genau 61 Jahre nach der Zerstörung des ersten Bildermuseums durch Fliegerbomben. Er beherbergt eine der bedeutendsten Sammlungen Deutschlands, die aus einer Bürgerstiftung im 19. Jahrhundert hervorgegangen ist. 1858 wurde das Kunstmuseum auf dem Augustusplatz, an der Stelle des heutigen Gewandhauses, eröffnet.

Schwerpunkt der Sammlung Alter Meister sind Arbeiten holländischer Künstler des 17. Jahrhunderts sowie altdeutsche und altniederländische Malerei des 15. und 16. Jahrhunderts mit Werken der beiden Lucas Cranachs. Die deutsche Kunst des 19. und 20. Jahrhunderts repräsentieren Caspar David Friedrich, Max Liebermann, Arnold Böcklin, Otto Mueller und Otto Dix.

1937 beschlagnahmten die Nationalsozialisten 394 Werke des Expressionismus als »Entartete Kunst«, durch einen Bombenangriff im Zweiten Weltkrieg wurde das Gebäude zerstört, der Bestand erlitt schwere Schäden. Ab 1952 fand die Sammlung ein Domizil im Erdgeschoss des Dimitroff-Museums im ehemaligen Reichsgericht, wo Werke von wichtigen Gegenwartskünstlern, besonders der Leipziger Malerschule, hinzukamen: Werner Tübke, Bernhard Heisig, Wolfgang Mattheuer, Arno Rink und andere.

Als 1992 die Entscheidung fiel, das Bundesverwaltungsgericht nach Leipzig zu verlegen, beschloss die Stadt den Bau eines neuen Museums. Der 2004 eingeweihte großvolumige, 36 Meter hohe Glaskubus wird an seinen Ecken mit neuen Zweckbauten umschlossen. Im Inneren öffnen sich weite Räume für die Dauer- und die Sonderausstellungen. Mit diesem Haus hat sich Leipzig wieder in die erste Reihe der deutschen Museumslandschaft zurückgemeldet, zumal die Leipziger Malerschule nach wie vor weltweit gefragte Künstler hervorbringt wie Neo Rauch oder Tilo Baumgärtel, die mit ihren Werken ebenfalls vertreten sind.

Info: In der Innenstadt gelegen. **Info Museum der bildenden Künste Leipzig:** Katharinenstr. 10, 04109 Leipzig, Tel. (03 41) 216 99-0, www.mdbk.de, Öffnungszeiten Di, Do–So/Fei 10–18, Mi 12–20 Uhr, Eintritt Sammlung € 10, Abendticket € 5, bis 18 J. frei.

Im Museum der bildenden Künste, Leipzig: Max Klingers »Beethoven« (1902).

Von der Reformation zur Revolution

NIKOLAIKIRCHE

Leipzig, Sachsen

Als Schauplatz von Friedensgebeten und Ausgangsort friedlicher Demonstrationen ist die Nikolaikirche zum Symbol für den Wendeprozess in der DDR geworden. »Nikolaikirche – offen für alle« ließ ab 1980 eine gewaltlose Revolution heranwachsen, die letztlich die Wiedervereinigung Deutschlands möglich machte. Die Ereignisse des 9. Oktober 1989, als über 70 000 Menschen in Leipzig gegen die DDR-Diktatur auf die Straße gingen, nahmen hier ihren Anfang.

Die Gründung der Kirche erfolgte mit der Verleihung des Stadtrechts am Ende des 12. Jahrhunderts. Mit der Einführung der Reformation 1539 wurde St. Nikolai zur Hauptkirche der Stadt. Der Umbau der romanischen Kirche zur spätgotischen Hallenkirche Anfang des 16. Jahrhunderts und die frühklassizistische Umgestaltung des Innenraums 1784 bis 1797 sind markante Einschnitte in der Baugeschichte.

Der Hauptturm aus dem Jahre 1555 ist 75 Meter hoch. Jeden Samstag um 14 Uhr besteht die Möglichkeit der Turmbesteigung mit Besichtigung der ehemaligen Türmerwohnung. Das Kircheninnere ist gekennzeichnet von den Stilelementen und Farben der klassizistischen Modernisierung durch den Stadtbaudirektor Johann F. C. Dauthe.

Die Nikolaikirche in Leipzig, Kirche der Friedensgebete 1989.

Die gotischen Pfeiler wurden zu antiken Säulen mit grün treibenden Palmenblättern. Mitten auf dem Nikolaikirchhof ragt eine einzelne Säule empor, eine originalgetreue Nachbildung aus dem Kirchenschiff. Sie erinnert an die friedliche Revolution von 1989.

So ist diese Kirche nicht nur einer Gruppe, einer Konfession, einem Teil der Bevölkerung, sondern einem ganzen Land zum Segen geworden. Zu den Friedensgebeten erklingt die aufwendig sanierte Ladegast-Orgel aus dem Jahr 1862, die größte Orgel Sachsens mit über 6000 Pfeifen von sechs Millimeter bis über zehn Meter Länge. An dieser Orgel spielten schon Franz Liszt und Max Reger.

Die Alte Nikolaischule, die sich gegenüber der Kirche befindet, wurde 1512 als Stadtschule gegründet und entwickelte sich zum Elitegymnasium mit Schülern wie Gottfried Wilhelm Leibniz, Richard Wagner und Karl Liebknecht.

Der wunderschöne Renaissancebau aus dem Jahre 1568 wird heute vielseitig als Kulturcafé, Kneipe, Galerie und Antikenmuseum der Universität Leipzig genutzt.

INFO: In der Innenstadt gelegen. **INFO NIKOLAIKIRCHE:** Nikolaikirchhof, 04109 Leipzig, Tel. (03 41) 12 45 38-0, www.nikolaikirche-leipzig.de, Öffnungszeiten Mo–Sa 10–18, So 10–16 Uhr (keine Besichtigung während der Gottesdienste).

Chorknaben in hoher Halle

THOMASKIRCHE UND THOMANERCHOR

Leipzig, Sachsen

Die berühmte Thomaskirche wurde 1482 bis 1496 als spätgotischer Hallenbau errichtet. Außer der Turmgestalt aus dem Jahre 1702 hat die Kirche noch die Bauform von damals. Das Kircheninnere wurde mehrfach umgestaltet und präsentiert sich nun im neugotischen Stil.

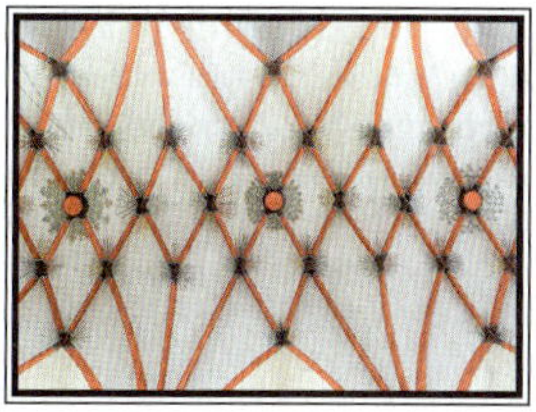

Gewölbe der Thomaskirche in Leipzig.

Johann Sebastian Bach (1685–1750) war von 1723 bis zu seinem Tod Kantor an der Thomasschule und komponierte in dieser Zeit viele seiner bekanntesten Werke. Im Chorraum befindet sich heute seine Grabstätte. Anlässlich seines 200. Todestages wurde sie dorthin überführt. In ihrer wechselhaften Geschichte diente die Kirche als Munitionslager der Truppen Napoleons und als Lazarett während der Völkerschlacht.

Zum 250. Todestag von Bach wurden die Restaurierung der Kirche und der Bau der neuen Bach-Orgel abgeschlossen. Das lange, ehemals dunkelgraue Bauwerk zeigt sich heute wieder leuchtend weiß.

Die Thomaskirche ist gleichermaßen Gottes- und Musikhaus. Aus der gottesdienstlichen Kunstausübung am Augustiner-Chorherrenstift zu St. Thomas entstand der Thomanerchor. Der in aller Welt bekannte Knabenchor wurde im Jahre 1212 gegründet und ist damit die älteste kulturelle Einrichtung der Stadt. Noch im 18. Jahrhundert zogen die Knaben bei jedem Wetter als Kurrendesänger durch die Stadt, mit Perücken, dunklen Umhängen und oft barfüßig. Im 19. Jahrhundert gewannen die Motettenaufführungen an öffentlichem Interesse. Noch heute finden sie regelmäßig statt und werden jeweils von mehr als 2000 Zuhörern besucht. Im Chor singen knapp hundert Thomaner im Alter von zehn bis 18 Jahren, die in der Leipziger Hillerstraße in familiärer Lebens- und Lerngemeinschaft wohnen und unter Leitung des Thomaskantors Gotthold Schwarz das Erbe Bachs mit Motetten und Kantaten pflegen. Der berühmteste Thomaskantor war Johann Sebastian Bach. Die Beschäftigung mit seinen Werken ist denn auch das Hauptanliegen des Chors. Weitere Kantoren waren Sethus Calvisius, Johann Adam Hiller, Karl Straube und Günther Ramin, Erhard Mauersberger, Hans-Joachim Rotzsch und Georg Christoph Biller.

1908 konnte das Bachdenkmal von Carl Seffner im Thomaskirchhof eingeweiht werden. Ein Erlebnis der besonderen Art bietet der Turmaufstieg, der an den Wochenenden angeboten wird. Der Blick in den 500 Jahre alten Dachstuhl mit seinen gewaltigen Abmessungen, seinen vier Originalglocken und die wunderschöne Aussicht von der Galerie auf die Altstadt sind absolut lohnend.

INFO: In der Innenstadt gelegen. **INFO THOMASKIRCHE:** Thomaskirchhof 18, 04109 Leipzig, Tel. (03 41) 222 24-0, www.thomaskirche.org, Öffnungszeiten tägl. 9–18 Uhr, Turmführungen April–Ende Nov. Sa 13, 14, 16.30, So 14 und 15 Uhr, Motetten oder Orgelvespern Fr 18 und Sa 15 Uhr, Eintritt Programm €2. **INFO THOMANERCHOR LEIPZIG:** Hillerstr. 8, Leipzig, Tel. (03 41) 984 42 11, www.thomanerchor.de.

Kolossaler Ruhm

Völkerschlachtdenkmal

Leipzig, Sachsen

Mit 91 Metern über dem Straßenniveau steht hier das höchste Denkmal Deutschlands. Es wurde 1913, 100 Jahre nach dem Sieg der preußischen, österreichischen, russischen und schwedischen Truppen über die Armee Napoleons, durch den deutschen Kaiser eingeweiht. Über 100 000 Soldaten waren in den Kämpfen des Oktober 1813 gefallen. Man trifft auf Maße und Massen der Superlative. 300 000 Tonnen heimischer Granitporphyr wurden verbaut, von der Straße bis zur Aussichtsplattform müssen 500 Stufen in schmalen Wendeltreppen überwunden werden; inzwischen sind zusätzlich Aufzüge vorhanden.

In der Krypta wird der Gefallenen des Kriegs gedacht, Schicksalsmasken symbolisieren den Tod, überdimensionale Krieger halten Totenwache. Der Innenraum weist eine Höhe von 68 Metern auf. Die Ruhmeshalle, die Haupthalle des Denkmals, ist durch vier fast zehn Meter hohe Kolossalfiguren geprägt: ein Ohr misst 40 Zentimeter, eine große Zehe 70 Zentimeter.

Sie sollen die Wesenszüge der siegreichen Völker darstellen: Tapferkeit, Selbstvertrauen, Opferfreudigkeit und Volkskraft. Von den zwölf Wächterfiguren des Kuppelbaus ist jede 13 Meter hoch. Mit Blick vom Gipfel der Aussichtsplattform liegen dem Besucher Leipzig und das Neuseenland zu Füßen.

Die Dauerausstellung in der Ruhmeshalle befasst sich mit den Ideen zum Bau des Denkmals, seiner Vereinnahmung durch Nationalsozialisten, Kommunisten und Rechtsradikale und seiner Einordnung als europäisches Friedensdenkmal.

In dem Museum zur Schlacht Forum 1813 kann man sich die konkreten Ereignisse der Befreiungskriege anhand von über 350 Exponaten und einem Diorama mit 3500 Zinnfiguren vor Augen führen.

Info: Im Südosten gelegen. **Info Völkerschlachtdenkmal Leipzig:** Str. des 18. Oktober 100, 04299 Leipzig, Tel. (03 41) 241 68 70, www.voelkerschlachtdenkmal.de, www.stadtgeschichtliches-museum-leipzig.de, Öffnungszeiten tägl. April–Okt. 10–18, Nov.–März 10–16 Uhr, Eintritt Forum € 8, ermäßigt € 6.

Zum Gedenken an die Befreiungsschlacht 1813: das Völkerschlachtdenkmal Leipzig.

Bunte Vögel ganz in Schwarz

Wave-Gotik-Treffen

Leipzig, Sachsen

Treffen sich ein Punk, eine Dame in Reifrock und Korsett und ein Herr im Lackanzug mit Gasmaske zum Picknick: kein Witz, sondern eine Momentaufnahme aus dem Leipziger Clara-Zetkin-Park. Und die drei sind an diesem schönen Frühsommertag nicht die einzigen bunten Vögel in der Stadt – wobei bunt bei einem Großteil der aufwendig herausgeputzten Flaneure eher im übertragenen Sinne zu verstehen ist. Denn traditionell ist Schwarz zu Pfingsten die vorherrschende Farbe in Leipzig. Schuld daran ist das Wave-Gotik-Treffen, das die Messestadt jedes Jahr vier Tage lang zur Bühne und zum Treffpunkt all jener macht, die irgendwie anders sind – und das oft gekonnt in Szene zu setzen wissen. Angesichts ausgefallenster Modekreationen glaubt man, in die Kostümprobe einer Hollywoodproduktion gestolpert zu sein. Nur das Genre scheint nicht ganz klar: Kostümschinken? Fantasy-Horror? Science Fiction oder doch eher Steam Punk?

Die Szene, die jährlich nach Leipzig pilgert, ist seit dem ersten Treffen, zu dem sich 1992 insgesamt 2000 Besucher versammelten, nicht nur zahlenmäßig auf mehr als das Zehnfache gewachsen, sie ist auch vielfältiger geworden. Hier trifft schwarz auf bunt, Goth auf Punk – wie bei dem Trio auf dem Viktorianischen Picknick. Letzteres gehört übrigens zum festen Kulturprogramm des Festivals. Denn Sehen und Gesehenwerden ist nur ein Nebeneffekt der Veranstaltung. Das breite Angebot an Konzerten, Discos, Filmen, Lesungen und Workshops verteilt sich über die ganze Stadt. Ob Jung oder Alt: Die Leipziger selbst nehmen's gelassen und genießen das Schauspiel, das ihnen da alljährlich geboten wird. Schließlich kommt der rege Zustrom der Stadt zugute.

Für Großveranstaltungen typische Kollateralschäden müssen sie nicht in Kauf nehmen:

Zu Pfingsten strömt die schwarze Szene nach Leipzig zum Wave-Gotik-Treffen.

Die Atmosphäre ist nicht nur beim Picknick entspannt, auch Konzerte und nächtliche Partys bleiben hier harmonisch. Nur einmal, als im Jahr 2000 der Veranstalter just an Pfingsten bankrott ging und sich mitsamt Security-Team aus dem Staub machte, brach Chaos aus. Dank spontanem Engagement einiger Künstler, Mitarbeiter und Gäste konnte Schlimmeres verhindert werden, doch um Pannen vorzubeugen, ist die Stadt seither eng in die Planung eingebunden. Schließlich ist das Wave-Gotik-Treffen nicht mehr wegzudenken aus Leipzig.

Info Wave-Gotik-Treffen: Treffen & Festspielgesellschaft für Mitteldeutschland mbH, Schulstr. 63, 09125 Chemnitz, www.wave-gotik-treffen.de, Tel. (03 41) 212 08 62, (03 71) 56 04 60. **Reisezeit:** Das Wave-Gotik-Treffen findet jedes Jahr zu Pfingsten statt.

Die Heimat von Lama Horst

Zoo Leipzig

Leipzig, Sachsen

In unmittelbarer Zentrumsnähe und am Ende des Rosentals gründete der Gastwirt Ernst Pinkert im Jahr 1878 den Zoo Leipzig, der sich seit dem Jahr 2000 auf dem Weg zum Zoo der Zukunft befindet. Das innovative Konzept vereint artgerechte Tierhaltung, Artenschutz, Bildung und spannende Entdeckungen. Im Ergebnis des ehrgeizigen Projekts, das 2022 abgeschlossen sein soll, können die Besucher alle Tiere bei einer Reise rund um den Globus artgerecht und trotzdem hautnah erleben. Rund 1,2 Millionen Besucher jährlich sind Beweis für die Attraktivität des innovativen Tierparks. Dank zahlreicher öffentlicher Auftritte und der Doku-Serie »Elefant, Tiger & Co.« machte das Lama Horst (2019 verstorben) den Zoo noch populärer.

Heute beherbergt der Zoo Leipzig etwa 850 Arten und gehört zu den renommiertesten und modernsten Tiergärten der Welt. Die Menschenaffenanlage »Pongoland«, die Löwensavanne »Makasi Simba«, der 2006 errichtete Elefantentempel »Ganesha Mandir« und die weitläufige »Kiwara-Savanne« zählen zu den Highlights auf dem 27 Hektar großen Gelände.

Das mit einem Löwenkopf geschmückte Eingangstor des Zoos Leipzig.

Seit 2011 ist der tropische Regenwald in der Tropenerlebniswelt »Gondwanaland« auf ebenerdigen Pfaden, in luftiger Höhe oder im Boot hautnah für den Besucher erlebbar. Der Titel greift die Idee vom Urkontinent als unverwechselbarem Lebensraum auf. Hier wird der Regenwaldgürtel Afrikas, Asiens, Südamerikas und Australiens verblüffend authentisch präsentiert. In der 16 500 Quadratmeter großen Halle leben mehr als 300 Tiere aus 100 exotischen Arten und sind ca. 24 000 Pflanzen zu bewundern. Die Entdeckertour mit dem Boot auf dem Urwaldfluss »Gamanil« durch die Tropenhalle ist 390 Meter lang und dauert elf Minuten!

Das mehr als 100 Jahre alte Aquarium ist eines der größten in Deutschland. Das 35 000 Liter fassende Panoramabecken bietet einen Einblick in exotische Unterwasserwelten. Im Ringbecken ziehen die Haie ihre Bahnen um die Besucher.

Der Zoo bietet unterschiedliche Führungen mit Zoolotsen, etwa für Erstbesucher, Wissenshungrige, Nachtaktive oder Regenwaldfans.

Info: Nordwestlich der Innenstadt gelegen. **Info Zoo Leipzig:** Pfaffendorfer Str. 29, 04105 Leipzig, Tel. (03 41) 59 33-385, www.zoo-leipzig.de, Öffnungszeiten tägl. Mai–Sept. 9–19, Okt. und Ende März–April 9–18, Nov.–Ende März 9–17 Uhr, Fütterungszeiten vgl. Website, Eintritt € 21, ermäßigt € 17, Kinder (6–16 J.) € 13, im Winter € 17/14/10. Zooführungen nach Anmeldung.

Bei einer Bootsfahrt können Besucher die Tapire aus der Nähe erleben.

Blick vom rechten Elbufer auf den Burgberg mit Albrechtsburg und Dom.

Diese Burg ist ein Schloss

Albrechtsburg Meissen

Meißen, Sachsen

August der Starke trug seinen Namen zu Recht, er soll Hufeisen verbogen haben und als Getränk war ihm Löwenmilch gerade recht. Der Sitz der sächsischen Kurfürsten ist denn auch ein Bauwerk, dem es weder an

Johann Friedrich Böttger zeigt August dem Starken die Arkana, Wandgemälde von Paul Kießling.

Eleganz noch an sichtbarer Stärke mangelt. Das im Stil der Spätgotik 1471 erbaute Schloss liegt hoch über Meißen auf einer Felsebene und prägt das Stadtbild. Die Albrechtsburg ist das erste Schloss, das auf deutschem Boden erbaut wurde. Im Gegensatz zu seiner Architektur stammt die Ausstattung aus dem 19. Jahrhundert. 1710 ließ August der Starke hier die erste europäische Porzellanmanufaktur errichten und passte das Schloss den neuen Bedürfnissen an. Nach der Verlegung der Manufaktur 1863 wurden die baulichen Schäden und Veränderungen beseitigt, und das Schloss wird seit 1881 als Museum genutzt.

In fünf Ausstellungsbereichen ist Wissenswertes und Kurioses rund um die Manufaktur und die Porzellanherstellung zu sehen und es werden geschichtliche und architektonische Themen beleuchtet. Auch die Wandmalereien aus dem 19. Jahrhundert sind bemerkenswert. Sie zeigen Motive aus der sächsischen Geschichte und wurden von Künstlern aus der Dresdner Akademie angefertigt.

Neben wechselnden Sonderausstellungen runden Konzerte, spezielle Themenführungen und Mittelalterfeste das kulturelle Programm um die Albrechtsburg ab. Neu ist der interaktive Tablet-Guide, auch »HistoPad« genannt. Der Rundweg führt den Besucher entlang der Außenmauern, vorbei an alten Bäumen mit traumhaften Ausblicken ins Elbtal und auf die Altstadt von Meißen.

Info: Meißen liegt ca. 30 km nordwestlich von Dresden. **Info Albrechtsburg:** Domplatz 1, 01662 Meißen, Tel. (035 21) 47 07-0, www.albrechtsburg-meissen.de, Öffnungszeiten tägl. März–Okt. 10–18, Nov.–Feb. 10–17 Uhr, Eintritt € 10, ermäßigt € 8, Kinder (6–16 J.) € 3.

Die Wiege Sachsens

Altstadt von Meissen

Meißen, Sachsen

Jeden Freitagabend punkt 18 Uhr steht sie im Sommer auf dem Marktplatz und wartet. Die schmucke Bürgersfrau in ihrer historischen Tracht führt durch die schöne Meißener Altstadt mit ihrer über 1000-jährigen Geschichte.

Patrizierhäuser des 16. und 17. Jahrhunderts begegnen dem Besucher vor allem auf dem Marktplatz. Hier steht auch das historische Rathaus aus dem 15. Jahrhundert, das mit seinen drei schmucken Giebeln an norddeutsche Backsteingotik erinnert. Im gleichen Jahrhundert wurde auch die Frauenkirche errichtet. Im Turm der spätgotischen Hallenkirche befindet sich das erste Porzellanglockenspiel der Welt, 1927 zur Tausendjahrfeier der Elbestadt installiert. Mehrmals täglich spielen 37 Glocken unterschiedliche Melodien. Vom Turm der Frauenkirche gewinnt man einen guten Eindruck von der imposanten Dachlandschaft, aus der die vielen Schloss- und Kirchtürme herausragen.

Meißens Altstadt mit dem historischen Rathaus und Bürgerhäusern.

Rund um den Marktplatz laden zahlreiche Gassen, Treppen und Plätze zu einem ausgiebigen Stadtbummel ein. Man findet dabei nicht nur Porzellangeschäfte, sondern stößt auch auf das weniger bekannte Meißener Zinn.

Die Albrechtsburg aus dem Jahr 1470 prägt die markante Silhouette Meißens ebenso wie die mächtigen Türme des gotischen Doms Johannes und Donatus. Der Kirchenbau wurde um 1270 fertiggestellt und gilt heute als einer der stilreinsten gotischen Dome in Deutschland. Die beiden hohen Türme der Westfassade sind allerdings neugotisches Beiwerk vom Beginn des 20. Jahrhunderts. Die Fürstenkapelle, die im 15. Jahrhundert wie ein Chorraum vor der Westfassade errichtet wurde, diente bis 1539 als Grabstätte der Wettiner. Am 3. Oktober 1990 gründete sich der Freistaat Sachsen hier auf der Albrechtsburg neu.

Nach dem Abstieg vom Burgberg sollte man in der Konditorei Zieger Meißner Fummel – hauchdünnes, aufgeblasenes Feingebäck – probieren und im urigen Fachwerk-Ambiente vom Weinhaus Vincenz Richter ein Glas Goldriesling genießen, eine Weinsorte, die es nur noch im Elbtal gibt.

Info: Meißen liegt ca. 30 km nordwestlich von Dresden. **Info Meissen:** Tourist Information, Markt 3, 01622 Meißen, Tel. (035 21) 41 94-0, www.touristinfo-meissen.de, Altstadtführung mit der Bürgersfrau Mai–Okt. Fr um 18 Uhr.

Der Stein der Weisen

Porzellan-Manufaktur Meissen

Meißen, Sachsen

Hat er nun oder hat er nicht? Bis heute ist nicht einwandfrei geklärt, ob der Apothekengehilfe Johann Friedrich Böttger 1708 das Porzellan selbst erfunden oder nur die Erkenntnisse seines Freunds und Mithelfers Ehrenfried Walther von Tschirnhaus für sich in Anspruch genommen hat. Wer heute einen Teller des feinen Meissener Porzellans in der Hand hat, den kümmert diese Frage allerdings wenig. Er freut sich, dass das Geheimnis zur Herstellung des weißen Golds überhaupt entschlüsselt wurde. Den Auftrag dafür gab damals August der Starke.

Weltweit bekanntes Markenzeichen für hochwertiges Porzellan: Die gekreuzten Schwerter der Porzellan-Manufaktur Meissen schmücken jedes Stück, das die Werkstatt verlässt.

Eine ebenso bahnbrechende wie profitable Erfindung, denn zur damaligen Zeit war einzig China in der Lage, das begehrte weiße Porzellan herzustellen. Man importierte zu stattlichen Preisen. Das uralte Monopol war nun plötzlich gebrochen und so gründete man 1710 in Meissen die Erste Europäische Porzellan Manufaktur, natürlich unter Geheimhaltung des Herstellungsprozesses.

Noch heute ist das Porzellan aus Sachsen in der ganzen Welt bekannt. Die beiden blauen Schwerter, die jedes Stück zieren, sind Zeichen für höchste Qualität. Die Grundausbildung zum Maler und Bossierer dauert drei Jahre, jedoch braucht es viele weitere Jahre bis zur Meisterschaft.

Wie das Porzellan hergestellt wird, davon kann sich jeder in der Erlebniswelt HAUS MEISSEN, das 2005 um einen Anbau erweitert wurde, selbst ein Bild machen. In Schauwerkstätten verfolgt man den Schaffensprozess mit eigenen Augen an vier Arbeitsplätzen, beim Drehen und Formen, beim Bossieren, bei der Unterglas- und der Aufglasurmalerei.

Das Museum, bereits 1916 in einer neoklassizistischen Festhalle als Schausammlung eingerichtet, zeigt die enorme Vielfalt der hergestellten Produkte. Vom Fingerhut bis zum dreieinhalb Meter hohen Tafelaufsatz führt es durch 300 Jahre Porzellangeschichte in Sachsen. Und jedes Jahr variiert die Ausstellung, denn das Museum bietet insgesamt 20000 Objekte und baut diese nach und nach in die Ausstellung ein. Auch Kinder kommen in der Manufaktur nicht zu kurz: Es werden Führungen und Workshops angeboten und in der Adventszeit findet ein Weihnachtsmarkt statt.

Info: Meißen liegt ca. 30 km nordwestlich von Dresden. **Info Staatliche Porzellan-Manufaktur Meissen:** Talstr. 9, 01662 Meißen, Tel. (035 21) 46 86 00, www.erlebniswelt-meissen.com, Öffnungszeiten tägl. Mai–Okt. 9–18, Nov.–April 9–17 Uhr, Eintritt € 10, bis 18 J. € 6, bis 5 J. frei, Führungen vgl. Website.

Jagdschloss mit Tiefgarage

Schloss Moritzburg

Moritzburg, Sachsen

Kurfürst Moritz von Sachsen ließ 1542 bis 1546 nordwestlich von Dresden ein Jagdschloss errichten. Die spätbarocke Umgestaltung erfolgte 1723 bis 1733 unter August dem Starken durch die Hofarchitekten Pöppelmann und Knöffel. Einbezogen wurde schon damals eine »Tiefgarage«: Die vorfahrenden Kutschen wurden mitsamt den Pferden im Sockel des Baus abgestellt, solange sich die Herrschaften in den prachtvollen Sälen und Gemächern vergnügten. Heute ist das eindrucksvolle Wasserschloss in dem etwa 40 Hektar großen Park mit Wildgehege und Teichen eines der attraktivsten Ausflugsziele in der näheren Umgebung Dresdens.

Seit fast 20 Jahren findet alljährlich im August das Moritzburg Festival statt, eines der führenden europäischen Kammermusikfestivals. Dann arbeiten hier etablierte und Nachwuchskünstler aus aller Welt an Werken der Kammermusik, die sie anschließend in Konzerten im Schloss und in der Kirche Moritzburg darbieten.

Das Fasanenschlösschen im Park ist ein architekturhistorisches Kleinod – es holt die stilistische Formensprache Chinas nach Sachsen. Lohnend ist auch der Besuch der dem Schloss gegenüberliegenden Gaststätte Bärenhäus'l in einem über 350 Jahre alten Gebäude. Es diente zwar nie als Bärenheimstatt, aber Ziegen, Kaninchen, Gänse und andere Tiere waren hier zu Hause. Das Fachwerkhaus präsentiert sich als Schmuckstück.

Schloss Moritzburg war übrigens der Drehort des deutsch-tschechischen Filmklassikers »Drei Haselnüsse für Aschenbrödel«.

Info: Moritzburg liegt ca. 14 km nordwestlich von Dresden. **Info Schloss Moritzburg:** 01468 Moritzburg, Tel. (03 52 07) 873 18, www.schloss-moritzburg.de, Öffnungszeiten April–Okt. tägl. 10–18, Nov.–März Di–So 10–17 Uhr, Eintritt € 8, ermäßigt € 6,50, Kinder (6–16 J.) € 1. **Info Moritzburg Festival:** Tel. (03 51) 16 09 26 15, www.moritzburgfestival.de. **Info Gaststätte Bärenhäus'l:** Markt 24, Moritzburg, Tel. (03 52 07) 897 00, www.baerenhaeusl.de, Öffnungszeiten tägl. 11–22 Uhr.

Jagdschloss Moritzburg bei Dresden.

Zu Besuch bei Bibern

NATURPARK DÜBENER HEIDE

Sachsen und Sachsen-Anhalt

Kraniche und Seeadler kreisen über romantischen Seen, an deren Ufern thronen gewaltige Biberburgen. Unter mächtigen Eichen glänzen grüne Wiesen. Und das alles direkt vor den Toren des geschäftigen Leipziger Großraums. Der Naturfreund kommt in der Dübener Heide ebenso auf seine Kosten wie der Wassersportler, Radfahrer, Wanderer oder Segler: Kleine Paradiese, jedes mit einem eigenen Gesicht, sind wie Schmuckstücke in die vielfältige Landschaft eingestreut, idyllische Heidedörfer und Windmühlen säumen den Weg, Heimatvereine pflegen Brauchtum und Traditionen wie etwa das Handwerk der Köhlerei, denn nachdem die Kohleförderung abgeschlossen war, erfuhr die Landschaft eine einmalige Umwandlung und zählt heute zu einem der Tourismusmagneten der Region.

Der Naturpark erstreckt sich auf einer Fläche von 75 Quadratkilometern zwischen den Flussauen von Elbe und Mulde bis nach Norden zur Lutherstadt Wittenberg in Sachsen-Anhalt. Rund 1000 Kilometer Rad- und Wanderwege sind in der hügeligen eiszeitlich geprägten Heidelandschaft ausgeschildert. Von August bis Oktober ist der größte Mischwald Mitteldeutschlands beliebtes Ziel für Pilzesammler. Die vielfältige Flora bringt ein breites Spektrum von Speisepilzen ans Tageslicht. Das Naturparkhaus in Bad Düben zeigt eine multimediale Ausstellung und liefert Besuchern Tipps und Infos zur Freizeitgestaltung.

Zu den kulturhistorischen Kleinoden der Region gehört die 1000-jährige Burg des Moorheilbads Bad Düben. Das Wasserschloss in Reinharz inmitten von Wäldern erinnert an ein verzaubertes Märchenschloss. Die Kräuterfrau der Dübener Heide veranstaltet hier regelmäßig Führungen durch den Schlosspark. In einem der größten Irrgärten Europas, Altjeßnitz,

Ein slawisches Grubenhaus aus dem 6. Jahrhundert am Ortsausgang von Authausen im Naturpark Dübener Heide.

versprechen zwei Meter hohe Hainbuchenhecken und enge Wege einen spannenden Spaziergang. Von der Plattform im Zentrum ist der gesamte Garten zu überblicken. Und im Bad Schmiedeberger Stadtwald lockt der fast 100 Jahre alte Kaiser-Wilhelm-Aussichtsturm.

Auch Freunde des Wassersports wissen die Gegend zu schätzen. Angler, die es eher ruhiger mögen, finden hier ebenso ein Plätzchen wie Taucher und Paddler – auf dem Bergwitzsee, der Goitzsche, dem Poucher Stausee oder der Kiesgrube in Eilenburg.

INFO: In Sachsen und Sachsen-Anhalt gelegen. **INFO NATURPARKHAUS:** Neuhofstr. 3 A, 04949 Bad Düben, Tel. (034243) 72993, https://naturpark-duebener-heide.de, April–Okt. Mo–Fr 10–17, Sa 10–16, 1. So im Monat 10–16, Nov.–März Mo–Fr 10–16, Sa 10–13 Uhr.

Bizarrer Felsen mit malerischen Ruinen

Burg und Kloster Oybin

Oybin, Sachsen

Für Caspar David Friedrich war es genau das richtige Szenario: eine schaurige Burgruine auf einem bizarren Felsen des Zittauer Gebirges. Die märchenhaft verwunschene Atmosphäre der Mauerreste der Burg Oybin war eine geradezu ideale Vorlage für sein berühmtes Gemälde »Huttens Grab« aus dem Jahr 1824. Romantik, Natur und Architektur verbinden sich hier auf eine einzigartige Weise. Das Felsmassiv sieht etwas seltsam aus, ein bisschen wie ein Bienenkorb. Der Aufstieg beginnt in der Ortsmitte des Kurorts Oybin. Man kann den Gipfel aber auch bequemer bezwingen: mit dem Gebirgsexpress. Langsam rumpelt die motorisierte Bimmelbahn vorbei am Hochzeitskirchlein bis hoch zu den Ruinen von Burg und Kloster.

Im 14. Jahrhundert wurde die Burg zum Schutz zweier über den Pass führender Handelsstraßen gebaut. Später zu einer pompösen Kaiserburg mit Cölestinerkloster ausgebaut, wurde das Gebäude ab dem 16. Jahrhundert durch Feuersbrünste und Naturkatastrophen wie Blitzeinschlag oder abbröckelnde Felsen wieder zerstört. Zur Zeit der Reformation wurde das Kloster geschlossen. An das Leben in dieser Zeit erinnern aber noch historische Umzüge, organisiert vom Verein Historische Mönchszüge Berg Oybin. Im Fackelschein singen Mönche Lieder von Mozart, Beethoven und Mendelssohn-Bartholdy. Aus der Klosterruine klingen Orgelwerke. Weil der Nachwuchs bei den singenden Mönchen fehlt, werden zu dem Fest seit ein paar Jahren zusätzliche Chöre eingeladen. Angeboten werden noch andere kulturelle Veranstaltungen wie Theateraufführungen und Romantik-Ausflüge am Abend, bei denen den Teilnehmern die unterschiedlichsten Sagen erzählt werden.

Wie im Jahr 1810 Caspar David Friedrich zieht es auch heute noch Maler in die Zittauer Berge, die ihre Staffelei hier in der Natur aufbauen. Doch was sich nach einem beschaulichen Idyll anhört, entpuppt sich nach und nach auch als Dorado für Wanderer und Kletterer.

Info: Oybin liegt ca. 100 km südöstlich von Dresden. **Info Burg und Kloster Oybin:** Hauptstr. 16, 02797 Oybin, Tel. (03 58 44) 733 11, www.burgundkloster-oybin.com, http://moenchszug-oybin.de, Öffnungszeiten tägl. April–Okt. 9–18, Nov.–März 10–16 Uhr, Eintritt € 7, ermäßigt € 6, Kinder € 2,50.

Die malerischen Ruinen der böhmischen Königsburg und des Klosters Oybin.

Spitzenstadt an der Weißen Elster

Plauen und das Vogtland

Plauen, Sachsen

Als Spitzenstadt im doppelten Sinne zieht Plauen als bedeutendste Stadt des Vogtlands Besucher an. Hübsch gelegen im Flusstal der Weißen Elster lädt die restaurierte historische Altstadt, die nach dem Zweiten Weltkrieg zu drei Vierteln zerstört war, zum Bummeln ein. Wahrzeichen von Plauen ist das Alte Rathaus mit Renaissancegiebel. Der Hauptbogen der Friedensbrücke (1903–05) gilt als einer der größten steinernen Brückenbogen der Welt. Einer der ältesten barocken Bauten in Sachsen ist die Lutherkirche, die 1693 bis 1722 errichtet wurde. Der spätgotische Flügelaltar (1490–95) stammt ursprünglich aus der berühmten Thomaskirche in Leipzig.

Seit dem 16. Jahrhundert brachte die Textilindustrie der Stadt Wohlstand und Ansehen. Berühmt wurde Plauen vor allem für seine Produktion von Spitze, wie ein Museum im Alten Rathaus dokumentiert. In einer ehemaligen Stickerei kann man zusehen, wie mit historischen Maschinen Spitze hergestellt wird.

Westlich vom Altmarkt wurde schon 1923 in drei frühklassizistischen Wohn- und Geschäftshäusern das Vogtlandmuseum zur Geschichte der Region eröffnet. Der Festsaal sowie ein klassizistisches Stilzimmer aus dem 18. Jahrhundert zeugen von alter Pracht und dem Geschmack des damaligen Bürgertums. Im Westflügel des Museums werden bedeutende künstlerische Werke des Vogtlands gezeigt. Funde aus der Ur- und Frühgeschichte sowie eine Waffen- und Militariasammlung ergänzen die Ausstellung.

Ein berühmter Plauener ist der Karikaturist Erich Ohser (1903–44), der mit seinen Bildergeschichten von Vater und Sohn international bekannt wurde. In der Galerie e.o. plauen in der Nobelstraße 7 werden u. a. Originale seiner Zeichnungen gezeigt.

Das Alte und das Neue Rathaus von Plauen.

Nicht verpassen sollte man auch den Besuch der Drachenhöhle sieben Kilometer nordwestlich von Plauen. In der einzigen Tropfsteinhöhle Sachsens beeindrucken funkelnde Stalagmiten, sehenswerte Sintergebilde – etwa die 50 Zentimeter lange »Gardine« – und mehrere miteinander verbundene Höhlenseen.

Info: Plauen liegt ca. 80 km südwestlich von Chemnitz. **Info Plauen:** Unterer Graben 1, 08523 Plauen, Tel. (037 41) 291 10 27, www.plauen.de. **Info Vogtlandmuseum:** Nobelstr. 7–13, Plauen, Tel. (037 41) 291 24 10, Di–So/Fei 11–17 Uhr, Eintritt € 3/2, bis 16 J. frei. **Info Schaustickerei:** Obstgartenweg 1, Plauen, Tel. (037 41) 44 31 87, www.schaustickerei-plauen.de, Mo–Sa 10–17 Uhr, Eintritt € 5/3. **Info Spitzenmuseum:** Altmarkt, im Alten Rathaus, Plauen, Tel. (037 41) 22 23 55, Di–Fr 10–17, Sa/So 10–16 Uhr, Eintritt € 5/1. **Info Drachenhöhle:** Höhlenberg 10, 08548 Syrau, Tel. (03 74 31) 37 35, www.syrau.de, tägl. April–Okt. 9.30–17 Uhr, Nov., Feb./März 10–16 Uhr, Eintritt € 6,50, ermäßigt € 4, bis 4 J. frei, Familien € 19.

Bärentöter und Blockhütte

Karl-May-Museum

Radebeul, Sachsen

Wer Silberbüchse, Bärentöter und Henrystutzen, die Gewehre der Romanhelden Winnetou und Old Shatterhand, im Original sehen will, findet diese legendären Waffen im Radebeuler Karl-May-Museum.

Empfangssalon, Arbeitszimmer und Bibliothek des Schriftstellers (1842–1912) in der Villa Shatterhand sind historisch getreu restauriert und mit dem originalen Inventar ausgestattet. Die Einrichtung des Arbeitszimmers von 1896 – ein ausgestopfter Löwe, Bärenfelle, exotische Wandbehänge, zahlreiche Waffen und andere fremdländische Gegenstände – sollte keinen Zweifel daran lassen, dass hier ein weitgereister und welterfahrener Mann saß, an einem Schreibtisch, der genau für seine Körperhöhe angefertigt worden war.

Das Wirken des Schriftstellers, dessen Abenteuererzählungen in mehr als 30 Sprachen übersetzt wurden, wird anhand zahlreicher Originale sowie bibliografisch-literarischer Exponate vermittelt. Das idyllische Wildwest-Blockhaus Villa Bärenfett, das im Dezember 1928 eröffnet wurde, zeigt eine inzwischen weltbekannte Ausstellung über die Indianer Nordamerikas. Mehr als sieben Millionen Besucher haben bereits die 850 Ausstellungsstücke wie Halsketten aus Zähnen und Krallen eines Grizzly, eine Friedenspfeife oder einen Medizinbeutel gesehen.

»Winnetou und Old Shatterhand sind Sachsen«: Karl-May-Museum Radebeul.

Das Leben der Indianer von der vorkolumbischen Zeit bis zur Gegenwart wird anschaulich erläutert. Bereits Anfang des 20. Jahrhunderts waren die mittlerweile vielfach erweiterten Ausstellungen im Blockhaus sowie im Wohnhaus Shatterhand eine Sensation. »Schon das Vestibül bildete ein kleines Museum von Sehenswürdigkeiten aus aller Herren Länder«, wusste der Reiseschriftsteller Franz Sättler zu erzählen: »Ich sah hier kostbare Waffen, ein orientalisches Reitgeschirr, ein mexikanisches Lasso, Vorhänge mit gold- und silbergewirkten Inschriften, einen mohammedanischen Rosenkranz mit sämtlichen Beinamen Allahs (...).«

Radebeul liegt an der Sächsischen Weinstraße. Weinliebhaber wandern durch die Weinberge zu den Schlössern Hoflößnitz und Wackerbarths Ruh.

Info: Radebeul liegt ca. 10 km nordwestlich vom Dresdner Zentrum. **Info Karl-May-Museum:** 01445 Radebeul, Tel. (03 51) 837 30 10, www.karl-may-museum.de, Öffnungszeiten Di–So März–Okt. 9–18, Nov.–Feb. 10–17 Uhr, Eintritt € 9, ermäßigt € 7, Kinder € 3, bis 3 J. frei.

Juwel höfischer Wohnkultur

Barockschloss Rammenau

Rammenau, Sachsen

Eines der schönsten Schlösser Sachsens fasziniert durch eine intakte barocke Architektur und eine üppige Ausstattung mit Wandmalereien, kostbaren Tapeten, Porzellan und Möbeln. Eine Dauerausstellung zur fast 300-jährigen Geschichte des Schlosses entführt in das Leben der Adligen zu früherer Zeit.

Im prächtigen Spiegelsaal und im Park finden häufig Konzerte statt, Kunsthandwerkermärkte – etwa die Leinentage Ende August – beleben ebenfalls das Areal rund um das Schloss. Ein Highlight ist auch der jährlich im Januar stattfindende Maskenball.

1721–31 auf dem Gelände eines Ritterguts erbaut, das der Kammerherr Ferdinand von Knoch erworben hatte, stand der Schlossneubau zunächst unter keinem guten Stern. Die Kosten für das zweistöckige barocke Schloss mit Ehrenhof, Kavaliershäusern und Barockgarten überstiegen die finanziellen Möglichkeiten des Bauherrn, und noch bevor der Innenausbau fertig war, musste Knoch Konkurs anmelden. So heißt das Pompejanische Zimmer, das gerade fertiggestellt werden sollte, seither auch Teufelszimmer.

Etliche Jahre gingen ins Land, bis 1744 Franz Josef von Hoffmann das Anwesen ersteigerte und sein Neffe fünf Jahre später das Schloss vollenden ließ. Während des Siebenjährigen Kriegs 1758 diente das Schloss dem Preußenkönig Friedrich dem Großen kurzzeitig als Hauptquartier. In Folge wechselte es häufig den Besitzer und wurde Ende des 18. Jahrhunderts im klassizistischen Stil überformt. Der Park änderte ebenfalls sein Aussehen, Schlossherr Rittmeister Friedrich von Kleist ließ ihn in einen englischen Landschaftsgarten umgestalten.

1945 von der Roten Armee besetzt, wurde die letzte dort wohnende Adelsfamilie von Helldorff enteignet. Seither wird Schloss Rammenau als Museum und zu schulischen Zwecken genutzt. Öfters diente die Anlage auch als Filmkulisse, etwa für den DEFA-Film »Aus dem Leben eines Taugenichts«. In den 1990er Jahren wurde das Schloss restauriert und instandgesetzt, es gehört dem Land Sachsen und wird als staatlicher Schlossbetrieb geführt.

Das barocke Schloss Rammenau.

Kulinarische Veranstaltungen im Schlossrestaurant gehen auf die Historie des Ortes ein. Man kann in der Schlossküche auch an einem Kurs teilnehmen und lernen, wie leckerer Rapunzel (Feldsalat) mit Ziegenkäse zubereitet wird. Den meisten aber reicht ein Kaffee auf der Restaurantterrasse mit Blick auf den wunderschönen Schlosspark.

Info: Am Ortsrand von Rammenau bei Bischofswerda gelegen, ca. 30 km nordöstlich von Dresden. **Info Schloss Rammenau:** Am Schloß 4, 01877 Rammenau, Tel. (035 94) 70 35 59, www.barockschloss-rammenau.com, Öffnungszeiten April–Okt. tägl. 10–18 (Restaurant Di geschl.), Nov.–März tägl. außer Di 10–16 Uhr. Eintritt € 5, Kinder € 1.

Land des Roten Porphyr

Rochlitzer Muldental

Rochlitz, Sachsen

Das Rochlitzer Muldental, gern als Tal der Burgen bezeichnet, liegt zwischen Chemnitz, Leipzig und Dresden. Der leuchtend rote Rochlitzer Porphyr prägt die gesamte Region als Naturwerkstein. Wie an einer Kette reihen sich in grüner Landschaft entlang der Zwickauer Mulde trutzige alte Gemäuer aneinander. Über der Stadt Rochlitz etwa wacht eine über 1000-jährige Schlossanlage, gebaut als klassische Befestigung mit zwei gewaltigen 50 Meter hohen Türmen. Im 14. und 15. Jahrhundert diente sie als Residenz der sächsischen Fürstenhäuser. Heute ist sie unverfälscht restaurierter Zeitzeuge für die Bauphasen von Romanik bis Renaissance. Hier werden die Fürstinnen und Fürsten längst vergangener Jahrhunderte wieder lebendig und führen durch eine interaktiv und multimedial gestaltete Ausstellung.

Die Rochsburg in Lunzenau, erstmals 1195 erwähnt, ist gleichermaßen weit über der Mulde sichtbar. Im Burgmuseum sind originalgetreue, fachmännisch gefertigte Kostüme aus zehn Jahrhunderten europäischer Mode zu bestaunen.

Ein märchenhafter Blickfang an der Zwickauer Mulde: Schloss Rochsburg.

Die Basilika Wechselburg aus dem Jahr 1168 zählt zu den kostbarsten romanischen Bauwerken in Deutschland. Der Lettner zwischen Gemeinde- und Chorraum ist markantes Merkmal der Kirche. Das Kloster wurde nach der Reformation nur selten genutzt, verfiel und wurde später als Schloss restauriert. Von 1952 bis 1972 fanden umfassende Rekonstruktionsarbeiten statt. 1993 wurde neben der Basilika ein Benediktinerkloster gegründet, zu dem auch ein Klosterladen und ein Garten gehören.

Die Region bietet Urlaubern spannende Wander- und Radtouren sowie Erlebnispfade und Themenwege durch die Natur, etwa den Porphyrlehrpfad Rochlitzer Berg, den Walderlebnispfad Wechselburg oder den Barfußweg Burgstädt. Aufregend ist – nicht nur für Familien – eine Schlauchbootfahrt entlang der Zwickauer Mulde inklusive Shuttleservice zum Ausgangsort und Picknickkorb zur Stärkung.

Info Rochlitzer Muldental: www.rochlitzer-muldental.de, www.porphyrland.de. **Info Schloss Rochlitz:** Sörnziger Weg 1, 09306 Rochlitz, Tel. (037 37) 49 23 10, www.schloss-rochlitz.de, Öffnungszeiten Ende März–Okt. Di–Fr 10–17, Sa/So 10–18 Uhr, Eintritt € 5, Kinder € 1. **Info Rochsburg:** Schlossstr. 1, 09328 Lunzenau, Tel. (03 73 83) 80 38 10, www.schloss-rochsburg.de, Öffnungszeiten April–Okt. Di–So 10–17, Nov./Dez. und Feb./März Di–So 10–16, Jan. geschl., Eintritt € 4, ermäßigt € 3. **Info Wechselburg:** Markt 10, 09306 Wechselburg, Tel. (03 73 84) 80 80, www.kloster-wechselburg.de.

Historisch und lebendig

ZITTAU

Zittau, Sachsen

Die Karriere des Ortes begann 1389, als er das Recht erhielt, Salz zu stapeln. Zu dem Zweck entstand eine Salzkammer, auf deren Grundmauern 1511 das heutige Salzhaus unweit des Neustädter Platzes errichtet wurde.

Das massive Gebäude überstand fünf Jahrhunderte, die DDR-Epoche nur mit Mühe, und präsentiert sich nach seiner Sanierung wieder als bedeutendster Profanbau der Stadt.

Zittau, in der Oberlausitz im äußersten Südosten Deutschlands gelegen, ist seit der Wiedervereinigung neu erblüht. Der Marktplatz mit Rathaus und Patrizierhäusern ist ein Blickfang erster Güte, er erinnert an eine lombardische Piazza mit einem Schloss. Das Alte Gymnasium, eines der ersten deutschen überhaupt und heute ein Geschäftshaus, ist ein ebenso hervorragend restaurierter Renaissancebau wie das Dornspachhaus, das ein historisches Wirtshaus beherbergt. Daneben steht die strahlende Johanniskirche, ein Schinkelbau mit besonders schönem Geläut.

Seit 1472 war hier 200 Jahre lang das berühmte Große Zittauer Fastentuch in Gebrauch. Nach einer wechselvollen Geschichte kehrte es 1999 nach Zittau zurück und hat im Museum der säkularisierten gotischen Kirche zum Heiligen Kreuz eine würdige Heimstatt gefunden. Mit 8,20 Metern Länge und 6,80 Metern Breite ist es das größte seiner Art in Europa.

Großartige Kirchen und prunkvolle Handelshöfe prägen das Bild der Stadt, die ihren Reichtum der Tuchmacherei, dem Tuchhandel und dem Brauwesen verdankte.

Heute ist Zittau auch ein Hochschulstandort und dient als Ausgangspunkt für Ausflüge ins Zittauer Gebirge. Reizvoll ist es, durch das Gassengewirr der Quartiere zu flanieren und sich dabei an den bunten Fassaden dieses

An eine lombardische Piazza erinnernd: Marktplatz mit Rathaus und Marsbrunnen in Zittau.

Kleinods im »hintersten Winkel« Deutschlands zu erfreuen.

Zittau betreibt gemeinsam mit Görlitz ein Theater, das Gerhart-Hauptmann-Theater. Die Spielstätte kann 400 Besucher aufnehmen. Kleine Höhepunkte in der Stadt sind die Zittauer Blumenuhr vor der Fleischerbastei und das »Schleifermännchen« im Brunnen bei der Kirche zum Heiligen Kreuz.

INFO: Zittau liegt ca. 100 km südöstlich von Dresden. Tourismuszentrum Naturpark Zittauer Gebirge: Markt 1 (Rathaus), 02763 Zittau, Tel. (035 83) 7976-400, https://zittau.de. **INFO GROSSES FASTENTUCH:** Im Museum Kirche zum Heiligen Kreuz, Frauenstr. 23, Zittau, Tel. (035 83) 500 89 20, Öffnungszeiten April–Okt. tägl. 10–17, Nov.–März Di–So 10–17 Uhr, Eintritt € 5, ermäßigt € 3, bis 16 J. frei.

Von Horch über Audi zu Volkswagen

Zwickau

Zwickau, Sachsen

Das westsächsische Zwickau, die viertgrößte Stadt Sachsens, wurde erstmals 1118 erwähnt. Nahezu 800 Jahre lang wurde hier und im Umland Steinkohle abgebaut. Die Stadt entwickelte sich zum wohlhabenden Versorgungs- und Verwaltungszentrum für die erzgebirgische Region. Um 1838 begann der industrielle Abbau der Zwickauer Steinkohlevorkommen; 1978 wurde letztmals Steinkohle gefördert.

In Zwickau predigten Thomas Müntzer und Martin Luther. Bereits 1523 nannte man Zwickau »eine feste Burg der Reformation«.

1810 wurde hier der Komponist Robert Schumann geboren, der bekannteste Sohn der Stadt. Sein Geburtshaus im Stadtzentrum besitzt einen umfangreichen Nachlass. Seit 1947 arbeitet das Robert-Schumann-Konservatorium erfolgreich als Musikschule. Jährlich im Juni wird mit dem Schumann-Fest Zwickau an den großen Komponisten erinnert und alle vier Jahre findet in der Stadt der international bedeutsame Robert-Schumann-Wettbewerb für Klavier und Gesang statt.

Zwickau ist die Wiege der sächsischen Automobilindustrie: Hier werden seit mehr als 100 Jahren ohne Unterbrechung Automobile produziert. Die Fahrzeugherstellung begann 1904 mit der Gründung der Horch-Motorwagenwerke, 1910 folgten die Audi Automobilwerke. Vor dem Zweiten Weltkrieg entwickelte und produzierte hier die Auto-Union, in der DDR-Zeit waren es die Sachsenring-Werke. Der in Zwickau gebaute Trabant brachte es immerhin auf eine Stückzahl von über drei Millionen. Heute lässt Volkswagen hier im großen Stile Autos zusammenbauen.

Der Hauptmarkt in Zwickau.

Im ehemaligen Zwickauer Audi-Werk fand 2004 das August-Horch-Museum als Glanzpunkt deutscher und europäischer Industriekultur den perfekten Standort. Auf 6500 Quadratmetern werden Exponate der Marken Audi, DKW, Horch, Wanderer, AutoUnion, Sachsenring, Trabant und VW eindrucksvoll im Kontext ihrer Bauzeit präsentiert: Den Besucher erwarten z. B. Autos, Lieferwagen und Motorräder aus dem Straßenbild der 1930er/40er Jahre.

Zwickau ist darüber hinaus reich an attraktiver historischer Bausubstanz. Da sind z. B. der Zwickauer Dom und die Priesterhäuser am Domhof, die Katharinenkirche, das Dünnebierhaus, die Schlossanlage Osterstein und das Gewandhaus. Perlen des Jugendstils sind das Ballhaus Neue Welt und das Johannisbad.

Info: Zwickau liegt ca. 45 km südwestlich von Chemnitz. **Info Zwickau:** Tourist Information, Hauptstr. 6, 08056 Zwickau, Tel. (03 75) 271 32 40, www.zwickautourist.de. **Info August Horch Museum:** Audistr. 7, Zwickau, Tel. (03 75) 271 73 80, www.horch-museum.de, Öffnungszeiten Di–So 9.30–17 Uhr, Eintritt € 11, ermäßigt € 9, bis 5 J. frei.

Eins von 150 Großexponaten:
der Horch 12/28 PS von 1911.

Sächsische Schweiz im Elbsandsteingebirge: Blick von der Bastei auf die Elbe.

NIEDER-
SACHSEN
BRANDENBURG
SACHSEN-
ANHALT
SACHSEN
THÜRINGEN
BERLIN
Alte Elde
Jeetzel
Ilmenau
Uelzen
Fürstenberg
Ruppiner See
Rhinkanal
Elbe
Salzwedel
Elbe-Seiten-Kanal
Hennigsdorf
Stendal
Rathenow
Gardelegen
Tangermünde
Gifhorn
Havel
Weser-Elbe-Kanal
Ohre
Wolfsburg
Elbe-Havel-Kanal
Brandenburg
Potsdam
Breitling-see
Haldensleben
Braunschweig
Plane
Burg
Ludwigsfelde
Helmstedt
Marienborn
Wolfenbüttel
Magdeburg
Luckenwalde
Schönebeck
Nuthe
Pömmelte
Bad Harzburg
Halberstadt
Wittenberg
Wernigerode
Staßfurt
Dessau
Wörlitz
Brocken 1142
Quedlinburg
Bernburg
Thale
Aschersleben
Rappbode-Talsperre
Saale
Gräfenhainichen
Bitterfeld
Wipper
Mulde
Stolberg
Eisleben
Nordhausen
Halle
Sangerhausen
Halle-Neustadt
Eilenburg
Helme
Weiße Elster
Wipper
Sondershausen
Wurzen
Merseburg
LEIPZIG
Unstrut
Weißenfels
Pleiße
Sömmerda
Naumburg
Borna
Zwickauer Mulde
Döbeln
Ilm
Weiße Elster
Zeitz
Gotha
Erfurt
Weimar
Altenburg
Jena
Arnstadt
Gera
0
25 km

Wie aus einer anderen Epoche: der historische Stadtkern in Quedlinburg.

SACHSEN-ANHALT

Teufelskanzel und Hexenaltar

Brocken

Sachsen-Anhalt

Der Brocken im Harz ist mit 1141 Metern der höchste Berg im Norden Deutschlands. Bei guten Bedingungen bietet der Gipfel einen herrlichen Blick bis nach Thüringen, ins Weserbergland und zum Petersberg bei Halle. Schon für Goethe und Heine gehörte eine Brockentour zum Höhepunkt eines Harzbesuchs. Die exponierte Lage des Brockens diente wohl schon in der Bronzezeit als Landmarke eines Observatoriums auf dem 85 Kilometer entfernten Mittelberg. Dort wurde die berühmte Himmelsscheibe von Nebra gefunden, die sich u. a. anhand der Sichtlinie zum Brocken genau ausrichten ließ. Und die Lage hat alpine Wetterbedingungen mit kurzen Sommern, langen Wintern, schweren Stürmen und niedrigen Temperaturen ebenso zur Folge wie eine mit Nordskandinavien vergleichbare Flora und Fauna.

Mit der Brocken-Schmalspurbahn geht es hinauf zum sagenumwobenen Brocken.

1895 wurden eine Wetterwarte, später ein Observatorium und 1936 der erste Fernsehturm der Welt auf dem Brocken gebaut. Im April 1945 stellte man den Sendebetrieb angesichts der anrückenden US-Armee ein, Bomben zerstörten das Hotel und weitere Gebäude. Bis 1947 besetzten amerikanische Truppen den Brocken, dann ging er an die Sowjetische Besatzungszone über und konnte bis August 1961 besucht werden. Danach erklärte man den Brocken zum militärischen Sperrgebiet und nutzte ihn für Überwachungs- und Spionagezwecke. Seit dem Mauerfall 1989 wird die Landschaft mit großem Aufwand renaturiert.

Auch die 1899 eröffnete Schmalspurbahn mit ihrem Bahnhof in 1125 Metern Höhe bringt wieder Touristen aus Wernigerode, Drei Annen Hohne und Schierke auf den Gipfel, wo sie ein botanischer Garten, ein Museum, ein Berghotel und Restaurants erwarten. Wer lieber aktiv unterwegs ist, kann auf einem der Wanderwege laufen. Die asphaltierte Brockenstraße von Schierke zum Gipfel führt durch den Nationalpark und darf deshalb nur mit Sondergenehmigung von Autos befahren werden.

Info: Der Brocken liegt von Wernigerode ca. 30 km entfernt. **Info Harzer Tourismusverband:** Tel. (053 21) 340 40, www.harzinfo.de, Marktstr. 45, 38640 Goslar. **Info Brockenbahn:** www.hsb-wr.de, einfache Fahrt € 29, Kinder (6–14 J.) € 17,50. **Info Brockenhotel:** Brockenplateau, 38879 Schierke, Tel. (039455) 120, www.brockenhotel.de, Preise auf Anfrage.

Ohne Stuck und Schnörkel

Bauhausstätten

Dessau, Sachsen-Anhalt

Architekturstile und Ideologien kamen und gingen. Das Bauhaus hat sie alle überlebt. In keiner Stadt hat es so gewirkt wie in dem aufstrebenden Industriestandort Dessau und nirgendwo sonst konnte das Bauhaus seinen Anspruch auf Mitgestaltung der modernen Gesellschaft so konsequent umsetzen. Was damals gebaut wurde, wirkt heute noch modern. Das Bauhausgebäude, von Walter Gropius entworfen und 1926 eingeweiht, fällt durch seine große Glasfassade auf – heute normal, damals revolutionär. Das Ensemble aus Glas, Stahl und Beton wirkt klar, transparent, ist ohne Stuck und Schnörkel.

In diesem Gebäude fand der aus Weimar vertriebene Architekt Gropius 1925 mit seiner 1919 gegründeten Hochschule für Gestaltung eine neue Wirkungsstätte. Ateliers, Werkstätten, Berufsschule und Bühne verkörpern damals wie heute den Bauhaus-Gedanken des Zusammenwirkens von Architekten, Designern und Handwerkern.

Neben dem transparenten, offenen und schlichten Kubus des Bauhausgebäudes entwarf Gropius drei Doppelhäuser, die sogenannten Meisterhäuser, für die Lehrer und ein Einzelhaus für den Direktor des Bauhauses. In die Gebäude an der Ebertallee zogen Lyonel Feininger, László Moholy-Nagy, Georg Muche, Oskar Schlemmer sowie Paul Klee und Wassily Kandinsky mit ihren Familien ein. Später lebten dort Hannes Meyer, der zweite, und Ludwig Mies van der Rohe, der dritte Bauhausdirektor.

Klar, transparent, ökonomische Raumaufteilung, außen weiß und innen farbig: Gropius wollte in der Siedlung mit industriell vorgefertigten Elementen die Prinzipien des rationellen Bauens verwirklichen. Es folgten weitere Gebäude: von Gropius die Reihenhäuser in der Siedlung Törten und das Arbeitsamt (heute Amt für Ordnung und Verkehr), von Hannes Meyer die Laubenganghäuser und von Georg Muche das Stahlhaus.

Ein Wahrzeichen Dessaus: das 1926 nach Plänen von Walter Gropius errichtete Bauhaus.

Die im Krieg zerstörten Häuser Gropius und Moholy-Nagy wurden 2014 als Neue Meisterhäuser wiedereröffnet, als moderne Bauten mit offener Raumstruktur. Die Meisterhaussiedlung kann ebenso wie das Bauhausgebäude – seit 1996 UNESCO-Weltkulturerbe – besichtigt werden. Das Haupthaus ist Sitz der Stiftung Bauhaus Dessau und ein Ort der Lehre und Forschung. Im Bauhaus-Jahr 2019 eröffnete das Bauhaus Museum, ein minimalistischer Glaskubus.

Info: Dessau liegt ca. 65 km südöstlich von Magdeburg. **Info Bauhaus Dessau:** Bauhausgebäude, Gropiusallee 38, 06846 Dessau, Tel. (03 40) 650 82 50, www.bauhaus-dessau.de, Öffnungszeiten tägl. 10–17 Uhr, Eintritt ein Bauhausbau € 8,50, Gesamtticket € 15, unter 18 J. frei.

Die Wiege der Reformation

Luther-Gedenkstätten

Eisleben und Wittenberg, Sachsen-Anhalt

Ohne diesen ehemaligen Augustinermönch sähe die Welt heute anders aus. Er lehnte die damals gängigen Praktiken der römisch-katholischen Kirche ab. Seine 95 Thesen wirkten wie ein Erdbeben, das noch in Rom zu spüren war. Auf historischen Spuren wandeln, das ist in Eisleben kein Problem. Die Geburts- und Sterbestadt Luthers setzt den Besucher auf die Fährte des berühmten Theologen: Der »Lutherweg« führt an den Stationen vorbei, die für Luther von Bedeutung waren.

Luther-Denkmal auf dem Wittenberger Marktplatz.

In seinem Geburtshaus und dem modernen Anbau ist in dreizehn Themenräumen die Ausstellung »Von daher bin ich – Martin Luther und Eisleben« zu sehen; rund 250 Exponate erzählen von der Herkunft des Reformators. Auch Luthers Wohnung wurde nachgebildet. Seine letzten großen Predigten hielt Luther in der spätgotischen Andreaskirche, in der die sogenannte Lutherkanzel erhalten blieb. Gegenüber befindet sich das (angebliche) Sterbehaus. Hier wird auch die einzige »Reliquie« des Reformators aufbewahrt, das Bahrtuch.

Knapp 125 Kilometer nordöstlich von Eisleben liegt Wittenberg, ein weiterer wichtiger Ort im Leben Luthers, denn hier soll er am 31. Oktober 1517 seine 95 Thesen an die Tür der Schlosskirche angeschlagen haben, die nun als »Denkmal der Reformation« gilt. Die originale hölzerne Tür, die die Universität für Mitteilungen nutzte, wurde jedoch im 19. Jahrhundert vom preußischen König Friedrich Wilhelm IV. durch eine bronzene Tür ersetzt. 35 Jahre lebte Luther in Wittenberg. Sein Wohnhaus, das heutige Lutherhaus, zeigt ebenfalls eine große Ausstellung, die sich mit Leben, Werk und Wirkung des Reformators beschäftigt. Nicht nur Luther und seine Familie lebten in dem Gebäude, seine Frau Katharina von Bora betrieb hier auch ein Wohnheim, in dem ungefähr 20 Studenten Unterkunft fanden. Vermutlich hat sie durch die Vermietungen mehr Geld verdient als ihr Mann als Professor.

Wer von dort zurück in Richtung Marktplatz geht, kommt am Melanchthonhaus vorbei, das wie die Lutherhäuser von Wittenberg und Eisleben auf der Liste der UNESCO-Welterbestätten steht. Die hiesige Ausstellung gewährt Einblicke in das Leben und Werk des Humanisten und Freundes Luthers. Luther fand in Wittenberg zusammen mit Philipp Melanchthon seine letzte Ruhestätte.

Im Jahr 2017 wurde das große Reformationsjubiläum an allen Wirkungsstätten Luthers festlich begangen.

Info Eisleben: Tourist Information, Markt 22, 06295 Lutherstadt Eisleben, Tel. (034 75) 60 21 24, www.eisleben.eu. **Info Wittenberg:** Tourist Information, Schlossplatz 2, 06886 Lutherstadt Wittenberg, Tel. (034 91) 49 86 10, www.lutherstadt-wittenberg.de, Öffnungszeiten April–Okt. tägl. 9–18, Nov.–März tägl. 10–17 Uhr. **Info Gedenkstätten:** www.martinluther.de. **Weitere Infos:** www.wittenberg.de und www.impuls-reformation.de.

Industriekultur und Festivalkulisse

FERROPOLIS

Gräfenhainichen, Sachsen-Anhalt

Ferropolis, die Stadt aus Eisen, ist ein weltweit einzigartiges Freiluftmuseum und Festivalkulisse für 25000 Zuschauer in einem ehemaligen Braunkohletagebau nahe Gräfenhainichen, östlich von Dessau. Fünf Großgeräte konnten vor der Verschrottung gerettet werden und erinnern seit 1995 an 150 Jahre Kohleförderung in der Region: zwei Eimerkettenbagger, ein Schaufelradbagger und zwei Absetzer. In Mitteldeutschland waren vor der Wende 60000 Bergleute mit der Förderung und Verarbeitung der Braunkohle beschäftigt, jährlich holten sie bis zu 100 Millionen Tonnen aus den Tagebauen und verkippten ein Mehrfaches an Abraum.

Den großartigen ingenieurtechnischen Leistungen standen umfassende Schädigungen der Umwelt gegenüber. Das Jahr 1991 gilt als Ende der großen mitteldeutschen Kohleförderung. Der Gedanke, auf einer Halbinsel des Gremminer Sees ein begehbares Industriemuseum und ein besonderes Veranstaltungsareal zu schaffen, stammt aus der nahegelegenen »Ideenschmiede« Bauhaus Dessau.

Vor der gewaltigen Kulisse finden u.a. die Festivals Melt! und splash! statt. Die Halbinsel verwandelt sich dabei in ein blitzendes Lichtermeer mit bizarren Effekten. Weltweit bekannte Künstler schätzen den einmaligen Standort für ihre Konzerte. Ferropolis ist jährlich auch der ideale Schauplatz für die »Pyro Games – Duell der Feuerwerker«.

Einer anderen Musikrichtung kann man in Gräfenhainichen nachspüren: Dem bedeutendsten Sohn der Stadt, dem evangelisch-lutherischen Pfarrer und Liederdichter Paul Gerhardt, ist eine Ausstellung in der Paul-Gerhardt-Kapelle gewidmet.

INFO: Gräfenhainichen liegt ca. 65 km nördlich von Halle/Saale. **INFO FERROPOLIS:** Ferropolisstr. 1, 06773 Gräfenhainichen, Tel. (03 49 53) 351 20, www.ferropolis.de, Öffnungszeiten tägl. Nov.–März 10–17, April–Okt. 10–18, Sa/So bis 19 Uhr, im Juli eingeschränkt, Eintritt € 6, ermäßigt € 3, unter 6 J. frei. **INFO GRÄFENHAINICHEN:** www.graefenhainichen.de.

Das Musikfestival Melt! auf dem Gelände von Ferropolis bei Gräfenhainichen.

Einer der kostbarsten Kirchenschätze der Welt

Dom St. Stephanus und St. Sixtus

Halberstadt, Sachsen-Anhalt

Der Dom überrascht gleich mehrfach: durch seine architektonische Eleganz, die vielen gut erhaltenen mittelalterlichen Glasfenster, die zahlreichen imposanten steinernen Antlitze, die überall hervorragen, und nicht zuletzt durch einen gigantischen Kirchenschatz. 650 Einzelstücke sind aus der Zeit zwischen dem 9. und 19. Jahrhundert erhalten – Altarbilder und Skulpturen, Handschriften und Mobiliar, Bronzewerke und Goldschmiedearbeiten.

Dazu kommen eine der bedeutendsten Sammlungen mittelalterlicher Textilien, darunter 90 liturgische Gewänder und die ältesten romanischen Bildteppiche, aber auch kostbare Reliquiare und Elfenbeinschnitzereien sowie eine prunkvolle Weihbrotschale aus Byzanz, vermutlich eine Beute aus dem vierten Kreuzzug.

Seine faszinierende Ausstrahlung verdankt der Dom St. Stephanus und St. Sixtus am Rande der Altstadt dem dritten Wiederaufbau, einem gotischen Neubau aus dem Jahr 1236. Dabei wurde der ottonische Vorgängerbau Stück für Stück abgetragen. Dem Baustil klassischer französischer Kathedralen ist man während der 250-jährigen Bauzeit konsequent treu geblieben.

Dom St. Stephanus und St. Sixtus in Halberstadt.

Beim Eintritt durch das Westportal eröffnet sich dem Besucher eindrucksvoll der langgestreckte, dreischiffige Innenraum. Hohe Gewölbe überspannen das Mittelschiff. Über der filigranen Lettnerhalle erhebt sich die um 1220 entstandene Triumphkreuzgruppe, das herausragende Kunstwerk des Doms.

In den Fenstern des Chorumgangs leuchten farbige Glasmalereien. Als architektonisches Kleinod bildet die Marienkapelle aus der Mitte des 14. Jahrhunderts den östlichen Abschluss des Doms. Der vierflüglige, zweigeschossige Kreuzgang stammt aus dem 13. Jahrhundert.

Vom Dom ist es nicht weit zur Burchardikirche. Wer dort der Aufführung von John Cages Orgelstück »Organ 2/ASLSP« lauschen möchte, braucht sich nicht zu sputen: Sie soll 639 Jahre dauern. Beginn war am 5. September 2001. ASLSP steht übrigens für: »As SLow aS Possible«. Der jeweils nächste Klangwechsel wird auf der Website angekündigt.

Info: Halberstadt liegt ca. 55 km südwestlich von Magdeburg. **Info Dom St. Stephanus und St. Sixtus:** Domplatz, 38820 Halberstadt, Tel. (039 41) 242 37, www.die-domschaetze.de, Öffnungszeiten Mai–Okt. Di–Sa 10–17.30, So/Fei 11–17.30, Nov.–April Di–Sa 10–16, So/Fei 11–16 Uhr, Eintritt Domschatz: € 8, ermäßigt € 6, bis 16 J. frei. **Info Burchardikirche:** Am Kloster 1, Halberstadt, www.aslsp.org.

Vom Armenhaus zum kulturellen Leuchtturm

Franckesche Stiftungen zu Halle

Halle an der Saale, Sachsen-Anhalt

Der evangelische Theologe und Pädagoge August Hermann Francke gründete 1698 die Franckeschen Stiftungen zu Halle. Als wichtiger Vertreter des deutschen Pietismus kritisierte er mangelnde christliche Lebensführung und setzte umfassende soziale und pädagogische Reformen durch. Bildung sollte die individuellen Fähigkeiten berücksichtigen, unabhängig von der sozialen Schicht möglich sein und das Lernen sollte praxisnah erfolgen – diese modernen, an Martin Luthers Reformen anknüpfenden Ideen verwirklichte Francke schon Anfang des 18. Jahrhunderts in einer Schulstadt, die innerhalb weniger Jahrzehnte zur bedeutendsten protestantischen Bildungseinrichtung Europas avancierte.

Von 1698 bis 1748 wurden die Franckeschen Stiftungen mit dem gewaltigen Waisenhaus als Hauptgebäude, deren Architektur ebenso zukunftsweisend war wie das pädagogische Konzept, errichtet. Hinzu kamen Buchhandlung, Druckerei, Apotheke und Mineralienkabinett, deren Einnahmen in die Stiftung flossen und neben anderen den Bau einer Mädchenschule und eines Waisenhauses für Mädchen ermöglichten.

Hauptgebäude der Franckeschen Stiftungen in Halle: das Historische Waisenhaus.

Die etwa 50 historischen Gebäude, darunter das Lange Haus, das längste Fachwerk Europas, sind hervorragende Beispiele sozialer und pädagogischer Zweckarchitektur und hätten eigentlich den Status UNESCO-Welterbe verdient. Die Stiftungen beherbergen bis heute mehrere Schulen, einen Kindergarten und ein Seniorenpflegeheim neben Instituten der Martin-Luther-Universität oder der Kulturstiftung des Bundes.

Franckes ehemaliges Wohnhaus, von dem aus er die Stiftung bis zu seinem Umzug ins Pfarrhaus der Ullrichskirche leitete, beherbergt heute das Informationszentrum der Franckeschen Stiftungen und das Francke-Kabinett, eine ständige Ausstellung zu Franckes Wirken. Im Waisenhaus befindet sich die Kunst- und Naturalienkammer, die einzige vollständig erhaltene barocke Wunderkammer Europas. Auch die Kulissenbibliothek im Lindenhof, die 50 000 Bücher im Altbestand zählt, ist sehr beeindruckend.

Info Franckesche Stiftungen: Franckeplatz 1, Haus 28, 06110 Halle, Tel. (0345) 212 74 00, www.francke-halle.de, Öffnungszeiten Di–So 10–17 Uhr, Eintritt € 6, ermäßigt € 4, unter 18 J. frei.

Heimat der Himmelsscheibe von Nebra

Landesmuseum für Vorgeschichte

Halle an der Saale, Sachsen-Anhalt

Das Landesmuseum für Vorgeschichte beherbergt eine der bedeutendsten archäologischen Sammlungen der Bundesrepublik. Der Bestand beläuft sich auf über 15 Millionen Stücke. Die völlig neu gestaltete Dauerausstellung zeigt die archäologischen Funde Sachsen-Anhalts in chronologischer Folge – vom Beginn der Steinzeit bis zur vorrömischen Eisenzeit, nach Abschluss der Erweiterung bis zum Mittelalter. Das Museum wurde 1819 in Naumburg gegründet und zog 1823 nach Halle, wo es 1918 endlich in das erste Museumsgebäude für Vorgeschichte in Deutschland einziehen konnte. Der von Wilhelm Kreis entworfene Bau orientiert sich an der Porta Nigra in Trier.

In die Schlagzeilen geriet das Museum durch die Himmelsscheibe von Nebra, eine Metallplatte aus der Bronzezeit, die im Juli 1999 von Raubgräbern auf dem Mittelberg nahe der Stadt Nebra ausgebuddelt wurde. Nachdem die Scheibe mehrere Jahre von einem Hehler zum nächsten gereicht worden war, ist sie seit 2008 in der Dauerausstellung des Landesmuseums in Halle zu sehen. 2013 wurde sie in das Dokumentenerbe der UNESCO aufgenommen. Die mit Goldapplikationen verzierte, tellergroße Scheibe zeigt astronomische Phänomene und Symbole religiöser Themenkreise und gilt als die weltweit älteste konkrete Himmelsdarstellung.

Ein sensationeller Fund aus der frühen Bronzezeit: die Himmelsscheibe von Nebra (ca. 1600 v. Chr.) im Landesmuseum für Vorgeschichte in Halle.

In der Nähe des Fundortes bei Nebra an der Unstrut eröffnete 2007 das multimediale Besucherzentrum »Arche Nebra« in einem reizvollen futuristischen Bau. Hier wird auf spannende Art versucht, alle Geheimnisse der Himmelsscheibe zu entschlüsseln – ein Erlebnis für Kinder und Erwachsene mit einem digitalen Planetarium. Am Fundort der Scheibe hat man von einer 30 Meter hoch gelegenen Aussichtsplattform aus eine gute Sicht bis zum Kyffhäuser und zum Brocken.

Info: Im Mühlwegviertel unweit der Innenstadt gelegen. **Info Landesmuseum für Vorgeschichte:** Richard-Wagner-Str. 9, 06114 Halle/Saale, Tel. (03 45) 52 47 30, www.landesmuseum-vorgeschichte.de, www.himmelswege.de, Öffnungszeiten Di–Fr 9–17, Sa/So 10–18 Uhr, Eintritt € 5, ermäßigt € 3. **Info Arche Nebra:** An der Steinklöbe 16, 06642 Nebra, Tel. (03 44 61) 255 20, www.himmelsscheibe-erleben.de, Öffnungszeiten April–Okt. tägl. 10–18, Nov.–März Di–Fr 10–16, Sa/So 10–17 Uhr, Eintritt € 7,50, ermäßigt € 4.

Schätze der Reformationszeit

MARKTKIRCHE

Halle an der Saale, Sachsen-Anhalt

Dreimal predigte Luther in Halles Marktkirche, Georg Friedrich Händel wurde hier getauft und Johann Sebastian Bach weihte die große Orgel ein. »So eine Kirche findet man auf der ganzen Welt nicht wieder«, sagte Professor Oskar Rebling, von 1919 bis 1967 Organist der Marktkirche. Die Totenmaske in der nordwestlichen Turmkammer der Marktkirche erinnert heute noch daran, dass Martin Luther 1545 zu der reformierten Gemeinde gesprochen hat. Die Wachsmaske des Reformators entstand vermutlich nach einem Gipsabdruck, den der Maler Lukas Furtenagel am 19. Februar 1546 in Eisleben abgenommen hat. Zu besichtigen sind außerdem ein Abdruck von Luthers Händen sowie eine fünf Meter hohe Gedenktafel an der östlichen Außenwand.

In der 1430 von Ludolf und Heinrich von Braunschweig gegossenen Bronzetaufe wurde im Jahr 1685 ein Knabe mit dem Namen Georg Friedrich Händel getauft. Der spätere Komponist erhielt an der kleinen Georg-Reiche-Orgel seinen ersten Orgelunterricht. Erst 1716 wurde die große Orgel, erbaut von Christoph Cuntius, im Beisein von Johann Sebastian Bach eingeweiht.

Die beiden Turmpaare der Marktkirche bilden das unverwechselbare Wahrzeichen der Stadt. Kardinal Albrecht von Brandenburg ließ 1529 zwei kleinere mittelalterliche Kirchen zu einer neuen, großen vereinen. Die alten Gebäude wurden abgetragen, nur die spätromanischen und spätgotischen Kirchtürme blieben stehen. Der Raum dazwischen wurde mit einem dreischiffigen Hallenbau ergänzt. Die Pläne stammen vom halleschen Baumeister Caspar Kraft. Heute weist nur der Flügelaltar aus der Werkstatt von Lucas Cranach d. Ä. auf den katholischen Kardinal als Auftraggeber hin.

Die erste evangelische Predigt hielt Justus Jonas, ein Freund und Mitstreiter Luthers, am Karfreitag des Jahres 1541 in der Marktkirche – Halle hatte sich für die lutherische Lehre entschieden.

Halle/Saale – Weihnachtsmarkt auf dem Marktplatz mit Marktkirche, Händel-Denkmal und Rotem Turm (v. l. n. r.).

INFO: Im Zentrum Halles gelegen. **INFO MARKTKIRCHE:** An der Marienkirche, 06108 Halle, Tel. (03 45) 517 08 94, www.marktkirche-halle.de, Öffnungszeiten April–Dez. Mo–Sa 10–17, So 15–17, Jan.–März Mo–Sa 11.30–16, So 11.30–12.30 Uhr. **INFO HALLE:** Tourist Information, Marktplatz 13, 06108 Halle, Tel. (03 45) 122 99 84, www.halle-tourismus.de.

Moderne Kunst hinter historischen Mauern

Kunstmuseum Moritzburg Halle (Saale)

Halle an der Saale, Sachsen-Anhalt

Lyonel Feininger empfand die Stadt Halle als »höchst reizvoll«, als er in den Jahren 1929 bis 1931 in seinem Atelier im Turm der Moritzburg seine berühmte elfteilige Folge von städtischen Ansichten malte. Heute besitzt das Kunstmuseum des Landes Sachsen-Anhalt noch drei Gemälde aus Feiningers Halle-Zyklus (eines davon, der »Rote Turm I«, konnte erst 2009 rückerworben werden) sowie etliche Zeichnungen.

Innenhof des Kunstmuseums Moritzburg Halle (Saale).

Das Museum ist bekannt für seine hochrangige Sammlung der Klassischen Moderne. Neben Feininger sind mit Paul Klee, Wassily Kandinsky und Fritz Winter weitere Bauhauskünstler vertreten. Außerdem nehmen Werke expressionistischer Maler einen zentralen Platz ein. Die Brücke-Maler Erich Heckel, Otto Mueller, Max Pechstein und Karl Schmidt-Rottluff gehören wie Franz Marc zu den bekanntesten vertretenen Künstlern. Auf die gleichen künstlerischen Wurzeln verweisen Gemälde Max Beckmanns, Lovis Corinths, Gustav Klimts und Edvard Munchs.

Seit 2017 zeigt das Haus seine umfangreichen Sammlungen in einer neu gestalteten Präsentation auf über 1500 Quadratmetern. »Wege der Moderne. Kunst im 20. Jahrhundert« lehnt sich eng an die Sammlungsgeschichte an und spart auch nicht die beiden Diktaturen zwischen 1933 und 1945 sowie 1949 und 1990 aus.

Untergebracht ist das 1885 gegründete Museum für Kunst und Kunstgewerbe bereits seit 1904 in einer vierflügeligen Schlossanlage aus dem späten 15. Jahrhundert, erbaut als Residenz der Magdeburger Erzbischöfe. Während des Dreißigjährigen Kriegs wurden West- und Nordflügel bis auf die Außenmauern zerstört und blieben jahrhundertelang ruinös, andere Teile wurden im Laufe der Zeit vielfältig verändert und ergänzt.

Für die Erweiterung des Museums mit Um- und Ausbau des Nord- und Westflügels zeichnete das spanische Architektenpaar Fuensanta Nieto und Enrique Sobejano verantwortlich. Entstanden ist eine fulminante Architektur, die Altes und Neues faszinierend miteinander verbindet und so selbst zu einem Highlight eines jeden Halle-Besuchs gerät.

Info: In der Innenstadt gelegen. **Info Kunstmuseum Moritzburg Halle (Saale):** Friedemann-Bach-Platz 5, 06108 Halle/Saale, Tel. (03 45) 21 25 90, www.kunstmuseum-moritzburg.de, Öffnungszeiten tägl. außer Mi 10–18 Uhr, Eintritt vgl. Website, Kinder und Jugendliche bis 18 J. frei.

Schiefer Turm der Wissenschaft

JAHRTAUSENDTURM

Magdeburg, Sachsen-Anhalt

Im Elbauenpark, schräg gegenüber der Magdeburger Altstadt, steht ein Superlativ – das höchste Holzgebäude der Welt! Der 60 Meter hohe, in einer gebogenen Spitze endende Turm sieht aus wie ein überdimensionales Rundzelt, an dem sich spiralförmig eine 450 Meter lange Rampe nach oben windet. 1999 wurde der markante Turm als Blickfang und Wahrzeichen der 25. Bundesgartenschau errichtet, heute beherbergt er eine Ausstellung zur Geschichte der Wissenschaften.

Auf 8000 Quadratmetern Ausstellungsfläche, verteilt auf sechs Etagen, kommen Besucher hautnah mit den wichtigsten Erfindungen seit der Frühzeit des Menschen in Berührung. Zu den Exponaten gehören ein altägyptisches Nilschiff, ein begehbares römisches Haus, ein historisches Schöpfrad aus dem Mittelalter, ein Foucaultsches Pendel, ein Flugapparat nach Plänen von Leonardo da Vinci, ein Pestsarg aus dem 16. Jahrhundert, eine Röntgenröhre und vieles, vieles mehr.

Egal ob Mechanik oder Magnetismus, Alchemie oder Biologie, Buchdruck, Wärmelehre oder Kernenergie – alle nur möglichen interessanten Phänomene aus Wissenschaft und Technik werden hier vorgestellt und erlebbar gemacht. Und das in einem wirklich einmaligen architektonischen Rahmen! Viele der rund 250 Ausstellungsgegenstände dürfen berührt oder ausprobiert werden. So kann man beispielsweise gern mal durch ein astronomisches Fernrohr blicken und schauen, welche Zeit die Uhr am Magdeburger Dom anzeigt.

Regelmäßig finden im Jahrtausendturm Führungen, Wechselausstellungen und Sonderveranstaltungen statt. Auch der umgebende Elbauenpark ist nicht einfach nur eine städtische Grünanlage, sondern bietet rund ums Jahr ein abwechslungsreiches kulturelles Programm.

INFO: In Magdeburg-Herrenkrug gelegen.
INFO JAHRTAUSENDTURM: Tessenowstr. 5 A, 39114 Magdeburg, Tel. (03 91) 593 42 63, www.jahrtausendturm-magdeburg.de, Öffnungszeiten April–Okt. Di–So 10–18 Uhr, Eintritt € 6, ermäßigt € 4, Kinder bis 6 J. frei.

Der Jahrtausendturm in Magdeburg ist das höchste Holzgebäude der Welt.

Drei Jahrhunderte Bauzeit

MAGDEBURGER DOM

Magdeburg, Sachsen-Anhalt

Er ist die erste gotische Kathedrale auf deutschem Boden und eine der größten Kirchen Deutschlands überhaupt: Der Magdeburger Dom, in 311 Jahren Gesamtbauzeit vollendet, ist auch eines der bedeutendsten Beispiele für den Übergang von der Romanik zur Gotik. Seine Ursprünge gehen zurück in das Jahr 937, als Otto I. ein Kloster zu Ehren des heiligen Mauritius gründete, dessen Kirche er ab 955 erweitern und 968 zur Kathedrale erheben ließ. Otto stattete den Dom mit antiken Kostbarkeiten aus, die er aus Oberitalien herbeischaffen ließ: Säulen aus Kaiserporphyr, Marmor und Granit, die zum großen Teil heute noch im Dom vorhanden sind.

Als der Kaiser 973 in Memleben starb, erfolgte die Beisetzung in einem Steinsarkophag. Der jedoch wurde im Dreißigjährigen Krieg geplündert, so dass sich heute nur noch das Skelett und Gewandreste darin befinden. 1207 wurde der ottonische Dom bei einem Stadtbrand zerstört. Erzbischof Albrecht II. entschied sich für einen modernen Neubau, der bereits zwei Jahre später begann. Da die deutschen Baumeister und Handwerker den neuen gotischen Stil noch nicht kannten, lernten sie vieles erst im Laufe des Dombaus. So begannen die Arbeiten im östlichen Chorraum, der noch romanische Merkmale trägt. Erst 1362 konnte der Sakralbau geweiht werden, die 101 Meter hohen Westtürme sind sogar erst 1520 vollendet worden, aber immerhin noch in der Zeit der Gotik.

Das Herrscherpaar Kaiser Otto I. mit seiner ersten Gemahlin Editha im Hauptschiff des Magdeburger Doms.

Der heutige Besucher des Doms erlebt einen monumentalen, überraschend hellen und steinsichtigen Raum, dem fast jede Farbigkeit fehlt, der aber einmalige originale Ausstattungsstücke von internationalem Rang aus fast allen Kunstepochen enthält: Spolien aus dem ottonischen Vorgängerbau, der originale Sarkophag mit Grabkiste Kaiser Ottos I. und seiner ersten Gemahlin Editha, romanische Bronzegrabplatten, frühgotische Sandsteinskulpturen, darunter die berühmten Portalfiguren der klugen und der törichten Jungfrauen, bis hin zu Werken des 20. Jahrhunderts, wie dem bekannte Mahnmal von Ernst Barlach. Seit 1567 ist der Dom evangelisch.

INFO: In der Innenstadt gelegen. **INFO MAGDEBURGER DOM:** Am Dom 1, 39104 Magdeburg, Tel. (03 91) 541 04 36, www.magdeburgerdom.de, Öffnungszeiten Mo–Sa Mai–Sept. 10–18, April, Okt. 10–17, Nov.–März 10–16, So/Fei jeweils ab 11.30 Uhr.

Vieltürmiges Ensemble

DOM UND SCHLOSS ZU MERSEBURG

Merseburg, Sachsen-Anhalt

Da ward dem Fohlen Balders der Fuß verrenkt. Da besprach ihn Wodan, wie (nur) er es verstand: So Knochenrenke wie Blutrenke wie Gliedrenke: Bein zu Bein, Blut zu Blut, Glied zu Gliedern, als ob geleimt sie seien!«

Es war im November 1841, als die Merseburger »Zaubersprüche«, das einzige althochdeutsche Sprachzeugnis germanischen Heidentums, in einer theologischen Sammelhandschrift aus dem 9./10. Jahrhundert in der Merseburger Dombibliothek gefunden wurden. Der Dom St. Johannes der Täufer und St. Laurentius zählt zu den beeindruckendsten Baudenkmälern an der Straße der Romanik. Im Jahr 1015 legte Bischof Thietmar den Grundstein für einen Neubau der Kirche, an deren Weihe Kaiser Heinrich II. 1021 selbst teilnahm. Erhalten aus dieser Zeit ist die dreischiffige romanische Hallenkrypta.

Künstlerisch außerordentlich wertvoll ist die reiche Ausstattung des Gotteshauses mit Altären, Grabplatten und Epitaphien aus verschiedenen Jahrhunderten. Zu den bedeutendsten Kunstwerken der Kathedrale gehört das älteste deutsche Bildgrabmal aus Bronze für Rudolf von Schwaben (um 1083), den Gegenkönig Heinrichs IV. Über die Landesgrenzen hinaus bekannt ist der Merseburger Dom durch seine von Friedrich Ladegast im Jahr 1855 erneuerte Domorgel. Mit ihren 5687 Pfeifen gilt sie als eine der größten und klangschönsten romantischen Orgeln Mitteldeutschlands, wovon man sich insbesondere während der jährlich stattfindenden Orgeltage überzeugen kann.

Gemeinsam mit dem Dom bildet Schloss Merseburg, erbaut auf einer Hochfläche am linken Ufer der Saale, das vieltürmige Wahrzeichen der mitteldeutschen Stadt. Im 13. Jahrhundert von Bischof Heinrich von Wahren errichtet, wurde es in den folgenden

Merseburg an der Saale mit Blick auf Dom und Schloss.

Jahrhunderten häufig verändert. Um 1605 erfolgte auf Bestreben des Herzogs Georg I. von Sachsen ein Um- und Erweiterungsbau durch den Baumeister Melchior Brenner. Die von ihm geschaffene Schlossanlage mit ihren Stilelementen der Spätgotik und Renaissance ist heute noch gut erhalten. Besonders hervorzuheben sind der Prunkerker am Nordflügel und die Wendeltreppe des Kammerturms.

Im 1907 gegründeten Schlossmuseum ist eine Ausstellung zur Ur- und Frühgeschichte der Region zu sehen.

INFO: Merseburg liegt ca. 17 km von Halle entfernt. **INFO DOM UND MUSEUM SCHLOSS MERSEBURG:** Domplatz, 06217 Merseburg, Tel. (034 61) 40 20 05, www.saalekreis.de, www.merseburger-dom.de, Öffnungszeiten Dom März–Okt. Mo–Sa 9–18, So/Fei 11–18, Nov.–Feb. Mo–Sa 10–16, So/Fei 12–16 Uhr, Eintritt mit Domschatz und Kapitelhausgarten € 7,50, ermäßigt € 3, Öffnungszeiten Museum tägl. März–Okt. 9–18, Nov.–Feb. 10–16 Uhr, Eintritt € 7, bis 11 J. € 3.

Goldene Hände eines Unbekannten

Naumburger Dom

Naumburg, Sachsen-Anhalt

Uta von Naumburg ist eine der hübschesten Frauen der Stadt. Jährlich wird sie von Tausenden ohne Scham einfach angestarrt und die Schöne lässt es in stoischer Ruhe über sich ergehen. Bewundern kann man sie im Dom St. Peter und Paul – seit 2018 UNESCO-Welterbe –, dessen vier Türme die Silhouette der Stadt prägen.

Bereits um 1028 wurde mit der Errichtung einer Bischofskirche begonnen, der jetzige überwiegend spätromanisch-frühgotische Bau entstand im 13. und 14. Jahrhundert. Rund um das imposante Bauwerk ist noch die alte Freiheit erhalten. Hier wohnten die Domherren und ihre Angestellten in den sogenannten Kurien. Der Wohnturm am Domplatz 1 stammt ebenso wie die Kapelle am Domplatz 8 aus der romanischen Bauphase der Bischofskirche. Die anderen Kurienhäuser wurden im 16. und 18. Jahrhundert neu erbaut.

Westlettner des Naumburger Doms.

Der größte Schatz der Kirche steht im Inneren: Zwölf steinerne Stifterfiguren bekannter Persönlichkeiten, darunter Markgrafen und Markgräfinnen aus der Gründungszeit, die sich um den Dom verdient gemacht haben, zieren die Pfeiler im Westchor. Sie stammen von einem namentlich nicht bekannten Bildhauer, dem Naumburger Meister. Der Star unter ihnen ist die schöne Uta. Ihre Schwägerin Reglindis gegenüber lächelt die Besucher an. Es war eine mutige Entscheidung des Domkapitels, diese Figur fertigen zu lassen, denn Darstellungen lächelnder Personen hatten nach dem Verständnis der damaligen Zeit in einer Kirche nichts zu suchen. Alle Figuren scheinen jeden Moment von ihren Podesten hinabsteigen zu können, so lebensnah sind sie geschaffen.

Die älteste Steinskulptur der Heiligen Elisabeth von Thüringen befindet sich in der Elisabethkapelle. Bereits kurz nach Elisabeths Erhebung zur Heiligen 1235 ist diese Figur entstanden. Früher wurden im Kopf der Skulptur Reliquien aufbewahrt.

Um den Dom kennenzulernen, empfiehlt sich die Teilnahme an einer der öffentlichen Führungen oder die Nutzung des Audioguides. Von März bis Oktober kann man bei einer Turmführung (Fr–So und an kirchlichen Feiertagen 15 Uhr) »Hoch hinaus!«. Am Dachstuhl vorbei gelingt der Aufstieg bis in den Turmhelm des Nord-West-Turms, von wo sich ein fantastischer Blick auf die Weinregion Saale-Unstrut eröffnet. Danach bietet sich ein Besuch des Domschatzgewölbes an. Mit 285 Quadratmetern zählt es zu den größten romanischen Gewölben in Mitteldeutschland. Hochwertige Kunstwerke aus dem Mittelalter und der Renaissance sind hier versammelt. Besonders sehenswert sind die Naumburger Pietà aus dem frühen 14. Jahrhundert und das Altarbild von Lucas Cranach dem Älteren.

Info: Naumburg liegt ca. 60 km von Halle entfernt. **Info Naumburger Dom:** Domplatz 16/17, 06618 Naumburg, Tel. (034 45) 230 11 33, www.naumburger-dom.de, Öffnungszeiten März–Okt. Mo–Sa 9–18, So/Fei 11–18, Nov.–Feb. Mo–Sa 10–16, So/Fei 12–16 Uhr, Eintritt inkl. Audioguide € 7,50, ermäßigt € 5,50.

Stonehenge in Sachsen-Anhalt

Ringheiligtum Pömmelte

Pömmelte, Sachsen-Anhalt

Riesige konzentrische Kreise in der flachen Bördelandschaft südlich von Magdeburg – was hatte es damit auf sich? Bei Überflügen nach der Wende in der DDR wurden aus der Luft merkwürdige, verschüttete Strukturen entdeckt, die an prähistorische Kultstätten erinnerten. Nach jahrelanger Forschung waren sich die Archäologen sicher: Bei den Kreisen von Pömmelte handelte es sich um ein bronzezeitliches Ringheiligtum, über 4000 Jahre alt. Hier, in einer Art Freiluftkirche der Vorzeit, wurde gefeiert und geopfert, wurden die Naturgewalten beschworen und Rituale vollzogen. Tief in der Erde fanden die Forscher absichtlich zerstörte Keramik, Trinkbecher, Mahlsteine und Knochen – nicht nur von Rindern, sondern auch von Menschen. Ansonsten war von der Anlage freilich nichts mehr übrig. Um 2000 v. Chr. wurden die Baumstämme, aus denen sie bestand, aus der Erde gerissen und verbrannt.

Seit 2016 befindet sich nun vor Ort eine Rekonstruktion. 1200 Stämme aus Robinienholz bilden kreisrunde Palisadenzäune oder sind durch Querbalken miteinander verbunden. Einige Stämme sind rot gestrichen und mit bronzezeitlichen Mustern versehen. Anspruch auf historische Korrektheit erheben die (Wieder-)Erbauer der Anlage dabei zwar nicht, orientieren sich allerdings so genau wie möglich an wissenschaftlichen Forschungsergebnissen zu ähnlichen Kultstätten. Denn Rekonstruktion hin oder her – es handle sich bei den Kreisen von Pömmelte um ein prähistorisches Heiligtum ersten Ranges, betonen Fachleute immer wieder. Um ein »deutsches Stonehenge«. Wer also die Aura eines uralten Ritualortes einmal selbst erspüren möchte, ist hier in Pömmelte goldrichtig.

Info: Pömmelte liegt ca. 20 km südöstlich von Magdeburg. **Info Ringheiligtum:** L 51, 39249 Pömmelte, Tel. (034 71) 684 25 60 (Salzlandmuseum Schönebeck), www.ringheiligtum-pömmelte.de, ganzjährig geöffnet, Führungen Ostern–Okt. Di 11, Fr–So 14 Uhr, Eintritt frei, Führung € 3,50.

Die Kreisgrabenanlage von Pömmelte wurde 1991 entdeckt und wird seither erforscht.

»Enzyklopädie der Fachwerkkunst«

Altstadt von Quedlinburg

Quedlinburg, Sachsen-Anhalt

Sechs Jahrhunderte Fachwerkkunst, Kopfsteinpflaster, moderne Kunst hinter jahrhundertealten Mauern, malerische Gassen mit kleinen Cafés und Restaurants, überragt von der weithin sichtbaren romanischen Stiftskirche: Quedlinburg, nur einen Hexensprung vom Brocken am nordöstlichen Rand des Harzes gelegen, ist eine lebendige UNESCO-Weltkulturerbestadt. Mit ihren rund 2000 Fachwerkhäusern und einer Reihe von Jugendstilbauten in der Altstadt, der historischen Neustadt, auf dem Schlossberg und dem Münzenberg ist die Stadt ein Gesamtkunstwerk von außergewöhnlicher Geschlossenheit.

In Quedlinburg wurde deutsche Geschichte geschrieben: 919 soll am Finkenherd unterhalb des Burgberges der Sachsenherzog Heinrich seine Königskrone empfangen haben. Der Glanz und der Reichtum des ottonischen Königshauses sind heute dank der Kostbarkeiten des Domschatzes in der Stiftskirche St. Servatii sichtbar. Das Schlossmuseum im ehemaligen Stift präsentiert in den Audienzsälen und im romanischen Kellergewölbe die Stadt- und Stiftsgeschichte sowie eine Ausstellung zur deutschen Herrscherdynastie der Ottonen.

UNESCO-Weltkulturerbe: die Altstadt von Quedlinburg.

Die verwinkelten Gassen, die idyllischen Plätze und der imposante Sandsteinfelsen des Burgberges inmitten der Stadt geben Quedlinburg einen einzigartigen Charakter. Wo einst Könige Hof hielten und starke Frauen Geschichte schrieben, treffen Besucher heute auf eine lebendige Stadt mit abwechslungsreichen Facetten. Künstler öffnen den Besuchern ihre Ateliers, Konzerte und Ausstellungen beleben die historischen Gemäuer. Zudem sorgt das Drei-Sparten-Theater für ein abwechslungsreiches Bühnenprogramm mit Musik, Schauspiel und Tanz. Bei einer der täglichen Stadtführungen oder einem abendlichen Rundgang mit dem Nachtwächter lassen sich Quedlinburgs schönste Plätze am besten entdecken. In der Adventszeit erstrahlt die Stadt in einem besonderen Glanz und lädt mit zahlreichen Veranstaltungen ein, sich stimmungsvoll auf die Weihnachtszeit vorzubereiten.

Im nahen Ortsteil Stadt Gernrode gehört die Stiftskirche St. Cyriakus zur Straße der Romanik. Erbaut im 10. Jahrhundert ist sie ein ottonisches Bauwerk von höchstem baugeschichtlichem Rang. Die Hallenkrypta gilt als eine der ältesten in Deutschland. Im südlichen Seitenschiff befindet sich zudem die älteste Nachbildung des Grabes Christi nördlich der Alpen, wahrscheinlich aus dem Jahre 1080.

Info: Quedlinburg liegt ca. 60 km von Magdeburg entfernt. **Info Quedlinburg:** Quedlinburg Information der Quedlinburg-Tourismus-Marketing GmbH, Markt 4, 06484 Quedlinburg, Tel. (039 46) 90 56 24, www.quedlinburg.de, www.adventsstadt.de.

Freizeit-Mekka mit Staumauer

Rappbodetalsperre

Sachsen-Anhalt

Die Rappbodetalsperre im Oberharz gehört zu den größten Trinkwasserreservoirs Deutschlands: Der über 100 Millionen Kubikmeter fassende Stausee mit angeschlossenem Wasserkraftwerk dient der Wasser- und Stromversorgung zahlreicher Orte in der näheren und weiteren Umgebung. Nun sind Talsperren meist auch beliebte Ausflugsziele und ziehen viele Besucher an. Die Rappbodetalsperre bietet sich als Ausgangs- oder Zielpunkt für Ausflüge in den Oberharz an, z. B. zum etwa 14 Kilometer entfernten Rotestein. Von dem 500 Meter hohen Berg eröffnet sich ein schöner Blick auf den Rappbodestausee und die Präzeptorklippe. Dieser von einigen Bäumen bewachsene Felsen, die einzige Insel des Stausees, ist bei niedrigem Wasserstand ebenfalls zu Fuß erreichbar.

Doch damit nicht genug: Die Talsperre bei Elbingerode ist ein wahres Freizeit-Mekka. Da ist zum einen die 2012 eröffnete Megazipline, mit rund 1000 Metern die längste Doppelseilrutsche in Europa: Durch ein spezielles Gurtsystem gesichert, gleitet man vogelgleich aus 120 Metern Höhe im Sinkflug über das Wasser und erreicht dabei Spitzengeschwindigkeiten von bis zu 85 Kilometern pro Stunde – da ist der Adrenalin-Kick garantiert!

Ein ähnlich spannendes Erlebnis ist ein Gang über die 2017 in Betrieb genommene Fußgängerbrücke Titan RT. Auch sie ist ein Superlativ: Mit einer Länge von 483 Metern (davon 459 frei hängend) gehört sie zu den längsten ihrer Art auf der ganzen Welt. Das filigrane Gebilde wiegt 118 Tonnen, wird von sechs Stahlseilen getragen und spannt sich in 100 Metern Höhe quer über die Talsperre. Aufgrund ihrer soliden Konstruktion ist die Brücke ohne spezielle Sicherheitsausrüstung begehbar, ein besonders schönes Erlebnis ist eine Überquerung im Dämmerlicht oder bei Sonnenuntergang. Ganz mutige Besucher können übrigens von der Brücke aus einen Bungee-Sprung wagen, der mit 75 Metern die klassische Bungee-Tiefe von 43 Metern weit übertrifft.

Die Fußgängerbrücke Titan RT spannt sich 483 Meter über das Bode-Staubecken.

Info: Die Talsperre liegt ca. 78 km südwestlich von Magdeburg. **Info Rappbodetalsperre:** Landesstr. 96, 38875 Oberharz-Elbingerode, Tel. (039 44) 94 20, www.oberharzinfo.de. **Info Megazipline:** Tel. (03 94 54) 20 90 00, www.harzdrenalin.de, Öffnungszeiten April–Okt. Di–So 9.30–18, Nov.–März Mi–So 10.30–16 Uhr, Jan. geschl., Flug € 39. **Info Titan-RT:** Tel. (03 94 54) 20 90 00, www.titan-rt.de, Öffnungszeiten tägl. 8–22 Uhr, Eintritt € 6, ermäßigt € 4.

Ein Traum in Fachwerk

Stolberg im Harz

Stolberg, Sachsen-Anhalt

In einem Tal im Harz liegt, umgeben von dichten Buchenwäldern, ein langgezogenes Dorf, das eigentlich eine Stadt ist. Zwar hat Stolberg nur knapp über 1000 Einwohner und ist heute auch keine selbstständige Kommune mehr, doch

Die Fachwerkstadt Stolberg liegt im Südharz inmitten von Buchenwäldern.

auf das im 13. Jahrhundert verliehene Stadtrecht sind die Stolberger heute noch stolz.

Der kleine Ort, der um das Jahr 1000 herum als Bergmannssiedlung entstand, ist ein echtes Fachwerkjuwel: Dicht an dicht stehen malerische Häuser aus dem Mittelalter und der Renaissance, die meisten liebevoll restauriert. Um das historische Gepräge des Ortes nicht zu stören, gibt es in Stolberg – einmalig in Deutschland – keinerlei Ampeln und Verkehrsschilder und es darf auch nur begrenzt geparkt werden.

Ein architektonisches Kuriosum ist das an einem Hang gelegene Rathaus. Es hat mehrere Stockwerke, aber kein Treppenhaus. Man erreicht die oberen Etagen nur über eine Außentreppe, die zu jener spätgotischen Kirche hinaufführt, in der 1525 Martin Luther gepredigt hat. Der anfangs von Luther inspirierte Theologe Thomas Müntzer, der sich später zum Revolutionär und Bauernführer wandelte, stammte übrigens aus Stolberg. Ihm zu Ehren wurde 1989 im Ortzentrum ein Denkmal errichtet.

Über dem Ort erhebt sich das Schloss der Grafen Stolberg, dessen älteste Bauteile aus dem 13. Jahrhundert stammen.

Eine weitere wichtige Sehenswürdigkeit liegt nur wenige Kilometer entfernt: Das 38 Meter hohe Josephskreuz auf dem Großen Auerberg ist eine beeindruckende Konstruktion aus filigranem Stahlfachwerk. Das Monument in Form eines dreidimensionalen Lateinischen Kreuzes ist dem Eiffelturm nachempfunden und wurde 1896 errichtet. Zur Aussichtsplattform führt eine Wendeltreppe mit 200 Stufen hinauf, bei gutem Wetter reicht der Blick bis zum Brocken und zu den Türmen des Magdeburger Doms!

Info: Stolberg liegt ca. 78 km westlich von Halle/Saale. **Info Stolberg:** Tourist Information Stolberg Harz, Niedergasse 17, Stolberg, 06536 Südharz, Tel. (03 46 54) 454, www.stadt-stolberg.de. **Info Josephskreuz:** ca. 5 km östlich von Stolberg, Öffnungszeiten: Mai–Okt. Mo 11–16, Di–So 10–18, Nov.–April Di–So/Fei 10–16 Uhr, Eintritt € 3,50, ermäßigt € 2.

Fachwerk hoch über der Elbe

TANGERMÜNDE

Sachsen-Anhalt

Hier mündet der Tanger in die Elbe – so entstand der Name Tangermünde. Die Stadt hat sich ihr mittelalterliches Bild bis heute bewahrt: Hier gibt es eine gut erhaltene Altstadt, wunderschöne Fachwerkbauten, eine 1000 Jahre alte Burg und eine imposante Stadtbefestigung aus Backsteinmauern. Tangermünde wurde erstmals 1275 erwähnt und entwickelte sich im 15. Jahrhundert zu einer wohlhabenden Hansestadt, einer von acht in der Altmark.

In dieser Blütezeit entstanden die Stadttore und das Rathaus im Stil der norddeutschen Backsteingotik. Der Schmuckgiebel des Rathausbaus ist die Attraktion des Marktplatzes. Im Rathauskeller informiert das Stadtgeschichtliche Museum über den großen Stadtbrand, die traurige Geschichte der »Grete Minde« und die Spuren preußischer Geschichte. Der Turm der Stephanskirche ist mit 87 Metern der höchste Kirchturm der Altmark. Aber auch die drei Schiffe der Hallenkirche mit ihrer eleganten Ausmalung und die klangvolle frühbarocke Scherer-Orgel sind einen Besuch wert.

Auf der Tangermünder Burg vollzog Kaiser Karl IV. die sogenannte Erbeinigung mit dem Königreich Böhmen und schrieb damit Reichsgeschichte. Das Burgmuseum in der Schlossfreiheit wurde im ältesten erhaltenen Wohnhaus der Stadt eingerichtet. Auch der Besuch der Salzkirche, früher königliches Salzmagazin und Kornspeicher, heute Veranstaltungsort, ist zu empfehlen.

In der Kirchstraße 40 war bis 1919 eine Grundschule untergebracht. Heute kann man hier in den Exempel Gaststuben in einem alten Klassenzimmer, aber auch in Omas Wäschekammer oder einer gemütlichen Küche speisen, alle Räume sind historisch eingerichtet.

INFO: Tangermünde liegt in der Altmark nahe Stendal. **INFO TANGERMÜNDE:** Markt 2, 39590 Tangermünde, Tel. (03 93 22) 223 93, www.tourismus-tangermuende.de. **INFO BURGMUSEUM:** Schlossfreiheit 5, 39590 Tangermünde, Tel. (03 93 22) 928 44, Öffnungszeiten April–Okt. Di–So 13–17 Uhr.

In Backsteinbauweise: Burg Tangermünde an der Elbe.

Walpurgis im Harz

Hexentanzplatz

Thale, Sachsen-Anhalt

Über dem Tal der Bode, auf einem Bergplateau in 454 Metern Höhe, befindet sich eine der mystischsten Stätten Deutschlands: In der letzten Aprilnacht, der Walpurgisnacht, fliegen die Hexen des Harzes auf Besen und Heugabeln heran, um sich auf dem Hexentanzplatz zu ihrer Jahreshauptversammlung zu treffen. Zum Abschluss ihres Meetings starten sie zum nahen Brocken, dem Blocksberg, um dort dem Teufel zu begegnen.

Auf dem Hexentanzplatz finden sich Reste einer 150 Meter langen Mauer, die vermutlich 750 bis 450 v. Chr. als Fliehburg errichtet wurde. Sie könnte die Vermutung bestätigen, dass es sich um einen altsächsischen Kultort handelt, an dem in der Nacht zum 1. Mai heidnische Bräuche gepflegt wurden, bis die zugewanderten christlichen Franken dies verboten. Nach der Überlieferung wurde der Hexentanzplatz von Soldaten bewacht, die von Sachsen, die sich als Hexen verkleidet hatten, vertrieben wurden.

Am Tage eröffnet sich vom Hexentanzplatz ein wunderschöner Blick in den »Canyon« des Bodetals und auf die gegenüber gelegene Rosstrappe, einen fast gleich hohen Granitfelsen, um den sich ebenfalls eine Legende rankt: Der Riese Bodo verfolgte die schöne Königstochter Brunhilde, sie entfloh auf einem weißen Ross, das den Sprung über einen Abgrund schaffte, während der Riese in die Tiefe stürzte. Der Abdruck des Pferdehufs, bei dem es sich um Reste eines germanischen Opferbeckens handeln soll, ist noch zu sehen.

Ein Fachwerkhaus steht Kopf: Hexenhäuschen am Hexentanzplatz in Thale.

Von Thale aus kann man bereits nach einer kurzen, aber reizvollen Wanderstunde den Hexentanzplatz erreichen. Oder man fährt mit der modernen Kabinenseilbahn, die eindrucksvolle Weitsichten und den Ausblick durch den Glasboden ermöglicht. Auf dem Bergplateau angekommen stimmen fantastische Plastiken von Teufel, Hexe und Humunkulus den Besucher auf die Welt der Sagen und Mythen ein.

Wer noch mehr über die Sagenwelt des Harzes wissen möchte, besucht die Walpurgishalle, das Museum im altgermanischen Blockhaus. Ein weiterer Höhepunkt ist das Bergtheater Thale aus dem Jahre 1903, eines der ältesten Naturtheater Deutschlands. Von Mai bis September werden hier Festspiele, Konzerte und Theateraufführungen veranstaltet.

Mit Platz für über 1000 Zuschauer bietet sich eine märchenhafte Kulisse, ähnlich der in einem römischen Amphitheater.

Info: Über Thale zu erreichen, Thale liegt ca. 70 km südwestlich von Magdeburg. **Info Bodetal:** Bahnhofstr. 1, Thale, Tel. (039 47) 77 68 00, www.bodetal.de, www.harztourist.de.

Bunte Stadt am Harz

WERNIGERODE

Wernigerode, Sachsen-Anhalt

Den Beinamen »bunte Stadt am Harz« trägt Wernigerode nicht ohne Grund. Mit seinen restaurierten und gepflegten Fachwerkhäusern fasziniert der Ort am Nordrand des sagenumwobenen Mittelgebirges nationale und internationale Besucher. Das dominante Rathaus am Marktplatz erhielt sein heutiges Aussehen nach einem Brand um 1540. Es gilt mit seinen geschnitzten Figuren an den Geschoss- und Dachüberständen als eines der schönsten Rathäuser Europas.

Das älteste Haus der Stadt stammt aus dem 14. Jahrhundert; sehenswert sind auch das Schiefe Haus und das Kleinste Haus, das als Museum zugänglich ist. Erstmals urkundlich erwähnt wurde Wernigerode im Jahr 1121. Später diente das Städtchen einem Grafen Adalbert aus der Gegend um Hildesheim als Residenz. Auf den Grundmauern der ehemaligen Burg aus dem 12. Jahrhundert wurde das heutige Schloss errichtet. Die Anlage war ursprünglich eine mittelalterliche Burg, die den Weg der deutschen Kaiser auf ihren Jagdausflügen in den Harz sichern sollte. Im Laufe des 16. Jahrhunderts erfolgte der Umbau zu einer Renaissancefestung, heute noch im Renaissancetreppenturm sichtbar. Im Dreißigjährigen Krieg wurde das Gemäuer schwer verwüstet. Es war Graf Ernst zu Stolberg-Wernigerode, der dann im späten 17. Jahrhundert die Burgreste zu einem romantischen Residenzschloss umbauen ließ.

Der rasante politische Aufstieg des Grafen Otto zu Stolberg-Wernigerode zum Stellvertreter Bismarcks als Vizekanzler des Deutschen Reichs und stellvertretenden preußischen Ministerpräsidenten ist der Grund für den großen historischen Umbau von 1862 bis 1885. Heute bietet das Schloss, das hoch über der Altstadt thront, Einblicke in die fürstlichen Gemächer und lockt mit wechselnden Ausstellungen.

Dominantes Gebäude am Markt: das Rathaus von Wernigerode.

Besuchern eröffnet sich eine herrliche Aussicht über die Harzlandschaft bis hin zum Brocken.

Eine weithin bekannte Attraktion Wernigerodes ist die historische Harzer Schmalspurbahn, die aus den Strecken Harzquer-, Selketal- und Brockenbahn besteht. Die Brockenbahn hat ihren Ausgangspunkt in Wernigerode. Mehrmals täglich müssen die Dampfloks Schwerstarbeit verrichten, um die Passagiere zum Brockenbahnhof zu bringen.

INFO: Wernigerode liegt ca. 85 km südwestlich von Magdeburg. **INFO WERNIGERODE:** Tourist Information, Marktplatz 10, 38855 Wernigerode, Tel. (039 43) 553 78 35, www.wernigerode-tourismus.de. **INFO SCHLOSS WERNIGERODE:** 38855 Wernigerode, Tel. (039 43) 55 30 30, www.schloss-wernigerode.de, Öffnungszeiten Anfang April–Okt. tägl. 10–17/18, Mitte Feb.–Anfang April Di–Fr 10.30–16 (nur mit Führung), Sa/So 10–18 Uhr, Eintritt € 7, Kinder (6–14 J.) € 3,50.

Einzigartiges Konzept

Kulturlandschaft Gartenreich

Wörlitz, Sachsen-Anhalt

Wäre Fürst Leopold III. Friedrich Franz von Anhalt-Dessau damals nicht so reiselustig gewesen, wäre die prachtvolle Grünlandschaft wohl nie entstanden. Und das reizende Städtchen Wörlitz hätte niemals Berühmtheit erlangt. 1763 begab sich der 23-jährige Regent mit seinem Freund Friedrich Wilhelm von Erdmannsdorff auf seine erste Bildungstour nach England. Wenig später folgte eine längere Reise nach Italien, Frankreich und Großbritannien, von der die beiden mit vielen künstlerischen Anregungen in das kleine Fürstentum an der Elbe heimkehrten. Voller Tatendrang begann Leopold III. damit, sein Land durch gezielte Landschaftsgestaltungen aufzuwerten. Ausgangs- und Höhepunkt wurden die Wörlitzer Anlagen, auch Wörlitzer Park genannt, der erste Landschaftsgarten des kontinentalen Europas.

1769 bis 1773 wurde der Park nach englischem Vorbild angelegt und erfüllte auch einen Bildungsauftrag: Der Mensch sollte im Mittelpunkt stehen und über die Schönheit hinaus sollte er einen Nutzen haben. An den Bauten im Park war maßgeblich von Erdmannsdorff als Architekt beteiligt. Dazu gehört das Gotische Haus mit zwei verschiedenen Fassaden: Die Front erinnert an eine venezianische Kirche, die Gartenseite folgt dem Stil der Tudorgotik. Das Schloss Wörlitz gilt als erster klassizistischer Bau Deutschlands. Noch heute enthält das imposante Gebäude die originale Inneneinrichtung vom Ende des 18. Jahrhunderts.

Im Gartenreich Dessau-Wörlitz: das Gotische Haus im Wörlitzer Park.

In einer Zeitspanne von mehr als 40 Jahren entstanden in Dessau und Umgebung weitere sehenswerte Landschaftsgärten: das ab 1780 angelegte Georgium, das Luisium und der Waldpark auf dem Sieglitzer Berg. Den Abschluss bildete der ab 1805 gestaltete Kühnauer Park. Dabei wurden die seit Längerem bestehenden Anlagen in Oranienbaum und Mosigkau in das Gesamtkonzept miteinbezogen. Alleen, Deichwege und Sichtachsen, häufig mit Kleinarchitekturen und Plastiken aufgewertet, verbinden die Einzelgärten – eine im europäischen Maßstab einzigartige Gartenlandschaft, die bereits zum Zeitpunkt ihrer Entstehung den Namen »Gartenreich« erhielt. Seit 2000 gehört das Gartenreich Dessau-Wörlitz zum UNESCO-Weltkulturerbe. Es befindet sich inmitten des Biosphärenreservats Flusslandschaft Mittelelbe.

Info: Wörlitz liegt im Zentrum Sachsen-Anhalts, an der Elbe zwischen Dessau und Wittenberg. **Info Wörlitz:** Information, Förstergasse 26, 06785 Oranienburg-Wörlitz, Tel. (03 49 05) 310 09 und 194 33, www.woerlitz-information.de, www.gartenreich.de, Öffnungszeiten April–Okt. tägl. 10–16/17, Nov.–März Mo–Fr 10–16 Uhr.

DÄNEMARK
0
25 km
Fyn
Svendborg
Tønder
Als
Westerland
Sønderborg
Neukirchen
Glücksburg
Sylt
Flensburg
Ærø
Nakskov
Lolland
Langeland
Föhr
SCHLESWIG-
Amrum
Schlei
Hallig Hooge
Schleswig
Kieler Bucht
Pellworm
Haithabu
Nordstrand
Husum
Puttgarden
Eckernförde
Fehmarn
NORDSEE
Ostseeküsten Radweg
Treene
Selenter See
St. Peter-Ording
Friedrichstadt
Rendsburg
OSTSEE
Kiel
Lütjenburg
Eider
Helgoland
Molfsee
Heide
Plön
Nord-Ostsee-Kanal
Holsteinische Schweiz
HOLSTEIN
Bosau
Kühlungsborn
Lübecker Bucht
Gr. Plöner See
Trischen
Neumünster
Stör
Scharhörn
Travemünde
Neuwerk
Itzehoe
Wismar
Trave
Cuxhaven
Lübeck
Bad Segeberg
Bützow
Bad Oldesloe
Warnow
Elmshorn
Elbe-Lübeck-Kan.
MECKLENBURG-
Elbe
Norderstedt
Ahrensburg
Ratzeburg
Pinneberg
Schwerin
Stade
Wedel
Wilhelmshaven
Bremerhaven
HAMBURG
VORPOMMERN
Nordenham
Buxtehude
Oste
Geesthacht
Parchim
Varel
Lauenburg
NIEDERSACHSEN
Winsen
Elbe
Ludwigslust
Buchholz

Noble Bürgerhäuser und elegante Kirchtürme: Lübeck, das Haupt der Hanse.

SCHLESWIG-HOLSTEIN

Kleine Schwester von Schloss Glücksburg

Schloss Ahrensburg

Ahrensburg, Schleswig-Holstein

Willkommen beim Holsteiner Uradel! In Schleswig-Holstein, dem Land zwischen den Meeren, gehören die Rantzaus zu den ältesten und angesehensten Familien. Kein Wunder also, dass Peter Rantzau gegen Ende des 16. Jahrhunderts den Plan hatte, für sich und seine Nachkommen ein prächtiges Anwesen zu errichten. Und so entstand innerhalb von zehn Jahren auf einer kleinen Insel zwischen Hamburg und Lübeck das Wasserschloss Ahrensburg, das heute zu den schönsten Herrenhäusern Schleswig-Holsteins zählt.

Bauliches Vorbild war das Wasserschloss Glücksburg an der Flensburger Förde, doch Ahrensburg mit seinen schlanken Türmen und spitzenzarten Giebeln wirkt deutlich feiner und eleganter. Sieben Generationen von Rantzaus lebten auf Ahrensburg und dann noch einmal genauso viele Generationen der Familie Schimmelmann, die das Schloss 1759 erwarb.

Die Eingangsfassade von Schloss Ahrensburg.

Heute ist das Schloss Teil einer Stiftung und beherbergt ein Museum zur adligen Wohnkultur Norddeutschlands – mit wunderschön dekorierten Räumen und größtenteils original erhaltenen Möbeln aus dem 18. und 19. Jahrhundert.

Das Alltagsleben im Schloss dokumentiert die kleine Ausstellung hinter der Tapetentür des Emkendorfsaals. Dieses Historienkabinett bietet allerhand Wissenswertes zum vergangenen Leben der Besitzer und des Personals.

Regelmäßig finden im Schloss Lesungen, Konzerte, Theaterstücke und spezielle Veranstaltungen für Kinder statt. Ein besonderes Highlight ist dabei das »Schloss im Kerzenschein«: 500 Kerzen tauchen das Palais in ein romantisches und geheimnisvolles Licht, während Darsteller in historischen Kostümen zu Barockmusik majestätisch durch die Räume gleiten.

Zum Schloss gehören ein Park im englischen Stil sowie mehrere Nebengebäude, darunter die Schlosskapelle mit den sogenannten Gottesbuden – kleinen Wohnhäusern für Bedürftige, die noch heute für einen symbolischen Preis vermietet werden.

Info: Ahrensburg liegt ca. 20 km nordöstlich von Hamburg. **Info Schloss Ahrensburg:** Lübecker Str. 1, 22926 Ahrensburg, Tel. (041 02) 425 10, www.schloss-ahrensburg.de, Öffnungszeiten März–Okt. Di–Do, Sa/So 11–17, Nov.–Feb. Mi, Sa/So 11–17 Uhr, Eintritt € 7, ermäßigt € 3,50.

Stille vor dem Wind

Insel Amrum

Amrum, Schleswig-Holstein

Dünen, Strand und Nadelwälder – die natürlichen Markenzeichen der friesischen Inseln: Amrum bietet sie im XXL-Format. Besucher, die zum ersten Mal vorn am Rand der über 30 Meter hohen Sanddünen stehen, reiben sich erstaunt die Augen: »Wo ist denn hier das Meer?« Schier endlos breitet der Kniepsand sein weißes Tuch zwischen Strandhafer und Brandung aus – 17 Kilometer lang, ein Paradies für Leute mit strammen Waden.

Die kann man auch in den Wäldchen gebrauchen, deren Birken, Kiefern und Fichten sich duftend im Windschatten der Dünen wie ein grünes Rückgrat der Insel von Nord nach Süd hinziehen. Landseitig, inmitten von Äckern, Weiden, grasenden Rindern und Schafen, liegen die Dörfer: Wittdün, wo die Schiffe vom Festland anlegen, mit seinem etwas verblichenen wilhelminischen Seebad-Charme, Nebel, das pittoreske Dorf der reetgedeckten Friesenhäuser, der hübschen St.-Clemens-Kirche und seiner Galerie alter Grabsteine aus der Walfängervergangenheit, und Norddorf, der helle, muntere Badeort.

Bunte Häuser in Wittdün auf Amrum.

Munter – das heißt auf Amrum aber keineswegs Rummel, Party und Nachtleben. Schicke Strandcafés, Promenaden oder Hotelkästen kennt man hier nicht. Ein Tee im alten »Friesencafé« mit den niedrigen Decken muss genügen. Wer auf Amrum Ferien macht, zählt eher zu den Stillen im Land, deren (auch in der Hochsaison) vergleichsweise kleine Zahl sich in den Wäldern, Dünen und am Riesenstrand verläuft: In der Regel bereisen Leute die Insel, die möglichst unbehelligt zu Fuß oder per Rad die frische Luft genießen möchten, oder Vogelfreunde, die am Deich oder in der Odde an der Nordspitze nach Watt- und Zugvögeln Ausschau halten. Das trifft sich gut mit den überwiegend wortkargen Insulanern. »Moin« ist oft das Maximum an Kommunikation, das man ihnen entlocken kann. Ob es an der Insellage liegt? Oder daran, dass sich die Amrumer stets den grönländischen Walfängern und Dänemark näher gefühlt haben als dem deutschen Festland? Immerhin war die Insel bis 1864 dänisch. Als Erstes verpasste ihr die deutsche Obrigkeit einen Leuchtturm zur Orientierung der Seefahrer. Bitter für die Amrumer! Denn mit den einträglichen Plünderungen der gestrandeten Schiffe war es nun vorbei.

Info: Die Insel Amrum gehört zu den Nordfriesischen Inseln und liegt nur wenige Kilometer von Sylt und Föhr entfernt. **Info Amrum Touristik:** Inselstr. 14, 25946 Wittdün, Tel. (046 82) 94 03-0, www.amrum.de.

Cowboys, Indianer und Fledermäuse

KARL-MAY-SPIELE

Bad Segeberg, Schleswig-Holstein

Seit fast 70 Jahren reiten Rothäute, Kavalleristen und Trapper durch die Bad Segeberger Bühnenschluchten und schließen Blutsbrüderschaften, die Bleichgesichtern die Tränen in die Augen treiben. Das Stadion mit der schönen Freiluftbühne vor dem Kalkberg war der Kleinstadt aus der Zeit des Nationalsozialismus als Erbe geblieben, und 1952 begann man diesen Ort marketingtechnisch geschickt in Szene zu setzen. Die Wahl fiel auf die Werke des Bestseller-Autors Karl May – dabei hat Bad Segeberg so gar keinen Bezug zu dessen Leben.

Die alljährlich neuen Inszenierungen in den Sommermonaten finden »frei nach Karl May« statt, das lässt Spielraum für showträchtige Einlagen und Nebenhandlungen, denn die Dramaturgie sorgt immer für reichlich Feuerzauber sowie Stunt- und Trickreitkunst.

Ganze Generationen von Bad Segebergern fuhren schon als Komparsen auf dem Thespiskarren durch die schleswig-holsteinische Pseudo-Prärie und viele lokale Vierbeiner haben sich der Kavallerie verpflichtet oder sich zu gezähmten Palominos gewandelt, um actionreich inszenierter Männerfreundschaft einen stilvollen Rahmen zu geben. Mit Pierre Brice konnte die Kalkberg GmbH in den 1980er Jahren den weit über die deutsche Prärie hinaus bekannten Traum-Winnetou gewinnen, in dessen markante Fußstapfen derzeit Alexander Klaws treten darf. Nach eher bescheidenen Anfängen mit einem 25 000-Mark-Budget ist das Unternehmen heute zu einem Schatz im Silbersee geworden.

Karl-May-Spiele in Bad Segeberg.

Das Rundum-Programm hat auch einiges zu bieten: Das Indian Village neben dem Freilichttheater zeigt eine Westernstadt, gleich daneben findet sich die Ausstellung »Welt der Indianer«. Das benachbarte Blockhaus bietet Einblicke in die Geschichte der Karl-May-Spiele.

Eher natürliche Dramatik bietet sich den Besuchern der Kalkberghöhlen. In Deutschlands nördlichsten Höhlen existiert ein einzigartiges Ökosystem, das u. a. seltene Fledermäuse und Schnecken beherbergt. In der Bad Segeberger Unterwelt finden etwa 18 000 Fledermäuse das größte Winterschlafquartier Deutschlands. Im Noctalis kann man die lichtscheuen Flatterer näher kennenlernen.

INFO: Bad Segeberg liegt ca. 65 km nördlich von Hamburg. **INFO KARL-MAY-SPIELE:** Kalkberg GmbH, Karl-May-Platz, 23795 Bad Segeberg, Tel. 01805-95 21 11, www.karl-may-spiele.de. **INFO NOCTALIS – WELT DER FLEDERMÄUSE:** Oberbergstr. 27, Bad Segeberg, Tel. (045 51) 80 82-0, www.noctalis.de, Öffnungszeiten April–Sept. Mo–Fr 9–18, Sa/So/Fei 10–18, Okt. Mo–Fr 9–17, Sa/So/Fei 10–18, Nov.–März Di–Do 9–14, Fr–So/Fei 10–18 Uhr, Okt.–März Kalkberghöhle geschl., Eintritt € 12, ermäßigt € 6, Winter € 8, ermäßigt € 5.

Der Vogelfänger von Fehmarn

Fehmarn

Fehmarn, Schleswig-Holstein

Fehmarn in der Ostsee lockt mit seinem regenarmen und sonnenreichen Klima und der herrlichen Natur jedes Jahr Tausende Touristen an. Trotz der vielen Besucher ist die drittgrößte Insel Deutschlands allerdings immer

Die Fehmarnsundbrücke verbindet die Insel Fehmarn in der Ostsee mit dem Festland.

noch eher ländlich geprägt. Die Landschaft beeindruckt vor allem im Frühsommer durch die leuchtend gelben Rapsfelder. Daneben erstrecken sich zwischen den 22 kleinen, stillen Dörfern weite Weizenfelder. Fehmarn erfreut Radfahrer durch seine sehr sanften Hügel – der Hinrichsberg ist mit gerade einmal 26 Metern die höchste Erhebung. Daneben gibt es herrliche Sandstrände mit Dünen, natürliche Schilfstreifen und Salzwiesen, im Westen Nehrungen und im Osten Steilküste. Leuchttürme dürfen in diesem Ambiente natürlich auch nicht fehlen.

An der Westküste befindet sich das Wasservogelreservat Wallnau, in dem rund 100 Vogelarten brüten, darunter Austernfischer, Graugans und Säbelschnäbler. Hinzu kommen noch rund 170 Zugvogelarten, die aufgrund der strategischen Lage Fehmarns zwischen Mitteleuropa und Skandinavien hier gern rasten. Rund zehn Hektar des insgesamt 300 Hektar großen Areals sind für Besucher geöffnet. Am besten fängt man mit der ansprechenden Ausstellung im Informationszentrum im alten Gutshaus an, um anschließend mit einem Führer auf die Pirsch zu gehen: Zum Naturlehrpfad gehören vier Beobachtungsverstecke, die den Blick auf Inseln, Wiesen, Teiche und Röhricht freigeben. Zwischendrin gibt es vor allem für Kinder tolle Aktivitäten: eine Balancierscheibe, Summsteine und am Ende des Rundgangs einen Seilzirkus.

Auf Fehmarn sollte man die Hauptstadt Burg mit den hübschen Backsteinhäusern nicht versäumen.

Info: Fehmarn liegt in der Ostsee zwischen Kieler und Mecklenburger Bucht. **Info Fehmarn:** Tourist Information, Zur Strandpromenade 4, 23769 Fehmarn, Tel. (043 71) 50 63 00, www.fehmarn.de. **Info NABU Wasservogelreservat Wallnau:** 23769 Fehmarn, Tel. (043 72) 10 02, www.nabu-wallnau.de, Öffnungszeiten tägl. 10–17 Uhr (Infozentrum nur März–Okt.), Eintritt € 10, ermäßigt (6–18 J.) € 4, Mo bis 18 J. frei, Führungen März–Okt. tägl. 11, 13, 15 Uhr.

Herbe Schönheit hoch im Norden

Altstadt von Flensburg

Flensburg, Schleswig-Holstein

Von wegen Flachland: Deutschlands zweitnördlichste Stadt (nur das benachbarte Glücksburg liegt noch ein klein wenig nördlicher) überrascht durch bewaldete Hügel. Sie bilden die Kulisse für eine malerische Altstadt, die sich unten im Tal südlich und westlich des Hafens ausbreitet und in der sich erstaunlich viele Gebäude aus vergangenen Epochen erhalten haben.

Da ist z. B. das Nordertor aus dem späten 16. Jahrhundert mit seinem charakteristischen Treppengiebel. Heute gilt es als Wahrzeichen der Stadt. Noch älter ist die Nikolai-Apotheke: Der älteste Profanbau Flensburgs entstand im Jahr 1490. Doch es sind nicht einzelne Gebäude, die zählen, sondern es ist der Gesamteindruck, der diese Stadt an der Förde so lebens- und liebenswert macht.

Blick auf die nördlichste kreisfreie Stadt Deutschlands: Flensburg.

Das Zentrum von Flensburg ist ein buntes Gemisch aus gotischen Kirchen und uralten Giebelfronten, aus dänisch anmutenden Fachwerkhäusern und pompösen Bauten aus der Zeit des Historismus. Am lauschigen Nordermarkt bilden diese unterschiedlichen Stile ein spannungsvolles und doch harmonisches Ganzes – kein Wunder also, dass dieser Platz bei Besuchern und Einheimischen gleichermaßen beliebt ist!

Doch Flensburg, das ist vor allem eine Hafenstadt. Am besten kann man sich davon im Historischen Hafen mit seinen alten Kränen und Stegen, der Museumswerft und dem Schifffahrtsmuseum sowie den vielen historischen Dampfern, Kuttern und Seglern überzeugen.

Daran, dass Flensburg seit Jahrhunderten ein Zentrum des Rumhandels ist, erinnern übrigens gleich zwei Rum-Museen in der Altstadt. Es gibt also wahrhaftig keinen Grund, die Stadt an der Förde achtlos zu durchqueren. Und eilig schon gar nicht – denn das Kraftfahrt-Bundesamt, das die berüchtigten »Punkte in Flensburg« vergibt, ist im Zweifelsfall gleich um die Ecke!

Info: Flensburg liegt ca. 90 km nördlich von Kiel. **Info Tourist Information:** Nikolaistraße 8, 24937 Flensburg, Tel. (04 61) 909 09 20, www.flensburger-foerde.de.

Durch die Grachten Holsteins

FRIEDRICHSTADT

Friedrichstadt, Schleswig-Holstein

Friedrichstadt, eine der jüngsten Städte Schleswig-Holsteins, beeindruckt mit einem niederländisch-barocken Stadtbild – inklusive Grachten. Herzog Friedrich III. von Schleswig-Gottorf wollte im 17. Jahrhundert hier, am Zusammenfluss von Treene und Eider, eine Hafenstadt gründen, um seine Handelsbeziehungen in Europa zu intensivieren. Dafür holte er gut betuchte Glaubensflüchtlinge (vor allem Mennoniten und Remonstranten) aus den Niederlanden heran, denen er hier Religionsfreiheit zusicherte. Und so entstand ein kleiner holländischer Außenposten mit Grachten und einem im Schachbrettmuster angelegten Straßensystem. Daher existieren auch im heutigen Friedrichstadt fünf verschiedene Glaubensgemeinschaften: Remonstranten, Lutheraner, Mennoniten, Katholiken und dänische Lutheraner. Sehenswert ist die Remonstrantenkirche – die einzige außerhalb Hollands. Noch heute wird ihre Gemeinde von einem niederländischen Pastor betreut.

Zwar entwickelte sich Friedrichstadt letztlich doch nicht zu einer reichen Handelsstadt, aber Spuren einer großen Zeit finden sich dennoch. So stehen am Markt sechs zusammenhängende Kaufmannshäuser mit eindrucksvollen Treppengiebelfassaden.

Das prächtigste Haus ist aber das Paludanushaus von 1637. Der Bau am Ostersielzug beeindruckt mit einem frühbarocken Stufengiebel und einer prachtvoll geschnitzten Rokokotür. Heute dient es als Versammlungshaus der dänischen Gemeinschaft.

Wer in die Vergangenheit der Handwerkskunst eintauchen möchte, kann auch dem Tischlereimuseum Jacob Hansen einen Besuch abstatten. Die original erhaltene Werkstatt in der Ostermarktstraße, nahe dem Marktplatz, wurde 1876 gegründet.

Giebelhäuser am Marktplatz in der »Holländerstadt« Friedrichstadt.

Sehr schön ist auch die Alte Münze am Mittelburgwall, für den Statthalter Adolf van Wael erbaut. Heute informiert hier auf drei Etagen ein Museum über die Stadtgeschichte. Ein Anbau der Alten Münze wird seit 1708 von der Mennonitengemeinde als Kirche genutzt.

In der Nähe befindet sich der Mittelburggraben – die Trennlinie zwischen der alten Vorderstadt und der neueren Hinterstadt – mit einer imposanten Granitsteinbrücke. Wer in Friedrichstadt weilt, sollte unbedingt eine Grachtenfahrt unternehmen.

INFO: Friedrichstadt liegt ca. 80 km westlich von Kiel. **INFO FRIEDRICHSTADT:** Tourist Information, Am Markt 9, 25840 Friedrichstadt, Tel. (048 81) 93 93-0, www.friedrichstadt.de.

Norddeutsche Wiege der europäischen Adelshäuser

Schloss Glücksburg

Glücksburg, Schleswig-Holstein

Hoch im Norden Deutschlands – beinahe schon in Dänemark – liegt Glücksburg. Hier erbauten die Herzöge zu Schleswig-Holstein von 1582 bis 1587 ein Schloss, das beinahe über dem es umgebenden Wasser zu schweben scheint. Ganz in Weiß, mit achteckigen Türmen, entstand der Bau auf den Resten eines Zisterzienserklosters. Der Wahlspruch des Hauses, »GgGmF«, steht über dem Eingangsportal: »Gott gebe Glück mit Frieden«. Glücksburg gilt als Wiege der europäischen Adelshäuser, denn der »Schwiegervater Europas«, König Christian IX. von Dänemark (1818–1906) aus dem Haus Glücksburg, brachte viele seiner Kinder in den verschiedenen Adelshäusern des Kontinents unter.

Heute ist der Besitz noch immer in adliger Familienhand; im Internetauftritt des Hauses grüßt freundlich Christoph Prinz zu Schleswig-Holstein, auch im Namen seiner Familie – und der Stiftung. Denn wie in allen modernen Adelshäusern hat man auch in Glücksburg eine solche ins Leben gerufen, um mithilfe der Einnahmen die Pflege des Schlossensembles und die Erhaltung des Kulturbetriebs zu ermöglichen. Die bedeutende Sammlung niederländischer Tapisserien und flandrischer Ledertapeten ist eine der besonderen Attraktionen des Schlosses. Zierlich und elegant spannt sich die Stuckdecke im Roten Saal – sie zählt zu den frühesten in Schleswig-Holstein. Kostbare Möbelstücke aus der Zeit zwischen Rokoko und Biedermeier, Porzellan und Silber ergänzen die Sammlungen. Porträts dokumentieren die Familienhistorie der Oldenburger und Glücksburger und auch die wechselhafte deutsch-dänische Geschichte, die diese Region schon immer prägte.

Im Schloss kann man auch tagen und heiraten. Für Letzteres gibt es ein stilvolles Trauzimmer und die 1717 erbaute Schlosskapelle, eine der frühesten protestantischen Kirchen Schleswig-Holsteins, unter Herzog Philip Ernst barock ausgestattet. Im Schlosspark lockt das Rosarium mit über 500 Rosensorten.

Info: Glücksburg liegt ca. 10 km nordöstlich von Flensburg. **Info Schloss Glücksburg:** Schlossallee, 24960 Glücksburg, Tel. (04631) 442 33-0, www.schloss-gluecksburg.de, Öffnungszeiten Mai–Okt. tägl. 10–18, Nov.–April Sa/So 11–16 Uhr, Eintritt € 8, ermäßigt € 6, Audioguide € 2. **Reisezeit:** April–Okt.

Eines der bedeutendsten Renaissanceschlösser Nordeuropas: Schloss Glücksburg.

Auf den Spuren der Wikinger

Wikinger Museum Haithabu

Busdorf, Schleswig-Holstein

Ein frühmittelalterlicher Immobilienmakler hätte über den Standort Haithabu gesagt: Entscheidend ist die Lage. Diese war nämlich außerordentlich günstig. Die Schlei, ein Arm der Ostsee, war schiffbar und zugleich verlief

An historischer Stelle rekonstruiert: Häuser des wikingerzeitlichen Handelsplatzes Haithabu.

hier die Nord-Süd-Handelsroute, der Ochsenweg. In Haithabu wurden Handelsgüter verladen, die über Land bis zur Eider und von dort zur Nordsee gebracht wurden – und umgekehrt. Die Siedlung dänischer Wikinger nahm damit eine bedeutende Stellung für den Handel zwischen dem Nordseeraum und dem Baltikum ein. Vom 9. bis ins 10. Jahrhundert war Haithabu eine frühmittelalterliche Großstadt: Mindestens tausend Einwohner lebten hinter einem hohen Wall mit Palisade. Heute befindet sich in der Nähe dieses Walls das Museum, das Leben und Handeln der Wikinger dokumentiert: Knut, Gorm, Harald Blauzahn und wie sie alle hießen. Auf dem ehemaligen Ausgrabungsgelände gibt es rekonstruierte Häuser und auch einen Bootsnachbau.

Wer noch tiefer in das Thema eintauchen will, kann sich auf der Museumswebsite über zahlreiche Veranstaltungen informieren, von archäologischen Führungen bis zu Kursen in Bogenbau und Pfeilherstellung.

In nur 800 Metern Entfernung befindet sich eine naheliegende Restaurantoption: Odins Haddeby. Der Wikingerbezug ist zwar nur im Namen des Hauses und den Bezeichnungen der Gerichte zu finden, aber der spektakuläre Blick über die Schlei hat sich seit Odins Zeiten nicht sehr verändert, und regionale Bioprodukte haben die Wikinger schließlich auch genossen.

Info: Haithabu liegt ca. 4 km von Schloss Gottorf entfernt und ca. 50 km südlich von Flensburg. **Info Wikinger Museum Haithabu:** Am Haddebyer Noor 3, 24866 Busdorf, Tel. (046 21) 81 31 22, https://haithabu.de, Öffnungszeiten April–Okt. tägl. 9–17, Nov.–März Di–So 10–16 Uhr (Wikinger Häuser geschl.), Eintritt € 8, ermäßigt € 6, Kinder € 3.

Kleines Eiland, meerumschlungen

Hallig Hooge und das Wattenmeer

Schleswig-Holstein

Überschaubar ist sie, die Welt von Hooge. Hier gibt es von vielen Dingen nur wenig – wenige Menschen, wenige Häuser, eine einzige Kirche mit einer einzigen Glocke. Vielleicht wirkt das »Mehr« darum umso mehr: die Nordsee im Rundumhorizont, die übermächtige Natur und die Ruhe im Überfluss. Hooge ist die zweitgrößte der zehn Halligen im schleswig-holsteinischen Wattenmeer, die touristische Infrastruktur hält sich in Grenzen. Nach der Ankunft mit dem Schiff von Amrum, Sylt, Nordstrand oder Schlüttsiel aus kann man die Hallig zu Fuß, mit dem Rad oder per Kutsche erkunden. Überschaubare zwölf Kilometer hat man zurückgelegt, wenn man die 5,6 Quadratkilometer einmal ganz auf dem Sommerdeich umrundet hat – vorbei an zehn Warften. Warften, das sind von Menschenhand aufgeworfene Erdhügel. Wenige Höhenmeter, die die Häuser der Halligbewohner von der Nordsee trennen.

Der Blanke Hans treibt das Wasser dennoch oft bis zur Türschwelle – auf einer unbedeichten Hallig herrscht bis zu 50-mal im Jahr »Land unter«, das Sturmflutkino auf Hooge informiert Besucher darüber in einem Kurzfilm. Die See hat hier schon immer dafür gesorgt, dass sich ein Gefühl von festgemauerter Ewigkeit gar nicht erst einstellt – Halligen sind eine vergängliche Sache. Über hundert von ihnen sollen zwischen dem 14. und dem 19. Jahrhundert existiert haben und wieder verschwunden sein. Erst in der Neuzeit gelang es, die zehn übrig gebliebenen Halligen zu sichern, nach der großen Sturmflut von 1962 führte man umfangreiche Sanierungen durch.

Aus dem 17. Jahrhundert: die Johanniskirche auf der Kirchwarft auf Hallig Hooge.

Für mehr Langlebigkeit sollen neuere Konzepte sorgen: Der Nationalpark Schleswig-Holsteinisches Wattenmeer wurde 1985 ins Leben gerufen. Er definiert die größte zusammenhängende Wattenmeerlandschaft Europas, eine einzigartige und schutzbedürftige Küste, mit über drei Millionen Vögeln eines der vogelreichsten Gebiete der Erde. 2009 nahm die UNESCO das Wattenmeer in die Liste des Welterbes der Menschheit auf. Hallig Hooge selbst ist vom Nationalpark Schleswig-Holsteinisches Wattenmeer umgeben.

Info: Hooge ist eine Nordfriesische Insel und liegt zwischen Langeneß und Pellworm. **Info Hallig Hooge:** Touristikbüro, Hanswarft 1, 25859 Hallig Hooge, Tel. (048 49) 91 00, www.hooge.de, telefonische Auskunft Mo–Fr 9–15 Uhr. **Info Schutzstation Wattenmeer:** Nationalpark-Seminarhaus Hooge, Hanswarft 2, 25859 Hallig Hooge, Tel. (048 49) 229, www.schutzstation-wattenmeer.de.

Wattenmeer bei Ebbe.

Helgoland und die Helgoländer Düne.

Deutschlands einzige Hochseeinsel

HELGOLAND

Schleswig-Holstein

»Grün ist das Land, rot ist die Kant, weiß ist der Sand – das sind die Farben von Helgoland.« Dieser Vers charakterisiert schon recht gut die einzige Hochseeinsel Deutschlands, die immerhin 70 Kilometer vom Festland entfernt in der Nordsee liegt. Rötlich schimmernd erhebt sich die bis zu 60 Meter hohe Kliffkante aus dem Meer, betupft mit grüner Vegetation. Weiß hebt sich dagegen die nahe gelegene Düneninsel aus dem Meer ab. Helgoland misst nur knapp einen Quadratkilometer, die vorgelagerte Badedüne erreicht nicht einmal diesen Wert. Die Insel ist unterteilt in Ober- und Unterland. Eine lange Treppe und auch ein Fahrstuhl verbinden beide Teile. Markantes Wahrzeichen ist die Lange Anna, ein einzelner steil aufragender Felsen an der Nordseite.

Helgoland hat eine wechselvolle Geschichte. Bedeutende Daten waren 1814, als die Insel britisch wurde, und 1890, als sie an das Deutsche Reich überging, welches im Gegenzug auf koloniale Gebietsansprüche in Ostafrika und auf Sansibar verzichtete. 1952 wurde Helgoland dann wieder an Deutschland zurückgegeben, der Wiederaufbau setzte alsbald ein.

Heute ist die Insel ein beliebtes Reiseziel, vor allem für Tagesgäste. Aus zahlreichen Orten starten regelmäßig Ausflugsschiffe mit Ziel Helgoland. Und fast alle Gäste müssen die Prozedur des Ausbootens über sich ergehen lassen: Die meisten Schiffe können nicht im Hafen anlegen, also müssen die Gäste vom Ausflugsschiff in ein Börteboot umsteigen, das sie dann an Land bringt.

Die farbigen Hummerbuden am Binnenhafen, einst von den Fischern genutzt, beherbergen heute Geschäfte, Galerien und Lokale. Vom Hafen aus führt eine Einkaufsstraße Richtung Oberland, wo sich ein Geschäft ans nächste reiht, kein Wunder, denn Helgoland gilt immer noch als Duty-free-Zone. Man kann hier also zollfrei einkaufen, muss sich aber an die Höchstmengen halten, bei der Abfahrt wird kontrolliert.

Die »Lange Anna«, Wahrzeichen von Helgoland.

Ein Spaziergang über das Mittelland, durch die Sprengungen während des Zweiten Weltkriegs entstanden, und entlang der Kliffkante am Oberland sollte nicht fehlen. Unweit der Langen Anna befindet sich der Lummenfelsen; alljährlich im Juni ist die Zeit des Lummensprungs: Die flugunfähigen Jungvögel springen, von den Alttieren angelockt, die 60 Meter von der Felskante hinunter ins Meer.

Und wer baden möchte, fährt mit einer kleinen Fähre hinüber zur gerade mal einen Kilometer entfernten Düne. Die Helgoländer Geschichte wird im Museum Helgoland in der Nordseehalle aufbereitet.

INFO: Die Nordseeinsel liegt ca. 57 km von der Küste vor Cuxhaven entfernt. **INFO HELGOLAND:** Tourist Information, Lung Wai 27, 27498 Helgoland, Tel. (04725) 80 88 08, www.helgoland.de, www.museum-helgoland.de.

Filmreife Idylle und jede Menge Wasser

Holsteinische Schweiz

Schleswig-Holstein

Die Holsteinische Schweiz, größter Naturpark Schleswig-Holsteins, liegt zwischen Kiel und Lübeck. Idyllisch ist es hier auf eine manchmal fast altmodische Art und Weise. Ein Klassiker der nachkriegsdeutschen Heimatfilmlandschaft, die »Immenhof«-Reihe, wurde hier gedreht. An der Straße von Malente in Richtung Eutin liegt das Gut Rothensande, das der Filmfamilie samt Vierbeinersammlung als Heim diente. Die malerische Landschaft mit ihren beinahe 200 Seen hat immer auch viele Künstler in ihren Bann gezogen. Früher lebten und wirkten sie an den Höfen adliger Kunstfreunde; die Kunstschaffenden von heute bevorzugen eher kleine, versteckte Dörfer. Oft dienen historische Gebäude als reizvolle Ausstellungsräume.

Immerhin zwei Berge gibt es dann doch in dieser »Schweiz«: den Bungsberg mit 168 Metern und den markanten Kalkberg mit 91 Metern Höhe. Fünf der vielen Seen kann man auf einen Streich kennenlernen – dabei hilft die bekannteste Bootstour in der Holsteinischen Schweiz, die Fünf-Seen-Fahrt. In Bad Malente startet sie, zwölf Kilometer lang geht die Minikreuzfahrt vorbei an stillen Buchten, waldigen Landzungen, Brutstätten für Seevögel und stattlichen Buchenwäldern. Zum Erkunden der heimischen Pflanzen und Tiere empfiehlt sich der gut beschilderte Naturlehrpfad Malenter Au.

Das Plöner Schloss in der Holsteinischen Schweiz.

Vom 17. bis ins 19. Jahrhundert prägte das Gutswesen die Region. Der Landadel baute meist stattliche Herrenhäuser, die an manchen Orten wegen ihres prunkvollen Baustils auch als Schlösser bezeichnet wurden. Besonders schön: die zahlreichen Alleen aus dieser Zeit.

Im Zentrum des Naturparks liegt die ehemalige Residenzstadt Eutin. Das Schloss wird seit 1997 wieder als Museum genutzt. Über Kultur und Geschichte Eutins informiert das Ostholstein-Museum im Marstall des Schlosses. Majestätisch thront über der Stadt Plön die Schlossanlage – der mächtige Renaissancebau ist weithin zu sehen. Er wurde von 1633 bis 1636 ganz aus Backstein errichtet, der strahlend weiße Verputz erfolgte erst im 19. Jahrhundert. Viele Jahre wurde die Anlage als Internat genutzt, 2004 hat die Firma Fielmann die Räume als Optiker-Akademie eingerichtet – Besichtigung mit Führung möglich.

Info: Der Naturpark liegt zwischen Kiel und Lübeck. **Info Holsteinische Schweiz:** www.holsteinischeschweiz.de, www.ostsee-schleswig-holstein.de.

Weiße Segel, internationales Flair und viel Unterhaltung

Kieler Woche

Kiel, Schleswig-Holstein

Das Anglasen der Schiffsglocke startet die Kieler Woche und die erste von vielen Regatten auf internationalem Niveau und in vielen Wettkampfklassen. 5000 Segler sorgen zehn Tage lang für Spannung und schöne Ostsee-Impressionen. Wer auf dem Wasser ganz nah dabei sein will, sollte sich – rechtzeitig – über das Angebot an Begleitfahrten informieren.

So wichtig die Kieler Woche als internationales Großereignis des Segelsports ist, so sehr kann man eine Teilnahme dennoch allen Nicht-Seglern und Landratten empfehlen, und davon kommen alljährlich etwa drei Millionen.

Beim Rahmenprogramm ist wirklich für jeden etwas dabei, ob internationaler Markt mit Köchen und kulinarischen Spezialitäten aus aller Herren Länder oder dazu passendem kulturellen Programm auf der großen Bühne vor dem Rathaus. Für Kinder gibt es auf der Krusenkoppel ein riesiges Aktivitätenangebot: Basteln und Werken, Theater- und Schmink-Workshops, Klettern und Toben – alle Angebote sind fantasievoll gestaltet und Eintritt muss man hier nirgendwo zahlen.

Abends wird entlang der Förde gefeiert, früher hauptsächlich am Hindenburgufer, inzwischen ist ein neuer Schwerpunkt rund um die Hörn entstanden. Die äußerste Spitze der Förde war ehemals von Werftgelände und brachliegenden Baugrundstücken umgeben, doch seit einiger Zeit avanciert die Gegend zu Kiels schicker Adresse mit Blick über Stadt und Wasser. Auf mehreren Bühnen spielen Livebands und für das leibliche Wohl ist mehr als gesorgt.

Sicherlich zu den beeindruckendsten Erlebnissen gehört die Windjammer-Parade, zu der sich große und kleine, alte und neue Segelschiffe einfinden. Auch Drei- und sogar Viermaster in vollem Segelornat sind dabei – ein Anblick, der in ein paar Jahren der Vergangenheit angehören könnte.

Segelregatta während der Kieler Woche.

In den Tagen der Kieler Woche kann man auch allerhand Großsegler besichtigen, z. B. die schneeweiße »Gorch Fock«, das Segelschulschiff der Deutschen Marine. Den Abschluss bildet in jedem Jahr ein überdimensionales Feuerwerk, das weithin über die Förde leuchtet, und wenn die letzte Rakete dann erloschen ist, geben alle kleinen und großen Schiffe sekundenlang Signal: ein Abschiedsgruß.

Info: Im Kieler Hafen. **Info Kieler Woche:** Tel. (04 31) 90 19 05, www.kieler-woche.de. **Reisezeit:** Letzte Juniwoche.

Von Reichtum und Armut in alten Mauern

Lübecker Altstadt

Lübeck, Schleswig-Holstein

Ein Besuch der Lübecker Altstadt darf bei keinem Ostseeurlaub fehlen! Nicht nur einzelne Gebäude sind hervorzuheben, sondern es ist die Gesamtwirkung eines intakten mittelalterlichen Stadtbilds, die der geneigte Betrachter auf sich wirken lassen kann. Die Lübecker Kaufleute hatten Geld und wollten es zeigen. Lübeck war die Königin der Hanse und ihre Bewohner ließen sich eine Stadt bauen, die noch Jahrhunderte später beeindruckt: 1986 wurde der Altstadtkern daher von der UNESCO als Weltkulturerbe anerkannt. Der so geschützte Bereich bezieht die wichtigsten Bauwerke der Stadt ein: Rathaus, Burgkloster, Koberg – ein vollständig erhaltenes Viertel des späten 13. Jahrhunderts – mit Jakobikirche, Heiligen-Geist-Hospital und den Baublöcken zwischen Glockengießer- und Aegidienstraße, das Viertel der Patrizierhäuser des 15. und 16. Jahrhunderts zwischen Petrikirche und Dom, die Salzspeicher am linken Traveufer und natürlich das Holstentor.

Wie in anderen Großstädten des späten Mittelalters gab es auch in Lübeck eine Vielzahl von Tagelöhnern und Trägern. Meist wohnten sie in kleinen Holzhäusern, die dicht aneinandergedrängt auf Eckgrundstücken oder an den Rückseiten der Bürgerhäuser standen.

Heiligen-Geist-Hospital in Lübeck.

Die versteckt gelegenen Wohnbereiche wurden Gänge oder Gangviertel genannt. Gegen Ende des 17. Jahrhunderts gab es in Lübeck noch mehr als 180 Gänge, heute bestehen noch etwa 90.

Erheblich menschenfreundlicher ging es da im 1286 vollendeten Heiligen-Geist-Hospital zu, einer der ältesten Sozialeinrichtungen Europas. Es wurde von frommen reichen Bürgern gestiftet und diente zunächst als Krankenhaus, dann als Altenheim – bis heute.

Das Rathaus gilt als eines der schönsten und ältesten seiner Art in Deutschland. Noch heute ist der monumentale Bau Sitz der Verwaltung, der Bürgerschaft und des Senats. Baubeginn war 1230, kurz nach der Verleihung der Reichsfreiheit an Lübeck. Und immer wieder wurde angebaut und erweitert – die vielen verschiedenen Stilrichtungen sind Zeugen lebhaften Architekturinteresses.

Im zweiten Stock des Marzipanzauberers Café Niederegger an der Breiten Straße gibt es einen Ausstellungsraum, in dem über die Geschichte des Hauses und die des berühmten köstlichen Lübecker Mandelprodukts informiert wird.

Info: In der Innenstadt von Lübeck gelegen. **Info Lübeck:** Welcome Center (Touristbüro), Lübeck und Travemünde Marketing GmbH, Holstentorplatz 1, 23552 Lübeck, Tel. (04 51) 889 97 00, www.luebeck-tourismus.de, **Info Café Niederegger:** Shop und Marzipan-Salon, Breite Str. 89, Lübeck, Tel. (04 51) 53 01-126/127, www.niederegger.de, Öffnungszeiten Mo–Fr 9–19, Sa 9–18, So 10–18 Uhr.

Lübeck literarisch

BUDDENBROOKHAUS

Lübeck, Schleswig-Holstein

Das alte »Familienhaus aus dem 18. Jahrhundert, mit dem Spruche Dominus providebit am Rokoko-Giebel, welches meine Großmutter väterlicherseits allein bewohnte«, war das Haus, das Thomas Mann beim Verfassen seiner »Buddenbrooks« im Sinn hatte. Der Roman brachte ihm den Literaturnobelpreis und der Stadt einen weltberühmten Sohn ein. Im Herzen Lübecks wurde 1758 das Haus in der Mengstraße, wie es der Autor im Roman nennt, fertiggestellt, 1842 erwarb es die Familie Mann und lebte darin bis 1891. Thomas Mann lässt seine Romanfamilie, die Buddenbrooks, 1835 einziehen.

Nach dem Erfolg des jungen Schriftstellers, der inzwischen seinen Lebensmittelpunkt nach München verlegt hatte, wurde das Haus von 1922 bis 1929 zur Buddenbrook-Buchhandlung und schuf so erstmals die Verbindung zwischen literarischem Werk und ehemaligen Bewohnern, jedoch fand eine völlige Umgestaltung des Interieurs statt. Ein Brandbombenangriff ließ 1942 allein die Fassade übrig.

1975 wurde im Zwischengeschoss ein Thomas-Mann-Zimmer eingerichtet, 1993 weihte Bundespräsident Richard von Weizsäcker das Heinrich-und-Thomas-Mann-Zentrum in der Mengstraße 4 ein. Das ganze Haus wurde zu einem Museum, das den Besuchern ein ganzheitliches Literaturerlebnis bieten möchte. Die beiden ständigen Ausstellungen »Die Manns – eine Schriftstellerfamilie« und »Die Buddenbrooks – ein Jahrhundertroman« werden von Veranstaltungen ergänzt. Zwei Räume sind originalgetreu eingerichtet, leises Pferdegetrappel untermalt die Atmosphäre des 19. Jahrhunderts.

Neben den Dauerausstellungen beherbergt das Haus heute umfangreiche Sammlungen, eine Spezialbibliothek und ein Archiv. So ist das Gebäude nicht nur Gedenkstätte, sondern zugleich auch ein Ort der Forschung.

Vorbild für Weltliteratur: das Buddenbrookhaus in Lübeck.

INFO: In der Innenstadt von Lübeck gelegen. **INFO BUDDENBROOKHAUS:** Heinrich-und-Thomas-Mann-Zentrum, Mengstr. 4, 23552 Lübeck, Tel. (04 51) 122-41 90, https://buddenbrookhaus.de, Öffnungszeiten April–Dez. tägl. 10–18, Jan. Di–So 11–17, Feb.–März tägl. 11–17 Uhr, Eintritt € 7, ermäßigt € 2,50.

Handel und Wandel zwischen Lübeck und Nowgorod

Europäisches Hansemuseum

Lübeck, Schleswig-Holstein

Nach elf Jahren Planung und rund 800 Jahre nach Entstehung der Hanse eröffnete 2015 das Museum, das sich der Entwicklung und den Auswirkungen dieses Bundes widmet. Die Eröffnung durch die Bundeskanzlerin: ein Tribut an die Bedeutsamkeit des Themas. Unmittelbar am Hafen steht der Neubau – selbstredend aus handgefertigtem Backstein, dem »Legostein« der Hansebaukunst; gleichzeitig unnahbar wie eine Burg und einladend durch eine große Treppe, die den Blick auf das oberhalb liegende Burgkloster lenkt.

Gleich zu Beginn des Museumsrundgangs steht eine Kogge im Morgengrauen: Aufbruch zu einer großen Reise. Der thematische Ansatz der Ausstellung ist allumfassend: Man erfährt etwas über die Waren, für die Leib und Leben riskiert wurden – überwiegend Luxusgüter–, über Sprachbarrieren, Rechtsprobleme und die Herausforderung der Währungsumrechnung – vielen jungen EU-Bürgern heute kein Begriff mehr. Aber auch vom Aufbrechen sozialer Strukturen ist die Rede: Selbstbestimmte Bürgerschaften nabelten sich von adligen Strukturen ab, unter den Hansemitgliedern galt eine Gleichrangigkeit, die es andernorts noch lange nicht geben sollte. Auf Deutsch, Englisch, Schwedisch und Russisch sind die Texte, denn über Dänemark bis Nowgorod reisten die Koggenfahrer.

Europäisches Hansemuseum: Annähernd 800 Jahre Lübecker Stadtgeschichte haben die Archäologen freigelegt.

Eröffnet in den Tagen eines weiteren G7-Gipfels drängen sich Vergleiche zur Moderne förmlich auf. Das »Hanselabor« soll zukünftig als Ort wirken, an dem erforscht werden kann, welche Bedeutung die Hanse für das heutige Europa hat.

Im Anschluss lohnt ein Besuch des nahen Lübecker Traditionshauses, der »Schiffergesellschaft«. Unter der Decke hängen Schiffsmodelle und Kronleuchter, man sitzt auf langen Bänken mit hohen Lehnen. Einfach ideal, um dem Hanse-Feeling noch etwas nachzuspüren.

Info: In der Innenstadt von Lübeck gelegen. **Info Europäisches Hansemuseum:** An der Untertrave 1, 23552 Lübeck, Tel. (04 51) 809 09 90, www.hansemuseum.eu, Öffnungszeiten tägl. 10–18 Uhr, Eintritt Erwachsene € 13, ermäßigt € 7,50, verschiedene Familientickets. **Info Schiffergesellschaft:** Breite Str. 2, Lübeck, Tel. (04 51) 767 76, https://schiffergesellschaft.de, Öffnungszeiten tägl. 10–24 Uhr. Reservierung am Abend empfohlen.

Die Königin der Hanse und ihr Wahrzeichen

HOLSTENTOR

Lübeck, Schleswig-Holstein

Lübecks Wahrzeichen ist das Holstentor. Erbaut zwischen 1464 und 1478 von dem Lübecker Ratsbaumeister Hinrich Helmstede, ist es wohl das berühmteste deutsche Stadttor. Kaum eine andere Region des Kontinents entwickelte sich im Mittelalter derartig schwungvoll und energisch wie die der Hanse. 170 große und kleine Hansestädte von Skandinavien bis zum Rheinland gewährten ihren ansässigen Kaufleuten gemeinsame Auslandsniederlassungen und Handelslizenzen.

Lübeck war das Haupt der Hanse, der Lübecker Pfennig die gemeinsame Währung. Das brachte der erfolgreichen Stadt viele Feinde, und das Holstentor bildete nur einen kleinen Teil einer weitaus größeren, komplexen Anlage von Befestigungstoren.

Der Bau hat seiner Funktion nach daher eine Stadt- und eine Feldseite, erstere mit vielen, letztere mit wenigen Fenstern ausgestattet, dafür aber auch mit Schießscharten und Geschützkammern. Die Inschrift »Concordia Domi Foris Pax« (Drinnen Eintracht, draußen Friede) zierte zunächst ein älteres äußeres Tor. Im Zuge der Industrialisierung empfand man aber alte Gemäuer als rückschrittlich und riss alle anderen Stadttore ab. 1855 hätte auch das Holstentor beinahe dem Ausbau der Eisenbahn im Stadtbereich weichen müssen. Aber ab 1863 besann man sich, sanierte den maroden Bau und zierte ihn 1871 erneut mit dem friedvollen Motto.

Im Inneren befindet sich heute ein Museum mit insgesamt sieben Themenräumen, die dem Beruf des Kaufmanns und der Bedeutung der Stadt als Fernhandelszentrum gewidmet sind, unter dem Motto »Die Macht des Handels«. Gelegentlich kommen auch Wechselausstellungen hinzu. Wer sich noch intensiver mit der Zeit der Hanse auseinandersetzen möchte, dem sei ein Besuch des nahen, im Jahr 2015 eröffneten Europäischen Hansemuseums empfohlen.

Steht für frühe europäische Handelskultur: das Holstentor in Lübeck.

Das Wahrzeichen der Hansestadt Lübeck, das lange den 50-Mark-Schein zierte und seit 2006 auch auf Zwei-Euro-Münzen prangt, kann man übrigens auch auf typisch lübsche Art verinnerlichen – in Form einer Nachbildung aus echtem Lübecker Marzipan von Niederegger.

INFO: In der Innenstadt von Lübeck gelegen. **INFO MUSEUM HOLSTENTOR:** Holstentorplatz, 23552 Lübeck, Tel. (04 51) 122 41 29, www.museum-holstentor.de, Öffnungszeiten April–Dez. tägl. 10–18, Jan.–März Di–So 11–17 Uhr, Eintritt € 7, ermäßigt € 2,50.

Backsteinschönheiten unter sich

Lübecker Kirchen

Lübeck, Schleswig-Holstein

Vor 800 Jahren wurde im Ostseeraum Kulturgeschichte geschrieben: Die christlichen Handelsherren der wirtschaftlich erfolgreichen Hanse wollten ihre aufstrebenden Städte mit Kathedralen schmücken. In Ermangelung von Sandstein, wie er anderswo – z. B. in Frankreich – verwendet wurde, wandte man sich der Backsteintechnik zu und brachte es darin bald zu großer Meisterschaft und neuem Stil. Backsteinerne Kirchengiganten erblickten, einer nach dem anderen, das Licht der staunenden Welt – schlicht, filigran und wunderschön. Die sieben Türme der fünf gotischen Hauptkirchen auf dem Altstadthügel verkörpern die zum Wahrzeichen gewordene Stadtansicht.

Ältestes Baudenkmal Lübecks ist der Dom. Nachdem die Stadt 1160 Bischofssitz geworden war, legte Heinrich der Löwe im Jahre 1173 den Grundstein zu dem gewaltigen Backsteinbau, der zwischen 1226 und 1335 zur gotischen Hallenkirche umgestaltet wurde. 1970 wurde der Dom so eingerichtet, wie er heute zu sehen ist: ein schlichter Sandsteinaltar, nur um eine Stufe erhöht.

Sie gilt mit ihren 750 Jahren als Mutterkirche der norddeutschen Backsteingotik: St. Marien diente rund 70 Kirchen im Ostseeraum als Vorbild. Die stolzen und reichen Bürger Lübecks errichteten dieses Wunderwerk in unmittelbarer Nähe ihres Rathauses. Das Backsteingewölbe ist mit 38,50 Metern im Mittelschiff das höchste der Welt.

Der mächtige Bau von St. Marien diente vielen Backsteinkirchen im norddeutschen Raum als Vorbild.

Die Jakobikirche wurde 1334 als Kirche der Seefahrer und Fischer geweiht. Sie blieb als eine der wenigen Lübecker Kirchen unbeschädigt und verfügt daher als einzige über zwei alte Orgeln. Die Aegidienkirche ist die kleinste der Lübecker Innenstadtkirchen – und die schlichteste. Sie wurde als Kirche der Handwerker und Kämmerer im 14. und 15. Jahrhundert erbaut.

St. Katharinen heißt die einzige erhaltene Klosterkirche der Stadt, die museal genutzt wird. St. Petri fand bereits 1170 erste schriftliche Erwähnung, zwischen 1227 und 1250 erfolgte der Bau einer spätromanischen, dreischiffigen Kirchenhalle. Durch die starke Zerstörung diente die ehemalige Kaiserkirche nach Kriegsende bescheiden ihren Artgenossinnen als Lagerhalle für Kunstschätze und Bauteile. Erst 1987 war die äußerliche Rekonstruktion abgeschlossen, im Inneren verzichtete man auf die Wiederherstellung. 2004 wurde sie zur Universitätskirche ernannt und beherbergt häufig Kunstausstellungen – Kurator ist Björn Engholm, der ehemalige Ministerpräsident von Schleswig-Holstein. Ein Fahrstuhl im Turminneren befördert Gäste auf eine 50 Meter hoch gelegene Aussichtsplattform. Von hier bietet sich ein einmaliger Blick über all die Backsteinschönheiten.

Info: www.luebeck-tourismus.de.

Ein schöner Tag in Schleswig-Holstein

Gut und Herrenhaus Panker

Bei Lütjenburg, Schleswig-Holstein

Das über 500 Jahre alte Gut liegt zwischen Lütjenburg und Schönberg in der Holsteinischen Schweiz, unweit der Ostseeküste. Seit 1400 unter der Herrschaft der Grafschaft Rantzau, kaufte Friedrich I. von Hessen 1739 den Besitz für seine unehelichen Söhne, die zu Grafen von Hessenstein erhoben wurden. Das heutige Herrenhaus wurde um 1800 errichtet, seit 1947 ist es der stilvolle Sitz eines durch die Kurhessische Hausstiftung gegründeten Trakehnergestüts. Da das Herrenhaus noch bewohnt wird, kann es leider nicht besichtigt werden.

Aber in dem Barockgarten davor und auf dem gesamten Gelände sind Spaziergänger gern gesehen. Stallungen und eine Schlosskapelle sind vorhanden, und in den ehemaligen Wirtschaftsgebäuden sind verschiedene kleine Läden untergebracht, darunter »Flora Magica«, wo Geschirr, Seifen und Kerzen zu erstehen sind.

Dann sollte man am besten die Kutsche besteigen zu einer Fahrt durch die Holsteinische Schweiz – keine Massenabfertigung, sondern mit maximal drei Personen beschaulich unterwegs sein. Wer sich vor dem Essen noch etwas die Beine vertreten möchte, kann zu Fuß nach eineinhalb Kilometern den Hessenstein auf dem Pilsberg erreichen, dessen 128 Meter Höhe zwar nicht nach viel klingt, aber in Schleswig-Holstein ist das schon ein absoluter Spitzenplatz. Der Aussichtsturm von 1841 ermöglicht mit zusätzlichen 17 Metern Höhe bei klarem Wetter einen Panoramablick vom Bungsberg bis nach Fehmarn und zu den Kränen der Kieler Werften.

Ein Essen oder Kaffeetrinken in der »Olen Liese« rundet den Besuch kulinarisch ab. Eine hervorragende Bedienung und leckeres Essen sind garantiert und dazu – durchs Fenster oder von der Terrasse – der Blick auf edle Pferde.

Gut Panker bei Lütjenburg ist in Privatbesitz und wird heute noch bewohnt.

Der schöne Landgasthof ist übrigens nach einem Lieblingspferd des Fürsten Wilhelm von Hessenstein benannt. Das erhielt sein Gnadenbrot von einem Knecht des gutherzigen Gutsbesitzers, der dafür mit einer wertvollen Schanklizenz belohnt wurde. Inzwischen beherbergt das ehemalige Jagdzimmer das Gourmetrestaurant »1797«, das mit einem Michelin-Stern ausgezeichnet wurde.

Die Zimmer des angeschlossenen Hotels im rekonstruierten Schulgebäude sind auf stilvolle Art und Weise gemütlich und individuell gestaltet.

Info: Gut Panker liegt ca. 40 km östlich von Kiel. **Info Gut Panker:** 24321 Panker, Tel. (043 81) 70 71, www.gutpanker.de, www.ole-liese.de, Öffnungszeiten Restaurant 1797 April–Anfang Okt. Do–Sa ab 18.30 Uhr, Ole Liese Wirtschaft April–Mitte Okt. Di–So ab 12 (Di nur bis 18), Mitte Okt.–März Mi–Fr ab 18, Sa/So ab 12 Uhr, Preise auf Anfrage.

Ein Spaziergang durch Natur und Geschichte

Freilichtmuseum Molfsee

Molfsee, Schleswig-Holstein

Das Freilichtmuseum vor den Toren Kiels gibt einen genauen Einblick in das norddeutsche Leben vergangener Tage. Verschiedene Haus- und Hoftypen, Windmühle, Schmiede und Meierei vermitteln besser als jedes Geschichtsbuch das Lebensgefühl längst vergangener Tage. Bäuerlicher, aber auch bürgerlicher Alltag lässt sich hier authentisch nach(er)leben.

Der Museumsvereinsgründung von 1958 mit dem Ziel, die historisch wertvolle ländliche Bausubstanz Schleswig-Holsteins zu bewahren, folgte 1960 die Eröffnung des Museums mit den ersten 13 Objekten. Seit 2013 ist in Molfsee das Landesmuseum für Volkskunde angesiedelt. Mit über 70 historischen Gebäuden ist das Freilichtmuseum in Molfsee das größte seiner Art in Norddeutschland. Auf 40 Hektar schließt die Ausstellung Wiesen, Gärten, Felder und Teiche mit ein.

Die gute Stube: Leben, wie es früher einmal war – im Freilichtmuseum Molfsee.

Für den Besuch sollte man auf jeden Fall einen ganzen Tag einplanen – kein Problem, da auch für stilechte Verpflegung durch den Verkauf der Produkte aus Meierei, Backhaus und Räucherkate bestens gesorgt ist. Auch Korbmacher, Schmied, Drechsler, Töpfer, Weber und Holzbildhauer demonstrieren ihre Tätigkeiten.

Eine alte Apotheke mit Kräutergarten gewährt Einblicke in die Geschichte der Pharmazie. Für Kinder vielleicht das Schönste: der historische Jahrmarkt mit Karussells und Schiffschaukel. Überhaupt ist die beste Idee der Besuch mit der ganzen Familie, vorzugsweise einschließlich der ältesten Generation – vielleicht erweckt der Aufenthalt spannende Jugenderinnerungen.

Die Ausstellung überzeugt durch ihre angenehm ruhige Gestaltung, statt Bilderflut und Informationsüberfluss wirken die Exponate eher für sich, immer im Spannungsfeld zwischen ärmlicher Kargheit und wohltuender Schlichtheit – je nach Augenmaß des Betrachters.

Info: Molfsee liegt 6 km südwestlich von Kiel. **Info Freilichtmuseum Molfsee – Landesmuseum für Volkskunde:** Hamburger Landstr. 97, 24113 Molfsee, Tel. (04 31) 659 66 22, https://freilichtmuseum-sh.de, Öffnungszeiten April–Okt. tägl. 9–18, Einlass bis 17 Uhr, Eintritt € 8, ermäßigt € 6, Schüler € 3, bis 6 J. frei. Nov.–März ist das Außengelände So 11–16 Uhr zugänglich.

Im Rausch der Farben

Nolde Stiftung Seebüll

Neukirchen, Schleswig-Holstein

Hier ist unser Platz«, so äußerte sich Ada Nolde überzeugt, als Maler und Gattin 1926 in Seebüll ankamen. Der Künstler selbst entwarf das Wohn- und Atelierhaus, einen achteckigen Bau, der in seiner formalen Strenge

Das Wohnhaus und Atelier von Emil Nolde: »Seebüll« nahe Neukirchen.

an die Architektur des Bauhauses erinnert. Das international vielleicht bekannteste Museumshaus Schleswig-Holsteins steht im Kreis Nordfriesland, nur wenige Minuten von der Grenze zum Nachbarn Dänemark entfernt.

1867 als Hans Emil Hansen geboren, lässt sich der junge Mann an der Kunstgewerbeschule in Flensburg zum Holzschnitzer und Zeichner ausbilden. Seine Wanderjahre führen ihn u.a. nach München, Karlsruhe und Berlin. 1906/07 ist Emil Nolde – der sich nach seinem Geburtsort bei Tondern nennt – Mitglied der Künstlergruppe »Die Brücke« und ab 1909 Mitglied der Berliner Secession.

Obwohl er bereits in den 1920er Jahren Mitglied der NSDAP wird, erklärt das Nazi-Regime 1937 seine Kunst als »entartet« und verbietet ihm ab 1941 das Malen ganz. Nach 1945 erhält Nolde zahlreiche internationale Ehrungen und gilt heute als einer der bedeutendsten Maler des Expressionismus. Neben religiösen Motiven und Szenen aus dem Berliner Nacht- und Theaterleben sowie Südseeimpressionen, die er auf ausgedehnten Reisen sammelte, stehen immer wieder und vor allem die Landschaft seiner norddeutschen Heimat, das Meer und Blumen im Mittelpunkt seines farbexplosiven Schaffens.

Ein Jahr nach dem Tod des Malers öffnet 1957 die von ihm selbst gegründete Stiftung erstmals die Türen des Wohnhauses als Museum, heute gibt es hier jährlich wechselnde Ausstellungen seiner Aquarelle und Zeichnungen. Zu Füßen des Hauses legte der Maler einen Blumengarten an, dessen Wege die Initialen A und E, die Anfangsbuchstaben von Ada und Emil, zeichnen.

Info: Neukirchen liegt ca. 20 km nördlich von Niebüll, 55 km westlich von Flensburg. **Info Nolde Stiftung Seebüll:** 25927 Neukirchen, Tel. (046 64) 98 39 30, www.nolde-stiftung.de, Öffnungszeiten März–Nov. tägl. 10–18 Uhr, Eintritt € 8, ermäßigt € 3, bis 12 J. frei.

Weltberühmte Abkürzung

Nord-Ostsee-Kanal

Schleswig-Holstein

Riesige Luxusliner und Containerschiffe im Schneckentempo locken jedes Jahr Tausende Menschen an die Ufer des Nord-Ostsee-Kanals zwischen Nordsee und Kieler Förde. Zeit ist bekanntlich Geld und Feldherren, Herzöge und Könige zerbrachen sich deshalb jahrhundertelang immer wieder den Kopf darüber, wie sich der lange Weg zwischen Nord- und Ostsee an der stürmischen Nordspitze Dänemarks vorbei am besten abkürzen ließe. Kaiser Wilhelm II. gelang schließlich das Kunststück: 1895 wurde die beinahe 100 Kilometer lange Verbindung zwischen Brunsbüttel und Kiel feierlich eröffnet. Bei der Planung hatte der Kaiser sicherlich weniger Luxusurlauber als vielmehr handfeste wirtschaftliche und militärische Vorteile im Auge. Dass das Jahrhundertprojekt durchaus seinen Sinn hatte, war schnell klar. Bis heute ist der Kanal eine der meistbefahrenen künstlichen Wasserstraßen der Welt und damit eine logistische Herausforderung. 2016 passierten ca. 29000 Schiffe den Kanal mit einer Ladung von über 80 Millionen Tonnen.

Die Schleuse Kiel-Holtenau ist gewissermaßen die Eingangspforte zur Ostsee, die Schleuse Brunsbüttel das Tor zur Nordsee. Acht Straßen und vier Eisenbahnlinien überqueren den Nord-Ostsee-Kanal auf insgesamt zehn Brücken, zahlreiche Fahrzeug- und eine Personenfähre ermöglichen den Transport auf die andere Seite. Alle Brücken haben die gleiche Durchfahrtshöhe von 42 Metern, weil der Kanal auf die Linienschiffe der kaiserlichen Marine ausgelegt wurde.

Vielgenutzte »Abkürzung«: der Nord-Ostsee-Kanal.

Wahrlich kaiserlich sind auch heute noch die Luxusschiffe, die neben den Frachtern den Kanal durchqueren. Majestätisch schieben sich an die 100 Passagierschiffe pro Jahr durch die grüne, flache Wiesenlandschaft, glänzend weiß bei Tag und strahlend erleuchtet bei Nacht. Wer sie möglichst nah vor die Linse bekommen möchte, der sollte sich zum Aussichtspunkt an der Grünentaler Hochbrücke, Kanalkilometer 31,11, begeben. Auch die Aussichtsplattform an den Kieler Kanalschleusen bietet spannende Technik im Einsatz, zusammen mit Schautafeln und manchmal auch Erläuterungen von kundigen Kanalfans vor Ort.

Rendsburg, die wichtigste Hafenstadt im Verlauf des Kanals, besitzt einen Straßen- und Fußgängertunnel unter dem Nord-Ostsee-Kanal. Bekannt ist die Stadt aber vor allem wegen ihrer Eisenbahnhochbrücke mit der darunter hängenden Schwebefähre. Die Stahlkonstruktion aus dem Jahr 1911 ist das Wahrzeichen Rendsburgs. Das »Anhängsel« der Hochbrücke, die sogenannte Schwebefähre, ist an Seilen befestigt und transportiert Fußgänger und Fahrzeuge über den Kanal.

Info: Rendsburg liegt 37 km westlich von Kiel. **Info Rendsburg und Kanal:** Touristische Arbeitsgemeinschaft Nord-Ostsee-Kanal, Altstädter Markt 1–5, 24768 Rendsburg, Tel. (043 31) 696 38 44, www.nok-sh.de.

Plattes Land – von wegen!

Ostseeküsten-Radweg

Schleswig-Holstein

Der Ostseeküsten-Radweg verläuft über eine rund 450 Kilometer lange Strecke durch Schleswig-Holstein, von der deutsch-dänischen Grenze bis nach Lübeck-Travemünde. Startpunkt ist Kupfermühle, ein kleiner Ort

Travemünde – Endpunkt des Ostseeküsten-Radwegs von der dänischen Grenze nach Lübeck-Travemünde.

an der Grenze zu Dänemark. Über Flensburg, Kiel, Heiligenhafen geht es auf die Insel Fehmarn, die komplett umrundet wird. An der Küste geht es weiter bis nach Travemünde. Die Strecke ist in sechs bis zehn Tagen machbar, je nach Lust und Kondition eignet sie sich auch hervorragend für Familien mit Kindern. Neben dem Meerespanorama, den weiten Raps- oder Weizenfeldern und den feinen Sandstränden bieten sich den Radlern viele kulturelle Highlights: Vom Schifffahrtsmuseum in Flensburg über das sehenswerte Schloss Glücksburg, den Yachthafen im Ostseebad Damp und das Wikingermuseum Haithabu bis zu den großen Schiffen in der Kieler Förde. Am besten planen Sie die Radtour rund um die »Kieler Woche« im Sommer. Anschließend locken die Altstadt in Heiligenhafen, das natürlich schöne Fehmarn und das reiche Travemünde mit dem Skandinavienkai. Zwischendrin genießen Sie einfach das herrliche Schleswig-Holstein mit den kleinen Dörfern, den – teils doch überraschend hohen – Hügeln, dem guten kulinarischen Angebot und seinen immer wieder weißen Sandstränden mit gemütlichen bis mondänen Seebädern. Und natürlich Land und Leute, denn die Holsteiner sind viel offener als ihr Ruf. Wer vom Radfahren noch nicht genug hat, kann die Tour in Mecklenburg-Vorpommern nach Rügen, Usedom und weiter bis zur polnischen Grenze fortsetzen. Vorbei an weiten Sandstränden und eindrucksvollen Klippen entdecken Sie die Sehenswürdigkeiten der einstmals reichen Hansestädte Wismar, Stralsund und Greifswald.

Info Ostsee-Holstein-Tourismus: Am Bürgerhaus 2, 23683 Scharbeutz, Tel. (045 03) 88 85 25, www.ostsee-schleswig-holstein.de. **Reisezeit:** Mai–Okt.

Zwischen Dom und Draisine

Inselstadt Ratzeburg und Erlebnisbahn

Ratzeburg, Schleswig-Holstein

Welche Stadt liegt schon mitten im Wasser? Neben Lindau im Bodensee gehört auch Ratzeburg zu den wenigen Orten in Deutschland, die komplett von Wasser umschlossen sind. Zumindest gilt das für die Altstadt – denn die liegt im Ratzeburger See und ist nur über drei Dämme erreichbar.

Doch nicht nur diese romantische, weltentrückte Lage macht die Kleinstadt im Kreis Herzogtum Lauenburg zu einem lohnenswerten Ausflugsziel. Mindestens ebenso wichtig ist der spätromanische Dom an der Nordspitze der Altstadtinsel, der auf drei Seiten von Wasser umgeben ist. Die von Heinrich dem Löwen gestiftete Backsteinkirche gehört zu den bedeutendsten Sakralbauten Norddeutschlands. In einem Fachwerkhaus gleich neben der Kirche Sankt Petri im Zentrum der Altstadt verbrachte der Bildhauer Ernst Barlach einen Teil seiner Kindheit. Ihm zu Ehren beherbergt das Haus heute ein Museum, in dem zahlreiche Werke des weltberühmten Künstlers zu sehen sind.

Und wer von der Stadt genug hat, kann jederzeit einen Ausflug in die wunderschöne Umgebung machen – und zwar mit einem der vielen originellen Fahrzeuge, die die Erlebnisbahn Ratzeburg hierfür anbietet. Egal ob Sie per Groß- oder Kleindraisine eine stillgelegte Bahnstrecke entlangfahren oder auf dem Hydrobike die Altstadtinsel umrunden wollen – mit der Erlebnisbahn ist (fast) alles möglich. Man kann es auch ruhiger angehen lassen und einfach mal in einem alten Schlafwagen, einem überdimensionalen Koffer oder hoch im Baum in einem Vogelhaus übernachten. Auch das gehört zum Angebot der Erlebnisbahn, durch die ein Aufenthalt in der Inselstadt zum unvergesslichen Erlebnis wird.

Info: Ratzeburg liegt ca. 60 km nordöstlich von Hamburg. **Info Ratzeburg:** Tourist Information, Unter den Linden 1, 23909 Ratzeburg, Tel. (045 41) 800 08 86, www.inselstadt-ratzeburg.de. **Info Erlebnisbahn Ratzeburg:** Im Bahnhof 1 B, 23909 Ratzeburg, Tel. (045 41) 88 32 16, www.erlebnisbahn-ratzeburg.de.

Schrankensicherung während der Draisinenfahrt von Ratzeburg nach Hollenbek.

Von Heringen und Klappbrücken

Region rund um die Schlei

Schlei, Schleswig-Holstein

Die Schlei erstreckt sich über 42 Kilometer von Schleimünde und Maasholm über Kappeln und Arnis bis zur Stadt Schleswig. Keine Förde, sondern eine Art Abflusskanal aus der letzten Eiszeit, trennt sie die Landesteile Angeln und Schwansen. In der Schlei befindet sich Brackwasser – nichts Schlimmes, sondern eine Mischung aus Salz- und Süßwasser. Der Salzgehalt nimmt von Schleswig bis Schleimünde immer weiter zu.

In grauer Vorzeit war die Schlei ein wichtiger Handelsweg, denn der Landweg zum Nordseezubringer, von Schleswig zur Treene, betrug nur 16 Kilometer. Bereits 1075 wird in Schriften erwähnt, dass von Haithabu – der Wikingersiedlung vor Schleswig – aus Schiffe bis Schweden und Griechenland geschickt wurden. Für die größeren Schiffe späterer Zeiten, wie z. B. die Hansekogge, war der Wasserarm der Ostsee mit seiner durchschnittlichen Tiefe von drei Metern allerdings zu flach und verlor bald an Bedeutung.

Das Fischerdorf Maasholm liegt an der Schleimündung. Am Hafen geht es lebhaft zu. Lange hatten die Kutter der Fischer das Sagen, seit man einen Segelhafen gebaut hat, liegen hier auch die Boote der Sportsegler.

Weithin sichtbar prägt die St.-Nikolai-Kirche (1789–93) das Stadtbild der gemütlichen Kleinstadt Kappeln. Die Holländermühle Amanda von 1888 mit ihren neun Stockwerken und 30 Metern Höhe ist die größte ihrer Art in Schleswig-Holstein. Im Museumshafen liegen restaurierte Frachtsegler und Dampfboote. Haupteinnahmequelle der Fischer in Kappeln war immer der Hering. Um ihn zu fangen, entwickelte man im Mittelalter einen Heringszaun. Ein solches Exemplar aus dem 15. Jahrhundert existiert noch heute und ist einzigartig in Europa.

Reetdachkaten auf der Halbinsel Schwansen.

Arnis, mit rund 300 Einwohnern die kleinste Stadt Deutschlands, wurde 1667 gegründet. Das Mini-Städtchen liegt auf einer Halbinsel. Besonders sehenswert ist die Schifferkirche mit den Votivschiffen; die alte Kanzel wurde der Legende nach von einer Sturmflut angespült.

Der längste und schmalste Meeresarm der Ostsee hat viele grüne Strände, die das Ufer säumen. Die Region lässt sich hervorragend mit dem Kanu, dem Segelschiff oder per Rad erkunden.

Nach Lindaunis sollte man wegen der Klappbrücke fahren. Größere Schiffe, Autos und die Bahn arrangieren sich hier – wenn auch manchmal mit Problemen, besonders wenn die Brücke mal nicht funktioniert.

Info: Zwischen Kiel und Flensburg gelegen. **Info Schlei:** Tourist Information Schleidörfer, Königstr. 3, 24392 Süderbrarup, Tel. (04641) 20 47, www.ostseefjordschlei.de, www.sh-tourismus.de.

Von armen Fischern und reicher Holzkunst

Dom zu Schleswig, der Holm und die Altstadt

Schleswig, Schleswig-Holstein

Rund 1200 Jahre ist es her, dass der Ort Sliaswich oder Sliestorp erstmals urkundlich erwähnt wurde: 804 kommt er in den fränkischen Reichsannalen vor; das macht die Stadt zu einer der ältesten Nordeuropas. Im 15. Jahrhundert war Schleswig als Residenzstadt der Gottorfer Herzöge politisches und kulturelles Zentrum. Heute ist die Stadt mit ihren 25 000 Einwohnern mit den Sammlungen der Landesmuseen und den vielen Kulturdenkmälern vor allem von kultureller Bedeutung. Drei Dinge sollte ein Besuch unbedingt einschließen: den Blick in den mächtigen St.-Petri-Dom, einen Bummel durch die ihn umgebende Altstadt und ein Besuch der Fischersiedlung Holm.

Der Schleswiger Dom entstand vom 12. bis 15. Jahrhundert. Sein weithin sichtbarer, 112 Meter hoher Turm wurde dem gotischen Bau 1894 hinzugefügt – ein Geschenk Preußens an seine Provinzhauptstadt. Im Innern lohnt vor allem das Studium des berühmten Bordesholmer Flügelaltars mit seinen fast 400 geschnitzten Figuren von Hans Brüggemann. Jeder einzelnen seiner Figuren verlieh der große Holzschnitzer eine ausdrucksvolle Mimik und Gestik, um den Lebensweg Christi darzustellen. Der Künstler gestaltete auch die über vier Meter hohe Standfigur des heiligen Christophorus.

Kapelle des Friedhofs der »Holmer Beliebung« in Schleswig.

Der Holm (skandinavisch für Insel, denn eine solche war dieser Stadtteil bis 1933) gilt als einer der ältesten Teile der Stadt. Einen Eindruck von den kargen Lebensumständen vergangener Tage kann man sich bei einem Spaziergang verschaffen. Die winzigen Fischerhäuschen mit Klöndör, der Plaudertür, die auch zur Hälfte geöffnet werden kann, haben zum Teil auf der Rückseite einen direkten Zugang zur Schlei – die Fischerboote konnten quasi im Hinterhof geparkt werden.

Die Häuschen gruppieren sich um den Friedhof herum – ein würdiges Begräbnis war der einzige Luxus, den sich die Mitglieder des Beerdigungsvereins »Holmer Beliebung« nicht nehmen lassen wollten. Die Beliebung wurde 1650 nach dem Dreißigjährigen Krieg gegründet. Mitglieder erwarben sich das Recht, in Würde begraben zu werden – keine Selbstverständlichkeit in Zeiten von Krieg und Pest. Mittelpunkt der Altstadt ist der Markt, umgeben von schönen Bürgerhäusern, der stattlichen Hofapotheke und dem klassizistischen Rathaus von 1794.

INFO: Schleswig liegt zwischen Flensburg und Kiel. **INFO SCHLESWIG:** Tourist Information, Plessenstr. 7, 24837 Schleswig, Tel. (046 21) 85 00 56, www.schleswig.de, www.ostseefjordschlei.de, www.stadtmuseum-schleswig.de.

Moorleichen, Weltbilder und neue alte Gärten

SCHLOSS GOTTORF

Schleswig, Schleswig-Holstein

Die mächtige Vierflügelanlage von Schloss Gottorf, ehemalige Residenz der Herzöge von Schleswig-Holstein-Gottorf, beherbergt als Schleswig-Holsteinische Landesmuseen das Landesmuseum für Kunst und Kultur-

Früher Adelssitz, heute Landesmuseum: Schloss Gottorf.

geschichte und das Archäologische Landesmuseum, das zu den ältesten und größten seiner Art in Deutschland zählt. Internationalen Rang hat die Sammlung durch das Nydam-Schiff und die Moorleichen aus der Zeit um Christi Geburt. Eine weitere Dependance der Landesmuseen ist das Wikinger Museum Haithabu am Haddebyer Noor.

2004 war bereits der berühmte Gottorfer Globus im Fürstengarten der Schlossanlage wieder aufgestellt worden, eine Rekonstruktion nach historischem Vorbild. Zwischen 1650 und 1664 entstand am Gottorfer Hof Herzog Friedrichs III. ein Riesenglobus mit einem Durchmesser von über drei Metern. Er stellte äußerlich die Weltkugel dar, das Innere barg ein Planetarium, das den Sternenhimmel und den Sonnenlauf so zeigte, wie sie von der Erde aus zu sehen sind. Ein Reiz bestand damals wie heute darin, dass man in den Globus hineinsteigen, dort Platz nehmen und die Sterne um sich herum kreisen lassen kann – kein Messinstrument sollte es sein, sondern die Veranschaulichung des Weltverständnisses seiner Erbauer und ihrer Zeit.

Die rekonstruierte Globuskugel schwebt im ersten Stock des Globushauses fast wie im freien Raum. Die Aufhängungsachse verläuft parallel zur wirklichen Erdachse, das Getriebe für die Globusmotoren verbirgt sich in der Zwischendecke. Die neuzeitliche Rekonstruktion ist in einem kubusartigen Bau untergebracht.

Zur Landesgartenschau 2008 konnte die aufwendige Rekonstruktion des Barockgartens abgeschlossen werden, der mit prachtvollen Wasserkaskaden und Fontänenbassins lockt.

INFO: Schleswig liegt zwischen Flensburg und Kiel. **INFO STIFTUNG SCHLESWIG-HOLSTEINISCHE LANDESMUSEEN:** Schloss Gottorf, 24837 Schleswig, Tel. (046 21) 81 32 22, https://schloss-gottorf.de, Öffnungszeiten April–Okt. Di–Fr 10–17, Sa/So 10–18, Nov.–März Di–Fr 10–16, Sa/So 10–17 Uhr, Eintritt € 9, Kinder € 3. **INFO GLOBUSHAUS:** Öffnungszeiten April–Okt. Mo–Fr 10–17, Sa/So 10–18 Uhr, Eintritt € 7, Kinder € 3, Zutritt ab 6 J.

Stradivari im Kuhstall

Schleswig-Holstein Musik Festival

Schleswig-Holstein

Das Schleswig-Holstein Musik Festival ist eines der größten Klassikfestivals Europas. Jedes Jahr finden im Juli und August an zahlreichen Spielstätten in Schleswig-Holstein mehr als 120 Konzerte statt. Seit seiner Gründung 1986 durch Justus Frantz gehört das Schleswig-Holstein Musik Festival (SHMF) zu den herausragenden internationalen Kulturereignissen und ist Vorbild zahlreicher ähnlicher Events in ganz Deutschland und Europa. Aktuell ist Christian Kuhnt Intendant des Festivals, das nun jedes Jahr einem anderen Komponisten eine Retrospektive widmet.

Die mitunter hochkarätigen Musiker spielen an den unterschiedlichsten Örtlichkeiten: in Kirchen, alten Ställen und Scheunen oder in eleganten Herrenhäusern und imposanten Schlössern. Aber auch in Werften oder Flugzeugterminals wird auf die Tasten gehauen oder in die Saiten gegriffen. Auch für Eltern mit Kindern gibt es sehr gute Möglichkeiten, das SHMF zu genießen: Zum einen gibt es das Angebot der Kindermusikwerkstatt, bei dem Kinder zwischen drei und 13 Jahren während der Konzerte von Musikpädagogen betreut werden. Zum anderen dürften auch die »Musikfeste auf dem Lande« – eine Verbindung von klassischer Musik und Picknick – den kleinen Zuhörern gut gefallen.

Jungen Talenten stehen die 1987 von Leonard Bernstein gegründete Orchesterakademie und die Chorakademie offen und bei den Meisterkursen in Lübeck werden Nachwuchskünstler gefördert. Seit 2002 gehört auch das internationale Jazzfestival JazzBaltica zum Musikfestival.

Info Schleswig-Holstein Musik Festival: Palais Rantzau, Parade 1, 23552 Lübeck, Tel. (04 51) 389 57-0, (04 31) 23 70 70 (Tickets), www.shmf.de, Eintritt ab € 10.

Picknick auf Gut Emkendorf, einer der Spielstätten des Schleswig-Holstein Musik Festivals.

Highlights im platten Land

St. Peter-Ording und die Halbinsel Eiderstedt

St. Peter-Ording, Schleswig-Holstein

Südwestlich von Husum ragt die Halbinsel Eiderstedt wie eine große Nase ins Wattenmeer. An ihrer westlichen Seite liegt die Kurstadt St. Peter-Ording, eine kleine Stadt mit einem großen und großartigen Sandstrand. Die gesamte Halbinsel bietet den Gästen Nordsee-Erleben in Perfektion: grüne Marsch- und Kooglandschaft, kleine maritim geprägte, gemütliche Städte und Dörfer, riesige Bauernhöfe, Strände und Wattenmeer. Die herrliche Landschaft eignet sich bestens für eine ausgedehnte Fahrradtour – auch, wenn es manchmal ein wenig windig sein kann.

Sehenswert ist der »Rote Haubarg«, ein für die Region typischer Bauernhof aus dem 17. Jahrhundert: 750 Quadratmeter groß und satte 23 Meter hoch findet sich hier alles unter einem Dach! Überragt wird er nur noch von den vielen Kirchtürmen und dem Westerhever Leuchtturm, dem bekanntesten seiner Art in Deutschland. Ein kleines Museum informiert über die Geschichte des Hofes.

Sehenswerte Städte sind Garding – mit dem Geburtshaus Theodor Mommsens – und Tönning mit den reizvollen Giebelhäusern und der Laurentiuskirche von 1220. Ein Muss ist das große Eidersperrwerk, das die Region vor Sturmfluten schützt; noch ein Muss: eine Wattwanderung im Nationalpark Wattenmeer.

St. Peter-Ording ist das größte Nordseebad Schleswig-Holsteins. Die ursprünglich vier Orte sind vor allem bei Kurgästen, Strandseglern, Wind- und Kitesurfern beliebt. Der Hauptgrund – neben der Schwefelquelle – liegt in dem zwölf Kilometer langen Sandstrand mit seinen Pfahlbauten und den fantastischen Dünen.

Aber auch im modernen, durch zahlreiche Restaurants und Boutiquen geprägten Ortsbild gibt es Highlights: Das Eiderstedter Heimatmuseum im alten Ortskern St.-Peter-Dorf, untergebracht in einem nordfriesischen Bauernhaus, informiert über Deichbau, Schifffahrt, Fischerei und Handwerk.

Pfahlbaurestaurants am Strand von St. Peter-Ording.

Darüber hinaus lohnen das Bernsteinmuseum und für Aktive der Hoch- und Niederseilgarten. Kinder zieht es in den Westküstenpark und das Kinderspielhaus.

Info: St. Peter-Ording liegt ca. 88 km südwestlich von Flensburg. **Info Eiderstedt:** Tourismus Information Garding, Markt 26, 25836 Garding, Tel. (048 62) 469, www.tz-eiderstedt.de. **Info St. Peter-Ording:** Tourismus-Zentrale St. Peter-Ording, Maleens Knoll 2, 25826 St. Peter-Ording, Tel. (048 63) 99 90, www.st-peter-ording.de.

Eine ehemalige Walfanginsel wird zu Deutschlands Spielwiese

SYLT

Sylt, Schleswig-Holstein

Sylt ist schöner als Martha's Vineyard, die berühmte Ferieninsel vor der US-Ostküste. Das befand Regisseur Roman Polanski, der dort einige Szenen seines Films »The Ghostwriter« drehte. Mit Dünensand und Strandhafer, kunterbunter Fischbudenarchitektur im Hafen und Schafen auf Weiden hat die Insel etwas Heimeliges. Nördlich des Ortes List und des Leuchtturms am Ellenbogen klatschen Wattenmeer und Nordsee aufeinander. Die schmale Halbinsel mit ihrer urwüchsigen Landschaft und den großen Wanderdünen ist zu allen Jahreszeiten Anziehungspunkt für Naturliebhaber.

Doch Sylt ist auch mondän, vor allem im Sommer, wenn die Reichen und Schönen in auffälligen Karossen auf dem Hindenburgdamm übersetzen. Die Perle der nordfriesischen Inseln hat die höchsten Immobilienpreise und einige ausgezeichnete Restaurants. Ihr Tummelplatz ist Kampen, ein Nordseebad mit reetgedeckten Häusern und dem Roten Kliff, das steil zum offenen Meer abfällt. Hauptort ist Westerland mit Einrichtungen wie dem Spa Syltnesscenter und der Attraktion Sylt Aquarium.

Leuchtturm Hörnum im Süden der Insel Sylt.

Auf Sylt gibt es die frischesten Austern, etwa zwanzig Variationen stehen auf den Karten der Restaurants, von der Auster Royal bis zu Austern auf Buchenholz und Wacholder. Als Delikatesse gilt die üppige Meeresfrüchteplatte mit Austern, Hummer, Jakobsmuscheln, Taschenkrebs und wilden Blaumuscheln. Deutschlands einzige Austernzuchtfarm befindet sich in der Blidselbucht, pro Jahr werden dort eine Million Stück geerntet.

Der alte Inselort Keitum trumpft auf mit den schönsten Friesenhäusern – allen voran das »Altfriesische Haus«, Sylts Heimatmuseum – und der romanischen Severinskirche. Auch Hünengräber gibt es noch hier und da, sie bezeugen, dass die Insel schon in prähistorischer Zeit bewohnt war. Davon erzählt auch der Ringwall Tinnumburg auf der Halbinsel Sylt-Ost. Das im Norden gelegene Listland ist ein Naturschutzgebiet mit markanten Dünen. Breit sind die Strände und besetzt von bunten Strandkörben.

INFO: Sylt liegt ca. 120 km von Flensburg entfernt. **INFO SYLT:** Sylt Marketing GmbH, Stephanstr. 6, 25980 Westerland, Tel. (046 51) 82 02-0, www.sylt.de. Der Fremdenverkehrsverein Westerland e. V., Stephanstr. 6, 25980 Westerland, Tel. (046 51) 835 85 24, www.fvv-westerland.de, organisiert u. a. Führungen auf der ganzen Insel und Wattwanderungen.

Vom Krabbenpuler zum Fischkönig

Gosch Sylt

Sylt, Schleswig-Holstein

Eigentlich wollte Jürgen Gosch Fußballspieler werden. Mit zwölf Jahren wurde er zum Talent des Jahres von Nordfriesland gekürt. 1987 brachte er es dann zum Weltmeister – allerdings nicht auf dem Rasen, sondern im Krabbenpulen. Indirekt verdankt Deutschlands bekanntester Fischhändler aber auch diesen Titel seiner früheren Leidenschaft. Schon als Kind pulte er die leckeren Tierchen nämlich mit seinen Schwestern, um die Haushaltskasse der Familie aufzubessern – und zwar in Windeseile. Denn sobald er fertig war, durfte er mit seinen Freunden bolzen.

Statt dem Fußball blieb Gosch am Ende aber doch den Krabben treu und setzte sie Anfang der 1970er Jahre an seinem ersten Stand sogar zu einer List ein: Da ihm die Konzession zum Alkoholausschank fehlte, servierte er eine hochprozentige »Fischsuppe« aus Korn und Brause, in der je zwei Alibi-Krabben schwammen.

Heute dürfte die Suppe, die in der Nördlichsten Fischbude Deutschlands am Lister Hafen gelöffelt wird, ihre Zutaten wieder eher dem Meer als der Schnapsflasche schulden. Das tut dem Ansturm jedoch keinen Abbruch. Nach wie vor trifft man sich hier, wo alles begann, zum kleinen Imbiss, Aperitif oder Absacker – und, natürlich, zum Sehen und Gesehenwerden. Denn Qualitätsware und vor allem die drollig-charmante Art des Gastwirts ließen Gosch schnell zum Liebling der Sylter Urlaubsschickeria aufsteigen. Ein kleiner Jahrmarkt der Eitelkeiten, der auch für den weniger stylishen Besucher als Beilage zum Fischbrötchen durchaus Unterhaltungswert hat.

Nirgendwo lässt sich diese Atmosphäre so genießen wie in einer der zwölf Inselfilialen – auch wenn das Franchise-Unternehmen inzwischen von Hamburg bis München ebenso auf dem Festland vielerorts vertreten ist. Neuerdings macht »Deutschlands Fischkönig« auch an Bord von Kreuzfahrtschiffen die Weltmeere mit seiner Ware unsicher und betreibt einen Versandhandel.

Stimmungsvolle Beleuchtung beim »Gosch am Kliff« in Wenningstedt.

Doch auch zu Hause auf der Insel expandiert der Self-made-Millionär und eröffnet einen Ableger nach dem anderen. Besonders malerisch macht sich einer der jüngeren Zugänge des Gosch-Imperiums direkt am Wenningstedter Strand. An lauen Sommerabenden liegt eine unvergleichlich leichte Stimmung über der großen Terrasse mit Bootssteg-Flair und unverstelltem Meerblick. Wenn die Sonne dann bei Schampus und Krabbenbrötchen in den Wellen vor Sylt versinkt, ist das norddeutsche Urlaubsglück perfekt.

Info Gosch am Kliff: Dünenstr. 17 A, 25996 Wenningstedt, Tel. (046 51) 995 94 90, www.gosch.de, Öffnungszeiten tägl. ab 12 Uhr. **Info Nördlichste Fischbude Deutschlands:** Am Hafen, 25992 List, Tel. (046 51) 87 04 01, Öffnungszeiten tägl. ab 10.30 Uhr.

Die Regatta mit dem Rotspon

Travemünder Woche

Travemünde, Schleswig-Holstein

Travemünde im Sommer 1889: Zwei Hamburger Kaufleute segeln um die Wette. Es geht um eine Flasche Lübecker Rotspon, also um einen französischen Rotwein, der in Lübeck zur vollen Reife gelangt ist. Wer damals den edlen Tropfen gewonnen hat, ist nicht überliefert, doch eine Idee war geboren: eine jährliche Segelregatta auf der Trave und in der Lübecker Bucht. Als solche hat die Travemünder Woche bis heute bereits über 120 Mal stattgefunden, und zwar meist Mitte Juli.

Längst ist aus dem maritimen Wettrennen ein Mega-Event mit umfangreichem Begleitprogramm für rund eine Million Schaulustige und Feierfreudige geworden. Zwar ist die Travemünder Woche etwas jünger und etwas kleiner als die Kieler Woche, doch ist sie immer noch die zweitgrößte Segelregatta der Welt. Auch bestehen die Lübecker darauf, dass ihre Regatta-Woche die schönere und beliebtere ist.

Kämpfen in Kiel die Profisegler um Weltspitze und Olympiareife, so trifft sich in Travemünde die erste Liga der Amateure und Freizeitsportler. Von der Travepromenade aus lassen sich die Wettkämpfe und Show-Rennen aus nächster Nähe beobachten, und hier findet auch ein Teil des Festivalprogramms statt, das für viele Besucher die eigentliche Attraktion der Regattawoche ist.

Die Promenade ist zugleich der beste Platz, um das große Feuerwerk auf der anderen Seite des Flusses zu bestaunen, das den Höhepunkt der Veranstaltung bildet. Doch auch mehrere Musikbühnen gehören zur Travemünder Woche. Und natürlich darf auch die Flasche Rotspon nicht fehlen: Alljährlich fordert der Lübecker Bürgermeister seinen Amtskollegen aus einer anderen Stadt zum Wettsegeln heraus!

Info: Travemünde liegt ca. 20 km nordöstlich von Lübeck. **Info Travemünder Woche:** www.travemuender-woche.de.

Europameisterschaftsregatta während der Travemünder Woche.

Der Ruf der weiten Welt

WILLKOMM-HÖFT

Wedel, Schleswig-Holstein

Das Willkomm-Höft am Wedeler Elbufer gilt als die bekannteste Schiffsbegrüßungsanlage der Welt. Hier werden Schiffe aus aller Welt willkommen geheißen, die den Hamburger Hafen anfahren oder verlassen. 1952 wurde die Anlage im Schulauer Fährhaus durch Otto Friedrich Behnke errichtet. Seither werden hier täglich über die Lautsprecheranlage Schiffe begrüßt, die größer als 1000 Bruttoregistertonnen sind, immerhin zwischen 50 und 60 am Tag – unabhängig ob Werktag oder Sonntag, von Wetter oder Jahreszeit. Die Begrüßung erfolgt durch das Abspielen der jeweiligen Nationalhymne sowie durch eine kurze Ansprache in der Landessprache. Bei deutschen Schiffen lautet sie: »Willkommen in Hamburg! Wir freuen uns, Sie im Hamburger Hafen begrüßen zu können.« Dabei nutzt der diensthabende Kapitän der Begrüßungsanlage das riesige Archiv mit über 150 Nationalhymnen und passenden Texten.

Ergänzt wird das Ritual durch einen Flaggengruß: Die Hamburger Flagge wird vom 40 Meter hohen Mast gesenkt – das nennt der Seefahrer dippen – und das internationale Signal für »Gute Reise« aufgezogen. Das Schiff reagiert durch das Dippen seiner Flagge. Über die Lautsprecher erfährt man auch allerlei Wissenswertes über das jeweilige Schiff. Kleinere Schiffe unter 500 Bruttoregistertonnen werden auch begrüßt, allerdings nur durch das Flaggenritual.

Am besten hört man die Begrüßung und die Hymnen auf dem Steg oder auf der Terrasse des ansässigen Restaurants im Schulauer Fährhaus. Hier ist es bei schönem Wetter immer voll und die Menschen versuchen mit ihren Ferngläsern frühzeitig die Flaggen und die Größe des kommenden Schiffs zu erkennen. In Zeiten des Internets kann man sich auch über die hauseigene Website über die nächsten Schiffe informieren – vor allem die Ankunfts- und Abfahrtszeiten der großen Kreuzfahrtschiffe interessieren viele Besucher, denn die eleganten Riesen geben sich hier regelmäßig ein Stelldichein.

Die bekannteste Schiffsbegrüßungsanlage der Welt: das Willkomm-Höft am Wedeler Elbufer.

Am Fährhaus beginnt der schöne Elbhöhenwanderweg. Von hier aus lohnt sich ein Abstecher zum Wedeler Marktplatz mit der riesigen Rolandfigur.

INFO: Wedel liegt ca. 20 km westlich von Hamburg. **INFO WILLKOMM-HÖFT:** Schulauer Fährhaus, Parnaßstr. 29, 22880 Wedel, Tel. (041 03) 92 00-0, www.schulauer-faehrhaus.de, Öffnungszeiten Restaurant tägl. 11.30–22 Uhr, So Frühstücksbuffet 9.30–12 Uhr, nachmittags Kuchen, bei schönem Wetter auch Biergarten, Preise auf Anfrage.

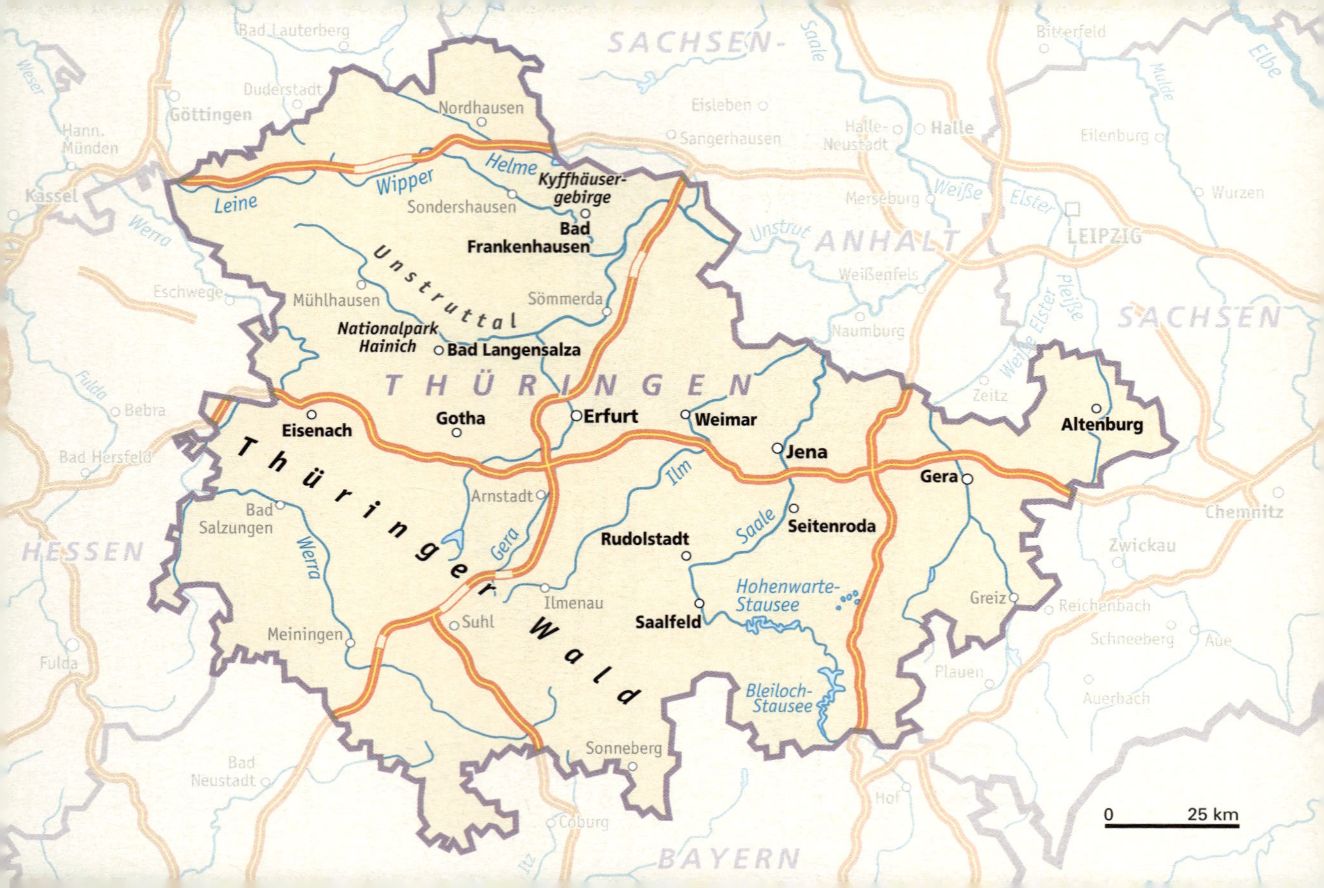
SACHSEN-
ANHALT
SACHSEN
HESSEN
BAYERN
THÜRINGEN
Thüringer Wald
Unstruttal
Bad Lauterberg
Duderstadt
Göttingen
Hann. Münden
Kassel
Nordhausen
Sondershausen
Kyffhäusergebirge
Bad Frankenhausen
Mühlhausen
Sömmerda
Nationalpark Hainich
Bad Langensalza
Eschwege
Bebra
Bad Hersfeld
Eisenach
Gotha
Erfurt
Weimar
Jena
Gera
Altenburg
Arnstadt
Ilmenau
Suhl
Rudolstadt
Saalfeld
Seitenroda
Hohenwarte-Stausee
Bleiloch-Stausee
Bad Salzungen
Meiningen
Fulda
Bad Neustadt
Sonneberg
Coburg
Hof
Plauen
Greiz
Reichenbach
Schneeberg
Aue
Auerbach
Zwickau
Chemnitz
Zeitz
Naumburg
Weißenfels
Merseburg
Halle-Neustadt
Halle
Eisleben
Sangerhausen
Bitterfeld
Eilenburg
Wurzen
LEIPZIG
Weser
Werra
Leine
Wipper
Helme
Fulda
Unstrut
Saale
Ilm
Gera
Weiße Elster
Pleiße
Mulde
Elbe
Itz
0
25 km

Die Sixtina des Nordens
Panorama Museum

Werner Tübkes Monumentalgemälde
14 Meter hoch und 123 Meter im Umfang
Ein Bilddom der Superlative.

Panorama Museum
Am Schlachtberg 9
06567 Bad Frankenhausen
Tel: 034671/6190
www.panorama-museum.de
Di bis So 10 - 17 Uhr
feiertags geöffnet

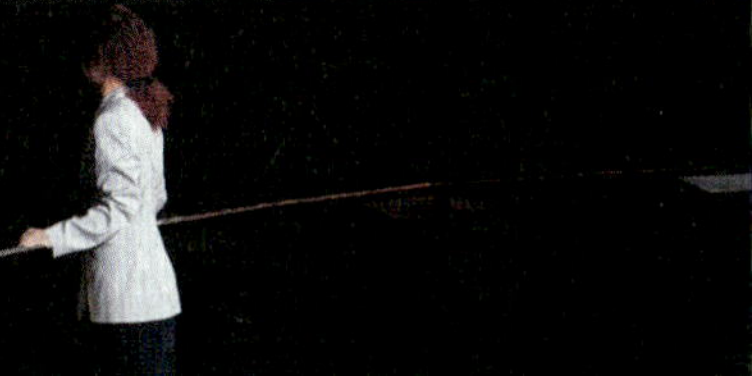

THÜRINGEN

Spielkarten, Schloss und Kunst

ALTENBURG

Altenburg, Thüringen

Die über 1000 Jahre alte Residenzstadt in Ostthüringen ist gekennzeichnet von einer wechselvollen Geschichte und einer Altstadt mit geschlossener historischer Architektur. Das 1810 hier erfundene Kartenspiel Skat ist dennoch das meist genannte Stichwort, wenn man auf Altenburg zu sprechen kommt. Spielkarten werden dort seit über 400 Jahren hergestellt. Der Skatbrunnen auf dem Brühl ist Beleg für die Freude der Einwohner am Kartenspiel.

Barbarossa hielt im 12. Jahrhundert mehrmals Hof in seiner Kaiserpfalz. Die »Roten Spitzen«, ein romanischer Doppelturm, bezeugen den Machtanspruch des Stauferkaisers. Im Dreißigjährigen Krieg verlor die Stadt über zwei Drittel ihrer Einwohner. Erst im 18. Jahrhundert kam die Wirtschaft in Schwung und unter Herzog Friedrich von Sachsen-Altenburg entwickelte sich ab 1826 ein imposanter Industriestandort. Die Stadtkirche St. Bartholomäi ist europäisches Kulturdenkmal und erinnert an Martin Luther, der hier 1519 seine Thesen verteidigte und an Georg Spalatin, der die Säkularisierung der Altenburger Klöster erreichte.

Spielkarten haben hier Tradition: der Skatbrunnen in Altenburg.

Das Schloss zu Altenburg, ein sehenswertes Ensemble verschiedener Bauepochen, beherbergt das Schloss- und Spielkartenmuseum. Im Lindenau-Museum ist europäische Kunstgeschichte von der Antike bis zur Moderne erlebbar. Zu sehen ist eine der wertvollsten Sammlungen italienischer Tafelmalerei der frühen Renaissance mit Werken von Botticelli und Filippo Lippi. Die Neuzeit wird von Namen wie Conrad Felixmüller, Otto Dix und Gerhard Altenbourg geprägt. Letzterer wählte seinen Künstlernamen nach seiner Heimatstadt.

INFO: Altenburg liegt ca. 50 km nordwestlich von Chemnitz. **ALTENBURGER TOURISMUS GMBH:** Markt 17, 04600 Altenburg, Tel. (034 47) 51 28 00, www.altenburg-tourismus.de, **INFO RESIDENZSCHLOSS:** Schloss 2–4, Altenburg, Tel. (034 47) 51 27 12, www.residenzschloss-altenburg.de, Öffnungszeiten Di–So Mai–Okt. 10–18, Nov.–April 10–17 Uhr, Eintritt € 8, ermäßigt € 6. **INFO LINDENAU-MUSEUM:** Gabelentzstr. 5, Altenburg, Tel. (034 47) 895 53, www.lindenau-museum.de, Öffnungszeiten Di–Fr 12–18, Sa/So/Fei 10–18 Uhr, Eintritt € 6, ermäßigt € 4, bis 18 J. frei.

Werner Tübkes Bauernkriegspanorama

BAD FRANKENHAUSEN

Bad Frankenhausen, Thüringen

Der extrem schiefe Kirchturm der 1382 fertiggestellten Oberkirche ist heute das Wahrzeichen der Stadt Frankenhausen. Das Gestein unterhalb der Kirche wird seit Jahrhunderten durch Sole ausgespült, wodurch der Turm inzwischen 4,60 Meter aus dem Lot geraten ist, mehr als der Turm von Pisa. Bereits Mitte der 1930er Jahre wurden Eisenringe um den Turm gelegt und am Kirchenschiff verankert. Wegen starken Schwammbefalls musste 1962 das Kirchendach abgetragen werden, außerdem wurde die Kirche vollständig entkernt und ist seitdem nur noch als Ruine erhalten. Im Jahr 2015 erhielt der Turm ein Stützkorsett, anschließend wurde das Mauerwerk saniert.

Der im 9. Jahrhundert erstmals urkundlich erwähnte Ort darf sich seit 1927 Kurort nennen, 1938 wurde in Frankenhausen das erste Solefreibad Thüringens eröffnet. Kurzentrum, Kurpark und Solebad locken viele Besucher an, die Erholung und Genesung suchen.

Geschichtlich ist Bad Frankenhausen vor allem für ein grausames Ereignis bekannt: Im Jahr 1525 fand am Nordrand der Stadt die letzte große Schlacht des Deutschen Bauernkriegs statt, bei der die Bauern 6000 Todesopfer zu beklagen hatten. Der Theologe und Anführer der aufständischen Bauern, Thomas Müntzer, wurde gefangen genommen und hingerichtet.

Auf dem Schlachtberg oberhalb der Stadt steht das Panorama Museum zur Erinnerung an die frühbürgerliche Revolution in Deutschland. Im Zentrum des markanten Rundbaus zeigt das riesige Tafelbild des Leipziger Malers und Kunstprofessors Werner Tübke Szenen aus dem Bauernkrieg und der Epoche. Es ist 123 Meter lang und 14 Meter hoch.

Tübke arbeitete von 1976 bis 1987 an diesem geschichtsträchtigen und fantasievollen Werk. Neben der Darstellung vieler historischer Figuren thematisiert das Werk menschliche Ängste und enthält Anspielungen auf vielfältige geschichtliche Ereignisse. Die kontroversen Diskussionen um das Bild dauern bis heute an und belegen die Einzigartigkeit des Monumentalgemäldes, das zu den größten Tafelbildern der Welt zählt.

Im Zentrum des Panorama Museums Bad Frankenhausen steht das Monumentalgemälde über die Zeit des Bauernkriegs von Werner Tübke.

INFO: Bad Frankenhausen liegt ca. 60 km nördlich von Erfurt. **INFO BAD FRANKENHAUSEN:** Anger 14, 06567 Bad Frankenhausen, Tel. (03 46 71) 717 17, www.bad-frankenhausen.de. **INFO PANORAMA MUSEUM:** Am Schlachtberg 9, Bad Frankenhausen, Tel. (03 46 71) 61 90, www.panorama-museum.de, Öffnungszeiten Di–So/Fei 10–17, Juli/Aug. auch Mo 13–17 Uhr, Eintritt € 8, ermäßigt € 7, Kinder (6–16 J.) € 3.

Heimat der Wildkatze

NATIONALPARK HAINICH

Bad Langensalza, Thüringen

Der Hainich ist mit seinen 7500 Hektar das größte zusammenhängende Laubwaldgebiet Deutschlands. Er ist seit 1997 als Nationalpark geschützt und als einer der »Alten Buchenwälder Deutschlands« 2011 von der UNESCO in die Liste des Welterbes aufgenommen worden. Der Park befindet sich im Dreieck der Städte Eisenach, Mühlhausen und Bad Langensalza. Die Rotbuche dominiert den Hainich, aber auch Linde, Esche und Ahorn kennzeichnen ihn. Der Nadelholzanteil im Gebiet beträgt hingegen nur ungefähr drei Prozent. Der Hainich selbst ist ein Höhenzug aus Muschelkalk, seine höchste Erhebung der Alte Berg mit einer Höhe von 494 Metern. Während die geschlossenen Waldgebiete fast drei Viertel der Region ausmachen, wechseln sich im übrigen Terrain Gebüsche und sogenannte Pionierwälder mit offenen Lebensräumen und Feuchtgebieten ab.

Insgesamt ist der Park mit seinem Reichtum an farbenprächtigen Pflanzen und dem vielfältigen Spektrum an Vögeln und Waldtieren ein Beispiel für natürliche Lebensräume und unzerstörte Natur – ein Eldorado für Naturfreunde. Heimisch sind hier beispielsweise: 813 Blütenpflanzen, 221 Moosarten, 15 Fledermausarten und die Wildkatze, von der es wohl etwa 30 Tiere im Park gibt.

Baumkronenpfad im Nationalpark Hainich: Seit 2011 stehen die Alten Buchenwälder Deutschlands auf der Liste des UNESCO-Welterbes.

Der thüringische »Urwald« bietet über 20 markierte Wanderwege, die man geführt oder ganz individuell erschließen kann. Der Baumkronenpfad an der Thiemsburg ist im wahrsten Sinne des Wortes ein Höhepunkt.

Der Pfad schlängelt sich vorbei am Nationalparkzentrum, das mit allerhand Wissenswertem aufwartet, in zwei Schleifen über 500 Meter durch die Baumkronen. Die Aussicht vom Baumturm in 44 Metern Höhe auf das Thüringer Becken ist grandios.

Bad Langensalza grenzt östlich an den Hainich. Die Kurstadt ist unbedingt einen Besuch wert: vor allem wegen ihrer wunderschönen Gärten und Parkanlagen, wie dem Japanischen Garten und dem Rosengarten, und wegen der Frederiken Therme, denn die Stadt blickt auf eine lange Kurtradition zurück.

INFO: Der Hainich liegt im Dreieck der Städte Eisenach, Mühlhausen und Bad Langensalza. **INFO BAUMKRONENPFAD & NATIONALPARKZENTRUM:** Thiemsburg 1, 99947 Schönstedt, www.baumkronen-pfad.de, www.nationalpark-hainich.de, tägl. April–Okt. 10–19, Nov./Dez., März 10–16 Uhr, Jan./Feb. eingeschränkt, Eintritt € 11, ermäßigt € 4 (13–17 J.)/€ 2 (6–12 J.) **INFO BAD LANGENSALZA:** Tourist Information, Bei der Marktkirche 11, 99947 Bad Langensalza, Tel. (036 03) 83 44 24, www.badlangensalza.de.

Automobilproduktion seit 1896

AUTOMOBILE WELT EISENACH

Eisenach, Thüringen

Bekannt ist Eisenach hauptsächlich durch die Wartburg, Martin Luther und Johann Sebastian Bach. Nicht ganz so bekannt ist die Tatsache, dass in der Stadt seit rund 120 Jahren Autos gebaut werden. Die Gründung der Fahrzeugfabrik Eisenach erfolgte 1896, nach den Firmen Daimler und Benz als drittes deutsches Unternehmen der Automobilproduktion. Bereits 1899 verließen die ersten »Wartburg-Motorwagen« das Werk.

1904 kam der erste »DIXI« auf den Markt. 1928 übernahm BMW die Fabrik – die Geburtsstunde der BMW-Automobile. 1931 erreichten bereits 25 000 BMW 3/15 ihre stolzen Besitzer. Auch der legendäre Rennwagen BMW 328 wurde hier gefertigt.

Als volkseigener DDR-Betrieb »EMW Eisenach« entwickelte die Firma ab 1953 den »IFA F9« mit 3-Zylinder-Zweitaktmotor. Der erfolgreiche »Wartburg 311« löste diesen Fahrzeugtyp ab und nach 1966 ging der »Wartburg 353« in Serie. Man erzielte Produktionszahlen von knapp 75 000 Pkw im Jahr.

Erst kurz vor der Wende konnten die Fahrzeuge mit einem 4-Zylinder-Viertaktmotor ausgerüstet werden. Nachdem das Automobilwerk Eisenach im Jahr 1991 schließen musste, verlegte Opel die Fahrzeugproduktion in ein neues Werk und führt so die erfolgreiche Tradition fort.

2005 öffnete auf dem ehemaligen Firmengelände das Technikmuseum »automobile welt eisenach«. Wo früher der Wartburg vom Band rollte, werden der erste Motorwagen, die Modelle DIXI 1911, BMW 328 und 340, EMW- und diverse Wartburg-Typen, der AWE-Rennwagen von 1956 und der erste in Eisenach gebaute Opel Vectra gezeigt. Besonders interessant sind die spezifischen Bedingungen des Fahrzeugbaus in der Nachkriegszeit und die abgebrochene Prototypen-Entwicklung der DDR. Zur Erweiterung des Museums finden bei laufendem Betrieb Umbaumaßnahmen statt.

automobile welt eisenach: Dokumentation der über 110 Jahre alten Eisenacher Automobilbaugeschichte.

Info: Auf dem Gelände des ehemaligen Automobilwerks. **Info AWE Museum:** Friedrich-Naumann-Str. 10, 99817 Eisenach, Tel. (036 91) 772 12, www.awe-stiftung.de, Öffnungszeiten Di–So April–Okt. 10–18, Nov.–März 11–17 Uhr, Eintritt € 6, ermäßigt € 3,50, bis 6 J. frei. **Tourist Info Eisenach:** Markt 24, 99817 Eisenach, Tel. (036 91) 792 30, www.eisenach.info.

Reformation trifft Barock

Lutherhaus und Bachhaus

Eisenach, Thüringen

Das Lutherhaus ist eines der ältesten und schönsten Fachwerkhäuser in ganz Thüringen. Martin Luther lebte hier als Schüler von 1498 bis 1501. Die Europäische Kulturerbestätte mit den berühmten »Lutherstuben« aus dem Jahr 1356 ist seit 1956 Museum. Mit Blick auf das Reformationsjubiläum im Jahr 2017 wurde das Haus 2013 bis 15 umfassend saniert. Die eindrucksvoll präsentierte Dauerausstellung »Luther und die Bibel« belegt Luthers unschätzbaren Einfluss auf Religion, Sprache, Literatur und Musik. Die umfangreiche Sammlung zeigt einzigartige Kunstschätze und Handschriften. In zeitgemäßer Form wird hier in einem historischen Umfeld geschichtliches Wissen vermittelt.

Eine Ausstellung im Bachhaus Eisenach dokumentiert Leben und Werk von Johann Sebastian Bach.

Johann Sebastian Bach wurde am 21. März 1685 in Eisenach geboren und verbrachte seine ersten zehn Lebensjahre in der Stadt. Hier erhielt er den ersten Orgelunterricht, sang im Schulchor und in der Georgenkirche. Nach dem Tod der Eltern lebte Johann Sebastian dann von 1695 bis 1700 in der Familie seines älteren Bruders in Ohdruf, 40 Kilometer von Eisenach entfernt.

Bereits im Jahr 1907 wurde das Bachhaus Eisenach als erste Gedenkstätte für Johann Sebastian Bach eröffnet. Im 550 Jahre alten Fachwerkhaus am Frauenplan und einem Neubau sind heute auf 600 Quadratmetern etwa 250 Originalexponate zu Bachs Leben und Musik ausgestellt.

Die Wohnräume sind originalgetreu im Stil der Bach-Zeit eingerichtet. Im Instrumentensaal finden stündlich kleine Konzerte mit barocken Tasteninstrumenten statt: auf zwei Hausorgeln, einem Clavichord, einem Silbermann-Spinett und einem Cembalo. Im 2007 eröffneten Neubau werden Bachs Werke mit multimedialen Installationen und Hörstationen zum unvergesslichen Erlebnis. Das »Begehbare Musikstück« mit 180-Grad-Leinwand ist besonders eindrucksvoll.

Neben dem Museum lädt ein kleiner Barockgarten mit dem »Café Kantate« ein.

Info Lutherhaus: Lutherplatz 8, 99817 Eisenach, Tel. (036 91) 298 30, www.lutherhaus-eisenach.com, Öffnungszeiten tägl. 10–17 Uhr, Nov.–März Mo geschl., Eintritt € 8, ermäßigt € 6. **Info Bachhaus:** Frauenplan 21, 99817 Eisenach, Tel. (036 91) 793 40, www.bachhaus.de, Öffnungszeiten tägl. 10–18 Uhr, Eintritt € 10, ermäßigt € 6, unter 6 J. frei.

Wo Luther Zuflucht fand

WARTBURG

Eisenach, Thüringen

Ganz so, als wäre sie stolz auf ihre ruhmreiche Geschichte, erhebt sich die Wartburg auf einem schroffen Felsplateau 220 Meter oberhalb der Stadt Eisenach. Von 1211 bis 1227 lebte hier die spätere heilige Elisabeth von Thüringen. 1521/22 hielt sich Reformator Martin Luther als »Junker Jörg« in dem Gemäuer versteckt und nutzte die Zeit, um das Neue Testament aus dem Griechischen ins Deutsche zu übersetzen. (Die berühmte Lutherstube ist während des Museumsrundgangs zu besichtigen.) Johann Wolfgang von Goethe weilte mehrfach auf der Burg, und am 18. Oktober 1817 fand hier mit dem ersten Wartburgfest das Burschenschaftstreffen der deutschen Studenten statt. Das zweite Wartburgfest wurde im Revolutionsjahr 1848 veranstaltet. Wie keine andere Burg Deutschlands ist die Wartburg mit der deutschen Geschichte verbunden.

Um 1067 von Graf Ludwig dem Springer gegründet, wurde die Burg mehrmals belagert, doch erobert wurde sie nie. Seit 1999 gehört sie zum UNESCO-Weltkulturerbe. Der Besucher stößt auf mehrere Baustile, zu erkennen sind Elemente aus Romanik, Gotik, Renaissance und Historismus. Der heutige Zugang durch eine dreitorige Halle führt in die schmale Vorburg, die rechter Hand von Margarethengang, Vogtei und Ritterhaus, links vom Elisabethgang gesäumt wird. Fachwerkbauten und die der alten Ringmauer aufgesetzten Wehrgänge entstammen großteils dem 14. und 15. Jahrhundert. Der mittlere Gebäudekomplex aus Neuer Kemenate, Torhalle und Dirnitz entstand in den 50er und 60er Jahren des 19. Jahrhunderts und trennt Vor- und Hofburg. Etwa gleich alt ist der Bergfried mit dem Kreuz als Symbol für die religiöse Bedeutung der Burg.

Im Palas, dem ältesten Bauwerk der Wartburg, sind u.a. der Sängersaal mit dem Fresko von Moritz von Schwind und der riesige Festsaal zu besichtigen. Wer den Süd- oder Pulverturm besteigt, in dem sich das Verlies befindet, wird mit einer herrlichen Aussicht über Thüringens Berglandschaft belohnt. Einen Anstoß zur Nutzung der Burg als Museum gab schon Goethe. Die Anfänge der rund zwei Jahrhunderte alten Wartburgsammlung wurzeln in der romantischen Wiederentdeckung deutscher Kultur- und Geistesgeschichte – im Besinnen auf das deutsche Mittelalter. Seit 1999 zählt die Wartburg zum UNESCO-Welterbe.

INFO: Über der Stadt Eisenach gelegen. **INFO WARTBURG-STIFTUNG:** Auf der Wartburg 1, 99817 Eisenach, Tel. (036 91) 25 00, www.wartburg.de, Führungen tägl. April–Okt. 8.30–17, Nov.–März 9–15.30 Uhr, Burgführung mit Palas, Lutherstube und Schaubibliothek € 10, Schüler € 5.

Die geschichtsreiche Wartburg aus der Zeit der Ludowinger bei Eisenach.

Auf den Spuren Napoleons

Altstadt von Erfurt

Erfurt, Thüringen

Sie wiegt elfeinhalb Tonnen, ist zweieinhalb Meter hoch, mächtig lässt sie ihren Ton erklingen. Die 1251 geweihte und zuletzt 1497 neu gegossene »Gloriosa« im Erfurter Dom zählt zu den größten Glocken Europas. Eine Führung außerhalb der Gottesdienstzeiten bietet Besuchern die Möglichkeit hinaufzusteigen bis zum Glockenstuhl. Eine von Bonifatius im 8. Jahrhundert errichtete Kirche gilt als Vorgängerbau des heutigen Doms, einer 1154 begonnenen Basilika. Die spätromanische Kirche, von der noch einige Teile erhalten sind, bestand aus einem dreischiffigen Langhaus, einem Querschiff und zwei Türmen an der Ostseite.

Nach einer ersten Chorverlängerung im 13. Jahrhundert wurde der Chor noch einmal deutlich erweitert und um 1370 konnte der sogenannte Hohe Chor geweiht werden. Dabei handelt es sich um eine 15 Meter über dem Domplatz auf drei Kelleretagen errichtete einschiffige hochgotische Halle, die bis heute von dem spätgotischen Gemäldezyklus in den großen Fenstern geprägt ist. Beeindruckend sind auch das umfangreiche mittelalterliche Chorgestühl von 1329 und der gewaltige barocke Hochaltar, der die wichtigsten Heiligen und Patrone des Thüringer Landes zeigt.

Dom (links) und Severikirche (rechts) der thüringischen Landeshauptstadt Erfurt.

Dem Bischofssitz und der benachbarten Severikirche zu Füßen erstreckt sich der größte Platz der thüringischen Landeshauptstadt: der Domplatz. Seit dem 8. Jahrhundert war er Markt- oder Handelsplatz und wird noch heute regelmäßig für Märkte und Veranstaltungen genutzt.

Sicher schritten einst auch Napoleon, der russische Zar Alexander I. und andere Herrscher über das Pflaster, denn im Jahr 1808 fand im Kaisersaal der Erfurter Fürstenkongress statt, zu dem sich die politischen Größen Europas nach der Schlacht bei Jena und Auerstedt trafen. Kultureller Höhepunkt des Treffens waren Theateraufführungen und Bälle im Kaisersaal.

Ein weiteres, einzigartiges Wahrzeichen Erfurts ist die Krämerbrücke. Sie gilt als längste durchgehend mit Häusern bebaute und bewohnte Brücke in Europa. Ursprünglich aus Holz, wurde sie 1325 aus Stein errichtet. Die 62 schmalen Häuser, die auf einer Länge von 120 Metern Platz fanden, wurden später zu 32 Häusern zusammengefasst.

Von den beiden ehemaligen Brückenkopf-Kirchen an den Enden der Brücke existiert heute noch die östliche Ägidienkirche mit einem beeindruckenden Ausblick vom Turm. Galerien und kleine Geschäfte laden zum Bummel über die Krämerbrücke ein.

Info Erfurt: Erfurt Tourismus und Marketing GmbH, Benediktsplatz 1, 99084 Erfurt, Tel. (03 61) 66 40-0, www.erfurt-tourismus.de.

Heimat von Otto Dix

Gera

Gera, Thüringen

Gera liegt im ostthüringischen Hügelland an der Weißen Elster und ist nach Erfurt und Jena die drittgrößte Stadt Thüringens. Bereits im Jahre 995 fand Gera Erwähnung. Bedeutung erlangte es erst als Residenzstadt des Fürstenhauses Reuß in der zweiten Hälfte des 16. Jahrhunderts. Gera erzielte während der Blütezeit der Textilindustrie großen Reichtum und gehörte zu Beginn des 20. Jahrhunderts zu den fünf wohlhabendsten Städten Deutschlands. Zu DDR-Zeiten entwickelte sich Gera durch den Uranerzbergbau in seinem Umland zur Großstadt mit 135 000 Einwohnern. Inzwischen ist die Einwohnerzahl auf unter 100 000 gesunken.

Das historische Zentrum wird geprägt vom Markt mit Rathaus und Stadtapotheke im Renaissancestil sowie dem barocken Simsonbrunnen. Ein Blickfang ist das repräsentative Theater des Architekten Heinrich Seeling aus dem Jahr 1902. Bekannt ist Gera aber durch seine Vielzahl an prachtvollen Stadtvillen, die den einstigen Reichtum der Industriellen belegen. Herausragendes Beispiel ist das Haus Schulenburg aus dem Jahr 1914. Für die meisterhafte Gestaltung der Jugendstilvilla am Westrand der Stadt zeichnet der belgische Architekt und Designer Henry van de Velde verantwortlich. Ebenso sehenswert ist die im Stil des Historismus erbaute Villa Jahr des Geraer Architekten Rudolf Schmidt.

Zur Kunstsammlung Gera in der Orangerie gehört seit 1991 das Geburtshaus des Malers Otto Dix, des wohl berühmtesten Sohns der Stadt. Das Otto-Dix-Haus befindet sich in Gera-Untermhaus neben der Marienkirche. Auf zwei Etagen sind 400 Arbeiten von Dix ausgestellt, so auch seine 50 Radierungen des Kriegszyklus aus dem Jahr 1924.

Zum Stadtmuseum Gera gehören die Historischen Höhler, eine Besonderheit der Stadt:

Historisches Zentrum in Gera-Untermhaus.

Die künstlich angelegten Hohlräume unter den Wirtschaftskellern der Altstadt dienten früher zur Lagerung von Bier, hatten doch laut Bierbrauprivileg von 1487 alle Hausbesitzer Geras die Berechtigung zum Bierbrauen. Das unterirdische Höhlenlabyrinth ist im Rahmen von Führungen zu besichtigen.

Info: Gera liegt ca. 60 km von Leipzig und ca. 80 km von Erfurt entfernt. **Info Gera:** Markt 1 A, 07545 Gera, Tel. (03 65) 838 11 11, www.gera.de. **Info Otto-Dix-Haus:** Mohrenplatz 4, Gera, Tel. (03 65) 832 49 27, Öffnungszeiten Mi–So 12–17 Uhr, Eintritt € 5, ermäßigt € 3. **Info Historische Geraer Höhler:** Schreibersches Haus, Nicolaiberg 3, Tel. (03 65) 55 24 99 54, Führungen Mi–So 13 und 15, Do–So auch 11 Uhr, Eintritt € 5, ermäßigt € 3.

Barockes Universum

Schloss Friedenstein

Gotha, Thüringen

Steigt aus den romantischen Landschaften eines Caspar David Friedrichs plötzlich eine körperlose Frau ganz in Weiß auf, ist dies kein multimedialer Gag der Museumdirektion von Schloss Friedenstein. Vielmehr ist die Unglück verheißende Weiße Frau vom Friedenstein, der Legende nach der Geist Dorothea Maria von Anhalts, zurückgekehrt um ihren Nachkommen – oder den Museumsbesuchern – Schlimmes vorauszusagen. Und das, obwohl besagte Herzogin noch nicht einmal in der Fürstengruft des Schlosses begraben liegt.

Friedenstein ist die größte frühbarocke Schlossanlage Deutschlands. Das Schloss prägt bis heute das Bild der Stadt Gotha. Mitten im Dreißigjährigen Krieg ließ Herzog Ernst I. von Sachsen-Gotha-Altenburg den Grundstein legen. 1856 wurde die auf einem Plateau gelegene Vierflügelanlage mit 54 herrlichen Arkadenbögen im Schlosshof fertiggestellt.

Seit 2004 gehören Schloss, Park und Orangerie zur Stiftung Thüringer Schlösser und Gärten. Im Schlossmuseum sind die prachtvoll ausgestatteten Wohn- und Gesellschaftsräume aus Barock, Rokoko und Klassizismus zu bewundern. Außerdem werden die herzogliche Kunstkammer und das Münzkabinett gezeigt.

Das Herzogliche Museum ist Beleg für die Sammelleidenschaft des Gothaer Adels. Hier sind sowohl antiker Prunk als auch bedeutsame europäische Malerei zu bestaunen, so Gemälde von Rubens, Cranach d. Ä., Caspar David Friedrich sowie das »Gothaer Liebespaar«, das erste großformatige Doppelbildnis in der deutschen Tafelmalerei. Im Historischen Museum erwartet den Besucher eine reiche Sammlung, von archäologischen Funden über Werkzeuge und Waffen bis zu Schmuck und Gebrauchsgegenständen, unmittelbar aus der Region.

Schloss Friedenstein in Gotha.

Das Ekhof-Theater im Westturm des Schlosses, benannt nach dem »Vater der deutschen Schauspielkunst«, Conrad Ekhof, ist das älteste Barocktheater der Welt mit noch originaler Bühnentechnik. Jährlich im Juli und August findet ein Theaterfestival mit einem ausschweifenden Barockfest statt.

Ein Besuchermagnet ist auch der Schlosspark, er gilt als älteste »englische« Gartenanlage auf dem Kontinent.

Das historische Zentrum der ehemaligen herzoglichen Residenzstadt lädt zum Bummel durch romantische Gassen, vorbei an Sehenswürdigkeiten wie der Augustinerkirche, in der Martin Luther mehrere Predigten hielt, oder dem ehemaligen Gasthof Tivoli, der als Geburtsort der SPD gilt.

Info: Gotha liegt jeweils ca. 30 km von Erfurt und Eisenach entfernt. **Info Schloss Friedenstein:** Schlossplatz 1, 99867 Gotha, Tel. (036 21) 823 40, www.stiftungfriedenstein.de, Öffnungszeiten April–Okt. Di–So 10–17, Nov.–März Di–So 10–16 Uhr, Eintritt € 10, ermäßigt € 4, bis 16 J. frei.

Die Stadt der Sieben Wunder

ALTSTADT VON JENA UND DER SCHNAPPHANS

Jena, Thüringen

Zu jeder vollen Stunde beugt Hans von Weimar seinen Kopf vor und schnappt nach einer ihm vorgehaltenen Kugel. Wer in Jena weilt, darf sich den Auftritt des Schnapphans, der historischen Figur an der Rathausuhr, nicht entgehen lassen. Das kleine Schauspiel ist eines der Sieben Wunder, die der ehrwürdigen Universitätsstadt bereits im Jahr 1685 zu Bekanntheit verhalfen. Fünf davon sind noch erhalten.

»Caput« – die Schnapphans-Figur an der Rathausuhr in Jena.

Ein Spaziergang durch die Gassen der Altstadt lässt ahnen, wie sich Goethe und Schiller hier gefühlt haben müssen. Zu den historischen Gasthäusern und Kneipen haben sich später kleine Cafés gesellt. Auf dem Marktplatz herrscht reges Treiben.

Die spätgotische Stadtkirche St. Michael am Kirchplatz mit ihrer beeindruckenden Fassade birgt eine gotische Steinkanzel, von der einst Martin Luther predigte, sowie die originale Grabplatte des Reformators. Die Altarunterführung – die Durchfahrt unter dem Altar – ist ein weiteres erhaltenes Wunder Jenas. Das mittelalterliche Stadtmauerensemble mit den beiden markanten Türmen Johannistor und Pulverturm bietet ein beeindruckendes Zeugnis der historischen Wehranlage, bestehend aus zwölf Meter hohen und zwei Meter breiten Mauern mit Wehrgang, Gräben, Toren und Flankierungstürmen.

Große Bekanntheit erlangte Jena durch die Friedrich-Schiller-Universität, mit knapp 20000 Studenten die größte Hochschule Thüringens und bereits im Jahr 1558 gegründet. Jena begann sich seit dem Bau der Saalbahn 1874 zu einer Industriestadt zu entwickeln und war vor dem Zweiten Weltkrieg, rund um das Unternehmen von Carl Zeiss, das Zentrum der deutschen Optik- und Feinmechanikindustrie. Das Kombinat Carl Zeiss mit etwa 60000 Mitarbeitern war seinerzeit auch das größte Kombinat der DDR. Im Optischen Museum werden nach der Restaurierung wieder die Geschichte optischer Instrumente und auch die Entwicklung der Stadt Jena zum Zentrum der optischen Industrie gezeigt.

Nach der Wiedervereinigung 1990 wandelte sich Jena vom Industrie- zum Bildungs- und Wissenschaftszentrum; es ist einer der wirtschaftlichen Leuchttürme in Ostdeutschland.

Überregional bekannt ist auch das Zeiss-Planetarium der Stadt mit seiner beeindruckenden Projektionskuppel und einem sehr vielfältigen Programm.

INFO: Jena liegt ca. 23 km östlich von Weimar. **INFO JENA:** Tourist Information, Markt 16, 07743 Jena, Tel. (036 41) 49 80 50, www.visit-jena.de. **INFO OPTISCHES MUSEUM JENA:** wegen Sanierung bis voraussichtlich 2023 geschl. **INFO ZEISS-PLANETARIUM:** Am Planetarium 5, 07743 Jena, Tel. (03641) 88 54 88, www.planetarium-jena.de.

Schlafender Rotbart

Kyffhäusergebirge

Thüringen

Mit etwa 70 Quadratkilometern ist der Kyffhäuser, wie das Gebirge im Volksmund abgekürzt wird, das kleinste Mittelgebirge Deutschlands. Buchenwälder, Karstgebiete, Höhlen, Obstwiesen, Orchideen, Kraniche und Wildkatzen – ein Naturidyll mit gut markierten Routen auf historisch bedeutsamem Boden. Der Kulpenberg ist mit 474 Metern die höchste Erhebung des Kyffhäusers. Oben sendet ein 94 Meter hoher Fernsehturm. Auf dem etwas kleineren Kyffhäuserburgberg zeugen der Barbarossaturm mit drei Meter dicken Mauern und der mit 176 Metern tiefste Brunnen der Welt von der Macht Kaiser Friedrichs I. im 12. Jahrhundert.

1896, also etwa 700 Jahre später, wurde zu Ehren Kaiser Wilhelms I. auf den Ruinen der alten Reichsburg das 81 Meter hohe Kyffhäuserdenkmal, auch Barbarossadenkmal, eingeweiht. Die Entwürfe zum beeindruckenden Koloss stammen von Bruno Schmitz, der auch für das Leipziger Völkerschlachtdenkmal und das Deutsche Eck in Koblenz verantwortlich zeichnete.

Das Kyffhäuserdenkmal mit der in Stein gehauenen Figur Kaiser Friedrichs I. Barbarossa.

Der Sage nach schläft Barbarossa in einer Höhle des Kyffhäusergebirges, um eines Tages aufzuwachen und das Land zu Frieden, Ordnung und Gerechtigkeit zu führen. Mit der Reichseinigung von 1871 durch den neuen deutschen Kaiser hatte sich offensichtlich diese Wahrsagung bzw. das Wunschdenken der einfachen Menschen erfüllt.

In der Barbarossahöhle bei Rottleben soll man den alten Kaiser sehen können, wie er auf einer Bank sitzt und schläft. Sein roter Bart ist schon durch den vor ihm stehenden steinernen Tisch gewachsen. Alle hundert Jahre wacht der Kaiser auf, und wenn dann noch immer Raben um den Berg kreisen, schläft er ein weiteres Jahrhundert.

Info: Der Kyffhäuser liegt ca. 70 km nördlich von Erfurt und südlich des Harzes. **Info Kyffhäuser-Denkmal:** Steinthaleben, Tel. (03 46 51) 27 80, www.kyffhaeuser-denkmal.de, Öffnungszeiten tägl. April–Okt. 9.30–18, Nov.–März 10–17 Uhr, Eintritt € 7,50, ermäßigt € 4,50. **Info Barbarossahöhle:** Mühlen 6, 99707 Rottleben, Tel. (03 46 71) 54 50, www.barbarossahoehle.de, Öffnungszeiten April–Okt. tägl. 10–17, Nov.–März Di–So 10–16 Uhr, Eintritt inkl. Führung € 8,50, Kinder (3–16 J.) € 5.

Entertainment im Kalibergwerk

Erlebnis Bergwerk Merkers

Merkers, Thüringen

Im hügeligen Thüringen hat der Bergbau eine jahrhundertealte Tradition. So auch in dem kleinen Ort Merkers im westthüringischen Wartburgkreis, wo bis 1993 Kalisalz abgebaut wurde. Nach der Wende geschlossen, dient die ehemalige

Allradgetriebene Fahrzeuge transportieren die Gäste durch das Erlebnis Bergwerk Merkers.

Förderanlage heute als Erlebnisbergwerk für Besucher, die die Atmosphäre unter Tage einmal am eigenen Leib spüren wollen. In 500 Metern Tiefe geht die Reise los: In allradgetriebenen Fahrzeugen werden die Gäste durch ein gut 20 Kilometer langes Labyrinth von Strecken und Abbaukammern transportiert. Die Tour führt u. a. zu einem unterirdischen Museum, das über die schwere Arbeit der Bergleute informiert – inklusive simulierter Sprengung! Weiter geht's zu einem riesigen Bunker, in dem sich der größte Schaufelradbagger der Welt befindet, der jemals unter der Erde zum Einsatz kam. Früher wurde der Raum zur Lagerung von Salz genutzt, heute kann er als Konzertsaal unter Tage bis zu 1200 Menschen aufnehmen.

Eindrucksvoll ist auch der Besuch des historischen Goldraums, in dem gegen Ende des Zweiten Weltkrieges die gesamten Gold- und Devisenbestände der Deutschen Reichsbank sowie wertvolle Kunstwerke aus Berliner Museen gelagert wurden. Der Höhepunkt und mit 800 Metern auch tiefster Punkt der Führung ist in der Kristallgrotte erreicht mit ihren glitzernden und funkelnden Salzkristallen von bis zu einem Meter Kantenlänge. Sie wurde erst 1980 entdeckt und 2006 von der Akademie der Geowissenschaften in Hannover als Nationales Geotop ausgezeichnet.

Im Erlebnis Bergwerk Merkers finden neben den Führungen auch regelmäßig Veranstaltungen statt: Man kann Konzerte besuchen, per Mountainbike zur Kristallgrotte fahren und sogar unter Tage heiraten oder seinen Geburtstag feiern.

Info: Merkers liegt ca. 30 km südwestlich von Eisenach. **Info Erlebnis Bergwerk Merkers:** Zufahrtstraße, Merkers, 36460 Krayenberggemeinde, Tel. (036 95) 61 41 01, www.erlebnisbergwerk.de, Führungen (ab 10 J.) April–Okt. Di–Sa 9.30 und 13.30, So nur 10.30, Nov.–März Di–Sa 9.30 und 13.30 Uhr, Eintritt Di–Fr € 23, Sa/So/Fei € 26, ermäßigt Di–Fr € 15, Sa/So/Fei € 18, Reservierung erforderlich.

Weltmusik und Feenzauber

Rudolstadt-Festival und Feengrotten

Rudolstadt und Saalfeld, Thüringen

Schon von Weitem erkennt man die ehemalige fürstliche Residenz Rudolstadt an der barocken Heidecksburg, die sich auf dem Schlossberg erhebt. Die Saale-Stadt an den Ausläufern des Thüringer Waldes erlebte im 18. und 19. Jahrhundert eine kulturelle und wirtschaftliche Blütezeit. Hier wirkten Schiller und Goethe, Fichte, Humboldt, Schopenhauer, Liszt, Wagner, Paganini und der »Erfinder« des Kindergartens, der Pädagoge Fröbel.

Heute werden neue kulturelle Akzente gesetzt: Jährlich treffen sich am ersten Juliwochenende über 90 000 Zuschauer zum größten Folk-Roots-Weltmusik-Festival Deutschlands, dem Rudolstadt-Festival. Mehr als hundert Bands und Solisten aus aller Welt können bei über 250 Auftritten auf 20 Bühnen erlebt werden. Der Vorläufer, das »1. Fest des deutschen Volkstanzes«, wurde erstmals 1955 in der Stadt ausgerichtet. In der DDR-Zeit blieb es bei traditioneller Folkloremusik und historischen Trachtengruppen. Mit der Wende bekam das Festival eine neue innovative Ausrichtung. Seitdem dominiert die Weltmusikszene, doch auch Hip-Hop, Jazz, Rock und Lied gehören heute zum Programm.

Farbenprächtige Tropfsteinwelt der Feengrotten.

Durch die zentrale Lage Rudolstadts, die hervorragende Organisation der Veranstaltungen und durch die einzigartige Atmosphäre auf den Straßen und Plätzen ist das Festival längst kein Geheimtipp mehr. Dabei bietet u. a. die Heidecksburg mit Schlosshof und Terrassenanlagen einen stimmungsvollen Rahmen für zahlreiche Konzerte. Doch auch ohne Festival ist das prachtvolle Barockschloss einen Besuch wert. Das Thüringer Landesmuseum zeigt hier auch kunst- und kulturgeschichtliche sowie naturwissenschaftliche Sammlungen.

Wer einen weiteren Glanzpunkt erleben möchte, sollte sich ins nur 13 Kilometer entfernte Saalfeld begeben und dort die farbigen Tropfsteine in den Feengrotten bewundern. Das ehemalige Saalfelder Bergwerk ist eine der meistbesuchten Schauhöhlen in ganz Deutschland. Das Mitmachmuseum Grottoneum stellt die Entstehung der Grotten multimedial dar.

Info: Rudolstadt liegt ca. 50 km, Saalfeld ca. 60 km südlich von Erfurt. **Info Landesmuseum Heidecksburg:** Schlossbezirk 1, 07407 Rudolstadt, Tel. (036 72) 429 00, www.heidecksburg.de, Öffnungszeiten Di–So April–Okt. 10–18, Nov.–März 10–17 Uhr, Eintritt € 8, ermäßigt € 5, bis 14 J. frei. **Info Rudolstadt-Festival:** www.rudolstadt-festival.de, 1. Do–So im Juli. **Info Feengrotten & Grottoneum:** Feengrottenweg 2, Saalfeld, Tel. (036 71) 550 40, www.feengrotten.de, tägl. Mai–Okt. 10–17, Nov.–April 11–15.30 Uhr, Feengrotten Jan. geschl., Kombiticket € 14,90, ermäßigt € 9,90.

Porzellan und Mittelalter

LEUCHTENBURG

Seitenroda, Thüringen

Zu den schönsten Höhenburgen unseres Landes zählt die von Weitem sichtbare Leuchtenburg, 240 Meter über dem Spiegel der Saale gelegen. Die »Königin des Saaletals« wurde bereits 1221 das erste Mal erwähnt.

Hoch über dem Saaletal gelegen: die Leuchtenburg in Seitenroda.

Die fast vollständig intakte Anlage macht sie nahezu einzigartig. Original erhalten sind die doppelten Mauern, der Wallgraben, die Wehrtürme und die tiefen Verliese. Atemberaubend ist der Panoramablick vom Bergfried bis zum Thüringer Wald und zum Harz.

Die Burg hat eine wechselvolle Geschichte: Unter den Wettinern wurde sie zum Verwaltungssitz, im Dreißigjährigen Krieg zum Zufluchtsort. Später wurden Teile der Burg als Armen- und Irrenhaus genutzt; von 1724 bis 1871 war dort ein Zuchthaus untergebracht. Danach diente ein Teil der Leuchtenburg als luxuriöses Hotel, später als Jugendherberge, bis heute als Museum und Gaststätte. In den Jahren vor der Wende plante das DDR-Regime, die Leuchtenburg als Internierungslager bei inneren Unruhen einzusetzen.

Auf der Burg wurde ein äußerst interessantes Ausstellungskonzept verwirklicht: die »Porzellanwelten Leuchtenburg« als Zentrum für Thüringer Porzellan. Neben beeindruckenden Inszenierungen zum Thema werden das weltkleinste und das weltgrößte Porzellangefäß gezeigt – eine Vase mit einer Höhe von über sieben Metern.

Sehenswert ist auch das Burgmuseum selbst mit Ausstellungen zur Burggeschichte, zur mittelalterlichen Gerichtsbarkeit, zu »Dieben, Mördern und Geisteskranken« und zum Weinanbau im Saaletal. Am erst 2002 renovierten Burgbrunnen, dem »SträflingsBrunnen«, kann man selbst nachempfinden, was Zuchthäusler leisten mussten: Ihre Aufgabe war es, das Wasser über ein Tretrad aus 80 Metern Tiefe nach oben zu befördern.

INFO: Seitenroda liegt ca. 20 km südlich von Jena. **INFO LEUCHTENBURG:** Dorfstr. 100, 07768 Seitenroda, Tel. (03 64 24) 71 33 00, www.leuchtenburg.de, Öffnungszeiten tägl. April–Okt. 9–19, Nov.–März 10–17 Uhr, Eintritt € 12, ermäßigt € 7 (6–18 J.).

Quer durch Deutschlands grünes Herz

THÜRINGER WALD

Thüringen

»Über allen Gipfeln ist Ruh …«: Das berühmteste Graffiti deutscher Literaturgeschichte ist leider nicht mehr erhalten. Doch die Jagdhütte, in der Goethe seine Verse an die Wand kritzelte, ist auch heute noch Ziel vieler Wanderer: Sie steht auf dem Kickelhahn bei Ilmenau, mit 861 Metern einer der höchsten Berge im Thüringer Wald. Das sogenannte Goethehäuschen ist beileibe nicht das einzige Ziel, das im Thüringer Wald, Deutschlands »grünem Herzen«, einen Ausflug lohnt. Der Trusetaler Wasserfall etwa ist zwar nicht natürlichen Ursprungs, das mindert aber keineswegs die schäumende Faszination, die er auf Wanderer ausübt.

Oberhof ist mit einer Höhe von 815 Metern über Normalnull nicht nur anerkannter Luftkurort, sondern auch beliebtes Wintersportzentrum. Hier führt auch der Rennsteig vorbei – mit ungefähr 100 000 Wanderern im Jahr die Nummer eins unter den deutschen Fernwanderwegen. Seine 170 Kilometer lange Route verläuft auf dem Kamm des Thüringer Waldes in Höhen zwischen 500 und knapp 1000 Metern.

Auch wenn sich die Füße des Wanderns müde nach der von Goethe beschworenen Ruhe sehnen, gibt es im Thüringer Wald noch viel zu entdecken: 1000 Kristalle funkeln in der Marienglashöhle im Schaubergwerk Friedrichroda um die Wette, in der Glasbläserstadt Lauscha wurde die Christbaumkugel aus Glas erfunden. Und was einst unter dem Weihnachtsbaum für leuchtende Kinderaugen sorgte – Puppen, Teddybären, Modelleisenbahnen – wartet heute in Deutschlands ältestem Spielzeugmuseum in Sonneberg auf große und kleine Besucher.

In Ohrdruf gibt es dank des jährlichen internationalen Schmiedesymposiums am Tobiashammer einen Park mit stets neuen Metallskulpturen zu erkunden. Das eigentlich Besondere daran ist jedoch der historische Ort: Das Ende des 15. Jahrhunderts errichtete wassergetriebene Hammerwerk ist ein beeindruckendes technisches Denkmal. Auch eine Fahrt mit einer der steilsten Standseilbahnen der Welt, der Oberweißbacher Bergbahn, ist ein unvergessliches Erlebnis.

INFO: Thüringer Tourismus GmbH, Willy-Brandt-Platz 1, 99084 Erfurt, Tel. (0361) 374 20, www.thueringen-entdecken.de.

Wandern auf dem Rennsteig bei Suhl.

Das Besucherzentrum Arche Nebra beleuchtet Archäologie und Astronomie der Himmelsscheibe von Nebra.

Gemeiner Raub mit glücklichem Ende

Unstruttal

Thüringen und Sachsen-Anhalt

Zwei Männer finden eine archäologische Sensation und verhökern sie über dunkle Kanäle. Wie durch einen Wink des Himmels gelangt der Fund auf Umwegen in rechtmäßige, öffentliche Hände – und die beiden Raubgräber finden ihre gerechte Strafe. Zwei Bundesländer – ein Ziel: das Unstruttal. Von Laucha bis nach Naumburg (Unstrut) und von Jena bis Burgwerben bei Weißenfels (Saale) erstreckt sich eine der reizvollsten Flusslandschaften Mitteldeutschlands. Für ihren preisgekrönten Weißwein der Rebsorten Müller-Thurgau, Weißburgunder und Silvaner sind die trockenen Böden der Region schon seit Langem bekannt. Weinfreunde zieht es schon deshalb in die Region, weil hier Deutschlands älteste Wein- und Sektmanufaktur Naumburg zur Verkostung ihrer edlen Tropfen lädt. Neben der 60 Kilometer langen Weinstraße gibt es faszinierende Wege durch die Natur für das Rad oder mit dem Kanu zu entdecken. Mittelalterliche Burgen, Schlösser und Kirchen bieten interessante Zwischenstopps.

Freyburg an der Unstrut.

Eine Entdeckung neueren Datums – der eingangs erwähnte Raub – ist die Himmelsscheibe von Nebra. Ihr zu Ehren wurde die Tourismusroute »Himmelswege« ins Leben gerufen, die u. a. mit dem multimedialen Erlebniscenter Arche Nebra am Fuß des Mittelbergs, dem Sonnenobservatorium in Goseck und dem Grab der Dolmengöttin in Langeneichstädt viele reizvolle Erlebnispunkte für Astronomie-Interessierte zu bieten hat.

Wer nach den visionären Eindrücken seinen Blick wieder irdischen Schönheiten zuwenden möchte, der wird im Geo-Naturpark Saale-Unstrut-Triasland sicher fündig. Im Mai machen spezielle Wanderungen mit der Welt der Orchideen bekannt. Bei Krawinkel führt der Lehrpfad an Frauenschuh und Knabenkraut vorbei, die in der trockenwarmen und wintermilden Muschelkalklandschaft ein ähnliches Klima wie in ihrer südländischen Heimat vorfinden.

Freunde von Modelleisenbahnen sollten einen Abstecher ins kleine Städtchen Wiehe im Unstruttal einplanen, denn hier findet sich auf 12 000 Quadratmetern eine der größten Modelleisenbahnausstellungen der Welt, initiiert und über viele Jahre geschaffen von Hans-Jörg Stiegler.

Info Saale-Unstrut-Tourismus: www.saale-unstrut-tourismus.de. **Info Naturpark Saale-Unstrut-Triasland:** www.naturpark-saale-unstrut.de. **Info Besucherzentrum Arche Nebra:** An der Steinklöbe 16, 06642 Nebra, Tel. (03 44 61) 255 20, www.himmelsscheibe-erleben.de, Öffnungszeiten April–Okt. tägl. 10–18, Nov.–März Di–Fr 10–16, Sa/So/Fei 10–17 Uhr, Eintritt € 7,50, ermäßigt € 4. **Info Modellbahn Wiehe:** Am Anger 19, 06571 Wiehe, Tel. (03 46 72) 83 63-0, https://modellbahn-wiehe.de, Öffnungszeiten tägl. 10–18 Uhr, Eintritt € 10, ermäßigt € 5,50.

»Stadt deutscher Klassik«

WEIMAR

Weimar, Thüringen

Wo finden Sie auf einem so engen Fleck noch so viel Gutes!« Goethes Worte über die Stadt sind auch heute noch gültig, denn die kulturelle Vielfalt Weimars reicht vom Museum für Ur- und Frühgeschichte über die Stätten der klassischen und nachklassischen Zeit bis zu Ausstellungen mit moderner Kunst, dem Deutschen Nationaltheater sowie vielen kleinen Theatern und Kabaretts. Das deutsche Nationaltheater steht an historischem Ort: Schon das von Goethe geleitete Hoftheater befand sich an selber Stelle. Oper, Schauspiel und Konzert haben hier heute eine repräsentative Heimat.

Direkt in der Innenstadt gibt es neben den Wohnhäusern Goethes und Schillers zahlreiche Cafés und Restaurants, in denen man typische Gerichte der Region wie Thüringer Klöße, Sauerbraten oder unvergleichliche Kuchenkreationen probieren kann.

Im Park an der Ilm im Zentrum der Stadt traf Goethe zum ersten Mal seine spätere Frau Christiane. In unmittelbarer Nähe des Ilmufers liegt sein Gartenhaus und am Rande des Parks findet man die frühere Wohnung des großen Komponisten Franz Liszt. Ebenfalls einen Ausflug wert sind die Park- und Schlossanlagen von Tiefurt und Belvedere.

Das heutige Weimar ist eine junge Stadt. Dafür sorgen die vielen Studenten, die an der Bauhaus-Universität und der Hochschule für Musik studieren. Weimars Gäste verlassen die Stadt oft mit dem festen Vorsatz zurückzukehren. Anlässe zum Wiederkommen finden sich zu jeder Jahreszeit – beispielsweise mit dem Kunstfest im Sommer oder dem Zwiebelmarkt am zweiten Oktoberwochenende. Erstmals vor über 350 Jahren veranstaltet, ist der Markt heute ein riesiges Volksfest. Hunderttausende Gäste drängen sich um die bunten Marktstände, probieren echte Thüringer Rostbratwurst und Zwiebelkuchen und lauschen den vielen Musikkapellen.

Nur wenige Kilometer von Weimar erinnert die Gedenkstätte Buchenwald auf dem Ettersberg an das dunkelste Kapitel deutscher Geschichte. Am Ende des Kriegs war Buchenwald das größte KZ Deutschlands. Von 1945 bis 1950 nutzte dann die sowjetische Besatzungsmacht die Gebäude als Internierungslager. Zu sehen sind heute historische Gebäude, Denkmale und vier Dauerausstellungen.

INFO: Weimar liegt ca. 20 km östlich von Erfurt. **INFO TOURIST INFORMATION WEIMAR:** Markt 10, 99423 Weimar, Tel. (036 43) 745-0, www.weimar.de. **INFO GEDENKSTÄTTE BUCHENWALD:** Tel. (03643) 430200, www.buchenwald.de, Öffnungszeiten Museen Di–So April–Okt. 10–18, Nov.–März 10–16 Uhr, Außenanlagen tägl. bis Einbruch der Dunkelheit.

Ein hübscher Platz im Herzen von Weimar: der Markt.

Ein Design für die Welt

BAUHAUS-MUSEUM WEIMAR

Weimar, Thüringen

Der Grundgedanke klang schlicht, die Auswirkung war epochal. »Architekten, Bildhauer, Maler, wir alle müssen zum Handwerk zurück!« So formulierte es Walter Gropius in seinem Bauhaus-Manifest. Der Gründungsdirektor verstand das Staatliche Bauhaus als eine Arbeitsgemeinschaft, in der die Unterscheidung zwischen Künstler und Handwerker aufgehoben werden sollte. Damit entstand in der Hochschule für Gestaltung in Weimar von 1919 an die Grundlage für das heutige Industrie- und Grafikdesign. Später verlegte die Einrichtung ihren Sitz nach Dessau, dann nach Berlin.

Anlässlich des 100-jährigen Bauhaus-Jubiläums eröffnete 2019 das neue Bauhaus-Museum Weimar am Rand des Weimarhallenparks direkt gegenüber dem ehemaligen »Weimarer Gauforum« zwischen Goetheplatz, Nordvorstadt und Bahnhofsviertel. Zusammen mit dem Neuen Musum und der Ausstellung zur Zwangsarbeit im Nationalsozialismus entsteht hier ein neues Museumsquartier.

Der Glaskubus des Bauhaus-Museums, den die Architektin Prof. Heike Hanada in Kooperation mit Prof. Benedict Tonon enworfen hat, überzeugt durch seine klare Geometrie. Nachts wird er von umlaufenden Lichtbändern erleuchtet.

Das Museum erinnert mit der Ausstellung »Das Bauhaus kommt aus Weimar« an die frühe Phase der bedeutendsten Design- und Kunstschule des 20. Jahrhunderts und verknüpft deren Geschichte mit Fragen zur Lebensgestaltung von heute und morgen. Die Leitfrage lautet: »Wie wollen wir zusammenleben?« Dabei schöpft man aus dem weltweit ältesten Bauhaus-Bestand, den Walter Gropius schon in den 1920er Jahren anlegte. Neben der Dauerausstelleung werden Wechselausstellungen und ein umfangreiches Begleitprogramm geboten.

INFO BAUHAUS-MUSEUM WEIMAR: Stéphane-Hessel-Platz 1, 99423 Weimar, Tel. (03643) 54 54 00, www.klassik-stiftung.de, Öffnungszeiten Mo 9–14.30, Di–So 9–18 Uhr, Eintritt € 11, ermäßigt € 7, 16–20 J. € 3,50, unter 16 J. frei.

Luftaufnahme des neuen Bauhaus-Museums in Weimar.

Stadt der Dichter und Denker

Das klassische Weimar

Weimar, Thüringen

Wer durch die schön sanierte Innenstadt schlendert, erkennt schon bald, dass Weimar mehr ist als die Wirkungsstätte von Goethe und Schiller. Hier starb vor 200 Jahren der Philosoph Gottfried Herder, hier steht das einzige Shakespeare-Denkmal auf dem Kontinent, weil Christoph Martin Wieland, ein weiterer Weimarer, das Werk des Briten übersetzte. Der Komponist Johann Sebastian Bach lebte nahezu zehn Jahre in dem Ort am Flüsschen Ilm und auch Franz Liszt schuf hier großartige Werke.

Das geistige, künstlerische Erbe Weimars ist untrennbar mit dem architektonischen verbunden: dem klassischen Weimar, das 1998 von der UNESCO mit dem Titel Weltkulturerbe geadelt worden ist. Elf Gebäude, Ensembles und Grünanlagen zeugen von der bedeutenden Epoche der Weimarer Klassik. Zu entdecken sind die Wohn- und Wirkungsstätten der Dichter und ihrer Mäzene, beeindruckende Beispiele der Raumkunst um 1800 im Stil des europäischen Klassizismus. Neben Goethehaus und Schillerhaus zählen dazu unter anderen das Residenzschloss, die Stadtkirche, das Schloss Belvedere und der Park an der Ilm.

Die historischen Stätten ziehen Touristen aus aller Welt an. Wie in kaum einer anderen Stadt befinden sich hier ungezählte Denkmäler auf engstem Raum. Ein viel besuchtes Ziel ist das Goethe-und-Schiller-Denkmal auf dem Platz vor dem Deutschen Nationaltheater. Das 1857 eingeweihte Doppelstandbild zeigt Goethe mit einem Lorbeerkranz und Schiller mit einer Schriftrolle in der Hand. Obwohl Schiller körperlich größer war, sind die Figuren hier gleich groß. Damit wollte der Künstler Ernst Rietschel ausdrücken, dass die beiden Denker von gleicher geistiger Bedeutung waren. Ihre Särge befinden sich in der Fürstengruft auf dem Friedhof am Poseckschen Garten, der als einer der schönsten Friedhöfe Deutschlands gilt.

Goethe- und Schiller-Denkmal vor dem Nationaltheater in Weimar.

Das neuzeitliche Weimar profitiert davon, dass es 1999 Kulturhauptstadt Europas war und so viele der Stätten aus seiner reichen Geschichte restaurieren konnte. Wie sagte schon Goethe: »Die Werke der Kunst gehören nicht Einzelnen, sie gehören der gebildeten Menschheit an.«

Info Klassisches Weimar: www.klassik-stiftung.de.

»Kathedrale der Bücher«

Herzogin Anna Amalia Bibliothek

Weimar, Thüringen

Das älteste Gebäude am Platz der Demokratie in Weimar ist die Herzogin Anna Amalia Bibliothek. Die Herzogin ließ den Bau in den 1760er Jahren umgestalten, um dort ihre Bibliothek zu eröffnen. Als innenarchitektonisches Glanzstück entstand damals der prachtvolle, mit mehreren Galerien versehene Rokokosaal. Viele der ältesten und wertvollsten Bücher der herzoglichen Bibliothek und zahlreiche Kunstschätze machten den ovalen Saal zu einem der schönsten Bibliotheksräume weltweit.

Der alte Stadtturm nebenan wurde auf Wunsch Goethes, der die Bibliothek 35 Jahre lang als Bibliothekar leitete, zu einem Büchermagazin umgebaut und mit dem Haupthaus verbunden. Ein Brand im Dachgeschoss der Bibliothek im September 2004 vernichtete oder beschädigte nicht nur mehr als 50 000 Bücher, Handschriften und zahlreiche Kunstwerke, sondern zog auch den Rokokosaal stark in Mitleidenschaft.

Der weltberühmte Rokokosaal der Herzogin Anna Amalia Bibliothek in Weimar.

Nach umfangreichen Sanierungsmaßnahmen ist seit Oktober 2007 nicht nur der rekonstruierte Saal wieder zu bewundern – das verbrannte Deckengemälde »Genius des Ruhms« von Johann Heinrich Meyer nach Annibale Carracci wurde als Kopie direkt auf die Decke gemalt –, sondern die Bibliothek steht erstmals auch für Buchausstellungen zur Besichtigung offen.

Die Restauration der beschädigten Literaturdokumente und die Beschaffung von Ersatz ist inzwischen sehr weit vorangeschritten. Zunächst hatte man aus konservatorischen Gründen die von Feuer und Löschwasser ramponierten Bände schockgefroren.

Im Bereich des benachbarten Roten und Gelben Schlosses ist das neue Studienzentrum untergebracht, das modernste Arbeitsbedingungen für alle Benutzer der etwa eine Million Einheiten umfassenden Forschungsbibliothek bietet.

Info: Im Zentrum gelegen. **Info Herzogin Anna Amalia Bibliothek:** Platz der Demokratie 1, 99423 Weimar, Tel. (03643) 54 52 05, www.klassik-stiftung.de, Öffnungszeiten Rokokosaal Di–So 9.30–14.30 Uhr, limitierte Besucherzahl, Zeitfenster-Tickets können auf der Website gebucht werden, Eintritt € 8, ermäßigt € 6,50, 16–20 J. € 3, unter 16 J. frei.

Beschauliche Wanderungen

SCHLOSS BELVEDERE

Weimar, Thüringen

Auf Anordnung Herzog Ernst Augusts von Sachsen-Weimar baute man ab 1724 südlich von Weimar ein Schloss nach dem Vorbild der Residenzen in Wien und Versailles. Das als Sommersitz genutzte und 1730 fertiggestellte Jagdhaus bildet heute den Mittelbau des Schlosses, an dessen Seiten zwei mit Durchfahrten versehene Flügel angebaut wurden. Ab 1853 diente das Schloss Großherzogin Maria Pawlowna als Witwensitz, wo sie im Juni 1859 starb.

Schloss Belvedere südlich von Weimar.

Heute befindet sich in den prachtvollen Schlossräumen ein Rokokomuseum mit einer Sammlung wertvoller Möbel, Porzellane, Gläser und Fayencen sowie mit zahlreichen Gemälden und Kunstschätzen. Der östliche Pavillon präsentiert eine Ausstellung zur Geschichte der Jagd im Weimarer Land, der westliche Pavillon eine Ausstellung zur Gartenkunst im 18. Jahrhundert.

In den Kavaliershäusern am Rande des Schlosshofs richtete der französische Emigrant Jean Josèphe Mounier 1797 eine Bildungsanstalt für Söhne wohlhabender Ausländer ein, die jedoch nur einige Jahre existierte. Die Häuser sind heute Wohnheime des Musik-Gymnasiums Belvedere. In Belvedere befindet sich auch das Studiotheater der Hochschule für Musik.

Der Schlosspark wurde zunächst als Barockgarten angelegt mit dem Schloss im Mittelpunkt. In der ersten Hälfte des 18. Jahrhunderts entstanden die Orangerie mit wertvollen Pomeranzenbäumen, Zypressen, Palmen und Lorbeerbäumen und ein Gärtnerhaus sowie neben dem Langen Haus der Orangerie ein Pavillon, der aufgrund der Fassadenfarbe auch als »Roter Turm« bezeichnet wird.

Nur wenige Kilometer vom Schloss entfernt befindet sich der Hainturm, zu dem man vom Schlosspark aus wandern kann. Die Tour beginnt im Garten am Goldfischteich und führt hinunter zum Gelehrtenplatz, weiter geht es zum Grottenberg, einer künstlich gebauten Anlage, und der großen Fontäne. In der Nähe liegt etwas oberhalb die Große Grotte, die 1818 als künstliche Ruine gebaut wurde. Unterhalb der Grotte fließt der Possenbach, über den eine kleine Brücke hinüberführt.

Von hier gibt es einen gut ausgebauten Wanderweg zum Rastplatz Pfeiffers Ruh mit der Pfeifferquelle. Namensgeber für die Quelle ist der 1921 in Weimar verstorbene Medizinalrat Ludwig Karl Heinrich Pfeiffer, Leibarzt der Großherzogin Sophie von Sachsen-Weimar-Eisenach. Vom Rastplatz ist es noch ein kleines Wegstück hinauf bis zum Hainturm, der 1815 als neugotisches Gebäude errichtet wurde, später verfiel und dann wieder freigelegt wurde.

INFO: Schloss Belvedere liegt ca 3 km südlich vom Stadtzentrum. **INFO SCHLOSS BELVEDERE:** Tel. (03643) 54 54 00, www.klassik-stiftung.de, Öffnungszeiten Ende März–Okt. Di–So 11–17 Uhr, im Winter geschl., Eintritt € 6,50, unter 16 J. frei, Park ganzjährig frei.

Spielplatz der Musen

Schloss Tiefurt

Weimar, Thüringen

Am Rande der Ortschaft Tiefurt befinden sich das Schloss, ein ehemaliges Gutspächterhaus, und der Park im Tal der Ilm. Zwischen 1776 und 1780 lebte hier Prinz Constantin, der zweitgeborene Sohn Anna Amalias, mit seinem Erzieher Carl Ludwig von Knebel. Danach wurde das Schloss die Sommerresidenz der Herzogin. Auch in Tiefurt traf sich die »Tafelrunde«, jener literarische Kreis, der sich sonst im Wittumspalais versammelte.

Im Juli 1782 wurde am Ufer der Ilm Goethes Singspiel »Die Fischerin« erstmals aufgeführt. Nachdem Anna Amalia 1790 von einer langen Reise nach Italien zurückkehrte, ließ sie das Haus umgestalten und mit zahlreichen italienischen Kunstgegenständen ausstatten. Nach ihrem Tod wurde viel im Schloss verändert, das nun der Sommersitz ihres Enkels Erbgroßherzog Carl Friedrich und seiner Frau Maria Pawlowna war.

Musentempel von Schloss Tiefurt, Anna Amalias Sommerresidenz.

Im 20. Jahrhundert rekonstruierte man das Haus und glich die Innenausstattung der Fassung unter Anna Amalia an. Die Zimmer im Obergeschoss sind im Stil der Zeit um 1800 eingerichtet. Die übrigen Räume, darunter auch das »Goethezimmer« mit dem originalen Leinwandfußboden, sind dem Zeitgeschmack unter Carl Friedrich nachempfunden.

Mit der Gestaltung des Schlossparks wurde unter Prinz Constantin begonnen. In der Mitte des 19. Jahrhunderts erfolgte eine Umgestaltung der Parkanlagen durch Carl Eduard Petzold, einen Schüler Hermann Fürst von Pückler-Muskaus. Den Regeln des englischen Landschaftsparks folgend, wechseln sich weiträumige Wiesenflächen mit Baum- und Gehölzgruppen ab. Das Wegesystem wurde neu konstruiert und durch Ausholzen vorhandener Bepflanzung wurden die für einen Park englischen Stils typischen Sichtachsen geschaffen.

Herzogin Anna Amalia ließ 1786 im Park einen Gedenkstein für ihren verstorbenen Bruder Maximilian Ludwig Leopold aufstellen, das Leopoldmonument. Auch für ihren 1793 verstorbenen Sohn Constantin wurde ein Monument im Park aufgestellt.

Nur wenige Jahre nach Mozarts Tod ließ Anna Amalia im Park das Denkmal »Mozart und den Musen«, das erste Denkmal für den großen Komponisten auf deutschem Boden, errichten. Auch das weltweit erste Herdermonument befindet sich im Park in der Nähe des Musentempels.

Der kleine Teesalon im Park wurde 1805 gebaut. An der höchsten Stelle am Ilmhang liegt eine künstliche Grotte, die dem antiken Poeten Vergil gewidmet ist.

Info: Schloss Tiefurt liegt ca. 4 km östlich des Stadtzentrums. **Info Schloss Tiefurt:** Hauptstr. 14, 99425 Weimar-Tiefurt, Tel. (03643) 54 54 00, www.klassik-stiftung.de, Öffnungszeiten April–Ende Okt. Di–So 11–17 Uhr, Park ganzjährig, Eintritt Schloss € 6,50 ermäßigt € 2,50, unter 16 J. frei.

Mittelalterliches Volksfest

ZWIEBELMARKT

Weimar, Thüringen

Vertrauen Sie einfach Ihrer Nase, folgen Sie dem würzigen Duft von Sellerie, Lauch und Majoran. Wenn dann noch frisch gezapftes Bier ausgeschenkt wird und Thüringer Bratwürste auf dem Rost brutzeln, haben Sie Ihr Ziel erreicht: den Weimarer Zwiebelmarkt. Dereinst schon von Goethe geschätzt, gilt der »Zippelmarkt« heute als einzige Veranstaltung, die sich als typisches Volksfest mit örtlicher Eigenart seit dem Mittelalter erhalten hat.

Alljährlich im Oktober strömen die Besucherscharen durch die Gassen und über die Plätze der Altstadt. Hier bieten Händler und Handwerker ihre Waren an insgesamt 600 Ständen, davon hundert Ständen mit Zwiebelzöpfen, an.

Erfahrene Marktgäste begeben sich zu den Heldrunger Zwiebelbauern. Sie zählen seit Jahrhunderten zu den Attraktionen, ihre kunstvoll gefertigten Zwiebelzöpfe zeugen von einem Können, das von Generation zu Generation weitergegeben wird. Jedes Jahr wird ein Wettstreit um den längsten Zwiebelzopf ausgerichtet; das preisgekrönte Stück wird dann für einen guten Zweck versteigert.

Das Angebot des größten Thüringer Volksfestes ist vielfältig: Keramik aus Bürgel und andere Erzeugnisse thüringischer Handwerkskunst; es gibt Blumen, Obst, herzhaften Speck- und Zwiebelkuchen, Zwiebelfleisch, Mutzbraten sowie andere Leckereien. Von den zahlreichen Bühnen erklingen Jazz, Rock und Volksmusik.

All das trägt zur besonderen Atmosphäre des Festes bei, das sich aus dem 1653 erstmals erwähnten »Viehe- und Zippelmarkt« für Obst und Feldfrüchte entwickelt hat. Den größten Anteil des Geschäfts hatten die Heldrunger Bauern mit ihren Zwiebelrispen, Lauch, Sellerie und anderem Gemüse.

Thüringens größtes Volksfest findet im Oktober statt: der Zwiebelmarkt.

Laut der »Zwiebelmarktordnung« von 1872 hatte die Veranstaltung an ein bis drei Tagen im Oktober stattzufinden. Später wurde der Markt auf einen Tag beschränkt. Erst seit den 1990er Jahren lässt sich das Festival der Sinne wieder an drei Tagen genießen.

INFO: Im Zentrum gelegen. **INFO ZWIEBELMARKT:** www.weimar.de/zwiebelmarkt. **REISEZEIT:** An drei Tagen im Oktober.

ÖSTERREICH

Burgenland, Kärnten, Niederösterreich, Oberösterreich, Salzburg, Steiermark, Tirol, Vorarlberg, Wien

0
50 km
N
TSCHECHISCHE REPUBLIK
DEUTSCHLAND
ITALIEN
SLOWENIEN
KROATIEN
UNGARN
LIECHTENSTEIN
Niederösterreich
Oberösterreich
Salzburg
Steiermark
Burgenland
Kärnten
Tirol
Ost-Tirol
Vorarlberg
Wien
St. Pölten
Linz
Salzburg
Eisenstadt
Graz
Innsbruck
Bregenz
Klagenfurt
Erlangen
Fürth
Nürnberg
München
Rosenheim
Kempten
Friedrichshafen
Bolzano/Bozen
Trento
Udine
Ljubljana
Maribor
Szombathely
Sopron
Brno
Mühlviertel
Waldviertel
Wachau
Donau
Marchfeld
Krems
Dürnstein
Tulln
Klosterneuburg
WIEN
Petronell-Carnuntum
Melk
Retz
St. Pölten
Schallaburg
Heiligenkreuz
Baden
Bad Fischau-Brunn
Semmering
Eisenstadt
St. Margareten
Rust
Neusiedler See
Frauenkirchen
Raiding
Mariazell
Neuberg a. d. Mürz
Linz
Steyr
Kremsmünster
Gmunden
Grünau
Geinberg
Franking
Henndorf
Mondsee
Attersee
Salzkammergut
Bad Ischl
Bad Aussee
Hallstatt
Fuschl
Wolfgangsee
Salzburg
Großgmain
Hallein
Golling
Werfen
Filzmoos
Schladming
Admont
GRAZ
Kleinstübing
Köflach
Riegersburg
Südsteiermark
Kufstein
Scheffau
Kitzbühel
Achenkirch
Achensee
Hall i. Tirol
Wattens
Zillertal
Alpbachtal
Hintertux
Innsbruck
Seefeld
Tannheim
Mils
Ötztal
Pitztal
Stubaital
Längenfeld
Sölden
Serfaus
Kaunertal
Ischgl
Saalbach-Hinterglemm
Zell a. See
Kaprun
Goldegg
Rongau
Schwarzach
Krimml
Nationalpark Hohe Tauern
Großglocknerpass
Bad Gastein
Millstatt
Millstätter See
Gurk
Launsdorf
Ossiacher See
Kärntner Seen
Weißensee
Villach
Faaker See
Wörther See
Klagenfurt
Bregenz
Pfänder
Bregenzerwald
Kleines Walsertal
Großes Walsertal
Feldkirch
Lech
Arlberg
Brandnertal
Silvretta Hochalpenstr.

BURGENLAND

Die schönste Weinarchitektur Österreichs

Burgenländische Weingüter

Burgenland

Manche Objekte sehen aus, als hätten Außerirdische sie auf Zwischenlandung hier abgesetzt. Dächer schwingen endlos, an überdimensionale Fässer erinnernde Rundbauten ziehen Blicke auf sich, der Bauhausstil stand mancherorts Pate. Architekten und Designer haben die Ideen der Winzer auf teils spektakuläre Weise in Bauten umgesetzt. Da gibt es Stahl-Beton-Glashäuser, ansprechende Sandstein-Kunstwerke und avantgardistische Edelholzschachteln. Munter wurde mit Farbmustern gespielt, transparente Räume zeigen sich lichtdurchflutet, Orte zur Degustation ausgefallen möbliert. Nirgendwo in Europa wird das Genussmittel Wein mit so viel würdigen Produktionsstätten geehrt.

Reben am Weinstock.

Bis in die 1970er Jahre galt Österreichs östlichstes Bundesland als Armenhaus der Nation. Niemand wollte an der Peripherie des Realsozialismus investieren. Darüber geriet in Vergessenheit, dass das Burgenland die Wiege des österreichischen Weins ist, nachgewiesen an Bodenfunden, die bis in die Hallstattzeit zurückreichen.

Nach der Demokratiewende in Mittel- und Osteuropa rückte Österreichs einziges Bundesland ohne Berge ins Zentrum eines zusammenwachsenden Kontinents. Die bis dahin wenig beachteten Winzer hatten pfiffige Ideen, um auf sich aufmerksam zu machen. Über ihre mit Barriquefässern gefüllten Keller stülpten sie futuristische Bauten mit ungewöhnlichem Innendesign. Diese auffälligen Kreationen setzten einen regelrechten Neugiertourismus in Gang – die burgenländischen Winzerinnen und Weinbauern spielen in der ersten Liga des Weinbaus mit. Sie erhalten Auszeichnungen und Preise in Serie, Experten schwärmen von einer Bewegung made in Burgenland.

In Horitschon liegen z. B. zahlreiche Weingüter nah beieinander im Ort verstreut.

Info: Wo nicht anders angegeben, sind die Weingüter tägl. außer So/Fei geöffnet. Anmeldung empfohlen. **Info Weingut Esterházy:** Trausdorf 1, 7061 Trausdorf, Tel. (026 82) 633 48, www.esterhazywein.at, April–Okt. auch So. **Info Weingut Leo Hillinger:** Hill 1, 7093 Jois, Tel. (021 60) 83 17-0, www.leo-hillinger.com, auch So. **Info Weingut Familie Gesellmann:** Langegasse 65, 7301 Deutschkreutz, Tel. (026 13) 803 60-0, www.gesellmann.at. **Info Weingut Gager:** Karrnergasse 2/8, 7301 Deutschkreutz, Tel. (026 13) 803 85, www.weingut-gager.at. **Info Grenzlandhof Reumann:** Friedlbrunngasse 1, 7301 Deutschkreutz, Tel. (06 64) 172 26 00, www.grenzlandhof-reumann.at, tägl. nach Anmeldung. **Info Weingut Sandhofer:** Kellergasse 6, 7083 Purbach, Tel. (026 83) 55 02, www.sandhofer.net. **Info Weingut Hans und Christine Nittnaus:** Untere Hauptstr. 105, 7122 Gols, Tel. (021 73) 21 86, www.nittnaus.net, Sa/So geschl. **Info Rotweindorf Horitschon:** 7312 Horitschon, www.horitschon.com.

3000 Eimer Wein für die Freiheit

Freistadt Eisenstadt

Eisenstadt, Burgenland

In Eisenstadt legt man Wert darauf, Residenzstadt zu sein. Die Fürstenfamilie Esterházy regierte über Jahrhunderte und förderte die Stadt und die Musik. Zwar hatten bis 1648 die Habsburger das Sagen, aber dann wurde Eisenstadt königliche ungarische Freistadt und die Fürsten Esterházy – ein aus Ungarn stammendes Geschlecht – machten sie zu ihrer Residenz. Erst 1921 wurde die Stadt wieder österreichisch, seit 1925 ist sie die Hauptstadt des Burgenlandes.

Die Altstadt außerhalb des Schlossbezirks heißt Freistadt und glänzt mit restaurierten barocken Bürgerhäusern, Markt und Gassen. Als die Esterházys kamen, wollten sich die Eisenstädter ihre bürgerlichen Freiheiten sichern – und erkauften sie 1648 zum fürstlichen Preis von 16 000 Gulden und 3000 Eimern Wein, das entspricht 159000 Litern. Die dreischiffige gotische Domkirche auf den Fundamenten einer Vorläuferkirche wurde nach über 30 Jahren Bauarbeit 1495 vollendet. Sie trägt den Namen des heiligen Martin, Schutzpatron des Burgenlandes, im 15. Jahrhundert war sie ein Bollwerk gegen die Türkenangriffe.

In der Bergkirche kann das Mausoleum Joseph Haydns besichtigt werden.

2003 ließ Bischof Paul Iby den Dom neu gestalten, maßgeblich war ein Entwurf des Architektenbüros Lichtblau-Wagner. Er spannt einen Bogen von der Zeit der Gotik in die Architektur der Gegenwart. Für die moderne Ausstattung war die Künstlerin Brigitte Kowanz zuständig. In der hochbarocken Spitalskirche, dem Gotteshaus der Barmherzigen Brüder, befindet sich eine Haydn-Orgel. Dem Grab des Komponisten kann man in der Bergkirche einen Besuch abstatten.

Eisenstadt ist immer noch eine Stadt des Weins. Es gibt zahlreiche Lokale mit uriggemütlicher bis mondäner Atmosphäre, alle sind fußläufig schnell erreicht. Sie nennen sich meist Gasthaus oder Gasthof und bieten neben Spitzenweinen kulinarische Klassiker wie Käsespätzle mit Röstzwiebeln oder gekochtes Rindfleisch mit Kürbisrahmgemüse. Der Platzhirsch ist »Haydnbräu« an der alten Stadtmauer.

Info: Eisenstadt liegt ca. 57 km südlich von Wien in der Region des Neusiedler Sees. **Info Eisenstadt:** Tourist Information, Hauptstr. 21, 7000 Eisenstadt, Tel. (026 82) 673 90, www.eisenstadt-leithaland.at. **Info Restaurant Haydnbräu:** Pfarrgasse 22, 7000 Eisenstadt, Tel. (026 82) 639 45, www.haydnbraeu.at, Öffnungszeiten Mo–Sa 9.30–23, So 9.30–21 Uhr. Reservierung empfohlen, Preise auf Anfrage.

Wo das erste Streichquartett erklang

Schloss Esterházy und Joseph Haydn

Eisenstadt, Burgenland

Die Besucher erspüren bei einem Rundgang durch das Schloss etwas von der Atmosphäre und dem gesellschaftlichen Leben am bedeutendsten Fürstenhof des Burgenlandes. Das Schloss dominiert die Stadt, mit vier Ecktürmen um einen Innenhof errichtet (1663). Sein Zentrum ist der über drei Stockwerke oder 18 Meter hohe Haydnsaal, auf dessen Deckenfresken sich Zeus und die olympischen Götter versammelt haben und von dessen Wänden ungarische Könige bis zurück zu Stephan dem Heiligen grüßen. Der über 600 Gäste fassende Saal gilt als einer der akustisch besten Konzertsäle Europas, geeignet für Oper, Symphonie oder den intimen Solovortrag.

Der kinderlose, ganz seiner Kunst ergebene Joseph Haydn ist der Erfinder des Streichquartetts. Sein Werk umfasst Symphonien, Sonaten und Lieder, dazu Opern, Oratorien, Messen, Märsche und Tänze. Dem Schöpfer der Kaiserhymne haben die Eisenstädter eine Widmung an seinem Wohnhaus angebracht, das an den weitläufigen Schlosspark grenzt. Sie preisen ihn als den »unsterblichen Mitbürger, den sein schöpferischer Geist aus diesen engen Mauern unter die Großen der Welt erhob«. Die Festanstellung am Hof der Esterházys hat den Komponisten stets motiviert, alles zu geben – und die Fürsten spiegelten sich auch in seinem Glanz. Joseph Haydn verkörperte den idealen Hofmusiker.

Der Ursprung der Esterházys liegt im 13. Jahrhundert. Unter Graf Nikolaus Esterházy, einem Strategen, schaffte es die ungarische Kleinadelsfamilie, zum Magnatengeschlecht aufzusteigen. Im Kampf der Habsburger gegen die Türken in Mitteleuropa konnte sich Österreichs Kaiser auf die Esterházys stets verlassen, verschiedene Familienmitglieder führten Schlachten gegen die Osmanen, einige ließen ihr Leben.

Wahrzeichen von Eisenstadt: Schloss Esterházy.

Info: Schloss Esterházy liegt im Zentrum von Eisenstadt. **Info Schloss Esterházy:** Esterházyplatz 1, 7000 Eisenstadt, Tel. (026 82) 630 04-76 00, www.esterhazy.at, Öffnungszeiten April–Okt. tägl. außer Mo 10–17.30 Uhr, Nov–März tägl. außer Mo 10–16.30 Uhr, Di–Fr ausschließlich im Rahmen einer Führung, Eintritt € 15, ermäßigt € 13. **Reisezeit:** April–Okt. (HERBSTGOLD-Festival im Sept.), Juli/Aug. (Sommer-Matineen).

Schloss Esterházy in Eisenstadt ist eines der schönsten Barockschlösser Österreichs.

Der Kaiser der Paradeiser

STEKOVICS

Frauenkirchen, Burgenland

Der Bischof wunderte sich. Der gelernte Religionslehrer Erich Stekovics, der die Personalabteilung der Diözese leitete, reichte zu Beginn des 21. Jahrhunderts seine Kündigung ein. Er wollte nicht mehr im Büro über Akten sitzen, er wollte in die Natur. Als Autodidakt hatte er die Geschichte von Obst- und Gemüsesorten erforscht, hatte die Samen von 3200 Tomaten- und 680 Chilisorten, seltenen Paprikaarten und anderen Gewürzen aus aller Welt zusammengetragen und versenkte sie in einem Viertel Hektar Boden der fruchtbaren pannonischen Erde. Heute besitzt Erich Stekovics 30 Hektar und betreibt das, was er Event-Landwirtschaft nennt. Sein Motto: »Auf der Suche nach dem verloren gegangenen Geschmack.«

Rund 30 000 Besucher kommen im Jahr zu seinem Hof. Dort zeigt er ihnen im Hofladen die Parade der Gläser in verschiedenen Größen und Formen, in denen seine Mitarbeiter reife Früchte nach seinem Rezept verarbeitet haben. Sie sind nicht eingelegt, sondern konserviert und behalten den Großteil ihrer Vitamine. Stekovics kreiert ständig neue Rezepte. Spitzenköche wie Jörg Wörther besuchen ihn, er beliefert die Top-Gastronomie und beschert ihr Aromen, die heute sonst durch die industrialisierte Landwirtschaft in Vergessenheit geraten sind. Weil seine Lieblinge vor allem die Tomaten sind – in Österreich *Paradeiser* genannt – porträtierte ihn ein Dokumentarfilm als Kaiser der Paradeiser.

Am liebsten aber geht Erich Stekovics mit Gruppen hinaus auf seine Felder. Dann zeigt er ihnen seine 1100 Apfelbäume mit nahezu sämtlichen Sorten, die Plantagen mit Marillen, Himbeeren, Pfirsichen und Nüssen, seine Tomaten aus den peruanischen Anden oder Paprika und Salzgurken aus Bauerngärten der tiefsten ungarischen Provinz. Die Früchte werden vom Stiel geschnitten und sofort verkostet. Nach der Rückkehr von Christoph Kolumbus aus Amerika wurde ein Gramm Chili aufgewogen mit einem Gramm Gold. So viel kostet es bei Stekovics nicht mehr, aber seine Geschäftsidee ist einmalig.

INFO: Frauenkirchen liegt ca. 75 km südöstlich von Wien. **INFO STEKOVICS:** Schäferhof 13, 7132 Frauenkirchen, Tel. (06 76) 966 07 05, www.stekovics.at, Öffnungszeiten Ab-Hof-Verkauf April, Nov./Dez. Mi, Fr 13–17, Sa 10–17, Mai–Okt. Mo–Sa 10–17 Uhr, Mai auch So 10–17 Uhr.

Der Schäferhof von Erich Stekovics.

Europas westlichster Steppensee

NATIONALPARK NEUSIEDLER SEE

Neusiedler See, Burgenland

Wie viele Entensorten gibt es, wie viele Gänsearten? Im Neusiedler See schwimmen Knäck- und Krickente, Löffel-, Pfeifen- und Spießente, Stock- und Tafelente fröhlich schnatternd umher. Es gibt Grau- und Brandgans, Bläss-, Rothals- und Saatgans. Aber auch stolze Federviehvertreter wie Silberreiher, Weißstorch, Großtrappe, Säbelschnäbler und Höckerschwan. Neusiedler See, Seewinkel und das ungarische Hanság bilden eines der bedeutendsten Vogelparadiese Europas, es erstreckt sich zwischen den Alpen und der Ungarischen Tiefebene. Unüberseh- wie -hörbar erstrecken sich die Vogelzüge über den Nationalpark hinweg, dieses Rauschen, Kibitzen und Schreien in der Luft, für Menschen die faszinierendste Seite an gefiederten Wesen. Schon der antike Denker Aristoteles beschrieb angeregt die Vogelzüge und verstieg sich zur Behauptung, Vögel, die im Winter verschwinden, würden verwandelt zurückkehren. Am Neusiedler See weiß man es besser. Er gehört zum internationalen Netzwerk der Vogelerkundung; die Methoden des schonenden Vogelfangs, der Beringung, Markierung und computergestützten Auswertung der Ergebnisse werden hier praktiziert.

Die Kulturlandschaft rund um den Neusiedler See zählt zum UNESCO-Welterbe.

Die Ornithologie hat die Vogelwelt komplett ausgekundschaftet, jetzt bleibt ihr die wichtige Aufgabe, diese zu erhalten und zu schützen. Europas westlichster Steppensee ist ein ideales Terrain für Brutvögel, vor allem seine Wiesen. Der dichte Schilfgürtel ist bis zu fünf Kilometer breit. Die im Nationalpark gezüchteten Rinderherden, Pferde und Esel verhindern die Versteppung, indem sie diese Lebensräume ständig abweiden. So wird die von Menschen und ihren Nutztieren geschaffene Kulturlandschaft zum Rettungsraum für bedrohte Arten.

Die Freistadt Rust gehörte bis 1681 zu Ungarn. Es gibt noch liebenswerte Bürgerhäuser aus Renaissance und Barock, auf einigen klappern Störche. Die Fischerkirche ist von einer alten Wehrmauer umgeben, entstanden in der Zeit der Türkenkriege. Zum Badeplatz am See führt der ein Kilometer lange Straßendamm durch den Schilfgürtel.

INFO: Neusiedl am See liegt ca. 53 km südöstlich von Wien an der Grenze zu Ungarn. **INFO NATIONALPARK NEUSIEDLER SEE:** Hauswiese, 7142 Illmitz, Tel. (021 75) 34 42, www.nationalpark-neusiedlersee-seewinkel.at.

Eine Gegend für Liebhaber großer Rotweine

Region Neusiedler See

Neusiedler See, Burgenland

Tiere von der bedrohten Roten Liste, wie die Äskulapnatter oder der Mondhornkäfer, sind in dieser Landschaft zu Hause. Hier scheint die Natur zu jeder Jahreszeit ihr Gesicht vollkommen zu wandeln, das Feuchtgebiet ist

Mörbisch am Neusiedler See.

viel stärkeren Schwankungen unterworfen als andere Naturräume. Große Wasserflächen im Spätwinter und Frühjahr geben der Seewinkelregion einen amphibischen Charakter, während sie im trocken-heißen Sommer an eine Steppe erinnert und in Regenperioden des Herbstes zum rutschigen Terrain wird. Diese teilweise Unzugänglichkeit tut dem Ökosystem gut. Die Salzlacken des Seewinkels gehören zu den wichtigsten Brut- und Rastplätzen für Enten, Vögel und Möwen im europäischen Binnenraum. Im Südteil liegt Österreichs größtes schotterfreies Salzbodengebiet mit rund 25 Quadratkilometern. In trockenen Perioden kommt das Salz mit dem aufsteigenden Wasser nach oben und nach dessen Verdunstung bleibt die weiße Salzausblühung zurück.

Weil die Winter kalt und die Sommer heiß sind, bietet das Klima für den Weinbau optimale Bedingungen. Das Burgenland produziert hervorragende Rotweine der europäischen Spitzenklasse. Um das Qualitätsniveau zu halten, sind nur beste Traubensorten zugelassen. In den Orten am See oder in unmittelbarer Nähe werden Weinverkostungen angeboten, in der warmen Jahreszeit wird Lebensfreude zelebriert.

In Mörbisch nahe der ungarischen Grenze, einem Dorf mit Laubenhäusern und langen Hofgassen, laden im Juli und August die beliebten Seefestspiele mit Operetten, die in einem Feuerwerk eskalieren, ein.

In Halbturn lohnt sich der Besuch des von Maria Theresia in Auftrag gegebenen kaiserlichen Jagdschlosses (1711), einem der schönsten österreichischen Barockschlösser, die Decke des Festsaals ziert ein prächtiges Gemälde. Die barocke Wallfahrtskirche in Frauenkirchen mit dem gotischen Gnadenbild am Hochaltar stammt von italienischen Baumeistern.

Info: Der Neusiedler See liegt ca. 53 km südöstlich von Wien an der Grenze zu Ungarn. **Info Neusiedler See:** Obere Hauptstr. 24, 7100 Neusiedl am See, Tel. (021 67) 86 00, www.neusiedlersee.com. **Info Mörbisch:** Hauptstr. 23, 7072 Mörbisch am See, Tel. (026 85) 84 30, www.moerbischamsee.at, www.seefestspiele-moerbisch.at. **Reisezeit:** Juli/Aug. (Seefestspiele Mörbisch).

Rhapsodien nach Zigeunerweisen

Geburtshaus von Franz Liszt

Raiding, Burgenland

Zu einer Hälfte Zigeuner, zur anderen Franziskaner«, schrieb Franz Liszt an seine Geliebte Caroline Wittgenstein. Sein Leben war voller Unruhe, von Widersprüchen und Brüchen geprägt. Zunächst wurde das 1811 in Raiding geborene Wunderkind jahrelang als Klaviervirtuose gefeiert, sein Tastenspiel war berauschend und führte ihn in alle bedeutenden internationalen Konzertsäle. Seine pianistische Technik beeinflusste Generationen von Klavierkünstlern. Er studierte in Wien und Paris und wollte, nachdem er den Teufelsgeiger Paganini gehört hatte, zum Star auf seinem Instrument werden, dem Klavier.

Aus seiner langjährigen Beziehung mit der Gräfin Marie d'Agoult entstammten drei Kinder, u. a. Cosima (1837), die später Richard Wagners Ehefrau wurde. Doch mit seiner Rolle als Familienvater kam Liszt nicht zurecht, er reiste viel, trat in ganz Europa auf und unterhielt zahlreiche außereheliche Beziehungen. Insbesondere sein weibliches Publikm verehrte ihn wie einen Popstar, Heinrich Heine prägte den Begriff der Lisztomanie. 1844 kam es zum Bruch mit der Gräfin. In Liszts Geburtshaus in Raiding wird dieser Werdegang dargestellt.

In diesem Haus wurde der Komponist Franz Liszt geboren.

Großes leistete Franz Liszt mit der Komposition seiner Orchesterwerke, hauptsächlich der Sinfonischen Dichtungen, die für diese Sparte wegweisend werden sollten. Als Hofkapellmeister in Weimar wurde er vom konservativen Publikum allerdings ausgebuht. Der religiös orientierte Mann suchte schließlich die Abgeschiedenheit eines Klosters in Rom. Dort erhielt er sogar die niederen Weihen als Abbé, ohne jedoch sein ausschweifendes Leben zu ändern, da er keinem Keuschheitsgelübde verpflichtet war.

In Bayreuth, wo Tochter Cosima Wagner die Festspiele leitete, starb er 1886 und wurde auf dem dortigen Stadtfriedhof beigesetzt. Trotz seines getriebenen Lebens hat der große Musiker seine Heimat nie ganz vergessen. So komponierte er auch Rhapsodien nach Zigeunerweisen, wie sie im Burgenland populär waren. Im Kreis der bedeutenden Komponisten seiner Zeit galt das als Anbiederung an den Musikgeschmack der Salons, aber diese Abwertung hat Franz Liszt nicht gestört. Nach Raiding ist er allerdings nie mehr zurückgekehrt.

Info: Raiding liegt ca. 100 km südlich von Wien. **Info Liszt Geburtshaus:** Lisztstr. 46, 7321 Raiding, Tel. +43 (26 19) 510 47 16, www.liszt-haus.at, Öffnungszeiten Mitte März–Mai Di–Fr 9–17, Sa/So 10–17, Juni–Mitte Nov. Mo–Fr 9–17, Sa/So 10–17 Uhr, während des Liszt-Festivals im Okt. an Konzerttagen zusätzlich 18.30–19.30 Uhr, Eintritt € 4,50, ermäßigt € 4, Familien € 10, Festivaltickets € 25–65.

Fischer und Weinbauern

Historisches Stadtbild von Rust

Rust, Burgenland

In Rust dreht sich von jeher alles um den Wein. Seit 1726 steht am Rathauskeller, in Stein gehauen: »Mir ist recht, wenn ich bin voll.« Gemeint ist nicht mit Fisch, den man seinerzeit noch täglich aus dem Neusiedler See holte. Rust war lange ein kleines Fischerdorf, die Leute mussten schwer arbeiten und lebten in kargen Verhältnissen. Aber nach bäuerlichem Stadtrecht gehörten zum Hausbesitz stets zwei Weingärten. Jeder Fischer und Handwerker war auch Hobby-Weinzüchter, und das Keltern und Trinken der eigenen Tropfen tröstete über manche Härte des Alltags hinweg. Einem Gerücht zufolge bezeichnen sich noch heute fast alle 1700 Ruster als Weinbauern. Kein Wunder in einem Ort, in dem 1681 die Erhebung zur königlich-ungarischen Freistadt anstand – mit 30 000 Litern Wein und 60 000 Gulden erkauften sich die Ruster den Titel. Bis 1921, noch nach dem Ende der Donaumonarchie (1918), gehörte Rust zu Ungarn.

Der Altstadtbereich, komplett denkmalgeschützt, ist womöglich der schönste im Burgenland. Ganze Straßenzüge entlang zeigen Bürgerhäuser aus dem 16. bis 19. Jahrhundert gepflegte Renaissance- und Barockgesichter, zusätzlich geschminkt mit schönen Fenster- und Portalrahmungen, Erkern, Wappen und Stuckdekorationen. Idyllisch sind die Innenhöfe mit ihren gedeckten Stiegenaufgängen und Arkaden, einige noch mit Resten der alten Stadtmauer. Die meisten Häuser werden nach wie vor so genutzt wie von den Vorfahren: wohnen und arbeiten am selben Ort.

Das bedeutendste Bauwerk ist die Fischerkirche aus dem 12. Jahrhundert, deren Errichtung erst im 16. Jahrhundert vollendet war. Jahr für Jahr finden dort in den Sommermonaten Konzerte statt, im wundervoll atmosphärischen barocken Seehof aus dem 17. Jahrhundert geht das Gitarrenfestival über die Bühne. Im selben Gebäude residiert seit 1989 die erste deutschsprachige Weinakademie der Welt. Sommeliers machen hier ihren Bachelor.

Die malerische Altstadt von Rust im Burgenland.

Das schönste Bürgerhaus ist aber Zum Auge Gottes (Nummer 2, am Hauptplatz): Ein Apotheker ließ es bauen und üppig ornamentieren. Das nötige Kleingeld hatte er, denn schon damals verdienten Pillendreher gut. Gegenüber steht der pittoreske Adlerbrunnen. Das Rathaus wurde von den Türken warm abgetragen, also abgefackelt, wobei sämtliche Chroniken verbrannten. Inzwischen ist es längst wiederaufgebaut, und in manchen Sommern brüten auf dem Dach die Störche.

Info: Rust liegt ca. 68 km südlich von Wien am Westufer des Neusiedler Sees nahe der ungarischen Grenze. **Info Rust:** Tourist Information, Conradplatz 1, 7071 Rust, Tel. (026 85) 502, www.freistadt-rust.at.

Stars im Steinbruch

Römersteinbruch St. Margarethen

St. Margarethen, Burgenland

Im Sommer wird der kleine Ort St. Margarethen vor den Toren von Eisenstadt zum kulturellen Zentrum des Burgenlands. Mitten in einem Steinbruch wird eine Bühne für fast 5000 Zuschauer aufgebaut. In dieser spektakulären Szenerie werden jedes Jahr von Mitte Juli bis Mitte August internationale Stars Freiluftkonzerte verschiedenster Musikrichtungen veranstaltet. Neben Klassik-Stars wie Montserrat Caballé oder Elina Garanca gaben sich u. a. schon die Jazzsängerin Norah Jones oder die Singer-Songwriter-Ikone Leonard Cohen die Ehre.

Ein ganz besonderes Ereignis sind die Aufführungen der Oper im Steinbruch. Ebenso wie die Konzerte machen sie sich die besondere Akustik und den imposantne Anblick der schroffen Felslandschaft zunutze und ziehen Jahr für Jahr ein begeistertes Publikum an.

Alle fünf Jahre finden im Steinbruch Passionsspiele statt, deren Reinerlös ausschließlich karitativen Zwecken zufließt. Sämtliche Darsteller sind Laien und kommen aus der Region. Die Tradition geht auf das Jahr 1926 zurück, seit 1961 wird im Steinbruch gespielt.

2017 war der Steinbruch St. Margarethen u. a. Kulisse für die Verdi-Oper »Rigoletto«.

Seit 2001 gehört der Steinbruch zusammen mit dem nahegelegenen Neusiedler See zum UNESCO-Weltkulturerbe. Rund 150 000 Quadratmeter des Geländes können als Freilichtmuseum besichtigt werden. Infotafeln erläutern die jahrtausendealte Nutzung des Steinbruchs sowie die Fossilien, etwa von Muscheln, Fisch- und Walknochen, die hier im Laufe der Zeit geborgen wurden und die in einer kleinen Ausstellung zu sehen sind.

Ohne den Steinbruch von St. Margarethen gäbe es übrigens den Stephansdom nicht. Auch die Wiener Karlskirche und viele Gebäude entlang der Wiener Ringstraße baute man mit Sandstein aus St. Margarethen. Sogar die Römer holten sich schon Steine von hier und errichteten damit Carnuntum, die Hauptstadt der Provinz Pannonien.

Info: St. Margarethen liegt etwa 9 km nördlich von Eisenstadt. **Info St. Margarethen:** Tourist Information, Hauptstr. 20, 7062 St. Margarethen, Tel. (026 80) 70 60, www.st-margarethen.at. **Info Oper im Steinbruch:** Römersteinbruch 1, 7062 St. Margarethen, Kartenbestellung Tel. (026 82) 650 65, www.operimsteinbruch.at. **Info Passionsspiele St. Margarethen:** Kirchengasse 22, 7062 St. Margarethen, www.passio.at, Öffnungszeiten: Mo–Fr 8–12, 12.30–16, Juli, Aug. Mo–Sa 9–12, 13–18 Uhr. **Info Führungen im Steinbruch:** Römersteinbruch 1, 7062 St. Margarethen, Tel. (026 82) 630 04 76 00, Mai, Sept./Okt. Fr–So 10.30 und 15.30, Juni–Aug. tägl. 10.30 Uhr, Treffpunkt: Kassafoyer im Zugangsbereich zum Steinbruch St. Margarethen.

KÄRNTEN

Mehr als ein alter Hut

DOM MARIÄ HIMMELFAHRT

Gurk, Kärnten

In Gurk »herumzugurken« ist eine gute Idee. Denn der kleine Markt, rund 30 Kilometer nordwestlich von Klagenfurt, konserviert Geschichte wie kein anderer Ort in Kärnten. Das Ziel vieler Wallfahrten ist die berühmteste romanische Kirche des Alpenlands. 1043 gründete Gräfin Hemma hier ein Frauenkloster. Gräfin Hemma war nach dem frühen Tod ihres Mannes eine der reichsten Frauen ihrer Zeit und ihr lag daran, in Gottesfurcht etwas Bleibendes zu schaffen. Das ist ihr gelungen: Zwar wurde das Kloster bereits 1070 aufgelöst, doch an seiner Stelle entstand die bis heute selbstständige Diözese Gurk. Das den Ort absolut dominierende Gebäude ist der 1140 bis 1220 erbaute Dom, eine romanische Kostbarkeit ersten Rangs. In Österreich gibt es keinen zweiten Ort dieser sakralen Bedeutung, der von einer Frau gegründet wurde.

41 Meter hoch ragen die Türme an der Westfassade, ihre Zwiebelhauben sind weithin zu sehen. Das mächtige Portal wurde der gewaltigen dreischiffigen Pfeilerbasilika 1200 eingepflanzt, die äußere Vorhalle ist mit gotischen Wandfresken und Glasgemälden (um 1340) ausgestattet. Nord- und Südwand sind mit Malereien aus dem Alten und Neuen Testament bedeckt. Das Innere der Kathedrale haben verschiedene Stilepochen geprägt. Das Samsonportal an der linken Langhauswand existiert dort seit 1200, der Kreuzaltar stammt aus dem Rokoko (1741), die Kanzel aus dem Barock. Sie wurde erst im Zuge der Gegenreformation eingesetzt, weil das Kirchenvolk es aus dem Protestantismus gewohnt war, Predigten zu lauschen. Den Hochaltar schmücken goldbemalte Schnitzfiguren (1632), sechs Holzreliefs erzählen die Geschichte der Klosterstifterin Hemma, die im 20. Jahrhundert heilig gesprochen wurde und als Schutzpatronin von Kärnten verehrt wird.

Fresko des Sündenfalls in der Bischofskapelle des Doms Mariä Himmelfahrt in Gurk.

Ihre sterblichen Überreste und Reliquien befinden sich heute in der Krypta unter dem Chor. Hier ist auch der Hemmahut zu bewundern. Zwar wurde er inzwischen auf das 13. Jahrhundert datiert und somit nicht von der heiligen Gräfin getragen; als nur einer von drei erhaltenen mittelalterlichen Hüten in ganz Europa ist er jedoch für Kulturhistoriker von hohem Wert.

INFO: Gurk liegt ca. 45 km nördlich von Klagenfurt. **INFO GURK:** Tourist Information, Dr.-Schnerich-Str. 12, 9342 Gurk, Tel. (042 66) 81 25 27, www.gurk.at. **INFO DOM MARIÄ HIMMELFAHRT:** Domplatz 11, Gurk, Tel. (042 66) 82 36, www.dom-zu-gurk.at, Öffnungszeiten tägl. März–Okt. 9–17, Nov.–Febr. 10–16 Uhr, große Führung € 9, ermäßigt € 4.

Die schönste Alpenstrecke

Grossglockner Hochalpenstrasse

Hohe Tauern, Kärnten und Salzburg

Genießen Sie den Anblick wahrer alpiner Schönheit und fahren Sie die aufregende, atemberaubende Strecke über Österreichs Großglocknerpass. Die Straße, die nach dem höchsten Gipfel des Landes benannt ist und die malerischsten Regionen Österreichs durchquert, war im Mittelalter ein wichtiger Handelsweg zwischen Deutschland und Italien. Der fantastische Großglocknerpass (Autobahn 107) wurde zwischen 1930 und 1935 gebaut. Die knapp 48 Kilometer lange Strecke beginnt in Bruck im Salzachtal und führt über Fusch nach Heiligenblut im Nationalpark Hohe Tauern: Auf mehr als 1100 Quadratkilometer Fläche liegen hier 300 Dreitausender-Berge mit 246 Gletschern, üppigen Tälern und Dutzenden hübscher Dörfer, in denen man gut essen und rustikal übernachten kann. Ab Fusch muss eine Maut bezahlt werden, im Winter ist die Strecke gesperrt.

Das Fuscherl Törl an der Großglockner Hochalpenstraße.

Die spektakuläre Aussicht auf das Herzstück des Parks, den alles überragenden, 3798 Meter hohen Großglockner, macht es Autofahrern schwer, sich auf die Haarnadelkurven zu konzentrieren. Zwei Abzweigungen führen zur Edelweißspitze und der Franz-Josephs-Höhe, Respekt einflößenden Aussichtspunkten auf 2560 und 2376 Metern Höhe. Begeben Sie sich auf die spektakuläre, zehn Kilometer lange Gletscherroute, und Sie werden eine unvergessliche Reise haben.

Info: 48 km lang, von Bruck an der Großglocknerstraße nach Heiligenblut am Großglockner. **Info Grossglockner Hochalpenstrasse:** Taxenbacher Fusch 96, 5672 Fusch an der Großglocknerstraße, www.grossglockner.at, Tagesmaut für PKW € 36,50. **Info Strassenzustand:** Tel. (065 46) 650.

Sauber, warm und im Winter zum Eislaufen zugefroren

Kärntner Seen

Kärnten

Kärnten hat 1270 Gewässer, davon sind 200 zum Baden geeignet. Und ein See ist schöner als der andere. Wer beim Schwimmen doch mal Wasser schluckt, muss sich keine Gedanken machen: Alle Kärntner Badewannen haben Trinkwasserqualität. Der Fakersee gilt als der sauberste Badesee im Alpenraum, im Sommer kann er bis zu 26 Grad warm werden. Im See gibt es eine Insel, die per Boot erreicht werden kann. Umgeben ist man von zwei grandiosen Panoramen, den Karawanken und den Julischen Alpen. Am Nordufer bei Egg steht das schönste Marterl, zu Deutsch Bildstock, Österreichs.

Der Klopeiner See gehöert definitiv zu den wärmsten österreichischer Badeseen, das Wasser hat höchste Qualität, obwohl sich an den Ufern von St. Kanzian und Klopein viele Besucher tummeln. Schön sind die Sonnenuntergänge zwischen den Bergen.

Der Längssee liegt in einer ruhigen Gegend, er ist nicht verbaut und hat – bis auf zwei Strandbäder – völlig freie Ufer, um zu picknicken und zu baden. Malerisch erscheint die ehemalige Benediktinerabtei St. Georgen direkt am See, die besucht werden kann.

Der Ossiacher See zwischen der Gerlitzen Alpe und den Ossiacher Tauern präsentiert sich als sturmgeschützte Idylle. Der elf Kilometer lange und eineinhalb Kilometer breite See ist aber nicht nur perfekt zum Baden, sondern auch zum Wandern und fürs Paragliding. Außerdem bietet er sich an als Standort, um Ausflüge zu Sehenswürdigkeiten zu machen. An der Ruine Landskron, am südöstlichen Ende des Ossiacher Sees, gibt es in der warmen Jahreszeit eine tägliche Adlerflugschau.

Der Pressegger See ist ein Sonderfall. Er liegt in einem Tal der Karnischen Alpen, umgeben von bis zu 2000 Meter hohen Bergen. Er war einst doppelt so groß, verlandet aber seit Jahren und hat am Ufer ein ausgedehntes und ausgesprochen romantisches Schilfgebiet.

Der Turracher See ist der kleinste, aber einer der höchstgelegenen Kärntner Seen. Ein Bergsee auf 1763 Meter Seehöhe, im Sommer ein ausgezeichneter Ausgangspunkt für Wanderungen im Nationalpark Nockberge, im Winter ein kleines Skigebiet.

Der Weißensee präsentiert sich türkisblau – wie das Meer in der Karibik. Wie ein Fjord hat er sich auf zwölf Kilometer Länge in die Landschaft geschoben, auf 930 Meter Seehöhe. Er ist ohne Zufluss und wird ausschließlich aus Quellen gespeist.

Die Kärntner Seen sind übrigens nicht nur im Sommer empfehlenswert, im Winter werden sie zu großen Eislaufplätzen.

Info Kärnten: Völkermarkter Ring 21–23, 9020 Klagenfurt, Tel. (04 63) 30 00, www.kaernten.at.

Der Weißensee in Kärnten.

Die Rose vom Wörthersee

Historische Altstadt von Klagenfurt

Klagenfurt, Kärnten

Kärntens Landesmetropole ist anders als ihre Schwestern im Norden. Fast schon südländisch, beschwingt von Grandezza und sehr selbstbewusst. Man nennt sie die Rose vom Wörthersee. Die Altstadt wurde 1534 in der Struktur eines Schachbretts angelegt. Der italienische Baumeister Domenico de Lalio sorgte bei der Hausbebauung für südliches Flair. Viele der 70 Altstadthäuser besitzen allgemein zugängliche Arkadenhöfe, alle wunderschön restauriert. Das Landhaus ist Sitz des Kärntner Landtags. Seine Decke wurde im 18. Jahrhundert mit 665 Wappen der Kärntner Landstände, Landeshauptleute, Vizedome und Landesverweser geschmückt. 21 Jahre hat man an diesem Schmuckwerk gearbeitet.

Klagenfurt wurde Mitte des 12. Jahrhunderts als Marktflecken gegründet. Damals gab es schon die Kramergasse, die heute als Österreichs älteste Fußgängerzone (seit 1961) gilt. Häuser der Gründer- und Jugendstilzeit prägen ihr Aussehen. Der lang gestreckte Alte Platz mit der Dreifaltigkeitssäule (1689) ist der älteste Stadtplatz, seine Barockbauten besitzen die schönsten Arkadenhöfe.

Die Altstadt von Klagenfurt.

Der dreistöckige Laubenhof des Alten Rathauses aus dem 17. Jahrhundert ist wohl Klagenfurts beliebtestes Fotomotiv. Das Landhaus (1594) ist der repräsentativste Profanbau der Stadt, bestimmt von zwei mit Zwiebeltürmen gekrönten Treppentürmen und einem doppelgeschossigen Arkadenhof. Daneben wurde im frühen 20. Jahrhundert ein Jugendstiltheater (1910) gesetzt. Am Neuen Platz erhebt sich die Domkirche, Österreichs älteste Wandpfeilerkirche (1591), die Raumgestaltung bestimmen umlaufende Emporen. Die wertvollen Stuckarbeiten und Gemälde stammen aus dem 18. Jahrhundert, besonders üppig fiel die Kanzel (1726) aus. Das Kärntner Landesmuseum (1884) gegenüber zeigt umfangreiche Sammlungen zur Natur und Kultur des Landes.

Seit den 1970er Jahren wird in dem Geburtsort von Robert Musil (»Der Mann ohne Eigenschaften«) und Ingeborg Bachmann (»Die gestundete Zeit«) einer der bedeutendsten Preise für deutschsprachige Literatur verliehen, der Ingeborg-Bachmann-Preis.

Info: Klagenfurt liegt im Süden Österreichs. **Info Klagenfurt:** Tourist Information, Neuer Platz 5, 9010 Klagenfurt, Tel. (04 63) 285 46 30, www.visitklagenfurt.at. **Info Landesmuseum Kärnten:** Museumgasse 2, Klagenfurt, Tel. (050) 53 63 05 99, www.landesmuseum.ktn.gv.at, Umbau bis 2022, Ausstellungen finden in den Außenstellen des Landesmuseums statt.

Herkules besiegt den Drachen

Lindwurmbrunnen

Klagenfurt, Kärnten

Es war ein Irrtum, aber er schrieb Stadtgeschichte. Den 1590 gefundenen Schädel eines eiszeitlichen Wollhaarnashorns, der heute noch im Landesmuseum in der Vitrine liegt, hielt man für einen Drachenkopf. Um die Zeit der Stadtgründung vermuteten die abergläubischen Klagenfurter in dem sumpfigen Gebiet um die Furt am Fluss Glan unheimliche Wasserdämonen, die sich auch an Menschenopfern labten. Dort sollte der Lindwurm hausen, der das Vieh der Bauern riss und in die Sümpfe zerrte. Doch wo ein Drachen ist, da ist ein Drachentöter nicht fern. Und so fand sich der tapfere Kärntner, der in Herkulesmanier das Ungeheuer außer Gefecht setzte.

Mit dem Lindwurmbrunnen am Neuen Platz setzte man schließlich beiden ein Denkmal, dem Drachen und seinem Bezwinger. Klagenfurts Wahrzeichen ist heute ein idealer Treffpunkt, nicht zu übersehen – bis das Ensemble zusammenfand, vergingen jedoch einige Jahrzehnte. Der Lindwurm ziert bereits seit 1593 den Neuen Platz in der Stadtmitte. 300 ganz in Weiß gekleidete Jungen sollen die sechs Tonnen schwere, 7,55 Meter lange und 1,70 Meter hohe Skulptur an ihren Platz getragen haben. Erst rund 30 Jahre darauf durfte das Ungeheuer in seinem Brunnen plantschen, 1636 gesellte sich schließlich der Drachentöter mit seiner Keule dazu. Die Statue wurde von Michael Hönel, Hofbildhauer im ca. 50 Kilometer entfernten Gurk, gefertigt. Der Schöpfer des Lindwurms blieb unbekannt.

Als Wappentier ist er den Klagenfurtern wichtig, sie sind stolz auf das Monster. Aber der manieristische Stil des Denkmals aus Chloritschiefer sorgt nicht für ungeteilte Begeisterung. Früher machten sich junge Leute eine Gaudi daraus, das Ungeheuer zu bezwingen, indem sie sich darauf schwangen. Das ist nun verboten, zu seinem Schutz ist der Brunnen von einem ornamentreichen schmiedeeisernen Zaun umgeben. Nicht ganz zu Unrecht: Zweimal – 1797 und 1945 – hatte der selbst ernannte Herkulesnachwuchs bei solchen Besteigungen des Drachens dessen Schwanz abgebrochen.

Das Wahrzeichen der Stadt: der Lindwurmbrunnen.

1514 kam es zu einem verheerenden Stadtbrand, Klagenfurt musste ganz neu aufgebaut werden. Die Kärntner Landstände suchten zu dieser Zeit eine eigene Residenz und baten Kaiser Maximilian I., Klagenfurt als solche ausbauen zu dürfen. Der Patriarch nickte gnädig ab, 1518 löste Klagenfurt die bisherige Landeshauptstadt St. Veit an der Glan ab. So hat die Stadt von zwei Missständen profitiert, dem Ungeheuer in seinen Sümpfen und seinen brennenden Dächern.

Info: Der Lindwurmbrunnen steht am Neuen Platz in der Nähe des Rathauses von Klagenfurt.

Die Uneinnehmbare

Burg Hochosterwitz

Launsdorf, Kärnten

Der Begriff märchenhaft ist in diesem Fall zutreffend. Die Gebrüder Grimm hätten sich das nicht besser ausdenken können. Die Burg Hochosterwitz bei St. Veit ist Österreichs berühmteste Ritterfestung, ein markanter Trutzbau auf einem steilen kegelförmigen Kreidefelsen, der weit ins Land hineinstrahlt. 860 wurde sie erstmals erwähnt, ihre 14 Tore hielten in ihrer langen Geschichte jedem Feind stand – doch nicht dem Tourismus in seiner täglichen Legionärsstärke. Der Aufstieg über den 620 Meter langen und steilen Burgweg ist schweißtreibend, doch oben warten ein Ritter-Museum, ein uriges Restaurant im Burghof, die Ende des 16. Jahrhunderts erbaute Burgkirche und eine großartige Aussicht über das Tal. In den Räumen der Schmiede und Zimmerei wird traditionelles Handwerk ausgeübt, ab und an finden hier auch Workshops statt.

Die Anstrengung lohnt sich. Aber auch Gäste, die nicht mehr gut zu Fuß sind, müssen auf die Burgbesichtigung mit Weitblick nicht verzichten: Seit 1992 kann man sich auch ganz bequem von einer Schrägbahn nach oben fahren lassen. Die Bahn braucht für die 105 Meter, die zurückgelegt werden müssen, nicht einmal eine Minute und kann pro Fahrt bis zu acht Personen befördern.

Österreichs berühmteste Ritterburg: Burg Hochosterwitz in Launsdorf.

Das Geschlecht der Khevenhüller, in deren Besitz sich die Burg nach wie vor befindet, wollte im 16. Jahrhundert ein Exempel statuieren. Es war die Zeit der Türkeneinfälle, die Osmanen waren begierig darauf, sich ein Weltreich aufzubauen. Georg Freiherr von Khevenhüller hielt dagegen. Der Landeshauptmann und kaiserliche Ratgeber ließ seine Burg nach den neuesten militärischen Erkenntnissen seiner Zeit zu einer Festung ausbauen, die als uneinnehmbar galt. Es wurden die modernsten Waffen herangeschafft, sie reichten für 700 Verteidiger. Die Torbauten waren besonders präpariert. Die Türken rannten mehrmals an, aber Hochosterwitz wurde nie erobert.

Der Aufstieg lohnt sich auch deshalb, weil dabei das Schutzsystem zu erkennen ist. Jedes der 14 Tore rings um den Burgberg war doppelt gesichert. Am Khevenhüllertor ist das Familienwappen der Eigentümer aus weißem Marmor zu sehen, der Weg in den von Laubengängen umgebenen inneren Burghof führt zudem über fünf Zugbrücken.

Info: Launsdorf liegt ca. 27 km nordöstlich von Klagenfurt. **Info Burg Hochosterwitz:** 9314 Launsdorf, Tel. (042 13) 345 97, www.burg-hochosterwitz.com, Öffnungszeiten tägl. Mitte Mai–Mitte Sept. 9–18, April/Mitte Mai, Mitte Sept./Okt. 10–17 Uhr, Eintritt €15, ermäßigt €8.

Kärntens Sonnenregion

MILLSTATT UND DER MILLSTÄTTER SEE

Millstatt, Kärnten

Unter Surfern und Seglern gilt der Millstätter See als Geheimtipp. Der Wind aus den Nockbergen sorgt für ausgezeichnete Strömungsverhältnisse. Aber auch für Taucher ist der See etwas Besonderes, er ist bis zu 141 Meter tief. Die von Gebirgszügen umschlossene Beckenlandschaft zeigt in der warmen Jahreshälfte ein schon mediterran anmutendes Klima. Das Becken mit seinen großen Tälern ist mit einer Muschel vergleichbar: unten mit ebenem Boden und tiefen Rillen, oben mit einem sich gewaltig aufwölbenden Gebirge. Der Millstätter See ist Kärntens Sonnenregion.

Zwölf Kilometer lang zieht sich der See vor der prächtigen Gebirgskulisse durch die Landschaft, breit ist er bis zu eineinhalb Kilometer. Man kann wandern, die herrlichen Naturstrände der Strandbäder aufsuchen oder vom Wasser aus die charmanten Jahrhundertwendevillen begutachten. Es gibt sie vor allem im Hauptort Millstatt, das in der Zeit der Habsburger an der Wende zum 20. Jahrhundert ein populärer Sommerfrische-Ort des Adels war. Am Villenweg stehen noch rund 20 Sommersitze aus der Gründerzeit, das Tourismusbüro hält eine spezielle Broschüre parat.

Der Millstätter See ist uraltes Siedlungsgebiet, schon die Kelten und Römer waren hier. Ihnen folgten im 11. Jahrhundert die Benediktiner, die in Millstatt ein Kloster gründeten (1070), dessen Stiftshof mit seiner rundbogigen zweistöckigen Arkadengalerie und einer mehr als 1000 Jahre alten Gerichtslinde mit mächtig gespreiztem Geäst sehenswert ist. Die Stiftskirche ist noch als romanischer Pfeilerbau (1170) zu erkennen, mit Kreuzgang, Stufenportal, Netzrippengewölbe und markantem Weltgerichtsfresko. Die Jesuiten, denen das

Der Millstätter See im Sommer.

Kloster zuletzt gehörte (1598–1773), sorgten für seine barocke Ausstattung mit kunsthistorischen Kostbarkeiten wie dem Millstätter Fastentuch, mit dem der Hochaltar in der Fastenzeit verhängt wird. Im Sommer finden in diesem prachtvollen Gemäuer die Millstätter Musikwochen statt. Einen Besuch wert ist auch das 1. Kärntner Fischereimuseum im Brugger-Haus am Westende des Sees, das über seine Fisch- und Pflanzenwelt Auskunft gibt.

INFO: Millstatt liegt ca. 86 km nordwestlich von Klagenfurt. **INFO MILLSTATT:** Tourist Information, Marktplatz 8, 9872 Millstatt am See, Tel. (047 66) 20 23, www.millstatt.at. **INFO MILLSTÄTTER SEE:** Infocenter Millstätter See, Kaiser-Franz-Josef-Str. 49, 9872 Millstatt am See, Tel. (047 66) 37 00, www.millstaettersee.at. **INFO 1. KÄRNTNER FISCHEREIMUSEUM:** Fischerweg 1, 9871 Seeboden, Tel. (047 62) 816 69, www.hotelroyalx.at, Öffnungszeiten Mai–Okt. tägl. 10–18 Uhr, Eintritt €5, Kinder €2,50.

Kärntens Sonnenregion

Wörthersee

Kärnten

Der Schlagersänger Udo Jürgens wuchs in Schloss Ottmanach hoch über Kärntens größtem See auf, dem Wörthersee. Hier begann er seine Karriere als Beachboy, die mit »Aber bitte mit Sahne ...« und anderen Klassikern ihren Höhepunkt erreichte. Der Plattenmillionär, Ende 2014 am Schweizer Bodenseeufer gestorben, kehrte noch oft hierher zurück. Nur ein Lied, meinte er melancholisch, könne er über den See nicht schreiben. »Das Wort Wörthersee ist ohne jede anmutige Akustik, nüchtern und unmelodisch.«

Zum Glück misst sich Anmut nicht ausschließlich an der Akustik. Dem Anblick des tiefblauen Sees lässt sich schwer widerstehen, auch die deutsche Filmindustrie nutzt ihn als fotogene Kulisse. Besonders beliebt: Schloss Velden, im 16. Jahrhundert am Westufer des Sees errichtet, Ende des 19. Jahrhunderts im Stil der Neorenaissance und zum Teil nach alten Ansichten erneuert. Anfang der 1990er Jahre etwa ist es in der Fernsehserie »Ein Schloss am Wörthersee« mit Roy Black und Uschi Glas als Hotel zu sehen – heute ist in seinen Räumen tatsächlich ein Hotel untergebracht.

Beliebt bei Inlineskatern ist die knapp neun Kilometer lange Strecke von Klagenfurt zum See. Der Weg führt vorbei am Minimundus mit rund 150 Modellen der schönsten Gebäude der Welt aus 40 Ländern im Maßstab 1 : 25, am Reptilienzoo und Skater-Park. Es folgen das Strandbad Klagenfurt und der Brunnen des heiligen Antonius, dessen Wasser sich aus einer Schweinsschnauze ergießt. Hier ist man schon an der Ostbucht des Sees, bis Krumpendorf bleibt das Wasser nun stets in Reichweite. Man kann die Strecke auch mit dem Fahrrad absolvieren, joggen oder walken.

Mondän mit Yachten und schicken Clubs: Schloss Velden am Westufer des Wörthersees.

Am Ziel angelangt laden die Seeterrassen des Seegasthauses Krumpendorf mit Blick aufs Wasser zu einer Stärkung ein. Die Ostbucht des Wörthersees kann man auch per Schiff passieren, am stilvollsten mit dem mit über 90 Jahren ältesten noch in Betrieb befindlichen Schraubendampfer Europas. In der warmen Jahreszeit geht es auch schwimmend – der Wörthersee ist Europas wärmster Alpensee.

Info: Der Wörthersee erstreckt sich westlich von Klagenfurt über 16,5 km. **Info Wörthersee:** Tourist Information, Villacher Str. 19, 9220 Velden, Tel. (042 74) 382 88-0, www.woerthersee.com. **Info Schlosshotel Velden:** Schlosspark 1, 9220 Velden am Wörthersee, Tel. (042 74) 52 00 00, www.falkensteiner.com. **Info Wörtherseeschifffahrt:** Friedelstrand 3, 9020 Klagenfurt, Tel. (04 63) 211 55, www.woertherseeschifffahrt.at. **Info Seegasthaus Krumpendorf:** Berthastr. 49, 9201 Krumpendorf am Wörthersee, Tel. (042 29) 23 01, www.seegasthaus.com, Öffnungszeiten tägl. 10–21, warme Küche 11.30–20 Uhr. Preise auf Anfrage.

NIEDERÖSTERREICH

Ein Naturdenkmal der besonderen Art

EISENSTEINHÖHLE

Bad Fischau-Brunn, Niederösterreich

Stalaktiten. Stalagmiten. Wuchtige Felsen, die wie schräge Dächer über den Köpfen hängen. Schmale Gänge, die sich teilweise erweitern und dann wieder verengen. Besucher müssen vor dem Besuch der Eisensteinhöhle in Overalls schlüpfen, Stiefel anziehen und es herrscht Helmpflicht. Auch eine Helmlampe erhält man. Dann geht es in die Tiefe, ein kalter Schauer streift das Gesicht, Dunkelheit umfängt den Abenteurer.

Nur wenige Kilometer westlich von Wiener Neustadt, einer Stadt im südlichen Niederösterreich, bilden die Fischauer Vorberge die östlichsten Ausläufer der nördlichen Kalkalpen. Die Kuppen und Hochflächen des rund acht Kilometer langen Triaskalk- und Dolomitenbergzugs haben sich bis auf 605 Meter Seehöhe geschoben. Die Eisensteinhöhle liegt in seinem Ostabfall, 100 Meter oberhalb des Thermalorts Bad Fischau-Brunn, 45 Kilometer von Wien entfernt. Die Höhle, 73 Meter tief und 2300 Meter lang, ist eine besonders geschützte Höhle.

Schnell stellen die Besucher fest: Wirklich kalt ist es in der Unterwelt nicht. Durch den Einfluss des Thermenwassers ringsumher, das aus mehreren Quellen in das historische Thermalbad des Orts sprudelt, herrscht eine konstante Temperatur von 13 Grad in der Höhle. Feucht ist es, ein bisschen klamm, aber nicht ungemütlich. Zu sehen sind in der Höhle nur Sinter- und Kristallbildungen an den Wänden und der Decke, aber von schier unerschöpflicher Vielfalt. Für Kinder ab zehn Jahren ist die unterirdische Begehung ein Erlebnis, Höhlen-Fans begeistern sich an der skurrilen Architektur der Steine, und die anderen haben wieder etwas gelernt.

Klettern in der Eisensteinhöhle.

INFO: Bad Fischau-Brunn liegt ca. 52 km südlich von Wien. **INFO EISENSTEINHÖHLE:** 2721 Bad Fischau-Brunn, www.schauhoehlen.at, www.bad-fischau-brunn.at, www.alpenverein.at/wiener-neustadt. **INFO HÖHLENFÜHRUNG:** Gerhard Winkler, Pappelgasse, 2721 Bad Fischau-Brunn, Tel. (026 39) 75 77, Führungen nach Voranmeldung Mai–Okt. an jedem 1. und 3. Wochenende um 10, 12, 14 und 16 Uhr, Führung € 8, Kinder (kein Einlass unter 10 J.) € 5.

Aus der Luft gesponnen

Baden bei Wien

Baden, Niederösterreich

Vergleicht man ein hübsch restauriertes historisches Haus mit einer Praline, so ist Baden, 35 Kilometer südlich von Wien, eine volle Ladung an Süßigkeiten. Schon 1795 bedichtete der Poet Moritz Gottlieb Saplier den Ort an den Ausläufern des Wienerwalds: »Ein Städtchen, aus der Luft gesponnen, ein kleines Wien in Aquarell.« Baden ist eine perfekte Biedermeier-Idylle, doch hinter der anheimelnden Kulisse versteckt sich eine effiziente Infrastruktur, die Baden zu einer der vermögendsten Kommunen gemacht hat.

Die Pestsäule in Baden bei Wien.

Der Kurpark ist voller weißer Bänke auf gusseisernen Pfoten. Das zweitgrößte Kasino Europas, 1934 eröffnet, präsentiert sich als massives Kuppelgebäude, nachts bestrahlt wie ein Märchenschloss. Es ist zugleich Kongress- und Veranstaltungszentrum und davor stehen Palmen – Baden hat ein besonderes Mikroklima. Aus der Pannonischen Tiefebene kommt Wärme, die Flanken des Wienerwalds schützen vor eisigen Alpenwinden. Aus den Trauben kann sogar Rotwein hergestellt werden. Beethoven, der fast drei Jahre in Baden lebte, war von den Tropfen begeistert. Aber nicht alle Badener von Beethoven.

Der Bonner Komponist lief keuchend und schlecht gekleidet durch den Wienerwald, schrieb Noten auf Steine, sang laut, bis die Gendarmerie ihn festnahm und Gönner ihn auslösen mussten. Er bändelte mit Weibsbildern an und war bekannt als Zechpreller. Aber in Baden vollendete er die Neunte Symphonie, seit 1992 ist »Freude, schöner Götterfunken« die europäische Hymne. Im Kurpark steht ein Beethoventempel.

Die Römerquelle wälzt täglich sieben Millionen Liter Wasser in das Rohrleitsystem, das Bäder und Hotels versorgt. Das Wasser ist gut für den Bewegungsapparat, gegen Rheuma und verbessert die Cholesterinwerte. Im Art-déco-Bad Römertherme kann in heißem, schwefelhaltigem Wasser geplantscht werden, außerdem gibt es verschiedene Schwimmbecken und Saunen. Erstes Haus am Platz ist der »Herzoghof« am Kasino, ein denkmalgeschütztes Biedermeier-Hotel.

Info: Baden liegt ca. 35 km südlich von Wien. **Info Baden:** Tourist Information, Brusattiplatz 3, 2500 Baden, Tel. (022 52) 868 00 600, www.tourismus.baden.at. **Info Spielkasino:** Kaiser-Franz-Ring 1, Baden, Tel. (022 52) 444 96, www.casinos.at, Öffnungszeiten tägl. 15–3 Uhr, keine Bekleidungsvorschriften. **Info Römertherme:** Brusattiplatz 4, Baden, Tel. (022 52) 450 30, www.roemertherme.at, Öffnungszeiten tägl. 10–22 Uhr. **Info Stadthotel Herzoghof:** Kaiser-Franz-Ring 10, Baden, Tel. (022 52) 872 97, www.hotel-herzoghof.at. Preise auf Anfrage.

Klosterleben im Wienerwald

Zisterzienserabtei Heiligenkreuz

Heiligenkreuz im Wienerwald, Niederösterreich

Es regnete und war bitterkalt, als Benedikt XVI. an einem Sommertag 2007 in den Wienerwald kam. Vorher hatte man genau geprüft, ob das Papamobil durch das enge Wiener Tor passen würde, das die Einfahrt zum Stift Heiligenkreuz bildet. Es war das erste Mal in der fast 900-jährigen Geschichte des Zisterzienserstifts, dass ein Papst es besuchte – eine große Ehre. Die Anlage war saniert und frisch gestrichen worden, selbst die Felder waren nicht gepflügt und dort war ein Zelt aufgestellt worden. 200 000 Menschen wollten den damaligen Papst sehen.

Heiligenkreuz hat die zweitälteste Zisterzienserabtei Österreichs, benannt nach der Kreuzreliquie, die Herzog Leopold V. dem Kloster schenkte. Das Stift besteht als einziges Zisterzienserkloster des Alpenlands ununterbrochen seit seiner Gründung im Jahr 1133 durch Mönche aus Morimond.

Bei einem Besuch erhält man erstaunliche Einblicke in heutiges Klosterleben. Bekannt sind etwa die Chorgebete zur Mittagszeit, an denen Zuhörer teilnehmen können. Viele ahnen allerdings nicht, dass die Mönche ihr Leben mit Einnahmen aus Forstwirtschaft, Weinbau und Tourismus finanzieren. 16 000 Hektar Land gehören zum Stift. Das Holz wird in einem eigenen Sägewerk verarbeitet. Geld kommt auch von der Pacht für Jagdgebiete und von Immobilien herein. Die Kuttenträger führen einen modernen Wirtschaftsbetrieb. Dazu gehört auch der Wein: Österreichs zweitältestes Weingut, das Freigut Thallern, wird vom Stift betrieben. Der Papst hat den Rotwein bei seiner Visite verkostet. Direkt im Stift versorgen Klostergasthof und Kellerstüberl rund 170 000 Touristen pro Jahr. Etwa 5000 davon nehmen eine Kammer im Kloster, um für einige Tage zur Ruhe zu kommen.

An der dreischiffigen Stiftskirche finden sich romanische wie gotische Elemente; die Glasfenster leuchten seit 1300 im Sonnenlicht, den Kreuzgang durchweht meditative Stille. Bei einer Führung durch das Kloster sieht man den Arbeitssaal der Mönche, der noch Teile der Wandbemalung aus dem 13. Jahrhundert aufweist.

Info: Heiligenkreuz liegt ca. 27 km südwestlich von Wien. **Info Zisterzienserabtei Heiligenkreuz:** Klosterpforte, 2532 Heiligenkreuz im Wienerwald, Tel. (022 58) 870 30, www.stift-heiligenkreuz.org. Eine Besichtigung ist nur im Rahmen einer Führung möglich. Führungen Mo–Sa 10, 11, 14, 15, 16, So 11, 14, 15, 16 Uhr, Eintritt €9,50, ermäßigt €5,50.

Zisterzienserabtei Stift Heiligenkreuz.

Keimzelle der Kultur

STIFT KLOSTERNEUBURG

Klosterneuburg, Niederösterreich

Schon von Weitem sind die schlanken Türme der Stiftskirche zu sehen. Je näher man dem Ziel dann kommt, desto eindringlicher präsentiert sich die barocke Wucht der Anlage. In den Blick rücken der Kaisertrakt mit monumentalen Säulen, die riesige Kuppel mit der Habsburger Reichskrone obenauf. Anfang des 18. Jahrhunderts hatte auf Geheiß von Kaiser Karl VI. eine kolossale Neugestaltung der mittelalterlichen Anlage begonnen. Der Kaiser wollte das Stift in eine herrschaftliche Klosterresidenz verwandeln – nach dem Vorbild des Escorial in der Nähe von Madrid.

Nach dem unerwarteten Tod des Kaisers 1740 wurden die Bauarbeiten eingestellt. Karls Thronfolgerin, Maria Theresia, hatte kein Interesse an dem Projekt. Zwar nahm man das Bauvorhaben im 19. Jahrhundert noch einmal auf, doch die hochfliegenden Pläne Karls VI. blieben letztendlich unvollendet. Dennoch beeindrucken die barocken Kaiserappartements mit prunkvoller Ausstattung. Zu den Highlights einer Besichtigung gehört außerdem die Stiftskirche, ursprünglich im romanischen Stil errichtet, später prunkvoll barockisiert. Eindrucksvoll ist der Kreuzgang, der noch aus dem Mittelalter stammt. Mit dem Verduner Altar birgt die Leopoldskapelle, in der Leopold begraben liegt, einen Kunstschatz allererster Güte – das Werk wurde im 12. Jahrhundert von Nikolaus von Verdun geschaffen. Die Schatzkammer beherbergt u.a. die heilige Landeskrone Österreichs, den Österreichischen Erzherzogshut (1616), der zuletzt 1989 im Einsatz war. Flüssiges Kulturgut lagern die Chorherren im barocken Weinkeller. Das Weingut von Klosterneuburg ist das älteste im ganzen Land.

Der Escorial bei Madrid war das Vorbild für Stift Klosterneuburg.

Dass Karl VI. ausgerechnet Klosterneuburg zu seinem Escorial machen wollte, hatte wesentlich mit dem Klostergründer zu tun, dem heiligen Leopold, den die Habsburger als großen Kulturstifter verehrten. Markgraf Leopold III. (1073–1136) hatte sich zu Beginn des 12. Jahrhunderts nicht nur eine neue Burg, sondern eine Stiftskirche bauen lassen, und den Orden der Augustiner Chorherren 1133 an diesen, unweit von Wien gelegenen Ort geholt. Wie sich Klosterneuburg schließlich zu einem Zentrum des religiösen, wirtschaftlichen und sozialen Lebens entwickelte, konnte der Markgraf jedoch nicht mehr miterleben. Er starb 1136, vermutlich durch einen Jagdunfall. 1485 wurde er heiliggesprochen, später avancierte er zum österreichischen Landesparton.

INFO: Klosterneuburg liegt 10 km nordwestlich vom Satdtzentrum Wiens. **INFO STIFT KLOSTERNEUBURG:** Stiftsplatz 1, 3400 Klosterneuburg, Tel. (02243) 411 212, www.stift-klosterneuburg.at, Öffnungszeiten Mai–Mitte Nov. tägl. 9–18, Mitte Nov.–April 10–16 Uhr, Eintritt € 17, Kinder € 11.

Der Verduner Altar (1181) erzählt auf 51 feuervergoldeten Emailtafeln die Heilsgeschichte des Alten und Neuen Testaments.

Das Wachautal mit Schloss Aggstein.

Lachen und Genießen

Krems und die Wachau

Krems-Stein, Niederösterreich

In Krems steht ein Karikaturmuseum, das sich hauptsächlich dem 2016 verstorbenen Karikaturisten Manfred Deix widmet, der Jörg Haider einst als kahl geschorenen Neonazi und den ultrakonservativen Bischof Krenn mit wehenden Talarschößen auf einem U-Bahn-Gitter, wie einst Marilyn Monroe mit schöneren Beinen, malte. Zu sehen ist auch eine Galerie von Landsleuten, denen als Schweinefleischesser statt Beinen Sauhaxen aus dem Rumpf wachsen. Diese ins Lächerliche verzerrten Menschen sind als Deixfiguren bekannt – der Begriff hat es sogar in den Duden geschafft. Die Österreicher hassen ihn; zugleich lieben sie ihn, weil er auch ihre größten Widersacher hässlich karikiert. Mit sibirischen Marderhaarpinseln und englischen Aquarellfarben hielt Deix alles auf hochfeinem Karton fest. Er war wohl der meistverklagte Karikaturist der Welt, er selbst rechnete sich das zur Ehre an. In Krems gibt es viel zu lachen.

»Vom Silberband der Donau rings umwunden, hebt sich's empor zu Hügeln voller Wein«, dichtete Grillparzer ergriffen über die Wachau. Eingeklemmt in ein enges Tal zwischen Krems und dem Barockstift Melk und zwischen Hängen voller Reben und Wäldern liegt einem der munter mäandernde Fluss zu Füßen. Er durchfließt auf 32 Kilometern einen Landstrich, der viele Dichter in die Knie zwang, von Rilke bis zum Zyniker Thomas Bernhard. Wer mit dem Schiff durchgleitet, erlebt die Farben eines Flusslaufs von Blau bis Dunkelgrün. Wer im Auto unterwegs ist, dem stockt in mancher Kurve der Atem. Das Land schwingt sich von Hügel zu Hügel, auf Bergflanken hocken Ruinen einst stolzer Burgen und das Kircherl, fast immer ein mächtiger Bau. Weingüter ziehen sich bis ans Donauufer, viele von ihnen mit gastronomischem Betrieb. Man kann rasten und genießen. Seit 40 000 Jahren siedeln hier Menschen, einer von ihnen war die Venus von Willendorf vor 24 000 Jahren. Beim Bahnbau 1908 wurde ihre Skulptur gefunden. Wellige Hüften, vorlappender Bauch, riesige Brüste, das Gesicht nur angedeutet – ein Symbol der Fruchtbarkeit. Und fruchtbar ist sie nach wie vor, die Wasser- und Weinregion Wachau.

Weinterrassen und Weindörfer säumen in der Wachau die 32 schönsten Donaukilometer.

Info: Krems liegt ca. 84 km westlich von Wien. **Info Karikaturmuseum Krems:** Steiner Landstr. 3 A, 3500 Krems-Stein, Tel. (027 32) 90 80 20, www.karikaturmuseum.at, Öffnungszeiten tägl. 10–18 Uhr, Eintritt € 10, ermäßigt € 3,50. **Info Wachau:** Regionalbüro Wachau-Nibelungengau-Kremstal, Schlossgasse 3, 3620 Spitz an der Donau, Tel. (027 13) 23 63, www.spitz-wachau.at.

Bis an den Horizont

Marchfeld

Niederösterreich

Tief herabhängende Wolken über dem flachen Land. Verstreute und vom Wind gebeugte Bäume, Ginsterbüsche und Steppengras, Moore und Teiche. Der Rußbach, der das Marchfeld durchquert, bevor er in die Donau mündet, ist ein trübes Rinnsal. Diese Region ist geografisches Randgebiet. Eine Landschaft wie in den baltischen Ländern oder der Pannonischen Tiefebene. Sie beginnt unmittelbar östlich von Wien und erstreckt sich bis nach Tschechien und in die Slowakei hinein. Die frühere Kornkammer Österreichs ist durch Versteppung bedroht, Flora und Fauna sind seit Jahrzehnten in Bedrängnis. Es ist die trockenste Region des Landes. Alte Sagen berichten von Seen und Drachen, Hexen und Feen in den Bäumen. Die Einsamkeit ist mit Händen zu greifen. Tourismus gibt es nur als individuelle Unternehmung, Reisende haben Platz bis an den Horizont.

Viele der völkerwandernden Nationen der letzten 3000 Jahre sind hier durchgetreckt, doch Fuß gefasst haben nur die Römer und später die Franken. Sie wurden um 800 planmäßig angesiedelt. Die Franken bauten Straßendörfer – untypisch für Österreich, das in seinen ländlichen Regionen von Einzelhöfen geprägt ist –, Giebelhaus neben Giebelhaus, vorn der Wohntrakt, hinten der Stall. Viele der Dörfer sind versunken, nachdem im 13. Jahrhundert das Marchfeld zum Schlachtfeld wurde und Raubritter-Anarchie einzog. Böhmen und Habsburger kämpften gegen Ungarn, wochenlang rauchten die abgebrannten Dörfer. Im 14. Jahrhundert kamen biblische Plagen über das Land: Heuschrecken, Überschwemmungen, die Pest. Im 15. Jahrhundert verschanzten sich räuberische Horden, Hussiten und Türken im Marchfeld.

Ein Silberreiher im Marchfeld.

Erst unter Prinz Eugen (1663–1736) wurde die verödete Gegend zivilisiert. Doch auch er musste sich gegen Kuruzzen und Türken – deshalb *Kruzitürken* – zur Wehr setzen. Erst im 19. Jahrhundert kam es durch die Donauregulierung zur Befriedung der Region. Durch den Marchfeldkanal, dessen Bau 1982 begann, soll die Landwirtschaft gefördert werden. Hinter Engelhartstetten und an der Donau hat man einen schönen Blick auf die slowakische Hauptstadt Bratislava, die nachts beleuchtet aussieht wie ein fremder Stern.

Info: Das Marchfeld beginnt ca. 20 km östlich von Wien und erstreckt sich bis nach Tschechien und in die Slowakei. **Info Marchfeld:** Regionalbüro Marchfeld, Stift-Melk-Gasse 3/3, 2291 Lassee, Tel. (022 13) 343 70, www.regionmarchfeld.at.

Wo sich Natur, Wein und Geschichte vereinen

MELK UND DÜRNSTEIN

Niederösterreich

Die sonnige Lage und die schöne, wenngleich nicht wirklich blaue Donau, die durch die Region fließt, machen die Wachau zu einem der erfolgreichsten und schönsten Weinbaugebiete Österreichs. Wehrhafte Abteien und Burgen krönen die weitläufigen Hügel des Tals. Hier wechseln sich steil terrassierte Weinberge mit bewaldeten Hängen und Obstgärten voller Aprikosenbäume ab, die im Spätfrühling blühen. Die kleine, von Mauern umgebene Stadt Dürnstein kennt man als den Ort, an dem Richard Löwenherz von England 1192 nach einem Konflikt mit Leopold V. inhaftiert war. Für eine schöne Unterkunft müssen Sie nicht weiter als bis zur belaubten Terrasse des Hotels »Schloss Dürnstein« gehen, das eine wunderschöne Aussicht auf den Fluss, hervorragendes Essen und eine attraktive Weinkarte bietet. Genießen Sie auf der Terrasse ein Glas des heimischen Veltliners.

Eine Spiraltreppe verbindet die Stiftsbibliothek Melk mit der Stiftskirche.

Dürnsteins Kuenringer Schloss wurde zerstört und 1650 wiederaufgebaut; die Ruinen des ursprünglichen Baus können zu Fuß erreicht werden, wobei einige bemerkenswerte Aussichten auf die Umgebung zu genießen sind. Man sagt, dass die Bauten die Gebrüder Grimm zu den Märchen über verzauberte Königreiche inspiriert haben.

Verlassen Sie die charmante Schlossumgebung für einen Ausflug zum Stift Melk, einer 1000 Jahre alten Benediktinerabtei, angefüllt mit Manuskripten und wertvollen Kunstwerken, einschließlich des berühmten Kruzifixes von Melk. Es gilt als Österreichs schönstes Kloster. Der sonnengelb heitere Barockbau von imperialer Größe nimmt den größten Teil des begrünten Felsenplateaus von Melk ein. Bereits die Römer kannten diesen Ort, der 831 Stadtrecht erhielt und dessen hübsches Erscheinungsbild Häuser des 17. und 18. Jahrhunderts prägen. Hier ist die Donau besonders pittoresk und wird gerne für Bootsausflüge genutzt – eine wunderbare Art, sich die Gegend anzusehen.

INFO MELK: Melk liegt ca. 86 km westlich von Wien. **INFO TOURIST INFORMATION MELK:** Wachau Info-Center Melk, Kremser Str. 5, 3390 Melk, Tel. (02752) 51160, www.melk.gv.at. **INFO WACHAUSCHIFFFAHRT:** Im Sommer verkehren täglich Schiffe zwischen Krems und Melk, www.ddsg-blue-danube.at. **INFO DÜRNSTEIN:** Dürnstein liegt ca. 91 km westlich von Wien, 30 km nordwestlich von Melk. **INFO STADTGEMEINDE DÜRNSTEIN:** Nr. 25, 3601 Dürnstein, Tel. (027 11) 219, www.duernstein.at. **INFO HOTEL SCHLOSS DÜRNSTEIN:** 3601 Dürnstein 2, Tel. (027 11) 212, www.schloss.at. Preise auf Anfrage. **INFO STIFT MELK:** Abt-Berthold-Dietmayr-Str. 1, 3390 Melk, Tel. (027 52) 555-232, www.stiftmelk.at, Öffnungszeiten April–Okt. tägl. 9–17.30, Nov.–März nur mit Führung tägl. um 11 und 14 Uhr, Eintritt €12,50, ermäßigt €6,50, Familien €25, mit Führung € 14,50, ermäßigt € 8,50, Familien € 29. **REISEZEIT:** Anfang April zur Aprikosenblüte, Ende Mai zum Sommerfestival, Mitte–Ende Sept. zur Weinlese.

Pompeji bei Wien

Römerstadt Carnuntum

Petronell-Carnuntum, Niederösterreich

Cäsar und Konsorten gibt es nicht nur bei Asterix und Obelix. Marc Aurel war hier, Septimius Severus wurde gar 193 n. Chr. an diesem Ort zum neuen römischen Kaiser ausgerufen. In seiner Hochzeit hatte Carnuntum an der Donau 50 000 Einwohner. Die einstige Hauptstadt der römischen Provinz Oberpannonien war eine der bedeutendsten römischen Siedlungen nördlich der Alpen. Der deutsche Historiker Theodor Mommsen schwärmte vor 100 Jahren: »Die Wiener haben ein Pompeji vor ihren Toren …«

Das Museum Carnuntinum zeigt Fundstücke aus Carnuntum und Umgebung und zählt zu den bedeutendsten seiner Art in ganz Österreich. Einen spannenden Einblick sowohl in die Römerzeit als auch die Arbeit der Archäologen bietet das weltweit einzige rekonstruierte Römische Stadtviertel in Petronell-Carnuntum. Mit den Mitteln der experimentellen Archäologie kamen hier originalgetreue Materialien und nachgebildete Werkzeuge der Antike zum Einsatz. Insgesamt vier Gebäude konnten so an Originalstandorten rekonstruiert werden, von der Fußbodenheizung über das Mobiliar bis zu den Wandmalereien entspricht auch die Ausstattung ganz den Gegebenheiten des 4. Jahrhunderts n. Chr., das beispielhaft für die gesamte Siedlungsepoche vom 1. bis 5. Jahrhundert n. Chr. steht. Zwei Amphitheater und die Trainingsarena der Gladiatoren legen Zeugnis von der Existenz antiker Arenakämpfe in Carnuntum ab. Besonders beeindruckend ist das Heidentor. Das Wahrzeichen Carnuntums ist weithin sichtbar und wurde vermutlich in der Regierungszeit Kaiser Constantius II. Mitte des 4. Jahrhunderts als vierpfeiliges Triumphalmonument errichtet.

»Römisches Leben« in Petronell-Carnuntum.

Sie ließen es sich hier gut gehen, die Römer. Carnuntum war eine Weinregion, das wussten sicherlich auch die Südländer zu schätzen. Und das ist es noch heute, das Anbaugebiet grenzt an den Osten Wiens, sein Mittelpunkt ist Göttlesbrunn. Ein Dorf, in dem jede Familie einen Weingarten hat und das trotzdem außerhalb Wiens kaum bekannt ist. Weißer und roter Wein von hoher Qualität wird hier produziert.

Info: Petronell-Carnuntum liegt ca. 43 km östlich von Wien. **Info Römerstadt Carnuntum:** Hauptstr. 1 A, 2404 Petronell-Carnuntum, Tel. (021 63) 337 70, www.carnuntum.at, Öffnungszeiten Ende März–Ende Nov. tägl. 9–17 Uhr, Eintritt € 12, ermäßigt €10.

Das Spiel der Aromen heißt »Pfefferl«

Zentrum des Weinviertels

Retz, Niederösterreich

Ist jemand nicht schlagfertig und braucht lange zum Denken, nennt man ihn einen Armleuchter. Den gab es tatsächlich, in den Schlössern des Weinviertels, wo er mit einer Kerze in der Hand im Raum seiner Herrschaft in der Ecke stand und für Licht sorgte. Er wurde nicht gefragt, brauchte nicht nachzudenken, er war nur ein Armleuchter.

Solches und mehr erfährt man im Himmelkeller, dem Weinviertelmuseum in Kronberg. Die Gegend war immer abgelegen, bis 1990 grenzte sie an den Eisernen Vorhang der damaligen Tschechoslowakei. Obwohl das Weinviertel die Tradition nicht nur in seinem Namen trägt, wurden die Weine von Österreichs Gastronomie lange ignoriert. Bei Messen wurden die Winzer in den hintersten Raum verbannt. Dann entdeckte Österreichs führender Wein-Schriftsteller Viktor Siegel die Region. 2003 verkündete er: »Wenn jemand von mir einen Geheimtipp haben möchte. Bitte schön, er möge ins Retzer Land fahren. Dort findet er wundervolle Weine zu freundlichen Preisen.«

Retz, das Zentrum des Weinviertels, ist ein Barockstädtchen von altertümlichem Reiz. Es gibt ganze Kellergassen, in denen der Wein gekeltert wird. Eine unterirdische Welt mit tief in den Lösboden gegrabenen, insgesamt 25 Kilometer langen Gängen, die ein gleichbleibendes Raumklima zur Lagerung von Wein haben. Hier wird auch verkostet. Nirgendwo sonst, heißt es unter Weinexperten, sei der Grüne Veltliner derart würzig. Das Spiel der Aromen ist ausgeprägt, es wird hier liebevoll »Pfefferl« genannt. Um den Hauptplatz steht Baukultur aus josephinischer Zeit, herausragend sind das Sgraffitohaus (1576) mit Bildern biblischer Themen und das Verderberhaus. Das Rathaus ist Rokoko, die Dominikanerkirche barock und das Wahrzeichen von Retz ist die historische Getreidemühle, etwas über dem Ort, von 1722. Im Mittelpunkt steht aber der Wein, seit 1150 Jahren urkundlich belegt.

Retz – Zentrum des Weinviertels.

Info: Retz liegt ca. 86 km nordwestlich, Himmelkeller 38 km nördlich von Wien. **Info Retz:** Tourismusverein, Hauptplatz 30, 2070 Retz, Tel. (029 42) 27 00, www.retzer-land.at. **Info Museum Himmelkeller:** Hausgraben 157, 2123 Kronberg im Weinviertel, Tel. (06 99) 17 44 22 65, www.himmelkeller.at, Öffnungszeiten Mai–Okt. tägl. ab 13.30 Uhr, Führungen So–Di um 15 Uhr, Eintritt € 9, ermäßigt € 4. **Reisezeit:** Im Herbst.

Ein Denkmal für den Hofnarren

Renaissanceschloss Schallaburg

Schallaburg, Niederösterreich

Der Halleiner Baumeister Jakob Bernecker muss sich sehr frei gefühlt haben. 1572 heuert ihn Wilhelm von Losenstein an, ein Protestant und Humanist. Der Besitzer der Schallaburg spricht mit ihm über die Arbeit des Künstlers, dann entlässt er ihn lächelnd. Bernecker krempelt die Ärmel auf. Über Monate wird der zweigeschossige rotweiße Terrakotta-Arkadenhof sein Domizil. Er überzieht ihn mit einer Überfülle an Figuren, Wappen, Büsten, Masken, Fratzen und Medaillons, Atlanten und Karyatiden, Geflechten aus Ranken und Blattwerk. Eine der schönsten Masken ist die des Hofnarren, auch der bekam ein Denkmal gesetzt. Historiker führen das auf den humanistischen Einfluss von Losensteins zurück, Deppen wurden damals sonst nicht an der Fassade adliger Bauten verewigt. Das war eine Wiedergutmachung.

Die Schallaburg ist vielleicht das schönste Renaissanceschloss des an Schlössern reichen Niederösterreich. Der quadergeschmückte Bergfried setzt einen markanten Akzent ins Grün des Umlands.

Renaissanceschloss Schallaburg.

Die ältesten Teile der Burg entstanden in der Zeit der Romanik und der Gotik, aber das Mittelalter ist nur noch in der romanischen Wohnburg auszumachen. Die vermögenden Besitzer ließen im 16. Jahrhundert die Anlage nach dem Vorbild italienischer Palazzi umbauen, sie wünschten – der Mode ihrer Zeit folgend – einen weithin sichtbaren Herrensitz, mit einem stattlichen Turnierhof, ausladenden Freitreppen und überbordender Plastikkunst an den Wänden des Arkadenhofs. Dafür war Jakob Bernecker zuständig.

Noch heute stehen Besucher fassungslos vor seiner Schmuckfülle und brauchen einige Zeit, um sich zu orientieren. Die Liebe zur Kunst ist hier auf die Spitze getrieben worden. Die mythologischen Figuren und Fabelwesen erzählen von der Zeit ihrer Entstehung, die populärste ist das Hundefräulein.

Am Ende des Zweiten Weltkriegs wurde die Schallaburg von den Sowjets zerstört, bis 1970 war sie eine Ruine, dann ging sie in Staatsbesitz über. Gründlich saniert und in alter Pracht wiederaufgebaut ist sie heute das Kultur- und Bildungszentrum Niederösterreichs mit Ausstellungen, Vorträgen und Lesungen.

Info: Schallaburg liegt ca. 84 km westlich von Wien. **Info Schloss Schallaburg:** 3382 Schallaburg 1, Tel. (02754) 63 17-0, www.schallaburg.at, Öffnungszeiten März–Okt. Mo–Fr 9–17, Sa/So 9–18 Uhr, Eintritt € 11, ermäßigt € 3,50.

In der Wiener Sommerfrische

Bergwelt des Semmering

Semmering, Niederösterreich

Sigmund Freud kraxelte gern die Raxalpe hinauf, drei Stunden von Reichenau bis zum Erzherzog-Otto-Haus (520 m), wo er seine Jause einnahm. Die zerklüftete Bergwelt des Semmering ist eng in ihren Tälern, aber hoch und weit mit ihren Bergen. 1924 schrieb der Vater der Psychoanalyse eine Postkarte an einen amerikanischen Freund, auf der er die Gegend äußerst knapp charakterisierte: »It is charming.«

Freud erholte sich auf dem Semmering in einer Zeit, als alles, was in Wien Rang und Namen hatte, in der Sommerfrische südwestlich der Hauptstadt Abwechslung suchte. Ende des 19. und im ersten Drittel des 20. Jahrhunderts galt der Semmering als Zauberberg. Man reiste an mit der Semmeringbahn, der ersten Gebirgsbahn der Welt, 1854 eingeweiht. Das Gleisbett steigt bis auf 895 Metern Höhe an, die Passfahrt geht durch 14 Tunnel und über 16 teils zweistöckige Bodenviadukte, die gespenstisch tiefe Schluchten überbrücken. 41 Kilometer lang ist die Strecke und geschaffen wurde sie nach einem Plan des Eisenbahningenieurs Carl Ritter von Ghega (1802–1860). Eine technische Meisterleistung, die auch viele Opfer forderte. Heute gehört sie zum Weltkulturerbe.

Nach der Katastrophe des Ersten Weltkriegs und dem Untergang der Donaumonarchie verödete der Semmering. Erst seit den 1990er Jahren, nach dem Ausbau des Skigebiets Hirschkogel, einem Wanderwegenetz bis auf 2000 Metern Höhe und der Wiederbelebung des kleinen Theaters im Ort Reichenau, ist der Semmering wieder da. Er trägt heute den übergeordneten Namen Region Südalpin. Die lange verfallenen Villen wurden saniert, die im Koma liegende Hotellerie ist wiedererwacht. Entlang der Bahnstrecke verläuft der Bahnwanderweg, eine der abwechslungsreichsten Wanderstrecken Österreichs. Sie führt über 23 Kilometer und den Doppelreiterkogel mit einer grandiosen Rundsicht auf Rax, Schneeberg und das Alpenvorland. Sigmund Freud wäre begeistert.

Die Semmeringbahn, die erste Gebirgsbahn der Welt.

Info: Der Semmering liegt ca. 94 km südwestlich von Wien und bildet die natürliche Grenze zwischen der Steiermark und Niederösterreich. **Info Semmering:** Tourismusbüro, Passstr. 2/1, 2680 Semmering, Tel. (026 64) 200 25, www.semmering.at. **Info Semmeringbahn:** Die Bahn verkehrt von Wien-Meidling neun Mal am Tag, Zeiten und Preise unter www.semmeringbahn.at.

55 000 Einwohner, drei Theater

Sankt Pölten

Sankt Pölten, Niederösterreich

Die meisten fahren vorbei an Niederösterreichs Hauptstadt – ein Fehler! Denn im Landhausviertel und Kulturbezirk wandelt es sich wunderschön inmitten von Architektur- und Kulturhighlights, die man in solcher Dichte nicht erwartet hätte. Auf 55000 Einwohner kommen drei Theater, mehrere hochklassige Museen und eine Vielzahl von Galerien. Das ist österreichweit einmalig.

Der Rathausplatz mit der Dreifaltigkeitssäule in Sankt Pölten.

Seit 1986 ist die Stadt Niederösterreichs Verwaltungszentrale, vorher war Wien zuständig. 1992 begann der Bau des Regierungsviertels durch den Architekten Ernst Hoffmann mit dem eleganten Landtagsgebäude und angekoppelten Verwaltungsbauten.

Ihm schließt sich der Kulturbezirk an, in den Österreichs international renommierter Architekt Hans Hollein das Niederösterreichische Landesmuseum setzte. Das Haus ist konzipiert als multimediales Erlebniszentrum und stellt Natur, Geschichte und Kunst des Bundeslands ausgefallen dar. Landeskunde wird nicht in üblicher Weise nur mit Schautafeln und Exponaten, sondern unter markanten Stichworten aufgeblättert. Wie haben die Niederösterreicher früher gelebt? Wie haben Fürsten ihre Grenzen gezogen? Welche Art von Kommunikation fand zwischen Oberklasse und Volk statt? Welche Siedlungsformen gab es? Wie entwickelten sich einzelne Wirtschaftszweige? Welche Kulturen gab es? Was ist übrig geblieben von früheren Lebenswelten? In der Stadt, in der einst Paula von Preradovic, die Verfasserin der österreichischen Hymne »Land der Berge ...« lebte, geht man das selbstbewusst an. Zur neuen Architektur gehört auch der 62 Meter hohe Klangturm von Ernst Hoffmann, ein gläsernes, alles überragendes Gebäude. Klaus Kada schuf das Festspielhaus mit Konzertsaal, Bühne und 1100 Plätzen sowie die Landesbibliothek.

Aber auch die Altstadt mit dem einstigen Marktplatz, heute Rathausplatz, der Dreifaltigkeitssäule (1782) und der Franziskanerkirche (18. Jahrhundert) im Rokokogewand ist attraktiv. Das Rathaus (14. Jahrhundert) zeigt an seiner Südseite, dass verschiedene Bauperioden an diesem Gebäude zum Tragen kamen: Es gibt Renaissanceportale und Barockfassaden. Das Stöhr-Haus, ein Jugendstilbau von Joseph Maria Olbrich (1908, Nr. 41), gehört zu den wichtigsten Hinterlassenschaften dieser Epoche. Weitere schöne Palais runden das Bild ab.

Info: Sankt Pölten liegt 64 km westlich von Wien. **Info Sankt Pölten:** Tourist Information, Rathausplatz 1, 3100 St. Pölten, Tel. (027 42) 333 50 00, www.stpoeltentourismus.at. **Info Museum Niederösterreich:** Kulturbezirk 5, 3100 St. Pölten, Tel. (027 42) 90 80 90, www.museumnoe.at, Öffnungszeiten Di–So 9–17 Uhr, Eintritt € 10, Kinder € 5.

Ein Museum für den Frühvollendeten

Egon Schiele Museum

Tulln an der Donau, Niederösterreich

Er war gerade zum Star der Wiener Szene avanciert, da klopfte der Tod an seine Tür. Am Ende des fürchterlichen Ersten Weltkriegs, den Egon Schiele in Uniform verbrachte, kam eine grausame Grippeepidemie über Europa. Schieles schwangere Frau starb an der Spanischen Grippe und Schiele kurz darauf, erst 28 Jahre jung.

Egon Schiele (1890–1918) wurde im Gebäude des Hauptbahnhofs Tulln geboren, sein Vater war Eisenbahner. Bekannt geworden ist er durch seine provozierenden Akte vor allem von Frauen und Kindern, durch die knöcherne Darstellung des menschlichen Körpers und seine Landschaftsbilder. Schiele, der im nahen Wien an der Akademie der Künste studiert hatte, galt als Frühvollendeter, seine bildnerische Technik war bereits vollkommen ausgereift. Heute werden seine Werke auf Auktionen zu Höchstpreisen versteigert, in seiner Zeit ließ der Ruhm auf sich warten.

Das Bürgertum fühlte sich von Schieles derb-naturalistischer Darstellung des Körpers abgestoßen, eine Zeit lang war der Maler wegen Unsittlichkeit im Gefängnis. Im ehemaligen Gefängnisgebäude des Bezirksgerichts Tulln ist heute das Schiele Museum untergebracht. Es enthält in seiner ersten Abteilung eine ausführliche Darstellung von Leben und Gesamtwerk, in der zweiten Abteilung sind sein Reifungsprozess und künstlerischer Durchbruch dokumentiert, mit 90 Originalzeichnungen und frühen Gemälden. Eine Zelle des Gefängnisses in Neulengbach, in der Schiele kurzzeitig festgehalten worden war, ist nachgebildet worden.

Tulln am rechten Donauufer gehört zu Österreichs ältesten Städten. Es war Sitz des römischen Militärlagers Comagena; zwei Hinterlassenschaften, ein römischer Turm aus dem dritten Jahrhundert – Österreichs ältestes Gebäude – und ein Meilenstein, zeugen davon. Sehenswert ist auch die romanische Pfarrkirche des Heiligen Stephan (12. Jahrhundert), die barock umgestaltet wurde. Das Portal mit den zwölf Reliefs ist vermutlich eine Darstellung der zwölf Apostel. Auch der Friedhof dahinter, aus dem 13. Jahrhundert, ist der älteste seiner Art in Österreich. Die berühmte Friedhofskapelle der Drei Weisen vereint spätromanische und frühgotische Stilelemente.

Info: Tulln liegt ca. 38 km nordwestlich von Wien. **Info Tulln:** Tourist Information, Minoritenplatz 2, 3420 Tulln an der Donau, Tel. (022 72) 675 66-0, www.tullnerdonauraum.com. **Info Egon Schiele Museum:** Donaulände 28, Tulln an der Donau, Tel. (022 72) 645 70, www.schielemuseum.at, Öffnungszeiten April–Anfang Okt. Di–So 10–17, Eintritt € 5,50, ermäßigt € 4,50, Kinder € 3,50.

Egon Schieles »Selbstporträt mit Lampionfrüchten« (1912), Leopoldmuseum, Wien.

Richtig »mohnfühlen«

Waldviertel

Niederösterreich

Lassen Sie sich vermohnen«, »So richtig mohnfühlen« – so heißen die touristischen Locksätze im Mohndorf Armschlag im Waldviertel, eineinhalb Autostunden nordwestlich von Wien zwischen Donau und tschechischer Grenze. Die Gasthöfe laden ein zu Mohnnudeln, Mohnknödeln und natürlich Mohnkuchen. Eine Attraktion und ein gutes Mitbringsel ist das Mohnöl, dem wohltuende Wirkungen beim Auftragen auf die Haut nachgesagt werden. Aber was sind die halluzinativen Folgen von Mohnverzehr und Mohnöleinreiben?

Das Waldviertel erstreckt sich oberhalb der Donau von der Wachau bis zur tschechischen Grenze, durchschnitten von dunkelgrün dahintreibenden Bächen und Flüssen und überragt von gewaltigen Burgruinen, Klöstern und Kirchtürmen. Es ist ein Land mit rauem Klima, großer Einsamkeit und von melancholischer Magie. Die kleinen Orte mit ihren niedrigen, aufgefädelten Häuserreihen haben schon etwas Pannonisches, die Dörfer sind fast immer um einen weiten Anger in der Mitte gezogen, auf dem die niedrige Kirche und das Feuerwehrhaus Platz haben. Alles ist unspektakulär, bis auf die Tatsache, dass es sich um das qualitätsvollste Mohnanbaugebiet Europas handelt.

Eiswasserfall in der Ysperklamm im südwestlichen Waldviertel.

Waldviertler Graumohn ist geschützt, er stammt ausschließlich aus dem Waldviertel mit den Regionen Zwettl, Waidhofen/Thaya und Krems Land nördlich und südlich der Donau. Dieser Mohn verdankt seine Güte den geografischen Verhältnissen: kalte Winter und heiße Sommer, weite Hügellandschaft, ausgeprägter Taufall. Das ist das ideale Klima für den Mohnanbau. Betrieben wird er von kleinstrukturierten Höfen, die Anbau und Vermarktung gemeinsam organisieren. Das blau-gelbe Logo stellt die Furchen eines bestellten Felds dar, darüber eine stilisierte Sonne. Der wertvolle, aromatische Samen aus der kleinen grauen Kapselfrucht war schon den Mönchen des Stifts Zwettl bekannt. Die von Ende Juni bis Anfang Juli weiß-lila-rot blühenden Felder prägen seit Jahrhunderten die Region. In Armschlag gibt es einen Mohnlehrpfad, Bauern laden in ihre Mohngärten ein, Bäuerinnen verraten einige ihrer Mohnrezepte und sogar ein Mohnstrudel-Wanderweg ist vorhanden. Das alles bleibt ohne betäubende Folgen.

Info: Zwettel liegt ca. 130 km nordwestlich von Wien. **Info Waldviertel Tourismus:** Sparkassenplatz 1, 3910 Zwettl, Tel. (028 22) 541 09, www.waldviertel.at. **Info Waldlandhof:** Oberwaltenreith 10, 3533 Friedersbach, Tel. (028 26) 74 43-0, www.waldland.at. **Info Mohn:** www.waldviertlergraumohn.at.

OBERÖSTERREICH

Vergängliche Schönheit

ATTERSEE

Attersee, Oberösterreich

Nur noch 500 000 Jahre Zeit bleiben Touristen für einen Ausflug an den Attersee. Dann werden sie nicht mehr den größten See des Salzkammerguts und der österreichischen Alpen vorfinden – er wird verlandet sein. Das Seesterben aufzuhalten ist unmöglich, denn durch die Erosion werden die Wasserbecken des 20 Kilometer langen und bis zu drei Kilometer breiten Attersees nach und nach mit zu Tal getragenem Gestein aufgefüllt. Auch diese Schönheit ist vergänglich.

Den Komponisten Gustav Mahler und den Maler Gustav Klimt hat sie so fasziniert, dass sie darin leben wollten. Mahler verbrachte ab 1894 mehrere Aufenthalte in einem eigens erbauten Komponierhäuschen beim Gasthof Föttinger in Steinbach am Südostufer des Attersees. Es ist zu besichtigen, in dieser Klause vollendete der Komponist seine »Dritte Symphonie«. Gustav Klimt reiste zwischen 1900 und 1916 jeden Sommer an den Attersee, er sog die flirrenden Reflexe des Wassers und die Farben der Landschaft auf und füllte damit mehr als 50 Leinwände. Die Bilder sind schuld an der touristischen Karriere des Gewässers. Menschen, die sie sahen, wollten nun auch die Realität kennenlernen und reisten an. Nicht zur Freude des knorrigen Klimt, der sich wegen des Ansturms ein neues Domizil suchte. Es war übrigens sein Lieblingsmodell, das ihn an den See lockte, die Wiener Modemacherin Emilie Flöge. Sie brachte ihn in die Villa Paulick in Seewalchen, die heute noch an den Aufenthalt des Malers erinnert. Man hat von dort genau den Blick auf den See, den der Künstler auf Leinwand bannte.

Der Attersee ist ein Ort für aktive Urlauber. Mit Wassersport, Wandern, Reiten, Tennis, Drachenfliegen und Paragliding kann man aus dem vollen Repertoire wählen. Zu besichtigen ist die hübsche Wallfahrtskirche Maria Attersee, hervorgegangen aus einer gotischen Burgkapelle aus dem 13. Jahrhundert und 1728 barockisiert.

INFO: Attersee liegt ca. 52 km östlich von Salzburg. **INFO ATTERSEE:** Tourist Information, Nußdorfer Str. 15, 4864 Attersee, Tel. (076 66) 77 19, www.attersee.at. **INFO VILLA PAULICK:** Promenade 12, 4863 Seewalchen, Tel. (076 62) 24 12.

Türkisfarbene und grüne Idylle am Attersee.

Wo europäische Geschichte geschrieben wurde

Kaiservilla

Bad Ischl, Oberösterreich

Eigentlich sollte Franz Joseph Helene aus dem Geschlecht der Wittelsbacher heiraten. Doch deren Schwester, die junge Elisabeth, Sisi genannt, gefiel ihm besser. Ein leichtfüßiges, verträumtes Mädchen, mit 15 Jahren fast noch ein Kind, als er es zum ersten Mal sah – in Bad Ischl, wo er sich mit ihrer Schwester verloben sollte. Der junge Kaiser ließ die Feier platzen. 1854 kam es zur Traumhochzeit mit Sisi. Bad Ischl wurde dem Kaiser und seinem Reich, damals die größte Macht Europas, zum Schicksal. Etwa 60 Mal soll Franz Joseph in der in einem großen Park gelegenen Biedermeiervilla die Sommerfrische verbracht haben.

Als Sisi und er sich immer weiter auseinandergelebt hatten, kam es zwischen Franz Joseph und der Burg-Schauspielerin Katharina Schratt zu einer Beziehung, die in Bad Ischl, dem Treffpunkt der eleganten Welt, Dauerthema war. Der Kaiser reiste sogar mit der Geliebten an, sie wurde in einer eigenen Villa untergebracht. In späteren Jahren, nachdem sein Sohn Rudolph durch Selbstmord aus dem Leben geschieden und Sisi in Genf ermordet worden war, zog sich Franz Joseph in Bad Ischl immer mehr ins Private zurück. Die Kaiservilla, in der europäische Geschichte von großer Tragik geschrieben wurde, ist heute Museum.

Zu sehen sind die originalen Gemächer des Kaiserpaars und die Dokumente einer bewegten Zeit, die zur Neuordnung Europas führte. Hier erklärte Franz Joseph Serbien den Krieg, was den Ersten Weltkrieg auslöste. Hier schrieb er die bewegende Erklärung »An meine Völker«. Hier sahen sich Kaiser und Kaiserin zum letzten Mal. Die 45-Minuten-Führung vermittelt nicht nur etwas vom Flair der Kaiserzeit, sondern ist auch äußerst informativ. Nach der Besichtigung kann man durch den Kaiserpark spazieren und sich das Marmorschlössl anschauen, Sisis einstiges Teehaus.

Info: Bad Ischl liegt ca. 62 km östlich von Salzburg. **Info Bad Ischl:** Tourismusverband, Auböckplatz 5/Trinkhalle, 4820 Bad Ischl, Tel. (061 31) 277 57, www.badischl.at. **Info Kaiservilla:** Jainzen 38, Bad Ischl, Tel. (061 32) 232 41, www.kaiservilla.at, Öffnungszeiten Jan.–März Mi 10–16, April, Okt. tägl. 10–16, Mai–Sept. tägl. 9.30–17, Advent Sa/So 10–16 Uhr, Eintritt Park & Villa € 15, Kinder € 7,50, Familien € 32.

Die Kaiservilla in Bad Ischl.

Grenzenloser Biereinsatz

Bierbaden im Landhotel Moorhof

Franking, Oberösterreich

Warum Bier nur trinken, wenn man darin auch baden kann! Bei Familie Bauer im Landhotel »Moorhof« im Frankinger Ortsteil Dorfibm ist das möglich. Dort kann man im wahrsten Sinn des Wortes eintauchen in die Hopfen-Malz-Hefe, ein Biertrubgemisch, das von jeher als natürliches Heilmittel gilt. Man tut es exklusiv an diesem Ort, Familie Bauer hat sich das Rezept rechtlich schützen lassen.

Stilecht hockt man sich in den traditionellen Holzbottich mit Bierzapfsäule. Auf Wunsch wird das Vollbad im Bier auch in der Wanne angerichtet. Im Biertrub sind die Inhaltsstoffe von Malz und Hopfen enthalten, die zur Säuberung und Entschlackung des Organismus führen, wirksam sind gegen Gicht und bestimmte Hautkrankheiten, auch bei Durchblutungsstörungen und gegen andere Leiden helfen sollen.

Gesunde Menschen sollten das Ganze als vorbeugende Maßnahme sehen, Spaß ist garantiert. Die speziellen Zusätze und das Schnaitl Premium Naturtrüb, eigens für den »Moorhof« abgefüllt, führen in Verbindung mit warmem Wasser zu einer gesunden körperlichen Erschöpfung, das abschließende Abduschen mit klarem kaltem Wasser macht dann wieder munter. Beim abendlichen Bierschmankerl wird das Badebier auch verköstigt. Tatsächlich ein grenzenloser Biereinsatz.

Neben dem Bierbad bietet der Moorhof auch einen klassischen Wellnessbereich mit Pool und Sauna. Eine weitere Besonderheit des Hauses ist jedoch das Heusprudelbad, für das Heu ausschließlich aus der umliegenden Moorlandschaft benutzt wird. Nach dem Bad wird im Strohhimmelbett entspannt, die Körperwärme bringt die Wirkung der natürlichen ätherischen Öle im Heu optimal zur Entfaltung.

Bad im Bier-Bottich im Landhotel Moorhof.

Info: Franking liegt ca. 33 km nördlich von Salzburg. **Info Franking:** Tourismusverband, Holzöster am See Nr. 26, 5131 Franking, Tel. (062 77) 81 19, www.franking-holzoester.com. **Info Landhotel Moorhof:** Dorfibm 2, 5131 Franking, Tel. (062 77) 81 88, www.moorhof.com, www.bierbad.at. Preise auf Anfrage.

Salzgüsse und Kokos-Mango in der Sauna

Therme Geinberg

Geinberg, Oberösterreich

Ein Stück Karibik in Oberösterreich. Ein Ort, an dem man sich fallen lassen kann. Ein Platz, an dem man etwas für seine Gesundheit tut. Eine Sphäre zum Relaxen. Natürlich auch mit karibischen Klängen. Und Ansagen im oberösterreichischen Dialekt. Die karibische Lagune enthält Wasser mit drei Prozent Salzgehalt, um sie herum wurde feiner weißer Sand aufgeschüttet. Eine solche Einbettung hätte dem Thermalwasser vor einem halben Jahrhundert niemand vorausgesagt. Damals vermutete man Erdöl unter Geinberg, doch erst 1974 kam es zur ersten Bohrung. Statt des Öls schoss heißes Wasser aus der Erde, das Bohrloch wurde schnell wieder verschlossen. Doch die Idee war da, aus einer der ergiebigsten heißen Heilquellen Mitteleuropas etwas zu machen. Über 55 Millionen Euro wurden bisher in die Therme investiert.

1998 eröffnete sie als noch bescheidenes Thermalbad, inzwischen wurde sie in mehreren Stufen vergrößert und erfüllt modernsten Standard. Die Thermen-Kaskade ist auf zwei Ebenen angelegt, drei Wasserwelten mit Frisch-, Thermal- und Salzwasser zwischen 26 bis 36 Grad verblüffen die Besucher.

Saunabehandlungen gehören auch zum Angebot der Therme Geinberg.

Von der Karibik verschlägt es den Erholungsuchenden unverhofft in den Orient: In einem Ambiente wie aus einem Traum von 1001 Nacht werden in Serailbad und Marmorbecken Hamam-Rituale durchgeführt, anschließend legt man sich zur vollkommenen Entspannung auf den heißen Nabelstein. An der Chai-Bar und an der frischen Luft im Arkadenhof können die müden Geister dann wiederbelebt werden.

Elf Saunen und Dampfbäder gibt es insgesamt, eine Eiswelt mit Schneeparadies – zu begehen mit dem beim Schwitzen erhitzten Körper. Die Erlebnisaufgüsse werden mit feinem Honig, Salzgüssen und Kokos-Mango durchgeführt, im weitläufigen Saunagarten lässt es sich gut durchatmen. Ein Floatarium gehört ebenso zur Ausstattung wie exklusive Ruhebereiche und ein Fitnessstudio. Auch diverse, von Trainern begleitete sportliche Aktivitäten in und außerhalb des Thermenbereichs werden angeboten, bis hin zum Lifestyle Management.

In der Vitalwelt gibt es Massagen, Packungen und Heilbäder, zur Anwendung kommen dabei ausschließlich natürliche Heilmittel aus der Region. Die Keramikkacheln stammen aus dem nicht allzuweit entfernten Gmunden. Das Restaurant »Aquarium« zelebriert Eventgastronomie und hat einen Weinkeller.

Info: Geinberg liegt ca. 71 km nördlich von Salzburg. **Info Therme Geinberg:** Thermenplatz 1, 4943 Geinberg, Tel. (077 23) 85 01, www.therme-geinberg.at, Öffnungszeiten tägl. 9–22, Fr/Sa bis 23 Uhr, Eintritt Tageskarte Therme & Sauna Mo–Fr € 39,50, bis 15 J. € 31, Sa/So € 42,70, bis 15 J. € 33,80.

Traunsee – Traumsee

Gmunden

Gmunden, Oberösterreich

Wer mit dem Dichter Nikolaus Lenau am Morgen die Traun hinunter wandert, kommt automatisch in seine Gemütsstimmung. Lenau setzte sich gern auf eine Bank, schaute auf das über Steine hüpfende Wasser, das zur Donau hin zog, und reimte: »Sahst du ein Glück vorübergehn,/ Das nie sich wiederfindet,/ Ist's gut in einen Strom zu sehn,/ Wo alles wogt und schwindet.« Der sogenannte Lenau-Morgensitz befindet sich am Traunufer von Gmunden. Von dort sind heute wie früher im Morgennebel Salzschiffe und erste Lichter der Bürgerhäuser zu sehen. Dahinter erheben sich in blau schimmernder Ferne die Bergmassive von Traunstein (1691 m), Hochkogel (1486 m) und Erlakogel (1575 m). Wegen dieser Rahmung wird Gmunden als Nizza des Salzkammerguts bezeichnet.

Dazu trägt auch der Rahmeninhalt bei: die großzügige Esplanade, die weitläufigen Parks, das operettenhafte Biedermeier der Straßenzüge und das über einen Holzsteg mit Gmunden verbundene Landschloss Ort auf der Halbinsel Toscana (bekannt auch aus einer TV-Serie). Sie heißt so, weil Ende des 19. Jahrhunderts die großherzogliche Familie Toscana, ein württembergisches Adelsgeschlecht, und die vom Hannoverschen Königshaus abstammenden Cumberlands in die Region zogen. Auch Künstler wie Johannes Brahms, Franz Schubert, Friedrich Hebbel, Rainer Maria Rilke kamen zur Sommerfrische, der legendäre Hotelier Charles Ritz und Ernest Hemingway zum Fliegenfischen. Das Städtchen leistete sich sogar ein Theater, in dem Arthur Schnitzler im Sommer 1897 die Erstaufführung seines Dramas »Freiwild« inszenierte. Im Theater befindet sich heute ein Kino.

Am Rathausplatz gibt die prosperierende Gmundner Wirtschaft den Ton an. Über dem Eingang des Rathauses bimmeln Glocken aus Gmundner Porzellan. Die städtische Keramikproduktion, die größte Mitteleuropas, ist das ökonomische Rückgrat des Ferienorts. Seine Geschichte reicht zurück bis in die Zeit der Kelten, die erste Erwähnung in einer Chronik stammt aus dem Jahr 909. Gmunden war über Jahrhunderte ein befestigter Salzhandelsplatz, seit 1862 Kurstadt, heute Wassersport-Destination. Auf dem insgesamt zwölf Kilometer langen und bis zu drei Kilometer breiten Traunsee ist von Wasserski fahren bis Tauchen alles möglich. Mit 191 Metern Tiefe ist er Österreichs tiefstes Gewässer. »Traunsee – Traumsee« verkürzt die Werbeprosa programmatisch.

Gmunden: Schloss Ort auf der Halbinsel Toscana im Traunsee.

Info: Gmunden liegt ca. 76 km östlich von Salzburg an der Nordseite des Traunsees im Salzkammergut. **Info Gmunden:** Tourist Information, Rathausplatz 1, 4810 Gmunden, Tel. (076 12) 657 52, www.traunsee.at.

Schätze aus dem Salzkammergut

Gmundner Keramik

Gmunden, Oberösterreich

Der Traunsee entstand als riesige abgeschmolzene Gletscherzunge, die an ihrem Rand sanfte Moränenhügel aufwarf. Gmunden sitzt direkt auf dem abgeschmolzenen Gletscherrand, der einen Schatz birgt: Ton. Schon die Römer fertigten hier Keramik, Gmundens ältestes Tongefäß ist ungefähr 3500 Jahre alt. Über Jahrhunderte war die Keramikherstellung eine sichere Einnahmequelle. Auch im Sanitärbereich war Gmunden seiner Zeit voraus: Kaiserin Sisi ließ sich ein Bidet sogar auf die Insel Korfu schicken. Im Museum Klo & So werden solche Kuriositäten gezeigt, ausgestellt sind 300 skurrile Objekte bis hin zum als Bücherstoß getarnten Zimmerklo.

Ein Frühstückstisch mit Gmundner Keramik.

Heute residiert im Städtchen mit ca. 130 Beschäftigten die größte Keramikmanufaktur Mitteleuropas, die Firma Gmundner Keramik. Täglich werden bis zu 5000 Unikate liebevoll in Serie gefertigt.

Erstmals urkundlich erwähnt in 1492 steht die Gmundner Keramik seither für beste österreichische Tischkultur. Kein anderes Design wird so stark mit Österreich verbunden wie der Gmundner Klassiker – das Grüngeflammte. Jedes Produkt wird bis zu 60 Mal in die Hand genommen, bevor es endgeprüft ins Lager gelangt. Zur Verzierung der Keramik werden seit jeher in Gmunden zwei Techniken verwendet: einmal die klassische Malerei mit dem Pinsel und dann das Flammen, das weltweit einzigartig ist und in Gmunden entwickelt wurde. Dabei handelt es sich aber keineswegs um eine herkömmliche Maltechnik. Die Farbe wird stattdessen mittels eines dünnen Schlauchs auf das Geschirr gegossen.

Wer einen Blick hinter die Kulissen werfen will oder einmal selber unter fachkundiger Anleitung Keramik anmalen möchte, nimmt an einer der täglich angebotenen Manufakturführung der Firma Gmundner Keramik teil.

Info: Gmunden liegt ca. 76 km östlich von Salzburg. **Info Gmundner Keramik Manufaktur:** Keramikstr. 24, 4810 Gmunden, Tel. (076 12) 78 60, www.gmundner.at, Öffnungszeiten Sept.–Mai Mo–Fr 9–18, Sa 9–17, Juni–Aug. auch So 10–16 Uhr, aber Fei geschl., für Infos zur Manufakturführung und zu Eintrittspreisen siehe Website.

Bummeln in Hallstatt im Salzkammergut.

Wo Konrad Lorenz mit den Graugänsen schwamm

Wandern im Grünauer Almtal

Grünau im Almtal, Oberösterreich

Jeden Tag fliegt die Kolonne von Graugänsen über das verwinkelte Almtal und den Almsee hinweg. Stattliche Vögel, präzise keilförmig formiert, ihr Flügelschlagrauschen ist zu hören. Der Verhaltensforscher Konrad Lorenz hat sie 1973 in der grünen Au zwischen hoch aufragenden Felsen, einem Tal ohne Durchgangsverkehr, angesiedelt. Grünau ist Oberösterreichs flächenmäßig größte Gemeinde mit 230 Quadratkilometern, aber bewohnt nur von 2000 Einwohnern. Vorher gab es im Grünauer Almtal keine Graugänse, sie folgten ihrem Meister, trippelten ihm auf seinen Wegen hinterher, gingen mit ihm baden im See. Lorenz erforschte ihre Persönlichkeit, die Grundlagen des sozialen Lebens der Wirbeltiere lassen Vergleiche mit den Menschen zu. Für seine Forschungen erhielt der gebürtige Wiener den Nobelpreis.

Wandern im Grünauer Almtal am Fuße des Toten Gebirges.

»Hier hält die Stille«, schrieb Adalbert Stifter im Almtal. In der ersten Hälfte des 20. Jahrhunderts gab es noch Wildtiere: Bär, Luchs und Wolf. Heute nicht mehr, aber es werden noch 70 Tierarten gezählt – Gämse, Rotwild und eine faszinierende Vogelwelt, die selbst in der Alpenregion ihresgleichen sucht. Am Fuß des Toten Gebirges zeigt eine unverfälschte Natur alle ihre Reize. Wandernd erlebt man sie am besten, entweder mit Bergführer oder individuell auf gut markierten Wegen. Beim Übernachten auf einer Almhütte kann man ihr mit der einsetzenden Dunkelheit noch intensiver lauschen.

Der Tierwelt begegnet man etwa beim Almabtrieb der Kühe, in der Konrad-Lorenz-Forschungsstelle, wo seine Graugänse immer noch erforscht werden, oder im Cumberland-Wildtierpark, wo Kolkrabe und Waldrappe die Stars der Vogelwelt sind. Ein Wohlempfinden stellt sich ein, mitunter steigert es sich zum Glücksgefühl in dieser abgeriegelten Gebirgswelt.

Info: Grünau im Almtal liegt ca. 100 km östlich von Salzburg im Salzkammergut. **Info Grünau im Almtal:** Tourismusverband, Im Dorf 17, 4645 Grünau im Almtal, Tel. (076 16) 82 68, www.salzkammergut.at.

Ein exotischer Ort

HALLSTATT IM SALZKAMMERGUT

Hallstatt, Oberösterreich

Alexander von Humboldt war begeistert beim Anblick von Hallstatt. Er erhob das Dorf zum »schönsten Seeort der Welt«. Heutige Besucher geben dem Weltreisenden recht, wenn sie mit der Standseilbahn auf den Salzberg fahren und vom Rudolfsturm hinunterschauen. Unten ragt der Ort mit seinen bunten Dächern und der massigen gotischen Kirche schwungvoll in den See hinein. Einige Häuser sind einen steilen Berghang hinauf gestaffelt, manche hängen wie Vogelnester am Felsen. Ein Anblick, von dem man sich nicht losreißen kann. So erging es wohl auch zahlreichen chinesischen Besuchern, denn seit 2012 gibt es in der chinesischen Stadt Boluo eine Kopie der pittoresken Altstadt.

Seit 1890 ist Hallstatt über eine Straße am Seeufer zu erreichen. Aufgrund der langen Isolation entwickelte sich die Zivilisation hier langsamer und brachte Eigenheiten wie den Totenkult hervor. Neben der Pfarrkirche mit ihren spätgotischen Fresken sind im sogenannten Beinhaus über Jahrhunderte rund 600 Totenschädel übereinandergestapelt worden. Viele davon bemalt, andere mit Namen und Lebensdaten versehen. Der abgeschiedene Ort besaß zu wenig Platz für seine Verstorbenen. Deshalb wurden sie zwar auf dem kleinen Friedhof beerdigt, aber bald darauf wieder ausgegraben, um Platz zu machen für Nachfolger. Ein archaisches Rotationsverfahren, es macht Hallstatt zum exotischen Ort. Im Museum wird diese Sitte mit der kulturgeschichtlichen Vergangenheit erklärt, sie ist keltischen Ursprungs. Fast 100 Keltengräber wurden auf dem Salzberg gefunden, viele mit kostbaren Grabbeigaben.

Der See hat etwas Verwunschenes. Er ist 8,5 Kilometer lang, mit grün schillerndem Wasser und bis zu 125 Meter tief, teilweise beschattet vom mächtigen Dachsteinmassiv. Die schmalen Seeufer, von steilen bewaldeten

Traditionelle Bauten am Hang in Hallstatt.

Berghängen bedrängt, gehören zu den ältesten Siedlungsgebieten in Österreich. Weil hier alte Eisengegenstände aus der Zeit der keltischen Hochkultur gefunden wurden, wird diese auch als Hallstattzeit bezeichnet – gemeint ist damit der Beginn der Eisenzeit (ca. 800–450 v. Chr.). Archäologen vermuten, dass noch weitere Schätze im See lagern, Pfahlbauten wurden bereits geortet. So verwundert es nicht, dass die Gegend sowohl Weltkultur- als auch Weltnaturerbe ist.

INFO: Hallstatt liegt ca. 80 km südöstlich von Salzburg am Hallstätter See. **INFO HALLSTATT:** Tourist Information, Seestr. 99, 4830 Hallstatt, Tel. (05) 950 95 30, www.hallstatt.net. **INFO MUSEUM HALLSTATT:** Seestr. 56, Hallstatt, Tel. (061 34) 82 80 15, www.museum-hallstatt.at, Öffnungszeiten Nov.–März Mi–So 11–15, April, Okt. tägl. 10–16, Mai–Sept. tägl. 10–18 Uhr, Eintritt € 10, ermäßigt € 8, Familien € 20.

Europas ältestes Hochhaus

Benediktinerstift

Kremsmünster, Oberösterreich

Der Legende nach hat der Jagdhund Gunthers, des sagenhaften Sohns des Bayernherzogs Tassilo III., in den Wäldern an der Krems einen Eber aufgespürt. Das Tier gebärdete sich so wild, dass es Gunther tödlich verletzte. Sein Vater war untröstlich und beschloss die Gründung eines Klosters. Das war im Jahr 777, mithin ist Kremsmünster nach Mondsee das zweitälteste Kloster Österreichs. Im Läuthaus der Stiftskirche liegt das Gunthergrab aus weißem Nagelfluh, auf der Deckplatte ist der tapfere Gunther in einem romanischen Gewand dargestellt, ihm zu Füßen ruhen der Eber mit der Lanze im Leib und der Jagdhund. Die Farbfassung ist so gut erhalten, als sei sie erst kürzlich angefertigt worden.

Das Kloster der Benediktiner besteht beinahe ununterbrochen seit über 1200 Jahren, in nationalsozialistischer Zeit gab es eine kurze Aufhebung (1940–45). Nach wie vor wird von den Mönchen eine Schule geführt und die kostbaren Sammlungen werden gehütet. Dazu gehören eine Gemäldesammlung, eine barocke Bibliothek mit etwa 150 000 Folianten, darunter zahlreichen Handschriften und Inkunabeln von unschätzbarem Wert. Die Sternwarte (1748–59), auch Mathematischer Turm genannt, beherbergt die älteste stationäre Wetterstation Europas und die naturwissenschaftlichen Sammlungen des Stifts. Die Wirkungsstätte des Astronomen Placidus Fixlmillner ist beachtliche 50 Meter hoch und gilt als ältestes Hochhaus Europas. Die Stiftskirche wurde als ursprünglich romanisch-gotischer Bau (13. Jahrhundert) ab 1680 vom Barockbaumeister Carlo Antonio Carlone umgestaltet, sie ist überreich an Stuck und besitzt schöne Fresken im Deckengewölbe. Das riesige Hochaltarbild der Verklärung Christi ist von Marmorengeln umgeben. Einzigartig ist der in der Schatzkammer aufbewahrte Tassilo-Kelch, ein drei Kilo schweres, vergoldetes Kupfergefäß, das 768 zur Hochzeit von Herzog Tassilo mit der langobardischen Prinzessin Luitburg kreiert wurde – vielleicht das schönste Werk frühmittelalterlicher Goldschmiedekunst.

Benediktinerstift Kremsmünster.

Info: Kremsmünster liegt ca. 41 km südwestlich von Linz. **Info Benediktinerstift Kremsmünster:** Stift 1, 4550 Kremsmünster, Tel. (075 83) 527 50, www.stift-kremsmuenster.at, Mo–Fr Führungen durch Kunstsammlung oder Sternwarte (Mai–Okt), Eintritt Kunstsammlungen € 8, Kinder € 3, Eintritt Naturwissenschaftliche Sammlungen € 9, Kinder € 3.

Heute für morgen

Ars Electronica Center, Lentos und Brucknerhaus

Linz, Oberösterreich

In Urfahr im Norden der Stadt, direkt am Donauufer, steht das Ars Electronica Center als Museum der Zukunft. Eine nützliche Einrichtung, die vor allem jüngeren Leuten hilft, sich heute auf das Morgen vorzubereiten. Sie lernen die transparente Gesellschaft zwischen Überwachung und Begeisterung für mediale Selbstdarstellung kennen. Sie studieren und probieren neueste Technologien, Trends in der Arbeitswelt und die Entwicklung der Medien. Das alles geschieht nicht in trockener Vermittlung, sondern durch Symposien, Ausstellungen, Performances und Festivals. Grafik, Animation und Simulation sind längst Teil der Alltagskultur, und hier wird ihre Bedeutung noch konzentriert dargestellt. Bis hin zum Fly Simulator, mit dem man virtuell durch die Straßen von Linz fliegen kann.

Futuristisch: das Ars Electronica Center in Linz bei Nacht.

Auch Lentos ist eine moderne Attraktion, ein Museum der Spitzenklasse am südlichen Donauufer. Manche halten es für das bedeutendste Museum Österreichs im Bereich der modernen Kunst, ein lang gezogener, schlüssiger Stahl-Glas-Bau der Schweizer Architekten Hofer und Weber. Die frühesten Werke stammen aus dem 19. Jahrhundert, bedeutende Werke gibt es von Klimt, Schiele, Kokoschka, Corinth und Pechstein. Dazu Expressionismus und Neue Sachlichkeit. Aus den Ensembles internationaler Kunst ragt die US-amerikanische Pop-Art heraus.

Stromabwärts steht auch das Brucknerhaus, ein 1974 eröffnetes Konzert- und Kongresszentrum des finnischen Architekten Heikki Siren. Anton Bruckner (1824–96) wurde in Oberösterreich geboren und gilt als Komponist der Romantik. Der Organist und Musikpädagoge hinterließ ein großes sinfonisches Werk. Er lebte als Schulgehilfe in Linz, wurde in die Provinz verbannt und kehrte zurück, um Organist am Linzer Dom zu werden. Danach ging er nach Wien, wo Kaiser Franz Joseph von seiner Musik so gerührt war, dass er ihn mietfrei im Belvedere wohnen ließ.

2013 wurde das modernste Musiktheater Europas eröffnet. Ein gigantischer Bau mit Platz für 1200 Zuschauer. Das ambitionierte Projekt hat 180 Millionen Euro gekostet und wirkt im Innern romantisch mit plüschigen Sitzen und edlen Hölzern.

Info Ars Electronica Center: Ars-Electronica-Str. 1, 4040 Linz, Tel. (07 32) 727 20, www.aec.at. Öffnungszeiten Di–Fr 9–17, Do bis 19, Sa/So 10–18 Uhr. Eintritt € 9,50, ermäßigt € 7,50, Familien € 19. **Info Lentos Kunstmuseum Linz:** Ernst-Koref-Promenade 1, Linz, Tel. (07 32) 70 70 36 00, www.lentos.at, Öffnungszeiten Di–So 10–18, Do 10–21 Uhr, Eintritt € 8, ermäßigt € 4,50. **Info Brucknerhaus:** Untere Donaulände 7, Linz, Tel. Kasse (07 32) 77 52 30, www.bruckner haus.at. **Info Musiktheater Linz:** www. landestheater-linz.at.

Im Reich des Drachen Lenzibald

Grottenbahn mit Märchenstadt im Berg

Linz, Oberösterreich

Das ist ein gutes Beispiel dafür, wie man martialisch strotzende militärische Bauten zur sinnvollen Nachnutzung umfunktionieren kann. 1906 waren die maximilianischen Befestigungstürme am Pöstlingberg nicht mehr zu gebrauchen, findige Köpfe kamen auf die Idee, in sie hinein eine Grottenbahn zu implantieren – zur Freude der kleinen und großen Gäste. Der Besuch bei Zwergen und Elfen war von Anfang an ein voller Erfolg.

Die Grottenbahn rumpelt als elektrisch angetriebener Zug mit Drachenkopf durch das Innere des Befestigungsturms und den ehemaligen äußeren Verteidigungsring der Stadt. Dabei passiert sie mehrere Darstellungen aus dem Zwergenreich wie »Der Besuch beim Zwergenkönig«, das »Kristallbergwerk«, den »Königshof von Rapunzel« oder die »Schneckenpost«. An den Seiten des Gleisbetts blinkt es geheimnisvoll. Die Grotte erstrahlt im Lichterglanz, sobald sich der Zug mit dem Drachen Lenzibald am Bug nähert. Der reißt zwar sein zähnebewehrtes Maul auf, hält aber glückselig die Augen geschlossen – am Ende wird er Feuer speien, wozu das Publikum kreischt. 1936 kam noch im Kellergewölbe der Grottenbahn die Nachbildung des Linzer Hauptplatzes dazu. Unter einem romantischen Sternenhimmel bummeln die Besucher über den altehrwürdigen Platz mit seinen Geschäftslokalen und finden in den abgehenden Gassen zahlreiche lebensgroße Figurengruppen aus den Märchen der Gebrüder Grimm.

Ein Zwerg am Pöstlingberg.

Das ganze Personal der Kinderwelt ist da: Schneewittchen, Hänsel und Gretel, der Froschkönig, Rübezahl und die Bremer Stadtmusikanten. Nicht nur Kinder sind sichtlich verzaubert.

Als Linz 1945 bombardiert wurde, traf es auch das Areal der Grottenbahn. Nach dem Krieg wurde es innerhalb kurzer Zeit wiederaufgebaut und dabei noch einmal erweitert. Mit der Neuschaffung der Zwergenwelt beauftragte man sogar eine renommierte Bildhauerin. Die Märchenwelt ist so beliebt, dass zusätzliche Aktionstage veranstaltet werden.

Info: Auf dem Pöstlingberg von Linz gelegen. **Info Grottenbahn:** Pöstlingberg 16, 4040 Linz, Tel. (07 32) 34 00 75 06, www.grottenbahn.at, Öffnungszeiten Juni–Aug. tägl. 10–18, März–Mai, Sept./Okt. bis 17, Adventssonntage, 8. und 24. Dez. 10–17 Uhr. Eintritt € 5,50, bis 15 J. € 3,30.

Stahl und Blasmusik

Stadtrundgang in Linz

Linz, Oberösterreich

Man könnte der süßen Verführung erliegen. Die original Linzer Torte besteht aus Johannisbeermarmelade, von dunklem Teig ummantelt. Ein Stück dieser Torte ist nicht gerade kalorienarm, aber längst nicht so kalorienstark wie die größte Linzer Torte aller Zeiten, die vier Meter im Durchmesser maß und ins Guinnessbuch der Rekorde einging.

Die Hauptstadt von Oberösterreich und drittgrößte Stadt des Alpenlandes mit 207 000 Einwohnern war eine des Handels und von Eisen und Stahl. Nur noch in Wien hinterließ die in der zweiten Hälfte des 19. Jahrhunderts in Österreich einsetzende Industrialisierung so viele Relikte mit Fabrikhallen und Schloten. Doch zugleich besitzt die Donaustadt eine beachtliche Altbausubstanz.

Im Mittelpunkt steht der größte mittelalterliche österreichische Stadtplatz: 220 Meter lang und 60 Meter breit ist der Hauptplatz. Raum genug für den Handel. Und im Sommer für die Massen, die jeden Freitag beim Open-Air-Konzert im Rahmen des Linzer Kultursommers den Platz füllen. Die Konzerte sind über Linz hinaus bekannt und locken bis zu 10 000 Fans an. Von Linzer Blasmusik über Rock, Pop und Soul bis zu Klassik wird allerhand geboten, auch internationale Stars sind hier aufgetreten.

Den Hauptplatz säumen barocke Häuser, die meisten davon haben noch ihre anmutigen Höfe aus der Renaissance. Das Rathaus stammt aus dem 17. Jahrhundert, es integriert das Museum Linz Genesis, in dem die Stadtgeschichte auf didaktisch moderne Weise im Zeitraffer vermittelt wird. Die 20 Meter hohe Dreifaltigkeitssäule (1723) besteht aus Salzburger Marmor und ist ein Dank der Bewohner dafür, dass Pest, Feuer und Krieg an der Stadt vorbeigingen. In der vom Platz abgehenden Klosterstraße steht die Minoritenkirche in ihrem Rokokogewand, daneben das Landhaus mit drei Innenhöfen – entstanden aus den Höfen eines früheren Klosters – und mit prächtigem Portal, dessen Wappen aller österreichischen Kernländer ein beliebtes Fotomotiv ist. Im Laubenhof erinnert der achteckige Planetenbrunnen (1582) an den Astronomen Johannes Kepler, der 14 Jahre am Kollegium in Linz lehrte.

Der Neptunbrunnen am Hauptplatz von Linz.

Das auf einer Anhöhe gelegene Schloss aus dem 15. Jahrhundert war Residenz des Kaisers Friedrich III., erhalten sind aber nur noch Befestigungsmauer, Bastionen und Friedrichstor. In einem noch vorhandenen Trakt ist das Provinzialmuseum untergebracht.

Info Linz Tourismus: Hauptplatz 1, 4020 Linz, Tel. (07 32) 70 70 20 09, www.linztourismus.at. **Info Schlossmuseum Linz:** Schlossberg 1, Linz, Tel. (07 32) 772 05 23 00, www.landesmuseum.at, Öffnungszeiten Di–So 10–18, Do bis 21 Uhr, Eintritt € 6,50, ermäßigt € 4,50.

Mythos Mondseekultur

MONDSEE

Oberösterreich

Eine Mischung zwischen Türkensäbel und Bauernsichel. Von den Aussichtspunkten der Berge herab liegt der elf Kilometer lange und eineinhalb Kilometer breite Mondsee gekrümmt vor der dramatischen Kulisse der steil aufragenden Drachenwand und des Schafbergs. An seinen Ufern, dem Mondseeland, hat sich eine reine Urlauberidylle entfaltet. Hübsche kleine Orte wie Mondsee, Tiefgraben, St. Lorenz und Innerschwand mit geranienbehängten Hotels und Landhäusern, Geschäften mit Trachten, Hüten und Souvenirs. Ursache dafür ist die Tatsache, dass der nur 27 Kilometer von Salzburg entfernte See der wärmste Salzkammergutsee ist, er bringt es auf bis zu 26 Grad. Deshalb ist hier die größte Surf- und Segelschule des deutschsprachigen Raums beheimatet, überhaupt spielt Wassersport eine große Rolle. Hunderte Kilometer Wanderwege und ein Reitwegenetz von rund 150 Kilometern stehen Urlaubern zur Verfügung. Kulturinteressierte können die 5000 Jahre alte Geschichte des Mondseelands auf speziellen Kulturwegen entdecken. Zahlreiche Funde erinnern an die römische Besiedelung und die Mondseekultur der Jungsteinzeit (circa 1900 v. Chr.). Damals lebten Menschen auf Pfahlbauten über dem See, in einigen Räumen des ehemaligen Klosters ist das zu besichtigen – dort gibt es ein Pfahlbaumuseum.

Dieses Kloster ist ein historischer Beleg dafür, dass sich die gesamte Kultur der Region aus Kloster- und Kirchengründungen heraus entwickelte. Fromme Männer wie der Bayernherzog Odilo waren eine Art Entwicklungshelfer. 748 gründete er das Kloster, das erste in Oberösterreich. Mit seinen Benediktinern kultivierte er das Land, die Mönche hatten Kunstsinn und spezialisierten sich auf Buchmalerei. Von ihnen stammen das älteste in Österreich geschriebene Werk, der Tassilopsalter (788), und die älteste deutschsprachige Bibelübersetzung, der Mondseer Matthäus (um 800). Beachtlich sind die künstlerischen Hinterlassenschaften des Barockbildhauers Meinrad Guggenbichler (1694–1723), der vom Kloster zu offenbar so guten Konditionen an den Mondsee gelockt wurde, dass er dort 45 Jahre bis zu seinem Tod blieb.

INFO: Der Mondsee liegt ca. 27 km östlich von Salzburg. **INFO MONDSEELAND:** Tourismusverband, Dr.-Franz-Müller-Str. 3, 5310 Mondsee, Tel. (062 32) 22 70, http://mondsee.salzkammergut.at.

Blick vom Gipfel des Schafsbergs auf den Mondsee.

Landschaft mit Schmelz und Speck

RADWANDERN IM MÜHLVIERTEL

Mühlviertel, Oberösterreich

Soweit das Auge ging, sah es kein anderes Bild als denselben Schmelz der Forste, über Hügel und Täler gebreitet«, schrieb Adalbert Stifter über das Mühlviertel. Recht hat er. Das ist eine Landschaft zum Dahinschmelzen.

Mountainbiken im Mühlviertel.

Ein Glücksfall im österreichisch-tschechisch-deutschen Dreiländereck für Genießer, die diese Gegend am besten gemächlich erkunden: wandernd oder radelnd.

Schon die alten Kelten waren entzückt. Den Heidenstein, einen riesigen Granitblock nahe Eibenstein, haben sie als Heiligtum verehrt. Ihre Nachfahren, die Esoteriker aller Länder, vereinen sich hier. Dem Stein werden magische Kräfte nachgesagt, ein besonderes Energiefeld der Erde soll um ihn herum verlaufen. Deshalb hat die lokale Tourismuswirtschaft den Chakra-Wanderweg eingerichtet. Er gibt nicht nur, er kostet auch Energie. Der Rest ist Glaube. Zur Stärkung für unterwegs kann man sich Speck mitnehmen oder ein Hähnchen. Schwarz geräucherter Speck, Bauchspeck, Karreespeck, Knoblauchspeck und Diätspeck (er heißt tatsächlich so!) gehören zu den Spezialitäten des Landstrichs, der erst nach dem Fall des Eisernen Vorhangs touristisch erschlossen wurde. Im »Gasthaus Pils« in Eibenstein werden Backhähnchen noch nach alten Rezepten in eine Kräutermischung eingelegt und mit einer leckeren Paste gefüllt. Gut verpackt in Frischhaltefolie nehmen Radwanderer das Hendl im Rucksack mit.

Leicht erhöht vom Rad aus erschließt sich eine wunderbar gewellte, sanft vor sich hin dösende Landschaft mit Feldern, Wäldern, Wiesen und kleinen Dörfern. Der südliche Rest des dunklen Böhmerwalds ist licht und hell dank der Forstwirtschaft, die u. a. Holz für den Instrumentenbau liefert. Man radelt an duftenden Kräuterfeldern mit Melisse, Minze und Schafgarbe vorbei, sieht traumverlorene Gärten um steinerne Bauernhäuser und findet überall urige Gasthöfe wie aus alten Zeiten. Der Mühltalhof in Neufelden ist eine Wohlfühloase, wo sich (nicht nur) Radfahrer von Philip Rachinger, einem der besten jungen Köche Österreichs (3 Hauben) mit Gerichten seiner Naturküche verwöhnen lassen können. Über Nacht bleiben kann man auch.

INFO: Das Mühlviertel grenzt im Süden an Linz, im Westen an Bayern, im Norden an Tschechien und im Osten an Niederösterreich. **INFO MÜHLVIERTEL TOURISMUS:** Freistädter Str. 119, 4041 Linz, Tel. (07 32) 72 77-227, www.muehlviertel.at. **INFO MÜHLVIERTLER ALM:** Unterweißenbach 19, 4247 Unterweißenbach, Tel. (079 56) 73 04-0, www.muehlviertleralm.at. **INFO GASTHOF HAUDUM** (Speckspezialitäten): Rohrbacher Str. 2, 4184 Helfenberg, Tel. (072 16) 62 48, www.haudum.at. Reservierung empfohlen, Preise auf Anfrage. **INFO MÜHLTALHOF** Unternberg 6, 4120 Neufelden, Tel. (072 82) 62 58, www.muehltalhof.at, Sa/So 11.30–14, Mi–Sa 18–21 Uhr, Preise auf Anfrage.

Die Stiegenstadt an der Steyr

Steyr

Steyr, Oberösterreich

Das schmucke Steyr am gleichnamigen Fluss ist ein Juwel für Städteliebhaber. Durch den Eisenhandel zu Wohlstand gekommen, zog die mittelalterliche Stadt auch viele Künstler und Musiker an, deren Einflüsse im Stadtbild noch heute zu sehen sind. Im Graben von Schloss Lamberg an der Steyr ist jeden Sommer eine Oper oder Operette zu sehen.

Ziemlich hügelig sitzt das 38 000 Seelen zählende Steyr auf den Schotterterrassen früherer Eiszeiten, man sollte für eine Stadtbesichtigung also gut zu Fuß sein.

Als praktische Abkürzungen erweisen sich hierbei die zahlreichen Treppen. Stolz präsentiert sich der bezaubernde Stadtplatz mit seinen ursprünglich spätgotischen Häusern und ihren barocken Fassaden. Das Bummerlhaus an Nr. 32 als ältestes Gebäude am Platz wurde mit seinen Innenhöfen zum Musterbeispiel der Steyrer Bürgerhäuser. Den Stadtplatz dominiert das Rathaus im feinsten Rokoko mit Zwiebelturm. Oberhalb des Stadtplatzes thront das Schloss Lamberg mit großer Bibliothek und dem hiesigen Standesamt.

Die Pfarrkirche St. Michael in Steyr.

Das »Museum Arbeitswelt« thematisiert als erstes seiner Art in Österreich neben der vergangenen Arbeitsgesellschaft vor allem deren Zukunft. Industrie und Eisen spielen auch heute noch eine Rolle, so betreibt BMW in Steyr sein größtes Motorenwerk. Im Sommer und im Advent erfreuen sich Nostalgiker an der 1889 eröffneten Steyrtalbahn, deren Dampflok eine 40 Kilometer lange Schmalspurstrecke als Museumsbahn bedient. In der Vorweihnachtszeit kürt sich Steyr zum Zentrum der »Christkindlregion«; kein Wunder, wenn ein eigener Stadtteil »Christkindl« heißt und eine Städtepartnerschaft mit Bethlehem im Westjordanland besteht. Das ganze Jahr über kann man im Weihnachtsmuseum die weltweit größte Privatsammlung von Christbaumschmuck bewundern, mit Exponaten aus den Jahren 1830 bis 1945.

Info: Steyr liegt 41 km südlich von Linz. **Info Steyr:** Tourismusverband Steyr, Stadtplatz 27, 4402 Steyr, Tel. (072 52) 532 29-0, www.steyr.info. **Info Museum arbeitswelt:** Wehrgrabengasse 7, Steyr, Tel. (072 52) 77 35 10, www.museum-steyr.at, Öffnungszeiten April–Mitte Dez. tägl. außer Mo 9–17 Uhr, Eintritt € 7, ermäßigt € 5. **Info 1. Österreichisches Weihnachtsmuseum:** Michaelerplatz 2, 4400 Steyr, Tel. (072 52) 806 59, www.christbaumschmuck.expert, Besichtigung nach Anmeldung beim Tourismusverband, Eintritt € 5,90, Kinder € 2,20.

SALZBURG

Logieren wie der Preußenkönig

BAD GASTEIN

Bad Gastein, Salzburg

Kein Wunder, dass Preußens König Wilhelm I. seine Regierungsgeschäfte nicht mit der Sorgfalt betrieb, die ihnen zugestanden hätte. Der Mann war ja ständig unterwegs, und zwar ins ferne Bad Gastein im Salzburger Land.

20 Kuren Seiner königlichen Majestät sind historisch verbürgt. Und das war damals nicht ein Wellness-Wochenende, vier Wochen mussten es mindestens sein.

Der Arzt und Philosoph Paracelsus förderte die Karriere dieses Kurorts (1002 m), nachdem er im 15. Jahrhundert erkannt hatte, dass die Zusammensetzung des Wassers aus Bad Gasteiner Quellen heilende Kräfte besitzt. Seine Schriften verführten Adelsfamilien und illustre Gäste mehr als 200 Jahre lang zu weiten Fahrten ins Gasteiner Land, und die europäische Heilbäderkultur nahm dort ihren Anfang. Die Gästeliste der Kurer in Bad Gastein reicht von Schopenhauer über Grillparzer bis zu Bismarck und Kaiserin Sisi. Auch Franz Beckenbauer, Richard von Weizsäcker und Arabella Kiesbauer waren da. Standesgemäß wohnten sie in einem Belle-Époque-Hotel mit Geschichte. Von diesen gibt es nur noch eines mit vollem Betrieb, das »Hotel Weismayr«. Preußens fahnenflüchtiger Wilhelm I. und sein Gefolge wurden dort ab 1885 beherbergt, der Berliner Kaiser verlieh Gustav Weismayr den Titel eines preußischen *Hofrateurs*. Obwohl das Hotel nach dem Zweiten Weltkrieg in andere Hände geriet, ist die imperiale Geschichte der Hautevolee, die sich auf der Beletage amüsierte, immer noch in diesem Haus konserviert. Selbst indische Maharadschas waren dabei.

Bad Gastein charakterisiert ein großartiges Hochgebirgspanorama und ein einzigartiges Heilklima, es hat Wanderwege in schönsten

Ein Wintermärchen: Bad Gastein am Fuße der Hohen Tauern.

Lagen und die drei unterschiedlichen Skigebiete Schlossalm, Graukogel und Sportgastein. Zwar bröckeln die meisten Belle-Époque-Hinterlassenschaften, aber das Gedenken an den einst feinsten Kurort Österreichs wird aufrechterhalten. Wahrzeichen ist der Gasteiner Wasserfall im Ortszentrum. In drei Stufen stürzt er insgesamt 340 Meter in die Tiefe.

INFO: Bad Gastein liegt ca. 106 km südlich von Salzburg im Nationalpark Hohe Tauern. **INFO GASTEINERTAL TOURISMUS:** Tauernplatz 1, 5630 Bad Hofgastein, Tel. (064 32) 33 93-0, www.gastein.com.

Auf der Sonnenterrasse

Goldegg am See

Goldegg, Salzburg

Die Salzburger Sonnenterrasse hat sich der Gourmet-Sport-Kultur verschrieben. Das klingt nach Anstrengung, aber rund um den heimeligen Moor- und Schilfsee von Goldegg, auf 825 Metern Höhe, geht es ganz gemütlich zu. Kein Schau-Joggen, kaum lästige Mountainbiker, kein pseudo-trendiges Publikum. Hier findet man Ruhe und Beschaulichkeit.

Im 1323 erbauten Schloss Goldegg besucht man das Heimatmuseum, das einige Säle nutzt, bewundert den Rittersaal mit seiner herrlichen Holzvertäfelung und befasst sich mit bäuerlichem Brauchtum und Wohnkultur. Oder nimmt an einem der Kurse teil: Musik, Malerei, Theater, Entspannung, Gesundheit. Regelmäßige Konzerte, Kunstausstellungen und Lesungen erfreuen das kulturell interessierte Publikum. Thomas Bernhard, Österreichs großer schwieriger Dichter, war oft hier. Ihm zu Ehren wurde in St. Veit ein Thomas-Bernhard-Wanderweg eingerichtet.

Rittersaal im Schloss Goldegg mit seinen über 130 auf Holz gemalten Wappen aus dem 16. Jahrhundert.

Im Sommer kann man im Moorsee baden, das ist von ganz eigenem Reiz und von Moor ist so gut wie nichts zu sehen. Oberhalb des Sees gibt es, wunderbar in Grün eingebettet, einen 18-Loch-Golfplatz, das ist womöglich der schönste Alpenplatz für Schlägerschwinger, der weit und breit zu finden ist.

Im Winter lässt man sich romantisch in roten Kutschen von schwarzen Pferden durch den Schnee ziehen, wärmt sich in den Wirtshäusern am Kachelofen und genießt die regionale Küche. Allen Aktiven stehen 36 Kilometer lange Langlaufloipen vor der prachtvollen Kulisse des Hochkönigsmassivs zur Verfügung. Absoluter Höhepunkt ist die Umrundung des Goldegger Sees, auf dem junge Leute Schlittschuhlaufen und manchmal nicht mehr ganz so junge sich beim Eisstockschießen vergnügen können.

Info: Goldegg liegt ca. 70 km südlich von Salzburg. **Info Goldegg:** Tourismusverband, Hofmark 18, 5622 Goldegg, Tel. (064 15) 81 31, www.goldeggamsee.at. **Info Pongauer Heimatmuseum:** Schloss Goldegg, Hofmark 1, Goldegg, Tel. (064 15) 82 13, www.museum-goldegg.at, Öffnungszeiten Mitte Juni–Mitte Sept. Mo/Di, Do–Sa 10–12 und 15–17, So 15–17, Führungen tägl. außer Mi um 14 Uhr, Mitte Sept.–Mitte Juni Führung Do 14 Uhr, Eintritt € 3, ermäßigt € 1, mit Führung für Erwachsene €1 teurer.

Auf der Spur des 100 Meter hohen Gollinger Wasserfalls.

Alpenküche vom Feinsten

Döllerers Genusswelten

Golling bei Salzburg

Salzburg und Umgebung sind ein Schlaraffenland erster Güte. In Golling nahe Salzburg bringt Spitzenkoch Andreas Döllerer regionale Produkte in Höchstform. Die Döllerers betreiben schon seit über 100 Jahren ein gemütliches Wirtshaus. Auf den Tisch kommt in dem traditionsreichen Familienbetrieb das, was man gutbürgerliche Küche nennt – bodenständige Speisen, für die Döllerers Küchen-Crew mit Vorliebe frische Zutaten aus der nächsten Umgebung verwendet. Vieles stammt aus der eigenen Metzgerei und Feinkosthandlung, die gleich gegenüber liegt. Auf der Speisekarte finden sich Leckereien wie Schulter vom Rauriser Rind und Zwiebelrostbraten und natürlich fehlt auch der Kaiserschmarrn nicht.

Chefkoch Andreas Döllerer, vor einigen Jahren als Shootingstar der österreichischen Gastronomieszene gefeiert, steht voll hinter der klassischen Wirtshausküche – und wollte trotzdem kulinarisches Neuland betreten. So entwickelte er seine »Cuisine Alpine«, die Gäste nur ein paar Schritte von der gemütlichen Gaststube entfernt im schick gestylten Genießerrestaurant probieren können.

Familie Döllerer lädt in Golling in ihre Genusswelten.

Die von zahlreichen Gourmetführern hochgelobte Küche setzt ebenfalls auf erstklassige Zutaten aus den Salzburger Alpen: auf Fisch aus den glasklaren Gewässern des Bluntautals, auf Fleisch von besonderen Schaf- und Schweinerassen, auf Kaviar von Stören, die ganz in der Nähe, in Gröding bei Salzburg, gezüchtet werden. Döllerers kreative Kompositionen kann man in Form von Menüs mit sechs oder neun Gängen oder À-la-Carte-Gerichten erleben.

Auszeichnungen dafür gab es schon viele: Nach Titeln wie »Koch des Jahres« und »Aufsteiger des Jahres« kürte der Schlemmeratlas Andreas Döllerer zum Spitzenkoch des Jahres 2018; mit 18 Punkten (3 Hauben) bewerteten die Tester vom Gault-Millau die Kochkunst des Salzburgers, der seine kulinarischen Kompositionen gern als eine »Liebeserklärung an die Heimat« beschreibt.

Die mehr als 20-köpfige Familie betreibt mit Wirtshaus, Restaurant, Feinkost- und Weinhandlung inzwischen ein regelrechtes Genussimperium. Übernachten kann man im angeschlossenen Hotel.

Info: Golling liegt ca. 30 km südlich von Salzburg. **Info Döllerers Wirtshaus und Geniesserrestaurant:** Markt 56, 5440 Golling, Tel. (062 44) 422 00, www.doellerer.at, Öffnungszeiten Wirtshaus Di 17–22, Mi–Sa 11.30–22 Uhr, Genießerrestaurant Di–Fr 18–21.30, Sa 12–21.30 Uhr, Reservierung empfohlen, Preise auf Anfrage.

Wo Kaiser schlafen

UNTERSBERG

Grödig-St. Leonhard, Salzburg

Ein Ort für Mythen und Sagen. Eine erzählt von Karl dem Großen, der im Untersberg auf seine Auferstehung wartet. Alle hundert Jahre wacht er auf und wenn er Raben um den Berg fliegen sieht, ist er zufrieden und schläft ein weiteres Jahrhundert. Ein gemütlicher Kaiser. Eine andere Sage lässt auch Friedrich Barbarossa friedlich im Berg ruhen. Sein Bart wächst dabei um einen runden Tisch. Zweimal reicht er schon herum, ist das dritte Mal erreicht, beginnt das Ende der Welt. Warten wir's ab.

Der Untersberg erhebt sich am südwestlichen Rand des Salzburger Beckens, er besteht zum größten Teil aus Kalkstein. Der sogenannte Untersberger Marmor hat es zu einiger Berühmtheit gebracht, er ist beige bis rötlich gefärbt, witterungsbeständig und wird seit römischer Zeit europaweit als polierter Baustein und für Steinplastiken verwendet. Der Brunnen am Salzburger Residenzplatz oder die berühmte Walhalla bei Regensburg sind komplett aus diesem Stein gefertigt. Als nördlichster Ausläufer der Berchtesgadener Alpen reicht der Untersberg bis ins Berchtesgadener Gebiet, seinen Namen erhielt er 1306 vom Salzburger Erzbischof Konrad IV.

Der Salzburger Hausberg ist eine Herausforderung und nur zu empfehlen für geübte Bergwanderer, die trittsicher und schwindelfrei sind. Mit kleineren Kindern sollte man den Aufstieg nicht angehen, immerhin sind rund 1340 Höhenmeter in etwa fünf Stunden zu bewältigen. Die Tour geht über den Dopplersteig oder den Reitsteig recht steil los auf dem rot markierten Weg 460, führt durch schönen Laubwald und entlang am Rosittenbach, der durch Felseinschnitte rauscht. Es folgt der eindrucksvollste Teil der Wanderung über die steilen Stufen des Dopplersteiges, die einst Hauer aus dem Fels gemeißelt haben.

Der sagenumwobene Untersberg.

Festhalten am Drahtseil, einige Kreuze erinnern an Vorgänger, die hier abgestürzt sind. Nach zweieinhalb Stunden ist das Zeppezauerhaus mit seinen urigen Holzstüberln erreicht, hier gönnt man sich ein Verschnauf-Pauserl. Dem Wanderer zu Füßen liegen die dächerglänzende Stadt Salzburg, das Tennengebirge und das Berchtesgadener Land. Auch abwärts sind viele Stufen zu absolvieren. Als Alternative bietet sich die Untersbergseilbahn an.

INFO: Grödig liegt ca. 20 km vor Salzburg am Fuß des Untersbergs. **INFO GRÖDIG:** Tourismusverband, Gartenauerstr. 8, 5083 Grödig-St. Leonhard, Tel. (062 46) 735 70, www.groedig.net.

Faszinierende Einblicke in die bäuerliche Kultur

Salzburger Freilichtmuseum

Großgmain, Salzburg

Heustadel, Mühlen, bäuerliche Katen, die Höfe reicher Bauern – im Freilichtmuseum Großgmain bei Salzburg ist die bäuerliche Welt, die über Jahrhunderte das Salzburger Land bestimmte, perfekt konserviert. In Form eines imaginären Dorfs am Untersberg hat man 65 Originalbauten aus den Bezirken Flachgau, Tennengau, Pongau, Pinzgau und Lungau zusammengestellt und damit vor dem Verfall gerettet. Sie repräsentieren sechs Jahrhunderte ländlicher Bau-, Wohn- und Handwerkskultur. Selbst die unmittelbare Umgebung des jeweiligen Haus- und Hoftyps wurde entsprechend gestaltet. Das reicht bis zu Nachbauten von Zaunformen, Kapellen und Bildstöcken, im erweiterten Umfeld sogar bis zu Teichen und Weihern, Getreidefeldern und Obstgärten. Alle technischen Geräte sind voll funktionsfähig. Die Mühle klappert wie einst am rauschenden Bach, in der Schmiede könnte man am Amboss glühendes Eisen formen – was bei zahlreichen Handwerksvorführungen auch tatsächlich geschieht – und die Rute des Lehrers in der Dorfschule wäre noch einsetzbar. In der Brauerei könnte man noch Bier herstellen, die Traktoren, Dampfmaschinen und andere Arbeitsgeräte sind alle noch intakt und die historische Kneippanlage kann tatsächlich benutzt werden.

Das Salzburger Freilichtmuseum.

Für Kinder ist das der Blick in eine versunkene Welt, Familien können etwas gemeinsam machen, alle anderen erfahren Wissenswertes in diesem in Österreich einmaligen Freilichtmuseum auf 50 Hektar Fläche. Zwar spaziert man durch ein Dorf, das so nie existierte, aber alle Häuser gab es in verschiedenen Dörfern. Man begegnet Klöpplerinnen im Dirndl, Korbflechtern und Seilern im Trachtenanzug bei der Arbeit. Für die Kinder gibt es zudem einen Platz zum Toben und für die schon etwas Älteren unter ihnen Kurse wie das Töpfern und das Erlernen anderer Handwerke. Zudem finden Konzerte und andere Veranstaltungen unter freiem Himmel statt.

Info: Großgmain liegt ca. 16 km südwestlich von Salzburg in der Nähe des Flughafens. **Info Salzburger Freilichtmuseum:** Hasenweg, 5084 Großgmain, Tel. (0662) 85 00 11, www.freilichtmuseum.com, Öffnungszeiten Ende März–Ende Okt. Di–So 9–18, Juli/Aug. tägl. 9–18 Uhr, Eintritt € 11, ermäßigt € 9, Kinder € 5,50.

Wo Österreichs Kelten wohnen

Keltische Salzstadt Hallein

Hallein, Salzburg

Die zweitgrößte Stadt im Salzburger Land, 15 Kilometer südlich von Salzburg, ist für immer mit dem Salz verbunden. Die Anfangssilbe im Stadtnamen verrät das: Hal, das war keltisch und hieß Salz. Im Mittelalter war Hallein eine wirtschaftliche Macht, der bedeutendste Salzabbauort in den Ostalpen. Die Bedeutung des weißen Golds war enorm. Wer Salz besaß, war klar im Vorteil.

Und Hallein war klar im Vorteil mit seiner uralten Salinentradition sowie hochprofitablen Salzbergwerken und Sudhütten. Schon vor 2700 Jahren begannen die Kelten auf dem Dürrnberg mit der Salzgewinnung, das verhalf der Stadt zu frühem Wohlstand. Doch der Salzabbau endete, als die Römer in die Region kamen, und wurde erst im Mittelalter, rund 1000 Jahre darauf, wieder aufgenommen. Hallein entwickelte sich zur wichtigsten Saline im gesamten Ostalpenraum.

Heute lädt die hübsche Altstadt zum Spazieren ein durch enge Straßen mit Torbögen und den farbigen Bauwerken im typischen Inn-Salzach-Stil. Verträumte Gassen gehen in großzügige Plätze über und altehrwürdige Bürgerhäuser kontrastieren mit modernen Gebäuden.

Die großartigen Funde der Keltenzeit können im rekonstruierten Keltendorf und im anschaulichen Keltenmuseum bewundert werden. Ein großer Sohn der Keltenstadt war Franz Xaver Gruber, Komponist von »Stille Nacht«. Er lebte in Hallein und ist auch hier begraben. Sein ehemaliges Wohnhaus beherbergt nun das Stille-Nacht-Museum.

Freunde der kulinarischen Genüsse finden in der Innenstadt oder im Hofbräu Kaltenhausen, der ältesten Brauerei im Land, Bierspezialitäten

Auf dem Mathias-Bayrhamer-Platz im Stadtzentrum von Hallein.

und Gaumenfreuden. Hallein besticht aber auch durch eine lebendige Kultur. In den Sommermonaten wird etwa die historische Alte Saline auf der Pernerinsel zur Bühne für die Salzburger Festspiele.

Info: Hallein liegt ca. 20 km südlich von Salzburg. **Info Hallein:** Tourismusverband, Mauttorpromenade 6, 5400 Hallein, Tel. (06245) 853 94, www.hallein.com. **Info Stille-Nacht-Museum:** Gruberplatz 1, Hallein, Tel. (062 45) 853 94, tägl. 9–17 Uhr, Eintritt € 4,50, unter 27 J. € 2. **Info Keltenmuseum:** Pflegerplatz 5, 5400 Hallein, Tel. (062 45) 807 83, www.keltenmuseum.at, Öffnungszeiten tägl. 9–17 Uhr, Eintritt € 7,50, € 2,50 unter 27 J.

Rutschbahn in die Tiefe

SALZBERGWERK BAD DÜRRNBERG

Hallein, Salzburg

Das älteste Schau-Salzbergwerk der Welt und eines der größten seiner Art liegt auf dem Dürrnberg, dort, wo in keltischer Zeit alles begann. Besucher fahren zum Eingang hinauf, schauen ins weite Tal der Salzach – begrenzt von den Bergen der Osthorngruppe und den Kalkgipfeln des Tennengebirges – und bestaunen den majestätischen Anblick. Dann schlüpfen sie in weiße Schutzanzüge, lesen vor der Einfahrt in den Schacht die Merksätze in vier Sprachen »Nicht bremsen! Die Beine anheben! Nicht aufstehen! Nicht schaukeln! Halten Sie sich an Ihrem Vordermann fest!« und gleiten auf dem Rollwagen in den im Jahr 1450 angelegten Stollen, 60 Meter unter der Wallfahrtskirche Maria Dürrnberg. Ein Stück geht es zu Fuß weiter, vorbei am heiligen Rupert, dem Schutzheiligen der Bergmänner und des Lands. Dann kommt der steile Abgang über eine hölzerne Rutsche. Den erlebte schon der französische Schriftsteller Stendhal, der schrieb: »Man setzt sich rittlings auf mächtige Tannenstämme, die abwärts aneinandergereiht liegen. Vor dem Sattel, den du besteigst und der über die mit den Enden aneinandergelegten Tannenstämme gleitet, setzt sich ein Bergmann auf seinen Lendenschurz und sorgt, vor dir gleitend, dafür, dass du nicht zu rasch hinunterfährst.« Ein Steiger schenkte ihm einen mit einer Salzkruste überzogenen Buchenzweig, der Stendhal zum Buch »De l'amour« inspirierte. Weltliteratur aus dem Schacht.

Baumrutsche im Salzbergwerk Bad Dürrnberg.

Auf einem Floß schippern die Besucher unter mystisch-sphärischen Klängen und Lichtspielen über einen unterirdischen See, der sich bereits auf deutschem Gebiet befindet. Danach, wieder an der Luft, besichtigen sie den hölzernen Rundbau des Gradierwerks, über dessen schwarzbraune Weißdornreiser die Sole rieselt und die Luft würzt.

INFO: Hallein liegt ca. 20 km südlich von Salzburg. **INFO SALZWELTEN HALLEIN/ BAD DÜRRNBERG:** Ramsaustr. 3, 5422 Bad Dürrnberg, Tel. (061 32) 200 24 00, www.salzwelten.at, Öffnungszeiten April–Okt. tägl. 9–17, Nov.–März 10–15 Uhr, Eintritt € 23, ermäßigt € 21, Kinder € 11,50 (inkl. Keltendorf und Keltenmuseum Hallein).

Rettung für Tiere in Not

GNADENHOF GUT AIDERBICHL

Henndorf am Wallersee, Salzburg

Kann Thomas Gottschalk auch mal die Klappe halten? Auf Gut Aiderbichl soll das möglich sein. Der Entertainer gehört zu den Paten der Tiere, die geschlachtet oder eingeschläfert worden wären, gäbe es nicht diesen Zufluchtsort. Auch viele andere Prominente wie Uschi Glas, Patrick Lindner und DJ Ötzi sind Paten. Auf Gut Aiderbichl geht es nicht ums Reden, sondern ums Zuhören und Anschauen. Michael Aufhauser, Gründer und Betreiber eines mittlerweile 26 Gnadenhöfe umfassenden Imperiums, will eine Verständigung zwischen Mensch und Tier, streichelnde, flüsternde, zugewandte Nähe. Deshalb ging der frühere Schauspieler mit seinem Anliegen an die Medien. 2006 gab es in der ARD den bewegenden Film »Die Tierretter von Aiderbichl« – das Echo war gewaltig. Seitdem kommen Gäste, um die rund 650 Tiere – viele Pferde, aber auch Rinder, Schweine, Ziegen, Esel, Hasen, Truthähne, Füchse und Tauben – zu sehen. Durch Eintrittsgelder, Merchandising und Spenden finanziert der Hof sich selbst. Menschen können gut sein zu Tieren.

Zu Besuch auf Gut Aiderbichl in Henndorf.

Aiderbichl ist ein Kunstwort: Das keltische *Ayd* bedeutet Feuer, *Bichl* ist der althochdeutsche Begriff für Hügel. Der Feuerhügel wurde mit Bedacht geplant, er liegt abseits aller Unruhe, inmitten unverbrauchter Natur im Flachgau, 20 Kilometer von Salzburg entfernt. 40 Mitarbeiter kümmern sich um Tiere und Besucher, zum Gut gehören 60 Hektar Weideland, bewirtschaftet von einem landwirtschaftlichen Betrieb. Für den Bau der Häuser und Ställe wurden ausschließlich natürliche Materialien verwendet: Lärchenholz, das in einer bestimmten Mondphase geschnitten wurde, natürlicher Holzschutz ohne chemische Imprägnierung. In diesem Umfeld kommt es zu heilsamen Begegnungen zwischen Menschen und Tieren. Verhaltensauffällige, psychisch kranke und behinderte Kinder kommunizieren unter Anleitung mit den Tieren. Doch auch andere Besucher kommen ihnen sehr nahe. Respekt voreinander wird geübt, leben und leben lassen im positiven Sinn. Zu Ostern gibt es einen viel besuchten Markt, beliebt ist auch der Weihnachtsmarkt und auf der Agenda stehen diverse naturverbundene Aktivitäten wie Wander- und Nordic-Walking-Tage.

INFO: Henndorf am Wallersee liegt ca. 17 km nordöstlich von Salzburg. **INFO GNADENHOF GUT AIDERBICHL:** Berg 20, 5302 Henndorf am Wallersee, Tel. (06 62) 62 53 95, Öffnungszeiten tägl. 9–18 Uhr, www.gut-aiderbichl.com, Eintritt € 10,50, ermäßigt € 6.

Düstere Monumentalität und gleißende Sonne

Nationalpark Hohe Tauern

Hohe Tauern, Salzburg, Kärnten und Tirol

Bei Döllach im Mölltal muss man starke Nerven haben. Dann kann man sich auf die Klamm (ein tiefes und enges Tal) der wilden Zirknitz begeben, Brust- und Sitzgurt anlegen lassen, über die Felskante lugen und mit einem Schrei aus 40 Metern Höhe in die Tiefe der Schlucht stürzen. Ein Urerlebnis für alle, die vom Fliegen träumen.

Alphütte im Nationalpark Hohe Tauern.

Der Nationalpark Hohe Tauern gehört zu den gewaltigsten Gebirgszügen der Alpen, er befindet sich im Dreieck zwischen dem Salzburger Land, Osttirol und Kärnten. Eine urwüchsige Landschaft, die sich noch einmal aufstemmt und ihre ganze Bergkraft darbietet, bevor sie in Richtung Osten mehr und mehr ausklingt. Weit sind die Firnflächen, zerrissen die zu Tal hängenden Gletscher, steil und schneeblendend die Gipfel und eisbedeckt die Felsgiebel. Zwischen Birnluckn – auf Hochdeutsch Birnlücke – im Westen und Murtörl im Osten verläuft der Hauptkamm der Hohen Tauern, der jedem Alpenbesucher Respekt abnötigt. So groß, so hoch, von so düsterer Monumentalität ist das kontinentale Zentralgebirge.

Die Täler am Nordhang sind tief eingeschnitten und führen in Terrassen hinab ins Salzachtal. Zu bewundern sind laut gischtende Gletscherabflüsse, die *Achen* genannt werden und sich in schäumenden Wasserfällen – wie den Krimmler Fällen oder dem Gasteiner Fall – in Täler ergießen und in Jahrmillionen tiefe Klammen in die Felsen gefräst haben. Südwärts verlaufen vom Hauptkamm des Gebirges lang gestreckte Seitenkämme, die zum Drautal mit seinen hübschen Tälern hin abfallen. Diese sonnenverwöhnte Region ist bei Urlaubern am beliebtesten. Die westlichen Hohen Tauern dagegen erweisen sich in der großartigen Venedigergruppe als Berge mit der meisten Gletscherbedeckung in Österreich nach den Ötztaler Alpen. Populäres Ziel ist der Großvenediger (3674 m), der Hauptgipfel dieser Flanke der Hohen Tauern, weil er gut zu erwandern ist, Kletterern eine große Betätigungsfläche und Skifahrern optimale Abschwungpisten bietet. Prachtvoll ist seine stets eisummantelte Firnpyramide. Über den Kamm der Granatspitzgruppe wird die Glocknergruppe mit ihren 40 Gletschern und dem weit in Südrichtung vorgeschobenen Großen Muntanitz (3232 m) erreicht. Die rund neun Kilometer lange Pasterze ist der größte Gletscher der Ostalpen, der Großglockner (3798 m) der höchste Berg. Im Jahre 1800 wurde er erstmals erstiegen.

Info: Der Nationalpark Hohe Tauern liegt im Dreiländereck Kärnten, Salzburg und Tirol, www.hohetauern.at. **Info Nationalpark Hohe Tauern/Salzburg:** Gerlosstr. 18, 5730 Mittersill, Tel. (065 62) 409 39, www.nationalparkzentrum.at. **Info Nationalpark Hohe Tauern/Kärnten:** Döllach 14, 9843 Großkirchheim, Tel. (048 25) 61 61-0, www.nationalpark-hohetauern.at. **Info Nationalpark Hohe Tauern/Tirol:** Rauterplatz 1, 9971 Matrei in Osttirol, Tel. (050) 21 25 00, www.hohetauern.at.

Mythos Kaprun

Bergweiler Kaprun

Kaprun, Salzburg

Sanfte Wiesenterrassen, lichte Lärchenwälder, die Huftritte flüchtender Gämsen. Das Kapruner Tal ist eine der hohen Regionen – es geht bis über 2500 Meter hinauf – in den Hohen Tauern, es hat sich selbst den Namen Europa Sportregion verpasst. Das ist gut gewählt, denn die Aufstiege und Abstiege verlangen ein gewisses Maß an Kondition, die Gegend ist nichts für Leute, die nur Spaziergänger-Ambitionen haben. In Österreich wird sie verklärt zum Mythos Kaprun, nach dem Zweiten Weltkrieg war die abgeschiedene Region zum Baustellen-Großkampfort des Landes geworden, zum nationalen Symbol für den Aufbauwillen. Zugleich läutete die mit Marshallplan-Geldern finanzierte Industrialisierung das Ende der Fixierung auf die Agrarwirtschaft ein. Und das Kapruntal wurde für den Tourismus erschlossen.

Vor allem für den winzigen Bergweiler Kaprun begann damit ein neues Zeitalter. Der Ort wurde zum Verwaltungssitz der Kraftwerksgruppe Glockner-Kaprun, am südlichen Ortsrand steht heute das moderne Kraftwerk Hauptstufe. Sein Informationszentrum erklärt Besuchern die Entwicklung und die Technik eines der größten österreichischen Energiebringers, das ist nicht nur für Technik-Fans interessant.

Geprägt wird der Ort aber von der trutzigen Burg Kaprun, 1280 erstmals in einer Urkunde erwähnt. Nach ihrer Restaurierung dient sie heute allerlei kulturellen Veranstaltungen. In Vötters Fahrzeugmuseum werden rund 130 Oldtimer gezeigt. Mit den Gondelbahnen Panoramabahn und Gletscherjet 1 gelangt man auf 1978 Meter Höhe, von dort mit Schleppliften und Sesselbahnen ins Gletschergebiet bis zur Glocknerterrasse (3029 m). Allein wegen des überwältigenden Panoramablicks auf den Zeller See lohnt sich die Auffahrt.

Info: Kaprun liegt ca. 108 km südwestlich von Salzburg am Fuß der Hohen Tauern. **Info Kaprun:** Tourist Information, Salzburger Platz 6, 5710 Kaprun, Tel. (065 47) 80 80, www.zellamsee-kaprun.com. **Info Vötters Fahrzeugmuseum:** Schloßstr. 32, 5710 Kaprun, Tel. (065 47) 73 40, www.oldtimer-museum.at, Öffnungszeiten Mo–Fr 10–17 Uhr, Terminvereinbarung möglich, Eintritt € 9,90, ermäßigt € 4,90, bis 6 J. frei, Familien € 19,90.

Staumauer bei Kaprun.

Aus grauen Steinen blinkt ein goldener Schimmer

Krimmler Wasserfälle

Krimml, Salzburg

Wasser kann denken, behaupten manche Wissenschaftler. Es kann fühlen, schmecken und verletzt werden. Und es schmeckt und tut nur wirklich gut, wenn es sich in einem spürbaren Schonraum befindet.

All das lernt man in der Wasserwunderwelt in Krimml, einem hoch über dem Salzachtal gelegenen Kirchdorf. Hier wird sehr plastisch vermittelt, was passiert, wenn die wichtigste Naturreserve ausgebeutet wird, wofür man Wasser braucht und woraus ein Wassertropfen besteht. Das erweist sich als sehr lehrreich, nicht nur wegen der chemischen Formel. Womöglich handelt es sich hierbei um eines der besten Wasser-Informationshäuser überhaupt.

Die Krimmler Wasserfälle sind eine tosende Naturschönheit, in Mitteleuropa gibt es nichts Vergleichbares. Sie bilden eine der großen – und erstaunlich lauten – Attraktionen der östlichen Alpen und stehen unter Naturschutz. Um sie zu erreichen, wandert man vom Parkplatz an der Ausstellung »Wasserwelten« etwa eineinhalb Stunden durch ein schönes Hochtal auf einem vier Kilometer langen Weg, der an seinen Seiten reizvolle Aussichtskanzeln auf den Gerlos-Pass, das Zillertal in Tirol und das Salzachtal im Salzburger Land bereithält. Dann ist die oberste Fallstufe erreicht. Der Wasserfall stürzt über drei Stufen insgesamt 380 Meter in die Tiefe. Ein spektakuläres Getose, Brausen und Zischen.

Tosende Fluten: die Krimmler Wasserfälle.

Ein bisschen lästig sind die Sprühnebel, aber der Besucher sollte sich klarmachen, dass sie gebraucht werden. Denn das pausenlose Sprühen an den Seiten der Wasserfälle sorgt dafür, dass dort Leuchtmoos wächst. Das ist eine überaus empfindliche Moosart mit der Fähigkeit, das Licht über reflektierende Zellen wieder abzugeben, solange es gewässert wird. Aus den Felsnischen der grauen Steine bricht ein goldener Schimmer, das ist ein bisschen wie im Märchen und lässt sich mitwandernden Kindern hervorragend als Goldfundsuche präsentieren.

Info: Krimml liegt ca. 140 km südwestlich von Salzburg. **Info Krimml:** Tourist Information, 5743 Krimml, Tel. (065 64) 723 90, www.krimml.at. **Info Krimmler Wasserfälle/Wassserwelten:** Oberkrimml 122, 5743 Krimml, Tel. (065 64) 72 12, www.wasserfaelle-krimml.at, www.wasserwelten-krimml.at, Öffnungszeiten Mai–Okt. tägl. 9–17 Uhr, Tageskarte mit Wanderwegenutzungsgebühr und Parkgebühr € 10, ermäßigt € 5.

Tief durchatmen!

SCHWARZACH UND ST. VEIT

Pongau, Salzburg

Die Boten des Teufels waren einfache Bauern. Schwarzach ist ein so lieblich anmutendes Postkarten-Dorf, dass man nicht glauben mag, was hier Ungeheuerliches geschah. Zwei Jahrhunderte nach der von Martin Luther in Wittenberg angezettelten Reformation, die das Gefüge der abendländischen Welt veränderte, galten dem Salzburger Erzbischof Protestanten als Erzfeinde. Am Salzleckertisch, dessen Platte heute im Schwarzacher Rathaus zu besichtigen ist, traf 1731 der hartgesottene Katholik mit den Führern der protestantischen Bauern zusammen und stellte ihnen ein Ultimatum: zurück in den Schoß der römischen Kirche oder Vertreibung aus dem Land. Die Männer mussten nicht lange beratschlagen, sie entschieden sich für die Emigration. Rund 30000 Protestanten, Familien mit Kindern, wurden in deutsche Lande vertrieben, verloren den Großteil von Hab und Gut – ein Exodus. Das wildromantische Salzachtal im Pongau hat Weinen und Schreie dieser Menschen verschluckt. Heute ist Schwarzach ein wichtiger Bahnverkehrsknotenpunkt, und wer sich in der Region beim Skifahren verletzt, wird ins Spital des Orts eingeliefert, es ist auf Skiunfall-Patienten spezialisiert.

Der Nachbarort St. Veit besitzt ein besonderes Heilklima. Da heißt es: Tief durchatmen! Schon zu Kaisers Zeiten schickte man Hofmitglieder, die schwach auf der Brust waren, hierher – an diese Tradition knüpft der Ort mit neuen Formen der Entspannung und Regeneration an. Es wurden Oasen der Ruhe geschaffen, auf dem Barfußweg werden die Tastsinne der Fußsohlen massiert und wer lastlos wandern will, mietet sich Lama und Führer dazu und bepackt das Tier.

Gemeinde St. Veit im Pongau.

INFO: Schwarzach im Pongau und St. Veit liegen ca. 66 km südlich von Salzburg. **INFO SCHWARZACH/ST. VEIT:** Tourismusgemeinschaft St. Veit-Schwarzach, Salzleckerstr. 8, 5620 Schwarzach, Tel. (064 15) 75 20, www.sonnenterrasse.at. **INFO LAMA TREKKING:** Peter Reichholf, Markt 13, 5612 St. Veit, Tel. (06 64) 425 92 93, www.reichholf.com.

Party ohne Murmeltiere

Saalbach Hinterglemm

Salzburg

Im Zickzack steigt der Pfad an, erst sachte, dann deutlich. Man spürt es an der Wadenbelastung. Ein Legföhrenwald wird durchquert, dann geht es über Alpweiden mit wildem Rittersporn und die Gipfel rücken näher. Wer vom Zeller See hinaufkommt ins Glemmtal, das sich nach Westen hin öffnet, gelangt auf diesem Weg zu zwei populären Sportdestinationen, die im Sommer wie im Winter gleichermaßen viel zu bieten haben. Saalbach (1003 m) und Hinterglemm (1074 m) liegen in der sogenannten Mittleren Höhe, da ist die Luft noch nicht so dünn, die Anstrengung nicht so groß. Wandern in der warmen Jahreszeit ist ein Genuss, so lange es nicht regnet und die feuchte Erde in dicken Stollen an den Bergschuhen klebt. Kurze Schauer gibt es aber öfters im Gebirge, ein leichtes Regencape, schnell verpackt, sollte dabei sein. Man nehme sich ein Beispiel an den Murmeltieren, die auch über feuchte Wiesen trittsicher tollen.

Im Winter zeigt sich die Region als riesiges Skigebiet mit 270 Kilometer Pisten und 70 Liften sowie zahlreichen Hütten. Eine Skischaukel bringt Aktive mit Skiern und Snowboards von Saalbach nach Leogang im Norden. Dort beginnt der Pistenspaß, der obligatorisch im Après-Ski endet, denn der Körper braucht ja Flüssigkeit. Gratis dazu gibt es fantastische Blicke auf die umliegenden Gebirgszüge, weil die Gegend von keinen wesentlichen Höhenunterschieden gekennzeichnet ist.

Einmal im Jahr steigt hier »Rave on Snow«. Das Event, zu dem Szenegrößen wie Sven Väth oder André Galluzzi anreisen, wird von seinen Veranstaltern als die größte Alpen-Technoparty bezeichnet. Dann allerdings ist weit und breit kein Murmeltier mehr zu sehen.

Info: Saalbach liegt ca. 90 km südwestlich von Salzburg. **Info Tourismusverband Saalbach Hinterglemm:** Glemmtaler Landstr. 550, 5753 Saalbach, Tel. (065 41) 68 00 68, www.saalbach.com, www.raveonsnow.com.

Skizirkus in Saalbach Hinterglemm.

Rom des Nordens

SALZBURG

Salzburg

Hoch über Salzburg spielt sich in täglicher Wiederholung das Gleiche ab. Menschen aus aller Welt sind auf den Mönchsberg hinaufgewandert oder mit dem Lift emporgefahren und schauen auf die Altstadt herab. Sie

Blick auf die Salzburger Altstadt und die Festung Hohensalzburg.

überblicken ein Labyrinth aus Dächern und Gassen, Kuppeln und Kirchen, Bürgerhäusern und Palais. Das Ganze gerahmt von der Kulisse der Berge, der Brücken, des Flusses und von einem Grün, das bis in den Himmel leuchtet. Ein Panorama, das im Gedächtnis bleibt, eine Bilderfülle, die nur ganz wenige Städte weltweit zu bieten haben. Alexander von Humboldt sprach von der schönsten Stadt der Welt. Die UNESCO hat die Altstadt zum Weltkulturerbe erklärt.

Salzburg hat eine besondere Geschichte. Sie beginnt mit Kelten und Römern, Germanen und Slawen. Im 7. Jahrhundert nahmen Bajuwaren die Stadt in Besitz und Rupert von Salzburg, der *Apostel der Baiern*, begann seine Mission. Er ließ den Dom erbauen, um den herum sich die Stadt entwickelte. Heute gilt Rupert als Schutzheiliger von Salzburg. Als 798 der Abtbischof Arno vom Papst zum Erzbischof ernannt wurde, brach für Salzburg ein neues Zeitalter an. Geistliche Herren bestimmten über Jahrhunderte das Geschick der Stadt, sie machten es zum Rom des Nordens. Der Flaneur wird feststellen, dass Salzburg fünf Plätze hat, die an repräsentative Piazze Italiens erinnern, Kirchen von gewaltigen Ausmaßen und Residenzen, die viel zu groß geraten sind. Die Erzbischöfe wollten hoch hinaus, ihre absolutistische Fürstenstadt war ein Ausdruck von Macht.

Wichtige Namen und Ereignisse sind mit Salzburg verbunden: Wolfgang Amadeus Mozart ist ein Sohn der Stadt, Herbert von Karajan brachte die Salzburger Festspiele zu Weltruhm, Konzerte, Sprech- und Musiktheater haben höchstes Niveau, alle bedeutenden Künstler dieser Sparten waren in Salzburg. Die Stadt profitiert vom Dreiklang beste Lage, stolze Geschichte und Hochkultur. Und sie ist lebendig, umtriebig und heiter.

INFO SALZBURG TOURISMUS: Mozartplatz 5, 5020 Salzburg, Tel. (06 62) 889 87 3 30, www.salzburg.info.

Der Platz der Bürger

ALTER MARKT

Salzburg

Dieser Platz fällt besonders auf, weil er intim und beschaulich ist, ganz anders als die großen, Ehrfurcht einflößenden Plätze der einstigen erzbischöflichen Fürstenstadt. Schlichte, aber erstaunlich hohe und gut gepflegte Häuser säumen den Alten Markt, die meisten stammen aus dem 17. bis 19. Jahrhundert.

Er ist längst nicht mehr – wie über Jahrhunderte – der Hauptmarkt der Stadt, diese Funktion ist auf den Universitätsplatz vor der Kollegienkirche übergegangen. Das kleinste Haus Salzburgs ist das mit der Nummer 10 A, hineingequetscht in einen Spalt zwischen zwei größeren Häusern, aber mit Platz für ein Geschäft. Daneben erinnert eine Tafel am Torbogen an die Zeit, als Mozarts Witwe Constanze mit ihrem zweiten Mann, Georg Nikolaus von Nissen, hier wohnte. Nicht ganz in der Mitte, aber ein absoluter Blickfang: der Florianibrunnen (1687) mit seinem achtseitigen Marmorbecken und der Rokokofigur (1734) darauf, eines der beliebtesten Fotomotive in Salzburg.

Das kleinste Haus in Salzburg, am Alten Markt 10 A.

Der Alte Markt wurde ab 1240 systematisch bebaut, er war stets der Platz der Bürger. Noch heute essen sie hier am Stand ihr *Würstel* mit Semmel oder nehmen im »Café Tomaselli«, dem ältesten Kaffeehaus Österreichs, einen Kleinen oder Großen Braunen. Der Platz erscheint heute übersichtlich und gemütlich, war aber im Mittelalter, als man in der bedrängend engen Altstadt keinen Raum zu verschenken hatte, großzügig bemessen. Die noch größeren Plätze dienten früher vor allem der Zurschaustellung erzbischöflicher Macht, die Bürger überließen sie der geistlichen Elite.

Auffällig am Alten Markt ist noch die Fürstbischöfliche Hofapotheke mit ihrem Rokoko-Interieur (1760) und der »Konditorei Fürst« an der Ecke zur Brodgasse. In den Räumen dieses Geschäfts wurde die Mozartkugel erfunden, das beliebteste Salzburg-Souvenir. In der warmen Jahreszeit serviert das »Café Tomaselli« auch draußen auf der Terrasse und auf den Plätzen um den 1860 erbauten Kiosk herum. Hier, auf dem Logenplatz unter Schatten spendenden Kastanien und nostalgisch gestreiften Sonnenschirmen, ist der beste Ort, um bei einer Melange oder einem Einspänner das bunte Treiben auf dem Alten Markt zu beobachten.

INFO: Im Zentrum von Salzburg gelegen.

Eine der größten erhaltenen Burganlagen Mitteleuropas

FESTUNG HOHENSALZBURG

Salzburg

Die Salzburger lieben den gewaltigen Baukomplex über ihrer Altstadt. Aber sie ärgern sich auch über ihn, denn die Festung erinnert an die Jahrhunderte, in denen herrschsüchtige fromme Männer als Erzbischöfe im Fürstenrang ein strenges Regiment führten, die Stadt aber auch ausbauten und mit Kunst bestückten. In die Festung über der Stadt zogen sie sich zurück, berieten sich, urteilten über Straftäter und ließen es sich gut gehen, verwöhnt von Heerscharen an Bediensteten. Kompakte steinerne Geschichte, gewaltig in ihrer Baumasse, hochfahrend in der Baufigur – ein Symbol für die Macht der Kirche. Vermutlich wird noch in Hunderten von Jahren die Festung Hohensalzburg, die größte vollständig erhaltene Burganlage Mitteleuropas, Salzburgs Stadtbild prägen.

Der erste Burghof der Anlage imponiert mit drei Sperrbogen von stattlicher Breite. Zu sehen sind die Versorgungsbahn von 1504 und die 1539 gegrabene Zisterne. An der Außenwand der Georgskirche (1502) im Burghof zeigt ein Hochrelief aus rotem Marmor (1515) Leonhard von Keutschach, den Auftraggeber und Bauherrn.

Die Geschichte der Burg, mittelalterliche Wohnverhältnisse und die Gerichtsbarkeit dokumentiert das Festungsmuseum im Hohen Stock. In den Fürstenkellern ist ein Marionettenmuseum untergebracht, es zeigt Figuren aus aller Welt. Der Besuch der Prunkräume der Salzburger Erzbischöfe ist nur im Rahmen einer Führung möglich, die Pracht ist überwältigend. So die einstige Gerichtsstube im Gerichtsturm, dessen Plattform 170 Meter über der Stadt liegt. Im Wehrgang geht es zum Salzburger Stier, einer Freiorgel mit 200 Pfeifen (1502), die jeden Tag um sieben, elf und 18 Uhr ertönen. Eine Wendeltreppe führt empor zu den spätgotischen Fürstenräumen. Die Goldene Stube prunkt mit Marmorportalen, die Türen sind mit schmiedeeisernen Ranken verziert. Der Kachelofen (1501) ist besonders gut gearbeitet und berühmt für seine Schönheit. Höhepunkt ist aber der Große oder Goldene Saal, seine Holzvertäfelung ist blau und rot bemalt, die Säulen sind aus rotem Marmor.

Die Festung Hohensalzburg ist das Wahrzeichen der Stadt Salzburg.

INFO: Auf dem Festungsberg oberhalb von Salzburg gelegen. **INFO FESTUNG HOHENSALZBURG:** Mönchsberg 34, 5020 Salzburg, Tel. (06 62) 84 24 30 11, www.salzburg-burgen.at, Öffnungszeiten tägl. Mai–Sept. 9–19, Okt.–April 9–17 Uhr, Eintritt € 12,90/7,40, inkl. Festungsbahn und Fürstenzimmer € 16,30/9,30. **INFO FESTUNGSBAHN:** Betriebszeiten April–Juni, Sept./Okt., Dez. tägl. 9–20, Juli/Aug. bis 22, Nov., Jan.–März, Nov. bis 17 Uhr.

Salzburgs Campo Santo

FRIEDHOF ST. SEBASTIAN

Salzburg

Am pittoresken Friedhof St. Sebastian laufen viele Stadtbesucher vorbei. Das ist schade, liegen hier doch historische Salzburger Persönlichkeiten unter der Erde. Wer die Einkaufsstraße Linzer Gasse hinaufgeht, sieht nach einigen hundert Metern links die Sebastianskirche aus dem 16. Jahrhundert, später im Stil des Rokoko umgebaut. Im Durchgang befindet sich in der linken Wand das Grabmal des Arztes und Naturforschers Theophrastus Paracelsus, auch Dr. Eisenbart genannt, der 1541 in Salzburg verstarb. Dann folgt der Friedhof, den Erzfürstbischof Wolf Dietrich im Stil eines italienischen Campo Santo anlegen ließ und den bemerkenswerte Grabmalkunst aus dem 17. bis 19. Jahrhundert auszeichnet. Im Zentrum steht die Gabrielskapelle, das Mausoleum, das sich Wolf Dietrich bauen ließ, er starb 1617. Es ist mit farbigen Marmorfliesen verkleidet und wirkt hell und heiter – genau so hatte es sein Bauherr gewollt. Schlicht sollte sein Begräbnis sein, »mit seinen Alltagskleidern bekleidet; nur seine geringsten Diener, begleitet von vier Kerzenträgern und sechs Kapuzinern, sollten ihn zu nächtlicher Stunde der Erde übergeben«, hatte er verfügt. Sein Wille wurde missachtet, Wolf Dietrichs Nachfolger Markus Sittikus ließ ihn pompös bestatten. Außerdem liegen hier Mozarts Vater Leopold (1787 gestorben), Mozarts Frau Constanze, wiederverheiratete Nissen (1842 gestorben) und Genoveva von Weber (1798 gestorben), die Mutter des Komponisten Carl Maria von Weber, begraben.

INFO: In der Altstadt gelegen. **INFO FRIEDHOF ST. SEBASTIAN:** Linzer Gasse 41, 5020 Salzburg, Tel. (06 62) 87 52 08, www.salzburg.info, Öffnungszeiten tägl. 9–16, im Sommer bis 18.30 Uhr, im Winter Zugang zum Friedhof nur vom Bruderhof her.

Die Pfeilerarkaden des Friedhofs St. Sebastian in Salzburg.

Mittelalterliche Hochhäuser

Getreidegasse

Salzburg

Im Sommer herrscht stets reger Trubel auf der Getreidegasse, dann ist sie von Menschenmassen erfüllt und Kolonnen an Touristen folgen ihren Stadtführern, die gegen den Lärm ansprechen. Im Winter, wenn Schnee leise aus den Wolken rieselt und nur wenige Menschen unterwegs sind, hat sie etwas Verträumtes an sich. Auch nachts, wenn ihre Kulissen ausgeleuchtet sind, wirkt sie wie verzaubert. Sie ist eine der meistfotografierten Straßen der Welt.

Der Name Getreidegasse ist von *trabig* abgeleitet, was schnell, rührig heißt. Obwohl so stark frequentiert, bietet sie sehr viel Authentisches – eine Kompaktlektion an mittelalterlicher Baugeschichte. Das älteste Gemäuer besitzt das Haus Nummer 21 aus dem Jahr 1258. Die sogenannten Durchhäuser sind Vorläufer der modernen Passagen unserer Zeit. Am Schatz-Durchhaus (Nummer drei, erbaut 1363) steht auf einer Gedenktafel, dass Arbeiterführer August Bebel 1859 bis 1860 hier lebte und arbeitete. Der spätere Mitgründer der Sozialdemokratischen Arbeiterpartei war Drechslergeselle. Es gilt als das schönste Haus der Gasse, mit zwei besonders hübschen Innenhöfen sowie Arkaden und Laubengängen. Nummer fünf ist das Zezihaus, geschmückt mit einem filigranen Rokokoportal (1766) und einem kunstvollen Eisentor.

Am östlichen Ende der Getreidegasse steht das alte Rathaus (1618). Der barocke Bau besitzt eine auffällige Muschelverzierung aus der Epoche des Rokoko. Dieses und die Häuser ringsumher sind für spätmittelalterliche Stadtgebäude erstaunlich hoch gebaut, bis zu fünf Stockwerke. Das hat einen einfachen Grund: In den extrem beengten Verhältnissen damals konnten sich Bauherren nur noch in die Höhe ausdehnen. So hatte Salzburg schon früh so etwas wie Hochhäuser.

Die Getreidegasse, Salzburgs berühmteste Straße.

Die Getreidegasse ist eine ausgesprochen populäre Flanier- und Einkaufsstraße, aber in den Geschäften zahlt der Kunde stets auch für die Lage mit. Schuh- und Modeboutiquen offerieren ein gut sortiertes Angebot, auch für gastronomische Einkehr ist gesorgt. In Wahrheit aber ist diese Mittelachse zwischen dem Flussufer und dem Universitätsplatz vor allem eines: ein Treffpunkt für Einheimische wie Touristen. Hier kamen schon vor Jahrhunderten die Leute zusammen, hielten einen Schwatz und tauschten Neuigkeiten aus. Daran hat sich bis heute nichts geändert.

Info: Die Getreidegasse verläuft in Salzburgs Altstadt vom Rathausplatz in westlicher Richtung bis zur Sankt-Blasius-Kirche am Bürgerspitalplatz.

Wo Flugzeugfans das Herz höher schlägt

Hangar-7

Salzburg

Planespotter sind besondere Zeitgenossen. Sie haben einen Tick, auch wenn sie völlig harmlos sind. Als Fans nostalgischer und seltener Flugzeuge nehmen sie riesige Entfernungen auf sich, um die bei ihnen hoch im Kurs

Neues Wahrzeichen der Stadt Salzburg: Hangar-7.

stehenden Kostbarkeiten der Luftfahrt – meist Oldtimer-Flugzeuge – persönlich in Augenschein zu nehmen, sie zu fotografieren, zu zeichnen oder zu filmen und sich an ihnen zu erfreuen. Die globale Gemeinde der Planespotter ist Dietrich Mateschitz dankbar, dem Eigentümer des Powerdrink-Unternehmens Red Bull, dass er den Hangar-7 bauen ließ. Ein gläsernes, futuristisch anmutendes Gebäude, in dem Mateschitz auf einer riesigen Fläche seine einzigartige Sammlung historischer Fluggeräte ausstellt. Highlights sind eine Douglas DC-6B, eine North American B-25J »Mitchell« oder die Lockheed P-38L »Lightning«.

Aber noch wichtiger sind für Planespotter die Landebahnen vor dem Hangar, die Runways 15 und 33, die im Winter magnetische Anziehungskraft auf sie ausüben. Dann landen dort Maschinen, die man auf keinem anderen europäischen Flughafen so geballt antrifft. Eine russische Iljuschin neben einer Tupolew aus der Ukraine. Fluggeräte-Raritäten, bei denen Flugzeugfans das Herz höher schlägt. Ihnen kommt es vor allem auf die Symbole und Fluggeräte-Nummern an, die sie notierend und fotografierend sammeln wie andere Streichholzschachteln oder Gemälde. Für die Spotter wurde eigens ein größerer Hügel aufgeschüttet, an dem die Flugzeuge vorbeirollen und der ihnen bei Start und Landung optimale Sicht gewährt. Der Hangar-7, auf dem Gelände des Wolfgang-Amadeus-Airports, ist zugleich ein Ort der Kunst und des Genusses mit ständig wechselnden Kulturveranstaltungen, einem Gourmetrestaurant, mondäner Lounge und Bars.

Info: Am Flughafen Salzburgs gelegen. **Info Hangar-7:** Red Bull Hangar-7 GmbH, Wilhelm-Spazier-Str. 7 A, 5020 Salzburg, Tel. (06 62) 21 97, www.hangar-7.com, Öffnungszeiten tägl. 9–22 Uhr, Eintritt frei.

Die altösterreichische Kaffeehaus-Tradition

Kaffeehäuser

Salzburg

Mozart las im »Café Tomaselli« die einzige Zeitung, die es gab, und trank dazu heiße Schokolade gegen Blutarmut. Der Kaffee, nach türkischer Art mit Bodensatz, schmeckte ihm nicht. Dem heutigen Publikum dagegen schmeckt nicht nur die breite Palette österreichischer Kaffee-Offerten, sondern auch Kuchen und Torten, die von Kellnerinnen im traditionellen Dirndl an die Tische gebracht werden. Und es gibt alle Zeitungen des Landes sowie die internationale Presse am Zeitungsbügel.

Die »Konditorei Fürst« direkt gegenüber widmete Mozart rund hundert Jahre nach dessen Tod eine Pralinenkreation. Die bis heute aus Pistazien, Marzipan und Nougat handgefertigte Leckerei ist die Nummer eins der Salzburger Souvenirs.

Im »Café Bazar« am anderen Ufer der Salzach, einem heimeligen Ort mit hübscher Flussterrasse, brüteten Hugo von Hofmannsthal und Max Reinhardt nach dem Trauma des Ersten Weltkriegs eine Kulturoffensive aus, bekannt als Salzburger Festspiele. Stefan Zweig nahm Mehlspeisen zu sich, während er an seinen Romanen schrieb. Die alten Holzvertäfelungen, Lüster und Marmortische haben die Künstler überlebt.

Nahebei, im »Café Sacher«, hat die Wiener Familie Gürtler, der das berühmte Kaffeehaus Sacher in der Hauptstadt gehört, das Sagen. Vorher hieß das Café »Österreichischer Hof«, 1866 eröffnet. Spezialität ist der Pharisäer, ein Kaffee mit Rum. Einst musste der Alkohol unter einer Sahnehaube versteckt werden, weil der Stadtpfarrer dagegen wetterte; für die Kaffee-Rum-Trinker war sein Verhalten pharisäisch. Auch die 1850 gegründete »Konditorei Schatz« mit nur einigen Stehtischen, aber duftenden Verführungen wie Himbeer-Soufflé und Schoko-Mohn-Torte, und das 1952 eröffnete »Café Wernbacher« mit nostalgischer Original-Einrichtung, einst Szenetreff des Salzburger Nachtlebens, lohnen den Besuch.

Info Café Tomaselli: Alter Markt 9, 5020 Salzburg, Tel. (06 62) 844 48 80, www.tomaselli.at. **Info Café Bazar:** Schwarzstr. 3, 5020 Salzburg, Tel. (06 62) 87 42 78, www.cafe-bazar.at. **Info Konditorei Fürst:** Alter Markt, Brodgasse 13, 5020 Salzburg, Tel. (0662) 843 75 90, www.original-mozartkugel.com. **Info Café Sacher:** Schwarzstr. 5–7, 5020 Salzburg, Tel. (06 62) 88 97 70, www.sacher.com. **Info Konditorei Schatz:** Getreidegasse 3, 5020 Salzburg, Tel. (06 62) 84 27 92, www.schatz-konditorei.at. **Info Café Wernbacher:** Franz-Josef-Str. 5, 5020 Salzburg, Tel. (06 62) 88 10 99, www.cafewernbacher.at.

Das älteste Kaffeehaus Österreichs: Café Tomaselli in Salzburg.

Kult ums Pferd

KAPITELPLATZ

Salzburg

Wer den Dom an seiner kolossalen Rückseite umrundet, gelangt auf den eleganten, aber unregelmäßig geformten und nüchternen Kapitelplatz – und damit ins frühere innerste Machtzentrum des hohen Klerus.

Denn die Machthaber residierten in den Palästen der anschließenden Gassen, das gemeine Volk war dort nicht gern gesehen und mied den Platz daher. Heute dagegen ist er ein populärer Treffpunkt und stellt einen Ruhepunkt im Herzen Salzburgs dar. Begrenzt ist er im Osten von der Dompropstei und dem Erzbischöflichen Palais, in dem seit 1864 die Salzburger Bischöfe ihren Sitz haben, im Westen vom Noviziatstrakt von St. Peter und im Süden vom ehemaligen Granarium und der Mühle des Domkapitels.

Kapitelschwemme auf dem Kapitelplatz und Blick auf Festung Hohensalzburg.

Hauptattraktion des Kapitelplatzes ist aber die Brunnenanlage der Kapitelschwemme, von zwei Weidenbäumen gesäumt. Das ist der Ort, an dem einst die Pferde gereinigt und gestriegelt wurden, darauf legten die geistlichen Herren großen Wert, gehörten sie doch zu den Insignien ihrer Macht.

Schon im Mittelalter gab es hier einen Rosstümpel, im Zuge der Stadtverschönerung wurde daraus eine Schwemme mit fast übertrieben repräsentativ rahmender Architektur, geschaffen vom Bildhauer Joseph Anton Pfaffinger (1732). Die edlen Vierbeiner der hohen Herren wurden nach dem Ausritt von den Stallknechten in das Wasserbassin geführt, das von einer elegant geschwungenen steinernen Balustrade umfasst wird.

Darüber baut sich die Skulpturengruppe auf: Neptun mit Dreizack und wehendem Mantel im Kampf gegen den Sturm auf einem sich wild aufbäumenden Meerross. Der Beherrscher des Wassers in der hellenischen Mythologie gilt auch als Gebieter über die Pferde. Auftraggeber des Kunstwerks war Fürsterzbischof Leopold Anton Firmian, der die Schwemme nach Fertigstellung dem auf Besuch in der Stadt weilenden Kaiser zeigte mit der Erklärung, »es steckhet ja alle salzburgische Hoffart in diesen Pferten«. So vermerkt es das Protokoll. Dem Kult um das Pferd wurde ein Denkmal gesetzt.

INFO: In der Altstadt von Salzburg gelegen.

Bergwandern und Meditieren

KAPUZINERBERG

Salzburg

Der drittwichtigste Aussichtsberg der Stadt kann nur zu Fuß erstiegen werden, und das hat Vorteile. Nicht nur, dass beim Aufstieg das Herz pocht, das Blut schneller fließt und mehr Sauerstoff in den Körper gelangt, was ihm guttut. Mehr noch spielt das Meditative eine Rolle: Beim allmählichen Hinaufgehen kann man zurückblicken auf das Weichbild der Stadt und die Gebirgskulisse betrachten. Salzburg ist umzingelt von Bergen, wird aber nicht bedrängt von ihnen wie andere Alpenstädte. Der Kapuzinerberg gehört zu den höheren Bergen rund um die Stadt und ist Teil der nördlichen Randberge der Kalkalpen.

Das Johanneskirchlein an der Imbergstiege auf dem Kapuzinerberg.

Von der Steingasse oder der Linzer Gasse aus führen Stufen nach oben, vorbei an spätbarocken Kreuzwegstationen und Passionskapellen bis zum Kapuzinerkloster (1602) mit seiner markanten Kreuzigungsgruppe. Einige Meter des sogenannten Prügelwegs sind mühsam zu erklimmen, aber das Weiterstapfen lohnt sich. Die Eichentüren (1450) des Klosters, in der Gotik von den besten Schnitzern veredelt und ursprünglich im alten romanischen Dom beheimatet, wurden nach dessen Überbauung dem Kloster übergeben und dort als Portal einer schlichten Saalkirche mit bescheidener Ausstattung verwendet. Die Kapuziner kamen erst 1594 nach Salzburg, gerufen von Fürsterzbischof Wolf Dietrich. Er gab ihnen das Trompeterschlösschen, das sie zu ihrer Klosteranlage umbauten. Das Franziskischlösschen, zu dem ein von schattigen Bäumen gesäumter Weg führt, bietet Gastronomie. Auf 573 Metern Höhe liegt die Bayerische Aussicht, auf 608 Metern die Stadt-Aussicht – beide haben den Ausdruck grandios verdient. Der Gipfel des Kapuzinerbergs befindet sich auf 638 Metern.

Auf dem Rückweg lohnt sich noch ein Blick auf das Passingerschlössl, dessen Erdgeschoss in den Berg gerammt ist und in dem der in Wien geborene Dichter Stefan Zweig von 1918 bis 1938 gewohnt und geschrieben hat. Die Villa steht direkt am Kapuzinerberg und war Treffpunkt der internationalen Künstlerszene. Thomas Mann war hier, James Joyce, Herbert George Wells und Maurice Ravel. Zweig bezeichnete seine Salzburger Zeit als die glücklichsten Jahre seines Lebens.

INFO: Vom Platzl (bei der Staatsbrücke) erreicht man über die Linzergasse durch das Franziskustor den Stefan-Zweig-Weg. **INFO KAPUZINERKLOSTER:** Kapuzinerberg 6, 5020 Salzburg, Tel. (06 62) 873 56 30, www.kapuziner.at, Öffnungszeiten Mo–Sa 6–18, So 8–18, im Sommer tägl. bis 20 Uhr (keine Besichtigung während des Gottesdiensts). **INFO WIRTSHAUS IM FRANZISKISCHLÖSSL:** Kapuzinerberg 9, 5020 Salzburg, Tel. (06 62) 87 25 95, www.franziskischloessl.com, Öffnungszeiten Mi–So/Fei 11–17 Uhr. Reservierung empfohlen, Preise auf Anfrage.

Im Reich der Mönche

Klosterbezirk St. Peter

Salzburg

Das Portal bleibt zu. Im weitläufigen Klosterbezirk an der Westseite des Kapitelplatzes herrschen strenge Sitten. Er umschließt drei Innenhöfe, und einer davon, der an die Kirche anschließt, ist für die Öffentlichkeit nicht zugänglich. Dort befindet sich die Klausur der Mönche. St. Petri wurde um 690 vom heiligen Rupert gegründet, Benediktiner führen es bis heute. Bis 1110 war es Wohnsitz der Erzbischöfe. Die meisten der heutigen Gebäude stammen jedoch aus dem 18. und 19. Jahrhundert. Im Zentrum liegt der Äußere Stiftshof mit dem sechseckigen Petrusbrunnen (1673). Der westliche Durchgang führt in den dritten Hof mit dem Benediktinerkolleg und modernen Fassadenfresken von 1926.

In den Räumen zwischen den begehbaren Höfen ist eine Gedenkstätte für Johann Michael Haydn, den Bruder von Joseph Haydn, untergebracht. Er lebte als Hoforganist und Nachfolger Mozarts ab 1763 in der Stadt.

Prachtvolle Rokoko-Stuckaturen schmücken die Stiftskirche St. Peter.

Der Friedhof St. Peter im Schatten einer steilen Felswand des Mönchsbergs versammelt Familiengräber angesehener Salzburger Clans und in den Fels gehauene Katakomben, darunter die Gräber von Mozarts Schwester Maria Anna, Nannerl genannt, und Michael Haydn. Die Gertrauden- und die Maximuskapelle gehen auf das 12. Jahrhundert zurück, die Arkaden entstanden um 1627. Die Grablegestätte soll aber frühchristlichen Ursprungs sein.

Der Friedhof hat eine ganz besondere Atmosphäre. Der Salzburger Dichter Georg Trakl beschrieb ihn treffend: »Ringsum ist Felseneinsamkeit,/ Des Todes bleiche Blumen schauern/ Auf Gräbern, die im Dunkel trauern/ Doch diese Trauer hat kein Leid./ Der Himmel lächelt still herab/ In diesem traumverschloss'nen Garten,/ Wo stille Pilger seiner warten.«

Die Stiftskirche St. Peter entstand von 1130 bis 1143, zu Beginn des 17. Jahrhunderts wurde sie erweitert, später im Rokokostil umgeformt und mit Turmhauben geschmückt. Besucher stoßen in der Turmvorhalle auf das romanische Westportal (1240) mit Skulpturen im Bogenfeld, aber auch auf eine erlesene Rokokotür (1768).

Info: In der Altstadt gelegen. **Info Erzabtei St. Peter:** St.-Peter-Bezirk 1, 5020 Salzburg, Tel. (06 62) 844 57 60, www.erzabtei.at, Öffnungszeiten Friedhof tägl April–Sept. 6.30–20, sonst bis 18 Uhr, Katakomben: Mai–Sept. tägl. 10–18, sonst bis 17 Uhr.

Wo Mozart wirklich war

Mozart-Stätten

Salzburg

Wolfgang Amadeus Mozart erblickte am 27. Januar 1756 in Salzburg als letztes Kind des Hofmusikers Leopold Mozart und dessen Gemahlin Anna Maria das Licht der Welt. An seiner Kindergeige, seinem Clavichord und Hammerklavier im dritten Stock des Geburtshauses führt für Besucher kein Weg vorbei. Das Wunderkind konnte darauf bereits mit drei und vier Jahren spielen. Hier schuf das Genie achtjährig seine erste Symphonie, mit neun die erste Oper. Alle Fremdenführer geleiten ihre Gäste ins Geburtshaus, aber andere Mozart-Stätten werden oft nicht gezeigt.

Tanzmeistersaal im Mozart-Wohnhaus am Makartplatz 8.

Als Jüngling ging Wolfgang oft zum Zirkelwirt am Papageno-Platz, dem Treffpunkt der Freimaurer. Über dem kleinen Brunnen schwebt heute eine Papageno-Figur, die an sein musikalisches Werk erinnert. Einige Schritte weiter, am heutigen Mozartplatz 4, wohnte die Familie Antretter, die Mozarts gingen dort ein und aus. Wolferl gab Kostproben seines Könnens, wurde gefördert und schnupperte ins großbürgerliche Leben hinein. Fassade, Portal und Hof sehen noch so aus wie zu seiner Zeit. Im »Wirtshaus zum Mohren«, Judengasse 9, saß er gern. Hier entstanden einige der 626 Werke aus seinem Verzeichnis. Der Halbwüchsige wagte sich auch in die Trinkstube am Waagplatz. Im zweiten Stock befand sich ein Tanzsaal, der junge Musiker hörte zu und komponierte selbst Tanzmusik. Für durchreisende italienische Opernleute verfasste er Einlegearien, die als Zwischenspiel in Opern eingeschoben wurden.

Am Brunnen am Alten Markt, gleich um die Ecke vom Geburtshaus, holte Wolferl Wasser für die Familie. Dabei blickte er manchmal hinauf zu den Fenstern des Hauses Alter Markt 3, in dem Ignatz Anton Weiser residierte, Dichter und Förderer des kleinen Mozart.

1773 siedelten die Mozarts aufs andere Salzachufer über, in das Wohnhaus am Makartplatz 8. Die Familie entkam mit dem Umzug nicht nur einer engen Raumsituation, sondern folgte auch einem Gesetz des Landesherrn. Das verbot Personen unterschiedlichen Geschlechts ab einem gewissen Alter das Schlafen im selben Zimmer, Geschwister nicht ausgenommen. Als Kind hatte Mozart im Zimmer seiner älteren Schwester Anna Maria, genannt Nannerl, gewohnt. Im einstigen Tanzmeisterhaus schrieb der inzwischen Erwachsene seine Violin- und ersten eigenständigen Klavierkonzerte, Serenaden, Symphonien und Messen. Im Garten erheiterte er sich am Bölzlschießen mit Windbüchsen auf bemalte Holzscheiben. 1781 musste er Salzburg verlassen, nachdem er seine Arbeit als Hoforganist verloren hatte.

Info Mozarts Geburtshaus: Getreidegasse 9, 5020 Salzburg, Tel. (06 62) 84 43 13, www.mozarteum.at, Öffnungszeiten Sept.–Juni tägl. 9–17.30, Juli/Aug. 8.30–19 Uhr, Eintritt € 11, ermäßigt € 9, Kinder € 3,50. **Info Mozarts Wohnhaus:** Makartplatz 8, 5020 Salzburg, Tel. (06 62) 87 42 27 40, www.mozarteum.at, Öffnungszeiten tägl. Sept.–Juni 9–17.30, Juli/Aug. 8.30–19 Uhr, Eintritt vgl. Geburtshaus, Kombiticket € 18, ermäßigt € 15/5.

Vergangenheit für die Zukunft

Museum der Moderne Mönchsberg

Salzburg

Gekrönt ist Salzburgs populäre Aussichtsterrasse, der Mönchsberg, seit 2004 von einem kühnen Schachtelbau mit großer Freitreppe, dem Museum der Moderne über der Stadt. Der Entwurf stammt von den Münchner Architekten Friedrich, Hoff und Zwink und galt in den Diskussionen Einheimischer nicht nur als gewagt, weil drei Piefkes ihn gezeichnet hatten, sondern weil diese den Mut hatten, das Gebäude direkt an die Klippe zu stellen, wo der Berg 60 Meter abfällt. Sechs Jahre stritten die Salzburger, dann durften die jungen unbekannten Deutschen den Museumskubus für 21 Millionen Euro bauen. Die geschlossene Front öffnet ein Panoramafenster, das wie ein Flachbildschirm aus dem Baukörper ragt. Das dort untergebrachte Café-Restaurant M32 ist der beliebteste Logenplatz über der Festspielstadt. Designt wurde es höchst zeitgemäß und elegant vom Südtiroler Stararchitekten und Inneneinrichter Matteo Thun. Der leistete sich den Gag einer Lichtinstallation aus 390 Hirschgeweihen, die auch den gastronomischen Ort zum Kunstplatz macht.

Das Museum der Moderne auf dem Mönchsberg.

Der flache, breit lagernde Bauriegel verbirgt hinter strahlend heller Haut aus heimischem Untersberger Marmor vier Ebenen mit insgesamt 2300 Quadratmetern Ausstellungsfläche, die unterschiedlich bespielt werden. Die Räume sind angelegt als gereihte Orte der Kommunikation, intim ausgeleuchtet und hochfunktional. Die Anlage in ihrer fast klösterlichen Strenge lädt ein zur Reflexion über vorrangig zeitgenössische Kunst, aber auch über den Ort inmitten der Berglandschaft.

Zu sehen sind Grafiken, Malerei der Klassischen Moderne und eine hochwertige Fotosammlung. Dazu Plastiken, Leuchtinstallationen und Videos. Betonmauern, Stahltreppen und Glasbänder bestimmen das Raumgefüge. Ein zwölf Meter tiefer Canyon teilt das Gebäude in der Mitte in zwei Raumfluchten.

Neben dem Museum steht der schlösschenartige Wasserturm mit Pickelhaube von 1890. Zwischen beiden Gebäuden wurde ein Skulpturengarten angelegt. So wird symbolisch gezeigt, wie Vergangenheit in die Zukunft mitgenommen wird.

Info: Im Stadtteil Mönchsberg gelegen. **Info Museum der Moderne Mönchsberg:** Mönchsberg 32, 5020 Salzburg, Tel. (06 62) 842 22 04 03, www.museumdermoderne.at, Öffnungszeiten Di–So 10–18, Mi bis 20 Uhr, zur Festspielzeit auch Mo geöffnet, Eintritt € 8, ermäßigt € 6.

Das einstige Zentrum erzbischöflicher Macht

Residenzplatz

Salzburg

Dieser Platz repräsentiert die altehrwürdige Fürstenstadt. In absolutistischer Zeit – vom 13. Jahrhundert bis 1803, als mit Auflösung des Erzstifts die Säkularisierung begann – war er zentraler Platz der Herrschenden und ihrer Selbstinszenierung. Wenn Erzbischof Wolf Dietrich auf dem Pferd über den Residenzplatz ritt, umgeben von seinen Dienern, bückte das Volk sich untertänig. Der geistliche Fürst war ein radikaler Stadtumbauer, er ließ 55 Häuser abreißen, um Raum zu schaffen für diesen Platz. Hier nahmen er und seine Nachfolger im Amt die militärischen Defilees und höfischen Festumzüge ab. Diese Tradition hat sich – stark reduziert – erhalten: Einmal im Jahr, am Abend vor der Eröffnung der Salzburger Festspiele, schauen sich traditionell Österreichs Staatspräsident, Regierungsmitglieder und die Bevölkerung den von jungen Paaren vorgeführten feierlichen Fackeltanz an.

Der Residenzbrunnen (1561) ist 14 Meter hoch und besteht aus Untersberger Marmor. Die frühbarocke Fantasie vereint Rösser, Titanen, Delfine, zwei Wasserschalen und den Meeresgott Triton. Zur vollen Stunde ist seit 1701 das Salzburger Glockenspiel zu hören, es stammt aus Antwerpen und für seine Unterbringung wurde ein Turm auf 32 Meter Höhe erweitert. Begrenzt ist der Platz von der mächtigen Längsseite des Doms und der Michaelskirche.

Auffälligste Gebäude sind aber die Alte und Neue Residenz. Ein Vorgängerbau der Alten Residenz, Palastanlage der Salzburger Erzbischöfe, existierte bereits 1120. Über Jahrhunderte wurde gebaut und umgebaut, 180 Säle und Räume gruppieren sich um drei Höfe. Heute kann sie zusammen mit dem angrenzenden Dommuseum sowie dem Museum der Erzabtei St. Peter als DomQuartier besichtigt werden. Ein Rundgang durch das insgesamt 15000 Quadratmeter fassende Areal führt durch 1300 Jahre bewegte Geschichte mitten hinein in das barocke Herz der Stadt. In der Neuen Residenz (1602) zeigt seit 2006 das Salzburg Museum Kunst- und Kulturgeschichte der Stadt.

Repräsentativ: der Residenzplatz in Salzburg bei Nacht.

In der Adventszeit verwandelt sich der ganze Platz in einen romantischen Christkindlmarkt. In einzigartiger historischer Kulisse bieten Stände Kunsthandwerk, Last-Minute-Geschenkideen und süße Naschereien.

Info: In der Altstadt von Salzburg gelegen. **Info Alte Residenz:** Residenzplatz 1, 5020 Salzburg, Tel. (0662) 80 42 26 90, www.domquartier.at, Öffnungszeiten tägl. außer Di 10–17, Juli/Aug tägl. 10–17, Mi bis 20 Uhr, Eintritt DomQuartier € 13, ermäßigt € 5 (gilt für Prunkräume der Alten Residenz, Residenzgalerie, Dommuseum, Museum St. Peter).

Weizen-Gold im »Pfiff«

SALZBURGER BRAUEREIEN

Salzburg

Diese Stadt ist Österreichs Biermetropole. Sie besitzt das älteste Gasthaus Europas, den Stiftskeller »St. Peter«, in dem schon Karl der Große im Jahr 803 zum Bierkrug griff, und mit Stiegls Brauwelt das größte Biermuseum des Kontinents. Aber Österreichs Bierkultur ist speziell: Es geht nicht um Masse im Humpen, sondern um Klasse im richtigen Glas. Das ist der große Unterschied zwischen Bayern und Salzburgern. Schlank und zierlich ist die Flöte (0,3 Liter) und erst recht das Pfiff-Glas (0,2 Liter). Für nahezu jede Biersorte und jede Biermarke gibt es ein eigenes Glas. In über 400 Salzburger Lokalen wird tagtäglich Bier ausgeschenkt – in Geschmacksnoten von karamellfarben-ölig bis hefig-süß –, und das bei nur 154000 Einwohnern. Trotz ihrer Minigläser sind die Österreicher aber mit ihrem Pro-Kopf-Verbrauch pro Jahr von 103 Litern auf Platz zwei im globalen Ranking, nur die Tschechen sind noch bierseliger.

Zu den traditionsreichsten Lokalen gehört »Die Weisse«, dort werden obergärige Biere, fruchtig und fest im Körper, ausgeschenkt. Die größte Privatbrauerei Österreichs ist Stiegls Brauwelt mit einem Jahresausstoß von über einer Million Hektolitern. Ein Teil des sandgelben Brauerei-Komplexes im Stadtteil Riedenburg-Maxglan ist Museum. In der einstigen Mälzerei kann man einen aus Bierflaschen aufgebauten Turm bewundern und die Geschichte der Brauerei auf 400 Quadratmetern erleben. In der Schaubrauerei im Keller wird das Biermachen mit Hefe, Malz und Hopfen vorgeführt. Einmaischen, Würzekochen, Läutern, Gärung und Reifung – der Weg zu *a world full of beer and fun* ist lang und eine Wissenschaft, die selbst Bio-Paracelsus-Naturtrüb hervorbringt.

Im Bierlokal »Die Weisse«.

Die dritte Institution ist das Augustiner-Bräu im Stadtbezirk Mülln. Der Chef ist Abt, das Bierbrauen höhere Berufung. 12000 Hektoliter werden im Jahr hergestellt, seit 1621. Im Augustinersaal mit seinen 207 Plätzen kann man wie eh und je zum Biertrinken seine mitgebrachte *Jause* auspacken, es werden aber auch Schweinshaxen angeboten. Man genießt unter Wänden voller Sinnsprüche: »Wer zählt die Völker, kennt die Namen,/ die gastlich hier zusammenkamen.«

INFO DIE WEISSE: Rupertgasse 10, 5020 Salzburg, Tel. (06 62) 87 22 46, www.dieweisse.at, Öffnungszeiten Mo–Sa 10–2 Uhr. **INFO STIEGLS BRAUWELT:** Bräuhausstr. 9, 5020 Salzburg, Tel. (050) 14 92 14 92, www.stiegl.at, Öffnungszeiten Wirtshaus tägl. 10–24, Brauwelt tägl. 10–17, Juli/Aug. bis 19 Uhr, Eintritt € 13/8. **INFO AUGUSTINER-BRÄU:** Lindhofstr. 7, 5020 Salzburg, Tel. (06 62) 43 12 46, www.augustinerbier.at, Öffnungszeiten Mo–Fr 15–23, Sa/So 14.30–23 Uhr.

Der erste barocke Kirchenbau nördlich der Alpen

Salzburger Dom und Domplatz

Salzburg

Achtmal brannte der Salzburger Dom in seiner Geschichte. Errichtet worden war er 767 bis 774 in Form einer fünfschiffigen Kreuzbasilika. Im Dezember 1598 kam es wieder zum Brand, der allerdings nicht gefährlich erschien. Der herbeigerufene Erzbischof Wolf Dietrich von Raitenau erteilte jedoch einen irritierenden Befehl: »Brennet es, so lasset es brennen!« Der Geistliche erkannte darin eine große Chance. Er profilierte sich als Erbauer des neuen Salzburg, der mittelalterliche Kirchenbau störte ihn, auch wenn er seinerzeit der größte nördlich der Alpen war. Die ursprüngliche, nicht sehr repräsentative Ausstattung ließ er zertrümmern und in die Salzach werfen. Selbst auf die Hinterlassenschaften des heiligen Rupert, nach dem der Dom benannt ist und der darin begraben lag, nahm der Gottesmann keine Rücksicht. Er ließ die Grabplatten mehrerer Bischöfe zerschlagen.

Tambourkuppel des Salzburger Doms.

Wolf Dietrich hatte Größeres vor: Er wollte die erste barocke Kirche auf der Nordseite der Alpen, der Petersdom in Rom war sein Vorbild. In dessen gigantischen Maßen konnte in Salzburg nicht gebaut werden, doch immerhin ist der Dom 99 Meter lang. Sein Entwurf stammt von Santino Solari, gebaut wurde zwischen 1614 und 1628, das Material ist dunkelgrauer Nagelfluh vom Mönchsberg, einem Geröllkonglomerat aus Kalkstein, Quarz, Gneis und Glimmerschiefer. 10 500 Menschen finden darin Platz.

Im Dom imponiert die gigantische achteckige, Licht spendende Vierungskuppel. Chor und Querhausarme schließen jeweils mit einer halbrunden Apsis, sie bilden die Grundrissform eines Kleeblatts. Drei Hauptaltäre und die Grabmäler der Bauherren sind zu bestaunen. Unter dem nördlichen Dombogen am Residenzplatz befindet sich der Eingang ins unterirdische Domgrabungsmuseum mit Resten der Vorgängerkirchen. Der Eingang ins Dommuseum, das gemeinsam mit der Alten Residenz und dem Stift St. Peter das DomQuartier bildet, ist in der Vorhalle, es zeigt verbliebene Bestände des Domschatzes und der erzbischöflichen Kunst- und Wunderkammer.

Den Domplatz kennzeichnet architektonische Geschlossenheit und Schönheit. Nach Norden und Westen hin bilden Trakte der einstigen erzbischöflichen Residenz den Abschluss des Platzes. Seit 1920 wird auf dem Platz die »Jedermann«-Aufführung gezeigt, die im Sommer die Salzburger Festspiele eröffnet.

Info: In der Altstadt gelegen. **Info Salzburger Dom:** Domplatz, 5020 Salzburg, Tel. (06 62) 80 47 79 50, www.salzburger-dom.at, Öffnungszeiten März/April, Okt., Dez. Mo–Sa 8–18, So 13–18, Mai–Sept. bis 19, Nov., Jan./Feb. bis 17 Uhr (keine Besichtigung während der Gottesdienste). **Info Dommuseum:** Domplatz 1 A, 5010 Salzburg, Tel. (06 62) 80 42 21 09, www.domquartier.at, Öffnungszeiten und Eintritt vgl. Alte Residenz, S. 835.

Europas führendes Musikfestival

Salzburger Festspiele

Salzburg

Für Europas größtes und bedeutendstes jährliches Musikereignis gibt es keinen idealeren Ort als Mozarts Geburtsstadt mit ihrer wunderbaren Umgebung. Über 180 klassische und zeitgenössische Aufführungen – Opern, Symphonien, große und kleinere Konzerte – finden über die Stadt verteilt statt. Musikfreunde müssen davon ausgehen, dass die Hauptveranstaltungen bereits lange im Voraus ausverkauft sind – es sei denn, man ist bereit, dem Herrn an der Hotelrezeption ein extra Trinkgeld zuzustecken, um seine guten Beziehungen auszunutzen. Einfacher ist es, Karten für die Matineen zu erhalten – Kammermusik oder Kirchenkonzerte, die aber keineswegs schlechter sein müssen.

Die Festspiele hatten eigentlich einen unbequemen Start. Der Erste Weltkrieg lag noch nicht lange zurück, Europa befand sich in einem Vakuum. Eine neue Kulturoffensive war gefragt, um dieses zu füllen. Komponist Max Reinhardt, Schriftsteller Hugo von Hofmannsthal, Komponist Richard Strauss, der Wiener Hofoperndirektor Franz Schalk und der Bühnenbildner Alfred Roller brüteten gemeinsam die Idee der Salzburger Festspiele aus, die ein internationales Publikum im Kunstgenuss vereinen sollten. 1920 fanden die ersten Festspiele statt, unter der Regie von Reinhardt wurde auf dem Domplatz Hofmannsthals Schauspiel »Jedermann« aufgeführt, das seit dieser Zeit allsommerlich das Festival einleitet.

Das Große Festspielhaus in Salzburg.

Die Festspielpalette erweiterte man beinah von Jahr zu Jahr. Zunächst wurde die Hofstallkaserne als provisorisches Festspielhaus in Beschlag genommen, das Programm in einem Festspielalmanach präsentiert und es gab erste Rundfunkübertragungen. Nach dem Zweiten Weltkrieg fanden sie schon 1945 wieder statt, und von da an begann ihre Erfolgsgeschichte. Nahezu alle großen Künstler der Welt sind in Salzburg aufgetreten, geprägt wurden die Festspiele aber vor allem durch Herbert von Karajans musikalisches Engagement. Heute öffnet man sich in Salzburg neuen künstlerischen Strömungen und wieder verstärkt dem Sprechtheater, von den Bühnen der Stadt gehen nach wie vor viele Impulse aus. Wohl kein europäisches Festival ist populärer als die Salzburger Festspiele.

Info Salzburger Festspiele: Veranstaltungen an verschiedenen Orten in Salzburg, Tel. (06 62) 804 55 00, www.salzburgfestival.at. **Reisezeit:** Die Salzburger Festspiele dauern fünf Wochen, Auftakt ab ca. 20. Juli.

Salzburg für Kinder

SALZBURGER MARIONETTENTHEATER

Salzburg

Die Stadt definiert sich zwar als Ort, an dem die Hochkunst zu Hause ist und Hof hält, aber der Nachwuchs wird auch angesprochen. Salzburg bringt Kindern und Jugendlichen Kunst auf ausgefallene Art nahe.

Besonders mit dem Marionettentheater, einer weltbekannten Puppenspielbühne, die mit großem Aufwand an Personal, Bühnen- und Beleuchtungstechnik betrieben wird. Das Theater, in dem an Fäden agierende Holzfiguren die Bühne bevölkern, wurde 1913 von Anton Aicher gegründet. Seine Nachfahren leiten das Traditionshaus mittlerweile in der dritten Generation. Die ausdrucksstarken Figuren werden im Haus hergestellt und in Stand gehalten.

Auf dem Programm stehen neben klassischen Kinderstücken wie »Peter und der Wolf« und »Schneewittchen« komplette Mozartopern, etwa die »Zauberflöte« oder »Die Entführung aus dem Serail«. Auch Shakespeare, Musicals und gar Ballettstücke gehören zum Repertoire. Das alles wird so abwechslungsreich inszeniert, dass Kinder und deren erwachsene Begleiter gleichermaßen begeistert sind. Selbst coole Heranwachsende, die sich sonst nicht so schnell aus der Reserve locken lassen, lachen und klatschen.

Wer wenig Zeit hat oder mit kleineren Kindern reist, kann am Nachmittag eine einstündige Vorstellung besuchen. Ein Geheimtipp für eilige Wagnerfans, oder solche, die es noch werden wollen, ist die Adaption des »Ring der Nibelungen«: Das Salzburger Marionettentheater dampft den Stoff von vier Opern à vier Stunden auf kompakte zwei Stunden ein. Die eigenwillige Produktion lässt auf der Bühne Menschen mit Puppen interagieren und wirft einen ganz neuen Blick auf das Monumentalwerk.

Im Gebäude des einstigen Bürgerspitals hält das Spielzeug Museum für jüngere Kinder alles bereit, was deren Herzen höher schlagen lässt. Von historischen Schnitz- und Zinnfiguren über Papierbühnen, Puppenhäuser und Baukästen, Teddys und andere Plüschtiere, Modelleisenbahnen und Spielzeug aus Übersee. Die Zeitreise in die Kindheit ihrer Groß- und Urgroßeltern fasziniert auch die Smartphone-Generation. Die Sammlung ist unterhaltsam, aber auch lehrreich. Dank Fußbodenheizung und Teppichboden können auch ganz kleine Besucher das Haus krabbelnd erkunden. Jeden Mittwoch hat der Museumskasperl seinen viel beachteten Auftritt: »Seid ihr alle da?«

Szene aus »Peter und der Wolf/Rotkäppchen«, aufgeführt vom Salzburger Marionettentheater.

INFO: In der Altstadt gelegen. **INFO SALZBURGER MARIONETTENTHEATER:** Schwarzstr. 24, 5020 Salzburg, Tel. (06 62) 87 24 06, www.marionetten.at. **INFO SPIELZEUG MUSEUM:** Bürgerspitalgasse 2, Salzburg, Tel. (06 62) 620 80 83 00, www.spielzeugmuseum.at, Öffnungszeiten Di–So 9–17 Uhr, Eintritt € 5, ermäßigt € 2,50, Kinder € 2, Familien € 10.

Der Mythos Salzburg

Salzburg Museum Neue Residenz

Salzburg

Ein mehr als 400 Jahre alter, topsanierter Palazzo, eine großzügige imperiale Fassade, die in frischen Farben leuchtet, das Innere mit prunkvoller Ausstattung. Das Salzburg Museum, 1834 als Provincialmuseum gegründet und fortlaufend erweitert, besitzt neben mehreren Institutionen mit den Sammelbereichen Geschichte, Kunst und Kultur – von der Steinzeit bis in die jüngste Vergangenheit – seit 2006 auch die Räumlichkeiten der Neuen Residenz am Residenzplatz, eines der größten Museumsprojekte der letzten Jahre in Österreich.

Auf mehr als 3000 Quadratmetern gehen die Macher der Dauerausstellung dem Mythos Salzburg nach, wie ihn die Maler der Romantik im 19. Jahrhundert prägten und wie er sich bis heute entwickelt. Im Mittelpunkt stehen Tourismus und Salzburger Festspiele, die beiden Umsatzmotoren der Stadt. Ein besonders wertvolles Ausstellungsstück ist die Goldegger Stube. Die mit Zirbenholz getäfelte und mit prunkvollen Intarsien und Beschlägen ausgestatte Wohnstube stammt aus dem frühen 17. Jahrhundert und ist als eine von nur wenigen ihrer Art bis heute erhalten.

Die Goldegger Stube im Salzburg Museum.

Der historische Teil der Ausstellung blickt u. a. auf das absolutistische Zeitalter der Erzbischöfe. Die Zeit der Gegenreformation wird ebenso beleuchtet wie das dunkle Kapitel der Judenverfolgung, das 1498 in der »Verbannung der Juden aus dem Erzstift Salzburg für immer und ewige Zeiten« gipfelte.

Ein zweiter Teil der Dauerausstellung widmet sich prominenten Bürgern der Stadt: Salzburger Persönlichkeiten werden in bunter Reihung vorgestellt, Künstler, Wissenschaftler, Mediziner. In der Kunsthalle unter dem Innenhof der Neuen Residenz gibt es Sonderausstellungen.

Im unterirdischen Durchgang zum Panorama Museum sind interessante Funde aus archäologischen Grabungen zu sehen, darunter eine über eineinhalb Meter hohe bemalte Mauer aus römischer Zeit um 100 n. Chr. Zu den größten Kostbarkeiten gehört die keltische Schnabelkanne vom Dürrnberg aus dem Jahr 44 v. Chr. Begleitend zu den Funden machen drei Stadtmodelle die Entwicklung Salzburgs von der Römerzeit bis ins frühe 19. Jahrhundert deutlich. Ein beeindruckendes Rundgemälde der Stadt und ihrer Umgebung lohnt den Besuch im benachbarten Panoramamuseum.

Info: In der Altstadt gelegen. **Info Salzburg Museum Neue Residenz:** Neue Residenz, Mozartplatz 1, 5020 Salzburg, Tel. (06 62) 620 80 87 00, www.salzburgmuseum.at, Öffnungszeiten Di–So 9–17 Uhr, Eintritt € 9, ermäßigt € 4, Kinder € 3, Kombiticket mit Panoramamuseum € 10, Kinder 3,50.

Der Erzbischof ließ Wasser spritzen

Schloss Hellbrunn

Salzburg

Zu Fuß läuft man eine Stunde aus dem Zentrum Salzburgs über die schnurgerade Hellbrunner Allee mit ihren uralten Bäumen zum Lustschloss der Erzbischöfe in Hellbrunn. Eine entzückende Parkanlage, die auf dem

Lustschloss im Süden Salzburgs: Schloss Hellbrunn.

Höhepunkt der kirchlichen Macht unter Markus Sittikus entstand (1613–19), erbaut von Santiago Solari. Sein Stil wird als manieristisch-frühbarock charakterisiert, eine aus Italien importierte Mischung aus Renaissance und Barock. Sie zielte auf die Verfremdung der Realität mit Mitteln der Kunst. Die Erzbischöfe wollten ihren Alltag hinter sich lassen, sie durchschritten amüsiert das Innere des Schlosses mit Wänden voller Fantasie- und Fabelwesen, illusionistischer Architekturmalerei, Fresken und prächtigen Kachelöfen im Festsaal, Fürsten- und Musikzimmer und handgefertigten chinesischen Tapeten in den Schlafzimmern. Heute findet im Dezember vor der eindrucksvollen Schlosskulisse der Adventsmarkt statt.

Potenzierter Manierismus im Lustgarten mit den Wasserspielen. Was sich die Erbauer alles einfallen ließen, um sich Spaß zu verschaffen! Neben Brunnen, Grotten und Statuen gibt es unberechenbare Wasserstrahlen, die bis heute Besucher nass spritzen. Am Steinernen Tisch trieb der Erzbischof gern etwas Schabernack und ließ seine Geliebten und andere Gäste aus versteckten Leitungen mit Wasser attackieren. Das mechanische Theater ist eine Miniaturstadt mit 256 Figuren, die Berufe und Stände darstellen, ihre Bewegungen werden mittels Wasserkraft bewirkt. Dazu erklingt Musik von Mozart. Auf dem Hellbrunner Berg hockt das Monatsschlössl, am östlichen Abhang wurde ein Steinernes Theater aus dem Fels gemeißelt. 1617 kam es dort zur ersten Opernaufführung nördlich der Alpen.

Der Hellbrunner Schlosspark ist aber auch ein naturbelassenes Biotop, 60 Hektar groß, mit Spielwiese, Sportparcours und im Winter gespurten Loipen. Die verschwenderisch anmutende Naturpracht von Menschenhand geht sanft in die Bergwelt der Alpen über.

Info: Ca. 8 km südlich von Salzburgs Zentrum gelegen. **Info Schloss Hellbrunn:** Fürstenweg 37, 5020 Salzburg, Tel. (06 62) 820 37 20, www.hellbrunn.at, Öffnungszeiten tägl. April, Okt. 9–16.30, Mai/Juni, Sept. 9–17.30, Juli/Aug. 9–18 Uhr (Wasserspiele 19–21 Uhr), Eintritt € 12,50, ermäßigt € 8, bis 18 J. € 5,50.

Ort für die Liebe

Schloss Mirabell

Salzburg

Es muss wahre Liebe gewesen sein. Fürsterzbischof Wolf Dietrich paukte im 17. Jahrhundert sein Projekt des Umbaus der mittelalterlichen Stadt zur ersten Barockstadt heiterer italienischer Prägung nördlich der Alpen generalstabsmäßig durch, weil er Salome Alt gefallen wollte. Als Geistlicher konnte er die Kaufmannstochter nicht heiraten, aber alle Salzburger wussten, dass sie seine Geliebte war. Er schuf ein urbanes Gesamtkunstwerk, auf dem ihre Augen wohlgefällig ruhen sollten. 15 Kinder hatten sie zusammen, zehn überlebten und für seine Familie ließ Wolf Dietrich 1606 Schloss Mirabell (Schöner Blick) bauen, umgeben von einem wunderschönen Park.

1612 stürzte der Fürst, seine Konkubine musste samt Anhang das Schloss verlassen.

Barocker Lustgarten: Mirabellgarten in Salzburg.

Es diente fortan als erzbischöfliche Sommerresidenz und wurde zum spätbarocken Palast umgebaut, 1818 dann – nach einem Stadtbrand – noch einmal, diesmal im klassizistischen Stil. Seit 1947 ist das Schloss Amtssitz von Bürgermeister und Stadtverwaltung. Eine prunkvolle Treppe mit Marmorbalustrade führt in den Marmorsaal im ersten Stock, in dessen festlicher Atmosphäre Paare getraut und Veranstaltungen abgehalten werden.

Der Mirabellgarten beeindruckt mit Terrassen, Springbrunnen und Marmorstatuen (1690). Das Ensemble umfasst neben einer Fontäne, einem Irrgarten und dem Großen und Kleinen Parterre vier allegorienreiche Figurengruppen. Sechs grüne Wände umgeben ein Heckentheater (1717), das älteste im deutschsprachigen Raum.

Ein Unikum seiner Art ist der Zwerggarten (1715), der aus 28 koboldhaften Figuren eines nicht mehr bekannten Künstlers besteht. Sie sind bis zu 1,40 Meter hoch, aus Untersberger Marmor gefertigt und versinnbildlichen Volkstypen wie Bäuerin, Gärtner, Ballspieler, Lahmer, Harlekin, Türke oder Stotterer. Als Salzburg 1811 zu Bayern geriet, ließ Kronprinz Ludwig die grotesken Gestalten versteigern. Knapp zwei Drittel konnten zurückerworben werden.

Info: In der Altstadt gelegen. **Info Schloss Mirabell:** Mirabellplatz, 5020 Salzburg, Tel. (06 62) 807 20, www.salzburg.info, Öffnungszeiten Marmorsaal (Trauungssaal) Mo, Mi/Do ca. 8–16, Di, Fr 13–16 Uhr, Öffnungszeiten Engelsstiege tägl. ca. 8–18 Uhr, Öffnungszeiten Park tägl. 6 Uhr bis Sonnenuntergang, Eintritt frei.

Eine Route zu alteingesessenen Geschäften mit besonderem Ambiente

Traditionsgeschäfte

Salzburg

Die Einheimischen lieben ihre Traditionsgeschäfte mehr als Shopping Malls, obwohl sie meist klein und verwinkelt sind. Doch die mitunter seit Jahrhunderten angestammten Geschäfte bieten das Besondere. Wie Kirchtag, die letzte Salzburger Schirmmacherei, 1903 gegründet. Die hier gefertigten Regenschirme sind edel, die Griffe aus Kastanie, Ahorn, Weißbuche oder Rosenholz. Kirchtag beschäftigt eine eigene Schneidermeisterin, die Stoffe stammen aus einer norditalienischen Weberei. Selbst auf der Bühne im Festspielhaus agieren Schauspieler mit Kirchtag-Schirmen.

Ist das Wetter allzu schlecht, kann man sich im schmalsten Haus der Gasse bei Sporers Spirituosenhandel von innen wärmen. Ururgroßvater Sporer gründete 1903 eine Branntweinschänke, aus der das Familienunternehmen wuchs. Die Zutaten für die Schnäpse, Liköre, Kräuterbitter und Fruchtpunsche stammen alle aus Bioanbau. Neben Klassikern wie dem Kräuterbitter nach altem Familienrezept gibt es auch Exotisches, etwa Mangopunsch oder Kakao-Nuss-Likör. Nicht entgehen lassen sollte man sich eine regionale Spezialität mit Seltenheitswert: Aus den jungen Zapfen der Zirbenkiefern, die in den Gebirgstälern um Salzburg wachsen, wird ein Schnaps mit 32 Prozent Alkoholgehalt und einzigartigem harzigem Geschmack gewonnen.

Kopfschmerzen bekommt man von Sporers hochwertigem Hochprozentigen nicht – und wenn doch, gibt es ein paar Schritte weiter Abhilfe. Ob schon Mozart sich in der Alten f.e. Hofapotheke (f. e. = fürsterzbischöflich) etwas gegen seinen Kater besorgte, wenn er zu tief ins Glas geschaut hatte, ist nicht bekannt. Aber über Jahrhunderte war das die einzige Salzburger Apotheke, 1591 eröffnet. Ihr Rokoko-Interieur ist komplett erhalten und im hauseigenen Labor wird Spanischer Kräutertee hergestellt, der gut ist gegen alles, was schlecht ist.

Hochwertig und hochprozentig: Fässer in der Sporer Likör- & Punschmanufaktur.

Das Kaslöchl ist Salzburgs winzigster Laden, sieben Quadratmeter groß. Neben der Käsetheke bleibt nur Platz für vier Kunden. 1892 eröffnet, gab es mehr als ein Jahrhundert nur die Wahl zwischen drei Käsesorten. Heute ist die Auswahl im Mini-Laden trotz Raumnot gigantisch, und die Kunden warten gern vor der Tür, bis sie Einlass finden.

Info Kirchtag Schirmmacherei: Getreidegasse 22, 5020 Salzburg, Tel. (06 62) 84 13 10, www.kirchtag.com. **Info Alte f.e. Hofapotheke:** Alter Markt 6, Salzburg, Tel. (06 62) 84 36 23, www.hofapotheke.at. **Info Sporer Likör- & Punschmanufaktur:** Getreidegasse 39, Salzburg, Tel. (06 62) 84 54 31, www.sporer.at. **Info Kaslöchl:** Hagenauerplatz 2, Salzburg, Tel. (06 62) 84 41 00, www.kasloechl.at. Betrieb zu den üblichen Ladenöffnungszeiten.

Visite im Verlies

Burg Hohenwerfen

Werfen, Salzburg

Wer sich vornehm ziert, kommt nicht ins Mittelalter. Das aber soll beim Ritteressen in der Burgschenke Hohenwerfen geschehen. »Tratet ein«, lautet der alte Burgspruch, »wuschet die Hände bis zum Ellebogen, schürzet Euer Gewand und nahmet Platz an der Tafel. Es ist reichlich gesorgt für alle. Langet zu mit den Fingern und zieret Euch nicht!« Die nördlich über Werfen auf einem bewaldeten Felsen herrschaftlich thronende Burg Hohenwerfen (680 m) präsentiert sich mit Mauern und Türmen als abweisender Wehrbau.

Erzbischof Gebhard ließ ihn 1077 erbauen, eingebettet zwischen Hochkönig, Hagen- und Tennengebirge, im Transitraum der Durchgangsstraße von Salzburg in Richtung Süden, nach Osttirol und Kärnten. Die Burg wurde aber über Jahrhunderte hauptsächlich als Gefängnis benutzt, die Einsitzenden erhielten keine Einladung in die Burgschenke.

Burg Hohenwerfen.

Von fern sieht der Bau wie eine Märchenburg aus, doch je näher man kommt, umso furchterregender wirkt er. Übeltäter, die ins Verlies geworfen wurden, siechten dort bis zu ihrem Tod dahin. An Freiheit war nicht mehr zu denken. Diese schreckliche Zeit ist vorbei. 1931 wurde das monumentale Gebäude gründlich saniert, das Gefängnis geschlossen und 1938 gelangte die Anlage in den Besitz des Landes Salzburg. Seither ist sie im Rahmen einer Führung zu besichtigen. Das Verlies, die Burgkapelle und eine Waffensammlung sind zu sehen. Dem Schaudern folgt das Staunen.

Das Österreichische Falknereimuseum hat in der Burg sein Domizil, die Falkner mit ihren Handschuhen aus Leder und Stahl lassen ihre gefiederten Schützlinge ihre eleganten Flugkünste vorführen. Unwillkürlich denkt man an die Gefangenen, die gern an den Krallen eines Adlers das Weite gesucht hätten.

Info: Werfen liegt ca. 50 km südlich von Salzburg. **Info Erlebnisburg Hohenwerfen:** 5450 Werfen, Tel. (064 68) 76 03, www.salzburg-burgen.at, Öffnungszeiten April, Okt Di–So 9.30–16, Mai–Sept. tägl. 9–17, Mitte Juli–Mitte Aug. bis 18 Uhr, Eintritt ohne Lift € 12,50, Kinder € 7, mit Lift € 16,50/9,50. **Info Burgschenke:** Burgstr. 2, Werfen, Tel. (064 68) 52 03, www.ritterschmaus.at, Öffnungszeiten April–Okt. tägl. 9–18 Uhr. Reservierung empfohlen, Preise auf Anfrage.

Die größte Eishöhle der Welt

EISRIESENWELT

Werfen, Salzburg

Lieber warm anziehen, auch im Hochsommer. Die Durchschnittstemperatur in der Eisriesenwelt beträgt beim Rundgang 0 Grad. 30000 Quadratmeter Eisfläche sind am Westrand des Tennengebirges unterirdisch zu begehen, weltweit ist keine größere Eishöhle bekannt. Der britische Naturfilmer David Attenborough vertritt die Ansicht, sie gehöre zu den größten Naturwundern der Erde. Die Höhle entstand in der Tertiärzeit durch die Millionen Jahre währende Fräsarbeit eines unterirdischen Flusses. 1879 entdeckte sie der Salzburger Naturforscher Anton von Posselt-Czorich, ab 1912 wurde sie systematisch erschlossen. Im Innern des Höhleneingangs befindet sich, markiert, die Urne von Alexander von Mörk, der die Erschließungsarbeiten leitete, er fiel im Ersten Weltkrieg. In der Höhle begraben zu werden war sein letzter Wunsch. Zu besichtigen ist der erste Kilometer, komplett mit bis zu 20 Meter dicken Eisplatten bedeckt. Das Eis wächst ständig nach, dafür sorgt der Kamineffekt in der Höhle, der kalte Luftmassen ins Innere transportiert. Bis ins Frühjahr speichert das Gestein die Kälte, und in der warmen Jahreszeit nach der Schneeschmelze verschwinden zwar bis zu zehn Zentimeter der Bodeneisdecke, doch Wasser dringt durch Spalten und Risse im Fels, sickert in die Höhle ein und gefriert dort. Ein immerwährender Verwandlungsprozess, der ewiges Eis schafft. Die restlichen 42 Kilometer des unterirdischen Raums sind Besuchern nicht zugänglich.

Sie gelangen per Seilbahn oder einer fünf Kilometer langen Wanderung von Werfen aus zum Eingangsportal auf 1664 Metern Höhe. Die Führung dauert etwa eine Stunde, erhellt wird das Dunkel nur durch mitgeführte Karbidlampen und Magnesiumlicht, festes Schuhwerk ist dringend erforderlich. Die Führungen finden bereits seit 1920 statt, die Führer verstehen es, bizarre Eisfiguren mit ihren Lampen in Szene zu setzen. Im Winter ist der Höhleneingang wegen Lawinengefahr geschlossen.

Größte Eishöhle unseres Planeten: die Eisriesenwelt bei Werfen.

INFO: Werfen liegt ca. 50 km südlich von Salzburg. **INFO WERFEN:** Tourismusverband Markt 24, 5450 Werfen, Tel. (064 68) 53 88, www.werfen.at. **INFO EISRIESENWELT:** Eishöhlenstr. 30, Werfen, Tel. (064 68) 52 48, www.eisriesenwelt.at, Öffnungszeiten Mai–Okt. tägl. 8–15, Juli/Aug. tägl. bis 16 Uhr, Eintritt mit Seilbahn € 24, Kinder € 14, ohne Seilbahn € 12, Kinder € 7.

Nach den Pilgern kamen die Schönheitssucher

Operettenlandschaft Weisses Rössl

Wolfgangsee, Salzburg

Das ist die Operettenlandschaft, als solche bekannt geworden durch Ralph Benatzkys Walzerseligkeit »Im Weißen Rössl«. Die Orte am zehn Kilometer langen und zwei Kilometer breiten Wolfgangsee sind so niedlich an die Ufer getupft, der 1873 vom Stapel gelassene Schaufelraddampfer »Franz Joseph I.« schippert immer noch durch die Wellen und im Hotel »Im Weißen Rössl« in St. Wolfgang, das sich seit 1712 in Familienbesitz befindet, hat man vom Restaurant aus den besten Blick auf die von Bergen gerahmte Seeidylle. Davon abgesehen wurde das Haus modernisiert mit Wellnessbereich und einem eingefassten großen Pool mit Seewasser, der nach dem Saunieren auch im Winter benutzt werden kann. Das eiskalte Wildwassser prickelt erregt am erhitzten Körper.

St. Gilgen am Westende des Sees ist ein traditionsreicher Ort der Sommerfrische, es gibt noch viele Villen aus dem späten 19. Jahrhundert. Mozarts Mutter wurde hier geboren, eine Gedenktafel am Geburtshaus erinnert an die Gebärerin des Genies. Wer von St. Gilgen aus im Sommer mit der Seilbahn zum Zwölferhorn (1522 m) hinauffährt, hat ein großes Wandergebiet vor sich, im Winter ein anspruchsvolles Skigelände.

Die Ortschaft St. Wolfgang am Wolfgangsee.

In St. Wolfgang ist die spätgotische Wallfahrtskirche (1429–77) von Bedeutung. Wegen ihr, nicht wegen der schönen Landschaft, kamen über Jahrhunderte viele Pilger in den Ort. Sie knieten am Hochaltar nieder, einem Kunstwerk von höchstem Rang. Ebenso wertvoll ist der barocke Doppelaltar mit der gotischen Wolfgangsstatue. Der bronzene Wallfahrtsbrunnen im Brunnenhaus neben der Kirche war das erste Werk im Renaissancestil in Österreich. Beliebt ist die Wanderung im Gelände des Schafbergs, der – zusammen mit dem Zwölferhorn – als steile Falkensteinwand die Seeregion optisch dominiert. Vom Schafberggipfel aus kann man bei günstigen Wetterbedingungen sieben Seen im Salzkammergut und die Ostalpen sehen. Der Aufstieg von St. Wolfgang aus dauert rund vier Stunden.

Info: Der Wolfgangsee liegt ca. 45 km östlich von Salzburg. **Info Wolfgangsee:** Tourismusverband, Au 140, 5360 St. Wolfgang, Tel. (061 38) 80 03, http://wolfgangsee.salzkammergut.at. **Info Romantikhotel Im Weissen Rössl:** Markt 74, St. Wolfgang, Tel. (061 38) 23 06, www.weissesroessl.at. Preise auf Anfrage.

STEIERMARK

Das achte Weltwunder

STIFTSBIBLIOTHEK ADMONT

Admont, Steiermark

Die Stiftsbibliothek von Admont bezeichneten die stolzen Bewohner der Steiermark schon kurz nach ihrer Fertigstellung als achtes Weltwunder. Zu Recht, denn sie gilt als eines der größten Gesamtkunstwerke des europäischen Spätbarocks. Die Ortschaft Admont wurde bereits im Jahr 859 urkundlich erwähnt, das gleichnamige Stift 1074 gegründet. Es ist damit das älteste noch bestehende Kloster der Steiermark.

1776 baute man die Stiftsbibliothek, mit dem weltweit größten klösterlichen Büchersaal – 70 Meter lang, 14 Meter breit und gut 13 Meter hoch. Rund 70000 Bücher sind hier ausgestellt, etwa ein Drittel des gesamten Stiftbestands. Der Raum, der nach Plänen des Barockbaumeisters Josef Hueber (1715–87) errichtet wurde, wird von sieben Kuppeln überwölbt. 48 Fenster sorgen in Verbindung mit den weiß-goldenen Bücherschränken für besondere Helligkeit. Das Licht sollte nicht nur das Lesen der Schriften erleichtern, die sonnendurchfluteten Räume hatten auch symbolische Bedeutung. Barockbaumeister Hueber, wie seine Aufraggeber, den Ideen der Aufklärung verpflichtet, wird mit dem folgenden Satz zitiert: »Wie den Verstand soll auch den Raum Licht erfüllen.« Die Fresken stammen von Bartolomeo Altomonte, der als letzter großer Vertreter der Barockallegorie gilt. Als er den Auftrag erhielt, die Stiftsbibliothek zu verschönern, war er bereits 80 Jahre alt und setzte sich hier mit seinem Spätwerk ein Denkmal.

1865 brannte das Kloster fast völlig nieder, wie durch ein Wunder blieb die Bibliothek unversehrt. Die dem heiligen Blasius geweihte Stiftskirche wurde unmittelbar nach dem Klosterbrand erbaut und ist Österreichs erste

Barocke Pracht: Stiftsbibliothek Admont.

Kirche im neugotischen Stil. Mit ihren beiden 73 und 74 Meter hohen Türmen wurde sie schnell zum Wahrzeichen des Admonttals. Das 2003 eröffnete Stiftsmuseum stellt u.a. mittelalterliche Handschriften, Frühdrucke und Kunst aus dem Mittelalter bis zur Gegenwart aus.

Wer sich lieber draußen in der Natur aufhält, kann im nahegelegenen Nationalpark Gesäuse die Wanderschuhe schnüren oder im Winter auf die Skibretter steigen.

INFO: Admont liegt 86 km östlich von Hallstatt. **INFO STIFTSBIBLIOTHEK UND MUSEUM ADMONT:** 8911 Admont 1, Tel. (036 13) 231 20, www.stiftadmont.at, Öffnungszeiten Ende März–Okt. 10–17, Nov.–Ende März Fr 10–12, Sa/So 10–14 Uhr, Eintritt € 11,50, Kinder € 6,50. **INFO NATIONALPARK GESÄUSE:** Tourismusverband Gesäuse, Hauptstr. 35, 8911 Admont, Tel. (036 13) 211 60 10, www.gesauese.at.

Natur in der Sackgasse

Narzissenfest am Altausseer See

Bad Aussee, Steiermark

Alljährlich Ende Mai ist der Altausseer See voller bunt geschmückter Schiffe. Es ist die Blütezeit der Narzissen auf den sanften, feuchten Bergwiesen, Grund genug, ein Fest der Lebensfreude zu feiern. Dann schwimmen Boote, geschmückt mit einer farbigen Blütenpracht, und ganze Bauwerke aus Blumen – Tiere, Sagengestalten, Autos – im See. Ein wunderschöner Anblick vor dem Panorama des nördlich gelegenen Toten Gebirges. Seit langer Zeit wird der Beginn der warmen Jahreszeit auf diese Weise gefeiert, manche halten dieses Fest gar für das schönste Österreichs. Es zieht jedes Jahr bis zu 25 000 begeisterte Besucher an.

Aber auch sonst lohnt ein Besuch der Region. Der Altausseer See lässt sich in zwei Stunden umrunden, man kann mit dem Rad an seinem Ufer entlangfahren oder einfach gemütlich mit dem Ruderboot durchs schwarzblaue Wasser gleiten. Im Sommer lädt er zum Baden, Fischen und zu anderen Wassersportarten ein.

Der zwölf Kilometer lange Rundweg Via Artis führt durch die Orte Altaussee, Bad Aussee, Grundlsee und Grimming-Orte an historischen und heutigen Künstlerhäusern vorbei. Seit dem 19. Jahrhundert ist die Region beliebt bei Künstlern, Literaten und Musikern. Hugo von Hofmannsthal erholte sich hier ebenso wie Herbert von Karajan.

Impression während des Narzissenfestes in Bad Aussee.

Die schreibende Zunft erkor den See gar zum »Tintenfassl Österreichs«. Einer von ihnen, Friedrich Torberg, schrieb: »Anders als die übrigen Perlen des Salzkammerguts ist Altaussee keine Durchgangsstation. Hier bildet die Natur gewissermaßen eine Sackgasse. Altaussee ist ein krönender Abschluss. Die Berge liegen nicht einfach am See, sie umfassen und umhegen ihn ...«

In Bad Aussee widmet sich das Literaturmuseum mit Lesungen und einer LiteraTour auf den Spuren der schreibenden Sommerfrischler diesem Erbe. Der Ort ist hübsch und hat eine besondere kunsthistorische Attraktion. Bevor es Kurort wurde, lebte der Siedlungsflecken über Jahrhunderte gut vom Salzamt. Heute wird das Gebäude am Chlumeckyplatz Kammerhof genannt und an seiner Fassade vereinen sich Spätgotik und Renaissance. Von hier aus wurden lange Zeit die Salinen verwaltet und Steuern aus dem Handel eingezogen. Heute ist im ältesten Gebäude der Steiermark das Heimatmuseum untergebracht.

Info: Bad Aussee liegt ca. 80 km südöstlich von Salzburg. **Info Bad Aussee:** Tourismusverband Ausseerland-Salzkammergut, Bahnhofstr. 132, 8990 Bad Aussee, Tel. (036 22) 54 00 40, www.ausseerland.at. **Info Narzissenfest:** Narzissenfestverein, Bahnhofstr. 132, Bad Aussee, Tel. (036 22) 522 73, www.narzissenfest.at. **Reisezeit:** Ende Mai zum Narzissenfest.

Gut geschützte und gut erhaltene Altstadt

Alt-Graz

Graz, Steiermark

Gefühlt hat diese Stadt mehr Hinterhöfe als alle anderen österreichischen Städte. Man merkt das, wenn man beim Flanieren ein Lokal sucht – in Grazer Hinterhöfen gibt es die besten Cafés und Biergärten – oder vom Schlossberg auf das rote Ziegeldächermeer hinunterschaut. Die Altstadt, eine Mischung aus Renaissance und Barock, gehört seit 1999 zum UNESCO-Weltkulturerbe. Die Grazer nahmen das gelassen hin, sie wussten immer schon, dass sie in einer der schönsten, nein: der schönsten Stadt Österreichs leben. Ein tollkühner Beamter leistete sich gar 2003, als Graz Europas Kulturhauptstadt war, einen Affront und genehmigte vor dem Wiener Flughafen ein freches Plakat an der Autobahn: »Willkommen in Wien, dem schönsten Vorort von Graz«. Die Metropolenbewohner nahmen es mit Schmunzeln hin.

Grazer Renaissance: der Arkadenhof im Landhaus, dem ehemaligen Sitz der Landstände.

Die Stadt mit ihren 330 000 Einwohnern lebt vom leisen, unaufgeregten Charme. Sie hat ein hypermodernes Kunsthaus, einige Designhotels und -restaurants sowie das bedeutendste Designfestival Österreichs, macht aber keinen großen Rummel darum. Der Lyriker Alfred Kolleritsch, Initiator des »Steirischen Herbstes« und eine Institution in der Stadt, stellte die These auf, dass Graz umso provinzieller werde, je mehr es versuche, international zu sein. Das stimmt grundsätzlich, aber nicht in jeder Hinsicht. Die neosteierische Küche war lange eher hausbacken, das mochte auch daran liegen, dass die Stadt als »Pensionopolis« galt. Inzwischen verjüngt sich die Einwohnerschar, die Stadt wirkt innovativer.

Alt-Graz wird beherrscht von farbenfrohen Fassaden und verwunschenen Hinterhöfen. Nirgendwo in Mitteleuropa gibt es mehr geballte Renaissance. Zu den eindrucksvollsten Gebäuden gehören das Landhaus, das zu den bedeutendsten österreichischen Renaissance-Denkmälern zählt, das Landeszeughaus, heute Geschichtsmuseum, und das Universalmuseum Joanneum. Dom und Mausoleum im oberen Teil der Altstadt sind ambitionierte Baukunst, fast schon manieriert, und der Uhrturm auf halber Höhe des Schlossbergs ist seit Jahrhunderten das Wahrzeichen von Graz. Auch die Herrengasse, eine Fußgängerzone, weist Repräsentationsbauten auf, die bis zurück ins 18. Jahrhundert gehen. Die Sporgasse schmücken zwei wunderschöne Palais.

Info Graz: Graz Tourismus, Herrengasse 16, 8010 Graz, Tel. (03 16) 807 50, www.graztourismus.at. **Info Landeszeughaus:** Landesmuseum Joanneum, Herrengasse 16, Graz, Tel. (03 16) 80 17 98 10, www.museum-joanneum.at, Öffnungszeiten April– Okt. Di–So 10–17 Uhr, Nov.–März nur mit Führung. Eintritt € 15, ermäßigt € 6, unter 6 J. frei. Das Johanneums-24h-Ticket berechtigt zum Eintritt in alle 17 Museen in Graz und der Steiermark.

Blickerweiterung

Murinsel

Graz, Steiermark

Der Fluss Mur versammelt zwar die ganze Stadt an seinen Ufern, aber wer in Graz über die Jahrhunderte etwas auf sich hielt, blieb dem heftig treibenden Strom fern. Früher war das Wasser zudem oft braun, belastet von einer Papierfabrik, dem größten Arbeitgeber der Stadt.

Seit 2003 ist jedoch alles anders. Die Papierfabrik entsorgt nun ihren Schmutz umweltgerecht, die Mur erhielt eine neue Brücke, den 55 Meter langen, frei gespannten Mursteg, und sogar eine Insel. Ein künstlicher Erholungsplatz mit Amphitheater, Café und einem Kinderspielplatz mit einem dreidimensionalen Labyrinth aus Tauen und einer Rutsche. Zudem wurde dem Fluss eine »Terminator-Welle« verpasst – Namensgeber für die künstlichen Stromschnelle ist der aus Graz stammende »Terminator« Arnold Schwarzenegger – und die Kajak-Rodeo-Weltmeisterschaft fand auf seinen hüpfenden Wellen statt.

Es ist die zeitgenössische Architektur, die das frühere »Pensionopolis« aus seinem provinziellen Dämmerschlaf aufweckte, eine neue Urbanität auslöste und die Grazer in Liebe zum eigenen Fluss entbrennen ließ.

Die Murinsel im gleichnamigen Fluss.

Inzwischen gehört es zum guten Ton, sich auf einen Kaffee auf der Murinsel zu treffen, dort im Sommer an Performances teilzunehmen und Lesungen zu lauschen.

Oder einfach nur auf dem halbmuschelförmigen schwimmenden, mit den Murpromenaden durch zwei geschwungene Stegbrücken verbundenen Eiland unter dem gewölbten, mit Wasser gekühlten Dach zu sitzen und die Stadt von dort aus zu betrachten. Viel Stahl und Chrom hat der New Yorker Architekt und Designer Vito Acconci verbaut, nachts strahlt sie aus sich heraus. In Wahrheit ist die Insel ein Schiff, verankert und zusätzlich stabilisiert.

Schön ist von dort aus auch der Blick auf das hypermoderne, im spannungsreichen Kontrast zur Kulisse der 900 Jahre alten Stadt stehende Kunsthaus am linken Ufer der Mur. Die englischen Architekten Fournier und Cook bezeichnen ihr Gebäude, ebenfalls ein Kind des Kulturhauptstadtjahres 2003, als einen *friendly alien*. Etwas Außerirdisches haftet dem biomorphen Bau in Form einer Blase aus Acrylplatten mit Rüsselartigen Lichteinlässen auf dem Dach in der Tat an. Das war einige Zeit gewöhnungsbedürftig, doch auch dank dem horizonterweiternden Inselblick ist die fremde Form längst angekommen.

Info: Zu Füßen des Grazer Schlossbergs gelegen. **Info Murinsel:** Lendkai 19, 8020 Graz, www.murinselgraz.at, Zugang über Lendkai, Höhe Ökonomiegasse, und Kaiser-Franz-Josef-Kai, Höhe Mursteg. Öffnungszeiten Café: tägl. 10–20 Uhr, Shop: Di–Fr 10–18, Sa/So 11–17 Uhr.

Durch Raum und Zeit

Schloss Eggenberg

Graz, Steiermark

Spanien in der Steiermark. Rund drei Kilometer westlich von Graz thront die bedeutendste Schlossanlage des südöstlichen Bundeslandes unübersehbar auf einer Anhöhe. Schloss Eggenberg (1625–35) ist dem Escorial bei Madrid

Dem Escorial bei Madrid nachempfunden: Schloss Eggenberg westlich von Graz.

nachempfunden, die mächtige quadratische Anlage wurde von dem italienischen Baumeister Pietro de Pomis entworfen. Das Schloss unterscheidet sich von allen anderen ähnlichen Bauwerken in Österreich dadurch, dass es als Bau eine Allegorie der Zeit und des Universums darstellt. Es hat so viele Fenster wie das Jahr Tage hat (365), so viele Prunksäle wie der Tag Stunden (24) und darin so viele Fenster wie das Jahr Wochen hat (52). Jeder der vier Ecktürme steht für eine Himmelsrichtung. Im Zentrum der herrschaftlichen Räume befindet sich der frühbarocke Planetensaal, in dem Gemälde des Hofmalers Hans Adam Weissenkircher die Blicke auf sich ziehen. Im Schloss sind zugleich weitere Historien- und Kunstsammlungen des Grazer Landesmuseums Joanneum untergebracht. Umgeben ist die Schlossanlage von einem weitläufigen Landschaftsgarten, in dem ebenfalls die Planeten eine Rolle spielen. Sie sind die Grundlage der poetischen Gartenräume des neu gestalteten Planetengartens. Hier kann man wunderbar spazierengehen, und picknicken. 2010 wurde die bestehende UNESCO-Welterbestätte »Graz – Historisches Zentrum« um Schloss Eggenberg erweitert.

Info: Im Westen von Graz gelegen. **Info Schloss Eggenberg:** Eggenberger Allee 90, 8020 Graz, Tel. (03 16) 80 17 95 32, www.museum-joanneum.at, Öffnungszeiten Park tägl. 8–17, April–Okt. bis 19, Führungen in den Prunkräumen April–Okt. Di–So 10, 11, 12, 14, 15, 16 Uhr und nach Anmeldung, Eintritt € 15, ermäßigt € 6, Familien € 30.

Einst Festung, jetzt sattes Grün

Schlossberg und Uhrturm

Graz, Steiermark

Die Grazer liegen auf der Lauer, wenn die Touristenbusse anrollen. Der Schlossberg ist gekrönt vom mehr als 600 Jahre alten Uhrturm, der mehr über die Bewohner dieser Stadt sagt als alles andere: Der große Zeiger zeigt die Stunden, der kleine die Minuten an. Immer neu formiert sich touristische Erregung angesichts dieser Umkehrung des Gewohnten. Die Grazer nehmen es befriedigt zur Kenntnis: Ja, hier erlebt ihr was!

Der Schlossberg, bis heute Kern der historischen Altstadt, war in den blutigen Zeiten vergangener Jahrhunderte die Rettung für Graz. Das wird verständlich, wenn man den vielstufigen Aufstieg über die felsige Westseite angeht, anstatt bequem mit der Standseilbahn nach oben zu gelangen. Was sich heute als friedliche Erholungslandschaft präsentiert, war früher von abweisender Wucht. Die Türken holten sich blutige Nasen, die magyarischen Reiterheere belagerten den Berg und mussten unverrichteter Dinge wieder abziehen. Nicht einmal dem Führer der Grande Nation gelang es, die Stadt einzunehmen. Napoleons Heer scheiterte 1809 am grimmig befestigten Schlossberg. Die Schmach hat der französische Kaiser nicht auf sich sitzen lassen. Im Vertrag von Schönbrunn verlangte er, die Burgfeste zu schleifen – die Grazer mussten nachgeben und Napoleon den Uhrturm sogar abkaufen, weil er ihn mitsamt der Festung sprengen lassen wollte.

Der 28 Meter hohe Grazer Uhrturm.

Dem Zorn des kleinwüchsigen Franzosenführers verdankt die Stadt ihren heute grünen Schlossberg. Der Abriss der trotzigen Stadtmauern, deren Rudimente noch zu sehen sind, war ein Glück für Graz und beschleunigte seine Entwicklung enorm. Die hygienischen Zustände hinter den Festungsmauern müssen jeder Beschreibung gespottet haben, Seuchen waren an der Tagesordnung. Die Pest wütete fast 200 Jahre mit nur kurzen Unterbrechungen. Jetzt wurde das Gebiet zwischen Schlossberg, dem Fluss Mur und Glacis – dem Stadtpark – zum städtischen Zentrum. Eingebettet in sattes Grün, mit einem Baumbestand, den man kaum in einer ähnlich großen europäischen Stadt – Graz ist mit 330 000 Einwohnern Österreichs zweitgrößte Stadt – finden wird. Selbst exotische Solitäre wurden angepflanzt, die in dem von der Sonne gehätschelten Graz prächtig gedeihen.

Info: In der Altstadt von Graz gelegen.

Vierbeinige Exportartikel

Lipizzaner-Bundesgestüt Piber

Köflach, Steiermark

Die Lipizzaner sind die edelsten Pferde der Welt. In der Spanischen Hofreitschule in der Wiener Hofburg drehen sie Pirouetten, stehen auf den Hinterbeinen, springen und tänzeln, bis den Zuschauern fast schwindlig wird. Ihre Fähigkeit, durch Dressur ein bestimmtes Verhalten zu erlangen, ist beinah phänomenal. Doch es geschieht nicht von selbst, dahinter stecken harte Arbeit und Ausdauertraining. Die Pferde und ihre Bereiter müssen sich gut verstehen, das Gefühl muss stimmen, sonst bockt das Pferd.

Im Gestüt Piber in der Nähe von Graz werden pro Jahr 40 bis 50 Tiere geboren, grasen auf sattem steirischen Bio-Weideland und werden von ausgesuchten Betreuern aufgezogen. Eine Mutterstutenherde umfasst etwa 55 Tiere, jede Stute bringt im Laufe ihres Lebens zwölf bis 14 Fohlen zur Welt. Hinsichtlich Körperbau, Charakter, Intelligenz und Abstammung unterliegt die Zucht strengsten fachlichen Kriterien. Die Fohlen kommen nicht mit der charakteristischen weißen Färbung des Fells auf die Welt, sondern sind jahrelang grau oder braun. Erst zwischen dem siebten und zehnten Lebensjahr ändert sich ihr Äußeres und bis dahin sind sie auch ausgebildet für ihren Beruf als Dressurpferd. Lipizzaner sind ein Exportartikel Österreichs, sie bereisen ganz Europa und Übersee, um ihre Künste zu zeigen – und überall lösen sie Begeisterung aus.

Ursprünglich kam diese gelehrige Pferderasse aus Spanien. Seit 1580 wurden die Vierbeiner in der Nähe des slowenischen Ortes Lipica gezüchtet, von ihm ist ihr Name abgeleitet. Weil Slowenien zu den Kronländern der Habsburger Monarchie gehörte, wurde der Wiener Hof auf die fast ausnahmslos edlen Pferde aufmerksam. Dann wurde die Spanische Hofreitschule gegründet. Im Gestüt Piber, westlich von Bärnbach, können Besucher die Tiere in ihrer Umgebung beobachten, fotografieren und filmen. Auch beim Pferdetraining dürfen sie zuschauen, haben sich aber ruhig zu verhalten, die Tiere sind sehr sensibel. Füttern dürfen Besucher sie nicht, das ist ausschließlich den Stallburschen vorbehalten.

Nachwuchs für die Spanische Hofreitschule in Wien: Fohlenstallung auf dem Lipizzaner-Gestüt Piber in Köflach.

Info: Das Gestüt liegt ca. 45 km westlich von Graz. **Info Lipizzaner-Gestüt Piber:** Spanische Hofreitschule, Piber 1, 8580 Köflach, Tel. (031 44) 33 23, www.srs.at, Öffnungszeiten April–Okt. tägl. 9–16 Uhr, Eintritt mit Führung € 13, ermäßigt € 8,50, bis 6 J. € 3,50; Nov.–März Führungen tägl. 11 und 14 Uhr, Eintritt € 12, ermäßigt € 7, bis 6 J. frei.

Maria, die »Liebe Frau zu Zell«

Wallfahrtskirche Basilika Mariazell

Mariazell, Steiermark

In Rom schaut der Papst jeden Morgen in seiner Hauskapelle auf das zarte Lächeln der Madonna von Mariazell. Sein Vor-Vorgänger, Papst Johannes Paul II., hatte das Gemälde vor Jahren aus dem nordsteirischen Ort, rund 100 Kilometer südlich von Wien, in den Vatikan gebracht. 2007 reiste Benedikt XVI. zum 850-jährigen Jubiläum des Pilgerorts nach Mariazell, um der Magna Mater Austriae und der Regina Hungarorum et Slavorum zu huldigen. Der Ort der »Gnadenmutter« sei für ihn »die Herzmitte Europas«, erklärte der damalige Papst. Von hier ging die christliche Mission Osteuropas aus.

Die Basilika von Mariazell.

Der Überlieferung nach wurde Mariazell 1157 gegründet. Ein Benediktinermönch namens Magnus gelangte in diese Gegend, im Gepäck führte er eine aus Lindenholz geschnitzte Madonna mit. Ein Felsblock versperrte ihm den Weg, Hilfe suchend wandte er sich an die Muttergottes – da spaltete sich der mächtige Stein. Seit 1330 ist durch eine Ablassurkunde belegt, dass die Kirche »Unserer Lieben Frau zu Zell« ein Wallfahrtsort ist. Der Pilgerstrom hält seit über 600 Jahren ununterbrochen bis heute an, die frommen Menschen aus Österreich und Ungarn, Bayern, Böhmen, Polen, Kroatien, Frankreich und der Schweiz rufen die Gnadenmutter wegen Krankheit und anderer Nöte an.

Die Herrscher des Hauses Habsburg waren fast alle da, als Otto von Habsburg – ältester Sohn des letzten Kaiserpaars – 1966 nach 20-jährigem Exil wieder nach Österreich einreisen durfte, sein Weg führte ihn zuerst nach Mariazell. Sein Sohn Karl heiratete hier Baroness von Thyssen-Bornemisza. Ab 1975 ruhte der Leichnam des legendären Primas von Ungarn, József Mindszenty in der Ladislauskapelle, bis er nach dem Abzug der Sowjets nach Ungarn überführt werden konnte. Mehr als eine Million Pilger und Besucher kommen pro Jahr.

Die leicht erhöhte Wallfahrtskirche mit ihren drei Türmen ist weithin sichtbar. Der silberne Gnadenaltar ist ein Werk Augsburger Meister, die Kapelle schmückt ein Silbergitter von Maria Theresia, und zwei Schatzkammern sind mit Werken sakraler Kunst gefüllt. All das macht sie zum bedeutendsten Pilgerort des Katholizismus in Österreich.

Info: Mariazell liegt ca. 112 km nördlich von Graz. **Info Mariazell:** Tourismusverband Mariazeller Land, Hauptplatz 13, 8630 Mariazell, Tel. (038 82) 23 66, www.mariazell-info.at. **Info Wallfahrtskirche Basilika Mariazell:** Benedictusplatz 1, 8630 Mariazell, Tel. (038 82) 259 50, www.basilika-mariazell.at, Öffnungszeiten tägl. 7.30–19.30, Mai–Okt. Sa bis 21.30 Uhr.

Dorf mit Tierwelt

NATURMUSEUM NEUBERG

Neuberg an der Mürz, Steiermark

Zur Vogelsafari braucht man nicht auf einen anderen Kontinent zu reisen, in dieser Marktgemeinde am Fuß der Schneealm sind Präparate von Vögeln aus aller Welt zu besichtigen. In einer der umfangreichsten naturgeschichtlichen Privatsammlungen werden die gefiederten Tiere in der ursprünglichen Präsentation des Sammlers Herbert Schliefsteiner gezeigt. Der Banker widmete sein ganzes Leben der Landschafts-, Tier- und Pflanzenmalerei sowie dem Aufbau seiner einzigartigen Sammlung. 1997 verlieh ihm das Bundesministerium für Wissenschaft und Kunst in Anerkennung seiner Verdienste den Berufstitel »Professor«. Die Kanadagans aus dem Gebiet der Großen Seen, der Baumstachler aus den Weiten nordamerikanischer Wälder, der Doppelhornvogel aus Indien, Königsglanzfasane und Goldfasane aus dem südöstlichen Asien oder der Paradiesvogel aus Neuguinea sind als Exoten auffällig. Noch wichtiger ist aber für die meisten Besucher, die einheimischen Tiere betrachten zu können, die man immer seltener zu Gesicht bekommt. Das sind Steinadler aus dem Hochgebirge oder seltene Waldbewohner wie Uhu, Reiher und Schnepfenvögel an Flüssen und Seen. Untergebracht ist die Sammlung im Stift Neuberg, einem ehemaligen Zisterzienserkloster. Das Kloster wurde 1327 durch den Habsburger Herzog Otto den Fröhlichen gegründet. Besonders schön ist der Kreuzgang mit den Bildnissen von 38 Äbten, durchhaucht von meditativer Stille.

Kunstliebhaber werden sich auch für das Neuberger Münster (14. Jahrhundert) begeistern, die früheste einheitliche Hallenanlage der österreichischen Gotik. Der Holzdachstuhl ist der größte aller Kirchen im Land und darf nur einmal im Jahr – am Pfingstsonntag – besichtigt werden. Aus der Zeit des Barocks stammen die berühmte »Neuberger Madonna«, eine lebensgroße Sandsteinstatue, der Hochaltar (1612) und der Kapitelsaal. In der Stiftergruft befinden sich die sterblichen Überreste von Herzog Otto und seiner Familie. Das sakrale Denkmal wurde in den letzten zwei Jahrzehnten umfangreich restauriert, seine hellen Farben leuchten weit ins Land hinaus. Umgeben ist der Ort von ausgedehnten Wäldern und bis zu 2000 Meter hohen Bergen, die überwiegend leicht zu erwandern sind.

INFO: Neuberg/Mürz liegt ca. 103 km nordöstlich von Graz. **INFO NEUBERG AN DER MÜRZ:** Tourismusbüro, Hauptplatz 9, 8692 Neuberg/Mürz, Tel. (038 57) 83 21, www.muerzeroberland.at. **INFO NATURMUSEUM NEUBERG:** Hauptstr. 13, 8692 Neuberg, Tel. (0650) 218 72 30, www.naturmuseum-neuberg.at, Öffnungszeiten Mai–Okt. Di–So 10–12 und 14–16 Uhr und nach Anmeldung, Eintritt € 5,50, Kinder € 3. **INFO NEUBERGER MÜNSTER:** Hauptstr. 13, 8692 Neuberg, http://neuberg.graz-seckau.at, Führungen nach Voranmeldung, Tel. (0676) 87 42 63 27, Eintritt € 5,50, Kinder € 3.

Die Sammlung des Naturmuseums ist im Stift Neuberg untergebracht.

Das Bollwerk der Christenheit

Burg Riegersburg

Riegersburg, Steiermark

Schon die Anfahrt ist ein Ereignis. Ein breit hingestrecktes, 482 Meter hohes Basaltmassiv schiebt sich ins Bild. Darauf hockt die Riegersburg, ein konstanter Anblick für Vorüberziehende seit bald tausend Jahren.

Im 11. Jahrhundert erbaut, besteht sie heute aus den Burgen Lichteneck und Kronegg. Im 16. Jahrhundert, einer Zeit militärischer Innovationen, wurde sie mit elf Basteien mit Schießscharten und sechs Toranlagen ausgestattet und von einer drei Kilometer langen Wehrmauer umschlossen. Sie war der Schrecken erst der wilden Reiterhorden der Magyaren, dann das Trauma der Türken. Kein kriegerischer Gegner hat je die bedeutendste Grenzburg der Steiermark einnehmen können, deshalb wird sie auch als »stärkste Burg der Christenheit« bezeichnet. Sie ist der optische Höhepunkt einer Reihe von Befestigungsanlagen entlang der östlichen Grenze des einstigen Reichs der Habsburger.

Die Burganlage gehört seit 1822 den Fürsten Liechtenstein. Die Fürstin selbst fährt ihre Gäste manchmal im allradgetriebenen Jeep nach oben – sehr charmant, immer freundlich und klar in ihrem Traditionsbewusstsein. Wer überlegt, wie sie anzusprechen wäre, dem sagt sie im Schmeichelton: »Einfach Durchlaucht!« Dann führt sie mit Sachkenntnis durch die Dauerausstellung und erläutert die Rettung des christlichen Abendlands durch die mutigen Verteidiger. Aber auch die dunklen Seiten der früheren Regentschaft und der Kirche lässt sie nicht aus: Das Hexenmuseum ist ein großer Erfolg der Aufklärung, weil sie den unschuldigen Opfern, oft Frauen in ihren Blütejahren und voller Lebenslust, Gerechtigkeit widerfahren lässt. Allein zwischen 1546 und 1746 wurden auf der Burg 300 der Hexerei beschuldigte Personen gequält und hingerichtet.

Eine Bastion in der Steiermark: die Riegersburg.

Besucher, die zu Fuß kommen, müssen einen steilen 15-minütigen Aufstieg hinter sich bringen, der über einen steinigen Felsenpfad durch sieben Tore und mehrere Bastionen führt, über eine Vorburg mit Graben und Zugbrücke, Magazin und Pulverturm. Ganz bequem geht's mit dem Lift hinauf. Über einen schmalen, aus dem Fels gehauenen Eselsteig wurde die Burg während Belagerungen mit Lebensmitteln versorgt. Im inneren Kern besitzt sie zwei schöne, von Laubengängen umschlossene Höfe. Im Rittersaal hängen Gemälde und die Holzdecke ist sehenswert, ebenso das Fürstenzimmer und der barocke Weiße Saal. Eindrucksvoll sind die Ausblicke in die weite Landschaft.

Info: Riegersburg liegt ca. 63 km östlich von Graz. **Info Burg Riegersburg:** 8333 Riegersburg, Tel. (031 53) 821 31, www.die-riegersburg.at, Öffnungszeiten tägl. Mai–Sept. 9–18, April, Okt. 10–18 Uhr, Eintritt mit Lift € 19, Kinder € 11, nur Schrägseilbahn (Lift), Berg- und Talfahrt € 6, Kinder € 3

Der Rausch der Wildblumen

Almwanderung durch die Dachstein-Tauern-Region

Schladming, Steiermark

Ein rollender Stein, den eine querende Gämse losgetreten hat. Der Schrei einer Dohle. Das Bähen eines Bergschafes am Steilhang. Und dazwischen und darüber das majestätische Schweigen der Gebirgswelt, diese tiefe Stille, die sich nahezu therapeutisch über gehetzte, verwirrte, abgelenkte und oberflächliche Menschen breitet. Eine Almwanderung ist ein Urerlebnis. Gerade auch für Kinder, denen Fernsehen und Computerspiele diese Sphäre vorenthalten.

Beim Wandern durch die Berge öffnen sich die Sinne und Gedanken. Der Bach, an dem wir vorbeigehen, hat seine Schlucht in Jahrmillionen gegraben. Der Stein, über den wir stolpern, hat Eiszeiten und Kreidemeere gesehen. Die Wand, die über uns aufragt, ist sehr viel älter als die Menschheit. Wir gehen, schauen und kehren automatisch zur natürlichen Tiefenatmung zurück. Dazu der Rausch der Wildblumen auf der Alm, die Farben überall, der frische Duft, das Leuchten der Wiesen in der Sonne.

In der Region Dachstein-Tauern, dessen Zentrum Schladming ist, fühlt man sich besonders dem Urlaubernachwuchs in elterlicher Begleitung verpflichtet. Es gibt einen speziellen Kinderklettersteig, Räuberschatzsuchen, Indianercamps, Sommerschlittenfahrten, Altsteirer Traktorfahrten, Skateparks und vieles mehr. Ein Höhepunkt sind aber die Almwanderungen, bei denen Kinder »geerdet« werden: Manche spüren zum ersten Mal, dass die Gebirgswelt abenteuerlich, aber auch begehbar ist. Sie sehen dunkle Höhlen und Wasserfälle, raue Bergzacken und hohe Gipfel, Bergkristalle und die Weite des Universums. Sie lernen, ohne belehrt zu werden. Almwanderungen sind eine Schule des Lebens. Man kann sie auch barfuß absolvieren, die Erde an den Fußsohlen spüren – ein ganz besonderes Naturerlebnis.

Wandern in der Region Schladming-Dachstein.

Von Schladming aus lässt sich die Region Dachstein-Tauern in jeder Richtung erkunden. Etwa den Dachstein selbst. Schon die Auffahrt mit der Panoramagondel gewährt atemberaubende Ausblicke. Dies setzt sich fort am Skywalk und an Österreichs höchstgelegener Hängebrücke: Nervenkitzel mit Aussicht. Am Ende der Brücke führt die »Treppe ins Nichts« eine Felswand hinunter und endet auf einer Glasplattform 400 Meter über der Erde.

Info: Schladming liegt in der Dachstein-Tauern-Region. **Info Schladming:** Tourismusverband Schladming, Ramsauerstr. 756, Tel. (036 87) 23 31-0, www.schladming-dachstein.at, www.hauser-kaibling.at.

Gebäude mit Geschichte

Österreichisches Freilichtmuseum Stübing

Stübing, Steiermark

Das mit Schilf gedeckte Gebäude aus dem Burgenland steht nur einige Meter neben einem Dreikanthof mit Rundtorbogen aus dem Waldviertel, Alphütten aus dem Bregenzerwald und einem typischen Tiroler Wirtshaus. Dazu die Einrichtungen, Arbeitsgeräte und Transportfahrzeuge. Österreich ist ein fast 700 Kilometer lang gestrecktes, deshalb vielfältiges Kulturland. Aber in Stübing, einem Ortsteil von Deutschfeistritz, kann man die Architektur aller österreichischen Bundesländer kompakt studieren.

Aus jeder Region wurden Bauernhöfe, alte Mühlen, Dörr-, Selch- und Köhlerhütten, eine alte Schule oder Waldarbeiterhütten abgebaut, in das Österreichische Freilichtmuseum gebracht und dort wieder maßstabsgerecht aufgebaut. 100 originale Gebäude sind es, darunter auch Gehöfte, Ställe und Speicher von enormer Größe.

Traditionelle Bauten im Freilichtmuseum Stübing.

Jedes davon hat eine Geschichte, hält Freude und Trauer, Hoffnung und Angst in seinen Mauern eingeschlossen. Auf einem 50 Hektar großen bergigen Gelände am rechten Ufer des Wildwasserflusses Mur und 20 Kilometer von Graz entfernt, wurde das Museumsgelände 1970 eröffnet. Tausende Schulklassen sind durchgeschleust worden und Zehntausende Touristen haben hier begriffen, dass Österreich, heute eine Nation von sieben Millionen Bürgern, ein Land großer regionaler Unterschiede ist.

Wer kennt schon allein den Unterschied zwischen Pfosten-, Ständer- und Blockbauten? Diese museale Anlage ist ein nationales Vermächtnis. Sie verschafft einen ausgezeichneten Überblick über die vielfältigen Erscheinungsformen traditionellen bäuerlichen und handwerklichen Wohnens und Arbeitens. Das geht so weit, dass Besucher spezielle handwerkliche Fertigkeiten vorgeführt bekommen, etwa das Sieden von Salbe oder das Schnitzen eines Haussegens. Manche können sogar mit anfassen und sich in den Praktiken ihrer Vorfahren vor der industriellen Epoche erproben. Und im Herbst gibt es Krippenbaukurse, damit das gute Stück pünktlich zu Heiligabend unterm Weihnachtsbaum steht.

Info: Stübing liegt ca. 20 km nördlich von Graz. **Info Österreichisches Freilichtmuseum Stübing:** Enzenbach 32, 8114 Stübing, Tel. (031 24) 537 00, www.freilichtmuseum.at, Öffnungszeiten April–Okt. tägl. 9–16 Uhr, Eintritt € 13, ermäßigt € 8,60, Kinder € 5,50.

Kernspaltung auf Steirisch

Kernölproduktion in der Südsteiermark

Südsteiermark, Steiermark

Wenn die Farben des Herbstes verlöschen, beginnt im südöstlichen Zipfel der Steiermark die Erntezeit. Die Luft ist erfüllt vom Duft reifer Äpfel, Birnen und Zwetschgen, es riecht nach Weinmost – und Kürbiskernöl.

Auf den Äckern sitzen Frauen, die sich Decken über ihre Beine gelegt haben und darin Kürbiskerne sammeln. Sie »putzen« die Kürbisse, hacken, sägen, schneiden die Früchte auf und pulen mit bloßen Händen die Kerne heraus. »Dös is a harte Arbeit«, sagt Bäuerin Margarete Schuster. »Aber 's geht nun mal nicht anders.«

Das Gold der Steiermark wird in mühsamer Handarbeit geborgen. Kürbiskernöl kann nur durch Schroten, Kneten, Rösten und Pressen der Kerne gewonnen werden. Es gehört zu den gesündesten aller Öle, sein Anteil an ungesättigten Fettsäuren ist noch höher als beim Olivenöl. Es ist reich an Vitaminen, senkt das schlechte Cholesterin und ist die beste natürliche Medizin – ohne chemische Rückstände. Auf Salatblättern sieht Kürbiskernöl aus wie Schmieröl, es ist eine dickflüssige Rarität. Die Kerne des steirischen Kürbisses – und nur sie – haben keine Schalen und sind nur von einer dünnen, sattgrünen Haut überzogen. Das geschah infolge einer genetischen Mutation und macht es leichter, aus ihnen Öl zu schlagen.

Zwischen Deutschlandsberg, Kapfenstein und Bad Radkersburg rumpeln Maschinen aus der Habsburger Zeit, denn es gibt keine moderne Technik bei der Kernölproduktion. Alte Handwerkstechniken wurden reaktiviert, seitdem immer mehr naturbelassenes Öl gewünscht wird. Noch vor drei Jahrzehnten wollte niemand etwas vom Kürbis wissen. Heute kommen Kunden eigens aus Norddeutschland angereist, um frisch gepresstes Öl direkt am Hof abzuholen. Starköche kreieren Menüs auf Kernölbasis: pochierter Saibling, Risotto, Styria Beef, steirisches Gemüse – alles mit Kernölsauce. Der nussige Geschmack hat sich durchgesetzt, wohl deshalb wird der fruchtbare Südosten Österreichs Himmelreich genannt. Original steirisches Kürbiskernöl ist von der EU mit dem Markenschutz »g. g. A.« auf dem Etikett versehen – »geschützte geografische Angabe«.

Kürbisse aus der Südsteiermark.

Gutes Kürbiskernöl hat eine tiefgrüne Farbe mit leicht rötlichen Reflexen. Tendiert es eher zu einem bräunlichen Schimmer, wurde es wahrscheinlich zu stark geröstet, was Qualität und Geschmack beeinträchtigt.

Info: Deutschlandsberg liegt ca. 40 km südwestlich von Graz. **Info steirisches Kürbiskernöl:** Verein für Schilcherland-Spezialitäten, Schulgasse 28, 8530 Deutschlandsberg, Tel. (034 62) 22 64 42 62, http://spezialitaeten.schilcherland.at.

Die höchste Wertschöpfung aus den Früchten

Weinanbaugebiet Südsteiermark

Südsteiermark, Steiermark

Anno 1635 den 6. April hat sich das sauffen angehebt und ale Tag ein Rausch geben bis auff den 26. detto.« 20 Tage durchtrinken – selbst in der konsumierfreudigen Steiermark eine reife Leistung. Ins nördliche Fenster des Rittersaals der Riegersburg ist dieses Saufbekenntnis in den Stein geritzt. Um den Wein dreht sich viel, letztlich alles im Süden der Steiermark, einem Land, das sich schwingt, so weit der Blick reicht. Seit Jahrhunderten ist es Weinanbaugebiet, seit vielen Jahren auch mit Spitzenweinen. Die Weine sind fruchtig, aber auch duftig-elegant-weich. Meist werden sie in Kombination mit gutem Essen in Weingasthöfen angeboten, und das zu Preisen, die (noch) absolut fair sind – kein Vergleich etwa zur Touristenabzocke in manchen Tiroler Restaurants.

Nach Kitzeck geht es hoch hinauf, nämlich 564 Meter, um genau zu sein. Dort wird Wein seit mindestens 1000 Jahren gekeltert. Aus den Trauben von den steilen Hängen werden noble Rheinrieslinge, trockene Welschrieslinge, feine Weißburgunder, zartherbe Muskateller, Traminer, Ruländer und Schilcher gemacht. Der Weinhof Kappel ist die beste Anlaufstelle. Viele Wirte kredenzen hauseigene Weine. Besonders hervorzuheben sind Schloss Kapfenstein und die Weingüter Wohlmuth, Tement und Platzer.

Kapelle in den Weinbergen der Südsteiermark.

In der sanften Hügellandschaft der Südsteiermark reift gutes Obst. Das hat die Spezies der Schnapsbrenner hervorgebracht, ihre Obstbrände gehören zu den besten der Welt. Zu den Stars der Zunft gehört eine Frau, die sämtliche Brenntricks kennt. Waltraud Jöbstl, Mutter von sechs Kindern und vielfache Großmutter, war Vizeweltmeisterin im Schnapsbrennen. Ihre pragmatische Einstellung: »Mit Schnaps holt man die höchste Wertschöpfung aus den Früchten.« Ihre Weinbrände reifen im Akazien- und Kastanienfass. Der Gault-Millau zählt sie zu den besten österreichischen Edelbrandherstellern.

Info Südsteiermark: Sie beginnt ca. 40 km südöstlich von Graz. **Info Weinhof Kappel:** Steinriegel 25, 8442 Kitzeck, Tel. (034 56) 23 47, www.daskappel.at. **Info Weingut Wohlmuth:** Fresing 24, 8441 Kitzeck im Sausal, Tel. (034 56) 23 03, www.wohlmuth.at. **Info Weingut Tement:** Zieregg 13, 8461 Berghausen, Tel. (034 53) 41 01-0, www.tement.at. **Info Weinhof Platzer:** Pichla 25, 8355 Tieschen, Tel. (034 75) 23 31, www.weinhof-platzer.at. **Info Weingut Winkler-Hermaden:** Schloss Kapfenstein, 8353 Kapfenstein 105, Tel. (031 57) 23 22, www.winkler-hermaden.at.

Herbst am Grundlsee.

TIROL

Das Tiroler Meer

ACHENSEE

Tirol

Der »letzte Ritter« hatte sich noch den schönsten Ausblick erobert. Im Flecken Pertisau ließ sich Kaiser Maximilian I. ein Jagdschloss bauen. Als seine Knochen für die Jagd zu müde waren, konnte er sich ausruhen und seine Blicke über den See schweifen lassen. Der Achensee gehörte Maximilian aber nicht, um 1120 hatten die Herren von Schlitters das Gewässer mit dem Achental dem Kloster St. Georgenberg geschenkt.

Von bestimmten Beobachtungsposten aus zeigt sich der See als Juwel. Bei Sonnenschein funkelt und schillert er smaragdgrün wie ein Schatz. 680 Hektar groß ist der neun Kilometer lange und ein Kilometer breite, fjordartig in die Berglandschaft eingepasste Achensee, und beeindruckende 133 Meter tief. Tirolkenner halten den größten See des Landes auch für seinen schönsten, das Karwendelgebirge im Südwesten und das Rofan oder Sonnwendgebirge im Osten in Sichtweite – ein guter Ort, aus dem Alltag auszusteigen. Naturliebhaber und Wassersportler sind an diesem traumverlorenen Flecken Erde genau richtig, aber auch Menschen, die Ruhe und kreative Einsamkeit suchen.

Der See nördlich von Jenbach markiert mit dem Achental die Grenze von Karwendelgebirge und Brandenberger Alpen. Kalt ist das Gebirgsgewässer auch im Sommer, nur selten erreicht es eine Temperatur von 20 Grad. Sein Wasser besitzt Trinkwasserqualität, die unterseeischen Sichtweiten reichen bis zu zehn Meter. Von jeher wird es gelegentlich das Tiroler Meer genannt. Seit 1919 gehört es der Stadt Innsbruck, seit 1927 wird es von der Tiroler Wasserkraft AG mit einem Wasserkraftwerk bewirtschaftet. Bereits 1887 verkehrte das erste Dampfschiff »St. Josef« auf dem See, 1889 kam die Achenseebahn, eine

Bootshaus am Achensee.

Schmalspur-Zahnradbahn zwischen Jenbach und Seespitz, hinzu. Die älteste dampfradbetriebene Zahnradbahn Europas ist nach wie vor in Betrieb und überwindet schnaufend auf 6,7 Kilometern einen Höhenunterschied von 440 Metern. In der barocken Wallfahrtskirche zur heiligen Notburga (15. Jahrhundert) in Maurach wird der einzigen weiblichen Heiligen Tirols gehuldigt. Notburga (1265–1313) ist die Schutzherrin der Dienstmägde. In Achenkirch gibt es eine beliebte Sommerrodelbahn.

INFO: Der Achensee liegt ca. 43 km nordöstlich von Innsbruck. **INFO ACHENSEE:** Tourismusverband Achensee, Rathaus 387, 6215 Achenkirch am Achensee, Tel. (052 46) 53 00-0, www.achensee.com, www.achenseebahn.at.

Klamm, aber nicht klammheimlich

ALPBACHTAL

Tirol

Wer gerade noch in Kramsach im Gasthof saß, sieht, nur wenige Gehminuten vom Dorfzentrum entfernt, eine ganz andere Landschaft. Die Geröllmassen der Eiszeiten haben dort kleine runde Hügel hinterlassen, die an Eierköpfe erinnern. Zwischen den Buckeln gibt es fünf Gewässer. Das Reintaler Seenplateau, oder die Kramsacher Badewanne, wie die Einheimischen sagen, kann sich im Sommer ganz schön aufheizen – mit bis zu 25 Grad auf angenehme Mittelmeertemperaturen! Die wärmsten Badeseen Tirols sind Schwimmern und Ruderern vorbehalten. Segeln, Surfen und andere Wassersportarten sind nicht erlaubt, es herrschen Ruhe und Beschaulichkeit.

Anderswo im an Gewässern reichen Alpbachtal geht es dagegen rasanter zu. In der Brandenberger Ache mit ihren Klammen, einer rauen Schluchtenlandschaft, versammeln sich etwa Wasserratten zum Rafting. Einst wurden in ihrem reißenden Wasser die gefällten Holzstämme talauswärts »getriftet«. Aus dieser Zeit stammen die gesicherten Partien der Tiefenbach- und Kaiserklamm, ein Naturschauspiel für Wanderer und eine Herausforderung für Kajakfahrer und Wildwasser-Fans. Schon Kaiser Franz Joseph bestaunte das tosende Wasser, das um und über steile Felsen peitscht. Heute werden mutige Kinder an Klettergurten mit Sicherheitsleinen von ihren stolzen Eltern bis über die reißende Flut herabgelassen, und mancher Sprössling angelt eine Forelle. Klammheimlich geht in der Klamm nichts mehr.

Die verschneiten Hütten im Skigebiet Inneralpbach.

Bergwanderer stapfen durch eine grandiose Gebirgskulisse zwischen den Kitzbühler und Zillertaler Alpen. Insgesamt gibt es 900 Kilometer Wanderwege, darunter eine ausgezeichnete Nordic-Walking-Strecke. Ausgezeichnet wurde auch der Hauptort Alpach südlich des Inns. Der Ort mit seinen Holzhäusern, ausschließlich im bäuerlichen Tiroler Stil errichtet, ist »das schönste Dorf Österreichs«. Eine Kuriosität ist der »Schmunzelfriedhof« von Kramsach: Ein Kunstschmied hat etwa 60 Kreuze mit skurrilen Grabsprüchen zusammengetragen. Ein Witwer reimte etwa: »Hier liegt mein Weib, Gott sei's gedankt. Oft hat sie mit mir gezankt. Oh lieber Wanderer, geh gleich fort von hier, sonst steht sie auf und zankt mit dir.«

INFO: Kramsach liegt ca. 50 km nordöstlich von Innsbruck. **INFO ALPBACHTAL:** Alpbachtal Seenland Tourismus, Zentrum 1, 6233 Kramsach, Tel. (053 37) 212 00 20, www.alpbachtal.at.

Barbara und die Knappen

Historisches Stadtbild von Hall

Hall, Tirol

Mit jedem Schritt betritt man Geschichte: Hall, gedrängt an die steil aufragende Bettelwurfkette, die sich bis auf 2725 Meter hinauf stemmt, besitzt einen komplett erhaltenen mittelalterlichen Kern mit hübschen

Panorama von Hall, links die Burg Hasegg, die das Museum Münzer Hall beherbergt.

Plätzen, verwinkelten Ecken und einem idyllisch anmutenden Gassennetz, flankiert von mehr als 300 Altstadthäusern. Wohin man auch blickt, überall sind eindrucksvolle Hinterlassenschaften aus Gotik und Barock zu sehen. Der zentrale Obere Stadtplatz, etwas erhöht, wird seit dem Mittelalter ununterbrochen von Menschen gequert. Vom 13. bis zur Mitte des 20. Jahrhunderts wurde hier Salz abgebaut, Hall war eine reiche und deshalb einflussreiche Stadt. Heute erinnert in dem Städtchen am Inn nur noch das Solbad, das einstige Kurhaus, an die Salzepoche.

Halls Wahrzeichen ist die Burg Hasegg mit dem zwölfeckigen Münzerturm nahe des Münzertors, der bestiegen werden kann. Seit 1280 prägt diese Festung die Stadt. Und zwar in jedem Wortsinn, wurden doch in der Burg seit 1486 Münzen geprägt und in den Geldkreislauf eingebracht. Im selben Jahr wurde die üppig mit Reliefs geschmückte Barbara-Säule errichtet, gespendet von der Bruderschaft der Knappen, die Barbara bei ihrer schweren Arbeit unter Tage als Schutzpatronin verehrten. Wie mühsam sie war, zeigt das Bergbaumuseum in einem nachmodellierten Bergwerk aus dem Halltal. Im mittelalterlichen Rathaus ist im Ratssaal das Gebälk zu bewundern, das 1451 angebracht wurde, die getäfelte Bürgermeisterstube kam 1660 hinzu. Die Rokoko-Pfarrkirche St. Nikolaus steht auf einer Terrasse, in der dazugehörenden Waldlaufkapelle wird eine Reliquiensammlung gehortet, die einst Ritter Florian von Waldlauf zusammenraffte. Damals glaubte man, sich mit frommen Materialien den Weg in den Himmel sichern zu können. Beachtenswert ist auch der schönste barocke Innenhof Tirols, der zwischen Jesuitenkirche und Jesuitenkolleg, heute Bezirksgericht, am Stiftsplatz liegt. Da geht auch hartgesottenen Zeitgenossen das Herz auf.

Info: Hall liegt ca. 10 km östlich von Innsbruck. **Info Hall:** Tourismusverband Hall-Wattens, Unterer Stadtplatz 19, 6060 Hall in Tirol, Tel. (052 23) 455 44-0, www.hall-wattens.at.

Das bedeutendste Profandenkmal der Innsbrucker Gotik

Goldenes Dachl

Innsbruck, Tirol

Die Tiroler sind lustig. Das Klischee entspricht der Wahrheit. In der warmen Jahreszeit vergeht kaum ein Tag, an dem sich nicht einige Traditionalisten mit wallenden Bärten, dekorativen Uniformen, rauchenden Stutzen, flatternden Fahnen und viel Blasmusik-Tschingderassa-Bumm inszenieren. Der männlich-nationalbewusste Teil der Bevölkerung tut das seit napoleonischer Zeit, als die wackeren Mannen um Andreas Hofer den Franzos das Fürchten lehrten. So martialisch, wie sie ihren Feind damals besiegten, zeigen sie sich auch heute noch – am liebsten vor dem Goldenen Dachl.

Das feuervergoldete Dach über dem kunstvoll geschnitzten Balkon in der Altstadt wurde 1494 zu Ehren der Hochzeit Kaiser Maximilians I. mit der Mailänder Fürstentochter Bianca Maria Sforza errichtet. Die Bedeckung besteht aus 2738 vergoldeten Kupferschindeln, vom spätgotischen Erker schauten Angehörige des Hofs bei Volksfesten belustigt auf den Stadtplatz. Die untere Brüstung des Erkers, dem das berühmte Dach schräg aufsitzt, schmücken Wappenreliefs, das obere Geschoss mit seiner offenen Plattform zieren figürliche Reliefs. Das Goldene Dachl passte als Symbol exakt zum Visionär Maximilian I., der das Reich in seiner Regentschaft in ein »goldenes Zeitalter« führen wollte. Im Haus befindet sich seit 1996 das Maximilianeum, eine Gedenkstätte für den populären Kaiser.

Goldenes Dachl in Innsbruck.

Das bedeutendste Profandenkmal der Innsbrucker Gotik ist, wie Untersuchungen der Dachbalken ergeben haben, wohl bereits 1498 vollendet worden. Historiker verweisen gern auf die strategische Bedeutung des Goldenen Dachls: Von der erhöhten Loge aus sind der trichterförmige Marktplatz mit seinen beidseits durchlaufenden Laubenhäusern und die Herzog-Friedrich-Straße in ihrem breiten Teil perfekt einzusehen. Im Fall eines Angriffs – es war die Zeit zwischen ausgehendem Mittelalter und früher Neuzeit, das Bürgertum wuchs gegen den Adel zur bedeutenden Schicht heran – hätte man sich zu wehren gewusst. Die Kupferschindeln sind das beliebteste Fotomotiv der Stadt.

Info Goldenes Dachl: Liegt an der Herzog-Friedrich-Straße und ist jederzeit zu besichtigen. **Info Innsbruck:** Tourismusverband Innsbruck, Burggraben 3, 6020 Innsbruck, Tel. (05 12) 598 50, www.innsbruck.info.

Der Leuchtturm von Innsbruck

Bergiselschanze

Innsbruck, Tirol

Der Bergisel ist freiheitshistorisch kontaminierter, für Tiroler heiliger Boden. Hier führte Nationalheld Andreas Hofer (1767–1810) seine Mannen in die dritte Schlacht gegen Napoleon und dessen bayerische Verbündete.

Der Freiheitskrieg 1809 ging siegreich aus, die Tiroler setzten der Fremdherrschaft ein Ende, entgingen schrecklichen Steuerlasten und der Tatsache, dass Napoleon »Tirol« von der Landkarte tilgen wollte. An der Bergstation zur Hungerburg hinauf kann man das »Innsbrucker Riesengemälde« auf 1000 Quadratmetern Leinwand auf sich wirken lassen. Die Kriegsereignisse sind so realistisch festgehalten, dass man das Klirren der Waffen zu hören glaubt.

Heute sind die Kämpfe, die hier ausgetragen werden, rein sportlicher Natur: 1927 fand das erste Skispringen auf der Naturschanze statt. Seit 1952 ist die Tiroler Landeshauptstadt (132 000 Einwohner) einer von zwei österreichischen Austragungsorten der Vierschanzentournee. Auch die Olympischen Winterspiele fanden zweimal hier statt (1964, 1976).

2000 stand eine radikale Modernisierung an, den Zuschlag für den Neubau erhielt die britische Architektin Zaha Hadid. Der verwegen auskragende Turm auf dem Berg erinnert an die Kabine einer Schwebebahn, oben gewährt ein rundum gläsernes Aussichtsrestaurant herrliche Panoramablicke. Es wird vom kantigen Erschließungsschaft und der schlangenartig geschwungenen Sprungschanze regelrecht in den Himmel gestemmt, ein ingenieurstechnisches Meisterwerk. Die 50 Meter hohe skulpturale Konstruktion ist als »Leuchtturm von Innsbruck« ein Wahrzeichen der Stadt. Sie gilt als eine der technisch vollkommensten Sprunganlagen der Welt. Der höchste Punkt der Sprungschanze liegt 250 Meter über der Stadt. Die Anlaufstrecke der Springer, die in

Vorbereitung zum Absprung von der Bergiselschanze in Innsbruck.

Richtung Innenstadt fliegen, ist 128 Meter lang, die weitesten Sprünge gehen über 130 Meter hinaus. 28 000 Zuschauer finden im Stadion Platz. Sportskanonen absolvieren die 455 Stufen vom östlichen Stadioneingang bis zum Schanzenturm zu Fuß. Andere benutzen den modernen Schrägaufzug, der 350 Personen befördern kann. Eine massive Platte trägt den Turmschaft, der Stahlhut ist dreigeschossig und auf ihm sitzen Restaurant, Aussichtsplattform und eine Technik-/Rettungsebene. Der Blick über das Inntal umfasst auch Patscherkofel, Nordkette, Hoher Munde und Serles – atemraubend!

Info: Im Süden der Stadt gelegen. **Info Skisprungschanze Bergisel mit Restaurant Bergisel Sky:** Tel. (05 12) 58 92 59-0, www.bergisel.info, Öffnungszeiten Juni–Okt. tägl. 9–18, Nov.–Mai Mo, Mi–Fr 10–17, Sa/So 9–17 Uhr, letzte Talfahrt Schrägaufzug 17 Uhr, Eintritt € 10, Kinder € 5.

Maximilians Pharaonengrab

Kaiserliche Hofburg

Innsbruck, Tirol

Die Führerin im grünen Lodenmantel ist ein fesches Madl, das sich auch mit gestandenen Mannsbildern anlegt, wenn es sein muss. Es muss meistens sein, wenn die Besucherkolonne am Denkmal Rudolfs I. vorbeispaziert. Golden, aber abgegriffen schimmert der mächtig gewölbte Penisschutz des Habsburgers unter seinem kurzen Mantel hervor. Das Ergebnis der Legende, eine Berührung sichere lebenslange Manneskraft. »Bitte nicht anfassen!«, wird die Führerin harsch. Viel nützt es nicht.

Die ehemalige Kaiserliche Hofburg ist ein Vierflügelbau, dessen Umgestaltung in der Form des Wiener Spätrokokos Maria Theresia im 18. Jahrhundert in Auftrag gab. Ursprünglich stammt das kolossale Gebäude aus dem 15. Jahrhundert, Maximilian I. ließ es bauen. Die Prunkräume sind üppig mit Stuckaturen und Deckengemälden ausgestattet. Besucher passieren lange Schlossfluchten und bewundern Ahnenbilder und Luxusdekorationen. Alle sammeln sich im mit poliertem Marmor ausgekleideten »Riesensaal« (1775), in dem sich die gesamte Familie Maria Theresias in überlebensgroßen Porträts präsentiert. Übermenschlich sind auch die 28 bronzenen Figuren, die zum Totengeleit um das monumentale Grabmal Maximilians I. gruppiert sind. Sie stellen wahre und fiktive Vorfahren des Herrschers dar, darunter Philipp den Schönen, Maria von Burgund, Johanna die Wahnsinnige sowie Cäsar und die legendären Könige Artus und Theoderich den Großen.

Die Hofburg in Innsbruck.

Maximilian war eine Schlüsselfigur der Zeitenwende vom Spätmittelalter zur Renaissance, der erste große Habsburger. Er ließ – neben der Hofkirche, in der er sich zur Schau stellte – die Hofburg zu seinem Pharaonengrab ausbauen. Mit Prunk und Protz sollte seine Regentschaft weiterleuchten. Ein halbes Jahrhundert dauerten die Bauarbeiten, nie zuvor waren derart große und lebensecht wirkende Figuren gegossen worden. Die tonnenschweren Damen und Herren blaublütiger Abstammung bewachen allerdings ein leeres Grab. Maximilian I. entschied dann doch auf dem Sterbelager, dass er in der Wiener Neustadt zur ewigen Ruhe zu betten sei.

Sehr beliebt ist im Erdgeschoss der Hofburg die Filiale des berühmten Wiener Hotels Sacher, in dem man sich nach dem Rundgang stärken kann.

Info: In der Altstadt gelegen. **Info Kaiserliche Hofburg:** Rennweg 1, 6020 Innsbruck, Tel. (05 12) 58 71 86-19, www.hofburg-innsbruck.at, Öffnungszeiten tägl. 9–17, März–Aug. Mi bis 19 Uhr, Eintritt € 7,50, ermäßigt € 5, bis 19 J. frei.

Das Denkmal einer großen Liebe

Schloss Ambras

Innsbruck, Tirol

Es war Liebe. Erzherzog Ferdinand II. (1563–95) heiratete nicht standesgemäß. Aber seine bürgerliche Gemahlin, die aus Augsburg stammende Philippine Welser, sollte prunkhafter residieren als manche Blaublütige. Für sie ließ er im Stil der Renaissance im Süden der Stadt eine Burg zum märchenhaft anmutenden Schloss Ambras als Sommerresidenz errichten. Der Name leitet sich vom lateinischen *ad umbras* im Schatten, ab. Der prächtig restaurierte Bau auf einer sanften Mittelgebirgsterrasse gilt nach wie vor als »Denkmal einer großen Liebe«. Viele Lebensjahre waren dem Erzherzog nicht vergönnt, aber die glücklichsten davon soll er mit seiner Gattin im Inntal verbracht haben. Zu sehen ist das Badezimmer von Philippine, die Fenster gehen in den schönen Innenhof hinaus. Der Fürst ließ sich ihr Wohlergehen einiges kosten. Im Gegenzug bekochte sie ihn köstlich, sie hinterließ ein selbstverfasstes Kochbuch, bis zu 14 Gänge ließ sie auftragen.

Schloss Ambras in Innsbruck.

Die zweite große Leidenschaft des Habsburgers war das Sammeln von Rüstungen und Kuriositäten, die in großer Zahl in Ambras ausgestellt sind. Im Unterschloss finden sich die prall gefüllten Säle mit Kriegsgerät, im ersten Stock des Kornschüttgebäudes die wertvolle Kunstkammer mit Plastiken und Kunstgewerbe. Im Hochschloss sind hochrangige Kunstwerke ausgestellt, Malerei und Plastik. Der Spanische Saal, 1571 fertiggestellt, gilt als frühes Beispiel der deutschen Renaissance und bedeutendster freier Saalbau des 16. Jahrhunderts. Seine eindrucksvolle Kassettendecke und die 27 Porträts der Tiroler Landesfürsten verraten viel von dem Anspruch der Habsburger auf politische Bedeutung in ihrer Zeit. Die Errichtung des Weltreichs begann hier als Gedankengebäude.

Das Schönste an Schloss Ambras ist aber der Park, Gartengenießer verbringen dort viele Stunden. Es ist nicht nur der alte Baumbestand, der entzückt, sondern vor allem die Harmonie von Schloss, Park, Berg und Tal. Etwas abgelegen und von dichtem Bergwald umgeben, liegt der Soldatenfriedhof mit Kriegergedenkstätte. Das war einst der Tummelplatz für Ritter und Pferde von Burg Ambras.

Info: Im Südosten der Stadt auf ca. 630 m gelegen. **Info Schloss Ambras:** Schlossstr. 20, 6020 Innsbruck, Tel. (01) 525 24 48 02, www.schlossambras-innsbruck.at, Öffnungszeiten tägl. 10–17 Uhr, im Nov. geschl., Eintritt April–Okt. € 12, ermäßigt € 8, Dez.–März € 8, ermäßigt € 6, bis 19 J. frei (während der Wintermonate ist ein Teil der Ausstellung geschl.).

Der silberne Nachttopf aus Mailand

Tiroler Landesmuseum Ferdinandeum

Innsbruck, Tirol

Dieses Museum passt zu der von Fiaker- und Hofburgkultur geprägten Stadt, deren Erscheinungsbild immer noch weitgehend zwischen Mittelalter, Barock und Gründerzeit oszilliert. Das Haus der Kunst bietet einen Rundgang von der Steinzeit bis in die Gegenwart und damit eine Zeitreise durch 30 000 Jahre Tiroler Geschichte. Die Besucher erfahren viel über die lange Historie Innsbrucks, angefangen vom Römerkastell Veldidena (15 v. Chr.) über die Gründung von Innspruke (1180), die Residenz der Habsburger (1420–1665), die Gründung der Universität durch Kaiser Leopold I. (1669), den Anschluss an Bayern (1806), die Tiroler Freiheitskriege (1809) bis zur Rückkehr Innsbrucks nach Österreich (1815), die nach einem Beschluss des Wiener Kongresses (1814/15) erfolgte.

Im Tiroler Landesmuseum Ferdinandeum.

Ein Schwerpunkt: Kaiser Maximilian I. (1459–1519). Seine Heiratspolitik war Machtpolitik, ohne opportune Ehen und Erbschaften wäre ihm, der aus einer Nebenlinie der Habsburger stammte, die Reichsbildung nicht gelungen. Er selbst unternahm den Brautzug nach Burgund zu seiner ersten Frau Maria, obwohl deren Vater Karl der Kühne gegen den Habsburger Emporkömmling war. Die junge Braut verliebte sich sofort. Fünf Jahre blieb Maximilian in Burgund und kämpfte um das Erbe seiner Frau, das König Ludwig I. ihr streitig machte. Nach ihrem frühen Tod bei einem Reitunfall belagerte er die Stadt Rennes, weil er Anne de Bretagne zur zweiten Frau wollte. Es wurde dann aber Maria Bianca Sforza, eine stolze Mailänder Fürstentochter. Sie brachte eine immense Mitgift in die Ehe ein, neben Gold und Schmuck auch einen silbernen Nachttopf. Leonardo da Vinci stattete die Hochzeitszeremonie aus.

Sehenswert sind nicht nur die Sammlungen zur Geschichte und Kunst Tirols, beachtenswert ist unter anderem auch die Galerie niederländischer und flämischer Maler. Die Originalskulpturen des Goldenen Dachls sind ebenfalls ausgestellt.

Info: In der Altstadt gelegen. **Info Tiroler Landesmuseum Ferdinandeum:** Museumstr. 15, 6020 Innsbruck, Tel. (05 12) 594 89, www.tiroler-landesmuseen.at, Öffnungszeiten Di–So 10–18 Uhr, Eintritt für alle Häuser des Tiroler Landesmuseums € 12, ermäßigt € 9, bis 19 J. frei.

Der Auftrieb der Popstars

Ischgl im Paznauntal

Ischgl, Tirol

Alicia Keys war hier und Kylie Minogue. Elton John saß am Klavier, Tina Turner röhrte, Mariah Carey trillerte und Rod Stewart sang vom Segeln. Auch Peter Gabriel, Sting, Pink, Rihanna und Robbie Williams waren da.

Warum dieses Popstar-Aufgebot im Hauptort des Paznauntals auf 1377 Metern Höhe? In jedem Winter gibt es drei »Top of the Mountain Concerts«, mit ihnen werden das Opening in der Zeit um Ostern, das Saison-Finale und der Saison-Ausklang gefeiert. Dann reisen internationale Stars mit großer Entourage an, in ihrem Gefolge Paparazzis, denn die Künstler gehen auch auf die Hänge und ins Nachtleben. Die Wintersaison beginnt Ende November und geht bis in den Mai.

Vom Bergbauerndorf zur mondänen »Alpen-Lifestyle-Metropole« (Eigenwerbung): Eine unglaubliche Karriere. Ischgl – vom rätoromanischen »Yscla« – wurde vor etwa 1000 Jahren von Rätoromanen aus dem Engadin und ab dem 13. Jahrhundert von Walsern besiedelt. Schroffe Bergstämme, auf der Suche nach Sommerweideplätzen für ihr Vieh. Heute hat Ischgl knapp 1600 Einwohner, aber fast 11 000 Gästebetten. Es verzeichnet die höchste Dichte an Vier-Sterne-Hotels in ganz Österreich und ein vielfältiges Angebot an Restaurants, Bars, Shops und Events. Kein Ort für stille Einkehr.

Bekannt ist Ischgl durch sein Skigebiet, die Silvretta-Arena, das es mit dem Schweizer Samnaun verbindet. Mit fast 240 Kilometer Pisten und 45 Liftanlagen ist es eines der größten und schneesichersten Skigebiete der Alpen. Doch die Gegend ist auch im Sommer interessant. Mountainbiker können sich mit den Bergbahnen auf 2800 Meter Höhe transportieren lassen und dann ihre abenteuerlichen Abfahrten beginnen. Insgesamt stehen ihnen 1200 Kilometer Wege zur Verfügung, eines der größten Gelände der Alpen für Zweiradbegeisterte. Auch Wanderer haben hier ihr Revier, schon Ende des 19. Jahrhunderts errichteten österreichische und deutsche Alpenvereine 18 Hütten. Kulturfans finden mitten im Eventtourismus die Rokoko-Pfarrkirche, die ursprünglich spätgotisch war. Im Altar wird eine besondere Reliquie aufbewahrt, der um 1500 in Silber gefasste Knochen des heiligen Stephanus, der einst zum Reliquienschatz Karls des Großen gehört haben soll. Aus einer anderen, fernen Welt.

Bekannt für sein Skigebiet: die Silvretta Arena von Ischgl.

Info: Ischgl liegt ca. 102 km westlich von Innsbruck im Paznaun zwischen der Silvretta- und der Verwallgruppe. **Info Ischgl:** Tourismusverband Paznaun-Ischgl, Dorfstr. 43, 6561 Ischgl, Tel. (050) 99 01 00, www.ischgl.com.

Eiszeit im Sommer

Gletscherwandern im Kaunertal

Tirol

Das Wasser ist voller gestoßener Eisstücke wie ein Caipirinha im Glas. Der Faggenbach strömt aus dem Gepatschferner, dem zweitgrößten Gletscher der Ostalpen. Er ist acht Kilometer lang, sein ewiges Eis ist aufgrund der Klimaerwärmung an der Oberfläche erodiert, aber darunter liegt noch eine kompakte Eismasse.

Im Kaunertal, einem 28 Kilometer langen Seitental des Oberinn, herrscht nach wie vor auch im Sommer Eiszeit. Deshalb werden in dieser Jahreszeit geführte kostenlose Gletscherwanderungen angeboten, die Menschen zur Ehrfurcht vor der majestätischen Gebirgsnatur bringen. Am Montag und Mittwoch treffen sich gebuchte Teilnehmer am späten Vormittag beim Bergrestaurant auf 2750 Metern Höhe. Mit ihren Gästen erklimmen die Bergführer Eisbrüche und Gletscherzungen, zeigen ihnen Gletscherspalten und Eiswände. Eine Welt, die im Jahresrhythmus ständig in Bewegung ist, aber nur Kenner sehen die Veränderungen.

Der zweitgrößte Gletscher Österreichs: der Gepatschferner.

Auch über die Tiere und die Pflanzenwelt ist vieles zu erfahren. Wer eine noch ausgedehntere Gletscher-Safari möchte, kann sie individuell buchen – in diesem Fall richten sich die Preise nach der Gruppengröße. Die Teilnehmer sind – mit ausreichendem Abstand – aneinandergeseilt, Steigeisen und Klettergurte müssen mitgeführt werden. Die 26 Kilometer lange Gletscherstraße gehört zu den schönsten der Alpen, sie führt durch mehrere Klima- und Vegetationszonen. Dabei wird ein großer Höhenunterschied überwunden, für die gesamte Strecke werden zwei bis drei Tage benötigt. Das ist anstrengend, aber unvergesslich.

Acht Kilometer hinter dem Dorf Feichten schiebt sich eine 630 Meter lange und 130 Meter hohe Staumauer ins Bild, der Gepatsch-Speicher wird vom Gepatschferner gespeist. Am sechs Kilometer langen Stausee geht es über eine schmale Straße bis zur Gepatsch-Alm am Talende. Die Gletscher-Panoramastraße führt bis auf eine Höhe von 2750 Metern, dort wartet ein Gletscher-Restaurant. Mit einem Sessellift kann man auf 3010 Meter fahren, zur Karlesspitze hinauf wandern und von dort über Österreich hinweg nach Italien und in die Schweiz blicken.

Info: Das Kaunertal liegt ca. 90 km südwestlich von Innsbruck als Seitental des Inntals an der Strecke Landeck-Reschenpass. **Info Kaunertal:** Tourismusverband Kaunertal, Feichten 134, 6524 Kaunertal, Tel. (050) 22 54 00, www.kaunertal.com.

Auf der Mondsichel schwebt die Madonna

KITZBÜHEL

Kitzbühel, Tirol

Zweifellos gehört Kitzbühel zu den bekanntesten Ski-Destinationen von Tirol und eigentlich von ganz Österreich. Das Beste dabei: Der auf 800 Metern Höhe gelegene Ort inmitten der Kitzbüheler Alpen ist dazu noch sehr hübsch anzusehen und ein perfekter Ausgangspunkt für Erkundungen in der Umgebung im Sommer wie im Winter.

Im 12. Jahrhundert wurde »Chizbuhel« erstmals urkundlich erwähnt. Etwa 300 Jahre später erreichte der Bergbau eine erste Blüteperiode, als Zeitzeuge gilt die schlicht gehaltene gotische Katharinenkirche, auf deren Altar eine auf einer Mondsichel schwebende Madonna zu sehen ist. Mit der Entdeckung von Silber im Folgejahrhundert ergriff ein erster Reichtum den Ort. Zum Glück konnte sich das heute 8200 Einwohner zählende Kitzbühel einen Großteil der historischen Bausubstanz wie die Holzbauten im Unterinntaler Bauernhausstil mit vorspringenden Satteldächern erhalten.

Die Eröffnung der Eisenbahnverbindung ab Salzburg 1975 war der Grundstein zum überregionalen Fremdenverkehrsort. Schon 1894 fand das erste Skirennen statt und prägte den Ruf Kitzbühels als Wintersportort. Als Highlight des Weltcups gilt seit 1931 das Hahnenkamm-Rennen in der zweiten Januarhälfte. Der Streckenrekord beträgt 103 km/h auf einer der spektakulärsten Skiabfahrten der Welt.

Kein Wunder, dass derlei Topevents das Jetset anziehen. Denn abseits solcher sportlichen Hochleistungen ist Kitzbühel vor allem bekannt als Ort aufgemotzter Nerzträgerinnen, zeigesüchtiger Promis und der »neuen Russen«. Sie alle sind da, aber als Randerscheinung – das Städtchen bleibt vor allem Wintersportort.

Das gemeinsame Skigebiet mit Kirchberg und Jochberg erstreckt sich zwischen dem Kitzbüheler Horn (1996 m) und dem Hahnenkamm (1712 m) mit 230 Pistenkilometern, 62 Kilometern Langlaufloipen sowie 57 Seilbahnen.

Das Zentrum von Kitzbühel.

Doch auch, wenn der Schnee geschmolzen ist, hat der Ort Aktivurlaubern viel zu bieten. Im Sommer locken präparierte Wander- und Randwanderwege auf 14 ausgeschilderten Routen mit zusammen 1200 Kilometern. Einmal im Jahr gibt es ein besonderes sportliches Highlight: Seit 1971 zieht es Abenteuerlustige beim Radrennen im August auf das Kitzbüheler Horn, den steilsten Radberg Österreichs.

Ebenfalls im August startet auf dem Kitzbüheler Hauptplatz alljährlich der Bergstraßen-Lauf. Auf einer Strecke von knapp 13 Kilometern sind 1234 Meter Höhenunterschied das Kitzbüheler Horn hinauf zu bewältigen.

INFO: Kitzbühel liegt ca. 90 km östlich von Innsbruck. **INFO KITZBÜHEL:** Kitzbühel Tourismus, Hinterstadt 18, 6370 Kitzbühel, Tel. (053 56) 666 60, www.kitzbuehel.com.

Festungsarena mit mobiler Überdachung

FESTUNG KUFSTEIN

Kufstein, Tirol

Heute geht es in der Grenzregion zwischen Tirol und Bayern friedlich zu. Das war nicht immer so. Kufstein war als die »Perle Tirols« ein für Fürsten stets äußerst begehrtes Objekt. Es liegt, in die Bergwelt eingebettet, am Durchbruch des unteren Inn zwischen dem Kaisergebirge im Osten und Pendling im Südwesten, strategisch günstig positioniert. Deshalb entstand auf dem schroffen Festungsberg oberhalb der Stadt vermutlich bereits im 12. Jahrhundert – 1205 erstmals als Castrum Caofstein erwähnt – die Feste Kufstein, das Wahrzeichen der Stadt. Das Bollwerk hat alle Stürme der Jahrhunderte nahezu unbeschadet überstanden und ist heute nicht nur ein mächtiges steinernes Geschichtszeugnis, sondern auch ein kultureller Anziehungspunkt.

Es war 1504 ein großer Triumph für Kaiser Maximilian I., als er die Feste den Bayern entreißen konnte. Weil die Burg als uneinnehmbar galt, ließ der Kaiser Riesenkanonen fabrizieren, die Namen wie »Weckauf« trugen, löste selbst den ersten Schuss und ließ das Gemäuer sturmreif schießen. Die Verteidiger wähnten sich sicher und verhöhnten die Angreifer, indem sie in Feuerpausen demonstrativ die Mauern mit Besen abkehrten. Diese Demütigung bezahlte der Chef der Verteidiger, Hans von Pienzenau, nach Einnahme der Burg mit seinem Leben: Er wurde öffentlich geköpft. Maximilian ließ die Anlage neu errichten und noch massiver ausbauen, der nach ihm benannte, 90 Meter hohe Kaiserturm ist bis weit ins Land hinein zu sehen. Die Festung gehört zu den beliebtesten touristischen Zielen im Tiroler Unterland, in ihr ist das Heimatmuseum mit der Heldenorgel, der größten Freiluftorgel der Welt, untergebracht. Bei Nacht bietet sie, hell angestrahlt, einen prächtigen Anblick.

Wahrzeichen der Stadt: Festung von Kufstein.

Die Josefsburg, ein Teil der Festung, erhielt 2006 eine hochmoderne mobile Überdachung und lädt als »Festungsarena« zu ausgefallenen Veranstaltungen ein. Dazu gehören das Rilke-Projekt, ein poetisches Gesamtkunstwerk aus Lyrik, Musik und assoziativen Bildern, die Kaisertage der Volksmusik, Theaterinszenierungen, die Auftritte von Opernchören und Orchestern, aber auch Popmusik-Veranstaltungen. In der Adventszeit gibt es den »Weihnachtszauber«, dabei werden die romantischen Kasematten einbezogen.

INFO: Kufstein liegt ca. 80 km südwestlich von Innsbruck. **INFO FESTUNG KUFSTEIN:** Oberer Stadtplatz 6, 6330 Kufstein, Tel. (053 72) 665 25, www.festung.kufstein.at, Öffnungszeiten April–Okt. tägl. 9–18, Nov.–März 10–17 Uhr, Eintritt Sommer € 12,50, ermäßigt € 7,50, Winter € 11, ermäßigt € 6,50. **INFO AUFSTIEG:** Zu Fuß auf einem überdachten Stufenweg an der Pfarrkirche vorbei zur Festung. Man kann auch den gläsernen Schrägaufzug vom Festungsneuhof aus benutzen.

Ein Erlebnis an der Autobahn

Trofana Erlebnis-Dorf

Mils bei Imst, Tirol

Ewiger Frühling in Tirol. Zwischen Imst und Landeck im Tiroler Oberland liegt eine etwas andere Autobahnraststätte, ein Kreuzungspunkt von Reisenden, Einheimischen und Genießern. Angelegt als »Dorf« mit »Marktplatz«, von Glasbergen überdacht, sodass Besucher zu jeder Jahreszeit und bei jedem Wetter dort herumschlendern können. Die locker gereihten Häuser im Tiroler Stil sind zweifellos ein Erlebnis an der Autobahn.

Am Info-Point wird über die Raststätte, aber auch über die Verkehrslage und das Land Tirol Auskunft erteilt. Auch Hotelbuchungen können vorgenommen werden. Kinder, die lange im Auto stillhalten mussten, dürfen nach Herzenslust auf dem Spielplatz toben. Wem nach Stille zumute ist, der kann die St. Christophorus Kapelle aufsuchen. Den Reisenden stehen zwei große Gastronomiebetriebe zur Verfügung, sie können sich aber auch im Dorfladen mit würzigem Käse, herzhaften Selch- und Wurstwaren, Marmeladen, Kuchen und dem berühmten Tiroler Schnaps (für die Zeit nach der Fahrt) eindecken. Wer aber lieber dableiben will, kann im Hotel mit Blick auf die Milser Au übernachten. Der Komfort entspricht dem modernen Standard, es gibt Internetzugang.

Etwas Besonderes ist die Topqualität des Trinkwassers. Vor einigen Jahren wurde eine hochwertige Wasserveredelungsanlage eingebaut, die das feuchte Nass nur aus den Hähnen laufen lässt, nachdem es gründlich geprüft wurde. Es darf nicht den geringsten Grad an Insektiziden, Fungiziden und Herbiziden aufweisen, darf nicht von Motorabgasen, Kunstdünger, Bakterien und Pilzen beeinträchtigt und nicht von Schwermetallen, krebserregenden Substanzen aller Art und Radioaktivität kontaminiert sein. Diese Informationen sollen nicht nur terrestrisch, sondern sogar kosmisch abgerufen werden.

Im Laden des Erlebnisdorfes Trofana kann man u. a. Tiroler Schinken erwerben.

Nachgewiesen ist, dass dieses Wasser vom Feinsten einen guten Härtegrad, einen optimalen Nitratgehalt und alle wichtigen Spurenelemente, Mineralstoffe und Vitamine besitzt – die ideale Erfrischung also auf einer langen Autofahrt. Die angrenzende Hitte-Hatte-Au, ein Erlebnispark, ist als Landschaftsschutzgebiet in die Berge eingebettet und lädt ein zur Erholung in Kräutergarten, Kneippanlage, Schaubauernhof und Fischerhütte mit Fischteich.

Info: Mils bei Imst liegt ca. 60 km westlich von Innsbruck. **Info Trofana Erlebnis-Dorf:** An der Au 1, 6491 Mils bei Imst, Tel. (054 18) 601-0, www.trofanatyrol.at, Öffnungszeiten SB-Restaurant tägl. 6–22, Restaurants Mo–Fr 10.30–17.30, Sa/So bis 22, Laden tägl. 8–19 Uhr, Tankstelle und Cafeteria 24 Std.

Das Tal, aus dem der »Ötzi« kommt

ÖTZTAL

Tirol

Man schrieb den 19. September 1991, als ein deutsches Touristenpaar in den Ötztaler Alpen einen spektakulären Fund machte: Im Eis des Similaungletschers entdeckten die Bergsteiger eine mumifizierte Leiche – den »Ötzi«, einen Jäger aus der Jungsteinzeit. Wie sich bei der Radiokarbon-Datierung herausstellte, hatte der Mann rund 3000 Jahre vor unserer Zeitrechnung gelebt, bevor er starb und samt Bogen und einem mit Pfeilen bestückten Fellköcher vom Gletschereis begraben wurde.

Die 5000 Jahre alte, bestens konservierte Mumie machte das Ötztal auf einen Schlag weltberühmt. Den Ötzi hatten die Tiroler nach langem Gezerre Italien abgeben müssen, weil die Fundstelle bereits auf Südtiroler Gebiet lag. Am Fundort erinnert ein Denkmal an das eisige Mumiengrab. Bergsteiger gelangen ab dem Ötztaler Bergdorf Vent über die Sililaunhütte in drei bis vier Stunden dorthin, was allerdings Kondition und bergsteigerisches Können voraussetzt. Das Ötzi-Dorf in der Ötztal-Gemeinde Umhausen, etwa zehn Kilometer südlich vom Hauptort Oetz gelegen, lässt sich dagegen ganz bequem mit dem Auto erreichen. In dem unter wissenschaftlicher Leitung der Universität Innsbruck eingerichteten archäologischen Freizeitpark kann man eintauchen in das Leben der Jungsteinzeit.

Aqua Dome Längenfeld: Wellnessoase im Ötztal vor grandioser Alpenkulisse.

Aber auch jenseits der Ötzi-Reminiszenzen hat das 65 Kilometer lange Seitental des Inntals viel zu bieten. Da lockt z. B. der Stuibenfall, mit einer Höhe von 159 Metern der höchste Wasserfall Tirols. Drei riesige Wasserschalen, auf Stelzen gestellt, laden im Aqua Dome in Längenfeld, Tirols größter Thermenlandschaft, zum entspannten Plantschen vor grandioser Alpenkulisse ein. Dass es im Ötztal hervorragende Wintersportreviere gibt, hat sich herumgesprochen – dabei kann man sich auf unterschiedlichsten Abfahrtpisten tummeln. Muss man aber nicht. Rodeln ist eine veritable Alternative, oder auch Eisklettern auf gefrorenen Wasserfällen.

INFO: Das Ötztal liegt zwischen den Stubaier und den Ötztaler Alpen. **INFO OETZTAL:** Ötztal Marketing, Oberlängenfeld 75, 6444 Längenfeld, Tel. (052 53) 201 30, www.oetztal.at. **INFO OETZ:** Der Hauptort des Ötztals liegt 52 km westlich von Innsbruck. **INFO ÖTZI-DORF:** Am Tauferberg 8, 6441 Umhausen, Tel. (052 55) 500 22, www.oetzi-dorf.at, Öffnungszeiten Mai–Sept. tägl. 9.30–17.30, Okt. bis 17 Uhr, Eintritt € 8,10, Kinder € 4. **INFO AQUA DOME:** Oberlängenfeld 140, 6444 Längenfeld, Tel. (052 53) 6400, www.aqua-dome.at, Öffnungszeiten tägl. 9–23 Uhr, Tageskarte Therme € 31,50, Kinder € 19,50, Sauna zusätzlich € 15.

Die Alpen sind nicht immer lieblich

PITZTAL

Tirol

Wie wäre es mit einem Bungee-Sprung? Von der Pitzenklamm, Europas höchster Fußgängerbrücke, ist er möglich. Doch der Fall ist tief. Die 137,5 Meter lange Brücke erreicht immerhin eine Höhe von 94 Metern.

Wer je auf einem Zehn-Meter-Turm über dem Wasserbecken stand, weiß, dass mancher Absprung viel Überwindung kostet.

Das Pitztal ist ein 40 Kilometer langes, südliches Seitental des Inntals, bei Imst zweigt es ab. Seinen Namen hat es vom Pitzbach, den die Einheimischen *Pitze* nennen. Die Landschaft ist erst geöffnet, verengt sich aber südwärts zunehmend und verläuft parallel zum Kaunertal und Ötztal. Weil das Tal den Gebirgsstock der Ötztaler Alpen durchbricht, das sogenannte Ötztalkristallin, besteht es großteils aus Gneisgesteinen, die bei der Alpenbildung aus anderen Gesteinen umgewandelt wurden. Durch den Alpenhauptkamm ist es gegen massive Luftmassenströmungen geschützt und gehört deshalb zu den niederschlagsärmsten Gebieten Tirols überhaupt.

Almhütte bei Imst im Pitztal.

Auf der Piller Höhe wurde in den 1990er Jahren ein prähistorisches Heiligtum entdeckt, demnach war das Pitztal bereits in der Bronzezeit besiedelt. Den Breonen, wie die frühen Einwohner hießen, folgten Römer, Bajuwaren, Alemannen und 1363 die Habsburger. Chroniken berichten vom harten Leben der Menschen, die als Ackerbauern auf kleinen Feldern und mit Viehwirtschaft auf Almen überlebten und horrende Naturalienabgaben an ihre Feudalherren leisten mussten. Erst der im späten 19. Jahrhundert einsetzende Alpintourismus brachte einen bescheidenen Wohlstand. Heute bietet das Pitztal drei Skigebiete. Eines davon, der Pitztaler Gletscher, ist Österreichs höchstes Gletscherskigebiet und führt bis auf 3440 Meter.

Dort ist die Luft dünn, man sollte sich anfangs langsam bewegen, damit der Organismus sich an die Sauerstoffverhältnisse anpassen kann. Größtes Gewässer ist der Rifflsee, der ein Kilometer lange See befindet sich auf 2200 Metern Höhe. Der Hauptort St. Leonhard liegt im inneren Pitztal, dort liegen Weiler und Gehöfte in extremen Hanglagen. An den Bergflanken ist das Klima rau, die Vegetationsperiode geht nie über vier Monate hinaus, manche Schluchten sind düster. Die Alpen sind nicht immer lieblich.

INFO: Das Pitztal ist ein Seitental des Inntals, Wenns im Pitztal liegt ca. 75 km westlich von Innsbruck. **INFO PITZTAL:** Tourismusverband Pitztal, Unterdorf 18, 6473 Wenns im Pitztal, Tel. (054 14) 869 99 19, www. pitztal.com.

Das Kaisergebirge

WILDER KAISER

Scheffau, Tirol

Carl Spitzweg, der Malerpoet aus München, war einer der ersten Sommerfrischler am Wilden Kaiser. Vor mehr als 150 Jahren logierte er im Gasthof Maikircher in Scheffau. Ihm folgten aus den großen Städten andere Natursüchtige: Bohemiens, Philosophen, Weltverbesserer, Künstler und brave Bürger. Das verraten noch vorhandene Ansichtskarten. Auf einer schreibt ein Kajetan Sedlmayr an ein »Wohllöbliches Fräulein Marie«: »Vom Ziemer wollen wir zu Scheffau beim Gasthause speisen und den Tiroler Roten goutieren. Denn vom Jahrgange 1887 soll selbiger gar trefflich geraten sein.« Das Schwärmen geht weiter, erst dann verspricht der junge Mann seiner Angebeteten: »Zu Beginn des Wintersemesters weile ich wieder im heimatlichen München.«

Man kann es lange am Wilden Kaiser aushalten, wenn man nicht auf eine moderne Infrastruktur mit Après-Ski und Nachtleben festgelegt ist. In der eindrucksvollen Bergwelt, die als mächtiger Riegel das fruchtbare Inntal nach Norden hin gegen das bayerische Alpenvorland abschottet und für ein günstiges Jahresklima sorgt, wird die Natur als Trumpf ausgespielt. Wanderwege, die durch uriges Gelände führen, ersetzen eine von Boutiquen gesäumte Fußgängerzone. Almhütten sind wichtiger als Cafés und Bars, vor allem die gemütliche Kaindlhütte und die Gruttenhütte. Viele Gipfel sind mehr als 2000 Meter hoch, die Marterl und Kreuze dort oben zeigen die tief verwurzelte Frömmigkeit der Menschen in der Region. Die alte Holzbaukunst und die narrative Malerei haben noch heute große Bedeutung, Trachten werden über Generationen weitervererbt und Blasmusiker geben sich würdevoll.

Kapelle in Hinterbärenbad vor der Kulisse des Kaisergebirges.

Im Fohlenhof von Ebbs, bereits im Jahr 788 als *ad Episas* (Pferdetränke) erwähnt, werden Haflinger gezüchtet. Die zähe Pferderasse, eine Mischung aus Tiroler Gebirgsstute und Araberhengst, wird auch vor Wagen und im Winter vor Schlitten gespannt.

Warum das Gebirge »Wilder Kaiser« heißt, ist auf seine einmalige Lage zurückzuführen: Nördlich der Kitzbüheler Alpen und östlich vom Inn erhebt es sich plötzlich aus dem weiten Wiesenvorland mit gewaltigen steilen Felsformationen, die oft an Mauern und Türme erinnern, wuchtig und schön zugleich. Das wildzerklüftete Bergmassiv ist beliebt bei Bergsteigern und Kletterern.

INFO: Scheffau liegt ca. 80 km nordöstlich von Innsbruck. **INFO WILDER KAISER:** Tourismusverband Wilder Kaiser, Dorf 28, 6351 Scheffau am Wilden Kaiser, Tel. (050) 50 93 10, www.wilderkaiser.info.

Aktivitäten in schönster Bergnatur

Wandergebiet Komperdell

Serfaus-Fiss-Ladis, Tirol

Das Tiroler Sonnenplateau ist eine der schönsten Regionen Österreichs. Es liegt auf einer flach nach Süden hin abfallenden Terrasse am Fuß der Samnaungruppe mit hoher jährlicher Sonneneinstrahlung. Im Sommer wird auf diesem Abhang gewandert, im Winter reisen Touristen mit Skiern oder Snowboard an oder mieten diese vor Ort. Komperdell, das Wander- und Skigebiet von Serfaus-Fiss-Ladis, erstreckt sich von 1200 bis auf 3000 Metern Höhe. Insgesamt gibt es 214 Pistenkilometer mit 70 Pistenanlagen, zusätzlich werden weitere 85 Kilometer künstlich beschneit. Pro Stunde können die Bergbahnen 90 000 Personen befördern. Langläufern stehen 30 Kilometer präparierte Loipen zur Verfügung, außerdem sind drei Rodelbahnen und 70 Kilometer gespurte Wanderwege abseits der Pisten vorhanden. Der Familientourismus erreicht in den drei Gemeinden Spitzenwerte.

Schon im 19. Jahrhundert kamen Sommerfrischler in die rätoromanischen Haufendörfer, deren Bauweise heute aufgelockerter ist. Die ersten Siedler in dieser sonnenverwöhnten Gegend waren bereits in der Bronzezeit da, es gibt entsprechende Funde. Serfaus wurde im 11. Jahrhundert erstmals erwähnt, es ist einer der ältesten Marienwallfahrtsorte in Tirol. In der alten Pfarrkirche St. Georgen können Besucher ein Gnadenbild der thronenden Madonna mit dem Kind (12. Jahrhundert) betrachten, es war einst Teil eines Reliquienbehälters.

Fiss und Ladis besitzen keine bemerkenswerten Hinterlassenschaften der Vergangenheit, trotzdem gleichen sie kostbaren Perlen. Rings um die beiden Orte lagert sich schönste Bergnatur, in jeder Jahreszeit anders gefärbt. Besucher bewegen sich über duftende Wiesenböden, wandern auf Almen und zu anderen lauschigen Plätzen.

Urlaubsregion Komperdell.

Besonders Familien machen die vielen Stunden an der frischen Luft Spaß. Eine besondere Attraktion für jüngere Gäste ist das Murmliwasser: Auf dem großen Wasser- und Abenteuerspielplatz an einem Wildbach können Kinder klettern, im Sand spielen, und natürlich plantschen. Auch den namensgebenden Murmeltieren kann man in einem Gehege einen Besuch abstatten.

Aktivurlauber kommen ebenso auf ihre Kosten: Der Mountainbike-Tourismus ist gut entwickelt, es gibt River-Rafting am grünen Inn, Canyoning, Tandem-Paragliden und andere Aktivitäten. Hier kann man seinen Urlaub abwechslungsreich gestalten.

Info: Die Region Serfaus-Fiss-Ladis liegt ca. 95 km westlich von Innsbruck im Grenzgebiet zur Schweiz. **Info Serfaus-Fiss-Ladis:** Untere Gänsackerweg 2, 6534 Serfaus, Tel. (054 76) 62 39, www.serfaus-fiss-ladis.at.

Lufthoheit über den Alpen

SÖLDEN

Sölden, Tirol

Peter Schuck, ein Münchner Professor für Design, ärgert sich, wenn er sieht, wie immer mehr Skifahrer in die Skigebiete gepumpt werden. Anstehen, einsteigen, hochfahren, aussteigen – das ist für ihn kein Bergerlebnis. »Menschen sind kein Logistikelement«, sagt er. »Sie wollen etwas erleben, gerade in Europas majestätischem Hochgebirge.« Deshalb schlug Peter Schuck in Tirol vor, Möglichkeiten zu schaffen, dass Menschen mit Bergen kommunizieren können. »Die Berge sprechen zu uns«, gibt er sich überzeugt.

Für elf Millionen Euro entstanden drei Designer-Plattformen. Sie sind weltweit einzigartig und machen die Bergbegehung zur reinen Emotion. Die Besucher sind begeistert, manche werden ganz still, andere weinen, wieder andere öffnen eine Flasche Prosecco und stoßen auf ihr Glück an, die Big 3 erlebt zu haben. Jede Plattform ist ein Unikat und ganz speziell für einen Gipfel entworfen. Alle drei ermöglichen den exponierten Aufenthalt im freien Raum. Zur Schwarzen Schneid (3340 m) hinauf geht es mit der Seilbahngondel über die Gletscherpiste. Die letzten 120 Meter sind zu Fuß zu absolvieren, mit jedem Schritt tiefer in die grandiose Stille der Berge, die alle Besucher umfängt wie ein Polster. Ein Obelisk aus Containerstahl in der Mitte einer kreisrunden Plattform aus Lärchenholz markiert den Gipfel. 360-Grad-Panorama, die Alpen werden zum Filmerlebnis, die Sonne als Spot darüber.

Skywalk: Der Big 3-Aussichtspunkt an der Bergstation der Tiefenbachbahn bei Sölden.

Bis nach Italien und Deutschland reichen die Blicke. Der Tiefenbachkogl (3250 m) ist die ausgefallenste Kreation. Sie schiebt sich gleich neben der Gondelbahnstation als schmaler Steg 25 Meter hinaus ins Freie. Die luftige Stahlkonstruktion, von zwei Stahlseilen gehalten, mit hölzernem Boden und schrägen Acrylglasplatten, führt direkt auf die Wildspitze zu. Mit jedem Schritt erobert man sich Lufthoheit über den Alpen. Der Gaislachkogl (3058 m) wiederum präsentiert sich als breite Plattform, einer Bühne gleich, auf dünnen Stelzen. Peter Schucks größtes Bauwerk hat sich in das Gebirge mit seinen schroffen Felszacken, steil abfallenden Flanken, gleißenden Gletscherflächen und geschwungenen Tälern harmonisch eingeschmiegt. Das Rondell aus Stahl, Holz und Glas hinter der Bergstation des Giggijochs ist auch zur Partylocation geworden.

INFO: Sölden liegt ca. 95 km südwestlich von Innsbruck. **INFO SÖLDEN:** Ötztal Tourismus, Gemeindestr. 4, 6450 Sölden, Tel. (057) 20 02 00, www.soelden.com.

Ein Traum in Weiß

SKIGEBIET ST. ANTON AM ARLBERG

St. Anton am Arlberg, Tirol

Hannes Schneider erfand hier einst die Abfahrtsskitechnik der sogenannten Arlbergschule, Stefan Kruckenhauser führte als Erster auf den steilen Hängen das Wedeln vor. Olympiasieger und Weltmeister im Wintersport wurden hier in Serie geboren, ein Ende ist nicht abzusehen. Denn der Arlberg, ein Gebirgsstock zwischen Vorarlberg und Tirol, hat trotz des Klimawandels immer noch eine gewisse Schneegarantie. Das höchste Massiv der Lechtaler Alpen (1793 m) mit dem steil aufragenden Valluga (2811 m) bildet nämlich die Wasserscheide zwischen Rhein und Donau und zugleich die Wetterscheide. Statistisch nachgewiesen fallen hier größere Schneemengen vom Himmel als anderswo. Deshalb entstanden eine Reihe beliebter Wintersportorte, die bekanntesten sind St. Anton, Lech, Zürs und Stuben. Die Berge der Verwallgruppe mit Silvretta, Klostertal, Stanzer Tal, Montafon und Paznauntal geben ein kompaktes Bild der Alpen ab, die Gipfel majestätisch, die Täler tief eingeschnitten.

Freeriden in St. Anton am Arlberg.

Weit abgeschieden lebten die Menschen dort, als es die 1900 vollendete Passstraße noch nicht gab. Ihre Nachfahren profitieren heute von der Vielgestaltigkeit der Natur und den touristischen Möglichkeiten, die der Wintersport bietet. 350 Kilometer grandios breit gefächerte Pisten sind vorhanden – sie bilden eines der besten Skigebiete der Welt. Ein Klassiker auf der Zürs-Lech-Hälfte ist die rund 20 Kilometer lange Ski-Rundreise von Lech über Rüfikopf und Trittkopf nach Zürs und über Seekopf, Madloch und das Zuger Hochlicht zurück nach Lech: Ein Tagestraum in Weiß für Skifans.

Im informativen Ski- und Heimatmuseum von St. Anton, untergebracht in der romantischen Villa Trier auf 1284 Metern Höhe, wird die Geschichte der Erschließung der alpinen Orte und die Geschichte des Skisports dargestellt. Im Erdgeschoss des 1910 errichteten Landhauses kann im Restaurant gespeist werden. Am Abend ist viel los in der Fußgängerzone mit ihren zahlreichen Lokalen und Hotelbars.

INFO: St. Anton am Arlberg liegt ca. 90 km südöstlich von Bregenz. **INFO ST. ANTON AM ARLBERG:** Tourismusverband, Dorfstr. 8, 6580 St. Anton am Arlberg, Tel. (05446) 226 90, www.stantonamarlberg.com. **INFO MUSEUM ST. ANTON:** Rudi-Matt-Weg 10, St. Anton am Arlberg, Tel. (055 46) 226 90, www.museum-stanton.com, Öffnungszeiten tägl. 12–18 Uhr, Sommer Mo geschl., Eintritt € 5, ermäßigt € 3.

Wo die Frauen die Hosen anhaben

NEUSTIFT IM STUBAITAL

Tirol

Das waren noch Zeiten! Wollte früher ein Stubaier Bauerssohn eine Braut aus dem Ort freien, musste er einige Voraussetzungen erfüllen: Er brauchte eine breite Hand, damit er viel durch die Finger sehen konnte. Einen großen Hals, damit er viel schlucken konnte. Eine feste Leber, »weil viel drüber kriecht«. Und ein steinhartes Herz, damit er die Stiche nicht spürte. Toleranz wurde grundsätzlich bei Mannsbildern vorausgesetzt. Am Hochzeitstag legte die Braut ein Kleidungsstück aus ihrem Schrank über die Hose des Mannes, fortan hatte sie die Hosen an.

Blick auf Neustift im Stubaital.

Viele Bräuche haben sich nicht erhalten, aber Tradition und Brauchtum spielen im Stubaital nach wie vor eine große Rolle. Die Bräuche, die vom religiösen Kalender und dem bäuerlichen Arbeitsjahr bestimmt waren, werden allein aus touristischen Gründen gepflegt. So ist Neustift wahrscheinlich der Ort in Tirol, an dem das Brauchtum noch nahezu authentisch besichtigt werden kann. Die flächenmäßig drittgrößte Gemeinde Tirols präsentiert sich in ihrem Erscheinungsbild bilderbuchmäßig alpenländisch als Hochgebirgstal. An dessen Eingang erheben sich wuchtige Kalkmassive, im hinteren Tal steigen Gneis- und Granitgipfel auf. 109 Berge kommen über die 3000-Meter-Grenze, 15 Quadratkilometer Gletscherverbundfläche bilden Österreichs größtes Ganzjahres-Skigebiet. Um 1000 wurde *Stupeia* erstmals erwähnt. Noch heute werden seine Bewohner *Tholer* genannt, wie schon im Mittelalter. Kaiser Augustus zog mit seinen Legionen durch, um 15 v. Chr. unterwarf er die Region, die von der römischen Entwicklungshilfe profitierte. Kaiser Maximilian I. jagte hier Hirsche, Gämsen und Wildschweine und stiftete 1505 eine Kapelle. 1516 entstand die erste Kirche in Neustift, dem heiligen Georg geweiht. Die heutige Pfarrkirche wurde 1774 vollendet.

Neustift ist Luftkurort, Wintersportplatz und Ausgangspunkt von Wanderungen.

INFO: Neustift im Stubaital liegt ca. 23 km südlich von Innsbruck. **INFO STUBAI:** Tourismusverband Stubai Tirol, Stubaitalhaus, Dorf 3, 6167 Neustift im Stubaital, Tel. (050) 18 81-0, www.stubai.at.

Topfguckertag unter der Haube

Restaurant Tannheimer Stube Hohenfels

Tannheim, Tirol

Urlaub mit Nutzwert. Die Küche der Tannheimer Stube gibt ihre besten Tipps und Rezepte preis. Gäste erfahren während ihres Aufenthalts, wie sie das – an ihrem Wohnort, wohlgemerkt – mit den frischen Zutaten regeln können, wie ein guter Lebensmitteleinkauf funktioniert, Nudeln und Teigwaren selbst zubereitet werden und wie man ein Vier-Gänge-Menü plant.

Spitzenköche prägten die Küche der lichtdurchfluteten »Tannheimer Stube« mit ihrem hell getäfelten Holz schon seit geraumer Zeit und festigten ihren überregionalen Ruf.

Für eine aromaintensive mediterrane Küche aus lokalen Zutaten vom Tannheimer Tal sorgte ab 2009 Raffaelle Cannizzaro, seinerzeit mit einem Michelin-Stern und drei Gault-Millau-Hauben gekrönt. Er brachte das Feinschmeckerrestaurant nach dem Motto »Das Produkt, nicht der Koch ist der Star in der Küche« auf ein hohes Niveau.

Seit seinem Amtsantritt 2013 ergänzt Chefkoch Markus Pichler mit seiner »Brigade« das nach wie vor beliebte Angebot der leichten mediterranen Küche durch seine kreativen Interpretationen österreichischer und internationaler Gerichte nach dem Motto »Österreich trifft Mittelmeer«. Gekocht wird ausschließlich mit regionalen Zutaten aus der Umgebung. Drei Hauben und 17 Punkte bei Gault-Millau sind ein deutliches Zeichen für gehobene Kulinarik, sogar noch mit Tendenz weiter nach oben.

Das Tannheimer Tal ist ein idyllisch gelegenes Hochtal an der Grenze zwischen Bayern und Tirol. An seiner schönsten Stelle, auf einer kleinen Anhöhe und umrahmt von Wiesen, thront das Landhotel Hohenfels.

Tannheimer Stube im Landhotel Hohenfels.

Dessen »Tannheimer Stube« gehört zu den besten Tiroler Restaurants, ein Ort für Anhänger anspruchsvoller Küche.

Das Landhotel bietet seinen Gästen neben dem hervorragenden Restaurant geführte Wanderungen, Wellnessbehandlungen und familiäre Betreuung.

Info: Tannheim liegt ca. 120 km nordwestlich von Innsbruck nahe der deutschen Grenze zum Allgäu. **Info Restaurant Tannheimer Stube Hohenfels:** Kreuzgasse 8, 6675 Tannheim, Tel. (056 75) 62 86, www.hohenfels.at, Öffnungszeiten Do–So 18.30–23 Uhr, Übernachtungsgäste können auch an den Ruhetagen in der Tannheimer Stube essen, Reservierung empfohlen, Preise auf Anfrage.

Wo es blitzt und funkelt

Swarovski Kristallwelten

Wattens, Tirol

Besuch im Reich des Riesen. In Wattens am südlichen Innufer liegen die Swarovski Kristallwelten, die das Tiroler Unternehmen Swarovski an seinem Gründungsort 1995 aus Anlass seines hundertjährigen Bestehens vom Inszenierungskünstler André Heller entwerfen ließ. Der alpine Riese ist ein grasbewachsener Hügel in Form eines wasserspeienden Kopfes mit kristallinen Augen. Ein weiteres Highlight befindet sich im Garten: Die Kristallwolke mit 800000 Kristallen wurde vom Künstlerduo Cao Perrot entworfen und funkelt über dem Spiegelteich.

Auch im Innern des Riesen funkelt, blitzt und strahlt es. Das Multimediatalent Heller sowie eine Reihe anderer Künstler laden ein zur Erkundung ihrer fantasiereichen Wunderkammern, die die Kristallwelten zu einer der meistbesuchten Attraktionen Österreichs machen. Die Schau lässt sich von den Leitbegriffen Staunen und Amusement leiten, will märchenhaft überwältigen, aber auch durch Vielfalt verblüffen.

Das Designerteam Studio Job etwa zeigt in der Manier klassischer Wunderkammern eine aberwitzige Sammlung an Kuriosa in einem runden Raum. Der indische Designer Manish Arora erweckt in seinem Tempel der Liebe eine bonbonbunte Utopie zum Leben. Im Kristalldom wähnt man sich zur Musik von Brian Eno und unter 595 kleinen Spiegeln selbst in das Innere eines Kristalls versetzt. So wird das Thema Kristall zum Erlebnis für alle Sinne. Im Garten laden Spielturm, Spielplatz sowie ein Karusell und ein Labyrinth zum Toben und Versteckspiel ein.

Am Ende lockt das Restaurant Daniels Kristallwelten mit saisonalen Köstlichkeiten und süßen Kreationen aus der hauseigenen Patisserie.

Info: Wattens liegt ca. 17 km östlich von Innsbruck. **Info Swarovski Kristallwelten:** Tel. (052 24) 510 80, reservations.kristallwelten@swarovski.com. Die aktuellen Öffnungszeiten und Preise finden Sie auf der Website https://kristallwelten.swarovski.com.

Der alpine Riese im Sommer.

Swarovski Kristallwelten in Wattens in Tirol.

Der Durlaßboden Stausee auf 1400 Höhenmetern.

Das aktivste Tal der Welt

ZILLERTAL

Tirol

Der russische Zar war hingerissen, als die Familie Rainer das Lied »Stille Nacht, heilige Nacht« anstimmte. Er lud die Zillertaler Nationalsänger nach St. Petersburg ein, dort startete im 19. Jahrhundert ihre europaweite Karriere. Das beliebteste aller Weihnachtslieder wird für immer mit dem Zillertal verbunden bleiben.

Die Berge der Zillertaler Alpen mit ihren zahlreichen Gletschern sind hoch, sie reichen bis über 3500 Meter. Schon im September werden die Lifte für die Wintersportler präpariert, und manchmal liegt im Mai noch Schnee. 535 Pistenkilometer bietet das Zillertal, 180 modernste Liftanlagen und bestens präparierte Pisten für Snowboarder, vor allem am Hintertuxer Gletscher. Für die Jüngsten gibt es Skikindergärten (neuösterreichisch: *Zwergel Clubs*) und Kurse, dazu bequeme Kinderförderbänder mit buntbemalten Gondeln. Ein lustiges Maskottchen, der gelbe *Arenafunt*, ermutigt die Kleinen. In der Bärlihöhle gruseln sie sich ein wenig an der Hand einer Betreuerin, die danach auf der Schneewiese das Schneemannbauen lehrt und zur lustigen Schlittenpartie lädt. Snow-Action gibt es für die Größeren ab zwölf Jahren. Im Junior Workshop können sie genau das machen, was sie am liebsten tun: Tiefschnee fahren, Race Carving, Buckelpiste und Rennen mit Geschwindigkeitsmessung. Kinder und Erwachsene, denen die Brettl ein Graus sind, können auf einem der Natureisplätze Schlittschuhrunden drehen. Kein Wunder, dass man sich hier als das »aktivste Tal der Welt« sieht.

Die Bezeichnung passt auch im Sommer: Das Bergwanderwegenetz ist weitläufig und gut markiert. Von den Felsterrassen eröffnen sich herrlich weite Ausblicke auf saftig grüne Wiesen, tiefe Talgründe und hübsche Dörfer. In urigen Gasthäusern gibt es bodenständige Küche und eiskaltes Bergwasser. Die Zillertalbahn erschließt auf Schmalspurgleisen das Tal, Bergbahnen führen auf die umliegenden Höhen. Für Bergsteiger sind Hänge mit unterschiedlichen Schwierigkeitsgraden vorhanden. Die Zillertaler Alpen stehen unter besonderem Schutz und tragen seit 2001 das Prädikat »Naturpark«.

Schutzhütte in den Zillertaler Alpen: das Friesenberghaus auf 2498 Metern Höhe.

INFO: Das Zillertal zweigt ca. 40 km östlich von Innsbruck vom Inntal ab. **INFO ZILLERTAL:** Zillertal Tourismus, Bundesstr. 27 D, 6262 Schlitters/Zillertal, Tel. (052 88) 871 87, www.zillertal.at.

VORARLBERG

In den Orten riecht es noch nach Vieh

BRANDNERTAL

Vorarlberg

Zwölf Kilometer lang Schwyzerdütsch. So lang ist die Enklave, die an das Fürstentum Liechtenstein grenzt. Sind die Brandner unter sich, sondern sie sich mundartlich gern von Restösterreich ab. Sie sind Nachfahren von Rätoromanen, schon vor zwei Jahrtausenden siedelten sie sich im Tal unter dem 2965 Meter hohen Schesaplana an. Ihnen folgten Alemannen und im 15. Jahrhundert Walser, denen es in ihrem Schweizer Kanton zu eng geworden war. Sie hielten an ihrer Kultur fest, bis heute gelten sie als Sonderlinge. Der schönste Talabschluss der östlichen Alpen, das Brandnertal, ist das andere Österreich.

Die Menschen dort stört nicht, was andere über sie denken. Sie sind fleißig, und die Infrastruktur des Tals ist passgerecht mitgewachsen mit den gewandelten Bedürfnissen der Zugereisten. Das Geschäft mit dem Fremdenverkehr läuft gut – weil die Orte authentisch sind, vor allem der beschauliche Hauptort Brand. Nach wie vor gibt es Ställe direkt an der Hauptstraße, es riecht nach Vieh. Nach dem Melken werden die Kannen mit der Frischmilch an die Straßen gestellt, die Bauern verkaufen ihre Produkte frei Haus. Traktoren rumpeln zwischen Wanderern die Hänge hinauf, Waldwirtschaft und Jagd nähren ihre Betreiber. Der Tourismus ist nicht exzessiv, die Hotels sind kleiner als in Tirol, ein Neun-Loch-Golfplatz war genug. Neben dem Bergwandern und anderen Aktivitäten in der warmen Jahreszeit ist Wintersport der Schwerpunkt. Skiläufer und Snowboarder bevölkern die gut präparierten Hänge. Fast baumlos präsentiert sich die Südflanke des Gulmakamms mit weiten Trassen und Abfahrten ins Lorenzital. Ein Paradies für Langläufer und Tourengeher. Das feuchte Ende des Brandnertals ist der mystisch erscheinende Lüner See mit der Douglass-Hütte. Im Sommer nehmen Hartgesottene auf 2000 Metern Höhe ein eiskaltes Bad und genießen dabei den Anblick der hochalpinen Kulisse.

INFO: Das Brandnertal liegt ca. 60 km südlich von Bregenz zwischen Bludenz und der Grenze zu Liechtenstein. **INFO BRANDNERTAL:** Brand Tourismus, Mühledörfle 40, 6708 Brand, Tel. (055 59) 555, www.brandnertal.at.

Blick vom Schesaplana auf den Lünersee.

Die Schöne am Bodensee

BREGENZ

Bregenz, Vorarlberg

Vorn der Bodensee, hinten der Pfänder. Vorarlbergs Hauptstädtchen liegt reizvoll gestaffelt auf einem terrassenförmig zum Ostufer des Sees hin abfallenden Plateau. Die Unterstadt ist von moderner Architektur geprägt, von Festspiel-, Kongress- und Kunsthaus. Die Oberstadt zeigt sich romantisch mit einer zum größten Teil erhaltenen Stadtmauer aus dem 13. bis 16. Jahrhundert, mit Gassen, Fachwerkhäusern und alten Kastanien.

Wer Bregenz als Gesamtkunstwerk betrachten will, steigt den Hausberg Pfänder (1064 m) hinauf oder fährt mit dem Seilbähnle. Oben angekommen bieten sich wunderbare Blicke zurück auf Berge und See, sattgrüne Wiesen und schattige Tannenwälder.

Wer wandert, kann sich auf im Burgrestaurant Gebhardsberg mit feinstem Bodenseefisch zur herrlichen Aussicht von der Panoramaterrasse stärken. Hier lässt sich die Bodenseelandschaft studieren, links die Schweizer, rechts die deutsche Seite. Die Blicke bleiben an der spektakulären Seebühne hängen, die im Sommer bespielt wird. Die drei B machen den besonderen Charme der Stadt aus aus: Berge, Bodensee, Bregenzer Festspiele. Im Jahr 15 v. Chr. eroberten die Römer das keltische Brigantium, der Hafen wurde Zentrum der Bodenseeschifffahrt. Holz- und Kornhandel mehrten den Wohlstand.

1884 setzte man die Arlbergbahn auf ihre Gleise, das Zeitalter des Tourismus begann. Die heute 33000 Einwohner zählende Stadt wurde nie in ihrer Geschichte zerstört, sie besitzt Denkmäler vom Torbau aus dem 13. Jahrhundert über den barocken Martinsturm und die klassizistische Fassade des 1838 erbauten Kornhauses.

Architektonisch setzt Bregenz auch moderne Maßstäbe: Der 1997 eröffnete, milchgrüne gläserne Kubus des Kunsthauses wurde von dem Schweizer Architekten Peter Zumthor entworfen und gebaut. Von außen wirkt das Gebäude wie ein Leuchtkörper, der sämtliche Lichtwechsel und Wetteränderungen in Himmel und See absorbiert und zurückstrahlt. Präsentiert werden Wechselausstellungen zeitgenössischer Kunst.

Bregenz aus der Vogelperspektive.

INFO: Bregenz liegt am Ostufer des Bodensees. **INFO BREGENZ:** Rathausstr. 35 A, 6900 Bregenz, Tel. (055 74) 49 59-0, www.bregenz.travel. **INFO BURGRESTAURANT GEBHARDSBERG:** Gebhardsberg 1, 6900 Bregenz, Tel. (055 74) 425 15, www.greber.cc, Öffnungszeiten Mai–Sept. tägl. ab 10, Okt., Dez. und März/April tägl. außer Di ab 11, Jan./Feb. Mi–So ab 11 Uhr. Reservierung empfohlen, Preise auf Anfrage. **INFO KUNSTHAUS BREGENZ:** Karl-Tizian-Platz, 6900 Bregenz, Tel. (055 74) 485 94-0, www.kunsthaus-bregenz.at, Öffnungszeiten Di–So 10–18, Do bis 20 Uhr, Eintritt € 11, ermäßigt € 7, Kinder frei.

Die schwimmende Opernbühne auf dem Bodensee

Bregenzer Festspiele

Bregenz, Vorarlberg

Wenn sich über Bregenz, wunderschön in die weit ausschweifende Ostbucht des Bodensees gestaffelt, das Dunkel herablässt, beginnen die Bühnenbilder der spektakulären Seebühne zu leuchten. Kunst auf einem bei Sturm von Wellen umtosten Fundament, aber festgezurrt und standhaft. Was wäre der Bodensee ohne diese dem Ufer vorgelagerte schwimmende Bühne, die größte der Welt, selbst im Guinness-Buch der Rekorde verzeichnet.

Ihre Geschichte begann 1946 mit zwei Kieskähnen im Gondelhafen, auf die im Sommer einige Bretter gelegt wurden, auf die sich dann einige wenige mutige Schauspieler und Sänger wagten. Heute steht die Bühne auf 200 massigen Pfählen, tief in den Seegrund abgesenkt. Mehr als 400 Akteure finden bei den allsommerlichen Opern-, Operetten-, Ballett- und Musicalaufführungen auf ihr Platz. Ihnen gegenüber sitzen knapp 7000 Zuschauer auf der Tribüne.

Die Seebühne der Bregenzer Festspiele für die Verdi-Oper »Rigoletto« in der Saison 2019/20.

Mozarts »Zauberflöte«, Bizets »Carmen«, Umberto Giordanos Revolutionsdrama »André Chénier« oder zuletzt Verdis »Rigoletto« gingen hier ebenso über die Bretter wie die modernen Ballette und Musicals vom New Yorker Broadway sowie Konzerte von Orchestern mit berühmten Dirigenten und den besten Star-Sängern der Welt. Das macht Eindruck, weil die Stadt am Dreiländereck Österreich-Schweiz-Deutschland ein großartiges natürliches Kulissenpanorama dazu gibt. In Terrassen fällt das Plateau des Pfänders zum See hinab, andere Berge sind dazugestaffelt. Wenn der Mond scheint, die Sterne funkeln und der Wind vom See nicht zu rau ist, ist das Zuschauen und Zuhören ein einzigartiges Sinneserlebnis. Aber auch wenn der Wind mal Musikfetzen in die falsche Richtung peitscht, bleiben immer noch die visuellen Eindrücke.

Fallen die Temperaturen, stellen die Veranstalter automatisch kuschelige Decken zur Verfügung. Dann holen die Zuschauer die Hände nur zum Klatschen aus der Verhüllung. Die wattstarken Scheinwerfer sind wie bunte Lichtfinger, die aus dem Dunkel nach der Bühne greifen, mitunter erfassen sie auch vorüber schippernde Dampfer, Boote und Yachten. Wird es aber zu kalt im Gebirge, wird die Veranstaltung in die funktionale Festhalle verlegt. Die Zuschauer haben es in diesem Fall nicht weit, sie befindet sich auf demselben Gelände.

Info: Bregenz liegt am Ostufer des Bodensees. **Info Bregenzer Festspiele:** Tel. (055 74) 40 76, www.bregenzerfestspiele.com.

Sanft buckelnde Landschaft

Dörfer im Bregenzerwald

Bregenzerwald, Vorarlberg

In den 22 Dörfern zwischen Bodensee und Arlberg leben so viele Menschen wie Kühe: jeweils rund 30 000. Die Region steigt vom See her hügelig und mit weit gestreuten Sonnenterrassen an. Je südlicher der Bregenzerwald wird, desto mehr zeigt er Hochgebirgscharakter mit steilen Felsen und breiten Auen. Der Zauber der Landschaft ist ihr sanftes Buckeln und sind die idyllisch eingesenkten Täler, am tiefsten eingeschnitten ist das Tal der Bregenzer Ache, das vom Hochtannberg bis zum Bodensee reicht. Hier liegen die meisten Dörfer, grasen die meisten der Kühe und hier gibt es auch die unumstritten schönsten Wandergebiete.

In den Dörfern des Bregenzerwalds wird die Dreistufenlandwirtschaft betrieben, die seit 2011 in die UNESCO-Liste des immateriellen Kulturerbes aufgenommen wurde. Als hübschestes Dorf gilt Schwarzenberg mit über 250 Jahre alten Holzhäusern und der barocken Pfarrkirche mit Apostelbildern und einem Hochaltargemälde der Malerin Angelika Kauffmann, die diese Werke in der zweiten Hälfte des 18. Jahrhunderts schuf und u. a. von Goethe bewundert wurde. Das Heimatmuseum trägt ebenso ihren Namen wie der Konzertsaal, in dem neben dem Dorfsaal jeden Sommer die Schubertiade Schwarzenberg stattfindet. Das Festival widmet sich eher weniger bekannten Werken von Franz Schubert und anderen Komponisten der Romantik.

Alberschwende, das Eingangstor zum Bregenzerwald, besitzt eine tausendjährige Linde, die immer noch blüht und duftet. Im Zentrum der Region liegen Lingenau und Egg. Von hier lässt sich der Bregenzerwald auf verschiedenen Wanderwegen per pedes erschließen. In Egg kann zudem das informative Heimat- und Trachtenmuseum, untergebracht in der alten Volksschule, besichtigt werden.

Gleitflug vom Diedamskopf im Bregenzerwald.

Von Bezau aus kann man mit der Museumsbahn Wälderbähnle nach Bersbuch fahren. Mutige starten hier oder am Diedamskopf zu einem Paraglider-Flug. Das Gelände sowie die Wind- und Thermikverhältnisse sind ideal, um sich in die Lüfte zu schwingen und den Bregenzerwald sowie den Bodensee von oben zu betrachten.

Im Winter fahren im Bregenzerwald 14 Lifte und Sesselbahnen bis auf 2500 Meter in die Höhe und erschließen 36 Pistenkilometer.

Info: Schwarzenberg liegt ca. 30 km östlich von Bregenz. **Info Bregenzerwald:** Bregenzerwald Tourismus, Gerbe 1135, 6863 Egg, Tel. (055 12) 23 65, www.bregenzerwald.at. **Info Paragliding:** Flugschule Bregenzerwald, Wilbinger 483, 6870 Bezau, Tel. (055 14) 31 77, www.gleitschirmschule.at, Tandemflug € 130, Thermikflug Mai–Sept. ab € 160.

Die westlichste Stadt Österreichs

Rundgang durch das alte Studierstädtle

Feldkirch, Vorarlberg

Eine hübsche Stadt«, so James Joyces knappes Statement. In Wirklichkeit soll der Dichter, aus Triest kommend, verblüfft gewesen sein über die kompakte westlichste Stadt Österreichs. 1915 wartete er hier ungeplant auf das Umsteigen in den Orient-Express, es war Erster Weltkrieg. Joyce war tief versunken in seine Gedanken, und Jahre später erzählte er, dass es dort war, in Feldkirch, wo er sich dazu entschloss, den »Ulysses« zu schreiben, sein größtes Werk. Nicht umsonst ein Tagtraumbuch, denn Feldkirch verleitet wahrlich zum Tagträumen.

Das alte *Studierstädtle* im »Schatten« der mittelalterlichen Schattenburg (1260), die besichtigt werden kann, brachte viele Künstler und Gelehrte hervor. Der Arzt und Geograf Hieronymus Münzer ist in Feldkirch geboren (1437), der Maler Wolf Huber (1480), Star der Donauschule, und der Humanist und Mathematiker Georg Joachim Rheticus (1514), ein Mitstreiter von Kopernikus. Sie alle spazierten durch die zwei Tore der noch in Resten vorhandenen Stadtmauer, sahen die vier Türme, die verträumten Gassen und Fachwerkhäuser, die Illbrücke mit ihren trutzigen Befestigungsanlagen, den Katzenturm mit seinen Kanonen (»Katzen«) und das Churertor, auch Salztor genannt, mit dem sechsgeschossigen Torturm.

Die Schattenburg bei Feldkirch.

Feldkirch (34 000 Einwohner) zeigt noch komplett seinen mittelalterlichen Stadtkern, nichts ist überbaut. Sehenswert ist das Rathaus mit Ratsstube (1493), der Marktplatz mit seinen Patrizierhäusern und Laubengängen, die spätgotische Johanneskirche. Hübsch ist die Kreuzgasse, ein alter historischer Straßenzug, der auf das hochherrschaftliche Palais Liechtenstein (1697) zuführt, in dem heute die Stadtbibliothek untergebracht ist. Am Domplatz zeigt die Kirche St. Nikolaus (1478) ihre farbtollen Glasfenster, sie gilt als bedeutendstes gotisches Gotteshaus Vorarlbergs. Ihre Innenausstattung ist kunsthistorisch von hohem Wert, die Kanzel wurde zum schmiedeeisernen Sakramentshaus umgestaltet. Am Ardetzenberg werden seit Jahrhunderten Weinreben gezüchtet. Man kann tatsächlich ins Träumen geraten, ganz wie James Joyce.

Info: Feldkirch liegt ca. 33 km südlich von Bregenz. **Info Feldkirch:** Feldkirch Tourismus, Montfortplatz 1, 6800 Feldkirch, Tel. (055 22) 90 09, www.feldkirch.travel. **Info Schattenburg:** Burggasse 1, Feldkirch, Tel. (055 22) 304 35 10, www.schattenburg.at, Öffnungszeiten Nov.–März Di–Fr 13.30–16, Sa/So 11–16, April–Okt. Mo–Fr 9–17, Sa/So 10–17 Uhr, Eintritt € 8, Kinder € 6/4.

Die Natur nutzen, ohne ihr zu schaden

Grosses Walsertal

Vorarlberg

Um 1300 entsandten die Montforter Grafen, die im Walsertal das Sagen hatten, ihre Vertreter ins Wallis. Sie sollten in der Schweiz Söldner anheuern. Diese hatten wichtige Pässe zu kontrollieren und für Ordnung im Tal zu sorgen. Dafür erhielten sie Grund und Boden und mussten kaum Zins zahlen. Die Walser nannten sich »freie Bauern«, noch heute legen sie Wert auf ihre besondere Geschichte. Im Heimatmuseum in der Ortschaft Sonntag konservieren sie ihre stolze Vergangenheit und zeigen, wie früher gewohnt und gearbeitet wurde. Ein hartes Leben in den über die steilen Hänge der Täler verstreuten Häusern und Höfen. Auch das Schwyzerdeutsch, Trachten und der Dachverein Vorarlberger Walservereinigung gehören zum gelebten Brauchtum.

Im Jahr 2000 ist das Große Walsertal zum UNESCO Biosphärenpark ernannt worden, es steht dadurch unter internationalem Schutz. Das dünn besiedelte (3500 Einwohner), bäuerlich geprägte Bergtal nordöstlich von Bludenz umfasst knapp 200 Quadratkilometer. »Die Natur nutzen, ohne ihr zu schaden«, lautet das Motto der Walsertal-Bewohner. Von 200 landwirtschaftlichen Betrieben ist etwa die Hälfte in den letzten Jahren zum Bio-Betrieb geworden. Kaum eine Region ist so gut erfasst wie diese. In der »Kulturlandschaftserhebung« wurde jede dörfliche Struktur und jedes charakteristische Landschaftselement registriert.

Um Touristen die spezielle Geschichte des Tals nahezubringen, wurde ein Walserweg eingerichtet, können Familien einen ganzen Tag auf dem Walderlebnispfad verbringen, auf dem Blumenlehrpfad rund 150 Pflanzenarten kennenlernen und auf dem Lawinenweg alles erfahren über den Schutz vor herabkrachendem Geröll in Schneeverpackung. Der Walserweg wird abseits der Straße durchwandert. Er beginnt in Thüringerberg, führt durchs wildromantische Hölltobel und an den Teichen unterhalb eines Klosters vorbei nach Garsella. In Richtung Sonntag wechseln die Wanderer von der Schatten- auf die Sonnenseite. Es geht über Magerheu- und Streuwiesen, die für das Tal typisch sind. Entlang des Wegs sind Informationstafeln aufgestellt, die Geschichte und Brauchtum der Region informieren.

Wanderer im Biosphärenpark Großes Walsertal.

Info Grosses Walsertal: Liegt ca. 50 km südlich von Bregenz zwischen Bregenzerwald im Norden und Lechquellengebirge im Süden und Osten. **Info Biosphärenpark Grosses Walsertal:** Boden 34, 6731 Sonntag, Tel. (055 50) 203 60, www.grosseswalsertal.at.

Wandern und Wellness im Schoß der Alpen

KLEINWALSERTAL

Hirschegg, Vorarlberg

Am Anfang stand die Hoffnung auf eine neue Heimat. Vor etwa 700 Jahren siedelten Walliser Familien in das 1100 Meter hochgelegene Gebirgstal am Nordrand der Allgäuer Alpen um. Heute gilt das Kleinwalsertal als beliebter Ort für Sommerwanderungen und Wintersport.

Aus dem Tanntal im Kanton Wallis kommend, waren die ersten fünf ausgewanderten Großfamilien bereits begrenzte Täler inmitten der Bergwelten gewohnt. An ihrem neuen Ort erlangten sie, ähnlich wie andere ausgewanderte Walliser, als freie Bauern mit eigener Gerichtsbarkeit eine neue Lebensperspektive. Das Kleinwasertal zeichnete sich damals wie heute durch eine geografische Besonderheit aus: Es ist fast völlig von den Alpen umschlossen und nur von Oberstdorf in Deutschland aus zu erreichen, den Flugweg per Helikopter ausgenommen. Dadurch erlangte es einen Sonderstatus: politisch gehört es bis heute zu Österreich, aber es war bis zum Beitritt Österreichs zur Europäischen Union deutsches Wirtschaftsgebiet mit deutscher Briefmarke, Währung und Telefonanschlüssen mit deutscher Vorwahl.

Klettersteig im Kleinwalsertal.

Zur vorletzten Jahrhundertwende wandelte sich das Kleinwalsertal langsam zu einer Wanderattraktion für Sommerfrischler, bald lernten es auch Wintersportler zu schätzen. Das Tal wurde auch heilklimatisch genutzt: Dr. Max Backer ließ 1911 eine Hochgebirgsklinik für Lungenpatienten erbauen, die nicht mehr existiert aber seinerzeit viele deutsche Gäste anlockte. Heute steht im Tal eher Wellness auf dem Programm. Aktivurlauber finden beim Klettern, auf Mountainbikes und Wanderwegen im Sommer sowie auf Pisten, Langlaufloipen und im Crystal Ground Snowpark für Freestyler und Snowboarder im Winter Betätigung. Eine große Bergschau über dieses »Kleinod der Walser« gibt es gratis im Walserhaus in Hirschegg zu sehen.

Eine ganz neue Klientel soll unter dem Motto »Bee careful« in das Tal gelockt werden: Blühgärten und Insektenhotels machen aus der Region eine Oase für Wildbienen und andere Insekten. Damit will man dem Insektensterben entgegen wirken, schöner Nebeneffekt für die menschlichen Besucher ist der köstliche Honig, der u. a. in der regional ausgerichteten Gastronomie auf den zahlreichen Hütten der Genussregion zum Einsatz kommt.

INFO: Das Kleinwalsertal liegt 52 km südlich von Kempten (Allgäu) und 76 km östlich von Bregenz. **INFO KKLEINWALSERTAL:** Kleinwalsertal Tourismus, Walserstr. 264 (im Walserhaus), 6992 Hirschegg, Tel. (055 17) 51 14-0, www.kleinwalsertal.com. **INFO WALSERHAUS:** Walserstr. 264, 6992 Hirschegg, Tel. (055 17) 511 40.

Am richtigen Ort Urlaub machen

Lech am Arlberg

Lech am Arlberg, Vorarlberg

Hundert Jahre und ein bisschen leise. Fast wäre die Botschaft verloren gegangen. Aber sie ist wiederentdeckt worden. Zum Glück, denn sie ist für alle gültig. Ihr Inhalt: Man muss nur am richtigen Ort Ferien machen

Blick auf Lech am Arlberg.

– in den Bergen. Allein die Wahl des Urlaubsorts zieht einen Gesundheitseffekt nach sich. Denn in der sogenannten mittleren Höhe (1200–2500 m) kommt es zur Frischzellenkur des menschlichen Organismus. Der Höhenaufenthalt bewirkt eine Ökonomisierung des Herz-Kreislauf-Systems: Die dünne Luft zwingt den Körper, effizienter zu arbeiten. Bergwandern führt automatisch zur Gewichtsabnahme, normalisiert den Blutdruck und verbessert Stoffwechselvorgänge. Es sorgt für natürlichen Muskelaufbau, Stressabbau und besseren Schlaf. Und es hebt die Stimmung.

Das alles hat Nathan Zuntz, ein Berliner Gelehrter, vor rund 100 Jahren erforscht. Er erhielt dafür vom preußischen Kaiser Orden und das Militär wurde in den Alpen ertüchtigt. Auch heutige Gäste wissen die gute Luft zu schätzen.

Lech, knapp über 1000 Meter hoch gelegen, ist fast kitschig schön. Durch den Ort plätschert das Wildwasser des Lech, der Zwiebelturm der alten Kirche reflektiert das Sonnenlicht. An den Hängen Gasthöfe, Hotels und Wohnbauten, im Umfeld ein ausgezeichnetes Wege-Wandernetz mit verschiedenen Schwierigkeitsgraden. Saftig grüne Hochlagenbegrünung und hineingetupfte Bilderbuchseen rahmen den Ort, im Winter Schneehänge und Skilifte. Am Formarinsee bei Lech entspringt der Fluss, der dem Ort den Namen gibt, hier beginnt auch der 125 Kilometer lange Lech-Wanderweg, den man etappenweise erwandern kann. Ein Shuttle bringt Wanderer vom Ort zum Startpunkt am See.

Der »Gasthof zur Post« ist erstes Haus am Platz. Lech hat eine lange Tradition, 1925 wurde hier die erste Skischule der Alpen eröffnet. Im Winter fegen Skifahrer die fünf Kilometer lange Madloch-Abfahrt zwischen Lech und Zürs hinunter, zwischen Mai und November sind dort Bergwanderer anzutreffen.

Info: Lech am Arlberg liegt ca. 77 km südöstlich von Bregenz. **Info Lech:** Lech Zürs Tourismus, Dorf 2, 6764 Lech am Arlberg, Tel. (055 83) 21 61-0, www.lech-zuers.at, www.lechweg.com.

Höchster Berg am Bodensee

Der Pfänder

Lochau, Vorarlberg

Vierländerblick nennen die Bregenzer das Panorama voll Stolz, schließlich kann man auf ihrem Hausberg, dem 1064 Meter hohen Pfänder, bei klarem Wetter auf Bergketten in Österreich, der Schweiz, Liechtenstein und

Mit der Pfänderbahn schwebt es sich in kürzester Zeit dem herrlichen Bodenseepanorama entgegen.

Deutschland sehen, man schaut auf die sanften Ausläufer des Schwarzwaldes und, dreht man sich ein wenig, so hat man die schroffen Gipfel der Silvretta im Visier. Zudem lässt sich der Bodensee in Längsrichtung von keiner anderen Stelle aus besser überblicken.

Für die Bregenzer ist ein Ausflug auf ihren Hausberg so eine Art Wundermittel, das gegen Stress hilft und den Alltagsblues vertreibt. Selbst im Herbst, wenn dichter Nebel am See die Tage trübt, kann man oben oft doch die Sonne sehen und dann scheint es, als schaue man vom Pfänder auf ein weißes Wattemeer herab. Mit dem Auto fährt man über Lochau auf den Berg. Nur wenige Minuten dauert die Fahrt mit der Kabinenschwebebahn, die rund ums Jahr Bregenz und Pfänderspitze verbindet. Selbstverständlich geht es auch zu Fuß hinauf. Beim kurzen, aber knackigen Aufstieg ab der Pfänderbahn-Talstation sind 600 Höhenmeter zu überwinden. Oben angekommen bietet sich eine kleine Wanderung durch den Alpenwildpark an, wo sich Steinböcke, Rothirsche, Muffelwild und Murmeltiere tummeln. Oder eine Einkehr im Panoramarestaurant. Für mehr Bewegung bieten sich mehrere Rundwanderrouten an, die in eineinhalb bis drei Stunden zu schaffen sind. Mit herrlichem Ausblick auf den Bodensee und die Bregenzer Wälder lockt auch der Käse-Wanderweg, der zu traditionell bewirtschafteten Sennereien führt, wo man den wunderbar würzigen Vorarlberger Bergkäse kosten und kaufen kann.

Info: Der Pfänder liegt etwa 9 km östlich von Bregenz in der Gemeinde Lochau. **Info Pfänderbahn:** Talstation (mit Parkhaus) in der Schillerstraße, 6900 Bregenz, Tel. (055 74) 42 16 00, www.pfaenderbahn.at, tägl. 8–19 Uhr, Abfahrten zur vollen und halben Stunde (bei Hochbetrieb im 6-Min.-Takt), einfache Fahrt € 7,70, Kinder € 3,80; Berg- und Talfahrt € 13,20, Kinder € 6,60. **Info Alpenwildpark Pfänder:** An der Bergstation, Tel. (055 74) 421 84, www.pfaender.at, tägl. geöffnet, Eintritt frei.

Die schönste Gebirgsstraße der Alpen

SILVRETTA-HOCHALPENSTRASSE

Vorarlberg und Tirol

Diesen Rundgang sollte man sich gönnen. Wer auf der Silvretta-Hochalpenstraße, einer der schönsten Panoramastraßen der Welt, am Silvretta-Stausee angekommen ist, kann ihn in etwa zwei Stunden umrunden. Eine Wanderung mit unterschiedlichen Ausblicken auf die Gebirgslandschaft an der Grenze zwischen den Ländern Vorarlberg und Tirol und an der Wasserscheide zwischen Rhein und Donau. Die hochalpine Straße – ihr höchster Punkt, die Bielerhöhe, liegt auf 2032 Metern – führt vom Vorarlberger Montafon durch die Silvretta ins Tiroler Paznauntal. Sie ist 23 Kilometer lang, hat 34 Kehren, eine maximale Steigung von 12 Prozent und kann nur in der warmen Jahreszeit befahren werden.

Wem zwei Stunden Fußweg zu viel sind, der kann eine Motorbootfahrt auf dem höchstgelegenen europäischen Stausee unternehmen. Auf der Bielerhöhe gibt es auch mehrere Lokale mit Terrassen zum Stausee hin. Dort wird man vielen ausgelaugten Radfahrern begegnen, die mit letzter Kondition die Auffahrt geschafft haben. An mehreren Aussichtspunkten stehen große Parkplätze zur Verfügung. Der Blick hinauf in die vergletscherte Gipfelwelt der Berge zeigt das Majestätische der Alpen. Eine Landschaft, in der der Mensch nur eine Randerscheinung ist.

Ursprünglich war die Straße nur als Versorgungsstrecke für die Baustellen von Staumauern und Kraftwerken angelegt worden, als nach dem Zweiten Weltkrieg die Trasse von der Bielerhöhe nach Galtür gelegt wurde. Der Legende nach soll noch ein übergroßer Bagger als Relikt im Gelände zurückgelassen worden sein. Geplant war, ihn zu zerlegen und abzutransportieren. Aber der Bagger soll sich 1953 eines Tages selbst einen Weg durch Gestrüpp und Wald nach unten gebahnt haben – die Route der künftigen Silvrettastraße, die 1954 eröffnet wurde. Der Stausee am Fuß des Piz Buin (3312 m) ist zweieinhalb Kilometer lang und 75 Meter breit, die Farbe seines Wassers wechselt je nach Tageszeit zwischen hell- und kobaltblau.

Vom weiter unten liegenden Vermunt-Stausee (1743 m) aus gibt es eine Abfahrt zum Madlenerhaus (1986 m), in dem Bergsteiger übernachten und das ein optimaler Ausgangspunkt für Bergwanderungen in der Silvrettagruppe ist. Konditionsstarke Bergfexe erklimmen den gewaltigsten Gipfel der Silvretta, den Großlitzner (3111 m), in rund sechs Stunden. Bergführer bieten ihre Dienste an.

INFO: Ca. 23 km lang, von Partenen im Montafon bis Galtür im Paznauntal. **INFO HOCHALPENSTRASSE:** www.silvretta-bielerhoehe.at, Maut PKW inkl. 9 Pers. € 16,50, Motorrad € 13,50. **INFO ILLWERKE TOURISMUS:** Tel. (055 56) 70 18 31 67, www.illwerke-tourismus.at. **INFO REISEZEIT:** Je nach Schnee- und Witterungslage Juni–Okt.

Stausee am Fuß des Piz Buin, des höchsten Bergs des Silvretta-Hauptkamms.

Kriege gehören ins Museum®
HGM
HEERESGESCHICHTLICHES MUSEUM
www.hgm.at
UNSER HEER

WIEN

Im Reich der Sumpfschildkröten

Nationalpark Donauauen

Wien und Niederösterreich

Die Donau ist 2006 zur »Schnellstraße« geworden. Der Schnellkatamaran »Twin City Liner« verkehrt seither zwischen Wien und Bratislava, mit einer Durchschnittsgeschwindigkeit von 60 Stundenkilometern dauert die Fahrt 75 Minuten. Sie führt mitten durch die Donauauen, seit 1996 Nationalpark, und das ist nur möglich, weil der moderne Schnellkatamaran mit extrem geringer Tiefe und erstaunlich leise durch den Fluss zieht. Trotz des hohen Tempos schlägt das Wasser nur einen halben Meter weit Wellen. Es stört nicht die seltenen Sumpfschildkröten auf den Eilanden, die Fischotter, Eisvögel und Kormorane in den Nebenarmen, die Wildschweine, Hasen und Füchse, die durchs Gebüsch schlüpfen. Naturschützer akzeptieren die Schiffsverbindung.

Der Nationalpark Donauauen zeigt sich gleich hinter der Stadtgrenze als Wildwuchs, die Uferböschung ist stellenweise dschungelartig zugewuchert. Schotterpartien werden von sandigen Ufern abgelöst, dann säumt Dickicht die Flussränder, Pappeln und Erlen sind emporgeschossen, Weiden hängen ihre Äste in die Strömung. Im Sommer bietet die Gegend Badeplätze, braungebrannte Pensionisten sind in Kajaks unterwegs, Naturfreunde suchen mit Fernstechern nach seltenen Vögeln. Der Urwald am Rande Wiens entstand, weil die Stadt ihre Industrialisierung zurückgefahren hat und den im 19. Jahrhundert brachial regulierten Strom seit Jahrzehnten sich selbst überlässt. Der Urlandschaft hinter Wien folgt die romantische Passage an der Hainburger Pforte, wo die Donau die March aufnimmt, und über der gemächlichen Vereinigung der beiden Flüsse wacht die Burgruine Theben an einer Felskante. Die slawische Grenzfestung trennte lange die Slowakei und Österreich, aber das ist vorbei. Die Hauptstädte der beiden Länder wachsen immer mehr zusammen, Verkehr, Güterumschlag und Kultur sorgen dafür – und dazwischen erstreckt sich grandiose Natur.

Info: Der Nationalpark Donauauen erstreckt sich über 38 km von Wien bis zur Marchmündung an der Grenze zur Slowakei. **Info Nationalpark Donauauen:** Schloss Orth, 2304 Orth an der Donau, Tel. (022 12) 35 55, www.donauauen.at. **Info Donaufahrt:** Der »Twin City Liner« verkehrt zwischen April und Oktober fünfmal täglich zwischen Wien (Schwedenplatz/Marienbrücke) und Bratislava (Nový most) hin und zurück. Tel. (01) 904 88 80, www.twincityliner.com.

Kanutour in den Donau-Seitenarmen von Stopfenreuth.

Eine der größten grafischen Sammlungen der Welt

ALBERTINA

Wien

In diesem Haus kann man ein Meisterwerk, das viele Menschen seit Jahren begleitet, im Original sehen. Gemeint ist Albrecht Dürers »Feldhase« (1502), ein Bild, das über Jahrhunderte sogar Schulbücher illustrierte. Aber auch die »Betenden Hände« des Nürnberger Meisters gehören zu den Besitztümern dieses einzigartigen Museums. Dürer ist mit rund 140 Zeichnungen und Aquarellen in der Albertina vertreten – die umfangreichste Sammlung seiner Werke. Die Grafische Sammlung verwahrt eine der größten und bedeutendsten Sammlungen der Welt: rund 50 000 Zeichnungen und Aquarelle sowie 900 000 druckgrafische Blätter, darunter Holzschnitte von der Spätgotik bis zur Gegenwart. Den Kernbestand der Schausammlung vom französischen Impressionismus bis zu Picasso bildet die Sammlung Batliner, die das Museum 2007 als Dauerleihgabe erhalten hat. Hinzu kommen eine Foto- und eine Architektursammlung.

Die Albertina birgt eine der bedeutendsten grafischen Sammlungen der Welt.

Gegründet wurde die Albertina von Herzog Albert von Sachsen-Teschen (1738–1822), in dessen klassizistischem Palais sie untergebracht ist und dessen Namen sie trägt. 2000 bis 2003 wurde das Haus generalsaniert, vier Ausstellungshallen entstanden und ein neuer Eingangsbereich, den das spektakuläre 64 Meter lange Titan-Flugdach von Hans Hollein überspannt.

Zu den besonderen Kostbarkeiten gehören neben Werken Dürers auch Zeichnungen von Leonardo da Vinci, Michelangelo, Raffael, Rubens und Rembrandt. Die Moderne repräsentieren u.a. Munch, Klimt und Schiele, Picasso und Chagall. Auch die Pop-Art ist vertreten. Die Arbeiten dieser Künstler werden schwerpunktmäßig in Sonderausstellungen präsentiert. So kann man z.B. – und das gibt es nicht in Rom – die Rötelstudien bewundern, die Michelangelo als Vorlage für die Fresken in der Sixtinischen Kapelle im Vatikan dienten.

Das 1781 erbaute Palais neben der Hofburg enthält Habsburgische Prunkräume, benannt nach längst verblichenen Blaublütern wie Erzherzogin Marie Christine und anderen, die erst seit Kurzem wieder zugänglich sind.

INFO: In der Innenstadt, im 1. Bezirk gelegen. **INFO ALBERTINA:** Albertinaplatz 1, 1010 Wien, Tel. (01) 53 48 30, www.albertina.at, Öffnungszeiten tägl. 10–18, Mi/Fr bis 21 Uhr, Eintritt € 17,90, ermäßigt € 11,90, bis 18 J. frei.

Eine Stadt als Experimentierfeld

Architektur der Moderne

Wien

Sogar aus Amerika und Australien pilgern Architekturfans nach Wien. Die Stadt ist seit Mitte des 19. Jahrhunderts ein Experimentierfeld der urbanen Planung und hat viele Städte beeinflusst. Vor allem die Ringstraßenarchitektur wurde vielerorts übernommen, etwa von der ungarischen Hauptstadt Budapest. In Wien konnte sie erst entwickelt werden, nachdem die militärische Bedeutung abnahm und die Stadt ihr Wehrhaftes in Gestalt von Basteien und Schutzwällen abbaute. Unter Kaiser Franz Joseph schlug sie konsequent den Weg zur modernen Metropole ein. In einem einmaligen städtebaulichen Kraftakt entstand die Ringstraße mit neuen Prunkbauten als Symbol des Wohlstands und städtischen Selbstbewusstseins.

Die neuen Gebäude der Universität und des Burgtheaters galten damals als äußerst fortschrittliche Baukörper. Mit Otto Wagner, seit 1893 Professor an der Akademie der Bildenden Künste, kam es zum Durchbruch der Wiener Moderne. Er war der geistige Führer der Wiener Secession, schuf beispielhafte funktional-schöne Bauten wie die Postsparkasse, die Kirche am Steinhof, die Stadtbahn, U-Bahnhöfe und die Schleusenanlage am Donaukanal. Aus der Stadt der Handwerker wuchs eine Industriegroßstadt.

Wagner wollte Wien gar zur Welthandelsmetropole ausbauen, aber mit dem Untergang der Monarchie 1918 zerbrachen die Utopien. Im 20. Jahrhundert avancierte Wien zum Modellfall für den sozialen Wohnungsbau. Zwischen 1923 und 1933 entstanden 65 000 Gemeindewohnungen in sogenannten Superblocks. Der Karl-Marx-Hof in Döbling z. B. ist eine eigene Stadt mit Ehrenhof und mächtigen Toren, die ihren Bewohnern Würde verlieh. Großzügig und grün sind die Innenhöfe, mit einem klar organisierten Gemeinwesen, mit Kindergarten,

Kirche am Steinhof von Otto Wagner in Wien: erster Kirchenbau der Moderne in Europa.

Bibliothek, Wäscherei, Zahnklinik, Krankenkasse, Jugendheim und Postamt. In den 1980er Jahren setzte eine neue Gründerzeit ein.

Wien prunkt heute mit Bauzitaten und feiert seinen Stilpluralismus. In die barocke Innenstadt schiebt sich moderne Architektur vor, wie das von Hans Hollein entworfene Haas-Haus mit seinem verspiegelten Erker gegenüber dem Stephansdom und der seit 1996 neu entstehende Stadtteil Donau-City. Das städtebauliche Experimentieren geht weiter.

Im Architekturzentrum Wien, Österreichs Architekturmuseum, finden aktuelle Ausstellungen und Veranstaltungen zum Thema statt.

Info Architekturzentrum Wien: Museumsplatz 1, Hof 7, Tel. (01) 522 31 15, www.azw.at, Öffnungszeiten tägl. 10–19 Uhr, Eintritt € 9, ermäßigt € 7, bis 5 J. frei.

Das Wirtshaus als Refugium

Beisl, eine Wiener Institution

Wien

Die Trias der Wiener Gastlichkeit sind Kaffeehaus, Heuriger und Beisl. Die ersten beiden werden von Touristenbussen angesteuert, das Beisl dagegen, die österreichische Version des Wirtshauses, ist noch zu entdecken. Dort lernt man wirklich Wiener kennen, wie im Bistro der französischen Hauptstadt Pariser. Das echte Beisl ist urwüchsig, rustikal und fristet sein Dasein im Abseits internationaler Aufmerksamkeit. Es ist noch nicht zu Tode klischiert und bietet nach wie vor originale Wiener Geselligkeit.

Der Begriff Beisl stammt vom jiddischen *Baiz* – kleines Haus. Es ist ein Kind der Armut im 19. Jahrhundert, als Wien durch regen Zuzug eine Bevölkerungsexplosion erlebte. Weil sich nicht alle Ankömmlinge Wohnung oder Hotel leisten konnten, wurde für sogenannte Bettgeher das Wirtshaus zum Wohnzimmerersatz. Sie aßen und tranken dort günstig, im Hinterzimmer konnten sie billig schlafen. Deshalb gibt es die urigsten Beisl bis heute in Wiens Außenbezirken, im ersten Bezirk waren sie nicht gern gesehen. Auf der Schiefertafel sind mit Kreide die Tagesgerichte geschrieben, der Raum ist holzvertäfelt, das Essen nicht ästhetisch aufgerüstet, aber nahrhaft und gut zubereitet. Man trinkt ein *Achterl* oder einen *G'spritzten*, löffelt Rindssuppe mit Einlage, Schnitzel mit Kartoffelsalat, saure Wurst oder Zwiebelbraten mit gerösteten Knödeln. Der Klassiker dieser Hausmannskost ist die Kombination Gulasch und Bier. Auch Mehlspeisen wie Palatschinken (gefüllter Pfannkuchen) sind im Angebot.

Im urigen Gasthaus Pfudl in Wien.

Die sogenannten Nobelbeisel haben mit dem Beisl nichts zu tun. Sie schreiben sich fälschlicherweise mit zwei »e« und servieren Tafelspitz, um sich bei Touristen anzubiedern. Das ist nicht mehr authentisch, zudem haben aufgeputzte In-Lokale die verkehrte Preisklasse. Dort fühlt sich niemand, der das Beisl liebt, wirklich *wia z'Haus*.

Info Heidingers Gasthaus: Selzergasse 38, 1150 Wien, Tel. (01) 985 99 11, www.heidingers.at, Mo–Fr 11–14.30, 17.30–22 Uhr. **Info Pfudl:** Bäckerstr. 22, 1010 Wien, Tel. (01) 512 67 05, www.gasthauspfudl.com, Öffnungszeiten Di–So 12–23 Uhr. **Info Witwe Bolte:** Gutenberggasse 13, 1070 Wien, Tel. (01) 523 14 50, www.witwebolte. at, Öffnungszeiten Mo–Fr 17.30–23, Sa/So 12–23 Uhr. **Info Gmoa Keller:** Am Heumarkt 25, 1030 Wien, Tel. (01) 712 53 10, www.gmoakeller.at, Öffnungszeiten Mo–Sa 11–24 Uhr.

Wo der Tod zum Leben gehört

Bestattungsmuseum Wien

Wien

Solch ein Museum gibt es nur einmal in der Welt. In Wien gehört der Tod zum Leben wie anderswo der Abendspaziergang oder ein sonntäglicher Verwandtenbesuch. Er kann einem immer widerfahren, aber viel reden will man nicht darüber. Hinschauen dagegen schon. Böse Zungen behaupten, die pompöse Ringstraßenarchitektur entstand nur deshalb, weil die Wiener – ob im Sarg oder hinter ihm herlaufend – eine ordentliche Kulisse für den Weg zum Friedhof haben wollten. Noch heute ist es üblich, Verstorbene aufzubahren oder sie vor dem endgültigen Verschließen des Sargs noch einmal zu zeigen.

Psychologen behaupten, das sei der einzig richtige Abschied und der erste Schritt zur Trauerbewältigung. Wer in dieser Stadt auf sich hält, bereitet sich schon zu Lebzeiten gewissenhaft auf seinen Abgang vor, befasst sich mit Testamentsverfügungen, Abschiedsbriefen, Krematorien und Bestattungsriten (zu Erde, zu Wasser oder in die Luft gestreut).

Das Bestattungsmuseum, seit 2014 beim Zentralfriedhof wieder eröffnet, zeigt von der Trauerlivree für Angehörige Verstorbener bis zum Stilett für den Selbstmörder alles, womit Menschen sich im Blick auf den eigenen Tod schon befasst haben. Unglaublich ist die Fülle der Totenkleider, von schlichtem Leinen bis zur perlenbesetzten Seide. Es geht aber auch um Sargformen und Sargausstattung, um Grabsteininschriften und die richtigen Nachrufe. Wer umsichtig ist, sorgt vor.

Hochinteressant ist der Einblick in die Thanatopraxis, die z. B. Unfallopfer mit zertrümmerten Gesichtern so wiederherstellt, dass Hinterbliebene bei ihrem Anblick keinen Schock erleiden. Schließlich ist es der letzte Blick auf den Toten, der in Erinnerung bleibt. Den Großteil der Ausstellung machen aber die Fuhrwerke zum Leichentransport aus, da wurde nicht gespart.

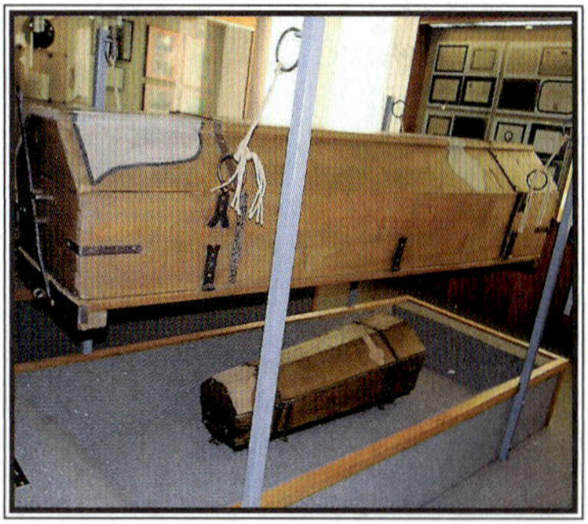

Josephiner Gemeindesarg im Bestattungsmuseum in Wien.

Auch Makabres hat in dieser Totenschau Platz. So wird der Sparsarg aus der Zeit Josephs II. gezeigt, der in Pestperioden zum Einsatz kam. Verstorbene Pestkranke mussten schnell entsorgt werden. Damals wurde nach ihrer Beerdigung mittels einer Klappe die Leiche in die kalte Erde entsorgt, damit der Sarg schnell wiederverwendet werden konnte.

Info: Im 11. Bezirk, am Haupteingang des Wiener Zentralfriedhofs gelegen. **Info Bestattungsmuseum Wien:** UG der Aufbahrungshalle 2, Simmeringer Hauptstr. 234, Tor 2, 1110 Wien, Tel. (01) 760 67, www.bestattungsmuseum.at, Mo–Fr 9–16.30, März–Okt. auch Sa 10–17.30 Uhr, Eintritt € 6, ermäßigt € 5, bis 18 J. frei, Führungen nach Voranmeldung, € 5.

Eine der bedeutendsten Bühnen Europas

Burgtheater

Wien

Die Wiener spotten zwar gern über die Burg, aber sollte ein Zugereister für diese Institution nicht genügend Respekt aufbringen, erlebt er schnell eine geballte Ladung an Empörung. Das Burgtheater gilt als österreichisches Nationaltheater und ist eine der bedeutendsten europäischen Bühnen, das sollte man neben allen Skandalen und Provokationen, die von dem Haus am Ring ausgingen, nicht vergessen.

Namhafte Schauspieler, die besten Regisseure und die berühmtesten Stücke wurden hier der Öffentlichkeit vorgeführt. Uraufführungen auf dieser Sprechbühne sorgten für ein breites Medienecho und veränderten die Kulturlandschaft im deutschsprachigen Raum und darüber hinaus. George Tabori und Thomas Bernhard, Peter Handke und Elfriede Jelinek brachten mit provozierenden Inszenierungen das bürgerliche Wien in Wallung. Claus Peymann, der langjährige, von den Wienern innig hassgeliebte Direktor, sorgte für aufsehenerregende Stücke in seiner Ära, und Schauspieler wie u. a. Attila und Paul Hörbiger sowie Fritz Muliar in frühen Jahren, Erika Pluhar, Klaus Maria Brandauer und Popstar Campino sorgten für Aufruhr und minutenlange Ovationen. Darüber sollte man nicht vergessen: Der klassische Burgtheaterstil und sogar das Burgtheaterdeutsch sind für deutschsprachige Bühnen richtungsweisend. Was von der Burg kommt, gilt generell als großes Theater.

Die andere Wiener »Burg«: das Burgtheater an der Ringstraße.

1776 hatte Theaterfreund und Kaiser Joseph II. das »k. k. Hoftheater nächst der Burg« eingeweiht, nach seinem Willen sollte es »Teutsches Nationaltheater« sein. Per Dekret ordnete er an, dass auf der Bühne keine traurigen Ereignisse behandelt werden sollten. So erhielten Romeo und Julia oder Hamlet einen »Wiener Schluss«, ein Happy End.

Eine erste Blüte erlebte das Theater 1814 bis 1832 unter seinem Direktor Joseph Schreyvogel, der besonders die Weimarer Klassiker pflegte und Grillparzer an die Burg holte. 1888 erfolgte die Eröffnung des neuen Hauses am Ring nach Entwürfen von Gottfried Semper, dem Dresdner Baumeister, und Karl Hasenauer. Gustav Klimt schuf gemeinsam mit seinem Bruder Ernst und Franz Matsch die Deckengemälde in den beiden Stiegenhäusern. 1945 brannte das Theater nach einem Bombenangriff vollständig aus und wurde 1955 wieder eröffnet. Das neobarocke Gebäude ist 136 Meter lang, die Fassade steigt 27 Meter empor und ist mit dekorativen Figuren geschmückt, darunter mehrere Kolossalgruppen. Die Eintrittskarten sind überraschend günstig, Oft bekommt man am Tag der Veranstaltung sogar noch ermäßigte Last-Minute-Karten.

Info: In der Innenstadt, im 1. Bezirk gelegen. **Info Burgtheater:** Universitätsring 2, 1010 Wien, Tel. (01) 514 44 41 40, www.burgtheater.at.

Größte Open-Air-Party Europas

Donauinsel

Wien

Alljährlich im Juni wird es laut auf der Donauinsel. Dann findet das Donauinselfest statt, es soll die größte Open-Air-Party Europas sein. Mehr als 2000 Musiker aus aller Welt spielen auf, sämtliche Variationen von Rock bis Pop sind auf elf Bühnen zu hören, drei Millionen sind dann auf der Insel unterwegs. Und das alles bei freiem Eintritt!

In den 1970er Jahren kam es zur zweiten Donauregulierung (die erste war 1875 vorgenommen worden), um Überschwemmungen vorzubauen. Im Mittelteil der Insel ist der Hochwasserschutz in Form von Steinen und Rasengittern aus Beton zu sehen. Dabei entstand zwischen der Donau und der Entlastungsrinne Neue Donau das Naherholungsgebiet Donauinsel, nur 15 S-Bahn-Minuten vom Stephansplatz entfernt. Es besteht aus 700 Hektar Wasser-, Wald- und Wiesenflächen, davon sind 42 Kilometer als Badestrand ausgewiesen. Es gibt Fahrradvermietung, Surfschulen, Brettverleih, Segelboothafen und Tret-, Ruder- und Elektroboote im Verleih. In einem Wildwasserkanal lässt sich die effiziente Fortbewegung im Wasser trainieren. Außerdem finden sich mehrere Strandbäder, viele Restaurants und Cafeterias. Für Kinder wurden eigens Flachwasserbereiche zum Plantschen eingerichtet, für FKK-Fans intime Strandbuchten. Erlebnisorientierten Ausflüglern steht ein 800 Meter langer Wasserskilift zur Verfügung. Ein 1500 Meter langer Cyclodrom ist für Rad- und Rollstuhlrennwettbewerbe ausgewiesen, zwischendurch kann man sich an den Grillplätzen ein Feuer machen.

Ein Teil der Insel nennt sich UNO-City, dort steht, alles überragend, Wiens zweithöchstes Hochhaus, die europäische Dependance der Vereinten Nationen in New York. Nahebei erhebt sich Wiens höchstes Turmgebäude, der

Die Donauinsel bei Nacht.

Donauturm (252 m). Die Aussichtsterrasse liegt in 150 Metern Höhe, in 160 und 170 Metern Höhe befinden sich ein Drehrestaurant und ein Kaffeehaus. Im angrenzenden Donaupark fährt eine Kleinbahn herum, die Donauparkbahn. Am Irissee, künstlich geschaffen, gibt es im Sommer kostenlose Livemusik und Kabarett auf der Bühne Donaupark vor bis zu 4000 Zuschauern. Gegenüber der Insel am Ufer der Neuen Donau nahe der Reichsbrücke eröffnete 2015 die Copa Cagrana, eine Flaniermeile mit schicken Restaurants, Cafés und einem neu angelegten Strand.

Info: Künstliche Insel entlang der Donau.
Info Donauinselfest: Das Donauinselfest findet meist am letzten Juni-Wochenende statt, www.donauinselfest.at.

Vom Fragamt zu Tante Dorothee

DOROTHEUM

Wien

Der Wiener Schmäh geht auch an dieser altehrwürdigen Institution nicht vorüber. Tante Dorothee nennen die Hauptstädter eines der weltgrößten Auktionshäuser, manchmal sagen sie sogar nur Pfandl. Das klingt verächtlich, ist aber, bittschön, net so ernst gemeint. Die Wiener wissen schon, was sie am *leading auction house in Central Europe* (Eigenwerbung) haben. Es zieht internationales und überwiegend gut betuchtes Publikum in die Stadt, und daran wird ordentlich verdient.

1707 gründete Kaiser Franz Joseph I. die Einrichtung als Versatz- und Fragamt, 1787 siedelte die Pfandleihanstalt ins 1882 aufgegebene Dorotheerkloster über. Vom ursprünglichen Klosterbau (1360) ist heute kaum noch etwas zu erkennen, das Haus wurde um die Wende zum 20. Jahrhundert im neobarocken Stil umgestaltet und dabei großzügig erweitert. Rund 600 Auktionen in 40 Sparten finden im Jahr statt, sie werden auch über Lautsprecher auf die Dorotheergasse übertragen. Dabei werden rund 700 000 Waren versteigert, ihre Spannweite ist enorm. Das reicht von Kunst über Kunstgewerbe, Möbel, Juwelen und Uhren bis zu historischen wissenschaftlichen Geräten und ausgesuchten Oldtimer-Autos, aber auch Teppiche, Pelze, Pretiosen, Bücher und Briefmarken sind im Angebot. Zuvor kann man sie in aller Ruhe in den vielen Ausstellungsräumen besichtigen. Im März, Juni, September und November findet je eine der großen Kunstauktionen statt, zu denen internationale Experten auch aus Übersee anreisen.

Eingang des Dorotheums in Wien bei Nacht.

Das Geschäft muss sehr gut gehen, inzwischen unterhält das traditionsreiche Haus Filialen in zwölf Wiener Bezirken, in fast allen österreichischen Bundesländern und seit mehr als zwei Jahrzehnten auch wieder in Prag. Wen wundert's. Auch wer nicht als Interessent ins Dorotheum eintritt, wird verblüfft sein über den Pomp des Hauses und seine besondere Atmosphäre. In den Gassen rund um das Auktionshaus haben Antiquitätenfreunde Gelegenheit, entsprechende Läden nach Schnäppchen zu durchstöbern, die sich hier konzentrieren wie nirgendwo in Wien.

INFO: In der Innenstadt, im 1. Bezirk gelegen. **INFO DOROTHEUM:** Dorotheergasse 17, 1010 Wien, Tel. (01) 515 60-0, www.dorotheum.com, Öffnungszeiten je nach Versteigerung (vgl. Webseite).

Fremdenführer auf dem Kutschbock

Fiaker-Fahrt

Wien

Seppi und Remi müssen früh raus. Der Arbeitstag der Pferde, die vor die 150 Wiener Droschken – Fiaker genannt – im historischen ersten Bezirk gespannt werden, beginnt um 4.30 Uhr. Stallburschen schieben ihnen Futter in die Boxen, bürsten sie, schirren sie an und stopfen ihnen Watte in die Ohren. Das ist nötig wegen schriller Verkehrsgeräusche. Seppi und Remi trotten selbst dann brav weiter, wenn ein Motorrad neben ihnen aufheult oder die Straßenbahn in der Kurve kreischt.

Ist der Kutscher mit dem Gespann auf dem Stephansplatz angekommen, reiht er sich in die Warteschlange ein und rückt allmählich nach vorn. Er trägt eine schwarze Melone auf dem Kopf, bei Kälte und Regen hüllt er sich in einen langen Mantel. Er ist Tagelöhner, die etwa 100 Jahre alte, restaurierte und rund 7000 Euro teure Kutsche gehört ihm nicht. Er muss Buch führen, ihm bleibt ein Drittel der Tageseinnahmen. Er zahlt täglich, damit der Platzwirt die Pferde tränkt und ihren Mist wegräumt. Und er ist ausgebildeter Fremdenführer, während der Fahrt dreht er sich vom Kutschbock nach hinten und nennt den Gästen im Fond Eckdaten zu Sehenswürdigkeiten.

Die Fiaker-Fahrt führt stets durch die Gassen, die Hofburg und einige Straßen. Der Kutscher hat immer einen guten Fototipp parat, bittschön, und wenn die Vorkasse (Trinkgeld) gestimmt hat, baut er typische Wiener Anekdoten und Witze ein – in zwei, manchmal sogar bis zu sechs Sprachen. Aber von den 14 Arbeitsstunden pro Tag sind mindestens acht Wartezeit. Kommen Touristinnen, reizt er seinen Wiener Charme aus. »Ja, mei, was is die Lady scheen!« Bei kühlem Wetter legt er den Gästen in den Lederpolstern Decken über die Beine. Ist er gut gelaunt, sind auch Passantinnen vor Zurufen vom Kutschbock nicht sicher. So versüßt sich einer, der einen harten Job macht, den Alltag. Auch für seine Wallache hat er Streicheleinheiten, und wenn Touristen ihn fotografieren wollen, grinst er breit.

Fiaker am Stephansplatz in Wien.

Info Fiaker-Fahrt: www.fiaker.at. Die offiziellen Fiaker-Plätze sind am Stephansplatz, Heldenplatz, Albertinaplatz, Petersplatz, Burgtheater. 20 Min. Fiaker-Fahrt für bis zu 4 Pers. € 55, 1 Std. € 80–110, abhängig von der Route, alles darüber hinaus ist verhandelbar.

Vom Sündenpfuhl zum Naherholungsparadies

Freizeitparadies Alte Donau

Wien

Die Vereinten Nationen sind schuld, dass schon mancher Segler und manche Surferin ins Wasser plumpsten. Die Alte Donau ist als Revier für Segler und Surfer gut geeignet, allerdings können durch die umliegenden Hochhäuser, vor allem das alle überragende Gebäude, die UNO-City, manchmal tückische Winde auftreten.

Die Alte Donau liegt abgetrennt von der Donau und der Neuen Donau – einem Kanal – zwischen den Bezirken Floridsdorf und Donaustadt. Sie ist ein Altarm der Donau, heute aber mit dieser nicht mehr verbunden, sondern durch einen Damm getrennt.

Im frühen 18. Jahrhundert kam die Wiener Stadtplanung auf die Idee, die heutige Alte Donau im innerstädtischen Gebiet als Hauptarm des Donauflusses zu gestalten, um weniger stark von den Überschwemmungen betroffen zu sein. Nach 1875 wurde die Alte Donau nicht mehr gebraucht, im Zuge von Hochwasserschutzmaßnahmen war der Hauptarm des Flusses neu gegraben worden. Das Binnengewässer mit einer Fläche von 1,6 Quadratkilometern verlor seine ursprüngliche Funktion, man funktionierte es zum citynahen Freizeit- und Badeareal um. Das ist es heute noch.

Graureiher an der Alten Donau in Wien.

Mehrere Badeanstalten befinden sich dort, ihre Namen haben Bedeutung. Da gibt es Angelibad, Eisenbahnerbad, Arbeiterstrandbad und das Städtische Strandbad. Die anwachsende Arbeiterbewegung pochte damals auf Erholungsbedingungen, sie wurden gewährt. Am traditionsreichsten ist das Gänsehäufel-Strandbad, 1907 eröffnet. Zuvor hatte sich auf dem Eiland ein privater Betreiber ans Werk gemacht, doch dessen Badeinrichtung galt der Stadtregierung als Berndls Sündenpfuhl, dem sie das Strandbad der Commune Wien mit einem Frauen- und einem Herren-Bad entgegensetzte. Die Geschlechter fanden trotzdem zueinander. Das Gänsehäufel wurde komplett saniert und präsentiert sich heute als modernes Bad. Man kann ein Ruder-, oder ein Tretboot mieten, die Alte Donau abfahren und bei einigen Restaurants direkt am Steg anlegen.

Info: Die Alte Donau liegt in den Wiener Bezirken Floridsdorf und Donaustadt. **Info Freizeitparadies Die Schöne Alte Donau:** Fischerstrand, 1220 Wien, www.alte-donau.info.

Kriege gehören ins Museum

Heeresgeschichtliches Museum

Wien

Der älteste Museumsbau Wiens ist das Herzstück des Wiener Arsenals, eines riesigen militärischen Gebäudekomplexes, den Kaiser Franz Joseph I. angesichts der Revolution 1848/49 zur Festigung seiner Machtposition errichten ließ. In dem zwischen 1850 und 1856 nach Plänen von Ludwig Förster und Theophil Hansen errichten Gebäude widmet sich das Heeresgeschichtliche Museum der Militär- und Kriegsgeschichte vom 16. Jahrhundert bis zur Gegenwart. Anhand von Militärtechnik, Fotografien, Gemälden und Dokumenten werden historische Ereignisse thematisiert, etwa der Dreißigjährige Krieg, die Zeit der Franzosenkriege, die Regierungszeit Kaiser Franz Josephs und die Geschichte der k.u.k. Armee, die Ermordung des österreichischen Thronfolgerpaares in Sarajewo, der Erste und der Zweite Weltkrieg. Ein eigener Ausstellungsbereich widmet sich dem Österreichischen Bundesheer von 1955 bis 1991.

In den Artilleriehallen linker und rechter Hand des Hauptgebäudes wird die Geschützsammlung gezeigt. Die rund 550 Geschütze und Rohre bilden die Zeit vom Mittelalter bis ins 20. Jahrhundert ab, wobei die Steinbüchsen aus dem 15. Jahrhundert ein Besuchermagnet sind. Fast direkt nebenan befindet sich die Panzerhalle mit über 30 Panzerfahrzeugen im Wiener Arsenal.

Auch die Außenstellen des Museums lohnen einen Besuch – so die noch original ausgestattete Bunkeranlage Ungerberg Bruckneudorf, die während des »Kalten Krieges« 1959/60 als erste Verteidigungslinie bei möglichen Angriffen aus dem Osten errichtet wurde. In der Starhemberg-Kaserne im zehnten Wiener Gemeindebezirk zeigt das Museum historische Fernmeldegeräte, die Interessierte nach vorheriger Kontaktaufnahme (vgl. Website) bewundern können. Und

Saal des Ersten Weltkriegs im Heeresgeschichtlichen Museum.

jeden ersten Sonntag im Monat ist zwischen 10 und 12 Uhr eine weitere Außenstelle des Museums zu besichtigen: die Patrouillenboote »Niederösterreich« und »Oberst Brecht« in der Alten Werft von Korneuburg.

Info: Das Hauptgebäude ist zentral am Wiener Hauptbahnhof gelegen. **Info Heeresgeschichtliches Museum/Militärhistorisches Institut:** Arsenal, Objekt 1, 1030 Wien, Tel. (01) 79 56 10, www.hgm.at, Öffnungszeiten tägl. 9–17 Uhr, Panzerhalle im Arsenal und Bunkeranlage in Ungerberg wegen technischer Umbaumaßnahmen bis auf Weiteres geschl., thematische Führungen So/Fei 11 Uhr (€ 4), Überblicksführung So/Fei 14.15 Uhr (€ 4), Eintritt € 7, ermäßigt € 5, bis 19 J. und am 1. So im Monat für alle frei.

Den Roten wie den Weißen

Heurigen-Lokale

Wien

So kann einem das Leben gefallen. Man sitzt am Wienerwald auf einer Höhe oder auf der anderen Donauseite an rustikalen Tischen mit karierten Tischtüchern, labt sich am Buffet und trinkt munter einige Gläser leer. Als Motto gilt ein Lied von Hans Moser: »Ich tu den Wein nicht trinken, sondern beißen. Ich trink den roten grad so gern wie den weißen.«

Heurigen-Lokale sind eine Wiener Spezialität. Zwar gibt es sie in ganz Ostösterreich, aber erfunden wurde diese Art von Gastronomie in Wien. Anlass war eine geharnischte Beschwerde, die 1784 Kaiser Joseph II. zum Erlass einer Verordnung bewegte. Die Wirte eines kleinen Orts in der Grafschaft Görz hatten lautstark geklagt, dass ihre Herrschaft sie zwingen wollte, ausschließlich Wein aus den herrschaftlichen Gütern auszuschenken. So blieben sie auf ihrem eigenen Wein sitzen. Im Erlass stellte der Kaiser klar, dass »jedermann die Erlaubnis zuteil wurde, selbst hergestellte Labensmittel, Wein und Obstmost zu allen Zeiten zu verkaufen und auszuschenken«.

Geselligkeit beim Heurigen in Heiligenstadt.

Rund 100 Original-Heurige soll es noch im Raum Wien geben. Örtlichkeiten, meist Höfe von Weinbauern, in denen *Heuriger* – also in diesem Jahr gekelterter Wein – ausgeschenkt wird. Laut Vorschrift immer ab 11. November. Echte Heurige erkennt man am grünen Föhrenzweig, dem *Buschen* – deshalb auch *Buschenschank* genannt –, außen an der Tür und einem amtlichen grün-weißen Plakat. An 330 Tagen im Jahr darf der Wein ausgeschenkt werden, danach gilt er nicht mehr als Heuriger. Ein Heuriger ist allerdings eingeschränkt: Außer alkoholfreien Getränken darf prinzipiell nur Wein aus eigener Erzeugung verkauft werden, die Getränkepalette eines Gasthauses findet man nicht vor. Auch das Essen ist vorwiegend auf kalte Gerichte beschränkt, die Speisen werden vom Gast am Buffet geholt und dort gleich bezahlt. Einige Heurigenlokale haben sich allerdings inzwischen eine zusätzliche Restaurantkonzession zugelegt.

Info Fuhrgassl-Huber: Neustift am Walde 68, 1190 Wien, Tel. (01) 440 14 05 www.buschenschank-fuhrgassl-huber.at, Öffnungszeiten Mo–Sa 14–24, So 12–23 Uhr. **Info Gasthaus Häuserl am Stoan:** Zierleitengasse 42 A, 1190 Wien, Tel. (01) 440 13 77, www.amstoan.com, Öffnungszeiten Do–Sa 11–21, So 11–20 Uhr. **Info Mayer am Pfarrplatz:** Pfarrplatz 2, 1190 Wien, Tel. (01) 370 12 87, www.pfarrplatz.at, Öffnungszeiten Mo–Sa 16–24, So ab 12 Uhr.

Die Zentrale einstiger Weltmacht

HOFBURG

Wien

In Wien sagt man »nicht um die Burg«. Damit wird zum Ausdruck gebracht, dass man an diesem Monumentalbau, der den historischen ersten Bezirk optisch beherrscht, nicht vorbei kann. Die Hofburg war lange Symbol der absoluten

Die Wiener Hofburg: ehemalige Kaiserresidenz in Wien.

feudalistischen Macht. Ihr Areal umfasst, nimmt man Gärten und Parks hinzu, 240 000 Quadratmeter. Die 18 Gebäudeteile, nach Trakten geordnet, besitzen 2600 Räume, in denen heute etwa 5000 Menschen ihren Arbeitsplatz haben. An dem verschachtelten Gebäudekonglomerat wurde ein halbes Jahrtausend Weltgeschichte inszeniert.

Der Schweizerhof, die Keimzelle der Hofburg, geht auf das 13. Jahrhundert zurück. Von der mittelalterlichen Kernanlage blieb die Burgkapelle erhalten. Außer im Sommer singen hier die Wiener Sängerknaben an Sonn- und Feiertagen, auch Hochzeiten werden zelebriert. Die Stallburg mit ihrem Arkadenhof zählt zu den schönsten Renaissance-Bauwerken der Stadt, sie beherbergt die Lipizzaner-Stallungen. Die Amalienburg ist mit dem frühbarocken Leopoldinischen Trakt verbunden, gegenüber liegen Reichskanzleitrakt und Nationalbibliothek. Zum Michaelerplatz hin grenzt die Michaelerkuppel mit ihrem Riesenportal das Areal zur bürgerlichen Welt ab. Sehenswert sind die Weltliche und Geistliche Schatzkammer in 21 effektvoll ausgeleuchteten Räumen mit Kostbarkeiten von unschätzbarem kunsthistorischem Wert. Neben den Reichskleinodien werden auch die Reliquien des Heiligen Römischen Reichs Deutscher Nation aufbewahrt, dazu habsburgische Krönungs- und Ordnungsinsignien. Eine solche mit mehr als 1000 Jahren europäischer Geschichte prall gefüllte Schatzkammer besitzt nur Wien. Die Hofburg wird bis heute politisch genutzt: Hier befindet sich der Amtssitz des österreichischen Bundespräsidenten, er benutzt das Arbeitszimmer Kaiser Franz Josephs I. Von dort aus wurden einst die Völker Österreichs und des Balkans, mehr als 50 Millionen Menschen, regiert. Heute hat Österreich eine Bevölkerung von ca. 8,8 Millionen.

INFO: In der Innenstadt, im 1. Bezirk gelegen. **INFO HOFBURG WIEN:** Hofburg, 1010 Wien, Tel. (01) 533 75 70, www.hofburg-wien.at, Öffnungszeiten (inkl. Kaiserappartements, Silberkammer, Sisi-Museum) tägl. 9–17.30, Juli/Aug. bis 18 Uhr, Eintritt € 15, ermäßigt € 14, bis 18 J. € 9. Zugang zur Hofburg vom Michaelerplatz oder der Ringstraße.

Wo sich die Republik Österreich Möbel ausleiht

Hofmobiliendepot Möbel Museum

Wien

Schauen, wie Kaisers wohnten: Hier finden sich die Originalmöbel der Habsburger aus der Hofburg, aus Schloss Schönbrunn und dem Belvedere. Die Wiege von Kronprinz Rudolph, eine Sitzgruppe, die Kaiserin Maria Theresia mit ihren Töchtern bestickt hat, Sisis Lieblingsmöbelstücke oder ein ägyptisches Zimmer zum Verlustieren der Blaublütigen. Ganz schön plüschig und ornamental, wie damals gewohnt wurde.

Maria Theresia war eine mächtige Herrscherin, auch deshalb, weil sie vor allem eine sehr praktische, um- und weitsichtige Frau war. Sie wusste, dass mit nicht mehr benutzten Einrichtungsgegenständen der Hofburg und der kaiserlichen Schlösser immer noch Staat zu machen war. Deshalb ließ sie 1747 ein Hofmöbeldepot errichten, die Gegenstände wurden gepflegt und restauriert.

Aus den Beständen wurden Kanzleien, aber auch Wohnungen von hochrangigen Bediensteten des Hofs eingerichtet. Eine psychologisch wirkungsvolle Methode feudaler Bindung. Bis heute leiht sich die Republik Österreich für festliche Anlässe in dieser Institution Möbel aus.

Thronarrangement aus dem 19. Jahrhundert im Hofmobiliendepot Möbel Museum.

Zu den herausragenden Stücken habsburgischer Prachtentfaltung gehören der Kaiserthron aus dem 19. Jahrhundert, das Schloßhofer-Zimmer, der schlichte Schreibtisch von Franz Joseph, nur mit einem Rollenverschluss versehen – an ihm wurden weitreichende Verträge entworfen und besiegelt – sowie das Schlafzimmer und die Zweihandsäge von Franz I. Der Kaiser war nämlich ein begeisterter Gärtner, der Bäume stutzte, ein Hofgärtner musste helfen. Damit die erlauchte Hand des Monarchen das Werkzeug nicht dort anfasste, wo gemeiner Untertanenschweiß es benetzt hatte, besaß die Säge an der Seite eine Markierung.

Neben dem Majestäten-Gestühl gibt es auch Beispiele für die bürgerliche Einrichtungskunst von Biedermeier über Historismus bis zur Wiener Moderne zu sehen, von Adolf Loos, Josef Hoffmann und Otto Wagner. Insgesamt werden 165 000 Objekte in der größten Möbelsammlung der Welt aufbewahrt. Dazu kommen wechselnde Sonderausstellungen zu Architektur und Design des 20. Jahrhunderts.

Info: Unweit der Innenstadt, im 7. Bezirk gelegen. **Info Hofmobiliendepot Möbel Museum Wien:** Andreasgasse 7, 1070 Wien, Tel. (01) 524 33 57, www.hofmobiliendepot.at, Öffnungszeiten Di–So 10–18 Uhr, Eintritt € 10,50, ermäßigt € 9,50, bis 18 J. € 6,50.

Ein bunter Farbcocktail

HUNDERTWASSERHAUS & VILLAGE

Wien

Friedensreich Dunkelbunt Regentag Hundertwasser (1928–2000) hängte sich als Maler und Architekt die Messlatte sehr hoch. Das Paradies war die Vorgabe für seine Arbeit. »Ich will zeigen, wie einfach es ist, das Paradies zu bauen«, sagte er, als er in den 1980er Jahren den Bau des ersten Wiener Ökohauses mit täglicher Visite begleitete. Gefiel ihm etwas nicht, legte er selbst Hand an am Konglomerat ohne gerade Linien und Flächen, ohne scharfe Kanten und Ecken, unsymmetrisch, mit verwinkelten Gängen und runden Kanten, Pflanzen und Bäumen auf Dächern, mit gekrümmten Wänden und kunterbunter Fassade. »Diese Bodenwelle gehört höher«, befand er, nahm eine Kelle und schob den Beton so lange zusammen, bis er zufrieden war. Sein Haus gehört zu den großen Attraktionen der Stadt.

Das Wiener Ökohaus ist das Meisterwerk von Hundertwasser, dem Experte für unkonventionelles, naturnahes Bauens. Es ist bewohnt, die Wohnungen sind begehrt, das Kunstwerk kann nur von außen besichtigt werden. »Die gerade Linie ist dem Menschen fremd«, predigte der Meister. Der »kalten« Architektur und farblichen Kargheit modernen Bauens setzte er provozierend verspielte Elemente mit ornamentalen Motiven und einem bunten Farbcocktail entgegen. Er propagierte ein naturverbundenes Leben, seine Bauten sollten Fenster sein in eine »paradiesische Parallelwelt«. Die Spirale symbolisiert dabei den Kreislauf des Lebens. In Kirchen, Kindergärten, Bahnhöfen, Wohnanlagen, Fabrikgebäuden und anderen seiner Hinterlassenschaften ist das in mehreren Ländern – bis hin nach Neuseeland – zu sehen.

Wer die Zwiebeltürme, gartenverwilderten Dächer, unregelmäßigen Wandelgänge und unebenen Fußböden an seinem Wiener Haus als kitschig empfindet, stimmt mit ihrem Schöpfer übrigens durchaus überein. Der bezeichnete sich selbst als »Kitschist« und bekannte, ein extremer Individualist zu sein. Mit äußerstem Geschäftssinn, Hundertwasser wusste sich exzellent zu vermarkten. Die meisten seiner Bauten entstanden im öffentlichen Auftrag. In das dem Haus gegenüber liegende Hundertwasser Village kommen jährlich 1,2 Millionen Besucher. Dort kann man Souvenirs kaufen, sich aber auch über Hundertwassers Ideen zur Innenarchitektur informieren.

Fassade des Wiener Hundertwasserhauses.

INFO: Im 3. Bezirk gelegen. **INFO HUNDERTWASSERHAUS & VILLAGE:** Kegelgasse 37–39, 1030 Wien, Tel. (01) 710 41 16, www.hundertwasser-village.com, Öffnungszeiten tägl. 9–18 Uhr, Eintritt frei.

Die Welt der Delikatessen

Julius Meinl am Graben

Wien

Bei Meinl nimmt man den Mund ganz schön voll. Es gäbe »fast keine hervorragende Delikatesse, die wir nicht führen«, heißt es. Rund 17 000 aus 100 Ländern sollen es sein, davon allein 400 Käsesorten aus 15 Ländern, eine Vielzahl an Schinken und Würsten, Kaviar und Trüffel, feinste Schokoladen und die besten Weine aus der ganzen Welt.

Seit 1862 existiert die Marke Julius Meinl, sie steht für Traditionsbewusstsein und gediegene Qualität bei gleichzeitig ständiger Innovation. Das zeigt sich etwa bei der größten Auswahl der Stadt an hochwertigen Kaffeesorten und -mischungen. Dazu gehören die traditionelle Wiener Hausmischung ebenso wie die derzeit angesagten sortenreinen Plantagenkaffees. Oder beim Tee: Das nach Michiko Tanaka, der Ehefrau von Julius Meinl II, benannte Haussortiment umfasst exzellenten Grün- und Schwarztee ebenso wie hochwertige Früchte- und Kräutertees. Das Süßwarenangebot in den Abteilungen mit Namen wie »Schokolade«, »Bonbons & Kekse« und »Marmeladen & Gelees« reicht von Dinkelkeksen aus Tirol bis zu Schokolade mit 100-prozentigem Kakaoanteil aus Lateinamerika, vom spanischen Quittenkäse bis zum australischen Honig.

Frischetheke für den kleinen Hunger beim Feinkostexperten Julius Meinl am Graben.

Die Einkäufer von Julius Meinl am Graben sind ständig in der ganzen Welt unterwegs und bringen die auserlesensten Delikatessen an den Graben mitten im Herzen Wiens. Highland-Beef aus biologischer Landwirtschaft, getrüffelter Käse aus dem Piemont, Steinbutt aus dem Atlantik, Brot aus dem Steinofen. Neben Altbewährtem, das viele Kunden anzieht, sind es die Neuheiten in jeder Woche, die den Besuch interessant machen. Bemerkenswert auch, dass die gut geschulten Mitarbeiter sehr freundlich sind, und das in der Stadt des berühmt-berüchtigten Wiener Schmähs.

Über drei Etagen erstreckt sich das kulinarische Gesamtkunstwerk. Integriert sind ein Kaffeehaus und ein Restaurant im ersten Stock mit guter Aussicht auf Graben und Kohlmarkt. Küchenchef Alexander David gilt in seiner Branche als besonders kreativ. Wer es leichter und günstiger haben will, kehrt bei »Meinl To Go« ein und nimmt sich Sushi oder einen Tafelspitz mit.

Info: In der Innenstadt, im 1. Bezirk gelegen. **Info Julius Meinl am Graben:** Graben 19, 1010 Wien, Tel. (01) 532 33 34, www.meinlamgraben.at, Öffnungszeiten Geschäft, Café & »Meinl To Go« Mo–Fr 8–19.30, Sa 9–18 Uhr, Restaurant Mo–Fr 8–24, Sa 9–24 Uhr. Reservierung empfohlen, Tel. (01) 532 33 34 60 00, Preise auf Anfrage.

Mitten im Herzen Wiens befindet sich Österreichs erste Adresse für Gourmets und Genießer.

Blick über Wien mit Stephansdom.

Ein Denkmal für den Pestheiligen

Karlskirche

Wien

Am Anfang stand ein Gelübde. Dem Vater von Maria Theresia, Kaiser Karl VI., setzte das Leid seiner Untertanen während der großen Pestepidemie von 1713 derart zu, dass er versprach, zur Erinnerung an den aufopferungsvollen Pestheiligen Karl Borromäus eine Kirche zu bauen. Es wurde der bedeutendste barocke Kirchenbau nördlich der Alpen. Engagiert wurden die besten Baumeister der Zeit, Johann Bernhard Fischer von Erlach und – nach dessen Tod – sein Sohn Joseph Emanuel. Das Mammutunternehmen dauerte von 1716 bis 1739. Die Kirche, die an einem Teich südlich des Karlsplatzes steht, ist licht und hell, was man auch darauf zurückführt, dass während ihres Baus die Türkenkriege erfolgreich überstanden wurden und die wiedergewonnene Lebensfreude in die Entwürfe einfloss. Der Mix aus barocken und klassischen Elementen enthält auch einen Portikus, Triumphsäulen und orientalische Glockentürme. Die Fassade in der Mitte, die zur Vorhalle führt, entspricht einem griechischen Tempelportikus. Für die zwei Säulen hat ihr Schöpfer Lorenzo Mattielli an der römischen Trajanssäule Maß genommen. Die beiden Turmpavillons sind vom Barock in Rom inspiriert. Über dem Eingang erhebt sich eine Kuppel mit einem Durchmesser von 25 Metern.

Interessant ist die Attika, deren Säulen – eine Idee des jungen Erlach – in einem Spiralrelief Motive aus dem Leben des Karl Borromäus zeigen. Der Eingang ist flankiert von Engeln des Alten und Neuen Testaments. Die stärkste Wirkung geht von der architektonischen Gliederung und der sich daraus ergebenden Lichtwirkung aus – ein Gotteshaus ohne Düsternis. Die Farbigkeit wird vom Marmor bestimmt, es wurde aber auch Gold eingesetzt. Die Fresken in der Kuppel erreicht man über einen Aufzug, der den Besucher auf 32 Meter über dem Bodenniveau bringt. Im Borromäus-Museum sind wertvolle sakrale Gegenstände ausgestellt.

Denkmal für den Pestheiligen Karl Borromäus: die Karlskirche.

Info: Unweit der Innenstadt, im 4. Bezirk gelegen. **Info Karlskirche und Borromäus-Museum:** Kreuzherrengasse 1, 1040 Wien, Tel. (01) 504 61 87, www.karlskirche.at, Öffnungszeiten Mo–Sa 9–18, So 12–19 Uhr, Eintritt € 8, ermäßigt € 4, bis 10 J. frei.

Die Mystik des Raumes

Kirche Zur Heiligsten Dreifaltigkeit

Wien

Eine zarte Frau inspirierte einen starken Mann: Margarethe Ottilinger hatte in den 1960er Jahren Sorge um das christliche Abendland und wollte ihm ein Bollwerk setzen. Neben dem Architekten Fritz G. Mayr fiel ihre Wahl auf den Bildhauer Fritz Wotruba (1907–75), der bekannt war für die archaische Stilisierung mit kubischen Formelementen, wobei er die kantig-blockhafte Grundstruktur des Steins in den Vordergrund rückte. 1964 wurde der Plan gefasst, 152 massive Betonblöcke ohne Symmetrie übereinander zu stapeln und dazwischen nur schmale, unterschiedlich hohe Fensteröffnungen einzuklinken. Der Bau sollte in Wien-Mauer am Rande der Stadt, im 23. Bezirk, entstehen, in einer Gegend am beginnenden Wienerwald,

Die Kirche zur Heiligsten Dreifaltigkeit, auch Wotrubakirche genannt.

die zuvor Niemandsland war. Das Grundstück befand sich auf dem Sankt-Georgen-Berg. Doch es dauerte zwölf Jahre, bis die empörten Wiener Katholiken die Realisierung zuließen. Als das wuchtige Gotteshaus Ende 1976 geweiht wurde, war Wotruba bereits verstorben. Der Künstler wollte nach eigenen Worten »etwas gestalten, das zeigt, dass Armut nicht hässlich sein muss, dass Entsagen in einer Umgebung sein kann, die trotz größter Einfachheit schön ist und auch glücklich macht.«

Die Kirche ist angelegt als Raumskulptur, die Schichtung der Betonkuben entspricht den plastischen Vorstellungen des Künstlers. Sein Ziel war, die Pfeiler rhythmisch aufzubauen und sie dadurch zu einer durchbrochenen Wand zu reihen. Die Decke ist einfach aufgelegt und wirkt wie eine provisorische Abdeckung. Das Gesamtgewicht des Baukörpers beläuft sich auf über 4000 Tonnen.

Die Kirche ist eine große, begehbare Plastik, die als markanter Solitär in der Landschaft steht, im Inneren entfaltet sich eine Mystik des Raums. Menschen, die die Kirche besuchen, stehen davor und staunen. Das hätte Margarethe Ottilinger gefallen.

Info: Am Rand des Wienerwalds im 23. Bezirk gelegen. **Info Kirche Zur Heiligsten Dreifaltigkeit:** Mauer, Ecke Georgsgasse/ Rysergasse, 1230 Wien, Tel. (01) 888 61 47, www.georgenberg.at, Öffnungszeiten Sa 14–20, So 9–16.30 Uhr, Führungen nach telefonischer Vereinbarung.

Stolze Sammlungen kunstbegeisterter Habsburger

KUNSTHISTORISCHES MUSEUM

Wien

Wenn Niederländer die besten Gemälde ihres Landsmanns Pieter Bruegel d. Ä. sehen wollen, geht das nicht in Amsterdam oder einer anderen holländischen Stadt. Die größte Bruegel-Sammlung der Welt besitzt das Kunsthistorische Museum (KHM) in Wien. Wer Hochkaräter wie den »Großen Turmbau zu Babel«, »Bauerntanz«, »Bauernhochzeit«, »Kinderspiele« und »Bauer und Vogeldieb« bewundern will, muss nach Wien reisen. Die Werke sind so empfindlich, dass sie unter besonderen Umständen im KHM bewahrt und nie an andere Museen ausgeliehen werden. Wien ist Bruegel-Stadt.

Der Reichtum dieser weltweit bedeutenden Sammlung ist atemberaubend. Sammelleidenschaft und Repräsentationsbedürfnis der Habsburger haben sie hervorgebracht. Als die fürstliche Privatsammlung 1891 von Kaiser Franz Joseph I. eröffnet wurde, hatte das Haus angesichts der dort gehorteten Kunstschätze von schwer zu schätzendem Wert die Bedeutung einer sakralen Weihestätte. Die Habsburger zeigten, was sie besaßen und worauf sie – zu Recht – stolz waren. Die Ehrfurcht einflößende Galerie beeindruckte die Repräsentanten anderer europäischer Höfe – und noch heute Besucher aus aller Welt. Europaweit kauften die Habsburger Kunst ein, alle großen abendländischen Maler sind mit Hauptwerken vertreten.

Den Grundstock legte Erzherzog Leopold Wilhelm, der Bruder Kaiser Ferdinands III., im 17. Jahrhundert mit venezianischer Renaissancemalerei, darunter Tintoretto und Tizian, und Werken flämischer Meister wie Peter Paul Rubens und Anthonis Van Dyck. Vertreten sind auch Albrecht Dürer und Lucas Cranach d. Ä., Bosch, Vermeer, Rembrandt, Bellini und Raffael. Zudem beherbergt das Museum eine umfangreiche

Das Kunsthistorische Museum besitzt die weltgrößte Bruegel-Sammlung, u. a. eine Version des »Turmbaus zu Babel« (1563).

Ägyptisch-Orientalische Abteilung, eine hochkarätige Antikensammlung, ein Münzkabinett und eine mit mittelalterlichen und barocken Preziosen gefüllte Kunstkammer.

Kunstkenner können hier leicht ganze Tage verbringen. Der Prunkbau im Stil der Neorenaissance wurde 1871 bis 1891 am Ring vom Dresdner Baumeister Gottfried Semper und vom österreichischen Architekten Carl von Hasenauer errichtet. Pompöse Treppenaufgänge geleiten in imposante Empfangsfoyers und eine achteckige Kuppelhalle.

INFO: In der Innenstadt, im 1. Bezirk gelegen. **INFO KUNSTHISTORISCHES MUSEUM:** Maria-Theresien-Platz, 1010 Wien, Tel. (01) 52 52 40, www.khm.at, Öffnungszeiten Di–So, Juni–Aug. auch Mo 10–18, Do bis 21 Uhr, Eintritt € 16, ermäßigt € 12, bis 18 J. frei.

Wo der Maestro glücklich war

Mozarthaus Vienna

Wien

In seinen zehn Wiener Jahren wechselte Mozart elf Mal die Bleibe. In dieser Wohnung am Stephansdom aber – der einzigen seiner Unterkünfte, die erhalten blieb – lebte er drei Jahre von 1784 bis 1787. Recht herrschaftlich auf dem Höhepunkt seines Ruhms in der Beletage mit vier Zimmern, zwei Kabinetten und einer Küche. »... ich versichere sie, daß hier ein herrlicher ort ist – und für mein metier der beste ort von der welt«, schrieb er an Vater Leopold. Die Wohnräume des auch Figarohaus genannten Gebäudes (hier entstand »Figaros Hochzeit«) besaßen eine reiche Ausstattung mit Stuckdecken und gemalten Wanddekorationen. Einige Verzierungen wurden an Wänden freigelegt.

Zum 250. Geburtstag des Musikers 2006 wurde das Mozarthaus für eine zweistellige Millionensumme zum Mozarthaus Vienna umgebaut, zu einem Zentrum für Leben und Werk des Komponisten. Der Rundgang beginnt im dritten Stock und endet in der historischen Mozart-Wohnung im ersten Stock. Jedes Stockwerk hat einen thematischen Schwerpunkt: oben Mozart und seine Zeit, in der Mitte geht es um berühmte Opern und Requien, in den Wohnräumen um Mozarts Lebensverhältnisse. Der Besucher schreitet durch das Tonnengewölbe, durch das auch der Meister schritt. Der historische Innenhof ist grundlegend saniert worden, behielt aber die Anmutung der Mozartjahre.

Multimediaraum im Mozarthaus Vienna.

Die Möblierung in den Räumen ist sparsam, orientiert am historischen Design. In Paravents verläuft ein historisches Band, das mithilfe von Ausstellungsobjekten und Bildern in unterschiedlichen Holzrahmen den Alltag Wolfgang Amadeus Mozarts erzählt. Bemerkenswert ist die Geometrie der Räume, die Weg- und Blickachsen sowie hübsche Einzeldetails wie ein Fenster, ein Kamin oder Stuckaturen an Decke und Wänden. Diese Kubaturen bringen den Besuchern Mozart ganz nahe: Sie sehen, was er sah, gehen durch Räume, die er durchschritt. Erläuternde Texte stellen die damaligen Lebensbedingungen des Maestros dar. Ruhe und Intimität ermöglichen, sich mit dem *Genius loci* auf du und du zu bewegen. Die Jahre in dieser Wohnung, so Mozart-Biografen übereinstimmend, waren die glücklichsten seines kurzen Lebens.

Info: In der Innenstadt, im 1. Bezirk gelegen. **Info Mozarthaus Vienna:** Domgasse 5, 1010 Wien, Tel. (01) 512 17 91, www.mozarthausvienna.at, Öffnungszeiten tägl. 10–19 Uhr, Eintritt € 11, bis 18 J. € 4,50, Familien € 24.

Aus gewachsener Bausubstanz modern entwickelt

MuseumsQuartier

Wien

Der schönste Eintritt ist der durch den Mittelrisaliten des Marstalls. Wer ihn durchschreitet, vor dem öffnet sich der weite Platz, der an seinen Längsseiten von historischen und an den Schmalseiten von modernen Bauwerken gesäumt ist. Nun ist man in einer Stadt in der Stadt. Das MuseumsQuartier, einer der zehn weltgrößten Kulturkomplexe mit 60000 Quadratmetern Fläche, nimmt einen würdigen Platz ein zwischen dem Pariser Louvre und der Berliner Museumsinsel. 40 Einrichtungen sind Kunst und Kultur verpflichtet, der langgestreckte Innenhof offeriert zusätzlich Platz für Restaurants, Cafés und Shops. Das Muqua, wie die Wiener sagen, wurde für 150 Millionen Euro aus Hinterlassenschaften der Habsburger gestaltet. Passend zu Wien mit einer 480 Meter langen apricotfarbenen barocken Fassade. Dahinter befanden sich einst die kaiserlichen Hofstallungen von 1718. Die noblen Vierbeiner der Majestäten schnabulierten Heu und wurden von livrierten Dienern gestriegelt.

Wiener MuseumsQuartier.

Die einzelnen Gebäude hinter der Fassade, alle Solitäre, sind nicht nur miteinander vernetzt, sondern auch durch Über- und Durchgänge, Gassen und Treppen, Feuerwehrleitern und Blickachsen mit angrenzenden Vierteln verbunden. Darin liegt der eigentliche Reiz: Das MuseumsQuartier wurde nicht wie ein überdimensionales Ufo zwischen Hofplatz und Heldenplatz an den Burgring gesetzt, sondern sorgsam aus gewachsener Bausubstanz entwickelt und ergänzt. Für Kinder gibt es das ZOOM Kindermuseum, für Kunstjünger das Leopoldmuseum mit einer Muschelkalk-Fassade und Meisterwerken des Wiener Secessionismus, der Moderne und des Expressionismus. Das Museum Moderner Kunst/Stiftung Ludwig, ein kubischer, mit Basaltlava ummantelter Bau, beherbergt eine der größten Sammlungen zeitgenössischer Kunst in Europa. Die Kunsthalle Wien ist ein Ausstellungsraum für internationale moderne Kunst. Aber auch die Wiener Festwochen sind hier untergekommen, das Filmfestival Viennale, ein Tanzquartier und das Architektur Zentrum Wien.

Info MuseumsQuartier: Museumsplatz 1/5, 1070 Wien, Tel. (01) 523 58 81, www.mqw.at. **Info ZOOM Kindermuseum:** Tel. (01) 524 79 08, www.kindermuseum.at, Öffnungszeiten Di–Fr 8.30–16, Sa/So und Ferien 9.45–16 Uhr, Eintritt Ausstellung Kinder frei, Erwachsene € 6, Atelier und Trickfilmstudio bis 14 J. € 7, Familienkarte € 17. **Info Leopoldmuseum:** Tel. (01) 52 57 00, www.leopoldmuseum.org, Öffnungszeiten tägl. 10–18, Do bis 21 Uhr, Eintritt € 14, ermäßigt € 10, Familien € 28. **Info Museum Moderner Kunst/Stiftung Ludwig:** Tel. (01) 52 50 00, www.mumok.at, Öffnungszeiten Mo 14–19, Di–So 10–19, Do bis 21 Uhr, Eintritt € 12, bis 18 J. frei, Do 18–21 Uhr € 8 inkl. Führung um 19 Uhr. **Info Kunsthalle Wien:** Tel. (01) 52 18 90, www.kunsthallewien.at, Öffnungszeiten tägl. 11–19, Do bis 21 Uhr, Eintritt € 8, ermäßigt € 6, bis 18 J. frei.

»Was es am Naschmarkt nicht gibt, brauchen Sie nicht.«

Naschmarkt

Wien

Morgens um drei beginnt das Rumpeln und Klappern. Die Betreiber richten ihre Stände ein, Waren werden antransportiert, es gibt Wortwechsel. Stündlich steigt der Lärmpegel, dazu trägt der Verkehr auf der stark frequentierten Wienzeile bei. Gegen sechs kommen die ersten Kunden, jährlich sind es Hunderttausende, die durch die Gänge zwischen den Standeln laufen. Ab acht klatschen die Händler in die Hände, um Kundschaft anzulocken. A Sackerl Kartoffeln oder Sauerkraut, orientalische Gewürze, Babygurken, feines Gemüse, Fisch und Fleisch, gut sortierte und appetitlich angerichtete Käse- und Wurstspezialitäten. Nirgendwo ist Österreichs Hauptstadt so international und exotisch. Am Wochenende kommen noch Bauern aus dem Umland und verkaufen Frisches vom Land. Hausgemachte Blunzen (Blutwurst), Geselchtes und Wein, Forellen, Karpfen, Fleischstrudel und Öle. Und so lautet das Motto: »Was es am Naschmarkt nicht gibt, brauchen Sie nicht.« Das alles vor der Kulisse der Linken Wienzeile mit den Jugendstil-Pompbauten Otto Wagners.

Naschmarkt Wien: kulinarische und kulturelle Weltreise.

Schon im 18. Jahrhundert existierte hier ein Markt, anfangs wurden hier vor allem Milchprodukte angeboten. Daher stammt auch die frühere Bezeichnung Aschenmarkt, Asch wurden die Milchbehälter genannt. Als im 19. Jahrhundert exotische Delikatesen und Leckereien über Hand nahmen, wurde aus dem Aschen- ein Naschmarkt. Seit 1910 stehen die derzeit gut 120 Buden, viele mit Jugendstildächern, am Wienfluss nahe Karlsplatz und Oper. Einen Einblick in das Leben am Naschmarkt um 1900 bietet der Wiener Krimiautor Gerhard Loibelsberger u.a. im Buch „Die Naschmarkt-Morde“.

Das Sagen hat hier der Naschmarkt-Adel, Standbesitzer, deren Vorfahren schon von Anfang an dabei waren. Am citynahen Ende des Markts, wo früher Fleischhauer blutige Arbeit verrichteten, gibt es heute Speiselokale und Espressobars.

Der Ort war noch vor einigen Jahrzehnten Wiens größtes Rotlichtviertel, nun zählt er zu den wichtigsten Touristenattraktionen. Hier ist immer etwas los, nur nachts kehrt für wenige Stunden Ruhe ein. Bis der erste Jalousieladen hoch scheppert.

Info: Zwischen Getreidemarkt und Kettenbrücke im 6. Bezirk gelegen. **Info Naschmarkt:** Wienzeile, 1040 Wien, www.wienernaschmarkt.eu, Öffnungszeiten Mo–Fr 6–19.30, Sa 8–18 Uhr, Restaurants bis 23 Uhr, Öffnungszeiten der Stände variieren.

Rauschende Ballnacht

Opernball Wien und Hotel Imperial

Wien

In der Faschings- oder Karnevalszeit nehmen Tausende von Walzertänzern und -tänzerinnen an über 300 formellen Bällen zu unterschiedlichen Themen teil. Der schönste aller Bälle ist jedoch der legendäre Opernball. Er wird in der Staatsoper abgehalten, aus der eine Armee von Handwerkern die Sitze entfernt und über Nacht die prächtige Oper in einen glänzenden, weitläufigen Ballsaal verwandelt. Der Opernball wird mit dem großen Einzug der 200 eleganten Debütantinnen und ihrer Tanzpartner eröffnet. Die Hälfte der jungen Damen sind Wienerinnen, ein Viertel stammt aus dem übrigen Österreich, das letzte Viertel aus dem Ausland. 5000 Gäste aus allen Rängen der Wiener Gesellschaft und aus der ganzen Welt nehmen an dem märchenhaften Ereignis teil, das Kaiser Franz Joseph I. zum ersten Mal 1877 ausrief. Die Tanzfläche wird ein Kaleidoskop der Farben, wenn die Tänzer zu den schwungvollen Klängen des Walzers umherwirbeln.

Einzug der Debütanten: Wiener Opernball.

Wenn es auf fünf Uhr morgens zugeht, blättern die Gäste im Märchenbuch zur nächsten Seite und begeben sich im »Hotel Imperial« zur Ruhe, dem repräsentativsten Hotel Wiens. Es wurde 1867 im Stil der Neorenaissance von Kaiser Franz Joseph für seine Nichte und ihren Mann, den Herzog von Württemberg, gebaut. Dort wurden die höchsten Gäste des Herzogs beherbergt, und noch immer ist es das offizielle Hotel für Staatsgäste. Richard Wagner buchte einst sieben Zimmer und komponierte Tag und Nacht. Vieles ist unverändert geblieben, trotz oder gerade wegen einiger Renovierungen für mehrere Millionen Dollar: unbezahlbare Möbel, Marmorfußböden, vergoldete Balustraden, Deckenbemalungen, funkelnde Kerzenleuchter. Die Gäste werden sich fühlen wie die britische Königin Elisabeth II., die nach ihrem Aufenthalt bemerkte, dies sei das wunderbarste Hotel, in dem sie je übernachtet habe.

Info: In der Innenstadt, im 1. Bezirk gelegen. **Info Wiener Staatsoper:** Opernring 2, 1010 Wien, Tel. (01) 514 44 22 50, www.wiener-staatsoper.at. **Info Opernball Wien:** Hanuschgasse 3, 1010 Wien, Reservierungen nur schriftlich möglich, der Wiener Opernball findet am Donnerstag vor Aschermittwoch statt. **Info Hotel Imperial:** Kärntner Ring 16, 1015 Wien, Tel. (01) 50 11 00, www.imperialvienna.com. Preise auf Anfrage.

Kosten an der goldenen Tafel

Restaurant Steirereck

Wien

Gastronomie lebt auch von guten Ideen. Im »Steirereck« in einer ehemaligen Meierei am Ufer des Wienflusses ließ die Eigentümerfamilie Reitbauer Architekten nur bedingt ans Werk. Den großen Auftrag erhielt ein

Neubau des Restaurants Steirereck mit reflektierender Metalloberfläche.

Bühnenausstatter, der das Inszenieren verstand. Er schuf an einem der schönsten Plätze der Stadt ein Feinschmecker-Imperium, das nicht nur Gutverdienende mit Gourmetträumen versorgt, sondern auch solchen etwas bietet, die erst mal nur probieren wollen. In der Meierei werden Käse und Milchprodukte zu vernünftigen Preisen serviert, dort fängt der Gast an zu probieren. Hat er Appetit auf mehr, begibt er sich zum Restaurant und schnabuliert auserlesene Kleinigkeiten wie Beef Tatar, Beuschel (weich gekochte und verfeinerte Kalbslunge) oder delikate Fischhappen. Auch hier ist die Preisgestaltung die beste Einladung. Viele Gäste, die sich so eingeschmeckt haben, buchen später gern auch einen Tisch im Restaurant.

Das »Steirereck«, unter der Leitung von Heinz Reitbauer – 1970 geborener Sohn der Eigentümer –, zählt zu den 50 besten Restaurants der Welt. Dort gibt es »Feinschmeckerküche mit wienerischer Erdung«, urteilte ein Magazin. Sie ist äußerst aufwendig inszeniert und bietet Gerichte, die klassisch sind, aber raffiniert kreativ gestaltet, weshalb vier Hauben und 19 Punkte im Gault-Millau für das »Steirereck« nicht ausblieben. Dabei bleibt die Atmosphäre leger, das Steife mancher Gourmettempel hat hier keinen Platz. Der Service ist kompetent ohne viel Schnickschnack.

Auch optisch schlägt man neue Wege ein: Mit dem Umbau und der Erweiterung des Restaurants wurde das Wiener Architekturbüro PPAG Architects beauftragt. Das Ergebnis: ein moderner, verzweigter Pavillon mit reflektierenden Metalloberflächen im Wiener Stadtpark.

Info: Im 3. Bezirk, im Stadtpark gelegen. **Info Restaurant Steirereck:** Am Heumarkt 2 A, 1030 Wien, Tel. (01) 713 31 68, www.steirereck.at, Öffnungszeiten Restaurant Mo–Fr 11.30–14.30 und ab 18.30 Uhr, Reservierung erforderlich. Öffnungszeiten Meierei Mo–Fr 8–23, Sa/So 9–19 Uhr, Reservierung empfohlen, Preise auf Anfrage.

Eine der schönsten Barockanlagen Europas

SCHLOSS BELVEDERE

Wien

Sehr wahrscheinlich litt er am Napoleon-Syndrom. Prinz Eugen von Savoyen (1663–1736), ein kleinwüchsiger, wenig ansehnlicher Mann, sah nicht wie ein Held aus. Aber wie der Winzling Napoleon wollte er der Welt zeigen, dass er ein Großer war. Er wurde der erfolgreichste General in der Geschichte Österreichs. Drei Kaisern diente er und führte das habsburgische Heer im Kampf gegen die Wien belagernden Türken zum Sieg. Das war 1697 und brachte dem Kaiserreich zudem ganz Ungarn, Siebenbürgen, Slawonien und Kroatien als Beute ein. Als Prinz Eugen 1717 auch noch das serbische Belgrad eroberte, wurde er legendär. Preußenkönig Friedrich der Große äußerte bewundernd über den Feldmarschall: »Eigentlich war er Kaiser …«

Prinz Eugen war aber auch ein großer Förderer der Wissenschaften und Künste, Sammler, Mäzen und Gartenliebhaber. Das Lustschloss Belvedere war sein Sommersitz. Es ist unterteilt in das Untere Belvedere (1716), den Wohnsitz des Militärs, und das Obere Belvedere (1722), einen Ort der Repräsentation. Das Ensemble gehört zu den schönsten Barockanlagen Wiens und genießt nach grundlegender Restaurierung hohen Besucherzuspruch. Das Untere Belvedere wirkt nüchtern, besitzt aber pompöse Räume. Im Oberen Belvedere wurde Barockkunst in der Kaiserlichen Gemäldegalerie von Joseph II. ausgestellt. Hier residierte Thronfolger Franz Ferdinand bis zu seiner Ermordung in Sarajevo 1914. Im Marmorsaal wurde 1955 der Staatsvertrag unterzeichnet, der Österreich aus der Kontrolle der Alliierten entließ. Heute ist Kunst des 19. und 20. Jahrhunderts zu sehen. In der Orangerie ist ein Museum mittelalterlicher österreichischer Kunst untergebracht.

Der Schlosspark im französischen Stil gehört zu den wichtigsten barocken Gartenanlagen Europas. Prinz Eugen ließ ihn von Architekturstars seiner Zeit, darunter der Versailles-Gartenschöpfer André Le Nôtre, anlegen. Der Park zeigt die barocke Vorstellung einer idealen, vom Menschen bestimmten Naturgestaltung: Geometrische Strenge, raumgreifende Wegachsen, Pflanzen in Formschnitten, kunstvolle Blumenbeete, Fortsetzung der Innenräume des Schlosses in der auf Weite abzielenden perspektivischen Anlage des Gartens. Ein wunderbarer Ort zum Spazieren und Lustwandeln.

INFO: Im 4. Bezirk, südlich der Innenstadt gelegen. **INFO OBERES BELVEDERE (SAMMLUNG):** Prinz-Eugen-Str. 27, 1030 Wien, Tel. (01) 795 57-0, www.belvedere.at, Öffnungszeiten tägl. 9–18, Fr. bis 21 Uhr, Eintritt € 16, bis 18 J. frei. **INFO UNTERES BELVEDERE, ORANGERIE:** Rennweg 6, Wien, Tel. (01) 795 57-0, www.belvedere.at, Öffnungszeiten tägl. 10–18, Fr bis 21 Uhr, Eintritt € 14, bis 18 J. frei, Kombiticket für beide Häuser € 22, bis 18 J. frei.

Schloss Belvedere, einstiger Wohnsitz des legendären Feldherrn Prinz Eugen von Savoyen.

Ein spätbarockes Gesamtkunstwerk

Schloss Schönbrunn

Wien

In diesem Museum, einem der meistfrequentierten Wiens, wohnen etwa 190 Mieter. Sind sie als Schlossbewohner zu beneiden? Wie man es nimmt, denn sie müssen ihre Unterkunft selbst renovieren, um das Gesamtbild nicht zu beeinträchtigen, der Staat sorgt nur für die Restaurierung der Prunkräume. Ein teurer Spaß.

Schloss und Park im französischen Stil bedecken knapp zwei Quadratkilometer und sind ein einzigartiges spätbarockes Gesamtkunstwerk. Johann Bernhard Fischer von Erlachs Gestaltung der Schlossanlage sollte den Habsburgern eine ungestörte Sommerfrische am Stadtrand ermöglichen, sie braucht den Vergleich mit Versailles nicht zu scheuen. Die Bauarbeiten begannen unter Kaiser Leopold I., 30 Jahre später wurden sie während der Regentschaft von Kaiserin Maria Theresia abgeschlossen. Sie hatte den Architekten Nikolaus Pacassi mit Aus- und Umbauten beauftragt. Die kreisförmig angelegte Menagerie, aus der der älteste noch bestehende Zoo der Welt hervorging, kam 1752 dazu, als krönender Abschluss 1755 die Gloriette, ein Aussichtspavillon im Schlosspark auf der Anhöhe des Schönbrunner Bergs.

Schloss, Garten und Park besitzen bis heute den homogenen Charakter eines aus einer Hand stammenden Ensembles. Den statuengeschmückten Park gliedert ein System sternförmig angelegter Alleen, deren Bäume in Heckenwände geschnitten sind. Das Palmenhaus ist das größte Europas. Als Attraktionen des Schlossparks gelten auch der Japanische Garten und die Kronprinzenallee an der Ostfassade des Schlosses, einer der ältesten Gartenteile Schönbrunns.

Im anschließenden Gartenbereich »Am Keller« ist ein nach barockem Vorbild verschlungenes Stickereisystem aus Blumen, farbigem Kies und Steinen zu bewundern. Dieser Gartenteil ist von einem hufeisenförmigen Laubengang mit fünf Pavillons umgeben, von denen einer begehbar ist und von einer erhöhten Plattform aus einen beeindruckenden Blick über die gesamte Gartenanlage bietet.

Info: Im 13. Bezirk, westlich der Innenstadt gelegen. **Info Schloss Schönbrunn:** 1130 Wien, Tel. (01) 81 11 32 39, www.schoenbrunn.at, Öffnungszeiten Schloss tägl. April–Juni und Sept./Okt. 8–17.30, Juli/Aug. bis 18.30, Nov.–März bis 17 Uhr, Park tägl. im Winter 6.30–17.30, im Sommer bis 20/21 Uhr, Eintritt ab € 16, ermäßigt € 14,50, bis 18 J. € 11,50.

Spätbarockes Gesamtkunstwerk: Schloss Schönbrunn.

Dr. Freuds Hintertür

Sigmund Freud Museum

Wien

Wer diese Praxis betreten will, braucht keinen Termin. Man läutet und es wird einem freundlich aufgetan. Die Wohnung von Sigmund Freud, dem Vater der Psychoanalyse, liegt in einem noch immer von mehreren Parteien bewohnten Gründerzeitgebäude. Der private Charakter des Besuchs in der musealisierten Wohnung verstärkt sich im Flur, wo der Gast seinen Mantel an dieselbe Garderobe hängt wie einst die Familie Freud. Gehstock und Hut von Freud sind immer noch dort.

Vater der Psychoanalyse: Sigmund Freud (1856–1939).

47 Jahre, von 1891 bis 1938, hat der Kundschafter des Seelenlebens in diesen Räumen verbracht, hier empfing er seine Patienten, entstanden seine wichtigsten Bücher, bangte er um Kinder, Schwiegerkinder und Enkel, von denen einige schwermütig waren.

Freuds Alltag war streng geregelt. Neun Stunden Therapie, nur unterbrochen durch das Mittagessen. Immer genau 13 Uhr, stets drei Gänge: Suppe, Fleisch mit Beilage, Mehlspeise. Abends Arbeit am Schreibtisch, der stand am Fenster des Arbeitszimmers, mit schönem Blick in den mit Kastanien bewachsenen Hinterhof. Der Raum ist leer, eine bewusste Provokation, die an den Bruch in Freuds Biografie durch die Emigration erinnert. Nur Fotos an den Wänden, im Regal einige Bücher.

Das Genie war ein Patriarch, manchmal ein Tyrann. Einzige Ausnahme war Minna, die Schwester von Freuds Gattin Martha, die ein Zimmer neben dem Schlafgemach des Ehepaars hatte. Freud pflegte über viele Jahre ein Verhältnis mit Minna, durch eine kleine Tür, immer noch vorhanden, schlüpfte er regelmäßig in den Ehebruch.

In einem eigens eingerichteten Medienraum schauen Besucher sich die wenigen erhaltenen Film- und Tondokumente von Sigmund Freud von 1930 bis 1939 an. Was fehlt, ist die berühmte Couch. Freud nahm sie mit, als er nach London emigrierte, dort steht sie nun im Museum.

Die Idee, seine Patienten bequem zu lagern, damit sie körperlich entlastet über ihr Innerstes reden, kam nicht von ihm, sondern einer vermögenden Patientin. Sie schenkte ihm den Diwan, ein Möbel, das zum Inbegriff der Psychotherapie wurde.

Das Museum wurde 1971 mit Hilfe seiner jüngsten Tochter Anna eingerichtet. 2019/20 wurde es umfassend saniert und erweitert; erstmals sind nun alle Privaträume der Familie zugänglich. Im Haus finden auch Konferenzen und Symposien zu psychoanalytischen Themen statt. Und wer einmal in Freuds ehemaligem Salon speisen möchte, kann den Service »Dinner im Museum« für bis zu zwölf Personen buchen.

Info: Nördlich der Innenstadt, im 9. Bezirk gelegen. **Info Sigmund Freud Museum Wien:** Berggasse 19, 1090 Wien, Tel. (01) 319 15 96, www.freud-museum.at, Öffnungszeiten tägl. 10–18 Uhr, Eintritt € 9, ermäßigt € 6, bis 18 J. € 3.

Die erste »Königin der Herzen«

Sisi Museum

Wien

Die Feile in der Vitrine, sorgsam ausgeleuchtet, sieht seltsam lächerlich aus. Im September 1898 ist Elisabeth (1837–98), die Ehefrau von Kaiser Franz Joseph I., in Genf. Der italienische Anarchist Luigi Lucheni braucht ein prominentes Opfer. Als Sisi, wie sie am Wiener Hof genannt wird, in Begleitung ihrer Hofdame zur Schiffsanlegstelle geht, stürzt er sich auf sie und treibt ihr eine Feile in die Brust. Sisi bricht auf dem Schiff zusammen, noch am selben Tag stirbt sie. Noch heute fallen Besucherinnen vor der Vitrine mit dem Mordwerkzeug in Ohnmacht, andere weinen. Sisi war die erste »Königin der Herzen«.

Sie war aber auch die erste Fürstin, die im Blickpunkt der Medien stand, und die erste Bulimie-Kranke, bei der alle Symptome dieser modernen Krankheit festgestellt wurden. Sie war eine stets Unverstandene, einsam inmitten eines Intrigantenstadels aus Hofschranzen.

Als der Kaiser sie heiratete, war sie noch ein Kind, 16 Jahre alt. Sie sollte einen Stammhalter zur Welt bringen, aber die melancholische bayerische Wittelsbacherin wollte eigentlich Dichterin werden, ausgerechnet der aufmüpfige Heinrich Heine war ihr Vorbild, sie schrieb ihm Briefe.

Die Krönung von Kaiserin Elisabeth von Österreich zur Königin von Ungarn (1867).

Im Museum, das seit 2004 in den Stephan-Appartements untergebracht ist, sind Sisis Polterabendkleid, Morgenmantel, Sonnenschirm und die Fächer zu sehen. Ihr Halsband, ihre Trinkgefäße, Statuen und Statuetten. Ihre Büste aus Carraramarmor, ihr Bett, zusammenklappbar, um es auf Reisen mitnehmen zu können. Ihr Schreibtisch, ihr Badezimmer, ihr Turnzimmer mit Sprossenwand, die Toilette, die niemand außer ihr benutzen durfte. Dazu Briefe, Telegramme, Parfumflakons, das Zahnhygienebesteck. Sie litt unter Schlaflosigkeit, »vielwöchentlich«.

Der Bühnenbildner Rolf Langenfass hat all die Memorabilien inszeniert, er war auch maßgeblich an der Neugestaltung im Jahr 2009 beteiligt. Sisi war eine der ersten Wellnessreisenden, stets auf der Suche nach Erleichterung, durch ganz Europa unterwegs im plüschigen Hofsalonwagen. Immer allein auf Reisen, denn nach vier Kindern hatten sich der Kaiser und die Kaiserin nichts mehr zu sagen. Ihr Leben wird in diesem Museum inszeniert wie ein Hollywoodfilm, in Wahrheit war es einsam.

Info: In der Innenstadt, im 1. Bezirk gelegen. **Info Sisi Museum:** Hofburg, 1010 Wien, Tel. (01) 533 75 70, www.hofburg-wien.at, Öffnungszeiten tägl. 9–17.30, Juli/Aug. bis 18 Uhr, Eintritt € 15, ermäßigt € 13, bis 18 J. € 9 (inkl. Kaiserappartements und Silberkammer), Zugang zur Hofburg vom Michaelerplatz oder der Ringstraße.

Verschmelzung von Mensch und Tier in der Dressur

Spanische Hofreitschule

Wien

Stuten haben keine Chance. Warum? Zu launisch, sagen die Bereiter. So heißen die Angestellten, die auserwählt sind, die edelsten Pferde der Welt zu reiten. Die meisten sind Männer, doch gibt es einige weibliche Bereiter. Auch die mögen Hengste lieber. Sie seien disziplinierter, liebten Musik, aber auch Rossballett und Karussell – so heißen die Vorführungen der Spanischen Hofreitschule in der Hofburg.

Lipizzaner sind die älteste Kulturpferderasse Europas, ihr Name rührt vom slowenischen Dorf Lipica her, wo 1580 das k.u.k. Hofgestüt gegründet wurde, das älteste Reitinstitut der Welt.

Seinerzeit waren die italienischen Fürstenhöfe bekannt für die beste Reiterkunst, das wollten die Habsburger nicht auf sich sitzen lassen. Bis 1667 dauerte es zur Premiere der schneeweißen Rösser mit dem goldbeschlagenen Zaumzeug. Großer Erfolg, fortan gab es regelmäßige Veranstaltungen mit Kunststücken der Vierbeiner und ihrer Bereiter. Weil das Renommee so hoch war, ließ Kaiser Karl VI. in der Wiener Hofburg vom Stararchitekten Joseph Emanuel Fischer von Erlach die Winterreitschule (1735) errichten. Die große Zeit der Spanischen Hofreitschule war die Regentschaft von Maria Theresia. Sie ließ Ritter-Spiele abhalten und schwang sich zu Karussells höchstpersönlich in den Sattel.

Pferdevorführungen waren Teil prunkvoller Hofbälle und Feste. Höhepunkt war und ist die Schulquadrille, gezeigt von acht Reitern.

Mit den Lipizzanern ließ sich sogar Politik machen. Als Kaiser Franz Joseph I. 1867 zum König von Ungarn gekrönt wurde, ritt er in Budapest auf einem Lipizzanerhengst ein. Nach dem Ende der Monarchie und der gewaltigen Verkleinerung des Staatsgebiets wurden 1920 die Lipizzaner ins Bundesgestüt Piber in der Steiermark gebracht, wo sie bis heute gezüchtet werden. Die Stallungen in Wien befinden sich in einem Renaissancebau. Bei der Morgenarbeit in der Winterreitschule zeigen sie jeden Tag Reitkunst in höchster Vollendung. Nur im Juli und August stehen den Pferden sechs Wochen Urlaub zu.

Bewahrer der Hohen Schulen der Reitkunst: Spanische Hofreitschule Wien.

Info: In der Innenstadt, im 1. Bezirk gelegen. **Info Spanische Hofreitschule Wien:** Hofburg, Michaelerplatz 1, 1010 Wien, Tel. (01) 533 90 31, www.srs.at, Vorführungen Sa/So 11 Uhr; Führung durch die Stallungen Jan. Di–Sa, Feb. und Nov. Di–So, April–Okt., Dez. tägl. 14, 15, 16 Uhr, Eintritt € 18, ermäßigt € 14, bis 18 J. € 9; Morgenarbeit Di–Sa 10–12 Uhr, Eintritt € 15, ermäßigt € 10,50, bis 18 J. € 7,50.

Gotteshaus mit großer Geschichte

Stephansdom

Wien

Geht es um seinen Steffl, kennt Anton Faber keine Gnade. Der Chef von zehn Priestern, einer Köchin und »weiters 30 bis 40 seelsorgerlichen Helfern« schwärmt hemmungslos. »Mein Leben gehört dem Dom. Ich habe einen Traumberuf.« Religiöses Customer-Relationship-Marketing betreibe der Pfarrer, schrieb eine Wiener Zeitung. Seine Arbeit prägen weder Berührungsängste vor den Zielgruppen noch Medienscheu. Die urchristliche Rolle des Menschenfischers hat der smarte Priester in zeitgemäßes Networking umgesetzt. Und er hat – von Gesprächsforen über Musicals und andere Events bis zum Papstbesuch 2007 – Erfolg damit. »Auch ein barockes Hochamt bedarf heute einiger Inszenierungen«, erklärt er.

Der Stephansdom ist für die österreichische Identität so wichtig, dass nach den Zerstörungen des Zweiten Weltkriegs alle Bundesländer zu seinem Wiederaufbau beigetragen haben. Das Wiener Wahrzeichen, der bedeutendste Bau der Hoch- und Spätgotik Österreichs, ist 136,50 Meter hoch und weithin sichtbar.

Eines der Wiener Wahrzeichen: der Stephansdom.

1359 begann der Neubau des Doms auf den Fundamenten vorheriger Kirchen. 1443 war der Südturm vollendet, 1511 der Nordturm. Die Pummerin, eine drei Meter hohe und mehr als drei Tonnen schwere Glocke, wurde 1683 aus erbeuteten türkischen Kanonen gegossen. Die Türmerstube des Südturms ist über 343 Stufen zu erreichen. Die Aussicht von dort ist grandios. 3500 Quadratmeter Grundfläche haben die drei Schiffe des Doms, am höchsten ist das Mittelschiff mit 28 Metern.

Im Seitenschiff rechts befindet sich das prachtvolle Hochgrab von Kaiser Friedrich III. aus rotem Marmor. Reichsapfel, Zepter und das Motto *AEIOU*, gedeutet als *Austria erit in orbe ultima* (Österreich wird ewig sein oder Alles Erdreich ist Österreich untertan), verkörpern den früheren Anspruch der Nation. In der Domherrengruft werden seit dem 14. Jahrhundert kirchliche Würdenträger begraben, auch Anton Fabers sterbliche Überreste werden dort einmal aufbewahrt werden. Er kennt schon die Nische, die für den Zinnsarg mit seinem Leichnam reserviert ist.

Info: In der Innenstadt, im 1. Bezirk gelegen. **Info Stephansdom:** Stephansplatz 3, 1010 Wien, Tel. (01) 515 52 30 54, www.stephanskirche.at, Öffnungszeiten Mo–Sa 6–22, So 7–22 Uhr, Führungen durch Dom und Katakomben im Programm.

Das strenge Regiment der Ober

WIENER KAFFEHAUSKULTUR

Wien

Die Wiener Kaffeehäuser sind eine Institution. Hier trinkt man nicht einfach seinen Kaffee, isst ein Stück Kuchen und geht wieder – hier verbringt man ganze Tage und schon so mancher hat das Kaffeehaus zu seinem Wohnzimmer gemacht. Es ist völlig normal, beim Einspänner (kleiner Mokka im Glas mit viel Schlagsahne/Obers), einem Braunen (Mokka mit wenig Schlagsahne oder Milch), einer Melange (halb Kaffee, halb Milch) oder einem Fiaker (großer Mokka mit Zucker und Rum) stundenlang Zeitung zu lesen – eine große Auswahl an Tageszeitungen gehört zu jedem guten Kaffeehaus –, aus dem Fenster zu schauen und dem einen oder anderen philosophischen Gedanken nachzuhängen. Dazu lässt man sich von den Kunstwerken der berühmten Wiener Zuckerbäcker zu der einen oder anderen süßen Köstlichkeit verführen, ob es nun eine Original Sachertorte im gleichnamigen Café oder

Nicht umsonst sind in Wien zu Beginn des 20. Jahrhunderts die Kaffeehausliteraten »geboren« – Schriftsteller wie Stefan Zweig oder Arthur Schnitzler, die viele ihrer Werke an einem Kaffeehaustisch zu Papier brachten. Wichtiger als die Gäste, und seien sie auch noch so berühmt, sind die Ober, die in ihrem Kaffeehaus das Sagen haben. Dass Wiener Kaffeehäuser etwas ganz Besonderes sind, hat schließlich auch die UNESCO eingesehen und die Kaffeehauskultur der österreichischen Hauptstadt 2011 als immaterielles Weltkulturerbe unter besonderen Schutz gestellt. Stefan Zweig wusste das schon früher, er bemerkte schon in den 1920er Jahren, dass das Wiener Kaffeehaus eine Institution besonderer Art sei, die weltweit einmalig ist.

INFO CAFÉ SACHER: Philharmonikerstr. 4, 1010 Wien, Tel. (01) 514 56 10 53, www.sacher.com, Öffnungszeiten tägl. 8–24 Uhr.

Die einzig »echte« Sachertorte vom Hotel Sacher.

INFO CAFÉ HAWELKA: Dorotheergasse 6, 10110 Wien, Tel. (01) 512 82 30, www.hawelka.at, Öffnungszeiten Mo–Do 8–24, Fr–Sa 8–1, So 10–24 Uhr. **INFO HOFZUCKERBÄCKEREI DEMEL:** Kohlmarkt 14, 1010 Wien, Tel. (01) 53 51 71 70, www.demel.at, Öffnungszeiten 8–19 Uhr. **INFO CAFÉ SPERL:** Gumpendorferstr. 11, 1060 Wien, Tel. (01) 586 41 58, www.cafesperl.at, Öffnungszeiten Mo–Sa 7–22, So 10–20 Uhr, Juli/Aug. So geschl. **INFO CAFÉ LANDTMANN:** Universitätsring 4, 1010 Wien, Tel. (01) 241 00-120, www.landtmann.at, Öffnungszeiten tägl. 7.30–24 Uhr. **INFO CAFÉ SCHWARZENBERG:** Kärntner Ring 17, 1010 Wien, Tel. (01) 512 89 98, www.cafe-schwarzenberg.at, Öffnungszeiten Mo–Fr 7.30–24, Sa/So 8.30–24 Uhr. **INFO CAFÉ LEUPOLD:** Schottengasse 7, 1010 Wien, Tel. (01) 533 93 81 12, www.leupold.at, Öffnungszeiten tägl. 10–24 Uhr. **INFO CAFÉ MUSEUM:** Operngasse 7, Tel. (01) 241 00-620, www.cafemuseum.at, Öffnungszeiten tägl. 8–23 Uhr. **INFO CAFÉ CENTRAL:** Herrengasse/Strauchgasse, 1010 Wien, Tel. (01) 533 37 63 24, www.cafecentral.wien, Öffnungszeiten Mo–Sa 7.30–22, So 10–22 Uhr.

Wie die Knochen gebrochen wurden

Wiener Kriminalmuseum

Wien

Der Dienstmädchenmörder Hugo Schenk war ein Poet. Zwischen seinen Morden fand er zu schönen Versen, die er mit schwungvoller Hand zu Papier brachte. Mit derselben Hand, mit der er die jungen Frauen tötete.

Im Kriminalmuseum, einem der ältesten Gebäude der Leopoldstadt, 1685 als Seifensiederhaus urkundlich erwähnt, ist der Schädel des lyrischen Mörders zu sehen.

Ein kurioses Panoptikum des Verbrechens ist in 20 Räumen ausgebreitet, die die Geschichte der Wiener Kriminalität und des Polizeiwesens vom Mittelalter und bis zur Gegenwart erzählen. Der Besucher erfährt vor allem, wie gemordet wurde. Dazu gibt es makabre Ausstellungsstücke aus dem Wiener Polizeiarchiv: Totenmasken, den mumifizierten Kopf eines Hingerichteten, die blutbefleckten Handschuhe, die Kaiser Franz Joseph bei dem Attentat, das auf ihn 1853 verübt wurde, trug.

Dargestellt werden Justizwesen, Strafrechtsreformen und öffentliche Hinrichtungen. Zu den grusligen Exponaten gehören das Richtrad, mit dem Verurteilten vor der Hinrichtung die Knochen gebrochen wurden, die Tötungsmaschine des französischen Arztes Guillotin und Wachsrekonstruktionen von Mordopfern. Pikant ist das Instrumentarium aus einem Geheimbordell um 1900, grausam muten die Gerätschaften aus einem sadistischen Salon des 19. Jahrhunderts an. Mehr als 300 Kriminalfälle sind dokumentiert, darunter auch die Biografien von Meisterdieben und Heiratsschwindlern. Einblicke gibt es auch ins dunkle Wien der letzten 300 Jahre, in die Unterwelt.

Ausgestellte Einbruchswerkzeuge im Wiener Kriminalmuseum.

Die Museumsgründung geht zurück auf das Jahr 1898, als zum 50-jährigen Dienstjubiläum von Kaiser Franz Joseph I. eine Ausstellung über die Arbeit der Polizei großen Anklang in der Bevölkerung fand. Schon 1899 wurde ein erstes provisorisches »k.k. Polizeimuseum« in den Räumen der Polizeidirektion eingerichtet. Fünf Jahre später siedelte es in ein neues Amtsgebäude um, wo es über mehrere Säle verfügen konnte. 1938 benötigte die Polizei die Räume für andere Zwecke, die Bestände wurden verlagert und fielen am Kriegsende einem Bombenangriff zum Opfer. Erst nach fast 50 Jahren wurde das Kriminalpolizeiliche Museum wiedereröffnet und 1991 mit dem seit 1967 existierenden Kriminalmuseum vereinigt.

Info: Östlich der Innenstadt, im 2. Bezirk gelegen. **Info Wiener Kriminalmuseum:** Große Sperlgasse 24, 1020 Wien, Tel. (01) 664 300 56 77, www.kriminalmuseum.at, Öffnungszeiten Di–So 10–17 Uhr, Eintritt € 6, ermäßigt € 3.

Wo die Sterne blinken

Wiener Prater

Wien

Die Frau hockt in der offenen Kapsel einer Wurfmaschine wie eine, deren letzte Stunde geschlagen hat. Dass sie freiwillig eingestiegen ist, macht es nicht besser: Zur Angst kommt die Verachtung der eigenen Person. Der Typ neben der Frau nervt, er bietet sich an, ihre Hand zu halten. Aber sie will keine Hand und weder etwas sehen noch hören. Die Wurfkapsel wird hinausgeschossen in den nächtlichen Himmel, dort, wo die Sterne blinken. Sie kreist durchs All, der Praterboden ist weit weg, und doch ganz nahe, nach wenigen Minuten ist die Weltraumfahrt zu Ende. Mit stolzem Gesicht steigt die Frau aus.

Der Prater gehört zu den großen Vergnügungsparks der Welt. Er liegt auf ehemals kaiserlichem Jagdgebiet, erst 1766 wurde das Areal für das Volk geöffnet. Schon damals gab es Karussells und Schießstände, einige der klapprigen Geisterbahnen sind noch heute in Fahrt. Die populärste Attraktion, das 65 Meter hohe Riesenrad, stammt aus dem Jahr 1897. Die angejahrte Mechanik, gut gewartet, funktioniert nach wie vor. Das Affenorchester, die Gorillas mit den erschreckend langen Greifarmen, die Skelette ohne Kopf. Der Prater ist auch ein Museum der Technikgeschichte.

Elias Canetti war hier an der Hand seiner Kinderfrau, noch als Literaturnobelpreisträger schrieb er darüber. Erich Kästner faszinierten die schreienden, grimassierenden Massen vor der Frau ohne Unterleib oder dem todesmutigen Artisten. Johann Strauß, Josef Lanner und Carl Michael Ziehrer ließen Orchester aufspielen. Und im Herbst 1948 wurden hier große Teile des Filmklassikers »Der dritte Mann« gedreht. Was viele nicht wissen: Der Wiener Prater ist ein etwa sechs Quadratkilometer umfassendes Gelände in der Leopoldstadt, zwischen Donau und Donaukanal, geprägt von Auenlandschaften.

Wiens Wahrzeichen: das Riesenrad im Prater.

Nur einen kleinen Teil davon nimmt im Nordwesten, nahe dem Praterstern, der Vergnügungspark im Prater, der »Wurstelprater« ein.

Auf einer 14 Kilometer langen Wegstrecke lässt es sich unter uralten Kastanienbäumen gut spazieren, radeln oder skaten. Ein Erlebnis für Kinder: Die Liliputbahn fährt seit 1898 über vier Kilometer entlang der Hauptallee durchs Auengebiet. Im 1783 erbauten Lusthaus ist ein gastronomischer Betrieb, hier wurden schon napoleonische Soldaten bewirtet.

Info: Östlich der Innenstadt, im 2. Bezirk gelegen. **Info Wiener Prater:** Prater 7, 1020 Wien, Tel. (01) 729 20 00, www.praterwien.com, Öffnungszeiten tägl. 10–24 Uhr, Hauptsaison 15. März–31. Okt. Eintritt Prater frei, Preise der Attraktionen € 1,50–5.

Der sogenannte Ringstraßenstil

Wiener Ringstrasse

Wien

Ein US-Amerikaner wollte der Sache auf den Grund gehen. Der Musikverein residiert in einem Neorenaissancegebäude an der Ringstraße, die Akustik des Gebäudes gilt als einzigartig. Der Akustikexperte wollte das Geheimnis des Wohlklangs ergründen. Mit umfangreichen Messungen und Vergleichen wies er nach, dass der Goldene Saal der bestgeeignete Raum für Musik auf der ganzen Welt sei. Dennoch fand er das Geheimnis der überwältigenden Wirkung des Resonanzkörpers nicht heraus. Schließlich führte er es konsterniert auf die 36 Karyatiden zurück, gemalte Mädchengestalten.

Die 4,5 Kilometer lange Ringstraße zeigt an und in den Gebäuden viele solcher Dekorationsfiguren. Die teils privaten, teils öffentlichen Bauten imitieren sämtliche Baustile früherer Zeiten, von der griechisch-römischen Antike über die Kathedralengotik, Renaissance und Barock bis zu allerlei Stilmischungen des Historismus. Das Ganze repräsentiert den sogenannten Ringstraßenstil. Als städtebauliches Gesamtkunstwerk ist der Ring weltweit einmalig.

Ein Tempel der Musik: der Musikverein am Kärntner Ring.

Zwar gibt es anderswo breitere Straßen und noch mehr pompöse Gebäude, aber nirgendwo in dieser Länge und Fülle. Der Prachtboulevard umgürtet das historische Zentrum und mündet am Ufer des Donaukanals an zwei Stellen in den Franz-Josefs-Kai.

Es war ein mutiger Befehl, mit dem Kaiser Franz Joseph 1857 anwies, Wiens alte Befestigungsanlage zu schleifen und an ihrer Stelle die Ringstraße zu errichten, Wiens größtes Bauprojekt im 19. Jahrhundert. Das Grundkonzept der Bebauung stammt von Ludwig Forster, mehrere Architekten wurden beauftragt, in je ihren historischen Stilen Gebäude zu entwerfen. Der Ring wurde in vier Zonen aufgeteilt: Neben Kultur und Handel sollten Bankwesen und vornehme Wohnhäuser angesiedelt sein. Die Bebauung dauerte bis Mitte der 1880er Jahre. Der Wiener Historismus etablierte sich kraftvoll in seinen historisierenden Formen, auch wenn diese nicht unumstritten waren und schon während der Bauarbeiten als nicht mehr zeitgemäß galten. Als überholt wurden vor allem opernhaft inszenierte Kompositionen empfunden. Die Großbauten sollten weithin Größe und Macht des Habsburgerreichs verkünden, die dazwischen aufgestellten Denkmäler, meist von Gartenanlagen umgeben, seine Geschichte verherrlichen. Das Rathaus ist neugotisch, Staatsoper und andere Kulturbauten folgen der Neorenaissance, Universität, Burgtheater, zwei Museen und das Börsenviertel sind neobarock.

Info Wiener Ringstrasse: Entlang des Rings fahren die Straßenbahnlinien 1 oder 2 (Ring-Linien).

Jüngste Botschafter Österreichs

Wiener Sängerknaben

Wien

Zwei Dutzend Jungen, alle zwischen zehn und 14 Jahre alt, stehen in dunkelblauen Matrosenanzügen auf der Bühne, singen weltliche und geistliche Lieder und lassen ihre glockenreinen Sopran- und Altstimmen erklingen.

Ein Konzert der Wiener Sängerknaben ist etwas ganz Besonderes, handelt es sich bei ihnen doch um einen der besten und renommiertesten Knabenchöre der Welt. Und um einen der ältesten: 1498 ließ Kaiser Maximilian I. den Chor zur Unterstützung der Wiener Hofmusikkapelle gründen. Ziel war es, den Gottesdiensten in der Hofburg mehr musikalischen Glanz zu verleihen. Bis 1918 traten die »Hofcapell-Singknaben« dann auch nur in der kaiserlichen Residenz auf – während der Messe sowie bei Festen und Staatsakten.

Heute ist der weltberühmte Chor, der seit 1924 als Verein betrieben wird, aus dem internationalen Musikleben nicht mehr wegzudenken. Namhafte Dirigenten wie Herbert von Karajan, Nikolaus Harnoncourt und Kent Nagano haben mit ihm zusammengearbeitet. In Wien treten die Sängerknaben regelmäßig in der Hofburgkapelle, in der Staatsoper und im Goldenen Saal des Musikvereins auf, zusätzlich gehen sie mehrmals im Jahr auf große Auslandstournee. Vor allem in Japan und in den USA erfreuen sie sich besonderer Beliebtheit und werden auch gern als die »jüngsten Botschafter Österreichs« bezeichnet.

Wer ein Wiener Sängerknabe werden will, besucht am besten bereits den Kindergarten des Vereins und wechselt danach an die hauseigene Volksschule. Während ihrer aktiven Zeit leben die Jungen dann in einem Internat im barocken Palais Augarten. Insgesamt gibt es zu jedem Zeitpunkt 96 aktive Sänger, aufgeteilt in vier Einzelchöre à 24 Mitglieder. Und wer seinen 15. Geburtstag feiert, muss auch nicht sofort aufhören zu singen. Er kann dem Chorus Juventus und später dem Chorus Viennensis beitreten. Letzterer ist ein Männerchor, der ausschließlich aus ehemaligen Sängerknaben besteht und oft zusammen mit dem aktuellen Knabenchor auftritt.

Die Wiener Sängerknaben vor dem Theseustempel im Volksgarten Wien.

Info: In Wien-Leopoldstadt, im 2. Bezirk gelegen. **Info Wiener Sängerknaben:** Augartenpalais, Castellezgasse 23–25, 1020 Wien, Tel. (01) 216 39 42, www.wienersaengerknaben.at.

Des Kaisers Leibspeise stammt gar nicht aus Wien

Wiener Schnitzel

Wien

Die meisten amerikanischen Touristen landen in »Figlmüllers Restauration«, einer Adresse, die jenseits des Großen Teichs Kultstatus besitzt. Dort gibt es das »berühmteste Schnitzel in Wien seit 1905« (Eigenwerbung). Die Kellner mit Fliege schieben mit sperrigem Charme Teller mit über den Rand lappenden Schnitzeln und Salatschüsseln auf die Tische. Dann beginnt das große Schmausen.

Eigentlich ist das Wiener Schnitzel gar kein österreichisches Kulturgut. Als die Habsburger noch einen Vielvölkerstaat von 56 Millionen Untertanen regierten, hielten sie auch die Lombardei besetzt. In der Gegend um Mailand gab es schon im 16. Jahrhundert Bäuerinnen, die ihren Männern nach harter Feldarbeit *Costoletta alla Milanese* vorsetzten. Das schmeckte auch den Besatzern. Feldmarschall Radetzky schrieb an den Wiener Hof: »Die Mailänder Küche bringt etwas wahrhaft Außergewöhnliches hervor: ein Kalbskotelett, in Ei gewälzt, paniert und in Butter gebacken.« Dieses Schriftstück befindet sich im Österreichischen Staatsarchiv. Radetzky wurde nach Wien beordert und musste der Hofküche das Rezept erläutern. So kam es zum Wiener Schnitzel, das Kaiser Franz Joseph prompt zu seiner »Leibspeis« ernannte.

Für ein echtes Wiener Schnitzel kommt nur Kalbfleisch infrage.

Die meisten Wien-Besucher wissen nicht, dass es die besten Schnitzellokale nicht im zentralen 1. Bezirk, sondern an dessen Peripherie gibt.

Die Nobelgastronomie versucht, das Schnitzel zum Gourmeterlebnis zu stilisieren, serviert mit viel Dekoration und zu einem Preis, der, höflich gesagt, erstaunlich ist. Aber das echte Wiener Schnitzel braucht ein unverfälschtes Gasthausinterieur. Es gabelt sich einfach besser in einem typischen Alt-Wiener Stüberl mit Eckbänken und ohne Schnickschnack.

Info Beim Czaak: Postgasse 15, 1010 Wien, Tel. (01) 513 72 15, www.czaak.com, Öffnungszeiten tägl. 16–23.30 Uhr. **Info Bastei Beisl:** Stubenbastei 10, 1010 Wien, Tel. (01) 512 43 19, www.basteibeisl.at, Öffnungszeiten Mo–Fr 10–24, Sa 10–15 und 18–24 Uhr. **Info Gasthaus Reinthaler:** Stuwerstr. 5, 1020 Wien, Tel. (01) 726 82 82, www.gasthaus-reinthaler.at, Öffnungszeiten tägl. 10–23 Uhr. **Info Gasthaus Ubl:** Preßgasse 26, 1040 Wien, Tel. (01) 587 64 37, Öffnungszeiten Mi–So 12–14 und 18–24 Uhr. **Info Griechenbeisl:** Fleischmarkt 11, 1010 Wien, Tel. (01) 533 19 77, www.griechenbeisl.at, Öffnungszeiten tägl. 11–1 Uhr. **Info Gasthaus Wolf:** Große Neugasse 20, 1040 Wien, Tel. (01) 581 15 44, www.gasthauswolf.at, Öffnungszeiten Mo–Fr 12–14, 17–1 Uhr. **Info Zur Eisernen Zeit:** Naschmarkt 316–320, 1040 Wien, Tel. (01) 587 03 31, www.zureisernenzeit.at, Öffnungszeiten Mo–Sa 8–23 Uhr. Reservierung empfohlen. **Info Rezept:** www.wien.info, Suchbegriff »Schnitzel«.

Aufbruch in die Moderne

Wiener Secession

Wien

Am Anfang war Opposition. 1892 wollten die Jungen Wilden demonstrativ etwas ganz Neues, ganz Anderes machen. Sie scharten sich um den Protagonisten Gustav Klimt, einst Historienmaler der Ringstraße und Meister der Alten Schule, jetzt Revolutionär. 1897 gründete er mit Koloman Moser, Josef Engelhart, Josef Hoffmann und anderen die bis heute bestehende Künstlervereinigung Secession.

Ihren Widerstand gegen das Establishment und den Historismus drückten die Secessionisten damit aus, dass sie sich in die Welt der Antike flüchteten.

Die Wiener Jugend verstand trotzdem, worum es ging, und zeigte Sympathie für die Aufmüpfigen, deren Schlagwort lautete: »Der Zeit ihre Kunst, der Kunst ihre Freiheit.« Das Motto steht bis heute in güldenen Lettern am Gebäude der Secession (1898) nahe dem Karlsplatz. Damals erwarteten die Künstler keine Anregungen mehr von der siechenden Monarchie, sie wollten Erneuerung, Fortschritt – gerade auch in der Kunst.

Die Historienpracht Wiens schmähten sie als »Potemkinsches Dorf«, die funktionalschönen Bauten eines Otto Wagner dagegen (Postsparkasse, Stadtbahn) galten als modern. Das Secessionshaus war ein Zufluchtsort am Vorabend des Umbruchs in Europa und des Untergangs der Donaumonarchie. Wegen seiner vergoldeten Lorbeerblätter erhielt es in der Bevölkerung den Spitznamen *Krauthappel* (Kohlkopf). Bis heute wirkt das Gebäude fremd wie der Tempel einer wunderlichen Sekte.

Sein Inneres ist völlig offen, ein Raum für alles – heiliger Gral, Meditationsstätte, Ort der Revolutionsplanung. Offen wollte man zur Zukunft hin sein, nicht rückwärts orientiert wie die Traditionalisten.

»Der Zeit ihre Kunst, der Kunst ihre Freiheit«: am Ausstellungsgebäude der Wiener Secession.

Die Secession ist nur vor dem Hintergrund der wirtschaftlichen und sozialen Umbruchsituation zu verstehen, in Wahrheit waren ihre Anhänger Aussteiger, die sich nach einer anderen Welt sehnten, nach Schönheit, Poesie und Empfindsamkeit. Erklärtes Ziel war es, die einzelnen Künste – Architektur, Malerei, Skulptur und Musik – in einem großen Gesamtkunstwerk zusammenzuführen.

Später liefen der Bewegung die Väter weg. Klimt distanzierte sich, Wagner machte als Architekt Karriere – die Secession blieb eine Art Pubertätsfieber. Als zeithistorisches Dokument ist das extravagante Gebäude geblieben, in dem heute Wechselausstellungen gezeigt werden.

Info: In der Innenstadt, im 1. Bezirk gelegen. **Info Wiener Secession:** Friedrichstr. 12, 1010 Wien, Tel. (01) 587 53 07, www.secession.at, Öffnungszeiten Di–So 10–18 Uhr, Führungen (€ 3) jeden Sa 14 Uhr und nach Vereinbarung, Eintritt € 9,50, ermäßigt € 6.

Aushängeschild österreichischer Kultur

Wiener Staatsoper

Wien

Wien ist musikbesessen wie vermutlich keine andere Stadt der Welt. Deshalb wurde die 1869 fertiggestellte Oper am Ring platziert. Nur von dort aus kann man noch heute den historischen Teil betrachten, der vom ursprünglichen Bau erhalten blieb. Die Fassaden repräsentieren den pompösen Renaissance-Bogenstil, die Loggia verkörpert den öffentlichen Charakter des massiven Gebäudes. Die Planung der beiden Architekten August von Siccardsburg und Eduard von der Nüll hatte die ganze Häme der Wiener aktiviert, denen die ausufernden Formen zu gewaltig erschienen. Das war so kränkend, dass beide Baumeister aus Gram starben: Siccardsburg starb kurz vor der Eröffnung am Schlaganfall, Nüll beging Selbstmord. Der Kaiser als Auftraggeber war tief betroffen.

Über der Hauptfassade der Loggia sind zwei Reiter auf geflügelten Pferden unterwegs. In den Arkaden stehen fünf Bronzestatuen aus der griechischen Mythologie auf Podesten. Rechts und links flankieren das Haus zwei Brunnen, die für die Gegensätzlichkeit der Empfindungen stehen. Nach hinten verbreitert sich der zweiteilige Bau deutlich. Dort steht das Bühnenhaus mit den dazugehörigen Räumlichkeiten. Der schmalere Vorderteil enthält das Auditorium und für das Publikum zugängliche Räume.

Wiener Staatsoper am Opernring bei Nacht.

Auffällig sind die unterschiedlichen Dachformen: das gewölbte Dach über dem Kernbau der Anlage, Auditorium und Bühne, die Walmdächer der Quertrakte und die Satteldächer der zweigeschossigen Verbindungsbauten. An den Quertraktfassaden prangt das Wappen der österreichisch-ungarischen Monarchie.

1945 brannte das Haus bei der Eroberung Wiens durch die Rote Armee ab – der Wiederaufbau, bei dem das Gebäude gleichzeitig modernisiert und die Akustik verbessert wurde, dauerte zehn Jahre. Heute ist das Logentheater ein Aushängeschild des österreichischen Kulturwesens, mit einem der besten Orchester der Welt, den Wiener Philharmonikern. Und einem Opernball, der regelmäßig für internationale Schlagzeilen sorgt. Berühmte Direktoren waren u. a. Gustav Mahler, Richard Strauss, Herbert von Karajan und Lorin Maazel. Ins Ensemble der Wiener Staatsoper aufgenommen zu werden ist so etwas wie ein Ritterschlag. Neben Chor und Orchester für die Opernaufführungen – pro Spieljahr rund 60 verschiedene Werke – gibt es auch die Wiener Staatsoper für Kinder.

Info: In der Innenstadt, im 1. Bezirk gelegen. **Info Wiener Staatsoper:** Opernring 2, 1010 Wien, Tel. (01) 514 44 22 50, Führungen Tel. (01) 514 44 26 06, www.wiener-staatsoper.at.

Linie 71 bis Endstation

Zentralfriedhof

Wien

Wo der Tod ist, ist auch viel Leben. Innerhalb der acht Kilometer langen Ziegelmauer, die den Zentralfriedhof umgibt, haben sich in Kuhlen und Büschen zwischen den Gräbern Hasen, Fasane und Rebhühner einquartiert. Eichhörnchen gleiten Baumstämme hinauf und hinunter und das eifrige Tackern eines Spechts zerhackt die Stille. Die Tiere vermehren sich so schnell, dass die Friedhofsleitung einmal pro Jahr für einen Jagdverein die Hatz auf die Hasen freigibt.

Anfahrt mit der Straßenbahnlinie 71. Hinter der Simmeringer Hauptstraße verkündet eine sonore Stimme: »Zentralfriedhof, erstes Tor.« Erst zwei Haltestellen weiter ist Endstation. Das Reich der Toten ist ein riesiges Areal, deshalb steht auch ein Bus in den Landesfarben Weiß-Rot zur Verfügung. Die Allee zu den Gräbern ist breit wie eine sechsspurige Autobahn, Tausende Menschen pilgern täglich zu Grabstätten auf zweieinhalb Quadratkilometern. Marmor an Granit, Engel neben Heiligen.

Seit 1874 werden hier Tote beerdigt. Den Hauptanteil machen katholische Gräber aus, es gibt aber auch einen eigenen evangelischen sowie einen alten und neuen jüdischen Friedhof auf dem Gelände des Zentralfriedhofs; Orthodoxe, Muslime, Mormonen und seit 2005 auch Buddhisten haben ebenfalls eigene kleinere Abteilungen auf dem großen Areal.

Doch unabhängig von der Konfession: »Der Tod, das muss ein Wiener sein«, sang Georg Kreisler, Star des Wiener Kabaretts. Touristen zieht es zu den Grabstätten der Prominenten. Ein goldener Schmetterling flattert auf Beethovens Stele. Drei Engelchen halten den Vorhang für Franz von Suppé. Angestrengt blickt der steinerne Brahms auf eine verwischte Partitur. Auch Schubert und Johann Strauß ruhen hier. Scharen von Frauenskulpturen in wallenden Gewändern trauern um die großen Dahingegangenen. An die 500 Ehrengräber gibt es für Volksschauspieler, Soubretten, Zauberkünstler, Feldmarschälle und Gelehrte.

Kirche zum Heiligen Karl Borromäus auf dem Zentralfriedhof von Wien.

Die Totenkultur formte rührende, aber auch bizarre Steinblüten, Kolossalstatuen, antikisierende, barocke oder klassizistische Grabmäler, Urnen, Stelen, Obelisken, Säulen, Pyramiden und Kreuze, auch Totenköpfe und Gerippe. Weithin sichtbar ist die blaugrüne Kuppel der gewaltigen Jugendstilkirche Karl-Borromäus. Die Ziffern der Turmuhr sind gegen Buchstaben ausgetauscht: TEMPUS FUGIT – die Zeit flieht.

Info: Im 11. Bezirk, südöstlich der Innenstadt gelegen. **Info Zentralfriedhof:** Simmeringer Hauptstr. 234 (Tor 2), 1110 Wien, Tel. (01) 534 69-284 05, www.friedhoefewien.at, Öffnungszeiten April–Sept. tägl. 7–19, Do bis 20, März, Okt. tägl. 7–18, Nov.–Feb. tägl. 8–17 Uhr.

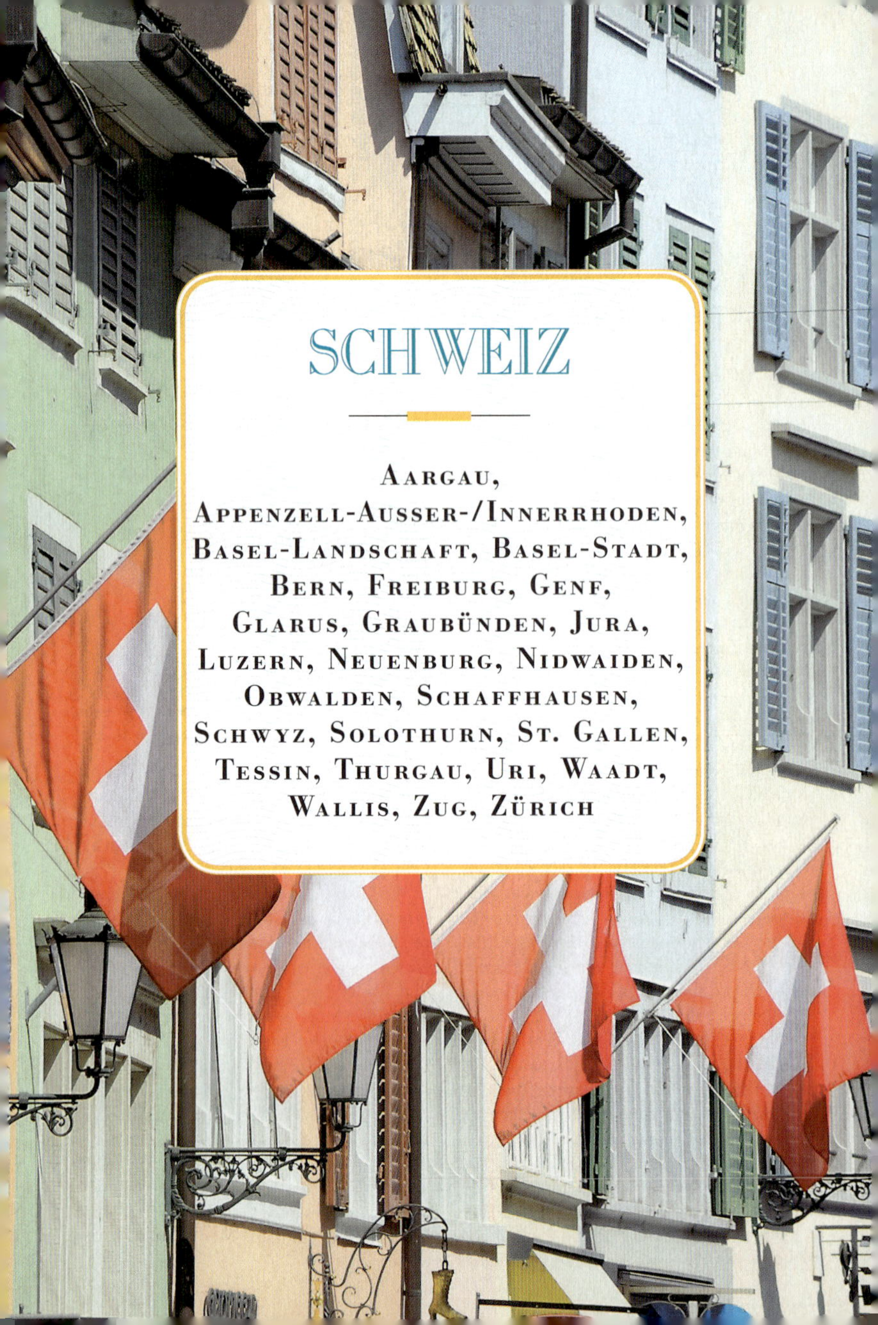

SCHWEIZ

Aargau, Appenzell-Ausser-/Innerrhoden, Basel-Landschaft, Basel-Stadt, Bern, Freiburg, Genf, Glarus, Graubünden, Jura, Luzern, Neuenburg, Nidwaiden, Obwalden, Schaffhausen, Schwyz, Solothurn, St. Gallen, Tessin, Thurgau, Uri, Waadt, Wallis, Zug, Zürich

Luxembourg
Mannheim
Ludwigshafen a. Rhein
Heidelberg
Schaff-hsn.
Basel-Stadt
Basel-Land-sch.
Thurgau
Appenzell-Außerrhoden
Jura
Aargau
Zürich
Appenzell-Innerrhoden
Karlsruhe
Heilbronn
Solo-thurn
Neuen-burg
Luzern
Zug
St. Gallen
Pforzheim
Ludwigsburg
Aalen
Nid-walden
Schwyz
Glarus
Obwalden
Waadt
Freiburg
Bern
Uri
STUTTGART
Graubünden
Genf
Sindelfingen
Wallis
Tessin
Tübingen
Offenburg
Ulm
DEUTSCHLAND
Donau
Neckar
Colmar
Villingen
Schwenningen
FRANKREICH
Freiburg
Rhein
Rhin
Mulhouse
Schaffhausen
Konstanz
Kempte
Neuhausen
Friedrichshafen
Saône
Belfort
BASEL
Augst
Stein a. Rhein
Warth
Bodensee
Habsburg
Möriken-Wildegg
Baden
Winterthur
Clos du Doubs
ZÜRICH
St. Gallen
Aare
Zürichsee
Appenzell
Besançon
Les Breuleux
Solothurn
Lenz-burg
Muri
Küsnacht
Schwägalp
Rapperswil
Bienne
Zug
Walensee
La Chaux de Fonds
Bielersee
München-buchsee
Küssnacht
Einsiedeln
LIECHTEN-STEIN
Werdenberg
ÖSTERREICH
Val de Travers
Neuenburg (Neuchâtel)
LUZERN
Vierwald-stättersee
Schwyz
Maienfeld
Entlebuch
Emmental
Pilatus
Hergiswil
Seelisberg
Braunwald
Bad Ragaz
Lac de Neuchâtel
Murten
BERN
Scuol/Schuls
Avenches
Flüeli-Ranft
Engelberg
Altdorf
Chur
Estavayer-le-Lac
Fribourg/Freiburg
Thuner-see
Brienz
Gadmen
Erstfeld
Flims
Rhein
Arosa
Davos
Vorderrhein
Rheinschlucht
Guarda
Thun
Meiringen
Ilanz
Thusis
LAUSANNE
Interlaken
Albula- und Berninabahn
Tarasp
Lauterbrunnental
Göschenen
Crissier
Broc
Grindelwald
Bergün/Bravuogn
Chardonne
Gruyères
Simmen-tal
Mürren
Jungfrau-joch
Realp
St. Gotthardpass
Vals
Hinterrhein
Gstaad
Kander-steg
Montreux
Blonay
Château d'Oex
Aletsch-gletscher
Furkapassstraße
Inn
Pontresina
St. Moritz
Genfer-see
Veytaux
Mund
Aare
Maloja
Fextal
Rhône
Leukerbad
Valle Verzasca
GENÈVE/GENF
Bex
Crans-Montana
Brig
St. Leonhard
Locarno
Bellinzona
Saas Fee
Isole di Brissago
Ascona
Verbier
Zermatt
Lugano
Lago Maggiore
Lago di Como
Luganer-see
Varese
Como
Dora
Baltea
Biella
Busto Arsizio
Monza
Brescia
L. di Garda
FRANKREICH
Vercelli
Novara
MILANO
Pavia
N
Cremona
Po
TORINO
ITALIEN
0
50 km
Piacenza
Alessandria

A must
experience
before you die
GA
SWISS
TRAVEL PASS
100% gültig
auf der Luftseilbahn
Engelberg - Ristis
Das
Familien- und
Wanderparadies
in der Zentralschweiz
brunni
engelberg
www.brunni.ch | info@brunni.ch | +41 41 639 60 60

AARGAU

Bäderstadt aus Römerzeiten

Baden

Baden, Kanton Aargau

Das westlich von Zürich gelegene Städtchen Baden geht auf römische Ursprünge zurück. Bereits in der Antike wurden die heißen Schwefelquellen genutzt, die noch heute den Ruf des Thermalkurorts mit sehenswerten Hotelbauten aus dem 19. Jahrhundert prägen. Auch wenn die meisten der altehrwürdigen Kurhäuser im Dornröschenschlaf auf eine Renovierung warten, lohnt sich ein Spaziergang durch das Bäderviertel. Am Limmatufer steht Besuchern ein »Thermalbank« genanntes Fußbad gratis zur Verfügung. Von der Hochbrücke zwischen Baden und Wettingen hat man einen schönen Blick auf die schmucken Restaurants der Altstadt. Den meisten Nordschweizern ist vor allem das Grand Casino im historischen Kursaal ein Begriff.

Weithin sichtbar ist die nachts beleuchtete Ruine der um das Jahr 1000 errichteten Festung Stein. Am östlichen Limmatufer entstand im 12. Jahrhundert das Landvogteischloss, das die Engstelle zwischen dem Schlossberg und den Höhenrücken im Osten bewachte und bis 1804 Wohnsitz des Landvogts war. 1913 zog das Historische Museum in das altehrwürdige Gebäude, später ergänzt um einen Erweiterungsbau. Sein modernes Erscheinungsbild führte zum einheimischen Spitznamen »Melonenschnitz«. Kunstliebhaber zieht es in das Museum Langmatt, die einstige Villa der Kunstsammler Sidney und Jenny Brown. Ihre Gemäldesammlung umfasst Werke französischer Impressionisten von Cézanne über Gauguin bis Renoir.

Info: Baden liegt ca. 24 km westlich von Zürich. **Info Baden:** Tourist Information, Bahnhofplatz 1, 5401 Baden, Tel. (056) 200 87 87, www.baden.ch, www.badenfilm.ch. **Info Historisches Museum:** Wettingerstr. 2, Baden, Tel. (056) 222 75 74, www.museum.baden.ch, Öffnungszeiten Di/Mi, Fr/Sa 13–17, Do 12–19, So 10–17 Uhr, Eintritt CHF 8, bis 16 J. frei. **Info Langmatt-Museum:** Römerstr. 30, Baden, Tel. (056) 200 86 70, www.langmatt.ch, März–Mitte Dez. Di–Fr 14–17, Sa/So 11–17 Uhr, Eintritt CHF 12, bis 18 J. frei.

Die Altstadt von Baden bei Nacht.

Schweizer Wiege der österreichischen Monarchie

Schloss Habsburg

Habsburg, Kanton Aargau

Mit dem Namen Habsburg verbinden die meisten die Doppelmonarchie Österreich-Ungarn mit Wien als Zentrum, die über Jahrhunderte die Mitte Europas beherrschte. Die Anfänge der Herrscherdynastie waren vor bald eintausend Jahren jedoch ganz bescheiden, mit nur einer Burg im heutigen Kanton Aargau. Es war ein Habicht, der Graf Radbot bei einer Jagd nahe Wülpelsberg auf die Idee brachte, auf diesem Berg eine Burg zu bauen, sind doch von hier aus alle Flussübergänge der Aare gut einzusehen. Schon sein Enkel Otto II. nannte sich um 1100 offiziell »Graf von Habsburg«. Die eigene Doppelburg wurde langsam zu klein, als das Herrschergeschlecht durch geschickte Hochzeitspolitik zu einer Weltmacht aufstieg und berühmte Persönlichkeiten wie Rudolf II., Maria Theresia und Sisi hervorbrachte.

Die ursprüngliche Anlage besteht aus einer gut erhaltenen Hinteren Burg und der teilweise verfallenen Vorderen Burg, die der Kanton Aargau ab 1978 aufwendig saniert hat. Eine kleine Ausstellung im Turm der Hinteren Burg dokumentiert die Bau- und Siedlungsgeschichte anhand eines dreidimensionalen Modells sowie Text- und Bildtafeln. Der Burgalltag ist ebenfalls Thema, spannend auch für Kinder: Wie ernährten sich die Bewohner und wie funktionierten die Wasserversorgung und das Heizen in einer Burg?

Namensgebender Stammsitz der Habsburger: Schloss Habsburg.

Besucher können auf dem »Habsburger Königsweg«, einer Rundtour von der Ruine über die Burgterrasse bis zum Aussichtspunkt im Großen Turm, an mehreren Audiostationen den Aufstieg des Geschlechts zum mächtigsten Königshaus Europas nacherleben sowie den Niedergang der Stammgebiete bei der Eroberung des Aargaus durch die Eidgenossen anno 1415. Für Kinder gibt es Suchspiele und Rätsel im ältesten Teil der Burganlage. Beliebt bei Gruppen sind die »Habsburger Geschichten« – szenische halbstündige Führungen mit Magd und Knecht sowie der Burgherrin Anna von Kyburg.

Für kulinarische Überraschungen sorgt das neue Schlossrestaurant, dass zünftig an Holztischen regionale Küche bietet mit täglich wechselnden günstige Mittagsmenüs. Abends tafeln Gäste bei Kerzenschein und einem feinen Essen auch mit lokalen Weinen. Im Sommer lockt die große Sonnenterrasse mit schöner Aussicht über den Aargau.

Info: Habsburg liegt ca. 34 km westlich von Zürich. **Info Region Brugg:** Bahnhofplatz 11, 5200 Brugg, Tel. (056) 560 60 00, www.bruggregio.ch. **Info Schloss Habsburg:** 5425 Habsburg, Tel. (0848) 871 200, www.ag.ch/habsburg, Öffnungszeiten April–Okt. Di–Sa 10–22.30, So 10–21 Uhr, Restaurant außerdem Nov.–März Mi–Sa 11–22, So 11–21 Uhr, Eintritt frei.

Vom Barockgarten zum Strafvollzug

Schloss Lenzburg

Lenzburg, Kanton Aargau

Mächtig erhebt sich das Schloss oberhalb des Orts Lenzburg. Besonders nachts, wenn die Anlage beleuchtet ist, beeindruckt eine der wichtigsten Höhenburgen der Schweiz. Eigentlich müsste es nämlich Burg und

Ein Schloss wie eine Burg: Schloss Lenzburg.

nicht Schloss heißen, denn Lenzburg trägt die eindeutigen Züge einer Burg. Ihre Gründer, die Grafen von Lenzburg, ließen im frühen 12. Jahrhundert den Palas und Teile eines Wohnturms errichten. 1173 gelangte die Lenzburg in den Besitz des deutschen Kaisers Friedrich I. Barbarossa, der es als Lehen an die Grafen von Habsburg abtrat. Deren Stammburg, die Habsburg, befindet sich nur wenige Kilometer entfernt. Die Lenzburg wurde durch ein Torhaus und das Ritterhaus sowie den Befestigungsgürtel rund um die Hügelkuppe erweitert.

Eindrucksvoll sind die Bastionen vor allem auf der Südseite, hinter der sich ein hübscher Barockgarten befindet. Bei der Ostbastion wurde ein Rosengarten angelegt. Gegenüber dem Eingang liegt das spätgotische Ritterhaus aus dem 14. Jahrhundert mit charakteristischen Spitzfenstern im Obergeschoss. Es dient vor allem kulturellen Veranstaltungen und Gesellschaftsanlässen. Im Stapferhaus, dem Zeughaus auf der anderen Seite des Schlosshofs, finden Ausstellungen und Tagungen statt, die sich mit kulturellen Gegenwartsfragen auseinandersetzen. Für die Besucher ist vor allem das Museum links des Schlosseingangs interessant, das sich auf die Gebäude Landvogtei, Turm und Palas erstreckt. Es zeigt die Wohnkultur des Spätmittelalters bis ins 19. Jahrhundert sowie historische Waffen in szenischer Darstellung. Außerdem thematisiert es Strafuntersuchung und Strafvollzug im Mittelalter.

Info: Lenzburg liegt ca. 37 km westlich von Zürich. **Info Schloss Lenzburg:** Schloss, 5600 Lenzburg, Tel. (062) 888 48 80, www.schloss-lenzburg.ch, Öffnungszeiten April–Okt. Di–So 10–17 Uhr, Eintritt CHF 5, mit Museum CHF 14.

Per Schnitzeljagd durchs mittelalterliche Erlebnisparadies

Schloss Wildegg

Möriken-Wildegg, Kanton Aargau

Ein Juwel in der Nähe von Zürich ist das Schloss aus dem 13. Jahrhundert mit prächtigen Gärten und Gutshof vor allem wegen seines guten Originalzustands. Im Wesentlichen sieht es noch genauso aus wie zu den Zeiten seiner Erbauer, der Habsburger. Seit dem Ende des 15. Jahrhunderts gehörte es den Effingers, über elf Generationen dieser Familie residierten bis 1912 in dem von Wiesen, Wald und Rebland umgebenen Schloss.

Die Welt des Adels birgt heute so manche Überraschung: Der hochherrschaftliche Gutshof am Burgberg entpuppt sich als biozertifizierter Schaubetrieb und Delikatessenparadies. Leckereien von Apfelringen bis zum Zopfbrot verkauft der Hofladen auch am Wochenende – hier lieber erst beim Verlassen der Anlage zuschlagen, damit die Waren nicht die ganze Zeit mit durchs Schloss geschleppt werden müssen.

Hinter dem Besucherzentrum des Schlosses, das heute dem Kanton Aargau gehört, folgt die zweite Überraschung: In der Ahnengalerie in der Villa erwachen die Bilder der einstigen Schlossherren zum Leben. Aus gerahmten Bildschirmen blicken als Sophie von Erlach und ihr Bruder Ludwig Albrecht verkleidete Schauspieler auf die Gäste herunter, erzählen vom vornehmen Leben des Adels zu Barockzeiten und streiten sich u. a. auf unterhaltsame Weise mit einem Habsburger. Ebenfalls spannend: Auf einem Rundgang mit Audioguide berichten Adelige und ein Knecht von der Eroberung des Aargaus 1415.

Um 1200 von den Habsburgern errichtet: Schloss Wildegg.

In den insgesamt 37 Räumen erhalten die Besucher u. a. einen Einblick in die adelige Wohnkultur des 16. bis 18. Jahrhunderts bei prächtiger Aussicht. Nach einem Besuch des hübschen Bistros im Erlachhaus (Baujahr 1825/26) sollte man einen Spaziergang durch den Nutz- und Ziergarten unternehmen, ein Schaufenster für 300 seltene Kulturpflanzen. Eine spannende Erkundung ermöglicht die »Foxtrail« genannte Schnitzeljagd durch die Schlossdomäne, gestartet wird immer in Teams ab zwei Personen.

Info: Möriken-Wildegg liegt ca. 35 km westlich von Zürich. **Info Schloss Wildegg:** Effingerweg 5, 5103 Wildegg, Tel. (0848) 871 200, www.schlosswildegg.ch, Öffnungszeiten April–Okt. Di–So 10–17 Uhr, Eintritt (Schloss, Garten, Nebengebäude) CHF 14, bis 16 J. CHF 8. **Info Schlossfoxtrail:** www.schlossfoxtrail.ch, Öffnungszeiten tägl. außer Mo 9.30–14.30 Uhr ab Bahnhof Wildegg, Trailgebühr CHF 32, ermäßigt CHF 17, ab zwei Personen.

Pop-up-Bücher als Klosterführer

KLOSTER MURI

Muri, Kanton Aargau

Das ehemalige Benediktinerkloster der Habsburger inspiriert den kleinen Ort Muri bei Bremgarten bis heute. Das imposante Gebäude beeindruckt mit seiner Architektur im Baustil von Romanik bis Klassizismus. Gegründet durch das Habsburger Stifterpaar Graf Radbot und Ita von Lothringen 1027 prägten Äbte und Mönche des Benediktinerordens diesen Hort des Glaubens und Wissens acht Jahrhunderte lang, bis der Kanton Aargau 1841 schließlich alle Klöster aufhob.

Das 2014 neu eröffnete Museum im Kloster zeigt eindrucksvoll, wie spannend moderne Wissensvermittlung sein kann. Eine multimediale Show zu Beginn der Führung erinnert an die letzte österreichische Kaiserin Zita, deren Herz nach ihrem Tod in der Loretokapelle des Klosters bestattet wurde, wie zuvor das von ihrem Gatten Kaiser Karl I. Dreidimensionale Pop-up-Bücher führen u. a. durch die ereignisreiche Geschichte des Klosters und seines Alltags.

Der ursprüngliche romanische Kreuzgang wurde 1531 während des Religionskriegs zerstört und drei Jahre später unter Leitung von Abt Laurentius von Heidegg neu errichtet. Die 19 Lanzettfenster mit insgesamt 57 wertvollen und farbenprächtigen Bleiglasgemälden kamen Mitte des 16. Jahrhunderts hinzu. Sie stellen sowohl biblische als auch weltliche Szenen dar und werden zu den bedeutendsten Werken der Renaissance-Glasmalerei in der Schweiz gezählt.

Die zu romanischer Zeit errichtete Klosterkirche St. Martin, einer der bedeutendsten Barockbauten der Schweiz, beeindruckt durch ihre Kuppelmitte in Form eines Oktogons, den größten Bau seiner Art im Land. Gleich fünf Orgeln und vier Emporen gehören zur Klosterkirche, entsprechend häufig gibt es klassische Konzerte. Zwischen Hochchor und Chorgestühl, Krypta, Kreuzgang und Refektorium kommen Musiker und Zuhörer einander nahe und es entsteht eine einzigartige Atmosphäre mit beeindruckender Akustik.

Das ehemalige Benediktinerkloster Muri.

Für eine genüssliche Pause ist im Museumscafé gesorgt, und im Shop kann man etwa die Reproduktion eines Kalligrafiebuches aus dem Jahr 1610 kaufen – samt Zubehör, um selbst einmal zu versuchen, wie die Mönche damals zu schreiben.

Die übrigen Gebäudeteile wie die Konventflügel und der Lehmannbau beheimaten heute ein Pflegeheim, eine Primarschule und dienen als Verwaltungs- und Gerichtsgebäude.

INFO: Muri liegt ca. 29 km südwestlich von Zürich. **INFO MUSEUM KLOSTER MURI:** Marktstr. 4, 5630 Muri, Tel. (056) 664 70 11, www.museum-kloster-muri.ch, Öffnungszeiten Di–So April–Okt. 11–17, Nov.–März bis 16 Uhr, Eintritt CHF 10, bis 16 J. frei.

Prachtvolles Wasserschloss im Aargauer Seetal

Schloss Hallwyl

Seengen, Kanton Aargau

Von Lenzburg bis ins südlich gelegene Emmental im Kanton Luzern reicht das Seetal mit dem Hallwilersee und dem Baldeggersee, einst geformt von eiszeitlichen Gletschern. In dieser vor allem landwirtschaftlich genutzten Kornkammer des Kantons Aargau ist noch die Ursprünglichkeit des Schweizer Dorflebens spürbar. Der gut acht Kilometer lange und eineinhalb Kilometer breite Hallwilersee geht namentlich auf das einstige Adelsgeschlecht der Herren von Hallwyl zurück.

Diese errichteten im 12. Jahrhundert am Aabach bei Seengen einen Wohnturm, der später zum heutigen Schloss auf zwei mit Zugbrücke verbundenen Inseln umgebaut wurde. Die imposante Anlage gilt als eines der besterhaltenen und romantischsten Wasserschlösser der Schweiz.

Umgeben von Wasser: Schloss Hallwyl.

Was als bescheidene Turmburg begann, ist nun ein repräsentatives Schloss im neogotischen Stil. Seit 1994 gehört es dem Kanton Aargau, der hier ein Museum über Wohnkultur und Brauchtum unterhält. Eine Ausstellung widmet sich dem Leben einer Aargauer Adelsfamilie und ihrer Untertanen im Seetal. Im Kornhaus erfahren Besucher alles über die Tabak- und Strohproduktion des 19. Jahrhunderts und auf der Mühleinsel geht es um Getreide sowie das damalige Transport- und Reisewesen. Im gemütlichen Schlosscafé mit Terrasse kann man zwischendurch bei Kaffee und Kuchen Luft holen, bevor man sich dem nächsten historischen Ereignis widmet.

Beliebt sind die kulturellen Veranstaltungen im Schlosshof, etwa die Aufführungen von Mozarts »Entführung aus dem Serail« von Ende Juli bis Ende August. Vom schmucken Örtchen Seengen lohnt sich ein Ausflug an das Naturschutzgebiet am Hallwilersee inklusive Seerundfahrt.

Info: Seengen liegt ca. 37 km westlich von Zürich. **Info Lenzburg Seetal:** Tourismusverband, Kronenplatz 24, 5600 Lenzburg, Tel. (062) 886 45 46, www.seetaltourismus.ch. **Info Schloss Hallwyl:** 5707 Seengen, Tel. (0848) 871 200, www.schlosshallwyl.ch, Öffnungszeiten April–Okt. Di–So 10–17 Uhr, Eintritt CHF 14, bis 16 J. CHF 8.

APPENZELL-AUSSER-/INNERRHODEN

Lieblicher Ort, würziger Käse

Appenzell und der Käse

Kantone Appenzell-Außer-/Innerrhoden

Seit mehr als 700 Jahren wird im Appenzellerland zwischen Alpstein und Bodensee Käse hergestellt. Das Besondere ist sein würziger Geschmack, der während der drei- bis sechsmonatigen Reifezeit beim Wenden der Laibe durch Zugabe einer geheimnisvollen Kräutersulz entsteht. Wesentlich zum Geschmack trägt natürlich auch die naturbelassene Rohmilch der Appenzeller Kühe bei, die u.a. aus der Region um den Säntis (2502 m) stammen und mit sogenanntem Kräutergras und -heu gefüttert werden.

Um die Echtheit zu gewährleisten, haben sich 52 Dorfkäsereien eines begrenzten Produktionsgebiets zusammengeschlossen und produzieren das Markenprodukt »Appenzeller Switzerland«. Bei dessen Herstellung kann man in der Appenzeller Schaukäserei in Stein im Rahmen einer Führung zuschauen und im Anschluss im Restaurant den köstlichen Käse verkosten.

Ein Schmuckstück ist der Ort Appenzell (5800 Einwohner), der aus der 1069 erbauten Pfarrei Abbacella (Abtzelle) hervorgegangen ist. Die meisten der bemalten Holzhäuser und auffallenden Giebel wurden nach einem verheerenden Brand im Jahr 1560 gebaut und sorgen noch heute für die Geschlossenheit des Ortskerns. Viele Bräuche und Feste, bei denen die Bewohner in althergebrachten Trachten auftreten, lassen die Tradition aufleben. In der Schweiz ist das Appenzellerland dafür bekannt, dass die Moderne etwas länger braucht: Ein Beispiel dafür ist, dass das Wahlrecht für Frauen hier erst 1989 eingeführt wurde.

Übrigens: Das Appenzellerland ist außer bei Käsefreunden auch bei Wanderern und Mountainbikern gleichermaßen beliebt.

Schaukäserei in Stein im Appenzellerland.

Info: Appenzell liegt ca. 18 km südlich von St. Gallen. **Info Appenzellerland:** Tourismusverband, Hauptgasse 4, 9050 Appenzell, Tel. (071) 788 96 41, www.appenzell.info. **Info Appenzeller Schaukäserei:** Dorf 711, 9063 Stein, Tel. (071) 368 50 70, www.schaukaeserei.ch, Öffnungszeiten tägl. Mai–Okt. 9–18.30, Nov.–April 9–17.30 Uhr, Eintritt frei.

Der größte Berg im Bodenseeraum

SÄNTIS

Schwägalp, Kanton Appenzell-Außerrhoden

Der 2502 Meter hohe Säntis ist der höchste Berg im Alpsteinmassiv und bietet dank seiner vorgelagerten Position die beste Aussicht über die gesamte Bodenseeregion. Auch wenn der Säntis von überall sichtbar ist, entpuppt sich die Anreise doch länger als geglaubt. Eine Schwebebahn bringt Besucher von Schwägalp in 20 Minuten auf den Gipfel mit seinen Funkantennen und einem Ausflugsrestaurant. Schon 1880 gab es dort oben eine Wetterstation, als der Aufstieg mangels Seilbahn noch beschwerlich war. Hier ereignete sich 1922 ein Mord an den Betreibern der Wetterwarte, der den Berg überregional bekannt machte.

Der Säntis diente schon immer als Wetterprophet. Meteo Schweiz erhält die Vorschau direkt vom Säntis, und auch die einheimischen Bauern wissen seit Jahrhunderten seine Spitze zu deuten. Das häufig schnell wechselnde Wetter sollten auch Wanderer entlang der ausgeschilderten Wege immer im Blick haben, wenn sie etwa von Wasserauen über den Seealpsee oder die Ebenalp auf den Gipfel und über das Gasthaus Tierwis wieder hinunter zur Schwägalp stiefeln, wo »Säntis – das Hotel« (68 Zimmer) mit Restaurant und Sonnenterrasse eröffnet wurde. Während der Hochsaison sorgt dort auch das Selbstbedienungsrestaurant Chammhalde für eine gelungene Einkehr.

Die einzigartige Naturlandschaft bringt der NaturErlebnispark näher: Auf vier Themenwegen informiert er über die Moorlandschaft, die Alpwirtschaft, das Waldgebiet sowie die Wechselwirkung von Mensch und Umwelt, wie sich etwa im Tourismus niederschlägt.

INFO: Die Talstation liegt ca. 32 km südlich von St. Gallen. **INFO SÄNTIS-SCHWEBEBAHN:** 9107 Schwägalp, Tel. (071) 365 66 00, www.saentisbahn.ch, Fahrten tägl. alle 30 Min. Feb.–Mitte Mai 8.30–17, Mitte Mai–Mitte Okt. 7.30–18, Mitte Okt.–Jan. 8.30–17 Uhr, Berg-Talfahrt CHF 45, Kinder CHF 22,50, unter 6 J. frei. **INFO NATURERLEBNISPARK:** 9107 Schwägalp, Tel. (071) 365 65 65, www.naturerlebnispark.ch, tägl. geöffnet, Eintritt frei.

Wanderpfad nahe dem Gipfel am Säntis.

BASEL-LANDSCHAFT

Auf den Spuren der Römer in der Nordschweiz

Augusta Raurica

Augst, Kanton Basel-Landschaft

Die römische Siedlung bei Augst östlich von Basel gilt als eine der am besten erhaltenen römischen Orte außerhalb Italiens. Um 15 v. Chr. zu Regierungszeiten von Kaiser Augustus als Veteranenkolonie dauerhaft angelegt, hatte die römische Stadt in ihrer Blütezeit bis zu 15 000 Einwohner und bot einen hohen Lebensstandard mit fließend Wasser in vielen Häusern, einer riesigen öffentlichen Thermenanlage und natürlich mehreren Tempeln. Ein Erdbeben im Jahr 250 zerstörte Augusta Raurica jedoch erheblich. Daraufhin entstanden in der Nachbarschaft zwei Neubausiedlungen, an deren Stelle heute die Orte Augst und Kaiseraugst liegen.

Etliche Zeugnisse der Epoche, als die Schweiz (damals Helvetien) von den Römern besetzt war, konnten auf dem Gelände der damaligen Siedlung freigelegt und konserviert werden, z. B. das Amphitheater, ein weiteres Theater, das Hauptforum, ein Aquädukt, Reste des Schönbühltempels, Wasserleitungen, Abwasserkanäle und einige Gewerbebauten. Wer möchte, kann bei Publikumsgrabungen mit Schaufel, Kelle und Pinsel auch selbst Hand anlegen.

Das Museum auf dem Areal zeigt die wichtigsten Exponate in wechselnden Ausstellungen aus einem Fundus von eineinhalb Millionen Fundobjekten. Hier ist auch der römische Silberschatz zu sehen, der 1962 bei Baggerarbeiten entdeckt wurde, der größte jemals gefundene seiner Art aus der Spätantike.

Das farbenfroh gestaltete Römerhaus, das 1955 nach historischen Plänen einer Villa in Pompeji rekonstruiert wurde, gibt Einblick in den Alltag der reichen Römer. Hier kann man nachempfinden, wie eine römische Patrizierfamilie einst lebte. Rund um den bepflanzten Innenhof mit Säulen gruppieren sich ein Bankettsaal und die Privaträume mit Bad sowie Schlaf- und Arbeitszimmer. In der bis ins Detail gut ausgestatteten Küche kann man nachvollziehen, wie damals gekocht wurde. Eine Metzgerei mit Räucherofen, eine Schmiede und eine Bronzegießerei zeigen den Arbeitsalltag.

Das Amphitheater in der antiken römischen Stadt Augusta Raurica.

INFO: Augusta Raurica liegt ca. 13 km östlich von Basel. **INFO AUGUSTA RAURICA:** Giebenacherstr. 17, 4302 Augst, Tel. (061) 552 22 22, www.augustaraurica.ch, Öffnungszeiten tägl. 10–17 Uhr, Eintritt Museum CHF 8, Kinder CHF 6, bis 6 J. und Außenanlagen frei.

BASEL-STADT

Die Museumsstadt der Schweiz

Basel

Basel, Kanton Basel-Stadt

Die Kulturmetropole im Dreiländereck zählt 172000 Einwohner und 40 Museen, von denen einige Weltruf genießen. Die Fondation Beyeler mit luftigem Neubau des Stararchitekten Renzo Piano etwa zeigt die Klassische Moderne mit wertvollen Werken von Arp über Monet und Rodin bis Warhol. Das Kunstmuseum wiederum birgt die weltweit größte Sammlung von Werken der Holbein-Familie. Weitere Schwerpunkte sind Gemälde des Basler Künstlers Arnold Böcklin, außerdem kubistische Kunst sowie Zeichnungen und Malereien oberrheinischer Künstler von 1400 bis 1600.

Das Tinguely-Museum ist dem Schaffen des Bildhauers Jean Tinguely gewidmet. Berühmt sind seine Skulpturen aus beweglichen Metallteilen, die er teilweise mit Schrott und Motoren kombinierte. Auch den ungewöhnlichen Fasnachtsbrunnen vor der Kunsthalle errichtete der Ausnahmekünstler als wassersprühendes Konglomerat von Metallfiguren.

Das historische Zentrum Basels auf der linken Rheinseite in »Grossbasel« erstreckt sich rund um den Marktplatz, dominiert vom aus rotem Backstein gefertigten spätgotischen Rathaus, das anlässlich des Beitritts zur Eidgenossenschaft 1501 entstand. Der Repräsentationsbau mit seinem markanten Turm, den goldenen Zinnen und farbenfrohen Wandmalereien über drei gebogenen Eingangsportalen gehört zu den größten Anziehungspunkten der Stadt. Auch das Münster, eine spätromanische Basilika, die nach dem Erdbeben in gotischem Stil wiederaufgebaut wurde, ist sehenswert.

Das prächtige Rathaus Basel ist Regierungssitz des Kantons Basel-Stadt.

Basels Wahrzeichen aber bleibt das Spalentor im Südwesten des alten Zentrums mit zwei zinnenverzierten Türmen. Im 13. Jahrhundert wurde die erste Rheinbrücke und dadurch die nördliche Besiedlung begonnen, die heute »Kleinbasel« heißt. Hier liegt auch das Messegelände.

Die Stadt erlebte im Mittelalter nicht weniger als sechs Pestepidemien und im Jahr 1356 das bis heute schwerste Erdbeben in Mitteleuropa. Bereits im ausgehenden Mittelalter wurde Basel zu einem bedeutenden Bankenzentrum und später zu einer Industriemetropole.

Info: Basel Tourismus, Barfüsserplatz, 4001 Basel, Tel. (061) 268 68 68, www.basel.com, www.museenbasel.ch. **Info Kunstmuseum:** St. Alban-Graben 16, 4010 Basel, Tel. (061) 206 62 62, www.kunstmuseumbasel.ch, Öffnungszeiten Di–So 10–18, Mi bis 20 Uhr, Eintritt CHF 32, bis 12 J. frei. **Info Museum Tinguely:** Paul-Sacher-Anlage 2, 4002 Basel, Tel. (061) 681 93 20, www.tinguely.ch, Öffnungszeiten Di–So 11–18 Uhr, Eintritt CHF 18, bis 16 J. frei.

Das größte Volksfest im Nordwesten

BASLER FASNACHT

Basel, Kanton Basel-Stadt

Lieber spät und richtig als unauffällig mit dem Rest der Welt: Die Basler Fasnacht startet erst am Montag nach Aschermittwoch, dafür bereits morgens um vier Uhr früh mit dem sogenannten Morgestraich. Die »drei scheenschte

Die Basler Fasnacht ist die größte Fasnacht der Schweiz.

Dääg« reichen bis zum »Endstraich« am Donnerstag ebenfalls um vier Uhr. Der Ausnahmezustand erfasst ganz Basel und hat nur noch begrenzt mit Winteraustreibung zu tun. Die Stadtwerke löschen zunächst alle Lichter und beim letzten Glockenschlag der ältesten Basler Kirche St. Martin sind nur noch die Laternen der fantasievoll bemalten sogenannten Fasnachtscliquen zu sehen. Diese beeindruckende Atmosphäre begleiten die Teilnehmer mit Querflöten und Trommeln.

Ursprünglich war der Beginn der Fasnacht auf 7 Uhr morgens festgesetzt worden, doch ein Gastwirt namens Bell hielt von derlei Verboten nichts und begann um 3 Uhr. Der jetzige Start um vier Uhr ist seit 1835 offiziell festgelegt. Auch scherte man sich in Basel nicht um die katholische Kalenderreform im 16. Jahrhundert, als der Karneval in Deutschland vorverlegt wurde, man blieb hier dem bisherigen Ritual treu.

Die »Beppis« genannten Basler kümmern sich in diesen verrückten drei Tagen vor allem um ihre Fasnacht, alles andere scheint nicht wichtig. Manche Geschäfte haben rund um die Uhr geöffnet. In den Kneipen tragen die Fasnachtsgesellschaften humorvolle Verse vor, in diesen berühmten »Schnitzelbänken« wird mit der politischen Situation abgerechnet. Ab Dienstagabend ist überall die Marschmusik der Guggenmusiker zu hören. Wer Basel in dieser Zeit besucht und sich nicht vom Treiben anstecken lässt, kennt keine gute Laune! Die Cliquen mit den Laternen mögen es allerdings nicht, nachts mit Blitzlicht fotografiert zu werden.

INFO BASEL TOURISMUS: Barfüsserplatz, 4001 Basel, Tel. (061) 268 68 68, www.basel.com. **INFO BASLER FASNACHT**: Blumenrain 16, 4001 Basel, Tel. (061) 261 25 75, www.fasnachts-comite.ch, Öffnungszeiten Mo, Do 14–17, Do auch 10–12 Uhr.

Noblesse am Rhein

Hotel Les Trois Rois

Basel, Kanton Basel-Stadt

Das Hotel »Die Drei Könige« begrüßt seine Gäste als eines der ältesten Stadthotels Europas in der Basler Altstadt direkt am Rhein. Das aufwendig renovierte Fünf-Sterne-Superior-Luxushotel verbindet exklusive Wohnlichkeit mit historischer Noblesse. Der Name geht auf eine Legende zurück, nach der sich anno 1026 an selber Stelle die Könige Konrad II., Heinrich III. und Rudolf III. von Burgund in einem Vorgängerbau getroffen haben sollen.

Das Atrium des Grandhotel Les Trois Rois in Basel.

Schriftlich erwähnt wurde das Hotel unter dem Namen »Drei Könige« erstmals 1681. Die drei Königsstatuen an der Hotelfassade entstanden im Jahr 1754.

1844 im Stil der Belle Époque nach Plänen des Architekten Amadeus Merian umgebaut, ließ das Hotel fortan den Luxus innen walten und legte außen eine zurückhaltende Bescheidenheit an den Tag, denn Prunk war seinerzeit verpönt. Das 1901 errichtete Nachbargebäude im Stil der Neorenaissance diente zunächst als Sitz der Basler Kantonalbank und wurde dem Hotel erst durch den Umbau von 2006 als weiterer Flügel mit prächtigem Ballsaal einverleibt. 20 Monate lang wurde am Rhein gehämmert und gezimmert, bis das Haus unter Berücksichtigung der Denkmalpflege wieder in altem Glanz erstrahlte. Seitdem präsentiert sich das »Les Trois Rois« als vornehmes Stadthotel mit imposanter Eingangshalle, 101 stilvollen Zimmern und Suiten, die antike Möbel mit historisch rekonstruierten Materialien und heutigem Komfortanspruch verbinden.

Für das leibliche Wohl sorgen das mit 19 Gault-Millau-Punkten und drei Michelin-Sternen ausgezeichnete Gourmetrestaurant »Cheval Blanc« unter der Leitung von Peter Knogl sowie die hauseigene Brasserie.

Info: In der Basler Altstadt am Rheinufer gelegen. **Info Hotel Les Trois Rois:** Blumenrain 8, 4001 Basel, Tel. (061) 260 50 50, www.lestroisrois.com. **Info Cheval Blanc:** Tel. (061) 260 50 07, chevalblanc@lestroisrois.com, Di–Sa 12–14 und 19–22 Uhr, Reservierung empfohlen, Preise auf Anfrage.

Eines der schönsten Kunstmuseen der Welt

Fondation Beyeler

Basel, Kanton Basel-Stadt

Im nordöstlichen Vorort Riehen zieht seit 1997 ein bedeutendes Museum der Klassischen Moderne, das durch seine Architektur selbst schon eine Attraktion darstellt, Besucher an. Hilde und Ernst Beyeler sammelten ihr Leben lang

Die Fondation Beyeler, erbaut von Renzo Piano, ist eines der schönsten Kunstmuseen der Welt.

moderne Kunst, etwa von Cézanne, van Gogh, Monet, Picasso oder Warhol. Außerdem befassten sie sich mit Kunst aus Alaska, Afrika und Ozeanien. Es galt, diese Werke an einem geeigneten Ort zu vereinen, einem Ort, der neu geschaffen werden sollte.

1997 enstand nach Plänen des italienischen Stararchitekten Renzo Piano unweit des Basler Zentrums im Stadtteil Riehen, dem Heimatort der Beyelers, ein 127 Meter langer Museumsbau ohne Treppen, der sich mit Porphyr aus Patagonien verkleidet erstaunlich gut in die Auenlandschaft einfügt. Beeindruckend schlicht gestaltete Piano auch das Interieur. Er ermöglicht somit der Kunst, ihre Wirkung zu entfalten. Ein clever konstruiertes Glasdach sorgt für natürliches Tageslicht in den Ausstellungsräumen.

Auch der Wintergarten und das Wasserbassin vor der Südfassade bieten eine Begegnung mit Kunstwerken in harmonierender Umgebung.

Dem Museumsbau steht die spätbarocke Villa Berower gegenüber. Sie ist Sitz der Museumsverwaltung. Vom Museumsrestaurant kann man den Ausblick in den angeschlossenen englischen Landschaftspark u. a. mit Calders Skulptur »The Tree« genießen.

Die Sonderausstellungen des Museums finden über die Grenzen hinaus Interesse; gelegentlich werden auch Konzerte oder Kabarett geboten. Der hauseigene Museumsshop bietet ein ansprechendes Sortiment von Büchern über Kunstartikel bis zu Designprodukten.

Info: Riehen liegt 9 km nordöstlich von Basel. **Info Fondation Beyeler:** Baselstr. 101, 4125 Basel-Riehen, Tel. (061) 645 97 00, www.fondationbeyeler.ch, Öffnungszeiten tägl. 10–18, Mi bis 20 Uhr, Eintritt CHF 25, ermäßigt bis 30 J. CHF 12, bis 25 J. frei.

Unverwechselbare Aromaküche für alle Sinne

Restaurant Stucki

Basel, Kanton Basel-Stadt

Große Köche prägten das Restaurant Stucki, eine der besten kulinarischen Adressen in Basel. Seit Tanja Grandits das Zepter führt, kommt Wellness für die Sinne auf den Teller, eine Aromaküche mit Pfiff und vielen Kräutern.

Dabei war es gar nicht einfach, einen würdigen Nachfolger für Namensgeber und Kochlegende Hans Stucki und seinen letzten Chef Jean-Claude Wicky zu finden, der ins Hotel Les Trois Rois wechselte.

Doch schließlich war sie die ideale Kandidatin: Bereits 2006 als »Köchin des Jahres« vom Gault-Millau ausgezeichnet, übernahm Tanja Grandits 2008 das Stucki. Die Deutsche aus dem schwäbischen Albstadt, die ihre Kochausbildung in der Traube Tonbach in Baiersbronn erworben und nach weiteren Stationen das Restaurant Thurtal in Eschikhofen geleitet hatte, tauschte erst einmal das Mobiliar. Das traditionelle Interieur der Salons wich einem schnörkellosen Design in Grau und Bordeauxrot, das bewusst nicht vom Genuss der Speisen abzulenken versucht. Statt der bodenständigen Kochkunst ihres Vorgängers inszeniert Grandits Gerichte mit Aromen, Farben und Gerüchen, die alle Sinne ansprechen. Zander wird mit Nelken-Ceviche, Karamell-Rettich und Rapssamen angerichtet, vegetarische Perigord-Trüffel kommen mit Ofen-Topinambur, Muskatblütenpüree und Zitronen-Relish auf den Tisch.

Meisterin der Aromen: Tanja Grandits vom Restaurant Stucki.

Der Spitzenköchin gelingt es, vermeintliche Gegensätze und Zutaten völlig unterschiedlicher Herkunft harmonisch zu komponieren. Mit Erfolg: Inzwischen stehen zwei Michelin-Sterne und der Gault-Millau-Titel »Koch des Jahres« 2014 an der Tür.

Diese Künste lassen sich auch nachlesen, ihr Repertoire an eigenen Kochbüchern geht von der Aromenküche über Kräuter und Gewürze bis zu Eingemachtem. Es gibt sogar mehr als 80 hauseigene Delikatessen zum Mitnehmen, die vor Ort in Handarbeit hergestellt werden. Übrigens zählt die Gartenterrasse zu den schönsten in ganz Basel.

Info Restaurant Stucki: Bruderholzallee 42, 4059 Basel, Tel. (061) 361 82 22, www.stuckibasel.ch, Öffnungszeiten Di–Sa 12–13.30 und 18.30–21.30 Uhr, Reservierung empfohlen, Preise auf Anfrage.

BERN

»Schnee weg, Gras da, Vieh rauf«

Engstligenalp

Adelboden, Kanton Bern

Ein Stück Bilderbuchschweiz oberhalb von Adelboden: In einem abgelegenen Teil im Berner Oberland gibt es noch den traditionell gefeierten Alpaufzug im Juni, wenn sich 500 Rinder auf den Weg zur ihrer Sommerresidenz auf der größten Hochebene der westlichen Schweizer Alpen aufmachen und dabei 600 Höhenmeter überwinden.

Der Ort Adelboden (3400 Einwohner) ist eine westliche Endstation des Berner Oberlands im Engstligental, das bis nach Frutigen reicht und dort auf die Route nach Kandersteg trifft. Trotz seiner peripheren Lage lohnt sich der Weg für einen längeren Abstecher mit einer Vielzahl überraschender Möglichkeiten das ganze Jahr über. Neben 300 Kilometern Wanderwege und 170 Pistenkilometern gemeinsam mit Frutigen sowie Lenk im Wallis kann man hier nach Herzenslust mit dem Trottinett fahren, so die Schweizer Bezeichnung für Tretroller, zwei Stunden lang auf dem Kletterturm turnen oder auf der Alp Chuenisbärgli der Herstellung des Alpkäses beiwohnen.

Der Weg zur Engstligenalp führt von Adelboden zunächst zu den Engstligenfällen, die sich als Sammelsurium von zahlreichen Bächen über 600 Meter tosend in die Tiefe stürzen; das Donnern der Wassermassen ist weithin hörbar. Eindrucksvoll ist der Wanderweg direkt durch die steilen Felswände. Die Luftseilbahn bis hoch zur Engstligenalp auf 2000 Metern Höhe erlaubt einen atemberaubenden Blick über die Wasserfälle. Erfahrene Kletterer bevorzugen den seilgesicherten Klettersteig Chäligang. Egal bei welchem Aufstieg, ein spätes Älplerfrühstück im Berghotel Engstligenalp oder im Berghaus Bärtschi schmeckt immer. Bemerkenswert ist ein fünf Kilometer langer rollstuhlgängiger Wanderweg, der barrierefrei eine herrliche Aussicht auf unverbaute Alpenwelt garantiert.

Von Adelboden aus geht es vorbei an den Engstligenfällen hinauf zur Alp.

Info: Adelboden liegt 73 km südlich von Bern, die Talstation der Engstligenalp liegt 6 km südlich von Adelboden. **Info Adelboden:** Adelboden Tourismus, Dorfstr. 23, 3715 Adelboden, Tel. (033) 673 80 80, www.adelboden.ch. **Info Engstligenalp:** Berghotel Engstligenalp, 3715 Adelboden, Tel. (033) 673 22 91, www.engstligenalp.ch.

»Nur nichts überstürzen«

BERN

Bern, Kanton Bern

Die Hauptstadt der Schweiz konnte ihre historischen Züge mehr als andere konservieren. Die Altstadt ist zu drei Vierteln von der Aare in einer eigenwilligen Schleife umgeben. Dank ihres geschlossenen architektonischen Ensembles mittelalterlicher Häuser steht sie auf der Liste des UNESCO-Weltkulturerbes. Die zusammen sechs Kilometer langen Arkaden addieren sich zu einer der längsten vom Wetter geschützten Einkaufspromenaden in Europa. Der Zähringerherzog Berchtold V. gründete die Stadt im Jahre 1191, benannt wurde sie – zumindest der Legende nach – nach dem ersten gefangenen Tier, einem Bären. Die Stadtväter nutzten die von drei Seiten geschützte Lage innerhalb der Aareschleife und bauten an der einzigen zugänglichen Stelle eine Stadtmauer. Bern wurde 1848 als Sitz der eidgenössischen Bundesversammlung und der Bundesbehörden bestimmt.

Was die Stadt so sympathisch macht, sind der vollmundige Dialekt und die Gemütlichkeit, die die Berner gerne mit den Worten »nume nid gschprängt« (»nur nichts überstürzen«) umschreiben. Bern ist zwar Hauptstadt, aber weder Kultur- noch Wirtschaftsmetropole.

Seit 1983 gehört die Berner Altstadt zu den UNESCO-Weltkulturerbestätten.

Ein typischer Rundgang durch die historische Altstadt beginnt am modernen Hauptbahnhof. In der gegenüberliegenden Spitalgasse steht die im Barock erbaute protestantische Heiliggeistkirche aus dem Jahr 1729. Die Gasse führt weiter zum Bärenplatz, der durch den Käfigturm geprägt wird, und zum prächtigen Bundeshaus, das im Stil der Neorenaissance fertiggestellt wurde. Hier tagen die beiden Kammern des Parlaments. Die mit 105 Metern kürzeste Standseilbahn Europas namens Marzilibahn verbindet Bundeshaus und Flussufer.

Vom Bundesplatz geht es schräg weiter zur Marktgasse, die am Kornhausplatz mündet. Hier stehen neben dem barocken Kornhaus zwei Wahrzeichen von Bern: der Zytgloggeturm aus dem 12. Jahrhundert mit astronomischer Uhr und Glockenspiel und der Kindlifresserbrunnen aus dem 16. Jahrhundert. Die sich anschließende Kramgasse präsentiert sich als geschlossene Einheit schöner Bürgerhäuser mit den einmaligen Arkaden.

Links parallel der Kramgasse steht das Rathaus, rechts am Ende geht es zum sehenswerten Berner Münster von 1893 mit seinem 100 Meter hohen Turm. Am Ende der Gerechtigkeitsgasse führt die Nydeggbrücke über die Aareschlaufe an der spätgotischen Nydeggkirche vorbei direkt zum Bärenpark, in dem nach wie vor Bären leben.

INFO: Bern Tourismus, Bahnhofplatz 10 A, 3011 Bern, Tel. (031) 328 12 12, www.bern.com.

»Zeichnen ist die Kunst, Striche spazieren zu führen.« (Paul Klee)

Zentrum Paul Klee

Bern, Kanton Bern

Drei wellenförmige Hügel aus Glas und Stahl markieren das weithin sichtbare Zentrum Paul Klee in Bern. Wie bei der Fondation Beyeler bei Basel sorgte auch hier der italienische Stararchitekt Renzo Piano für ein spektakuläres

Nach Plänen von Renzo Piano erbaut: das Zentrum Paul Klee.

Exterieur und tauchte das Werk eines der bedeutendsten bildenden Künstler des 20. Jahrhunderts damit in ganz neues Licht. Ein einfaches Museum würde nicht ausreichen, um einen Querschnitt durch sein kreatives Lebenswerk zu bieten. So entstand 2005 dieses interdisziplinäre Kulturzentrum mit einer multimedial ausgestatteten Museumsstraße und einem eigenen Kindermuseum, um auch den Nachwuchs spielerisch an Kunst heranzuführen. Architekt Renzo Piano gestaltete eine Art grüne Insel am Stadtrand, die sich wie eine Skulptur in die Landschaft einbettet.

Etwa die Hälfte seines Lebens verbrachte Paul Klee (1879–1940) in Bern. Sein künstlerisches Schaffen umfasst Tausende Gemälde, Aquarelle, Zeichnungen, Skizzen und sogar Handpuppen. Das Zentrum verfügt über die weltweit bedeutendste Sammlung des experimentierfreudigen Künstlers, jedoch können nicht alle Werke gezeigt werden, trotz 1750 Quadratmetern Ausstellungsfläche. Sie müssen regelmäßig, nach thematischen Schwerpunkten, ausgetauscht werden. Paul Klee war übrigens auch als Musiker, Dichter und Pädagoge tätig.

Info: Das Zentrum Paul Klee liegt 4 km östlich vom Berner Zentrum direkt an der A 6 Richtung Interlaken. **Info Zentrum Paul Klee:** Monument im Fruchtland 3, 3006 Bern, Tel. (031) 359 01 01, www.zpk.org, Öffnungszeiten Di–So 10–17 Uhr, Eintritt CHF 20, Kinder CHF 7.

Schweizerdeutsch und Französisch für Swatch und Rolex

Biel/Bienne am Bielersee

Biel/Bienne, Kanton Bern

Wer von Zürich nach Genf fährt, lässt die größte zweisprachige Stadt der Schweiz nördlich von Bern meist aus. Dabei lohnt sich ein Abstecher nach Biel/Bienne gleich aus mehreren Gründen: Die versteckte Altstadt ist ein hübscher Kontrast zum modernen Zentrum, nicht verpassen sollte man eine Schifffahrt auf den Dampfern vom Bielersee.

Der 38 Quadratmeter große See entstand nach der letzten Eiszeit als Überbleibsel des einstigen Solothurnersees. Von einer frühen Besiedlung der Gegend zeugen die Spuren der Pfahlbauten, die 2011 ins UNESCO-Weltkulturerbe aufgenommen wurden. Nach zwei Juragewässerkorrekturen entstand gemeinsam mit dem Murtensee und Neuenburgersee der mit 100 Kilometern längste befahrbare Wasserweg der Schweiz. Für eine Drei-Seen-Rundfahrt sollte man sich Zeit lassen und diese bereits in Solothurn auf der Aare beginnen. Lohnenswerte Ausflugsspots sind die St. Petersinsel via Erlach sowie der Wanderweg nach Ligerz auf der sonnenverwöhnten Nordseite. Von den Weinhängen rund um Twann stammen beliebte Weißweine.

Der Vennerbrunnen vor dem Zunfthaus zu Waldleuten in der Altstadt von Biel/Bienne.

Die zweitgrößte Stadt im Kanton Bern (55 200 Einwohner) trägt ihre Zweisprachigkeit sogar in ihrem Doppelnamen und geht auf das 13. Jahrhundert zurück. Von 1798 bis 1815 war sie kurzfristig gar ein Teil von Frankreich. In Biel/Bienne wurde 1878 der bekannte Schweizer Schriftsteller Robert Walser geboren. Die Stadt gilt als wichtigstes Zentrum der Schweizer Uhrenindustrie noch vor La Chaux-de-Fonds, denn hier siedelt der Hauptsitz von Swatch mit der Manufaktur von Rolex und anderen Marken.

Die sehenswerte Altstadt ist frei von Kaufhäusern und internationalen Leuchtreklamen, stattdessen prägen lokale Gewerbebetriebe das Stadtbild rund um den Ring mit seinen Zunfthäusern, insbesondere das Zunfhaus zu Waldleuten aus dem späten 16. Jahrhundert, dem Vennerbrunnen und der spätgotischen Stadtkirche aus dem 15. Jahrhundert. Auffallend ist auch der neoklassizistische Bieler Bahnhof mit dem unveränderten Wartesaal für die erste Klasse sowie dem erhalten gebliebenen Art-déco-Bahnhofsbuffet.

Info: Biel/Bienne liegt ca. 35 km nordwestlich von Bern. **Info Biel/Bienne:** Tourismus Biel-Seeland, Bahnhofplatz 12, 2502 Biel/Bienne, Tel. (032) 329 84 84, www.biel-seeland.ch. **Info Bielersee Schifffahrt:** Badhausstr. 1 A, Biel/Bienne, Tel. (032) 329 88 11, www.bielersee.ch.

Zurück zur Natur auf den Spuren Rousseaus

SANKT PETERSINSEL

Bielersee, Kanton Bern

Genau genommen ist die St. Petersinsel im Südwesten des eiszeitlichen Bielersees seit der zweiten Hälfte des 19. Jahrhunderts nur noch eine Halbinsel. Damals wurden aus Hochwasserschutzgründen die sogenannten Juragewässerkorrektionen durchgeführt, in deren Folge der Seespiegel um zweieinhalb Meter sank und eine fast drei Kilometer lange Landzunge die Verbindung nach Erlach herstellte.

Blick von Ligerz auf die Sankt Petersinsel.

Auf dem unter Naturschutz stehenden Heideweg kann man die knapp fünf Kilometer lange und maximal 750 Meter breite »Insel« zu Fuß oder mit dem Fahrrad erreichen – sofern kein extremes Hochwasser den Weg überflutet. Ansonsten verkehren auch Zubringerboote ab Erlach und Kursschiffe.

Der Besuch des Kleinods lohnt wegen der landschaftlichen Reize, des milden Klimas und der Aussicht auf den Jura und die Alpen. In dem 1127 gegründeten Cluniazenserkloster lebte der Wegbereiter der Französischen Revolution Jean-Jacques Rousseau im Jahr 1765 zwei Monate lang. Eine Büste erinnert an seinen Aufenthalt, außerdem kann sein Zimmer besichtigt werden. Die Insel zog auch weitere bdeutende Persönlichkeiten an, darunter Johann Wolfgang von Goethe und die Könige von Schweden, Preußen und Bayern.

Der vom Cluniazenserorden angelegte Rebberg wird heute vom Rebgut der Stadt Bern bewirtschaftet und das einstige Kloster wurde umfunktioniert zu einem Hotel mit dreizehn Zimmern, ergänzt um ein stilvolles Restaurant und ein Gartenbistro, die Fisch aus dem Bielersee, Fleisch von Inselbauern und Wein vom Inselrebgut servieren.

INFO: Die Sankt Petersinsel liegt ca. 40 km nordwestlich von Bern. **INFO RESTAURANT HOTEL ST. PETERSINSEL:** 3325 Erlach, Tel. (032) 338 11 14, www.st-petersinsel.ch, Öffnungszeiten Ende März–Okt. tägl. ab 9 Uhr, Reservierung empfohlen, Preise auf Anfrage.

Mystische Oase zum Entspannen und Genießen

Blausee

Blausee, Kanton Bern

Auf dem Weg vom Brienzersee nach Kandersteg reihen sich häufig Fahrzeuge wie an einer Schnur auf dem Weg ins Kanton Wallis. Die wenigsten Touristen wissen allerdings, welches Juwel sie auf dem Weg versäumen.

Nur ein paar Kurven entfernt liegt ein kleines türkisblaues Gewässer hinter einem mystischen Waldstück: der Blausee. Fernab der Autostrecke führt ein Spaziergang vom Parkplatz rund 200 Meter durch einen Naturpark zum See auf einer Höhe von 887 Metern.

Hervorgebracht hat diese insgesamt 20 Hektar große landschaftliche Idylle ein Bergrutsch vor 15 000 Jahren. Der naturbelassene See mit seinen konstanten acht Grad Wassertemperatur kann per Glasbodenboot befahren werden – und siehe da, der See wird fleißig bewohnt! Das mineralreiche, saubere Bergquellwasser ist für die alpine Forellenzucht ideal, die unter strenger Kontrolle von Bio Suisse erfolgt. Die Regenbogen- und Lachsforellen werden ähnlich wie in der freien Wildbahn in kleinen Beständen aufgezogen. Am Ufer laden Picknickplätze mit Feuerstellen und Holz zum Rasten ein, Hungrige können sich am Parkplatz mit Holzofenpizza versorgen, auch einen Kinderspielplatz gibt es.

Am Abend sorgen die letzten Sonnen- oder ersten Mondstrahlen für eine besonders mystische Atmosphäre am See. Wer über Nacht bleiben möchte, nimmt Quartier im kleinen Hotel Blausee. Die modern gestalteten 17 Zimmer lenken nicht von der Aussicht, dem eigentlichen Highlight, ab. Tagesgäste stellen die überwiegende Mehrheit der Besucher, sie genießen im Restaurant des Hotels die Forellengerichte der auch von Gault-Millau und Goût Mieux ausgezeichneten Küche, im Winter lockt ein Sonntagsbrunch.

Info: Der Blausee liegt 58 km südlich von Bern. **Info Naturpark:** Öffnungszeiten tägl. 9–17 Uhr, Eintritt Ende März–Anfang Okt. CHF 8, ermäßigt CHF 4 (inkl. Bootsfahrt, Besichtigung der Forellenzucht). **Info Hotel Blausee:** Blausee, Tel. (033) 672 33 33, www.blausee.ch, Öffnungszeiten Restaurant tägl. ab 9 Uhr, Küche tägl. 11.30–17.30, 18.30–21 Uhr, Preise auf Anfrage.

Einer der bekanntesten Bergseen der Schweiz: der Blausee.

Unvergessliche Reisemomente voller Dampfromantik

Brienzer Rothorn

Brienz, Kanton Bern

Viele Besucher entdecken das hübsche Schnitzerdorf Brienz am türkisfarbenen Brienzer See bei einer Reise mit dem Raddampfer Lötschberg. Von hier aus sollte man unbedingt mit der Dampfbahn auf das Brienzer Rothorn weiterfahren. Die Lok aus dem Jahr 1891, ein 230 PS starker grüner Oldtimer, zieht mit Stampfen und Schnaufen zwei Waggons mit internationalem Publikum 7,6 Kilometer bis zur Bergstation Rothorn Kulm auf 2244 Metern Höhe. Reisende genießen während der Fahrt eine prächtige Aussicht bis über die Alpenkulisse des Berner Oberlands und auf der anderen Seite in Richtung Innerschweiz nach Sörenberg und zum Lungernsee. Die Fahrt mit der Dampfeisenbahn ist ein Erlebnis für Groß und Klein.

Dabei war der Beginn wenig erfolgversprechend. Nachdem die Rigibahn, die erste Bergbahn Europas, 1871 ihren Betrieb aufgenommen hatte, wollte das Berner Oberland mit der Zentralschweiz mithalten. Doch schon bald nach der Eröffnung der eigenen Bahnlinie im Jahr 1892 kam Konkurrenz in die Nähe: Die Jungfraubahn eröffnete nur sechs Jahre später. Zudem brachte der Erste Weltkrieg die Fahrten für fast zwei Jahrzehnte zum Erliegen. Als der Betrieb endlich wieder aufgenommen werden konnte, entschied man sich gegen eine Elektrifizierung. So ist die Rothorn-Bahn bis heute eine von zwei verbliebenen dampfbetriebenen Bahnen der Schweiz.

Um die 1678 Höhenmeter bei 25 Prozent Steigung zu überwinden, verbraucht die Lok 2000 Liter Wasser und rund 150 Liter Heizöl. Wer mag, kann bei der Brienz-Rothorn-Bahn auch beim Lokführer mitfahren, die einstündige Führerstandsfahrt plus mehrstündige Einweisung in die Technik ist allerdings nicht ganz günstig.

Mit der dampfbetriebenen Brienz-Rothorn-Bahn geht es hoch zur Bergstation.

Info: Brienz liegt 82 km südöstlich von Bern und 52 km südwestlich von Luzern. **Info Brienz:** Tourismusverband, Hauptstr. 143, 3855 Brienz, Tel. (033) 952 80 80, www.brienz-tourismus.ch. **Info Brienz-Rothorn-Bahn:** Hauptstr. 149, 3855 Brienz, Tel. (033) 952 22 22, www.brienz-rothorn-bahn.ch, Juni–Okt., Berg- und Talfahrt CHF 92, pro Erw. zwei Kinder unter 15 J. frei, Führerstandsfahrt CHF 349.

Die Schweiz – anno dazumal

Freilichtmuseum Ballenberg

Brienz/Meiringen, Kanton Bern

Die Schweiz, wie sie einmal war«, so könnte das Freilichtmuseum am Brienzersee heißen. Auf einer Fläche von 66 Hektar sind seit 1978 mehr als 100 alte Gebäude aus dem gesamten Land wiederaufgebaut worden, platziert in ursprüngliche Naturlandschaften und ergänzt um 200 Bauernhoftiere aus der ganzen Schweiz. Stattliche Bauernhäuser, bescheidene Bauten der Tagelöhner, Alphütten, Käsespeicher, Dörrhäuser, Scheunen und Werkstätten stehen auf dem weit angelegten Gebiet, arrangiert nach den jeweiligen Regionen und umgeben von authentischen Äckern, Bauerngärten, Feldern, Wiesen und Weiden. Als architektonische und sozialgeschichtliche Zeitzeugen aus dem 14. bis 19. Jahrhundert veranschaulichen sie das Alltagsleben und die ländliche Kultur vergangener Zeiten. Die oftmals schon dem Verfall preisgegebenen Gebäude wurden an ihren angestammten Plätzen abgebaut und im Freilichtmuseum wieder errichtet.

In vielen Häusern führen Handwerker die traditionellen Tätigkeiten vergangener Jahrhunderte vor. Dabei entsteht Käse aus frischer Alpenmilch, oder es werden Körbe geflochten, während nebenan eine alte Frau an einem Webstuhl sitzt oder eine Köchin etwas Gutes nach alter Rezeptur brutzelt. Insgesamt präsentieren sich mehr als 30 verschiedene traditionelle Handwerke.

Historische Wohnhäuser im Freilichtmuseum Ballenberg.

Nicht nur für Hobbygärtner ist die Vielfalt an unterschiedlichen Nutzpflanzen, Blumen, Gemüsearten oder Heilkräutern auf dem Ballenberg ein Highlight. Im Heilpflanzengarten und der Historischen Drogerie wird über natürliche Heilmethoden aufgeklärt und es scheint, als sei gegen jedes Zipperlein ein Kraut gewachsen.

Das liebe Vieh schließlich darf im Freilichtmuseum mit viel Auslauf den Sommer genießen und es gibt sogar einige Rassen zu sehen, die vom Aussterben bedroht sind. Für Kinder gibt es auch Tiere zum Streicheln.

Die realistisch eingerichteten Wohnräume in den verschiedenen Häusern sind zwar romantisch anzuschauen, aber klar wird auch, dass viele Familien sich ihren Lebensunterhalt hart erarbeiten mussten. Wechselnde Ausstellungen, etwa über die Verdingkinder, die im Sommer auf den Feldern wohlhabenderer Bauern bei der Ernte helfen mussten, informieren mit Zeitzeugenberichten und Filmmaterial eindrücklich über die oftmals gar nicht gute alte Zeit.

Info: Brienz liegt ca. 75 km östlich von Bern. **Info Freilichtmuseum Ballenberg:** Museumsstr. 100, 3858 Hofstetten bei Brienz, Tel. (033) 952 10 30, www.ballenberg.ch, Öffnungszeiten April–Okt. tägl. 10–17 Uhr, Eintritt CHF 28, Kinder CHF 14, Familien CHF 63.

Alte Handwerkskunst und historische Bauten machen den Ballenberg einzigartig.

Grandhotel Giessbach am Brienzersee, eröffnet im Jahre 1875.

Kraftort oberhalb des Brienzersees mit Grandhotel

GIESSBACH

Brienz, Kanton Bern

Auf einer breiten Sonnenterrasse über dem Brienzersee im Berner Oberland stürzen die tosenden Wassermassen des Giessbachfalls über 14 mächtige Felskaskaden 400 Meter tief in den See hinab. Neben dem Naturschauspiel thront das Grandhotel Giessbach wie aus einer längst zurückliegenden Epoche. Im Sommer 1875 feierte das Palasthotel seine Eröffnung an dieser prominenten Stelle, umgeben von Wäldern und Wiesen. Der namhafteste Hotelbauer seiner Zeit, der Franzose Horace Edouard Davinet, setzte das Haus im Stil eines französischen Barockpalasts an den Fuß eines Felsens mit traumhafter Aussicht auf See und Wasserfall. Das Schicksal meinte es jedoch nicht gut mit dem Grandhotel, denn schon 1883 brannte es weitgehend ab. Nur ein Jahr später wurde es in der heutigen Form wiedereröffnet im Stil der Belle Époque mit seinen charakteristischen Spitzdächern sowie den roten Fensterläden und Balkonen. Zweimal drohte die Schließung des defizitären Gebäudes. Dank Umweltschützer Franz Weber und vielen Spendengeldern wurde es ab 1984 renoviert, ohne den Geist des Hauses zu gefährden. Die behutsame Rückbesinnung führte 2015 zum Titel »Countryside Winner Historic Hotels of Europe«.

Erker im Grandhotel Giessbach am Brienzersee.

Das Hotel bietet 74 nostalgische Zimmer in verschiedenen Kategorien an, die allesamt ihren alten Charme behalten haben. Empfehlenswert sind die Zimmer Nummer 112 in der ersten beziehungsweise 216 in der zweiten Etage, die beide direkt auf den See blicken und über den eigenen Balkon gleichzeitig die Sicht auf den wilden Wasserfall bieten. Das Parkrestaurant »Les Cascades« mit atemberaubender Aussichtsterrasse serviert eine Mischung aus französischer und schweizerischer Küche.

Mehrere Wanderwege führen zur zugegebenermaßen nicht gerade trockenen Aussichtsplattform direkt unter dem Wasserfall, um die angereicherte Luft mit Blick auf das Märchenschloss einzuatmen. Der insgesamt 220 000 Quadratmeter große Giessbach-Park führt entlang verschlungener Wege und verwunschener Plätze durch das Einzugsgebiet des Wasserfalls, wo auch 50 verschiedene Vogelarten heimisch sind. Sozusagen wundern und wandern in der größten Wellnessanlage der Schweiz.

Vom eigenen Schiffsanleger am Brienzersee bis zum Giessbachfall klettert bereits seit 1879 die älteste Standseilbahn Europas ihre 345 Meter bis nach oben neben das Hotel. Viele Tagestouristen verwenden seither die Bahn, um den nachts beleuchteten Wasserfall zu bestaunen.

INFO: Giessbach liegt ca. 84 km südöstlich von Bern. **INFO GRANDHOTEL GIESSBACH:** 3855 Brienz, Tel. (033) 952 25 25, www.giessbach.ch. Preise auf Anfrage. **REISEZEIT:** Hotel April–Okt., Anreise per Schiff Mitte April–Mitte Okt.

Wo die Löcher im Käse herkommen

Das Emmental

Emmental, Kanton Bern

Wer Emmental hört, denkt zuerst an Schweizer Käse und hat dabei Bilder einer hügeligen Landschaft mit glücklichen Kühen auf blühenden Wiesen und stattlichen Bauernhäusern im Kopf. Und genau so sieht es im Emmental aus. Namensgeber ist der Fluss Emme, der sich durch das Gebiet schlängelt. Die größten Orte sind Burgdorf (16 400 Einwohner) und Langnau (9400 Einwohner). Die traditionellen Erwerbszweige Viehzucht, Käse und Töpferei werden noch gepflegt.

Auf der Fahrt entlang der Emme stößt man immer wieder auf Bauernbetriebe, die ihre natürlich erzeugten, ungespritzten landwirtschaftlichen Produkte rund um die Uhr anbieten. Die Blaubeeren der Region gelten als besondere Delikatesse.

Alles über den Emmentaler AOP Käse, auch wie die Löcher hineinkommen, kann man in der Schaukäserei in Affoltern bei einem familienfreundlichen Rundgang lernen.

Idyllische Wiesenlandschaft im Emmental.

Dies ist auch im Rahmen der audiovisuellen Tour »Königsweg« möglich. Im Anschluss lockt die Käsedegustation. Ein besonderes Angebot: Die Besucher können gemeinsam mit einer Käserin oder einem Käser ihren eigenen Käse herstellen.

Ein sehenswertes historisches Städtchen ist Burgdorf mit seinen Altstadtgassen und hübschen Plätzen sowie der spätgotischen Stadtkirche. Über allem thront das weithin sichtbare Schloss aus dem 13. Jahrhundert, das als besterhaltene zähringsche Burganlage gilt. Zwischen 1798 und 1804 führte Johann Heinrich Pestalozzi hier sein international beachtetes Erziehungsinstitut und entwickelte neuartige pädagogische Konzepte.

Seit 2020 bringen das neue Museum mit seinen Wunderkammern, ein Restaurant und eine Jugendherberge viel neues Leben ins Schloss.

Außergewöhnlich ist der sechs Kilometer lange Planetenweg bei Burgdorf, der anhand eines Freilichtmodells im Maßstab eins zu einer Milliarde die Größenverhältnisse und Entfernungen der Sonne und ihrer Planeten zeigt.

Info: Das Emmental liegt ca. 33 km von Bern entfernt. **Info Emmental Tourismus:** Bahnhofstr. 44, 3401 Burgdorf, Tel. (034) 402 42 52, www.emmental.ch. **Info Emmentaler Schaukäserei:** Schaukäsereistr. 6, 3416 Affoltern i. E., Tel. (034) 435 16 11, www.emmentaler-schaukaeserei.ch, Öffnungszeiten tägl. April–Okt. 9–18.30, Nov.–März 9–17 Uhr, Eintritt frei. **Info Schloss Burgdorf:** Schlossgässli 1, 3400 Burgdorf, Tel. (034) 426 10 20, www.schloss-burgdorf.de.

In der Emmentaler Schaukäserei wird mehrmals täglich der originale und weltbekannte Emmentaler AOP hergestellt. Entdecken Sie die Geschichte und Produktion vom Emmentaler AOP auf dem audiovisuellen Rundgang »Königsweg«.

Die letzten Sonnenstrahlen erhellen die Hänge des Gadmentals.

Zu Fuß über die Schlucht

Triftbrücke

Gadmen, Kanton Bern

Der Klimawandel, so kritisch man ihn sehen sollte, führt manchmal zu Nebeneffekten, die interessant, spannend, ja sogar spektakulär sein können. So auch im Fall der Triftbrücke, einer der längsten und höchsten Fußgängerbrücken der Alpen. Seit der Triftgletscher im Berner Oberland sich aufgrund des Klimawandels mehr und mehr zurückzieht, kann er nicht mehr wie früher überquert werden. Wo einmal ein Gletscherweg für Alpinisten war, hat sich inzwischen in einer tiefen Schlucht ein See gebildet. Man kann um ihn herumwandern – oder man kann die neue Triftbrücke nutzen, um ihn in luftiger Höhe zu überwinden. Seit 2009 spannt sich die 170 Meter lange, von nepalesischen Vorbildern inspirierte Stahlseilbrücke in 100 Metern Höhe über den Triftsee auf dem Gebiet der Ortschaft Gadmen im südöstlichen Zipfel des Kantons Bern. 7500 Kilogramm Stahl wurden für diese extrem stabile Brücke verbaut, 24 Felsanker sorgen dafür, dass sie auf beiden Seiten der Schlucht bombenfest im Gestein sitzt.

Auf den nur 80 Zentimeter breiten Planken aus Lärchenholz den Triftsee zu überqueren, ist ein beeindruckendes Erlebnis. Allein die Umgebung ist einzigartig, denn diese Brücke liegt im Hochgebirge, 1700 Meter über dem Meeresspiegel. Hier wachsen keine Bäume mehr, dafür bilden schroffe Felsformationen mit spärlichem Moosbewuchs eine spektakuläre Kulisse. Von dieser sich elegant über den Abgrund schwingenden Brücke aus den tief unten liegenden Triftsee zu betrachten, ist für zahllose Alpinisten und Besucher Ansporn genug, den Weg in die Bergwelt oberhalb von Gadmen zu finden.

Wandern in luftiger Höhe: Die Triftbrücke eröffnet spektakuläre Ausblicke auf das Berner Oberland.

Auf einer mehrtägigen Wanderung im Gebiet zwischen Mährenhorn und Giglistock lässt sich die Brücke sehr gut in die Route einbauen und verleiht der Tagesetappe einen besonderen Kick. Sie eignet sich jedoch auch als Ziel für einen Tagesausflug. Dafür gleitet man mit der Triftbahn in nur zehn Minuten über die Triftschlucht. Ab der Bergstation bleiben noch eineinhalb Stunden Wanderweg bis zur Brücke.

Info: Gadmen liegt ca. 60 km südlich von Luzern. **Info Triftbrücke und Triftbahn:** Grimselwelt, Grimselstr. 19, 3862 Innertkirchen, Tel. (033) 982 26 26, www.grimselwelt.ch.

Wintersportmekka im Berner Oberland

Grindelwald

Grindelwald, Kanton Bern

Haben Sie schon mal vom Velogemel gehört? Diese Mischung aus Schneefahrrad und Schlitten wurde vor hundert Jahren im Gletscherdorf Grindelwald erfunden. Anderswo konnte sich das Gefährt allerdings nicht durchsetzen. Den lebendigen Kurort frequentieren vor allem Wanderer und Wintersportler. Vor der großartigen Gebirgskulisse mit dem fast 4000 Meter hohen Eiger im Süden und dem nur wenig kleineren Wetterhorn im Osten breiten sich die schmucken Chalets von Grindelwald am Hang über der Schwarzen Lütschine aus. Der Fluss entwässert den Unteren und den Oberen Grindelwaldgletscher, beide sind die Touristenattraktionen des Ortes.

Der 1888 erste Wintersportort im Berner Oberland ist auch heute noch voll in Betrieb:

Von einer imposanten Bergkulisse umgeben: das Eiger-Dorf Grindelwald.

Das Skigebiet auf dem First nördlich von Grindelwald wird von einer Gondelbahn erschlossen. Von der Bergstation in 2167 Metern Höhe kann man zum Bachalpsee wandern, wo sich ein spektakuläres Panorama mit dem Oberen Grindelwaldgletscher, Eiger, Mönch und Jungfrau bietet. Gleitschirmflieger schätzen den First ebenso wie Mountainbiker und im Winter kann man bei guten Schneebedingungen von dort auf einem kurvenreichen Schlittenweg direkt nach Grindelwald rodeln.

In das zweite Skigebiet Männlichen/Kleine Schneidegg gelangt man mit der 6,2 Kilometer langen Gondelbahn über die Mittelstation Holenstein und die Bergstation auf dem Männlichen (2343 m). Im Sommer sind die Bergstationen Ausgangspunkte zahlreicher Wanderwege. Geplant ist der Bau einer neuen Bahn mit Achtergondeln, die durch kürzere Fahrzeit die Kapazität auf 1800 Personen pro Stunde verdoppeln wird.

Nur im Sommer führt eine neue Luftseilbahn von Grindelwald auf die Privatalp Pfingstegg, von dort starten Wanderwege zu den Grindelwaldgletschern, eine knapp 800 Meter lange Sommerrodelbahn überwindet mit etlichen Kurven fast 60 Höhenmeter.

Und wenn es wieder Winter wird, finden alljährlich das Snow World Festival und die Weltmeisterschaft im Velogemel statt.

Info: Grindelwald liegt 80 km südöstlich von Bern und 86 km südwestlich von Luzern. **Info Grindelwald Tourismus:** Dorfstr. 110, 3818 Grindelwald, Tel. (033) 854 12 12, www.grindelwald.ch.

Königlicher Tummelplatz über den Wolken

GSTAAD

Gstaad, Kanton Bern

Dort, wo sich vier Alpentäler treffen, liegt Gstaad, die Perle des Berner Oberlands, deren wirtschaftlicher und touristischer Aufschwung 1905 mit der Montreux-Oberland-Bahn begann. Heute bietet das bekannte Wintersportziel seinen Besuchern im Winter 220 Kilometer Abfahrtsstrecken und 95 Kilometer Langlaufloipen. Aber auch im Sommer kann man sich in dem Wellness-Ort mit dem Slogan »Come up, slow down« fabelhaft erholen – sofern man über das notwendige Kleingeld verfügt.

Gstaad steht für diskreten Luxus mit Understatement, das zieht den internationalen Jetset an, denn hier pflegt man Ruhe und Gediegenheit; die eleganten Boutiquen in der autofreien Shoppingmeile sind eher teuer, ebenso die Hotels.

Aus den touristischen Anfangsjahren stammt das legendäre Fünf-Sterne-Hotel »Gstaad Palace«, das zum Wahrzeichen des Ortes geworden ist. Es überragt das kleine Gstaad wie ein neomittelalterliches, von König Ludwig II. erträumtes Schloss. Das Hotel mit 104 Zimmern wurde 1913 eröffnet und bezeichnet sich selbst als die größte Familienpension der Schweiz. Lassen Sie sich aber nicht von den gemütlichen und rustikal eingerichteten Zimmern täuschen: Das Palace ist das Epizentrum der High Society. Die Gäste buchen sich gleich für längere Zeit in das prächtige Märchenland ein, angezogen von dem Motto des Hauses: »Jeder König ist ein Kunde, jeder Kunde ist ein König.« Marlene Dietrich, Louis Armstrong, Madonna und Prinzessin Diana gehörten zu den prominenten Gästen. Michael Jackson war so begeistert, dass er gleich das ganze Hotel kaufen wollte, doch das Traditionsunternehmen blieb in Familienbesitz.

Das legendäre Hotel Gstaad Palace.

Wer jedoch die wahre alpine Gemütlichkeit sucht, der nimmt die Seilbahn zum Restaurant »Berghaus Eggli« mit großer Sonnenterrasse. Hier genießt man sein Raclette oder Fondue mit einem traumhaften Ausblick. Es gibt auch preiswerte und familienfreundliche Angebote in Gstaad, so fahren Kinder unter neun Jahren gratis in den Bergbahnen und übernachten kostenlos in einigen Hotels.

INFO: Gstaad liegt ca. 85 km südwestlich von Bern. **INFO GSTAAD:** Gstaad Saanenland Tourismus, Promenade 41, 3780 Gstaad, Tel. (033) 748 81 81, www.gstaad.ch. **INFO HOTEL GSTAAD PALACE:** Palacestr. 28, 3780 Gstaad, Tel. (033) 748 50 00, www.palace.ch, Öffnungszeiten Mitte Juni–Mitte Sept., Mitte Dez.–Mitte März, Preise auf Anfrage. **INFO BERGHAUS EGGLI:** Tschaanereweg 8, Gstaad, Tel. (033) 748 95 59, www.gstaad.ch, Öffnungszeiten Mitte Dez.–Mitte März tägl. 9–16.30 Uhr, Preise auf Anfrage.

Wellness vom Feinsten

Victoria-Jungfrau Grand Hotel & Spa

Interlaken, Kanton Bern

Die renommierte Zeitschrift »GEO Saison« wählte das traumhaft gelegene »Victoria-Jungfrau Grand Hotel & Spa« mit Panoramasicht auf Eiger, Mönch und Jungfrau vor einiger Zeit zum besten Wellnesshotel in Europa. Und im »Condé Nast Traveller« erhielt es einen Preis in der Kategorie Favourite Overseas Spa Retreat.

Von Beauty über Fitness bis Wellness reicht das umfangreiche Angebot, ergänzt um ganzheitliche Ansätze mit fernöstlichen Heilpraktiken. Die Schwimmhalle erinnert an alte Römerbäder, das Solebad liegt teilweise im Freien, außerdem gehört zum Haus eine eigene Tennishalle.

Als »Hotel Victoria« mit unverbauter Sicht auf das Jungfraujoch wurde die eine Hälfte des Gebäudes 1864 an der Stelle einer gleichnamigen Pension errichtet. Als 1899 das daneben liegende »Hotel Jungfrau« übernommen wurde, ergänzte eine Kuppel den neuen Mittelbau. Heute präsentiert sich das mehrfach renovierte Doppelgebäude wie aus einem Guss und gehört zu den »Leading Hotels of the World«.

Im traditionsreichen Fünf-Sterne-Hotel von Interlaken: Victoria-Jungfrau Grand Hotel & Spa.

Das Grandhotel beeindruckt vor allem mit den prächtigen drei Sälen, den schmucken Salons und weiteren Gesellschaftsräumen. Das Restaurant »La Terrasse« bietet eine Aussicht auf die Promenade. Gemütlich ist besonders die »Jungfrau-Brasserie« auf der rechten Seite des Komplexes.

Von den 224 Zimmern sollte man unbedingt eines mit unverbauter Aussicht auf die Bergwelt von Eiger, Mönch und Jungfrau wählen, denn dieser hervorragende Blick ist die beste Einstimmung für einen Ausflug zum Jungfraujoch und dessen Plattform »Top of Europe«.

Das zum Pflichtprogramm ausländischer Touristen gehörende Interlaken (5600 Einwohner) erhielt seinen Namen von der Lage zwischen Thuner- und Brienzersee. Einst waren die beiden Seen verbunden, doch nach der letzten Eiszeit bildete sich das *Bödeli*, auf dem der heutige Ort liegt.

Info: Interlaken liegt 63 km südöstlich von Bern. **Info Victoria-Jungfrau Grand Hotel & Spa:** Höheweg 41, 3800 Interlaken, Tel. (033) 828 28 28, www.victoria-jungfrau.ch, Reservierung empfohlen, Preise auf Anfrage.

Die höchste Eisenbahnstrecke der Welt

JUNGFRAUJOCH

Kanton Bern

Im Verbindungsgrat zwischen den Gipfeln Mönch (4107 m) und Jungfrau (4158 m) stellt das Jungfraujoch den tiefsten Punkt dar. Es ist eines der bedeutendsten Schweizer Reiseziele mit dem höchstgelegenen Bahnhof Europas: Die seit 1912 verkehrende Jungfraubahn überwindet von ihrer Talstation Kleine Scheidegg auf der neun Kilometer langen Strecke 1400 Höhenmeter, passiert dabei mehrere Tunnel und endet nach den Haltepunkten Eigergletscher, Eigerwand und Eismeer auf 3454 Metern mitten im Sphinx-Observatorium. Von Lauterbrunnen oder Grindelwald erreicht man mit der Wengernalpbahn den Startpunkt.

Etwa 700 000 Besucher kommen alljährlich, um die grandiose Aussicht von den beiden Panoramaplattformen Sphinx und Plateau auf eine der weltweit schönsten Berglandschaften zu genießen oder den Eispalast anzuschauen, eine Höhlenlandschaft, die zwei Bergführer Anfang der 1930er Jahre aus dem Gletschereis herausgeschnitten haben. Wegen der vielen Besucher muss die Grotte inzwischen künstlich gekühlt werden.

Durch einen Stollen gelangt man von der Bergstation auf die Walliser Seite und zum Aletsch, dem längsten Gletscher Europas. Wer allzu großes Gedränge vermeiden möchte, sollte die Morgen- oder Abendstunden nutzen.

Das Gipfelhaus »Top of Europe« entstand 1987, entworfen vom Schweizer Architekten Ernst Anderegg, nachdem der Vorgängerbau durch einen Brand zerstört worden war. Das gastronomische Angebot reicht vom Selbstbedienungsrestaurant über das neue »Bollywood« mit indischer Küche (nur April–Okt.) bis zum Gourmettempel »Crystal« und seiner im doppelten Sinne hochstehenden Küche.

Die Talstation der Jungfraubahn Kleine Scheidegg auf 2061 Metern bietet eine spektakuläre Sicht auf die gefährliche Eiger-Nordwand, außerdem beginnen dort zahlreiche Wanderwege.

INFO: Das Jungfraujoch liegt ca. 23 km südlich von Interlaken. **INFO JUNGFRAUJOCH:** www.jungfraualetsch.ch, www.jungfrau.ch.

Zug der Jungfraubahn auf dem Weg zur Station Jungfraujoch vor dem Berg Jungfrau.

Rodeln und Skispringen im Sommer

KANDERSTEG

Kandersteg, Kanton Bern

Für die meisten Menschen ist ein schneeverwehtes Winterparadies die typische Schweizer Landschaft. Im frühen 19. Jahrhundert wurde das Land aber auch als vornehmes Sommerreiseziel entdeckt, besonders geschätzt wegen der frischen und belebenden Alpenluft. Die Sommerfrischler von heute lockt ein ganzes Netzwerk von Bergpfaden und gekennzeichneten Wanderwegen.

Der 1300 Seelen zählende Ort Kandersteg gehört zum UNESCO-Weltnaturerbe Schweizer Alpen Jungfrau-Aletsch und ist nur ein Beispiel für die vielfältigen Ferienmöglichkeiten in der Umgebung des Berner Oberlands. Als 1913 der Lötschbergtunnel fertiggestellt war und die Lötschbergbahn den Betrieb aufnahm, gelangte Kandersteg schon früh in den touristischen Fokus. Heute richtet sich das Angebot vor allem an Familien, die in dem ruhigen, gemütlichen Dorf Erholung finden.

Wandern am Oeschinensee oberhalb von Kandersteg.

Kandersteg wurde erstmals 1374 als Übernachtungsgelegenheit an der Gewürzhandelsroute erwähnt. Zuvor nutzten schon die Römer den Weg über Gemmi- und Lötschenpass zur Überquerung der Alpen.

Das reich verzierte Ruedihus wurde 1753 in der typischen regionalen Bauweise als Wohnhaus und Maultierwechselstation errichtet und zeugt von der Handwerkskunst der Zimmerleute. Seit dieser Zeit dient es bis heute als Gaststätte und zudem seit Anfang des 20. Jahrhunderts als Landgasthof.

Ein beliebtes Ausflugsziel von Kandersteg aus ist der Oeschinensee auf 1600 Metern Höhe, dort bietet sich nicht nur ein sehenswertes Panorama auf die Bergwelt von der Blüemlisalp bis zum Doldenhorn, man kann auch Bootsfahrten unternehmen. Wer nicht wandern möchte, fährt per Gondelbahn ab Kandersteg zum See. Beliebte Freizeitmöglichkeiten sind Wandern, Mountainbikefahren, Klettern und Skispringen oder auch die Sommerrodelbahn am Oeschinensee. Alljährlich lebt im Januar für eine Woche die Belle Époque auf, wenn Einheimische und Gäste in der Kleidung der Zeit unterwegs zu Veranstaltungen sind.

INFO: Kandersteg liegt ca. 64 km südlich von Bern. **INFO KANDERSTEG:** Äussere Dorfstr. 26, 3718 Kandersteg, Tel. (033) 675 80 80, www.kandersteg.ch. **REISEZEIT:** Im Juni und Juli stehen die Alpenblumen in voller Pracht, von September bis Oktober herrscht etwas kühleres Wetter. Die Belle-Époque-Woche findet meist Ende Januar statt.

Das Tal der 72 Wasserfälle

Lauterbrunnental

Lauterbrunnen, Kanton Bern

Das Lauterbrunnental liegt in einem eindrucksvollen Trogtal zwischen steil aufragenden gigantischen Felswänden und Gipfeln, von denen sich sage und schreibe 72 Wasserfälle in die Tiefe stürzen. Wahrzeichen ist der 297 Meter hohe Staubbachfall, einer der höchsten frei fallenden Fälle in Europa. Er hat Goethe, der 1779 das Tal besuchte, zu seinem Gedicht »Gesang der Geister über den Wassern« inspiriert. Im Juni 2015 wurde die Staubbachgalerie eröffnet, ein Weg, auf dem man den Wasserfall von hinten passieren kann.

Die Wassermassen der spektakulären Trümmelbachfälle im Inneren des Berges »Schwarzer Mönch« werden von zehn Gletschern gespeist – bis zu 20 000 Liter ergießen sich pro Sekunde aus 200 Metern Höhe. Das Schauspiel kann im Sommer mit einem Tunnellift erreicht werden. Der Mürrenbachfall gilt mit 417 Metern als der höchste Wasserfall der Schweiz, er fällt allerdings nicht frei.

Auf dem UNESCO-Trail kann man vorbei an Gletschern, Wildbächen und Bergseen die einzigartige Abgeschiedenheit des Hinteren Lauterbrunnentals erwandern und sich dabei auf den Spuren alter Sagen und einer Alpwirtschaft in die Zeit vor 100 Jahren zurückversetzt fühlen. Im nur zu Fuß erreichbaren Hotel Obersteinberg gibt es nur Kerzenbeleuchtung, es wird mit Holz gekocht und Maultiere tragen die Lebensmittel auf 1800 Meter.

Hauptort des Tals ist Lauterbrunnen, das bereits 1240 urkundlich erwähnt wurde. Der Name bezieht sich auf die klaren (lauteren) Quellen und Bäche (Brunnen). Das Dorf entstand als Siedlung der Walser im Berner Oberland. Heute prägen traditionelle Chalets statt Häuser mit breit vorstehenden Berner Dächern das Erscheinungsbild. Der Fortschritt ist hier und in den Nachbarorten kaum zu spüren.

Das Lauterbrunnental wird als Tal der 72 Wasserfälle bezeichnet.

Von Stechelberg führt eine Luftseilbahn auf das Schilthorn, den mit 2970 Metern höchsten Gipfel der Berner Voralpen. 1968/69 wurden Teile des James-Bond-Films »Im Geheimdienst Ihrer Majestät« an der Seilbahn und im Restaurant der Bergstation gedreht.

Info: Lauterbrunnen liegt 67 km südöstlich von Bern. **Info Lauterbrunnen:** Tourismusverband, Stutzli 460, 3822 Lauterbrunnen, Tel. (033) 856 85 68, www.lauterbrunnen.swiss. **Info Trümmelbachfälle:** Trümmelbach, 3824 Stechelberg, Tel. (033) 855 32 32, www.truemmelbachfaelle.ch, tägl. April–Juni, Sept.–Nov. 9–17, Juli/Aug. 8.30–18 Uhr, Eintritt CHF 11, Kinder CHF 4 (6–15 J.).

Auf Holzwegen durch die mächtigste Schweizer Schlucht

AARESCHLUCHT

Meiringen, Kanton Bern

Das Haslital ist eines der großen Quertäler des Alpenmassivs von Grimsel bis zum Brienzersee. Sein flacher Talgrund wird von dem imposanten Kalkfelsriegel des Kirchet vom oberen Tal getrennt. In Zehntausenden von Jahren hat die Aare durch diesen Felsen einen Lauf gegraben und dabei eine eineinhalb Kilometer lange, bis zu 200 Meter tiefe und an manchen Stellen nur einen Meter breite Schlucht geschaffen. Mystisch erscheint sie an Juli- und Augustabenden, wenn sie von gelb-goldenem Licht beleuchtet wird.

Im Jahr 1887 erteilte der Berner Regierungsrat der Gemeinde Willingen die Konzession, einen Fußweg durch die Aareklamm einzurichten. Unter gefährlichen Bedingungen bauten einige Bürger den Weg, der im Folgejahr passend zur gleichzeitig eröffneten Brünigbahn ab Luzern ins Haslital eingeweiht wurde und bereits im ersten Jahr 12 000 Besucher zählte. Das waren gleich zwei neue Attraktionen für das Städtchen Meiringen im Berner Oberland.

Der Weg durch die Schlucht entlang der tosenden Aare.

Heute ist der gut ein Kilometer lange Weg wesentlich besser begehbar und führt überwiegend auf bis zu zwei Meter breiten Holzstegen oder auf Asphalt entlang der spritzenden Wassermassen durch die eindrucksvolle Schlucht. Vom westlichen Eingang bis zur Mitte ist die Strecke barrierefrei.

Der Fußmarsch vom Westeingang in Meiringen zum Osteingang in Innertkirchen dauert etwa 40 Minuten; zurück geht es alternativ parallel über einen öffentlichen Wanderweg. Wenn beide Eingänge geöffnet sind, kann man die Schlucht durchwandern.

INFO: Meiringen liegt etwa 86 km südöstlich von Bern und 52 km südlich von Luzern. INFO MEIRINGEN-HASLITAL: Tourist Information, Bahnhofstr. 22 (im Bahnhof), 3860 Meiringen, Tel. (033) 972 50 50, www.haslital.ch. INFO AARESCHLUCHT: Sandstr., 3860 Meiringen, Tel. (033) 971 40 48, www.aareschlucht.ch, Öffnungszeiten Westeingang (Meiringen) Mitte April–Juni und Sept./Okt. tägl. 8.30–17.30, Juli/Aug. 8.30–18.30 Uhr, Abendbeleuchtung Juli/Aug. Do–Sa 18.30–22.30 Uhr, Osteingang (Innertkirchen) Anfang Mai–Okt., Eintritt CHF 9, Kinder CHF 5 (6–16 J.).

Wo der Detektiv vorübergehend sein Ende fand

Sherlock Holmes und der Reichenbachfall

Meiringen, Kanton Bern

Auge in Auge stehen sich der berühmte Meisterdetektiv und sein Widersacher gegenüber, während die tosenden Wassermassen an den beiden Kontrahenten vorbeirauschen. Sherlock Holmes und Professor Moriarty ringen verzweifelt in ihrem finalen Kampf an schwindelerregender Stelle am Reichenbachfall oberhalb von Meiringen. Ein Aufschrei beendet die langjährige Rivalität zweier ebenbürtiger Gegner, die hundert Meter tief in die aufspritzende Gischt stürzen.

Das Sherlock Holmes Museum in der englischen Kirche von Meiringen.

Sir Arthur Conan Doyle findet während eines Erholungsurlaubs in Meiringen im Berner Oberland die ideale Kulisse für das geplante Ableben seines Helden Holmes. Vom »Hotel zum Wilden Mann« aus erkundet er die nahen Wasserfälle und inszeniert vom obersten und größten die Geschichte »Das letzte Problem«. Mit dem Proteststurm der Leser, der daraufhin einsetzte, hatte Doyle nicht gerechnet. Er kam nicht umhin, seinen Detektiv wiederbeleben zu lassen. In späteren Büchern erfährt der Leser, dass Holmes beim Sturz einen Grashalm erklimmen konnte. Der bekannte Roman »Der Hund der Baskervilles« stammt bereits aus der Periode nach der Wiederauferstehung.

Bis heute ist dieser Kampf am Reichenbachfall Synonym für die Unsterblichkeit des Detektivs, den viele Engländer wie eine reale Person verehren. Daher wird diese Szene jährlich im Juni von Mitgliedern der Londoner »Holmes Society« vor Pilgern aus der ganzen Welt am Originalschauplatz nachgestellt.

Seit 1899 erlaubt die nostalgische Reichenbachbahn einen unbeschwerten Aufstieg zu den Fällen. Sie klettert mühelos 246 Meter in sieben Minuten nach oben.

Zurück in Meiringen führt die Spur zum Conan-Doyle-Place, auf dem der bronzene Detektiv Pfeife rauchend auf einem Stein vor einer kleinen Kirche sitzt. Diese englische Kirche beherbergt seit 1991 das Sherlock-Holmes-Museum, das zum 100. Geburtstag des Autors eingeweiht wurde. Höhepunkt der Ausstellung ist die Nachbildung des Wohnzimmers der 221b Baker Street. Aus dem Londoner Polizeimuseum stammen Briefe aus der Gegenwart, denn noch heute wenden sich Bürger mit ihren Fällen an Scotland Yard mit der Bitte um Weiterleitung an den berühmtesten Detektiv der Welt.

Info: Meiringen liegt etwa 86 km südöstlich von Bern. **Info Reichenbachfall-Bahn:** www.grimselwelt.ch, Öffnungszeiten Mai bis Anfang Okt. tägl. 9–17.30 Uhr, Tickets CHF 10 (hin und zurück), Kinder CHF 8. **Info Sherlock-Holmes-Museum:** Bahnhofstr. 26, 3860 Meiringen, Tel. (033) 972 50 00, www.sherlockholmes.ch, Öffnungszeiten Mai–Okt. tägl. 13.30–18, Dez.–April Mi, So 16.30–18 Uhr, Eintritt CHF 5, Kinder CHF 3.

360 Grad Alpenpanorama

Mürren und Wengen

Mürren/Wengen, Kanton Bern

Das Berner Oberland ist wahrlich kein Geheimtipp: Das ganze Jahr über strömen Touristen in die populärste Region der Schweiz, angelockt von Bergdörfern wie dem winzigen und autofreien Mürren. Dieses höchste ganzjährig bewohnte Dorf des Kantons Bern liegt gegenüber dem gewaltigen Jungfrau-Gebirgsmassiv auf einem balkonartigen Felsvorsprung über dem Lauterbrunnental. Zu erreichen ist die 1257 gegründete, ehemalige Walsersiedlung nur mit der Zahnrad- oder Seilbahn.

Mürren gilt durch die Gründung des Kandahar Ski Clubs im Jahr 1924 durch britische Skifahrer als Geburtsstadt des modernen Abfahrtslaufs. Unübertroffen ist die herausfordernde, 14 Kilometer lange Abfahrt vom Schilthorn mit atemberaubender Aussicht. Diese ist auch bei Nicht-Skifahrern beliebt: Mit der Seilbahn fahren sie auf die 2970 Meter hohe Bergkuppe des Piz Gloria, um von hier aus ein wunderbares Panorama mit Seen und schneebedeckten Gipfeln zu genießen.

Das autofreie Mürren mit schönem Bergpanorama.

Das gleichnamige, durch Sonnenenergie angetriebene Drehrestaurant wurde durch den James-Bond-Film »Im Geheimdienst Ihrer Majestät« (1969) weltberühmt. Von seiner unvergleichlichen Adlernestlage aus überschaut man nahezu 200 Gipfel. Das Restaurant wirkt wie ein auf alpinem Grundgestein verankertes, mit Fenstern versehenes Raumschiff, das von Außerirdischen errichtet wurde.

Das autofreie Wengen liegt in 1274 Metern Höhe auf einer Sonnenterrasse am Fuße von Eiger, Mönch und Jungfrau. Über die Wengernalpbahn, die in Lauterbrunnen startet, erreichen Einheimische und Touristen das Walserdorf. Als Wintersportzentrum richtet Wengen seit 1930 alljährlich im Januar das Lauberhornrennen aus, eine der schwierigsten Pisten des alpinen Ski-Weltcups.

Info: Mürren und Wengen liegen je ca. 75 km südöstlich von Bern. **Info Mürren:** Mürren Tourismus, 3825 Mürren, Tel. (033) 856 86 86, www.muerren.swiss. **Info Drehrestaurant Piz Gloria:** Tel. (033) 826 00 07, www.schilthorn.ch, Preise auf Anfrage. **Info Seilbahn Schilthorn:** alle 30 Min. ab Mürren, www.schilthorn.ch. **Info Wengen:** Wengen Tourismus, Dorfstraße, 3823 Wengen, Tel. (033) 856 85 85, www.wengen.swiss. **Info Wengernalpbahn:** www.jungfrau.ch.

Wanderungen auf Goethes Spuren

Gletscherschlucht Rosenlaui

Rosenlaui, Kanton Bern

Von Lord Byron über Goethe bis Wagner: Seit der romantisierenden Wiederentdeckung der Alpen im 18. Jahrhundert durchquerten zahlreiche Künstler das Rosenlauital auf dem Weg zur Großen Scheidegg. Über Jahrtausende formte das Wasser ein Kunstwerk aus Felsformationen entlang des Reichenbachs. Die Schlucht mit bis zu 80 Meter aufragenden Gesteinswänden unterhalb des Rosenlauigletschers in der Wetterhorngruppe, die erst im 18. Jahrhundert entdeckt wurde, ist heute Teil des UNESCO-Weltnaturerbes Jungfrau-Aletsch. Zur Eröffnung der Schlucht im Juni 1903 zählte man 38 Besucher an einem Tag, inzwischen sind es 20 000 Besucher pro Jahr.

Als Johann Wolfgang von Goethe 1779 von Grindelwald ins Haslital wanderte, notierte er: »Kein Gedanke, keine Beschreibung noch Erinnerung reicht an die Schönheit und Größe der Gegenstände«. Von der Schönheit der Schlucht kann man sich heute auf dem gut ausgebauten, 537 Meter langen Rundweg überzeugen, der am Schluchthüttli beginnt und an einem Wasserfall sowie interessanten Felsformationen wie dem Elefantenkopf oder den Gletschermühlen vorbei durch mehrere Tunnel führt.

Nach der Entdeckung der inzwischen verschütteten Heilquelle mit Schwefelwasser anno 1771 entstand gegenüber der Schlucht ein Badehotel, trotz der mühsamen Anreise ab Meiringen. Diese wird heute am besten per Postbus bewältigt und ist für Hotelgäste kostenlos. Das mondäne Kurhotel mit seinem Hauptgebäude aus der Belle Époque ist Ausgangspunkt für zahlreiche Wanderungen durch die Umgebung.

Wer auf Goethes Spuren wandeln möchte, erwirbt den gleichnamigen Erlebnispass, der die Anreise mit Eintritt in die Gletscherschlucht, einen kulturhistorischen Führer und einen sogenannten Goethe-Lunch in einem der Restaurants entlang des Weges beinhaltet.

Sonnenuntergang in der Gletscherschlucht Rosenlaui.

Info: Rosenlaui liegt 94 km südöstlich von Bern. **Info Gletscherschlucht:** Anfahrt mit Postauto ab Meiringen, Tel. (033) 971 24 88, www.rosenlauischlucht.ch, Öffnungszeiten Ende Mai–Ende Okt. tägl. 9–18 Uhr, Eintritt CHF 8, Kinder CHF 4 (6–16 J.). **Info Hotel Rosenlaui:** 3860 Rosenlaui, Tel. (033) 971 29 12, www.rosenlaui.ch, Mitte Mai–Mitte Okt., Preise auf Anfrage.

Bilderbuchidylle mit Kühen

SIMMENTAL

Kanton Bern

Wer schon als Kind gern mit Modelleisenbahnen gespielt und die Strecken mit putzigen Häuschen auf grünen Hügelchen dekoriert hat, wird vom Simmental begeistert sein, denn südwestlich vom Thunersee wird diese Traumlandschaft Wirklichkeit. Das Tal zwischen Spiez und Gstaad, das der Komponist Felix Mendelssohn-Bartholdy einmal als das »grünste Tal Europas« bezeichnete, entspricht genau dieser Idealvorstellung.

Hier werden Brauchtum und Alpkultur gepflegt: Traditionelle Festivitäten wie der Alpabzug in St. Stephan und der Bauernmarkt in Bolligen prägen den Veranstaltungskalender. Und entlang der idyllischen Simme kann man vorzüglich wandern.

Ein Ort mit typischen Holzchalets im Unteren Simmental ist das 1700 Seelen zählende Erlenbach, in dem Viehmärkte abgehalten werden. Aus der hiesigen Viehzucht stammt die häufig exportierte, bekannte Simmentaler Kuh – braun mit weißen Flecken, auch Simmentaler Fleckvieh genannt. In Erlenbach befindet sich die Talstation der Seilbahn, die auf den 2190 Meter hohen Stockhorn führt.

Im Örtchen Erlenbach im Simmental.

Zwischen dem Niederen und Oberen Simmental liegt der Hauptort Zweisimmen, dessen Name sich durch die Flüsse Große und Kleine Simme erklärt. 13 Kilometer entfernt dann Lenk, das früher dank seines schwefelhaltigen Wassers vor allem als Kurort bekannt war. Heute gilt der Wintersport als Haupteinnahmequelle. Von Lenk führt eine eindrucksvolle Wanderung zu den Simmenfällen.

In dieser Region entstand mit der GoldenPass-Linie der erste Panoramazug der Welt, der drei Regionen und sechs Seen verbindet. Bemerkenswert sind die spurbedingten Wechsel der Züge: nach der Normalspurbreite ab Luzern fährt der Zug von Lenk nach Montreux auf nur einem Meter Breite. Um die ganze Strecke zu durchfahren, ist mehrfaches Umsteigen notwendig, die eingesetzten Waggons unterscheiden sich dabei. Das wird sich jedoch bald ändern: Ab Sommer 2021 startet von Interlaken via Zweisimmen nach Montreux ein neu patentierter Zug, der sich den Spurbreiten automatisch anpasst.

INFO: Zweisimmen liegt 77 km und Lenk 89 km südlich von Bern. **INFO ZWEISIMMEN:** Tourismusverband, Thunstr. 8, 3770 Zweisimmen, Tel. (033) 722 11 33, www.zweisimmen.ch. **INFO STOCKHORNBAHN:** www.stockhorn.ch. **INFO LENK:** Tourismusverband, Rawilstr. 3, 3775 Lenk, Tel. (033) 736 35 35, www.lenk-simmental.ch. **INFO GOLDENPASS PANORAMIC:** 1820 Montreux, Tel. (021) 989 81 90, www.goldenpass.ch.

Der schönste See der Schweiz

Thunersee und St.-Beatus-Höhlen

Thun/Sundlauenen, Kanton Bern

Viele Einheimische halten den Thunersee für den schönsten See der Schweiz. Beginnend bei der Mündung der Aare in Thun, erstreckt er sich 17,5 Kilometer in der Länge und 3,5 Kilometer in der Breite bis nach Interlaken.

Zwei Wege führen um den See: die schnellere südliche Route entlang der Autobahn und die interessantere nördliche Strecke mit einigen Aussichtspunkten. Noch heute leben Berufsfischer am Thunersee von ihrer traditionellen Tätigkeit. Und seit über 180 Jahren fahren Ausflugsschiffe über den See, etwa der historische Schaufelraddampfer »Blümlisalp« von 1906. Die Hänge entlang des Sees dienen auch dem Weinbau.

Das Wahrzeichen von Thun ist das weithin sichtbare Schloss, das die Zähringer Herzöge anno 1190 errichteten und das die Stadt Bern 1384 übernahm. Die fünf großen Säle des Schlosses füllt das historische Museum von Thun, besonders sehenswert ist der Rittersaal.

Direkt am Thunersee liegt das romantische Schloss Schadau im gleichnamigen Park, dessen Gourmetrestaurant seine Gäste mit modern interpretierten Klassikern der französisch-mediterranen Küche verwöhnt.

Jeden Sommer ist die Thuner Seebühne Veranstaltungsort einer hochklassigen Musical-Produktion vor der faszinierenden Kulisse der See- und Bergwelt. Klassiker werden ebenso gezeigt wie Eigenproduktionen.

Auf der nordöstlichen Seite des Thunersees liegen die St.-Beatus-Höhlen, die einer Sage nach dem heiligen Beatus im 6. Jahrhundert als Unterschlupf dienten. Die Tropfsteinhöhle unterhalb des Beatusbergs entstand durch unterirdische Erosion im Kreidekalk des Niederhornmassivs. 15 Kilometer wurden vermessen, davon ist ein Kilometer für Besucher auf einer geführten Tour freigegeben.

Die Stadt Thun am Thunersee.

Der 2011 begonnene Panoramarundweg führt rund um den Thunersee über Gräben, Schluchten und zwei neu erbaute Hängebrücken, zwei weitere werden folgen.

Info: Thun liegt ca. 36 km südöstlich von Bern. **Info Thunersee:** Tourismusverband, Seestr. 2, 3601 Thun, Tel. (033) 225 90 00, www.thunersee.ch. **Info Schlossmuseum:** Schlossberg 1, Thun, Tel. (033) 03 32 23 20 01, www.schlossthun.ch, tägl. April–Okt. 10–17, Nov.–Jan. So 13–16, Feb./März 13–16 Uhr, Eintritt CHF 10, Kinder CHF 3. **Info Thuner Seespiele:** Lachenareal, Thun, Tel. (033) 225 45 55, www.thunerseespiele.ch. **Info St.-Beatus-Höhlen:** Sundlauenen, Tel. (033) 841 16 43, www.beatushoehlen.ch, Öffnungszeiten Mitte März–Mitte Nov. tägl. 9.30–17 Uhr, Eintritt CHF 18, Kinder CHF 10. **Info Rundweg:** www.brueckenweg.ch.

FREIBURG

Die Erfinder der Milchschokolade

Schokoladenmuseum Cailler

Broc, Kanton Freiburg

Jeder Schweizer isst im Jahr etwa zwölf Kilogramm Schokolade. Kein Wunder, wird doch die beste »Schoggi«, wie sie im deutschsprachigen Landesteil genannt wird, häufig in der Schweiz hergestellt. Das Land gilt als Schoko-Weltmacht: 60 Prozent der Produkte werden exportiert. Mit einem Marktanteil von rund elf Prozent ist die Marke Cailler – 1929 von Nestlé übernommen – in der Schweiz einer der Branchenführer und gilt als Pionier der heimischen Schokoladenherstellung.

Schokolade gelangte über Frankreich und Italien in die Schweiz. Auch der Kolonialwarenhändler François-Louis Cailler wird während eines Italien-Aufenthalts auf die braune Masse aus Kakaobohnen und Zucker aufmerksam. Er lernt das Handwerk des Chocolatiers in Turin und kehrt nach Hause zurück, wo er 1825 in Corsier-sur-Vevey eine mechanisierte Schokomanufaktur eröffnet. Sein Ziel: hohe Qualität zu erschwinglichem Preis. Cailler ist somit die älteste noch existierende Schokoladenmarke. 50 Jahre später, 1875, erfindet Caillers Schwiegersohn Daniel Peter die Milchschokolade, Caillers Enkel Alexandre-Louis Cailler eröffnet 1896 die Schokoladenfabrik in Broc.

Das moderne Fabrikmuseum erlaubt heute einen Blick hinter die Kulissen. Ein interaktiver Rundgang erzählt die Geschichte von Cailler und über Bildschirme dürfen Besucher die Schoko-Herstellung in Echtzeit verfolgen. Im Atelier du Chocolat finden Workshops statt. Die dort kreierten Schokoladen sind ein schönes Souvenir. Auch im Museumsshop finden sich viele süße Mitbringsel.

Info: Broc liegt ca. 63 km südwestlich von Bern. **Info Cailler of Switzerland:** Rue Jules Bellet 7, 1636 Broc, Tel. (026) 921 51 51, www.cailler.ch, Öffnungszeiten ganzjährig tägl. 10–18 Uhr, Eintritt CHF 12, bis 16 J. frei.

Besucher im Schokoladenmuseum Cailler in Broc.

Alte Mauern und Frösche

ESTAVAYER-LE-LAC

Estavayer-le-Lac, Kanton Freiburg

Am südöstlichen Ufer des Neuenburgersees in einer kleinen Enklave des Kantons Freiburg liegt das mittelalterliche Städtchen Estavayer-le-Lac, dessen Zentrum entgegen seinem Namen wegen des Sumpfgebiets am Ufer eigentlich gar nicht direkt am See liegt. Der heute 9700 Einwohner zählende Ort wurde 1156 erstmals urkundlich erwähnt, allerdings noch unter dem alten Namen Stavaiel, der auf den germanischen Namen Stavius zurückgeht. Die Stadt gehörte im 12. Jahrhundert dem Geschlecht d'Estavayer, die im heutigen Château de Chenaux ihren Sitz hatten und bis zum 15. Jahrhundert für eine Blütezeit und rege Bautätigkeit sorgten.

Sehenswert ist das intakte mittelalterliche Ortsbild innerhalb alter Stadtmauern auf einem Grundriss von 200 mal 300 Metern. Ein interessanter Rundgang entlang der Mauern und Türme wurde ausgeschildert. Durch das Dominikanertor gelangen die Besucher ins kopfsteingepflasterte Zentrum entlang der Grand-Rue mit ihren Lauben, von der niedliche Gassen abzweigen. Zu den wichtigsten Bauten zählt die spätgotische St.-Laurent-Kirche, das bereits erwähnte und der Öffentlichkeit nur sporadisch zugängliche Schloss als Sitz der Präfektur sowie das Dominikanerinnenkloster in der Grand-Rue.

Als makabres Kuriosum darf das Froschmuseum gelten, das 108 von François Perrier, einem Offizier, der im 19. Jahrhundert hier lebte, gefangene und ausgestopte Frösche in menschlichen Alltagssituationen zeigt, etwa beim Barbierbesuch, bei einem Festessen, in der Schule oder beim Kartenspiel. Das Haus dient auch als Ortsmuseum und zeigt eine authentische Küche des 17. Jahrhunderts sowie gesammelte Gegenstände, Gewänder und Gemälde aus der Region. Ein weiterer Schwerpunkt ist die Waffensammlung, die bis zu den Burgunderkriegen zurückreicht.

Ehemaliger Sitz des Adelsgeschlechts d'Estavayer: das Château de Chenaux.

Bekannt ist der Ort außerdem als das am besten ausgerüstete Wassersportzentrum der Schweiz mit allerlei Möglichkeiten vom Kitesurfing über Standup-Paddling bis zum längsten Wasserskilift des Landes.

INFO: Estavayer-le-Lac liegt ca. 54 km südwestlich von Bern. **INFO ESTAVAYER-LE-LAC:** Office du tourisme, Rue de l'Hôtel de Ville 5, 1470 Estavayer-le-Lac, Tel. (026) 662 66 80, www.estavayer-payerne.ch. **INFO LE MUSÉE DES GRENOUILLES:** Rue du Musée 13, 1470 Estavayer-le-Lac, Tel. (026) 664 80 65, www.museedesgrenouilles.ch, Öffnungszeiten März–Dez. tägl. außer Mo 13–18 Uhr, Eintritt CHF 5, Kinder CHF 3.

Kultur-Brücken-Stadt an der Saane

FREIBURG

Kanton Freiburg

Als Kultur-Brücken-Stadt sieht sich die Hauptstadt des gleichnamigen Kantons mit ihren 38 400 Einwohnern. Die hügelige Stadt entstand 1157 auf einem Felssporn oberhalb des Flusses Saane. Als sich nur hundert

Nicht zu verwechseln mit der namensgleichen Stadt im Breisgau: Freiburg im Üechtland.

Jahre später neue Quartiere auf der gegenüberliegenden Flussseite entwickelten, mussten erste Brücken errichtet werden. Die beiden einstigen Hängebrücken aus Drahtseilen hat man längst durch Betonbrücken abgelöst. Sehenswert sind die 1653 errichtete Bernbrücke sowie die Mittlere Brücke und Zähringenbrücke aus Sandstein. Das Stadtbild wird durch zahlreiche Brunnen mit wohlklingenden Namen wie Tapferkeitsbrunnen oder Treuebrunnen aufgelockert. Auffallend ist der Tinguely-Brunnen aus Metall.

Der historische Stadtkern wird durch mehr als 200 spätgotische Fassaden aus Sandstein gebildet. Dominante der Altstadt ist die Cathédrale de Saint-Nicolas, die 1283 als dreischiffige gotische Kirche entstand. Auf der Orgel spielten schon Franz Liszt und Anton Bruckner. Eine Reihe weiterer Kirchen und einstiger Klöster prägen das Stadtbild beidseits der Saane. Seit 1899 verbindet eine Standseilbahn Neustadt und Altstadt.

Die zweisprachige Universitätsstadt – bitte nicht mit Freiburg im Breisgau verwechseln – ist übrigens ein Eldorado für Feinschmecker. Die beliebte Schweizer Schokoladensorte Villars stammt von hier. Zwar kann man deren Herstellung nicht besichtigen, der Fabrikladen führt aber immerhin die große Produktauswahl.

INFO: Freiburg/Fribourg liegt 38 km südwestlich von Bern. **INFO FREIBURG:** Informations Touristiques de Fribourg, Place Jean-Tinguely 1, 1700 Fribourg, Tel. (026) 350 11 11, www.fribourgtourisme.ch. **INFO VILLARS:** Route de la Fonderie 2, Fribourg, Tel. (026) 426 65 00, www.chocolat-villars.com, Öffnungszeiten Mo–Fr 8.30–17.30, Sa 8.30–12.30 Uhr.

Von Schrotthaufen und drallen Frauen

Espace Jean Tinguely – Niki de Saint Phalle

Freiburg, Kanton Freiburg

Der in Fribourg geborene Jean Tinguely (1925–91), einer der innovativsten Schweizer Künstler, prägte die Stadtbilder von Basel und Zürich durch seine verspielten, beweglichen Metallskulpturen »Fasnachts-Brunnen« und »Heureka«. 1955 lernt der Kinetikkünstler Tinguely Niki de Saint Phalle (1930–2002) kennen, die später für ihre Nanas – üppige, farbenfrohe Frauenfiguren – weltberühmt wird. Zwischen den beiden Künstlern entwickelt sich eine intensive Liebes- und Arbeitsbeziehung. »Ich verliebte mich sofort in Deine Arbeit. Dein Atelier sah aus wie ein riesiger Schrotthaufen voll wunderbarer verborgener Schätze«, schrieb die in Frankreich geborene Saint Phalle in einem Brief an Tinguely. Sie lernten voneinander, arbeiteten eigenständig, aber auch miteinander. Eines ihrer bekanntesten gemeinsamen Werke steht in Paris: Der Strawinski-Brunnen am Centre Georges Pompidou verbindet Saint Phalles bunte und runde Polyesterfiguren mit Tinguelys beweglichen Metallobjekten.

Tinguely wuchs in Basel auf, deshalb ist ein Großteil seines Werks im Basler Tinguely-Museum zu sehen. Der Künstler hatte sich 1968 in Neyruz bei Freiburg niedergelassen, wo er auch bestattet wurde. Niki de Saint Phalle überlebte ihn um elf Jahre und übergab der Stadt Freiburg einige seiner Monumentalwerke.

Das Musée d'art et d'histoire Fribourg übernahm die Schirmherrschaft für das eigenständige Museum des in der Bevölkerung hoch geschätzten Künstlers. Im einstigen Tramdepot von Freiburg, 1900 auf einem Friedhof errichtet, zeigt nun das kleine Museum der Stiftung Espace Jean Tinguely – Niki de Saint Phalle auf 500 Quadratmetern diese Monumentalwerke Tinguelys, die in Bewegung gesetzt werden können, und 22 Polyester-Reliefs von Saint Phalle.

Sonderausstellungen ermöglichen den Dialog ihrer Werke mit jenen von zeitgenössischen Künstlern. Im Kinderatelier »Jean und Niki« dürfen kleine Künstler eigene Werke gestalten.

Info: Fribourg liegt 38 km südwestlich von Bern. **Info Espace Jean Tinguely – Niki de Saint Phalle:** Rue de Morat 2, 1700 Fribourg, Tel. (026) 305 51 40, www.fr.ch/mahf, Öffnungszeiten Mi–So 11–18, Do bis 20 Uhr, Eintritt CHF 7, unter 16 J. frei.

Der Brunnen Jo Siffert von Jean Tinguely (1984) am Grand-Places in Freiburg.

Harter Käse aus weicher Landschaft

Gruyères

Gruyères, Kanton Freiburg

Wenn ein mittelalterliches Städtchen bezaubern kann, dann ist es Gruyères im Freiburgerland. Hauptattraktion ist das Schloss; viele Gäste kommen allerdings wegen des bekannten Käses und entdecken erst dadurch den malerischen Ort. Hinter dem Stadttor eröffnet sich die Gasse Rue du Bourg, die von Restaurants, kleinen Geschäften und Hotels gesäumt wird. Hier scheint die Welt noch in Ordnung. Der leicht ansteigende Weg führt bis hin zum 800 Jahre alten Grafenschloss.

Das Château de Gruyères zählt zu den prächtigsten Schlössern der Schweiz und entstand im späten 13. Jahrhundert, in Auftrag gegeben durch die Grafen von Greyerz. Sehenswert sind insbesondere die Wandmalereien im Rittersaal, die mittelalterliche Küche und der französische Garten.

Kurz vor dem Château de Gruyères liegt das Schloss St. Germain, das den Schweizer Künstler HR Giger (1940–2014) seit 1998 mit einer Ausstellung ehrt. Es zeigt Bilder, Möbel, Skulpturen und Filmkulissen. Das Schloss hatte der Schöpfer düsterer Fantasiefiguren selbst ein Jahr zuvor ersteigert. Giger wurde 1980 als Erfinder von Ridley Scotts Filmfigur »Alien« mit dem Oscar in der Kategorie »Beste visuelle Effekte« ausgezeichnet. Bekannt war Giger ebenfalls als Gestalter kraftvoller Plattencover. Die HR Giger Bar, eine Art Alien-Knochenkammer, ist wohl eine der auffälligsten Bars weltweit.

Die weihnachtliche Innenstadt von Gruyères.

Nach beeindruckender Anreise durch Alpenweiden erleben Besucher im Vorort Pringy die Herstellung des harten Greyerzer Käses in der modernen, lehrreichen Schaukäserei La Maison du Gruyère, der ersten ihrer Art in der Schweiz. Hier werden jährlich sechs Millionen Liter Milch von bis zu 35 Produzenten verarbeitet, am Tag zu 48 Laiben. Im Keller reifen 7000 Käselaibe.

Info: Gruyères liegt ca. 65 km südwestlich von Bern. **Info Gruyères:** Office du Tourisme, 1663 Gruyères, Tel. (0848) 424 424, www.la-gruyere.ch. **Info Château de Gruyères:** Gruyères, Tel. (026) 921 21 02, www.chateau-gruyeres.ch, Öffnungszeiten tägl. April–Okt. 9–18, Nov.–März 10–17 Uhr, Eintritt CHF 12, Kinder CHF 4 (6–15 J.). **Info Museum HR Giger:** Château St. Germain, Rue du Château, Gruyères, Tel. (026) 921 22 00, www.hrgigermuseum.com, Öffnungszeiten April–Okt. tägl. 10–18, Nov.–März Mi–Fr 13–17, Sa/So 10–18 Uhr, Eintritt CHF 12,50, Kinder CHF 4. **Info La Maison du Gruyère:** Place de la Gare 3, Pringy-Gruyères, Tel. (026) 921 84 00, www.lamaisondugruyere.ch, Öffnungszeiten Juni–Sept. tägl. 9–18.30, Okt.–Mai 9–18 Uhr, Eintritt CHF 7, ermäßigt CHF 6.

Mittelalterstadt am Murtensee

MURTEN

Murten, Kanton Freiburg

Im Herzen des Drei-Seen-Landes zwischen Bern und Lausanne liegt das von einer Ringmauer umgebene historische Städtchen Murten am gleichnamigen See. Hier siegten 1476 die Eidgenossen über die Burgunder. Westlich von Murten verläuft der imaginäre sogenannte Röstigraben zwischen französisch- und deutschsprachiger Schweiz. Im 12. Jahrhundert errichteten die Zähringer das heute auf 8300 Einwohner angewachsene Städtchen auf einem rechteckigen Grundriss. Noch immer dominiert die Ringmauer mit zwölf Wehrtürmen das Stadtbild.

Ein schöner Rundgang beginnt im Osten am Primarschulhaus und führt am trutzigen Berntor und der französischen Kirche vorbei zum breit angelegten Rathaus. Von dort geht es zur Hauptgasse mit Blick über die charakteristischen Laubenhäuser und drei der acht historischen Brunnen.

Südlich des Berntors steht die deutsche Kirche, in deren Pfarrhaus 1797 Jeremias Gotthelf, einer der bekanntesten Schweizer Schriftsteller, geboren wurde. Als realistischer Erzähler widmete er sich vor allem dem Leben der Landbevölkerung.

Auf den Wehrgängen der Ringmauer weiter gen Westen liegt das Schloss der Grafen von Savoyen aus dem 13. Jahrhundert, heute das Oberamt. Eine herrliche Aussicht bietet die baumgeschmückte Promenadenterrasse »Lindensaal«, an die sich das originelle Museum Murten in der einstigen Stadtmühle anschließt.

Von den Café und Restaurants der Seepromenade genießt man die Aussicht auf den Murtensee. Sportlich aktiven Urlaubern bietet Murten zahlreiche Wasser-, Wander- und Radsportmöglichkeiten.

INFO: Murten liegt 32 km westlich von Bern. **INFO MURTEN:** Tourismusverband, Französische Kirchgasse 6, 3280 Murten, Tel. (026) 670 51 12, www.regionmurtensee.ch. **INFO MUSEUM MURTEN:** Ryf 4, Murten, Tel. (026) 670 31 00, www.museummurten.ch, Öffnungszeiten März–Dez. Di–Sa 14–17, So 10–17 Uhr, Eintritt CHF 6, Kinder CHF 2 (6–16 J.).

Dächer der Altstadt und Schloss in Murten.

GENF

Die Stadt des Friedens

Genf

Kanton Genf

Mit 202 000 Einwohnern die zweitgrößte Stadt der Schweiz, gilt Genf auch als kleinste Metropole der Welt, mit internationalem Gewicht und multikulturellem Flair. Wegen des Sitzes der Vereinten Nationen und des Museums des Roten Kreuzes wird Genf auch »Stadt des Friedens« genannt.

Blick auf den Genfersee mit der Fontäne »Jet d'eau«.

Am südlichen Ausläufer des Genfersees liegt das Zentrum, wo die Rhône aus dem Genfersee in Richtung Frankreich austritt. Die leicht hügelige Altstadt erstreckt sich auf der linken Seite der Rhône mit der weithin sichtbaren Kathedrale St-Pierre. Am lebendigen Place du Bourg-de-Four und an den verwinkelten Gassen laden kleine Restaurants und gemütliche Bars zum Nachtleben ein. In der Altstadt befinden sich viele Geschäfte entlang der Rue du Marché und der Grand-Rue sowie das sehenswerte Hôtel de Ville (Rathaus) aus dem 15. Jahrhundert, in dem nicht die Stadtbehörde, sondern die Kantonsregierung untergebracht ist.

Das Wahrzeichen Genfs ist die am südlichen Seeufer gelegene, 140 Meter hohe Wasserfontäne »Jet d'eau«. Die gegenüberliegende Seeseite wird von prächtigen Luxushotels gesäumt. Im »Beau-Rivage« stieg im Jahre 1898 die österreichische Kaiserin Sisi ab, bevor sie auf einer Schifffahrt einem Attentat erlag. Dahinter liegt das Geschäftsviertel entlang der Rue du Mont-Blanc, die auf der einen Seite bis zum Bahnhof Cornavin reicht und auf der anderen entlang der Pont du Mont Blanc über die Rhône zur Altstadt führt. Auf der Rue du Mont-Blanc Nummer 26 entstand übrigens eine gastronomische Spezialität: Die weltberühmte Soße »Café de Paris« stammt nicht etwa aus der französischen Hauptstadt, sondern aus dem gleichnamigen Café-Restaurant in Genf. Spezialität des Hauses ist seit 1942 das Entrecôte de Bœuf mit eben jener auf Butter und Gewürzen basierenden Soße.

Im Norden der Stadt erstrecken sich Parkanlagen; viele internationale Organisationen haben dort ihren Sitz, die man teilweise auch besichtigen kann. Das internationale Rotkreuz- und Rothalbmondmuseum berichtet über die Geschichte der 1863 von Henry Dunant begründeten ersten humanitären Organisation der Welt.

Das Palais des Nations entstand 1937 als Sitz des Völkerbunds und dient heute den Vereinten Nationen als europäisches Zentrum. Genf ist auch Sitz der Europäischen Organisation für Kernforschung (CERN), in der 1993 das World Wide Web als Grundlage für die Verbreitung des Internets erfunden wurde. Jeden März findet der Genfer Autosalon statt.

Info Genf: Genève Tourisme, Rue du Mont-Blanc 18, 1211 Genève, Tel. (022) 909 70 00, www.geneve.com.

UNO-Hauptsitz Europa

PALAIS DES NATIONS

Genf, Kanton Genf

Den Genfer Norden bildet eine Art Stadt in der Stadt rund um den europäischen Hauptsitz der Vereinten Nationen mit einer Vielzahl internationaler Institutionen. Ein Muss ist eine Führung im monumentalen UN-Palast, einem Ort weitreichender Entscheidungen: Zunächst tagte der Völkerbund als Vorgängerorganisation der UNO im Palais Wilson direkt am Ufer des Genfersees. Als die United Nations Organization 1945 ihren neuen Hauptsitz in New York errichtete, wurde im Folgejahr auch der europäische Ableger im zehn Jahre zuvor fertiggestellten Palais eröffnet. Das 200 000 Quadratkilometer umfassende Grundstück ist Teil des Ariane-Parks und internationales Gebiet. Die Vorgabe des einstigen Parkeigentümers Gustave Revilliod, dass Pfaue jederzeit frei herumlaufen dürfen, wird bis heute eingehalten.

In dem 600 Meter langen neoklassizistischen Gebäudekomplex, mit 25 000 Quadrametern der zweitgrößte in Europa nach Schloss Versailles, sind wichtige Einrichtungen wie der Menschenrechtsrat, die Weltgesundheitsorganisation WHO oder der UN-Klimarat untergebracht, sowie Ableger der in New York ansässigen Bereiche, beispielsweise der UNESCO. 100 000 Besucher pro Jahr erfahren bei der einstündigen Führung, die in 15 Sprachen abgehalten werden kann, u. a. etwas über die anstrengende Arbeit der hier tätigen Simultandolmetscher und dürfen einen Blick in Sitzungssäle werfen.

Das »United Nations Office at Geneva« gilt als exterritoriales Gebiet wie ein eigenständiger kleiner Staat mit autonomem Zoll, autonomem Steuergesetz und sogar eigenen Briefmarken mit dazugehörigem Museum. Einen Besuch im Palais lässt sich wunderbar mit dem nahe gelegenen Museum des Internationalen Roten Kreuzes und Roten Halbmondes verbinden.

INFO: Der Palais des Nations liegt 3 km nördlich vom Genfer Bahnhof Cornavin. **INFO PALAIS DES NATIONS:** Avenue de la Paix 14, 1211 Genève, Tel. (022) 917 48 96, www.unog.ch, nur im Rahmen einer Führung, Zeiten vgl. Webseite, Eintritt CHF 15, Kinder CHF 10, Ausweispapiere sind vorzulegen.

Flaggenmeer vor den Vereinten Nationen in Genf.

GLARUS

Besuch beim Märchenonkel

Braunwald

Braunwald, Kanton Glarus

Es war einmal ein Grandhotel alter Prägung, von denen die Schweiz während der Belle Époque so viele hervorgebracht hatte. 1977 schrie ein Mädchen im Speisesaal des Hotels »Bellevue« so laut, dass Hoteldirekter Martin Vogel sie zu beruhigen versuchte, in dem er ihr ein Märchen versprach, wenn sie sich beruhigte. Er hielt sein Versprechen ein. Und weil dies so gut funktionierte und er und das Kind Freude daran hatten, blieb er dabei. Fortan besiedelten viele kleine Gäste sein Haus, das er daraufhin in »Märchenhotel« umbenannte.

35 Jahre lang trug Martin Vogel täglich eine Geschichte vor, bis ins Jahr 2011. Inzwischen übernimmt sein Sohn (oder ein anderer Märchenonkel oder eine Märchenfee) täglich um 18 Uhr die Märchenstunde.

Das Hotel in Braunwald ist auch sonst ganz auf Familien abgestimmt: Ob Riesenrutsche, Sirupbrunnen, Aquarium-Lift, Kletterwand und Hüpfburg, für die Unterhaltung der kleinen Gäste ist gesorgt. Doch nicht nur Kinder kriegen im Märchenhotel strahlende Augen: Während die Kleinen den nahen Bauernhof besuchen, eine Alpaka- oder Lama-Trekkingtour unternehmen oder auf dem Spielplatz ein paar Runden drehen, genießen die Eltern die ruhige Zeit im Wellnessbereich.

Das Märchenhotel in Braunwald bietet viele Aktivitäten.

Überhaupt stehen die Zeichen hier auf Entspannung. Braunwald in den Glarner Alpen auf 1256 Metern Höhe hat lediglich 300 Einwohner. Der autofreie und ruhige Ort ist nur über die Braunwaldbahn ab Linthal zu erreichen. Von Mai bis November kann man auch über den Klausenpass von der Innerschweiz aus anreisen. Durch die Lage an der südostwärts ausgerichteten Sonnenterrasse über dem Tal der Linth ist gutes Wetter meist programmiert.

Der Hausberg Ortstock erreicht eine Höhe von 2716 Metern. Für eine gute Übersicht über das Dorf empfiehlt sich eine Kutschfahrt ab der Bahnstation, entlang der Strecke beginnt ein Öko-Wanderweg mit 16 Stationen. Wer gerne klettert, wird auf der rund 2450 Meter hohen Berggruppe Eggstöcke mit tollem Panorama belohnt.

Info: Die Talstation liegt ca. 86 km südöstlich von Zürich. **Info Braunwald:** Braunwald-Klausenpass Tourismus AG, 8784 Braunwald, Tel. (055) 653 65 65, www.braunwald.ch. **Info Märchenhotel Bellevue:** Braunwald, Tel. (055) 653 71 71, www.maerchenhotel.ch. Preise auf Anfrage.

GRAUBÜNDEN

Spektakuläre Bahnstrecke über den Landwasserviadukt

ALBULA- UND BERNINABAHN

Von Chur bis Poschiavo, Kanton Graubünden

Der Bernina Express mag weniger bekannt sein als sein berühmter Bruder, der Glacier Express. Dabei befährt er eine überaus sehenswerte Route von Chur bis ins Puschlav und weiter nach Italien. Die UNESCO nahm 2008 die Albula- und Berninabahnstrecke in die Liste des Weltkulturerbes auf.

Seit 1973 verkehrt der Bernina Express zunächst ab Chur über Thusis und die Albulastrecke nach Pontresina. Bis dorthin passiert er zwei besondere Highlights: den Landwasserviadukt bei Filisur und die Albulastrecke mit ihren Kehrtunneln zwischen Bergün und Preda. Ab St. Moritz stößt ein Kurswagen hinzu. Weiter geht es bei Steigungen von sieben Prozent ohne Zahnradantrieb bis zur »Ospizio Bernina« auf einer Höhe von 2253 Metern und wieder herunter durch die traumhafte Berglandschaft bis nach Poschiavo auf 972 Meter. Die letzte Etappe reicht bis nach Tirano in Italien auf 429 Meter. Die Rhätische Bahn setzt für den Bernina Express nur noch Panoramawagen ein.

Das auf Deutsch Puschlav und auf Italienisch Valposchiavo genannte Tal ist ein südöstlicher Zipfel Graubündens, in dem überwiegend italienisch gesprochen wird. Das Zentrum des Tals ist der Ort Poschiavo (3500 Einwohner) etwa 15 Kilometer unterhalb des Berninapasses. Das intakte Ortsbild besteht aus Häusern vom 16. bis ins 19. Jahrhundert, die mit Steinplatten bedeckt sind. Am Ortsplatz liegen das Rathaus und die spätgotische Kirche San Vittorio. Im selben Gebäude wie das Ortsmuseum befindet sich die Handweberei, die heute noch Kurse auf traditionellen Webstühlen anbietet. Südlich des Zentrums liegen die 1711 errichtete Barockkirche Santa Maria Assunta sowie das Spaniolenviertel, das seinen Namen von Rückkehrern erhielt, die von Puschlav aus nach Spanien auswanderten, als reiche Zuckerbäcker zurückkehrten und hier hübsche Villen bauten.

Die Berninabahn fährt bis auf eine Höhe von über 2200 Metern.

Neugierige können am Bahnerlebnisweg Albula entlang der Bahnstrecke das Zusammenspiel von Natur und Technik erleben und spektakuläre Fotos der roten Züge aufnehmen. In Bergün berichtet das neu eingerichtete Bahnmuseum Albula über die waghalsige Pionierarbeit beim Bau der Schmalspurstrecke.

INFO ALBULA/BERNINA: Rhätische Bahn, Bahnhofstr. 25, 7000 Chur, Tel. (081) 288 63 26, www.rhb.ch. **INFO VALPOSCHIAVO:** Ente Turistico Valposchiavo, Piazza comunale, 7742 Poschiavo, Tel. (081) 844 05 71, www.valposchiavo.ch.

Schneesicher mit Humor

Arosa

Kanton Graubünden

Die rote Arosa-Linie fährt von Chur an den alten Stadtmauern entlang so langsam wie bei einer touristischen Stadtrundfahrt, um außerhalb der Kantonshauptstadt 1000 Höhenmeter entlang der Plessur wie eine rassige

Bergkirche in Arosa im Winter.

Gebirgsbahn zu erklimmen. Willkommen im 3100 Einwohner zählenden Ferienort Arosa. Wie sein größerer Nachbar Davos gehört Arosa zu den Luftkurorten, die schon in den Goldenen 1920ern die Reichen und Adligen anzogen, bevor der Skiurlaub erst richtig in Mode kam. Auch Thomas Mann verbrachte mehrere Erholungsurlaube im Waldsanatorium Arosa, sein Exil begann 1933 ebenfalls hier.

Die Vorteile von Arosa liegen auf der Hand: Der Ort ist via Chur trotz einer Serpentinenstrecke gut erreichbar, das schneesichere Wintersportgebiet verfügt über 225 Pistenkilometer, außerdem ist Arosa so sonnenverwöhnt, dass die Sonne seit 1935 sogar das Stadtwappen ziert.

Arosa gilt unter vielen Schweizern als anziehender Skiort, kein Wunder angesichts der aufragenden Alpengipfel und der geringen Entfernung. Dessen Zentrum liegt am Obersee.

Arosa steht ganz im Zeichen von Wintersportwettbewerben wie dem Ski Cross World Cup. Mitte Januar steigt die inoffizielle Schneefussballweltmeisterschaft („IceSnowFootball") mit namhaften Spielern und Trainern der Ländermannschaften.

Arosa ist aber auch im Sommer eine Reise wert – für Mountainbiker und Wanderfreunde. Ganz neu ist das Arosa Bärenland, das erste Bärenschutzprojekt der Tierschutzorganisation Vier Pfoten. Seit 2018 finden hier fünf Bären ein artgerechets Zuhause.

Fans elektronischer Musik pilgern im Frühjahr zum Festival Arosa Electronica. Oldtimer-Liebhaber pilgern Ende August zum Bergrennen-Festival ClassicCar. Und das elftägige Humorfestival in der ersten Dezemberwoche hat Arosa landesweit einen einzigartigen Ruf nicht nur bei Comedians eingebracht.

Architektonisches Highlight ist der vierstöckige Spabereich des Tschuggen Grand Hotel, den Stararchitekt Mario Botta 2007 in den Hang baute und mit mehreren Segeln aus Glas und Stahl versah.

Info: Arosa liegt ca. 29 km südöstlich von Chur. **Info Arosa:** Poststr., 7050 Arosa, Tel. (081) 378 70 20, www.arosa.swiss. **Info Tschuggen Grand Hotel:** www.tschuggen.ch.

Im gastfreundlichen Albulatal

SCHLITTELABENTEUER BERGÜN

Bergün, Kanton Graubünden

Im fernab von jeglicher Hektik gelegenen Ferienort kann man echte Gastfreundschaft erleben. Das von 280 Kilometern Wanderwegen umgebene Bergün liegt auf 1367 Metern Höhe am Albulapass auf dem Weg ins Engadin.

Die Ortsmitte wird geprägt durch Häuser im Engadiner Stil und den 1000 Jahre alten Turm, der als Flucht- und Wehrturm gebaut wurde und später als Gefängnis diente. Das vier Etagen umfassende Ortsmuseum siedelt in einem Bauernhaus aus dem Jahr 1600. Bei den Biobauern von Bergün an der Ortsgrenze kann man sich mit regionalen Produkten versorgen, sie züchten u. a. ungewöhnliche Kartoffelsorten, die es nicht in jedem Supermarkt gibt.

Die Anreise mit dem Zug entlang der 1903 eröffneten Albulastrecke im Panoramawagen der Rhätischen Bahn ist ein Erlebnis, markant ist vor allem der Landwasserviadukt bei Filisur. Die Albulabahn gilt als eine der spektakulärsten Schmalspurstrecken der Welt.

Die breite Passstraße Preda-Bergün wird im Winter zur Schlittelbahn umfunktioniert, die das Dorf bekannt gemacht hat. Die 10,5 Kilometer lange Strecke ist nach Sonnenuntergang beleuchtet und erlaubt Abfahrten bis in den späten Abend. Die Schlittelfahrt beginnt bei Preda und führt bis Bergün. In beiden Orten können Schlitten gemietet werden. Von Bergün fahren tagsüber die Züge der Rhätischen Bahn wieder nach oben, nach Preda.

Eine besondere Erwähnung verdient das Jugendstil-Kurhaus. 1906 als Grand Hotel eröffnet, dient es heute hauptsächlich Familien als Ausgangspunkt für günstige Ferien im Albulatal. Die üblicherweise im Wochentakt anreisenden Gäste sind in Hotelzimmern oder separaten Wohnungen untergebracht. Das Kurhaus wurde unter Einhaltung des Denkmalschutzes ab 2002 wieder hergerichtet. Der Ballsaal ist ein beeindruckender Zeuge vergangener Zeiten. Das Hotelrestaurant steht auch Gästen von außerhalb offen.

INFO: Bergün liegt ca. 50 km südlich von Chur. **INFO BERGÜN-FILISUR:** Tourismusverband, Plazi 2A, 7482 Bergün, Tel. (081) 407 11 52, www.berguen.ch. **INFO SCHLITTELBAHN:** www.schlitteln-berguen.ch, Fahrzeiten Mitte Dez.–Mitte März Mo 9.30–17, Di–So 10–23 Uhr, Einzelfahrt CHF 14, Kinder CHF 7, Tageskarte CHF 39/19,50. **INFO KURHAUS BERGÜN:** 7482 Bergün, Tel. (081) 407 22 22, www.kurhausberguen.ch, Preise auf Anfrage.

Schlitteln auf der Passstraße Preda-Bergün.

Die älteste Siedlung der Schweiz

Altstadt von Chur

Chur, Kanton Graubünden

Das Tor zur Bündner Bergwelt ist mit mehr als 5000 Jahren Geschichte die älteste Schweizer Siedlung. Heute hat die Hauptstadt des Kantons Graubünden 35400 Einwohner und verschreckt zunächst durch ihr Stadtbild außerhalb des Zentrums. Die Altstadt mit Zunft- und Bürgerhäusern vom 15. bis 18. Jahrhundert will erst gefunden werden; sie erstreckt sich zwischen dem Postplatz, der evangelischen Martinskirche mit dem gegenüberliegenden Bündner Kunstmuseum und der Kathedrale. In dieser 800 Jahre alten romanisch-gotischen Kirche St. Mariä Himmelfahrt residiert der Bischof von Chur; das im 4. Jahrhundert entstandene Bistum umfasst mehrere Kantone und reicht bis nach Zürich. Neben der Kathedrale liegt am gemeinsamen Hofplatz das barocke Bischöfliche Schloss aus dem Jahr 1733.

In der autofreien Churer Altstadt.

Vom Postplatz aus gelangt man durch die Postgasse bis zur spätgotischen Kirche St. Martin mit ihrem charakteristischen spitzen Turm. Dort schließt die hübsche Einkaufsmeile Obere Gasse an, die bis zum Obertor reicht, hinter dem die Plessur fließt.

Über die Grabengasse geht es von hier wieder zum Postplatz. Sehenswert ist auch das Rathaus aus dem 15. Jahrhundert an der Reichsgasse, die bis zu den Regierungsgebäuden des Kantons führt.

Am modernen Bahnhof kommen die Normalspurzüge der SBB an. Von hier aus geht es weiter mit den roten Zügen der Rhätischen Bahn auf Schmalspurgleisen, die den Kanton auf teilweise waghalsigen Strecken durchqueren. Manche Destinationen wie Arosa werden ausschließlich mit den Postautos erreicht, die ebenfalls am Bahnhof abfahren.

Das nördlich der Altstadt gelegene Bündner Naturmuseum gibt auf vier Stockwerken einen spannenden Einblick in Flora, Fauna und Erdgeschichte des Kantons Graubünden. Das Museum entstand durch die Sammlungen Bündner Naturforscher aus dem 19. und 20. Jahrhundert. Der bedeutendste Goldfund der Schweiz aus dem Jahr 2000 ist ebenfalls in der Ausstellung zu sehen.

Info Chur: Tourismusverband, Bahnhofplatz 3, 7000 Chur, Tel. (081) 252 18 18, www.churtourismus.ch. **Info Bündner Naturmuseum:** Masanserstr. 31, 7000 Chur, Tel. (081) 257 28 41, www.naturmuseum.gr.ch, Öffnungszeiten Di–So 10–17 Uhr, Eintritt CHF 6, ermäßigt CHF 4, bis 16 J. frei.

Hollywood on the Rocks

DAVOS UND KLOSTERS

Kanton Graubünden

Die höchstgelegene Stadt Europas (1560 m) befindet sich im Landwassertal unweit des kleineren Ortes Klosters. Seit James Joyce einen Artikel über das Skifahren in Davos veröffentlichte, zählten vor allem Engländer zu den Wintersportgästen. Im deutschen Sprachraum ist der Luftkurort durch das Buch »Der Zauberberg« von Thomas Mann bekannt, das später auch verfilmt wurde.

Davos und das etwas tiefer gelegene Klosters gelten weltweit als erstklassige Skiregionen. Davos ist Europas größtes Skigebiet mit hervorragenden Bedingungen für alle Schwierigkeitsstufen und sichert selbst in milderen Wintern aufgrund der Höhenlage Schneevergnügen. Lange, malerische Talwege bieten ideale Voraussetzungen für den Skilanglauf. Davos teilt sich ein ausgedehntes Netzwerk von Skiliften und Pisten mit Klosters.

Der Fluss Landquart durchquert das 40 Kilometer breite Prättigautal, in dem 1222 ein Prämonstratenserkloster gegründet wurde, dem das hübsche Alpendorf Klosters seinen Namen verdankt. Der familienfreundliche Ferienort ist auch bei den Royals beliebt – Prince Charles verbringt seine Skiferien seit 1978 hier. Aber die High Society der Filmindustrie hatte Klosters schon in den 1950er Jahren für sich entdeckt. Die Stadt trägt nicht umsonst den Spitznamen *Hollywood on the Rocks*. Grace Kelly verabschiedete sich im Februar 1951 aus den Ferien mit den Worten »What a lovely place to spend a winter!«.

Ob VIP oder nicht, sie kommen alle wegen des traumhaften Skigebiets Parsenn-Weissfluh. Die berühmte Abfahrt vom Weissfluhgipfel (2840 m) nach Küblis (814 m) ist ein Muss für gute Skifahrer: eine wunderbare, 14,5 Kilometer lange Piste über weite, offene Schneefelder. Wer genug Ski gefahren ist, kann sich im Iglu-Bau oder als Eiskünstler versuchen oder traut sich auf ein Airboard, ein Hightech-Luftkissen.

Das Sportzentrum Davos bietet allerlei Möglichkeiten für Aktivurlauber.

Jährlich Ende Januar hält das in Genf beheimatete World Economic Forum (WEF) sein Jahrestreffen in Davos ab, um globale Themen zu diskutieren. Das Medienereignis wird von Globalisierungsgegnern regelmäßig kritisiert. Außerdem findet hier der höchstgelegene Ultramarathon Euopas statt.

INFO: Davos liegt ca. 60 km südöstlich und Klosters ca. 47 km östlich von Chur. **INFO DAVOS:** Talstr. 41, 7270 Davos-Platz, Tel. (081) 415 21 21, www.davos.ch. **INFO KLOSTERS:** 7250 Klosters, Tel. (081) 410 20 20, www.klosters.ch. **REISEZEIT:** Feb./März zum Skifahren, im Juli blühen die Alpenblumen, Aug.–Sept. zum Wandern.

Entschleunigung im einstigen Schmugglergebiet

Fextal

Fex, Kanton Graubünden

Nur das Knirschen des Schnees unter den Hufen der stolzen Pferde ist zu hören, wenn die Kutsche in gemächlichem Tempo von Sils-Maria bis ans Ende des autofreien Fextals ruckelt. Von dieser poetischen Landschaft schwärmten schon Hermann Hesse (»Das schönste mir bekannte Geburtshaus eines Stromes«) und Friedrich Nietzsche (»Im Grunde gefällt mir's nirgendwo so gut«). So idyllisch muss es in den Wintersportorten ausgesehen haben, bevor der Tourismus für eine gigantische Infrastruktur sorgte. Das Val Fex, wie es auf Rätoromanisch heißt, ist ein Naturparadies, dessen Wahrzeichen nicht ohne Grund die Alpenblume ist. Eine Kutschfahrt in das Tal, in dem einmal die Schmuggelei ins Nachbarland Italien florierte – vor allem während der beiden Weltkriege und direkt nach 1945 –, zählt zu den romantischen Höhepunkten in der Region. Dabei ist der Weg das Ziel.

Das sechs Kilometer lange Südtal beginnt hinter Sils-Maria und reicht bis zum einstmaligen Fexergletscher. Auf 1951 Metern mit Blick auf den 3441 Meter hohen Piz Tremoggia zählt Fex mit fünf verstreuten Siedlungen zu den höchstgelegenen dauerhaft bewohnten Tälern in Graubünden. Seit 1954 dürfen dank aktiv gelebtem Naturschutz nur Schlitten, Kutschen und Transferwagen die einsame Landschaft durchqueren. Es gibt weder Skiliftanlagen, noch dürfen Neubauten die traditionellen Ortscharakter stören.

Eine Pferdekutsche vor dem Hotel Fex in Fextal.

Im vorderen Ort Platta errichtete der adlige Baptista von Salis aus Soglio 1585 die Chesa Pool, einen Bauernhof, der inzwischen als Pension betrieben wird. Selbstgemachte Produkte wie Konfitüren und Birnenbrote lohnen einen Zwischenstopp.

Ganz hinten im Tal halten die Kutschen nach etwa einer Stunde beim abgeschiedenen Hotel Fex. Das 15-Zimmer-Haus erlebte 1903 einen zweiten Frühling, als es 60 Jahre nach seiner Errichtung in St. Moritz-Bad abgetragen und per Pferdefuhrwerk an diesem Standort wieder aufgebaut wurde. Für Hotelgäste ist es ein zentraler Ausgangsort für Wanderungen. Ein weiterer Grund hier zu übernachten: Der historische Speisesaal bleibt Hotelgästen vorbehalten, die den Abend mit einem mehrgängigen Menü abschließen.

Info: Fex liegt ca. 15 km südwestlich von St. Moritz. **Info Kutschfahrten:** Abfahrt ab Sils Dorfplatz, Reservierung ist empfehlenswert unter www.claluena-sils.ch oder www.coretti.ch. **Info Chesa Pool:** Via da Platta 5, 7514 Fex, Tel. (081) 838 59 00, www.pensiun-chesapool.ch. **Info Hotel Fex:** Via da Fex 73, 7514 Fex, Tel. (081) 832 60 00, www.hotelfex.ch.

Mekka der Snowboarder

FLIMS, LAAX UND FALERA

Kanton Graubünden

Die drei Orte Flims, Laax und Falera haben sich zu einer gemeinsamen Tourismusregion zusammengeschlossen, deren Skiareal »Alpenarena« mehr als 100 Quadratkilometer schneesichere Hänge und 235 Kilometer

Ein Paradies für Snowboarder: die »Alpenarena« Flims/Laax/Falera.

Pisten aufweist. Laax (1900 Einwohner) hat sich vor allem durch die Snowboard Freestyle Academy einen Namen gemacht und ist nach wie vor ein Mekka der Snowboarder. Mit 230 Kilometern Mountainbike-Strecken und noch mal so vielen Wanderwegen ist die Region auch im Sommer ein lohnendes Ziel. In dem Gebiet finden auch Wettkämpfe statt: im Januar der wichtigste Snowboard Contest, im Juni die Mountainbike Freeride Rallye. Neben 56 Kilometern Langlaufloipen, 60 Kilometern Spazier- und Wanderwegen sowie zwei Schlittelbahnen mit je drei Kilometern Länge punktet Laax vor allem durch die größte und längste Halfpipe der Welt.

Flims (2800 Einwohner) positioniert sich als Sommerdestination und verfügt über eines der größten Waldgebiete des Bündnerlands, dazu gehören auch vier Seen. Der türkisfarbene Caumasee wurde dank seiner mediterranen Atmosphäre zu einem gern besuchten Badesee. Die Region wurde übrigens zunächst als Sommerkurort bekannt. Etwas südlich von Flims ragt die Il Spir genannte Aussichtsplattform ein wenig in die Rheinschlucht hinein und bietet eine tolle Aussicht auf den wilden Rhein.

Falera (600 Einwohner) gehört zwar ebenfalls zur Alpenarena, aber es konnte sich seinen Charakter als Bauerndorf glücklicherweise erhalten.

INFO: Flims liegt ca. 21 km westlich von Chur. **INFO FLIMS LAAX FALERA:** Via Nova 62, 7017 Flims, Tel. (081) 927 77 77, www.laax.com.

Das Dorf des »Schellenursli«

GUARDA

Guarda, Kanton Graubünden

Was ist denn das für ein hübsches Dorf da oben links von uns?«, hört man häufig auf der Zugfahrt durch das Unterengadin nach Scuol etwa zwölf Kilometer vor dem eigentlichen Ziel. Die Rede ist dann von Guarda, einem kleinen Engadiner Dorf. Das durch Abwanderung bedrohte Guarda mit heute ca. 200 Einwohnern ist bekannt für sein intaktes Ortsbild im Engadiner Stil: Blumengeschmückte Häuser mit schönen Sgraffito-Fassaden und steinerne Brunnen prägen Guarda. Die Ruhe der Unterengadiner Bergwelt spiegelt sich im Gemütszustand der Dorfbewohner, die überwiegend Rätoromanisch sprechen. Diese Ruhe überträgt sich auf die Durchreisenden: Man hat das Gefühl, in einem Freilichtmuseum zu spazieren. Für die Erhaltung des Erscheinungsbilds erhielt Guarda schon in den 1970er Jahren den Henri-Louis-Wakker-Preis des Schweizer Heimatschutzes.

In Guarda spielt übrigens eines der bekanntesten Kinderbücher der Schweiz: »Schellen-Ursli« (1975), von Selina Chönz und Alois Carigiet. Es beginnt mit den Worten: »Hoch oben in den Bergen, weit von hier, da wohnt ein Büblein so wie ihr«. Als Vorlage für das Elternhaus des armen Büblein Ursli diente das Haus Nummer 51. Ursli wurde gehänselt, weil er für das Fest zur Wintervertreibung (Chalandamarz), das jeweils am 1. März stattfindet, nur eine kleine Glocke erhalten hatte und dadurch am Ende des Umzugs hätte gehen müssen. Er macht sich allein auf einen gefährlichen Weg zu einer Alphütte, um sich eine Kuhglocke zu besorgen. Nachdem dies gelingt, darf er den Zug mit der größten Glocke des Dorfs anführen.

Der Bahnhof von Guarda liegt unterhalb des Dorfzentrums. Von der Station fährt ein Postauto bis hinauf in den Ort.

INFO: Guarda liegt ca. 58 km von Chur entfernt. **INFO GUARDA:** Guarda Turissem, Chasa da scoula, 7545 Guarda, Tel. (081) 861 88 27, www.engadin.com.

Bekannt für traditionelle Bauten im Engadiner Stil: Guarda im Unterengadin.

Vom Mythos einer Alpensaga

HEIDILAND

Maienfeld, Kanton Graubünden

Das Heidiland erstreckt sich über den tiefen Walensee bis nach Bad Ragaz. Die Ferienregion Sarganserland-Walensee, bestehend aus 30 Ortschaften, trägt den touristischen Markennamen »Heidiland« seit Ende der 1990er Jahre. Der Name begeistert nicht jeden, aber er funktioniert – aus Sicht der Tourismusbranche; die Marke hat sich etabliert. Denn was kann noch schweizerischer sein als die Geschichte von Heidi und dem Geissenpeter oder das, was man mit ihr verbindet?

Ein kleines Mädchen, eine Romanfigur von Johanna Spyri (1827–1901) aus den Jahren 1880/81, hat die Ostschweiz einst berühmt gemacht. Schon in den 1920er Jahren entstand der erste Heidi-Stummfilm, es folgten zahlreiche Zeichentrickfilme, Spielfilme und Serien. Die Bücher wurden in mehr als 30 Sprachen übersetzt, es gibt Theaterstücke, Musicals und Comics. Und die Touristen kommen in Scharen hierher, bis zu eine Million sind es jährlich. Eine der bekanntesten Adaptionen ist die japanische Anime-Serie von 1974, deshalb sind auch zahlreiche Japaner auf Heidi-Spurensuche, wie auch US-Amerikaner, denn 1937 verköperte Kinderstar Shirley Temple die Heldin der Alpensaga. Heidi ist weltweit bekannt und der Mythos lebt weiter: Im Jahr 2015 feierte die Neuverfilmung des Kinderbuchklassikers mit Bruno Ganz als Alm-Öhi Premiere. Wer kann es dem Tourismusverband da übel nehmen, aus der Marke Profit schlagen zu wollen?

Die Heimat von Heidi verlegte Spyri im ersten Band »Heidis Lehr- und Wanderjahre« ins Dorf Maienfeld. Im Ortsteil Rofels, dem sogenannten Heididorf, bestaunen Gäste aus aller Welt das Heidihaus, kaufen im Heidiladen Souvenirs und erhalten eine erste Vorstellung vom Leben auf einer Alm. Der Aufstieg zur Heidialm entlang eines Erlebniswegs dauert etwa eineinhalb Stunden.

Heidi und der Geissenpeter vor dem Heidihaus.

Hohe Berge, klare Seen und ursprüngliche Dörfer – das Heidiland bietet viel mehr als »nur« Heidi. Die Weinberge der Bündner Herrschaft etwa, die zur Weinverkostung laden, das Alte Bad Pfäfers, in dem schon Paracelsus wirkte und wo sich die enge Taminaschlucht mittags durch Lichtstrahlen mystisch aufhellt, oder die traditionsreiche Tamina Therme in Bad Ragaz.

INFO: Maienfeld liegt ca. 20 km nördlich von Chur. **INFO HEIDILAND**: Am Platz 1, 7310 Bad Ragaz, Tel. (081) 300 40 20, www.heidiland.com. **INFO HEIDIDORF:** Bahnhofstr. 1, 7304 Maienfeld, Tel. (081) 330 19 12, www.heididorf.ch, Öffnungszeiten Mitte März–Mitte Nov. tägl. 10–17 Uhr, im Winter nach Voranmeldung, Kombiticket Alphütte, Haus & Museum CHF 13,90, Kinder CHF 3,90. **INFO ALTES BAD PFÄFERS:** Tel. (081) 302 71 61, www.altes-bad-pfaefers.ch. **INFO TAMINA THERME:** Hans Albrecht-Str., 7310 Bad Ragaz, www.taminatherme.ch.

Die Wiederauferstehung eines Alpentraums

Maloja Palace

Maloja, Kanton Graubünden

Der belgische Graf Camille de Renesse reiste 1880 aus gesundheitlichen Gründen nach St. Moritz. Während seines Aufenthalts entdeckte er den recht unberührten Landstrich am Silsersee unweit des 1815 Meter hohen Malojapasses für sich. Er beschloss, hier das modernste Grandhotel der Alpen zu errichten und so den europäischen Hochadel für längere Aufenthalte anzulocken. Eine kühne Vision, denn St. Moritz, bereits Tummelplatz der Reichen und Schönen, lag nicht weit enfernt und Maloja war ein Dorf mit – bis heute – nur wenigen Einwohnern. Der Graf scheute weder Kosten noch Mühen: Noch im selben Jahr erwarb er 140 Hektar Land, das er den Bauern der Umgebung abkaufte. 1882 begannen die Bauarbeiten, an denen unter der Führung des Architekten Jules Rau 500 Arbeiter beteiligt gewesen sein sollen.

1884 eröffnete das Hotel im Neorenaissancestil unter dem Namen »Hôtel-Kursaal de la Maloja«. Das fünfstöckige Gebäude mit 450 Betten besaß eine mächtige Kupferkuppel und verfügte damals schon über hydraulische Aufzüge, eine Klimaanlage, durchgehende elektrische Beleuchtung, einen riesigen Speisesaal und eine eigene Zeitung.

Hier war u. a Friedrich Nietzsche zu Gast: der Maloja Palace.

Nach einigen Monaten waren Graf und Hotel jedoch pleite. Mehrere Widrigkeiten führten zum Niedergang: der plötzliche Tod seiner Gattin, der Ausbruch der Cholera, was zur Grenzschließung führte, und der damit verbundene Rückgang an Gästen. Das Hotel, das bis 1934 als solches betrieben wurde, wechselte mehrfach den Besitzer und beherbergte viele Persönlichkeiten wie Sir Arthur Conan Doyle, Graf Esterházy und Friedrich Nietzsche.

Geblieben ist ein prachtvolles Gebäude in einsamer Lage, das bis 2005 als Ferienheim für belgische Jugendliche diente, dann vom italienischen Millionär Amedeo Clavarino aufgekauft wurde und seitdem, schrittweise rekonstruiert, immer mehr zu seinem alten Glanz zurückfindet. Hochkarätige Veranstaltungen wie die Opera St. Moritz, die 2009 und 2016 in dem prunkvollen Ballsaal des Hotels gastierte, sorgen für eine Wiederauferstehung des Alpentraums.

Doch auch sonst füllt sich das einst vergessene Grandhotel mit Leben. Kein Wunder, denn das Dorf Maloja ist als Wander- und Kletterparadies reizvoll, außerdem startet hier im Winter der Engadin-Skimarathon.

Info: Maloja liegt ca. 95 km südlich von Chur. **Info Maloja:** www.engadin.ch. **Info Maloja Palace:** 7516 Maloja, Tel. (081) 838 20 30, www.malojapalace.com, Preise auf Anfrage.

Über den Ofenpass auf Napoleons Spuren ins UNESCO-Gebiet

Val Müstair

Müstair, Kanton Graubünden

Das Gebiet, das auf Deutsch »Münstertal« heißt, befindet sich im östlichen Zipfel Graubündens zwischen Zernez im Engadin und dem Vinschgau im italienischen Südtirol. Der auf 2149 Metern gelegene Ofenpass grenzt an den Schweizerischen Nationalpark. Gesprochen wird hier überwiegend rätoromanisch. Immer wieder zogen Armeen durch dieses Tal, beispielsweise bei der für die Schweizer so bedeutenden Schlacht an der Calven im Jahr 1499, einer Auseinandersetzung während des sogenannten Schwabenkriegs. Daran erinnert die wohl älteste Herberge in Graubünden, die Chasa Chalavaina, wo die Bündner Heerführer vor der Schlacht Kriegsrat hielten und wo Hauptmann Benedikt Fontana dem Heer Anweisungen für den bevorstehenden Kampf gegen die zahlenmäßig überlegenen Habsburger gab. Den Sieg konnten damals die Drei Bünden für sich ausmachen. Fontana starb und ging als Held in die Geschichte ein.

Genau 300 Jahre später, im Jahr 1799, lieferten sich französische Truppen mit Österreichern im Val Müstair eine Schlacht. Im Hotel Münsterhof, in Zimmer Nr. 15, steht das Bett, in dem Feldherr Napoleon einst übernachtet haben soll.

Das Tal empfiehlt sich für ausgedehnte Wanderungen etwa ab Sta. Maria oder dem Ort Müstair. Dort wurde vor über 1200 Jahren das Kloster St. Johann als Stiftung Karls des Großen gegründet, nachdem er einem Schneesturm auf dem Umbrailpass entkommen sein soll. Zunächst ein Mönchskloster, ist das UNESCO-Weltkulturerbe bereits seit dem 12. Jahrhundert Heimat von Benedikterinnen. Die gut erhaltene Klosteranlage beeindruckt mit Fresken im Kirchenschiff der Klosterkirche, dem wohl besterhaltenen Bilderzyklus aus dem Frühmittelalter überhaupt. Sehenswert sind auch der Plantaturm, der älteste Wohn- und Wehrturm des Alpenraums, die karolingische Heiligkreuzkapelle und die romanische Bischofsresidenz.

Das Kloster St. Johann in Müstair besteht schon seit der Zeit Karls des Großen.

Die Ofenpassstraße, eine landschaftlich reizvolle Strecke durch den Schweizerischen Nationalpark über den Ofenpass, ist bei Motorradfahrern beliebt.

INFO: Müstair liegt ca. 73 km nordöstlich von St. Moritz. **INFO MÜSTAIR:** Gäste-Information, 7532 Tschierv, Tel. (081) 861 88 40, www.val-muestair.ch. **INFO KLOSTER ST. JOHANN:** Müstair, Tel. (081) 851 62 28, www.muestair.ch, Öffnungszeiten Mai–Okt. Mo–Sa 9–17, So 13.30–17, Nov.–April Mo–Sa 10–12 und 13.30–16.30, So nur 13.30–16.30 Uhr, Eintritt CHF 12, Kinder CHF 6, bis 6 J. frei.

Prächtiges Grandhotel mit Ausblick auf den Roseg-Gletscher

Grand Hotel Kronenhof

Pontresina, Kanton Graubünden

Der Kronenhof entstand zwischen 1848 und 1900 als einer der wichtigsten Hotelbauten des Bündnerlandes. Er ist ein sichtbares Zeugnis für den unternehmerischen Pioniergeist beim Aufbau des Alpentourismus zu Beginn des 20. Jahrhunderts. Aus dem bescheidenen »Gasthaus zum Rössli« am Eingang von Pontresina entstand in 50 Jahren ein hufeisenförmig angelegtes Grandhotel mit neoklassizistischer Fassade, das der Betreiber Lorenz Gredig zunächst in »Gasthaus zur Krone Post« und später in »Hotel Kronenhof und Bellavista« umbenannte. Der Hoteleingang liegt in einem geschützten Innenhof; das symmetrisch gegliederte Eingangsportal wird von einer Kuppel gekrönt.

Die Gesellschaftsräume haben mit dem etwas düsteren, schweren Schweizer Bergstil nichts gemein, sie strahlen die Leichtigkeit französischer Barockpaläste aus. Prunkstück ist die Hotelhalle mit historischer Deckenbemalung und einmaliger Aussicht auf Gletscher und Wälder. Die Zimmer und Suiten im Engadiner Patrizierhausstil bieten heute perfekten Fünf-Sterne-Komfort. Beim Anblick des prunkvollen Grand Restaurants mit einer allegorischen Darstellung der vier Jahreszeiten am Deckengewölbe verschlägt es einigen Gästen die Sprache. Das kleinere Gourmetrestaurant Kronenstübli ist mit 16 Gault-Millau-Punkten ausgezeichnet.

Über 150 Jahre alt: das Grand Hotel Kronenhof.

Wie so manches Engadiner Traditionshaus verfügt der Kronenhof über eine eigene Eislauffläche. Vom über 2000 Quadratmeter großen Spabereich sind Tal und Gletscher immer in Sichtweite.

Das Engadinerdorf Pontresina (2200 Einwohner) ist von dichten Lärchen- und Arvenwäldern umgeben. Es liegt nördlich des Berninapasses im höchsten Seitental des Oberengadins, nur ein paar Kilometer vom mondänen St. Moritz entfernt, das man entlang ausgeschilderter Wanderwege gemütlich erreicht. Das Ortsbild prägen typische Engadiner Häuser mit Sgraffitofassaden und verzierten Erkern. Der Wintersport wird in Pontresina großgeschrieben.

Info: Pontresina liegt ca. 78 km südöstlich von Chur. **Info Pontresina:** Tourist Information, Via Maistra 133, 7504 Pontresina, Tel. (081) 838 83 00, www.pontresina.ch. **Info Grand Hotel Kronenhof:** Via Maistra 1, Pontresina, Tel. (081) 830 30 30, www.kronenhof.com, Preise auf Anfrage.

Little Grand Canyon

Rheinschlucht

Kanton Graubünden

Die auf Rätoromanisch *Ruinaulta* genannte Rheinschlucht zählt zu den überwältigenden Landschaften der Schweizer Alpenwelt. Die wilde Schlucht zwischen Ilanz und Reichenau entstand nach einer geologischen Verschiebung bei Flims vor etwa 10000 Jahren. Auf der Durchfahrt mit dem Zug, sicher die mit Abstand aufregendste Art anzureisen, kleben die Fahrgäste förmlich an der Scheibe beim Blick auf die schroffen Steilwände mit bis zu 350 Metern Höhenunterschied und auf den ungebändigten Vorderrhein. Der bizarre Little Grand Canyon entfaltet auf einer Länge von 14 Kilometern ein Naturparadies voll stiller Seen, dichter Wälder und dramatischer Felsformationen.

Das dichte Wanderwegenetz erlaubt die Erforschung der Rheinschlucht auch auf eigene Faust; eine Wanderung von Ilanz bis nach Versam dauert gut dreieinhalb Stunden, die kürzeste Strecke ist acht Kilometer lang. Mehrere Touren von acht bis 86 Kilometern Länge sind im Gebiet der Rheinschlucht markiert. Bei Ilanz sind auch Wege für Nordic Walking ausgeschildert. Kanu, Kajak und Rafting sind im wahrsten Sinne des Wortes mitreißende Möglichkeiten, die Rheinschlucht zu bezwingen. Insgesamt gibt es sieben gekennzeichnete Stellen zum Ein- und Ausbooten.

Aussichtsplattformen erlauben atemberaubende Panoramablicke auf die Schlucht. Die Islabord genannte Plattform befindet sich beim Bahnhof Versam. Eine Wanderung von Flims Waldhaus durch den Flimser Tannenwald führt nach Conn zur Plattform Il Spir, rätoromanisch für Mauersegler.

Die Ruinaulta ist auch wegen ihrer Flora und Fauna sehenswert. Im Nadelwald an den Hängen gedeihen verschiedene, auf der roten Liste eingetragene Orchideenarten. Zu den gefährdeten Vogelarten gehört der hier ansässige Flussregenpfeifer. 350 Schmetterlingsarten beweisen, dass die Natur in der Rheinschlucht noch intakt ist.

Ideal für Wanderungen, Kanutouren und für Naturfreunde: das Ruinaulta.

Info: Ilanz, der westliche Zugang zur Rheinschlucht, liegt ca. 25 km westlich von Chur. **Info Ilanz-Surselva:** Bahnhof, 7130 Ilanz, Tel. (081) 920 11 05, www.surselva.info, www.rheinschlucht.ch.

Schnelle Abfahrt, langsamer Schnellzug

Sankt Moritz und der Glacier Express

Sankt Moritz, Kanton Graubünden

St. Moritz ist nicht nur denjenigen vorbehalten, die das »Ritz« im Namen dieses Weltklasse-Skiortes schätzen. Zweifellos gibt es diese kosmopolitische Mixtur aus feiner Gesellschaft, Blaublütern und gebräunten Kinostars, für deren Glanz und Eleganz der gefeierte (und tatsächlich teure) Ort bekannt ist.

Das winterliche Pferderennen »White Turf« in Sankt Moritz.

Doch so exklusiv oder versnobt, wie man weithin meint, ist St. Moritz gar nicht. Aus sportlicher Sicht ist es ein Gebiet mit hervorragenden Abfahrtsstrecken für alle Stufen und ein idealer Ort für Skilangläufer. Ab einer Höhe von 1800 Metern liegt immer Schnee. Skifahrer mit etwas Erfahrung nehmen gern die Seilbahn zum Piz Corvatsch, der fast 3300 Meter über dem Meeresspiegel liegt. Neben dem Skifahren bieten sich unzählige weitere Freizeitaktivitäten – etwa der berühmte englische Cresta Run, der weltweit erste Eiskanal für Skeleton-Schlitten, auch *Toboggan* genannt, bei dem man sich mit dem Kopf voran auf den Schlitten legt. Frauen dürfen diese gefährliche Strecke nicht befahren.

In St. Moritz muss man das Badrutt's Palace Hotel gesehen haben, einen gotisch anmutenden Bau mit Hollywood-Charakter. Den zeitgemäßen diskreten Charme findet man jedoch im Suvretta House: Dieses Hotel verzichtet auf Glanz und Glamour, aber der Ausblick auf die Berge könnte einer Weihnachtskarte entstammen. Von hier aus ist es nur ein kleiner Spaziergang bis zum Restaurant »Talvo by Dalsass«, in dem man einige der höchsten kulinarischen Genüsse des Landes serviert. Es bietet eine elegante, kreative Küche und ist herrlich gelegen in einem Engadiner Bauernhaus aus dem 17. Jahrhundert (*talvo* ist das rätoromanische Wort für Heuboden).

Am Ende des Aufenthalts empfiehlt sich eine Bahnfahrt nach Zermatt, in den Westen des Landes. Der Glacier Express gilt als der langsamste Schnellzug der Welt mit einer Durchschnittsgeschwindigkeit von nur 40 Stundenkilometern, aber die kleine rote Lok mit Schweizer Wappen fährt zuverlässig durch das Herz der Alpen. Die Achterbahnfahrt mit Steigungen bis zu elf Prozent bietet wunderbare Ausblicke auf die fesselnde Landschaft: Es geht über 291 Brücken, durch 91 Tunnel und über den Oberalppass, mit einer Höhe von 2000 Metern der höchste Punkt der siebeneinhalbstündigen und 272 Kilometer langen Strecke.

Info: St. Moritz liegt ca. 78 km südöstlich von Chur. **Info St. Moritz:** Tourist Information, Via Maistra 12, 7500 St. Moritz, Tel. (081) 837 33 33, www.stmoritz.ch. **Info Suvretta House:** Via Chasellas 1, 7500 St. Moritz, Tel. (081) 836 36 36, www.suvrettahouse.ch. **Info Talvo by Dalsass:** Via Gunels 15, 7512 St. Moritz-Champfér, Tel. (081) 833 44 55, www.talvo.ch, Öffnungszeiten Ende Juni–Mitte Okt. Mi–So ab 12 und ab 18 Uhr, Winter kürzer, Reservierung empfohlen, Preise auf Anfrage. **Info Glacier Express:** www.glacierexpress.ch. Reservierung empfohlen.

Geburtsstunde der Alpen

TEKTONIKARENA SARDONA

Sardona, Kanton Graubünden

Die Schweiz ist gleich mehrfach auf der Liste des UNESCO-Welterbes verzeichnet. Besondere Bedeutung kommt der sogenannten Glarner Hauptüberschiebung zu. Dieses wegweisende Gebiet in den drei Kantonen Graubünden, Glarus und St. Gallen dient vor allem der Erforschung von Gebirgen auf der Erde. Das Welterbegebiet zwischen der Kantonshauptstadt Glarus im Westen, Sargans im Nordosten, Chur im Südosten sowie Elm im Südwesten umfasst dreizehn Gemeinden in allen drei beteiligten Kantonen und beinhaltet auch einige Skigebiete. Benannt nach dem 3056 Meter hohen Piz Sardona sorgt das 330 Quadratkilometer umfassende Gebiet schon seit zwei Jahrhunderten Forschung für kontroverse Ansichten und Interpretationen. Doch was ist hier in ferner Vergangenheit eigentlich passiert?

Als die Kontinentalplatten von Europa und Afrika miteinander kollidierten und in der Folge die Alpen entstanden, schoben sich auf einer Länge von 35 Kilometern jüngere Gesteine unter etwa 300 Millionen Jahre altes Verrucanogestein. Durch Falten, Brechen und Zusammenschieben entstand eine seltsam gelbe Linie an den Felswänden mit deutlich sichtbar verschiedenem Material auf beiden Seiten. In Wirklichkeit handelt es sich dabei um eine Fläche enormer Ausmaße, die als Ganzes erhalten blieb, ohne zu zerbröckeln. Dieser Prozess »neu unter alt« dauerte mehrere Millionen Jahre.

Die Urkraft der Tektonik können Besucher an mehreren Standorten aktiv erleben. So führt der 2010 eingeweihte Sardona-Welterbe-Weg in mehreren Tagesetappen von Norden nach Süden durch das faszinierende Gebiet entlang ursprünglicher Landschaften; der nationale Wanderweg Nr. 1 durchquert es von West nach Ost. Langsam formt sich hier bei einer Wanderung durch die eindrucksvolle Gebirgslandschaft eine Vorstellung von den gewaltigen Kräften, die sie entstehen ließen.

INFO TEKTONIKARENA SARDONA: Städtchenstr. 45, 7320 Sargans, Tel. (081) 723 59 20, www.unesco-sardona.ch. **INFO BESUCHERZENTRUM GLARNERLAND:** Bahnhof, 8750 Glarus, Tel. (055) 622 21 82, www.naturzentrumglarnerland.ch, Öffnungszeiten Di–Fr 14–17.30, Sa 10–12 Uhr.

Das Felsenfenster Martinsloch in den Tschingelhörnern.

Wild und schön

Schweizerischer Nationalpark

Kanton Graubünden

Im 170 Quadratkilometer großen Schweizerischen Nationalpark südöstlich des Inns bleibt die Natur seit 1909 sich selbst überlassen. Der Park liegt auf einer Höhe zwischen 1400 und 3170 Metern. Knapp ein Drittel ist von Wäldern bedeckt, ein Fünftel sind Wiesen und der Rest alpines Gestein.

Mehrere tausend Tier- und Pflanzenarten sind im Nationalpark zu finden. Der mit robustem Schuhwerk ausgestattete Wanderer bleibt hier allerdings nur ein Beobachter auf festgeschriebenen Pfaden von immerhin 80 Kilometern Länge, denn die Natur hat absoluten Vorrang.

Zu den Attraktionen im Park gehören Steinböcke und Rothirsche, die zur Brunftzeit im September gewaltig röhren und miteinander um das Kahlwild kämpfen. Niedlich anzusehen sind vor allem die Murmeltiere mit ihrem ausgeprägten Sozialverhalten.

Der Nationalpark liegt zum Teil in dem auf Deutsch Münstertal genannten Val Müstair in einem östlichen Zipfel Graubündens zwischen Zernez im Engadin und dem Vinschgau im italienischen Südtirol. Die Ofenpassstraße über den auf 2149 Metern Höhe gelegenen Pass durchquert den Park und verbindet Zernez und den Ort Müstair (1500 Einwohner).

Info: Zernez liegt ca. 90 km östlich von Chur. **Info Schweizerischer Nationalpark:** Nationalparkhaus, 7530 Zernez, Tel. (081) 851 41 41, www.nationalpark.ch, Öffnungszeiten Nationalparkhaus Ende Mai–Okt. tägl. 8.30–18 Uhr, Winter kürzer. Der Park ist im Winter nicht begehbar.

Val Trupchun im Schweizerischen Nationalpark.

Baden im römisch-irischen Stil

ENGADIN BAD SCUOL

Scuol, Kanton Graubünden

Der Hauptort des Unterengadins im Inntal wurde dank seiner 25 Heilquellen schon früh als Badeort bekannt, denn hier befindet sich die mineralreichste Glaubersalzquelle Europas. Heute ist das Erlebnis- und Gesundheitsbad eine der führenden Wellnessanlagen der Schweiz. Die Ausmaße der unter einem Runddach gelegenen Bäderlandschaft sind beträchtlich und beinhalten verschiedene Einrichtungen wie Kaltwassergrotte, Warmwasserfall, Solebecken mit zweiprozentiger Sole, Therapiebecken und Außenbecken mit Strömungskanal. In der Trinkhalle stehen vier Heilquellen zur Auswahl. Das Angebot ergänzen eine Saunalandschaft, ein modernes Wellness- und Therapiezentrum, sowie ein Beauty- und Fitnesscenter.

Das Highlight im frisch renovierten Engadin Bad Scuol aber ist das Römisch-Irische Bad. Es kombiniert die Dampfbadkultur der Römer mit den Luftbädern der Iren und sollte vorher reserviert werden. Die Gäste durchlaufen nackt die verschiedenen Stationen, darunter eine Seifen-Bürsten-Massage zur Förderung der Durchblutung.

Wem nach so viel Wellness der Sinn nach aktiver Betätigung steht, auf den wartet im Winter ein mittelgroßes Skigebiet mit 80 Pistenkilometern und 72 Kilometern Langlaufloipen. Im Sommer eignet sich die Region hervorragend für Wanderungen, zu Fuß oder mit dem Rad. Mutige werfen beim Gleitschirmfliegen einen Blick von oben auf die Berglandschaft.

Früher war die Anreise in den Kurort kompliziert. Mit der Öffnung des Vereinatunnels vor einigen Jahren rückte Scuol auf der touristischen Landkarte ein gutes Stück näher, trotzdem gilt die Ferienregion noch immer als Geheimtipp. Der Bahnhof Scuol-Tarasp steht am östlichen Endpunkt der Rhätischen Bahn. Von hier aus geht es nur noch mit dem gelben Postauto weiter in Richtung Osten. Ein hübsches Örtchen auf der Strecke ist Sent, auf dessen kleinem Marktplatz Erzeugnisse der umliegenden Bauern verkauft werden.

Engadiner Thermal- und Erlebnisbad Scuol.

Das intakte Erscheinungsbild Scuols ist hauptsächlich durch die Engadinerhäuser mit ihren Sgraffitofassaden und den zurückgesetzten Fenstern geprägt. Ihr guter Zustand verrät, dass sie bis heute gepflegt werden. Wie es im Inneren aussieht, zeigt das volkskundliche Unteregadiner Museum in einem alten Patrizierhaus. Ein großer Teil der 4600 Einwohner spricht Rätoromanisch, die übrigen größtenteils Deutsch.

INFO: Scuol liegt ca. 103 km östlich von Chur. **INFO SCUOL:** Engadin Scuol Tourismus, Stradun, 7550 Scuol, Tel. (081) 861 88 00, www.engadin.com. **INFO ENGADIN BAD SCUOL:** Via dals Bogns 323 Scuol, Tel. (081) 861 26 00, www.bognengiadina.ch, Öffnungszeiten tägl. 8–21.45 Uhr, Eintritt Tageskarte CHF 41, Kinder CHF 23 (11–15 J.)/17 (6–10 J.).

Imposantes Wahrzeichen des Unterengadins

Schloss Tarasp

Tarasp, Kanton Graubünden

Weithin sichtbar thront das bald tausendjährige Schloss Tarasp und wacht über das Unterengadin. Eigentlich ist die markante Anlage mit ihren hundert Räumen eher eine Burg als ein Schloss. Erbaut bereits anno 1040 auf dem Berghügel, der die weite Ebene um 100 Meter überragt, unterhielten zuvor bereits die Römer an dieser Stelle einen Spähturm.

Nach dem Aussterben der Adelsfamilie Tarasp ging die Anlage durch viele Hände und wurde mehrfach umgebaut. Das Schloss ist vor allem mit dem Namen des Dresdner Odol-Erfinders Karl August Lingner verbunden, der die verfallene Burg als Kurgast des nahe gelegenen Ortes im Jahr 1900 kaufte und im Stil des Historismus aufwendig umbauen ließ. Da das Interieur vollständig geplündert war, baute der Burgenarchitekt Rudolf Rahn Holzvertäfelungen, Keramik und Mobiliar aus der Umgebung ein und sorgte für die Begrünung der umgebenden Schlossanlage.

Offen für Führungen und Orgelkonzerte: das Schloss Tarasp.

Leider erlebte Lingner die Fertigstellung nicht mehr; testamentarisch ging das Schloss an Großherzog Ernst Ludwig von Sachsen. 2012 übernahm eine lokale Stiftung den Komplex von dessen Nachfahren und plant eine aufwändige Rekonstruktion.

Bis dahin steht das Schloss für einstündige Führungen offen. Der Besuch führt spiralförmig durch die Unterburg von 1500 bis in die ältere Oberburg auf dem Felsenplateau. Die Einrichtung des lange bewohnten Schlosses entspricht schon lange nicht mehr dem Mittelalter, dafür erhalten Besucher einen anschaulichen Einblick in die vornehme Wohnkultur zu Beginn des 20. Jahrhunderts.

Gelegentlich veranstaltet das Haus Orgelkonzerte im Anschluss an den Besuch. Beliebt sind die Vollmondtouren mit Kettenrasseln für Nachtschwärmer, die etwa Ende Juli angeboten werden.

Info: Tarasp liegt ca. 63 km nordöstlich von St. Moritz kurz vor Scuol. **Info Tarasp:** Gäste-Information, 7553 Tarasp, Tel. (081) 861 88 33, www.tarasp.ch. **Info Schloss Tarasp**: Sparsels, Tarasp, Tel. (081) 864 93 68, www.schloss-tarasp.ch, Führungen Mitte Mai–Mitte Okt. Di–So 14.30 und 15.30, Mitte Juli–Mitte Aug. auch 11 und 16.30 Uhr, Eintritt CHF 15, ermäßigt CHF 8.

Auf den Spuren John Knittels

VIA MALA

Thusis, Kanton Graubünden

Den schlechten Weg, Via Mala, nannten die Römer die wilde Schlucht zwischen Thusis und Zillis treffend. Einst war sie ein gefährliches Hindernis, da sich der Hinterrhein hier bis zu 300 Meter tief seinen Weg gebahnt hat.

Via Mala: 359 Treppenstufen führen hinab in die tiefe Schlucht.

Bekannt wurde die Via Mala vor allem durch den gleichnamigen Roman, dessen Titel sich sowohl auf die Schlucht bezieht als auch auf den Lebensweg der geschilderten Figuren. Der Schweizer Schriftsteller John Knittel siedelt die beklemmende Geschichte um ein dunkles Familiengeheimnis in einer Sägemühle bei der Via Mala zu Zeiten der Weltwirtschaftskrise an.

Dreimal wurde der 1934 veröffentlichte Roman bisher verfilmt. Die erste Fassung kam 1948 in die Kinos, die zweite mit Gert Fröbe in der Hauptrolle 1961. Die dritte Version mit Mario Adorf konnte man 1986 als Dreiteiler am Fernseher verfolgen.

Wer selbst auf den Spuren der Alpensaga wandeln möchte, dem bietet der neue Kulturweg über Thusis einen geeigneten Zugang zu der wilden Schlucht. Bereits 1473 wurde ein Weg auf der linken Seite der Schlucht eingerichtet, 1739 konnten zwei Steinbrücken die engste Stelle auf dem rechtsseitigen Weg decken. Anfang des 20. Jahrhunderts wurden den ersten Touristen zuliebe 321 Stufen hinab in die Schlucht in den Stein geschlagen. So lässt sich die einst gefürchtete Via Mala bezwingen, ein beeindruckendes Naturschauspiel bleibt sie allemal. Gute Schuhe sind Pflicht, denn der Steinweg entlang der tosenden Wassermassen kann glitschig sein.

INFO: Thusis liegt ca. 27 km südlich von Chur. **INFO VIA MALA:** (081) 650 90 30, www.viamala.ch.

Erholsame Symbiose

Therme Vals

Vals, Kanton Graubünden

Die einzige Therme in Graubünden beruht auf einer architektonischen Meisterleistung von Architekt Peter Zumthor aus dem Jahr 1996. Innen wie außen wurden 60 000 Quarzit-Steinplatten verwendet, die aus einem Steinbruch nahe Vals stammen. Das Quellwasser hat eine Temperatur von 32 Grad Celsius, die Temperaturen der einzelnen Bäder schwanken. Bemerkenswert sind das Klangsteinbad, das Bad der Düfte, die Quellgrotte und das Eisbad. Der Ruheraum bietet eine traumhafte Panoramaaussicht auf die unberührte Natur.

An dem Wohlfühleffekt der Therme hat die Gestaltung einen großen Anteil. Zumthor schuf den Komplex als einen großen, durchlöcherten Stein im Verbundmauerwerk. Dadurch entstand ein monolithischer Eindruck aufeinandergeschichteter Steinmassen sowohl von außen als auch von innen.

Zur Anlage gehört auch ein eigenes Luxushotel, schlicht nach der Postleitzahl 7132 genannt. Zwei der insgesamt vier Häuser sind mit der Therme durch einen direkten Gang verbunden. Einige Zimmer verfügen über polierte Wandflächen wie in der Antike.

60 000 Platten aus Valserquarzit: Die Therme Vals hat der bekannte Schweizer Architekt Peter Zumthor gestaltet.

Das hoteleigene Gourmetrestaurant Silver wurde mit zwei Michelin-Sternen und 18 Gault-Millau-Punkten ausgezeichnet. Ob regionale Spezialitäten wie der nebenan gezüchtete Bergsaibling oder Exotisches wie Yuzu-Mayonnaise zu Meeresfrüchten: Chefkoch Sven Wassmer, »Aufsteiger des Jahres« 2018, legt vor allem Wert auf erstklassige Produkte, die er in einzigartiger Weise zu kombinieren weiß. Ehefrau Amanda wählt als Sommeliere aus über 600 edlen Tropfen stets die beste Begleitung zu den finessenreichen Kreationen der Küche – das kann übrigens auch mal ein lokales Bier sein, wenn es passt!

Der Name des Ortes (1000 Einwohner) klingt nicht nur nach dem Kanton Wallis, sondern geht auf Menschen aus dem Oberwallis zurück, die vor 700 Jahren von dort aus in die hohen Täler von Graubünden auswanderten. Das Gebiet mit seinen fünf Tälern ist vor allem durch seine Quellen bekannt, die auch für Mineralwasser verwendet werden. In den umliegenden Gemeinden ist Rätoromanisch zwar die führende Sprache, doch wird in Vals deutsch gesprochen. Die etwas komplizierte Anreise erfolgt bis Ilanz mit dem Zug und von dort mit dem Postauto nach Vals.

Info: Vals liegt ca. 51 km südwestlich von Chur. **Info Hotel und Therme:** 7132 Vals, Tel. (058) 713 20 10, www.7132.com, Öffnungszeiten Therme tägl. Juli–März 11–20 Uhr, Eintritt CHF 80, Kinder CHF 52.

JURA

Malerisches Saint-Ursanne

Clos du Doubs

Kanton Jura

Die recht einsame Region Clos du Doubs umfasst ein 80 Quadratkilometer großes Gebiet entlang des Doubstals. Der namensgebende Fluss entspringt zwar in Frankreich, schlängelt sich jedoch schnell auf Schweizer Gebiet

Die kleine Stadt Saint-Ursanne liegt am Fluss Doubs nahe der Grenze zu Frankreich.

und fließt durch das hübsche Städtchen Saint-Ursanne (700 Einwohner), bevor er in Frankreich in die Saône mündet.

Der wohl schönste Ort im Kanton Jura kann bereits auf eine lange Geschichte zurückblicken. Etwa im 7. Jahrhundert soll hier der Eremit Ursicinus gewirkt haben, über dessen Grab um das Jahr 850 ein Kloster gegründet wurde. Im 13. Jahrhundert gehörte das Gebiet von Saint-Ursanne zum Fürstbistum Basel, zu Napoleons Zeiten gar zu Frankreich. Seit 1979 ist es ein Teil des neu gegründeten Kantons Jura.

Zwischen drei mittelalterlichen Toren breitet sich das malerische Stadtbild aus. Zu den Sehenswürdigkeiten gehört vor allem die dreischiffige, spätromanische Stiftskirche aus dem 12. Jahrhundert. Die größte Anziehungskraft übt die 1728 erbaute Steinbrücke über den Fluss Doubs mit ihren vier Bögen aus. An einem Felshang lohnt die Kapelle der Eremitage Saint-Ursanne mit barocker Innenausstattung einen Besuch. Das Städtchen ist noch ein Geheimtipp und ein willkommener Halt bei einer Reise entlang des Juragebiets.

Das etwa einen halben Kilometer breite, überwiegend landwirtschaftlich genutzte Doubstal grenzt nördlich an den Jura und südlich an das Hochplateau von Franches-Montagnes; diese auf Deutsch Freiberge genannte Landschaft reicht bis in die Uhrmacherregion von La Chaux-de-Fonds.

Info: Saint-Ursanne liegt ca. 90 km nordwestlich von Bern. **Info Saint-Ursanne:** Jura Tourisme, Place Roger Schaffter, 2882 Saint-Ursanne, Tel. (032) 432 41 90, www.juratourisme.ch.

Lebensabend für Pferde

Stiftung für das Pferd Le Roselet

Les Breuleux, Kanton Jura

Hier dankt der Mensch den Pferden für ihre jahrelangen Dienste: Das Pferdealtersheim in Le Roselet versteht sich als Stätte der Begegnung zwischen Mensch und Tier. Etwa 170 Pferde, Ponys und Esel dürfen hier ihren Lebensabend auf den saftigen Juraweiden verbringen.

Die Idee zu einem Pferdealtersheim hatte Hans Schwarz bereits 1958; damals brachte er alte Pferde zunächst auf der St.-Peters-Insel bei Biel unter. Im Weiler Le Roselet fand er ein passendes Gebäude mit Stallungen und Weiden, also zog er die Tiere hierhin zusammen. Nach nur einem Jahr brannte das Heim nieder, doch konnte Schwarz die Anlage wieder aufbauen. Zu dem Anwesen gehören mehrere gepflegte Veteranenställe, die täglich für Besucher zugänglich sind. Inzwischen wurden die Ställe nach und nach umgebaut, um den Tieren mehr Platz zu geben. Die Koppel umfasst zehn Hektar, darf von den Besuchern jedoch nicht betreten werden sondern bleibt den Tieren vorbehalten. Die Pferde leben hier in Freiheit ohne Halfter unter ihresgleichen in der Herde.

Le Roselet befindet sich genau zwischen zwei kleineren Heimen in der Nähe: Le Jeanbrenin liegt in Tramelan noch im Kanton Bern, Maison Rouge im Ort Les Bois schon kurz vor der französischen Grenze. Insgesamt leben auf den drei Standorten etwa 170 Tiere unter dem Schutz der Menschen. Betrieben werden alle Stationen von der Stiftung für das Pferd. Jede verfügt über ein Restaurant, das Köstlichkeiten aus frischen Zutaten der Region auf den Tisch bringt.

Info: Le Roselet liegt ca. 77 km nordwestlich von Bern. **Info Stiftung für das Pferd:** Le Roselet, 2345 Les Breuleux, Tel. (032) 959 18 90, www.philippos.ch, Öffnungszeiten tägl. 7–19, Restaurant 9–18 Uhr.

Der ruhige Lebensabend auf der Koppel: das Pferdealtersheim Le Roselet.

Die Grenze zwischen der Schweiz und Frankreich verläuft über den La Dôle.

LUZERN

Gold im Napf

Entlebuch

Kanton Luzern

Als einziges Biosphärenreservat der Schweiz bestimmte die UNESCO vor einigen Jahren das Entlebuch, eine touristisch noch kaum entdeckte Region zwischen Luzern und Bern im Tal der Kleinen Emme. Die Fläche des wenig bekannten Nachbarn des Emmentals beträgt knapp 400 Quadratkilometer und gilt als Armenhaus der Schweiz. Der Hauptort Schüpfheim hat 4200 Einwohner, die Region ist jedoch nur zu zwei Prozent besiedelt. Das Entlebuch wird vorwiegend landwirtschaftlich genutzt und muss durch Subventionen am Leben erhalten werden.

Dank der Ernennung zum UNESCO-Biosphärenreservat wird die Vermarktung regionaler Produkte mit dem Label »Echt Entlebuch« von Milch- über Fleisch- bis zu Holzprodukten gefördert.

Die naturbelassene Region eignet sich gut für Wanderungen und besitzt eine Vielzahl von Naturschätzen. Flach- und Hochmoore werden immer wieder unterbrochen von trockenen Lebensräumen. So findet sich auf kleinstem Raum eine ungeheure Vielfalt an Flora und Fauna. Mit etwas Glück erhascht der Wanderer vielleicht einen Blick auf einen Vertreter der bedrohten Tierarten, die hier zu Hause sind, etwa Uhu, Luchs oder Auerhahn.

Das zerklüftete Gestein vom Karstfeld Schrattenfluh liegt im Entlebuch.

Ganz anders, doch nicht minder eindrucksvoll zeigt sich das wild zerklüftete Karstfeld Schrattenfluh. Seine bizarren Gesteinsformationen und spektakulären Alpenblicke machen es ebenfalls zum beliebten Wanderrevier.

Neben Erholung in der Natur erwarten den Besucher im Entlebuch aber auch viele Möglichkeiten zur sportlichen Freizeitgestaltung. Das Angebot reicht von Bobbahn über Golf und Minigolf bis zu Tennis. Skizentren sind Sörenberg und Marbach mit seiner Sprungschanze.

Das Entlebuch grenzt an den 1408 Meter hohen Berg Napf. Hier wurde im 15. Jahrhundert Gold gefunden, allerdings nicht im Berg selbst, sondern an den Ufern der Kleinen Emme sowie in den Napfbächen. Es stammt aus Gestein, das vor Millionen von Jahren angeschwemmt wurde. Bei Hochwasser gelangte es vom Napfgebiet bis in den Rhein, somit war das Napfgold praktisch der Lieferant des Rheingoldes. Erst in den 1970er Jahren kam das Napfgold wieder in Mode, als ein Goldgräberverein gegründet wurde und Goldwaschen touristisch bekannt machte.

Info: Schüpfheim liegt ca. 37 km westlich von Luzern. **Info UNESCO Biosphäre Entlebuch:** Chlosterbüel 28, 6170 Schüpfheim, Tel. (041) 485 88 50, www.biosphaere.ch.

Postkartenstadt

LUZERN

Luzern, Kanton Luzern

Die Postkartenstadt Luzern ist zweifellos eines der Schweizer Aushängeschilder. Kein Wunder, zieht doch das herrliche Panorama der Alpen über dem Vierwaldstättersee mit seinen Raddampfern viele Reisende aus der ganzen Welt an. Schon in der Vergangenheit kam oft hoher Besuch nach Luzern, etwa Friedrich Nietzsche, der französische Romancier Victor Hugo, Richard Wagner, Kaiser Wilhelm II. oder Winston Churchill. Auch der US-amerikanische Schriftsteller Mark Twain machte auf seinem »Bummel durch Europa« Halt in der »Leuchtenstadt«.

1178 gegründet wurde Luzern, so will es die Sage, nach einem als Leuchtturm dienenden Licht benannt. Bereits 1332 wurde die Stadt an die Urkantone angeschlossen. Nach der Eröffnung des St.-Gotthard-Passes begann sie zu wachsen, heute zählt sie 81 700 Einwohner.

Wo die Reuss in den Vierwaldstättersee mündet, bietet die Seebrücke einen herrlichen Ausblick auf die Altstadt. Am Nordufer führt sie zum Schwanenplatz, von hier aus gelangt man in die Altstadtgassen mit ihren kleinen Läden. Sehenswert ist das Rathaus aus dem 17. Jahrhundert am Ufer der Reuss. Eine der Hauptattraktionen der Stadt ist die Kapellbrücke: Die überdachte Holzbrücke aus dem Jahr 1333 war einst Teil der Befestigung. Ein auf 111 Holztafeln verteilter Bilderzyklus zeigt die Geschichte der Stadt in chaotischer Reihenfolge. Im August 1993 wurden 86 Tafeln bei einem Brand zerstört, die übrigen konnten gerettet und restauriert werden. Die weiter flussaufwärts gelegene Spreuerbrücke ist ebenfalls holzgedeckt. Dahinter ragt die Museggmauer mit ihren neun Wehrtürmen auf.

Östlich der Altstadt bieten vornehme Luxushotels an der Promenade Zimmer mit prächtiger Aussicht auf den Pilatus, mit knapp 2130 Metern Hausberg von Luzern. Auffallend ist hier die Hofkirche St. Leodegar mit ihren beiden gotischen Spitztürmen. Gleich drei Sehenswürdigkeiten liegen am Löwenplatz: Im Gletschergarten können die Überreste der Eiszeit und die Fauna der Alpen bestaunt werden. In dem Bourbaki-Panorama legt ein zehn Meter hohes und 110 Meter breites Rundgemälde auf multimediale Art Zeugnis der ersten humanitären Aktion des Roten Kreuzes im Winter 1871 ab. Daneben rührte das Löwendenkmal schon Mark Twain: Das »traurigste und bewegendste Stück Stein der Welt« gedenkt seit 1821 des heroischen Todes von 760 Mitgliedern der Schweizer Garde von Louis XVI. beim Angriff auf die Tuilerien anno 1792.

Luzerner Ansicht mit Kapellbrücke und Wasserturm.

Info: Luzern liegt 52 km südlich von Zürich. **Info Luzern:** Luzern Tourismus, Bahnhofstr. 3, 6002 Luzern, Tel. (041) 227 17 17, www.luzern.com.

Ein außergewöhnliches Musikfestival in würdevoller Umgebung

Lucerne Festival

Luzern, Kanton Luzern

Das Lucerne Festival ist ein ganz besonderes Musikfestival – und das auch ganz ohne großen Reklamerummel oder Effekt heischende Prominentenauftritte. Erstmals im Jahr 1938 von Stardirigent Arturo Toscanini eröffnet, gehört es zu Europas ältesten Musikfesten. In den ersten Jahren war das Festival in der neutralen Schweiz ein wichtiges Gegengewicht zu den traditionellen Veranstaltungen in Bayreuth und Salzburg, die nun unter nationalsozialistischem Regime standen. Heute gilt es als eines der vielseitigsten und ansprechendsten Festivals. Neben dem Termin im Sommer gibt es auch ein eigenes Osterfestival und ein Pianofestival im November.

Ob Frühjahr, Sommer oder Herbst: Wahrhaft klingende Namen geben sich hier die Ehre. Neben dem Lucerne Festival Orchester dürfen sich Musikfans z.B. auf die Berliner und Wiener Philharmoniker, Daniel Barenboims West-Eastern Divan Orchestra oder das Boston Symphony Orchestra freuen. Hochkarätige Solisten wie Starviolinistin Anne-Sophie Mutter oder Mezzosopran Cecilia Bartoli verzaubern ihre Zuhörer ebenso wie junge Nachwuchsmusiker. Das Programm reicht von Alter Musik aus Renaissance und Barock über Klassik und Romantik bis zur Neuen Musik.

Konzert im KKL Luzern während des Lucerne Festivals.

Dirigenten, Orchester (manchmal mehr als ein Dutzend), Solisten und Kammerensembles spielen an interessanten Orten wie etwa im neuen, ultramodernen Kultur- und Kongresszentrum. Es liegt am Ufer des hübschen Vierwaldstättersees und bildet einen aufregenden Kontrast zur mittelalterlichen Märchenbuch-Szenerie der Stadt.

Luzern ist ein Touristenmagnet, denn es verkörpert das typische Bild einer Schweizer Stadt. Richard Wagner äußerte sich begeistert über die Gegend: »Ich kenne keinen schöneren Ort auf dieser Welt!« Weilte er in der Stadt, so wohnte er immer im großen »Hotel Schweizerhof« aus dem 19. Jahrhundert, inzwischen behutsam renoviert und modernisiert hinter historischen Mauern. Das Gästebuch trägt Unterschriften der jüngeren Festival-Generation wie Pinchas Zukerman und Mstislav Rostropovich.

Info Lucerne Festival: Hirschmattstr. 13, 6002 Luzern, Tel. (041) 266 44 00, www.lucernefestival.ch. **Info Hotel Schweizerhof Luzern:** Schweizerhofquai, 6002 Luzern, Tel. (041) 410 04 10, www.schweizerhof-luzern.ch. Preise auf Anfrage. **Reisezeit:** Mitte Aug.–Mitte Sept.

Bedeutende Privatsammlung der Moderne mit liebgewonnenen »Ladenhütern«

SAMMLUNG ROSENGART

Luzern, Kanton Luzern

Von ihrem ersten eigenen Geld kaufte sich die 16-jährige Angela Rosengart nicht etwa ein hübsches Kleid oder vielleicht ein spannendes Buch, wie viele Mädchen ihres Alters es wohl getan hätten – nein, ein echter Paul Klee sollte es sein. Die 50 Franken für die Zeichnung hatte sich die kunstbegeisterte junge Frau als Lehrling in der Galerie ihres Vaters verdient. Wenige Jahre darauf stand sie selbst einem berühmten Künstler zum ersten Mal Modell, insgesamt fünf Mal porträtierte Pablo Picasso die zukünftige Sammlerin.

Sie selbst sah sich eigentlich nie als Sammlerin. Sie war Kunsthändlerin, wie ihr Vater Siegfried Rosengart, der zu vielen Künstlern, neben Picasso etwa Marc Chagall und Henri Matisse, einen vertrauten Kontakt pflegte. Und wie ihrem Vater ging es auch Angela Rosengart nie in erster Linie um das große Geschäft, sondern vor allem um große Kunst. Ein Bild, für das sie sich nicht selbst begeistern konnte, kaufte sie nicht. So fanden immer wieder auch Werke den Weg in ihre Galerie, für die ihre reichen Kunden noch kein Gespür aufzubringen vermochten. War der Marktwert solcher Avantgardisten dann gestiegen, hatte die Händlerin sie in der Zwischenzeit oft zu sehr liebgewonnen, um sie aus der Hand zu geben.

Ein Glück für alle, die nicht über das nötige Kleingeld für eine eigene Sammlung verfügen, denn diese »Ladenhüter« sind seit 2002 im ehemaligen klassizistischen Gebäude der Nationalbank zu bestaunen. Aus mehr als 300 Werken von 23 Impressionisten und Künstlern der klassischen Moderne besteht die bedeutende Privatsammlung, darunter Cézanne, Chagall, Kandinsky und Monet. Allein 125 Bilder stammen von Paul Klee und 32 aus dem Spätwerk von Picasso.

Beherbergt Werke von Picasso und Paul Klee: die Sammlung Rosengart in der Pilatusstr. 10.

Die komplexe Welt Picassos zeigt das Erdgeschoss chronologisch, um die Wandlung des Künstlers mit viel Platz dazwischen vergleichend nachvollziehen zu können. Seine Zeichnungen und die fünf Rosengart-Porträts hängen mit den Werken weiterer Künstler in der ersten Etage. Das Untergeschoss schließlich taucht in das farbenreiche Lebenswerk von Paul Klee ein. Das Haus kümmert sich mit speziellen Führungen und Konzerten um regelmäßige Kunstvermittlung.

INFO: Im Zentrum von Luzern. **INFO SAMMLUNG ROSENGART:** Pilatusstr. 10, 6003 Luzern, Tel. (041) 220 16 60, www.rosengart.ch, Öffnungszeiten tägl. April–Okt. 10–18, Nov.–März 11–17 Uhr, Eintritt CHF 18, ermäßigt CHF 10, bis 6 J. frei.

Flugzeuge, Helikopter und spektakuläre Flugapparate – Blick in die Halle Luft- und Raumfahrt.

Interaktives Museumsabenteuer mit 3-D-Kino

Verkehrshaus der Schweiz

Luzern, Kanton Luzern

Das meistbesuchte Museum der Schweiz liegt in Luzern: Mit mehr als einer halben Million Besucher pro Jahr lässt das Verkehrshaus am Lido sämtliche musealen Einrichtungen der Alpenrepublik weit hinter sich. Museal ist das Verkehrshaus dabei jedoch ganz sicherlich nicht, und wahrscheinlich liegt genau darin ein wichtiger Grund für seine ungebrochene Beliebtheit, auch bei jüngeren Gästen. Denn wer sagt, dass ein Museumsbesuch mit der Familie langweilig sein muss? Kinder können in Simulatoren ihren Traum wahr werden lassen und erleben, wie sich ein Lokomotivführer, Pilot oder Astronaut fühlt. Im interaktiven Autotheater werden Fahrzeuge aus der gesamten Geschichte der Automobilität gezeigt. Wie bei einer Voting-Show im Fernsehen können die Museumsbesucher per Knopfdruck ihr Wunschmodell wählen, ein Autolift holt die Mobile aus dem Hochregal. Auch wird die ehemalige Schweizer Automarke «Monteverdi» in der Abteilung Strassenverkehr anschaulich vermittelt.

Doch Verkehr findet schließlich nicht nur auf der Straße statt. Praktisch alle Zweige von Verkehrswesen und Kommunikation sind mit spannenden Experimenten in der Ausstellung zu finden, von der Schiff- bis zur Raumfahrt. In der »Halle zum Abheben« erwarten den Besucher die verschiedensten flugfähigen Transportmittel: Flugzeuge, Hubschrauber, Ballongondeln und viele mehr. Anfassen und ausprobieren ist dabei ausdrücklich erwünscht, etwa bei der Nachbildung des berühmten Gleiters, mit dem sich Luftfahrtpionier Otto Lilienthal 1891 in die Lüfte erhob.

Ein für die Alpen sehr charakteristisches Fortbewegungsmittel ist die Seilbahn. Die Schweizer Pionierrolle bei der Erschließung der letzten Meilen zum Gipfel ist in einer permanenten Ausstellung dokumentiert. Das 3-D-Kino, ein Planetarium sowie das Swiss Chocolate Adventure sorgen für noch mehr Unterhaltung. Letzteres hat nur auf den ersten Blick nichts mit dem Verkehrswesen zu tun: Auf einer zwanzigminütigen Fahrt durch die Welt der Schoki-Herstellung spricht die multimediale Show alle Sinne an.

Das Schaulager im Verkehrshaus der Schweiz.

Info: Das Verkehrshaus liegt 3 km südöstlich vom Zentrum. **Info Verkehrshaus:** Lidostr. 5, 6006 Luzern, Tel. (041) 375 75 75, www.verkehrshaus.ch, Öffnungszeiten tägl. Sommer 10–18, Winter bis 17 Uhr, Eintritt CHF 32, Kinder CHF 12 (6–16 J.).

Lieblinge der Innerschweiz

Pilatus und Rigi

Kanton Luzern

Lange Zeit durfte der Pilatus nicht bestiegen werden. Denn, so glaubte man, wer die dort hausenden Drachen, Zauberer und Hexen verärgerte, riskierte ein Unwetter heraufzubeschwören. Insbesondere der Pilatussee, der auf einer Höhe von rund 1550 Metern zwischen den bis zu 2128 Meter hohen Gipfeln des Bergmassivs liegt, stand im Zentrum des Aberglaubens. Hier wähnte man in Folge eines etymologischen Irrtums das Grab des Pontius Pilatus, der in seiner Ruhe keinesfalls gestört werden durfte.

Erst das aufklärerische 16. Jahrhundert räumte mit solchen Mythen auf. Und so weiß man heute nicht nur, dass der Berg seinen Namen keineswegs dem Statthalter von Judäa verdankt, sondern auch, dass die einstige Tabuzone ein überaus beliebtes und lohnendes Ausflugsziel ist. Die 1889 eröffnete Pilatusbahn erklimmt den Berg ab Alpnachstad als steilste Zahnradbahn der Welt mit einer Steigung von ebenfalls sagenhaften 48 Prozent. Ab Kriens führen Panoramagondeln binnen 30 Minuten bis nach oben. Dort eröffnet sich eine tolle Aussicht auf den Vierwaldstättersee.

Blick vom Pilatus auf den Vierwaldstättersee.

Wo früher, zumindest dem Volksglauben nach, nur Hexen tanzten und Drachen flogen, sind heute Touristen und Sportler unterwegs: Der Pilatus eignet sich bestens für Sportarten wie Gleitschirmfliegen, Klettern und Rodeln und bietet Übernachtungsmöglichkeiten sowie Gastronomie aller Art. Ein paar der verloren geglaubten Sagen erlebten übrigens in dem 2002 uraufgeführten Luzerner Musical »Der Drachenstein« eine Wiederauferstehung.

Die inselartige Rigi östlich von Luzern wurde als erster Berg in Europa im Jahr 1871 mit einer Bahn erschlossen. Heute verkehren etwa von Vitznau am Vierwaldstättersee und Goldau am Zugersee Zahnradbahnen ins Erlebnis- und Erholungsparadies Rigi Kulm. Für spezielle Fahrten werden Nostalgiebahnen eingesetzt. Ab Goldau wird am ersten Sonntag im Monat eine Spezialfahrt mit Frühstücksbuffet angeboten.

Wer früh genug aufsteht, wird dabei vielleicht Zeuge eines ganz besonderen Naturschauspiels. Denn die Sonnenaufgänge auf der Rigi, die schon Mark Twain hierher lockten, sind legendär – wenn sie auch dank schlechten Timings des Langschläfers nur indirekt Eingang in seinen unterhaltsamen Reisebericht finden. Unterhalb der 1800 Meter hohen Rigi finden sich weitere literarische Spuren: In Küsnacht soll Wilhelm Tell den Landvogt Gessler erschossen haben. Die berühmte »hohle Gasse« liegt zwei Kilometer nordöstlich von Küsnacht.

Info Pilatus-Bahnen: 6010 Kriens, Tel. (041) 329 11 11, aktuelle Fahrpläne und Preise unter www.pilatus.ch. **Info Rigi-Bahnen:** 6354 Vitznau, Tel. (041) 399 87 87, www.rigi.ch.

Der erste Panoramazug der Welt

GoldenPass Panoramic

Von Luzern bis Montreux, Kantone Luzern und Waadt

Drei großartige Züge durchqueren die Schweiz. Der berühmteste ist der Glacier Express, auch bekannt als langsamster Schnellzug der Welt, der zweite ist der Bernina Express. Der dritte im Bunde heißt GoldenPass

Der GoldenPass Panoramic verbindet die Kantone Luzern und Montreux.

Panoramic und steht etwas im Schatten seiner berühmten Brüder. Der von der SBB unabhängige GoldenPass Panoramic verbindet Luzern mit Montreux via Interlaken bis auf eine Höhe von 1274 Meter. Auf dieser gut fünfstündigen Route kann aufgrund der unterschiedlichen Spurbreiten kein durchgehender Zug eingesetzt werden, daher ist das Angebot in drei Teilrouten zerlegt.

Zunächst startet der Zug ab Luzern in Richtung Interlaken. Die erste Klasse verfügt in der Regel über Panoramawagen, in der zweiten erlauben große Fenster eine Sicht auf den 1002 Meter hohen Brünigpass. Die Route entlang der Brünigbahn können nur schmalspurige, zahnradbetriebene Züge absolvieren.

In Interlaken heißt es am selben Bahnsteig umsteigen in einen ebenso goldweiß lackierten Panoramazug, dessen erste Klasse über drehbare Ledersessel verfügt. Dieser Zug schlängelt sich durch das malerische Simmental, das mit seinen Kühen und den Chalets im typischen Stil des Berner Oberlands wie ein Stück Bilderbuchschweiz aussieht.

In Zweisimmen erfolgt ein weiterer Wechsel in den schönsten der drei Züge, den ältesten Panoramazug der Welt. Mit Glück erwischen die Reisegäste (für einem kleinen Aufschlag) die moderne Zugkomposition mit acht VIP-Plätzen im vorderen Wagen mit der freien Aussicht eines Lokführers. Auch in der zweiten Klasse fahren ausschließlich Panoramawagen. Ab Château-d'Œx geht es durch einen langen Tunnel in die Genferseeregion mit der überwältigenden Sicht über die Weinberge von Lavaux bis nach Montreux.

Das häufige Umsteigen wird bald Geschichte sein: Ab Sommer 2021 befahren die neuen Züge des GoldenPass Express die gesamte Strecke mit variablen Drehgestellen.

Info GoldenPass Panoramic: GoldenPass Services, 1820 Montreux, Tel. (021) 989 81 90, www.goldenpass.ch, tägliche Fahrten, Preise und Fahrplan auf Anfrage.

NEUENBURG

Erneuerer der Baukunst

Le Corbusier

La Chaux-de-Fonds, Kanton Neuenburg

Den weltberühmten Schweizer Architekten Le Corbusier, der eigentlich Charles Edouard Jeanneret-Gris hieß, kennen die meisten Schweizer gut, denn er zierte lange die Zehn-Franken-Note. Sein Name ist eng mit der Uhrmacherstadt La Chaux-de-Fonds verbunden. Der Maler, Bildhauer, Möbeldesigner und Urbanist (1887–1965) legte sich nach seinem Umzug nach Paris 1917 das Pseudonym Le Corbusier zu. Er widmete sich neben der Architektur auch der Farbenlehre und veröffentlichte früh seine radikalen Ansichten.

Bekanntes Werk von Le Corbusier: Villa Turque.

1920 formulierte er seine Theorie mit fünf Punkten: Er setzte stützende Pfosten statt zu viele tragende Wände ein und erreichte dadurch einen freien Grundriss, verwendete ein Flachdach zum Erhalt der Gartenfläche, sorgte für eine bessere Ausleuchtung durch breite statt hohe Fenster und schuf schließlich eine völlig freie Fassadengestaltung.

Noch unter seinem eigenen Namen entwarf er 1912 in seiner Heimatstadt für seine Eltern das Maison Blanche. Hier brach er mit dem bis dahin vorherrschenden Jugendstil, entwickelte bereits erste Ideen und schuf ein durchdachtes System der Proportionen. Die Villa wuchs von innen nach außen und war ein Vorreiter funktionaler Architektur. Die Association Maison Blanche hat das Haus 2005 renoviert und öffentlich zugänglich gemacht.

Im Jahre 1923 konzipierte er für seine Eltern ein zweites funktionelles Häuschen in einem Vorort von Vevey, die Villa Le Lac. Diese Villa am See entsprach seinen Modellwohnungen, in der zwar alles funktional, aber doch menschlich gestaltet sein soll. Sie steht seit 2016 mit 16 weiteren seiner Bauten aus sieben Ländern auf der Liste des UNESCO-Weltkulturerbes.

Le Corbusier reiste durch die ganze Welt und gestaltete u. a. das Kapitol im indischen Chandigarh oder die *Unité d'habitation* genannten Wohneinheiten in Frankreich und Berlin. In Zürich steht sein letztes Gebäude am Zürichhorn: das Centre Le Corbusier fällt durch seine weithin sichtbaren fröhlichen Farben sowie sein frei stehendes Dach mit kubistischen Anleihen auf und beherbergt heute das Heidi-Weber-Museum mit dem Andenken an Le Corbusier.

Info Maison Blanche: Chemin de Pouillerel 12, 2300 La Chaux-de-Fonds, Tel. (032) 536 22 22, www.maisonblanche.ch, Öffnungszeiten Fr–So 10–17 Uhr, Eintritt CHF 10, ermäßigt CHF 7. **Info Villa Le Lac:** Route de Lavaux 21, 1802 Corseaux, Tel. (079) 829 63 08, www.villalelac.ch, Öffnungszeiten Juni–Sept. Fr–So 10–17 Uhr, Eintritt CHF 12/10/6. **Info Centre Le Corbusier:** Höschgasse 8, 8008 Zürich, Tel. (044) 383 64 70, www.pavillon-le-corbusier.ch, Öffnungszeiten Mi–So 12–18, Do bis 20 Uhr, Eintritt CHF 12/8.

Hier ticken die Uhren richtig

Watch Valley

La Chaux-de-Fonds, Kanton Neuenburg

Die Westflanke der Schweiz rund um Neuchâtel und La Chaux-de-Fonds wurde vor allem durch die Uhrmacherindustrie bekannt: *Watch Valley*, das Tal der Uhren, nennt die Tourismusindustrie diese Region. Zwischen Basel und Genf führt die Route de l'Horlogerie oder Uhrmacherstraße an die Wiege der Geschichte der Zeitmessung. Entlang des Jurabogens verläuft der Weg inmitten intakter Natur. Wo schon früh in Heimarbeit Präzisionsuhren hergestellt wurden, sind heute Marken wie Longines, Omega oder Patek Philippe beheimatet.

Startpunkt der Route ist das Historische Museum in Basel, das im Haus zum Kirschgarten eine Sammlung mit Exemplaren westeuropäischer Herstellungszentren vom 15. bis zum 19. Jahrhundert zeigt.

Von Basel aus geht es über Delémont und Biel nach La Chaux-de-Fonds, mit 38 000 Einwohnern drittgrößte Stadt in der Westschweiz. Bekannt wurde sie im 18. Jahrhundert zunächst durch die Einführung der Spitzenklöppelei, später entwickelte sie sich zum Zentrum der Uhrenherstellung. Ein unterirdisch angelegtes internationales Uhrenmuseum thematisiert die Geschichte der Uhrenherstellung sowie die allgemeine Bedeutung der Zeitmessung. Besucher können auch eine Abteilung zur Restaurierung von Uhren besichtigen. Jährlich am ersten Oktoberwochenende findet hier eine Uhrenbörse statt, darüber hinaus verleiht das Uhrenmuseum jedes Jahr den Prix Gaïa für besondere Verdienste um die Uhrenindustrie.

Von La Chaux-de-Fonds, wo die meisten Uhrenstätten liegen, führt die Route weiter nach Neuchâtel. Im dortigen Kunstmuseum sind drei berühmte Automaten des Uhrmachers Pierre Jaquet-Droz zu bewundern. Die in Zusammenarbeit mit seinen Brüdern gebauten Androiden sind zwar keine Zeitmesser, zeigen jedoch dieselbe technische Präzision, dank der Schweizer Uhren Weltruhm erlangten. Die Uhrmacherstraße endet schließlich nach Val-de-Travers und Yverdon-les-Bains in Genf, wo bekannte Luxushersteller wie u. a. Rolex ihren Hauptsitz haben.

INFO: La Chaux-de-Fonds liegt ca. 70 km nordwestlich von Bern. **INFO WATCH VALLEY:** Tourisme neuchâtelois, Espacité 1, 2302 La Chaux-de-Fonds, Tel. (032) 889 68 95, www.watch-cities.ch. **INFO MUSÉE INTERNATIONAL D'HORLOGERIE:** Rue des Musées 29, 2301 La Chaux-de-Fonds, Tel. (032) 967 68 61, www.mih.ch, Öffnungszeiten Di–So 10–17 Uhr, Eintritt CHF 15, ermäßigt CHF 7,50.

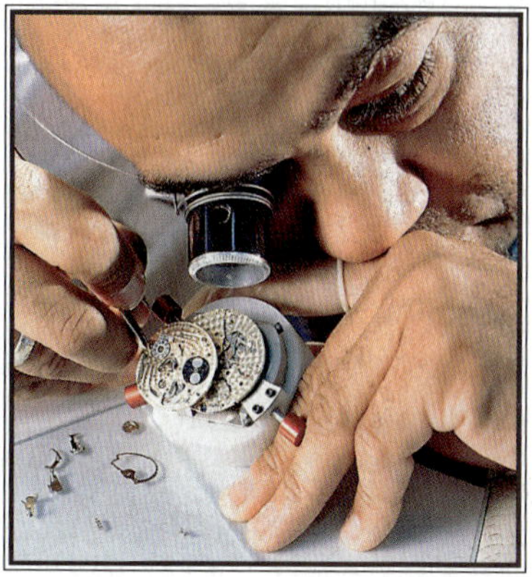

International hoch im Kurs: Schweizer Uhren.

Innovatives Erlebnismuseum am größten Schweizer Binnensee

NEUCHÂTEL

Neuchâtel, Kanton Neuenburg

Die Hauptstadt des gleichnamigen Kantons wurde als »Novum Castellum« bereits vor eintausend Jahren schriftlich erwähnt, bevor sich Burgunder und Preußen um die Vorherrschaft stritten. Im weithin sichtbaren Schloss sind die Kantonsbehörden untergebracht. Die auf das 10. Jahrhundert zurückgehende Anlage, die im 19. Jahrhundert restauriert und umgestaltet wurde, kann jedoch auch besichtigt werden. Neben dem Schloss steht das Wahrzeichen der Stadt: die Ende des 12. Jahrhunderts erbaute Eglise Collégiale mit ihren charakteristischen Zwillingstürmen und dem ausgeprägten Vierungsturm.

Ausstellung im Archäologiemuseum Laténium.

Repräsentative Bauten wie Rathaus, Theater und Museen zeugen von einem wohlhabenden Ort (33 500 Einwohner), der durch die Uhrenindustrie zum Reichtum kam. Auf der Place des Halles ist dienstags, donnerstags und samstags Markttag. Im Stadtbild fallen, ähnlich wie in Bern oder Solothurn, die hübschen Brunnen auf. Das ehemalige Wohnhaus Friedrich Dürrenmatts, stilvoll transformiert von Architekt Mario Botta, zeigt im Centre Dürrenmatt Zeichnungen und Gemälde des vielseitigen Schriftstellers und Künstlers.

Am Neuenburgersee, dem größten ganz auf Schweizer Boden gelegenen Binnengewässer, entstanden schon in der Jungsteinzeit Pfahlbauten. Benannt nach dem Fundort La Tène, begeben sich Besucher im spannenden Archäologiemuseum Laténium auf eine Zeitreise von der Gegenwart bis zurück in die Bronzezeit. Vom modernen Schweizer Taschenmesser bis zu Flintklingen und Steinwerkzeugen steht dabei vor allem das Werkzeug der jeweiligen Epoche im Fokus.

INFO: Neuchâtel liegt 49 km westlich von Bern. **INFO NEUCHÂTEL:** Tourisme neuchâtelois, Hôtel des Postes, 2001 Neuchâtel, Tel. (032) 889 68 90, www.neuchateltourisme.ch. **INFO CENTRE DÜRRENMATT:** Chemin du Pertuis-du-Sault 74, 2000 Neuchâtel, Tel. (058) 466 70 60, www.cdn.ch, Mi–So 11–17 Uhr, Eintritt CHF 8, ermäßigt CHF 5. **INFO LATÉNIUM:** Espace Paul Vouga, 2068 Hauterive, Tel. (032) 889 69 17, www.latenium.ch, Öffnungszeiten Di–So 10–17 Uhr, Eintritt CHF 9, Kinder CHF 4.

Jungbrunnen und andere Muntermacher

VAL-DE-TRAVERS

Kanton Neuenburg

Der halbkreisförmige Felskessel Creux du Van beim Berggipfel Soliat fällt an den Seiten 160 Meter in die Tiefe und ist knapp vier Kilometer lang. Auf den Wänden tummeln sich Gämsen und Steinböcke in aller Ruhe.

An diesem Ort im Val-de-Travers, entlang der Areuse im Neuenburger Juragebirge gelegen, kreuzen sich, so glaubt man, elektromagnetische Energielinien von hoher Intensität. Der Aufenthalt an so einem Kraftort soll Körper und Geist beleben.

Einen ganz anderen Muntermacher erfanden zwei Klosterschwestern 1769 im Örtchen Couvet: den berühmten Absinth. Dieser bestand neben Melisse, Anis, Fenchel und reichlich Alkohol hauptsächlich aus Wermut (auf Französisch Absinthe) und schmeckte recht bitter. Durch die Verbindung mit Wasser und Zucker verfärbt er sich milchig-grünbläulich, was dem berauschenden Getränk den Spitznamen »Grüne Fee« bescherte. Vielleicht war es aber auch der im Wermut enthaltene Wirkstoff Thujon, der das Zauberwesen heraufbeschwor. Dank ihm nämlich konnte der Absinthgenuss zu Halluzinationen führen.

Das in Paris um 1900 vor allem bei Künstlern und Literaten wie etwa Charles Baudelaire und Vincent van Gogh beliebte Getränk wurde aufgrund dieser Nebenwirkungen 1910 verboten. Ein herber Schlag für die Region, hatte das ärmliche Val-de-Travers doch gut von der Herstellung des hier erfundenen Produkts gelebt. Einige Brennereien bestanden im Geheimen weiter. Heute ist man stolz auf diese ungebrochene Tradition und hat dem jüngst wieder legalisierten Kultgetränk in Môtiers, gut drei Kilometer westlich von Couvet, ein Museum errichtet.

In der EU wurde das Verbot 1998, in der Schweiz 2005 wieder aufgehoben. Allerdings ist der zulässige Thujon-Gehalt heute genau festgelegt.

Energie tanken am Kraftort Creux du Van.

Ein weiterer Erwerbszweig, die vor 300 Jahren begonnene Asphaltgewinnung an den Hängen des Tals, wurde ebenfalls eingestellt. Die nicht mehr aktive Asphaltmine kann heute besichtigt werden. Das eindrucksvolle Stollenlabyrinth berichtet über die harten Arbeitsbedingungen. Eine kuriose kulinarische Spezialität ist in Asphalt gekochter Beinschinken.

INFO: Das Val-de-Travers liegt ca. 76 km westlich von Bern. **INFO GOÛT & RÉGION:** Grand' Rue 27, 2108 Couvet, Tel. (032) 864 90 64, www.gout-region.ch. **INFO MAISON DE L'ABSINTHE:** Grande Rue 10, 2112 Môtiers, Tel. (032) 860 10 00, www.maison-absinthe.ch, Öffnungszeiten Di–Sa 10–18, So 10–17 Uhr, Eintritt CHF 11, Kinder CHF 5.

NIDWALDEN

Die älteste Glashütte der Schweiz

Glasi Hergiswil

Hergiswil, Kanton Nidwalden

In Hergiswil am Vierwaldstättersee steht seit 1817 eine Glashütte. Ihr Kosename: Glasi. Wie so viele altehrwürdige Handwerksbetriebe sollte die Hütte in den 1970er Jahren geschlossen werden, doch der visionäre Eigentümer Roberto Niederer konnte Glasi mit Unterstützung der einheimischen Bevölkerung vor diesem Schicksal bewahren. Bis heute produziert das noch immer in Familienbesitz befindliche Unternehmen Gläser aller Art, die vor Ort auch zu erwerben sind, wobei der Zweite-Wahl-Laden mit günstigeren Preisen lockt.

Ein Highlight ist das hauseigene Museum »vom Feuer geformt«. In einer Art Kulissenlabyrinth wird die Geschichte der Glasherstellung in Hergiswil präsentiert, wobei sowohl die handwerklichen als auch die wirtschaftlichen Aspekte beleuchtet werden.

Glasbläser bei der Arbeit in der Glashütte Hergiswil.

Das als eine Art begehbare Zeitmaschine konzipierte Museum wurde im Jahr 1996 vom Europarat als »eines der schönsten Museen Europas« ausgezeichnet. Die Besucher können bei zahlreichen Experimenten oder dem Spielen auf Glasinstrumenten selbst aktiv werden. Das Archiv umfasst ein Jahrhundert Gläser aus der hiesigen Produktion und erlaubt einen Vergleich der verschiedenen Design-Epochen.

Glasis Zentrum ist der Ofen, wo die Besucher den Glasbläsern bei der Arbeit zuschauen können. Aus der glühenden Masse werden hier Gläser geformt, geblasen und gegossen. Auf der Zuschauergalerie können die Besucher an einem Kleinofen unter fachlicher Leitung auch selbst Hand anlegen und ihre eigene Glaskugel blasen, die schon nach einer Viertelstunde abgekühlt und mitnahmefertig ist.

Im 100 Quadratmeter großen Glas-Labyrinth tasten sich die Besucher behutsam bei Lichtspielen und Klangcollagen durch 77 Glaswände. Zum 200. Geburtstag entstand im Jahre 2017 der 20 Meter hohe Glasturm aus 672 handgegossenen Glasplatten mit Kaleidoskopen für einen ungewöhnlichen Blick auf den Vierwaldstättersee.

Info: Hergiswil liegt ca. 9 km südlich von Luzern. **Info Glasi Hergiswil:** Seestr. 12, 6052 Hergiswil, Tel. (041) 632 32 32, www.glasi.ch, Öffnungszeiten Mo–Fr 9–18, Sa 9–16, Glaskugelblasen Mo–Fr 9–13, 13.30–17, Sa 8.30–16 Uhr, Eintritt Museum CHF 7, bis 9 J. frei, Blasen einer eigenen Glaskugel CHF 20.

OBWALDEN

Luftseilbahn, drehbar

Von Engelberg auf den Titlis

Engelberg, Kanton Obwalden

Engelberg, seit dem 18. Jahrhundert ein beliebter Kurort im Kanton Obwalden, besticht vor allem durch seine Lage unterhalb des Titlis. Eine prägende Rolle in der Geschichte des Ortes spielte die Benediktinerabtei, die bereits um 1120 gegründet wurde und in der noch heute Mönche arbeiten und lehren.

Mit der Erstbesteigung des Titlis im Jahr 1744 begann die Entwicklung des Tourismus in dem ruhigen Klosterort inmitten der imposanten Bergwelt. In der tummeln sich neben Wanderern und Bikern heute auch die Skifahrer, denn seit dem 20. Jahrhundert ist Engelberg zugleich ein geschätzter Wintersportort. Das Freizeit-, Wellness- und Sportangebot ist entsprechend groß. Ein Tipp: Das Hotel Terrace ist ein Grandhotel alter Prägung, das sich seinen Charme trotz moderner Ausstattung erhalten hat.

Besucher erreichen den auf 1050 Metern Höhe gelegenen Ort mit der Schmalspurbahn von Luzern via Stans. Von Engelberg verkehren 26 Bergbahnen bis ins ewige Eis. Gleitschirmflieger reisen per Luftseilbahn zum Abflugpunkt auf dem Brunni, Bergliebhaber übernachten in der Alphütte auf der Fürenalp. Oder wie wäre es mit Bungee-Jumping aus der Luftseilbahnkabine?

Die Krönung ist der 45 Minuten lange Weg über die Zwischenstation Stand bis zum Kleintitlis auf den höchstgelegenen Aussichtspunkt der Innerschweiz. Die letzte Etappe von Stand aus absolviert die Pendelbahn Rotair, die erste sich um die eigene Achse drehende Luftseilbahn der Welt. Oben erwartet die Gäste auf 3020 Metern Höhe das Titlis Gastroland mit traumhafter Aussicht auf das Alpenpanorama.

Von hier geht es hoch hinaus auf über 3000 Meter: der Kurort Engelberg.

Hier lohnt die Gletschergrotte einen Besuch.

Info: Engelberg liegt ca. 35 km südlich von Luzern. **Info Engelberg-Titlis:** Engelberg-Titlis Tourismus, Klosterstr. 3, 6390 Engelberg, Tel. (041) 639 77 77, www.engelberg.ch. **Info Brunni-Bahnen Engelberg:** Wydenstrasse 55, 6390 Engelberg, www.brunni.ch. **Info Titlis Bergbahnen:** Poststr. 3, 6391 Engelberg, Tel. (041) 639 50 50, www.titlis.ch. **Info Hotel Terrace:** Terracestr. 33, 6390 Engelberg, Tel. (041) 639 66 66, www.terrace.ch. Preise auf Anfrage.

Jugendstil-Hotel Paxmontana im Kraftort Flüeli-Ranft/Obwalden.

Jugendstil am Jakobsweg

Hotel Paxmontana und Bruder Klaus

Flüeli-Ranft, Kanton Obwalden

Von Luzern aus führt der Brünigpass über den Sarnersee und den Lungernsee bis nach Brienz und Interlaken. Etwas abseits vom Sarnersee bei Sachseln liegt die Ortschaft Flüeli-Ranft auf einer Höhe von 730 Metern. Der Wallfahrtsort ist vor allem wegen Niklaus von Flüe, bekannt unter dem Namen Bruder Klaus, berühmt. Der einstige Obwalder Ratsherr verließ im Jahr 1467 mit 48 Jahren seine Familie in Flüeli-Ranft, um 20 Jahre lang in einer Einsiedelei in der Ranftschlucht allein im Einklang mit Gott zu leben. Seine Klause zieht noch heute viele Pilger auf dem Jakobsweg an.

In einer Mönchszelle muss hier aber heute niemand mehr übernachten: Neben dem einstigen Wohnhaus des seliggesprochenen Einsiedlers eröffnete 1895 das prächtige Jugendstilhotel Paxmontana, das damals noch Kurhaus Nünalphorn hieß. Auffallend sind die rötlichen Holzelemente der Fassade, die grünen Fensterläden und die beiden spitzen Türme. Ab 1988 wurde das Hotel nach und nach unter denkmalpflegerischen Kriterien restauriert, die jüngste, recht aufwendige Totalsanierung erfolgte 2011. Dabei konnte viel von der originalen Bausubstanz bewahrt oder wieder freigelegt werden. Sehenswert sind beispielsweise die historischen Parkett- und Terrazzoböden sowie die mit Stuck und Malereien verzierten Decken.

Das mehrfach ausgezeichnete Haus bietet seinen Gästen bei allem nostalgischen Flair verschiedene Zimmer von einfach über historisch bis zur Turmsuite. Zum Hotel gehören das Gasthaus Paxmontana und das Chalet Paxmontana, beide etwa 200 Meter entfernt vom Mutterhaus mitten im Ort gelegen.

Restaurierte Stuckdecke im Jugendstil-Hotel Paxmontana.

Das im Jugendstil gehaltene Restaurant Veranda trägt seinen Namen zu Recht: Die hohe, holzgerahmte Fensterfront gibt den Blick frei auf das Sarneraatal und den Glaubenberg. Eine herrliche Aussicht bietet auch der Hotelpark, hier können die Gäste das unvergleichliche Alpenpanorama bei einer wohltuenden Kur im Kneippbecken genießen.

Info: Flüeli-Ranft liegt ca. 26 km südlich von Luzern. **Info Bruder Klaus:** 6073 Flüeli-Ranft, www.bruderklaus.com. **Info Hotel Paxmontana:** Dossen 1, 6073 Flüeli-Ranft, Tel. (041) 666 24 00, www.paxmontana.ch. Preise auf Anfrage.

SCHAFFHAUSEN

So ein R(h)einfall

RHEINFALL

Neuhausen, Kanton Schaffhausen

Bei Neuhausen, nur vier Kilometer von Schaffhausen entfernt, ist der größte Wasserfall Europas zu bewundern. Auf einer Breite von 150 Metern tosen die Wassermassen hinunter. Und dies tun sie schon sehr lange – das Alter des Rheinfalls wird auf etwa 16 000 Jahre geschätzt. Am gewaltigsten ist das Naturschauspiel im Juni und Juli, wenn der Schnee auf den Alpen geschmolzen ist und der Rhein das meiste Wasser führt. Dann stürzen bis zu 700 Kubikmeter Wasser pro Sekunde 23 Meter tief über die Felsen aus Jurakalkstein. Ein besonderes Ereignis ist das riesige Feuerwerk, das jedes Jahr zum Schweizer Nationalfeiertag am 1. August den Rheinfall erleuchtet.

Eine gute Gesamtsicht bietet sich vom Schlössli Wörth westlich des Rheinfalls. Als sechseckige Wasserburg bereits im 12. Jahrhundert entstanden, beherbergt der einstige Warenumschlagplatz heute ein Restaurant. Besonders in abendlicher Beleuchtung verbreitet der Ort eine romantische Atmosphäre.

Alternativ bietet sich das Schloss Laufen als Beobachtungspunkt für das Naturspektakel an. Besuchern, die sich keine Perspektive entgehen lassen wollen, sei der in 75 Minuten zu bewältigende Rheinuferweg empfohlen: Er führt vom Schlössli Wörth am Ufer entlang über die 192 Meter lange Eisenbahnbrücke zum Schloss Laufen und über eine südliche Rheinüberquerung wieder zurück.

INFO: Neuhausen liegt ca. 50 km nördlich von Zürich. **INFO RHEINFALL:** 8212 Neuhausen am Rheinfall, Tel. (052) 620 49 11, www.rheinfall.ch. **INFO SCHLÖSSLI WÖRTH:** Rheinfallquai, Neuhausen am Rheinfall, Tel. (052) 672 24 21, www.schloessliwoerth.ch, Öffnungszeiten Do–Mo 11.30–14, 18–23 Uhr, Reservierung empfohlen, Preise auf Anfrage.

Die Wassermassen des Rheinfalls bei Schaffhausen.

Hoch thront Munot über dem hübschen Grenzstädtchen

SCHAFFHAUSEN

Schaffhausen, Kanton Schaffhausen

Ja tatsächlich, Schaffhausen gehört zur Schweiz, obwohl es nördlich des Rheins liegt. Die Bevölkerung entschied sich nach dem Krieg mit den Schwaben 1501 für ihre Zugehörigkeit zu den Eidgenossen. Das kompakte historische Zentrum

Die Stadt der 171 Erker: Schaffhausen.

mit seinen malerischen Gassen wird von der Festung Munot hoch über der Stadt bewacht. Wer von Stuttgart nach Zürich fährt, streift nur die industrielle Seite von Schaffhausen und verpasst die Stadt der 171 Erker rund um den brunnengeschmückten Fronwagplatz. Nach Westen führt die Oberstadt bis zum Obertor aus dem 13. Jahrhundert, in Richtung Norden sind entlang der Vorstadt zahlreiche Bürgerhäuser zu bewundern. Gen Osten folgt entlang der Vordergasse das Rathaus aus dem 15. Jahrhundert sowie das Haus zum Ritter mit sehenswerten Fassadenmalereien. Das romanische Münster von 1150 präsentiert sich als flach gedeckte Säulenbasilika mit fünfgeschossigem Glockenturm. In unmittelbarer Nachbarschaft zeigt das überregional beachtete Museum zu Allerheiligen in den ehemaligen Abteigebäuden Exponate aus den Gebieten Archäologie, Kunst, Naturkunde und Regionalgeschichte.

Die Entstehung der etwa tausend Jahre alten Stadt hängt mit dem Rheinfall zusammen: Hier mussten Waren für einen kurzen Umweg umgeladen werden. Als Befestigung des Handelsweges fungierte die Zirkulärfestung Munot schon seit dem 16. Jahrhundert. Heute dient sie als Veranstaltungszentrum, etwa für die beliebten Munotbälle im Sommer.

INFO: Schaffhausen liegt 50 km nördlich von Zürich und 10 km südwestlich der deutschen Grenze bei Thayngen. **INFO SCHAFFHAUSERLAND TOURISMUS:** Herrenacker 15, 8200 Schaffhausen, Tel. (052) 632 40 20, www.schaffhauserland.ch. **INFO MUSEUM ZU ALLERHEILIGEN:** Klosterstr. 16, Schaffhausen, Tel. (052) 633 07 77, www.allerheiligen.ch, Öffnungszeiten Di–So 11–17 Uhr, Eintritt CHF 12, bis 25 J. frei. **INFO MUNOT:** Munotstieg 17, 8200 Schaffhausen, Tel. (052) 625 42 25, www.munot.ch.

Malerisches Städtchen in der Nordschweiz

Stein am Rhein

Stein am Rhein, Kanton Schaffhausen

Das niedliche Städtchen am Ausfluss des Rheins aus dem Bodensee besitzt eine mittelalterliche Altstadt mit verzierten Fassaden, steilen Giebeln, hübschen Erkern und vielen Fachwerkhäusern. Im Jahr 2007 konnte Stein am Rhein auf eine tausendjährige Geschichte zurückblicken. Das Bild der intakten Altstadt ist vor allem durch die farbenfrohe Gestaltung der Bürgerhäuser am gepflasterten Rathausplatz geprägt.

Das Rathaus aus dem Jahr 1539 diente einst als Kaufhaus, heute befindet sich hier die historische Sammlung von Stein. Imposant sind auch die alten Tore, die zur Ober- und Understadt führen.

Das Benediktinerkloster St. Georgen im Zentrum des 3400 Einwohner zählenden Städtchens entstand bereits zu romanischer Zeit und gehört zu den am besten erhaltenen Anlagen des Mittelalters in der Schweiz. Besonders sehenswert ist ein Freskenzyklus aus dem 16. Jahrhundert, ein Vorbote der Renaissance.

Bunte Fassade am Gasthof zur Sonne.

In der Nähe des Untertors befindet sich in einem Haus im Empirestil mit dem Lindwurm das Museum für bürgerliche Wohnkultur und Landwirtschaft. Es zeigt in einer entsprechend eingerichteten Wohnung eine gutbürgerliche Wohnsituation des 19. Jahrhunderts und gibt einen Einblick in das Leben der damaligen Oberschicht.

Der überwiegend nördlich des Rheins gelegene Ort ist durch eine Rheinbrücke mit dem weniger interessanten Südteil verbunden, wo sich der Bahnhof befindet. Die Thurbo genannten Züge verkehren ab Schaffhausen entlang des Rheins. In Richtung Stein am Rhein bieten die Plätze zur linken Seite des Zugs eine tolle Panoramasicht auf eine der schönsten Flusslandschaften der Schweiz.

Im Hintergrund von Stein thront nördlich des Rheins die mittelalterliche Burg Hohenklingen, inzwischen aufwendig restauriert. Der zentrale Turm wurde bereits anno 1200 von den Herzögen von Zähringen erbaut, die weithin sichtbare Mauer und das Palais entstanden etwas später. Seit dem 15. Jahrhundert gehört die Anlage der Stadt Stein am Rhein.

Info: Stein am Rhein liegt ca. 55 km nordöstlich von Zürich. **Info Stein am Rhein:** Tourist-Service, Oberstadt 3, 8260 Stein am Rhein, Tel. (052) 632 40 32, www.tourismus.steinamrhein.ch. **Info Museum Lindwurm:** Understadt 18, Stein am Rhein, Tel. (052) 741 25 12, www.museum-lindwurm.ch, Öffnungszeiten März–Okt. tägl. 10–17 Uhr, Eintritt CHF 5, ermäßigt CHF 3.

SCHWYZ

Der berühmteste Schweizer Wallfahrtsort

KLOSTER EINSIEDELN

Einsiedeln, Kanton Schwyz

Vor mehr als 1000 Jahren entstand diese Kulturstätte nahe der Stelle, wo im Jahr 861 der Mönch Meinrad in seiner Einsiedlerklause erschlagen wurde. Bereits 947 wurde Einsiedeln zum Königskloster bestimmt. Der Ort am Jakobsweg nach Santiago de Compostela entwickelte sich zum berühmtesten Schweizer Wallfahrtsort. Auch war das Kloster mehrfach Zeuge bedeutender historischer Ereignisse. Während des Dreißigjährigen Kriegs fanden hier erste Verhandlungen zwischen Frankreich und Bayern statt und der spätere Zürcher Reformator Huldrych Zwingli wirkte für kurze Zeit im Kloster.

Das Benediktinerkloster Maria Einsiedeln gilt als besonders gelungenes Beispiel des Vorarlberger Barocks in der Schweiz. Ursprünglich als romanisches Kloster erbaut, wurde die Anlage zunächst gotisch und im 18. Jahrhundert zu einem Barockstift umgebaut. Die Fassade der 1753 vollendeten Kirche ist mit ihren beiden Türmen und der gewölbten Front das Zentrum der harmonisch wirkenden Klosteranlage. Die beiden Seitenkolonnaden ähneln zwei Armen, mit denen die Pilger willkommen geheißen werden. In der 113 Meter breiten Kirche steht die Gnadenkapelle aus schwarzem Marmor mit dem berühmten holzgeschnitzten Gnadenbild »Schwarze Madonna« aus dem 15. Jahrhundert genau am Ort der Einsiedlerklause Meinrads.

Die sehenswerte Stiftsbibliothek beinhaltet 1230 Handschriften, 1040 Inkunabeln sowie 150000 gedruckte Bücher. Der zweistöckige helle Barocksaal entstand im Jahr 1740.

INFO: Einsiedeln liegt ca. 40 km südöstlich von Zürich. **INFO KLOSTER EINSIEDELN:** 8840 Einsiedeln, Tel. (055) 418 61 11, www.kloster-einsiedeln.ch, Führungen Mo–Sa 14 Uhr, Eintritt CHF 20, Kinder CHF 10.

Station auf dem Jakobsweg: Kloster Einsiedeln.

Auf Schweizer Spuren im messerscharfen Kanton

SCHWYZ

Schwyz, Kanton Schwyz

Seit der Verfassung von 1848 wird der Terminus »Confoederatio Helvetica« sprachneutral verwendet, daher stammt das heute gebräuchliche Länderkennzeichen CH. Doch im Ausland konnte man sich von den Urkantonen besonders Schwyz merken. Vielleicht lag es ja an den im Mittelalter legendären Schwyzer Söldnern. Daher hat sich in Abwandlung die »Schweiz« als Landesname eingebürgert. Der Kanton Schwyz breitet sich zwischen dem Zürichsee und dem Vierwaldstättersee aus, mitten im Herzen der Zentralschweiz.

In der gleichnamigen Kantonshauptstadt mit ihren 15 200 Einwohnern kann man gleich doppelt auf den Spuren der Schweizer Geschichte wandeln. Das lebendige Forum der Schweizer Geschichte zeigt anhand von rund 800 multimedial aufbereiteten Exponaten, wie der Alltag vom 14. bis ins 18. Jahrhundert aussah, bevor sich die Schweiz zum wohlhabenden Land entwickelte. Sonderausstellungen befassen sich mit so unterschiedlichen Themen wie Märchen und Magie oder dem St.-Gotthard-Tunnel, dem größten Bauprojekt in der Geschichte der Schweiz. Das 2014 aufgefrischte Bundesbriefmuseum präsentiert u. a. den Originalbrief über die Besiegelung der Eidgenossenschaft aus dem Jahre 1291.

Das Rathaus von Schwyz mit beeindruckender Fassadenmalerei von Ferdinand Wagner.

Doch das Städtchen ist nicht nur wegen seiner Museenlandschaft einen längeren Zwischenstopp wert. Sehenswert am Hauptplatz sind vor allem das freskengeschmückte Rathaus und das Ital-Reding-Haus aus dem 17. Jahrhundert; daneben steht seit 1287 das älteste erhaltene Holzhaus der Schweiz.

Der Name der Ferienregion »Swiss Knife Valley« geht auf die weltbekannten roten Schweizer Sackmesser von Victorinox zurück, die beim Fabrikeinkauf vor Ort in zahlreichen Formen angeboten werden. Die pyramidenförmigen Hausberge sind der Kleine und Große Mythen (1899 m), der nächstgelegene Wintersportort ist das gut 40 Kilometer entfernte Hoch-Ybrig.

INFO: Schwyz liegt 58 km südlich von Zürich. **INFO SCHWYZ:** Zeughausstr. 10, 6430 Schwyz, Tel. (041) 855 59 50, www.schwyz-tourismus.ch. **INFO FORUM SCHWEIZER GESCHICHTE**: Zeughausstr. 5, 6431 Schwyz, Tel. (058) 466 80 11, www.nationalmuseum.ch, Di–So 10–17 Uhr, Eintritt CHF 10, unter 16 J. frei. **INFO BUNDESBRIEFMUSEUM**: Bahnhofstr. 20, 6430 Schwyz, Tel. (041) 819 20 64, www.bundesbriefmuseum.ch, Öffnungszeiten Di–So 10–17 Uhr, Eintritt CHF 5, ermäßigt CHF 2,50, unter 16 J. frei.

SOLOTHURN

Italienische Barock-Grandezza, französisches Flair und die mysteriöse Elf

Solothurn

Solothurn, Kanton Solothurn

Die mittelalterlich geprägte Stadt Solothurn gilt dank der architektonischen Einheit innerhalb der Stadtmauern als »schönste Barockstadt der Schweiz«. Zudem trägt sie den Titel »Ambassadorenstadt«, da die französischen Botschafter bis zum 18. Jahrhundert lieber hier als in Bern ihren Sitz nahmen.

Wahrzeichen der 16 800 Einwohner zählenden Stadt ist die St.-Ursen-Kathedrale von 1773, Hauptwerk des schweizerischen Frühklassizismus. Am Ende der Hauptgasse fügt sie sich gut ins italienisch geprägte Barockensemble mit seinen Zunfthäusern ein. Das Erklimmen der 249 Treppenstufen auf den 66 Meter hohen Turm wird mit einmaliger Sicht auf Stadt und Berge belohnt.

Aus dem 12. Jahrhundert stammt der Zeitglockenturm mit seiner später ergänzten astronomischen Uhr, die noch heute immer zur vollen Stunde schlägt. Das Zeughaus beinhaltet eine der größten Waffen- und Rüstungssammlungen in ganz Europa. Wer sich für die Wohnkultur zur Hochblüte von Solothurn interessiert, wird im Historischen Museum von Schloss Blumenstein fündig. Ein Dutzend Museen unterstreichen den Kunstanspruch der Stadt. Auch an kulturellen Veranstaltungen steht einiges auf dem Programm, und so ziehen die Solothurner Literatur-, Film- und Biertage ihr jeweils eigenes Publikum an.

Das beschauliche Zentrum mit mehreren Cafés besticht mit seiner entspannten Atmosphäre. Merkwürdig ist Solothurns Beziehung zur Zahl Elf: Da sind die elf Glocken der Kathedrale, die elf Figurenbrunnen und die »Solothurner Uhr« mit nur elf Stunden in der Schanzenstrasse. Ein der Zahl gewidmeter Themenrundgang mit der App »Drallo« führt durch die Stadt.

St.-Ursen-Kathedrale in Solothurn.

Info: Solothurn liegt ca. 40 km nördlich von Bern. **Info Solothurn:** Region Solothurn Tourismus, Hauptgasse 69, 4500 Solothurn, Tel. (032) 626 46 46, www.solothurn-city.ch. **Info Museum Blumenstein:** Blumensteinweg 12, Solothurn, Tel. (032) 626 93 93, www.museumblumenstein.ch, Öffnungszeiten Di–Sa 14–17, So 10–17 Uhr, Eintritt frei.

ST. GALLEN

Die Wellnessoase der Ostschweiz

Bad Ragaz

Bad Ragaz, Kanton St. Gallen

Viele neu auf der Wiese erbaute Wellnessanlagen können mit der Beliebtheit des gut 140 Jahre alten Thermalbads von Bad Ragaz nicht mithalten. Dabei war Ragaz eigentlich nur ein gewöhnliches Bauerndorf. Doch ab 1840 wurde es durch das Weiterleiten des Thermalwassers aus der Taminaschlucht berühmt, und mit dem Bau prächtiger Hotels stieg das Dorf schon im 19. Jahrhundert zum anerkannten Kurort mit 6100 Einwohnern auf.

Nach mehreren Hochwassern und Bränden wurde das Grand Hotel Quellenhof als Aushängeschild wieder errichtet, heute zieht es Wellnessbegeisterte und Prominente gleichermaßen an. Neben der Erholung stehen im Winter die Pisten auf dem Hausberg Pizol auf dem Programm. Zudem stehen den Gästen gleich zwei Golfplätze zur Verfügung: der hauseigene 18-Loch-Platz in Bad Ragaz sowie die Neun-Loch-Anlage im nahe gelegenen Heidiland.

Bereits Paracelsus beschrieb im 16. Jahrhundert die in der Taminaschlucht gelegene wasserreiche Akratotherme. Im Jahr 1871 entstand hier das erste Thermalhallenschwimmbad Europas mit einer Wassertemperatur von 33 bis 36,5 Grad Celsius – bis heute der Hauptmagnet des Kurorts. Inzwischen ist es mit dem Quellenhof Teil des Grand Resort Bad Ragaz, das selbst über ein imposantes Säulenbad verfügt.

Ein Tipp: Zum Grandhotel beziehungsweise dessen Nebengebäude Hof Ragaz gehört ein schlossähnliches Palais aus dem 18. Jahrhundert, dessen Zimmer noch die Atmosphäre vom Beginn des Kurbetriebs atmen.

Info: Bad Ragaz liegt ca. 23 km nördlich von Chur. **Info Bad Ragaz:** Heidiland Tourismus, Am Platz 1, 7310 Bad Ragaz, Tel. (081) 300 40 20, www.heidiland.com. **Info Tamina Therme:** Pfäferserstr. 8, Bad Ragaz, Tel. (081) 303 27 40, www.taminatherme.ch, Öffnungszeiten tägl. 8–22, Fr bis 23 Uhr, Eintritt ab CHF 22, Kinder ab CHF 12. **Info Grand Resort Bad Ragaz:** Bernhard-Simonstrasse, Bad Ragaz, Tel. (081) 303 30 30, www.resortragaz.ch, Reservierung empfohlen, Preise auf Anfrage.

Bietet Entspannung für Kurgäste aus aller Welt: Bad Ragaz.

Yachthafen und Wasserpark

RAPPERSWIL AM ZÜRICHSEE

Rapperswil, Kanton St. Gallen

Um den 39 Kilometer langen Zürichsee leben mehr als eine Million Menschen, also etwa dreimal so viele wie in Zürich selbst. Am nordöstlichen Ufer liegt das malerische Städtchen Rapperswil mit schöner Promenade und kleinem Yachthafen. Das Bild der mittelalterlichen Stadt (27000 Einwohner in einer Doppelgemeinde mit Jona), die im 13. Jahrhundert von den Grafen von Rapperswil gegründet wurde, beherrscht das Schloss, das aus dieser Gründungszeit stammt. Seit 1870 beherbergt es ein Polenmuseum, zunächst als Polnisches Nationalmuseum im Exil gegründet. Bis heute zeigt es Ausstellungen über Polen und die Beziehung zwischen dem Land und der Schweiz.

Die Pfarrkirche und das Rathaus von 1419 am Hauptplatz zählen zu den weiteren sehenswerten Gebäuden. Rapperswil wird auch als Rosenstadt bezeichnet, weil von Juni bis Oktober rund 15000 Rosen in den Gärten blühen.

Viele Ausflugsschiffe, vom Linienboot bis zum Fondueschiff, fahren von Zürich aus entlang der nördlichen Goldküste bis nach Rapperswil. Der Beiname geht auf die vielen Millionäre zurück, die auf dieser Seeseite Quartier bezogen haben.

Alternativ empfiehlt sich für einen Tagesausflug von Zürich aus die Anreise per Bahn, jedoch mangels ausreichender Parkplätze auf keinen Fall mit dem Auto.

Von Rapperswil führt der 1878 errichtete, knapp einen Kilometer lange Seedamm auf die Schnupfküste genannte gegenüberliegende Seite des Zürichsees nach Pfäffikon. Als dessen Highlight gilt das Erlebnisbad Alpamare – der größte überdachte Wasserpark Europas. Es ist besonders wegen seiner vielen Rutschbahnen mit Licht- und Wassereffekten beliebt. Die 261 Meter lange Bahn namens Balla Balla gilt als längste Körperrutsche in Europa.

Die Altstadt von Rapperswil am Ufer des Zürichsees.

INFO: Rapperswil liegt ca. 40 km südöstlich von Zürich. **INFO RAPPERSWIL:** Tourist Information, Fischmarktplatz 1, 8640 Rapperswil, Tel. (055) 225 77 00, www.rapperswil-zuerichsee.ch. **INFO ALPAMARE:** Gwattstr. 12, 8808 Pfäffikon, Tel. (055) 415 15 15, www.alpamare.ch, Öffnungszeiten Mo–Do 10–22, Fr/Sa 10–23, So 10–21 Uhr, Eintritt Tageskarte ab CHF 53, Kinder ab CHF 43 (6–15 J.), CHF 10 (unter 6 J.).

Ein Königreich für Bücher

Stiftsbibliothek St. Gallen

St. Gallen, Kanton St. Gallen

Otmar von St. Gallen gründete dem Einsiedler Gallus zu Ehren um 719 eine Abtei, die der später entstandenen Stadt den Namen geben sollte. Das Benediktinerstift diente vielen Gelehrten als Zufluchtsort. Aus seiner Blütezeit sind in der Bibliothek 2000 Handschriften bis heute erhalten. Unter anderem deswegen steht der Stiftsbezirk seit 1983 auf der UNESCO-Liste des Weltkulturerbes. Er umfasst die dominierende einstige Stiftskirche und heutige Kathedrale, den Westflügel mit der sehenswerten Stiftsbibliothek, die Neue Pfalz sowie die Flügelgebäude, in denen das Staatsarchiv untergebracht ist.

Die Kathedrale gilt als eine der letzten monumentalen barocken Klosterbauten und wurde durch Johann Michael Beer 1767 vollendet. Die Frontfassade mit den beiden 68 Meter hohen Türmen ist das Wahrzeichen von St. Gallen. Auffallend in der lang gestreckten Form: die Rotunde in der Mitte der Kirche, die Chor und Langhaus verbindet. Das Interieur ist dem Barock entsprechend üppig mit Stuck versehen und prächtig ausgemalt. Die Ostkrypta mit dem Grab des heiligen Gallus sowie die Westkrpyta gehen bis ins 9. Jahrhundert zurück.

Prächtiger Barock: Stiftsbibliothek St. Gallen.

Die Stiftsbibliothek in St. Gallen zählt zu den ältesten und schönsten ihrer Art weltweit. Der kunstvoll im Rokokostil geschmückte Saal entstand etwa gleichzeitig mit der Kathedrale durch Peter Thumb. Für die beeindruckende Atmosphäre des Bibliothekssaals sorgt die Verbindung des geschwungenen Holzwerks mit dem Licht durch die 34 Fenster.

Insgesamt besitzt die Stiftsbibliothek etwa 150 000 Bände und Handschriften, von denen nur 30 000 im Saal aufgestellt sind. Von großem Wert sind die 400 Bände aus dem ersten Jahrtausend, weltberühmt der karolingische Klosterplan aus dem Jahr 820. Er zeigt zwar nicht das Kloster St. Gallen, aber er dient als wertvolles Musterbeispiel für entsprechende Anlagen.

St. Gallen, die etwa 75 800 Einwohner zählende Hauptstadt des gleichnamigen Kantons, liegt eingebettet zwischen den beiden Hügeln Rosenberg und Freudenberg. Der Aufschwung der Stadt resultierte aus der blühenden Textilindustrie im 16. Jahrhundert, um 1910 wurde hier die halbe Weltproduktion an Stickereien hergestellt. Ihr guter Ruf gründet heute vor allem auf ihrer Universität und dem Stadttheater.

Info St. Gallen: St. Gallen-Bodensee Tourismus, Bankgasse 9, 9001 St. Gallen, Tel. (071) 227 37 37, www.st.gallen-bodensee.ch. **Info Stiftsbibliothek:** Klosterhof 6 D, St. Gallen, Tel. (071) 227 34 16, www.stiftsbezirk.ch, Öffnungszeiten Bibliothek tägl. 10–17 Uhr, Eintritt Barocksaal CHF 12, ermäßigt CHF 9, Kathedrale tägl. 7–18.30 Uhr, Eintritt frei.

Blick auf die Altstadt und den Stiftsbezirk von St. Gallen.

Kristallklares Türkis vor den hoch aufragenden Churfirsten

Walensee

Walenstadt, Kanton St. Gallen

Der optische Höhepunkt zwischen Zürich und Chur ist der Blick auf den Walensee zwischen der Autobahn und dem Gebirgszug der Churfirsten. Der türkisfarbene See ist bis zu 145 Meter tief und dadurch kälter als die meisten in der Schweiz. Im Westen lädt Weesen (1700 Einwohner) zunächst zu einem Spaziergang ein. Auf dem See verkehren Schiffe von Weesen über Unterterzen bis nach Walenstadt.

Beliebt ist ein kulinarischer Zwischenstopp im autofreien Quinten, das ansonsten nur zu Fuß erreicht werden kann. Dank seiner Lage an der Sonnenseite des Sees gehört es zu den wärmsten Orten der Schweiz und baut eigenen Rotwein an.

Ein vierstündiger Wanderweg auf der nördlichen Terrasse oberhalb des Sees verbindet Quinten mit Amden, beliebt bei Gleitschirmfliegern, Kletterern und Wanderern, die mit der Sesselbahn nach Mattstock zum Amdener Höhenweg mit seiner Hochmoorflora fahren.

Das Städtchen Walenstadt (5700 Einwohner) mit einer Handvoll historischer Bauten wie dem alten Rathaus begrenzt den See auf der Ostseite unter den 2306 Meter hohen Churfirsten. Überregionale Bedeutung hat Walenstadt seit 2005 als Spielort für Open-Air-Musicals – mit einer Bühne mit Sicht auf den See und die Berge.

Gefragt ist der Walensee auch bei Wassersportlern: Das Angebot reicht von Kanufahren über Kitesurfen, Standup-Paddling bis Windsurfen.

Info: Walenstadt liegt ca. 41 km nordwestlich von Chur, Weesen ca. 63 km südöstlich von Zürich. **Info Tourismusverbände:** Heidiland Tourismus, Walenseestr. 18, 8882 Unterterzen, Tel. (081) 720 17 17, www.heidiland.com. Amden & Weesen Tourismus, Dorfstr. 22, 8873 Amden, Tel. (058) 228 28 30, www.amden-weesen.ch. **Info Schiffsbetrieb Walensee:** Gostenstr. 11, 8882 Unterterzen, Tel. (081) 720 34 34, www.walenseeschiff.ch. **Info Walenseebühne:** Kasernenstr., 8800 Walenstadt, Tickethotline Tel. (0900) 313 313, www.walenseebuehne.ch.

Ideal für Paddler und Windsurfer: der Walensee im Sommer.

Die kleinste Stadt Europas mit weniger als hundert Einwohnern

WERDENBERG

Werdenberg, Kanton St. Gallen

Klein, aber fein« – das trifft auf Werdenberg gleich doppelt zu. Der Ort gilt mit weniger als hundert Einwohnern nicht nur als die kleinste Stadt der Schweiz, sondern veranstaltet seit 30 Jahren auch die kleinsten Musikfestspiele.

Das Städtli bezaubert durch ein Ensemble mittelalterlicher Häuser mit viel Holz unterhalb des gleichnamigen Schlosses. Erstmals im 13. Jahrhundert urkundlich erwähnt, ist das verliehene Marktrecht eng mit dem Schloss verknüpft. Die einstige Ritterburg mit Zinnen und Bergfried entstand zur Überwachung der Region Toggenburg.

Mitsamt der Stadt und den umliegenden Dörfern wechselte die Grafschaft Werdenberg mehrfach Eigentümer und gar Kantone, seit 1803 gehört der Ort bis heute zur Gemeinde Grabs. Von den weniger als 40 Häusern im städtischen Erscheinungsbild werden viele nur als Feriendomizil genutzt – eine Altstadt mitten auf dem Land. Die Stiftung »Pro Werdenberg« möchte allerdings die rein touristische Nutzung unterbinden und das tägliche Leben anreichern.

Die 800 Jahre alten Schlossmauern erzählen seit der aufwändigen Rekonstruktion 2015 von den herrschaftlichen Grafen und Vögten. Poetische Schattenspiele im Turmkeller und der rußgeschwärzten Küche versetzen die Besucher um Jahrhunderte zurück. Ergänzend dazu zeigt das prächtig bemalte Museum Schlangenhaus als Teil der einstigen Stadtmauer die bürgerliche Wohnkultur der Bevölkerung.

Kulturell ziehen die Werdenberger Schloss-Festspiele alle zwei bis drei Jahre jeweils im August bis zu 300 Zuschauer zu Opernaufführungen wie »Carmen« oder »Die verkaufte Braut« an; mehr Sitzgelegenheiten sind im Ort nicht vorhanden.

Weniger als 40 Häuser stehen im beschaulichen Städtli Werdenberg.

INFO: Werdenberg liegt 65 km südlich von St. Gallen. **INFO WERDENBERG:** Tourismusverband, Städtli 42, 9470 Werdenberg, Tel. (081) 740 05 40, www.werdenberg.ch. **INFO SCHLOSS WERDENBERG & SCHLANGENHAUS:** Schlossweg, 9470 Werdenberg, Tel. (081) 740 60 40, www.schloss-werdenberg.ch, Öffnungszeiten April–Okt. Di–Fr 11.30–18, Sa/So 10–18 Uhr, Eintritt CHF 12, Kinder CHF 6. **INFO SCHLOSS-FESTSPIELE:** www.schlossfestspiele.ch.

TESSIN

Subtropische Flaniermeilen

Ascona am Lago Maggiore

Kanton Tessin

Die sonnige Kleinstadt an einer nordwestlichen Bucht des Lago Maggiore ist weithin als exklusives Feriendomizil bekannt und bezaubert mit ihrer platanengesäumten Uferpromenade und ihren bunten Häusern, Restaurants und Hotels. Der kleine Nachbar von Locarno war lange nur ein Fischerdorf, bis er vor dem Ersten Weltkrieg durch eine Gruppe von Künstlern ins Rampenlicht gerückt wurde, die auf dem 321 Meter hohen Monte Verità, dem Berg der Wahrheit, ein Domizil fanden. Bald folgten andere Künstler und Intellektuelle wie Rudolf Steiner, Erich Maria Remarque, Hermann Hesse, Paul Klee und Lenin. Welche Faszination der Ort auf die damaligen Bewohner des Monte Verità hatte, lässt sich nachempfinden bei einem Besuch des Museums Casa Anatta, der Licht-Luft-Hütte Casa Selma oder einem Spaziergang durch den Park.

Das 5500 Einwohner zählende Ascona präsentiert sich als eine mondäne Kleinstadt, die ihre anhaltende Anziehungskraft vor allem der subtropischen Vegetation verdankt. Die Pfarrkirche Santi Pietro e Paolo aus dem 16. Jahrhundert dominiert das Stadtbild.

Ein bedeutendes Bauwerk ist der Palazzo Casa Serodine aus dem Jahr 1620, Stadthaus der Familie Serodine und des Malers Giovanni Serodine. Das Collegio Pontificio Papio, einer der schönsten Renaissancehöfe der Schweiz, stammt aus derselben Epoche. Im Museo Comunale d'Arte Moderna hängen u. a. Werke von Paul Klee und Franc Marc.

Von Mitte Juni bis Anfang Juli zieht das seit 1985 in Ascona beheimatete New Orleans Experience Jazz Festival jährlich etwa 80 000 Gäste an. Bereits um zehn Uhr morgens beginnen die Konzerte, die bis zum nächsten Morgen um vier Uhr andauern. Als Aufführungsorte dienen fünf Freiluftbühnen auf der Promenade, ergänzt um Bars, Hotels und Restaurants.

Ascona ist ein guter Startpunkt für Ausflüge in das Centovalli, das »einhundert Täler« genannte Gebiet entlang des Wildbachs Melezza. Eine Schmalspurbahn führt ab Locarno durch malerische Örtchen und dichte Wälder bis nach Italien.

Info: Am Nordufer des Lago Maggiore gelegen. **Info Lago Maggiore:** Ascona-Locarno Turismo, Viale Papio 5, 6612 Ascona, Tel. (08 48) 09 10 91, www.ascona-locarno.com. **Info JazzAscona New Orleans & Classics:** Via Lavizzari 10 C, 6600 Locarno, www.jazzascona.ch. **Reisezeit:** New Orleans Jazz Festival Mitte Juni–Anfang Juli.

Festival mit Tradition: JazzAscona.

Die uneinnehmbare Stadt

DIE BURGEN VON BELLINZONA

Bellinzona, Kanton Tessin

Die von Weinbergen umschlossene Kantonshauptstadt Bellinzona war schon im Jahre 1475 für Azzo Visconti »Schlüssel und Tor zu Italien«. Wahrzeichen sind die unter UNESCO-Schutz stehenden drei Burgen, die zu

Gebaut auf altrömischen Ruinen: das Castelgrande von Bellinzona.

den bedeutendsten Zeugen der mittelalterlichen Befestigungsbaukunst in der Schweiz gehören. Direkt über der Stadt erhebt sich das majestätische Castelgrande mit seinen beiden 27 und 28 Meter hohen Türmen auf einem Grundriss von 150 mal 200 Metern. An dieser Stelle stand bereits zu Römerzeiten ein Kastell, das heutige Castelgrande entstand auf alten Überresten erst im 13. Jahrhundert. Das Burgrestaurant mit zwei Terrassen serviert mediterrane und mittelalterliche Gerichte.

Auf einem Bergvorsprung östlich der Altstadt in 310 Metern Höhe thront das eindrucksvolle Castello di Montebello mit seinen schwalbenschwanzförmigen Zinnen und Wehrtürmen. Es sieht noch heute so aus, als preschten im nächsten Moment Ritter aus dem Haupttor hervor. Außerhalb des Stadtgebiets liegt das quadratisch angelegte Castello di Sasso Corbaro aus dem 15. Jahrhundert, die jüngste und mit 495 Meter höchstgelegene der drei Burgen. Heute können sie alle besichtigt werden.

Anders als Ascona oder Lugano rückt sich Bellinzona selbst (43 200 Einwohner) nicht ins Rampenlicht. Früher wurde um Bellinzona gekämpft, schließlich lag es an einem Kreuzungspunkt der Passwege über St. Gotthard und San Bernardino. Die schon im 6. Jahrhundert erwähnte Stadt gehörte zunächst Como und Mailand, bevor Ludwig XIII. Bellinzona 1503 an die Eidgenossenschaft abtrat. Dank der drei Burgen galt Bellinzona als uneinnehmbar. Die Burgen hießen von 1506 bis 1818 Schloss Uri, Schloss Schwyz und Schloss Unterwalden.

INFO: Nördlich des Lago Maggiore gelegen. **INFO BELLINZONA:** Bellinzona Turismo, Piazza Nosetto, 6500 Bellinzona, Tel. (091) 825 21 31, www.bellinzonaturismo.ch.

»Parco botanico« im Ticino

BRISSAGO-INSELN

Isole di Brissago, Kanton Tessin

Auf der Schweizer Seite des Lago Maggiore liegen zwei Inselchen, etwa dreieinhalb Kilometer von Ascona und zweieinhalb von Brissago entfernt. Die größere der Isole di Brissago dient heute als Botanischer Garten des Kantons Ticino (Tessin), die kleinere ist naturbelassen. Den exotischen Garten legte Baronin Antoinette de Saint Legér an, nachdem sie die beiden Inseln 1885 erstanden hatte. Ihre Gäste stammten überwiegend aus Künstlerkreisen. Nachdem sie die Inseln 1927 dem Hamburger Reeder Max Emden verkauft hatte, errichtete dieser noch eine palastähnliche, nach ihm benannte Villa, einen Hafen und eine Orangerie.

Im zweieinhalb Hektar großen Botanischen Garten mit seiner subtropischen Vegetation wachsen über 1500 Pflanzenarten. Dank des milden Klimas fühlen sich die Gewächse aus dem Mittelmeerraum, aber auch aus Asien, Südafrika und Ozeanien wohl. Seit 1949 gehören die Inseln dem Kanton Tessin. Sie können im Halbstundentakt per Ausflugsschiff von Ascona oder Locarno aus besucht werden. In der Villa Emden lockt ein Ausflugsrestaurant mit herrlicher Aussicht auf den See von der Terrasse aus. Baden ist auf der Insel übrigens nicht gestattet.

INFO: Die Brissago-Inseln im Lago Maggiore liegen ca. 8 km westlich von Locarno. **INFO BRISSAGO-INSELN:** 6614 Isole di Brissago, Tel. (091) 791 43 61, www.isolebrissago.ch, Öffnungszeiten März–Okt. tägl. 9–18 Uhr, Eintritt CHF 8, Kinder CHF 2,50 (6–16 J.). **REISEZEIT:** Mai–Sept.

Mildes Klima auf den Isole di Brissago.

Pittoreskes am See

Lugano und Luganersee

Lugano, Kanton Tessin

Weltoffen und elegant, so lauten die Attribute der heimlichen Tessiner Hauptstadt. Der pulsierende Ort am Nordufer des Luganersees mit seinen Ausläufern ist von den beiden Hausbergen Monte Brè und Monte San Salvatore umgeben. Lugano hat sich als drittgrößte Finanzmetropole der Schweiz einen Namen gemacht, und so mischen sich auf den Piazze Geschäftsleute mit zahlreichen Touristen.

Der schönste Teil der 63 200 Einwohner zählenden Stadt ist die Piazza della Riforma mit ihren alten Häusern aus dem 19. Jahrhundert. Die Kathedrale San Lorenzo, 818 zur Stiftskirche ernannt, wurde im 15. Jahrhundert im gotischen Stil erweitert, ihre Renaissancefassade erhielt sie im 16. Jahrhundert. Eine grüne Lunge bildet der Parco Civico östlich des Zentrums mit einigen Palästen und Museen.

Lugano liegt am Nordufer des Luganersees und zählt zu den wichtigsten Geschäftsmetropolen in der Schweiz.

Die Fläche des Luganersees (Lago di Lugano) beträgt knapp 50 Quadratkilometer. Seine eigenwillige Form entstand nach dem Abschmelzen von zwei Gletschern. Ein kleiner Zipfel im Südwesten, die Enklave Campione, und der östliche Teil bei Porlezza gehören zu Italien, der Rest zur Schweiz.

Der 1097 Meter hohe Monte San Giorgio zwischen den beiden südlichen Ausläufern des Sees zählt aufgrund seiner Vielzahl von Fossilienfunden seit 2003 zum UNESCO-Weltnaturerbe.

Das inzwischen eingemeindete Fischerdorf Gandria liegt fünf Kilometer von Lugano entfernt. Rund 200 Einwohner wohnen in den terrassenförmig angelegten Gassen. Die pittoresken Häuschen rund um die Kirche San Vigilio wurden im 17. Jahrhundert in den steilen Felsen eingemauert, am schönsten ist die Anreise per Schiff. Im nahen Melide begeistert die Schweiz im Maßstab 1:25 Jung und Alt. Mehr als 120 Häuser, Burgen und Kirchen sowie dreieinhalb Kilometer Schienen wurden seit 1959 im Freilichtmuseum am Luganersee angelegt.

Info: Lugano liegt ca. 200 km südlich von Zürich. **Info Lugano Turismo:** Palazzo Civico, Riva Albertolli 5, 6901 Lugano, Tel. (058) 866 66 00, www.lugano-tourism.ch. **Info Swissminiatur:** Via Cantonale, 6815 Melide, Tel. (091) 640 10 60, www.swissminiatur.ch, Öffnungszeiten tägl. Mitte März–Okt. 9–18, Anfang Nov.–Anfang Dez., Anfang Jan.–Mitte März 13–16 Uhr, Eintritt CHF 19.50, Kinder CHF 12.50 (6–15 J.).

Im kleinen Dorf Gandria nahe Lugano hat man das Gefühl, die Zeit ist stehen geblieben.

Geschichtsträchtiges Naturparadies

Mendrisiotto

Kanton Tessin

In der südlichsten Ecke der Schweiz verbergen sich wahre Schätze: über 240 Millionen Jahre alte Fossilienfunde, naturbelassene Schluchten, sanfte Hügellandschaften, pittoreske Dörfer, üppige Weinfelder und Kastanienwälder.

Bereits seit gut 130 Jahren fährt die Zahnradbahn von Capolago am Luganersee durch eine zauberhafte Berglandschaft auf den 1704 Meter hohen Gipfel des Monte Generoso. Besucher, die lieber unter Dampf fahren, nehmen ebenfalls ab Capolago die älteste in der Schweiz betriebene Dampfeisenbahn mit Baujahr 1890, um oben angekommen den atemberaubenden Weitblick vom Apennin bis zu den Alpen zu genießen und auf einem der zahlreichen Wanderwege die Natur zu entdecken. Lohnenswert sind auch der Planetenweg, der auf nur 700 Metern Länge einen Eindruck von den wirklichen Dimensionen der Planeten vermittelt, und die Bärenhöhle mit Überresten von 800 Höhlenbären, einer vor etwa 20 000 Jahren ausgestorbenen Spezies.

Der Monte San Giorgio bietet nicht nur eine grandiose Aussicht, sondern ist vor allem als Meer der Erinnerungen bekannt. Bereits seit dem 19. Jahrhundert ein Mekka der Fossilienforscher gehört der Berg seit 2003 auch zum UNESCO-Welterbe. Vor 245 bis 230 Millionen Jahren befand sich hier ein hundert Meter tiefes Meeresbecken, Lebensraum vieler Meerestiere, die nun versteinert im Berg ruhen und teilweise ausgegraben wurden. Im idyllischen Meride zeigt das Fossilienmuseum Fische, Saurier und Pflanzen aus den Lagerstätten des Berges. Andere Zeugnisse der Vergangenheit hält der Archäologische Park von Tremona Castello bereit: Hier haben Archäologen ein ganzes mittelalterliches Dorf ans Tageslicht gefördert.

Wanderparadiese sind auch das Val Mara mit seinen sanften, grünen Hügeln und Weinfeldern sowie das Valle di Muggio mit Kastanienwäldern, Kühlhäusern, Wassermühlen und Schneegrotten. Biker und Gleitschirmflieger kommen ebenfalls auf ihre Kosten.

Info: Das Mendrisiotto liegt südlich des Luganersees. **Info Mendrisiotto:** OTR Mendrisiotto e Basso Ceresio, Via Angelo Maspoli 15, 6850 Mendrisio, Tel. (091) 641 30 50, www.mendrisiottoturismo.ch.

Weinberge im Val Mara.

Tal mit Tücken

VALLE VERZASCA

Kanton Tessin

Zum Bezirk Locarno gehört das wohl bekannteste Tal des Tessins, dessen Name auf den wilden Fluss Verzasca zurückgeht. Einfache graue Steinhäuser an steilen Hängen entlang mehrerer Wasserfälle säumen ihn. Acht pittoreske

Die berühmte zweibogige Brücke Ponte dei Salti im Valle Verzasca.

Dörfer reihen sich in das 25 Kilometer lange Tal, dessen ursprünglicher Charakter durch die schwere Erreichbarkeit bewahrt blieb. Viele Einwohner leben nur im Sommer hier, andere überleben ganzjährig mit Heimarbeit.

Eingangstor ins Valle Verzasca bildet das Feriendorf Tenero. Beim Hauptort Lavertezzo mit seinem reizvollen Ortsbild und einem stattlichen Campanile steht die berühmte Steinbrücke Ponte dei Salti aus dem 17. Jahrhundert mit zwei Bögen, eines der meistfotografierten Motive im Valle Verzasca. Für Wanderer ist das wilde Tal ein einziges Eldorado: Fünf Schutzhütten teilen die anspruchsvolle Bergwanderung Via Alta della Verzasca in vier Tagesetappen ein. Doch Vorsicht! Die Route stellt hohe Anforderungen, zwei Etappen gehören zum höchsten Schwierigkeitsgrad gemäß der Wanderskala des Schweizer Alpen-Clubs.

Gefährlich ist der Fluss auch für Kanuten und Taucher. Gut, dass es auch den Sentierone Valle Verzasca gibt, der unten im Tal von Tenero bis Sonogno führt. Er ist eher leicht und eben; und wer nicht mehr kann, steigt ins nächste Postauto.

Das Verzasca-Tal kommt im James-Bond-Film »Golden Eye« vor, soll dort aber Sibirien darstellen. Tatsächlich stürzt sich der Stuntman von Pierce Brosnan vom Staudamm bei Vogorno etwa 220 Meter tief in eine Schlucht.

INFO VALLE VERZASCA: Tenero liegt ca. 4 km östlich von Locarno. **INFO TENERO E VAL VERZASCA:** Tourist Office, Via ai Giardino 3, 6598 Tenero, Tel. (091) 745 16 61, www.tenero-tourism.ch, www.verzasca.ch.

THURGAU

Kulturprogramm im Kartäuserkloster

Kartause Ittingen

Warth, Kanton Thurgau

Zwischen Bodensee und der Thurgauer Kantonshauptstadt Frauenfeld entstand über einen Zeitraum von 900 Jahren ein bemerkenswerter Komplex rund um das ehemalige Kartäuserkloster auf dem Grund einer einstigen Burg.

Heute präsentiert sich die Anlage als beliebtes Kultur- und Bildungszentrum mit Kunstmuseum und eigener Landwirtschaft.

Bis ins 12. Jahrhundert war die Burg Sitz der Herren von Ittingen. 1079, während des Investiturstreits, wurde sie zerstört, dann jedoch wieder aufgebaut. Um 1150 gründeten die letzten Vertreter der Ittinger Adelsfamilie hier ein Augustinerkloster, das erst durch den Verkauf an den strengen Kartäuserorden im 15. Jahrhundert eine Blütezeit erlebte. Nach der Klosterauflösung 1848 führte der Kanton Thurgau den Gutsbetrieb, inzwischen sorgt eine Stiftung für den Fortbestand. Die Anlage gehört mit 66 Hektar Kulturland und 32 Hektar Wald zu den größten Landwirtschaftsbetrieben der Gegend. Sogar ein Bier aus eigenem Hopfen, das in Chur gebraut wird, ist im Klosterladen erhältlich. Das eigene Hotel im Areal wurde als »Historisches Hotel des Jahres 2019« ausgezeichnet.

Die Häuser der Kartause im Frühsommer.

Das Areal zeigt die kleinen Zellenhäuschen der Kartäuser, die in aller Stille nebeneinander lebten. Die einstige Klosterkirche wurde mehrfach bis zur heutigen Barockform mit prachtvoll geschmücktem Altar umgebaut. Im Werkbetrieb finden Menschen mit körperlicher oder geistiger Beeinträchtigung eine wertgeschätzte Arbeit.

Für kulturelle Veranstaltungen sorgen mehrere Einrichtungen: die evangelische Begegnungsstätte, das Ittinger Museum mit Schaustücken zur Klostergeschichte und zum Leben der Kartäuser sowie das Kunstmuseum des Kantons Thurgau mit Schwerpunkt auf moderner und zeitgenössischer Kunst. Dazu kommen internationale Kammermusikkonzerte an ausgewählten Sonntagen.

Info: Die Kartause liegt 46 km nordöstlich von Zürich. **Info Kartause Ittingen:** 8532 Warth, Tel. (052) 748 44 11, www.kartause.ch, Öffnungszeiten Mai–Okt. tägl. 11–18, Nov..–April Mo–Fr 14–17, Sa/So 11–17 Uhr, Eintritt Museen CHF 10, ermäßigt CHF 7, Eintritt Klosterkirche CHF 5, bis 16 J. frei.

URI

Durch diese hohle Gasse muss er kommen

Wilhelm Tell am Urnersee

Altdorf, Kanton Uri

Die Fortsetzung des Vierwaldstättersees in den Kantonen Uri und Schwyz ist der Urnersee, der mit seinen gewaltigen Bergen auf beiden Seiten an norwegische Fjorde erinnert. Faszinierend ist die Fahrt entlang der Axenstrasse von Brunnen nach Altdorf. Hier begegnen wir Wilhelm Tell auf Schritt und Tritt.

Auf dem Marktplatz von Altdorf (9400 Einwohner) steht seit 1895 die übergroße Statue Wilhelm Tells mit der eingemeißelten Jahreszahl 1307 als Hinweis auf das Datum des Rütlischwurs. Der berühmte Armbrustschütze musste hier einen Apfel vom Kopf seines Sohns Walter schießen, weil er dem Hut auf der Stange – Symbol der Macht des Habsburger Landvogts Gessler – die Reverenz verweigert hatte.

Auf der genannten Route an der Ostseite des Urnersees bei Sisikon liegt die Tellsplatte mit eigener Anlegestelle. Dort sprang Wilhelm Tell vom Boot des Landvogts, auf dem er als Gefangener nach Küsnacht an der Rigi transportiert werden sollte. Seit dem 14. Jahrhundert erinnert hier eine Kapelle an diese Legende. Den Landvogt erschoss Tell schließlich in einer Gasse bei Küsnacht – in den Worten Schillers: »Durch diese hohle Gasse muss er kommen.«

Unweit der Rütliwiese auf der Westseite des Urnersees steht der nur vom Wasser aus zugängliche Schillerstein. Der auffällige, 30 Meter hohe Felsstein stand bereits im Mittelalter an dieser Stelle und wurde später dem Schriftsteller Friedrich Schiller für seine literarischen Verdienste um Wilhelm Tell gewidmet. Schiller berief sich dabei auf Chroniken von Aegidius Tschudi, die um 1570 entstanden und die Sage um Tell begründeten.

Im Jahr 1899 entstand in Altdorf das Tellspielhaus für Schillers Schauspiel.

Das Tell-Denkmal auf dem Rathausplatz in Altdorf.

Sehenswert sind die seit 1912 jährlich im Sommer stattfindenden Tellspiele in Interlaken (Kanton Bern), wo das Schillersche Drama in häufig wechselnden Inszenierungen auf einer Naturbühne mit Holzhäusern, Bäumen und Pferden spielt.

Info: Altdorf liegt ca. 43 km südöstlich von Luzern. **Info Uri:** Tourist Info, Schützengasse 11, 6460 Altdorf, Tel. (041) 874 80 00, www.uri.swiss. **Info Tellspiele:** www.tellspiele.ch. **Reisezeit:** Mitte Juni–Anfang Sept.

Jahrhundertbauwerk für Europa

GOTTHARD-BASISTUNNEL

Erstfeld, Kanton Uri

Das Gotthardmassiv bildet die Grenze zwischen der Deutschschweiz und dem Tessin, aber auch zwischen kaltem und warmem Klima. Über den Sankt Gotthard mit seiner Passhöhe von 2108 Metern führt seit jeher die wichtigste Alpenüberquerung. Schon im 15. Jahrhundert gab es hier eine Botenlinie, Ende des 17. Jahrhunderts wurde der Weg zu einer gepflasterten Straße ausgebaut. Die meisten Reisenden, so auch Johann Wolfgang von Goethe, gingen damals zu Fuß und kehrten im Hospiz ein. 1882 wurde die Gotthardbahn mit einem 15 Kilometer langen Scheiteltunnel eröffnet. Seit 1980 fahren auch Autos durch den fast 17 Kilometer langen Gotthard-Straßentunnel.

Bau des Basistunnels am Gotthard (2007).

Leider führte der einspurige Verlauf zwischen Göschenen und Airolo bisweilen zu Unfällen, und so besann man sich wieder der Verlagerung auf die Schiene: In einer Abstimmung mit Folgen weit über die Schweizer Grenzen hinaus befürwortete das Schweizer Stimmvolk 1992 die sogenannte Neue Eisenbahn-Alpentransversale (NEAT).

Der bisherige Gotthard-Scheiteltunnel war mit 15 Kilometern Länge bei seiner Einweihung anno 1882 der längste Eisenbahntunnel der Welt, doch lag er auf 1150 Metern und damit wesentlich höher. Beim Bau des neuen, insgesamt 57 Kilometer langen Gotthard-Basistunnels auf nur noch 460 Metern Höhe rackerten 2400 Arbeiter in drei Schichten bei maximal 50 Grad Celsius unter Tage bis zu 2300 Meter unter dem Gipfel. Aus einem großen Teil des abgetragenen Bergmaterials entstand ein Archipel im Urnersee mit drei Natur- und drei Badeinseln.

Nach dem Anstich im Jahre 1999 und dem Durchbruch 2010 erfolgte im Juni 2016 die vielbeachtete Einweihung. Seit dem Fahrplanwechsel Ende 2016 rauschen täglich 260 Güterzüge mit bis zu 160 Kilometern pro Stunde sowie 65 Personenzüge mit regulären 200 Kilometern pro Stunde durch die beiden Röhren.

Verglichen mit dem Anstieg auf den bisherigen Tunnel mit dessen Kurven und der Abfahrt ist die neue Strecke von Erstfeld im Kanton Uri bis Bodio im Tessin um etwa 30 Kilometer kürzer und vor allem so gut wie ebenerdig. Der Effekt: 30 Prozent Zuwachs im Fernverkehr auf der Strecke sowie eine spürbare Verbesserung der Pünktlichkeit. Überwiegend befährt der neue Hochgeschwindigkeitszug Giruno diese Strecke.

Seit 2020 auch der weiter südlich gelegene, 15 Kilometer lange Ceneri-Basistunnel auf der Strecke zwischen Bellinzona und Lugano eröffnet wurde, reist man zwischen Zürich und Mailand noch schneller.

INFO: Erstfeld liegt ca. 50 km südlich von Luzern. **INFO GOTTHARD BASISTUNNEL:** www.alptransit.ch. **INFO NEAT:** www.alptransit-portal.ch.

Mit Dampf zum Gletscher

Dampfbahn Furka-Bergstrecke

Realp, Kanton Uri

Zahlreiche Eisenbahntunnel sorgen in der Schweiz dafür, dass die Fahrt durch die Alpen recht schnell vonstattengeht. So verbindet z. B. der Furka-Basistunnel seit 1982 die Kantone Uri und Wallis. Weitaus romantischer ging es zu, als noch die Dampfeisenbahn den gleichen Weg über die Bergstrecke zurücklegte. Aufgrund der Witterungsverhältnisse war ein ganzjähriger Betrieb der Bahn jedoch nicht möglich, auch war ihr Antrieb ziemlich altmodisch. Trotzdem konnten sich viele Bahnliebhaber mit dem neuen Tunnel nicht anfreunden und sehnten sich nach einer Wiederaufnahme des Verkehrs auf der Furka-Bergstrecke mit der alten Dampfbahn. 1984 pflegte ein eigens hierfür gegründeter Verein die alte Strecke und übernahm eine alte Dampflokomotive mitsamt historischen Waggons. Pünktlich zur Siebenhundertjahrfeier der Eidgenossenschaft wurde die Strecke 1991 wieder in Betrieb genommen, was nicht nur die Touristen freuen dürfte.

Auch wenn eine Fahrt von Realp im Kanton Uri bis nach Oberwald im Wallis ausschließlich während der Sommermonate möglich ist, so ist diese doch ein großartiges Erlebnis. Die Reise verläuft entlang von neun Viadukten durch fünf Tunnel und Kehrtunnel, über Zahnstangenrampen mit einer maximalen Steigung von elf Prozent und auf einer Höhe von bis zu 2160 Metern. Ein besonderes Highlight ist hierbei die spektakuläre Panoramasicht auf den Rhône-Gletscher.

Info: Realp liegt ca. 81 km südlich von Luzern. **Info Dampfbahn Furka-Bergstrecke:** Bahnhof, 6491 Realp, Tel. (08 48) 000 144, www.dfb.ch, Fahrplan und Preise auf Anfrage, Reservierung empfohlen. **Reisezeit:** Juni–Sept.

Historischer Dampfzug auf der Furka-Bergstrecke beim Rhône-Gletscher.

Die Wiege der Schweiz

Die Rütliwiese

Seelisberg, Kanton Uri

Auf der Westseite des Urnersees, eines Ausläufers des Vierwaldstättersees, liegt die Rütliwiese am Hang der Urner Berge. Auf dieser auch »Wiege der Schweiz« genannten Bergwiese leisteten im August 1291 die Bewohner der sogenannten Urkantone Schwyz, Uri und Nidwalden den berühmten Schwur, einander im Kampf gegen die Landvögte beizustehen: Die Eidgenossenschaft war geboren.

Heute wirkt es immer ein wenig wie eine Wallfahrt, wenn sich nationalstolze Schweizer Bürger und Bürgerinnen auf den Weg zur fünf Hektar großen Rütliwiese machen. Das kann am 1. August anlässlich des Nationalfeiertags sein oder ganz in Ruhe zu einem anderen Datum im Jahr. Die Anreise erfolgt idealerweise mit dem Raddampfer von Luzern nach Flüelen am Urnersee. Von der Anlegestelle sind es nur noch zehn Minuten zu Fuß bis zur Rütliwiese.

Gemälde »Der Rütlischwur« (1870) des Schweizer Malers Johann Heinrich Füssli.

Der Gründungsmythos der Schweiz ist aus dem 15. Jahrhundert überliefert und stimmt sicherlich nicht immer mit den heutigen Erkenntnissen der Geschichtswissenschaft überein. Allerdings könnte sich die Begegnung von Vertretern der drei Urkantone tatsächlich hier abgespielt haben, denn die Wiese war schon damals für alle Beteiligten leicht erreichbar.

Heute können sich Besucher im Gasthaus Rütli stärken, bevor sie sich auf Schusters Rappen begeben – denn hier am Rütli beginnt der »Weg der Schweiz«. Er wurde 1991 anlässlich der Siebenhundertjahrfeier eröffnet und führt 35 Kilometer am Urnersee entlang. Jeder Kanton der Schweiz durfte einen Teil des Wegs gestalten – kein Wunder, dass man unterwegs immer wieder der Figur des Wilhelm Tell begegnet. Vom Rütli aus begonnen, erfolgt die Reihenfolge gemäß dem Eintritt in die Eidgenossenschaft, der Wanderweg endet also mit dem 1979 beigetretenen Kanton Jura am Ende der Strecke in Brunnen.

Info: Rütli liegt ca. 33 km östlich von Luzern. **Info Rütli:** Seelisberg Tourismus, Bahnhofplatz 1, 6377 Seelisberg, Tel. (041) 820 15 63, www.seelisberg.com. **Info Verein Weg der Schweiz:** Waldstätterweg, 6440 Brunnen, Tel. (041) 825 00 40, www.weg-der-schweiz.ch.

WAADT

Römisches Amphitheater oder Opernhaus

Amphitheater von Avenches

Avenches, Kanton Waadt

Um 15 nach Christus wurde das römische Aventicum zum Hauptort der Helvetier. Im Laufe der Zeit entwickelte sich der Flecken zu einer rund 20000 Einwohner starken Stadt, in der sogar ein Bischof residierte.

Später entstand auf den Ruinen des historischen Aventicum das heutige Avenches. Dieses hübsche Städtchen zwischen Murten und Lausanne kann mit allerlei Sehenswürdigkeiten aufwarten: mit zahlreichen architektonischen Überresten aus römischer Zeit, mit einem Renaissanceschloss und einem intakten mittelalterlichen Stadtkern.

Am Ortseingang aus Richtung Bern liegt das Amphitheater aus dem zweiten Jahrhundert. Es ist das größte römische Monument der Schweiz. Hier wurden vor etwa 8000 Zuschauern Spiele und Gladiatorenkämpfe durchgeführt, wie man sie aus Rom kannte.

Und auch heute wird das Amphitheater noch genutzt, denn das größte kulturelle Ereignis von Avenches ist das alljährlich im Juli stattfindende Opernfestival unter freiem Himmel.

Das neben dem Theater liegende Museum zeigt auf fünf Etagen eine Vielzahl an Ausgrabungsfunden aus der Römerzeit, darunter eine Goldbüste des Kaisers Marc Aurel aus dem Jahr 180 nach Christus. Anhand eines Wohnzimmermodells und diverser Artikel des täglichen Gebrauchs lässt sich außerdem nachvollziehen, wie die Römer einst gelebt haben – in Aventicum und anderswo.

Das antike Amphitheater von Avenches wird heute noch für das jährliche Opernfestival genutzt.

Info: Avenches liegt 39 km westlich von Bern. **Info Avenches:** Avenches Tourisme, Place de l'Eglise 3, 1580 Avenches, Tel. (026) 676 99 22, www.avenches.ch. **Info Aventicum:** Römermuseum, Avenue Jomini 16, 1580 Avenches, Tel. (026) 557 33 00, www.aventicum.org, Öffnungszeiten tägl. außer Mo April–Sept. 10–17, Okt., Feb./März 14–17 Uhr, Eintritt frei, Sonderausstellungen CHF 4, Kinder frei. **Info Opernfestival:** Tel. (026) 676 06 00, www.avenchesopera.ch.

Wo das Salz zur Suppe herkommt

Salzbergwerk Bex

Bex, Kanton Waadt

Mehr als 40 Kilometer sind die Schächte, Stollen und Treppen des Bergwerks insgesamt lang, pro Jahr werden hier 25 000 Tonnen Salz abgebaut – das reicht für den gesamten Kanton Waadt. Mit einem Grubenzug geht es in die Tiefe: Ein Teil des 1684 eröffneten Bergwerks kann besichtigt werden. Festes Schuhwerk und ein warmer Pullover gehören auf jeden Fall zur Ausrüstung – hier unten ist es nur 17 Grad warm.

Am Anfang der rund neunzigminütigen Führung steht eine multimediale Einführung in die Geschichte der Salzgewinnung. Danach geht es mit der Kleinbahn ins Abbaugebiet.

Der Anblick der imposanten Minenwände verleiht dem oft achtlos verwendeten »Salz zur Suppe« eine neue Bedeutung. Wer unter Tage Appetit bekommt, kann übrigens in der Taverne du Dessaloir seinen Hunger stillen.

Die Geschichte der Salzgewinnung in Bex ist spannend: Als Salz noch mit Gold aufgewogen wurde und es in Frankreich sogar eine Salzsteuer gab, wurde Salz in der Schweiz vor allem für die Herstellung von Käse und Fleischgerichten benötigt. Da es über die Alpenpässe transportiert werden musste, war es besonders teuer. Die Entdeckung der Salzvorkommen von Bex im 17. Jahrhundert war also ein Glücksfall für das ganze Land. Schon bald entstanden die ersten Schächte, und ab dem 19. Jahrhundert leitete man Wasser in den Berg, um das Salz zu lösen und als Sole nach oben zu transportieren.

Mit dem Zug in den Stollen des Salzbergwerks in Bex.

Die Sole enthielt jedoch nur zwei Prozent Salz, das heißt, pro Kilogramm Salz mussten 100 000 Liter Wasser abdampfen. Dies war zwar eine mühsame Angelegenheit, doch immerhin war man dadurch nicht mehr vom französischen König abhängig.

Die heutige Jahresproduktion in Bex liegt bei 25 000 Tonnen. Das ist im direkten Vergleich mit der größten Mine des Landes im Ort Schweizerhalle bei Basel, die eine Produktion von 400 000 Tonnen aufweist, nicht viel. Bei einer Gewinnung von 25 000 Tonnen pro Jahr reichen die Salzvorräte in Bex aber noch für viele Generationen. Übrigens: Der 3000 Quadratmeter große See in der Mine hat denselben Salzgehalt wie das Tote Meer!

Ergänzend zur normalen Führung ist unter dem Motto »TrekkMines Aventure« gelegentlich auch die Begehung uralter Stollen und Schächte möglich, die üblicherweise nicht Teil des Rundgangs sind.

Info: Bex liegt ca. 55 km südöstlich von Lausanne. **Info Salzbergwerk:** Mines de Sel des Alpes, Route des Mines de Sel 55, 1880 Bex, Tel. (024) 463 03 30, www.mines.ch, Führungen April–Okt. Di–So, Juni–Aug. auch Mo 9.45–16.30 Uhr, Reservierung empfohlen, Eintritt CHF 23, ermäßigt CHF 14.

Majestätische Bergwelt aus der Vogelperspektive

WINTERLICHES BALLONFESTIVAL

Château-d'Œx, Kanton Waadt

Heißluftballon-Festivals sind längst keine Neuheit mehr. Aber wie wäre es mit einer Ballonfahrt in den Alpen, und zwar mitten im Winter? Beim alljährlichen Ballonfestival von Château-d'Œx im Kanton Waadt steigen 65 Ballons aus mehr als 15 Ländern in den Himmel auf, am Boden wird gleichzeitig stilvoll gefeiert. Während des gesamten Festivals finden in dem bekannten Urlaubsort unweit des Genfersees an jedem Abend elegante Diners und andere Veranstaltungen statt. Wer das Festival verpasst, kann die beeindruckende winterliche Ballonfahrt auch an einem anderen Termin unternehmen.

Vom Ballon aus gesehen, erscheinen majestätische Gipfel und schneebedeckte Alpentäler zum Greifen nah. Während die Passagiere über eindrucksvolle Gebirgspanoramen hinwegschweben, haben sie zusätzlich die Möglichkeit, einen schmackhaften Imbiss zu genießen. Ballonfahrten im Sommer sind in der Schweiz natürlich auch möglich, und zwar in der hügeligen Landschaft des Emmentals. Hier im Schweizer Mittelland blickt man aus dem Ballonkorb auf geometrisch angelegte Ackerflächen, blumengeschmückte Holzhäuser und sattgrüne Wiesen.

Doch zurück ins winterliche Château-d'Œx: Hier informiert die Dauerausstellung des Museums »L'Espace Ballon« auf unterhaltsame Weise über Geschichte und Technik der Ballonfahrt, dieser ebenso abenteuerlichen wie poetischen Art des Reisens.

Übrigens: Am 1. März 1999 startete Bertrand Piccard nach drei Jahren der Vorbereitung und anch zwei fehlgeschlagenen Versuchen hier auf die erste jemals erfolgreich durchgeführte Ballonreise rund um die ganze Welt innerhalb von knapp 20 Tagen. Der Schweizer landete ohne Zwischenstopp in Ägypten.

Heißluftballonfahrt über Château-d'Œx.

Auch unabhängig von den Ballons lohnt sich ein Besuch des 3500 Einwohner zählenden Orts, der nach wie vor von der Landwirtschaft geprägt ist und mit dem Zug zwischen Gstaad und Montreux gut angebunden ist. Reisende schätzen die Wanderwege in der Alpenlandschaft sowie das mit Les Mosses verbundene Skigebiet.

INFO: Château-d'Œx liegt ca. 78 km östlich von Lausanne. **INFO BALLONFESTIVAL:** Tel. (026) 924 25 25, www.festivaldeballons.ch. **INFO BALLONFAHRTEN:** Sky-Event SA, Chemin des Ballons 2, Château-d'Œx, Tel. (026) 924 22 20, www.ballonchateaudoex.ch, Preise auf Anfrage. **INFO ESPACE BALLON:** La Place 6, Château-d'Œx, Tel. (078) 723 78 33, www.espace-ballon.ch, Dez.–Okt. Di–So 14–17 Uhr, Eintritt CHF 8, ermäßigt CHF 6.

Im Land der drei Sonnen

Die Weinterrassen von Lavaux

Chexbres/Cully, Kanton Waadt

Wer aus Richtung Osten mit dem Zug nach Lausanne fährt, hat kurz vor der Einfahrt in den Bahnhof Gelegenheit, einen Blick auf den Genfersee und die imposanten französischen Alpen zu werfen. Dass es sich hierbei um ein besonders schönes Panorama handelt, liegt an den Weinterrassen im Lavaux, die 2007 als UNESCO-Weltkulturerbe anerkannt wurden. Das 898 Hektar große Gebiet des Lavaux wird auch als die »Region der drei Sonnen« bezeichnet, womit der Himmel, der See und die wärmenden Mauern gemeint sind. Am Nordufer des Genfersees wird seit Jahrhunderten Wein angebaut. Generationen von Winzern passten ihr Land den Bedingungen des Weinbaus an und erschufen auf diese Weise eine geradezu künstlerisch anmutende Terrassenlandschaft.

Ebendiese würdigte die UNESCO mit ihrem Gütesiegel und beflügelte damit auch den Tourismus. Glücklicherweise existierte bereits eine funktionierende Hotellerie außerhalb des Gebiets, sodass der einmalige Charakter des Lavaux nicht durch neue Bauprojekte verändert werden musste. Im Lavaux wird vor allem die Rebsorte Chasselas produziert, aber auch Gamay und Blauburgunder. Der Jahresertrag beträgt im Schnitt etwa fünfeinhalb Millionen Liter.

Die Weinberge des Lavaux sind auch ein lohnenswertes Ziel für Wanderungen. Ein zweistündiger Spaziergang von Chexbres nach Cully bietet wunderbare Ausblicke auf den Genfersee und die Dörfer der Weinregion. Eine Alternative ist die Fahrt mit dem Lavaux Express, einer Kleinbahn mit offenen Waggons. Die Fahrten durch die Weinberge am Seeufer starten in Cully und Lutry.

Info: Cully liegt ca. 10 km östlich von Lausanne. **Info Lavaux:** Place de la Gare 4, 1096 Cully, Tel. (021) 962 84 54, www.lavaux-unesco.ch. **Info Lavaux Express:** Bahnhof, Cully, Tel. (0848) 848 791, www.lavauxexpress.ch, Öffnungszeiten April–Okt., Preise auf Anfrage.

Auf diesem Weltkulturerbe gedeiht ein guter Tropfen: die Weinterrassen von Lavaux.

Verblüffende Gaumenfreuden

Restaurant de l'Hotel de Ville

Crissier, Kanton Waadt

Nicht in Zürich oder Genf, sondern in einem Vorort von Lausanne ist seit mehr als drei Jahrzehnten eines der besten Restaurants der Schweiz zu finden. Die historische Villa diente einst als Rathaus, bevor der »Koch des Jahrhunderts« Frédy Girardet hier 1971 sein Restaurant eröffnete.

Sein Haus entwickelte sich zu einem der führenden Gourmettempel der Welt, und Girardet gilt als einer derjenigen Chefköche, die die Nouvelle Cuisine maßgeblich prägten. 1996 übergab er das Zepter an seinen langjährigen Stellvertreter Philippe Rochat, der das mit drei Michelin-Sternen und 19 Punkten im Gault-Millau ausgezeichnete Restaurant im Sinne seines Gründers weiterführte. Die Verbindung von französischer und deutscher Küche gelang Rochat spielend, und auch den Spagat zwischen Tradition und Moderne, zwischen einfachen Gerichten und Haute Cuisine beherrschte er.

2012 ernannte Rochat wiederum seinen bisherigen Küchenchef Benoît Violier zum Nachfolger. Nach dessen plötzlichen Tod nur vier Jahre darauf führen seine Witwe und das eingespielte Team das Restaurant nun fort. Violiers guter Freund und ehemaliger Küchenchef Franck Giovannini trat die Nachfolge seines Mentors an und konnte nicht nur die drei Sterne halten, er wurde 2018 vom Gault-Millau zudem zum Koch des Jahres gewählt. Damit reiht er sich nahtlos in die Reihe seiner illustren Vorgänger ein, die ebenfalls jeder zu seiner Zeit diesen Titel trugen.

Dabei ist Giovannini, der 1995 noch unter Girardet in das Team nach Crissier kam, kein reiner Traditionsbewahrer, sondern setzt starke moderne Akzente. So halten immer mehr lokale Schweizer Produkte auf den Tellern Einzug, die leichte Küche nimmt gern das Gemüse in den Fokus und kann auch mit rein vegetarischen Gängen überzeugen. Der Jurassier weiß etwa dank Reduktion und dem geschickten Einsatz von püriertem Gemüse köstlich-cremige Soßen ganz ohne schwere Butter zu zaubern. Die abwechslungsreichen Menüs begleitet eine exzellente Weinauswahl. Hier sollte man ein paar Wochen vorher reservieren – und zwar auch für den Lunch.

Gourmetauftakt in Crissier.

Info: Crissier liegt ca. 9 km westlich von Lausanne. **Info Restaurant de l'Hôtel de Ville:** Rue d'Yverdon 1, 1023 Crissier, Tel. (021) 634 05 05, www.restaurantcrissier.com, Öffnungszeiten Di–Sa 9.30–23.30 Uhr, Reservierung empfohlen, Preise auf Anfrage.

Kultur und Sport am Genfersee

LAUSANNE

Lausanne, Kanton Waadt

Die hügelige Hauptstadt des Kantons Waadt erstreckt sich in einem terassenförmigen Gebiet, das bis hinunter zum nördlichen Ufer des Genfersees reicht. Lausanne (139000 Einwohner) verfügt über eine Universität, eine Technische Hochschule, das Schweizer Bundesgericht und ein vielfältiges Kulturleben. Lausanne ist auch Sitz des Internationalen Olympischen Komitees. Das Stadtbild wird von kleinen Gassen und steilen Treppen geprägt.

Aufgang zur Kathedrale Notre-Dame, dem Wahrzeichen von Lausanne.

Hauptplatz ist der Place Saint-François mit der namensgebenden ehemaligen Franziskanerkirche. Von diesem Platz aus führt die Fußgängerzone entlang der Rue de Bourg. Über die Pont Bessières und einige Treppenstufen geht es weiter zur frühgotischen Kathedrale Notre-Dame, dem Wahrzeichen der Stadt. Die fünftürmige Kathedrale wurde im Jahre 1275 geweiht und bietet von ihrer Terrasse auf der Südseite einen wunderbaren Blick über die Stadt. Etwas weiter im Nordosten, am Place de la Riponne, steht das Palais de Rumine im Stil der Neorenaissance. Hier befinden sich die Universitätsbibliothek, das Kunstmuseum und das Archäologische Museum.

Direkt am Ufer des Genfersees liegt Ouchy, der südliche Teil der Stadt, der mittels der einzigen U-Bahn der Schweiz, die sogar vollautomatisiert ist, in nur sechs Minuten von der Cité erreicht werden kann. Der Yachthafen vermittelt eine beinah mediterrane Atmosphäre. Im prachtvollen Hotel Beau-Rivage Palace, einem der besten Stadthotels der Schweiz, wurden bereits wichtige Staatsverträge unterzeichnet. Die hübsche Strandpromenade führt bis zum Parc Denantour. Das weithin sichtbare Château d'Ouchy am Seeufer, das in seiner heutigen Form aus dem 19. Jahrhundert stammt, dient heute als Schlosshotel.

INFO LAUSANNE: Lausanne Tourisme, Place de la Gare 9, 1003 Lausanne, Tel. (021) 613 73 73, www.lausanne-tourisme.ch. **INFO HOTEL BEAU-RIVAGE PALACE:** Place du Port 17–19, 1006 Lausanne, Tel. (021) 613 33 33, www.brp.ch. Preise auf Anfrage.

Auf den Spuren der olympischen Idee im Stadtteil Ouchy

Musée Olympique

Lausanne, Kanton Waadt

Lausanne ist ohne Zweifel die sportlichste Stadt der Schweiz! Zürich hat die FIFA, Nyon die UEFA, doch im Lausanner Ortsteil Ouchy direkt am Genfersee hat das Internationale Olympische Komitee (IOC) seinen Sitz. Zahlreiche Weltsportorganisationen sind daher in der Westschweiz beheimatet. Seit 2013 präsentiert sich das Aushängeschild des IOC, das Musée Olympique, erfrischend anders.

Pierre de Coubertin gründete 1894 das IOC in Paris mit dem Vorhaben, die antiken Olympischen Spiele in die Neuzeit zu überführen. Seit 1915 befindet sich das IOC in Lausanne, ein Olympia-Museum blieb jedoch zu Coubertins Lebzeiten ein unerfüllter Traum. Um dem Wunsch des Gründers zu entsprechen und den olympischen Geist zu fördern, ließ Antonio Samaranch (1920–2010), achter Präsident des IOC von 1980 bis 2001, im Jahr 1993 das Olympische Museum errichten. Dieser Ort der Information, der Reflexion und der Emotion erhielt zwei Jahre später den Titel »Europäisches Museum des Jahres«.

Seit Ende 2013 weht ein frischer Wind durch das auf 3000 Quadratmeter erweiterte Museum mit seinen mehr als 1500 Exponaten. Drei Etagen sind nun über eine schraubenförmige Spirale miteinander verbunden. Zunächst geht es um die olympische Welt und ihre Verankerung in der Gesellschaft. Die zweite Ebene präsentiert die Olympischen Spiele und ihre Dramaturgie aus Sicht der Athleten. Schließlich widmet sich der dritte Teil der Ausstellung dem olympischen Geist mit Fragen zu Sieg oder Niederlage und anderen ethischen Aspekten.

Der Weg in den Museumspark verläuft über eine Einhundertmeterstrecke. Im Park selbst gehen Sport, Kunst und Natur eine harmonische Verbindung ein. Von der Terrasse des hauseigenen Cafés TOM reicht der Blick über die Olympiahauptstadt Lausanne bis zum Ufer des Genfersees.

Eingang zu 3000 Quadratmetern Sportgeschichte: das Musée Olympique in Lausanne.

Wer sich im Detail mit der Geschichte und Bedeutung des Sports beschäftigen möchte, findet im Haus ein olympisches Studienzentrum mit einer reichhaltigen Bibliothek. Erwähnenswert sind auch die historischen Briefmarken mit Sportmotiven in der philatelistischen Sammlung des Museums.

Info: Im Stadtteil Ouchy am Ufer des Genfersees gelegen. **Info Musée Olympique:** Quai d'Ouchy 1, 1006 Lausanne, Tel. (021) 621 65 11, www.olympic.org/museum, Öffnungszeiten Mai–Okt. tägl. 9–18, Nov.–April Di–So 10–18 Uhr, Eintritt CHF 18, Kinder CHF 10 (6–16 J.).

Mehr als nur Jazzfestival und Nestlé

RIVIERA MONTREUX/VEVEY

Montreux, Kanton Waadt

Die waadtländische Riviera am Ufer des Genfersees verbindet die beiden Städtchen Montreux und Vevey miteinander. Der Kurort Montreux erstreckt sich über eine Länge von acht Kilometern. Die Uferstraße säumen mondäne Hotelpaläste aus der Belle Époque. Das etwas ruhigere Vevey bezauberte mit seinem eigenwilligen Charme bereits Charlie Chaplin, der hier seinen Lebensabend verbrachte.

Ein echtes Highlight von Montreux ist zweifelsohne das Kasino nahe der Seepromenade. Hinter einer Innentür, die mit den Unterschriften bekannter Rockmusiker geschmückt ist, lagen einst die Tonstudios der Band Queen. Seit 2013 können die Räume besichtigt werden. Echte Fans von Freddie Mercury pilgern zusätzlich zu seiner 1995 errichteten Statue an zentraler Stelle am Ufer des Genfersees.

Als Wahrzeichen nostalgischer Hotellerie an der Schweizer Riviera gilt das Luxushotel Montreux Palace mit seiner gelb-weißen Fassade. Hier verbrachte der russische Schriftsteller Vladimir Nabokov seine letzten Lebensjahre.

Westlich von Montreux umrahmen die berühmten Weinberge des Lavaux das reizvolle Städtchen Vevey. Auf dem charmanten Marktplatz steht die von Säulen umgebene einstige Kornhalle Grenette. Das Schweizer Museum der Fotografie bietet einen historischen Überblick über verschiedene technische Besonderheiten der Fotografie wie z. B. die Laterna magica oder die Camera obscura.

Ein lohnendes Ausflugsziel oberhalb von Vevey ist das Bergmassiv der Pléïades, und auch eine Fahrt mit der Museumsbahn von Blonay nach Chamby bietet sich an.

INFO: Montreux liegt ca. 28 km östlich von Lausanne und 95 km nordöstlich von Genf. **INFO MONTREUX VEVEY TOURISME:** Rue du Théâtre 5, 1820 Montreux, Tel. (0848) 868 484, www.montreuxriviera.com. **INFO QUEEN STUDIO EXPERIENCE:** Casino Barrière, Rue du Théâtre 9, Montreux, www.queenstudioexperience.com, tägl. 10.30–22 Uhr, Eintritt frei.

Mondäne Bauten an der Uferpromenade von Montreux am Genfersee.

Musik über den Hügeln

Montreux Jazz Festival

Montreux, Kanton Waadt

Das Montreux Jazz Festival ist seit 1967 Europas führendes Musikereignis in dieser Stilrichtung. Beim Jazz allein ist es jedoch nie geblieben: Blues, Reggae, Funk, Soul, Rap, Rock und Pop stehen ebenso auf dem Programm.

Montreux, die Stadt an einer geschützten Bucht des Genfersees, ist Austragungsort des Jazz Festivals.

Auch ist das Festival seiner Zeit immer ein wenig voraus: Präsentiert werden neue und bekannte Talente sowie exklusive Jamsessions – und das alles an den besten Veranstaltungsorten und unter Zuhilfenahme neuester Techniken. Die wichtigsten Konzerte finden in den großen Hallen statt, weniger bekannte Musiker reißen das Publikum auf der Straße mit. In Bewegung bleiben Musikliebhaber an Bord der Jazzboote, die zu beschwingten Tanzrhythmen von Blues bis Salsa über den Genfersee schippern. Der Jazz Train bringt seine Fahrgäste auf den Rochers de Naye, den Hausberg von Montreux, leidenschaftlich vorgetragener Jazz der mitreisenden Livemusiker ist im Fahrpreis inbegriffen.

Die ursprünglich dreitägige Veranstaltung ist mittlerweile zu einem 16 Tage dauernden Marathon-Event angewachsen. Zu verdanken ist dies vor allem der traditionsreichen und lebendigen Kulturszene in diesem berühmten Städtchen am Genfersee.

Bereits seit dem 19. Jahrhundert fühlen sich Künstler, Schriftsteller und Musiker von Montreux mit seinem französischen Flair und der kosmopolitischen Atmosphäre angezogen. Letztere wird immer wieder gern mit der von Cannes verglichen. Wer die hier wachsenden Palmen, Zypressen und Magnolien sieht, versteht schnell, warum das farbenfrohe Ufer des Genfersees auch die »Schweizer Riviera« genannt wird.

Die herrliche Uferpromenade in Montreux ist von mondänen Cafés gesäumt. Dazu gehört auch das elegant eingerichtete Montreux Jazz Café im berühmten Hotel Palace, in dem sich bei moderner Küche das ganze Jahr über Festivalluft schnuppern lässt.

Info: Montreux liegt ca. 27 km östlich von Lausanne. **Info Montreux Jazz Festival:** Fondation du Festival de Jazz de Montreux, Avenue Claude Nobs 5, 1820 Montreux, Tel. (021) 966 44 44, www.montreuxjazzfestival.com.

Hier saß ein Held Lord Byrons ein

Schloss Chillon

Veytaux, Kanton Waadt

Das bekannteste Schloss der Schweiz liegt auf einer felsigen Halbinsel im Genfersee unweit von Montreux an einer alten Handelsstraße. Berühmtheit erlangte es vor allem durch das Gedicht »Der Gefangene von Chillon« von Lord Byron. Vor der malerischen Kulisse schneebedeckter Gipfel entstand vom 10. bis 16. Jahrhundert dieser architektonische Komplex im romanischen und gotischen Stil.

Die Grafen von Savoyen ließen die Anlage mehrfach umbauen, bis sie ihre heutige Form mit insgesamt 25 Baukörpern und drei Innenhöfen annahm. Vom See aus gesehen, gleicht Schloss Chillon einer romantischen Residenz, von den Bergen aus einer uneinnehmbaren Festung. Die Savoyer kontrollierten von hier aus die Schifffahrt auf dem Genfersee und erhoben entsprechende Zölle. Seit 1798 gehört das Schloss dem Kanton Waadt und ist das meistbesuchte historische Gebäude der Schweiz.

Sechs Jahre lang war François Bonivard im Schlossgefängnis von Chillon interniert, weil er als Prior von Genf öffentlich für die Reformation und die Unabhängigkeit der Stadt von den Savoyern eintrat. Als die Berner das Schloss 1536 einnahmen, befreiten sie den bekannten Gefangenen, der vier Jahre lang an eine Säule gefesselt gewesen war. Seine Geschichte inspirierte den britischen Schriftsteller Lord Byron, der im Jahre 1816 auf den Spuren von Jean-Jacques Rousseau den Genfersee besuchte und das Schloss entdeckte, zu seinem bekannten Gedicht.

Info: Veytaux liegt ca. 38 km südöstlich von Lausanne. **Info Schloss Chillon:** Avenue de Chillon 21, Tel. (021) 966 89 10, www.chillon.ch, Öffnungszeiten tägl. April–Sept. 9–18, März, Okt. 9.30–17, Nov.–Feb. 10–16 Uhr. Eintritt CHF 12,50, Kinder CHF 6 (6–15 J.).

Das meistbesuchte historische Gebäude der Schweiz: Schloss Chillon am Genfersee.

WALLIS

Zum größten Gletscher der Alpen

Aletschgletscher

Kanton Wallis

Der mit 23 Kilometern Länge und 82 Quadratkilometern Fläche größte Gletscher der Alpen besteht aus 27 Millionen Tonnen Eis und reicht von der Jungfrauregion über den Aletschwald bis ins Rhônetal. Er gehört seit

Der Aletschgletscher im Wallis ist UNESCO-Weltnaturerbe.

2001 als Teil der Region Schweizer Alpen Jungfrau-Aletsch zum Weltnaturerbe der UNESCO. Durch den Klimawandel geht der Gletscher um jährlich etwa 25 Meter zurück. Der 400 Hektar umfassende Aletschwald mit seinen Arven- und Lärchenbäumen kann mit einer herrlichen Tier- und Pflanzenwelt aufwarten. Bereits 1933 wurde er zum Naturreservat erklärt.

Attraktive Ausflugsziele sind die Ortschaften Riederalp und Bettmeralp – von dort können auch Gletschertouren unternommen werden. Die Bahnfahrt von Brig nach Riederalp kostet nur knapp ein Fünftel des Fahrpreises von Interlaken zum Jungfraujoch, doch am Gipfel ist es ähnlich beeindruckend.

Eine Fahrt zum Aletschgletscher beginnt in der Regel in der 13 100 Einwohner zählenden Doppelgemeinde Brig-Glis an der Mündung des Bergbachs Saltina in die Rhône. Brig ist weniger bekannt als Zermatt oder Saas-Fee, doch für Wanderurlaube und Familienferien ist der Ort bestens geeignet. Vom Bahnhofplatz aus fahren mehrere Postbuslinien in die touristisch interessanten Gebiete rund um den Aletschgletscher.

In der hübschen Altstadt befindet sich das Palais Stockalper, der größte private Barockbau der Schweiz. Das Schloss mit seinen drei weithin sichtbaren Türmen, benannt nach den Heiligen Drei Königen Kaspar, Melchior und Balthasar, ließ der vermögende Kaspar von Stockalper im 17. Jahrhundert erbauen.

INFO: Brig-Glis liegt ca. 54 km östlich von Sion. **INFO PRO NATURA ZENTRUM ALETSCH:** Villa Cassel, 3987 Riederalp, Tel. (027) 928 62 20, www.pronatura.ch. **INFO BRIG BELALP TOURISMUS**: Bahnhofstr. 2, 3900 Brig-Glis, Tel. (027) 921 60 30, www.brig-simplon.ch.

Mondänes Wallis

CRANS-MONTANA

Crans-Montana, Kanton Wallis

Der beliebte Kur- und Wintersportort liegt im Kanton Wallis auf einem Hochplateau über dem Rhônetal unweit von Sierre. Der Doppelname geht auf die Verbindung der Ortschaften Montana und Crans-sur-Sierre zurück. Crans wird übrigens französisch ausgesprochen. Die Ursprünge von Montana reichen bis ins 13. Jahrhundert zurück. Aufschwung nahm die Gemeinde mit dem Sanatorium Beauregard, das hier 1897 aufgrund des milden Klimas, der dichten Wälder und der fünf Bergseen gegründet wurde. Das Zentrum der Doppelgemeinde liegt heute in Crans-sur-Sierre, das erst 1929 als Feriensiedlung entstand. Die Anreise erfolgt entweder über eine kurvige Straße mit einem Anstieg von rund 1000 Metern oder aber ab Sierre mit der Standseilbahn.

Der erste Blick auf Crans-Montana mag verwundern, weil es nicht wie ein typisches Bergdorf im Stil von Zermatt oder Saas-Fee aussieht, sondern wie ein mondäner Kurort mit einer Vielzahl nobler Geschäfte und hübscher Restaurants. Da das örtliche Parkhaus hinter dem Ortskern liegt, ist die Hauptstraße von Crans-Montana leider nicht verkehrsberuhigt.

Der familienfreundliche Doppelort ist aufgrund seiner verlässlichen Schneepracht ein beliebter Skiort. Sogar im Sommer sind einige Skilifte im Einsatz. In der warmen Jahreszeit gilt Crans-Montana jedoch inzwischen hauptsächlich als beliebtes Ziel für Golfspieler. Der Ort verfügt über einen 18-Loch-Platz sowie über drei Plätze mit je neun Löchern. Jedes Jahr im September wird hier das Golfturnier Omega European Masters veranstaltet, eines der wichtigsten Sportereignisse der Schweiz.

INFO: Crans-Montana liegt ca. 24 km nordöstlich von Sion. **INFO CRANS-MONTANA:** Crans-Montana Tourisme, Rue du Prado 29, 3963 Crans-Montana, Tel. (0848) 221 012, www.crans-montana.ch.

Ein Golfplatz in Crans-Montana.

Größter Thermalort der Alpen

LEUKERBAD

Leukerbad, Kanton Wallis

Der Thermalkurort Leukerbad liegt am Fluss Dala auf einer Höhe von 1411 Metern in einem Talkessel. Die umgebenden Berge sind mehr als 2700 Meter hoch. Die heißen Quellen von Leukerbad waren schon zu Römerzeiten bekannt und helfen u. a. bei Rheuma und Nervenleiden. Der im 18. Jahrhundert viermal von Lawinen heimgesuchte Kurort wurde einst vor allem von reichen Engländern und anderen wohlhabenden Ausländern besucht, die jedoch seit den 1930er Jahren zunehmend ausblieben. Daher öffnete sich Leukerbad nach und nach für breitere Urlauberschichten und gilt heute als ausgesprochen familienfreundlich.

Später erhöhte auch der Skitourismus die Anziehungskraft des Orts. Von Leukerbad fährt eine Seilbahn zum Gemmipass in 2314 Metern Höhe, in ein beliebtes Wandergebiet mit wunderbarem Alpenblick. Erfahrene Kletterer wagen sich hier auf den Erlebnisklettersteig Gemmiwand, der an der Felswand unterhalb der neuen Aussichtsplattform entlangführt. Mit der Torrentbahn geht es dagegen hoch ins Skigebiet von Leukerbad.

Leukerbad nimmt eine Spitzenstellung in Europa ein, was das tägliche Thermalwasseraufkommen angeht: 3,9 Millionen Liter mit einer natürlichen Temperatur von bis zu 51 °C sprudeln aus 65 Quellen.

Die beeindruckende Leukerbad Therme ist, neben der Walliser Alpentherme und dem Volksheilbad, eines der Aushängeschilder des Kurstädtchens. Sie gilt als das größte Thermalbad der Alpen. Zehn unterschiedlich temperierte Thermalbecken, zwei über hundert Meter lange Wasserrutschen sowie ein umfangreiches Wellnessangebot erfreuen sowohl junge als auch ältere Badegäste. Mehr als einen Hauch von Luxus verspüren letztere beim Champagner-Frühstück, das immer sonntags von Juli bis November direkt im Thermalwasser gereicht wird.

Leukerbad ist der größte Thermalbadeort der Alpen.

INFO: Leukerbad liegt ca. 38 km nordöstlich von Sion. **INFO LEUKERBAD:** Tourismusverband, Rathaus, 3954 Leukerbad, Tel. (027) 472 71 71, www.leukerbad.ch. **INFO THERMALBÄDER:** Leukerbad Therme, www.leukerbad-therme.ch; Walliser Alpentherme, www.alpentherme.ch; Volksheilbad, www.therme51.ch; die Bäder haben 365 Tage im Jahr geöffnet. **INFO GEMMIBAHN UND ERLEBNISKLETTERSTEIG:** www.gemmi.ch, Fahrplan und Preis auf Anfrage. **INFO TORRENTBAHN:** www.torrent.ch, Fahrplan und Preis auf Anfrage.

Wertvoller als Gold –
der erste Safrananbau in den Alpen

Munder Safran

Mund, Kanton Wallis

Safran gilt als die Königin der Gewürze und ist aus der orientalischen Küche kaum wegzudenken. Die im Herbst violett blühende Krokusart wird vor allem aus dem Iran sowie in kleineren Mengen aus dem Mittelmeerraum importiert – aus Marokko, Spanien und der Türkei. Vereinzelt stammt der in Europa verwendete Safran sogar aus Kaschmir.

Seit dem 15. Jahrhundert bildet das Walliser Dörfchen Mund das einzige Safran-Anbaugebiet in den Alpen. Der Anfang war beschwerlich: Pilger brachten auf dem Jakobsweg die ersten Safranknollen mit ins Wallis. Der geringe Ertrag verhinderte einen flächendeckenden Anbau. Lediglich in dem kleinen Ort Mund bei Naters wird bis heute auf einer Fläche von 17000 Quadratmetern Safran kultiviert. Für ein Gramm müssen nach der Ernte im Oktober 400 Fäden mühsam von Hand aus der Blüte gezupft werden. Der maximale Ertrag liegt bei etwa drei Kilogramm.

Safranblüte im Bergdorf Mund.

2007 eröffnete das Safranmuseum in einem der ältesten Holzhäuser der Schweiz, einem spätmittelalterlichen Wirtschaftsgebäude aus dem Jahr 1437. Auf einem zum Museum gehörenden Acker lässt sich der Jahreszyklus der Safrankultur nachvollziehen, und im Ortskern beginnt ein interessanter Safranlehrpfad: Zahlreiche Schautafeln informieren über die aufwändige Ernte und die natürlichen Feinde der Pflanze. Wer der Spur des Safrans folgt, wird mit einem prächtigen Blick auf das Rhônetal belohnt.

Während der Safranernte können die Felder gegen eine Gebühr von CHF 5 besucht werden. Ein Besuch in Mund lässt sich mit Wanderungen auf der 1600 Meter hoch gelegenen Meinimatte verbinden. Dort serviert das Restaurant Salwald Safranspezialitäten. Auch Munder Restaurants bieten ganzjährig Safrangerichte, etwa Safran-Risotto oder Safrankäse.

Seit einiger Zeit wird die kostbare Nutzpflanze auch in der österreichischen Wachau sowie in Sachsen und in der Pfalz angebaut – doch nur in Mund lebt ein ganzes Dorf für das »rote Gold«. Um seine Erhaltung kümmert sich die 1979 gegründete Safranzunft.

Info: Mund liegt 10 km westlich von Brig. **Info Mund:** Gemeindeverwaltung, Dorf 58, 3903 Mund, Tel. (027) 922 75 56, www.naters.ch. **Info Safranmuseum:** Mund, Tel. (079) 409 35 36, www.prosafrandorf.ch, Führungen nach Voranmeldung, Eintritt CHF 5. **Info Salwald:** Salwald 52, Mund, Tel. (027) 938 08 12, www.salwald.ch, April–Okt., Mo geschl.

Die Perle der Alpen

Saas-Fee

Kanton Wallis

Jeder Besucher verliebt sich auf Anhieb in Saas-Fee. Kein Wunder, denn diese Region ist wirklich faszinierend: Das Bergdorf mit dem selbst gewählten Slogan »Freie Ferienrepublik« ist umgeben von 13 majestätischen Gipfeln, die über 4000 Meter in den Himmel ragen – darunter das Matterhorn und der Dom, mit 4545 Metern der höchste vollständig in der Schweiz gelegene Berg.

Es ist eine beeindruckende Gebirgslandschaft, in der man sicherlich auch ein großflächiges Skigebiet vermuten könnte. Doch das steile Gelände und der enge Ring aus sehr hohen Gipfeln mit ausgedehnten Gletschern ermöglichen nur begrenzte Abfahrtmöglichkeiten. Dabei gehören die Schneebedingungen in Saas-Fee zu den besten Europas. Davon profitiert auch der davor gelegene Ort Saas-Grund mit seinem eigenen Skigebiet.

Vom Felskinn bis zum Mittelallalin führt die komplett unterirdisch verlaufende Standseilbahn Metro Alpin, die jedoch nicht als U-Bahn gilt. Oben thront das höchstgelegene Drehrestaurant der Welt mit einer einstündigen Umdrehung. Die Bergstation der Bahn führt auch zum Eispavillon, einer 5000 Kubikmeter großen Eisgrotte in einem langen Stollen.

Aber auch die zahlreichen Höhenwanderwege locken in der warmen Jahreszeit Touristen an. Die Atmosphäre im Ort ist sehr ruhig, denn die Besucher müssen ihre Autos außerhalb parken. In Saas-Fee selbst verkehren nur einige Elektroautos.

Saas-Fee begeistert mit der coolsten Aktivität im Sommer: Skifahren auf den abwechslungsreichsten Gletscherpisten vom Skigebiet Felskinn-Mittelallalin, der Schweizer Sommer-Skiort schlechthin. Beliebt ist auch der Mattmark Halbmarathon bis zum gleichnamigen See jeweils im September.

Blick auf das höchstgelegene Drehrestaurant der Welt bei Saas-Fee.

Info: Saas-Fee liegt ca. 71 km südöstlich von Sion. **Info Saas-Fee:** Obere Dorfstr. 2, 3906 Saas-Fee, Tel. (027) 958 18 58, www.saas-fee.ch. **Info Mattmark-Halbmarathon:** www.mattmark-halbmarathon.ch. **Info Drehrestaurant:** Mittelallalin, Saas-Fee, Tel. (027) 957 17 71, www.saas-fee.ch/drehrestaurant, Öffnungszeiten tägl. 8–16 Uhr, Reservierung nicht notwendig.

Der größte unterirdische See Europas

Lac Souterrain

Saint Léonard, Kanton Wallis

Eigentlich ist das Wallis für seine hoch aufragenden Berge bekannt, doch der Lac Souterrain nahe Sion lockt alljährlich rund 100 000 Gäste unter die Erde. Per Boot geht es auf dem größten unterirdischen See Europas durch eine unheimliche Welt. Dabei erfahren die Besucher viele interessante und spannende Details.

Den Bewohnern des kleinen Orts Saint-Léonard war der See in der Höhle schon lange bekannt, doch sie ahnten nicht, dass er jemals zu einem Besuchermagneten werden würde. Der Höhlenforscher Jean-Jacques Pittard begann 1943 mit seiner Erkundung des elf Grad Celsius kalten Gewässers. Damals lag die Höhlendecke nur einen halben Meter über dem Wasser, doch drei Jahre später senkte sich der See nach einem Erdbeben und ist seitdem befahrbar.

1949 wurde der Lac Souterrain der Öffentlichkeit zugänglich gemacht. Im Jahr 2000 lösten sich Teile der Felswände, heute stützen Betonanker die Decken. Die Bootsführer setzen ihre ganze Muskelkraft ein, um bis zu hundert Besucher für eine halbe Stunde durch die zehn Meter hohe Grotte zu rudern. Verschiedene Gesteine und Materialien sind in der Dämmerung auszumachen: heller Marmor und dunkler Schiefer an den Seiten, an der Decke vor allem Gips. Der 22 Meter tiefe und 20 Meter breite See erstreckt sich auf 300 Meter Länge und kommt somit auf eine zugängliche Wasserfläche von 6000 Quadratmetern. Die Beleuchtung taucht die gewölbten Felsformationen in ein gespenstisches Licht, im glasklaren Wasser sind Forellen auszumachen, an den Wänden gelegentlich Fledermäuse.

Eine Fahrt auf diesem See ist ein wirklich eindrucksvolles Erlebnis – und soll auch die inneren Kräfte stärken.

Info: Saint-Léonard liegt ca. 48 km westlich von Brig. **Info Lac Souterrain:** Rue du Lac 21, 1958 Saint-Léonard, Tel. (027) 203 22 66, www.lac-souterrain.com, Öffnungszeiten tägl. Mitte März–Anfang Nov. 10–17, Juli/Aug. 9–17.30 Uhr, Eintritt CHF 10, Kinder CHF 6.

Der größte unterirdische See Europas: Lac Souterrain bei Saint-Léonard.

Jede Menge Spaß und dramatische Abfahrten

VERBIER

Verbier, Kanton Wallis

Das Dorf Verbier im Kanton Wallis verfügt über eines der besten Skigebiete der Alpen. Hier liegen einige der steilsten und anspruchsvollsten Strecken für Variantenabfahrten. Über 400 Kilometer Abfahrtstrecken verbinden vier Täler miteinander. Sechs Ferienorte, darunter Verbier, haben sich entsprechend zum Super-Skigebiet »Les 4 Vallées« zusammengeschlossen. Sie locken vor allem junge und abenteuerlustige Skifans an, aber auch fortgeschrittene Skifahrer und angehende Profis haben einen Riesenspaß an den professionell begleiteten Variantenabfahrten. Frühaufsteher umgehen lange Schlangen an den Liften. In den pulsierenden Pubs und Bars von Verbier tummeln sich überwiegend Mittzwanziger aus aller Welt und erholen sich vom Skifahren, Gleitschirmfliegen, Hundeschlittenfahrten oder Ice-Karting.

Entsprechend stehen moderne Sportarten auf dem Veranstaltungskalender: Anfang April steigt in Verbier das Finale der Freeride World Tour beim »Swatch Xtreme by The North Face«, wenn die besten Freerider der Welt am 3222 Meter hohen Bec des Rosses aufeinandertreffen. Alle zwei Jahre im April stellt Verbier das Endziel der »Patrouille des Glaciers«, des weltgrößten Skibergsteigenrennens.

Doch das wahrscheinlich kosmopolitischste Dorf im Wallis ist auch im Sommer eine Reise wert: 500 Kilometer Wanderwege und 826 Kilometer Mountainbike-Pisten ermöglichen die Erkundung in einer spannenden Bergwelt, die Aussichtsplattform auf dem 3330 Meter hohen Mont Fort kann mit einem grandiosen Panoramablick vom Matterhorn bis zum Mont Blanc aufwarten.

Anspruchsvolle Wanderfreunde können sich im abgeschiedenen Val de Bagnes mit seinen beschaulichen Bergdörfern auf spannende Erkundungen begeben. Das auch von Steinböcken und Murmeltieren bevölkerte Naturparadies reicht vom Gletscher gespeisten Stausee Lac de Mauvoisin mit der höchsten Bogenstaumauer Europas bis zur Schutzhütte Cabane de Chanrion.

400 km Abfahrtstrecke hat Verbier für Skiläufer aus aller Welt zu bieten.

Darüber hinaus ist Verbier für sein alljährliches Musikfestival bekannt, das sich seit 1994 gut zwei Wochen lang Ende Juli/ Anfang August an verschiedenen Spielorten der klassischen Musik widmet und den Austausch zwischen bekannten Solisten und künstlerischem Nachwuchs fördert.

INFO: Verbier liegt ca. 55 km südwestlich von Sion. **INFO VERBIER:** Verbier Tourisme, Route de Verbier Station 61, 1936 Verbier, Tel. (027) 775 38 88, Tel. (08 48) 771 882, www.verbier.ch. **INFO VERBIER FESTIVAL:** www.verbierfestival.com.

Magischer Berg

ZERMATT

Zermatt, Kanton Wallis

Dieses Motiv kennt man von unzähligen Postkarten: Das Matterhorn mit seinem unverwechselbaren Profil in Form eines spitzen Zahns erhebt sich über dem berühmten Skiort Zermatt. Das Dorf ist von überschaubarer Größe.

Den Ortskern bestimmen kleine Chalets, und es ist ruhig, weil keine Autos fahren dürfen. Und doch ist in Zermatt alles Business: Anfänger und fortgeschrittene Skifahrer aus aller Welt kommen wegen der traumhaften Pisten.

Die drei Skigebiete des Orts reichen bis in 3883 Meter Höhe hinauf, und mit der berühmten Seilbahn auf das Klein Matterhorn gelangt man in das höchstgelegene Skigebiet Europas. Hier kann an 365 Tagen im Jahr Ski gefahren werden, sogar im Sommer gibt es viel Schnee und gute Skibedingungen. Zermatt ist auch das größte Gebiet für Heliskiing – die aufregendste Abfahrtsstrecke führt von Monte Rosa auf einer Höhe von fast 4600 Metern durch eine beeindruckende Gletscherlandschaft hinab ins Tal.

Eine unverkennbare Silhouette: das Matterhorn bei Zermatt.

Nicht zuletzt ist Zermatt auch für seine abwechslungsreiche Restaurantszene bekannt und kann mit einem lebendigen Après-Ski-Nachtleben aufwarten.

Der englische Forscher und Bergsteiger Edward Whymper, der 1865 als Erster das 4478 Meter hohe Matterhorn erklomm, begann seinen Aufstieg in Zermatt. Man kann im selben Hotel wohnen wie der große Alpinist: Das Hotel Monte Rosa ist heute wesentlich luxuriöser ausgestattet als bei seiner Eröffnung im Jahr 1839. Buchen Sie ein Zimmer mit Aussicht und genießen Sie den Blick in die Berge!

Atemberaubender Ausflug für einen längeren Aufenthalt: Seit Sommer 2017 führt der 35 Kilometer lange Europaweg bei Randa nördlich von Zermatt über die Charles-Kuonen-Hängebrücke, mit 494 Metern Länge, 0,65 Metern Breite und 85 Metern Höhe über dem Boden ist sie die längste der Welt.

INFO: Zermatt liegt ca. 80 km südöstlich von Sion und 45 km südwestlich von Brig. Autos werden in Täsch 6 km vor Zermatt abgestellt, von dort verkehrt ein Zug. **INFO ZERMATT:** Zermatt Tourismus, Bahnhofplatz 5, 3920 Zermatt, Tel. (027) 966 81 00, www.zermatt.ch. **INFO HOTEL MONTE ROSA:** Bahnhofstr. 80, 3920 Zermatt, Tel. (027) 966 03 33, www.monterosazermatt.ch. Preise auf Anfrage.

ZUG

Klein, aber fein

ZUG

Kanton Zug

Der kleinste Kanton der Schweiz gilt als Steuerparadies, daher residiert eine ganze Reihe von Konzernen und berühmten Persönlichkeiten in Zug beziehungsweise führt dort eine Briefkastenadresse. Nirgendwo sonst in der Schweiz ist das Pro-Kopf-Einkommen so hoch wie hier. Hauptort ist die nur 30 500 Einwohner zählende gleichnamige Stadt am Zugersee, der eine feine Sicht auf die beiden Berge Pilatus und Rigi ermöglicht. Der Name Zug geht der Sage nach auf einen sehr guten Fangzug zurück, den die Fischer auf dem See machen konnten.

Zu den wichtigsten Sehenswürdigkeiten zählt der im 15. Jahrhundert erbaute Zytturm am Kolinplatz mit seiner astronomischen Uhr. Die fußläufige historische Altstadt im Stil der Spätgotik lädt zum Flanieren direkt am See ein. Im einstigen Wehr- und Wohnturm der Zuger Burg lässt sich nachempfinden, wie wohlhabende Bürger im 18. Jahrhundert gelebt haben. Die auch mit Kunsthandwerk versehene Sammlung beinhaltet ein Stadtmodell, das die Stadt Zug im Jahre 1730 zeigt.

Eine kulinarische Spezialität ist die Zuger Kirschtorte, die seit 1921 in der Konditorei Treichler aus Biskuitteig, Japonaisböden und viel Kirschwasser hergestellt wird.

INFO: Zug liegt ca. 35 km südlich von Zürich. **INFO ZUG TOURISMUS:** Bahnhofplatz 5, 6304 Zug, Tel. (041) 723 68 00, www.zug-tourismus.ch. **INFO MUSEUM IN DER BURG ZUG:** Kirchenstr. 11, Zug, Tel. (041) 728 29 70, www.burgzug.ch, Öffnungszeiten Di–Sa 14–17, So 10–17 Uhr, Eintritt CHF 10, bis 16 J. frei.

Blick auf das Uferviertel der Stadt Zug.

Das Bäumli ist ein beliebter Aussichtspunkt in Winterthur.

ZÜRICH

Die große Stadt im Grünen

WINTERTHUR

Kanton Zürich

Die zweitgrößte Stadt im Kanton stand lange im Schatten der Hauptstadt Zürich. Heute gilt das von Parks und Wäldern umgebene Winterthur als begehrte Wohnlage. Das schmucke Stadtzentrum kann sich sehen lassen und auch hinsichtlich ihres kulturellen Angebots braucht sich die Universitätsstadt nicht zu verstecken.

Der heute 112 000 Einwohner zählende Ort wurde im 12. Jahrhundert von den Grafen von Kyburg gegründet. Nachdem Winterthur in der frühen Neuzeit an das übermächtige Zürich verpfändet werden musste, kam die Stadt an der Erlach mit der industriellen Revolution wirtschaftlich in Fahrt und gelangte zu Wohlstand. Heute zeichnet sich Winterthur u. a. durch eine bemerkenswerte Museumslandschaft aus. Das Kunstmuseum verfügt über eine üppige Kollektion von Werken von van Gogh bis Picasso. Altmeisterliche und französische Malerei präsentiert das Museum Oskar Reinhart, das inzwischen unter der Leitung des Kunstmuseums steht. Derzeit entsteht ein Haus für moderne Kunst auf dem ehemaligen Gelände des Großbetriebs Sulzer.

Die Bewohner von Winterthur schätzen den hohen Freizeitwert ihrer Stadt sowie die Einkaufsmöglichkeiten in der Marktgasse und der Steinberggasse. Und auch auf dem Oberen Graben, einem baumbestandenen, fast schon mediterran anmutenden Boulevard, pulsiert das Leben. Ein beliebter Aussichtspunkt liegt auf einer Terrasse oberhalb des Goldenbergs. Von hier aus können Besucher den Blick über die grüne Umgebung von Winterthur schweifen lassen.

Die Storchenbrücke, das Wahrzeichen von Winterthur.

INFO: Winterthur liegt 25 km nordöstlich von Zürich. **INFO WINTERTHUR:** Tourismusverband, Bahnhofplatz 5, 8401 Winterthur, Tel. (052) 267 67 00, www.winterthur-tourismus.ch. **INFO KUNSTMUSEUM:** Museumstr. 52, Winterthur, Tel. (052) 267 51 62, www.kmw.ch, Öffnungszeiten Di 10–20, Mi–So 10–17 Uhr, Eintritt CHF 19, bis 16 J. frei. **INFO MUSEUM REINHART AM STADTGARTEN:** Stadthausstr. 6, Winterthur, Tel. (052) 267 51 72, www.kmw.ch, Öffnungszeiten Di–So 10–17, Do bis 20 Uhr, Eintritt CHF 19, unter 16 J. frei.

Wunderbare Welt der Wissenschaften

Technorama

Winterthur, Kanton Zürich

Wissenschaft zum Anfassen macht Spaß! Das Swiss Science Center Technorama in Winterthur ist ein echter Publikumsmagnet und eines der wichtigsten Wissenschaftserlebniszentren weltweit. In kaum einem anderen Ausstellungshaus kann man so viel anfassen, ausprobieren, greifen und begreifen wie hier.

1982 als technisches Museum gegründet, hat sich das Technorama längst in einen spannenden Experimentier- und Erlebnisraum verwandelt. Wissenschaft wird nicht theoretisch vermittelt, vielmehr steht die Praxis im Vordergrund. Großes Gewicht wird auf die subjektive Wahrnehmung gelegt. Das erfolgreiche Konzept eines Kompetenzzentrums für selbstbestimmtes Lernen unter dem Motto »Nothing will happen, unless you make it happen« beschert dem Technorama jährlich rund 280 000 Besucher.

Immer mehr Schulklassen nutzen das Angebot des Hauses ergänzend zu ihrem Unterricht. Die über 500 Experimentierstationen sind auf verschiedene Sektoren verteilt, die einfallsreiche Namen tragen wie Mathemagie, Wasser, Natur, Chaos, Licht und Sicht, Kopfwelten, Strom und Magnete oder Mechanikum. Hinzu kommen tägliche Workshops. Manches erscheint auf den ersten Blick äußerst ungewöhnlich wie z. B. Haare, die zu Berge stehen, oder nach oben fließende Wassertropfen. Zu den beliebtesten Workshops des Hauses gehört das Atelier Chocolat, das auch bei der Expo 2015 in Mailand zu sehen war.

In der Erfinderwerkstatt können bis zu zwölf Personen aus Alltagsgegenständen Dinge basteln. Dabei entstehen etwa von Luft angetriebene Fahrzeuge oder Zeichenmaschinen. In den AdventureRooms gilt es, sich durch das Lösen kniffliger Rätsel zu befreien. Ab April 2021 gibt es im Technorama-Park aussergewöhnliche Naturphänomene im XXL-Format zu entdecken. Unter freiem Himmel und auf der 130 Meter langen und bis zu 17 Meter hohen Wunderbrücke eröffnen sich neue Perspektiven.

Info: Das Technorama liegt in Oberwinterthur, 2,5 km von der gleichnamigen Autobahnausfahrt entfernt. **Info Technorama:** Technoramastr. 1, 8404 Winterthur, Tel. (052) 244 08 44, www.technorama.ch, Öffnungszeiten tägl. 10–17 Uhr, Eintritt CHF 32, Kinder CHF 20 (6–15 J.).

Ein künstlicher Feuertornado im Technorama.

Hochspannung garantiert!

Helvetische Wirtschaftsmetropole

Zürich

Zürich, Kanton Zürich

Der Slogan Little Big City trifft auf die heimliche Hauptstadt der Schweiz immer noch zu. Zürich zählt nur 415 000 Einwohner und ist mit knapp 92 Quadratkilometern im Vergleich zu anderen europäischen Metropolen recht klein. Doch in den Zürcher Banken und Versicherungen wird etwa ein Viertel des weltweiten Vermögensverwaltungsgeschäfts abgewickelt. Daher gilt Zürich als wichtiger internationaler Finanzplatz und zählt zu den Weltstädten.

Die Innenstadt von Zürich bei Nacht.

Zürich ist multikulturell, der Ausländeranteil beträgt 32 Prozent, die größten Ausländergruppen sind Deutsche und Italiener. Die meisten Schweizer Firmen haben in und um Zürich ihren Hauptsitz, und die Medien – von der Neuen Zürcher Zeitung bis zum Schweizer Fernsehen – sind ebenfalls in der Stadt an der Limmat stark vertreten.

Das auf 408 Metern Höhe gelegene Zürich wird von seinen Bewohnern allerdings nicht unbedingt als Wirtschaftsmetropole wahrgenommen, sondern als ein Ort, an dem es sich sehr angenehm leben lässt: Regelmäßig belegt Zürich bei weltweiten Umfragen hinsichtlich der Zufriedenheit seiner Bewohner einen der vordersten Plätze. Massentouristen gibt es hier nicht, die meisten Gäste sind Geschäfts- oder Individualreisende.

Das überschaubare Zentrum reicht vom Hauptbahnhof bis zum Zürichsee. Die etwa einen Kilometer lange Bahnhofstrasse gilt als eine der nobelsten Einkaufsmeilen Europas. Zum Thema Sauberkeit wird gern der irische Schriftsteller James Joyce zitiert, der sagte: »Zürich ist so sauber, dass man eine auf der Bahnhofstrasse ausgeschüttete Minestra ohne Löffel wieder aufessen könnte.«

Wer auch die verborgenen Schönheiten der Stadt kennenlernen möchte, zweigt von der Bahnhofstrasse in die pittoreske Augustinergasse mit ihren hübschen Erkerhäusern ab. Ein paar Schritte weiter aufwärts erreicht man den Lindenhof, den wohl ältesten Platz in Zürich. Die Römer errichteten hier im Jahr 15 v. Chr. eine Zollstation und später ein Kastell. Aus dem lateinischen Ortsnamen Turicum entwickelte sich später der Name Zürich. Vom Lindenhof reicht der Blick über die Limmat bis zur Kuppel der Eidgenössisch-Technischen Hochschule, die der für die Dresdner Oper berühmte Architekt Gottfried Semper errichtete.

Auf der anderen Limmatseite liegt der Stadtteil Niederdorf – zweifelsohne das quirligste Viertel im Zentrum. Einst galt es als Sündenpfuhl, doch diese Zeiten sind längst vorbei. Die Niederdorfgasse säumen kleine Läden, Imbissbuden, Restaurants, Bars und andere Etablissements.

Als Wahrzeichen der Stadt gelten die drei Kirchen. Im Grossmünster predigte im 16. Jahrhundert der Reformator Ulrich Zwingli. Die beiden abgerundeten Türme nennt der Volksmund liebevoll Pfeffer und Salz. Das Fraumünster unweit des Paradeplatzes ist vor allem durch die Fenster von Marc Chagall bekannt. Die Kirchturmuhr St. Peter beim Lindenhof besitzt das größte Ziffernblatt Europas.

Info: Zürich Tourismus, Hauptbahnhof, 8001 Zürich, Tel. (044) 215 40 00, www.zuerich.com.

Vom Wurzelbunker zum Gourmettempel

HAUS HILTL

Zürich, Kanton Zürich

Das Hiltl ist das erste vegetarische Restaurant der Welt und wird bereits in vierter Generation von der Gründerfamilie betrieben. Deutlich erweitert und in minimalistischem Design gestaltet, bleibt das Restaurant seiner indisch angehauchten Küche treu. Die Geschichte des Hauses beginnt 1898 mit einer Krankheit: Der Schneidergeselle Ambrosius Hiltl war an Gelenkrheumatismus erkrankt, stellte seine Ernährung auf fleischlose Kost um – und wurde wieder gesund. Er heiratete die Köchin vom »Vegetarierheim und Abstinenz-Café« und kaufte daraufhin das Restaurant an der Sihlstrasse 28, das seinerzeit noch vor den Toren der Stadt lag.

Seine Schwiegertochter Margrith Hiltl nahm 1951 als Schweizer Delegierte am Welt-Vegetarier-Kongress in Delhi teil und ließ sich dort von der indischen Küche inspirieren. Der »Wurzelbunker«, wie das Haus zur Zeit seiner Gründung spöttisch genannt wurde, mauserte sich zu einem echten Gourmettempel. Der heutige Eigentümer Rolf Hiltl sorgte mit der Neugestaltung des Speiseraums, der Integration des Hiltl Clubs – freitags bis sonntags wird im Haus Hiltl zu Deep House, Hip Hop und Mash Up getanzt –, der Eröffnung der ersten vegetarischen Metzgerei der Schweiz sowie weiteren Ablegern in der Stadt für einen wahren Hiltl-Boom.

Heute präsentiert sich das Haus als ein durchgestyltes und doch anheimelndes Restaurant auf zwei Etagen mit einer Bar, dem beliebten Selbstbedienungs-Buffet und einer Lounge-Ecke. Von fast überall kann man durch Glaswände in die saubere Küche im Untergeschoss blicken. Das acht Meter lange Buffet bietet über 100 vegetarische und vegane, kalte und heiße Köstlichkeiten.

Die Speise- und Buffetkarten deklarieren penibel die einzelnen Zutaten, damit auch Veganer und Allergiker das Richtige auswählen können. Das Angebot reicht von Klassikern wie Riz Casimir über leckere Curry-Gerichte und Salatvariationen bis hin zu Cordon bleu und Züri-Geschnetzeltem, natürlich in fleischloser Ausführung.

Das Stammhaus Hiltl in der Sihlstrasse.

Wer die vegetarische Kochkunst erlernen möchte, ist zu Kursen der hauseigenen Kochschule herzlich eingeladen. Und auf jeden Fall sollte, wer im Hiltl speisen möchte, immer vorher reservieren.

INFO: In der Innenstadt von Zürich gelegen.
INFO HAUS HILTL: Sihlstr. 28, 8001 Zürich, Tel. (044) 227 70 00, www.hiltl.ch, Öffnungszeiten Mo–Do 6–23, Fr 6–4, Sa 6–5, So 8–4 Uhr (Hiltl Club Fr–So). Reservierung empfohlen, Preise auf Anfrage.

Hochkarätige Kunst in altehrwürdigem Rahmen

KUNSTHAUS

Zürich, Kanton Zürich

Das Zürcher Kunsthaus am Heimplatz gehört zu den großen Gemäldegalerien der Schweiz und ist für seine hochkarätige Sammlung europäischer Malerei des 18. bis 20. Jahrhundert über die Landesgrenzen hinaus bekannt. Hier finden bedeutende Wechselausstellungen statt, und das Museum genießt einen erstklassigen Ruf.

Das Kunsthaus zählt jährlich etwa 300 000 Besucher. Es bildet seit mehr als einem Jahrhundert eine feste Größe im Zürcher Kulturleben. Das ehrwürdige Gebäude am Heimplatz entstand 1910 als geeigneter Ort für die reichhaltige, durch Stiftungen und Ankäufe rasch erweiterte Sammlung der 1787 gegründeten Zürcher Künstlergesellschaft, der ältesten ihrer Art in Europa.

Den Schwerpunkt bilden Werke Schweizer Maler wie Arnold Böcklin und Giovanni Segantini, doch auch die französischen Impressionisten sind stark vertreten. Bekannt ist das Kunsthaus außerdem für seine Werke der klassischen Moderne, geschaffen von Künstlern wie Chagall, Matisse oder Picasso.

Die hauseigene Dokumentation zum Dadaismus erinnert an die wichtigste von Zürich ausgegangene Kunstrichtung. Pünktlich zum hundertjährigen »Geburtstag« der Dada-Bewegung veröffentlichte das Kunsthaus im Jahr 2016 die ersten 720 digitalisierten Werke der Sammlung. Weiterhin dokumentiert das Kunsthaus die Rolle der Fotografie und von Videos in der Kunst, sie besitzt international bedeutende Bestände.

Die Barockgalerie des Kunsthauses in Zürich.

Ab Herbst 2021 wird ein lichtdurchfluteter Neubau die Ausstellungsfläche um 80 Prozent vergößern, dadurch entsteht das größte Kunstmuseum der Schweiz. Die bedeutende Kunstsammlung des Industriellen Emil Georg Bührle, die bislang in einer eigenen Villa im Seefeldquartier untergebracht war, zieht dann hier ein.

Spannend sind auch die Wechselausstellungen des Hauses. So werden etwa einzelne Künstler wie Robert Delaunay, zentrale Figur der Pariser Avantgarde, oder der Expressionist und Vertreter der Wiener Moderne Oskar Kokoschka in den Fokus genommen. Andere Ausstellungen widmen sich u.a. geheimnisvollen Musen und Matisse-Metamorphosen.

Das angeschlossene Kunsthausrestaurant bietet mediterrane Küche und im Sommer auch Außenplätze im sogenannten Miró-Garten, vor dem keramischen Wandbild »Vögel, die wegfliegen« des katalanischen Künstlers.

INFO: Das Kunsthaus liegt auf der rechten Limmatseite am östlichen Rand der City. **INFO KUNSTHAUS:** Heimplatz 1, 8001 Zürich, Tel. (044) 253 84 84, www.kunsthaus.ch, Öffnungszeiten Di–So 10–18, Mi/Do bis 20 Uhr, Eintritt CHF 26, ermäßigt CHF 19.

Ferdinand Hodlers »Blick in die Unendlichkeit« (1916) im Kunsthaus Zürich.

Große Oper und feines Ballett

Opernhaus

Zürich, Kanton Zürich

Das Zürcher Opernhaus am Bellevue genießt in der Fachwelt aufgrund seiner hochkarätigen Produktionen einen exzellenten Ruf – auch wenn es mit 1100 Plätzen eher zu den kleineren Bühnen gehört. Spannend ist die Entstehungsgeschichte des Hauses: Das erste Theater wurde von engagierten Bürgern, die sich in einer Aktiengesellschaft zusammengetan hatten, 1834 gegründet. Es trug den passenden Namen »Actien-Theater« und entstand in einer ehemaligen Kirche, der einstigen Barfüßerkirche am Hirschgraben. Da das Gebäude in der Neujahrsnacht 1890 jedoch niederbrannte, war die Stadt Zürich auf der Suche nach einer schnellen Lösung für einen Ersatzbau. Dank einer glücklichen Fügung hatten die Wiener Architekten Ferdinand Fellner und Hermann Helmer gerade den finalen Entwurf für ein Theater in Krakau fertiggestellt, den sie mit wenigen Änderungen am neuen Standort Zürich erstaunlich rasch umsetzen konnten. Bis zur Einweihung der neuen Oper mit Wagners »Lohengrin« im September 1891 dauerte der Neubau nicht einmal zwei Jahre.

Die Hauptbühne des Opernhauses mit Technikportal.

Kurioserweise wurde das ursprünglich geplante Theater in Krakau nie realisiert, allerdings ähnelt das Opernhaus dem später erbauten Kroatischen Nationaltheater in Zagreb. Das ist kein Zufall: Die beiden Architekten Fellner und Helmer waren auf den Bau von Theatern spezialisiert, sie zeichneten verantwortlich für über 40 Theater in Europa.

Am Zürcher Opernhaus wurde immer wieder musikalische Weltgeschichte geschrieben – durch Premieren wie die von Alban Bergs »Lulu« oder mit der ersten Aufführung des »Parsifal« außerhalb Bayreuths.

Großartige Solisten wie Edita Gruberová gehörten jahrzehntelang zum Ensemble des Zürcher Opernhauses, berühmte Regisseure sorgen regelmäßig für glanzvolle Inszenierungen. Der neue Intendant Andreas Homoki öffnete das Haus bei seinem Amtsantritt 2012 für ein breiteres Publikum, ohne dabei die anspruchsvollen Zuschauer außer Acht zu lassen. Nach wie vor werden auch einige Produktionen der Vorjahre wieder ins Repertoire aufgenommen. Um noch mehr Menschen für die Oper zu begeistern, wird jetzt jährlich eine Oper live auf einer Leinwand am 16 000 Quadratmeter großen Sechseläutenplatz vor dem Opernhaus übertragen. Rechts vom Opernhaus zeigt das damit verbundene, eher volkstümliche Bernhard-Theater Schauspiel und Musicals auf Mundart.

Info: Das Opernhaus liegt direkt am Zürichsee beim Verkehrsknotenpunkt Bellevue. **Info Opernhaus:** Sechseläutenplatz 1, 8001 Zürich, Tel. (044) 268 66 66, www.opernhaus.ch.

Opernhaus Zürich mittendrin.

Schrille Schweiz

Street Parade

Zürich, Kanton Zürich

Die langlebigste aller Technoparaden findet in der Regel am zweiten Samstag im August in Zürich statt. Rund eine Million Teilnehmer lassen sich treiben zum Sound der sogenannten Love Mobiles, dekorierten und zu fahrenden Tanzflächen umgebauten Lkws, die im Schritttempo durch die Altstadt fahren. Berühmte DJs legen auf den bis zu 30 Meter langen Wagen – übrigens kostenlos – auf, die schrill gekleideten Feiernden als Schautanzfläche dienen. Die Musikstile variieren zwischen House, Techno und Trance.

Der zweieinhalb Kilometer lange Paradeweg beginnt am Utoquai und verläuft am Seeufer entlang, am Opernhaus vorbei bis zum Hafen Enge. Auf fünf Tanzflächen kann dann bis

Jedes Jahr lockt die Street Parade rund eine Million Feiernde an.

Mitternacht weitergefeiert werden. Bei allem Trubel ist die Street Parade ein ausgesprochen friedliches und optimistisches Fest, das für Liebe, Freiheit und Toleranz steht. Im Jahr 2019 lautete das Motto »Colours of Unity«.

Nach Mitternacht geht die Sause in mehr als hundert Clubs der Stadt bis in die Morgenstunden weiter, denn Zürich hat sich in den letzten Jahren zu einer der angesagtesten und schnelllebigsten Partymetropolen entwickelt. Nirgendwo sonst in der Schweiz öffnen und schließen die Clubs so schnell wie in der Stadt an der Limmat.

Einige haben sich jedoch zu echten Institutionen entwickelt wie z. B. das »Kaufleuten«. Hier in Zürichs wohl bekanntester Diskothek haben schon Berühmtheiten wie Prince oder Madonna Station gemacht.

Die erste Street Parade fand am 5. September 1992 statt, inspiriert durch die legendäre Berliner Love Parade – die bis 2006 stattfand –, und initiiert durch den Zürcher Studenten Marek Krynski. Zählte man im Gründungsjahr »nur« 1000 Feiernde, schnellte die Anzahl bereits ein Jahr später auf 10 000 Raver. 2015 kamen eine Million Menschen, das ist zweieinhalb mal Zürichs Einwohnerzahl.

Info Street Parade: Verein Street Parade Zürich, Sihlhallenstr. 19, 8003 Zürich, www.streetparade.com. **Info Kaufleuten:** Pelikanstr. 18, 8001 Zürich, Tel. (044) 225 33 33, www.kaufleuten.ch, Öffnungszeiten Mo–Do 8.30–24, Fr 8.30–2, Sa 10–2, So 16–22 Uhr. **Reisezeit:** 2. Sa im Aug. (in der Regel).

Der Zürcher Reformator und sein legendäres Gotteshaus

ZWINGLI UND DAS GROSSMÜNSTER

Zürich, Kanton Zürich

Als Wahrzeichen von Zürich gilt das evangelisch-reformierte Grossmünster im Oberdorf auf der rechten Limmatseite. Zu seiner Entstehung existieren gleich zwei Legenden. Die erste Sage stammt aus der Römerzeit: Als die Geschwister Felix und Regula im 4. Jahrhundert mit der Thebäischen Legion vor Kaiser Maximian nach Zürich flohen, wurden sie mitsamt ihrem Diener Exuperantius von kaiserlichen Soldaten am Standort der heutigen Wasserkirche enthauptet.

Angeblich schafften sie es noch, mit ihren Köpfen unter dem Arm eine Entfernung von 40 Ellen zurückzulegen. Die zweite Legende baut auf der ersten auf: Als Karl der Große von Aachen kommend bei Zürich einen Hirsch jagte, ging sein Pferd genau an der Stelle nieder, wo die genannten Märtyrer begraben sind.

So ließ der Kaiser hier eine Kirche mitsamt Chorherrenstift erbauen, das heutige Grossmünster. Das Kirchenschiff wurde ursprünglich im romanischen Stil errichtet, die oberen Gebäudeteile sind jedoch gotisch. Die beiden Türme kamen erst 1787 hinzu, Victor Hugo bezeichnete sie sie einst als »Pfeffer und Salz«. Sehenswert sind vor allem die 1933 ergänzten Chorfenster von Augusto Giacometti sowie ein Zyklus von zwölf neuen Farbfenstern aus dem Jahr 2009, die der Kölner Künstler Sigmar Polke gestaltete.

Hier im Grossmünster predigte von 1519 bis 1531 der Reformator Huldrych Zwingli gegen die Missstände in der katholischen Kirche und läutete damit die Reformation auch in Zürich ein. Auf sein Betreiben hin wurde jeglicher Schmuck aus dem Inneren der Kirche entfernt. Zwinglis Reformvorschläge führten auch zu politisch-gesellschaftlichen Veränderungen, etwa zu einem fortschrittlichen Sozialwesen. Seine Statue steht vor der Wasserkirche, nur jene legendären 40 Ellen vom Grossmünster entfernt.

Die charakteristischen Türme des Züricher Grossmünsters sind das Wahrzeichen der Stadt.

INFO: In der Altstadt von Zürich gelegen. **INFO GROSSMÜNSTER:** Zwingliplatz, 8001 Zürich, Tel. (044) 250 66 51, www.grossmuenster.ch, Öffnungszeiten tägl. März–Okt. 10–18, Nov.–Feb. 10–17 Uhr.

Skyline von Zürich.

Register

Deutschland

B

C

D

E

F

G

H

I

M

N

O

P

Q

R

S

T

X

Z

Österreich

M

N

Z

Schweiz

A

B

T

U

V

W

Z

BILDNACHWEIS

Cover: Holsten Tor in Lübeck, Foto: iStockphoto/Nchuprin; Leuchtturm an der Nordseeküste, Foto: Fotolia/Torsten Schier; Brandenburger Tor in Berlin, Foto: iStockphoto/Nikada; Rathaus von Wernigerode, Foto: Fotolia/Uwe Graf; Berliner Fernsehturm, Foto: iStockphoto/TommL; Matterhorn, Foto: Julius Silver, Wien; Kuh, Foto: Fotolia/Gunter Fischer; Wiener Prater, Foto: Fotolia/Javi Martin; Burgtheater Wien, Foto: Fotolia/kameraauge; Kölner Dom, Foto: iStockphoto/Claudio Divizia; Statue von Johann Strauß, Foto: iStockphoto/Michal Puchala

Titelei: Seite 5: das Kölner Rheinpanorama, Foto: iStockphoto/Rudy Balasko; Seite 6 o.: Hallstatt im Salzkammergut, Foto: Fotolia/JFL Photography; Seite 6 u.: Die Innenstadt von Zürich bei Nacht, Foto: iStockphoto/Arpad Benedek; Seite 8: Bootsverkehr auf dem Berliner Wannsee, Foto: iStockphoto/Hsvrs

Checkliste: Düsseldorf Marketing & Tourismus GmbH, Düsseldorf: S. 1194
Fotolia/audit: S. 1193; Christa Eder: S. 1185; Frank: S. 1197; Pavle: S. 1204; photosite: S. 1190; pure life pictures: S. 1191; rclassen: S. 1196; romy mitterlechner: S. 1187; RWDesign: S. 1205; ThomasJablonski: S. 1195; VRD: S. 1183
Gunnar Habitz, Cremorne Point: S. 1207
Helge Kirchberger Photography/Red Bull Hangar-7: S. 1203
iStockphoto/Adria Assalve: S. 1210; bbsferrari: S. 1200; dnaveh: S. 1208; eurotravel: S. 1202; katalonia82: S. 1182; Marco Saracco: S. 1209; Nikada: S. 1188; querbeet: S. 1192; Sebastian Julian: S. 1186; Sonsam: S. 1184
Steirereck GmbH, Wien: S. 1206
Switzerland Tourism/swiss-image.ch: S. 1211
Tourismusverband Dahme-Seen e.V.: S. 1189
Wikipedia/LoKiLeCh: S. 1198

Alb-Donau-Kreis Tourismus/Roswitha Guggemos: S. 59
Albertina, Wien/Rupert Steiner: S. 934
Albrecht Voss Werbefotografie: S. 781
Allianz Arena/B. Ducke: S. 157
allrounder.de/Michael Pruckner: S. 558
Alpenpark Neuss: S. 557
Alpenverein Wiener Neustadt: S. 811
AlpTransit Gotthard AG: S. 1088
Alte Pinakothek, München: S. 158
Althoff Hotel & Gourmet Collection/Klaus Lorke: S. 469
Andrea Badrutt, Chur: S. 1043
Andrea Herfurth-Schindler, Köln: S. 53, 339, 521, 785
Andreas Schulz, Köln: S. 45, 436, 851, 1117
Andreas Thum, Freiburg: S. 618
AQUA DOME, Längenfeld: S. 910
Archäologischer Park, Petronell-Carnuntum/Stefan Baumann: S. 820
Archiv der Wendelsteinbahn GmbH/Peter Hofmann: S. 217
Armin Smailovic: S. 327
Arp Museum/Horst Bernhard (VG Bild-Kunst, Bonn 2016): S. 615
Audi AG, Ingolstadt: S. 139
Augsburger Puppenkiste, Augsburg: S. 95
Autostadt GmbH, Wolfsburg: S. 454
AWE-Stiftung/Rainer Salzmann: S. 769
Bachfest Leipzig/Gert Mothes: S. 674
Bachhaus Eisenach/André Nestler: S. 770
Baden-Baden Kur & Tourismus GmbH: S. 17
Baden Racing: S. 19
Baden-Württemberg Landesdenkmalpflege: S. 30
Badrutt's Palace Hotel, St. Moritz: S. 1040
Ballenberg, Freilichtmuseum der Schweiz: S. 999
Bavaria Filmstadt: S. 161, Bullyversum: S. 160
Bayerische Staatsbrauerei Weihenstephan, Freising: S. 127
Bayern Tourismus Marketing GmbH: S. 100, 101, 113, 196, 210
Ben Walther: S. 701
Berchtesgadener Land Tourismus GmbH: S. 96
Berthold Steinhilber/laif, Köln: S. 944
Bettina Hamann, Potsdam: S. 285
Biosphärenhaus Pfälzerwald/Nordvogesen, Fischbach: S. 591
BMW AG: S. 162
Braunschweig Stadtmarketing GmbH/Christian Bierwagen: S. 416
Bregenzer Festspiele/Karl Forster: S. 924
Bremer Tourismus Zentrale (BTZ): S. 298
Bucerius Kunst Forum, Hamburg/Ulrich Perrey: S. 313
Bundesverwaltung/Lois Lammerhuber: S. 946
CBS Studios Inc./2018 (STAR TREK and related trademarks and logos are trademarks of CBS Studios Inc. All rights reserved.): S. 479
CHIO Aachen/Fotostudio Strauch: S. 464
Christof Sonderegger, Rheineck: S. 983, 995, 1010, 1062, 1089, 1101, 1105
D. Swarovski Tourismus Service GmbH: S. 918, 919
Daimler AG: S. 69

Dat Otto Huus, Emden: S. 422
DB Station & Service AG, Berlin/Christian Bedeschinski: S. 680
Dennis Bauermeister: S. 763
Deutsche Nationalbibliothek/Bärbel Kaiser: S. 676
Deutsches Architekturmuseum, Frankfurt am Main/ Thomas Riehle: S. 341
Deutsches Auswandererhaus/Kay Riechers: S. 303
Deutsches Edelsteinmuseum, Idar-Oberstein: S. 594
Deutsches Fußballmuseum/Frank Rösner: S. 488
Deutsches Hygienemuseum, Dresden/Oliver Killig: S. 649
Deutsches Weihnachtsmuseum GmbH, Rothenburg ob der Tauber: S. 211
Döllerers Genusswelten/Cathrine Stuckhard: S. 846
Donnersberg-Touristik-Verband: S. 621
Düsseldorf Marketing & Tourismus GmbH, Düsseldorf: S. 490, 491, 493, 495, 496, 497, 498
E. Potievsky: S. 646
ELDORADO Abenteuer GmbH, Templin: S. 291
Emmentaler Schaukäserei, Affoltern i. E.: S. 1003
Ente Turistico Lago Maggiore, Locarno: S. 1079
Erich Stekovics, Frauenkirchen: S. 797
Erlebnis-Zoo, Hannover: S. 429
Essener Filmkunsttheater/Armin Thiemer: S. 508
Eszter Kalmár, Potsdam: S. 398, 406, 659, 667
Esterhazy/Paul Szimak: S. 795; Roland Wimmer: S. 796
Europa-Park, Rust: S. 57
Europäisches Hansemuseum, Lübeck/Thomas Radbruch: S. 746
Eventmanagement in den Gärten der Welt, Berlin: S. 243
Fairmont Hotel Vier Jahreszeiten, Hamburg: S. 316
Falk Wenzel: S. 714
FC Schalke 04/Karsten Rabas: S. 516
Ferropolis/André Kehrer: S. 709
Filmpark Babelsberg/Mathwig: S. 281
Florian Trykowski: S. 110, 111
Fondation Beyeler/Mark Niedermann: S. 989
Fotolia: 788; akulamatiau: S. 996; alb470: S. 985; Alban Egger: S. 901; Aldorado: S. 50, 827; Alexander Reitter: S. 817; Alexglantschnig: S. 808; alexgres: S. 191; Ana Reinert: S. 465; Andrea Seemann: S. 907; Andreas P.: S. 199, 928; andreaskoch02: S. 610; Andrzej Estko: S. 23; Andrzej2012: S. 105, 572; Andy Ilmberger: S. 166; Angelika Bentin: S. 390; Anibal Trejo: S. 864, 903; animaflora: S. 695; aro49: S. 526; artfocus: S. 450; Artistdesign.de: S. 760; ArTo: S. 128, 270, 568, 673, 700, 707, 711, 775; ASonne30: S. 421, 424; astrid guenther: S. 604; audit: S. 456; Augenblicke: S. 972; autofocus67: S. 668; Axel Burchardt: S. 399; Babsi w: S. 821; Bergfee: S. 120, 142, 230, 828; Bernd Hoyen: S. 272; Bernd Kroeger: S. 275; bettinasampl: S. 942; Bild Pix de Fotolia: S. 608; Bjoern Schick: S. 33; Blackosaka: S. 627; Blende40: S. 76; Blickfang: S. 153, 239, 418, 455; bodo bo: S. 767; Boepic: S. 596; bofotos: S. 1033; Boris Breytman: S. 563; BrankoSrot: S. 366; c images: S. 738; Catolla S. 362; chiarafornasari: S. 902; Christa Eder: S. 130, 220, 222; City Country Media: S. 368; Claudio Divizia: S. 265; Clemens Schuessler: S. 56; Cpauschert: S. 201; CPN: S. 607; Creativemarc: S. 955; Crimson: S. 441; danielreitz54: S. 929; David Harding: S. 971; Davis: S. 529; Dermerkur: S. 757; dieter76: S. 365; Digitalpress: S. 938; dihetbo: S. 542; djama: S. 1002; Dmitry Nikolaev: S. 247; Dominic Ziegler: S. 187; Eduard Shelesnjak: S. 467, 587; eowyny: S. 678; Ernst Pieber: S. 560; esra crugnale: S. 348; etfoto: S. 486; eyetronic: S. 34; Ezio Gutzemberg: S. 440; ferkelraggae: S. 725; firstflight: S. 905; Flyfisher: S. 782; Fokus Natur: S. 184; Fontanis: S. 619; foto-hh: S. 734; Fotoherkules: S. 355; Fotolyse: S. 207; fotoman65: S. 177; Fotopro: S. 352; fottoo: S. 141; frakala: S. 605; Frank: S. 606, 908; franke182: S. 179; franziskus46: S. 984; frederic fromage: S. 573; Gabi Schaer: S. 724; Gabriele Rohde: S. 304, 733; gallas: S. 15; garteneidechse: S. 202; georgfotoart: S. 719; Gerhard Koehler: S. 641; Gina Sanders: S. 801, 838, 839, 841; gpitfoto: S. 103; Grischa Georgiew: S. 692; H. Dietz: S. 617; hachri: S. 1087; Hans Peter Reichartz: S. 921; Hans Peter Waack: S. 653; hanseat: S. 485, 728, 745; Happy Alex: S. 1072; Harald Lange: S. 726; Haraldcon22: S. 446; Hardy: S. 616; Hecke71: S. 771; Heggie: S. 393; Henner Damke: S. 381; Henry Czauderna: S. 710, 774, 780; henryn0606: S. 663; horstschunk: S. 360; Hpoelker: S. 562; iC. Schiller: S. 338; Igor Toker: S. 173; Ilhan Balta: S. 63; Increa: S. 283, 963; ines39: S. 88; Ingo Bartussek: S. 956; Isabelle Barthe: S. 1096; Jacinda Richman: S. 353; Jan Rose: S. 384; Jan Schuler: S. 80; JCG: S. 66; Jean Jacques Cordier: S. 200; Jeannot Weber: S. 637; Jeff Whyte: S. 261; Jehafo: S. 55; JFL Photography: S. 835, 857; Joachim Opelka: S. 426; Joe Gockel: S. 574; Joerg Hackemann: S. 337; Joerg Sabel: S. 445; Joerg Stumpf: S. 182; Juergen Fischer: S. 482; Juniengel: S. 395; Kameraauge: S. 744; Katja Xenikis: S. 389, 396; Kitty: S. 855; Klaus Bueth: S. 427; Klaus M. Jan: S. 545; kleiner Fotograf: S. 26; KMPhoto: S. 290; KreuzAS: S. 278; Kristan: S. 370; Kurt Tutschek: S. 822; lajdaczysko: S. 131; Lars Paege: S. 570; ledinalupa: S. 809; legeartispics: S. 489; lehvis: S. 913; LianeM: S. 97, 164, 671, 698, 900; Lockol: S. 499; Lorenz Ehrismann: S. 1069; Ludwig Berchtold: S. 925; Lukassek: S. 547; Makuba: S. 772; Manuel Schoenfeld: S. 28, 42, 51, 54; Marcel Nerlich: S. 385; Marco2848: S. 234, 307, 407; Martin Filzwieser: S. 790; Martin: S. 887; Martina Berg: S. 451; Mathiasrehm: S. 78; Matthias Knochenhauer: S. 723; mbfotos: S. 439, 512; mbpicture: S. 768; meseberg: S. 699; Michael Jaeger: S. 569; michaklootwijk: S. 1066; Michel VDR: S. 319; mitifoto: S. 492; mlehmann78: S. 981, 1041; mojolo: S. 229, 332, 343, 706; morten art: S. 296; mRGB: S. 115; Msl33: S. 22; Naturfreund: S. 658; Netzer Johannes: S. 922, 927, 931; nmann77: S. 380; Olaf Wandruschka: S. 891; Olafler: S. 397; Oleksiy Mark: S. 408; Oliver Raupach: S. 172; Openlens: S. 837; oscity: S. 977; Otto Normal: S. 742; outdoorpixel: S. 198; parallel dream: S. 601; Pavle: S. 885; Pavol Kmeto: S. 967; Peter Wey: S. 982; Petra Beerhalter: S. 60; Pfalzfoto: S. 609; Philip Lange: S. 613; Phillis Pictures: S. 686; Photo 5000: S. 813, 824; photo-

S. 532; juergen2008: S. 227; Jule Berlin: S. 597; Kadri Oliver Alkani: S. 554; katalonia82: S. 29; Kerstin Waurick: S. 773; koi88: S. 135; Konstantin Sutyagin: S. 1080; kruwt: S. 584; Kukuxa: S. 123; ladybirdstudio: S. 1076; laurent: S. 1049; LeeYiuTung: S. 1011; Leonid Andronow: S. 992; lev11014: S. 623; LianeM: S. 102, 722; Ljiljana Pavkov: S. 195; Mac99: S. 793; Manfred Steinbach: S. 176; manfredxy: S. 804; Manu We: S. 41; Marcel Mayer: S. 923; Marco Saracco: S. 1056; Marcus Lindstrom: S. 259; marianorte: S. 1100; marima design: S. 62; Mario Hornik: S. 163; Markus Spenger: S. 884; Martin Painhart: S. 798; Matthew Dixon: S. 945, 960; Max Baumann: S. 75; Maxlevoyou: S. 251; Meinzahn: S. 119, 342, 345, 629; Mikail Markovskiy: S. 206, 494; Miss Passion Photography: S. 330; Mo Jo Lo: S. 624; Moncherie: S. 830; Mpgphoto: S. 64; Mrusty: S. 194; Neurobite: S. 715; Nikada: S. 236, 246, 256, 257, 657, 660, 786; Nikada: S. 784; no limit pictures: S. 214, 463, 630; NOLIMITPICTURES: S. 475; Ojurevic: S. 880; Oks Mit: S. 1020; Oliver Kessler: S. 358; Pavle Marjanovic: S. 883; Peter Eckert: S. 898; Peter Wollinga: S. 410; Peter Zurek: S. 540; Philartphace: S. 640; Philiphotographer S. 18; Phillip Minnis: S. 1007; Photo75: S. 219; photomorgana: S. 842; picturedesigner: S. 677; Posztos Janos: S. 869; Poula Hansen: S. 425; Prasit Rodphan: S. 1122; querbeet: S. 245, 299, 414, 552; Rafael Classen: S. 462; RelaxFoto.de: S. 810, 987; repistu: S. 1022, 1099; Richard Sharrocks: S. 683; Robert Kohlhuber: S. 831; Robert Biedermann: S. 886; Roland Zihlmann: S. 1044; Rolf Weschke: S. 72; Rolphus: S. 878; Ron Sumners: S. 1109; rsester: S. 12, 27; Rudy Balasko: S. 528; rusm: S. 204, 215; Sara Winter: S. 1039; Sborisov: S. 346; Sean Pavone Photo: S. 94, 253, 340, 391; Sebastian Hamm: S. 474; Sebastian Julian: S. 165; senorcampesino: S. 704; SergiyN: S. 1017; Sloot: S. 991; Smitt: S. 145; Sonsam: S. 89; Steffen Hoejager: S. 737; stellalevi: S. 950; Stephan Hoerold: S. 225; Stephan Zabel: S. 974; Steve Allen Photo: S. 551; stevenallan: S. 1103; stockcam: S. 1077; summersgraphicsinc: S. 1073; Superseker: S. 79; TBE: S. 600; Terraxplorer: S. 124; theowl84: S. 893; tiglat: S. 93; Tomas Sereda: S. 656; TommL: S. 672; trabantos: S. 1083; trotsche: S. 1107; tupungato: S. 312; typo-graphics: S. 279, 282; Vichai; Phububphapan: S. 994; vienna71 photo: S. 935; Viktor Cap: S. 1121; Vladimir Khirman: S. 228; VogelSP: S. 1009; Vora: S. 83, 336, 735; waeskel: S. 520, 524; wangyangen: S. 1024; Yarchyk: S. 959

Jan Slancar, Slapanice/Tschechien: S. 1097

Jörg Modrow/laif: S. 311

Jüdisches Museum Berlin/Roman März: S. 249

Jugendstil-Hotel Paxmontana: S. 1064, 1065

Julius Meinl am Graben, Wien: S. 948, Herbert Lehmann: S. 949

K+S Aktiengesellschaft, Kassel: S. 777

Karl-May-Museum Radebeul: S. 696

Karl-May-Spiele, Bad Segeberg: S. 732

Kartause Ittingen/Sandro Schmid: S. 1086

Katrin Tams, Potsdam: S. 749, 750

Kempinski Grand Hotel Heiligendamm/Peter Lück: S. 374

Klimahaus Betriebsgesellschaft® mbH/Florian Mueller: S. 305

Kneipp-Original Bad Wörishofen: S. 99

Kongress- und Touristikbetriebe Aschaffenburg/Till Benzin: S. 92

Kunsthalle Bremen: S. 297

Kunsthaus Zürich/Arthur Faust: S. 1116

Kurbetriebs GmbH Norddeich: S. 442

Grandhotel Giessbach: S. 1001; Badrutt Fotografie: S. 1000

Landesamt für Denkmalpflege und Archäologie Sachsen-Anhalt, Juraj Lipták: S. 712

Landeshauptstadt Kiel/Nadine Rathjen: S. 743

Landhotel Moorhof, Franking: S. 829

Laténium, Neuchâtel: S. 1060

Le Moissonoir Restaurant GmbH & Co. KG: S. 538

LEGOLAND Deutschland Resort: S. 134

Lübeck und Travemünde Tourist-Service GmbH (LTS)/K. E. Vögele: S. 753; Torsten Krüger: S. 748

Lucerne Festival/Georg Anderhub: S. 1052

Lukas Beck: S. 969

LVR-Archäologischer Park Xanten/Axel Thünker DGPh: S. 577

LVR-Industriemuseum/Jürgen Hoffmann: S. 504

LWL-Freilichtmuseum Detmold/Sandra Sanchez: S. 484

Maison Cailler La Chocolaterie Suisse, Broc: S. 1018

Märchenhotel Bellevue, Braunwald: S. 1026

Margarete Steiff GmbH: S. 32

Markthalle Neun, Berlin: S. 252

Martin Elsen, luftbild.fotograf.de: S. 740

mauritius images/Alamy: S. 324; Westend61: S. 367

mauritius images/CuboImages: S. 31

mauritius images/imageBROKER/bernhard Freisen: S. 274

mauritius images/Markus Keller: S. 65; Siepmann: S. 90, 98, 121; Walter Bibikow: S. 104

mauritius/Prisma Bildagentur AG Alamy: S. 1106; Raimund Kutter: S. 226; westend61: S. 167

Max Ernst Museum Brühl des LVR/Hans Theo Gerhards: S. 480

Medienstelle Street Parade: S. 1120

Meyer Werft GmbH, Papenburg: S. 448

Michael Aust: S. 203

Michael Sondermann/Stadt Bonn: S. 473, 476, 477

Michael Zechany: S. 814

Miniatur Wunderland GmbH, Hamburg: S. 321

Mirko Ernst: S. 665

Milo Zanecchia: S. 1084

MKM/A.L. Thomas, Duisburg: S. 500

Mozarthaus Vienna/David Peters: S. 954

MTK, Dagmar Schwelle: S. 40

Museum Aargau: S. 978, 979, 980

Museum Abteiberg, Mönchengladbach/Uwe Riedel: S. 549

Museum Brandhorst, München: S. 174

Museum der Deutschen Binnenschifffahrt, Duisburg: S. 501

Museum der Moderne Salzburg: S. 868

Museum Folkwang, Essen/Giorgio Pastore: S. 509
Museum für Naturkunde Chemnitz/Jürgen Gerhardt, Chemnitz: S. 647
Narzissenfestverein Bad Aussee: S. 882
Nationalpark Donau-Auen GmbH/Kovacs: S. 933
Neanderthal Museum, Mettmann: S. 548
Neue Pinakothek, München: S. 175
NicoleHeiling: S. 800
NOSHE Photography: S. 260
ÖFM Stübing: S. 892
Opernhaus Zürich AG/Andrin Fretz: S. 1119; Dominic Büttner: S. 1118
Ostbayern Tourismusmarketing GmbH/Guenther Dengler: S. 209
Ostfriesisches Teemuseum, Norden/Thomas Schreiber, Norde: S. 443
Otto-Lilienthal-Museum, Anklam/Wittig: S. 372
Outletcity Metzingen: S. 52
Ozeaneum, Stralsund/Margit Wild: S. 403
paläon GmbH: S. 449
Parkhotel Adler, Hinterzarten: S. 36
Peter Bachhuber, Rottach-Egern: S. 224
Phantasialand, Brühl: S. 481
Pinakothek der Moderne, München: S. 178
Pixelio: S. 487, 507, 513, 561, 1085; /Andreas Hermsdorf: S. 766; berggeist007: S. 1050; BTOIPS: S. 375; Dieter Schuetz: S. 335; Ernst Rose: S. 460; Hans Snoek: S. 458; Helmut J. Salzer: S. 188; Klaus-Peter Tuchscherer: S. 457; knipseline: S. 693; M. Grossmann: S. 387; R. K. by siepmannH: S. 622; WolfgangDirscherl: S. 155
Porsche AG: S. 73
Punctum/Alexander Schmidt: S. 681
Restaurant Bareiss, Baiersbronn: S. 20
Restaurant de l'Hôtel de Ville de Crissier: S. 1095
Restaurant Stucki, Basel: S. 990
Restaurant Wielandshöhe – Vincent Klink, Stuttgart: S. 74
RJM, Köln/Guido Schiefer: S. 537
Robert Bösch: S. 1005
Robert Kah/imagetrust: S. 612
Roland Schuller: S. 802
Rothenburg Tourismus Service/W. Pfitzinger: S. 212, 213
RTG/Schlutius: S. 578
Ruhrfestspiele Recklinghausen: S. 567
Ruhrmuseum, Essen: S. 510
Sabine Walczuch: S. 614
Salzburger Freilichtmuseum/Schweinöster: S. 848
Salzburger Marionettentheater: S. 873
Salzburger Museum Carolino Augusteum/Poschacher: S. 874
Salzwelten GmbH, Bad Dürrenberg: S. 850
Schloss Hugenpoet GmbH & Co. KG: S. 511
Schloss Waldeck Hotelbetriebs GmbH & Co. KG: S. 369
Schlosshotel Münchhausen, Aerzen: S. 413
Christina Schrott/Gmundner Keramik Manufaktur: S. 832
Sherlock Holmes Museum, Meiringen: S. 1013
Shutterstock/anyaivanova: S. 314; BildagenturZoonar GmbH: S. 675; canadastock: S. 242, 310, 325; Christian Draghici: S. 255; Grischa Georgiew: S. 269; karnizz: S. 241; pio3: S. 240; severinpomsel: S. 1110; Shanti Hesse: S. 264; Sina Ettmer Photography: S. 553; trabantos: S. 170; vasi2: S. 237
Sporer, Likör- & Punschmanufaktur: S. 877
Sprengel Museum Hannover: S. 430
St. Gallen-Bodensee Tourismus/Mattias Nutt: S. 1075
Staatliche Kunstsammlungen Dresden, Gemäldegalerie Alte Meister/David Brandt: S. 654; Estel, Klut: S. 652
Staatliche Porzellan-Manufaktur Meissen GmbH: S. 691
Städel Museum, Frankfurt/M.: S. 350
Stadt Bochum: S. 470, 471
Stadt Köln, Dezernat für Kunst und Kultur: S. 536
Stadt Lemgo: S. 543
Stadt Ludwigsburg: S. 43
Stadt Neustadt-Glewe: S. 388
Städtische Galerie im Lenbachhaus, München: S. 180
Stadtmarketing Freiberg GmbH/Ralf Menzel: S. 664
Stadtmarketing Mannheim GmbH/Daniel Lukac: S. 46, 47
Stadtverwaltung Bautzen: S. 643
Starlight Express GmbH/Best Pictures/Jens Hauer: S. 472
Steirereck GmbH, Wien: S. 958
Stift Klosterneuburg: S. 815
Stiftsbibliothek St. Gallen/Erwin Reiter (Deutschland): S. 1074
Stiftung für das Pferd, Les Breuleux: S. 1048
Stiftung Insel Hombroich/Tomas Riehle: S. 559
Stiftung Preußische Schlösser und Gärten Berlin-Brandenburg (SPSG)/Hans Bach: S. 262, 288; Leo Seidel: S. 287; M. Kaufhold: S. 289
Stiftung Rosengart/René Limacher: S. 1053
Stiftung Welterbe im Harz/H. J. Hörseljau: S. 433
Stiftung Zollverein/Jochen Tack: S. 514
Störtebeker-Festspiele GmbH, Ralswiek: S. 400
Stuttgart-Marketing GmbH: S. 71
Südsalz GmbH: S. 106
Swiss Science Center Technorama/Heiner Müller-Elsner: S. 1112, 1113
Switzerland Tourism/swiss-image.ch: S. 1091
Sylvio Dittrich: S. 688
Tanztheater Wuppertal Pina Bausch GmbH/Laurent Philippe: S. 575
Technik Museum Speyer: S. 620
Tempelhof Projekt GmbH, www.thf-berlin.de: S. 263
Tierpark und Tropenaquarium Hagenbeck: S. 328
Tobias Ranzinger: S. 169
Tourismus Salzburg GmbH: S. 859, 860, 861, 863, 867, 872
Tourismus-Zentrale St. Peter-Ording: S. 759
Tourismusverband Dahme-Seen e.V.: S. 268
Tourismusverband Hallein/BernhardM. Moser: S. 849
Tourist Information Kochel am See: S. 146
Tropical Islands: S. 277
TVB Innsbruck/Zimmermann: S. 904
TVB St. Anton am Arlberg/Josef Mallaun: S. 915
Übersee-Museum Bremen/Matthias Haase: S. 301
Udo Bernhart: S. 585
Udo Kefrig, Lotte Büren: S. 434
Universum® Bremen/Jannis Dirksen: S. 302

Urlaubsregion Hauenstein: S. 592
Valentin Weinhäupl, Salzburg: S. 870
Verein für Höhlenkunde Schellenberg e. V.: S. 107
Vereinigte Domstifter/M. Rutkowski: S. 718
Verkehrshaus, Luzern/PHOTOPRESS/Pius Koller: S. 1055
Verkehrshaus der Schweiz: S. 1054
VG Bild-Kunst, Bonn; laif/Haenel: S. 535
Victor's, Perl-Nennig/Thomas Ruhl: S. 633
Victoria-Jungfrau Collection: S. 1008
Villa Stuck, München: S. 183
VISTA POINT Verlag (Archiv), Rheinbreitbach: S. 49, 181, 190, 318, 431, 453, 523, 534, 576, 599, 825, 953, 961, 962, 1090
Vitra Design Museum, Weil am Rhein/Thomas Dix: S. 81
Volkmar Brockhaus, Eslohe: S. 420
Vulkanpark GmbH: S. 603
Waldhotel Sonnora, Dreis: S. 589
Wallraf-Richartz-Museum, Köln: S. 539
Weimar GmbH/Maik Schuck: S. 789
Wiener Staatsoper GmbH/Michael Pöhn: S. 957
Wikipedia/Albfino: S. 1036; Andrew Bossi/Griensteidl: S. 803; Chris 75: S. 716; Dennis Wubs: S. 447; Dickbauch~commonswiki: S. 125; Diego Delso: S. 151; Dr. Volkmar Rudolf: S. 223; Ekehnel: S. 937; EvaK: S. 349; GLSystem: S. 361; Grobe/AWI: S. 300; Hans Peter Schaefer: S. 478; Helmlechner: S. 136; Historiograf: S. 452; Hoger: S. 527; Jmulrich: S. 762; Johnny Chicago: S. 631; Libbi: S. 326; LoKiLeCh: S. 632; M. Trischler: S. 67; ManuElaZ: S. 143; Maramaracuja: S. 84; Marion Schneider & Christoph Aisleitner: S. 889; Mattana: S. 138; Michael Vogl: S. 208; Mseses: S. 14; Ralf Roletschek: S. 952; Roland Zumbuehl: S. 1104, Schiwago: S. 379; September9: S. 129, Snotty: S. 858; Stefan Lefnaer: S. 966; Stephan M. Höhne: S. 271; Taschenkrebs: S. 756; Thiele: S. 758; Times: S. 286; Trigonodon: S. 38; Werckmeister: S. 879; Wolfgang Sauber: S. 940; WWHenderson20: S. 1021; Zavijava2: S. 582
Wilhelm-Lehmbruck-Museum, Duisburg/Dejan Saric: S. 503
www.koelntourismus.de: S. 531, 533, 541
Yannick Andrea: S. 1045
Zentrum für Internationale Lichtkunst Unna/Frank Vinken: S. 571
Zentrum Paul Klee/Hans Schürmann: S. 993
Zoo Leipzig: S. 687
ZOOM Erlebniswelt, Gelsenkirchen: S. 517
Zürich Tourismus: S. 1059

CHECKLISTE

Wie gut kennen sie Ihre Heimat? Auf den folgenden Seiten haben wir alle 1000 Orte, die in Deutschland, Österreich und der Schweiz entdeckt werden wollen, noch einmal aufgelistet – als Checkliste zum Abhaken. Wie viele haben Sie schon gesehen? *Schluss mit Träumen – es geht los!*

DEUTSCHLAND

BADEN-WÜRTTEMBERG

☐ **Festung Hohenasperg**
Asperg, Baden-Württemberg

☐ **Bad Wimpfen**
Baden-Württemberg

☐ **Baden-Baden**
Baden-Württemberg

☐ **Festspielhaus Baden-Baden**
Baden-Württemberg

☐ **Die Galopprennbahn Baden-Baden · Iffezheim**
Baden-Baden, Baden-Württemberg

☐ **Restaurant Bareiss**
Baiersbronn, Baden-Württemberg

☐ **Schwarzwaldstube im Hotel Traube Tonbach**
Baiersbronn, Baden-Württemberg

Blick vom Freiburger Münsterturm auf den Münsterplatz (Baden-Württemberg).

☐ **Der Blautopf**
Blaubeuren, Baden-Württemberg

☐ **Marienschlucht am Überlinger See**
Bodman-Ludwigshafen, Baden-Württemberg

☐ **Schauinsland und Kaiserstuhl**
Breisgau, Baden-Württemberg

☐ **Schloss Bruchsal**
Bruchsal, Baden-Württemberg

☐ **Hermann-Hesse-Museum**
Calw, Baden-Württemberg

☐ **Schloss Staufenberg**
Durbach, Baden-Württemberg

☐ **Esslinger Altstadt**
Esslingen, Baden-Württemberg

☐ **Altstadt und Münsterplatz**
Freiburg im Breisgau, Baden-Württemberg

☐ **Freiburger Münster**
Freiburg im Breisgau, Baden-Württemberg

☐ **Zeppelinmuseum**
Friedrichshafen, Baden-Württemberg

☐ **Steiff Museum**
Giengen an der Brenz, Baden-Württemberg

☐ **Burg Hohenzollern**
Hechingen, Baden-Württemberg

☐ **Heidelberger Altstadt**
Heidelberg, Baden-Württemberg

☐ **Heidelberger Schloss**
Heidelberg, Baden-Württemberg

☐ **Parkhotel Adler**
Hinterzarten, Baden-Württemberg

☐ **Hohentwiel**
Baden-Württemberg

☐ **Urweltmuseum Hauff**
Holzmaden, Baden-Württemberg

☐ **Fächerstadt Karlsruhe und das Schloss**
Karlsruhe, Baden-Württemberg

☐ **Konstanz**
Baden-Württemberg

☐ **Schloss Lichtenstein**
Lichtenstein, Baden-Württemberg

☐ **Jagd- und Lustschloss Favorite**
Ludwigsburg, Baden-Württemberg

☐ **Residenzschloss Ludwigsburg**
Ludwigsburg, Baden-Württemberg

☐ **Seeschloss Monrepos**
Ludwigsburg, Baden-Württemberg

☐ **Insel Mainau**
Mainau, Baden-Württemberg

☐ **Mannheim**
Baden-Württemberg

☐ **Luisenpark**
Mannheim, Baden-Württemberg

☐ **Deutsches Literaturarchiv Marbach**
Marbach am Neckar, Baden-Württemberg

☐ **Klosterstadt Maulbronn**
Maulbronn, Baden-Württemberg

☐ **Das Neue Schloss und der Bodenseewein**
Meersburg am Bodensee, Baden-Württemberg

☐ **Unterstadt von Meersburg**
Meersburg am Bodensee, Baden-Württemberg

☐ **Outletcity Metzingen**
Metzingen, Baden-Württemberg

☐ **Schmuckmuseum Pforzheim**
Pforzheim, Baden-Württemberg

☐ **Mittelalterliches Ravensburg**
Ravensburg, Baden-Württemberg

☐ **Klosterinsel Reichenau**
Reichenau, Baden-Württemberg

☐ **Rottweiler Narrensprung**
Rottweil, Baden-Württemberg

☐ **Europa-Park Rust**
Rust bei Freiburg, Baden-Württemberg

☐ **Kloster St. Peter auf dem Schwarzwald**
Sankt Peter, Baden-Württemberg

☐ **Schwäbische Alb**
Baden-Württemberg

Das Karlsruher Schloss (Baden-Württemberg).

☐ **Schwarzwald**
Baden-Württemberg

☐ **Feldberg, Titisee, Wutachschlucht und Schwarzwaldbahn**
Schwarzwald, Baden-Württemberg

☐ **Schwarzwaldhochstrasse**
Schwarzwald, Baden-Württemberg

☐ **Schloss Schwetzingen**
Schwetzingen, Baden-Württemberg

☐ **Schloss Sigmaringen**
Sigmaringen, Baden-Württemberg

☐ **Nebelhöhle**
Sonnenbühl, Baden-Württemberg

☐ **Stuttgart**
Baden-Württemberg

☐ **Cannstatter Wasen**
Stuttgart, Baden-Württemberg

☐ **Mercedes-Benz Museum**
Stuttgart, Baden-Württemberg

☐ **Neue Staatsgalerie Stuttgart**
Stuttgart, Baden-Württemberg

☐ **Neues Schloss und Schlossplatz**
Stuttgart, Baden-Württemberg

☐ **Porsche Museum**
Stuttgart, Baden-Württemberg

Auf einem Hügel an der Ostseite des Ammersees: Kloster Andechs (Bayern).

- ☐ **Restaurant Wielandshöhe**
  Stuttgart, Baden-Württemberg
- ☐ **Weissenhofsiedlung und Weissenhofmuseum**
  Stuttgart, Baden-Württemberg
- ☐ **Wilhelma**
  Stuttgart, Baden-Württemberg
- ☐ **Tübingen**
  Baden-Württemberg
- ☐ **Wallfahrtskirche St. Maria von Birnau**
  Uhldingen-Mühlhofen, Baden-Württemberg
- ☐ **Ulmer Münster**
  Ulm, Baden-Württemberg
- ☐ **Pfahlbaumuseum Unteruhldingen**
  Unteruhldingen, Baden-Würrtemberg
- ☐ **Vitra Design Museum**
  Weil am Rhein, Baden-Württemberg
- ☐ **Basilika St. Martin**
  Weingarten, Baden-Württemberg
- ☐ **Natur- und Vogelschutz im Wollmatinger Ried**
  Wollmatinger Ried, Baden-Württemberg
- ☐ **Wald- & Schlosshotel Friedrichs-ruhe**
  Zweiflingen, Baden-Württemberg

BAYERN

- ☐ **Altmühltal**
  Bayern
- ☐ **Die Gnadenkapelle**
  Altötting, Bayern
- ☐ **Benediktinerabtei Amorbach**
  Amorbach, Bayern
- ☐ **Kloster Andechs**
  Andechs, Bayern
- ☐ **Rokokofestspiele**
  Ansbach, Bayern
- ☐ **Schloss Johannisburg**
  Aschaffenburg, Bayern
- ☐ **Altstadt von Augsburg**
  Augsburg, Bayern
- ☐ **Augsburger Puppenkiste**
  Augsburg, Bayern
- ☐ **Bad Reichenhall** Bayern
- ☐ **Wallfahrtskirche Vierzehnheiligen**
  Bad Staffelstein, Bayern
- ☐ **Tölzer Leonhardifahrt**
  Bad Tölz, Bayern
- ☐ **Bad Wörishofen**
  Bad Wörishofen, Bayern
- ☐ **Bamberger Altstadt**
  Bamberg, Bayern
- ☐ **Bamberger Dom**
  Bamberg, Bayern
- ☐ **Bayreuther Festspiele**
  Bayreuth, Bayern
- ☐ **Kloster Benediktbeuern**
  Benediktbeuern, Bayern
- ☐ **Haus der Berge, Nationalpark Berchtesgarden**
  Berchtesgarden, Bayern
- ☐ **Obersalzberg und Kehlsteinhaus**
  Berchtesgaden, Bayern
- ☐ **Salzbergwerk Berchtesgaden**
  Berchtesgaden, Bayern
- ☐ **Schellenberger Eishöhle**
  Berchtesgaden, Bayern
- ☐ **Berchtesgadener Land**
  Bayern
- ☐ **Buchheim Museum der Phantasie**
  Bernried, Bayern
- ☐ **Bocksbeutelstrasse**
  Bayern

- ☐ **BURG BURGHAUSEN**
  Burghausen, Bayern
- ☐ **JAZZWOCHE BURGHAUSEN**
  Burghausen, Bayern
- ☐ **PLÄTTENFAHRT MIT DEM FLOSS AUF DER SALZACH**
  Burghausen, Bayern
- ☐ **CHIEMSEE** Bayern
- ☐ **VESTE COBURG**
  Coburg, Bayern
- ☐ **DEUTSCHE ALPENSTRASSE**
  Bayern
- ☐ **MÜNSTER ST. GEORG**
  Dinkelsbühl, Bayern
- ☐ **WALHALLA**
  Donaustauf, Bayern
- ☐ **ERLANGER BERGKIRCHWEIH**
  Erlangen, Bayern
- ☐ **MARKGRÄFLICHES SCHLOSS ERLANGEN**
  Erlangen, Bayern
- ☐ **BENEDIKTINERABTEI ETTAL**
  Ettal, Bayern
- ☐ **SCHLOSS LINDERHOF**
  Ettal, Bayern
- ☐ **LUISENBURG**
  Fichtelgebirge , Bayern
- ☐ **KLOSTER WALDSASSEN**
  Fichtelgebirge, Bayern
- ☐ **BAYERISCHE STAATSBRAUEREI WEIHENSTEPHAN**
  Freising, Bayern
- ☐ **STARNBERGER-, AMMER-, PILSEN-, WÖRTH- UND WESSLINGERSEE**
  Fünf-Seen-Land, Bayern
- ☐ **FÜRTHER ALTSTADT**
  Fürth, Bayern
- ☐ **ALTSTADT UND HOHES SCHLOSS IN FÜSSEN**
  Füssen, Bayern
- ☐ **GROSSE OLYMPIASCHANZE UND VIERSCHANZENTOURNEE**
  Garmisch-Partenkirchen, Bayern
- ☐ **ZUGSPITZE**
  Garmisch-Partenkirchen, Bayern
- ☐ **HÖLLENTALKLAMM UND PARTNACHKLAMM**
  Grainau und Garmisch-Partenkirchen, Bayern
- ☐ **LEGOLAND DEUTSCHLAND**
  Günzburg, Bayern
- ☐ **DIE HALLERTAU**
  Bayern
- ☐ **ERLEBNISWELT MONTE KAOLINO**
  Hirschau, Bayern
- ☐ **WALLFAHRTSKIRCHE MARIÄ HIMMELFAHRT**
  Hohenpeißenberg, Bayern
- ☐ **ASAMKIRCHE MARIA DE VICTORIA**
  Ingolstadt, Bayern
- ☐ **AUDI-FORUM**
  Ingolstadt, Bayern
- ☐ **MUSEUM FÜR KONKRETE KUNST**
  Ingolstadt, Bayern
- ☐ **ALTSTADT VON KAUFBEUREN**
  Kaufbeuren, Bayern
- ☐ **BENEDIKTINERABTEI WELTENBURG**
  Kelheim an der Donau, Bayern
- ☐ **FÜRSTÄBTLICHE RESIDENZ**
  Kempten, Bayern
- ☐ **WALCHENSEEKRAFTWERK UND KESSELBERGSTRASSE**
  Kochel am See, Bayern
- ☐ **KOCHELSEE**
  Bayern
- ☐ **KULMBACHER ALTSTADT UND DIE PLASSENBURG**
  Kulmbach, Bayern
- ☐ **ALTSTADT VON LANDSBERG AM LECH**
  Landsberg am Lech, Bayern
- ☐ **LANDSHUTER HOCHZEIT**
  Landshut, Bayern

Majestätisch thront das Hohe Schloss über Füssens Altstadt (Bayern).

- ☐ **Stadtresidenz Landshut**
  Landshut, Bayern
- ☐ **Lindau – Inselstadt im Bodensee**
  Lindau am Bodensee, Bayern
- ☐ **Schloss Mespelbrunn**
  Mespelbrunn, Bayern
- ☐ **Historische Altstadt von Miltenberg**
  Miltenberg, Bayern
- ☐ **Karwendelbahn**
  Mittenwald, Bayern
- ☐ **München**
  Bayern
- ☐ **Allianz Arena**
  München, Bayern
- ☐ **Alte Pinakothek**
  München, Bayern
- ☐ **Asamkirche St. Johann Nepomuk**
  München, Bayern
- ☐ **Bavaria Filmstadt**
  München, Bayern
- ☐ **BMW Museum**
  München, Bayern
- ☐ **Christkindlmarkt**
  München, Bayern
- ☐ **Cuvilliés-Theater (Altes Residenz-theater)**
  München, Bayern
- ☐ **Deutsches Museum**
  München, Bayern
- ☐ **Englischer Garten**
  München, Bayern
- ☐ **Hofbräuhaus**
  München, Bayern
- ☐ **Hotel Bayerischer Hof**
  München, Bayern

Überbordendes Dekor: das Cuvilliés-Theater in der Münchner Residenz (Bayern).

- ☐ **Müller'sches Volksbad**
  München, Bayern
- ☐ **Münchner Biergärten**
  München, Bayern
- ☐ **Museum Brandhorst**
  München, Bayern
- ☐ **Neue Pinakothek**
  München, Bayern
- ☐ **Neue Synagoge**
  München, Bayern
- ☐ **Oktoberfest**
  München, Bayern
- ☐ **Pinakothek der Moderne**
  München, Bayern
- ☐ **Schloss Nymphenburg**
  München, Bayern
- ☐ **Städtische Galerie im Lenbachhaus**
  München, Bayern
- ☐ **Valentin-Karlstadt-Musäum**
  München, Bayern
- ☐ **Viktualienmarkt**
  München, Bayern
- ☐ **Villa Stuck**
  München, Bayern
- ☐ **Murnau am Staffelsee**
  Bayern
- ☐ **Nationalpark Bayerischer Wald**
  Bayern
- ☐ **Nationalpark Berchtesgaden**
  Bayern
- ☐ **Naturpark Spessart**
  Bayern
- ☐ **Nördlinger Altstadt und St. Georg**
  Nördlingen im Ries, Bayern
- ☐ **Nürnberg**
  Bayern
- ☐ **Albrecht-Dürer-Haus**
  Nürnberg, Bayern
- ☐ **Christkindlesmarkt**
  Nürnberg, Bayern
- ☐ **Frauenkirche und Schöner Brunnen**
  Nürnberg, Bayern

☐ **Germanisches Nationalmuseum**
Nürnberg, Bayern

☐ **Kaiserburg Nürnberg**
Nürnberg, Bayern

☐ **Nürnberger Altstadt**
Nürnberg, Bayern

☐ **Passionsspiele in Oberammergau**
Oberammergau, Bayern

☐ **Schloss Schleissheim**
Oberschleißheim, Bayern

☐ **Breitachklamm**
Oberstdorf, Bayern

☐ **Nebelhorn und Schattenbergschanze**
Oberstdorf, Bayern

☐ **Benediktinerabtei in Ottobeuren**
Ottobeuren, Bayern

☐ **Altstadt von Passau**
Passau, Bayern

☐ **Schloss Weissenstein**
Pommersfelden, Bayern

☐ **Nationalparkgemeinde Ramsau**
Ramsau, Bayern

☐ **Regensburg** Bayern

☐ **Donau-Schiffahrts-Museum Regensburg**
Regensburg, Bayern

☐ **Regensburger Domspatzen**
Regensburg, Bayern

☐ **Rinchnacher Wolfauslassen**
Rinchnach, Bayern

☐ **Die Romantische Strasse von Würzburg nach Füssen**
Bayern

☐ **Käthe Wohlfahrt Weihnachtsdorf**
Rothenburg ob der Tauber, Bayern

☐ **Mittelalterliche Altstadt und Stadtmauer**
Rothenburg ob der Tauber, Bayern

☐ **Ehemalige Augustinerchorherrenkirche Rottenbuch**
Rottenbuch, Bayern

☐ **Landschaft und Freizeit im Rupertiwinkel**
Rupertiwinkel, Bayern

Almsommer im Rupertiwinkel (Bayern).

☐ **Schliersee und Wendelsteinbahn**
Schliersee, Bayern

☐ **Schloss Hohenschwangau**
Schwangau, Bayern

☐ **Schloss Neuschwanstein und eine Kutschfahrt in Bayern**
Schwangau, Bayern

☐ **Wallfahrtskirche St. Coloman und der Colomansritt**
Schwangau, Bayern

☐ **Solnhofener Plattenkalk**
Solnhofen, Bayern

☐ **Wieskirche**
Steingaden, Bayern

☐ **Auf den Spuren von Tilman Riemenschneider**
Taubertal, Bayern

☐ **Tegernsee**
Tegernsee, Bayern

☐ **Altstadtensemble von Wasserburg am Inn**
Wasserburg am Inn, Bayern

☐ **Altstadt von Weilheim**
Weilheim, Bayern

☐ **Kloster Wessobrunn**
Wessobrunn, Bayern

☐ **Festung Marienberg und das Mainfränkische Museum**
Würzburg, Bayern

☐ **Fürstbischöfliche Residenz Würzburg**
Würzburg, Bayern

☐ **Glasstrasse und Glasstadt Zwiesel**
Zwiesel, Bayern

Das Parlaments- und Regierungsviertel mit der nächtlich illuminierten Reichstagskuppel (Berlin).

BERLIN

- ☐ **Berlin**
- ☐ **Band des Bundes**
  Berlin
- ☐ **Berliner Dom**
  Berlin
- ☐ **Berliner Philharmoniker**
  Berlin
- ☐ **Brandenburger Tor und Unter den Linden**
  Berlin
- ☐ **Checkpoint Charlie**
  Berlin
- ☐ **Deutsches Technikmuseum**
  Berlin
- ☐ **East Side Gallery**
  Berlin
- ☐ **Fernsehturm**
  Berlin
- ☐ **Gärten der Welt in Berlin-Marzahn**
  Berlin
- ☐ **Gedenkstätte Berliner Mauer**
  Berlin
- ☐ **Gendarmenmarkt**
  Berlin
- ☐ **Hackesche Höfe**
  Berlin
- ☐ **Holocaust-Mahnmal**
  Berlin
- ☐ **Hotel Adlon Kempinski Berlin**
  Berlin
- ☐ **Jüdisches Museum Berlin**
  Berlin
- ☐ **KaDeWe – Kaufhaus des Westens**
  Berlin
- ☐ **Kaiser-Wilhelm-Gedächtniskirche und Ku'Damm**
  Berlin
- ☐ **Markthalle Neun**
  Berlin
- ☐ **Museumsinsel**
  Berlin
- ☐ **Pfaueninsel**
  Berlin
- ☐ **Potsdamer Platz**
  Berlin
- ☐ **Reichstag**
  Berlin
- ☐ **Rotes Rathaus und Nikolaiviertel**
  Berlin
- ☐ **Sammlung Boros**
  Berlin
- ☐ **Schloss Charlottenburg**
  Berlin
- ☐ **Schloss Glienicke und Park**
  Berlin
- ☐ **Tempelhofer Feld**
  Berlin
- ☐ **Teufelsberg**
  Berlin
- ☐ **Wohnsiedlungen der Moderne**
  Berlin

BRANDENBURG

- ☐ **Beelitz-Heilstätten und Baumkronenpfad »Baum & Zeit«**
  Beelitz, Brandenburg
- ☐ **Brandenburg an der Havel**
  Brandenburg
- ☐ **Caputh**
  Brandenburg
- ☐ **Zisterzienserkloster Chorin**
  Chorin, Brandenburg
- ☐ **Cottbus und Niederlausitz**
  Brandenburg

☐ **Galopprennbahn Hoppegarten**
Dahlwitz, Brandenburg

☐ **Havelseen**
Brandenburg

☐ **Kloster Lehnin**
Kloster Lehnin, Brandenburg

☐ **Tropical Island**
Krausnick, Brandenburg

☐ **Besucherbergwerk F60**
Lichterfeld-Schacksdorf, Brandenburg

☐ **Schiffshebewerk Niederfinow**
Niederfinow, Brandenburg

☐ **Potsdam**
Brandenburg

☐ **Filmpark und Studio Babelsberg**
Potsdam, Brandenburg

☐ **Glienicker Brücke**
Potsdam, Brandenburg

☐ **Holländisches Viertel**
Potsdam, Brandenburg

☐ **Kolonie Alexandrowka**
Potsdam, Brandenburg

☐ **Museum Barberini**
Potsdam, Brandenburg

☐ **Schloss und Park Babelsberg**
Potsdam, Brandenburg

☐ **Schloss Cecilienhof und Neuer Garten**
Potsdam, Brandenburg

☐ **Schloss und Park Sanssouci**
Potsdam, Brandenburg

☐ **Rheinsberg**
Rheinsberg, Brandenburg

☐ **Spreewälder Bootsfahrt mit Gurken**
Spreewald, Brandenburg

☐ **El Dorado & Naturtherme**
Templin, Brandenburg

BREMEN

☐ **Bremen**

☐ **Böttcherstrasse** Bremen

☐ **Kunsthalle Bremen**
Bremen

☐ **Rhododendron-Park und Botanika**
Bremen

☐ **Roland, Rathaus und die Bremer Stadtmusikanten**
Bremen

☐ **Schulschiff Deutschland**
Bremen

☐ **Übersee-Museum**
Bremen

☐ **Universum Bremen**
Bremen

☐ **Deutsches Auswandererhaus**
Bremerhaven, Bremen

☐ **Deutsches Schifffahrtsmuseum**
Bremerhaven, Bremen

☐ **Klimahaus Bremerhaven 8° Ost**
Bremerhaven, Bremen

HAMBURG

☐ **Altes Land**
Hamburg

☐ **Hamburg**

☐ **Aussenalster und Binnenalster**
Hamburg

☐ **Blankensee**
Hamburg

☐ **Bucerius Kunst Forum**
Hamburg

☐ **Elbphilharmonie**
Hamburg

☐ **Elbtunnel**
Hamburg

☐ **Fairmont Hotel vier Jahreszeiten**
Hamburg

☐ **Hamburger Hafen**
Hamburg

Hausboote auf der Dahme (Brandenburg).

- ☐ **Hamburger Kunsthalle** Hamburg
- ☐ **Hamburger Michel** Hamburg
- ☐ **Hamburgische Staatsoper und Ballett** Hamburg
- ☐ **Miniatur Wunderland** Hamburg
- ☐ **Landungsbrücken und Museumsschiff »Rickmer Rickmers«** Hamburg
- ☐ **Rathaus und Rathausmarkt** Hamburg
- ☐ **Reeperbahn** Hamburg
- ☐ **Speicherstadt** Hamburg
- ☐ **St.-Pauli-Fischmarkt** Hamburg
- ☐ **Thalia Theater** Hamburg
- ☐ **Tierpark Hagenbeck** Hamburg

HESSEN

- ☐ **Altstadt von Alsfeld** Alsfeld, Hessen
- ☐ **Bad Homburg vor der Höhe** Hessen

Eine Statue Kaiser Augustus' begrüßt die Besucher des ehemaligen römischen Militärlagers am Limes bei Bad Homburg vor der Höhe (Hessen).

- ☐ **Römerkastell Saalburg** Bad Homburg vor der Höhe, Hessen
- ☐ **Bad Karlshafen** Hessen
- ☐ **Die Bergstrasse von Darmstadt bis Wiesloch** Hessen und Baden-Württemberg
- ☐ **Mathildenhöhe** Darmstadt, Hessen
- ☐ **Deutsche Märchenstrasse** Hessen
- ☐ **Ehemaliges Zisterzienserkloster Eberbach** Eltville im Rheingau, Hessen
- ☐ **Frankfurt am Main** Hessen
- ☐ **Deutsches Architekturmuseum** Frankfurt am Main, Hessen
- ☐ **Frankfurter Buchmesse** Frankfurt am Main, Hessen
- ☐ **Frankfurter Goethe-Haus und Goethe-Museum** Frankfurt am Main, Hessen
- ☐ **Palmengarten Frankfurt** Frankfurt am Main, Hessen
- ☐ **Paulskirche** Frankfurt am Main, Hessen
- ☐ **Römer** Frankfurt am Main, Hessen
- ☐ **Sachsenhausen** Frankfurt am Main, Hessen
- ☐ **Schirn Kunsthalle Frankfurt** Frankfurt am Main, Hessen
- ☐ **Senckenberg Naturmuseum** Frankfurt am Main, Hessen
- ☐ **Städel Museum** Frankfurt am Main, Hessen
- ☐ **Michaelskirche** Fulda, Hessen
- ☐ **Stadtschloss Fulda** Fulda, Hessen
- ☐ **Kühkopf-Knoblochsaue** Groß-Gerau, Hessen
- ☐ **Bergpark Wilhelmshöhe** Kassel, Hessen

☐ **Documenta**
Kassel, Hessen

☐ **Grimmwelt Kassel**
Kassel, Hessen

☐ **Kloster Arnsburg**
Lich, Hessen

☐ **Limburger Dom**
Limburg an der Lahn, Hessen

☐ **Kloster Lorsch und Altenmünster**
Lorsch, Hessen

☐ **Altstadt von Marburg**
Marburg, Hessen

☐ **Hessisches Staatsarchiv Marburg**
Marburg, Hessen

☐ **Marburger Landgrafenschloss**
Marburg, Hessen

☐ **Grube Messel**
Messel, Hessen

☐ **Altstadt von Michelstadt**
Michelstadt, Hessen

☐ **Urwald-Riesen im Reinhardswald**
Reinhardswald, Hessen

☐ **Rheingau**
Hessen

☐ **Drosselgasse und Weinberge**
Rüdesheim am Rhein, Hessen

☐ **Niederwalddenkmal bei Rüdesheim**
Rüdesheim am Rhein, Hessen

☐ **Schloss Waldeck**
Waldeck, Hessen

☐ **Kasino Wiesbaden**
Wiesbaden, Hessen

MECKLENBURG-VORPOMMERN

☐ **Otto-Lilienthal-Museum**
Anklam, Mecklenburg-Vorpommern

☐ **Bad Doberan**
Mecklenburg-Vorpommern

☐ **Grand Hotel Heiligendamm**
Bad Doberan, Mecklenburg-Vorpommern

☐ **Burg Stargard**
Burg Stargard, Mecklenburg-Vorpommern

☐ **Hans-Fallada-Museum**
Carwitz, Mecklenburg-Vorpommern

Greifswald besitzt einen der schönsten Marktplätze Norddeutschlands (Mecklenburg-Vorpommern).

☐ **Fischland-Darss-Zingst**
Mecklenburg-Vorpommern

☐ **Greifswald**
Mecklenburg-Vorpommern

☐ **Ernst Barlach Stiftung**
Güstrow, Mecklenburg-Vorpommern

☐ **Schloss Güstrow**
Güstrow, Mecklenburg-Vorpommern

☐ **Insel Hiddensee**
Hiddensee, Mecklenburg-Vorpommern

☐ **Ostseebad Kühlungsborn**
Kühlungsborn, Mecklenburg-Vorpommern

☐ **Schloss Bothmer**
Klütz, Mecklenburg-Vorpommern

☐ **Schloss Ludwigslust**
Ludwigslust, Mecklenburg-Vorpommern

☐ **Mecklenburgischer Seen-Radweg**
Mecklenburg-Vorpommern

☐ **Nationalpark Müritz**
Mecklenburg-Vorpommern

☐ **Stadtmauer und vier Tore von Neubrandenburg**
Neubrandenburg, Mecklenburg-Vorpommern

☐ **Burg Neustadt-Glewe**
Neustadt-Glewe, Mecklenburg-Vorpommern

☐ **Insel Poel**
Insel Poel, Mecklenburg-Vorpommern

☐ **Freilichtmuseum Klockenhagen**
Ribnitz-Damgarten,
Mecklenburg-Vorpommern

☐ **Altstadt von Rostock**
Rostock, Mecklenburg-Vorpommern

Das gotische Altstadtrathaus in Braunschweig (Niedersachsen).

- ☐ **Seebad Warnemünde**
  Rostock, Mecklenburg-Vorpommern
- ☐ **Rügen**
  Mecklenburg-Vorpommern
- ☐ **Deutsche Alleenstrasse**
  Rügen, Mecklenburg-Vorpommern
- ☐ **Fahrt mit dem Rasenden Roland zum Jagdschloss Granitz**
  Rügen, Mecklenburg-Vorpommern
- ☐ **Kap Arkona**
  Rügen, Mecklenburg-Vorpommern
- ☐ **Nationalpark Jasmund und seine Buchenwälder**
  Rügen, Mecklenburg-Vorpommern
- ☐ **Naturerbe Zentrum Rügen**
  Rügen, Mecklenburg-Vorpommern
- ☐ **Putbus und Lauterbach**
  Rügen, Mecklenburg-Vorpommern
- ☐ **Störtebeker Festspiele**
  Rügen, Mecklenburg-Vorpommern
- ☐ **Schloss Schwerin**
  Schwerin, Mecklenburg-Vorpommern
- ☐ **Stralsunds Historische Altstadt**
  Stralsund, Mecklenburg-Vorpommern
- ☐ **Ozeaneum**
  Stralsund, Mecklenburg-Vorpommern
- ☐ **Usedom**
  Mecklenburg-Vorpommern
- ☐ **Historisch-Technisches Museum**
  Usedom, Mecklenburg-Vorpommern
- ☐ **Kaiserbäder und Strandpromenade**
  Usedom, Mecklenburg-Vorpommern
- ☐ **Seebrücke Ahlbeck**
  Usedom, Mecklenburg-Vorpommern
- ☐ **Altstadt von Wismar**
  Wismar, Mecklenburg-Vorpommern

NIEDERSACHSEN

- ☐ **Fagus-Werk**
  Alfeld, Niedersachsen
- ☐ **Schlosshotel Münchhausen**
  Aerzen, Niedersachsen
- ☐ **Altstadtrathaus**
  Braunschweig, Niedersachsen
- ☐ **Braunschweiger Dom**
  Braunschweig, Niedersachsen
- ☐ **Braunschweiger Schloss und Happy Rizzi House**
  Braunschweig, Niedersachsen
- ☐ **Altstadt von Celle**
  Celle, Niedersachsen
- ☐ **Hafen von Cuxhaven**
  Cuxhaven, Niedersachsen
- ☐ **Altstadt von Duderstadt**
  Duderstadt, Niedersachsen
- ☐ **Dat Otto Huus**
  Emden, Niedersachsen
- ☐ **Mühlen im Emsland**
  Emsland, Niedersachsen
- ☐ **Bismarckturm**
  Göttingen, Niedersachsen
- ☐ **Altstadt von Goslar**
  Goslar, Niedersachsen
- ☐ **Erzbergwerk Rammelsberg**
  Goslar, Niedersachsen
- ☐ **Kaiserpfalz in Goslar**
  Goslar, Niedersachsen
- ☐ **Altstadt von Hameln**
  Hameln, Niedersachsen
- ☐ **Erlebnis-Zoo**
  Hannover, Niedersachsen
- ☐ **Sprengel Museum Hannover**
  Hannover, Niedersachsen
- ☐ **Wilhelm-Busch-Museum und Herrenhäuser Gärten**
  Hannover, Niedersachsen

☐ **Altstadt von Hannoversch Münden**
Hannoversch Münden, Niedersachsen

☐ **Oberharzer Wasserwirtschaft**
Harz, Niedersachsen

☐ **Tauchbasis Kreidesee**
Hemmoor, Niedersachsen

☐ **Altstadt von Hildesheim**
Hildesheim, Niedersachsen

☐ **Hildesheimer Dom**
Hildesheim, Niedersachsen

☐ **St. Michael**
Hildesheim, Niedersachsen

☐ **Serengeti-Park**
Hodenhagen, Niedersachsen

☐ **Kaiserdom von Königslutter**
Königslutter am Elm, Niedersachsen

☐ **Altstadt von Lüneburg**
Lüneburg, Niedersachsen

☐ **Lüneburger Heide**
Niedersachsen

☐ **Seehundstation und Nationalpark-Haus**
Norden-Norddeich, Niedersachsen

☐ **Ostfriesisches Teemuseum**
Norden, Niedersachsen

☐ **Altstadt von Oldenburg**
Oldenburg, Niedersachsen

☐ **Altstadt von Osnabrück**
Osnabrück, Niedersachsen

☐ **Ostfriesische Inseln**
Ostfriesland, Niedersachsen

☐ **Orgellandschaft Ostfriesland**
Ostfriesland, Niedersachsen

☐ **Meyer Werft**
Papenburg, Niedersachsen

☐ **Forschungsmuseum Schöningen**
Schöningen, Niedersachsen

☐ **Steinhuder Meer**
Niedersachsen

☐ **Teutoburger Wald und das Hermannsdenkmal**
Niedersachsen und Nordrhein-Westfalen

☐ **Kloster Wienhausen**
Wienhausen, Niedersachsen

☐ **Herzog August Bibliothek**
Wolfenbüttel, Niedersachsen

☐ **Autostadt in Wolfsburg**
Wolfsburg, Niedersachsen

☐ **Hotel Ritz-Carlton mit Restaurant Aqua**
Wolfsburg, Niedersachsen

☐ **Phaeno – Die Welt der Phänomene**
Wolfsburg, Niedersachsen

☐ **Worpswede**
Niedersachsen

☐ **Teufelsmoor**
Worpswede, Niedersachsen

NORDRHEIN-WESTFALEN

☐ **Aachener Dom**
Aachen, Nordrhein-Westfalen

☐ **Aachener Rathaus und Altstadt**
Aachen, Nordrhein-Westfalen

☐ **CHIO Aachen**
Aachen, Nordrhein-Westfalen

☐ **Schloss Ahaus**
Ahaus, Nordrhein-Westfalen

☐ **Atta-Höhle**
Attendorn, Nordrhein-Westfalen

☐ **Radioteleskop Effelsberg**
Bad Münstereifel, Nordrhein-Westfalen

☐ **Museum Schloss Moyland**
Bedburg-Hau, Nordrhein-Westfalen

Das Phaeno Science Center, entworfen von der britischen Architektin irakischer Abstammung Zaha Hadid, in Wolfsburg (Niedersachesen).

- ☐ **Althoff Grandhotel Schloss Bensberg**
  Bergisch Gladbach, Nordrhein-Westfalen
- ☐ **Deutsches Bergbau-Museum**
  Bochum, Nordrhein-Westfalen
- ☐ **Eisenbahnmuseum Bochum-Dahlhausen**
  Bochum, Nordrhein-Westfalen
- ☐ **Starlight Express**
  Bochum, Nordrhein-Westfalen
- ☐ **August Macke Haus**
  Bonn, Nordrhein-Westfalen
- ☐ **Beethoven-Haus**
  Bonn, Nordrhein-Westfalen
- ☐ **Bonner Münster und Altes Rathaus**
  Bonn, Nordrhein-Westfalen
- ☐ **Doppelkirche St. Maria und St. Clemens**
  Bonn, Nordrhein-Westfalen
- ☐ **Museumsmeile**
  Bonn, Nordrhein-Westfalen
- ☐ **Josef Albers Museum Quadrat Bottrop**
  Bottrop, Nordrhein-Westfalen
- ☐ **Movie Park Germany**
  Bottrop, Nordrhein-Westfalen
- ☐ **Max Ernst Museum**
  Brühl, Nordrhein-Westfalen
- ☐ **Phantasialand**
  Brühl, Nordrhein-Westfalen
- ☐ **Schlösser Augustusburg und Falkenlust**
  Brühl, Nordrhein-Westfalen

Die Gehry-Zeile im Medienhafen in Düsseldorf (Nordrhein-Westfalen).

- ☐ **Wewelsburg**
  Büren, Nordrhein-Westfalen
- ☐ **LWL-Freilichtmuseum Detmold**
  Detmold, Nordrhein-Westfalen
- ☐ **Kloster Knechtsteden**
  Dormagen, Nordrhein-Westfalen
- ☐ **Zollfeste Zons**
  Dormagen, Nordrhein-Westfalen
- ☐ **Schloss Lembeck**
  Dorsten, Nordrhein-Westfalen
- ☐ **Deutsches Fussballmuseum**
  Dortmund, Nordrhein-Westfalen
- ☐ **Zeche Zollern**
  Dortmund, Nordrhein-Westfalen
- ☐ **Düsseldorf**
  Nordrhein-Westfalen
- ☐ **Düsseldorfer Altstadt**
  Düsseldorf, Nordrhein-Westfalen
- ☐ **Düsseldorfer Kirmes**
  Düsseldorf, Nordrhein-Westfalen
- ☐ **Japan-Tag**
  Düsseldorf, Nordrhein-Westfalen
- ☐ **Kaiserpfalzruine**
  Düsseldorf, Nordrhein-Westfalen
- ☐ **Königsallee**
  Düsseldorf, Nordrhein-Westfalen
- ☐ **Kunstsammlung Nordrhein-Westfalen**
  Düsseldorf, Nordrhein-Westfalen
- ☐ **Medienhafen**
  Düsseldorf, Nordrhein-Westfalen
- ☐ **Schloss und Park Benrath**
  Düsseldorf, Nordrhein-Westfalen
- ☐ **Landschaftspark Duisburg-Nord**
  Duisburg, Nordrhein-Westfalen
- ☐ **MKM – Museum Küppersmühle**
  Duisburg, Nordrhein-Westfalen
- ☐ **Museum der Deutschen Binnenschiff-fahrt**
  Duisburg, Nordrhein-Westfalen
- ☐ **Tiger and Turtle – Magic Mountain**
  Duisburg, Nordrhein-Westfalen
- ☐ **Wilhelm Lehmbruck Museum**
  Duisburg, Nordrhein-Westfalen
- ☐ **Rheinisches Industriemuseum**
  Engelskirchen, Nordrhein-Westfalen

☐ **ABTEIKIRCHE ST. LUDGERUS**
Essen, Nordrhein-Westfalen

☐ **BALDENEYSEE**
Essen, Nordrhein-Westfalen

☐ **ESSENER DOM UND DIE GOLDENE MADONNA**
Essen, Nordrhein-Westfalen

☐ **LICHTBURG** Essen, Nordrhein-Westfalen

☐ **MUSEUM FOLKWANG**
Essen, Nordrhein-Westfalen

☐ **RUHR MUSEUM**
Essen, Nordrhein-Westfalen

☐ **SCHLOSSHOTEL HUGENPOET**
Essen, Nordrhein-Westfalen

☐ **VILLA HÜGEL**
Essen, Nordrhein-Westfalen

☐ **WELTERBE ZOLLVEREIN**
Essen, Nordrhein-Westfalen

☐ **VELTINS-ARENA**
Gelsenkirchen, Nordrhein-Westfalen

☐ **ZOOM ERLEBNISWELT**
Gelsenkirchen, Nordrhein-Westfalen

☐ **BUNTE KERKE**
Gummersbach, Nordrhein-Westfalen

☐ **FREILICHTMUSEUM HAGEN**
Hagen, Nordrhein-Westfalen

☐ **WASSERBURG HÜLSHOFF**
Havixbeck, Nordrhein-Westfalen

☐ **MARTA MUSEUM HERFORD**
Herford, Nordrhein-Westfalen

☐ **HÖXTER ALTSTADT UND ST. KILIANI**
Höxter, Nordrhein-Westfalen

☐ **KLOSTER CORVEY**
Höxter, Nordrhein-Westfalen

☐ **WASSERBURG ANHOLT**
Isselburg, Nordrhein-Westfalen

☐ **KEVELAER** Nordrhein-Westfalen

☐ **SCHWANENBURG**
Kleve, Nordrhein-Westfalen

☐ **STIFTSKIRCHE ST. MARIÄ HIMMELFAHRT**
Kleve, Nordrhein-Westfalen

☐ **KÖLN** Nordrhein-Westfalen

☐ **ALTER MARKT UND ALTSTADT**
Köln, Nordrhein-Westfalen

1986 stillgelegt: UNESCO-Weltkulturerbe Zeche Zollverein in Essen (Nordrhein-Westfalen).

☐ **KÖLNER DOM**
Köln, Nordrhein-Westfalen

☐ **KÖLNER KARNEVAL**
Köln, Nordrhein-Westfalen

☐ **KÖLNER LICHTER**
Köln, Nordrhein-Westfalen

☐ **KÖLSCH UND BRAUHÄUSER**
Köln, Nordrhein-Westfalen

☐ **KOLUMBA: KUNSTMUSEUM DES ERZBISTUMS KÖLN**
Köln, Nordrhein-Westfalen

☐ **MUSEUM LUDWIG**
Köln, Nordrhein-Westfalen

☐ **PRAETORIUM**
Köln, Nordrhein-Westfalen

☐ **RAUTENSTRAUCH-JOEST-MUSEUM**
Köln, Nordrhein-Westfalen

☐ **RESTAURANT LE MOISSONNIER**
Köln, Nordrhein-Westfalen

☐ **WALLRAF-RICHARTZ-MUSEUM & FONDATION CORBOUD**
Köln, Nordrhein-Westfalen

☐ **ZWÖLF ROMANISCHE KIRCHEN VON KÖLN**
Köln, Nordrhein-Westfalen

☐ **4711-HAUS IN DER GLOCKENGASSE**
Köln, Nordrhein-Westfalen

☐ **DRACHENFELS**
Königswinter, Nordrhein-Westfalen

☐ **ALTSTADT VON LEMGO**
Lemgo, Nordrhein-Westfalen

Torfheide mit Pfeifengras auf dem Plateau des Naturparks Hohes Venn-Eifel (Nordrhein-Westfalen).

☐ **Japanischer Garten**
Leverkusen, Nordrhein-Westfalen

☐ **Schloss Morsbroich**
Leverkusen, Nordrhein-Westfalen

☐ **Burg Vischering**
Lüdinghausen, Nordrhein-Westfalen

☐ **Burg Satzvey**
Mechernich, Nordrhein-Westfalen

☐ **Neanderthal Museum**
Mettmann, Nordrhein-Westfalen

☐ **Städtisches Museum Abteiberg Mönchengladbach**
Mönchengladbach, Nordrhein-Westfalen

☐ **Städtisches Museum Schloss Rheydt**
Mönchengladbach, Nordrhein-Westfalen

☐ **Monschau**
Monschau, Nordrhein-Westfalen

☐ **Prinzipalmarkt**
Münster, Nordrhein-Westfalen

☐ **St.-Paulus-Dom**
Münster, Nordrhein-Westfalen

☐ **Naturpark Hohes Venn-Eifel**
Nordrhein-Westfalen und Rheinland-Pfalz

☐ **Naturpark Rothaargebirge**
Nordrhein-Westfalen und Hessen

☐ **Alpenpark Neuss**
Neuss, Nordrhein-Westfalen

☐ **Museum Insel Hombroich**
Neuss, Nordrhein-Westfalen

☐ **St.-Quirinus-Münster**
Neuss, Nordrhein-Westfalen

☐ **Schloss Nordkirchen**
Nordkirchen, Nordrhein-Westfalen

☐ **Neue Mitte Oberhausen**
Oberhausen, Nordrhein-Westfalen

☐ **Altenberger Dom**
Odenthal, Nordrhein-Westfalen

☐ **Dom St. Liborius**
Paderborn, Nordrhein-Westfalen

☐ **Heinz Nixdorf MuseumsForum**
Paderborn, Nordrhein-Westfalen

☐ **Schloss Raesfeld**
Raesfeld, Nordrhein-Westfalen

☐ **Ruhrfestspiele**
Recklinghausen, Nordrhein-Westfalen

☐ **Soester Altstadt**
Soest, Nordrhein-Westfalen

☐ **Schloss Burg**
Solingen, Nordrhein-Westfalen

☐ **Schloss Burgsteinfurt**
Steinfurt, Nordrhein-Westfalen

☐ **Zentrum für Internationale Lichtkunst**
Unna, Nordrhein-Westfalen

☐ **Dom Maria, Königin des Friedens**
Velbert, Nordrhein-Westfalen

☐ **Altes Schiffshebewerk Henrichenburg**
Waltrop, Nordrhein-Westfalen

☐ **Schwebebahn**
Wuppertal, Nordrhein-Westfalen

☐ **Tanztheater Wuppertal Pina Bausch**
Wuppertal, Nordrhein-Westfalen

☐ **Von der Heydt-Museum**
Wuppertal, Nordrhein-Westfalen

☐ **LVR-Archäologischer Park Xanten und LVR-RömerMuseum**
Xanten, Nordrhein-Westfalen

☐ **ExtraSchicht**
Ruhrgebiet, Nordrhein-Westfalen

RHEINLAND-PFALZ

- ☐ **Rotweinwanderweg**
  Ahrtal, Rheinland-Pfalz
- ☐ **Geysir Andernbach Erlebniszentrum**
  Andernach, Rheinland-Pfalz
- ☐ **Dürkheimer Wurstmarkt**
  Bad Dürkheim, Rheinland-Pfalz
- ☐ **Kurviertel und Spielbank**
  Bad Neuenahr-Ahrweiler, Rheinland-Pfalz
- ☐ **Bernkastel-Kues**
  Rheinland-Pfalz
- ☐ **Binger Altstadt und Mäuseturm**
  Bingen am Rhein, Rheinland-Pfalz
- ☐ **Marksburg**
  Braubach, Rheinland-Pfalz
- ☐ **Reichsburg Cochem**
  Cochem, Rheinland-Pfalz
- ☐ **Deutsche Weinstrasse**
  Rheinland-Pfalz
- ☐ **Restaurant Sonnora**
  Dreis bei Wittlich, Rheinland-Pfalz
- ☐ **Eifel**
  Rheinland-Pfalz und Nordrhein-Westfalen
- ☐ **Biosphärenhaus und Baumwipfelpfad**
  Fischbach, Rheinland-Pfalz
- ☐ **Teufelstisch Hinterweidenthal**
  Hinterweidenthal, Rheinland-Pfalz
- ☐ **Kloster Hornbach**
  Hornbach, Rheinland-Pfalz
- ☐ **Deutsches Edelsteinmuseum**
  Idar-Oberstein, Rheinland-Pfalz
- ☐ **Zollburg Pfalzgrafenstein**
  Kaub, Rheinland-Pfalz
- ☐ **Deutsches Eck**
  Koblenz, Rheinland-Pfalz
- ☐ **Rhein in Flammen**
  Koblenz, Rheinland-Pfalz
- ☐ **Schloss Stolzenfels**
  Koblenz, Rheinland-Pfalz
- ☐ **Gutenberg-Museum**
  Mainz, Rheinland-Pfalz
- ☐ **Mainzer Dom**
  Mainz, Rheinland-Pfalz
- ☐ **St. Stephan und Marc Chagall**
  Mainz, Rheinland-Pfalz
- ☐ **Kloster Maria Laach und der Laacher See**
  Maria Laach, Rheinland-Pfalz
- ☐ **Vulkanpark Osteifel**
  Landkreis Mayen-Koblenz, Rheinland-Pfalz
- ☐ **Hängeseilbrücke Geierlay**
  Mörsdorf, Rheinland-Pfalz
- ☐ **Monreal**
  Rheinland-Pfalz
- ☐ **Burg Eltz**
  Münstermaifeld, Rheinland-Pfalz
- ☐ **Naheweinstrasse**
  Rheinland-Pfalz
- ☐ **Burg Nassau und Schloss Stein**
  Nassau an der Lahn, Rheinland-Pfalz
- ☐ **Deutsches Weinlesefest**
  Neustadt an der Weinstraße, Rheinland-Pfalz
- ☐ **Hambacher Schloss**
  Neustadt an der Weinstraße, Rheinland-Pfalz
- ☐ **Nürburgring**
  Nürburg, Rheinland-Pfalz
- ☐ **Oberes Mittelrheintal**
  von Bingen bis Koblenz, Rheinland-Pfalz

Burg Eltz oberhalb der Mosel (Rheinland-Pfalz).

☐ **Arp Museum Bahnhof Rolandseck**
Remagen, Rheinland-Pfalz

☐ **Obergermanisch-Rätischer Limes**
Rheinbrohl, Rheinland-Pfalz

☐ **Die Loreley**
Sankt Goarshausen, Rheinland-Pfalz

☐ **Restaurant Vieux Sinzig**
Sinzig, Rheinland-Pfalz

☐ **Kaiserdom zu Speyer**
Speyer, Rheinland-Pfalz

☐ **Technik Museum Speyer**
Speyer, Rheinland-Pfalz

☐ **Keltendorf am Donnersberg**
Steinbach, Rheinland-Pfalz

☐ **Traben-Trarbach**
Rheinland-Pfalz

☐ **Römische Bauwerke von Trier**
Trier, Rheinland-Pfalz

☐ **Porta Nigra**
Trier, Rheinland-Pfalz

☐ **Trierer Dom und Liebfrauenkirche**
Trier, Rheinland-Pfalz

Der Ringwall von Otzenhausen (Saarland).

☐ **St. Jakobspilgerweg**
Wonnegau, Rheinland-Pfalz

☐ **Dom St. Peter zu Worms**
Worms, Rheinland-Pfalz

SAARLAND

☐ **Römische Villa Borg**
Borg, Saarland

☐ **Ringwall von Otzenhausen**
Nonnweiler-Otzenhausen, Saarland

☐ **Victor‘s Gourmet-Restaurant**
Perl-Nennig, Saarland

☐ **Altstadt und St. Johanner Markt**
Saarbrücken, Saarland

☐ **Gästehaus Klaus Erfort**
Saarbrücken, Saarland

☐ **Saarschleife**
Saarland

☐ **Völklinger Hütte**
Völklingen, Saarland

SACHSEN

☐ **Bad Elster**
Sachsen

☐ **Neues Schloss und Fürst-Pückler-Park**
Bad Muskau, Sachsen

☐ **Bautzen**
Sachsen

☐ **Chemnitz**
Sachsen

☐ **Museum für Naturkunde**
Chemnitz, Sachsen

☐ **Dresden**
Sachsen

☐ **Deutsches Hygiene-Museum**
Dresden, Sachsen

☐ **Elbtal**
Dresden, Sachsen

☐ **Frauenkirche**
Dresden, Sachsen

☐ **Gemäldegalerie Alte Meister**
Dresden, Sachsen

- ☐ **HOFKRICHE**
Dresden, Sachsen
- ☐ **RESIDENZSCHLOSS UND GRÜNES GEWÖLBE**
Dresden, Sachsen
- ☐ **SCHLOSS PILLNITZ**
Dresden, Sachsen
- ☐ **SEMPEROPER UND SEMPER OPERNBALL**
Dresden, Sachsen
- ☐ **ZWINGER**
Dresden, Sachsen
- ☐ **DIE BASTEI**
Elbsandsteingebirge, Sachsen
- ☐ **UNTERWEGS IM KIRNITZSCHTAL**
Elbsandsteingebirge, Sachsen
- ☐ **FESTUNG KÖNIGSTEIN**
Elbsandsteingebirge, Sachsen
- ☐ **PFAFFENSTEIN**
Elbsandsteingebirge, Sachsen
- ☐ **ANNABERG-BUCHHOLZ**
Erzgebirge, Sachsen
- ☐ **SCHLOSS AUGUSTUSBURG**
Erzgebirge, Sachsen
- ☐ **FREIBERG**
Erzgebirge, Sachsen
- ☐ **OBERWIESENTHAL**
Erzgebirge, Sachsen
- ☐ **SCHWARZENBERG**
Erzgebirge, Sachsen
- ☐ **SEIFFEN**
Erzgebirge, Sachsen
- ☐ **GÖLTZSCHTALBRÜCKE**
Sachsen
- ☐ **GÖRLITZ** Sachsen
- ☐ **GRIMMA**
Sachsen
- ☐ **BURG KRIEBSTEIN**
Kriebstein, Sachsen
- ☐ **LEIPZIG**
Sachsen
- ☐ **AUERBACHS KELLER UND DIE MÄDLER-PASSAGE**
Leipzig, Sachsen
- ☐ **BACHFEST IN LEIPZIG**
Leipzig, Sachsen
- ☐ **DEUTSCHE NATIONALBIBLIOTHEK UND GRAPHISCHES VIERTEL**
Leipzig, Sachsen
- ☐ **GEWANDHAUS ZU LEIPZIG UND DAS GEWANDHAUSORCHESTER**
Leipzig, Sachsen
- ☐ **GRASSIMUSEUM**
Leipzig, Sachsen
- ☐ **LEIPZIGER HAUPTBAHNHOF**
Leipzig, Sachsen
- ☐ **MUSEUM DER BILDENDEN KÜNSTE**
Leipzig, Sachsen
- ☐ **NIKOLAIKIRCHE**
Leipzig, Sachsen
- ☐ **THOMASKIRCHE UND THOMANERCHOR**
Leipzig, Sachsen
- ☐ **VÖLKERSCHLACHTDENKMAL**
Leipzig, Sachsen
- ☐ **WAVE-GOTIK-TREFFEN**
Leipzig, Sachsen
- ☐ **ZOO LEIPZIG**
Leipzig, Sachsen
- ☐ **ALBRECHTSBURG MEISSEN**
Meißen, Sachsen
- ☐ **ALTSTADT VON MEISSEN**
Meißen, Sachsen
- ☐ **PORZELLAN-MANUFAKTUR MEISSEN**
Meißen, Sachsen
- ☐ **SCHLOSS MORITZBURG**
Moritzburg, Sachsen
- ☐ **NATURPARK DÜBENER HEIDE**
Sachsen und Sachsen-Anhalt
- ☐ **BURG UND KLOSTER OYBIN**
Oybin, Sachsen
- ☐ **PLAUEN UND DAS VOGTLAND**
Plauen, Sachsen
- ☐ **KARL-MAY-MUSEUM**
Radebeul, Sachsen
- ☐ **BAROCKSCHLUSS RAMMENAU**
Rammenau, Sachsen
- ☐ **ROCHLITZER MULDENTAL**
Rochlitz, Sachsen
- ☐ **ZITTAU** Sachsen
- ☐ **ZWICKAU** Sachsen

UNESCO-Weltkulturerbe: die Altstadt von Quedlinburg (Sachsen-Anhalt).

SACHSEN-ANHALT

- ☐ **Brocken**
  Sachsen-Anhalt
- ☐ **Bauhausstätten**
  Dessau, Sachsen-Anhalt
- ☐ **Luther-Gedenkstätten**
  Eisleben und Wittenberg, Sachsen-Anhalt
- ☐ **Ferropolis**
  Gräfenhainichen, Sachsen-Anhalt
- ☐ **Dom St. Stephanus und St. Sixtus**
  Halberstadt, Sachsen-Anhalt
- ☐ **Franckesche Stiftungen zu Halle**
  Halle an der Saale, Sachsen-Anhalt
- ☐ **Landesmuseum für Vorgeschichte**
  Halle an der Saale, Sachsen-Anhalt
- ☐ **Marktkirche**
  Halle an der Saale, Sachsen-Anhalt
- ☐ **Moritzburg**
  Halle an der Saale, Sachsen-Anhalt
- ☐ **Jahrtausendturm**
  Magdeburg, Sachsen-Anhalt
- ☐ **Magdeburger Dom**
  Magdeburg, Sachsen-Anhalt
- ☐ **Dom und Schloss zu Merseburg**
  Merseburg, Sachsen-Anhalt
- ☐ **Naumburger Dom**
  Naumburg, Sachsen-Anhalt
- ☐ **Ringheiligturm Pömmelte**
  Pömmelte, Sachsen-Anhalt
- ☐ **Altstadt von Quedlinburg**
  Quedlinburg, Sachsen-Anhalt
- ☐ **Rappbodetalsperre**
  Sachsen-Anhalt
- ☐ **Stolberg im Harz**
  Stolberg, Sachsen-Anhalt
- ☐ **Tangermünde**
  Sachsen-Anhalt
- ☐ **Hexentanzplatz**
  Thale, Sachsen-Anhalt
- ☐ **Wernigerode**
  Sachsen-Anhalt
- ☐ **Kulturlandschaft Gartenreich**
  Wörlitz, Sachsen-Anhalt

SCHLESWIG-HOLSTEIN

- ☐ **Schloss Ahrensburg**
  Ahrensburg, Schleswig-Holstein
- ☐ **Insel Amrum**
  Schleswig-Holstein
- ☐ **Karl-May-Spiele**
  Bad Segeberg, Schleswig-Holstein
- ☐ **Fehmarn**
  Schleswig-Holstein
- ☐ **Altstadt von Flensburg**
  Flensburg, Schleswig-Holstein
- ☐ **Friedrichstadt**
  Friedrichstadt, Schleswig-Holstein
- ☐ **Schloss Glücksburg**
  Glücksburg, Schleswig-Holstein
- ☐ **Wikinger Museum Haithabu**
  Busdorf, Schleswig-Holstein
- ☐ **Hallig Hooge und das Wattenmeer**
  Hallig Hooge, Schleswig-Holstein
- ☐ **Helgoland**
  Schleswig-Holstein
- ☐ **Holsteinische Schweiz**
  Schleswig-Holstein
- ☐ **Kieler Woche**
  Kiel, Schleswig-Holstein
- ☐ **Lübecker Altstadt**
  Lübeck, Schleswig-Holstein
- ☐ **Buddenbrookhaus**
  Lübeck, Schleswig-Holstein

- ☐ **Europäisches Hansemuseum**
  Lübeck, Schleswig-Holstein
- ☐ **Holstentor**
  Lübeck, Schleswig-Holstein
- ☐ **Lübecker Kirchen**
  Lübeck, Schleswig-Holstein
- ☐ **Gut und Herrenhaus Panker**
  bei Lütjenburg, Schleswig-Holstein
- ☐ **Freilichtmuseum Molfsee**
  Molfsee, Schleswig-Holstein
- ☐ **Nolde Stiftung Seebüll**
  Neukirchen, Schleswig-Holstein
- ☐ **Nord-Ostsee-Kanal** Schleswig-Holstein
- ☐ **Ostseeküsten-Radweg**
  Schleswig-Holstein
- ☐ **Inselstadt Ratzeburg und Erlebnisbahn**
  Ratzeburg, Schleswig-Holstein
- ☐ **Region rund um die Schlei**
  Schlei, Schleswig-Holstein
- ☐ **Dom zu Schleswig, der Holm und die Altstadt**
  Schleswig, Schleswig-Holstein
- ☐ **Schloss Gottorf**
  Schleswig, Schleswig-Holstein
- ☐ **Schleswig-Holstein Musik Festival**
  Schleswig-Holstein
- ☐ **St. Peter-Ording und die Halbinsel Eiderstedt**
  Schleswig-Holstein
- ☐ **Sylt** Schleswig-Holstein
- ☐ **Gosch Sylt**
  Sylt, Schleswig-Holstein
- ☐ **Travemünder Woche**
  Travemünde, Schleswig-Holstein
- ☐ **Willkomm-Höft**
  Wedel, Schleswig-Holstein

THÜRINGEN

- ☐ **Altenburg**
  Thüringen
- ☐ **Bad Frankenausen**
  Thüringen
- ☐ **Nationalpark Hainich**
  Bad Langensalza, Thüringen
- ☐ **Automobile Welt Eisenach**
  Eisenach, Thüringen
- ☐ **Lutherhaus und Bachhaus**
  Eisenach, Thüringen
- ☐ **Wartburg**
  Eisenach, Thüringen
- ☐ **Altstadt von Erfurt**
  Erfurt, Thüringen
- ☐ **Gera**
  Gera, Thüringen
- ☐ **Schloss Friedenstein**
  Gotha, Thüringen
- ☐ **Altstadt von Jena und der Schnapphans**
  Jena, Thüringen
- ☐ **Kyffhäusergebirge**
  Thüringen
- ☐ **Erlebnis bergwerk Merkers**
  Merkers, Thüringen
- ☐ **Rudolstadt-Festival und Feengrotten**
  Rudolstadt und Saalfeld, Thüringen
- ☐ **Leuchtenburg**
  Seitenroda, Thüringen
- ☐ **Thüringer Wald**
  Thüringen
- ☐ **Unstruttal**
  Thüringen und Sachsen-Anhalt
- ☐ **Weimar**
  Thüringen
- ☐ **Bauhaus-Museum**
  Weimar, Thüringen
- ☐ **Das klassische Weimar**
  Weimar, Thüringen
- ☐ **Herzogin Anna Amalia Bibliothek**
  Weimar, Thüringen
- ☐ **Schloss Belvedere**
  Weimar, Thüringen
- ☐ **Schloss Tiefurt**
  Weimar, Thüringen
- ☐ **Zwiebelmarkt**
  Weimar, Thüringen

ÖSTERREICH

BURGENLAND

- ☐ **Burgenländische Weingüter**
  Burgenland
- ☐ **Freistadt Eisenstadt**
  Eisenstadt, Burgenland
- ☐ **Schloss Esterházy und Joseph Haydn**
  Eisenstadt, Burgenland
- ☐ **Stekovics**
  Frauenkirchen, Burgenland
- ☐ **Nationalpark Neusiedler See**
  Neusiedler See, Burgenland
- ☐ **Region Neusiedler See**
  Neusiedler See, Burgenland
- ☐ **Geburtshaus von Franz Liszt**
  Raiding, Burgenland
- ☐ **Historisches Stadtbild von Rust**
  Rust, Burgenland
- ☐ **Römer-Steinbruch St. Margarethen**
  St. Margarethen, Burgenland

KÄRNTEN

- ☐ **Dom Mariä Himmelfahrt**
  Gurk, Kärnten

Der Weißensee in Kärnten.

- ☐ **Grossglockner Hochalpenstrasse**
  Hohe Tauern, Kärnten und Salzburg
- ☐ **Kärntner Seen** Kärnten
- ☐ **Historische Altstadt von Klagenfurt**
  Klagenfurt, Kärnten
- ☐ **Lindwurmbrunnen**
  Klagenfurt, Kärnten
- ☐ **Burg Hochosterwitz**
  Launsdorf, Kärnten
- ☐ **Millstatt und der Millstätter See**
  Millstatt, Kärnten
- ☐ **Wörthersee**
  Kärnten

NIEDERÖSTERREICH

- ☐ **Eisensteinhöhle**
  Bad Fischau-Brunn, Niederösterreich
- ☐ **Baden bei Wien**
  Baden, Niederösterreich
- ☐ **Zisterzienserabtei Heiligenkreuz**
  Heiligenkreuz im Wienerwald, Niederösterreich
- ☐ **Stift Klosterneuburg**
  Klosterneuburg, Niederösterreich
- ☐ **Krems und die Wachau**
  Krems-Stein, Niederösterreich
- ☐ **Marchfeld** Niederösterreich
- ☐ **Melk und Dürnstein**
  Niederösterreich
- ☐ **Römerstadt Carnuntum**
  Petronell-Carnuntum, Niederösterreich
- ☐ **Zentrum des Weinviertels**
  Retz, Niederösterreich
- ☐ **Renaissanceschloss Schallaburg**
  Schallaburg, Niederösterreich
- ☐ **Bergwelt des Semmering**
  Semmering, Niederösterreich
- ☐ **Sankt Pölten** Niederösterreich
- ☐ **Egon Schiele Museum**
  Tulln an der Donau, Niederösterreich
- ☐ **Waldviertel**
  Niederösterreich

OBERÖSTERREICH

- ☐ **ATTERSEE**
  Oberösterreich
- ☐ **KAISERVILLA**
  Bad Ischl, Oberösterreich
- ☐ **BIERBADEN IM LANDHOTEL MOORHOF**
  Franking, Oberösterreich
- ☐ **THERME GEINBERG**
  Geinberg, Oberösterreich
- ☐ **GMUNDEN**
  Oberösterreich
- ☐ **GMUNDNER KERAMIK**
  Gmunden, Oberösterreich
- ☐ **WANDERN IM GRÜNAUER ALMTAL**
  Grünau im Almtal, Oberösterreich
- ☐ **HALLSTATT IM SALZKAMMERGUT**
  Oberösterreich
- ☐ **BENEDIKTINERSTIFT**
  Kremsmünster, Oberösterreich
- ☐ **ARS ELECTRONICA CENTER, LENTOS UND BRUCKNERHAUS**
  Linz, Oberösterreich
- ☐ **GROTTENBAHN MIT MÄRCHENSTADT IM BERG**
  Linz, Oberösterreich
- ☐ **STADTRUNDGANG IN LINZ**
  Linz, Oberösterreich
- ☐ **MONDSEE**
  Oberösterreich
- ☐ **RADWANDERN IM MÜHLVIERTEL**
  Mühlviertel, Oberösterreich
- ☐ **STEYR**
  Steyr, Oberösterreich

SALZBURG

- ☐ **BAD GADSTEIN**
  Salzburg
- ☐ **GOLDEGG UND GOLDEGGER SCHLOSS**
  Goldegg, Salzburg
- ☐ **DÖLLERERS GENUSSWELTEN**
  Golling, Salzburg
- ☐ **UNTERSBERG**
  Grödig-St. Leonhard, Salzburg

Der Hangar-7 in Salzburg.

- ☐ **SALZBURGER FREILICHTMUSEUM**
  Grossgmain, Salzburg
- ☐ **KELTISCHE SALZSTADT HALLEIN**
  Hallein, Salzburg
- ☐ **SALZBERGWERK BAD DÜRRNBERG**
  Hallein, Salzburg
- ☐ **GNADENHOF GUT AIDERBICHL**
  Henndorf am Wallersee, Salzburg
- ☐ **NATIONALPARK HOHE TAUERN**
  Hohe Tauern, Salzburg, Kärnten und Tirol
- ☐ **BERGWEILER KAPRUN**
  Kaprun, Salzburg
- ☐ **KRIMMLER WASSERFÄLLE**
  Krimml, Salzburg
- ☐ **SCHWARZACH UND ST. VEIT**
  Pongau, Salzburg
- ☐ **SAALBACH HINTERGLEMM**
  Salzburg
- ☐ **SALZBURG** Salzburg
- ☐ **ALTER MARKT**
  Salzburg
- ☐ **FESTUNG HOHENSALZBURG**
  Salzburg
- ☐ **FRIEDHOF ST. SEBASTIAN**
  Salzburg
- ☐ **GETREIDEGASSE**
  Salzburg
- ☐ **HANGAR-7**
  Salzburg
- ☐ **KAFFEEHÄUSER**
  Salzburg
- ☐ **KAPITELPLATZ**
  Salzburg

Dem Escorial bei Madrid nachempfunden: Schloss Eggenberg westlich von Graz (Steiermark).

- ☐ **Kapuzinerberg**
  Salzburg
- ☐ **Klosterbezirk St. Peter**
  Salzburg
- ☐ **Mozart-Stätten**
  Salzburg
- ☐ **Museum der Moderne Mönchsberg**
  Salzburg
- ☐ **Residenzplatz**
  Salzburg
- ☐ **Salzburger Brauereien**
  Salzburg
- ☐ **Salzburger Dom und Domplatz**
  Salzburg
- ☐ **Salzburger Festspiele**
  Salzburg
- ☐ **Salzburger Marionettentheater**
  Salzburg
- ☐ **Salzburg Museum Neue Residenz**
  Salzburg
- ☐ **Schloss Hellbrunn**
  Salzburg
- ☐ **Schloss Mirabell**
  Salzburg
- ☐ **Traditionsgeschäfte**
  Salzburg
- ☐ **Burg Hohenwerfen**
  Werfen, Salzburg
- ☐ **Eisriesenwelt**
  Werfen, Salzburg
- ☐ **Operettenlandschaft Weisses Rössl**
  Wolfgangsee, Salzburg

STEIERMARK

- ☐ **Stiftbibliothek Admont**
  Admont, Steiermark
- ☐ **Narzissenfest am Altausseer See**
  Bad Aussee Steiermark
- ☐ **Alt-Graz**
  Graz, Steiermark
- ☐ **Murinsel**
  Graz, Steiermark
- ☐ **Schloss Eggenberg**
  Graz, Steiermark
- ☐ **Schlossberg und Uhrturm**
  Graz, Steiermark
- ☐ **Lipizzaner-Bundesgestüt Piber**
  Köflach, Steiermark
- ☐ **Wallfahrtskirche Basilika Mariazell**
  Mariazell, Steiermark
- ☐ **Naturmuseum Neuberg**
  Neuberg an der Mürz, Steiermark
- ☐ **Burg Riegersburg**
  Riegersburg, Steiermark
- ☐ **Almwanderung durch die Dachstein-Tauern-Region**
  Schladming, Steiermark
- ☐ **Österreichisches Freilichtmuseum Stübing**
  Stübing, Steiermark
- ☐ **Kernölproduktion in der Südsteiermark**
  Südsteiermark, Steiermark
- ☐ **Weinanbaugebiet Südsteiermark**
  Südsteiermark, Steiermark

TIROL

- ☐ **Achensee**
  Tirol
- ☐ **Alpbachtal**
  Tirol
- ☐ **Historisches Stadtbild von Hall**
  Hall, Tirol
- ☐ **Goldenes Dachl**
  Innsbruck, Tirol

- ☐ **Bergiselschanze**
  Innsbruck, Tirol
- ☐ **Kaiserliche Hofburg**
  Innsbruck, Tirol
- ☐ **Schloss Ambras**
  Innsbruck, Tirol
- ☐ **Tiroler Landesmuseum Ferdinandeum**
  Innsbruck, Tirol
- ☐ **Ischgl im Paznauntal**
  Ischgl, Tirol
- ☐ **Gletscherwandern im Kaunertal**
  Kaunertal, Tirol
- ☐ **Kitzbühel**
  Kitzbühel, Tirol
- ☐ **Festung Kufstein**
  Kufstein, Tirol
- ☐ **Trofana Erlebnis-Dorf**
  Mils bei Imst, Tirol
- ☐ **Ötztal**
  Tirol
- ☐ **Pitztal**
  Tirol
- ☐ **Wilder Kaiser**
  Scheffau, Tirol
- ☐ **Wandergebiet Komperdell**
  Serfaus-Fiss-Ladis, Tirol
- ☐ **Sölden**
  Tirol
- ☐ **Skigebiet St. Anton am Arlberg**
  St. Anton am Arlberg, Tirol
- ☐ **Neustift im Stubaital**
  Stubaital, Tirol
- ☐ **Restaurant Tannheimer Stube Hohenfels**
  Tannheim, Tirol
- ☐ **Swarovski Kristallwelten**
  Wattens, Tirol
- ☐ **Zillertal**
  Tirol

VORARLBERG

- ☐ **Brandnertal**
  Vorarlberg
- ☐ **Bregenz**
  Bregenz, Vorarlberg
- ☐ **Bregenzer Festspiele**
  Bregenz, Vorarlberg
- ☐ **Dörfer im Bregenzerwald**
  Bregenzerwald, Vorarlberg
- ☐ **Rundgang durch das alte Studierstädtle**
  Feldkirch, Vorarlberg
- ☐ **Grosses Walsertal**
  Vorarlberg
- ☐ **Kleinwalsertal**
  Hirschegg, Vorarlberg
- ☐ **Lech am Arlberg**
  Vorarlberg
- ☐ **Der Pfänder**
  Lochau, Vorarlberg
- ☐ **Silvretta-Hochalpenstrasse**
  Vorarlberg und Tirol

WIEN

- ☐ **Nationalpark Donauauen**
  Wien und Niederösterreich
- ☐ **Albertina** Wien
- ☐ **Architektur der Moderne**
  Wien
- ☐ **Beisl, eine Wiener Institution**
  Wien

Kapelle in Hinterbärenbad vor der Kulisse des Kaisergebirges (Wilder Kaiser/Tirol).

☐ **Bestattungsmuseum Wien**
Wien

☐ **Burgtheater**
Wien

☐ **Donauinsel**
Wien

☐ **Dorotheum**
Wien

☐ **Fiaker-Fahrt**
Wien

☐ **Freizeitparadies alte Donau**
Wien

☐ **Heeresgeschichtliches Museum**
Wien

☐ **Heurigen-Lokale**
Wien

☐ **Hofburg**
Wien

☐ **Hofmobiliendepot Möbel Museum**
Wien

☐ **Hundertwasserhaus & Village**
Wien

☐ **Julius Meinl am Graben**
Wien

☐ **Karlskirche**
Wien

Neubau des Restaurants Steirereck mit reflektierender Metalloberfläche (Wien).

☐ **Kirche zur Heiligsten Dreifaltigkeit**
Wien

☐ **Kunsthistorisches Museum**
Wien

☐ **Mozarthaus Vienna**
Wien

☐ **MuseumsQuartier**
Wien

☐ **Naschmarkt**
Wien

☐ **Opernball Wien und Hotel Imperial**
Wien

☐ **Restaurant Steirereck**
Wien

☐ **Schloss Belvedere**
Wien

☐ **Schloss Schönbrunn**
Wien

☐ **Sigmund Freud Museum**
Wien

☐ **Sisi Museum**
Wien

☐ **Spanische Hofreitschule**
Wien

☐ **Stephansdom**
Wien

☐ **Wiener Kaffeehauskultur**
Wien

☐ **Wiener Kriminalmuseum**
Wien

☐ **Wiener Prater**
Wien

☐ **Wiener Ringstrasse**
Wien

☐ **Wiener Sängerknaben**
Wien

☐ **Wiener Schnitzel**
Wien

☐ **Wiener Secession**
Wien

☐ **Wiener Staatsoper**
Wien

☐ **Zentralfriedhof**
Wien

SCHWEIZ

AARGAU

- ☐ **Baden**
  Kanton Aargau
- ☐ **Schloss Habsburg**
  Habsburg, Kanton Aargau
- ☐ **Schloss Lenzburg**
  Lenzburg, Kanton Aargau
- ☐ **Schloss Wildegg**
  Möriken-Wildegg, Kanton Aargau
- ☐ **Kloster Muri**
  Muri, Kanton Aargau
- ☐ **Schloss Hallwyl**
  Seengen, Kanton Aargau

APPENZELL-AUSSER-/ INNERRHODEN

- ☐ **Appenzell und der Käse**
  Kantone Appenzell-Ausser-/Innerrhoden
- ☐ **Säntis**
  Schwägalp, Kanton Appenzell-Ausserrhoden

BASEL-LANDSCHAFT

- ☐ **Augusta Raurica**
  Augst, Kanton Basel-Landschaft

BASEL-STADT

- ☐ **Basel**
  Basel, Kanton Basel-Stadt
- ☐ **Basler Fasnacht**
  Basel, Kanton Basel-Stadt
- ☐ **Hotel Les Trois Rois**
  Basel, Kanton Basel-Stadt
- ☐ **Fondation Beyeler**
  Basel, Kanton Basel-Stadt
- ☐ **Restaurant Stucki**
  Basel, Kanton Basel-Stadt

BERN

- ☐ **Engstligenalp**
  Adelboden, Kanton Bern

Das Grandhotel Giessbach am Brienzersee (Kanton Bern).

- ☐ **Bern**
  Kanton Bern
- ☐ **Zentrum Paul Klee**
  Bern, Kanton Bern
- ☐ **Biel/Bienne am Bielersee**
  Biel/Bienne, Kanton Bern
- ☐ **Sankt Petersinsel**
  Erlach, Kanton Bern
- ☐ **Blausee**
  Blausee, Kanton Bern
- ☐ **Brienzer Rothorn**
  Brienz, Kanton Bern
- ☐ **Freilichtmuseum Ballenberg**
  Brienz/Meiringen, Kanton Bern
- ☐ **Giessbach**
  Brienz, Kanton Bern
- ☐ **Das Emmental**
  Emmental, Kanton Bern
- ☐ **Triftbrücke**
  Gadmen, Kanton Bern
- ☐ **Grindelwald** Kanton Bern
- ☐ **Gstaad**
  Gstaad, Kanton Bern

Der Weg durch die Schlucht entlang der tosenden Aare (Kanton Bern).

- ☐ **Victoria-Jungfrau Grand Hotel & Spa**
  Interlaken, Kanton Bern
- ☐ **Jungfraujoch** Kanton Bern
- ☐ **Kandersteg** Kanton Bern
- ☐ **Lauterbrunnental**
  Lauterbrunnen, Kanton Bern
- ☐ **Aareschlucht**
  Meiringen, Kanton Bern
- ☐ **Sherlock Holmes und der Reichenbachfall**
  Meiringen, Kanton Bern
- ☐ **Mürren und Wengen**
  Kanton Bern
- ☐ **Gletscherschlucht Rosenlaui**
  Rosenlaui, Kanton Bern
- ☐ **Simmental** Kanton Bern
- ☐ **Thunersee und St.-Beatus-Höhlen**
  Thun/Sundlauenen, Kanton Bern

FREIBURG

- ☐ **Schokoladenmuseum Cailler**
  Broc, Kanton Freiburg
- ☐ **Estavayer-le-Lac**
  Estavayer-le-Lac, Kanton Freiburg
- ☐ **Freiburg**
  Freiburg, Kanton Freiburg
- ☐ **Espace Jean Tinguely – Niki de Saint Phalle**
  Freiburg, Kanton Freiburg
- ☐ **Gruyères**
  Kanton Freiburg
- ☐ **Murten**
  Murten, Kanton Freiburg

GENF

- ☐ **Genf** Kanton Genf
- ☐ **Palais des Nations**
  Genf, Kanton Genf

GLARUS

- ☐ **Braunwald**
  Kanton Glarus

GRAUBÜNDEN

- ☐ **Albula- und Berninabahn**
  Von Chur bis Poschiavo, Kanton Graubünden
- ☐ **Arosa**
  Kanton Graubünden
- ☐ **Schlittelabenteuer Bergün**
  Bergün, Kanton Graubünden
- ☐ **Altstadt von Chur**
  Chur, Kanton Graubünden
- ☐ **Davos und Klosters**
  Kanton Graubünden
- ☐ **Fextal**
  Fex, Kanton Graubünden
- ☐ **Flims, Laax und Falera**
  Kanton Graubünden
- ☐ **Guarda**
  Guarda, Kanton Graubünden
- ☐ **Heidiland**
  Maienfeld, Kanton Graubünden

- ☐ **Der vergessene Maloja Palace**
  Maloja, Kanton Graubünden
- ☐ **Val Müstair**
  Müstair, Kanton Graubünden
- ☐ **Grand Hotel Kronenhof**
  Pontresina, Kanton Graubünden
- ☐ **Rheinschlucht**
  Kanton Graubünden
- ☐ **Sankt Moritz und der Glacier Express**
  Sankt Moritz, Kanton Graubünden
- ☐ **Tektonikarena Sardona**
  Sardona, Kanton Graubünden
- ☐ **Schweizerischer Nationalpark**
  Kanton Graubünden
- ☐ **Engadin Bad Scuol**
  Scuol, Kanton Graubünden
- ☐ **Schloss Tarasp**
  Tarasp, Kanton Graubünden
- ☐ **Via Mala**
  Thusis, Kanton Graubünden
- ☐ **Therme Vals**
  Vals, Kanton Graubünden

JURA

- ☐ **Clos Du Doubs**
  Kanton Jura
- ☐ **Stiftung für das Pferd Le Roselet**
  Les Breuleux, Kanton Jura

LUZERN

- ☐ **Entlebuch**
  Kanton Luzern
- ☐ **Luzern** Kanton Luzern
- ☐ **Lucerne Festival**
  Luzern, Kanton Luzern
- ☐ **Sammlung Rosengart**
  Luzern, Kanton Luzern
- ☐ **Verkehrshaus der Schweiz**
  Luzern, Kanton Luzern
- ☐ **Pilatus und Rigi**
  Kanton Luzern
- ☐ **GoldenPass Panoramic**
  Von Luzern bis Montreux, Kantone Luzern und Waadt

NEUENBURG

- ☐ **Le Corbusier**
  La Chaux-de-Fonds, Kanton Neuenburg
- ☐ **Watch Valley**
  La Chaux-de-Fonds, Kanton Neuenburg
- ☐ **Neuchâtel**
  Kanton Neuenburg
- ☐ **Val-de-Travers**
  Kanton Neuenburg

NIDWALDEN

- ☐ **Glasi Hergiswil**
  Hergiswil, Kanton Nidwalden

OBWALDEN

- ☐ **Von Engelberg auf den Titlis**
  Engelberg, Kanton Obwalden
- ☐ **Hotel Paxmontana und Bruder Klaus**
  Flüeli-Ranft, Kanton Obwalden

Blick vom Pilatus auf den Vierwaldstättersee (Kanton Luzern).

Mildes Klima auf der Isole di Brissago (Kanton Tessin).

SCHAFFHAUSEN

- ☐ **Rheinfall** Neuhausen, Kanton Schaffhausen
- ☐ **Schaffhausen** Kanton Schaffhausen
- ☐ **Stein am Rhein** Kanton Schaffhausen

SCHWYZ

- ☐ **Kloster Einsiedeln** Einsiedeln, Kanton Schwyz
- ☐ **Schwyz** Kanton Schwyz

SOLOTHURN

- ☐ **Solothurn** Kanton Solothurn

ST. GALLEN

- ☐ **Bad Ragaz** Kanton St. Gallen
- ☐ **Rapperswil am Zürichsee** Kanton St. Gallen
- ☐ **Stiftsbibliothek St. Gallen** St. Gallen, Kanton St. Gallen
- ☐ **Walensee** Walenstadt, Kanton St. Gallen
- ☐ **Werdenberg** Kanton St. Gallen

TESSIN

- ☐ **Ascona am Lago Maggiore** Kanton Tessin
- ☐ **Die Burgen von Bellinzona** Bellinzona, Kanton Tessin
- ☐ **Brissago-Inseln** Isole di Brissago, Kanton Tessin
- ☐ **Lugano und Luganersee** Lugano, Kanton Tessin
- ☐ **Mendrisiotto** Kanton Tessin
- ☐ **Valle Verzasca** Kanton Tessin

THURGAU

- ☐ **Kartause Ittingen** Warth, Kanton Thurgau

URI

- ☐ **Wilhelm Tell am Urnersee** Altdorf, Kanton Uri
- ☐ **Gotthard-Basistunnel** Erstfeld, Kanton Uri
- ☐ **Dampfbahn Furka-Bergstrecke** Realp, Kanton Uri
- ☐ **Die Rütliwiese** Seelisberg, Kanton Uri

WAADT

- ☐ **Amphitheater von Avenches** Avenches, Kanton Waadt
- ☐ **Salzbergwerk Bex** Bex, Kanton Waadt
- ☐ **Winterliches Ballonfestival** Château-d'Œx, Kanton Waadt
- ☐ **Die Weinterrassen von Lavaux** Chexbrex/Cully, Kanton Waadt
- ☐ **Restaurant de l'Hôtel de Ville** Crissier, Kanton Waadt

- ☐ **LAUSANNE**
  Kanton Waadt
- ☐ **MUSÉE OLYMPIQUE**
  Lausanne, Kanton Waadt
- ☐ **RIVIERA MONTREUX/VEVEY**
  Montreux, Kanton Waadt
- ☐ **MONTREUX JAZZ FESTIVAL**
  Montreux, Kanton Waadt
- ☐ **SCHLOSS CHILLON**
  Veytaux, Kanton Waadt

WALLIS

- ☐ **ALETSCHGLETSCHER** Kanton Wallis
- ☐ **CRANS-MONTANA**
  Kanton Wallis
- ☐ **LEUKERBAD**
  Kanton Wallis
- ☐ **MUNDER SAFRAN**
  Mund, Kanton Wallis
- ☐ **SAAS-FEE**
  Kanton Wallis
- ☐ **LAC SOUTERRAIN**
  Saint Léonard, Kanton Wallis
- ☐ **VERBIER**
  Kanton Wallis
- ☐ **ZERMATT**
  Kanton Wallis

ZUG

- ☐ **ZUG**
  Kanton Zug

ZÜRICH

- ☐ **WINTERTHUR**
  Kanton Zürich
- ☐ **TECHNORAMA**
  Winterthur, Kanton Zürich
- ☐ **ZÜRICH**
  Zürich, Kanton Zürich
- ☐ **HAUS HILTL**
  Zürich, Kanton Zürich
- ☐ **KUNSTHAUS**
  Zürich, Kanton Zürich
- ☐ **OPERNHAUS**
  Zürich, Kanton Zürich
- ☐ **STREET PARADE**
  Zürich, Kanton Zürich
- ☐ **ZWINGLI UND DAS GROSSMÜNSTER**
  Zürich, Kanton Zürich

Das antike Amphitheater von Avenches wird heute noch für das jährliche Opernfestival genutzt (Kanton Waadt).

Nordsee
Ostsee
Sylt
Föhr
Nordfriesische Inseln
Nordfriesland
Flensburg
Schleswig
Als
Ærö
Langeland
Lolland
Falster
Møn
Kap Arkona
Sassnitz
Bergen
Rügen
Kieler Bucht
Fehmarn
Mecklenburger Bucht
Stralsund
Greifswald
Pommersche Bucht
Wolin
Usedom
Helgoland
Deutsche Bucht
Nord-Ostsee-Kanal
Kiel
Neumünster
Lübeck
Rostock
Teterow
Ostfriesische Inseln
HAMBURG
Schwerin
Neubrandenburg
Szczecin
Ost-friesland
Bremer-haven
Hagenow
Mecklenburg
Parchim
Müritz
Neustrelitz
Ameland
Emden
Leeuwarden
Ludwigslust
Lüneburg
Oldenburg
Groningen
Wittstock/Dosse
Schwedt
Gorzów Wielkopolski
Lüneburger Heide
Wittenberge
Bremen
Assen
Verden
Bergen
Uelzen
Salzwedel
Eberswalde
Oranienburg
Emmen
Aller
Havel
Nauen
BERLIN
Celle
Stendal
Almelo
Hannover
Wolfsburg
Brandenburg
Frankfurt a. d. Oder
Mittellandkanal
Osnabrück
Minden
Potsdam
Rheine
Braunschweig
Spree
Eisen-hüttenstadt
Enschede
Zeist
Herford
Hildesheim
Wolfenbüttel
Magdeburg
Jüterbog
Zielona Góra
Arnhem
Münster
Bielefeld
Salzgitter
Spreewald
Leine
Detmold
Lutherstadt Wittenberg
Bocholt
Ahlen
Saale
Cottbus
Bobr
Dorsten
Gelsenkirchen
Lippstadt
Paderborn
Osterode
Harz
Aschersleben
Dessau
Hamm
Warburg
Sangerhausen
Essen
Dortmund
Göttingen
Halle
Hoyerswerda
Neiße
Nysa Łużycka
Bochum
Leipzig
Duisburg
Düsseldorf
Kassel
Riesa
Bautzen
Mühlhausen
Unstrut
Dresden

Aachen
Düren
Bonn
Sieg
Marburg a. d. Lahn
Bebra
Jena
Gera
Chemnitz
Děčín
Ústí nad Labem
Liberec
Westerwald
Gießen
Neuwied
Fulda
Thüringer Wald
Rhön
Suhl
Saale
Saalfeld
Zwickau
Plauen
Erzgebirge
Most
Chomutov
Ohře
Labe
Mladá Boleslav
PRAHA
Koblenz
Lahn
Taunus
Bad Homburg
Frankfurt am Main
Offenbach
Coburg
Hof
Karlovy Vary
Kolín
Eifel
Cochem
Bernkastel-Kues
Wiesbaden
Mainz
Rhein
Rüsselsheim
Aschaffenburg
Schweinfurt
Main
Kulmbach
Marktredwitz
Mariánské Lázně
Beroun
Kutná Hora
Trier
Hunsrück
Luxembourg
Worms
Darmstadt
Würzburg
Erlangen
Weiden
Oberpfälzer Wald
Plzeň
Berounka
Dobříš
Vltava
Ludwigshafen
Mannheim
Odenwald
Bad Mergentheim
Sulzbach-Rosenberg
Klatovy
Tábor
Neunkirchen
Kaiserslautern
Heidelberg
Fürth
Nürnberg
Písek
Saarbrücken
Pirmasens
Ansbach
Schwandorf
Cham
Šumava
Metz
Heilbronn
Feuchtwangen
Fränk. Alb
Böhmerwald
Prachatice
Moselle
Karlsruhe
Pforzheim
Neckar
Schwäbisch Hall
Regensburg
Straubing
Bayerischer Wald
Toul
Sarrebourg
Schwäb. Gmünd
Deggendorf
vod. nádrž Lipno
Zwettl
Strasbourg
Baden-Baden
Sindelfingen
Stuttgart
Neuburg a. d. Donau
Ingolstadt
Passau
Reutlingen
Landshut
Günzburg
Vilsbiburg
Linz
Alsace
Offenburg
Tübingen
Schwäbische Alb
Augsburg
Freising
Ulm
Mühldorf
Mitterding
Wels
Enns
Epinal
Colmar
Schwarzwald
Donau
Erding
Lech
Inn
Freiburg
Villingen
Schwenningen
Bad Waldsee
Starnberg
MÜNCHEN
Bad Hall
Rhin
Traunstein
Attersee
Traunsee
Salzach
Weyer Markt
N
0 50 km
Leutkirch
Kaufbeuren
Weilheim
Salzburg
Singen
Konstanz
Kempten
Rosenheim
Bad Ischl
Mulhouse
Lörrach
Bodensee
Wangen
Garmisch-Partenkirchen
Bad Reichenhall
Hallstatt
Schaffhausen
Friedrichshafen
Kufstein
St. Johann a. T.
Basel
Aare
Winterthur
Oberstdorf
Saalfdn. a.St.M.
Rorschach
Bregenz
Schwaz
Bruck
Schladming
Besançon
Zürich
Solothurn
Appenzell
Innsbruck
Judenburg
Wädenswil
Feldkirch
Mittersill
Bienne
Sursee
Zug
Sargans
Bludenz
Längenfeld
Mayrhofen
Heiligenblut
Bad Hofgastein
Predlitz
Neumarkt i. Stmk.
Glarus

Verviers
Neuwied
Fulda
Suhl
Wallonia
Koblenz
Lahn
Taunus
Rhön
Bad Homburg
Coburg
Eifel
Cochem
Wiesbaden
Frankfurt am Main
Kulmbach
Rhein
Offenbach
Mainz
Bernkastel-Kues
Aschaffenburg
Schweinfurt
Rüsselshm.
Hunsrück
Worms
Darmstadt
Würzburg
Luxembourg
Odenwald
Bad Mergentheim
Erlangen
Ludwigs-hafen
Mann-heim
Fürth
Nürnberg
Neun-kirchen
Kaisers-lautern
Heidelberg
Saarbrücken
Ansbach
Pirmasens
Heilbronn
Feucht-wangen
Metz
Meuse
Moselle
Karlsruhe
Pforz-heim
Neckar
Schwäbisch Hall
Schwäb. Gmünd
Sarrebourg
Ingolstadt
Toul
Stuttgart
Baden-Baden
Sindelfingen
Strasbourg
Neuburg a. d. Donau
Reutlingen
Schwäbische Alb
Günzburg
Alsace
Offenburg
Tübingen
Augsburg
Schwarzwald
Ulm
N
Epinal
Donau
Lech
Colmar
Freiburg
Villingen
Starnberg
0
50 km
Rhin
Bad Waldsee
Schwenningen
Kaufbeuren
Weilheim
Leutkirch
Mulhouse
Konstanz
Friedrichs-hafen
Schaffhausen
Lörrach
Kempten
Vesoul
Montbéliard
Bodensee
Ober-stdorf
Basel
Zürich
Rorschach
Bregenz
Winterthur
Besançon
Solothurn
Wädenswil
Appenzell
Feldkirch
Innsbruck
Aare
Bienne
Sursee
Zug
Sargans
Vaduz
Bludenz
Landeck
Pontarlier
Neuchâtel
Bern
Altdorf
Glarus
Lons-le-Saunier
Mt. du Jura
Brienz
Disentis/Mustér
Arosa
Davos
Fribourg
Thun
Trun
Merano/Meran
Lausanne
Innert-kirchen
St. Moritz
Morges
Berner Alpen
Montreux
Vevey
S. Bernardino
Bolzano/Bozen
Genève
Brig
Bórmio
Sierre
Locarno
Martigny
Sion
Walliser Alpen
Bellinzona
Westalpen
Sóndrio
Trento
Annecy
Chamonix-Mt.-B.
Verbania
Lugano
Tione di Trento
Lecco
Riva di Garda
Aix-les-Bains
Albertville
Chatillon
Aosta
Como
Bérgamo
Rovereto
Arona
Chambéry
Biella
Salò
Monza
Noasca
Val d'Isère
Bréscia
Ivrea
Novara
Verona
MILANO
Lanslebourg-Mont-Cenis
Chivasso
Vercelli
Grenoble
Cremona
Piádena
Ostíglia
TORINO
Corps
Briançon
Alessandria
Piacenza
Massif du Pelvoux
Asti
Parma
Pinerolo
Varzi
Mirándola
Ácqui Terme
Alba

Erzgeb
Teplice
Chomutov
Ohře
Labe
Mladá Boleslav
Hradec Králové
Hof
PRAHA
Kolín
Mariánské Lázně
Beroun
Kutna Hora
Chrudim
Markt-redwitz
Plzen
Berounka
Dobří
Vltava
Hranice
Olomouc
Oberpfälzer Wald
Weiden
Přerov
Sulzbach-Rosenberg
Klatovy
Tábor
Jihlava
Brno
Písek
Schwandorf
Cham
Šumava
Böhmerwald
Prachatice
Bayerischer Wald
Regens-burg
Straubing
vod. nádrž Lipno
Deggendorf
Zwettl
Holla-brunn
Landshut
Passau
Krems
Bratis-lava
WIEN
Vilsbiburg
Linz
Enns
Hainburg a.d. D.
Mühldorf
Erding
Inn
Wels
Steyr
Donau
St. Pölten
Neusiedl a. See
Salzach
Bad Hall
Scheibbs
MÜNCHEN
Atter-see
Gmunden
Traunsee
Eisenstadt
Bad Reichenhall
Salzburg
Sopron
Bad Ischl
Kufstein
Hallstatt
Kapfenberg
Saalfdn. a.St.M.
Bruck
Leoben
Niedere Tauern
Mittersill
Schladming
Heiligen-kreuz
Hall i.T.
Hohe Tauern
Judenburg
Graz
Zala-egerszeg
Bad Hofgastein
Neumarkt i. d. Steiermark
Heiligenblut
Alpen
Gurk
Brennero/
Winklern
St. Veit a. d. Glan
Leibnitz
Bressanone/ Brixen
Spittal a. d. Drau
Wörther-see
Völkermarkt
Villach
Klagenfurt
Maribor
Ptuj
Südtirol
Tarvisio
Karawanken
Velenje
Predazzo
Dolomiti
Meduno
Kranj
Celje
Novi Marof
Durdevac
Trojane
Krško
Belluno
Údine
Ljubljana
Zagreb
Feltre
Gorizia
Bjelovar
Pordenone
Veneto
Novo mesto
Conegliano
Monfalcone
Postojna
Metlika
Grado
Trieste
Kozina
Karlovac
Sisak
V. Mestre
Cáorle
Koper
Petrinja
Jésolo
Rijeka
Ogulin
Pádova
Venézia
Novigrado
Opatija
Crikvenica
Slunj
Dvor
Bos.Novi
Chióggia
Rovigo
Rovinj
Labin
Žuta Lokva
Cazin
Cres
Bos. Krupa
Pula
Sanski Most
Ferrara
Porto Tolle
Mare Adriatico
Cres
Rab
Jablanac
Korenica
Osor
Comacchio

PLACE: .... **DATUM:** ....

PLACE: .... **DATUM:** ....

PLACE: .... **DATUM:** ....

PLACE: .... **DATUM:** ....

PLACE: .... **DATUM:** ....

PLACE: .... **DATUM:** ....

PLACE: .... **DATUM:** ....

PLACE: .... **DATUM:** ....

PLACE: .... **DATUM:** ....